KYKLADEN

Eberhard Fohrer

Text und Recherche: Eberhard Fohrer

Lektorat: Sabine Beyer

Redaktion und Layout: Claudia Martins

Fotos: s/w: alle Eberhard Fohrer außer: Lucie Büchert-Fohrer S. 111, 116, 164, 241, 246, 355, 403; H. A. Haffa S. 109, 226; Andreas Neumeier S. 27; Petra Rost S. 369; Dirk Schönrock S. 302, 359, 373, 375, 381, 395, 413, 425, 538
Farbfotos: Lucie Büchert-Fohrer (LBF), Eberhard Fohrer (EF), Dirk Schönrock (DS)

Illustrationen: Katerina Marinova, Martina Brockes

Karten: Hana Budka, Susanne Handtmann

Cover: Karl Serwotka

Covermotive: oben: Blick über die Südküste von Mýkonos
unten: Im Hafen von Mýkonos (beide: Eberhard Fohrer)

Herzlichen Dank an Thomas Schulze für aktuelle Infos zu Anáfi und Dirk Schönrock für Amorgós, außerdem den vielen Lesern, die mit ihren fundierten Tipps zur Aktualisierung beigetragen haben:
M. & A. Bernhard, H. Zeißler, R. Stirati, C. Blum, D. Scheiter, L. Flöter, S. & Ch. Schäfer, J.E. Pludra, G. Handke, W. & M. Haug, P. Arndt, W. Teubl, St. Meyer, V. Rottensteiner, P. Kmet, M. Bredebusch, H.J. Grieger, A. Kleinert, A. Pölzer, D. Lepel, A. Fette, F. Gläser, A. Kellner, A. Machate, R. Sauerbier, H.-P. Lisius, V. Quintus, R. & G. Epitropakis, K. Roller, C. Bodenburg, S. Seidel, W. Gaus, M. & C. Claridge, Th. Andresen, Th. Knoch, D. Sieg, M. Venz, T. Jorgal, E. Helmschrott, K. Walzel, M. Küster & F. Anselm, B. Henryk, Ch. Eberle & Ch. Schneeberger, J. Hahne, J. Haller, N. Wassermann, J. Singer, K. Bolesch, J. Flach & F. Borella, S. Franke, W. Krisam, U. Schatzl, C. Mühlhäuser, C. Kunze, G. Drasch, K.O. Bäder, K. Quak, J. Grethe, G. Müller-Plath, M. Riemerschmid, S. Büttner, A. Fisahn, B. Santmann, V. Niederberger, W. Rufert, W. Feige, M. Schmidt & M. Schremmer, M. Strauss, J. Mües, K.O. Bäder, Th. Ratka, E. Mughrabi, H. Deloglu, S. Sorger, W. Eichhorn, S. Maaßen, M. Engel, M. Opitz & E. Littich, M. Oschowitzer, C. Mielke, R. Dorschel, U. & h. Theill, J. Schittkowski, R. Wettach, A.-D. Ferdenus & S. Weigel, N. Hüffer, A. Barndt, S. Jochim, H. Rüffer, W. Neumann, K. Kiefer, G. & G. Brehm, K. Koeppe, S. Panzer, S. Stapf, J. & T. Paul, F. Mühlenbruch, G. Müller-Koelbl, S. Hupfauer, B. Schori, I. Homann & A. Kroll, H.-U. Wili, R. Albrecht, D. Wohlenberg, D. & I. Jordan, V. Wilhelmstroop, W. M. Waldeck, G. Kaltenecker, I. & M. Seitz, W. & Ch. Banek, S. Seidel, A. Schneider, R. & G. Louis, M. Baran, M. Herberhold, C. Dreßledr, S. Wlcek, T. Talay & D. Rusnok, I. Seidel, M. Kauba, K. & M. Walther, A. & A. Sieg, B. Schulz & G. Berger, K. Tigges, P. Eibich, Th. Knoch, P. Schenkendorf & P. Dauck,

ISBN 3-89953-139-6

Aktuelle Infos online unter www.michael-mueller-verlag.de

6. vollständig überarbeitete und aktualisierte Auflage 2003

INHALT

Ost- und Zentralkykladen

Alles im Kasten

Kartenverzeichnis

Zeichenerklärung für die Karten und Pläne

═══ mehrspurige Straße	▲ Berggipfel	🛈 Information
─── Asphaltstraße	✝ Kirche/Kapelle	P Parkplatz
── Piste	♪ Kloster	Post
- - - - Wanderweg	Schloss/Festung	BUS Bushaltestelle
━ ━ ━ Bahnlinie	Turm	TAXI Taxistandplatz
Strand	★ Allg. Sehenswürdigkeit	✚ Krankenhaus
Gewässer	✈ Flughafen/ -platz	M Museum
Grünanlage	Δ Campingplatz	EC Bank/Geldautomat
Steilküste	✗ Windmühle	Supermarkt
∩ Höhle	Badestrand	☎ Telefon
Leuchtturm	Torbogen	T Tankstelle
		A Apotheke

Was haben Sie entdeckt?

Trotz gründlicher Recherche kann es passieren, dass uns etwas entgeht. Wenn Sie ein nettes Hotel mit Atmosphäre, eine freundliche Taverne weitab vom Trubel, einen schönen Wanderweg oder *den* Strand der Kykladen entdeckt haben, lassen Sie es uns wissen. Auch für Kritik, Tipps und Verbesserungsvorschläge sind wir dankbar. Schreiben Sie an:

Eberhard Fohrer

Stichwort "Kykladen"

c/o Michael Müller Verlag GmbH

Gerberei 19

D – 91054 Erlangen

E-Mail: eberhard.fohrer@michael-mueller-verlag.de

Auf den Kykladen stehen Natur ...

Die Kykladen erleben

Weit draußen in der Ägäis, wo das Wasser tiefblau schimmert, der Windgott sein ewiges Domizil hat und das Licht heller ist als irgendwo auf der Welt, dort liegt Griechenland "wie aus dem Bilderbuch". Ein Schwarm von großen und kleinen Landsplittern, hingestreut zwischen Athen und Kreta, Peloponnes und Kleinasien. Steinig-karge Berg- und Hügelmassive ohne Baum und Strauch, zahllose Buchten und Strände drängen ans Meer, duftende Kräuter überziehen die Hänge. Weiß gekalkte Kirchlein mit lichtblauen Kuppeln setzen Farbtupfer in die mediterrane Landschaft. Gut versteckt und abgeschirmt findet man fruchtbare, üppig-grüne Enklaven mit Oliven, Zypressen und Weinreben. Im Frühjahr verwandeln sich die Landschaften in Blütenmeere ... Auf den Kuppen die Ortschaften: verwinkelte Labyrinthe aus blendend weißen Würfelhäusern und engen Stufenwegen – selbst Maulesel müssen hier das Treppensteigen lernen. Im malerischen Kontrast zu den schneeweißen Kuben die bunt gestrichenen Fenster- und Türrahmen. Gässchen und Balkone sind mit Kletterpflanzen und Blumen liebevoll ausgestattet. Architekten und Künstler fühlten sich seit jeher inspiriert vom Kolorit und der dichten Atmosphäre der Kykladensiedlungen.

Die Kykladen bilden die zentralste Inselgruppe Griechenlands. Weit mehr als 30 Inseln hat man gezählt, einige davon nur wenige Quadratkilometer groß, 24 sind bewohnt. Touristisch "entdeckt" wurden sie in den späten sechziger Jahren. Erst waren es Hippies, dann die Rucksacktouristen, die die Kykladen als Geheimtipp handelten. Heute sind sie längst salonfähig geworden. Hotels

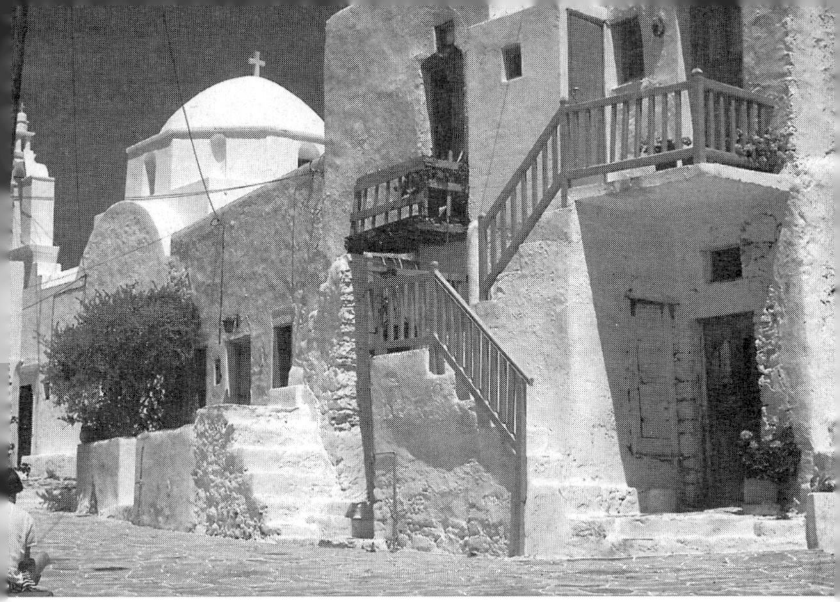

... und Architektur im Einklang

und Tavernen sprießen allerorten aus dem Boden, man lebt vom Geschäft mit den Urlaubern. Tatsächlich gelten "Die Kykladen" mittlerweile fast als Synonym für griechische Ferienkultur: Inseln wie *Mýkonos* und *Íos* nennen das wohl ausgeprägteste Nachtleben im östlichen Mittelmeer ihr Eigen, die Uferpromenade von *Páros* quillt vor Feriengästen schier über, während vor der Vulkaninsel *Santoríni* die Kreuzfahrerschiffe fast Schlange liegen.

Was heißt Kykladen?

Der Name stammt von den Ioniern, die um 1100 v. Chr. vor den Dorern vom griechischen Festland auf die Inseln flohen. Das unscheinbare Inselchen Délos wählten sie als Standort ihres großen Apollo-Festes – wohl deshalb, weil es so zentral inmitten der umgebenden Inseln lag. Diese nannten sie folgerichtig Kykladen, was sich vom altgriechischen "kyklos", d. h. Kreis, ableitet – Kreis-Inseln also. Wer Délos mit bestem Willen nicht im Mittelpunkt der Kykladen sehen kann – die heutigen südlichen Kykladen, also Anáfi, Íos, Santoríni etc., wurden damals nicht dazugezählt.

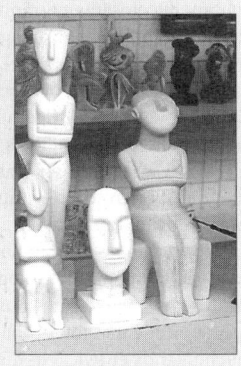

Kykladen-Idole

Harte Arbeit auf See ...

Natürlich hat der stürmisch angewachsene Tourismus der letzten drei Jahrzehnte Spuren hinterlassen: kühl kalkulierter Geschäftssinn verdrängt traditionelle Gastfreundschaft, idyllische Flecken werden rigoros zugebaut, auf ehemals einsamen Stränden reihen sich kostenpflichtige Liegen und Sonnenschirme, Nepp ist kein Fremdwort mehr. Trotzdem haben die Kykladen ihren unverwechselbaren Charakter nicht verloren und das wird auch künftig nicht passieren, denn die Natur ist hier stärker als der Mensch. Es gibt sie noch, die kleinen ruhigen Inseldörfer, die gepflasterten Maultierpfade, die abgelegenen Buchten, die einsamen Strände – und das allgegenwärtige Glitzern des Meeres. Nur wenige Schritte abseits der Urlaubszentren findet man sich in der rauen Welt einer uralten Ägäisinsel, spürt den warmen Seewind, atmet die Düfte der Kräuter und entdeckt die archaische Schönheit des griechischen Südens. Den Gegensatz von geschäftigem Trubel und völliger Stille – nirgendwo wird man ihn besser kennen lernen als auf den Inseln der Kykladen. Das entfernte Bimmeln von Ziegenglocken, das Summen von Insekten, das Klacken der Steine unter den Füßen, das Geräusch des eigenen Atems, weit draußen zieht eine schneeweiße Fähre vorüber ... Eindrücke, die man so rasch nicht mehr vergisst und deretwegen es sich zu Kommen lohnt.

In der griechischen Mythologie haben die Inseln ihren festen Patz: Der Medusentöter Perseus stammt aus Sérifos, Ariadne wird von Dionysos auf Náxos entführt, der Lichtgott Apollo ist auf Délos geboren. Als einzige Inselgruppe Griechenlands entwickeln die Kykladen bereits Jahrtausende vor der Zeitwende eine eigene Kultur, deren reiche Zeugnisse heute in diversen archäologischen Museen untergebracht sind. Die ungemein zeitlos wirkenden kykladischen "Marmoridole" kann man als den Beginn der europäischen Skulpturenkunst betrachten.

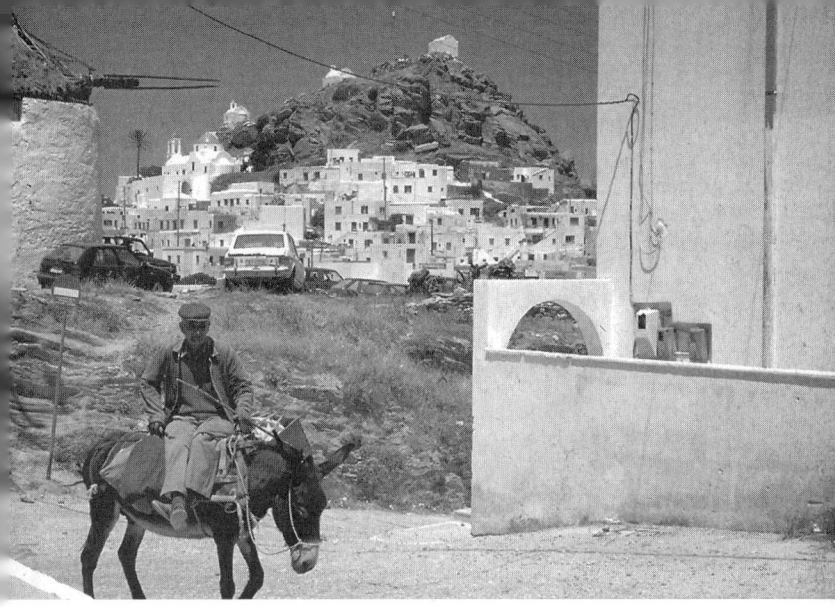

... und am kargen Land

Zurück zur Gegenwart. Jede "Kyklade" ist anders. Jede Insel hat ihre unverwechselbare Eigenart, geprägt durch Kultur und Landschaft, mittlerweile auch durch den Tourismus:

▶ **Santoríni** ist zweifellos die landschaftlich faszinierendste. Der bizarre Restkörper eines Vulkankegels ragt 300 m über die Meeresoberfläche hinaus, wie schneeweiße Bänder ziehen sich die Ortschaften entlang der Abbruchkante. Höhlenwohnungen sind in den weichen Tuff gegraben, dunkle Quarzsandstrände laden zum Bad.

▶ **Tínos**, die "Heilige Insel" der griechischen Orthodoxie ist auch die Insel der Marmorbildhauer – flankiert von der touristischen Gegenwelt auf der Nachbarinsel **Mýkonos**, wo die Nacht zum Tag gemacht wird und der Hedonismus wahre Feste feiert.

▶ **Náxos**, die größte der Kykladen, besitzt die reichste Vielfalt an Landschaften. Fast alpenähnlich türmen sich die Bergmassive, Olivenhaine bedecken die Hochebenen im Inselinneren, weiße Strände reihen sich entlang der Westküste.

▶ Auf der abseits gelegenen Insel **Amorgós** fühlen sich vor allem Wanderer und Ruhesuchende wohl, wie ein Schwalbennest hängt das faszinierendste Kloster der Kykladen in einer Felswand.

▶ **Íos** ist die jugendlichste Insel Griechenlands. Allnächtlich verwandelt sich die bildhübsche Chóra in eine einzige große Disco, tagsüber aalt sich das ausgesprochen internationale Publikum an den herrlichen Stränden.

▶ Die Urlaubsinsel **Páros** besitzt einen malerischen Hafenort und zahlreiche Sandstrände, dazu ebenfalls ein intensives Nachleben. Auf der Nachbarinsel **Antíparos** kann man eine große Tropfsteinhöhle besichtigen.

Unterwegs in der Ägäischen Inselwelt

▶ Das kleine **Folégandros** ist berühmt für seine mittelalterliche Chóra (Hauptort). Erbaut ist sie auf einem Felsplateau, das fast 200 m senkrecht zum Meer abfällt.

▶ Auf **Sérifos** bietet sich bei der Hafeneinfahrt einer der schönsten Anblicke im Archipel – hoch über einer weiten, grünen Bucht kleben die schneeweißen Würfel der Inselhauptstadt.

▶ Auf der Bergbauinsel **Mílos** sprudeln heiße Thermalquellen und wilde Felsküsten schillern in allen Farben, abgelegene Strandbuchten können besucht werden, ebenso die einzigen frühchristlichen Katakomben Griechenlands ...

Lust bekommen? Einige der Kykladen können Sie von Mitteleuropa aus direkt anfliegen. Doch die angemessene Form, sich in der ägäischen Inselwelt zu bewegen, ist das *Inselhüpfen*. Zahllose Fähren verbinden in der warmen Jahreshälfte die Inseln miteinander. Athen/Piräus heißt dabei die Losung: Die Millionenstadt ist Dreh- und Angelpunkt des Schiffsverkehrs zu den vorgelagerten Kykladen. Gut 3- bis 4-mal täglich werden die Hauptinseln Tínos, Mýkonos, Síros, Páros, Náxos, Íos und Santoríni angelaufen, etwa 1- bis 2-mal die westlichen Kykladen Kíthnos, Sérifos, Sífnos und Mílos.

Kaló taxídi – Gute Reise – wünscht Ihnen Ihr *Michael Müller Verlag*!

Inseltypisches Knattermobil auf Mýkonos

Anreise

Für die Anreise auf die Kykladen gibt es zwei gängige Varianten: Flug nach Athen und weiter mit Fähre, Schnellboot oder Inlandsflug – oder per Direktflug auf die internationalen Kykladen-Airports Mýkonos und Santoríni. Flugzeit, je nach Abflughafen, ca. 2 Std. 30 Min. bis 3 Std. 15 Min.

Alle anderen Verkehrsmittel – Auto/Motorrad, Bahn, Bus, Fähre über Italien – lohnen kaum, falls man nicht zusätzlich ausgedehnte Festlands-Trips in Griechenland plant. Eine Woche muss man für Hin- und Rückfahrt rechnen, wertvolle Urlaubstage gehen mit Sicherheit drauf – Straßenmarathon, überfüllte Züge, zeitraubende Schiffspassagen. Immerhin sind es rund 2200 km auf die Kykladen ab München, von Frankfurt aus gut 2600 km, ab Hamburg 3000 km. Zudem in der Regel wenig finanzielle Ersparnis: Per Charterflug ("Nur Flug", d. h. ohne gebuchte Unterkunft) kommt man genauso günstig nach Griechenland. Die Kehrseite allerdings: Die Anreise per Flug ist mit Abstand die umweltschädlichste Variante – Kerosinabgase sind wahrscheinlich mit einem Drittel an der weltweiten Temperaturerhöhung beteiligt. Ökologisch verträglich ist einzig die Anreise per Zug.

Mit dem Flugzeug

Im Direktflug auf die Kykladen – zweifellos die einfachste, zeitsparendste und bequemste Lösung. Jedoch sind die Inselflugplätze fast alle zu klein bzw. ungenügend ausgerüstet für internationale Düsenclipper. Vom Ausland per Charter direkt angeflogen werden deshalb nur die Airports von Mýkonos und Santoríni. Die meisten Flüge (Linie und Charter) gehen nach wie vor nach Athen, von dort am nächsten Tag Weitertransport per Inselfähre bzw. preiswertem Inlandflug.

Für Reisende, die individuell unterwegs sind, also nicht mit fest gebuchtem Ziel und Quartier, lohnt ein direkter Inselflug auch, falls das eigentliche Ziel eine andere Insel ist. *Mýkonos* und *Santoríni* sind Zentren des ägäischen Schiffsverkehrs mit zahlreichen Fährverbindungen – in der Saison gibt es täglich mehrere Anschlüsse zu diversen weiteren Kykladen-Inseln (→ einzelne Inselkapitel). Eine interessante Idee ist schließlich auch der Flug nach *Iráklion* (Kreta), von dort mit Fähre (tägl.) oder per Flug (3-mal wöch.) weiter via Santoríni auf die Kykladen.

Athen – muss das sein?

Obwohl Athen nicht unbedingt angesteuert werden muss, gibt es gute Gründe, die Hauptstadt in einen Kykladen-Urlaub einzubeziehen, vorausgesetzt, man hat die Zeit dafür:

- Zum einen gibt es vom Riesenhafen **Piräus**, der schon lange mit Athen zusammengewachsen ist, fast täglich ausgezeichnete Fährverbindungen zu den meisten Inseln.
- Zum anderen: Athen ist ein "Muss" in Sachen **griechischer Antike** (Akropolis, Archäologisches Nationalmuseum, Kykladenmuseum u. a.).
- Zum dritten gehören ein paar Tage Athen einfach dazu, falls man ernsthaft Griechenland kennen lernen will.
- Zudem ist **die Abfahrt von Piräus immer ein Erlebnis**! Die hektische Millionenstadt im ausgedörrten Hügelland Attikas bleibt zurück, vorbei an Dutzenden von ankernden Tankern aus aller Welt geht es hinein in die tiefblaue Ägäis mit ihren zahllosen Inseln und Inselchen. Kaum eine Anreise ist schöner und "ehrlicher" als die traditionelle Route von Athen/Piräus.

Nur-Flug

Prinzipiell hat man die Wahl zwischen Linien- und Charterflügen. Letztere wurden früher nur pauschal mit Unterkunft oder einer anderen touristischen Leistung (Wander-, Studien-, Sportreisen o. Ä.) verkauft. Mittlerweile kann man aber bei allen Charterfluggesellschaften und Reiseveranstaltern auch Flüge ohne Unterkunft buchen, genannt "Nur-Flug" bzw. "Only-Flight". Für Studenten gibt es bei manchen Linien Ermäßigung. Spontanbucher können mit "Last Minute"-Flügen einiges an Geld sparen (→ Kasten).

▶ **Flug nach Athen**: sehr großes Angebot an Flügen, sowohl per Linie als auch mit Chartergesellschaften. Preise je nach Saison und Buchungstermin ca. 250–

Anreise

Eine der vielen ägäischen Inseln aus der Vogelperspektive

450 € hin/rück, mit etwas Glück bzw. per "Last Minute" auch günstiger. Weiter auf die Inselflughäfen *Mýkonos, Páros, Náxos, Sýros, Mílos* und *Santoríni* fliegen im Sommerhalbjahr 1 – 6 x tägl. (sonst mehrmals wöch.) kleine Propellermaschinen der Gesellschaften Olympic Airways, Aegean Cronus, Hellenic Star Airways u. a. Preis je nach Entfernung ca. 50–80 € einfach (incl. Flughafengebühr). Fähr- und Schnellbootverbindungen gibt es von Piräus auf die meisten Inseln ab Juni bis September täglich, sonst mehrmals wöchentlich. Details zum Transfer ab Athen/Piräus im Abschnitt "Unterwegs auf den Kykladen".

▶ **Flug nach Santoríni oder Mýkonos:** Nach Mýkonos und Santoríni fliegen ab Deutschland nur Chartergesellschaften, hauptsächlich *Air Berlin, Aero Lloyd, Hapag Lloyd* und Charter *der Deutsche BA.* Der Nachteil liegt allerdings in der geringen Flugfrequenz – oft sind die Maschinen schon Monate im Voraus ausgebucht. Mýkonos und Santoríni sind Zentren des Schiffsverkehrs in der Ägäis, außerdem sind die beiden Inseln mehrmals wöchentlich miteinander per Flug verbunden.

▶ **Flug nach Iráklion (Kreta):** Flüge in der warmen Jahreshälfte sehr häufig, hauptsächlich Charter, aber auch Lufthansa und Olympic Airways, preislich kaum teurer als nach Athen. Weiter auf die Kykladen geht es mit Fähre/ Schnellboot (fast tägl.) oder Flieger (2 x wöch.) nach Santoríni.

German Wings, die Discount-Tochter der Lufthansa, fliegt seit Mai 2003 Athen an. Die billigsten Tickets kosten 19,50 €. Telefonische Buchung in Griechenland unter ✆ 210-9696416, im Internet unter www.germanwings.com.

Flug mit Unterkunft (Charterflug)

Für den Urlaub in der Hauptsaison ist – vor allem für Familien mit Kindern – anzuraten, Flug und Unterkunft über Reiseveranstalter pauschal zu buchen. Die Zimmersuche kann in dieser Zeit unter Umständen zu einem langwierigen Unternehmen ausarten, da auch griechische Urlauber im Sommer vermehrt auf die Kykladen reisen. Um im Dschungel von Saisonpreisen, Sonderarrangements und Billigangeboten das für sich günstigste Angebot zu erfahren, sollte man sich jedoch immer in mehreren Reisebüros informieren. Nicht alle bieten dieselben Veranstalter an und oft zahlt man bei verschiedenen Gesellschaften für die gleiche Leistung erheblich unterschiedliche Preise. Stellen Sie auf jeden Fall Vergleiche an und nehmen Sie sich Zeit bei der Auswahl. Man kann einiges sparen. Beachten Sie auch die diversen Extras, wie z. B. die unterschiedlichen Kinderermäßigungen.

Geboten sind Hin- und Rückflug, Transfer (vom Flughafen ins Hotel bzw. bei Flug nach Athen, Santoríni oder Mýkonos gegebenenfalls Fähr-/Flugticket auf die Zielinsel) und Unterkunft (Hotel, wahlweise mit Frühstück oder Halb-/Vollpension bzw. Ferienwohnung mit Küche/Kochnische).

Im Angebot aller Veranstalter sind die Renommier-Inseln *Mýkonos* und *Santoríni*, außerdem fast immer *Páros* und *Náxos*, seltener *Ándros*, *Tínos*, *Sýros*, *Íos*, *Sérifos*, *Sífnos* und *Mílos*. Wer nicht seinen ganzen Urlaub auf einer einzigen Insel verbringen will – alle Griechenland-Veranstalter bieten inzwischen Kombinationsmöglichkeiten verschiedener Inseln mit Transfer sowie Ankunft/Abflug an verschiedenen Airports.

• *Veranstalter* Das größte Angebot auf den Kykladen haben die beiden Münchener Veranstalter **Attika und ISTS**, gut vertreten sind auch **Jahn**, **Kreutzer** und **TUI**. Lassen Sie sich die entsprechenden Prospekte in Ihrem Reisebüro geben oder zuschicken. Ihrer Aufmerksamkeit empfehlen wir besonders den liebevoll aufgemachten Prospekt des langjährigen Griechenland-Spezialisten Attika-Reisen. Ansonsten gibt es zahlreiche "kleine" Anbieter, die über das griechische Fremdenverkehrsamt zu erfahren sind und die in den Wochenendausgaben überregionaler Zeitungen inserieren.

• *Spezielle Pauschalangebote* **Studienreisen**, geboten sind Hin- und Rückflug, Übersetzen zu verschiedenen Inseln, Übernachtungen mit Frühstück oder Halbpension, Bus-, Schiffs- und/oder Taxifahrten, Führungen und Eintritte. Möglich sind Studienreisen, Wanderstudienreisen, Fahrradstudienreisen (bei SKR) oder Studienkreuzfahrten. Anbieter (Auswahl): *Attika Reisen*, Sonnenstr 3, D-80331 München, ✆ 089/54555-100, ✆ 54555-280, www.attika.de;

Natur & Kultur Wanderstudienreisen, Blütenweg 32, D-89155 Ringingen, ✆ 07344/921222, ✆ 921662, www.natur-und-kultur. com;

SKR-Studien Kontakt Reisen GmbH, Kurfürstenallee 5, D-53177 Bonn, ✆ 0228/9357324, ✆ 9357350, www.skr.de;

Studiosus Reisen München, Riesstr. 25, D-80992 München, ✆ 089/500600, ✆ 50060100, gebührenfreie Beratung unter ✆ 00800/24022402, www.studiosus.de;

Wanderreisen, Hin- und Rückflug, Übernachtung, geführte Wanderungen auf verschiedenen Inseln. Verschiedene Anbieter sind im Kapitel "Unterwegs auf den Kykladen/Wandern" genannt.

Surfreisen nach Páros veranstalten *Sun und Fun Sportreisen*, Franz-Joesph-Str. 43, D-80801 München, ✆ 089/338833, www. surfreisen.de;

Segeltörns durch die Ägäis bietet z. B. *Sun Yachting Germany*, Waldenserstr. 7, D-10551 Berlin, ✆ 030/3957096, ✆ 3964434, www.syg.de

Preiswert in den Urlaub: Last Minute

"Last Minute"-Plätze in nicht ausgebuchten Chartermaschinen gibt es sowohl mit Unterkunft als auch als "Nur Flug". Zu Hochsaisonzeiten (Ostern, Sommerferien) sind die Angebote naturgemäß seltener, weil die Maschinen meist gut gefüllt sind. Als besonders guter Monat gilt dagegen der Juni. Kykladen-Offerten sind jedoch in der Regel nicht besonders dicht gesät. Echte Last-Minute-Angebote werden von den Fluggesellschaften erstmals frühestens 14 Tage vor Reisebeginn offeriert, bis zum Flugdatum sinken die Preise dann – je nach Nachfrage – meist noch ein ganzes Stück. Wenn man hoch pokert, kann man so zwei Tage vor Termin einen Flug für einen Bruchteil des Preises bekommen, den Frühbucher zahlen – allerdings mit dem Risiko, dass die Maschine zwischenzeitlich ausgebucht ist. Bei Flügen mit Unterkunft ist etwas Vorsicht geboten: Oft werden Lockangebote offeriert, die zwar als "Last Minute" deklariert sind, jedoch keineswegs günstiger sind als Katalogpreise. Das Angebot zahlreicher Last-Minute-Anbieter kann vom Band abgehört werden, der Abruf per Fax ist ebenfalls möglich, viele Reisebüros geben Auskunft und auch auf allen wichtigen Flughäfen sind Last-Minute-Schalter eingerichtet.

● *Anbieter (Auswahl)* **Bucher Reisen**, Düsseldorfer Str. 83, D-40667 Meerbusch, ✆ 02132-93080, ✉ 960253, Buchung über ✆ 01805-366636, www.bucherreisen.de;

Lastminute Express, Georg-Schumann-Str. 176, D-04159 Leipzig, ✆ 0800-7677670 (gebührenfrei), ✉ 3203000, www.last-minute-express.de;

L'tur, Augustaplatz 8, D-76530 Baden-Baden, zahlreiche Filialen im ganzen Bundesgebiet. ✆ 01805-212121, www.ltur.de;

Travel Overland, Saarstr. 7, D-80797 München, Filialen in Augsburg, Berlin, Bremen, Hamburg, München, Regensburg und Stuttgart. ✆ 089-27276-370, ✉ 3073039, travel-overland.de;

Universal Reisen, Volgerstr. 25, D-21335 Lüneburg, ✆ 04131-401041, ✉ 404217, www.last-minute-germany.de;

Weitere Anbieter im Internet z. B. unter buybye.de, flug-hotel-urlaub.de, lastminute-suchmaschinen.de, travelland.de und travel24.com

Transport von Gepäck und Sondergepäck

● *Gepäck* Auf allen **internationalen Linien- und Charterflügen** dürfen pro Pers. 20 kg Freigepäck mitgenommen werden, auf **innergriechischen Flügen** dagegen nur 15 kg. Wer aus dem Ausland kommt und einen Anschlussflug gebucht hat, darf die 20 kg trotzdem kostenfrei mitnehmen. Sonst zahlt man pro Kilo Übergepäck 5–6 € (bei kleiner Überschreitung wird meist ein Auge zugedrückt).

● *Sportgerät, Fahrrad usw.* Pro Pers. können bis zu 30 kg mitgenommen werden, Gebühren sind je nach Fluggesellschaft unterschiedlich – **Tauchausrüstung** fliegt meist kostenlos, ein mitgenommenes **Fahrrad** kostet auf Charterflügen ca. 25–30 €, ein **Surfbrett** 40–50 €, bei Linienfluggesellschaften wird es teurer. Rechtzeitige Anmeldung und sachgerechte Verpackung sind in jedem Fall obligatorisch.

● *Haustiere* Experten warnen ausdrücklich davor, Tiere mit in den Urlaub zu nehmen, denn eine Reise im Gepäckraum, wo es laut, dunkel und kalt ist, ist ein traumatisches Erlebnis, von dem sich ein Tier u. U. nie mehr ganz erholt. Wer sein Tier unbedingt mitnehmen will, muss es natürlich bei der Buchung anmelden. In der Kabine darf der vierbeinige Liebling nur mitfliegen, wenn er ein bestimmtes Gewicht nicht überschreitet und eine spezielle Transportbox gekauft wurde. Ansonsten landet er im Gepäckraum. Das Gewicht des Tiers wird bei Charterflügen dem Gesamtgepäck aufgeschlagen, gezahlt wird nur, wenn 20 kg überschritten sind. Linienfluggesellschaften berechnen Tiere generell als Übergepäck. Wegen nötiger Impfungen und einem Gesundheitszeugnis müssen Sie Ihren Tierarzt spätestens einen Monat vor der Reise kontaktieren.

Weitere Anreisemöglichkeiten

▶ **Mit dem eigenen Kraftfahrzeug:** Falls sich mehrere Personen die Kosten teilen, kann das eigene Fahrzeug u. U. eine preiswerte Anreisemöglichkeit darstellen. Bei einer ausgesprochenen Kykladen-Reise ist diese Variante allerdings nur empfehlenswert, wenn man die wenigen größeren Inseln mit gut ausgebautem Straßennetz besucht und über genügend Zeit verfügt. Interessant kann auch die Fahrt mit einem Wohnmobil sein, allerdings sind viele Campingplätze dafür nicht geeignet.

Die direkte "Luftlinie" nach Athen/Piräus oder Rafína – in diesen beiden Häfen starten fast alle Kykladenfähren (S. 48) – durch *Österreich, Slowenien, Kroatien, Republik Jugoslawien (Serbien), Makedonien* und *Nord-/Mittelgriechenland* verläuft über die Schnellstraße E 70, genannt "Autoput". Die Fahrt gerät jedoch zum finanziellen Kraftakt, denn in Serbien wird eine Kfz-Vollkasko-Versicherung für vier Wochen verlangt. Weitere Kosten sind für Straßenbenutzung, Autobahn-Maut und Transitvisum fällig (letzteres erhältlich bei den Vertretungen in Deutschland). Dazu kommen weitere Mautgebühren in Slowenien, Kroatien und Makedonien. Erkundigen Sie sich bei den Automobilclubs nach der aktuellen Situation, auch bezüglich Versorgung mit Treibstoff und Ersatzteilen. Auch von den Ausweichrouten über *Ungarn* und *Rumänien* ist eher abzuraten (riesiger Umweg, schlechte bis katastrophale Straßen, lange Wartezeiten an den Grenzen, Diebstahlsgefahr, bleifreies Benzin gibt es nicht, ebenso kaum technische oder medizinische Hilfe). Bleibt als einzige realistische Möglichkeit die Anreise *über Italien* mit Fährpassage nach Griechenland ab Triest, Venedig, Ancona, Bari, Brindisi oder Otranto (→ Fährkapitel). Allerdings muss man sich frühzeitig um eine Reservierung kümmern, denn die Griechenlandfähren sind im Sommer oft schon Monate im Voraus ausgebucht. Ankunft in Griechenland in Pátras, von dort rasche Weiterfahrt nach Athen/Piräus und Übersetzen auf die Inseln.

Faustregel: Wenn Sie mit dem Auto den Trip auf die Kykladen wagen, müssen Sie mit gut drei Tagen Fahrt rechnen, hin und zurück also eine gute Woche einkalkulieren. In der Regel ist man also wohl besser beraten, wenn man vor Ort ein Fahrzeug mietet, bei der Kleinräumigkeit der Inseln genügt meist ein preiswertes Zweirad. Wer trotzdem nicht auf den eigenen fahrbaren Untersatz verzichten will, sei es Wohnmobil, Auto oder Motorrad: Mitnahme lohnt nur für *Ándros, Páros, Náxos* und *Mílos*. Alle anderen Kykladen-Inseln sind zu klein und besitzen kaum geeignete Straßen. Interessant ist natürlich auch ein Abstecher auf die große Insel *Kreta*. Tipp: Auf keinen Fall ein Fahrzeug mitnehmen sollte man nach *Íos, Folégandros, Síkinos, Anáfi, Kleine Kykladen* und *Kímolos*, da es dort kaum asphaltierte Straßen gibt.

● *Informationen* Besorgen Sie sich vor Antritt der Fahrt bei Ihrem Automobilclub die neuesten Daten zu Autobahngebühren, Höchstgeschwindigkeiten, besonderen Verkehrsregeln und Benzinpreisen in Griechenland und den Transitländern.

● *Papiere* nationaler Führerschein, grüne Versicherungskarte, Fahrzeugschein. Sinnvoll ist auch der Auslandsschutzbrief bzw. eine vorübergehende Vollkaskoversicherung, da die griechischen Versicherer nicht viel zahlen.

Ökologisch einwandfreies Fortbewegungsmittel

▶ **Mit dem Fahrrad**: Fahrradmitnahme nach Athen, Santoríni, Mýkonos oder Kreta ist bei keiner Airline ein Problem, Kostenpunkt im Charter ca. 20–30 € hin/rück, Linienfluggesellschaften berechnen etwa 25 € pro Strecke, also 50 € hin/rück. Manche Airlines behandeln das Rad auch als Übergepäck nach Gewicht (20 kg Obergrenze). Ein Rad wiegt allein schon ca. 12–18 kg, deshalb Pedale und Sattel ins Handgepäck. Das Rad muss schon bei der Reservierung des Fluges angemeldet werden (mit Gewicht). Sachgerechte Verpackung ist unabdingbar, z. B. in Pappe oder Luftpolsterfolie, gut geeignet sind auch spezielle Fahrradtaschen. Lenker querstellen und festbinden, Pedale nach innen schrauben und etwa die Hälfte der Luft ablassen, damit die Schläuche durch den Unterdruck in den Frachtkammern nicht platzen, das Rad aber trotzdem noch gerollt werden kann.

Die Fahrradmitnahme per Bahn über Ungarn und Restjugoslawien ist langwierig und kompliziert. Besser ist es, das Rad in einen der italienischen Fährhäfen mitzunehmen (inter. Fahrradkarte für ca. 12.30 €) und von dort nach *Pátras* überzusetzen. Auskünfte dazu gibt vom 1.3.–30.11. die "Radfahrer-Hotline" der DB (✆ 01805/151415, tägl. 7–23 Uhr), Infos auch unter www.bahn.de. Die *Fährpassage* Italien-Griechenland ist kostenlos. Von Pátras nach Athen bieten manche Fährlinien (z. B. Minoan Lines) einen Bustransfer, wobei mit etwas Glück das Rad mitgenommen wird (hängt laut Leserzuschrift vom Busfahrer ab). Ansonsten kann das Rad von Pátras auch preiswert mit der Bahn nach Athen versandt werden (direkte Mitnahme im Zug ist nicht möglich) und auch die Mitnahme in öffentlichen Linienbusse ist machbar, falls im Gepäckabteil genügend Platz vorhanden ist. Auf den Kykladen-Fähren dann wieder kostenloser Transport.

▶ **Mit der Bahn**: ist eigentlich nur anzuraten, wenn Sie auch vom griechischen Festland etwas sehen wollen und dort reichlich Zwischenstopps einlegen. Die direkte Linie durch das ehemalige Jugoslawien war bis Redaktionsschluss nach wie vor unterbrochen. Alle Züge von Mitteleuropa nach Athen werden über Wien und Ungarn umgeleitet, was nur wenig länger dauert, aber erhöhte Preise zur Folge hat. Zwei Zugverbindungen gibt es derzeit auf der Route *Wien-Budapest-Subotica-Belgrad-Nis-Thessaloníki-Athen*, wobei mehrmals umgestiegen werden muss. Fahrplanmäßig sind es ab München etwa 40 bzw. 50 Stunden bis Athen, die Kosten liegen deutlich über 300 € (hin und zurück). In Serbien ist ein Transitvisum nötig, das nicht an der Grenze ausgestellt wird. Erkundigen Sie sich wegen der aktuellen Situation im Reisebüro oder beim Bahnhof.

Weniger stressig, außerdem mit schöner Fährüberfahrt, ist die Anreise über *Italien*. Fähren nach Pátras am griechischen Festland gehen von den italienischen Adriahäfen Triest, Venedig, Ancona, Bari, Brindisi und Otranto (→ Fährkapitel). Für die Fahrt von München nach *Ancona* muss man beispielsweise mit zwölf Stunden rechnen. Ab *Pátras* kann man bis zu 5 x täglich mit einem vollklimatisierten IC-Triebwagenzug auf der Schmalspurstrecke nach *Athen* bzw. direkt nach *Piräus* fahren, die Bahnhöfe liegen in beiden Städten direkt am Hafen (Fahrtdauer ca. 3,5 Std., IC-Zuschlag, reservierungspflichtig). Auf derselben Strecke fahren auch normale Nahverkehrszüge, die bis zu 5,5 Std. brauchen, außerdem gibt es häufige Busverbindungen (Busstation in Pátras ein Stück östlich vom Bahnhof).

Egal welche Strecke man wählt, nötig ist in jedem Fall eine rechtzeitige *Sitzplatzreservierung*, außerdem eventuell *Liege-* (14 €) oder *Schlafwagen* (28 €) für die Nacht. Spätestens ein paar Wochen vorher muss man buchen. Insgesamt ist, alles einberechnet (Verpflegung, Liegewagen usw.), die ökologisch vorbildliche Zugfahrt leider keinesfalls günstig.

▶ **Mit dem Bus**: deutlich preiswerter als mit der Bahn, das wird aber durch den Marathon-Stress im unbequemen Reisesitz wettgemacht. Die *Deutsche Touring GmbH* bietet ganzjährig Fahrten von verschiedenen deutschen Städten an, die vor allem von griechischen und türkischen Arbeitnehmern genutzt werden. Die Busse fahren in einen der italienischen Fährhäfen und setzen nach Igoumenítsa über, um die Weiterfahrt nach *Athen* muss man sich vor Ort selbst kümmern (Busse etwa alle 2 Std.). Der Preis von Frankfurt nach Igoumenítsa beträgt ca. 165 € hin und zurück, die Fähre kostet extra (ca. 50 € hin und zurück). Abgefahren wird in der Regel samstags, Ankunft in Igoumenítsa ist etwa 33 Std. später. Aufgrund der langen Fahrtzeit empfiehlt sich der Europabus nicht für einen zwei- bis dreiwöchigen Urlaub. Verpflegung sollte man sich genug mitnehmen (die Busse halten unregelmäßig) und sich auf zwei Tage Nichtstun einstellen.

Auskünfte/Buchung **Deutsche Touring GmbH, "Europabus"**, Am Römerhof 17, D-60486 Frankfurt/Main, ✆ 069/790350, www.deutsche-touring.com

▶ **Mitfahrzentralen**: preisgünstige Lösung für Fahrer und Mitfahrer, denn ersterer spart Benzinkosten, letzterer kommt preiswert nach Griechenland. Im Fall, dass mehrere zahlende Personen mitfahren, wird auch der obige Buspreis leicht unterboten. Insgesamt rund hundert Mitfahrzentralen *(MFZ)* gibt es in-

Anreise

Sturm auf die Festung: Rein in den Bauch, solange noch Platz ist!

zwischen in fast allen bundesdeutschen Großstädten, zu finden im Telefonbuch oder im Internet unter mitfahrzentralen.de, mitfahrzentralen.org oder citynet-mitfahrzentralen.de. Vor allem die Universitätsstädte sind gut bestückt. Falls man von einer Mitfahrzentrale an einen Fahrer vermittelt wird, wird zusätzlich zum eigentlichen Fahrpreis (Bezinkostenbeteiligung) eine Vermittlungsgebühr fällig, die eine Unfallversicherung enthält. Bis zur endgültigen Konsolidierung der Verhältnisse auf dem Balkan ist nur die Mitfahrt zu einem der italienischen Fährhäfen ratsam. Natürlich kann man auch Teilstrecken versuchen, z. B. Lift nach Verona, Florenz oder Ancona und weiter mit Zug und Fähre.

Fährverbindungen Italien – Griechenland

Lohnt sich vor allem, wenn man mit dem eigenen Auto oder Wohnmobil unterwegs sein möchte. Da die italienischen Fährhäfen nicht übermäßig weit entfernt sind, kann man die Anreise relativ stressfrei gestalten.

Fährverbindungen nach Griechenland gibt es von *Triest, Venedig, Ancona, Bari, Brindisi* und *Otranto*, Ankunftshäfen sind *Igoumenítsa* und *Pátras*. Von dort geht es durch das westgriechische Bergland bzw. am Korinthischen Golf entlang nach *Athen/Piräus*, wo man eine der täglichen Fähren auf die Kykladen nehmen kann (Vorbuchen nicht nötig). Einige Fährlinien (z. B. Minoan Lines und Superfast Ferries) bieten zwischen Pátras und Athen Bustransfer.

Von welchem Hafen man in Italien abfährt, ist eine individuelle Frage. Besorgen Sie sich die aktuellen Prospekte (in jedem größeren Reisebüro erhältlich) und rechnen Sie die verschiedenen Fährpreise, kombiniert mit den Kosten für die Anfahrt mit Auto oder Bahn, einmal durch. In der Nebensaison liegen die Preise generell niedriger als in der Hauptreisezeit. Achten Sie auch besonders auf die je nach Reederei verschiedenen Sonderpreise und Ermäßigungen (z. B. Kinder- und Rückfahrtermäßigungen). Fahrradmitnahme ist immer frei. Grundsätzlich sollte man möglichst früh buchen, Stellplätze für Pkw und Wohnmobil werden schnell knapp, natürlich vor allem an exponierten Terminen wie Ferienbeginn etc. Generell bietet die Fahrt auf den geräumigen Fährschiffen eine schöne Einstimmung auf den Urlaub: tagsüber an Bord relaxen und im Pool plantschen, abends Livemusik oder Disco. An Bord kann man wählen zwischen dem billigen Deckplatz, dem Pullmannsitz oder einer 2- bis 4-Bett-Kabine.

▶ **Fähren nach Griechenland**: U. a. verkehren ANEK Lines, Blue Star Ferries, Minoan Lines, Superfast Ferries und Ventouris Ferries nach Igoumenítsa und Pátras. Ab Ancona gibt es die meisten Verbindungen, u. a. starten hier die Superfast Ferries, die für die Überfahrt nach Pátras nur noch 18 Std. benötigen.

• *Generalagenturen* **ANEK** (www.anek.gr), Ikon Reiseagentur, Schwanthalerstr., D-80336 München, ☎ 089/5501041, 📠 598425, www.ikon-reiseagentur.de
Blue Star Ferries (www.bluestarferries. com), Hermann-Lange-Str. 1, 23558 Lübeck, ☎ 0451-88006200, 📠 88006129.
Minoan Lines (www. minoan.gr), Seetours International, Frankfurter Str. 233, D-63263 Neu-Isenburg, ☎ 06102-811004, 📠 811913,

www.seetours.de
Superfast Ferries (www.superfast.com), Hermann-Lange-Str. 1, 23558 Lübeck, ☎ 0451-88006166, 📠 88006129, E-Mail: info. germany@superfast.com
Ventouris Ferries (www.ventouris.gr), Ikon Reiseagentur, Schwanthalerstr., D-80336 München, ☎ 089/5501041, 📠 598425, www. ikon-reiseagentur.de

---

Fähr-Infos

• Bei gleichzeitiger Buchung von Hin- und Rückfahrt Italien-Griechenland erhält man auf den meisten Linien 20–30 % **Ermäßigung** auf den Rückfahrtspreis von Personen und Fahrzeugen, 10–20% für junge Menschen bis 26 und Senioren ab 60 Jahre, außerdem auf innergriechischen Linien derselben Gesellschaft 10–20 %. Ebenso gibt es Kinderermäßigung (meist bis 4 Jahre frei, bis 12 Jahre 50 %).

• Mindestens **zwei Stunden** vor Abfahrt sollte man am Hafen sein, unter Umständen verliert man sonst seinen reservierten Platz. Zugfahrer sollten Verspätungen einkalkulieren.

• Im Hafen zuerst zum Büro der Schiffslinie gehen. Dort bekommt man die **"Embarcation-Card"**, Hafentaxe von etwa 5 € muss bezahlt werden.

• Für **Kraftfahrer**: Normalerweise kann man während der Seereise nicht ans Auto, deshalb alles Wichtige schon vorher zusammenpacken und mit nach oben nehmen.

• **Camping an Bord**: Passagiere, die im Wohnmobil unterwegs sind, können bei einigen Fährlinien im Camper an Deck übernachten und erhalten sogar Stromanschluss. Vorteil: Man zahlt nur eine Deckpassage und genießt den Komfort des eigenen Mobilheims. Angeboten wird dieser Service bisher von ANEK auf den Strecken Triest-Pátras und Ancona-Pátras, außerdem von Minoan Lines und Superfast Ferries auf der Strecke Ancona-Pátras.

• **Tiere** werden in Käfigen an Deck transportiert, eine ziemliche Qual für die Vierbeiner.

Athen in einer Smogpause

Stop-over Athen

Die griechische Hauptstadt hat unter den europäischen Metropolen nicht den besten Ruf. Hochgradige Luftverschmutzung, endlose Autoschlangen, nervtötender Lärm und planlose Bebauung lassen nur noch wenig vom Geist der Antike verspüren.

Aber davon sollte man sich nicht abschrecken lassen – Athen ist eine Stadt, wie sie griechischer nicht sein kann. Die brodelnde Mischung aus orientalisch anmutendem Basarleben und eleganter Großstadtatmosphäre, gewürzt mit den zahllosen Ruinen seiner großen Geschichte und der Geschäftigkeit des Welthafens Piräus, bietet einen aufregenden Kontrast zu den stillen Landschaften der Kykladen. Zwei, drei Tage Athen sind ein Erlebnis, das genauso zu Griechenland gehört wie das abgelegene Bergdorf im Inneren einer kleinen Ägäisinsel. Jeder Grieche kennt die Hauptstadt. Wer Griechenland kennen will, sollte sie ebenfalls gesehen haben. Und – auch Athen hat seine unbestreitbar reizvollen Ecken: das Altstadtviertel Pláka mit seinen kleinen grünen Oasen am Hang der Akrópolis, die neu eingerichteten Fußgängerzonen im Stadtzentrum, die quirligen Studententreffs in Exarchía und Kolonáki sowie die stillen Hügel Likavitós, Strefí und Filopáppos hoch über der lärmenden Millionencity.

2004 wird Athen erstmals seit 1896 die olympischen Sommerspiele ausrichten. Vieles wird sich bis dahin in der Stadt noch ändern, überall wird renoviert und neu gebaut, die Hotelpreise sind bereits jetzt erheblich gestiegen.

Information

• _E.O.T._ Die **Hauptstelle** der Griechischen Zentrale für Tourismus liegt seit 2002 recht touristenunfreundlich im Stadtteil Ambelókipi, Tsocha Str. 7. Dorthin gelangt man am schnellsten mit der Metro-Linie M3 in Richtung Ethniki Amina (Station Ambelókipi). Es gibt ausgezeichnete kostenlose Stadtpläne (unbedingt notwendig in Athen!), die jeweils aktuellen Fahrpläne für Überlandbusse und Schiffe, detaillierte Hinweise zu Verbindungen nach Piräus und zum Flugplatz, Öffnungszeiten der Museen u. v. m. Mo–Fr 9–16.30 Uhr, Sa/So geschl. ✆ 210-8707000, E-Mail: info@gnto.gr
Weitere Informationsstelle im neuen Flughafen Elefthérios Venizélos, tägl. 8–22 Uhr. ✆ 210-3530445, 3545101.

• _Touristenpolizei_ Telefonischer 24-Stunden-Service unter ✆ 171, es wird Englisch gesprochen, in der Regel hilfsbereit.

• _Zimmervermittlung_ für Athen und ganz Griechenland bei der **Hellenic Chamber of Hotels** in der National Bank am Sýntagma-Platz, jedoch nur Hotels der A-, B- und C-Kat. Mo–Do 8.30–14, Fr 8.30–13.30, Sa 9–12.30 Uhr. ✆ 210-3237193, 3229912.
Adresse für Schriftverkehr: Stadiou Str. 24, GR-10564 Athens, ✆ 3225449, E-Mail: grhotels@otenet.gr

• _Literatur_ Hilfreich ist unter Umständen die **Athener Zeitung**, die einzige deutschsprachige Zeitung Griechenlands – aktuelle Fährverbindungen, Öffnungszeiten von Museen, Kino-/Theaterprogramm.

An- und Abreise

• _Per Flug_ Der neue, im Frühjahr 2001 eröffnete Athener Großflughafen **Elefthérios Venizélos** liegt in der Ebene von Spáta, etwa 25 km östlich vom Zentrum.
Zwischen Flughafen und **Athen** verkehren zwei Expressbuslinien, eine weitere zwischen Flughafen und **Piräus** und auch in die Hafenstadt **Rafína** (Fähren nach Ándros, Tínos, Mýkonos u. a.) gibt es eine Busverbindung. Start und Ankunft der Busse ist direkt vor den Abfertigungshallen des Airport.
Expressbus E 95 fährt rund um die Uhr etwa 3 x pro Stunde zum Sýntagma-Platz und zurück, Abfahrt am Sýntagma ist an der Amalias Avenue vor dem Nationalgarten.
Expressbus E 94 fährt zwischen 6.30 und 20 Uhr alle 10 Min. zur Endhaltestelle „Ethnikí Ámina" der neuen Metrolinie M 3, die zum Sýntagma-Platz pendelt. Die Abfahrtsstelle zum Airport liegt an der Messogion Ave., zwischen Kyprou und Anastaseos Str.
Expressbus E 96 fährt rund um die Uhr etwa 2–4 x stündl. direkt zur Abfahrtsstelle der Inselfähren in Piräus (Karaiskakiplatz) und zurück.
Ein weiterer **Expressbus** fährt im Sommer etwa 12 x tägl. in die Hafenstadt Rafína.
Preis pro Fahrt ca. 2,90 €, Gepäck kostenlos. Tickets gibt es beim Fahrer, in den Metrostationen und an den Fahrkartenkiosken an den Haltestellen. Fahrzeit nach Ethnikí Ámina ca. 45 Min., zum Sýntagma und nach Piräus mindestens 60 Min., wegen Staus oft auch länger.

• _Per Bahn_ Der erstaunlich kleine Hauptbahnhof von Athen **Stathmós Lárissis** (Larissa-Bhf.) liegt etwas außerhalb vom Zentrum. Mit der Metro M 2 kommt man zum Omónia- und Sýntagma-Platz. Wenn Sie am Omónia-Platz umsteigen, können Sie mit der M 1 direkt zu den Fähren nach **Piräus** fahren (→ Verbindungen in Athen). Schräg gegenüber vom Larissa-Bhf. (Fußgängerbrücke über die Gleise benutzen) liegt der **Peloponnes-Bhf.**, mehrmals tägl. gehen Züge auf den Peloponnes.

• _Per Bus_ Athen ist Zentrum des gut ausgebauten griechischen Busnetzes. Täglich kommt man mehrmals in alle größeren Städte und Häfen des Landes. Zwei große Busstationen außerhalb vom Zentrum bedienen Ziele in ganz Griechenland.
Busse zu Zielen in Attika starten an der Mavromateon-Str., am Eingang zum Areos-Park (Nähe Nationalmuseum), darunter ca. 1–2 x stündl. zu den Hafenstädten **Rafína** (Fähren nach Ándros, Tínos, Mýkonos u. a.) und **Lávrion** (Fähren nach Kéa und Kíthnos). Die beiden Städtchen hat man schnell erreicht – besonders schöner Einstieg, weil ruhiger als Piräus.

• _Per Schiff_ Fast alle Kykladen-Schiffe starten und landen im Riesenhafen **Piräus** am Uferkai Akti Possidonos (schräg gegenüber der Metrostation), einige Tragflügelboote an **Zéa Marína**. Außerdem gehen Schiffe auf die Kykladen auch von den zwei kleinen Hafenstädten **Rafína** und **Lávrion**. Weitere Details im Kapitel "Von Athen auf die Kykladen." Wer per Fähre in Piräus ankommt – alle 10–20 Min. fährt die äußerst effiziente Metro **M 1** ins Zentrum, Station vis à vis der Fährkais.

• *Mit dem eigenen Fahrzeug* im Zentrum praktisch keine Parkplätze und nur wenige Parkhäuser. Empfehlenswert, bereits in einem Außenbezirk möglichst nah an eine **Metrostation** heranzufahren (setzt allerdings Ortskenntnis bzw. Stadtplan voraus), dort parken und per Metro in die Stadt. Wer über Nacht bleiben will, zur Sicherheit für das Fahrzeug entweder in **Hotel mit Garage** (B-Kat. aufwärts) einmieten oder auf dem Campingplatz Athens absteigen (→ Übernachten), von dort häufige Busverbindungen in die Stadt.

Wer gleich auf die Kykladen weiter will und bereits ein Schiffsticket hat, sollte am besten gleich bis **Piräus** fahren, dort in den Hafen rein und Fahrzeug abstellen. Wenn noch Zeit für Sightseeing bleibt, zu Fuß wieder raus und per Metro in die Stadt.

Verbindungen in Athen

• *Metro* Bis 1999 besaß die Millionenstadt nur eine einzige Metro-Linie, die heutige **M 1**, die bereits seit vielen Jahrzehnten vom weit außerhalb liegenden Vorort Kifíssia quer durchs Zentrum zum Hafen Piräus fährt. Wichtige Haltestellen in der City sind Victoria-Platz (Nähe Larissa-Bhf. u. Archäol. Museum), Omónia-Platz (Nähe Markt), Monastiráki (Pláka) und Thissíon (Nähe Agorá). Die Endstation in Piräus liegt direkt beim Terminal der Inselfähren am Karaiskakiplatz.

Pünktlich zum Anfang des neuen Jahrtausends wurden nach achtjährigem Bau zwei weitere Metro-Linien in Betrieb genommen, seitdem ist auch der wichtige Sýntagma-Platz ans Netz angeschlossen. Die **M 2** fährt von Dáfni über Sýntagma- und Omónia-Platz zum Lárissa-Bhf. und weiter nach Sepólia, die **M 3** vom Sýntagma-Platz in Richtung Nordosten zur Endstation Ethnikí Ámina, von wo Expressbusse zum Flugplatz pendeln. Nach endgültiger Fertigstellung soll man auch den Flughafen mit der Metro erreichen können. Archäologische Funde verzögern den Bau aber immer wieder (→ Kasten, S. 37).

Preise: M 2 und M 3 je 0,70 € pro Fahrt, Die Strecke der M 1 ist in drei Zonen unterteilt (Piräus bis Monastiráki, Omónia bis Ano Patissia, Perissos bis Endstation Kifíssia), ein Ticket für ein oder zwei Zonen kostet 0,60 €, für drei Zonen 0,70 €. Ein **24-Std.-Ticket** kostet ca. 2,90 € und gilt in Metro, Stadtbussen und Expressbussen zum Flughafen. Die Fahrscheine kann man am Schalter oder an Automaten erwerben (für letztere Kleingeld nötig) und muss sie bis zur Sperre am Ende der Fahrt aufbewahren. Die Züge verkehren etwa von 5 bis 24 Uhr.

• *Busse* Es gibt zahllose **Stadtbusse**, deren Streckenführung theoretisch aus den gratis erhältlichen Übersichtsplänen erkenntlich sind (→ Kasten). Trotzdem ist Durchfragen oft angesagt, denn das System ist unüberschaubar. Tickets sind an den wichtigen Haltestellen in Kiosken erhältlich.

Athens Public Transport Pocket Map: Bei der Tourist Information, in größeren Metrostationen (Sýntagma, Omónia) und in Infoständern am Flughafen sind englischsprachige Übersichtspläne aller öffentlichen Verkehrsmittel für den gesamten Großraum Athen und Piräus erhältlich. Sie sind in sechs Blättern aufgelegt, pro Blatt sind jeweils das Zentrum und ein Außenbezirk mit Bus- und Metrolinien dargestellt.

Adressen

• *Botschaften* siehe Kapitel "Reisepraktisches" auf S. 68.

• *Geld* **Nationalbank** am Sýntagma-Platz/ Ecke Karageorgi Servias, Geldautomat vorhanden. Mo–Do 8–14, 15.30–18.30, Fr 8–13.30, 15–18.30, Sa 9–15, So 9–13 Uhr. Geldautomaten auch am Airport.

• *Gepäckaufbewahrung* **Pazific Travel**, Nikis Str. 26, Nähe Sýntagma-Platz. Pro Stück ca. 1,60 €/Tag, 4,70 €/Woche. Mo–Sa 8–20, So 9–14 Uhr. ✆ 210-3241007, ✉ 3233685. Zweigstelle am neuen Flugplatz Elefthérios Venizélos, ✆ 210-3530160. Am Flugplatz gibt es auch **Schließfächer**, ca. 3 €/Tag.

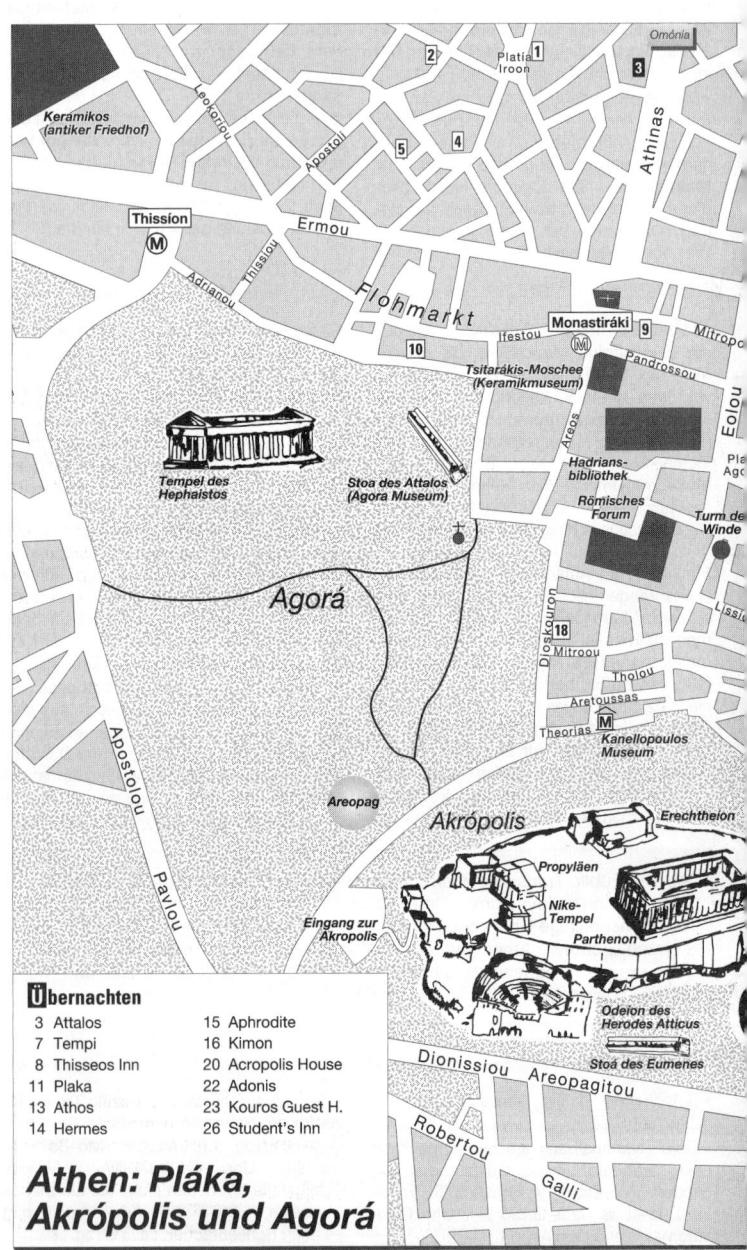

Übernachten

3 Attalos	15 Aphrodite
7 Tempi	16 Kimon
8 Thisseos Inn	20 Acropolis House
11 Plaka	22 Adonis
13 Athos	23 Kouros Guest H.
14 Hermes	26 Student's Inn

Athen: Pláka, Akrópolis und Agorá

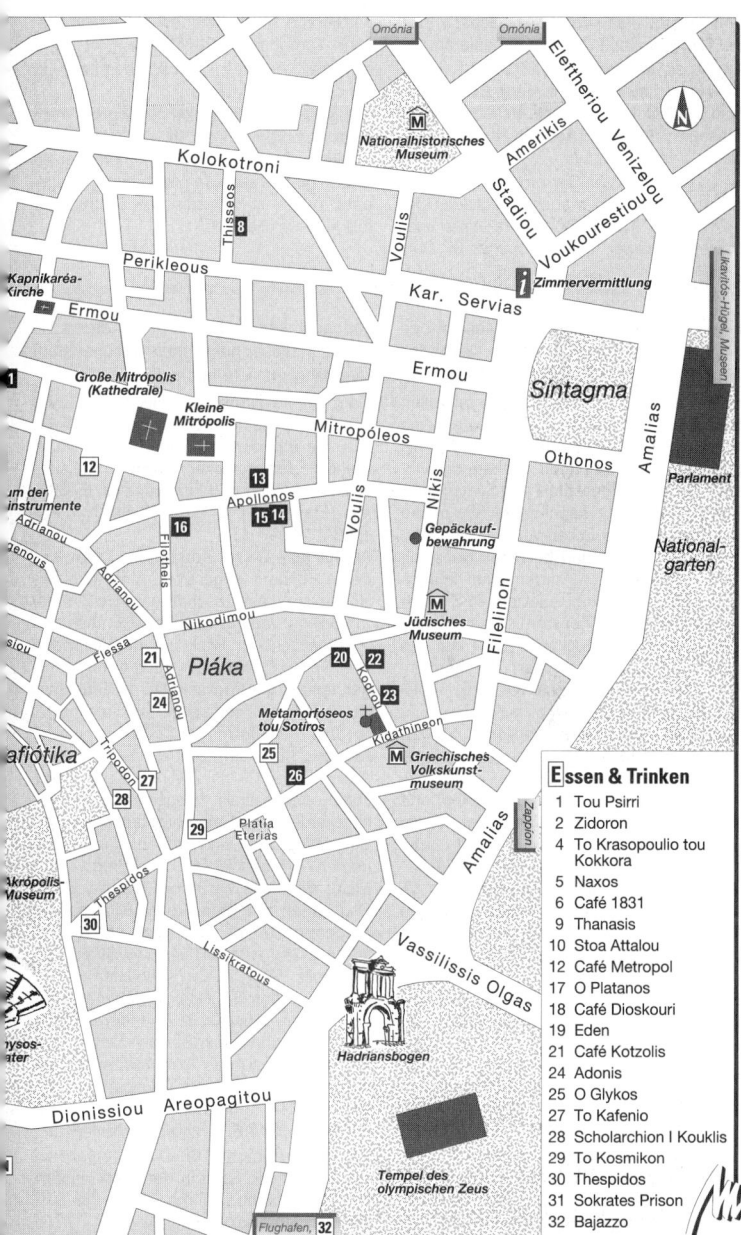

Omónia   Omónia

Eleftheriou Venizelou

Kolokotroni

Amerikis

Nationalhistorisches
Museum

Thisseos

8

Voulis

Stadiou

Voukourestiou

Perikleous

Kapnikaréa-
Kirche

Ermou

Kar. Servias

Zimmervermittlung

Likavitós-Hügel, Museen

Große Mitrópolis
(Kathedrale)

Ermou

Síntagma

Kleine
Mitrópolis

Mitropóleos

Nikis

Othonos

Amalias

Parlament

...um der
...instrumente

12

Apollonos

13

15 14

Voulis

Gepäckauf-
bewahrung

National-
garten

Adrianou

...genous

16

Filotheis

Adrianou

...siou

Nikodimou

Flessa

Pláka

21

Adrianou

24

Jüdisches
Museum

20   22

Kodrou

23

afiótika

Tripodon

27

28

25

26

Metamorfóseos
tou Sotiros

Kidathineon

Griechisches
Volkskunst-
museum

Amalias

Zappion

29

Platia
Eterias

...krópolis-
Museum

Thespidos

30

Lissikratous

Vassilissis Olgas

...ysos-
...ater

Hadriansbogen

Dionissiou   Areopagitou

Tempel des
olympischen Zeus

Flughafen, 32

E ssen & Trinken

1   Tou Psirri
2   Zidoron
4   To Krasopoulio tou
   Kokkora
5   Naxos
6   Café 1831
9   Thanasis
10 Stoa Attalou
12 Café Metropol
17 O Platanos
18 Café Dioskouri
19 Eden
21 Café Kotzolis
24 Adonis
25 O Glykos
27 To Kafenio
28 Scholarchion I Kouklis
29 To Kosmikon
30 Thespidos
31 Sokrates Prison
32 Bajazzo

Wenn man in einem Hotel oder Hostel übernachtet, kann man sein Gepäck dort am nächsten Tag kostenlos deponieren.

● *Internet* **Internet C@fé**, Stadiou 5, Nähe Sýntagma; **Internet Café Astor**, Ecke Kapodistriou/28 Octovriou, Nähe Archäologisches Museum; **Internet Access**, Kaningos 2, Nähe Omónia.

● *Landkarten* Wenn Sie noch Karten einzelner Kykladeninseln brauchen, schauen Sie beim **Road Travel Bookstore** hinter der Universität vorbei, Ioppokratous Str. 39. Dort gibt es die ganze Palette der exzellenten Karten von "Road Editions" (→ S. 80). Mobis Fr-Vormittag. ✆ 210-3613242, 🖂 3614681.

● *Olympic Airways* → Von Athen per Flug auf die Kykladen.

● *Reisebüros* ein ganzer Schwung gleich beim Sýntagma-Platz, in der **Nikis** und **Filellinon Str.** . Speziell für internationale Reisen gibt es zahllose preisgünstige Angebote. Athen ist europäisches Zentrum für Billigflüge in alle Welt.

Übernachten (s. Karte auf S. 30/31)

Hotels gibt es wie Sand am Meer. Athen ist jedoch viel besucht, deshalb werden Sie nicht überall sofort Platz finden. Außerdem ist Ruhe in dieser hektischen Millionenstadt ein Fremdwort. Die Preise sind für griechische Verhältnisse sehr hoch.

● *Mittelklasse* Im Umkreis des reizvollen Pláka-Viertels findet man eine ganze Reihe von Häusern, die durchschnittlichen bis passablen Komfort bieten, nächste U-Bahn-stationen sind Monastiráki und Sýntagma.
Plaka (11), B-Kat., Kapnikareas Str. 7/Ecke Mitropoleos, zwei Ecken von der Kathedrale, alteingeführtes und beliebtes Haus mit sechs Stockwerken, ordentliche Einrichtung, 2001 vollständig renoviert. 60 Zimmer mit schallisolierten Fenstern, TV und Klimaanlage, von der Rückseite Blick auf die Akrópolis (dort auch ruhiger!), Dachgartenbar. DZ mit Frühstück ca. 85–125 €. ✆ 210-3222096, 🖂 3222412, www.plakahotel.gr
Aphrodite (15), C-Kat., Apollonos Str. 21, großes, schlichtes, sehr sauberes Mittelklassehaus, 84 einfach eingerichtete Zimmer, hinten raus sehr ruhig, Blick auf Schulhof und Kirche, morgens Vogelgezwitscher. Gutes Preis-Leistungs-Verhältnis. DZ mit Frühstück ca. 55–75 €. ✆ 210-3234357, 🖂 3226047.
Hermes (14), C-Kat., Apollonos Str. 19, gleich neben dem Aphrodite und mit diesem vergleichbar, etwas teurer. DZ mit Frühstück ca. 60–80 €. ✆ 210-3235514, 🖂 3232073.
Athos (13), D-Kat, Patrouu Str. 3, um die Ecke vom Aphrodite. Komfortables Haus (Kategorie völlig unzutreffend) mit 18 Zimmern, alles ist mit weichem Teppichboden ausgelegt, geschmackvolle Einrichtung, zur Südseite Blick auf die Akrópolis, Dachgarten, in den oberen Stockwerken Aircondition. DZ mit Frühstück ca. 95–120 €. ✆ 210-3221977, 🖂 3210548, E-Mail: athoshtl@otenet.gr
Acropolis House (20), C-Kat., Kodrou Str. 6-8, klassizistisches Haus am Rand der Pláka, relativ ruhige Lage (allerdings ziehen Nachtschwärmer durch die Gassen). Es gibt einige schöne Zimmer im Haupthaus, aber auch einige sehr durchschnittliche im Anbau, die Badezimmer sind schlicht. Unten kleine Frühstücksecke. Reservierung sinnvoll. DZ mit Bad und Frühstück ca. 65–80 €, mit Etagendusche ca. 45–50 €. ✆ 210-3222344, 🖂 3244143.
Adonis (22), C-Kat., Kodrou Str. 3, das moderne Pendant gegenüber vom Acropolis House, laut Leserzuschrift saubere Zimmer mit Balkon, von der Dach- bzw. Frühstücksterrasse schöner Blick auf die Akrópolis. Herr Spiros Dervos, der freundliche Manager, spricht gut Englisch. DZ mit Frühstück ca. 40–55 €, zur Frontseite (mit Klimaanlage) 50–70 €. ✆ 210-3249737, 🖂 3231602.
Attalos (3), C-Kat., zentrale Lage an der Athinas Street 29, nur 2 Min. von der Metrostation Monastiráki. Wegen seiner Größe (80 Zimmer) findet man hier fast immer ein Bett. Die Zimmer sind einfach, aber sauber, immer warmes Wasser, nach hinten relativ ruhig, allerdings hässlicher Ausblick. Vom Dachgarten mit Getränkebar Blick auf die Akrópolis. DZ mit Frühstück ca. 70–77 €. ✆ 210-3212801-3, 🖂 3243124, www.attalos.gr
Acropolis View, C-Kat., Webster Str 10, Ecke Filopapou Str. Ruhig gelegenes Haus südlich der Akrópolis. 32 Zimmer mit Klimaanlage, TV und meist Balkon, zum großen Teil mit Blick auf die Akrópolis, ansonsten kann man den Blick vom Dachgarten genießen. DZ mit Frühstück ca. 70–80 €. ✆ 210-9217303, 🖂 9230705, www.acropolisview.gr
● *Einfach* **Kimon (16)**, D-Kat., Apollonos Str. 27, zentrale Lage in der Pláka, 14 Zimmer, Dachgarten. DZ mit Bad ca. 35–50 €, mit Etagendusche ca. 30–40 €. ✆ 21-0-3314658, 🖂 3214203.

Orion, D-Kat., im Viertel Exarchía, am Ende der Emmanouil Benaki Str. (Nr. 105). Schöne, allerdings zu Fuß schweißtreibende Hügellage, hoch über dem stickigen Zentrum, direkt beim Strefi-Park. Freundlich geführtes Haus, 23 Zimmer mit Etagendusche, Dachgarten mit TV, Waschmaschine. Vorher anrufen bzw. reservieren. DZ ca. 35–50 €. ✆ 21-0-3827362, 🖁 3805193.

Die folgenden Adressen werden hauptsächlich von Rucksacktouristen ohne große Ansprüche genutzt und haben oft hostelähnliche Atmosphäre, sind aber mittlerweile aber weitgehend als "Hotels" klassifiziert sind. Internationales Publikum, meist nur Etagendusche, oft auch Hausbar und für die E-Mail nach Hause Internetanschluss. Es gibt DZ (ca. 35–50 €), Mehrbettzimmer (ca. 15–20 € pro Pers.), oft auch Schlafsäle mit Stockbetten (12–15 € pro Pers.).

Aphrodite's House, Einardou Str. 12/Michalis Voda Str. 65, zwischen Bahnhof und Victoria-Platz (Metrostation). Helle und freundliche Räume, fast alle mit Balkon. Professionell geführt, Internetzugang, nette Hausbar mit Aircondition im Keller, Dachgarten, Gepäckaufbewahrung (auch längerfristig), Waschmaschine. ✆ 210-8839249, 🖁 8816574, E-Mail: hostel-aphrodite@ath. forthnet.gr

Zorbas, C-Kat., Giilfordou Str. 10, nur wenige Meter vom Victoria-Platz (Metrostation). Familiäre Atmosphäre, Bar, Safe, Internetzugang, Gepäckaufbewahrung. ✆/🖁 210-8234239, www.zorbashotel.com

Tempi (7), D-Kat., Eolou Str. 29, zwei Minuten von der Pláka. Alteingeführte Herberge für Rucksacktouristen, erstaunlich zentral, dabei ganz zentrale Lage in einer Fußgängerzone, parallel zur Athinas Str. Im schmalen, turmförmigen Haus schlichte, kleine Zimmer, teils mit eigenem Bad, teils Etagendusche, einige mit Balkon zur Straße, z. T. Blick auf die Akrópolis. Waschmaschinenbenutzung. ✆ 210-3213175, 🖁 3254179, www.travelling.gr/tempihotel

Thisseos Inn (8), E-Kat., Thisseos Str. 10, am Rand der Pláka, Seitengasse der Perikleous Str. Nachts relativ ruhig, dafür bereits frühmorgens erheblicher Verkehr und Geschäftslärm. Zimmer und Schlafsäle nur mit Etagendusche, Gemeinschaftsküche, TV im Rezeptionsraum. Im Sommer kann man für ca. 8–10 € auf dem regengeschützten Dachgarten schlafen. ✆ 210-3245960.

Student's Inn (26), E-Kat., Kidathineon Str. 16, mitten im Herz der Pláka, dementsprechend beliebt, oft voll. 45 Zimmer (2–4 Bet-

Straßenleben in der Pláka

ten) unterschiedlicher Qualität, sauber, Duschen und WC auf dem Gang, nachts recht laut, freundlich geführt, Schließzeit Mitternacht. Frühstücksbuffet im Hof, Internetzugang. ✆ 210-3244808, 🖁 3210065, E-Mail: Students-inn@ath.forthnet.gr

Kouros Guest House (23), E-Kat., Kodrou Str. 11, nur wenige Meter vom Student Inn, Nähe Nikis Street. Schönes, altes Haus mit Stuckdecken und Holzböden, von einigen Zimmern Blick auf die Akrópolis. Nachts relativ ruhig. ✆ 210-3227431.

● *Hostels* **Athens International Youth Hostel**, Victoros Hugo Str. 16, Nähe Omónia-Platz. Ein ehemaliges Hotel der C-Kat. wurde in eine moderne JH umgewandelt, die einzige IYHF-Herberge Griechenlands. Übernachtung in Zwei- und Vierbettzimmern mit Bad (!) für ca. 9 €, allerdings nur mit JH-Ausweis, der hier für ca. 12,50 € erworben werden kann. Beliebter und freundlicher Platz, keine nächtliche Schließzeit, Waschmaschinen, Internetzugang. Bei Reservierungen werden JH-Mitglieder bevorzugt. ✆ 210-5234170, 📠 5234015, E-Mail: athenshostel@interland.gr

Argo, Victoros Hugo 25, gegenüber der JH, relativ geräumige, aber schon etwas ältere Zimmer mit 4 Betten. Übernachtung im Mehrbettzimmer ca. 12 €, im DZ ca. 22 €. ✆ 210-5225939, 📠 8641693.

XEN, Amerikis Str. 11, in derselben Straße wie das Tourist Info. Nur weibliche Wesen dürfen hier unterkommen, Ordentliche Zimmer, Einzel mit Bad ca. 22 €, DZ 35 €, mit Etagendusche etwas günstiger, zuzügl. Mitgliedsausweis für ca. 3 €. Am Gang Kühlschrank, morgens wird ein kleines Frühstück serviert. ✆ 210-3624291.

● *Camping* **Athens**, Athinon Av. 190, der stadtnächste Platz, ca. 7 km westlich vom Zentrum, an der Straße nach Korinth. Sehr laut, ganzjährig geöffnet. ✆ 210-5814114.

Weitere Plätze liegen in Kifissiá an der Autobahn und an der attischen Küste Richtung Kap Soúnion, z. B. in **Glifáda**.

Essen & Trinken (s. Karte auf S. 30/31)

Mit das Schönste in Athen sind sicherlich die Tavernen in der **Pláka**. Sie vermitteln viel Stimmung. Jedoch sollte man sich von Lokalen fernhalten, die sich völlig den vermeintlichen touristischen Ansprüchen angepasst haben und oft überhöhte Preise verlangen.

● *In der Pláka* **Scholarchion I Kouklis (28)**, Tripodon Str. 14, etwas oberhalb des Hauptwegs durch die Pláka, untergebracht in einem ehemaligen Schulgebäude. Gemütliche Terrasse im traditionellen Dorfstil, anstelle einer Speisekarte bringt der Wirt ein Tablett voller Gerichte vorbei, aus dem man auswählen kann, z. B. flambierte Grillwürste und *keftédes* (Fleischbällchen). Dazu gibt's guten Fasswein.

O Platanos (17), Diogenous Str. 4, seit 1932, einfache traditionelle Taverne an einem schönen versteckten Platz, man speist draußen unter einem Blätterdach, auch die namengebende Platane steht noch. Herzhafte Fleischküche, diverse Variationen von *moschári* (Kalb) und *arní* (Lamm), preiswert.

Eden (19), Lissiou Str. 12/Ecke Minissikleous Str. Seit 1982, das erste vegetarische Restaurant Griechenlands, nostalgisch eingerichtete Räume mit Ventilatoren, auch auf der Straße kann man gemütlich sitzen (allerdings nur wenige Plätze), sehr sauber. Geboten ist feinste Kost, äußerst schmackhaft und in raffinierten Zusammenstellungen, z. B. Soja-Souvlaki *chortokeftédes* (frittierte Gemüsebällchen) und *manitariá stifádo* (Pilz-Stifado). Leserkommentar: "Man muss nicht Vegetarier sein, um das Eden in höchsten Tönen zu loben. Wir empfanden dieses ausgezeichnete Lokal wie eine Oase in der Wüste. Als Dessert unbedingt zu empfehlen: frischer Joghurt mit Honig und Walnüssen."

Thespidos (30), Thespidos Str. 18, hübsche Taverne unter Weinranken am Ende eines kleinen Treppengässchens, touristisch entdeckt, trotzdem gemütlich, gute Auswahl an Fleisch- und Fischgerichten, zu den Spezialitäten gehört Lammleber, nicht besonders billig.

Stoa Attalou (10), Adrianou Str. 9, nette Straßentaverne am Rand des Flohmarkts, direkt neben der Metrolinie, unterhalb der Agorá. Wer die reichhaltigen griechischen *mezédes* mag, ist hier richtig, abends oft Bouzouki- und Gitarrenmusik live.

To Kosmikon (29), Adrianou/Kitdathineon Str., an der zentralen Kreuzung der Pláka. Gemütliches Gyros-/Souvlaki-Lokal unter Platanen, direkt am Puls des Geschehens, durchschnittliche Preise.

To Monastiri, eine der urigen Tavernen mitten in der großen Markthalle an der Athinas Str. Fast rund um die Uhr geöffnet. Tische im klimatisierten Innenraum neben dem Fleischmarkt., preiswert.

Thanasis (9), Souvlaki-"Fabrik" in der Mitropoleos Str., unmittelbar beim Monastiráki. Für wenig Geld holt man sich ein paar Spieße, dazu gibt's deftigen Bauernsalat und Tzatziki. Im Umkreis haben sich mittlerweile mehrere ähnliche Lokale angesiedelt, wo man auch gemütlich im Freien sitzen kann.

Adonis (24), Adrianou Str. 118, kleiner Giros-Stand an der Hauptgasse der Pláka, seit Jahrzehnten Garant für preisgünstige Giros-Pitta, derzeitiger Preis ca. 1,50 €.

● *In Psirrí* Das Viertel westlich der Athinas Str. ist eins der neuen Zentren des Athener Nachtlebens und von der Pláka schnell zu erreichen.

Tou Psirrí (1), Aischylou Str. 12. Eine der ersten Tavernen in diesem Stadtteil. Hübsch dekoriert mit alten Fotografien und Zeichnungen, freundlicher Service. Frischer

Fisch, Fischsuppe, Fleisch in Tomaten- und Zitronensauce, auch viele vegetarische Gerichte. Offener Wein vom Fass.
To Krasopoulio tou Kokkora (4), Ecke Aisotou/Karaiskai Str. Traditionstaverne seit 1890, Spezialiät in dem "Laden, der Wein und Hühnchen verkauft" ist natürlich Hühnchen, es gibt aber auch Gerichte vom Schwein und Rind. Interessanter Innenraum mit alten Fotos, Wanduhren und Schriftstücken an den Wänden. Allabendlich nicht zu laute Livemusik mit Gitarre und Bousouki. Juli/August geschl.
Zidoron (2), Taki Str. 10, Tische auf der Gasse und im hell eingerichteten, gemütlichen Innenraum. Chef Georgios hat fünf Jahre in Berlin gelebt und spricht hervorragend Deutsch. Internationale Küche, oft wird etwas Neues ausprobiert. Im Hochsommer nur abends.
Naxos (5), Platia Christokopidou 1. Café und Mezedopólion, Chef Georgios stammt aus Naxos Es gibt Grillgerichte vom Huhn und Schwein sowie Fisch und Meeresfrüchte. Tipp ist der würzige Hartkäse *kefalotíri* von Náxos.

● *Südlich der Akrópolis* **Bajazzo (32)**, Anapafseos Str. 14/Ecke Tyrteous, südwestlich unterhalb der Akrópolis. Der erste Michelinstern für Griechenland! Der Deutsche Klaus Feuerbach zelebriert in einer klassizistischen Villa mit hübschem Innenhof fantasievolle mediterrane Küche, dazu gibt es griechische und französische Spitzenweine. Gehobenes Preisniveau, aber keinerlei steife Atmosphäre und extrem aufmerksamer Service. Mo–Sa ab 20 Uhr, So geschl. Reservierung angebracht, ☎ 210-9213012.
Sokrates Prison (31), Mitseon Str. 20, südlich der Akropolis, etwa 10 Min. von der Pláka. Sitzplätze an einer ruhigen Seitengasse, interessante und wohlschmeckende Gerichte. Etwas höhere Preise. So geschl.

● *In Exarchía* (→ Nachtleben) **O Barba Iannis**, Emmanouil Benaki Str. 94, gemütliches altes Studentenlokal im Viertel Exarchía (→ Nachtleben), ca. 10 Fußminuten oberhalb vom Omónia-Platz. Leckere bodenständige Hausmannskost, günstige Preise, schön und kommunikativ zum Sitzen unter einer Pergola. So-Abend geschl.
Ama Lachei, Kallidromiou Str. 69, ebenfalls in Exarchía, ein Stück weiter oben, kurz vor dem Strefi-Hügel. Im großen Hof mit betäubendem Jasminduft trifft sich die Athener Jugend zum fröhlichen und garantiert "touristenfreien" Essen, tolle Stimmung. U.a. er-

hältlich *spetsofaí*, *loukániko* und *moschári stámnas*.

● *Omónia-Platz und Umgebung* **Archeon Gefsis**, Kodratou Str. 22, westlich vom Omónia-Platz. Eine faszinierende Reise zu den Ursprüngen der griechischen Küche, die "Philosophie des antiken Essens" wird hier zelebriert. Man sitzt in einem romantischen Innenhof mit Fackelbeleuchtung, wie vor 2500 Jahren wird nur mit Messer und Löffel gegessen, die Zusammenstellung der Speisen ist einfallsreich und ungewöhnlich, serviert wird in Ton- und Steingut. Einen Ableger des Restaurants gibt es auf Mýkonos. So geschl.
Neon, ausgezeichnetes Schnellrestaurant direkt am Omónia-Platz, in modern-klimatisierten Räumen gibt es u. a. gute Fleischgerichte, leckere Salate und frisch gepresste Säfte. Hochmoderne Toiletten. Geöffnet ist täglich bis 2 Uhr nachts.
Youth Hostel Cantina, gegenüber der Jugendherberge in der Victoros Hugo Str. 16 im zweiten Stock, nettes Lokal, das im Prinzip zur JH gehört, geführt von Alex mit Humor und Leidenschaft. Gute Musik, hervorragender Wein und wirklich günstige griechische Küche.

● *Likavitós* **Dionysos**, an der Spitze des Likavitós-Hügels (→ Sehenswertes). Athen bei Kerzenschein von oben, allerdings etwas teurer. Mit der Standseilbahn kommt man hinauf.

Lokale in Piräus siehe S. 49.

● *Cafés* **Metropol (12)**, großes Freiluftcafé am ruhigen Platz vor der Kathedrale, etwas teurer. Am selben Platz noch weitere Möglichkeiten.
Dioskouri (18), Dioskouron Str./Ecke Mitroou (vom Monastiráki bergauf), lauschiges Eckchen unterhalb der Akrópolis, unter Segeltuchschirmen und einer schattigen Palme treffen sich Athener Studenten zum Plausch, zu essen gibt es *mezédes*, Salate etc.
To Kafenio (27), Epicharmou Str., gegenüber von Scholarcheion I Kouklis (→ oben). Nettes Café mit schönem Innenraum und hübsch überrankter Fassade.
Konstantinos Kotzolis (21), Adrianou Str. 112, Galakto-Zacharoplastion (Milchkonditorei) an der Hauptgasse der Pláka, seit 1906 in Familienbesitz. Hier kann man das leckere griechische Gebäck kosten, gelegentlich stehen auch einige Tische auf der Straße.

O Glykos (25), in einem Seitengäßchen der Kidathineon Str. (→ Stadtplan). Ruhiges, schattiges Plätzchen im Herzen der Pláka, Kafenion im traditionellen Stil, faire Preise und weitgehend touristenfrei.
Café 1831 & Café Aiolis (6), Eolou Str. 52

bzw. 23, zwei geschmackvoll restaurierte Cafés in einer Fußgängerzone, Blick auf die Akrópolis.
Interessante Atmosphäre bieten auch die Cafés im **Obst-/Gemüsemarkt** an der Athinas Str. (gegenüber der Markthalle).

Nachtleben

Natürlich bleibt man meist in der **Pláka** hängen. Wer aber mal etwas anderes probieren will: Im Viertel **Exarchía** am Hang des Strefí-Hügels (oberhalb vom Omónia-Platz) findet man zahllose Cafés und Bars, die allabendlich von Tausenden Athener Jugendlichen dicht bevölkert sind, vor allem entlang der Themistokleous Str. und an der grünen Platia Exarchía. Touristen trifft man so gut wie keine. Im Gegensatz zur verkehrsgeplagten City gibt es hier oben auch lauschige, mit Grün bepflanzte Treppengassen mit Sitzecken. Weitere populäre Ecken sind das südöstlich sich anschließende Viertel **Kolonáki**, wo man z. B. in den Straßen Tsakalof, Milioni und Skoufa ein Café neben dem anderen findet und **Psirrí**, westlich der Athinas Str., wo sich seit den Neunziger Jahren in erster Linie jüngere Tavernen- und Kneipenwirte angesiedelt haben, um dem touristischen Ambiente und den gnadenlos überhöhten Mieten in der nahen Pláka zu entgehen. Ansonsten fahren die jungen Athener im Sommer gerne raus nach **Voula** an der attischen Küste, wo in zahlreichen Discos allnächtlich die Post abgeht.

Licht- und Tonveranstaltungen über die Geschichte Athens April bis Oktober jeden Abend um 21 Uhr in englischer Sprache (in Deutsch nur 2 x wöch. um 22 Uhr) auf dem Pnyx-Hügel gegenüber der Akrópolis. ℘ 210-9226210.

Dora Stratou, seit Jahrzehnten altgriechische Tänze im Theater am benachbarten Filopáppos-Hügel. Mai bis September jeden Abend außer Mo (Di–Sa 21.30, So 20.15 Uhr), Eintritt ca. 13 €, Reservierung nicht nötig. Internet: www.grdance.org

Sehenswertes

Der Großteil des touristischen Geschehens spielt sich im Dreieck zwischen Omónia-Platz, Monastiráki (unterhalb der Akrópolis) und Sýntagma-Platz ab. Zwischen beiden letzteren erstreckt sich die Pláka, das bekannte Altstadtviertel. Die Strecken kann man zu Fuß bewältigen, sollte sie jedoch nicht unterschätzen. Zwischen Omónia und Sýntagma pendeln zahlreiche Busse, seit kurzem kann man auch die neue U-Bahn benutzen.

Sýntagma-Platz: der verkehrsgeplagte Nobelplatz Athens mit dem ehemaligen Königspalast (heute Parlament und Sitz des Präsidenten), der Luxusherberge "Grande Bretagne" (wird derzeit restauriert), diversen Banken, Fast Food und Reisebüros, in der Mitte Grünflächen, Springbrunnen und die prachtvolle neue U-Bahnstation. Nicht versäumen sollte man das Wachzeremoniell der *Evzonen* zu jeder vollen und halben Stunde vor dem Parlament an der oberen Platzseite am Grabmal des unbekannten Soldaten. Gleich rechts nebenan liegt der *Nationalgarten*, ein einzigartiger Biotop und eine Oase der Ruhe im tosenden Verkehrslärm.

Omónia-Platz: Der runde Platz ist das konzentrierte Verkehrs- und Einkaufszentrum der Stadt, dementsprechender Trubel herrscht hier – fliegende Händler, Losverkäufer, Stände aller Art, im Souterrain eine große, alte Metrostation, die in den nächsten Jahren endlich renoviert werden soll. Straßencafés gibt es nicht, einen Besuch wert ist aber das komfortable Schnellrestaurant "Neon" (→ Essen & Trinken). In der Mitte des Platzes wurde 2003 ein großes Wasserspiel des Künstlers Georgios Zongolopoulos aufgestellt Nachts ist der Platz weniger erfreulich und fungiert als Treffpunkt von allerlei zwielichtigen Gestalten und der ausländischen Subkultur, darunter viele Albaner. Am frühen Morgen bevölkert die Discojugend die Imbissstände.

Der Metrobau: Im Untergrund von Athen

Von 1991 bis Ende 2002 war die Athener Innenstadt eine einzige große Baustelle. Ein Konsortium aus 21 europäischen Unternehmen (u. a. Daimler-Chrysler, Hochtief und Bosch unter der Leitung von Siemens) baute zwei neue Metrostrecken, die u. a. auch den neuen Flughafen Elefthérios Venizélos an die Stadt anbinden werden. Sechs Jahre hatte man für den Bau der U-Bahn veranschlagt, elf sind es geworden. Der Grund für die Verzögerung: Ständig stießen die Arbeiter auf Überreste der Antike. Bei allen Erdarbeiten waren Archäologen dabei und stoppten die Arbeiten sofort, wenn etwas Wichtiges gefunden wurde. Erschwerend kam dazu, dass der Boden von Wasserläufen, Hohlräumen, antiken Kanälen und Brunnenschächten durchzogen ist. Immer wieder sackte die Erde ein, mussten Umwege gezogen werden und die Gleistunnel aufwändig abgestützt werden. Doch das Ergebnis kann sich sehen lassen: Die neuen Stationen sind mit griechischem Marmor und italienischem Granit ausgekleidet, hinter kugelsicherem Glas wird dort ein Teil der entdeckten archäologischen Kostbarkeiten präsentiert: Am Sýntagma-Platz kann man weitläufige Ausgrabungsfunde vom 11. Jh. v. bis ins 5. Jh. n. Chr. betrachten, darunter eine Präsentation der Kulturschichten, wie sie die Archäologen beim Bau der Metro vorgefunden haben sowie ein Skelett aus Platos Zeit. In der Station Panepistímiou liegen kleine Gefäße und Keramik in den Vitrinen, in der Station Akrópolis sind originalgetreue Nachbildungen vom West- und Nordfries des Parthenon ausgestellt und in der Station Monastiráki (noch nicht fertig gestellt) wird man die Fundamente der antiken Stadt sehen können. Eine ausgedehnte Belüftungsanlage mit turbinengroßen Ventilatoren sorgt im gesamten Untergrund für reichlich Frischluft und in der Nähe von wichtigen Denkmälern wie der Akrópolis sind die Gleise mit rüttel- und schalldämpfendem Kunststoff überzogen. Eine besondere Attraktion soll schließlich die Station Olympión südlich der Akrópolis bieten: Sie wird zusammen mit der Eingangshalle eines neuen Akrópolis-Museums, das in den nächsten Jahren fertig gestellt werden soll, eine architektonische Einheit bilden.

Athinas Straße: verläuft schnurgerade zwischen Omónia und Monastiráki, herrlicher Blick auf die Akrópolis. Fast auf der ganzen Länge reihen sich Verkaufsstände und Straßenhändler dicht an dicht, viele sind Einwanderer aus osteuropäischen Ländern. Höhepunkt des Getümmels ist der riesige *Gemüse-, Obst-, Fleisch- und Fischmarkt* etwa an der Hälfte der Strecke – jeden Vormittag offen, auf keinen Fall versäumen! Vor allem die Hallen der Fleisch- und

Sonntags ist am Athener Flohmarkt am meisten los

Fischhändler sind überwältigend für Ohren und Augen, versteckt mitten drin dampfende Markttavernen, draußen überquellende Obststände, Gewürzhändler, Weinprobierstuben, Handwerker in kleinen Verschlägen ...

Sehr aufgewertet wurde der lange Straßenzug durch die Neugestaltung der großen *Platia Demarchiou* (auch: Ethnikis Antistassis) im nördlichen Bereich der Straße. Mit großen Freiflächen, illuminierten Springbrunnen und großen klassizistischen Bauten ringsum hat der Rathausplatz durchaus das Zeug, sich zu einem neuen repräsentativen Mittelpunkt zu entwickeln. Das Rathaus steht direkt an der Athinas Str. Im westlichen Platzbereich, nahe der Eolou Str., wurden Grundmauern aus antiker Zeit freigelegt.

Fußgängerzonen: Die parallel zur Athinas Str verlaufende *Eolou Str.* ist Hauptachse eines Systems von erholsamen Fußgängerzonen, die sich über die erst Ende der Neunziger für den Verkehr gesperrte *Ermou Str.* bis zur Pláka ziehen. Tipp: Auf der Gratiskarte des Informationsbüros sind sie vollständig eingezeichnet.

Monastiráki: zentraler Platz am unteren Ende der Athinas Str., derzeit wegen des U-Bahnbaus eine Großbaustelle. Rechts neben der Metrostation Eingang zum berühmten *Flohmarkt*, in die andere Richtung kommt man in die Pláka mit unzähligen Souvenirshops (Keramik, "echte Ikonen", Schmuck, Pullover aus Schafwolle u. v. m.) und Tavernen. Blickfang am Platz ist die *Tsitarakis-Moschee* aus dem 18. Jh. Herrlicher Blick auf die Akrópolis und die Möglichkeit, von hier aus hinaufzusteigen. Hinter der Moschee das große Gelände der *Hadriansbibliothek* (→ S. 44).

Athener Flohmarkt: Entstanden ist dieser riesige Warenumschlagplatz nach dem großen Bevölkerungsaustausch von 1923, als Scharen von kleinasiatischen Griechen nach Athen strömten und sich hier billig mit Gebrauchtwaren und Einrichtungsgegenständen eindeckten. Inzwischen sind es hauptsächlich Souvenir- und Bekleidungsläden, die sich an die Touristen aus aller Welt wenden. Doch noch immer findet man auch urige Kram- und Krempelstände aller Art, Möbel und Antiquitäten, Autozubehör und Werkzeug, Bouzoukis und türkische Trommeln, uralte Schallplatten, Kupfer- und Messingsachen, Silberikonen usw. Auch alteingesessene Athener werden hier noch fündig. Besonders billig ist allerdings nichts mehr, Handeln fällt zudem schwer, weil alle Profis sind. Besonders amüsant ist es, dem verbotenen "Hütchenspiel" zuzusehen (aber keinesfalls mitmachen, man verliert immer!). Der Flohmarkt ist täglich bis abends 20 Uhr geöffnet, sonntags wird er sogar erweitert.

Likavitós-Hügel: etwas außerhalb vom Zentrum. Markant und steil, im Stadtbild leicht an der blendend weißen Gipfelkirche des *Ágios Geórgios* zu erkennen. Oben angelangt, überwältigender Blick auf das Häusermeer, an klaren Tagen bis Piräus und Golf von Ägina.
Eine Standseilbahn fährt tägl. von 8.45 Uhr bis kurz nach Mitternacht auf den Gipfel. Talstation am Ende einiger schweißtreibender Treppen an der Ploutarchou Str., vom Sýntagma-Platz auf der breiten Vassilissis Sofias leicht zu erreichen (Botschaftsviertel). Hinunter kann man bequem zu Fuß gehen, ca. 20 Min.

Kolonáki-Platz: geschäftiger Platz im gleichnamigen Wohnviertel zwischen Nationalgarten und Likavitós. In den schattigen Großcafés trifft man kaum Touristen, dafür umso mehr junge Athener – vor allem an Wochenenden ist jeder Stuhl besetzt. Im Umkreis zahlreiche Boutiquen internationaler Modedesigner und dutzende von Cafés und Kneipen, vor allem in den Straßenzügen, die sich Richtung Nordwesten ins Studentenviertel Exarchía hinüberziehen (→ Nachtleben).

Pláka

Die Altstadt von Athen liegt direkt unterhalb der Akrópolis. Erbaut ist sie auf den Trümmern des antiken Athen, später wurde sie jahrhundertelang von Türken genutzt. Viele enge Gässchen mit Treppen und Weinranken ziehen sich den Hang hinauf, heute vollständig Fußgängerbereich und fest in der Hand des Kommerz – zahllose Tavernen und Cafés, dazu Boutiquen und Souvenirshops aller Couleurs, abends dominieren kitschige Bouzouki-Restaurants. Macht trotzdem Spaß, hier durchzuschlendern, ein gut gelaunter Rummelplatz mit viel "griechischer" Atmosphäre!

Das war nicht immer so: In den siebziger Jahren galt die Pláka als das verrufenste Halbweltviertel der Stadt, Reeperbahn und Red Light District in einem. Freizügige Nightclubs und Spielhöllen schossen aus dem Boden, seriöse Urlauber begannen die Pláka zu meiden. Es ist das Verdienst der damaligen Kulturministerin Melina Mercouri, diese Entwicklung rechtzeitig gestoppt zu haben. Heute sind alle zweifelhaften Etablissements restlos beseitigt, und die Athener Stadtverwaltung engagiert sich stark dafür, das ursprüngliche Ambiente zu retten bzw. wiederherzustellen.

Ermou Straße: Diese quirlige Geschäftszeile bildet die nördliche Begrenzung der Pláka. Sie wurde dankenswerterweise vor kurzem zur Fußgängerzone umgewandelt und hat sich seitdem zum beliebten Flanierboulevard entwickelt. Mitten auf der Straße steht die altehrwürdige *Kapnikarea-Kirche* aus dem 11. Jh.

Große Mitropolis: Die mächtige Kathedrale von Athen steht auf einem ruhigen Platz an der Mitropoleos Straße, auf halbem Weg zwischen Monastiráki und Sýntagma. Der Marmorbelag vor dem Eingang ist von zahllosen Füßen spiegelglatt gewetzt. Das Innere zeigt sich pompös, mit viel Goldbelag, Fresken, Ikonen und fast orientalisch anmutender Prachtentfaltung. Blickfang sind u. a. zwei reich verzierte Sarkophage einer Märtyrerin und eines Patriarchen von Konstantinopel. Einige Cafés laden zur Rast ein, in den umliegenden Gassen (hauptsächlich Filotheis und Apollonos Str.) haben sich die Kirchenausstatter niedergelassen – Tür an Tür findet man hier Gold- und Silberkreuze, Weihrauchgefäße und Ikonen.

Kleine Mitropolis: harmonischer Kreuzkuppelbau neben der Kathedrale, gerade 11 m lang und 7,5 m breit. Beachtenswert die byzantinischen Reliefs an den Außenwänden aus Marmor. Schon in der Antike stand hier ein Tempel, der den gebärenden Frauen geweiht war. Das Christentum übernahm mit dem Platz auch den Kult, und noch heute ist das Kirchlein dem Heiligen geweiht, der für Geburten und Geburtswehen zuständig ist.

Anafiótika: kleines, ruhiges Viertel in den obersten Plákagassen, kurz unter dem Steilhang zur Akrópolis. Mit seinen schmalen Gässchen, niedrigen Häuschen, üppigen Blumenkübeln und farbenfrohen Türen wirkt es wie ein griechisches Inseldorf. Erbaut wurde es im 19. Jh. durch Handwerker von der Kykladeninsel Anáfi, die für den Bau des Königsschlosses nach Athen auswanderten. Schöner Blick auf die Millionenstadt.

Antikes Athen

Der ausgedehnte Ausgrabungsbezirk der antiken Stadt liegt benachbart zur Pláka unterhalb der Akrópolis. Ruinen aus griechischer und römischer Zeit sind erhalten, doch nur wenige Bauten in wirklich gutem Zustand.

Bereits seit der ersten Hälfte des 19. Jh. hat man das Zentrum des antiken Athen ausgegraben. Während jedoch die *Akrópolis* schon damals von türkischen und venezianischen Befestigungsbauten befreit wurde, hat man die *Agorá* erst im 20. Jh. entdeckt – ein ganzes Stadtviertel mit gut 300 Häusern musste ihretwegen abgerissen werden.

Akrópolis (mit Museum), **Agorá** (mit Museum), **Diónysos-Theater**, **Keramikós-Friedhof** (mit Museum), **römisches Forum** und **Tempel des Olympischen Zeus** können mit einem Sammelticket für ca. 12 € besichtigt werden. Ein Einzelticket für die vier letztgenannten kostet ca. 2 € (geöffnet tägl. 8–19 Uhr), für Agorá 4 € (geöffnet Di–So 8–19 Uhr, Mo 11–19 Uhr), für die Akrópolis gibt es kein Einzelticket (Öffnungszeiten wie Agorá). Hinweise zu freiem Eintritt, Ermäßigungen etc. auf S. 69, aktuelle Daten bei der Tourist Information und unter www.culture.gr

Immer im Mittelpunkt des Interesses: der mächtige Parthenon-Tempel

Griechische Agorá: Gleich hinter dem Flohmarkt liegt der Nordeingang zum weitläufigen Gelände. Heute macht es einen leeren und etwas wüsten Eindruck, doch vor zweitausend Jahren war es der Mittelpunkt des athenischen Lebens – hier traf man sich, diskutierte, politisierte, schwang Reden, beschloss Gesetze, verkündete Krieg und Frieden. Vor allem aber fand hier der große Markt des Stadtstaates statt.

Wenn man vom Nordeingang kommt, thront rechter Hand auf einer niedrigen Anhöhe der *Tempel des Hephaistos*. Er gilt als am besten erhaltener Tempelbau Griechenlands und entstand etwa zur selben Zeit wie der Parthenon auf der Akrópolis (etwa 450–440 v. Chr.). Geweiht war er dem Gott der Schmiede und der Töpfer – gleich in der Nähe lag der *Keramikos*, das antike Wohnviertel der Töpfer.

Die lang gestreckte Säulenhalle links ist die *Stoá des Attalos*. Das prächtige Gebäude war bis Mitte des 20. Jh. nur als Ruine erhalten und wurde von amerikanischen Archäologen in mühseliger Kleinarbeit vollständig rekonstruiert. Heute beherbergt es das reich bestückte *Agorá-Museum* mit vielen Fundstücken der alten Agorá.

Aeropag: Vom Agorá-Gelände kann man gleich hinaufsteigen zur Akrópolis. Dabei kommt man am felsigen *Areopag-Hügel* vorbei, wo einst der Athener Blutgerichtshof tagte und angeblich der Apostel Paulus gepredigt hat. Von zahllosen Besucherfüßen glatt gewetzte Steinstufen führen hier zu einem kleinen Aussichtspunkt, von dem Sie einen herrlichen Blick auf Agorá, Akrópolis und Athen genießen können.

Am Hang zwischen Agorá und Akrópolis liegt ein großes, freies Grüngelände mit Pinien– und Wacholderbäumen, wo man hoch über dem Verkehrslärm der Millionenstadt in aller Ruhe zwischen antiken Trümmern spazieren gehen kann. Man erreicht es vom Südausgang der Agóra oder von der Theorias Str aus, deren Verlängerung zum Eingang der Akrópolis hinaufführt.

Akrópolis

Der heilige Tempelbezirk des antiken Athen thront auf einem markanten Tafelberg aus Kalkstein über dem heutigen Zentrum. Er ist die wohl bedeutendste Attraktion Griechenlands, gleichzeitig ein Umweltopfer ersten Ranges.

Griechenland leistet sich an seinem Nationaldenkmal die gigantischste Restaurierung seiner Geschichte. Der Smog aus Industrie- und Autoabgasen der 4-Millionen-Metropole, marmorsprengende Eisenteile von früheren, unsachgemäßen Restaurierungen und die Füße der zahllosen Besucher haben schlimmste Schäden verursacht. Man geht äußerst umsichtig und sorgfältig zu Werk – als Baustoffe werden nichtrostender Titan und Portland-Zement verwendet, fehlende oder zerstörte Marmorblöcke werden durch Originalmarmor aus dem Pentelischen Gebirge ersetzt. Neben modernsten Restaurierungsmethoden arbeiten gleichzeitig auch die besten Steinmetzen Griechenlands auf der Akrópolis. Mit Methoden und Werkzeugen der Antike werden in monatelanger Arbeit Marmorteile gemeißelt und neu eingepasst – der blendend weiße Marmor hebt sich deutlich sichtbar von den alten Stücken ab. Man geht davon aus, dass die Arbeiten noch einige Jahre dauern werden.

Tipp: Für den Besuch der Akrópolis so früh bzw. so spät wie möglich kommen, tagsüber wird es oft unerträglich voll.

Rundgang

Das große Plateau ist mit Trümmern aus allen Epochen übersät. Tagtäglich stapfen Heerscharen von Touristen aus aller Welt durch den schwer mitgenommenen Tempelbezirk, Fremdenführer verkünden die letzten Neuigkeiten zur Antike in allen Sprachen.

Propyläen: die monumentale Eingangshalle – aufwändig gestaltet mit zwei mächtigen Säulenflügeln. Die Marmorstufen der großen Doppeltreppe sind heute mit Holz verkleidet, um die gröbsten Erschütterungen der Besuchermassen aufzufangen.

Nike-Tempel: wunderschöner kleiner Tempel mit ionischen Säulen, auf einem Vorsprung rechts neben den Propyläen. Er war der *Athena Nike* geweiht, der Göttin des Sieges (*Nike* = altgr. "Sieg"). Prächtiger Fries, der aber nur noch in Teilen original erhalten ist.

Erechtheion: neben dem Parthenon der bekannteste Tempel der Akrópolis – geweiht war er der *Athene* und dem *Poseidon*, die hier einen Wettkampf um

Die Akrópolis von Athen

50 m

❶ Beulé'sches Tor
❷ Eingang
❸ Nike-Tempel
❹ Propyläen
❺ Bezirk der
   Artemis Brauronia
❻ Chalkothek

❼ Erechtheion
❽ Fundament d. alten
   Athena-Tempels
❾ Altar der Athena
❿ Bezirk d. Zeus Polieus
⓫ Parthenon
⓬ Akropolis-Museum

⓭ Odeion des
   Herodes Atticus
⓮ Bezirk des Asklepios
⓯ Stoa des Eumenes
⓰ Monument des Nikias
⓱ Dionysos-Theater
⓲ Odeion des Perikles

die Stadtherrschaft austrugen. Athene siegte, und die Stadt erhielt ihren Namen. Sechs Mädchenstatuen (die so genannten *Koren* oder *Karyatiden*) tragen das Vordach. Im 19. Jh. ersetzte ein gewisser Lord Elgin eine der Statuen durch eine Kopie und transportierte das Original nebst zahlreichen anderen Stücken der Akrópolis in einer Nacht-und-Nebel-Aktion nach England. In den nächsten Jahren folgten weitere Beutezüge. Heute lagert der ganze Schatz, die so genannten "Elgin marbles" bzw. "Parthenon marbles", im Britischen Museum. Ihre Rückgabe wird seit langem hartnäckig verweigert (→ Kasten). Seit 1979 sind auch die übrigen Figuren wegen der Luftverschmutzung durch Nachbildungen ersetzt. Jedoch haben auch schon diese Kopien die Konturen ihrer Oberflächen verloren und bröckeln allmählich ab. Die Original-Figuren stehen jetzt im Akrópolis-Museum. Man kann den Tempel umrunden, im nördlichen Vorbau soll Poseidon seinen Dreizack in den Boden gestoßen haben.

Parthenon: der Tempel der Stadtgöttin Athene, größter und beeindruckendster Bau der Akrópolis, über Athen weithin sichtbar. Sein Schicksal erfüllte sich am 26. September 1687. Damals belagerten venezianische Truppen die türkisch besetzte Stadt und nahmen mit ihren schweren Geschützen vom benachbarten Filopáppos-Hügel auch den Parthenon unter Feuer. Unklugerweise hatten die Türken den exponierten Tempel als Pulvermagazin verwendet ...

Das Ausmaß der Explosion ist noch heute sichtbar – der Parthenon wurde in der Mitte förmlich auseinandergerissen. Wegen umfangreicher Restaurierungsarbeiten wird er mindestens bis zum Jahr 2000 hinter Gerüsten verschwinden und nicht zugänglich sein.

Akrópolis-Museum: am östlichen Ende des Plateaus, sehr beachtenswerte Sammlung der schönsten Stücke der Tempel. Hinter Panzerglas die berühmten Koren vom Erechtheion, Teile des Parthenon-Fries, wunderbare Statuen und viele Details (Eintrittspreis im Besuch der Akrópolis inkl., Fotografieren mit Blitz verboten). Geplant ist der Bau eines neuen umfassenden Akrópolis-Museums im Stadtteil Makriyanni, unmittelbar südlich der Akrópolis.

Nur Wunschdenken: Die Rückgabe der "Parthenon marbles"?

Wenn es nach den griechischen Politikern ginge, würden die gestohlenen "Parthenon marbles" aus dem Britischen Museum die Krönung des neuen Akrópolis-Museums bilden. Jedoch haben die Londoner einiges an Einwänden:

1) Athen hat die höchste Luftverschmutzung aller europäischen Städte, die Stücke würden mehr Schaden nehmen als in London;

2) das geplante neue Museum ist abzulehnen, da es einen Teil der antiken Stätte zerstört;

3) alle europäischen Museen verfügen über gestohlene Stücke aus dem Ausland. Würden die "Elgin marbles" zurückgegeben, wäre ein Präzedenzfall geschaffen, der eine völlige Umstrukturierung aller wichtigen europäischen Museen nach sich ziehen würde. Auch Griechenland müsste dann beispielsweise Stücke an Ägypten zurückgeben.

Da es zudem keine ausreichende internationale Rechtsgrundlage für das griechische Begehren gibt, wird wohl alles so bleiben wie es ist: Von den 97 erhaltenen Blöcken des Parthenonfries sind 56 in England, von den 64 Metopen (Friesverzierungen) 15 und von den 28 erhaltenen Skulpturen des Tempels 19.

Weitere antike Sehenswürdigkeiten (Auswahl)

Keramikós: Der Friedhof des antiken Athen liegt an der Ermou Str., nördlich der griechischen Agorá, angeschlossen ist ein Museum mit Funden aus dem Gräberfeld.

Hadriansbibliothek: ausgedehntes Grabungsgelände am Monastiraki, unmittelbar hinter der Tsitarakis-Moschee (→ Monastiraki). Die große Anlage stammt aus dem 2. Jh. n. Chr., als unter dem römischen Kaiser Hadrian die Stadtgrenze nach Osten erweitert und ein ganzer neuer Stadtteil erbaut wurde. Direkt im Anschluss an die Moschee ist eine schöne Säulenmauer mit korinthischen Kapitellen erhalten. Nur von außen zu besichtigen.

Römische Agorá und Turm der Winde *(Aerides)*: reizvolle Lage mitten zwischen den Tavernen der Pláka – das Trümmerfeld ist zwar wenig anschaulich, der achtseitige Turm dafür umso mehr. Erbaut von einem syrischen Astronomen, fungierte er als Sonnenuhr, Kompass und Windrichtungsmesser. Auf jeder Seite ist der für diese Himmelsrichtung typische Wind verbildlicht.

Odeíon des Herodes Atticus: großes Theater am Südhang der Akrópolis, stammt ebenfalls aus römischer Zeit und ist berühmt für seine hervorragende Akustik. Alljährlich finden Festspiele statt (nur dann öffentlich zugänglich).

Diónysos-Theater: Das bedeutendste griechische Theater steht östlich vom Odeion, hier nahm die klassische Tragödie ihren Ausgang. Westlich oberhalb liegt das *Asklepieíon*, ein um eine Quelle errichtetes Heiligtum. Die lange *Stoá des Eumenes* führt hinüber zum Odeion und war als Flanierzeile für die Theaterbesucher gedacht.

Tempel des Olympischen Zeus: Östlich der Akrópolis ragen die Säulen des größten griechischen Tempelbaus mitten aus dem Verkehrsgewühl der Singrou Avenue.

Museen

Archäologisches Nationalmuseum (Patission Str. 44/Ecke Tositsastr., nordöstlich vom Omónia-Platz, vom Sýntagma-Platz zu erreichen mit Oberleitungsbus 2, 4, 5, 9 oder 11, Haltestelle vor Nationalgarten): weltweit die größte Sammlung der griechischen Antike. Um diese einzigartige Sammlung wirklich in sich aufnehmen zu können, würde man Wochen brauchen, ein mehrstündiger Rundgang kann nur Eindrücke vermitteln. Herausgepickt im Folgenden nur einige herausragende Stücke aus verschiedenen Kulturepochen der Antike. Wer sich besonders mit den *kykladischen Funden* beschäftigen will – diese sind im schmalen Saal 6 untergebracht, die weltberühmten Wandmalereien von *Santoríni* im Saal 48.

> Das Archäologische Nationalmuseum ist bis zu den Olympischen Spielen wegen Renovierung geschlossen.

● *Mykenische Sammlung* (Saal 4, vom Eingang geradeaus): In diesem zentralen Saal sind die sensationellen Grabfunde ausgestellt, die Schliemann in Mykene gemacht hat – hauchdünner Goldschmuck, Goldmasken, Becher, Dolche mit kostbaren Einlegearbeiten usw. Bekanntestes Stück ist die so genannte **"Goldmaske des Agamemnon"**, die aber nach dem heutigen Stand der Forschung nicht Agamemnon, sondern einen wesentlich früheren mykenischen Fürsten darstellt. Interessant auch das **Modell von Mykene** und Reste von Wandmalereien (Kopien) aus Mykene und Tiryns.

● *Kykladensammlung* (Saal 6): Vor allem prächtige Idole in allen Größen findet man hier – von Miniaturen, die nicht höher als 2 cm sind, bis zum größten je entdeckten Idol (1,52 m). Auch der berühmte **Musiker von Kéros** (S. 102) ist hier ausgestellt.

● *Archaische Epoche* (Saal 7–14): Im Saal 8 steht der überlebensgroße **Kouros von**

Soúnion, eins der schönsten Beispiele dieser charakteristischen griechischen Jünglingsgestalten, ausgegraben beim Poseidon-Tempel von Soúnion.

Im Saal 13 der **Kouros Kroisos**, eine weitere herrliche Statue, um 520 v. Chr. aus parischem Marmor geformt. Einzigartig die Harmonie der Formen – von vorn ein Bild der Kraft, von hinten vollendete Grazie der Bewegung.

● *Klassik* (Saal 15–20): Der **Poseidon vom Kap Artemision** im Saal 15 schleudert in weit ausholender Bewegung seinen (nicht mehr vorhandenen) Dreizack. Ein Arm der detailgetreuen Bronzestatue wurde in der ersten Hälfte des 20. Jh. von Fischern vor Kap Artemision an der Nordspitze Euböas gefunden, einige Jahre später konnte der übrige Körper aus dem Meer geborgen werden. Wahrscheinlich transportierte ihn ein Schiff, das hier unterging.

● *Späte Klassik und Hellenismus* (Saal 21–33): Prunkstück ist im Saal 21 der **"Jockey"** vom **Kap Artemision**, die großartige Bronzeskulptur eines Knaben auf einem Pferd. Die gewaltigen Bewegungen des fliehenden Pferdes sind minutiös herausgearbeitet, der Junge sitzt tief gebeugt in derselben Flucht.

Im Saal 28 steht der so genannte **Jüngling von Antikithíra**, 1900 in einem antiken Wrack entdeckt. Entstanden im 4. Jh. v. Chr., stellt er wahrscheinlich Paris oder Perseus dar, in der rechten Hand hielt er vielleicht einen Apfel.

Besonders beachtenswert ist auch die originelle Figurengruppe **Aphrodite, Pan und Eros** im Saal 30 – Aphrodite haut dem lüsternen Pan mit der Sandale eins über, während Eros ihn am Horn zerrt.

Im Saal 31 beeindruckt die bronzene Reiterstatue des **Kaisers Augustus** aus dem 1. Jh. n. Chr., gefunden vor Euböa. Meisterhaft ist der zutiefst asketische Gesichtsausdruck des Imperators herausgearbeitet, besonders gut zu erkennen im Profil.

• _Minoisch-kykladische Kultur_ (Obergeschoss, Saal 48): Im einzigen Saal mit Klimaanlage sind einige der weltberühmten, erst Anfang der siebziger Jahre entdeckten **Wandmalereien** von der Insel **Thíra** (Santoríni) untergebracht (→ S. 533). Ein Vulkanausbruch hatte um 1500 v. Chr. die Stadt Akrotíri zugeschüttet – die Fresken blieben so über beinahe vier Jahrtausende unter einer meterdicken Erd- und Ascheschicht verborgen. Ihre Entdeckung bedeutete eine archäologische Sensation. Interessant ist auch der Gipsabdruck eines **Bettgestells** aus Akrotíri.

Tipp: Seit kurzem sind einige der Wandmalereien in einem neuen Museum auf **Santoríni** ausgestellt (→ S. 488).

Weitere Museen (Auswahl)

Hinweise zu freiem Eintritt und Ermäßigungen für die ersten fünf der folgenden Museen auf S. 69.

Benaki-Museum (Vasilissis Sofias/Ecke Koumbari Str.): weitgefächerte Ausstellung von der Antike bis zum 19. Jh., riesige Menge von Exponaten, nach langjähriger Restaurierung Mitte 2000 neu eröffnet.
Öffnungszeiten/Preise Mo, Mi, Fr, Sa 9–17, Do 9–24, So 9–15 Uhr, Di geschl. Eintritt ca. 6 €, ermäß. 3 €, www.benaki.gr

Byzantinisches und Christliches Museum (Vasilissis Sofias 22): nachgebaute byzantinische Kirchen aus verschiedenen Epochen, dazu eine umfangreiche Kollektion kirchlicher Stücke, Ikonen etc.
Öffnungszeiten/Preise Di–So 8.30–15 Uhr, Mo geschl. Eintritt ca. 4 €, Stud. ermäß. 2 €.

National-Historisches Museum (im alten Parlamentsgebäude an der Stadiou Str.): säbelrasselnde Darstellung der modernen griechischen Geschichte und ein eindrucksvolles Dokument des ständigen Kampfes gegen die Türken seit dem Ausgang des Mittelalters.
Öffnungszeiten/Preise Di–So 9–14 Uhr, Mo geschl. Eintritt ca. 3 €, ermäß. 1 €.

Kanellopoulos-Museum (Ecke Theorias und Panos-Str., unterhalb der Akrópolis): reichhaltige Privatsammlung von der Antike bis zur byzantinischen Kunst.
Öffnungszeiten/Preise Di–So 8–15 Uhr, Mo geschl. Eintritt ca. 2 €, ermäß. 1 €.

Griechisches Volkskunstmuseum (Kidathineon Str. 17, Hauptstraße der Pláka): große Sammlung aus den wichtigsten Bereichen der griechischen Volkskunst.
Öffnungszeiten/Preise Di–So 8.30–15 Uhr, Mo geschl., Eintritt ca. 2 €, ermäß. 1 €.

Museum der Stadt Athen (Paparigopoulou Str. 7, Seitenstraße der Stadiou Str.): Dokumente, Modelle, Pläne und Fotos zur Stadtgeschichte mit Schwerpunkt 19. Jh., als Athen Hauptstadt Griechenlands wurde.
Öffnungszeiten/Preise Mo, Mi, Fr–So 9–15 Uhr, Di und Do geschl., Eintritt ca. 2 €.

"Pflichtbesuch" im Kykladen-Museum

Für archäologisch interessierte Kykladen-Reisende ist dieses moderne Privatmuseum sicherlich ein Muss. Die hervorragend platzierte und ausführlich dokumentierte Sammlung des verstorbenen Reeders Nicholas Goulandris beherbergt 230 Exponate kykladischer Kultur vom 3. Jt. v. Chr. bis in römische Zeit, zusätzlich neolithische, klassische und hellenistische Stücke aus ganz Griechenland. Im Mittelpunkt steht die eindrucksvolle Sammlung von *Kykladenidolen* im ersten Stock, darunter ein 1,40 m hohes Marmoridol aus Amorgós, ein sitzendes weibliches Idol, das gerade einen Trinkspruch ausbringt, dazu Idole von Musikanten (Flöte, Harfe), Jägern und Kriegern, außerdem sogar mehrfigurige Kompositionen. Wunderschön ist auch die einzigartige *Taubenschale*, in der auf zwei Leisten 16 winzige Tauben sitzen.

Auch käuflich zu erwerben: Kykladen-Idole

Tipp für Liebhaber dieser erstaunlich zeitgemäß wirkenden Kunst: Im angeschlossenen Museums-Shop kann man originalgetreue Kopien der Idole erwerben. Zur Stärkung gibt es ein Büffet im Kellergeschoss.

● *Adresse* Museum of Cycladic & Ancient Greek Art, Neofitou Douka Str. 4, Nähe Sýntagma-Platz. ✆ 7228321-3.

● *Öffnungszeiten/Preise* Mo, Mi, Do, Fr 10–16 Uhr, Sa 10–15 Uhr, So und Di geschl., Eintritt ca. 3 € (Stud. die Hälfte).

Museum der volkstümlichen griechischen Musikinstrumente (Diogenous Str. 1–3, in der Nähe vom "Turm der Winde"): über 1000 Instrumente vom 18. Jh. bis heute, mit Hördemonstrationen kurzweilig aufbereitet.
Öffnungszeiten/Preise Di und Do–So 10–14 Uhr, Mi 12–18 Uhr, Mo geschl., Eintritt frei.

Jüdisches Museum Griechenlands (Nikis Str. 39): eindrucksvolle Sammlung von Alltags- und Kultgegenständen der reichen jüdischen Kultur.
Öffnungszeiten/Preise Mo–Fr 9–15, So 10–14 Uhr, Sa geschl. Eintritt ca. 3 €, Stud. 1,50 €, www.jewishmuseum.gr

Schmuckmuseum Ilias Lalaounis: (Karyatidon Str. 4a/Ecke Kallisperi Str., südlich der Akrópolis): einzigartige und schwer bewachte Privatsammlung mit tausenden von Schmuckstücken, gefertigt vom berühmten Schmuckmacher Ilias Lalaounis, der in diesem Haus einst wohnte.
Öffnungszeiten/Preise Mo, Do, Fr, Sa 9–16, Mi 9–19, So 11–16 Uhr, Di geschl. Eintritt ca. 3 €, www.lalaounis-jewelrymuseum.gr

Eine Liste sämtlicher Athener **Museen** ist bei der Informationsstelle erhältlich.

Von Athen per Schiff auf die Kykladen

Konkurrenzlos wichtigster Kykladen-Hafen ist Piräus. Die bekannten Inseln werden in der Saison mindestens einmal täglich angelaufen, andere mehrmals wöchentlich. Abfahrt der meisten Fähren und Schnellboote morgens.

Überlegenswert ist aber auch die Anfahrt über *Rafína* an der attischen Ostküste, das kommt gut 10 % billiger als von Piräus. Das weiter südlich gelegene Städtchen *Lávrion* ist Fährhafen zur Insel Kéa und (bedingt) Kíthnos, im Olympiajahr 2004 sollen hier jedoch wesentlich mehr Kykladenfähren abfahren, um das Verkehrsaufkommen in Piräus zu entlasten. Infos zu beiden Häfen weiter unten.

> Die jeweils aktuellen **Abfahrtszeiten** und **Routen** aller Inselfähren gibt es auf Handzetteln im Informationsbüro des EOT in Athen. Für alle Häfen gilt in der Nebensaison (vor Juni bzw. ab Ende September) ein stark eingeschränkter Fahrplan.

Piräus

Der Riesenhafen Athens ist mit dem Zentrum nahtlos zusammengewachsen, fast alle Inselfähren und eine Reihe von Schnellbooten starten hier. Vom Zentrum ist er schnell und bequem mit der Metro zu erreichen. Schön ist Piräus allerdings nicht: An den Kais eine graue Betonwüste, bis zu zehn Stockwerken hochgezogen, davor Autokolonnen, Lärm, Abgase. Menschenmassen, die sich aneinander vorbeischieben, Rucksacktouristen, die aus der Metro strömen ... Die Ausfahrt per Fähre ist dagegen ein wunderschönes Erlebnis: Man passiert zahllose Frachter und Öltanker, die noch kilometerweit vor der Küste vor Anker liegen. Wie es allerdings unter Wasser aussieht, hat schon vor Jahren eine TV-Dokumentation gezeigt. Einzige Lebewesen, die in dem Ölgemisch des Saronischen Golfs existieren können, sind eine Art hässlicher schwarzer Seesterne.

● *Verbindungen* vom Zentrum mit **Metro** bis Endstation (Züge fahren von 5–24 Uhr alle 10 Min.) oder mit **Zug** ab Peloponnes Bhf. (etwa 10 x tägl.). Beide Stationen liegen nebeneinander an der Uferstraße.

Mit welchem Bus Sie vom **Athener Flughafen** nach Piräus kommen, lesen Sie bitte nach unter Athen/Verbindungen (S. 28). Die Station der Expressbusse zum Airport liegt in Piräus gleich beim Fährterminal am Karaiskakiplatz.

● *Übernachten* Die Hotels im Kaibereich sind einfach und teils etwas ungepflegt, liegen aber ideal, falls man frühmorgens seine Fähre erreichen will.

Delfini (2), C-Kat., Leocharous Str. 7, etwa 300 m südlich der Metrostation, schummrig erleuchtete Gänge und altersschwacher Lift, Zimmer aber soweit okay, jeweils TV,

Bäder in Ordnung. DZ ca. 40–70 €. ✆ 210-4123512.

Acropole (5), C-Kat., Gounari Str. 7, nur wenige Schritte vom Delfini entfernt, z. T. renoviert. Einfache, saubere Zimmer mit Bad oder Etagendusche, jeweils TV, teils Aircondition, teils Ventilator. DZ ca. 40–70 €, mit Etagendusche günstiger. ✆ 210-4173313, 📠 4170525, www.acropole-hotel.gr

Triton (6), B-Kat., Tsamadou Str. 8, noch ein kleines Stück weiter, großes, relativ modernes Haus, gepflegte Zimmer mit TV, Aircondition und Balkon, z. T. mit Meerblick. DZ ca. 50–85 €. ✆ 210-4173457, 📠 4177888, E-Mail: htriton@otenet.gr

Anemoni (7), C-Kat., Evridipou Str. 65–67/ Ecke Karaoli Dimitrou Str., von Lesern empfohlen, ordentliches Mittelklassehotel im Zentrum von Piräus, trotzdem relativ

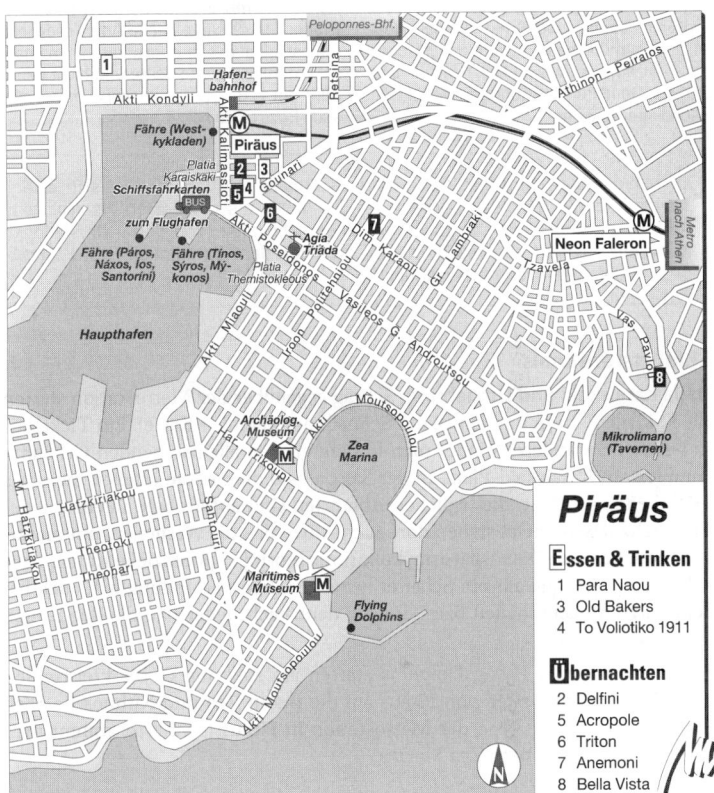

Piräus

Essen & Trinken
1 Para Naou
3 Old Bakers
4 To Voliotiko 1911

Übernachten
2 Delfini
5 Acropole
6 Triton
7 Anemoni
8 Bella Vista

ruhig Zimmer mit Aircondition und TV, kostenfreier Privatparkplatz in der Nähe. DZ ca. 50–75 €. ☎ 4111768, ✉ 4173036, E-Mail: anemoni@otenet.gr

Bella Vista (8), C-Kat., Vassileos Pavlou Str. 109, auf einem kleinen Hügel oberhalb vom Jachthafen Mikrolímano (Metrostation Neon Faleron und noch 15 Min. zu Fuß). Das Besondere: herrlicher Panoramablick auf Athen und das dahinter ansteigende Hymettos-Gebirge. Leider an einer lauten Verkehrsstraße gelegen. DZ ca. 50–75 €. ☎ 4117161, ✉ 4113694.

● *Essen & Trinken/Treffs* Bei den Ticketbüros am Karaiskaki-Platz um die Ecke gibt es eine Reihe von **Cafés** zum Warten.

To Voliotiko 1911 (4), Gounari Str. 9, neben Hotel Acropole. Gemütliches Souvlaki-Lokal

auf zwei Ebenen, hübsch ausstaffiert mit Schiffsmodellen und Bildern. Einige Tische draußen, drinnen Aircondition. Neben Fleisch aus der Grillküche auch ordentliche Fischgerichte. Samstagabend Bouzoukimusik live.

Tsaki, Gounari Str 7, nächster Eingang vom Hotel Acropole, einfache Souvlaki-Pinte, geführt vom freundlichen Chef Ioannis. Ein paar Tische drinnen und vor dem Lokal auf der Straße.

Old Bakers (3), Navarinou Str. 19, früher eine Bäckerei, heute eine Taverne im rustikalen Stil. An der Warmhaltetheke kann man sich die Gerichte aussuchen, die dann sofort serviert werden. Angenehme Preise.

Para Naou (1), Ecke Thermopylon/Kastoros Str., nördlich vom Hafenbecken, schräg gegenüber der Kirche Ágios Diónysos. Tipp von Franz Jaeger und Sigrid Wrona: "Neues, sehr gemütliches und echt griechisches Lokal, vielfältige Auswahl an kleinen und großen Gerichten, besonders lecker die Fischplatte für 2 Pers."

Nektar & Ambrosia (auch: Steki Hygieias), Filonos Str. 49, Nähe Kirche Agía Triáda. Naturkostladen mit angegliedertem vegetarischem Imbiss, nette Leute und nicht teuer. Sehr gut z. B. die vegetarische *moussaká*, auch Pizza ist zu haben.

Im **Mikrolímano**, dem fast kreisrunden Jachthafen von Piräus, reiht sich eine Taverne an die andere, insgesamt 22. Sie gelten als die besten Fischlokale Athens, sind aber reichlich teuer, bisweilen sehr teuer. Von der Metrostation Neon Faleron sind es etwa 20 Min. zu Fuß, von der Metrostation Piräus fährt Oberleitungsbus 20 zum Mikrolímano.

Abfahrtsterminals

▸ **Platia Karaiskaki und Umgebung:** Schräg gegenüber der Metrostation starten alle Kykladenfähren und einige der Schnellbootlinien (→ Karte). Ein Ticketbüro neben dem anderen findet man in dem großen alleinstehenden Gebäudekomplex am Karaiskaki-Platz. In der Saison sind die Verkaufsstellen meist bis spät abends geöffnet, die täglichen Abfahrten sind auf großen Tafeln vor der Tür nachzulesen, meist stehen dort auch Anwerber, die versuchen, mit markigen Sprüchen wie "Naxosparosmykonosiossantorini..." potenzielle Kunden anzulocken. Wichtig: Falls ein Schalter keine günstige Verbindung hat, auch bei den anderen nachschauen bzw. -fragen, denn nicht jeder hat alle Reedereien im Angebot.

▸ **Zea Marina:** Hellas Flying Dolphins starten am Ausgang dieses kreisrunden Hafenbeckens im Ostteil von Piräus auf die Inseln Kéa und Kíthnos (je nach Saison 2–6 x wöch.). Von der Metrostation in Piräus (→ Karte) nimmt man Oberleitungsbus 20 nach Zea Marina.

Weitere Festlandshäfen

▸ **Rafína:** Beschauliches Hafenstädtchen an der Ostküste Attikas, bisher weitgehend griechisch geblieben, deswegen schöner Kykladen-Einstieg – in der Saison fahren täglich bis zu 3 x Fähren und Schnellboote nach *Ándros*, *Tínos* und *Mýkonos*, z. T. gibt es auch Verbindungen zu weiteren Inseln (Weitere Details siehe unter Insel Ándros). Da die Fahrt zu den östlichen Kykladen von Rafína aus ein ganzes Stück kürzer ist als von Piräus, sind die Preise günstiger. Allerdings muss man als Fußgänger die Busfahrt ab Athen dazurechnen, sodass unterm Strich eine wirkliche Ersparnis nur rauskommt, wenn man mit PKW anfährt und übersetzt.

Stimmungsvoll ist der *Hafen* von Rafína, in dem sich im Halbrund lautstark gestikulierende Fischhändler und zahlreiche Tavernen drängen. Erstaunlich, was hier noch alles aus dem Meer geholt wird: Fein säuberlich auf Eis gestapelt liegen Kisten voller zentimeterlanger "Gopa"-Fischchen, Bündel glitschiger Tintenfische und halbmeterlange Prachtexemplare. Etwas oberhalb vom Hafen der ruhige *Hauptplatz* mit Bänken und Spielflächen für Kinder.

Fischhändler im Hafen von Rafína

● *Verbindungen* **Orangefarbene Linienbusse** fahren ab Athen von ca. 6–22 Uhr etwa halbstündlich vom Busstopp vor dem Areos-Park, Mavromateon Str. (Nähe Nationalmuseum, wenige hundert Meter östlich der Metrostation Victoria-Platz), ab Sýntagma zu erreichen mit Oberleitungsbus 2, 4, 9 oder 11. Die Fahrt nach Rafína dauert 45 Min. (in Stoßzeiten länger!), ca. 1,80 €. In Rafína fährt der Bus bis zum Hafen hinunter. Der Busstopp für die **Rückfahrt** nach Athen liegt an der Hafenausfahrt.
Im Sommer gibt es auch etwa 12 x tägl. Verbindungen zum neuen **Flughafen Elefthérios Venizélos**, Preis ca. 2,90 €.

● *Übernachten* **Avra**, C-Kat., an der Paralía, links von der Hafenausfahrt. 96 Zimmer verteilen sich auf einen alten und einen neuen Teil des Hotels. Die alten kosten ca. 50–70 €, die neuen (mit TV und Aircondition) ca. 70–100 €. ✆ 22940-22780, 📠 23320.
Camping Kokkino Limanaki, gepflegter Platz in ruhiger Lage 2 km nördlich der Stadt oberhalb der Bucht Kokkino Limanaki. Zum Strand 3 Minuten, in die Stadt 30 Min. zu Fuß. Tipp ist das platzeigene Restaurant und Café mit wunderschönem Meeresblick. ✆ 22940-31604, 📠 31603, E-Mail: travelnet@otenet.gr

▶ **Lávrion**: Fährhafen zur Insel Kéa und (bedingt) zur Insel Kíthnos, den festlandsnächsten Inseln der westlichen Kykladen (Details zur Überfahrt unter Insel Kéa bzw. Kíthnos). Die Hafenstadt mit viel Industrie wurde berühmt durch die reichen Silbervorkommen in den umliegenden Bergen. Die ganze Region ist heute praktisch ein Freilicht-Bergbaumuseum.
Vorgelagert ist die lang gestreckte, heute unbewohnte Insel *Makrónissos*, die während des Bürgerkriegs und der Obristendiktatur (1967–74) als Gefängnisinsel für politische Häftlinge benutzt wurde (→ Insel Jaros). Die Fähren nach Kéa fahren direkt daran vorbei, man erkennt die Ruinen der Gefängnisgebäude.

● *Verbindungen* Von Athen nach Lávrion startet von 6–21 Uhr alle halbe Stunde ein **orangefarbener Linienbus** am Platz vor dem Areos Park, Nähe Nationalmuseum (wenige hundert Meter östlich der Metrostation Victoria-Platz), ab Sýntagma erreichbar mit Oberleitungsbus 2, 4, 9 oder 11. Die Fahrt nach Lávrion dauert ca. 1 Std. 45 Min. und kostet etwa 3,50 € (Tickets im Bus). Die Busstation in Lávrion liegt 2 Fußminuten von der Abfahrtstelle der Fähren. Vom **Flughafen** gibt es keine direkte Busverbindung.

> **Tipp**: Wer etwas Zeit hat, kann sich von Lávrion schnell per Taxi zum nahen *Soúnion* mit dem weltbekannten Poseidon-Tempel bringen lassen.

Von Athen per Flug auf die Kykladen

Olympic Airways, Aegean Cronus Airlines und Hellenic Star Airways fliegen vom neuen Flughafen Elefthérios Venizélos bei Athen die Kykladen-Airports Mýkonos, Páros, Náxos, Sýros, Santoríni und Mílos an. In der Urlaubssaison gibt es mehrmals täglich Verbindungen, im Winter werden sie deutlich reduziert. Preislich liegen diese Flüge zwischen 50 und 80 € "one way", inkl. Flughafengebühr.

Da die Inselflughäfen nur über kurze Rollbahnen verfügen, wird meist mit kleinen, 42- oder 68-sitzigen Propellermaschinen geflogen, die schnell besetzt bzw. lange im Voraus ausverkauft sind. Buchen Sie rechtzeitig, wenn möglich bereits von Deutschland aus (auch wenn das etwas teurer ist), denn in der Hauptsaison ist vor Ort meist kein Platz mehr zu bekommen. Betreffend *Gepäck*: Auf griechischen Inlandflügen sind nur 15 kg Freigepäck zugelassen. Wer jedoch mit dem Flieger aus dem Ausland kommt, darf seine 20 kg trotzdem kostenlos mitnehmen. Hinweise zu Flugfrequenzen und Preisen unter den jeweiligen Inseln.

Aegean Cronus Airlines, Am Hauptbahnhof 10, D-60329 Frankfurt a. M., ℰ 069/238563-0, ✆ 238563-20; Niederlassungen in Düsseldorf, Köln, München und Stuttgart. Athen: Vougliamenis Avenue 572, GR-16451 Athen, ℰ 210-9988350, ✆ 9957598, www.aegeanair.com

Hellenic Star Airways, Flughafen Elefthérios Venizélos, GR-19004 Spáta, ℰ 210-3534009, ✆ 3532797, www.hellenicstar.com

Olympic Airways, Gutleutstr. 82, D-60329 Frankfurt a. M., ℰ 069/970670, ✆ 97067207, www.olympic-airways.de; Niederlassungen in Berlin, Düsseldorf, Hannover, Köln, München, Nürnberg und Stuttgart. Athen: Syngrou Avenue 96, GR-11741 Athen, ℰ 210-9269111, 9666666, ✆ 9267154, www.olympic-airways.gr

Inselhüpfen per Fähre: Wenig Gepäck macht flexibel

Transport zwischen den Kykladen

Im Kykladen-Transport sind die Fähren das A und O. Sie spielen die gleiche Rolle wie Züge und Fernbusse auf dem Festland, bieten jedoch viel größere Beweglichkeit für die Passagiere: an Deck in der Sonne liegen, im großen Aufenthaltsraum Video oder TV gucken, Inseln zählen, Kaffee trinken ...

Durch die Ägäis schippern macht selbst in der Hochsaison noch Spaß. Eingesetzt werden in der Regel geräumige Großfähren, die auch hohen Wellengang gut verkraften – von jahrzehntealten Blechkolossen bis zu den neuen, äußerst komfortablen Schnellfähren, die ihren Passagieren Flugzeugfeeling und rasante Geschwindigkeiten bieten, ist so ziemlich alles vertreten. Waren die griechischen Mittelmeerfähren noch in den neunziger Jahren wegen schlampiger Wartung, verrotteter Anlagen und schlechter Ausbildung der Besatzung immer wieder in die Kritik geraten, so ist die ägäische Touristenschifffahrt derzeit in einem grundlegenden Umgestaltungsprozess begriffen – nicht zuletzt seit dem schrecklichen Untergang der Großfähre "Express Samina", der am 26. September 2000 vor Páros über 80 Tote forderte (→ S. 263).

Schnell und komfortabel:
Highspeed-Fähren pendeln zwischen Piräus und den Kykladen

Fährmonopoly auf Griechisch

Der europäische Wettbewerb wirft seine Schatten voraus. Ab 2004 werden erstmalig auch Fährlinien anderer europäischer Länder im griechischen Binnenverkehr zugelassen. Seit Jahren schon bereiten sich die großen griechischen Reedereien auf diese neue Konkurrenzsituation vor. Alte Schiffe – von denen es in Griechenland sehr viele gibt – werden zusehends ausgemustert, dafür neue moderne Fähren und insbesondere die schnellen Highspeed-Fähren eingesetzt. Manche Gesellschaften fusionieren, Große schlucken die Kleinen. Ein breit angelegter Bereinigungs- und Konzentrationsprozess hat begonnen. Nach schweren Auseinandersetzungen unter den konkurrierenden Gesellschaften brachten "Minoan Lines" Anfang 2000 einen Großteil des innergriechischen Fährverkehrs unter ihre Kontrolle. Insbesondere übernahm man die bisherigen Marktführer "Agapitos Lines" und "Agapitos Express Ferries" sowie die Schnellboote von "Goutos Lines" und "Ilio Lines". 2001 benannte sich die Gesellschaft in "Hellas Ferries" bzw. "Hellas Flying Dolphins" um (www.dolphins.gr). Um die Wirtschaftlichkeit des bisher defizitären Fährbetriebs zu erhöhen, strich der neue Fährgigant zeitweise viele Verbindungen, was in Griechenland für großen Unmut bis hin zu Streiks und dem Eingreifen der Politik sorgte. Die griechische Gesellschaft "Strintzis Lines" ist nun mit ihren neuen "Blue Star"-Ferries (www.bluestarferries. com) verstärkt in Konkurrenz zu Hellas Ferries getreten. Ab 2004 wird sich zeigen, ob die Griechen ihr Monopol in der Ägäis aufrechterhalten können.

Unterwegs per Schiff

Die Fähr- und Schnellbootverbindungen zwischen den Kykladen sind mindestens so zahlreich wie die Inseln, allerdings wesentlich unübersichtlicher. Die Routen und Fahrpläne ändern sich ständig, doch eins bleibt unverändert – von Piräus kommt man täglich weg und beinahe überall hin.

Die schwerfälligen und langsamen Großfähren, die seit Jahrzehnten die Ägäis durchpflügen, sind in den letzten Jahren zusehends durch ultramoderne Schnellfähren ergänzt worden. In diesen imposanten Hightech-Geräten, die ebenfalls Autos transportieren können, sitzt man in bequemen Flugzeugsesseln, blickt durch getönte Scheiben auf das rasch vorbeigleitende Meer und genießt die extrem schnellen Überfahrten. Von Piräus nach Mýkonos ist man beispielsweise nur etwas mehr als 3 Std. unterwegs, zahlt allerdings auch deutlich mehr als auf Normalfähren. Da auf manchen Strecken nur noch solche Schiffe verkehren, ist man auf diese komfortable, aber teure Reisevariante oft angewiesen. Dazu kommen viele kleine, ebenfalls hochpreisige "Speed-Boats", das sind Tragflügelboote ("Flying Dolphins") und Katamaranschiffe ohne Fahrzeugtransport, die allerdings windanfällig sind und bei höheren Windstärken den Verkehr einstellen müssen (gerade im Sommer häufig), während Großfähren damit kaum Probleme haben. Da die Anzahl der Plätze an Bord beschränkt ist, sollte man für diese Schnellboote in der Hochsaison unbedingt vorab reservieren.

> Die wichtigsten **Schiffsrouten** der Kykladen finden Sie auf dem Übersichtsplan in der vorderen Umschlagseite innen, Details zu den **Verbindungen** (Routen, Häufigkeit, Preise, Fahrtdauer etc.) stehen unter den einzelnen Inseln bzw. Athen/Piräus. Der außerhalb der Sommersaison geltende **Winterfahrplan** (1. Oktober bis 31. Mai) reduziert die Verbindungen einschneidend, nur höchstens 1–2 x täglich werden die großen Inseln angelaufen, die touristisch weniger besuchten "Nebeninseln" wie Amorgós, Folégandros, Mílos, Sífnos, Sérifos gar nur noch 1–2 x wöchentlich oder noch seltener.

Routen durch die Ägäis

Athen/Piräus ist Dreh- und Angelpunkt des Fährverkehrs zu den vorgelagerten Kykladen. Gut 2–3 x täglich werden die Hauptinseln *Tínos*, *Mýkonos*, *Sýros*, *Páros*, *Náxos*, *Íos* und *Santoríni* angelaufen, 1–2 x tägl. auch *Kíthnos*, *Sérifos*, *Sífnos* und *Mílos*. Weitere häufige Verbindungen gibt es vom Hafenstädtchen **Rafína** an der Ostküste Attikas über *Ándros*, *Tínos*, *Mýkonos* und *Sýros*. Außerdem gehen im Sommer fast täglich Fähren von **Kreta** nach *Santoríni* und weiter nach *Íos*, *Páros* und *Náxos*.

▶ **Hauptrouten von Piräus:** Der Schiffsverkehr auf die Kykladen funktioniert nach einem einfachen Prinzip. Von Piräus (bzw. in umgekehrter Richtung) existieren nämlich *zwei Hauptrouten*, die täglich mehrmals abgefahren werden (siehe auch unsere Skizze auf der vorderen Umschlagseite innen):

1) über die Ost- und Zentralkykladen: Piräus – Tínos – Mýkonos – (z. T. über Sýros) – Páros – Náxos – Íos – Santoríni (z. T. weiter nach Kreta) und zurück. Diese Route ist sehr dicht befahren und "roter Faden" für den Großteil aller Kykladen-Besucher, da hier die touristischen Highlights liegen.

2) über die Westkykladen: Piräus – Kíthnos – Sérifos – Sífnos – Mílos – Kímolos (– Folégandros – Síkinos – Íos – Santoríni) und zurück. Zumindest im Sommer verkehren auch hier täglich 1–2 Fähren bzw. Schnellboote.

▸ **Abfahrten ab Rafína:** Interessante Alternative zu den beiden Hauptstrecken sind die Fähren vom Hafenstädtchen *Rafína* an der Ostküste Attikas, die in erster Line *Ándros*, *Tínos*, *Mýkonos* und *Sýros* bedienen, inzwischen aber auch teilweise *Páros*, *Náxos* und *Santoríni* anlaufen. Überlegenswert: Rafína-Abfahrten sind geringfügig preiswerter als von Piräus.

▸ **Querverbindungen zwischen Ost- und Westkykladen:** sind traditionell spärlich bis (in der Nebensaison) nicht vorhanden. Im Zuge des wachsenden Tourismus hat sich aber einiges getan, und inzwischen müssen Ost-/Westpendler zumindest in der Hauptsaison nicht mehr bis nach Piräus zurück, um die Insel zu wechseln. Bester Schnittpunkt für die Linien beider Richtungen ist **Páros**. Hier läuft neben Piräus das gesamte kykladische Liniennetz zusammen, und die Insel hat sich zum zentralen Knotenpunkt für "Inselhüpfer" entwickelt – in der Saison kommt man von dort beinahe täglich zu vielen anderen Kykladen, auch zu den kleineren. Wer auf die Westkykladen will, kann zumindest im Sommer mehrmals wöchentlich über *Antíparos* nach *Sífnos* übersetzen.

Aber auch **Íos** und **Santoríni** besitzen im Sommer Verbindungen nach Westen – vor allem hinüber nach *Mílos* und *Kímolos*, wobei auch meist die kleinen "Zwischeninseln" *Síkinos* und *Folégandros* angelaufen werden.

▸ **Weitere Routen:** Zusätzlich existieren im Sommer einige Kreuz- und Querrouten, die auch die weniger frequentierten Inseln wie *Amorgós*, *Anáfi* und die so genannten *Kleinen Kykladen* (südlich von Náxos) anlaufen, z. T. auch die Kykladen verlassen und in großen Schleifen hinüber zu den Nordostägäischen Inseln und zum Dodekanes schippern. Eine Linie verkehrt außerdem 1 x wöch. von Thessaloniki in Nordgriechenland über Skíathos (Nördliche Sporaden) quer durch die Kykladen nach Kreta und umgekehrt.

***

Wichtig: Die Inseln, die dem Festland am nächsten liegen, werden per Fähre nicht von Piräus angelaufen, sondern nur von kleinen Hafenorten Attikas. So kann man *Ándros* **auf direktem Weg** vom Festland nur von Rafína anfahren, *Kéa* nur von Lávrion. Doch sind diese Städtchen von Athen aus problemlos und schnell per Bus zu erreichen. Alternativen: die Nachbarinseln *Tínos* bzw. *Kíthnos* ab Piräus anfahren, von dort weiter nach Ándros bzw. Kéa (geht im Fall Kéa jedoch nur bedingt, Details siehe unter den jeweiligen Inseln). Oder eins der schnellen *Tragflügelboote* nehmen, die Kéa und Kíthnos direkt von Piräus anlaufen, siehe weiter unten.

***

• *Fahrpläne* (Print) Die Griechische Zentrale für Fremdenverkehr (→ Informationen) versendet alljährlich ab dem späten Frühjahr zur groben Vorinformation kostenlos die Broschüre **Innergriechische Fährverbindungen** mit einer ungefähren Jahresübersicht und aktuellen Preisen. Bei der Tourist Information in Athen erhalten Sie die jeweils aktuellen **Schiffsfahrpläne** auf Handzetteln. Auch die deutschsprachige **Athener Zeitung** druckt die aktuellen Fahrpläne ab.

Transport zwischen den Kykladen

Fahrpläne, die Spaß machen!

Weitere umfassende Hilfe bieten die monatlich erscheinenden **Greek Travel Pages** (im Buchhandel). Sie enthalten aktuelle Fahrpläne und Preise für die Hauptrouten, dazu viele weitere Reiseinformationen.

• *Fahrpläne* (Internet) **www.gtp.gr**, Website der Greek Travel Pages, umfangreiche und aktuelle, jedoch nicht ganz vollständige Übersicht über die Fähr- und Schnellbootverbindungen in der Ägäis. Allerdings ohne Preise.

www.greekferries.gr, ebenfalls gute Übersicht über die Fahrpläne auf den innergriechischen Hauptrouten, z. T. mit Preisen.

www.ferries.gr, weitere umfangreiche Datenbank zu Verbindungen in und nach Griechenland, mit Preisen.

• *Fahrtzeiten* Die meisten Großfähren zu den Kykladen starten morgens im Hafen von Piräus. Konventionelle Schiffe benötigen für die Überfahrten zwischen 3 und 12 Std., je nach Entfernung und Anzahl der Zwischenstopps. Die neuen Schnellfähren brauchen oft nur die halbe Zeit.

• *Abfahrtszeiten und Ticketkauf* Die Reisebüros in den Hafenorten haben die aktuellen Abfahrtszeiten der Fähren und Schnellboote sowie die angefahrenen Ziele meist auf großen Tafeln vor der Tür vermerkt. Achtung: Seit der Computerisierung des Ticketverkaufs kann man die Fahrscheine nicht mehr vor Abfahrt der Fähren direkt am Anleger erwerben.

• *Platzangebot und Ausstattung* Mit der normalen Fahrkarte der **Economy Class** (griech.: touristiki thesi) kann man an Bord der Großfähren sowohl das Deck (ausreichend Sitzmöglichkeiten meist vorhanden) als auch Pullmannsitze benutzen. Letztere sind natürlich vor allem bei schlechtem Wetter gefragt.

Die nächsthöhere Kategorie ist die **Business** bzw. **Distinguished Class** (griech.: diakekrimeni thesi), die aus Pullmannsitzen mit Salon besteht.

Die **Kabinen** verschiedener Kategorien (Touristen-, A- und Luxusklasse) lohnen nur bei ausgesprochenen Langstrecken.

In der Regel sind die Fähren ausreichend komfortabel, auch als Deckpassagier hat man Zugang zu einem großen **Aufenthaltsraum** (Salon) mit Bar, wo warme Snacks ausgegeben werden. Auch Fernsehen bzw. Video ist häufig an Bord – dies ist vor allem bei Langstrecken interessant.

• *Preise* Die **Personenpreise** wurden in den letzten Jahren häufig erhöht und bewegen sich bei Abfahrten konventioneller Fähren von Piräus meist im Bereich von 8–25 € für Deck-/Pullmannsitz (Economy Class), je nach Entfernung. In Schnellfähren und -booten zahlt man zwischen 50 und 100 % mehr.

PKW-Preise beginnen bei ca. 25 € (Transport auf die festlandsnahe Insel Kéa) und steigern sich bis über 80 € (Kleinwagen nach Santoríni/Südkykladen). **Motorräder** kosten zwischen 8 und 24 €. **Fahrräder** werden kostenlos mitgenommen.

Sturm über der Ägäis

Die Ägäis ist ein unruhiges und unberechenbares Meer, das hat schon Odysseus erfahren müssen. Wenn Sie eine bestimmte Reiseroute verfolgen, seien Sie flexibel: Immer wieder kommt es vor, dass Abfahrten wegen rauer See kurzfristig storniert werden müssen. Vor allem im Hochsommer können die tagelang aus Richtung Nord wehenden Meltémi-Winde jegliche Schifffahrt in der Ägäis lahm legen. Ab Windstärke 8 wird der Fährverkehr eingestellt, kleinere Schiffe und Speedboote laufen schon bei niedrigeren Windstärken nicht mehr aus. Auch Landungen in den oft engen Hafenbuchten können dann problematisch werden. Erscheint das Landemanöver dem Kapitän zu unsicher, fährt er bis zur nächstgrößeren Insel weiter. Diese ägäische Unberechenbarkeit kann ärgerlich werden, hat aber auch ihre unbestreitbaren Reize – irgendwo kommt man schließlich immer an. Außerdem: Bei stürmischer See haben die Fähren oft stundenlang Verspätung. Trotzdem legen sie, endlich angekommen, oft nur für wenige Augenblicke an – wer dann nicht am Kai bereitsteht, verpasst seinen Dampfer!

Wichtig: Von wenig besuchten Inseln mit kleinen Häfen sollten Sie keinesfalls unbedingt notwendige Rückfahrten planen, z. B. zum Heimflug ab Athen etc. Falls Sie zu einem festen Termin aufs Festland zurück müssen, begeben Sie sich einige Tage vorher auf eine große Insel, von der Sie immer gute Verbindungen nach Piräus haben, z. B. nach **Páros**. Legen Sie aber trotzdem Ihre geplante Abfahrt nicht auf den allerletzten Moment fest – ein Tag sollte immer Luft sein und auch in Athen gibt es genug zu sehen.

Last but not least: Eine gute Portion Schicksalsergebenheit und Improvisationsbereitschaft muss bei einer Ägäis-Reise immer dabei sein! Lassen Sie sich durch geplatzte Abfahrten nicht die Laune verderben.

Unterwegs per Flugzeug

Trotz diverser Preiserhöhungen in den letzten Jahren sind die Tarife der griechischen Fluggesellschaften noch immer relativ günstig. Das "Inselhüpfen" durch die Luft ist deshalb überlegenswert, wobei jedoch die Querverbindungen zwischen den Inseln sehr rar sind. Derzeit gibt es sie nur zwischen Mýkonos und Santoríni und weiter nach Kreta.

Flughäfen besitzen die Kykladeninseln *Mílos*, *Mýkonos*, *Páros*, *Náxos*, *Santoríni* und *Sýros*, geplant ist ein Airport auf *Tínos*. Ab Athen gibt es in der Regel zumindest mehrmals wöchentlich Verbindungen auf die genannten Inseln, in der Saison weitaus häufiger (→ Skizze). Querverbindungen existieren nur innerhalb der Touristensaison, Details unter den jeweiligen Inseln. Auch Flüge ins nahe *Kreta* (bzw. umgekehrt) könnten interessant sein, Flughäfen gibt es bei *Chaniá*, *Iráklion* und *Sitía*. Auf die Kykladen kommt man von Iráklion/Kreta per Flug oder Fähre nach Santoríni.

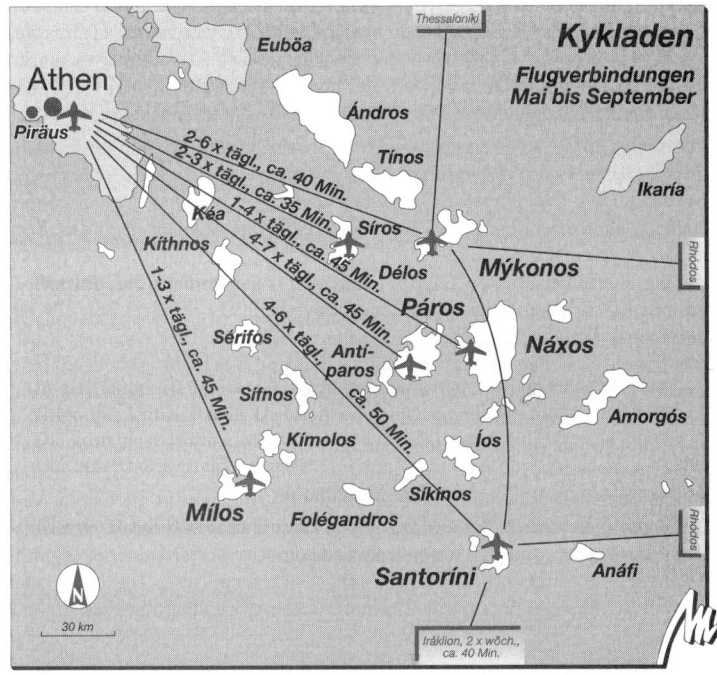

Preise (Stand '03, inkl. Flughafengebühr): Athen – Santoríni ca. 80 €, Athen – Mýkonos 70 €, Athen – Páros 70 €, Athen – Sýros 61 €, Athen – Náxos 72 €, Athen – Mílos 50 €, Santoríni – Mýkonos 62 €, Santoríni – Iráklion 62 €, Athen – Iráklion 70 €, Athen – Chaniá 70 €.

Verkehr auf den Inseln

Auf den Inseln fährt man viel Bus, manchmal Taxi und leiht sich gelegentlich ein Zweirad bzw. einen Kleinwagen oder Jeep – optimale Möglichkeit, auf eigene Faust auf Entdeckungsreise zu gehen. Eine schöne Abwechslung bilden zudem die häufig angebotenen Touren mit Badebooten zu abgelegenen Stränden.

▸ **Eigenes Motorfahrzeug**: Die Kykladen sind nicht unbedingt das ideale Terrain für den eigenen PKW. Die meisten Inseln besitzen zwar jede Menge Mauleselpfade, jedoch kaum Straßen (vgl. dazu die einzelnen Inseltexte). Ein eigenes Motorrad mag da natürlich interessanter sein ... Unterm Strich lohnt die Mitnahme eines eigenen Fahrzeugs nur auf den größten Kykladeninseln mit relativ gut ausgebautem Straßennetz – vor allem *Páros* und *Náxos*, eventuell noch *Mílos* und *Ándros*. Die Asphaltstraßen sind oft eng und kurvig, aber im Allgemeinen problemlos zu befahren, ebenso die meisten Erdpisten, wenn man sich nicht zu weit in unbekannte Gefilde vorwagt. Werkstätten sind Mangelware, Ersatzteile müssen in der Regel aus Athen besorgt werden. Da es zudem oft nur wenige Tankstellen gibt, haben wir in den jeweiligen Inseltexten immer vermerkt, wo Zapfstellen zu finden sind. Auf den großen Tourismus-Inseln wurde das Netz allerdings in den letzten Jahren stark ausgebaut und wächst noch weiter.

▸ **Öffentliche Busse**: Auf den gut besuchten Inseln besteht im Sommerhalbjahr ein dichtes Netz von Verbindungen, das ganz den touristischen Bedürfnissen angepasst ist – Pendelverkehr zwischen wichtigen Inselorten, zu beliebten Ausflugszielen, zu Stränden etc. Trotzdem reicht das Angebot nicht aus. Speziell auf Mýkonos, Santoríni, Íos und Páros fährt man im Sommer fast immer in völlig überfüllten Bussen. Sehr spärlich sind dagegen meist die Verbindungen in von Touristen wenig besuchte Inselregionen. Wer mit dem Bus z. B. ein abgelegenes Bergdorf besuchen will, sollte unbedingt vorher nach der Rückfahrt fragen. Es kann sein, dass am selben Tag kein Bus mehr zurückgeht bzw. dass der Bus, mit dem man gekommen ist, als einziger Bus des Tages postwendend wieder zurückfährt. Auf kleinen Inseln abseits des Besucherstroms macht das Busfahren am meisten Spaß. Ein klappriger Kleinbus (oft der einzige der Insel) wartet an der Fähre und bringt die wenigen Rucksacktouristen und die Hafenbewohner auf holpriger Zementpiste hinauf in die Chóra, Verbindungen meist nur 2–3 x am Tag, dafür kann man sich bald mit dem Busfahrer anfreunden. Auf den *Kleinen Kykladen* gibt es bisher keinerlei öffentliche Busse, die Einheimischen fahren mit Kleintransportern, Traktoren oder privaten Kleinbussen potenzielle Zimmermieter zu ihren Räumlichkeiten.

> **Achtung**: Die Busfahrpläne ändern sich mehrmals im Jahr unvermittelt. Außerdem fahren die Busse oft überpünktlich ab, nicht selten sogar früher als im Fahrplan ausgewiesen. Also immer frühzeitig da sein!

▸ **Taxi**: Die Handvoll Inseltaxis können gelegentlich eine Alternative zu den stets überfüllten Bussen darstellen. Sie sind in der Saison jedoch ebenfalls meist am Ende ihrer Kapazität. Speziell wenn nachts auf Mýkonos die Busse ihren Betrieb einstellen, kommt es oft zu erheblichen Wartezeiten. Nach Taxameter wird selten gefahren, man vereinbart den Preis vor der Fahrt (für viel befahrene Strecken gibt es festgesetzte Richtpreise). Handeln ist dabei begrenzt möglich, oft wird zuviel verlangt. Falls Sie nach Taxameter fahren, achten Sie darauf, dass die Uhr auf dem richtigen Tarif steht – der preiswertere *Tarif 1* gilt im Ortsgebiet, in dem das Taxi eingetragen ist, der teurere *Tarif 2* nur außerhalb der Ortsgrenze und nachts ab 24 Uhr. In den Städten gibt es meist mehrere *Taxistandplätze*, ansonsten halten die Fahrer auf Winkzeichen, wenn sie frei sind. Man kann ein Taxi natürlich auch telefonisch bestellen, muss dann aber die Anfahrt mitbezahlen. Oft halten auch *bereits besetzte Taxis* an, um Sie mitzunehmen, falls Sie in dieselbe Richtung wollen. Wichtig dabei: Wenn zwei voneinander unabhängige Parteien dieselbe Strecke in einem Taxi fahren, müssen sie in der Regel beide den vereinbarten bzw. den auf dem Taxameter angezeigten Preis zahlen. Das heißt natürlich nicht, dass bei einer Gruppe, die gemeinsam ein Taxi besteigt, jeder den angezeigten Fahrpreis zahlen muss, wie es Taxifahrer ab und zu unerfahrenen Touristen glaubhaft zu machen versuchen.

Inselerkundung auf eigene Faust

▶ **Zweiradvermietung:** mit die beste Möglichkeit, die Kykladen zu entdecken. Man ist von Busfahrplänen unabhängig und sein eigener Herr. Selbst abgelegene Ziele können erreicht werden – die zahlreichen Staub- und Erdpisten sind in der Regel problemlos zu bewältigen, wenn man vorsichtig fährt. Vor allem auf den bekannten Tourismusinseln gibt es Motorräder, Mopeds und Mofas in fast jedem größeren Küstenort zu leihen. Nicht selten sind sie jedoch in erbärmlichem Zustand: profillose Reifen, Probleme beim Anlassen, lockere Kette, defektes Licht und schlechte Bremsen sind häufig. Bevor man ein Fahrzeug leiht, sollte man deshalb immer eine kurze Probefahrt machen: Bremsen, Gangschaltung, Licht (wichtig, da Überlandstraßen nachts völlig unbeleuchtet und stockdunkel sind), Reifenprofil, Öl etc. Auf Mängel hinweisen, oft kann der Vermieter nachbessern, oder man bekommt ein anderes Fahrzeug.

Man kann es nicht stark genug betonen: unter allen Umständen **vorsichtig und langsam fahren!!** Die Inselpisten sind vor allem für leichtere Fahrzeuge wie Mofas und Mopeds tückisch – unvermutete Kurven, Bodenwellen, Spurrillen und Schlaglöcher sind die Regel. Wenn man vor einer Kurve nicht rechtzeitig abbremst, kann das kritisch werden. Alljährlich passieren jede Menge Unfälle – leichte und schwere ... Krankentransport bzw. Taxi ist dann in abgelegenen Regionen oft nicht schnell genug verfügbar – es gibt kein Notarzt- bzw. Ambulanzwagensystem! Im Hochsommer außerdem nicht stundenlang mit kurzen Hosen und T-Shirts fahren – erhebliche Sonnenbrandgefahr!

Weiterhin wichtig: immer fragen, welches Benzin getankt werden muss. Manche Fahrzeuge fahren mit "Normal", andere mit "Super", wieder andere nur mit speziellem Gemisch für Mofas. Und immer auf einen gefüllten Tank achten bzw. kalkulieren, wie lange der Vorrat noch reicht (beim Vermieter den

Verbrauch erfragen). Tankstellen sind auf den Kykladen rar und oft nur in der Umgebung des Hafenorts bzw. der Chora zu finden – wenn dann auf der gegenüberliegenden Inselseite der Sprit ausgeht ...

Für den Fall einer Panne: immer die Telefonnummer des Vermieters mitnehmen (steht oft am Zweirad bzw. im Mietkontrakt). Wenn man einen seriösen Vermieter hat, wird man zusammen mit dem Fahrzeug zurückgeholt und erhält umgehend funktionstüchtigen Ersatz. Andernfalls kann der Rücktransport teuer werden. Vor der Anmietung fragen, was im Fall einer Panne passiert!

Viele Fahrzeuge besitzen außer einem Zündschloss keine separate Absperrvorrichtung. Diebstahl kommt allerdings so gut wie nie vor, wer aber auf Nummer Sicher gehen will, sollte ein stabiles Ringschloss bzw. eine Kette von zu Hause mitbringen. Ebenso gibt es nicht überall Helme zu leihen und falls doch, sind sie oft veraltet oder passen nicht. Wer Wert auf einen guten Helm legt, sollte ihn besser mitbringen. Zu empfehlen ist ein Helm mit Visier, denn der Fahrtwind kann schnell zu einer Augenentzündung führen und überdies fliegen überall Insekten herum, mit denen man bei 80 km/h förmlich beschossen wird. Sehr wichtig: ohne Helm erlischt der Versicherungsschutz!

Generell: Wenn man noch keine Erfahrung mit Motorrollern oder -rädern hat, sollte man dieses Defizit nicht unbedingt auf den Kykladen ausgleichen wollen. Für Anfänger am sichersten sind Automatik-Mofas.

Führerscheine: Früher bekam man mit dem Autoführerschein so ziemlich jedes Zweirad ausgehändigt. Heute erhält man mit der allgemeinen Pkw-Lizenz zumeist nur mehr 50er-Maschinen. Zwar sind in älteren Autoführerscheinen auch höhere Zweiradkategorien bis hin zu 125ern eingeschlossen, doch muss man dies auch nachweisen können. Die rosa Führerscheine mit ihren exakten Angaben zu den erlaubten Kubikzentimeterzahlen sind deshalb vorteilhafter als die alten grauen "Lappen", in denen nur die jeweiligen Klassen eingetragen sind, Details über die zulässigen Hubräume bei Zweirädern aber fehlen.

• *Bedingungen* Der Führerschein muss bereits ein Jahr gültig sein.

• *Kaution* Praktisch alle Verleiher verlangen den **Pass** zur Sicherheit.

• *Mietverträge* (Rental Contracts): sind oft so vage abgefasst, dass der Mieter für sehr vieles haftbar gemacht werden kann. In Deutsch abgefasste Verträge gibt es nur selten (meist Griechisch und Englisch), falls doch, oft in so haarsträubender Übersetzung, dass man die Hälfte nicht versteht bzw. die Punkte mehrdeutig sind.

Fast immer muss man unterschreiben, dass das Fahrzeug bei der Übergabe vollständig in Ordnung war und man es im selben Zustand zurückbringen muss. Wenn Schäden am Moped auftreten, für die der Mieter nicht verantwortlich ist, wird das Fahrzeug in der Regel umgehend repariert oder man erhält Ersatz. Allerdings haftet der Fahrer für **von ihm selber verursachte**

Schäden am Fahrzeug im Allgemeinen voll (Kosten für Ersatzteile und/oder Reparatur). Was von ihm letztendlich verursacht wurde, ist dann allerdings Definitionssache. Gelegentlich soll man sogar unterschreiben, dass man für **alle Schäden** aufkommt, die während der Mietzeit auftreten. Man sollte sich gut überlegen, auf solche Verträge einzugehen! **Reifenschäden** gehen zu Lasten des Mieters. Manchmal wird auch verlangt, dass man nur auf Asphaltstraßen fahren soll. Wenn man dann auf einer Erdpiste eine Panne hat, wird man zur Kasse gebeten.

Da praktisch alle Agenturen nach diesen oder ähnlichen Prinzipien arbeiten, tut man sich schwer, solchen Bedingungen aus dem Weg zu gehen. Vor allem die Inseln Páros und Náxos haben sich diesbezüglich einen reichlich zwiespältigen Ruf erworben. Manchmal ist man versucht, von einer

Zweirad-Mafia zu sprechen ... In der Regel werden Schadensfälle aber fair abgewickelt, da der Vermieter natürlich einen Ruf zu verlieren hat und bei der harten Konkurrenz schnell weg vom Fenster sein kann.

● *Mietdauer* beträgt bei tageweiser Anmietung **24 Stunden**. Also muss man ein Fahrzeug, das man morgens mietet, erst am nächsten Morgen abgeben – und nicht bereits am Abend desselben Tages, wie von den Vermietern oft gefordert.

● *Preise* **Mofas** und **Halbautomatikräder** kosten je nach Saison pro Tag ca. 10–18 €, **Roller** 13–22 €, **Geländemaschinen** (125 ccm) 27–35 €, **Motorrad** 250 ccm 30–40 € (incl. 18 % Mehrwertsteuer). Wenn man für mehrere Tage mietet, verringert sich der Tagespreis um einiges. Handeln ist wegen der starken Konkurrenz oft möglich, vor allem in der wenig ausgelasteten Nebensaison.

● *Versicherung* **Haftpflicht** für Unfallgegner ist im Mietpreis inbegriffen (die Zeiten, als Fahrzeuge nicht versichert waren, um Geld zu sparen, sind glücklicherweise vorbei), die Haftungssummen sind allerdings vergleichsweise niedrig. **Vollkasko** mit Eigenbeteiligung kann für ca. 3–5 €, ohne Eigenbeteiligung für ca. 7–10 € pro Tag extra

abgeschlossen werden. In ihr sind aber im Allgemeinen nicht enthalten: Diebstahl-, Feuer-, Reifen-, Felgen- und Glasschäden. Leider erfährt man immer wieder, dass die so genannte Vollkaskoversicherung keine ist, sondern oft nur dazu dient, den Geldbeutel des Vermieters zu füllen.

● *Zweiradkategorien* **Mofa**, oft in schlechtem Zustand, wenig Spritverbrauch, Automatik-Schaltung, leicht zu bedienen. Nicht überall im Angebot.

Vespa (50, 80, 125 ccm), Roller mit Automatikgetriebe, leicht zu bedienen, aber nur für asphaltierte oder befestigte Straßen geeignet. Fahren ziemlich schnell, kann man auch zu zweit benutzen. Vorsicht: Roller sind wegen der kleinen Reifen sehr sturzanfällig, vor allem in Kurven brechen sie leicht aus.

Moped (50 ccm), meist Dreigang-Mopeds mit Halbautomatik. Gut geeignet für bergige Strecken, robuste Maschinen kann man auch zu zweit fahren.

Geländemaschinen (ab 125 ccm) und **Motorräder** (ab 250 ccm) sind nur für wirklich Kenner geeignet. Sind zwar super zu fahren – gerade auf den bergigen Pisten Kretas zu Stränden runter und wieder rauf, aber damit kann auch das meiste passieren.

Bitte befahren Sie Sand- und Schotterpisten mit Motocross-Maschinen äußerst vorsichtig und sensibel – Sie vermeiden Unfälle, lassen eventuelle Wanderer nicht ihren Staub schlucken und schonen die empfindliche Natur.

▸ **Mietwagen**: gibt es auf allen größeren Kykladen. Angeboten werden meist wendige *Kleinwagen* wie Peugeot, Fiat, Seat etc. und kräftige, hart gefederte *Jeeps*. Preise je nach Saison und Größe etwa 30–65 € pro Tag, in der Regel kein Kilometergeld. *Vollkasko* kann für kleinen Aufpreis abgeschlossen werden, Reifen und Unterseite des Fahrzeugs sind jedoch in keinem Fall mitversichert. Auch hier gilt selbstverständlich, Fahrzeug vor Anmietung genau überprüfen: insbesondere Öl, Kühlwasser, Reifenprofil, Reservereifen incl. Werkzeug, Beleuchtung.

▸ **Fahrrad**: Die oft extrem steilen und bergigen Kykladeninseln eignen sich nur sehr bedingt zum Radfahren – in erster Linie die flachen Inseln *Páros* und *Mílos*, eventuell außerdem *Náxos*. Spaß macht vor allem die Umrundung von Páros – seit einigen Jahren auf durchgehender Asphaltstraße. Häufig wird man auf Erdpisten fahren müssen, ein robustes Fahrrad mit nicht zu schmalen Reifen ist deshalb sinnvoll. Versteht sich von selbst, dass es kaum Fahrrad-Werkstätten auf den Kykladen gibt, also ausreichend Ersatzteile mitbringen. Wer auf die Mitnahme des eigenen Drahtesels verzichtet, kann auf fast allen Inseln *Mountainbikes* mieten. Tipps zur Anreise → S. 23.

▸ **Badeboote**: Dank der oft weglosen Kykladenküsten erfreut sich der Transport mit umgebauten Kaikis (Fischerkähnen) zu entfernten Buchten wachsender

Beliebtheit. Touristen per Badeboot zum nächsten Strand zu schippern bietet den Fischern eine gute Möglichkeit, sich ein solides Zubrot zu verdienen. Auf *Mýkonos* funktioniert der gesamte Badeverkehr an der Südküste mit Hilfe solcher Boote. Macht Spaß und ist meist erschwinglich.

Wandern

Die Kykladen sind kein harmloses Wanderterrain mit gut ausgebauten Spazierwegen, denn die Inseln sind durchweg bergig, extrem steinig und oft dornig. Schatten ist wegen fehlender Bäume meist Mangelware – kahle Hügelrücken mit karger Phrygana müssen in sengender Sonne überwunden werden, nur in Schluchten und Talebenen wachsen Tamarisken, Zypressen und Schilf. Wer auf den Kykladen wandert, sollte reichlich Kondition und Ausdauer mitbringen. Belohnt wird man durch herrliche Ausblicke und die unvergleichliche Stimmung auf den einsamen Ägäis-Inseln!

Wer wandert, lernt die Kykladen aus der Perspektive der Inselbewohner kennen. Die Inseln sind agrarisch geprägt, überall wurden in mühsamer Arbeit Terrassenhänge angelegt, zahlreiche Maultierpfade und Treppenwege durchkreuzen auch die kleinsten Inseln. Markierungen wird man jedoch nur selten finden, die Inselbewohner kennen sich aus und benötigen solche Hilfsmittel nicht. Im Zuge des ständig wachsenden Tourismus werden aber immer mehr markante Wege mit farbigen Pfeilen, Punkten und losen Steinpyramiden sporadisch markiert, auf *Náxos* und *Amorgós* wurden sogar an einigen Wegen dauerhafte Metall- bzw. Holztafeln befestigt.

Wanderungen auf den Kykladen sind keine Spaziergänge! Obwohl man in der Regel keine Kletterkenntnisse benötigt, sind guter "Durchhaltewille" und Spaß an der Anstrengung erforderlich. Schon zu Hause sollte man deshalb eine längere Probewanderung mit voller Ausrüstung durchführen. Die Blasen an den Fersen schmerzen zwar, aber auf den Inseln werden sie dann ausbleiben. Wie oft und wie lange man wandern will, ist von der individuellen Kondition abhängig. Man sollte mit kurzen Strecken beginnen und erst allmählich steigern. Am besten steht man morgens im Morgengrauen auf und läuft bei Sonnenaufgang los. Wenn die Mittagshitze fühlbar wird und zwei Drittel der Wegstrecke sind geschafft, gibt das halt nur psychologische Sicherheit.

Generell gilt, dass man so wenig wie möglich allein wandern sollte – zumindest sollte immer eine Kontaktperson wissen, wo man unterwegs ist. Die Kykladen sind dünn besiedelt und abseits der Straßen einsam, wild und unberührt. Auf vielen Wanderrouten kann es passieren, dass man den ganzen Tag kaum einen Menschen trifft – was also tun, wenn man sich den Knöchel verknackst, ein Bein bricht etc.? Die Mitnahme eines Handys reduziert das Risiko, aber Achtung, in Schluchten funktionieren sie nur, wenn ein Sendemast in Sichtweite ist.

▸ **Jahreszeit:** Mit Abstand die beste Wanderzeit ist das *Frühjahr* (Mai und Juni), wenn sich die Inseln in Blütenteppiche verwandeln. Eher abzuraten ist dagegen von den extrem heißen Sommermonaten Juli und August. Gut möglich sind Wanderungen dann wieder im *September* und eventuell in der ersten *Oktoberhälfte* – Trauben und Obst sind reif, die Sonne ist nicht mehr so ste-

Kreuzfahrtschiffe in der Caldera von Santoríni (EF) ▲▲
Ankunft auf Mýkonos (EF) ▲

▲▲ Kurz vor der Landung (EF)

▲ Der Inselpope kommt aus Athen zurück (EF)

▲▲ Weiter geht's zur nächsten Insel (EF)

Die Internationale der Inselhüpfer (EF) ▲▲
Entspanntes Warten im Hafen (EF)   ▲

▲▲ Schnellboot, Fähre und Fischerboot im Hafen von Mýkonos (EF)

▲ An Bord lässt es sich gut relaxen (EF)

chend. Vor und nach den genannten Zeiträumen ist das Wetter in der Regel zu unsicher (häufige Regenfälle und oft ziemlich kalt).

▶ **Inselrouten:** Meist besonders reizvoll ist die Besteigung des jeweils höchsten *Inselbergs* oder eines anderen markanten Bergs mit Superblick bis zu den Nachbarinseln. Oft sind auf dem Gipfel noch Reste einer alten venezianischen Burg (Kástro) erhalten, fast immer gibt es eine Kapelle oder ein verlassenes Kloster. Ansonsten kann man oft *an der Küste entlang* zu den nächsten Badebuchten laufen oder *vom Hafen zum Hauptort Chóra*, der wegen der früheren Piratengefahr fast immer hoch in den Bergen angelegt ist. Speziell letztere Variante ist ein guter Einstieg für Kykladen-Wanderungen, weil es meist keine allzu lange Wegstrecke ist. Fast immer gibt es einen hübschen *Treppenweg*, der die Fahrstraße oder -piste erheblich abkürzt.

● *Wanderkarten* Brauchbare, mit Hilfe von GPS (Global Positioning System) erstellte Wanderkarten gibt es aus dem griechischen Anavasi Verlag mittlerweile für **Amorgós**, **Páros**, **Sérifos** und **Sífnos** (siehe jeweils dort). Ansonsten sind viele der auf den Inseln erhältlichen Karten sehr ungenau, insbesondere was Fußwege angeht. Man sollte sich auf diese Angaben nie verlassen, nicht selten sind sie allein der Fantasie des Zeichners entsprungen.

● *Ausrüstung* Der Boden der Kykladen ist steinig und voller Dornen. Knöchelhohe **Wanderstiefel** mit ausgeprägter Profilsohle sind deshalb unabdingbar. Ansonsten leisten auch **lange Hosen** gute Dienste, weil es immer mal wieder längere Strecken durch Gestrüpp geht. Zusätzlich kann ein **Stock** gute Dienste leisten, da er die Wirbelsäule spürbar entlastet.

● *Verpflegung* zum Essen nur das Nötigste, jedoch unbedingt reichlich **Wasser** mitnehmen – das wiegt zwar, wird aber von Stunde zu Stunde leichter. Mit etwas Glück trifft man unterwegs auf eine eingefasste **Quelle**, ansonsten besitzen die meisten Häuser **Zisternen**, aus denen man sicher ein paar Schluck trinken darf, wenn man die Besitzer fragt. Auch einsame Kapellen und verlassene Klöster besitzen oft Zisternen, an denen ein Faden mit Becher hängt. Allerdings sollte man immer nur von abgedeckten oder eingezäunten Zisternen trin-

ken, sie könnten sonst durch Ziegen und Schafe verunreinigt sein.

● *Wanderreisen* werden in BRD, CH und A inzwischen häufig angeboten, für die Kykladen z. B. von

Baumeler Wanderreisen, Alpenstr. 1, CH-6004 Luzern, ✆ 041/4188282, 🖂 4188289, www.baumeler-reisen.ch; Wanderungen auf Mýkonos–Páros–Náxos sowie auf Sífnos, Sýros, Náxos und Santoríni, außerdem Segelkreuzfahrt mit Wanderungen.

Hermann Richter Wanderreisen, Kemeler Weg 15, D-56370 Reckenroth, ✆ 06120/8651, 🖂 978798. Anspruchsvolle Trekkingtouren, ein langjähriger Kenner führt durch die Inselwelt der Kykladen, z. B. auf Mílos–Kímolos–Folégandros–Santoríni und Náxos–Amorgós.

Natur & Kultur Wanderstudienreisen, Blütenweg 32, D-89155 Ringingen, ✆ 07344/921222, 🖂 921662, www.natur-und-kultur.com; Wanderungen auf Ándros–Tínos und Náxos–Délos–Amorgós.

Studiosus Reisen München, Riesstr. 25, D-80992 München, ✆ 089/500600, 🖂 50060100. Wanderstudienreisen auf Páros, Náxos, Tínos, Mýkonos, Santoríni, Sérifos, Sífnos, Mílos, Amorgós und Folégandros. Gebührenfreie Beratung unter ✆ 00800/24022402, www.studiosus.de

Wikinger Reisen, Kölner Str. 20, D-58135 Hagen, ✆ 02331/904743, 🖂 904740, www.wikinger-reisen.de; Wanderungen auf Mýkonos–Tínos–Náxos–Santoríni.

Oft wird man unterwegs nach dem Weg fragen müssen: **pou íne monopáti pros** (wo ist der Fußweg nach), **pósa chiliómetra íne pros** (wie viel Kilometer sind es nach ...), **thélo stin** (ich möchte nach ...). Wichtig – die Einheimischen weisen immer den einfachsten Weg, nämlich die nächste Straße! Wer einen Fußweg sucht (den es so gut wie immer gibt), muss betont nach dem **monopáti** fragen!

Wissenswertes von A bis Z

Ärztliche Versorgung

In den Sommermonaten ist auch auf der kleinsten bewohnten Insel ein *Allge-meinarzt* stationiert. In den touristischen Hochburgen wie Mýkonos, Páros, Náxos, Íos und Santoríni praktizieren auch *Fachärzte* in ausreichender Zahl. Staatliche *Krankenhäuser* gibt es derzeit u. a. auf Sýros, Páros, Náxos und Santoríni, ein von der Gemeinde geführtes *medizinisches Zentrum* auf Íos, hier und dort auch *Privatkliniken* ("Medical Center"), z. B. auf Mýkonos und Páros. In schweren Fällen sollte man (so man dazu in der Lage ist) aber besser in die modernen Kliniken von Athen oder Iráklion (Kreta) ausweichen – oder man wird per Hubschrauber ausgeflogen (jede Insel hat für Notfälle einen Landeplatz). Ein Notarzt- und Ambulanzwagensystem existiert bisher nicht. Unterm Strich: Wer eine Kykladenreise unternimmt, sollte über einen stabilen Gesundheitszustand verfügen. Vorteilhaft – viele Ärzte und Apotheker haben im Ausland studiert und sprechen Englisch, Deutsch oder Französisch.

• *Behandlungskosten/Versicherung* Wer als deutscher Tourist Mitglied einer gesetzlichen Krankenkasse ist, sollte den Anspruchsschein für ärztliche Behandlung in EWR-Ländern (= Staaten des europäischen Wirtschaftsraums) mitnehmen (E 111), erhältlich ist er bei der eigenen Krankenkasse. Gleiches gilt für Österreicher, seit 2002 auch für Schweizer. Damit kann man sich in Griechenland kostenlos behandeln lassen. Die Prozedur ist allerdings ziemlich umständlich: Den Schein müssen Sie bei einer Niederlassung der griechischen Krankenkasse IKA in ein sogenanntes Krankenanspruchsheft (**Vivliário**) umtauschen, mit dem Sie dann kostenlos behandelt werden – jedoch nur von Ärzten, die der IKA angeschlossen sind, und das sind nicht sehr viele. Ihre Wartezimmer sind meist dementsprechend überfüllt. Viele IKA-Stellen verfügen auch über eine ambulante Station, in der Sie sich gleich an Ort und Stelle untersuchen lassen können. Aufenthalt und Behandlung in einem staatlichen Krankenhaus oder Health Center (Nosokomío) ist ebenfalls kostenlos. Falls im Notfall ein nicht der IKA angeschlossener Arzt aufgesucht werden muss, übernimmt die IKA nachträglich die Kosten, wenn ein Vivliário vorgelegt wird.

Einfacher und weniger zeitaufwändig ist es in der Regel, einen Arzt bar zu bezahlen. Im Prinzip sind die Kosten etwas günstiger als bei uns. Doch wie in allen Urlaubsgebieten verlangen manche Ärzte von Touristen hohe, teils wohl auch überhöhte Rechnungen. Für eine kurze Konsultierung sollte man mit 30–60 € rechnen. Gegen eine detaillierte Quittung (**Apódixi**) des behandelnden Arztes, die die Diagnose, Art und Kosten der Behandlung beinhalten sollte, erhalten Sie aber bei Ihrer Krankenkasse zu Hause die Ausgaben ganz oder anteilig, je nach Krankenkasse, zurückerstattet. Darunter fallen auch Apotheken- und Medizinkosten (mit Selbstbeteiligung), falls sie vom Arzt verschrieben wurden.

Zu erwägen ist der Abschluss einer zusätzlichen **Auslandskrankenversicherung**, die die meisten privaten Krankenkassen preiswert anbieten (unter 0,50 € pro Tag). Darin ist auch ein aus medizinischen Gründen nötig gewordener Rückflug eingeschlossen, den die Versicherungen sonst nicht zahlen.

• *Apotheken* erkennt man an dem Roten Kreuz auf weißem Grund (Malteserkreuz). Sie haben normale Ladenöffnungszeiten, in den Städten hat an den Wochenenden jeweils eine Apotheke Notdienst. Die Adresse ist an allen anderen Apotheken angeschlagen. Medikamente werden zum großen Teil eingeführt und sind preiswert – nicht nur Aspirin, sondern vor allem auch Antibiotika. Vieles läuft rezeptfrei. Tipp: Schildern Sie dem Apotheker ruhig Ihre Probleme, in der Regel kann er Ihnen bei kleineren Beschwerden ebenso gut weiter helfen wie ein Arzt.

Wichtige Telefonnummern (in allen Orten):	
Polizeinotruf	☎ 100
Feuerwehr	☎ 199
Erste Hilfe	☎ 166
Pannenhilfe	☎ 104

• *Gesundheitsvorsorge* in den ersten Tagen extrem aufpassen mit **Sonnenbrand**. Unbedingt auf ausreichenden Sonnenschutz achten! Beim Baden in Felsbuchten können **Badeschuhe** gute Dienste leisten, für Höhlentrips eine **Taschenlampe**, bei Wanderungen **Sonnenhut** und stabiles **Schuhwerk**. Wer Seereisen vorhat, sollte ein Mittel gegen **Seekrankheit** dabei haben, falls er anfällig ist.

Seeigelstacheln sind schmerzhaft – Ringelblumensalbe dick auftragen und Pflaster drauf, nach einem Tag lösen sie sich wie von selbst. Auch das Auftragen von heißem Öl soll hilfreich sein. Bei **Wespenstichen** kann Essig lindernd wirken. Für **Insektenstiche** auf jeden Fall entsprechende Lotion mitnehmen, außerdem vorbeugenden Schutz gegen Stiche.

Essen Sie scharf, zum Beispiel Peperoni, um einem verdorbenen Magen vorzubeugen:

dadurch werden die Magenschleimhäute angeregt und Sie sind eher gefeit gegen kleine, unfreundliche Gesellen, die dem Ma-gen Übles antun wollen. Auch **Kohletabletten** sollten in der Reiseapotheke nicht fehlen, ebenso wenig **Verbandszeug** und **Jod**.

Diplomatische Vertretungen

Auf den Kykladen gibt es keine ausländischen Vertretungen. Die Botschaften Deutschlands, Österreichs und der Schweiz haben ihren Sitz in Athen, Österreich unterhält auf Kreta auch ein Honorarkonsulat, Deutschland zwei.

In Notfällen, z. B. dem Verlust sämtlicher Reisefinanzen, kann man sich dorthin wenden. In erster Linie erhält man Hilfe zur Selbsthilfe, d. h. die Vermittlung von Kontaktmöglichkeiten mit Verwandten oder Freunden sowie Informationen über schnelle Überweisungswege (z. B. mit Western Union Money Transfer, S. 78). Nur wenn keine andere Hilfe möglich ist, bekommen Sie Geld für die Heimreise per Schiff und Zug vorgestreckt, allerdings keine Übernahme von Schulden (z. B. Hotelkosten) oder Mittel für die Fortsetzung des Urlaubs. Auch wenn die Ausweisdokumente abhanden gekommen sind, muss man sich an die zuständige Botschaft wenden. Dort erhält man ein Papier, das zur einmaligen Ausreise berechtigt.

• *Deutschland* **Botschaft der Bundesrepublik Deutschland**, Karaoli & Dimitriou Str. 3, GR-10675 Athen-Kolonáki, ✆ 21-0-7285111, ✆ 7251205, www.gemanembassy.gr; Mo–Fr 9–12 Uhr.
Honorarkonsulate: **Iráklion** (Kreta), Zografou Str. 7, ✆ 281-0-226288, ✆ 222141, E-Mail: honkons@her.forthnet.gr; **Chaniá** (Kreta), in Agía Marína, einem Badeort westlich von Chaniá, Paraliaki, Stassi Nr. 13, ✆/✆ 2821-0-68876.

• *Österreich* **Österreichische Botschaft**, GR-10683 Athen, Leoforos Alexandras 26, ✆ 21-0-8257240, ✆ 8219823, E-Mail: athenob @bmaa.gv.at; Mo–Fr 10-12 Uhr.
Honorarkonsulat: **Iráklion** (Kreta), Eleftherias-Platz/Dedalou Str. 36, ✆/✆ 281-0-223379. Mo–Fr 10–12 Uhr.
• *Schweiz* **Schweizer Botschaft**, GR-11521 Athen, Iassiou Str. 2, ✆ 21-0-7230364, ✆ 7249209, E-Mail: vertretung@ath.rep. admin.ch; Mo–Fr 10–12 Uhr.

Einkaufen

Die Kykladen sind gewiss kein Einkaufsparadies für verwöhnte Yuppie-Urlauber, dennoch gibt es eine ganze Menge hübscher und teilweise authentischer Stücke, die sich gut als Mitbringsel oder Erinnerung eignen.

Auf allen großen Inseln erhält man preiswerte *Schafwollpullover* und *-decken*, hin und wieder auch schöne *Stickereien* und *Häkelarbeiten*, dazu kommen bunte *Ikonenmalerei*, haufenweise *Schmuck* von Athener Juwelieren, blank polierte *Kykladenidole*, nach eigenen Wünschen bunt bedruckte *T-Shirts* u. a. Auf manchen Inseln haben sich Maler und Kunsthandwerker niedergelassen (z. B. *Mýkonos, Íos, Amorgós* und *Santoríni*), vielleicht wird man in irgendeiner der kleinen Galerien fündig. Eine besonders große Auswahl an fantasievollem Kunsthandwerk findet man in den originellen Shops von *Oía* auf Santoríni. Vor allem aber hat jede Insel ihre eigenen Produkte, die oft kulinarischer Natur sind: eingelegte Früchte und Kitrolikör von *Náxos*, Wein auf *Santoríni*, Süßigkeiten von *Sýros*, Mandelplätzchen von *Mýkonos*, Töpferwaren auf *Sífnos, Korbflechtarbeiten* in Vólax auf *Tínos* ... Weitere Hinweise in den speziellen Inselkapiteln.

Korbflechter im Dörfchen Vólax auf Tínos

Ermäßigungen

Schüler und Studenten aus EU-Staaten, Studenten der klassischen Wissenschaften und schönen Künste aus Nicht-EU-Ländern sowie Personen unter 18 Jahren erhalten in allen Ausgrabungsstätten und staatlichen Museen Griechenlands freien Eintritt. Für Studenten aus Nicht-EU-Ländern und Senioren über 65 gibt es 50 % Ermäßigung.

Anspruch auf einen internationalen Studentenausweis *(International Student Identity Card ISIC)* haben Studenten, Schüler über 12 Jahre sowie Auszubildende, die vollzeitlich eine Schule besuchen. Erhältlich ist er für ca. 9,20 € gegen Vorlage eines Lichtbilds und der Immatrikulationsbescheinigung bzw. des Schülerausweises. Nationale Schüler- und Studentenausweise werden in Griechenland laut mehreren Leserzuschriften ebenfalls anerkannt, doch sollte man sich darauf nicht verlassen. Wichtig: Die Regelung mit dem Freieintritt bzw. Ermäßigung ist an den wenigsten Kassen angeschlagen, man muss nachfragen.

> **Eintrittsfreie Tage in Ausgrabungen und staatlichen Museen**: alle Sonntage vom 1. November bis 31. März, von April bis Juni und im Oktober der erste Sonntag im Monat (falls dieser ein Feiertag ist, der zweite Sonntag), außerdem 6. März (Erinnerungstag an Melina Mercouri), 18. April (International. Denkmalstag), 18. Mai (Internat. Museumstag), 5. Juni (Internat. Umwelttag) und am letzten Wochenende im September (Europäisches Kulturerbe). Weitere Details unter www.culture.gr

• *Sonstige Ermäßigungen* Kostenloser Eintritt wird an den genannten Orten **Journa-** **listen** mit Presseausweis oder Empfehlungsschreiben der Griechischen Zentrale für Fremdenverkehr gewährt, außerdem Mitgliedern von **ICOM** (International Council of Museums) und **ICOMOS** (International Council of Monuments and Sights). **Archäologen, Kunst- und Architekturprofessoren, Regierungsvertreter** und Vertre-ter der **UNESCO** erhalten mit einem Sonderausweis freien Eintritt zu den Ausgrabungsorten und staatlichen Museen. Wer glaubt, ein Recht auf einen solchen Ausweis zu besitzen, wende sich rechtzeitig an die griechische Fremdenverkehrszentrale.

Essen und Trinken

Die Küche der Kykladen ist traditionell einfach. Entsprechend der kargen Agrarstruktur waren die Zutaten von jeher beschränkt: einige Gemüsesorten, etwas Fleisch und Fisch, dazu äußerst sparsame Verwendung von Gewürzen. Trotzdem hat jede Insel eine eigene interessante kulinarische Tradition, die man hier und dort noch kennen lernen kann.

Durch den Tourismus hat sich allerdings viel verändert. Einerseits überdeckt die allgemeine griechische Küche mit ihrer typischen "Souvláki-Moussaká-Tsatsíki"-Melange in der Urlaubssaison die speziellen Eigenarten der Inseln oft völlig. Andererseits ist in den letzten Jahren verstärkt die Rückbesinnung auf alte Wurzeln zu beobachten. So gibt es immer mehr Tavernen, die sich der Zubereitung traditioneller Speisen widmen – genannt "Paradosiaká Tavérna" – und diese neu und kreativ gestalten. Authentische Spezialitäten (oft allerdings nicht vollständige Gerichte, sondern nur einzelne Produkte wie Gebäck, Likör, Käse etc.) findet man derzeit auf *Ándros, Tínos, Mýkonos, Sýros, Náxos, Santoríni* und *Sífnos*, Hinweise dazu in den einzelnen Inseltexten. Auf den Kykladen zu essen heißt aber vor allem, die Stimmung auszukosten – ein paar wacklige Tische an der Uferpromenade, Meeresrauschen, ein kräftiges Souvláki vom Grill, eine Karaffe mit offenem Inselwein. Nach einem brütend heißen Tag gibt es kaum etwas Schöneres, als abends unter Tamarisken in der lauen Meeresluft zu sitzen.

Was die durchschnittliche Tavernenküche angeht, variieren Angebot und Zubereitung nur wenig. Individuelle Geschmacksnoten werden selten entwickelt – man schmeckt schon auf, wenn es irgendwo mal etwas "anders" mundet. Natürlich verführt die allsommerliche Massenabfertigung die Wirte in den großen Touristenorten geradezu dazu, das "Essen von der Stange" zu perfektionieren. Man will Umsatz machen, es muss schnell gehen, die nächsten Gäste warten schon ... Enttäuschungen werden deshalb nicht ausbleiben, seien es die wenig überzeugenden Kochkünste, "überschaubare" Portionen auf den Touristen-Inseln oder die lieblose Abspeisung per Tütensuppe und Souvláki aus Schuhleder. Auch die Preiskalkulation kann gelegentlich ein Stirnrunzeln hervorrufen, Nachrechnen schadet nicht. Jedoch kann man nach wie vor in Griechenland für südeuropäische Verhältnisse günstig essen: Die Preise liegen im Allgemeinen etwa 20 % unter denen in Deutschland.

Essen gehen auf den Kykladen ist unkompliziert, es gibt keine ausgeprägte Etikette, die Tische sind einfach gedeckt, der Service ist informell. Sämtliche Speisen, auch Beilagen, Vorspeisen etc., können gesondert bestellt werden, so dass man sich sein Essen ganz individuell selber zusammenstellen kann – ein Hauptgericht muss nicht dabei sein. Von allem, was man bestellt, bekommt man in der Regel einen Teller voll. Falls man keine anderen Wünsche äußert, wird alles gleichzeitig serviert. Fleischgerichte werden mittlerweile automatisch mit Beilagen gereicht, meist mit *patátes* (Pommes frites) und etwas Salat. So gut wie alles wird mit Olivenöl gekocht und gebraten, auch Salate werden damit angemacht.

● *Die Lokale* **Estiatórion** (Restaurant) und **Tavérna** (Gasthaus) unterscheiden sich heute nur noch unwesentlich – früher war das Estiatórion das "bessere" Lokal mit der größeren Auswahl. Daneben gibt es noch die **Psárotavérna** (Fischrestaurant) und die **Psistária** (Grillstube) bzw. das **Pséstopólion** (Gegrilltes zum Mitnehmen). Eher seltener trifft man auf das **Oínozythestiatórion** (Wein- und Bierlokal) und das **Krassopotíon** (Weinlokal). Auf dem Vormarsch ist dagegen die **Paradosiaká Tavérna**, wo der Versuch unternommen wird, sich auf alte kulinarische Traditionen zurückzubesinnen.

Die **Oúzeri** bietet neben Oúzo und Raki vor allem die beliebten *mezédes* an – kleine Vorspeisen und Appetithappen wie Oliven, Muscheln, Kalamares u. v. a. Diese Lokale trifft man auch unter den Namen **Mézedopólion** oder – noch besser – **Oúzomezedopólion**.

Das **Kafenĺon** ist das Stammlokal aller männlichen Griechen – das Caféhaus. Es besteht meist nur aus wenigen Tischen in einem kargen Innenraum und ein paar Tischen auf der Straße. Griechische Frauen verkehren hier höchstens als Bedienung, Touristinnen werden akzeptiert. Man bekommt Getränke, oft auch Frühstück und gelegentlich einfache Gerichte wie Omelett.

Im **Zacharoplastĺon** (Konditorei) gibt es Kuchen, Blätterteiggebäck, manchmal Eis und die leckeren *loukoumádes* (siehe unten).

● *Speisekarten* Typische Touristenlokale haben oft viersprachige Speisekarten. Ansonsten sind sie im Allgemeinen **griechisch und englisch** gedruckt – zu haben sind nur die Gerichte, bei denen ein Preis eingetragen ist. Für **Brot und Gedeck** wird meist zusätzlich ein geringer Betrag verlangt, der in der Karte ausgewiesen ist. Oft sind die Speisekarten auch nur bloße Schau und haben nichts mit der Realität zu tun. Am besten, man fragt einfach, was zu haben ist, oder schaut mal zum Tresen, was in den Töpfen zu sehen ist – dort oder in Extra-Vitrinen ist das Tagesangebot immer ausgestellt. Es ist auch in vielen Tavernen noch durchaus üblich, in die Küche zu gehen und in die Töpfe zu gucken.

● *Preise* Die Essenspreise sind in den letzten Jahren deutlich gestiegen, vor allem in den Touristenzentren. Einen weiteren Schub nach oben hat die Einführung des Euro mit sich gebracht. Abseits vom touristischen Geschehen sind man merklich günstiger.

Beim Zahlen (**to logariasmó parakaló** = die Rechnung bitte!) sollte man eine gemeinsame Rechnung für den ganzen Tisch verlangen und später untereinander abrechnen. Erstens ist das für die oft sehr gestressten Kellner wesentlich einfacher und zweitens entspricht es den kretischen Gewohnheiten der Paréa (Tischgemeinschaft).

● *Trinkgeld* Griechische Kellner sind im Allgemeinen noch nicht auf Trinkgeld fixiert. Das Wechselgeld wird bis auf die letzte Drachme zurückgezahlt, kein missmutiger Blick streift den ausländischen Knauser. Wenn man zufrieden war, sollte man ruhig die Rechnung in Taverne oder Kafenion aufrunden – jedoch nicht übermäßig, da ein solches Verhalten nicht üblich ist und die Preise schnell in die Höhe treibt.

▶ **Frühstück**: Die griechischen Inselbewohner frühstücken wie in allen mediterranen Ländern sehr wenig. Auch das gebuchte Hotelfrühstück fällt dementsprechend oft karg aus, z. B. wenig Wurst und Käse, nur Marmelade, alles in kleinen abgepackten Portionen. Frühstücksbuffet ist jedoch auch in Griechenland auf dem Vormarsch. Für Touristen ist es aber inzwischen in allen Kafenia und Tavernen angeschrieben – "Breakfast", "Bread, butter, marmalade" oder so ähnlich. Wenn man es wünscht, gibt's auch ein Ei *(avgó)* oder Omelett, außerdem kann man Joghurt *(yaúrti)*, Milch *(gála)*, Kakao *(gála schokoláta)* und frisch gepressten Orangensaft bestellen. Sogar Joghurt mit Früchten und Honig wird inzwischen häufig angeboten, ab und an sogar Müsli. Zu den verschiedenen Kaffeevariationen vgl. weiter unten (→ Getränke).

Nun die schlechte Nachricht: Die Frühstückspreise sind relativ hoch, vor allem an exponierten Orten wie am Kraterrand in Santoríni oder an der Hafenpromenade von Mýkonos.

▶ **Vorspeisen** *(orektiká)*: Alkohol trinkt man in Griechenland nicht, ohne eine Kleinigkeit zu essen. Vor allem in der Ouzerí und im Mezedopolíon werden deshalb zahlreiche Appetithappen gereicht, genannt *mezédes*: panierter oder eingelegter Käse, gefüllte Weinblätter, Zucchinikroketten, Tomaten- und Gurkenscheibchen, Wildzwiebeln, Auberginen-, Paprika-, Kartoffel- oder Bohnenpüree, Tintenfischragout, Scampi, Schnecken, Oliven, frittierte Auberginen und Zucchini, kleine Stückchen Melone, Muscheln, Pistazien, Mandelkerne und viele andere Leckereien. Ob mariniert, frittiert, püriert, gebraten oder gebacken, die Vielfalt der Vorspeisen ist unerschöpflich. Die Ouzerí bietet eine Gelegenheit, sich in aller Ruhe gesellig zu treffen und dabei immer etwas zum Knabbern vor sich zu haben. Oft ersetzt ein Gang in die Ouzerí das Abendessen. Wichtigste Vorspeise ist ansonsten der *choriátiki*, der griechische Bauernsalat (→ Vegetarische Gerichte).

Arsinosaláta, Salat aus rohen Seeigel-Innereien.

Dolmadákia, gerollte Weinblätter, mit Reis und Gewürzen gefüllt.

Fáva, cremiges Püree aus kleinen gelben Fava-Bohnen oder Kichererbsen.

Saganáki, panierter und gebackener Kefalotíri-Käse (→ Käse), traditionell in kleinen Pfannen serviert.

Skordaljá, kaltes Knoblauch-Kartoffelpüree.

Taramosaláta, orangefarbenes Püree aus Fischeiern mit Weißbrot oder Kartoffeln.

Tonnosaláta, Thunfischsalat.

Tsatsíki, das auch bei uns mittlerweile zur Genüge bekannte Joghurt mit Knoblauch und Gurken muss mit Liebe und Erfahrung zubereitet werden, damit es wirklich mundet – es gibt große Unterschiede.

▶ **Fleischgerichte:** Das meiste Fleisch wird aus Athen importiert – auf den Kykladen gibt es kaum Rinder- und Schweinezuchten, dafür Schafe und Ziegen mehr als genug. *Arní* (Hammelfleisch) bzw. *arnáki* (Lammfleisch) sollte man mal versuchen. Sehr lecker sind die diversen Gerichte im *Tontopf* (Kasserolle), die sich wachsender Beliebtheit erfreuen.

Spezialität der Inseln sind ansonsten vor allem die Wurstwaren *(loukániko)*, die oft in dicken Ringen vor den Metzgereien hängen. Auf Ándros und Tínos werden die Würste für spezielle Omeletts namens *froutália* verwendet. Und im Oktober (Jagdzeit) verarbeitet man sogar die armen Inselkaninchen zu Wurst.

Bekrí Mezé, scharf gewürzte Fleischstückchen (Gulasch) mit einer Sauce aus Käse und verschiedenen Gewürzen. Traditionelles Gericht, das zunehmend auf den touristischen Speisekarten zu finden ist.

Gíros, Schweinefleisch an großen Spießen, wird durch Drehen vor Heizspiralen gegart, anschließend in Stückchen abgeschabt. Serviert als Tellergericht oder als Snack mit Zwiebeln und Kräutern in zusammengerollten Fladen, so genannte *pítta*. Gibt's auf den Inseln eher weniger, in Athen umso häufiger.

Güwétzi, kleine, spindelförmige Nudeln mit Kalb- oder Lammfleisch, im Tontopf gegart.

Keftédes, "meat balls", sprich Frikadellen

oder Fleischbällchen, in Griechenland auch *biftéki* genannt. Gibt es auf den Kykladen in zahlreichen Abwandlungen. Dabei werden sie wegen Mangel an Fleisch traditionell vegetarisch zubereitet (→ Vegetarisches).

Kléftiko, das so genannte Partisanengericht – Rind- oder Hammelfleisch mit Kartoffeln, Gemüse etc., in einer Kasserolle serviert und mit Alufolie abgedeckt. Hat seinen Namen von den "Kleften" (Spitzbuben) – die Partisanen der Befreiungskriege gegen die Türken hausten versteckt in den Bergen und wurden nachts heimlich von ihren Familien versorgt. Damit die Speisen nicht kalt wurden und ihre delikaten Düfte nicht die Besatzer erreichten, brachte man sie ih-

Auf Náxos: nach dem Bad gebratener Tintenfisch

nen in sorgfältig verschlossenen und umwickelten Töpfen hinauf.

Kokkinistó, geschmortes Rindfleisch aus dem Backofen, oft im Tontopf serviert.

Kokorétsi, Innereien in Darm gewickelt und am Spieß gegrillt, nur selten zu haben.

Makarónia kimá, Spaghetti mit Hackfleischsoße, Standardgericht.

Moussaká, Auflauf aus Auberginen, Hackfleisch und Kartoffeln. Wird auf großen Blechen zubereitet und den ganzen Tag über warm gehalten. Kann, je nach Kunst des Kochs, sehr lecker sein.

Pastítsio, Nudelauflauf mit Hackfleisch und Tomaten, mit Käse überbacken.

Soutzoukákia, knusprig gebratene Hackfleischröllchen mit leckerer Tomaten-Paprikasoße und/oder Beilagen.

Souvláki, das Nationalgericht ist jedem Griechenlandreisenden zur Genüge bekannt: aromatische Fleischspieße aus Hammelfleisch, über Holzkohlen gegrillt und mit Oregano gewürzt, mit etwas Zitrone verfeinert man den Geschmack. Meist preiswert und überall zu haben, jedoch abhängig von der Qualität des Fleisches: kann hauchzart sein aber auch zäh wie Schuhsohlen. Gutes Gericht, um die Qualität einer Taverne zu testen.

Spetsofaí, schmackhafter Wursteintopf mit Zwiebeln, Tomaten, Paprika.

Stifádo, zart-fasriges Rindfleisch mit leckerem Zwiebelgemüse und Zimt gewürzt. Gibt's auch mit Lammfleisch, in der Jagdsaison mit Kaninchen. Oft im Tontopf serviert.

▸ **Fisch und Meeresfrüchte**: wesentlich teurer als Fleisch, die ägäischen Fischgründe sind überfischt. Mit (streng verbotenem) Dynamit fängt man zwar auch um die Kykladen noch einiges – dabei wird allerdings auch die wertvolle Fischbrut getötet, die später für den Nachwuchs sorgen sollte. Die Flotten der Kykladen-Fischer sind nicht allzu groß, fahren selten weit hinaus und fangen deshalb nur kleine Speisefische. Für den riesigen Bedarf der Touristenlokale kommt der Fisch und Hummer über Zwischenstation Athen inzwischen aus aller Welt – Tiefkühlfracht aus Argentinien und Kanada ist keine Seltenheit.

Fisch heißt *psári* und wird nach Gewicht verkauft (in der Speisekarte ist meist der Kilopreis angegeben). 200 bis (maximal) 300 g genügen zum Sattwerden.

Aufpassen, dass einem nicht zu viel aufgenötigt wird. Den Fisch sollte man sich vor der Zubereitung zeigen und gegebenenfalls wiegen lassen.

Barbúnia, Rotbarben oder "red mullet", verbreiteter und sehr geschätzter Speisefisch, den man in allen Fischtavernen erhält.

Chtapódi (oder Oktapódi), der Oktopus, Spezialität auf Páros und Antíparos, muss nach dem Fang viele dutzend mal mit Kraft auf einen Stein geschleudert werden, damit das Fleisch weich und genießbar wird. Danach wird er auf langen Leinen zum Trocknen aufgehängt, später gegrillt und mit Zitrone serviert.

Kalamarákia, Tintenfisch, die Arme werden in Öl gesotten, paniert und in Scheibchen geschnitten.

Marídes, winzige Fischchen (Sprotten bzw. Sardellen), kleinfingergroß, werden meist als *mezédes* (Vorspeisen) gereicht, sehr billig.

Xifías, Schwertfisch. Auf den Kykladen eher selten, weil typischer Hochseefisch, der nur mit großen Schiffen gefangen werden kann, eher auf Kreta zu haben. Sehr lecker, die meterlangen Prachtexemplare werden säuberlich in dicke Scheiben gesäbelt.

● *Sonstige Fische und Meeresgetier* **astakós** (Hummer), **bakaláos** (Kabeljau); **fángria** (Zahnbrasse), **gardía** (Langusten), **garídes** (Garnelen), **galéos** (Neunauge), **sárgos** (Meerbrasse), **tónnos** (Thunfisch).

▶ **Vegetarisches, Beilagen, Gemüse und Salate:** Auf den Kykladen gibt es traditionell eine große Anzahl von vegetarischen Gerichten bzw. Beilagen, darunter die so genannten falschen Keftédes (siehe unten), aber auch die kleinen gelben Fava-Bohnen, gefüllte Zucchini, Kapernblätter und -blüten, Kichererbsen u. a. m.

Briam, eine Art Eintopf aus Gemüse und Kartoffeln.

Choriátiki, der griechische Bauernsalat wird in jeder Taverne als Standardgericht serviert. Besteht aus Tomaten, Gurken, grünen Salatblättern, Oliven und vor allem *féta*, dem aromatischen, bröckligen Schafskäse. Kann man als Vorspeise, aber auch als Beilage zum Hauptgericht essen. Mit etwas Brot kann er sogar allein als Mittagessen ausreichen.

Kolokithákia tiganitá, gebratene bzw. frittierte Zucchini.

Kolokithokeftédes, Brätlinge aus geriebenen Zucchini.

Patatokeftédes, ein einziges Mal konnten wir diese leckeren Kartoffelbrätlinge probieren, nämlich auf der Insel Sýros.

Piperjés jemistés, gefüllte Paprika, weniger häufig.

Pseftikeftédes, die "falschen Fleischklösschen" sind eine Spezialität von Santoríni, sie

bestehen aus Fava-Bohnenpürree, Zwiebeln und Kräutern. Wenn Tomaten verwendet werden, werden sie **tomatokeftédes** genannt.

Revíthia, gebackene Kichererbsen, z. B. als Suppeneinlage.

Revithokeftédes, auf Sífnos werden leckere Bratbällchen aus klein gehackten Kichererbsen so gekonnt zubereitet, dass man das fehlende Fleisch gar nicht registriert.

Tomátes jemistés, mit Reis gefüllte Tomaten, lecker. Gibt's praktisch überall, sind aber nicht so einfach zuzubereiten, wie sie aussehen.

● *Beilagen/Gemüse* **patátes** (Kartoffeln oder Pommes Frites), **piláfi** (Reis), **melitzánes** (Auberginen), **fassolákia** (Bohnen), **angóuri** (Gurke), **tomáta** (Tomaten).

● *Salate* **láchano saláta** (Krautsalat), **tomáta saláta** (Tomatensalat), **angourotomáta saláta** (Gurken/Tomatensalat).

▶ **Käse** *(Tirí)*: Dank der ausgeprägten Schafs- und Ziegenhaltung zählen auch die verschiedensten Käsesorten zu den Spezialitäten der Kykladen. Fast jede Insel ist stolz auf die eigene Produktion. Reiche Auswahl z. B. auf Náxos: *mizíthra* (ungesalzener Frischkäse), *kopanistí* (lang gereifter Weichkäse), *kefalotíri* (gesalzener Hartkäse), *antothíro* (Quark) u. a.

▶ **Nachspeisen/Süßes** *(Gliká)*: In Griechenland und auch auf den Kykladen gibt es eine reiche Auswahl an traditionellen Backwaren – meist Blätterteig, sehr süß, oft anlässlich des Osterfests oder anderer Feiertage gebacken, gelegentlich türkischen Ursprungs. Gibt's meist nur im Zacharoplastíon, in der Konditorei also. Inzwischen findet man auf den Tourismus-Inseln aber ebenfalls ein ausgezeichnetes Angebot internationaler Backwaren, speziell auf Mýkonos.

Amygdálota	Mandelgebäck von Mýkonos in Pralinenform
Baklává	Blätterteig-Rolle, mit Honig und Nüssen gefüllt
Bugátsa	Blätterteiggebäck mit Quarkfüllung, lecker, allerdings eher auf Kreta zu haben
Chalwadópittes	handgroße Oblaten mit türkischem Honig, Spezialität der Insel Síros
Halvá	knusprig-süßes Gebäck aus Honig und Sesamsamen
Loukóumies	extrem süße Fruchtgeleestücken, ebenfalls von Síros
Loukoumádes	in heißem Öl gebrühte Teigkugeln, mit Honig übergossen, häufig erhältlich auf der Insel Tínos
"Marmelade" von Náxos	in Sirup eingelegte Fruchtstückchen vom Zedratbaum
Risógalo	Milchreis, leider nur selten zu haben
Yaúrti	frischer Schafsjoghurt mit Honig (méli), für Liebhaber eine Delikatesse

▶ **Gewürze:** Die Gewürze der Kykladen – u. a. *Basilikum, Bohnenkraut, Fenchel, Kamille, Lorbeer, Oregano, Rosmarin, Salbei, Thymian* – wachsen in rauen Mengen weitab von Industrieluft und Verkehrsstau. Sie enthalten große Mengen ätherischer Öle und besitzen kaum giftige Rückstände.

Getränke

▶ **Wasser** *(Neró)*: traditionell das wichtigste Getränk. In vortouristischen Zeiten bekam man es zum Essen und danach zum Kaffee überall ungefragt gereicht.

▶ **Kaffee** *(Kafé)*: Wenn man den typischen griechischen Kaffe, ein starkes, schwarzes Mokkagebräu in winzigen Tassen, trinken will, muss man ausdrücklich *"kafé ellinikó"* oder "greek coffee" verlangen. Die Griechen haben sich an die Ausländer schon so weit gewöhnt, dass sie ihnen im Zweifelsfall immer Nescafé servieren, wenn "Kaffee" gewünscht wird. Filterkaffee unserer Machart gibt es nur vereinzelt, meist in Cafés, die von Ausländern betrieben werden. Und bitte: bloß nicht "türkischen Kaffee" bestellen!

Kafé ellinikó: *elafrí kafé* = leicht; *métrio* = mittelstark, mit Zucker; *varí glikó* = sehr süß; *skéto* = ohne Zucker; *varí glikó me polí kafé* = sehr süß und sehr stark.
Nescafé: *sestó* = heiß; *frappé* = kalt; *skéto* = schwarz; *me sáchari* = mit Zucker; *me galá* = mit Milch.

▶ **Bier** *(Bíra oder zýthos)*: In Griechenland wurde das Bier während der ersten Hälfte des 19. Jh. eingeführt. Damals war Otto I., Sohn des bayerischen Königs, König von Griechenland. Und er brachte natürlich sein Bier mit und die Braumeister gleich dazu. Nach seinem Braumeister Fuchs hieß die erste griechische Biermarke Fix. Mittlerweile trinken die Griechen viel und gerne das importierte Hopfengetränk. Eine nordgriechische Großbrauerei produziert und vertreibt landesweit das Bier "Mýthos" (gesprochen: míssos), ansonsten

Lecker: der berühmte Kítro von Náxos

erhält man überall Amstel und Heineken, die in Lizenz im Land gebraut werden. Aber auf den Tourismus-Inseln kann man selbstverständlich auch wählen zwischen Warsteiner, Gösser, Henninger, Erdinger, Corona ...

▶ **Wein** *(Krassí)*: Auf den meisten Kykladeninseln wird traditionell Wein angebaut – jedoch in der Regel nur noch in recht bescheidenem Rahmen. Früher reichte er meist nur zum Eigenverbrauch und war nach den langen Winterabenden zum Beginn der Touristensaison fast weggetrunken. Inzwischen haben die Inseleinwohner erkannt, dass die Fremden gerne den jeweils inseleigenen Tropfen verlangen und sich diesem Bedürfnis angepasst. Beim Erforschen der Inseln wird man immer wieder auf Bauern treffen, die ihren Wein im Direktverkauf anbieten *(poleítai* = zu verkaufen). Und auch in den Tavernen zapfen die Wirte häufig ihre großen Fässer an – unrühmliche Ausnahme ist Mýkonos, wo offener Wein selten angeboten wird. In großem Maßstab wird Wein auf *Santoríni, Páros* und *Náxos* angebaut – die dortigen Inselweine bekommt man das ganze Jahr über in ausreichender Menge, und sie werden sogar als Flaschenweine exportiert. Boutari ist die größte Kellerei der Inseln. Speziell auf der Vulkaninsel Santoríni gibt es ein interessantes und vielfältiges Angebot (→ S. 470).

Offene Weine sind immer preiswerter, weil vom lokalen Weinberg und ohne Abfüllkosten. Leider werden Flaschenweine von einigen Wirten als Chance zum schnellen Euro angesehen – die Preise wirken nicht selten überhöht. Verlangen Sie Wein *ap to varéli* (vom Fass) bzw. *krassí chimá* (Hauswein); *kokkíno krassí* = Rotwein, *aspró krassí* = Weißwein.

▶ **Weitere Alkoholika**: Auf Náxos sollte man einmal den berühmten Insellikör *Kítro* kosten, destilliert aus den Blättern und schweren zitronenähnlichen

Früchten des *Zedratbaums*. Ansonsten gibt's wie überall in Griechenland natürlich *Oúzo*, den bekannten Anisschnaps – er verfärbt sich beim Verdünnen mit Wasser milchig, kann aber auch unverdünnt getrunken werden. Bekannt ist auch der Tresterschnaps *Rakí* oder *Tsikoudiá*, gebrannt im Herbst aus den Rückständen der gepressten Weintrauben. Dazu kommen auf den Tourismusinseln internationale Modegetränke wie Wodka-Mix, Tequila ("Slammer") etc.

▸ **Alkoholfreies**: neben den bekannten internationalen Limonaden-Multis leider wenig Authentisches. Hier und dort produzieren einheimische *Limonadenfabriken*, z. B. auf *Náxos*. Auf *Ándros* ist das stark mineralhaltige Wasser der *Sariza-Quelle* berühmt, und auf *Mýkonos* wird eine spezielle Mandelmilch namens *Soumáda* hergestellt. Ansonsten bekommt man in den Touristenorten überall frisch gepressten Orangensaft.

Portokaláda = Orangenlimonade; **limonáda** = Zitronenlimonade; **chymós portokalióu** = Orangensaft.

Geld

Die Zeiten, als Griechenland ein "Billigreiseland" war, sind vorbei. Vor allem seit der Einführung des Euro hat man sich in vielen Bereichen ans mitteleuropäische Kostenniveau angepasst. In den großen Touristenorten zahlt man im Sommer oft sogar deutlich mehr als von zu Hause gewohnt, z. B. in Supermärkten, beliebten Cafés etc. Doch in der Nebensaison lebt man immer noch günstiger als bei uns: Dann bekommt man nach wie vor ein Doppelzimmer für 20–25 € und ein Abendessen für 10–15 € pro Kopf.

An Bargeld kommt man natürlich am bequemsten und sichersten mit der *ec-Karte und Geheimnummer* über Geldautomaten. Dieses Verfahren hat drei große Vorteile: 1) vor Ort fällt keine Kommission an, 2) die abhebbaren Beträge sind relativ hoch (meist bis 500 €), 3) in der Regel geringe Wartezeiten. Allerdings muss man immer auf die Aufkleber des betreffenden Automaten achten, denn nicht alle nehmen ec-Karten an. Als Sprache kann man meist "English" oder "Deutsch" einstellen, für Abhebung muss man "Checking" oder "Scheck" drücken. Zu Hause fällt ein bis zwei Wochen später in der Regel pro Abhebung eine Gebühr von ca. 3,80 € an – leider gibt es Banken, die die entsprechende EU-Verordnung ignorieren und z. T. ein Vielfaches verlangen (eigene Erfahrung in 2002: für eine Abhebung bei der Citibank Mýkonos wurden 9,46 € berechnet). Überlegenswert: Seit 1999 gibt es die *Postbank SparCard 3000 plus* (in der Schweiz: *PostCard*), mit der man von allen Automaten mit Visa Plus-Zeichen Geld abheben kann, die ersten vier Abhebungen im Jahr sind dabei gratis. Achtung: Noch keine Geldautomaten wurden bisher eingerichtet auf *Anáfi*, *Síkinos*, *Folégandros*, *Kímolos* und den *Kleinen Kykladen*. Auch mit Kreditkarten bekommt man dort in der Regel kein Bargeld. Wenn man diese Inseln besuchen will, sollte man sich am besten vorher ausreichend mit Bargeld versorgen.

Reiseschecks können in allen Banken und Postämtern gegen Vorlage eines Ausweises problemlos eingelöst werden, Euroschecks gibt es seit 2002 nicht mehr. Mit den gängigen *Kreditkarten* kann man auch in Griechenland in größeren Hotels, Geschäften, Autovermietungen etc. bargeldlos bezahlen, gegen recht

Ein Foto ist ein Foto ist ein Foto (fotografiert auf Santoríni)

hohe Gebühren in Banken und autorisierten Shops auch Bargeld erhalten. Weiterhin gibt es *Wechselautomaten*, die gegen ausländische Scheine Euros ausspucken, auch dabei fallen relativ hohe Gebühren an.

Im Notfall

- Bei **Verlust** der Geldkarte, Kreditkarte etc. diese sofort telefonisch sperren lassen (entsprechende Tel.-Nummer mitnehmen). Zentraler Sperrdienst für ec-Karte: 0049-1805-021021.
- **Kreditkarteninhaber** können bei Verlust ihrer Karte über Banken, die ihre Karte akzeptieren, ein Notfallgeld erhalten.
- Im Fall eines **Totalverlustes** an Geld kann man sich im Rahmen des Minutenservice der Post über "Western Union Money Transfer" von einer Kontaktperson zu Hause innerhalb weniger Stunden Geld überweisen lassen. Einzahlung u. a. bei allen Filialen der Postbank, Gebühr für Überweisung von 250 € ist ca. 25 €, für alle weiteren Beträge von 250 € ca. 7,50 €. Dieses Verfahren funktioniert auch ohne einen (eventuell abhanden gekommenen) Ausweis. Auszahlung bei Postfilialen, bestimmten Banken und Reisebüros in Kreta.

Fotografieren/Filmen

Alle Arten von Fotomaterial, Filmen etc. sollte man bereits vor der Reise zu Hause kaufen. Erstens ist auf den kleinen Inseln die Auswahl meist sehr beschränkt, zweitens ist Fotomaterial in Griechenland wegen der Einfuhrzölle deutlich teurer als bei uns, drittens werden die Filme in den Souvenirläden oft unsachgemäß gelagert und/oder das Verfallsdatum ist bereits überschritten.

Informationen

Die Griechische Zentrale für Fremdenverkehr (G.Z.F.), in Griechenland unter dem Zeichen EOT (Ellenikós Organismós Tourísmou) zu finden, hat in der Bundesrepublik Deutschland vier, in Österreich und der Schweiz jeweils ein Büro eingerichtet.

Man erhält dort u. a. eine hübsche farbige Kykladenbroschüre, eine brauchbare Griechenland-Karte, den informativen Prospekt Griechenland 2000 (2001 etc.) mit einer Auflistung sämtlicher Reiseveranstalter und eine jährlich aktualisierte Zusammenstellung der innergriechischen Schiffsverbindungen. Da viele Veranstalter ihre Prospekte über die G.Z.F. verteilen lassen, ist auch einiges an speziellem Material zu haben (z. B. Ferienhäuser, Wanderferien, Segeln u. a.).

Auf den Kykladen selber sieht's recht düster aus: Ein Auskunftsbüro des EOT gibt es derzeit lediglich auf *Sýros*, Büros der jeweiligen Inselverwaltung sind auf *Ándros*, *Kíthnos*, *Sífnos* und *Mílos* eingerichtet, jedoch haben nur die beiden letzten einigermaßen regelmäßig geöffnet. In die Bresche springen allerdings zahlreiche Reisebüros (Travel Agencies) auf den Inseln, die touristische Auskünfte geben. Auf *Mýkonos*, *Páros*, *Sýros* und *Náxos* bietet die Organisation der Zimmervermieter im Hafen Auskunft und Hilfe bei der Zimmersuche.

Außerdem gibt es noch die *Touristenpolizei* (Touristikí Astinomía), die offiziell für alle touristischen Belange zuständig ist, sich aber selten engagiert einsetzt. Falls kein Büro der Touristenpolizei am Ort ist, übernimmt die Polizei ihre Funktion.

● *Deutschland* Neue Mainzer Str. 22, **D-60311 Frankfurt**, ✆ 069/236561-63, 236576, E-Mail: info@gzf-eot.de

Wittenbergplatz 3a, **D-10789 Berlin**, ✆ 030/2176262-63, 🖷 2177965.

Neuer Wall 18, **20354 Hamburg**, ✆ 040/454498, 🖷 454404, E-Mail: info-hamburg@gzf-eot.de

Pacellistr. 2, **D-80333 München**, ✆ 089/222035-6, 🖷 297058.

● *Österreich* Opernring 8, **A-1015 Wien**, ✆ 01/5125317, 🖷 5139189, E-Mail: grect@vienna.at

● *Schweiz* Löwenstr. 25, **CH-8001 Zürich**, ✆ 01/2210105, 🖷 2120516, E-Mail: eot@bluewin.ch

● *Griechenland* Seit 2002 neues **Auskunftsbüro** des EOT (→ Kapitel Athen).

Internet: www.gnto.gr

Internet

Viele Dutzend Websites beschäftigen sich mit den Kykladen, im Folgenden eine kleine Auswahl. Weitere kommentierte Webadressen zu Griechenland und den Kykladen finden Sie unter "www.michael-mueller-verlag.de", Stichwort "Reiselinks".

● *Griechenland allgemein* teletour.de/griechenland & travel-greece.com, Website der Griechischen Zentrale für Fremdenverkehr, allgemeine Informationen zum Land und zu ausgewählten Zielen.

de-di.de/katalog/griechenland.htm, umfassender Überblick über die Websites, die Griechenland betreffen, jeweils mit Links.

griechische-botschaft.de, aktuelle Nachrichten und News aus Griechenland.

hellasproducts.com/az/index1.htm, Website der "Athener Zeitung", die einzige deutschsprachige Zeitung Griechenlands.

griechenlandinformation.de, Seite eines Hamburger Pressebüros, recht ausführliche Infos zu Politik, Wirtschaft und Tourismus.

• *Reiseinformationen* in-greece.de, engagiert geführte Seite mit umfangreichem Content, u. a. zahlreiche Artikeln von Usern zu einzelnen Inseln, Chat, Forum und viele Links.

Kykladen-Treff.de, die Seite für Inselhüpfer, jede Menge Infos, Reiseberichte und Fotos.

Websites zu einzelnen Inseln (Auswahl): **mykonos-web.com, mykonos-greece.biz/, travel-to-mykonos.com, welcome2syros. gr, paros.de, paros-online.com, travel-to-paros.com, paros-island.biz/, parosweb. com, travel-to-naxos.com, naxosnet-com, naxos-island.biz/, amorgos.net, iosgreece. com, santorini.net, travel-to-santorini.com, kalliste.de** (Santoríni), **milostravel. com**

• *Verkehr* Aktuelle Übersichten über zahlreiche Fährverbindungen in der Ägäis bieten **gtp.gr, greekferries.gr** und **ferries.gr** Alle Fluggesellschaften und großen Fährlinien haben eigene Websites, z. B. **olympic-airways.de** & **gr, aegeanair.com, hellenicstar.com, dolphins.gr** (Hellas Ferries) und **bluestarferries.com**

• *Unterkünfte* Online-Buchung unter **griechenland.com** und **greekhotel.com** sowie auf den oben genannten Websites zu den einzelnen Inseln.

Kartenmaterial

Landkarten verschiedener Verlage gibt es mittlerweile zu allen bewohnten Kykladen-Inseln, abgesehen allerdings von der Inselgruppe der so genannten "Kleinen Kykladen" (→ S. 382). In der Qualität sind sie allerdings äußerst unterschiedlich. Vor allem der aktuelle Straßenstand ist meist nur ungefähr verzeichnet, da ständig neue Pisten gezogen, Erdstraßen asphaltiert werden etc.

Äußerst zuverlässig sind in dieser Hinsicht die seit Mitte der neunziger Jahre publizierten Karten des Athener Verlags *Road Editions*, die mit Hilfe des geografischen Service der griechischen Armee erstellt wurden. Neben dem akkurat aufgeführten Straßen- und Wegenetz sind auch Höhenlinien enthalten, zusätzlich gibt es touristische Hinweise, z. B. Privatzimmer-Vermieter mit Telefonnummern. Im deutschen Buchhandel kann man sie über "GeoCenter ILH" bestellen, ansonsten sind sie im Laden von Road Editions in Athen (→ S. 32) und z. T. auf den jeweiligen Inseln erhältlich.

Eine wirkliche Neuheit stellen außerdem die hoch detaillierten, GPS-kompatiblen Karten des griechischen *Anavasi Verlags* dar (www.mountains.gr). Besonders interessant sind sie für Wanderer, da sie zahlreiche Fuß- und Maultierwege enthalten, die erst 2002 mit GPS (Global Positioning System) aufgezeichnet wurden und jeweils mit Kommentaren zu den verschiedenen Wegen versehen sind. Erschienen sind in dieser Reihe allerdings bisher nur Karten zu Sérifos, Sífnos, Amorgós und Páros (bislang nur vor Ort erhältlich).

Klöster und Kirchen

Ein Klosterbesuch auf den Kykladen ist immer etwas Besonderes. Die Stimmung in den oft einsam gelegenen Klöstern ist Welten entfernt vom Touristenrummel an der Küste. Die Mönche und Nonnen empfangen in der Regel gerne Gäste (Ausnahmen sind in den einzelnen Inselkapiteln erwähnt), meist wird man mit einem Stück Konfekt oder einem Gläschen Rakí bewirtet. Eine kleine Spende sollte man immer zurücklassen.

Ganz wichtig beim Besuch: Sie müssen sittsame Kleidung tragen und wenig Haut zeigen. *Keine nackten Beine und Schultern, stattdessen lange Hosen bzw. knielange Röcke.* In manchen Klöstern ist weiblichen Besuchern der Zutritt nicht einmal mit Hose, sondern ausschließlich mit Rock erlaubt. Manchmal gibt es dort Leihröcke, doch sollte man sich nicht darauf verlassen. Dieselben Kleidervorschriften gelten auch für alle griechisch-orthodoxen Kirchen. Einige Klöster sind nur für Männer, andere nur für Frauen zugänglich. In der Regel ist Fotografieren nicht erwünscht.

Klima/Reisezeit

Die Kykladensommer sind brütend heiß, die Inseln teuer und überfüllt. Frühling und Herbst sind dagegen äußerst angenehme Jahreszeiten für einen Kykladentrip. Am Winter scheiden sich die Geister: Sprechen die einen von viel Regen, Kälte und Stürmen, lieben andere diese stille Jahreszeit mit ihren doch erstaunlich vielen milden und sonnenreichen Tagen. Im Prinzip sind die Kykladen jedoch kein Winterziel, die Schiffe verkehren nur selten, und nur wenige Unterkünfte sind geöffnet, denn viele Einheimischen gehen nach Athen.

Pope auf Reisen

Zu jeder Jahreszeit sollte man einen Windschutz einpacken in Form von warmer Jacke, Pullover, auch im Hochsommer. Gerade im Juli/August sind die aus Nordrichtung blasenden *Meltémi-Winde* äußerst aktiv. Außerdem herrschen z. T. krasse Temperaturunterschiede tagsüber und abends. Um sich nicht der Chemie auszusetzen, sich aber auch nicht die Nächte mit Feldzügen gegen sirrende Quälgeister um die Ohren schlagen zu müssen, ist im Hochsommer auch ein Moskitonetz zu empfehlen.

April Ist selbst auf der südlichsten Kykladeninsel Santoríni noch kühl, das Meer sogar kalt (kaum über 16 Grad). Auch die meisten Hotels und Tavernen sind noch geschlossen. Aber es beginnt bereits die üppige Blüte der Bäume, Blumen und Sträucher, die sich im Mai und Juni fortsetzt. Ein erster, spärlicher Touristenboom setzt zu *Ostern* ein – jedoch sind die Kykladen kein wirkliches Osterziel wie z. B. Kreta, und es gibt nur wenige Charterflüge. Warme Sachen nicht vergessen!

Mai Die Touristensaison beginnt. Aber auch, was Natur und Landschaft angeht, ist dieser Monat die konkurrenzlos beste Reisezeit. Wer die Inseln im Herbst verlas-

sen hat, erkennt sie jetzt kaum wieder – überall frisches Grün, zahllose Blumen von knallrotem Mohn über leuchtend gelben Ginster bis zu zartlila Glockenblumen. Ideal zum Wandern und Besichtigen, auch ins Wasser kann man sich allmählich wagen (18–19 Grad). Die meisten Beherbergungsbetriebe öffnen (allerdings z. T. erst in der zweiten Hälfte des Monats), auch die Campingplätze und viele Tavernen. Die Preise sind noch spürbar niedriger als im Sommer. Wenn man allerdings Pech hat, regnet es ab und an noch kräftig.

Juni Allmählich kommt der Sommer, es wird heiß, die Temperaturen sind aber noch nicht unangenehm, und die Blüte dauert an. Das Meer erreicht allmählich angenehme Temperaturen, die Übernachtungspreise sind noch auf demselben Level wie im Mai.

Juli/August Der volle Trubel bricht aus – die *touristes* kommen, dazu der halbe Großraum von Athen! Immer wieder spucken die Fähren von Piräus ihre Ladungen aus, Chartermaschinen aus zahlreichen Ländern landen mehrmals täglich. Badeurlaub ist angesagt, man aalt sich am Strand, brütend heiß hängt die Sonne am tiefblauen Himmel, kein Tropfen fällt. Die Landschaft dörrt allmählich aus, die Luft flimmert vor Hitze. Die Inselbewohner machen jetzt ihr Geschäft – die Preise haben ihren höchsten Stand, auf den bekannten Inseln sind Hotels und Pensionen gut gebucht. Auch viele Griechen machen ihren Jahresurlaub in dieser Zeit.

September Die Masse der Urlauber kehrt heim, es wird ruhiger. Die Lufttemperaturen sind nicht mehr so drückend, das Meer aber noch genauso badewarm wie im August – insofern bester Monat, um Baden, Wandern und Besichtigungen zu verbinden. Man findet auch wieder leichter Zimmer. Nachteil jedoch: Die Inselbewohner sind allmählich erschöpft von der harten Touristensaison, was sich bemerkbar machen kann. Zu sehen gibt's immer was – auf den Inseln beginnt die Ernte vieler Früchte, vor allem Trauben, Mandeln, Pistazien.

Oktober Es wird deutlich kühler, abends braucht man schon einen dicken Pullover, um nicht zu frieren, und auch tagsüber, speziell bei Mopedtouren etc., muss man sich gut verpacken. Viele Pensionen, Hotels und Campingplätze schließen – Saisonende, Herbststimmung auch in Griechenland.

November bis März Nur für Insider, die sich mit kühlen Tagen, Zimmern ohne Heizung und der fehlenden Abwechslung auf den Inseln anfreunden können.

Kriminalität

Erfreulicherweise bisher weitgehend ein Fremdwort – Ehrlichkeit ist eine Tugend, die im griechischen Ehrenkodex ganz weit oben steht. Das heißt natürlich nicht, dass auf den Kykladen nicht gestohlen wird. Jedoch sind es selten Griechen, sondern eher abgebrannte Urlauber, die sich auf Kosten anderer bereichern. Vor allem auf *Íos* und *Páros* sollte man auf seine Wertsachen aufpassen. Von *Drogen* in jedem Fall die Finger lassen, denn es drohen auch bei kleinsten Mengen Haftstrafen. Die griechische Polizei ist nicht zimperlich und die Gefängnisse sind üble Löcher.

Papiere

Für Deutsche, Österreicher und Schweizer genügt bei einem Aufenthalt in Griechenland der Personalausweis. Kinder unter 16 Jahren müssen im Pass der Eltern eingetragen sein oder einen eigenen Kinderausweis haben, ab zehn Jahren mit Passbild. Wer über die Republik Jugoslawien (Serbien) und Makedonien kommt, muss unbedingt den Reisepass mitnehmen und sich vorher eingehend nach etwaigen Visabestimmungen erkundigen.

Sinnvoll ist es, Personalausweis **und** Reisepass mitzunehmen. Erstens hat man Ersatz, wenn ein Ausweis abhanden kommt. Zweitens liegt ein Papier oft bei der Hotel- oder Campingplatz-Rezeption – problematisch, wenn man z. B. Schecks einlösen oder ein Fahrzeug mieten will (allerdings ist es griechischen Hoteliers offiziell nicht erlaubt, einen Ausweis länger als 24 Std. einzubehalten). Es empfiehlt sich auch, *Kopien der Dokumente* mitzunehmen (getrennt von Originalen aufbewahren). Im Fall eines Verlustes kommt man so beim zuständigen Konsulat schneller zu Ersatzpapieren, die zur einmaligen Ausreise berechtigen. Kraftfahrer benötigen als Nachweis für eine bestehende Haftpflichtversicherung die *grüne Versicherungskarte* (kostenlos bei der eigenen Kfz-Versicherung). Wer sie vergessen hat, kann sie für teures Geld noch an der Grenze erwerben. Internationaler Führerschein ist nicht nötig. Empfehlenswert ist ein *Auslandsschutzbrief*, mit dem man sich im Fall eines Schadens beim griechischen Automobilclub ELPA melden kann. Eine vorübergehende *Vollkaskoversicherung* ist für das eigene Fahrzeug ebenfalls anzuraten, da die griechischen Haftpflichtversicherungen sehr geringe Beträge zugrunde legen (gilt auch für Schmerzensgeld). Wer mit einem geliehenen Fahrzeug einreisen will, benötigt eine von einem Automobilclub oder Notar beglaubigte Vollmacht des Inhabers.

> Die Ausweise von Reisenden aus EU-Ländern werden gemäß dem Schengener Abkommen bei Ein- und Ausreise üblicherweise nicht mehr kontrolliert – Ausnahmen bestätigen die Regel.

Post (Tachidromíon)

Ein Postamt gibt es in jeder Inselhauptstadt, außerdem in fast jedem Ort über 500 Einwohner. Man kann dort Reiseschecks einlösen, Schweizer können auch Geld wechseln.

Karten und Briefe werden von großen Inseln mit häufigen Fährverbindungen bzw. Flugplatz in etwa sieben bis zehn Tagen nach Mitteleuropa befördert. Von kleinen Inseln kann das wesentlich länger dauern (schlechte Schiffsverbindungen, Stürme etc.). Der Vermerk "per Luftpost" bringt nichts, da die Post generell per Flugzeug transportiert wird. Eine Auszeichnung als "sistiméno" (Einschreiben) bewirkt oft schnellere Beförderung (ca. 2 € Aufpreis). Anachronistisch ist folgende Bestimmung: Sendungen ab 2 kg Gewicht dürfen erst auf der Post verschlossen werden, nachdem der Beamte den Inhalt kontrolliert hat. In Länder außerhalb der EU ist Paketversand mit SAL (Economy-Paket) am günstigsten.

- *Briefmarken* gibt es außer bei der Post auch in Kiosken und Läden, die Postkarten verkaufen, dort allerdings 10 % teurer. Eine Postkarte/Brief bis 20 g nach Mitteleuropa kostet ca. 0,50 €.
- *Poste Restante* Jedes Postamt nimmt postlagernde Sendungen entgegen. Diese können mit Ausweis und gegen kleine Gebühr abgeholt werden. Ein Brief wird im Normalfall bis zu zwei Monaten aufbewahrt. Der Absender muss in diesem Fall den **Empfängernamen** (Nachnamen unterstreichen!), das **Zielpostamt** (am besten Main Post Office = Hauptpostamt) und den Vermerk **Poste restante** auf den Umschlag schreiben. Falls der Beamte unter dem Familiennamen nicht fündig wird, auch unter dem Vornamen nachschauen lassen.
- *Telegrafische Postanweisung* Über "Western Union Money Transfer" kann man sich so von einer Kontaktperson zu Hause innerhalb weniger Stunden Geld überweisen lassen. Einzahlung bei allen Filialen der Postbank, Gebühr für Überweisung von 250 € ist ca. 25 €, für alle weiteren Beträge von 250 € ca. 7,50 €. Dieses Verfahren funktioniert auch ohne einen (eventuell abhanden gekommenen) Ausweis.

Sport

Die Kykladen sind raue und großteils einfache Inseln, die bezüglich sportlicher Einrichtungen kaum Infrastruktur besitzen. Da ist Eigeninitiative gefragt.

▸ **Bootssport:** Tretboote und Kanus werden an allen touristischen Stränden verliehen. Auch Segel- und Motorboote können gelegentlich geliehen werden.

▸ **Fahrräder:** Auf den touristisch entwickelten Inseln werden mittlerweile überall Mountainbikes verliehen, z. B. auf *Páros*, *Náxos* und *Íos*.

▸ **Reiten:** Lediglich auf *Mýkonos* und *Páros* gibt es bisher Reitställe. Ansonsten kann man ausschließlich auf Maultieren reiten, z. B. vom Hauptort Firá auf *Santoríni* den Kraterhang zum Hafen hinunter bzw. umgekehrt.

▸ **Segeln:** Die Ägäis mit ihren vielen Inseln, die meist auf Sichtweite liegen, ist ein fantastisches Segelrevier. Speziell im Frühjahr und im Frühherbst kreuzen viele Jachten. Im Hochsommer können dagegen die Meltémi-Winde das Segeln oft für Tage unmöglich machen. Der Skipper einer Jacht muss im Besitz des "Sportbootführerscheins-See" und des "BR-Scheins des DSV" sein und auch der Co-Skipper muss einen Segelschein haben. Versorgungshäfen findet man auf allen größeren Inseln.

● *Informationen* **Deutscher Segler-Verband (DSV),** Kreuzer-Abteilung/Informationsstelle Mittelmeer, D-22309 Hamburg, Gründgensstr. 18, ☎ 040/632009-0, 📠 632009-28, www.dsv.org, www.kreuzer-abteilung.org **Griechische Zentrale für Fremdenverkehr** (→ Adresse siehe Abschnitt "Information").

Adressen von Charterfirmen und Veranstaltern, die Segelkreuzfahrten in der Ägäis anbieten. **Seewetteramt Hamburg,** D-20359 Hamburg, Bernhard-Nocht-Str. 76, ☎ 040/31901. Meteorologische Törnberatung.

▸ **Tauchen:** Schnorcheln ist überall erlaubt, das Tauchen mit Pressluftflaschen und Tauchanzügen dagegen erst seit wenigen Jahren und nur in bestimmten Regionen. Schon zu viele Sporttaucher haben antike "Souvenirs" am Meeresboden gefunden und mitgehen lassen. Für Entdeckungsfreudige lohnen sicher die versunkenen Hafenstädte der Antike, z. B. Paleópolis auf *Ándros* und die Ruinen im Órmos Ellinikón auf *Kímolos. Tauchkurse* werden von einigen größeren Hotels und Tauchschulen angeboten, z. B. mehrfach auf *Mýkonos*, auf *Páros* und auf *Íos*. Zur Einstimmung lohnt der Film "La grande bleu" ("Im Rausch der Tiefe") von Luc Besson, der 1987 auf den Kykladen gedreht wurde (→ Amorgós).

▸ **Tennis:** auf den Kykladen bisher Mangelware, nur einige große Badehotels besitzen Hartplätze, z. B. Hotel Tinos Bay (Insel Tínos), Hotel Dolphin Bay (Insel Sýros), Mathiassos Village (Insel Náxos) u. a. (in den Prospekten der Reiseveranstalter nachzulesen).

▸ **Windsurfen:** Die Kykladen gehören zu den windstärksten Zonen im Mittelmeer – vor allem in den Sommermonaten, wenn die Meltémi-Winde aktiv sind. Hochburgen für Surfer sind die Nord- und Ostküste von *Páros* und die Strände an der Westküste von *Náxos*. In der Meerenge zwischen Páros und Náxos kommt es oft zu einem Windkanaleffekt mit optimalen Surfwinden. Dort finden jedes Jahr internationale Meisterschaften statt. Surfbretter werden fast überall vermietet, wo Touristen in größeren Scharen auftreten. Auch Unterricht wird dort meist gegeben, z. B. im Surf Center "Fanatic Force 7" (deutsche Leitung) am Golden Beach von *Páros*. Das Hotel Mikri Vigli am gleichnamigen Strand auf *Náxos* ist speziell auf Surfer eingerichtet, ebenso die Hotels am Tzerdákia-Strand auf *Páros*.

Transport Die Fluggesellschaften berechnen für **Board- und Rigg-Transport** im Allgemeinen pauschal ca. 40–50 €. Anmeldung sollte möglichst frühzeitig erfolgen, das Gerät muss transportgerecht verpackt sein.

▶ **Wasserski, Banana-Boat, Kneeboard, Wakeboard, Tube Rides etc.:** In den touristischen Zentren kann man diese "Fun"-Sportarten mittlerweile überall ausüben, hauptsächlich auf *Mýkonos, Páros, Íos* und *Santoríni*. Doch sollte man sich wegen der damit verbundenen Umweltschädigung gut überlegen, ob es wirklich nötig ist, sich motorisiert auf dem Wasser herumschleudern zu lassen.

Wandern siehe Kapitel "Unterwegs auf den Kykladen".

Ortsschilder in Griechenland sind in zwei verschiedenen Schriften gehalten

Sprache

Neugriechisch ist nicht die einfachste Sprache, besitzt außerdem andere Buchstaben als das Deutsche. Nur wenige Urlauber können mehr als ein paar Brocken sprechen. Auch Humanisten haben mit ihrem Altgriechisch kaum eine Chance, können aber immerhin die Schrift lesen. Wirkliche Sprachprobleme werden in Touristengebieten aber trotzdem selten auftreten, denn jeder Inselbewohner, der irgendwie mit Touristen zu tun hat, kann Englisch und oft sogar Deutsch. In abgelegenen Regionen darf man das allerdings keinesfalls erwarten. Dennoch sollte man sich unbedingt die wichtigsten Alltagswörter der griechischen Sprache aneignen. Zumindest zeigt man so seinen guten Willen, die Landessprache erlernen zu wollen. Sehr wichtig ist die richtige **Betonung** der Worte: Beispielsweise heißt danke *"efcharistó"* und nicht etwa efcharísto, wie man oft von Ausländern hört. Verirren wird man sich jedenfalls nicht, Wegweiser, Ortsnamen, Hinweistafeln zur Fähre, zum Museum, zur Toilette, zum Parkplatz, zum Zeltplatz, zur Post, zur Polizei, zum Informationsamt und zum Strand sind fast immer sowohl in griechischen als auch lateinischen Buchstaben geschrieben.

> **In eigener Sache**: In diesem Reiseführer sind alle geografischen Begriffe mit Betonungszeichen versehen, ebenso alle wichtigen griechischen Begriffe, Eigennamen historischer, politischer und sonstiger Persönlichkeiten sowie Speisen und Getränke. Nicht mit Betonungszeichen versehen wurden in der Regel Straßen- und Platznamen, Hotel- und Restaurantnamen sowie normale Eigennamen.

Strom

In ganz Griechenland gibt es 220 Volt Wechselstrom. Schiffe verfügen oft nur über 110 Volt Gleichstrom. In die griechischen Steckdosen passen allerdings zumeist nur die flachen Eurostecker. Wer auf den Föhn, das Reisebügeleisen oder den Tauchsieder nicht verzichten will, nimmt besser den Zusatzstecker "Südeuropa" mit.

Telefon

Selbst im kleinsten Nest gibt es öffentliche Kartentelefone, von denen man problemlos ins In- und Ausland rufen kann. Magnetische Telefonkarten für ca. 3 und 5,60 € erhält man in vielen Läden und Kiosken, die großen Karten für ca. 12,40 € gibt es dagegen nur in OTE-Büros und bei der Post. Außerdem besitzt fast jede größere Inselhauptstadt eine *Telefonzentrale* der halbstaatlichen Telefongesellschaft OTE (Organísmos Tilepikinoníon tis Elládos). Von den dortigen Fernsprechkabinen kann man bequem und zuverlässig in alle Welt telefonieren und zahlt nach Beendigung des Gesprächs laut Zählerstand. Auch von manchen *Kiosken* kann man ins Ausland anrufen (rotes, manchmal graues Telefon), allerdings kommt das etwas teurer und meist ist es dort sehr laut. Ansonsten gibt es noch die Möglichkeit, von *Hotels*, *Tavernen* usw. anzurufen – jedoch zahlt man dann nicht selten das Doppelte pro Einheit.

Hinweis für Besitzer von Handys: Wenn Sie in Griechenland angerufen werden, zahlt der Anrufer nur die Kosten innerhalb seines Landes. Für die internationalen Gebühren wird der Handybesitzer selber zur Kasse gebeten.

> ### Umstellung aller griechischen Telefonnummern
>
> Im Jahr 2002 wurden sämtliche griechischen Telefonnummern im Festnetz in zwei Schritten geändert: Alle Nummern sind jetzt zehnstellig und beginnen mit einer 2, die die 0 der Vorwahl ersetzt. Nach der früheren Vorwahl, die nun auch bei Ortsgesprächen immer mitgewählt werden muss, wurde eine 0 eingeschoben. Beispiel Santoríni: früher 0286 + Teilnehmernummer, nunmehr 22860 + Teilnehmernummer. Bei Handynummern wurde die Anfangsnull durch eine 6 ersetzt.

● *Von Griechenland ins Ausland* Beim Wählen zuerst die Auslandsvorwahl (Deutschland **0049**, Österreich **0043**, Schweiz **0041**), dann die Ortsvorwahl ohne die Null und schließlich die Nummer des gewünschten Teilnehmers wählen. Langsam wählen! Falls sich ein Besetztzeichen einschaltet, auflegen und noch einmal versuchen.

● *Vom Ausland nach Griechenland* Vorwahl Griechenland von Deutschland ist

0030, danach die Ortsvorwahl mit der **2**. Beispiel: Anruf BRD nach Santoríni 0030 + 22860 + Nummer des Teilnehmers.

• *Innerhalb Griechenlands* Jede größere Insel bzw. Präfektur oder Stadt hat ihre eigene Vorwahl, kleinere Inseln sind oft unter einer Nummer zusammengefasst. In jedem Fall muss die mit **2 beginnende Vorwahl** mitgewählt werden, auch bei einem Ortsgespräch. Beispiel Ortsgespräch in Firá auf Santoríni: 22860 + Nummer des Teilnehmers.

In den jeweiligen Inseltexten finden Sie alle beschriebenen Hotels mit vollständiger Telefonnummer (Stand '02).

Toiletten

Für alle Toiletten in Griechenland gilt: *Papier darf nicht mit hinuntergespült werden*, dafür steht immer ein Eimer in der Ecke. Ansonsten wären dauernd die engen Abflussrohre bzw. Sinkbecken verstopft. Als öffentliche Toiletten bzw. in Tavernen, Cafés etc. sind zum Teil noch die traditionellen Stehklos in Gebrauch. Bei richtiger Benutzung sind sie eigentlich sogar hygienischer als unsere Sitztoiletten. Leider spottet ihr Zustand oft jeglicher Beschreibung: Nicht selten sind sie verstopft, verdreckt oder einfach verschlossen. Auch die Spülung funktioniert nicht immer (oder zu heftig), Papier muss oft selber mitgebracht werden. Beschilderung: Herren = *ándron*, Frauen = *ginaíkon*.

Übernachten

In keiner touristischen Region Europas kommt man leichter an ein Dach über dem Kopf als auf den griechischen Inseln. Jedes Jahr das gleiche Bild: Kaum verlässt man die Fähre, wird man an der Hafensperre von einer wahren Menschenflut erwartet, die alle nur das eine wollen: ihre "Rooms" an den Mann bringen. Fast prügelt man sich um die verschreckten Kunden, fuchtelt mit verblassten Werbemappen, preist die Vorzüge der Luxus-Suite ("every room with private shower", "hot water 24 hours"), weicht schließlich nicht mehr von der Seite eines potenziellen Opfers – bis man es endlich weich gekocht hat, in den Kleinbus verfrachten und im Triumphzug zur Heimstatt karren kann ...

Doch keine Angst, so wild ist das alles nicht. So manch hartnäckiger Zimmeranbieter entpuppt sich als netter, gemütlicher Grieche, sobald man den Hexenkessel Hafen verlassen hat. Und schließlich hat die Prozedur ihre unbestreitbaren Vorteile: kaum aus der Fähre, kurz verhandelt, Koffer oder Rucksack in den Bus verladen, sich selber dazu platzieren – fertig. Grund für das ganze Spektakel: Auf den Hauptinseln und in den touristischen Ballungszentren gibt es mittlerweile eine fast unübersehbare Flut von Unterkünften – und jährlich kommen neue dazu. Wer als Vermieter seine Zimmer regelmäßig auslasten will, muss kämpfen. Die Konkurrenz schläft nicht, und die Saison ist kurz: Im Mai läuft noch nicht viel, Ende September ist schon wieder Schluss – dann muss der Umsatz gemacht sein. Die enorm gestiegenen Touristenzahlen der letzten Jahrzehnte haben ihre Spuren hinterlassen. Sogar auf den kleinen unbekannten Inseln wächst das Zimmerangebot inzwischen rapide. Überall wird gebaut, aufgestockt, investiert.

Das Riesen- und häufig Überangebot an "Rooms" verhilft in der Nebensaison also im Prinzip sicherlich jedem individuell Reisenden zu einer Unterkunft. Anders jedoch im **Juli** und **August** sowie zu hohen Feiertagen wie **Ostern, Pfingsten** und **Mariä Himmelfahrt.** Denn in den letzten Jahren ist es in Athen große Mode geworden, die Wochenenden auf den Kykladen zu verbringen, die ja von Piräus relativ rasch zu erreichen sind. So verlassen ab Freitagabend ganze Völkerscharen den stinkenden Millionenkessel und schippern in die windreiche Ägäis. Folge: Es gibt an diesen Tagen auf fast allen Kykladen erhebliche Zimmerengpässe. **Vermeiden Sie es deshalb, falls möglich, Freitag oder Samstag auf einer Insel anzukommen!** Unter Umständen gibt es tatsächlich kein freies Quartier mehr. Auch im Hafen steht dann niemand und bietet seine Rooms an – alles voll! Wer auf Nummer sicher gehen will, sollte im Hochsommer versuchen, frühzeitig telefonisch zu reservieren.

Wer *Campingurlaub* machen will, findet auf allen vielbesuchten Inseln Zeltplätze – allerdings bestehen noch Lücken (siehe weiter unten), detaillierte Tipps in den jeweiligen Inseltexten.

> Kostenlose Hilfe bei der Suche nach einer Unterkunft bieten auf den Inseln **Mýkonos, Páros, Náxos** und **Sýros** die Vereinigung der Hoteliers und der Privatzimmervermieter, die am Anleger Container oder Büros eingerichtet haben. Hilfreich sind außerdem die Informationsbüros in **Sífnos** und **Mílos.**

Unterkünfte auf den Kykladen

In den Inseltexten dieses Handbuchs finden Sie eingehende Beschreibungen zahlreicher Hotels, Pensionen, Privatzimmer, Ferienwohnungen und Campingplätze. Achtung: Die meisten Unterkünfte – Hotels, Privatzimmer wie Campingplätze – öffnen im Lauf des Monats Mai und schließen Ende September bis Mitte Oktober. In der restlichen Zeit des Jahres existiert nur ein sehr beschränktes Angebot.

Die Übernachtungspreise sind stark saisonabhängig, außerdem spielt es eine große Rolle, wo sich ein Quartier befindet, denn es gibt teure und preiswerte Inseln. So kostet auf kleinen unbekannten Inseln, z. B. Síkinos, Kímolos oder Anáfi, ein Doppelzimmer selbst in der Hochsaison kaum mehr als 35–40 €, auf Mýkonos, Páros oder Santoríni wird dagegen fast das Doppelte verlangt. Faustregel: Die Standardwerte für "Rooms" liegen in der Nebensaison bei 20–35 €, im Hochsommer zahlt man 35–60 €.

Generell gilt: Großen Komfort darf man nirgendwo erwarten. Die Unterkünfte auf den Kykladen sind im Allgemeinen stereotyp weiß gekalkt, rein funktional und ohne persönliche Note eingerichtet. Die meisten Zimmer besitzen jedoch mittlerweile eigene Bäder (Du/WC), oft auch Kühlschrank und/oder Ventilator. Die Standardeinrichtung besteht aus Nachttisch, Stuhl, Bett und Schrank – das ist oft alles, auch in "besseren" Häusern. Gebräuchlichste Materialien: helles Kiefernholz und Fliesenböden. "Room-Service" sowie tägliche Reinigung, Handtuchwechsel etc., fehlen häufig – bei Bedarf im Vorfeld bei Preisvereinbarung absprechen. Natürlich gibt es diverse Ausnahmen. Wir haben uns immer gefreut, wenn wir bei unseren Recherchen auf ein solches Haus ge-

Spießrutenlauf am Hafen: "Rooms, very cheap, come and look"

stoßen sind und dies gebührend erwähnt. Oft macht auch der angenehme Umgangston Mängel wieder wett. Die natürliche Freundlichkeit der Inselbewohner gegenüber Fremden ist noch nicht überall reinem Geschäftsgebaren gewichen.

> **Preiswert reisen**: Griechische Zimmerpreise sind extrem saisonabhängig. Wer Stress bei der Suche vermeiden und gleichzeitig erheblich Geld sparen will, sollte unbedingt in der *Nebensaison* fahren, am besten Mai/Anfang Juni oder Ende September/Oktober. Die Preise fallen in dieser Zeit tatsächlich teilweise buchstäblich in den Keller und die Hoteliers freuen sich über jeden Gast. Handeln ist fast immer möglich. Viele Unterkünfte werden dann um die 18–25 € offeriert. Im Frühjahr stehen die Inseln zudem in üppiger Blüte, die Temperaturen sind noch nicht extrem und die Strände nicht überfüllt.

▶ **Hotels**: Hotels werden von der griechischen Fremdenverkehrsbehörde je nach Ausstattung, Lage und Service in sechs Kategorien unterteilt: *de luxe, A, B, C, D* und *E*. Allerdings wurden diese Einteilungen oft bereits vor Jahren getroffen und sind heute nicht immer nachzuvollziehen. Vor allem in den unteren Klassen handelt es sich fast durchweg um Familienbetriebe, die sich auch häufig Pension nennen. Frühstück wird nicht in allen Häusern angeboten, kostet extra und ist meist karg. Frühstückszwang gibt es nur in einigen Hotels der oberen Kategorien.

De luxe: Luxusherbergen gibt es nur einige wenige auf Mýkonos und Santoríni.

A-Kat.: ebenfalls noch für gehobene Ansprüche, in Ausstattung und Service etwas einfacher als first class, teilweise aber durchaus zu vergleichen. DZ ca. 120–270 €, Halb- oder Vollpension oft obligatorisch. Gibt es auf den Kykladen ebenfalls hauptsächlich auf Mýkonos und Santoríni.

B-Kat.: durchweg gehobene Häuser mit genügend Komfort und Service. Oft allein-geführte Hotels, die seit Jahren von Reise-veranstaltern gebucht werden. Die neu er-bauten Häuser der B-Kat. sind erfreulich modern, mit guten sanitären Anlagen und gepflegter Atmosphäre. DZ ca. 100–150 €, Halbpension möglich.

C-Kat.: die normalen Durchschnittshotels, hier gibt's schon ziemliche Qualitätsunter-schiede, von sehr gut bis ungepflegt und vernachlässigt. DZ ca. 50–130 €. Halbpen-sion z. T. möglich.

D-Kat.: einfache "Billig-Hotels", Ausstattung karg. Nicht immer eigenes Bad, dafür manchmal mehr persönliches Ambiente als in den besseren Kategorien. Auch hier kann man erfreuliche und unerfreuliche Entde-ckungen machen. DZ ca. 35–65 €.

E-Kat.: Billig-Absteigen, hauptsächlich bei Rucksacktouristen beliebt. Ein Dach überm Kopf, Dusche am Gang, hier kommt viel auf den Besitzer an – wie er sein Haus in Schuss hält, wie sein Verhältnis zur Sauber-keit ist usw. Einen totalen Flop haben wir selten erlebt. Vor allem in den Städten fin-det man sie häufig in "historischen" Häu-sern, die lange keine Renovierung mehr er-lebt haben. DZ ca. 25–50 €.

Tipps und Hinweise zur Quartiersuche

- Das **Überangebot** an Unterkünften hat dazu geführt, dass man überall, wo man seine Blicke interessiert schweifen lässt, hartnäckig angegangen wird, ob man nicht einen "Room" braucht. Ärgern Sie sich nicht darüber und beden-ken Sie, dass für viele Familien die Zimmervermietung existenziell wichtig ist.

- In zahlreichen Unterkünften wird **Warmwasser** mit Solarenergie erzeugt, d. h. es kann nicht zu jeder Tages- und Nachtzeit heiß geduscht werden, oft plät-schert das Wasser nur lauwarm.

- **Frühstück** wird nicht überall serviert und ist oft karg bemessen. Da es keiner Überwachung durch die Tourismusbehörde unterliegt, fällt es gelegentlich teuer aus bzw. muss bei einem Inklusivpreis (Ü/F) als Begründung für überzo-gene Preise herhalten. Frühstückszwang gibt es jedoch laut offizieller Rege-lung nur in wenigen Häusern der oberen Preisklasse.

- **Außerhalb der Hauptsaison** sind Zimmer deutlich billiger und man kann mit dem Vermieter problemlos verhandeln. Die Preise liegen dann oft deutlich un-ter den offiziell ausgewiesenen. Bei mehrtägigem Aufenthalt wird meist Ra-batt gewährt.

- **Einzelzimmer** gibt es kaum, Singles müssen unter Umständen ein Doppel-zimmer nehmen und einen nur wenig ermäßigten Preis zahlen.

- Ein gelegentlich angewandter Trick: Der Vermieter stellt **zwei Betten** in ein winziges Einzelzimmer, vermietet es an zwei Personen und verlangt natürlich auch den Preis für ein Doppel. In dem Fall hängt aber meist der Preis für das Einzelzimmer an der Tür – versuchen, Rabatt zu bekommen.

- **Nie im Voraus** für mehrere Tage bezahlen, denn dann hat man keine Möglich-keit mehr zu wechseln, ohne erneut bezahlen zu müssen.

- Vorsicht, wenn in der Hochsaison in einem voll besetzten Haus nur noch **ein Zimmer frei** ist. Dieses ist dann wirklich oft "das Letzte". Immer vorher anse-hen, bevor man akzeptiert.

- Leider kommt es immer wieder vor, dass schwarze Schafe unter den Zimmer-vermietern im Hafen **falsche Angaben** machen und sich die versprochene "Villa mit Meerblick" als Kellerzimmer mit Blick auf die nächste Hauswand her-ausstellt. Zögern Sie in diesem Fall nicht, sich bei der Vereinigung der Zim-mervermieter oder der Touristen-Polizei zu beschweren.

▸ **Privatzimmer**: für Inselhüpfer, die aufs Geld schauen, eine preiswerte Alterna-tive zu den Hotels. "Rooms"-Vermieter stellen in den Fährhäfen das Gros der

Anbieter. In manchen Orten vermietet mittlerweile fast jedes zweite Haus Zimmer. Vom schüchternen Mädchen im Volksschulalter bis zum zahnlosen Opa ist jedes Familienmitglied eingespannt – alle einlaufenden Fähren werden abgepasst, egal ob nachts oder tags. Jeder möchte auf diese relativ einfache Weise etwas dazuverdienen – falls möglich sogar steuerfrei, viele Vermieter sind nicht registriert und arbeiten "schwarz". Vor allem auf den großen Inseln ist der Konkurrenzkampf unerbittlich, manchmal gibt es unschöne Szenen zwischen den Anbietern. Natürlich kauft man die Katze im Sack, wenn man gleich im Hafen auf Angebote eingeht – andererseits ist es oft lästig, sich wie in Santoríni in einen völlig überfüllten Bus zu quetschen und, oben angelangt, mit Sack und Pack auf Zimmersuche zu gehen. Auf jeden Fall die einfachere Lösung, gleich im Hafen handelseinig zu werden, individueller Transport ist dann meist garantiert. Falls das Zimmer nicht entspricht, kann man sich ja am nächsten Tag in Ruhe und ohne Gepäck auf die Suche machen. Handeln ist in der Nebensaison gut möglich, in der Hauptsaison jedoch nur bedingt. Zu erkennen sind Privatquartiere an Schildern wie "rooms to rent", "rooms to let" oder einfach "rooms" bzw. "domátia" (griech. = Zimmer) – viele nennen sich auch einfach stolz "Hotel" oder "Pension". "Zu vermieten" heißt "enoikiázontai". Die Preise liegen je nach Saison zwischen 20 und 60 €, Qualität ist natürlich unterschiedlich, in der Regel aber zufriedenstellend, wenn man keine großen Ansprüche stellt. Die Einrichtung ist aufs Notwendigste beschränkt, eigene Du/WC für jedes Zimmer aber zwischenzeitlich fast überall obligatorisch.

Seit einigen Jahren geht man auf einigen Inseln neue Wege – vor allem auf den ruhigen Westkykladen, z. B. **Sérifos** und **Sífnos**. Dort haben sich die Inselbewohner zusammengesetzt und beschlossen, ihre "Rooms" nicht mehr direkt im Hafen anzubieten. Dies aus Rücksicht auf Vermieter, denen es z. B. aus Altersgründen nicht möglich ist, zu jeder Fähre herunterzukommen bzw. die nicht aggressiv und hartnäckig genug ihre Zimmer anpreisen können oder wollen. Verboten ist das Werben von Kunden in den Häfen nach offizieller Regelung ja sowieso – aber das will in Griechenland meist nicht viel besagen.

Die **Preise** aller registrierten Unterkünfte werden staatlich festgelegt und überwacht. Sie müssen in den Zimmern aushängen und die Besitzer dürfen nicht mehr verlangen, als ausgewiesen ist. In der Nebensaison werden die offiziellen Minimum-Preise allerdings oft sogar deutlich unterboten, da sie unrealistisch hoch sind. In unseren Ortsbeschreibungen finden Sie zahlreiche Adressen mit Charakterisierung, Telefon- und Faxnummer, Webadresse (falls vorhanden) und Preisen. DZ bedeutet Doppelzimmer, d. h. der angegebene Preis gilt für ein Zweibettzimmer und nicht etwa pro Person. Da die Preise je Saison sehr unterschiedlich sein können, haben wir meist Preisspannen (min./max.) angegeben, "30–70 €" meint also den Neben- (NS) und Hochsaisonpreis (HS). Diese Angaben sind allerdings ständigen Änderungen unterworfen und können nur ungefähre Anhaltspunkte geben.

▶ **Ferienwohnungen/-häuser**: hauptsächlich für Familien mit Kindern günstig, weil geräumig und mit Kochmöglichkeit. Viele Häuser sind neu gebaut und im Komfort durchaus zufriedenstellend. Ein *Apartment* besteht aus Wohn- und Schlafzimmer mit Küche oder Kochecke (Herd, Spüle, Kühlschrank) und Du/WC, ein *Studio* besitzt nur einen Raum mit integrierter Kochecke und Du/WC. Ferienwohnungen kann man problemlos bereits zu Hause im Reisebüro, im Internet oder über die unten genannten Anbieter mieten, bei denen man auch gleich die Anreise per Schiff oder Flug mitbuchen kann. Viele Inhaber bieten ihre Häuser auch per Inserat im Reiseteil der großen deutschen, österreichischen und Schweizer Zeitungen an. Einen Prospekt kann man sich meist schicken lassen. Die Angaben stimmen zwar nicht immer hundertprozentig, sind aber in der Regel zuverlässig.

Etwas billiger ist meist die Anmietung unmittelbar vor Ort. Auskunft geben diverse Hinweisschilder und die Informationsstellen, Buchung über viele Reisebüros oder direkt beim Vermieter. Im Juli/August muss man allerdings Glück haben, um noch eine freie Ferienwohnung zu finden.

Die Preise für Studios und Apartments liegen je nach Größe und Ausstattung zwischen 30 und 70 €, für Ferienhäuser 60–120 €/Tag, es gibt allerdings auch komfortable Objekte, die deutlich teurer sind, z. B. die umgebauten Höhlenwohnungen im Kraterhang von *Santoríni* mit traumhaftem Blick aufs Meer. In der Nebensaison sinken die Preise stark und man kann problemlos handeln, ein einfaches Apartment ist dann oft schon für 25–35 € zu bekommen. Zudem stehen viele Häuser leer und man muss nicht zu Hause vorbuchen.

● *Anbieter (Auswahl)* **Domizile Reisen**, Planegger Str. 9 a, D-81241 München, ✆ 089/833084, ✉ 8341760, www.domizile.de

Harkort-Reisen Griechenland, Dannecker Str. 22, D-60594 Frankfurt, ✆ 069/612124, ✉ 610423.

Jassu Reisen, Hartmut M. Burggraf, Postfach 2106, D-53631 Königswinter, ✆ 0223/91750, ✉ 917523, www.jassu.de

Takis-Ferienhäuser, Herzogspitalstr. 10, D-80331 München, ✆ 089/2366510, ✉ 23665199, www.takis.de

Voyages Sud-Soleil (Deutschland), Günterstalstr. 17, D-79102 Freiburg i. Br., ✆ 0761/708700, ✉ 7087026, www.voyages-sud.de Außerdem bieten auch die großen Reiseveranstalter Ferienwohnungen an (→ Charterflüge).

Online können Sie Unterkünfte auf den Kykladen z. B. unter **www.griechenland.com** und **www.greekhotel.com** buchen, außerdem auf den auf S. 80 genannten Websites zu den einzelnen Inseln. Eine Aufstellung zahlreicher Reiseveranstalter finden Sie unter **www.griechenland-reiseveranstalter.de**

▶ **Jugendherbergen**: wegen der vielen preiswerten "Rooms" auf den Kykladen kaum aktuell, nur auf *Santoríni* gibt es drei privat geführte Hostels, ein weiteres auf *Náxos*. Eine offizielle Herberge des internationalen Jugendherbergsverbands (IYHF) gibt es nur in Athen. Ausstattung sehr einfach, aber meist sauber, Stockbetten in größeren Schlafräumen, sanitär schlicht. Kostenpunkt je nach Saison ca. 5–10 € pro Pers. Genaue Infos in den einzelnen Ortskapiteln.

▶ **Camping**: höchst unterschiedliche Situation – auf *Páros* allein zwischenzeitlich acht Plätze (!), auf *Santoríni*, *Náxos* und *Íos* je drei, auf *Mýkonos*, *Sýros*, *Amorgós* und *Sífnos* zwei, auf *Kéa*, *Tínos*, *Sérifos*, *Mílos*, *Folégandros*, *Antíparos*

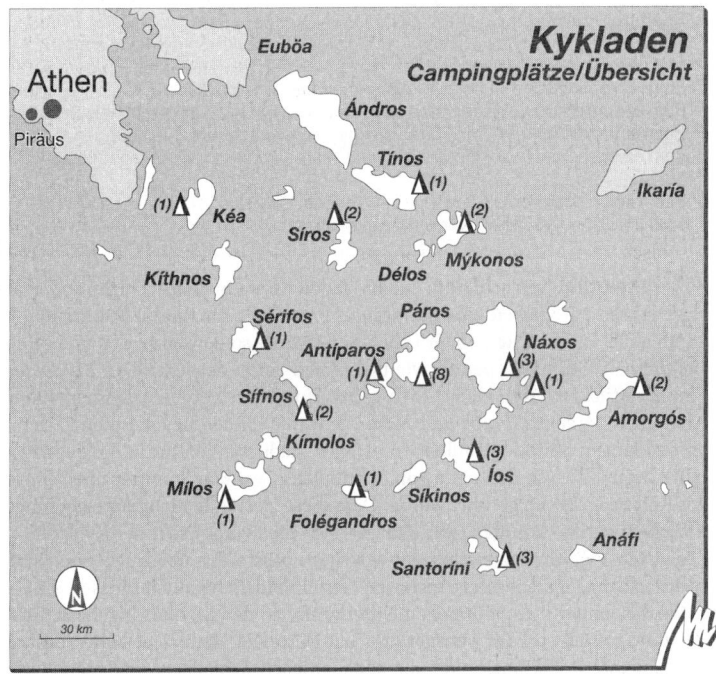

und *Epáno Koufonísi* (Kleine Kykladen) je einer. Dagegen besitzen *Ándros, Kíthnos, Kímolos, Síkinos, Anáfi* und die übrigen Inseln der *Kleinen Kykladen* kein einziges Campinggelände. Insgesamt gibt es auf den Kykladen z. Z. 32 Plätze (siehe Skizze), geöffnet sind sie alle etwa Mai bis September, keiner ganzjährig. Beschreibungen zu Ausstattung, Lage etc. in den jeweiligen Inselkapiteln. In den nächsten Jahren wird vielleicht hier und dort ein neuer Platz dazukommen, viel ist aber nicht zu erwarten.

Fast alle Plätze liegen nah am Meer, sind meist recht bescheiden eingerichtet und nicht allzu groß (Ausnahme: der fast luxuriöse Camping "Far Out" auf Íos). Auch ohne Zelt kann man überall unterkommen, für Besucher nur mit Schlafsack sind häufig Plätze unter Stoffbahnen bzw. Schilfdächern eingerichtet – in diesen "sleeping bag areas" lernt man schnell und zwanglos andere Traveller kennen. Auf größere Fahrzeuge, Wohnmobile etc. ist man versorgungsmäßig kaum eingerichtet, die Anzahl von Stromanschlüssen ist begrenzt und die zur Verfügung stehenden Stellflächen sind oft ungeeignet oder zu klein. Bequem: Die meisten Campingplätze schicken einen Kleinbus zum Hafen, der einen kostenlos zum Platz bringt – zurück zum Hafen muss man geringfügig zahlen. Tipp: kleines *Vorhängeschloss*, mit dem man das Zelt absperren kann.

> **Spartipp:** Die Campingplätze *Paradise* (Mýkonos), *The Two Hearts* (Sýros), *Koula* (Páros), *Maragas* (Náxos), *Far Out* (Íos), *Santorini* (Santoríni), *Koralli* (Sérifos) und *Pisses Kea* (Kéa) gehören zum Camping Club "Harmonie", in dem sich etwa 50 griechische Zeltplätze zusammengeschlossen haben. Mit bereits einem Stempel einer dieser Plätze bekommt man auf allen anderen Plätzen 20 % Rabatt (im Juli/August 10 %) und verschiedene weitere Vergünstigungen. Nach dem Besuch von zwölf Plätzen gewinnt man ein Fährticket Ancona-Pátras-Ancona.
> Information: Harmonie Camping Club Greece, Patission Str. 21, GR-10432 Athen.
> ✆ 210-5239212, ✉ 5239597, www.campingclub.gr

▶ **Wild zelten/draußen schlafen:** Die Kykladen waren in den siebziger und achtziger Jahren europaweit eins der begehrtesten Ziele für Rucksacktouristen. In kaum einer anderen Region Griechenlands wurde so hemmungslos und offensichtlich am Strand "gepennt" wie hier. Allen voran der legendäre *Milopótas-Strand* auf *Íos*, wo sich allnächtlich ganze Hundertschaften zusammenfanden. Aber auch *Mýkonos*, *Páros* und *Náxos* gehörten zu den bevorzugten Zielen – an den langen Stränden südlich von Náxos-Stadt standen bis in die neunziger Jahre beispielsweise dutzende von Schilfhütten, wo den Sommer über ein reges Robinson-Leben geführt wurde. Dass diese Zustände nicht auf ewig hingenommen werden konnten, war klar. Als sich die Hauptinseln der Kykladen zu begehrten Pauschalreisezielen entwickelten, passte der überquellende Rucksacktourismus einfach nicht mehr ins Gesamtbild. Schließlich müssen die Kykladenbewohner ihre zahlreichen Unterkünfte an den Mann bringen, sie leben ja zum Großteil von der Vermietung. Seit Mitte der Neunziger haben deshalb konsequente Polizeikontrollen die allnächtlichen Schlaflager weitgehend verhindert. Sogar auf *Anáfi*, wo die Rucksacktouristen früher sogar von den Einheimischen bereitwillig zu einem Strand gelotst wurden und wo sie sich nach Herzenslust breit machen konnten, wird das wild Zelten mittlerweile nicht mehr toleriert.

Uhrzeit

In ganz Griechenland gilt die *osteuropäische Zeit (OEZ)*. Sie ist der mitteleuropäischen Zeit um eine Stunde voraus. Von April bis Oktober ist wie bei uns zusätzlich die Sommerzeit gültig.

Umweltprobleme

Wie überall auch auf den Kykladen ein heikles Thema. Stichwort Elektrizität: Energiegewinnung mittels *Dieselkraftwerken* ist nach wie vor gang und gäbe. Fast jede Insel hat ihr eigenes Kraftwerk, und riesige Mengen an Kraftstoff werden verbrannt, um den nötigen Strom zu liefern. Erfreulich: Auf einigen Inseln, nämlich *Ándros*, *Kíthnos*, *Páros*, *Sýros* und *Mýkonos*, wird zwischenzeitlich mit Windenergie experimentiert (Hinweise in den einzelnen Inselkapiteln).
Ansonsten spielt, wie auch in Mitteleuropa, das schwierige Problem der *Müllbeseitigung* eine beherrschende Rolle. In Griechenland und speziell auf den Kykladen gibt es allerdings noch keinen Müllexport in Drittweltländer. Statt-

dessen schmeißt man den täglichen Müll auf Inseldeponien, wo er entweder verbrannt (Dioxinentwicklung) oder durch die winterlichen Regenfälle in die nächste Schlucht und weiter ins Meer geschwemmt wird. Von dort geht es dann mit Hilfe der heftigen Meltémi-Winde schnurstracks an die Nordstrände der Inseln zurück, wo er (im sehr seltenen Glücksfall) vielleicht wieder eingesammelt und auf die Deponie gebracht wird ...

Auch die konsequente *Müllvermeidung* hat man bisher kaum angedacht: ein Pfandsystem gibt es nicht, Wasser wird in Plastikflaschen verkauft, Limonade in wahnwitzigen Mengen an Aludosen – und im Supermarkt wird auch der kleinste Artikel per Plastiktüte weitergereicht. Persönlicher Beitrag: Bringen Sie eine Tragetasche mit, und trinken Sie, wenn immer möglich, aus Glasflaschen.

Dritte und empfindlichste Umweltschädigung: der *Tourismus*. Touristen reisen in Fliegern an, deren Kraftstoffverbrennung die hausgemachten Umweltprobleme der Kykladen bei weitem in den Schatten stellt. Touristen zerstören die natürliche Fauna der Strände und strandnahen Zonen. Touristen sorgen für erhebliche Zunahme des Motorverkehrs auf den Inseln und im umliegenden Meer. Bei diesem Thema muss sich jeder Reisende ganz persönlich an die Nase fassen, denn konsequentes Umweltbewusstsein heißt auch im Urlaub auf den Kykladen: die umweltfreundlichste Art der Anreise wählen, unnötige Fahrten mit Verbrennungsmotoren vermeiden und – so wenig Wasser wie möglich verbrauchen. Möglichkeiten dafür gibt's genug: beim Einseifen unter der Dusche Wasser abstellen, Zähneputzen mit Becher (nicht mit laufendem Wasser), sparsam die Toilette spülen etc.

Aufkleber weisen in manchen Pensionen auf das Problem Wassermangel hin

Wasser

Von Juni bis September regnet es auf den Kykladen so gut wie gar nicht – und im Winter rauschen derartige Sturzbäche vom Himmel, dass die wertvolle Erdkrume weggeschwemmt wird. Die Wasserversorgung ist deshalb eins der größten Probleme der Inseln (Ausnahme: Insel Ándros, wo es genug inseleigenes Quellwasser gibt). Fast jedes Haus besitzt eine *Zisterne*, wo das kostbare Nass vom Himmel aufgefangen und in Tanks gespeichert wird. Auch Wassertürme sieht man hier und dort in den Dörfern stehen. *Meerwasser-Entsalzungsanlagen* gibt es bisher nur auf Sýros und Mýkonos. Auf Mýkonos hat man außerdem in den neunziger Jahren zwei große *Wasserspeicher* angelegt, die in der Landschaft wie zwei Seen wirken. Es handelt sich dabei quasi um überdimensionale Zisternen. In der kalten Jahreszeit wird das Regenwasser gesammelt, um es im Sommer mit Tanklastwagen in die beiden Inselorte zu bringen. Das Beispiel hat Schule gemacht, auch in den Bergen von *Páros* gibt es mittlerweile einen solchen Speichersee, ebenso auf *Náxos* (bei Engarés).

Das *Leitungswasser* ist in der Regel von guter Qualität (auf Ándros und Tínos sogar Quellwasser!), auf Santoríni warnen die Einheimischen allerdings vor dem Genuss. Wer es überhaupt nicht trinken mag: Es gibt überall Wasser abgepackt in großen bläulichen Plastikflaschen zu kaufen, die leider nach Gebrauch oft achtlos weggeworfen werden und die Strände verschandeln.

Zeitungen und Zeitschriften

Die wichtigsten deutschsprachigen Printmedien bekommt man in der Saison zuverlässig auf den Inseln *Mýkonos*, *Páros*, *Náxos*, *Íos* und *Santoríni* – sogar meist noch am Abend desselben Tags, an dem sie erschienen sind. Auch auf den anderen Inseln sind sie oft erhältlich, jedoch z. T. mit Zeitverzögerung.

Zoll

Seit 1993 dürfen innerhalb der EU Waren zum eigenen Verbrauch unbegrenzt ein- und ausgeführt werden. Es wurde allerdings ein Katalog über Richtmengen von Waren erstellt. Überschreitet man diese, muss man im Fall einer Stichprobenkontrolle glaubhaft machen, dass diese Mengen nicht gewerblich genutzt werden, sondern nur für den persönlichen Gebrauch bestimmt sind.

Richtmengenkatalog (Warenmenge pro Person ab 17 Jahre):
800 Zigaretten, 400 Zigarillos, 200 Zigarren, 1 kg Rauchtabak, 10 Ltr. Spirituosen, 20 Ltr. Zwischenerzeugnisse, 90 Ltr. Wein (davon höchstens 60 Ltr. Schaumwein) und 110 Ltr. Bier.

Für *Schweizer* gelten weiterhin niedrigere Quoten: 200 Zigaretten oder 100 Zigarillos oder 50 Zigarren oder 250 g Tabak; 1 Ltr. Spirituosen oder 1 Ltr. Zwischenerzeugnisse oder 2 Ltr. Wein oder 2 Ltr. Bier sowie Geschenke bis 200 sfr.

Weitere Hinweise: *Auto*, *Segeljacht*, *Surfbrett* und andere hochpreisige Artikel werden an der Grenze in den Pass eingetragen und müssen wieder ausgeführt werden. Autos dürfen längstens sechs Monate im Land bleiben, andernfalls werden hohe Strafgebühren fällig. Wer sein Auto wegen Totalschaden in Griechenland zurücklässt, muss eine Bestätigung der Polizei mit sich führen.

Ausfuhr von *Antiquitäten* ist streng verboten, ausgenommen sind staatlich autorisierte Kopien, die in verschiedenen Shops und Museen erworben werden können (z. B. Archäologisches Nationalmuseum in Athen).

Souvenir, Souvenir: Kykladen-Idole im Dutzend

Kunst und Kultur der Kykladen

(von Martina Brockes)

Kykladen, auf Deutsch "Ringinseln", nannten die alten Griechen die Inselgruppe der Ägäis, die sich wie ein Ring um die heilige Insel Délos legt. Die felsigen und wasserarmen Inseln waren auch in der Antike nur dünn besiedelt – dies ist wohl der Grund, weswegen sie trotz zentraler Lage zwischen dem griechischen Mutterland und Kleinasien nie zu größerer politischer Bedeutung gelangten.

In der Frühzeit waren die Inseln relativ isoliert, da Schifffahrt auf offener See noch selten war. Aber vermutlich schon in der mittleren Bronzezeit wanderten die ersten griechisch sprechenden Stämme vom Festland her ein. Von der späten Bronzezeit an gerieten die Kykladen dann zunehmend in den Einflussbereich ihrer mächtigen Nachbarregionen – zuerst *Kreta* und *Mykene*, später dann *Athen, Rom, Byzanz* und sogar *Venedig*.

Die **Frühkykladische Kultur** wird deswegen oft als die typischste bezeichnet, da sie sich ohne fremde Einflüsse entwickelte. Leider besitzen wir über sie keinerlei schriftliche Nachricht, weder von den Kykladen selbst, noch von benachbarten frühen Hochkulturen wie z. B. Ägypten. So bleiben nur die Ausgrabungen und Funde, die aber nach wie vor viele Rätsel aufgeben.

Die wichtigsten Museen, in denen die Funde der Kykladen präsentiert werden: **Archäologisches Nationalmuseum** und **Kykladenmuseum** in **Athen**, Archäologische Museen auf **Ándros, Íos, Kéa, Mýkonos, Náxos, Mílos, Páros, Santoríni** und **Tínos, Prähistorisches Museum** auf **Santoríni**.

Neolithikum (5. Jt. – 2000/1800 v. Chr.)

Schon in der Steinzeit entstanden die ersten Siedlungen auf den Kykladen. Die älteste, etwa 4300–3700 v. Chr., lag auf *Sáliagos*, einer kleinen Insel, die damals Teil einer Landbrücke zwischen Páros und Antíparos war. Etwa gegen Ende des 4. Jt. v. Chr. wurde *Kephalá* auf Kéa gegründet. Die Häuser der beiden Ortschaften sind bis auf unbedeutende Reste zerstört, in Kephalá sind jedoch Teile des Friedhofs erhalten, auf dem die Toten in gemauerten, mit Steinplatten abgedeckten Gräbern in Hockstellung beigesetzt wurden.

Die gefundenen Keramik- und Steingegenstände weisen in vielem bereits auf die nachfolgende frühkykladische Zeit hin.

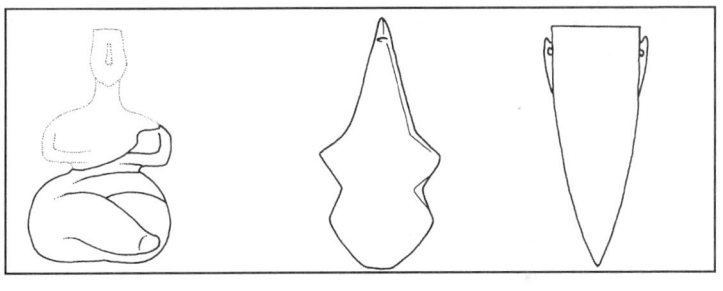

Frauenfigur   *Violinidol*   *Marmorgefäß*

• *Marmor* In Sáliagos hat man die frühesten **Kykladenidole** aus Marmor entdeckt. Sie treten hier in zwei verschiedenen Typen auf – zum einen eine extrem dicke, sitzende **Frauenfigur** mit gekreuzten Armen, zum anderen abstrakte **Violinidole**, d. h. abstrakte Idole mit geigenförmigem Körper und einem extrem langen Hals, bei dem der Kopf nur durch eine kleine Kerbe angegeben ist. Aber nicht nur Idole wurden aus dem reichlich vorkommenden Marmor hergestellt, sondern auch **Gefäße**, nämlich schmale, konisch zulaufende Becher ohne Standfläche. Charakteristisch sind dabei die so genannten **Ohrenhenkel**, senkrecht angebrachte Henkel mit Schnurösen.

Die Materialien zur Bearbeitung des Marmors kommen auf den Kykladen natürlich vor: **Schmirgel** auf Náxos, **Bimsstein** und **Obsidian** auf Mílos. Moderne Versuche haben erwiesen, dass diese Materialien zur Herstellung von Idolen und Gefäßen völlig ausreichen – die Arbeitszeit für ein Idol beträgt, je nach Typus, 5–30 Stunden. Daher kann man davon ausgehen, dass sie auch noch in der nachfolgenden Bronzezeit auf diese Weise hergestellt wurden und mit den wesentlich weicheren Kupfer- und Bronzewerkzeugen. Dass für die fast kreisrunden Gefässe Drehbänke verwendet wurden, wie manchmal angenommen wird, erscheint zu einer Zeit, wo noch nicht einmal

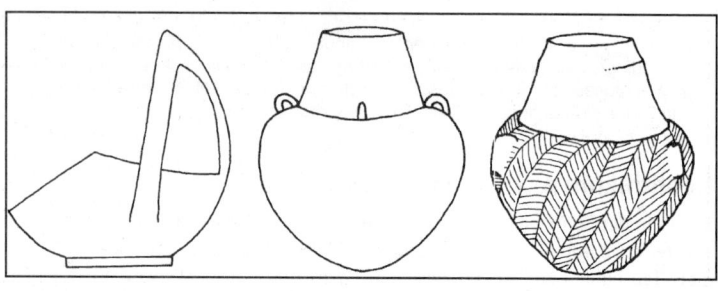

Schaufelgefäß   *Kegelhalsgefäß*   *Kegelhalsgefäß*

die Töpferscheibe bekannt war, relativ unwahrscheinlich.

● *Obsidian* In Sáliagos fand man unzählige **Werkzeuge** aus Obsidian, der von der 60 km entfernten Insel Mílos importiert wurde. Obsidian ist ein sehr hartes und sprödes vulkanisches Gesteinsglas, aus dem sich Werkzeuge mit sehr scharfen Kanten herstellen ließen. Erstaunlich ist die Formenvielfalt der über 25000 Klingen, Schaber und Spitzen.

● *Keramik* wurde noch nicht auf der Töpferscheibe gedreht und bestand zum überwiegenden Teil aus einfachem Haushaltsgeschirr, vor allem Schüsseln und Schalen. Verziert wurden sie in Sáliagos mit einer weißen Bemalung, in Kephalá mit durch Polieren erzeugten Strichmustern. Neben den einfachen Schalen gibt es auch aufwendigere Formen: in Sáliagos vor allem die so genannten **Fruchtständer**, große Schalen auf einem hohen, konischen Fuß, und in Kephalá die Scoops oder **Schaufelgefäße**, die schräg nach vorne geöffnet sind und einen fragilen, dreibügeligen Griff haben. Die Funktion dieser Gefäße ist bis heute ein Rätsel. Eine weitere Form hielt sich bis weit in die nachfolgende Bronzezeit, nämlich die **Kegelhalsgefässe** mit einem kugeligen Körper, an dem oft Schnurösen angebracht sind, und einem kegelförmigen Hals.

Frühe Bronzezeit (3000/2900–2000/1800 v. Chr)

Der Übergang von der Steinzeit in die frühe Bronzezeit (Frühkykladikum) erfolgte langsam, es fand kein plötzlicher Umbruch statt, wie er z. B. durch Einwanderungswellen ausgelöst wird. Dies wird auch sichtbar an der Kontinuität der Formtraditionen.

Die frühkykladische Zeit wird in drei Hauptphasen oder -gruppen eingeteilt, die nach den wichtigsten Fundorten benannt wurden. Ob es sich jedoch tatsächlich um aufeinander folgende Phasen oder um parallele Erscheinungen handelt, ist schwer zu beurteilen.

▶ **Grótta-Pélos-Gruppe** *(Frühkykladisch I)*: Von den Siedlungen dieser Zeit sind hauptsächlich die Friedhöfe erhalten, in denen die Toten in Steinkistengräbern beigesetzt waren. Da die Zahl der Gräber 15–20 nur selten übersteigt, kann man davon ausgehen, dass es sich auch bei den Dörfern nur um kleine Ansammlungen von Hütten handelte. Wesentlich zahlreicher sind die vor allem in den Gräbern gefundenen Keramik- und Steingegenstände, die uns Aufschluss über Leben und Handwerk dieser Zeit geben.

● *Kykladenidole* Bekannt wurde die frühkykladische Kultur vor allem durch die Marmoridole, die von den Formen her stark an moderne Kunst erinnern. Dass ihnen jedoch ein völlig anderes kulturelles Gedankengut zugrunde liegt, zeigt sich schon an

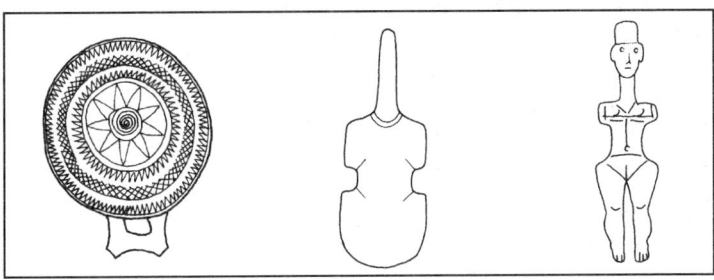

Kykladenpfanne   *Violinidol*   *Plastíras-Idol*

der Tatsache, dass viele der heute in "abstraktem Weiß" erstrahlenden Idole ehemals bemalt waren. Ihre Bedeutung ist bis heute ein Rätsel. Waren es, ähnlich wie die ägyptischen Ushebtis, kleine Dienerfiguren, die für den Toten die im Jenseits anfallenden Arbeiten verrichten sollten, waren es Abbilder der großen Göttin oder eine Art Talisman, der den Dargestellten unter den besonderen Schutz der Götter stellte? Wir wissen es nicht, aber wir können annehmen, dass sie für die damaligen Menschen sehr wichtig waren, da ihre Herstellung doch einigen Zeitaufwand erforderte.

Auch in frühkykladischer Zeit entwickeln sich die abstrakten und figürlichen Idole unabhängig voneinander weiter. Die **Violinidole** werden noch weiter abstrahiert, die Einbuchtungen in der Körpermitte verschwinden, und es entstehen die **Spatenidole** mit einem rechteckigen Körper und langem Hals. Erst spät in dieser Periode gibt es auch wieder figürliche Idole, den **Plastíras**- und den **Loúros-Typ**. Die Plastíras-Idole überraschen durch ihre Detailfreudigkeit; anatomische Einzelheiten wie Augen, Nase, Mund, Halsansatz, Brüste, Nabel und sogar Kniescheiben sind durch Bohrungen und Ritzungen angegeben. Die relativ schlanken Figuren mit eingezogener Taille und eckiger Armpartie haben die Hände unter der Brust zusammengelegt. Viele von ihnen tragen eine kappenartige oder bienenkorbförmige Kopfbedeckung. Erstmals tauchen hier auch Männerfiguren auf. Der Loúros-Typ, schon am Übergang zu

Frühkykladisch II, ist wesentlich abstrakter. Auf die Angabe anatomischer Details wird hier fast völlig verzichtet, und die Arme verkümmern zu kleinen Stummeln.

● *Keramik* besteht meist aus schwerem, ungereinigtem Ton mit dunklem Überzug. Verziert wurde sie mit eingeritzten geometrischen Ornamenten, vor allem Zickzacklinien oder Fischgrätmustern, in die weißer Kreidestaub eingerieben wurde. Eine wichtige Gefässform sind die schon aus dem Neolithikum bekannten **Kragenhalsgefäße**, die jetzt manchmal einen konischen Fuß erhalten. Neue Formen sind die so genannten **Kykladenflaschen**, kugelige Flaschen mit Schnürösen und einem schmalen Hals, sowie zylindrische oder kugelförmige **Pyxiden**, Dosen mit Verschlussdeckel. Eine rätselhafte Sonderform bilden die **Kykladenpfannen**, Kasserolen von 15–22 cm Durchmesser mit gerader Wandung und waagerechtem Griff. Die Innenseite ist immer glatt, verziert wird nur der Boden – meist mit konzentrisch angeordneten Zickzack- oder Spiralmotiven. Die Meinungen darüber, wie sie wohl verwendet wurden, gehen weit auseinander: als Spendeschalen für Trankopfer, als Schminkpaletten, mit Fell bespannt als Tamburin oder mit Wasser gefüllt als Spiegel.

● *Marmor* Auch bei den **Marmorgefäßen** wird die Leitform des Neolithikums, der schmale, konische Becher mit Ohrenhenkeln, beibehalten. Daneben werden aber auch Keramikformen in Marmor ausgeführt, vor allem Kegelhalsgefäße.

▶ **Kéros-Sýros-Gruppe** *(Frühkykladisch II):* Unruhige Zeiten brechen jetzt an und zwingen die Menschen, sich in befestigte Bergsiedlungen zurückzuziehen. Welche Bedrohung den Bau der starken Wehranlagen und Bastionen notwendig

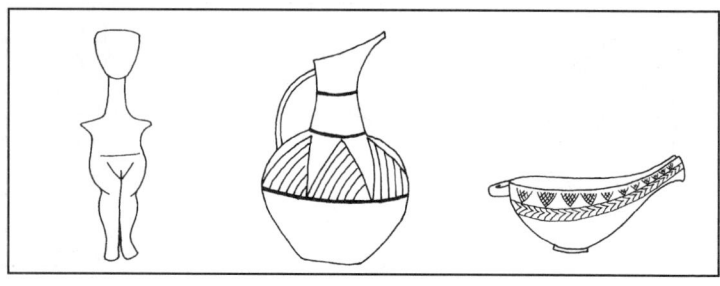

| *Loúros-Typ* | *Schnabelkanne* | *Sauciere* |

machte, wissen wir nicht – sie kann jedoch nicht von Dauer gewesen sein, denn die frühkykladische Kultur erlebt in dieser Zeit ihren Höhepunkt. Erst in den neunziger Jahren wurde auf dem Hügel *Skárkos* im Hinterland der Hafenbucht von Íos eine Siedlung dieser Epoche ausgegraben, die damit zu den ältesten der Kykladen zählt (→ S. 437).

• *Kykladenidole* Die Epoche der Kéros-Sýros-Gruppe stellt den Höhepunkt in der Entwicklung der Kykladenidole dar. Die Ausformung der Figuren wird jetzt so individuell, dass die Idole bereits einzelnen Künstlern zugeordnet werden können. Mehrere Merkmale kennzeichnen diese Phase: Zum einen bildet sich eine verbindliche Form der Menschendarstellung heraus, die **Folded-Arms-Figurines**, aufrecht stehende, weibliche Figuren mit unter der Brust übereinandergelegten Armen. Plastisch ausgearbeitet oder eingeritzt sind meist nur Nase, Brüste, Arme und Schamdreieck, der Rücken bleibt in der Regel flach, und in der Seitenansicht sind die Figuren extrem dünn. Innerhalb dieses Typs kommt es jedoch zu einer Entwicklung mit großem Formenreichtum. Daneben gibt es auch hier Sonderformen und Einzelstücke. Zum anderen trauen die Künstler sich jetzt an immer größere Formate – waren die Figuren in Frühkykladisch I nur etwa 15–30 cm hoch, erreichen sie jetzt mit Größen bis zu 1,50 m manchmal sogar Lebensgröße. Der Großteil der Idole sind Folded-Arms-Figurines. Ihre Entwicklung wird in vier Grundtypen eingeteilt, die nach den wichtigsten Fundorten benannt sind. Die schlanken Figuren des **Kápsala-Typs** sind noch sehr plastisch ausgearbeitet, und der Oberkörper bildet mit den rahmenden Armen ein Rechteck. Ähnlich, nur wesentlich gedrungener, ist der **Spedós-Typ**, der am zahlreichsten vertreten ist. Die Köpfe sind

hier stark nach hinten geneigt und oft schildförmig, wodurch möglicherweise angedeutet werden soll, dass die Figur einen Polos trägt, eine zylindrische Kopfbedeckung, die sie als Göttin kennzeichnet. Der **Dokathísmata-Typ** ist wesentlich geometrischer; die Plastizität geht stark zurück, und die Konturen werden eckiger. Die stark abfallenden Schultern sind im Verhältnis zum Unterkörper wesentlich breiter, und der Kopf ist fast dreieckig. Noch weiter schreitet die Geometrisierung bei den **Chalandrianí-Figuren** fort, die einen fast keilförmigen Umriss haben und bei denen die Details nur noch eingeritzt werden.

Die neben den Folded-Arms-Figurines noch angefertigten Sonderformen gehören mit zu dem Schönsten und Originellsten, was uns die Kykladenplastik hinterlassen hat. Da gibt es einige Musikanten, unter anderem den **Harfenspieler von Kéros**, der auf einem kunstvoll gearbeiteten Thron sitzt, thronende Göttinnen und sogar Gruppen aus zwei oder drei übereinandergestellten Figuren.

• *Keramik* Im Lauf dieser Epoche einsetzende technische Neuerungen bieten immer vielfältigere Möglichkeiten der Verzierung. So taucht hier erstmals ein Überzug aus feingeschlämmtem Ton auf (Engobe). Auch entstehen die ersten bemalten Gefäße mit geometrischen Zackenmustern, Punktreihen und Augenreihen. Die Ritzmuster werden nach und nach durch Stempelmuster verdrängt. Auch die Keramikformen

Harfenspieler von Kéros   *Mehrfachgefäß*   *Gewandnadel Kapsala-Typ*

werden vielfältiger – als neue Leitformen entstehen die **Schnabelkanne**, eine bauchige Kanne mit nach oben gezogenem Ausguss, und die **Sauciere**, eine ovale Schale mit Ausguss. Während letztere mit Ende von Frühkykladisch II wieder aus dem Formenrepertoire verschwindet, bleiben die Schnabelkannen lange Zeit typisch für die Keramik der Kykladen. Daneben werden auch die bisher bestehenden Formen weiterentwickelt: Die Kontur der Kegelhalsflaschen wird geschlossener, Hals und Körper sind nicht mehr so stark voneinander abgesetzt, die Pyxiden erhalten einen ausgezogenen Boden und einen Stülpdeckel mit ausgezogenem Rand, sodass ihr Umriss spulenförmig wird, und die Kykladenpfannen sind nicht mehr ganz rund, sondern laufen zum gegabelten Griff hin aus. Auf ihrem Boden erscheinen, stark stilisiert und von Spiralmustern umgeben, die ersten Schiffsdarstellungen.

● *Steingefäße* Ihre Formenvielfalt wird immer größer, neben Marmor dient nun auch **Chloritschiefer** als Material zur Herstellung. Neben den traditionellen Kegelhalsgefäßen werden auch die neuen Keramikformen, vor allem die Saucieren und die spulenförmigen Pyxiden, in Stein umgesetzt. Oft werden auch kleinere Gefäße zu Doppel- oder Mehrfachgefäßen zusammengefasst. Die Fantasie der Handwerker bringt aber auch so wunderschöne Einzelstücke hervor wie die **Taubenschale**, eine runde, flache Marmorschale von 39 cm Durchmesser, in der auf zwei Leisten 16 Tauben sitzen, und ein **Mehrfachgefäß** aus Chloritschiefer, zusammengesetzt aus sieben zylindrischen Bechern mit Spiralmuster, denen ein kleiner Hauseingang vorgesetzt ist.

● *Metallhandwerk* setzte bereits in Frühkykladisch I ein, erlebt aber in dieser Epoche einen Aufschwung. Neben Werkzeugen und Waffen, vor allem Dolchen, werden jetzt auch Luxusgüter hergestellt. **Gewandnadeln**, bis dahin aus Bein gearbeitet, gibt es jetzt auch in Silber. Die Köpfe werden verziert mit Spiralen, Knäufen oder, in ihrer schönsten Ausführung, mit einem kleinen Widder. Auch andere Schmuckformen tauchen auf, wie beispielsweise ein Diadem aus Silberblech, das eingepunzte Tierfiguren schmücken. Auch Gefäße werden jetzt aus Metall hergestellt, flache Silberschalen und zwei Goldbecher aus Euböa mit Ritzverzierungen.

▶ **Filakopí I Stufe** *(Frühkykladisch III)*: Die Stadt, die dieser Epoche ihren Namen gab, *Filakopí* auf Mílos, wurde in dieser Zeit gegründet und gegen Ende der frühkykladischen Zeit durch ein Erdbeben zerstört. In der mittleren Bronzezeit wieder aufgebaut, blieb sie dann lange Zeit ein wichtiges Zentrum der Kykladen. Die Stadt ist, ähnlich wie die anderen Siedlungen dieser Zeit, nicht mehr befestigt, die Zeiten scheinen wieder friedlicher zu sein. Trotzdem wird diese Epoche oft als Zeit des Niedergangs der frühen Kykladenkultur angesehen – dies gilt vor allem für die Idole und Steingefäße, die sich nicht mehr wesentlich weiterentwickeln und auch nicht mehr so häufig hergestellt werden. Die Keramik entwickelt sich jedoch konsequent weiter.

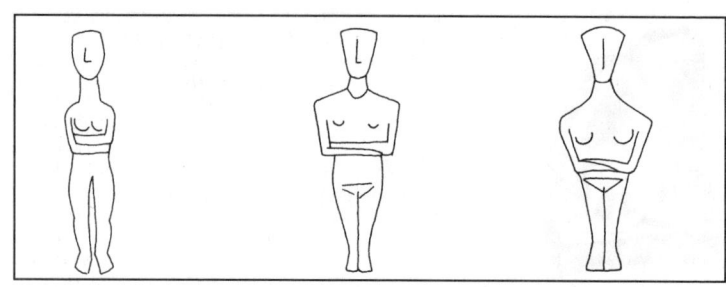

Spedós-Typ   *Dokathísmata-Typ*   *Chalandrianí-Figur*

• *Keramik* Wichtigste Neuerung dieser Zeit ist die Verwendung der **Töpferscheibe**, viele der neu aufkommenden Mehrfachgefässe und Kernoi sind bereits gedreht. Wie zuvor schon bei den Steingefäßen, werden jetzt zunehmend Fläschchen, Pyxiden und Saucieren zu Mehrfachgefäßen zusammengefasst; eine Sonderform davon sind die **Kernoi**, ein Kreis von Fläschchen oder Pyxiden auf hohem Fuß.

Daneben existieren auch die alten Formen noch weiter, besonders die Pyxiden, die sich jetzt nach oben zu konisch verjüngen, und die Schnabelkannen.

• *Steinarbeiten* werden in dieser Zeit immer weniger, um schließlich ganz aufzuhören. Die späten **Idole** zeigen wieder naturalistischere Züge mit deutlich ausgearbeiteten Augen und Haaren. Daneben tauchen vereinzelt auch noch abstrakte Idole auf, die vom Spaten-Typ abgeleitet sind. Ebenfalls vereinzelt gibt es auch noch **Steingefäße**, bei denen jedoch keine neuen Formen auftreten.

Mittlere Bronzezeit (2000/1800–1600/1550 v. Chr.)

Die mittlere Bronzezeit gehört zu den am wenigsten erforschten Epochen der Vorgeschichte der Kykladen. Auf dem Festland ist es die Zeit der Einwanderung griechisch sprechender Stämme, und möglicherweise stoßen einige sogar schon bis auf die Inseln vor. Kreta erlebt mit der Epoche der frühen Paläste den ersten Höhepunkt der *minoischen Kultur.* Zu beiden Nachbarn scheinen Handelskontakte bestanden zu haben, denn es fanden sich sowohl auf Kreta und dem Festland melische Keramik, als auch in Filakopí kretische Töpferwaren und die graue "minyische" Ware des Festlands.

Eine der wenigen mittelkykladischen Siedlungen, die auf den Überresten einer frühkykladischen wieder aufgebaut wird, ist *Filakopí II*, die sich jetzt zu einer richtigen Stadt entwickelt. Ansonsten sucht man sich neue Siedlungsplätze – auch dies ein Zeichen des Umbruchs. Leider sind nur einige der etwa zwanzig Siedlungen dieser Zeit ausgegraben, darunter *Agía Iríni* auf Kéa, wo sich zum ersten Mal ein zentrales Heiligtum feststellen lässt (→ S. 555).

• *Keramik* wurde vor allem in Filakopí II in Massen gefunden. Die Töpferscheibe hat sich jetzt allgemein durchgesetzt, fast sämtliche Keramik ist gedreht. Verziert werden die Gefäße mit **Malerei**, die sich in mehreren Schritten immer mehr zur Mehrfarbigkeit und Figürlichkeit hin entwickelt. Die erste Stufe ist die mattschwarze Malerei, bei der auf einen weißen Überzug in mattem Schwarz die Ornamente aufgetragen werden, meist Kreise, Spiralen, Scheiben und Blattmuster. Aber es tauchen auch schon die ersten Tierdarstellungen auf, abstrakte "Ungeheuer" mit großen Augen und weit aufgerissenem Maul. Im nächsten Schritt wird die schwarze Malerei durch vereinzeltes Auftragen von leuchtendem Rot belebt, woraus sich dann in Folge der

Schwarz-und-Rot-Stil entwickelt, bei dem das Schwarz nur noch die Umrisse angibt, während die Flächen mit Rot oder Rotbraun ausgefüllt werden. Auf diesen Gefäßen tummeln sich neben Pflanzen, Vögeln und Fischen auch erstmals Menschen – berühmtestes Beispiel ist wohl die so genannte **Fischervase**, der zylindrische Fuß eines Gefäßes, bemalt mit vier Männern, die Fische tragen. Die Männer sind im ägyptischen Schema dargestellt, d. h. der Oberkörper in Front-, Kopf und Unterkörper in Seitenansicht, und wirken noch seltsam unproportioniert mit ihren verkürzten Armen und dem großen Auge mitten im Gesicht. Trotzdem lassen sich schon deutliche Parallelen zu den späteren Malereien von Akrotíri (Santoríni) herstellen.

Das Formenrepertoire wird immer reicher, Leitformen sind neben den schon bekannten Schnabelkannen flache, gerundete Schalen ohne Fuß mit senkrechten Henkeln und die sogenannten **melischen Schalen** (Milos). Sie sind flach und konisch mit nach innen geknicktem Rand und haben einen kleinen Ausguss und einen horizontalen Henkel.

Späte Bronzezeit: minoische und mykenische Zeit

(1600/1550–1100/1050 v. Chr.)

In der späten Bronzezeit wird die Kunst und Kultur der Kykladen von minoischen und mykenischen Einflüssen geprägt. Während *Kreta* seinen kulturellen Höhepunkt schon fast überschritten hat, der gegen 1450 mit der Zerstörung der kretischen Paläste endet, beginnt auf dem Festland der Aufstieg der *mykenischen Kultur*. Die Schicksale der beiden großen Nachbarn spiegeln sich in denen der Kykladenstädte wieder. Während zu Beginn der späten Bronzezeit vor allem Kreta die Kykladenkunst beeinflusst, übernehmen nach der Zerstörung der Paläste die Mykener die politische und kulturelle Vormachtstellung. An den Städten *Akrotíri*, *Filakopí* und *Grótta* kann man diesen Prozess deutlich ablesen.

▶ **Akrotíri** (→ S. 528): Eine furchtbare Naturkatastrophe erhielt uns wohl das lebendigste Bild dieser Zeit – der Ausbruch des *Vulkans von Santoríni* verschüttete um 1625 v. Chr. die Stadt Akrotíri. Die Katastrophe kündigte sich langsam an: Bereits 50 Jahre vorher war die Stadt durch ein Erdbeben zerstört und wieder aufgebaut worden, als ein weiteres Beben die endgültige Zerstörung einleitete. Die Aufräumungsarbeiten waren noch nicht abgeschlossen, als neue Erdstöße die Insel erschütterten. Da packten die Bewohner von Akrotíri ihre Wertsachen und ihr Vieh und flohen, bevor die ersten Bimsstein- und Ascheregen niedergingen, die über Monate hinweg die Insel mit bis zu 30 m dicken Schichten bedeckten. Durch den Ausbruch war unter der Insel ein gewaltiger Hohlraum entstanden, in den der Mittelteil der Insel einbrach. Früher nahm man an, dass ein plötzlicher Einbruch eine hohe Flutwelle erzeugte, die die kretischen Paläste zerstörte, heute sind die Geologen der Ansicht, dass der Einbruch nach und nach erfolgte.

Bis heute ist erst ein Bruchteil von Akrotíri von den dicken Bimssteinschichten befreit, aber trotzdem bietet sich schon ein großartiges Bild dieser Stadt, die ganz unter minoischem Einfluss stand. Breite, ehemals gepflasterte Straßen mit unterirdischem Abwassersystem werden gesäumt von großen, mehrstöckigen Häusern mit vielen Zimmern. Das Untergeschoss war meist Lager- und Werkstatträumen vorbehalten, während sich in den Obergeschossen die Wohnräume befanden. Typisch für die Architektur sind die sogenannten *Polythyra*, nach mehreren Seiten durch Pfeilerstellungen geöffnete Räume, wie man sie auch in den minoischen Palästen von Kreta findet (→ unser Kreta-Band/Knossós).

● *Holz und Wandmalerei* Vom Reichtum Akrotíris zeugte auch die Ausstattung der Häuser. Die heiße Asche hatte zwar die Holzmöbel verbrannt, aber ihren Abdruck in Hohlräumen bewahrt, die bei der Ausgrabung mit Gips ausgegossen wurden. Besonders schön ist ein runder, dreibeiniger Tisch mit kunstvoll verzierten Beinen. Wenig anhaben konnte die Hitze dagegen den **Wandmalereien**, die zwar bei den Erdbeben in Stücke gebrochen waren, von den Ausgräbern jedoch sorgfältig restauriert wurden und zu den wertvollsten Kunstschätzen Akrotíris gehören. Die Technik der auf trockenen Putz aufgetragenen Malereien wurde aus Kreta übernommen, zu dem sie auch stilistisch enge Verwandtschaft zeigen. Im Gegensatz zu den wenigen erhaltenen kretischen Gemälden handelt es sich hier jedoch nicht um eine "höfische Kunst", sondern um die Aufträge reicher Privatleute, die auf den Bildern ein reges Leben entfalten: Frauen pflücken Krokusse zur Safrangewinnung, zwei Kinder boxen, und ein Fischer bringt seinen Fang nach Hause.

Daneben gibt es zahlreiche Naturdarstellungen mit Landschaften und Tieren. Besonders interessant ist ein **Miniaturfries**, der sich um den Raum 5 des Westhauses unterhalb der Decke herumzog. Er zeigt auf der einen Seite eine Seeschlacht und auf der gegenüberliegenden eine Flottenparade. Der Detailfreudigkeit des Malers verdanken wir unzählige Aufschlüsse über Tracht, Bewaffnung, Schiffsbau etc.

● *Keramik* Einblick in das Alltagsleben gibt auch die zahlreich gefundene Keramik. Sie reicht von großen Vorratskrügen, den Pithoi, über Öllampen und dreibeinige Kochtöpfe, die ins offene Feuer gestellt wurden, bis zu einem kunstvoll bemalten tönernen Bienenkorb. Die häufigsten Formen sind jedoch Krüge und hohe Schüsseln mit waagerecht vorkragendem Ausguss sowie Schnabelkannen, die jetzt meist Brüste und Augen erhalten. Ein Großteil der Keramik ist bemalt und zeigt deutlich minoische Einflüsse: Neben Spiralmustern sind vor allem bewegte Pflanzenmotive und Meerestiere beliebt.

▶ **Filakopí** (→ S. 626): Ein völlig anderes Schicksal hatte die schon seit der Frühbronzezeit bekannte Stadt Filakopí auf Mílos. Hier lassen sich in der späten Bronzezeit zwei Besiedlungsschichten feststellen, Filakopí III und IV.

Filakopí III, die Stadt des 16. und 15. Jh. v. Chr., war von einer gewaltigen Stadtmauer umgeben, die noch heute an einigen Stellen bis zu 4 m hoch ist. Auch hier zeigt sich, wenngleich wesentlich weniger deutlich als in Akrotíri, minoischer Einfluss. So z. B. ein Haus, in dem ein großer, rechteckiger Kalksteinpfeiler steht, wie sie auch in kretischen Palästen bekannt sind. In diesem Haus wurden auch Fragmente von *Wandmalereien*, ähnlich wie in Akrotíri, gefunden. Das bekannteste Stück ist nur 23 x 31 cm groß und zeigt in zarten Blautönen sehr lebendig wirkende Fliegende Fische. Im größten Bauwerk der Stadt, dem sogenannten *Herrenhaus*, fand man das Fragment einer Tafel mit kretischer Linear-Schrift.

Bei der *Keramik* finden sich neben Gefäßen des lokalen Schwarz-und-Rot-Stils auch viele kretische Importe aus der letzten Phase vor der Zerstörung der Paläste. Sie sind meist mit Seetieren, vor allem Tintenfischen, bemalt.

Die Siedlungsschicht von **Filakopí IV** entsteht ab etwa 1400 v. Chr., also nach der Zerstörung der Paläste auf Kreta, und spiegelt den zunehmenden Einfluss der Mykener wieder. Die Stadtmauern werden jetzt zu mächtigen Doppelmauern verstärkt, und über den Grundmauern des Herrenhauses wird ein mykenischer Palast errichtet. Zentrum dieses Palastes bildet das typisch mykenische *Megaron*, ein rechteckiges Wohnhaus mit offener Vorhalle und einer großen Feuerstelle in der Mitte.

Ausgrabung hautnah, hier im Hafen von Amorgós

• *Idole* In einem Heiligtum am Südrand der Stadt fanden die Ausgräber etliche bemalte mykenische Tonidole, darunter die **Lady von Filakopí**, eine 45 cm hohe Frauenstatuette, deren Körper auf der Töpferscheibe gedreht ist (heute im Archäologischen Museum von Pláka/Mílos), und einige kleine Idole mit erhobenen Armen, sogenannte **Psi-Idole**. Weitaus zahlreicher sind die Tierfiguren, die hauptsächlich Stiere darstellen.

Interessant ist, dass neben den kleinen, selten über 10 cm großen Figürchen, die wir auch aus zahlreichen mykenischen Grabungen des Festlandes kennen, hier noch eine zweite Variante vorkommt, die bis zu 35 cm groß und innen hohl ist und die es nur auf den Kykladen gibt. Sogar eine Goldmaske wurde gefunden, jedoch in einer Miniaturausgabe von nur 4 cm Breite.

▶ **Grótta** (→ S. 341): Diese spätmykenische Siedlung des 12. Jh. v. Chr. auf Náxos ist nur zu einem kleinen Teil ausgegraben, da sie heute bis zu 1 m unter dem Grundwasserspiegel liegt. In den beiden Friedhöfen der Stadt, *Aplómata* und *Kamíni*, fand man jedoch noch einige ungeplünderte Kammergräber mit reichen Beigaben. Dass hier wohl keine armen Leute bestattet lagen, zeigen die zahlreichen Goldfunde wie Kettenperlen, Ringe und neun goldene Stierköpfe. Von den prächtigen Gewändern der Toten haben nur die aufgenähten Goldplättchen in Form von Rosetten und kleinen Löwen die Zeit überdauert.

Den Hauptteil der Funde stellt jedoch die *Keramik*, vor allem Bügelkannen. Diese kugeligen Kannen mit einem hohen Knauf, der durch zwei kleine Henkel mit dem Körper verbunden ist, und einem röhrenförmigen Ausguss sind eine typisch mykenische Gefäßform. Bemalt sind sie im spätmykenischen Oktopusstil: Große Kraken umschlingen das Gefäß mit ihren Fangarmen, zwischen denen sich kleine Fische und Vögel tummeln.

Einen Grabfund ganz anderer Art machte man auf *Tínos*, nahe des Dorfes Márlas. Hier stehen die Überreste des einzigen Kuppelgrabes, das bisher auf den Kykladen gefunden wurde. Leider sind lediglich noch die Grundmauern erhalten, die jedoch den typischen Grundriss mit runder Grabkammer und langem Zugang zeigen, wie ihn auch das so genannte *Schatzhaus des Atreus* in Mykene aufweist.

Dorische Wanderung und Geometrische Zeit

(1100/1050 – Ende des 8. Jh. v. Chr.)

Seit der Mitte des 12. Jh. v. Chr. erschüttert eine gewaltige Völkerwanderung die Welt des östlichen Mittelmeeres. Im Zuge dieser Wanderbewegung kommen etwa gleichzeitig mit dem Zusammenbruch der mykenischen Kultur neue griechische Stämme nach Griechenland: die *Dorer*. Diese dorische Einwanderung veranlasst viele der einheimischen ionischen Stämme, das Feld zu räumen. Einige von ihnen ziehen auf die nördlichen Kykladen, während sich auf den südlichen Kykladeninseln Mílos, Thíra und Astipálea dorische Stämme niederlassen. Es entsteht eine Adelsgesellschaft mit lokalen Herrschern, woraus sich nach und nach die *Stadtstaaten* entwickeln. Die Kultur der Einwanderer vermischt sich mit traditionellen mykenischen Formen, und daraus entsteht im Lauf des 10. Jh. der geometrische Stil.

● *Keramik*   Ihre Bemalung mit geometrischen Mustern gab der gesamten Stilepoche ihren Namen. Aus anfangs noch recht einfachen Mustern mit breiten Streifen und konzentrischen Halbkreisen entwickeln sich immer vielfältigere Ornamente, die in zahlreichen Bordüren übereinander gelegt werden. Das bekannteste ist wohl der **Mäander**, der ebenfalls in dieser Zeit entsteht. Erst in spätgeometrischer Zeit werden auch kleine Tierfriese und Menschendarstellungen eingefügt. Viele der geometrischen Gefässformen bleiben für die gesamte griechische Zeit verbindlich, allen voran die zweihenklige **Amphora** und die **Hydria**, ein Wasserkrug mit drei Henkeln. Eine besondere Form der geometrischen Amphora fertigte man auf Thíra: bis zu 80 cm hohe Prunkgefäße, die als Aschenurnen bei Bestattungen dienten. Vor dem Bemalen erhielten sie einen Überzug aus weißlichem, feingeschlämmtem Ton. Nur die Vorderseite wurde verziert, Hals und Schulter überziehen Bordüren mit Mäandern und falschen Spiralen, den unteren Teil schmücken nur einfache Streifen.

▶ **Zagorá** (→ S. 138): Ein anschauliches Bild der Siedlungen jener Zeit vermittelt Zagorá auf Ándros, das allerdings heute nur schwer zugänglich ist. Es wurde am Ende der geometrischen Zeit verlassen und später nie mehr überbaut. Auf einem Felsplateau am Meer gelegen, war es zur Landseite hin mit einer mächtigen Wehrmauer gesichert, die an ihrer breitesten Stelle 7 m stark ist. Hinter der Mauer standen rechteckige Steinhäuser, deren Grundrisse heute noch gut zu erkennen sind. In vielen sieht man auch noch die Feuerstelle und die Steinbasen der Holzsäulen, die das Dach trugen. In einigen Räumen ziehen sich steinerne Bänke die Wände entlang, die als Postamente für Píthoi, große tönerne Vorratsgefäße, dienten.

Archaische Zeit (7. und 6. Jh. v. Chr.)

In der Archaik erlebt die gesamte griechische Welt eine kulturelle Blütezeit: Es entstehen die ersten monumentalen Steintempel mit Säulenhallen und lebensgroße Marmorstatuen. Auch die Kunst der Kykladen gelangt in diesem Zusammenhang nochmals zu einem Höhepunkt.

Die berühmte Löwenterrasse von Délos

▶ **Délos** (→ S. 218): Religiöses Zentrum aller Kykladenbewohner wird die heilige Insel Délos. Die Sage berichtet, dass sie als einzige der von Zeus schwangeren *Leto* Zuflucht bot vor der eifersüchtigen Hera. Und so brachte sie auf der kleinen Felseninsel die Zwillinge *Apollon* und *Artemis* zur Welt und versprach zum Dank, dass ihr Sohn, der Gott des Lichts und der Schönheit, der Harmonie und Musik, diese Insel niemals verlassen werde.

Die frühesten Tempel wurden jedoch nicht dem Apollon errichtet, sondern den weiblichen Gottheiten Artemis und Leto, wahrscheinlich in Erinnerung an ältere Muttergottheiten. Schon zu Beginn des 7. Jh. v. Chr. wurde ein kleiner *Artemistempel* errichtet, dessen Grundmauern heute jedoch unter dem Neubau aus hellenistischer Zeit verschwunden sind. Zentrum des Kultes der Leto war ursprünglich die Palme am Ufer des *Heiligen Sees*, an die sie sich während der Geburt geklammert hatte. Von hier aus führt die von den berühmten Löwen gesäumte *Prozessionsstraße* zum restlichen Heiligtum. Um die Mitte des 6. Jh. v. Chr. errichtete man der *Leto* auch einen kleinen Tempel, einen schlichten, rechteckigen Bau mit Vorhalle und Cella, in der man heute noch die Basis für das Kultbild und die an den Wänden herumführende Bank für die Weihgeschenke sehen kann. Erst gegen Ende des 6. Jh. v. Chr. wurde auch *Apollon* ein erster Tempel errichtet, Bauherren waren jedoch nicht die Inselbewohner, sondern die Tyrannen von Athen. Mit 9,8 x 15,8 m ist er zwar größer als die Tempel der weiblichen Gottheiten, aber im Vergleich zu den Tempeln der anderen Heiligtümer doch sehr klein. Auch die Ausführung ist eher bescheiden: Die rechteckige Cella mit vier vorgestellten Säulen wurde nicht etwa aus Marmor, sondern aus Kalkstein der Insel Póros erbaut. Wesentlich eindrucksvoller war dagegen der Bau, den die *Naxier* zu Beginn des 6. Jh. am Südeingang des Heiligtums errichteten und der als Versammlungshalle und Schatzhaus diente. Die lange Halle aus schweren Granitblöcken wurde durch über 10 m hohe ionische Marmorsäulen in zwei Schiffe geteilt. Auf der anderen Seite des Südeingangs schließt die heute fast völlig zerstörte, L-förmige *Säulenhalle der Naxier* den heiligen Bezirk nach Südwesten hin ab.

● *Architektur* Die kykladische Architektur, die uns in den Bauten auf Délos so eindrucksvoll entgegentrat, wurde lange Zeit als Spielart der kleinasiatischen ionischen Säulenordnung angesehen. Diese entwickelte sich aus dem Holzbau mit einem Flachdach, das auf einer Balkenlage aufliegt. Als Erinnerung an diese Balkenlage blieb auch bei späteren Steinbauten unter dem Kranzgesims der Zahnschnitt erhalten, ein steinernes Abbild der nebeneinander liegenden Balkenköpfe. Genau dieser Zahnschnitt fehlt jedoch bei kykladischen Bauten, was zu der Theorie führte, dass auf den Kykladen schon sehr früh Tempel ganz aus Marmor errichtet wurden.

Ihre Bestätigung fand diese Annahme bei der Untersuchung zweier Tempel auf Náxos. Der **Dionysos-Tempel von Íria** (→ S. 343) wurde zu Beginn des 6. Jh. v. Chr. auf den Grundfesten dreier Vorgängerbauten neu errichtet. Heute ist er bis auf die Grundmauern zerstört, die Ausgräber fanden jedoch genügend Architekturteile, um den Oberbau eines der frühesten Marmorbauwerke Griechenlands vollständig rekonstruieren zu können. Die Außenwände aus Granit umschlossen zwei Reihen ionischer Marmorsäulen, die den offenen Dachstuhl trugen. Auch dieser war ganz aus Marmor, und durch die dünn geschliffenen Marmorziegel drang gedämpftes Licht in den Tempel. Die Tempelfront wurde durch eine Vorhalle auf ionischen Säulen abgeschlossen.

Ein weiterer Tempel, der ganz aus Marmor war und in keine der späteren Architekturtheorien hineinpassen will, ist der **Demeter-Tempel bei Sangrí** (→ S. 354). Um 530 v. Chr. entstand dieser rechtwinklige Bau mit vorgelegter Säulenhalle, der im Inneren quer zu seiner Achse durch eine Säulenreihe in zwei Schiffe geteilt wurde. Damit möglichst wenig Balken das durch die Marmorziegel einfallende Licht dämpfen konnten, trugen die Säulen direkt die Längsbalken, was zu dem Kuriosum führte, dass in einer Säulenreihe Säulen von unterschiedlicher Höhe nebeneinander gestellt wurden.

Ähnlich wie der Dionysostempel von Íria war wohl auch der monumentale Tempel auf der Halbinsel **Palátia** (→ S. 337) geplant. Er war um 530 v. Chr. von dem Tyrannen Lygdamis in Auftrag gegeben worden, wurde aber nie vollendet. Daher ist auch bis heute umstritten, ob er im Gegensatz zum Dionysostempel von einer Säulenreihe umgeben werden sollte. Heute steht von ihm nur noch das gewaltige, aus Monolithen gebaute Tor, das zum Wahrzeichen von Náxos wurde.

Das schönste kykladische Bauwerk dieser Zeit stand jedoch auf dem Festland. In Einzelteilen auf Sífnos hergestellt und an seinen Bestimmungsort verschifft, demonstrierte das **Sifnierschatzhaus** in Delphi nicht nur den Reichtum seiner Heimatinsel, sondern auch das Können seiner Baumeister und Bildhauer um 525 v. Chr. Das Gebälk wird statt von Säulen von zwei Frauenfiguren getragen und zeigt einen auf allen vier Seiten umlaufenden Fries, der mit zu dem Schönsten gehört, das uns die archaische Plastik überliefert hat. Er zeigt den Kampf der Götter und Giganten, eine Götterversammlung, das Urteil des Paris und eine stark fragmentierte Szene mit Pferden und Wagen. Den Giebel schmückt ein fast freiplastisch ausgeführtes Relief, auf dem Herakles den Dreifuß des Apollon raubt.

● *Skulptur* Die am Schatzhaus der Sifnier in verschwenderischer Fülle vorgezeigte Marmorbildhauerei hat Tradition auf den Kykladen. Vor allem Náxos hat die monumentale Steinplastik wesentlich geprägt. Bereits etwa 660 v. Chr. weiht, so berichtet die Inschrift, Nikandre von Náxos der Artemis von Délos eine Statue, die wohl die früheste großplastische Frauenfigur Griechenlands darstellt. Die stark verwitterte Figur ist in der Seitenansicht noch eigentümlich flach – die frühen Bildhauer hatten wohl noch Probleme mit der Tiefenwirkung und richteten die Figur rein auf der Frontale aus. Erst die Entwicklung der nächsten hundert Jahre bringt die "Eroberung des Raumes" und die organischere Durchbildung des menschlichen Körpers. Sie ist gut ablesen an den **Koúroi**, Statuen unbekleideter junger Männer. Kurz nach der Mitte des 7. Jh. v. Chr. entstand ein Koúros auf Délos

Unvollendeter Koúros von Apóllonas/Insel Náxos

(Délos A 334), von dem nur noch der Torso erhalten ist. Ähnlich wie die Statue der Nikandre ist auch er noch stark frontal ausgerichtet: Das Gesicht wird von schwer herabfallenden Haarwülsten gerahmt, und die Arme setzen relativ weit vorn am Körper an. Typisch für diese frühe Zeit ist auch der Gürtel, der die Figur quasi in zwei Teile teilt. Etwas jünger, wohl vom Ende des 7. Jh. v. Chr., sind ein weiterer delischer Koúros (Délos A 333), von dem nur das Unterteil erhalten ist, und der berühmte Koloss der Naxier (→ S. 224). Sie zeigen schon mehr anatomische Details, aber immer noch die strenge Unterteilung durch den Gürtel. Am meisten beeindruckt beim Naxierkoloss wohl seine Größe: Ursprünglich muss er fast 10 m hoch gewesen sein.

Dass derartige Monumentalstatuen auf den Kykladen keine Seltenheit waren, beweisen schließlich die drei unvollendeten Koúroi in Steinbrüchen auf Náxos, die heute zu den größten Sehenswürdigkeiten der Insel gehören (→ S. 370 u. 376).

Ein ganz anderes Menschenbild tritt uns dann kurz vor der Mitte des 6. Jh. v. Chr. mit den beiden Koúroi von Thíra und Mílos entgegen. Der Körper läuft in einem Stück ohne die Einschnürung eines Gürtels durch, und unter der Haut zeichnen sich deutlich die einzelnen Muskelpartien ab. Im Gegensatz zu den Koúroi des Festlands, wo diese Muskelpartien oft hart abgesetzt sind und wie eingekerbt wirken, sind sie bei den Koúroi der Kykladen nur als sanfte Schwellungen angegeben. In der Seitenansicht zeigen die Figuren erstaunlich viel Tiefe: Die Schultern setzen weit hinten an, und auch das Gesicht zieht sich fast bis zu den vom Hinterkopf herabhängenden Haaren.

● *Keramik* Die kykladische Keramik erreichen gegen Ende der geometrischen Zeit durch die Ausweitung des Seehandels neue Einflüsse. Diese kommen zunächst aus dem Orient, ab Mitte des 7. Jh. v. Chr. zunehmend auch aus der aufstrebenden Töpferstadt Korinth. Sie betreibt zu jener Zeit einen schwunghaften Handel mit **Aryballoi**, kleinen Tonfläschchen, die wahrscheinlich mit Parfümöl gefüllt und mit farbigen Tierfriesen geschmückt waren. Daraus entwickeln die Maler der Kykladen ihren eigenen Stil. Zunächst tummeln sich nur auf den Schulterbildern der mit einfachen Streifenmustern versehenen Amphoren und Kannen Tiere in einer Mischung aus Silhouetten- und Umrisszeichnung. Im Lauf der Zeit nehmen sie nicht nur immer mehr Raum auf dem Gefässkörper ein, sondern die Innenzeichnung wird auch mit immer mehr Details ausgestattet. Neben die anfangs dargestellten wilden Tiere treten bald auch Pferde, die Statussymbole des Adels. Erst im Lauf der Zeit werden die Pferdedarstellungen durch Menschen "belebt", woraus sich dann die ersten mythologischen Szenen entwickeln.

Eine keramische Sonderform bilden die **Reliefpithoi**, 1–1,50 m hohe Prunkgefäße, an deren Hals kunstvoll gearbeitete Henkel sitzen. Hals und Schulterzone wurden mit in Matritzen hergestellten Tonreliefs verziert, die oft die Herrin der Tiere darstellten. Zentrum ihrer Herstellung war Tínos, und außer auf den Kykladen kommen Gefäße in dieser Form nur noch in Böotien und auf Kreta vor. Ein besonders eindrucksvolles Exemplar steht im Archäologischen Museum von Mýkonos (→ S. 199).

Klassische Zeit (5. Jh. v. Chr. – Mitte 4. Jh. v. Chr.)

Politisch stand diese Zeit unter dem Zeichen der persischen Bedrohung und der Kriege zwischen *Athen* und *Sparta*. Um seine Macht zu festigen, gründete Athen 477 v. Chr. den ersten und 377 v. Chr. den zweiten *Attisch-delischen Seebund*. Den Kykladen, auf der einen Seite von den Persern bedroht, auf der anderen von Athen unter Druck gesetzt, blieb nichts anderes übrig, als diesen Seebünden beizutreten, wenn auch z. T. sehr widerwillig. Mit der politischen verloren die Kykladen auch ihre kulturelle Eigenständigkeit, denn die griechische Kunst lehnte nun alles ab, was orientalische Einflüsse zeigte, und dazu gehörte auch die Kunst der Kykladen.

Ihre Macht demonstrierten die Athener auch auf **Délos**, das inzwischen zu den wichtigsten Heiligtümern ganz Griechenlands gehörte. Hier deponierten sie zunächst die Schatzkasse des ersten Seebundes. Da der alte *Apollontempel* dafür anscheinend als zu bescheiden erachtet wurde, begannen sie 478 v. Chr. mit dem Bau eines *neuen Tempels*, der eine auf allen Seiten umlaufende Säulenhalle dorischer Ordnung erhalten sollte. Er wurde jedoch nie ganz vollendet, da die Schatzkasse 454, angeblich aus Sicherheitsgründen, nach Athen überführt wurde. Dreißig Jahre später bekamen die Bewohner von Délos erneut die harte Hand Athens zu spüren. Da dem Gott des Lichts der Anblick von Tod verhasst sei, dürfe niemand mehr auf seiner Insel geboren werden oder sterben, entschied Athen. So wurden sämtliche Gräber auf Délos auf die Nachbarinsel Rinia umgebettet, und auch die noch lebenden Bewohner mussten die Insel verlassen. Als nunmehr unumschränkte Herren der Insel begannen die Athener erneut mit dem Bau eines *Apollontempels*. Er war zwar nicht wesentlich größer als der Porostempel, bestand aber bis auf das Fundament ganz aus Marmor. Diesen Marmor holten sich die Bauherren nicht etwa von den naheliegenden Kykladen, sondern schafften ihn eigens aus Athen heran. Der Tempel erhielt keine umlaufende Säulenhalle, sondern Vorhallen mit je sechs Säulen an den Schmalseiten. Auch diese waren wieder im strengen dorischen Stil errichtet und nicht mehr in der verspielteren ionischen Inselbauweise. Auch die wenigen erhaltenen Reste der Bauplastik, zwei skulptierte Dachbekrönungen, zeigen athenische Mythen: den Raub der athenischen Königstochter Orithyia durch den Nordwind Boreas und die Entführung von Kephalos, dem Gemahl einer athenischen Prinzessin, durch Eos, die Göttin der Morgenröte.

Hellenistische und römische Zeit (Mitte 4. Jh. v. Chr – 4. Jh. n. Chr.)

Erst *Philipp II. von Makedonien* und sein berühmter Sohn, *Alexander der Große*, beenden die Oberhoheit Athens über die Inseln und die ständigen Kriege der klassischen Zeit, indem sie sämtliche Kontrahenten ihrem riesigen Reich einverleiben. Nach Alexanders Tod teilen seine Feldherren das Reich unter sich auf, und die Kykladen gehören in der Folgezeit abwechselnd zum Machtbereich der *Antigoniden*, die über Kleinasien und Makedonien herrschen, und der *Ptolemäer*, Könige von Ägypten. In der ersten Hälfte des 2. Jh. v. Chr. übernehmen dann die Römer die Herrschaft über Griechenland.

Vor allem **Délos** macht in dieser Zeit nochmals Karriere. Unter den Antigoniden wird es Hauptsitz eines neu gegründeten Inselbundes, die Römer unterstellen die Kykladen zunächst der Oberhoheit von Rhodos, erklären es aber 166 v. Chr. zum Freihafen unter der Verwaltung Athens. Und so wird aus dem ehemaligen Heiligtum nun ein Handelszentrum mit einer blühenden Stadt, in der sich Bewohner aus allen Teilen des Reiches ansiedeln. So kosmopolitisch wie die Bewohner sind auch die Götter und Kulte, die sie mitbringen. Auf Délos werden jetzt ägyptische Götter wie Isis und Serapis verehrt, aber auch die syrische Atargatis und die Kabiren von Samothrake, um nur einige zu nennen. Der Reichtum von Délos findet 88 v. Chr. ein jähes Ende. Mithridates, der König von Pontos am Schwarzen Meer, verwüstet und plündert die Insel bei seinem Krieg gegen die Römer. Von diesem Schlag kann sie sich nie mehr ganz erholen und versinkt nach einer neuerlichen Plünderung durch Piraten in Bedeutungslosigkeit. Nach dem Untergang dieses letzten wichtigen Zentrums der Kykladen bleibt es während der gesamten römischen Kaiserzeit still um die Inseln.

• *Architektur* Den besten Eindruck vom Reichtum der Stadt vermitteln die gut erhaltenen **Wohnviertel**. Die Häuser der reichen Kaufleute haben meist einen zentralen, von Säulen umstandenen Innenhof mit Wasserbecken und sind verschwenderisch mit Mosaiken und Wandmalereien ausgestattet. Die Malereien sind leider sehr schlecht erhalten, ihr Aussehen konnte jedoch aus den Fragmenten rekonstruiert werden. Sie waren auf reliefierten Stuck aufgetragen und zeigten einen architektonischen Wandaufbau mit großen Quaderblöcken im unteren Bereich, darüber einen kleinen, von Zierleisten eingefassten Figurenfries und in der oberen Zone kleineres Mauerwerk, das oft von Stucksäulen gegliedert war und mit einem reich verzierten Gesims abschloss. Figürliche Malerei taucht nur in der schmalen Frieszone auf und zeigt meist Eroten oder Szenen aus Komödie und Tragödie. Eigentlicher Träger für reiche Figurenszenen ist der Fußboden. Die prächtigen **Mosaiken** zeigen Szenen des Theaters, wie Masken- und Satyrspiele, maritime Bilder mit Tritonen und Delphinen sowie mythologische Themen, bei denen oft Dionysos auf dem Panther eine große Rolle spielt.

Unter dem Einfluss von Byzanz (395–1204)

Wie im gesamten römischen Reich, fasst das Christentum in der Spätantike auch auf den Kykladen Fuß. Bei der Teilung des römischen Reichs fallen die Kykladen an Ostrom mit der Hauptstadt Byzanz (heute: Istanbul), dessen Einflüsse bis heute die christliche Kunst der Inseln prägen.

Vorbild für die Kirchenarchitektur dieser Zeit wurde die 532–537 erbaute *Hagia Sophia* in Byzanz. Ihrem Grundschema eines quadratischen Grundrisses mit eingeschriebenem Kreuz, dessen Mitte von einer Kuppel bekrönt wird, folgen auch viele der unzähligen Kirchen auf den Kykladen. Die Innenausstattung mit Wandmalereien und besonders den Mosaiken führt die Traditionen der Antike mit neuen Bildprogrammen fort.

Kurz nach dem Bau der Hagia Sophia entstand um 550 auf Páros der Hauptraum der *Panagía Katapolianí* (auch: *Ekatontapílianí*), möglicherweise sogar unter der Aufsicht eines der Baumeister der Hagia Sophia. Der kreuzförmige Raum mit zentraler Kuppel wurde an eine frühchristliche Basilika des 4. Jh. angebaut, an die heutige Ágios-Nikólaos-Kapelle. Um den Hauptraum gruppieren sich zahlreiche Anbauten, so z. B. das Synthronon, die Sitze für den Klerus in Form eines antiken Theaters, sowie das Baptisterium mit seinem kreuzförmigen Taufbecken. Die Katapolianí ist nicht nur die bedeutendste historische Kirche der Kykladen, sondern auch eine der ganz wenigen erhaltenen byzantinischen Kirchen Griechenlands aus dem 6. Jh. (→ S. 274).

Wesentlich klarer als bei der Katapolianí findet man das Vorbild des Kreuzkuppelbaus der Hagia Sophia jedoch bei kleineren Kirchen wieder, von denen vor allem Náxos eine große Zahl aufzuweisen hat, so z. B. *Ágios Mámas* aus dem 7. Jh., unterhalb der Straße von Náxos-Stadt nach Chalkío (→ S. 372), oder *Ágios Geórgios Diasorítis* aus dem 11. Jh., bei Chalkío (→ S. 356).

Noch aus einem anderen Grund sind die Kirchen von Náxos interessant: Hier haben sich nämlich einige *Wandmalereien* aus der Zeit vor und während des Bilderstreits erhalten. Initiator dieses Bilderstreits war Kaiser Leon III. der Isaurier, der damit einem schon länger schwelenden Unmut des Klerus über die übermäßige Verehrung von Bildern im Jahr 726 Taten folgen ließ. Unter seinem Sohn Konstantin V. erreichte der Bildersturm dann seinen Höhepunkt – z. T. unter Einsatz von Militär wurden die "Ikonodulen", die Bilderdiener, verfolgt und unzählige Wandmalereien und Ikonen zerstört. Zu den wenigen erhaltenen Wandmalereien aus der Zeit vor dem Bilderstreit gehören die der auch architektonisch bemerkenswerten Kirche *Panagía Drossianí* bei Moní (→ S. 356). Ein Teil der um 590 entstandenen Fresken ist heute von den später darübergemalten Schichten befreit und zeigt die Heilige Jungfrau und die beiden Arztheiligen Kosmas und Damian.

Unter venezianischer Herrschaft (ab 1204)

Die Herrschaft der Byzantiner endete 1204 mit dem 4. Kreuzzug, der sich nicht gegen die Ungläubigen im Heiligen Land richtete, sondern gegen das mächtige Byzanz, dessen Kirche sich seit dem großen Schisma 1054 von der Westkirche abgespalten hatte. Als Folge fallen die griechischen Inseln an Venedig, dessen Hauptaugenmerk in diesem Bereich sich auf Kreta richtet. Und so werden die Kykladen mehr oder weniger in "privater" Initiative von venezianischen und genuesischen Adligen besetzt, die hier ihre Herzogtümer errichten.

Auch diese Besatzer hinterließen Spuren auf den Inseln, ihre wehrhaften *Kastrí* (Einzahl: Kástro) bilden noch heute den historischen Kern vieler Kykladenstädte. Ein *Kástro* ist meist keine eigentliche Festung, sondern ein Wehrdorf, das oft um einen Platz oder einen Straßenzug errichtet wurde. Die lückenlos aneinander gebauten Häuser zeigen nach außen nur dicke Mauern, höchstens von kleinen Fenstern oder Schießscharten durchbrochen, während sie sich zum Platz hin, den man von außen nur durch ein oder zwei schmale Durchgänge betreten kann, mit zahlreichen Türen, Treppen, Fenstern und Balkonen öffnen. Relativ gut erhaltene Anlagen dieser Art findet man noch in *Antíparos* und der Chóra von *Náxos*, wo in der Mitte noch Reste des einstigen Wohn- und Fluchtturms zu sehen sind, sowie auf *Folégandros*, *Sífnos* und *Kímolos*.

Vorwiegend auf Náxos findet man außerdem überall die massiven *Wohntürme* der Venezianer verstreut, in denen sich die Adelsfamilien wie in einer Burg verschanzen konnten.

Ebenfalls auf venezianische Zeit geht wahrscheinlich eine Eigenheit der Insel Tínos zurück: die reich verzierten *Oberlichter* über den Fenstern und Türen vieler Häuser. Zweck dieser filigran durchbrochenen Marmorplatten war, den seit venezianischer Zeit in Heimarbeit gezüchteten Seidenraupen ausreichend Licht und Luft zu verschaffen. Heute werden sie von den ansässigen Steinmetzen als begehrte Dekorationsstücke gefertigt.

Und auch die Taubenzucht war den venezianischen Adligen ein Anliegen – ihre Taubenschläge errichteten sie an exponierten Stellen in Form von niedrigen quadratischen Türmen (peristeriónes), deren Ausfluglöcher sie mit geometrischen Mustern reich verkleideten und ausschmückten. Noch heute findet man diese *Taubentürme* (→ S. 155) zahlreich auf den Inseln Ándros, Tínos und Mýkonos.

Osmanen, Piraten und ein bayerischer König (1416–19. Jh.)

Das zunehmend erstarkende Osmanische Reich bringt ab 1416 die Venezianer auf den Kykladen zunehmend in Bedrängnis und löst eine 300 Jahre dauernde Folge von venezianisch-türkischen Kriegen in der Ägäis aus, in der die Herren der einzelnen Inseln oft wechseln. Während die *Türken* sich als relativ großzügige Herrscher zeigen, die den Kykladen viele Freiheiten zugestehen, geraten diese zunehmend in andere Bedrängnis. Der zunehmende Orienthandel der großen Kolonialmächte ruft in der Ägäis zahlreiche *Piraten* auf den Plan, die die Inseln als Stützpunkte benutzen.

Mit dem Fall von Tínos 1714 verlieren die *Venezianer* ihre letzte Besitzung auf den Kykladen, und die venezianisch-türkischen Kriege finden ein Ende. Dies bringt jedoch keine Ruhe für die Inseln, denn das zaristische Russland sucht einen Zugang zum Meer und übernimmt nun die Rolle Venedigs in den Auseinandersetzungen mit den Osmanen. Anfangs enthusiastisch als Befreier begrüßt, zeigt sich schnell, dass auch die Russen vor allem am Eintreiben der Steuern interessiert sind. Im Friedensvertrag von 1774 erhält Katharina II. von Russland das Recht, die Meerengen frei zu passieren, doch die Inseln der Ägäis fallen wieder an die Türken zurück.

Erst der *griechische Befreiungskampf* leitet ab 1821 allmählich ruhigere Zeiten ein, und er bringt Griechenland einen neuen König: Otto, Sohn des Bayernkönigs Ludwig I. Vor allem das neutrale *Sýros* erlebt durch den Befreiungskampf

Filigranes Kunstwerk: Taubenturm auf Tínos

einen ungeahnten Aufschwung. Es wird zu einem der wichtigsten Häfen der Kykladen und zum Anlaufpunkt für tausende von Flüchtlingen von den ostägäischen Inseln, die unter türkischer Herrschaft bleiben. Der daraus resultierende wirtschaftliche Boom erlaubt den Ausbau der neuen Hauptstadt Ermoúpolis in ungeahnter Pracht. Federführend bei der Planung sind vor allem deutsche Architekten wie *Ernst Ziller*, die König Otto vom klassizismusbegeisterten bayerischen Hof nach Griechenland folgten. Sie errichten ganze Straßenzüge voller klassizistischer Bauten, darunter einen Nachbau der Mailänder Scala und ein gewaltiges Rathaus samt großzügiger Flanierzone. Heute ist die Pracht verfallen, trotzdem bietet Ermoúpolis einen äußerst ungewöhnlichen Anblick – eine *klassizistische Stadt* par excellence mitten in der Ägäis (→ S. 235).

Die Kykladen und die Kunst der Moderne

Heute wird das Bild der Kykladen vor allem durch die *Architektur* geprägt, die sich im Lauf der Jahre durch die Einflüsse der zahlreichen Beherrscher der Inseln, aber auch durch geografische, klimatische und wirtschaftliche Bedingungen entwickelt hat. Trotz des verwinkelten Aufbaus der natürlich gewachsenen Dörfer besticht diese Bauweise durch ihre klaren Linien und geometrischen Formen. Und so ist es kein Wunder, dass sich ausgerechnet der Architekt *Le Corbusier* in den dreißiger Jahren für die Kykladenarchitektur interessierte, denn er stand in der Nachfolge des Bauhauses, einer Kunstschule, deren Bestreben es war, die Kunst wieder auf einfache geometrische Grundformen wie Würfel, Kugel und Zylinder zurückzuführen. In seinem 1935 im

Anschluss an eine Kykladenreise erschienenen Buch legt Le Corbusier ein Bekenntnis ab zu natürlichen Lebensformen und Ordnungen. Man sollte dabei jedoch nicht übersehen, dass diese Architektur nicht aus ästhetischen Überlegungen, sondern aus praktischen Notwendigkeiten entstanden ist. Die typische Wohnform ist das Einraumhaus, dessen Größe von der Länge und Tragfähigkeit des örtlich verfügbaren Holzes bestimmt ist, und so überschreitet die Breite der Häuser selten 4 m. Auch die Flachdächer dienen nicht etwa der Vollendung der kubischen Form, sondern, wie in vielen wasserarmen Gebieten, dem Auffangen von Regenwasser.

Bei den *Archóntika*, den großen Herrenhäusern, zeigen sich dagegen noch starke Einflüsse der Venezianer, vermischt mit klassizistischen Elementen.

Mit dem Aufkommen der Archäologie im 19. Jh. begannen sich ausländische Forscher auch für die Kykladen zu interessieren. Während die klassisch geschulten Archäologen die zutage kommenden *Idole* primitiv und hässlich fanden, sahen die Künstler der beginnenden Moderne sie mit anderen Augen. Für sie, die sich in ihrer Kunst um mehr Abstraktion bemühten, waren diese Idole, ähnlich wie die primitive Kunst Afrikas, ein Stück weit Vorbild. Und erst die abstrakte Kunst des 20. Jh. führte zu einer Neubewertung der frühen Kykladenkunst, die nun zum begehrten Sammelobjekt wurde.

Auf der Insel Ándros ist das einzige **Museum für Moderne Kunst** in Griechenland eingerichtet. Sehr beachtenswert sind dort die alljährlich wechselnden Wanderausstellungen bekannter europäischer Künstler (→ S. 146).

Was haben Sie entdeckt?

Trotz gründlicher Recherche kann es passieren, dass uns etwas entgeht. Wenn Sie ein nettes Hotel mit Atmosphäre, eine freundliche Taverne weitab vom Trubel, einen schönen Wanderweg oder **den** Strand der Kykladen entdeckt haben, lassen Sie es uns wissen. Auch für Kritik, Tipps und Verbesserungsvorschläge sind wir dankbar. Schreiben Sie an:

Eberhard Fohrer

Stichwort "Kykladen"

c/o Michael Müller Verlag GmbH

Gerberei 19

D – 91054 Erlangen

E-Mail: eberhard.fohrer@michael-mueller-verlag.de

Windmühlen findet man auf fast allen Kykladeninseln

Ost- und Zentralkykladen

Das eigentliche Herzstück der Kykladen, größte Untergruppe mit den wirtschaftlich, verkehrstechnisch und touristisch bedeutendsten Inseln – von Santoríni (Südkykladen) einmal abgesehen.

Die im Zentrum der Kykladen liegenden Inseln Páros und Sýros sind oft erste Anlaufstellen der Reisenden von Piräus und wichtigste Knotenpunkte für alle Schiffsverbindungen innerhalb der Inseln. Während **Páros** vor allem als Tourismusinsel eine Rolle spielt, gilt **Sýros** traditionell als wirtschaftlicher Mittelpunkt der Kykladen und ist noch heute mit seiner klassizistisch geprägten Hauptstadt Ermoúpolis politisches Verwaltungszentrum der gesamten Inselgruppe. **Náxos**, die Nachbarinsel von Páros, ist die größte, gebirgigste und von vielen als schönste empfundene Kykladeninsel. Sie dient auch als Ausgangspunkt für Fahrten auf die abseits gelegenen **Kleinen Kykladen** und die stille Insel **Amorgós** am Ostrand der Inselgruppe. Letztere wird vor allem als Wanderinsel geschätzt und beherbergt eins der schönsten Ägäis-Klöster. Das nördliche Vierergespann der Ost- und Zentralkykladen könnte schließlich nicht unterschiedlicher sein: **Mýkonos**, die absolute "Action-" und Urlaubsinsel Griechenlands – Trubel rund um die Uhr, Discofieber, Highlife, fantastische Strände. Kontrastprogramm: das benachbarte **Délos** mit der wichtigsten Ausgrabungsstätte der Kykladen. **Tínos**, nur wenige Seemeilen nördlich, bildet einen weiteren krassen Gegensatz – die "heilige Insel" der Griechen besitzt die wohl berühmteste Wallfahrtskirche des Landes, Pilgerrummel herrscht hier das ganze Jahr über. **Ándros** ist dagegen traditionell eine Seefahrer- und Reederinsel, auf der der Massentourismus nur wenig Fuß gefasst hat.

Ándros

**Zweitgrößte der Kykladen und gleichzeitig die nördlichste. Der erste An-
blick: ein gewaltiger Felsbrocken im Meer, rau und kahl, wuchtige Ge-
steinsmassen in allen Rot-, Braun- und Grautönen, lang gezogene Bergrücken, vereinzelt weiße Häuschen an den Hängen. Die Küstenlinien bizarr
zerrissen, oft steil und unzugänglich, jedoch mit etlichen schönen Sandstränden. Wer mit der Fähre ankommt, könnte meinen, eine Steinwüste zu
besuchen. Umso erstaunlicher die spätere Erkenntnis, dass Ándros eine der
fruchtbarsten Inseln der gesamten Kykladen ist.**

Gut verborgen liegen zwischen den mächtigen andriotischen Bergketten lang
gezogene Täler mit üppig-grüner Pflanzenwelt. Kräftige Zypressen bedecken
kilometerweit die Hänge, Quellen schießen armdick aus Böschungen. Die Tal-
böden und Uferebenen gleichen, vor allem in der Umgebung der Inselhauptstadt an der Ostküste, gepflegten Gartenlandschaften. Der abrupte Wechsel
von öden Schieferfelsen zu wuchernder Vegetation mit Obstbäumen, Blumen
und plätschernden Bachläufen überrascht immer wieder – was die Natur anbelangt, ist Ándros abwechslungsreich wie kaum eine andere der Kykladen.
Touren per Mietfahrzeug lohnen genauso wie Wanderungen, als Ziele bieten

Die Chóra von Ándros:
fantastische Lage, gediegene Atmosphäre und klassizistische Stadtvillen

sich oft die kleinen Klöster und Dörfer hoch in den Bergen an, nicht selten bieten sich überwältigende Panoramablicke. Die Mitnahme eines eigenen Fahrzeugs ist auf Ándros nicht verkehrt.

Architektonisch hat Ándros wenig mit dem Rest der Inselgruppe gemein. Da Wasser mehr als reichlich fließt, besteht keine Notwendigkeit für die typische kubische Hausform mit ihren weiß gekalkten Flachdächern, die auf den übrigen Kykladen nötig sind, um das spärlich tröpfelnde Regenwasser in Zisternen zu leiten. Stattdessen herrschen solide ziegelgedeckte Giebeldächer wie auf dem Festland vor. Im Hauptort, der *Chóra* von Ándros, findet man sogar – recht inseluntypisch – ausgeprägt städtische Atmosphäre mit klassizistischen Bürgerhäusern und prächtigen Sommervillen. Grund dafür ist die Entwicklung zur *Reederinsel*, die Ándros zu einem der reichsten Gemeinwesen im griechischen Archipel gemacht hat.

Ándros liegt abseits der großen Touristenströme, wohl auch, weil es nicht von Piräus, sondern ausschließlich vom kleinen Hafen *Rafína* an der Ostküste Attikas erreicht werden kann. Nur die Briten haben Ándros seit langen Jahren entdeckt, das ehemalige Fischerdörfchen *Bátsi* an der Westküste hat sich seitdem zu einem beachtlichen Fremdenverkehrsort entwickelt, dem einzigen der Insel. Ansonsten ist Ándros griechisch geblieben, sogar die fantastisch gelegene *Chóra*. Was sicher auch daran liegt, dass die meisten Ortschaften wenig touristenfreundlich konzipiert sind – weit verstreute Gehöfte und Einzelhäuser ohne erkennbaren Mittelpunkt, oft in beschwerlicher Hanglage. Des Urlaubers liebstes Kind, die *"Platia"* – der zentrale Dorfplatz mit Kafenia, Tavernen etc. – fehlt meist völlig. Große Teile von Ándros sind außerdem unbesiedelt, vor allem der äußerste Süden, der durch seine wilde Unberührtheit fasziniert. So ballt sich alles in Bátsi, die Insel wird nur in Tagesausflügen erforscht, und der Strand von *Órmos Korthíou* an der Südküste bleibt auch in der Hochsaison beinahe leer.

Urlaubsmäßig kann sich ein Aufenthalt durchaus lohnen, denn die Insel ist groß, es gibt interessante Ausflugsziele und noch viel zu entdecken, die Strände sind, wenn auch nicht prächtig, immerhin in ausreichender Zahl vorhanden. Zudem ist die Chóra eins der hübschesten Städtchen der Kykladen und besitzt ein ausgezeichnetes archäologisches Museum.

Größe: mit 390 qkm zweitgrößte Insel der Kykladen, Länge 39,5 km, Breite bis zu 16 km. Höchster Gipfel ist der Pétalon (995 m) im Zentrum der Insel.

Bevölkerung: ca. 9000 ständige Einwohner in 70 Dörfern, viele Andrioten leben nur im Sommer auf Ándros, im Winter im Großraum Athen.

Geografie/Geologisches: Ándros ist äußerst felsig, besteht zum größten Teil aus Schiefer, besitzt aber auch viel Marmor. Mehrere mächtige Bergzüge bis über 1000 m Höhe durchschneiden die Insel, dazwischen überraschen immer wieder die erstaunlich fruchtbaren Talregionen, vor allem um Ándros-Stadt. Ándros besitzt so viele Quellen und ist so wasserreich, dass alle wichtigen Orte per Rohrleitungen mit reinem Quellwasser versorgt werden können. Eine Theorie besagt, dass es untermeerische Verbindungen zur wasserreichen Insel Euböa gibt. Auffallend sind die zahlreichen "Taubentürme" (→ Insel Tínos) und die eigenartigen kilometerlangen Trockenmauern, die die ganze Insel überziehen, die so genannten "Xirolithiés".

Wichtige Orte: die Hauptstadt Ándros (Chóra), Bátsi, bedeutendster Touristenort; der Hafen Gávrion; Órmos Korthíou, Fischer- und Landwirtschaftsdorf mit etwas Tourismus; Apikía mit kräftigen Mineralquellen.

Straßen: Asphaltstraßen von Gávrion über Áno Fellós nach Kallivári (Windpark), nach Ándros-Stadt und nach Órmos Korthíou, von Ándros-Stadt nach Órmos Korthíou, Steniés und über Apikía hinauf nach Vourkotí, von Bátsi nach Káto Katákilos und über Arnás nach Vourkotí (→ Karte).

Entfernungen: Gávrion (Hafen) – Bátsi 7 km, Gávrion – Ándros 35 km, Gávrion – Órmos Korthíou 40 km, Ándros – Steniés 6 km, Ándros – Apikía 7,5 km, Ándros – Órmos Korthíou 20 km.

Auto-/Zweiradverleih: in Gávrion, Bátsi und Ándros-Stadt.

Tankstellen: zur Zeit insgesamt sieben (je zwei in Gávrion und Messariá, je eine in Bátsi, Ándros-Stadt und Órmos Korthíou), siehe Karte und unter den jeweiligen Orts- bzw. Streckenbeschreibungen.

Unterkunft: Hotels und Privatzimmer in Gávrion, Bátsi, Ándros-Stadt, Órmos Korthíou und Apikía. Nur Privatunterkünfte in Messariá und Ménites.

Baden: Vor allem an der Westküste zwischen Gávrion und Bátsi liegen einige schöne Sandstrände, aber auch an der Ostküste um die Chóra und unterhalb von Steniés und bei Órmos Korthíou (Südküste). Nachteil der Ostküste: Sie liegt nach Nordosten hin offen und ist im Sommer den oft heftigen Meltémi-Winden ausgesetzt.

Landkarten: Beste Inselkarte mit sehr exaktem Straßenverlauf ist die Karte "Andros" (Nr. 101) von Road Editions, allerdings ist sie nicht überall zu bekommen. Schön farbig, trotzdem genau und vor allem mit eingezeichneten Wanderwegen, präsentiert sich die Karte Andros von "Periigitikos Pezoporikos Chartis Androu" (Andros Development Group). Beide Karten haben den Maßstab 1:50.000.

Postleitzahl: 84500

Geschichte

Die bisher ältesten Keramikfunde wurden in der ehemaligen Inselhauptstadt Paleópolis (Westküste) und bei Órmos Korthíou (im Süden der Insel) gemacht und datieren "nur" in *mykenische Zeit* (1600–1100 v. Chr.) zurück. Aber sicher war Ánros schon viel früher besiedelt, wie der Mythos zeigt, der Ándros mit dem sagenhaften kretischen König Minos und dessen Bruder Radamanthis in Verbindung bringt. Karer, Phönizier und schließlich minoische Kreter wechselten sich in den vorchristlichen Jahrtausenden im Besitz der Insel ab. Danach kamen die *ionischen Griechen*, verdrängt von den am Festland einfallenden *Dorern*. Um 1000 v. Chr. war dieser letzte größere Bevölkerungsschub beendet.

Ab 900 bis 700 v. Chr. ist die Stadt *Zagorá* Hauptort der Insel – Überreste dieses seltenen Beispiels einer Siedlung aus der geometrischen Epoche hat man auf einem Kap an der südlichen Westküste von Ándros gefunden (siehe weiter unten eigenes Kapitel und Archäologisches Museum/Ándros-Stadt). Die Insel scheint damals wohlhabend gewesen zu sein – ein wichtiger Handelsstützpunkt zwischen Griechenland und Kleinasien, ertragreiches Schürfgebiet nach Erzen und Mineralien, äußerst wasserreich (wie noch heute) und im Besitz einer größeren Flotte.

Ab dem 6. Jh. v. Chr. bis mindestens ins 4. Jh. n. Chr. löst die Siedlung unterhalb des heutigen *Paleópolis* Zagorá als Hauptstadt ab. Reste der Mauern sind noch im Wasser zu erkennen (→ Paleópolis). Ihr Niedergang findet während der *römischen*

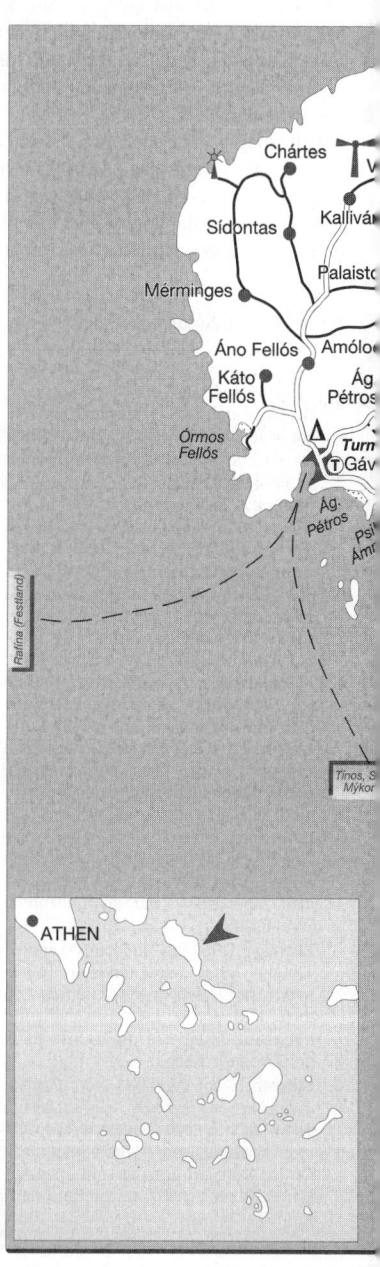

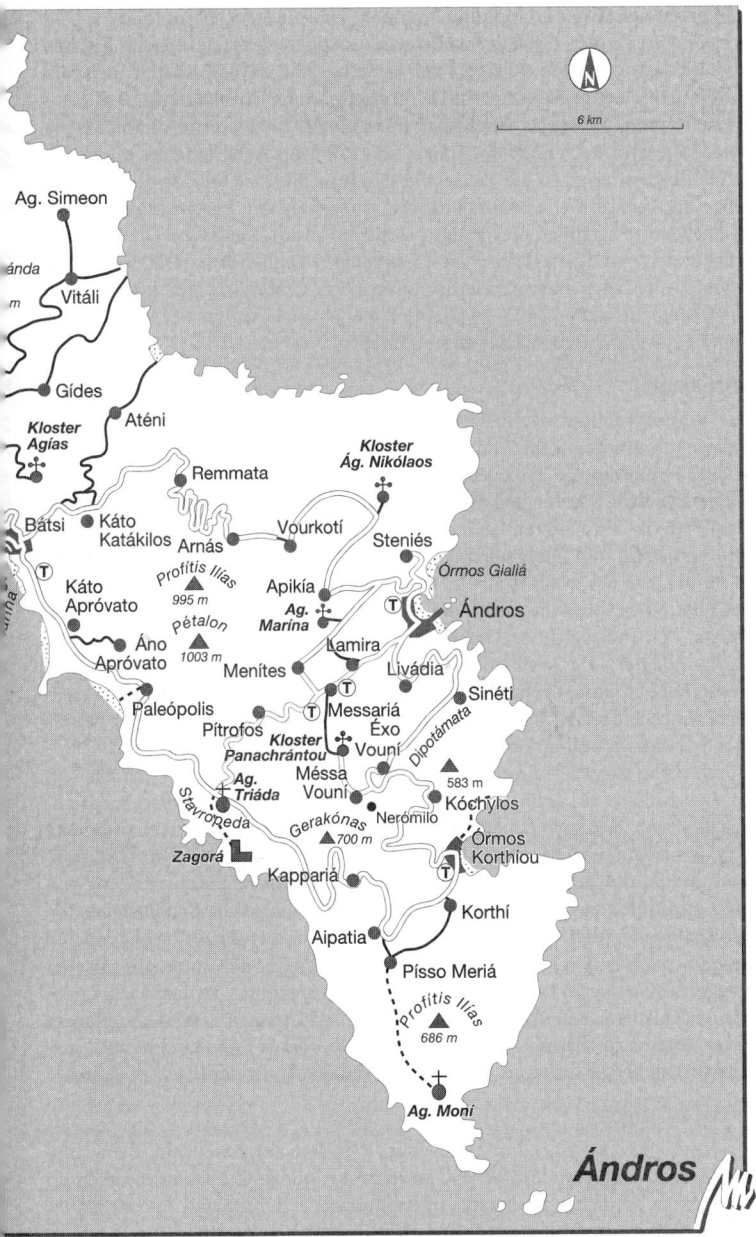

6 km

Ag. Simeon

ánda

Vitáli

m

Gídes

Kloster
Agías

Aténi

Remmata

Kloster
Ág. Nikólaos

Bátsi

Káto
Katákilos   Arnás   Vourkotí   Steniés

Órmos Gialiá

Káto
Apróvato

Profítis Ilías
995 m   Apikía
Ag.
Marína   Ándros

Áno
Apróvato   Pétalon
1003 m   Menítes   Lamira

Livádia

Paleópolis   Messariá   Sinéti

Pítrofos   Kloster
Panachrántou   Éxo
Vouní   Dipotámata

Ag.
Triáda   Méssa
Vouní   583 m

Stavropeda   Gerakónas
700 m   Nerómilo   Kóchylos

Zagorá   Órmos
Korthíou

Kappariá   Korthí

Aipatia

Písso Meriá

Profítis Ilías
686 m

Ag. Moní

Ándros

Besetzung in den ersten nachchristlichen Jahrhunderten statt – infolge eines Erdbebens oder einer Landsenkung versinkt ein Teil der Stadt im Meer. Erst die *Byzantiner* verhelfen Ándros zu erneuter Blüte. Zahlreiche Kirchen und Klöster entstehen – wegen der Piratengefahr an den Küsten meist im Inselinneren. Einige aus dem 10./11. Jh. sind noch heute erhalten (z. B. Kloster Panachrántou, Taxiárchis-Kirche in Messariá). Ab 1202 ist Ándros von Kreuzfahrern besetzt, nach Ende des 4. Kreuzzugs und der Aufteilung des byzantinischen Reiches besetzen die *Venezianer* die Insel. Sie errichten zahlreiche Kastelle und Wachtürme, u. a. auf der Spitze einer schmalen Halbinsel an der Ostküste, wo im Folgenden die heutige Hauptstadt Ándros entsteht. Die nächsten Jahrhunderte sind von türkischen Eroberungsversuchen bestimmt, 1579 wird Ándros offizieller Bestandteil des *türkischen Großreichs*. Im griechischen Unabhängigkeitskrieg 1821–28 wird schließlich auch Ándros befreit und 1832 dem neuen griechischen Staat angegliedert.

Wirtschaft

Der Wasserreichtum der Insel begünstigt in den Küstenebenen und breiten Tälern um Ándros-Stadt und Órmos Korthíou eine bescheidene Landwirtschaft. Es gibt üppige Zitronen- und Orangenhaine, Tomaten- und Getreidefelder, Zwiebeln werden angebaut, außerdem wachsen Feigen, Oliven und etwas Wein. In den höheren Lagen ist aber auch auf Ándros der Boden trocken und verkarstet, die kilometerlangen Feldmauern schützen die kargen terrassierten Hänge nur notdürftig vor Wind und Erosion. Auch etwas Rinderzucht wird betrieben. Berühmt ist das mineralhaltige Wasser der *Sáriza-Quelle* von Apikía – es wird gleich vor Ort abgefüllt und in ganz Griechenland vertrieben (Sáriza-Wasser). Die antiken Erz- und Kupferminen im Norden von Ándros waren noch in unserem Jahrhundert in Betrieb, wurden aber Anfang der dreißiger Jahre stillgelegt. Der *Tourismus* hat neue Erwerbsquellen bisher hauptsächlich in Bátsi und im Hafen Gávrion an der Westküste erschlossen.

Durch seine exponierte Lage – nah am griechischem Festland, jedoch "am Sprung" hinüber zur kleinasiatischen Küste – spielte Ándros immer eine wichtige Rolle für die *Seefahrt*. Schon während der türkischen Herrschaft bildete sich eine begüterte Oberschicht heraus, die vom Handel zwischen Griechenland und dem osmanischen Reich lebte. Die griechische Staatsgründung von 1832 sorgte für zusätzliche Wirtschaftsimpulse, zahlreiche Schiffseigner ließen sich nieder, und Ándros wurde neben Chíos und Psará zur bedeutendsten *Reederinsel* Griechenlands. Ein Großteil der Schiffe, die unter griechischer Flagge die Weltmeere befahren, sind in Ándros registriert. Die damit verbundenen erheblichen Steuereinnahmen, aber auch Stiftungen seitens der Reeder haben Ándros zu relativem Wohlstand verholfen. Dieser Tatbestand ist auch verantwortlich für die bisherige touristische Sonderstellung der Insel (→ Kasten).

Essen & Trinken

Inselspezialität ist *froutália*, ein deftiges Omelett aus Kartoffeln, Schweinespeck, dicken Bohnen und Wurst, gewürzt mit Minze. Zu haben vor allem in den kleinen dörflichen Siedlungen im Hinterland, z. B. Káto und Áno Katákilos. Offener Wein von Ándros wird zur Saison in manchen Tavernen angeboten.

Inselfeste

Am 17. Juli Fest der *Agía Marína* am gleichnamigen Strand bei Bátsi und in Káto Apróvato; Fest des *Ágios Panteleímonos* im Kloster Panachrántou am 27. Juli; am 6. August Fest des *Ágios Sotiros* in Paleópolis und Arní.
In vielen Orten großes Fest der *Panagía* (Mariä Himmelfahrt) am 15. August, außerdem ebenfalls im August mehrtägiges Fest in Bátsi.

Ándros, die Reeder- und Seefahrerinsel

Bereits nach den Befreiungskriegen im 19. Jh. hat die Entwicklung begonnen. Heute ist Ándros, das auch "Mikrá Angliá" (Klein-England) genannt wird, in ganz Griechenland berühmt für die zahlreichen Schiffsreeder und Kapitäne, die sich auf der Insel niedergelassen haben. Die Crème de la Crème der griechischen "Reeder-Aristokratie" gibt sich hier ein Stelldichein, Namen wie Goulandris und Empeirikos findet man an jeder Straßenecke, vor allem im herausgeputzten Hauptort. Die für griechische Verhältnisse ungewöhnlich "gediegene" Atmosphäre in der Chóra (Autoverbot auf der Hauptstraße, strikte Mittagsruhe!), die stilvollen Stadthäuser und aufwändigen Sommervillen sprechen in dieser Hinsicht eine beredte Sprache.

Einen ganz anderen, in der männlich dominierten Kultur Griechenlands bisher kaum beachteten Aspekt der Seefahrerinsel hat die Kreterin Ioanna Karystiani 1997 in ihrem viel beachteten ersten Roman "Die Frauen von Andros" (auf Deutsch bei Suhrkamp) thematisiert. Die Kapitäne von Ándros sind nämlich in erster Linie auf den Weltmeeren zu Hause und verbringen nur hin und wieder ein, zwei Monate bei ihren Familien. Die übrige Zeit sind die Frauen völlig auf sich gestellt. Nicht selten finden ihre Männer auch ihr Grab im Meer. Der Roman schildert in eigenwilliger poetischer Sprache die Schicksale einiger dieser Frauen auf Ándros in den Jahren 1929–48. Er erzählt, wie sich die einsamen Frauen mit ihrer Rolle arrangieren, wie sie ihr Schicksal ertragen und in ihrer Fantasie oft ein Doppelleben führen. Frau Karystiani wurde 1998 für ihr Werk mit dem griechischen Staatspreis für Literatur ausgezeichnet.

Verbindungen von und nach Ándros

Vom Festland Überfahrten per Fähre und Schnellboot nur vom kleinen Hafenstädtchen *Rafína*, ca. 30 km östlich von Athen. Also: **Keine direkte Verbindung ab Piräus!** Doch die Anfahrt von Athen nach Rafína ist problemlos, und der Ort stellt sich wesentlich angenehmer dar als das chaotische Piräus – insofern ein schöner Einstieg für einen Kykladen-Trip (→ Anreise/Athen, S. 50). Der Hafen von Ándros ist *Gávrion* an der Nordwestküste. Zunächst schöne Überfahrt hart an der Südküste Euböas und der vorgelagerten Insel Megalónissos entlang, danach jedoch zwischen Euböa und Ándros Windkanal – oft sehr unruhige Ecke, gilt als schwierigstes Seestück Griechenlands!

Die Fähren und Schnellboote fahren von Ándros meist weiter zur Nachbarinsel *Tínos*, wo man Anschluss an das Liniennetz ab Piräus hat, und weiter nach *Mýkonos*, *Sýros*, *Páros* und *Náxos* (natürlich ebenso umgekehrt). In der umgekehrten Richtung ist dies die einzige Möglichkeit, von Piräus nach Ándros zu kommen!

> Von Athen nach Rafína kommt man bequem mit orangefarbenen **Linienbussen**, die etwa halbstündlich von ca. 6–22 Uhr an der Mavromateon Str. direkt vor dem Areos-Park starten (wenige hundert Meter östlich der Metrostation Victoria-Platz). Fahrtdauer 45 Min. (Achtung: in Stoßzeiten länger!), ca. 2 €.

● *Fähren* Von und nach **Rafína** in der Saison etwa 2–3 x tägl., Dauer gut 2 Std. Fährpreis pro Pers. (Deck/Pullmannsitz) ca. 10 €, Kleinwagen ca. 32 €, Mittelklassewagen ca. 38 €. Achtung: An Wochenenden macht sich halb Athen nach Ándros auf und verwandelt Gávrion in ein lautes, völlig überfülltes Heerlager! Sonntags dann entsprechend starker Rückreiseverkehr.

● *Schnellboote* 1–2 x tägl. auf der Strecke **Rafína-Ándros-Tínos-Mýkonos-Páros-Náxos-Íos-Santoríni**. Sehr bequeme und rasche Verbindung, von Rafína nach Ándros nur etwa 1 Std., kostet aber etwa doppelt soviel wie die Fähren.

Verkehr auf der Insel

▶ **Busse:** Zentrum des Busnetzes ist die Chóra an der Ostküste. Verbindungen u. a. nach *Bátsi*, *Gávrion*, *Órmos Korthíou*, *Messariá* und *Apikía*, in Vor- und Nachsaison allerdings sehr spärlich, immer rechtzeitig nach Abfahrtszeiten erkundigen. Details unter den einzelnen Orten.

▶ **Mietfahrzeuge:** gibt es in *Gávrion*, *Bátsi* und der *Chóra*, allerdings bisher recht bescheidenes Angebot, vor allem an PKW, im Kykladenvergleich außerdem relativ teuer. Achtung: Ándros ist die einzige Insel der Kykladen, auf der die Polizei gelegentlich die Helmpflicht kontrolliert!

▶ **Eigenes Fahrzeug:** Mitnahme von *PKW* oder *Motorrad* lohnt, die Überfahrtskosten sind wegen der Festlandnähe günstig, und Ándros ist groß genug, um ausgedehnte Touren zu unternehmen. *Fahrrad* ist dagegen weniger zu empfehlen – nur die Hauptstraße von Gávrion in die Chóra verläuft weitgehend flach, der Rest der Insel ist sehr steil und bergig, zudem oft sehr windig.

Gávrion

Verschlafener Hafenort in einer schmalen, tief eingeschnittenen Bucht. Weiße Häuser mit braunen und türkisfarbenen Fensterläden drängen einen niedrigen Hügel hinauf, oben die blendend weiße Ágios-Nikólaos-Kirche mit blau behaubten Glockentürmen und roter Walmdachkuppel. Im Hinterland weite Landwirtschaftsebene, wo im Frühjahr Getreide wächst und Kühe weiden.

Trotz des hübschen Anblicks hat Gávrion wenig zu bieten. Einige bescheidene Tavernen und Cafébars an der Hafenfront, ein wenig ansehnlicher Strandstreifen im Anschluss an den Ort, damit ist die Attraktivität erschöpft. Gávrion wird demzufolge auch kaum als Standquartier benutzt, man fährt meist gleich nach der Ankunft weiter nach Bátsi, Chóra oder Órmos Korthíou.

Verbindungen/Information/Adressen

• *Verbindungen* In der Regel kommt zu jedem Schiff ein Bus aus den Hauptorten **Bátsi**, **Ándros-Stadt** und **Órmos Korthíou** und steht dann bei Fährankunft für Neuankömmlinge an der Hafenmole bereit. Nach Bátsi 7 km, 20 Min. Fahrtzeit, ca. 0,90 €. **Taxis** ebenfalls am Anleger, nach Bátsi ca. 6 €. ✆ 22820-22171

• *Information* Kleiner Kiosk in Form eines Taubenturms an der Hafenmole, dort wo die Straße nach Bátsi abzweigt. Allerdings nur sporadisch geöffnet. ✆ 22820-71770.

• *Adressen* **Apotheke**, von Schiff kommend, an der Uferfront links, gegenüber Denkmal. **Auto-/Zweiradvermietung**, "Rent a Bike George", Uferstraße nach links und kurz vor der Post Gasse hinein, ✆ 22820-71003; Autos vermietet "Rent a Car Tasos", ✆ 22820-71040. **Geld**, Landwirtschaftsbank an der Ecke, wo die Straße nach Gávrion abzweigt. **Hafenamt**, Auskunft unter ✆ 22820-22250. **Post**, an der Uferstraße, von Anleger links. **Tankstelle**, eine am südlichen Ende der Hafenpromenade, eine zweite an Ortsausfahrt Richtung Gávrion, dort bleifreies Benzin.

Übernachten

Nicht viel Auswahl, aber auch wenig Nachfrage. Anbieter von Privatzimmern kommen hier seltener zur Ankunft der Fähren als auf anderen Kykladen-Inseln.

Galaxy, D-Kat., typisches Hafenhotel direkt am Anleger, preiswerteste Adresse in Gávrion. Innen schlicht, DZ nur z. T. mit Balkon, jedoch mit eig. Du/WC. DZ ca. 30–45 €. ✆ 22820-71228.

Andros Holiday, B-Kat., Großhotel in sehr ruhiger Lage, etwa einen halben Kilometer außerhalb vom Ort, oberhalb eines kleinen Strands (beschildert ab Ortsausfahrt Richtung Gávrion). Geschmackvoll-schlicht gestaltete Anlage mit weißen Rauputzwänden und Schieferbruchböden, dazu hellblau gekachelte Bäder und dunkelblaues Holzmobiliar, wirkt insgesamt etwas kühl. 78 Zimmer mit Balkons unter schattigen Arkaden, Restaurant, Bar mit weißen Korbmöbeln, Swimmingpool mit Bar, Tennis. DZ ca. 70–110 €, Frühstück extra. Wird hauptsächlich von Reiseveranstaltern angeboten, z. B. von Attika. ✆ 22820-71443, 🖂 71097, www.androsholiday.com

Ostria Studios, mehrere Blöcke in bunten Pastellfarben am Ortsausgang Richtung Gávrion, geführt von Georgios aus Lávrion. Räumlichkeiten mit Kochnischen, weiß gefliest und sauber, die meisten mit Meeresblick, kleiner Eingangsraum mit TV, Bar mit Dachterrasse, kleine Strandflecken in der Nähe. Für 2 Pers. ca. 40–60 €, 3–4 Pers. ca. 50–75 €. ✆ 22820-71551-3, 🖂 71554.

Miltiades Batis, ruhige Lage in Hafennähe, saubere Zimmer mit Kochnische, von Lesern empfohlen. DZ ca. 25–40 €. ✆ 22820-71489.

• *Außerhalb* **Kymothou**, ein ganzes Stück landeinwärts vom Ort Richtung Norden. Größerer, recht aufwändig gestalteter Wohnkomplex mit Swimmingpool und geräumigem Terrassenbereich, von dem man einen wunderbaren Blick über die Bucht hat. Vermietet werden Studios mit Kochbereich. ✆ 22820-71017, 71455 (Athen 210-4413226, 🖂 4413006).

Essen & Trinken

Vengera, seit 1965 an einer kleinen Platia hinter der Hafenfront, hübsch gelegen mit schattigen Bäumen. Zu erreichen vom südlichen Ende der Hafenstraße. Reichhaltige Speisekarte, viele frische Gerichte, offener Ándros-Wein.

En Gavrio, freundliche Ouzerie an der Uferfront, mit Liebe eingerichtet, kleine Marmortischchen, Bruchsteinmauern.

O Petros, gemütliche Taverne am Ortsstrand, man sitzt unter Tamarisken, schöner Blick auf die Bucht (→ Gávrion/Baden).

▶ **Gávrion/Baden:** unmittelbar an Gávrion anschließend ziemlich verschmutzter Erd-/Sandstreifen, ca. 300 m lang. Zum Baden weniger interessant, aber beschaulich – Boote schaukeln im Wasser, Fischertaverne mit Tischen unter Tamarisken, schöner Blick über die Bucht. Bessere Strände in Richtung Bátsi (→ Von Gávrion nach Bátsi).

Inselnorden

Kahles Hügel- und Bergland, dominiert vom Bergstock Óros Ágii Saránda (714 m), dünn besiedelt. Die Nordküste steil und unwegsam, zum Baden ungünstig, die kleinen Bergdörfer oft hunderte von Metern über dem Meer, keinerlei Tourismus.

Etwas landeinwärts von Gávrion der bizarre Turm von Ágios Pétros. Schönes (Wander)Ziel ist auch der nahe Strand von Fellós, ansonsten recht reizvoll die Asphaltstraße zum Windpark *Aioliko Parko Andro*.

▸ **Paralía Felloú:** wenig besuchter Sandstrand zwischen Felsen an der Westküste, ca. 6 km nordwestlich von Gávrion. Asphaltstraße windet sich den Hügel Richtung Fellós hinauf. Oben auf dem Pass erste Abzweigung links (beschildert), später folgt ein Abzweig nach Káto Fellós. Auf Asphalt runter zum Strand in einer großen natürlichen Bucht, sanft geschwungen und ganz flacher Einstieg, zum Meer hin schmaler Ausgang zwischen Felszungen. Schattenlos, im Hinterland eine Handvoll verstreuter Häuser, Olivenbäume und kleine Felder, mittlerweile auch einige Unterkünfte. Gut als Wanderung zu machen, ca. 90 Min. ab Gávrion, Verpflegung mitnehmen.

Richtung Süden führt eine Piste über einen niedrigen Höhenrücken zur kleinen einsamen Sandbucht *Koúrtali*, wo man gelegentlich Wildcamper findet.

Übernachten **Balsamia**, nette Pension am Talrand, freundliche, nur Griechisch sprechende Gastgeber. DZ ca. 25–45 €. ✆/℡ 22820-72149.

▸ **Kap Fása:** Tipp für wetterfeste Biker – von Fellós führt eine reizvolle Kurvenpiste nahe der Nordküste bis zum ca. 9 km entfernten *Leuchtturm* am Kap Fása.

▸ **Windpark von Kallivári:** Asphaltstraße über glatt gebürstete Höhenrücken in den windigen Norden von Ándros. Kurz vor *Áno Fellós* linker Hand auf einer Hügelspitze die große Kapelle des *Evangelismou Theotokou*, Panoramablick. Weiter Richtung Norden zweigen diverse Pisten zu den einsamen Streudörfern *Mermigiés, Sidóntas, Makrotántalo, Chártes, Varídi* u. a. ab. Immer wieder weite Blicke über die völlig kahlen Hänge, die nur im Frühjahr von Grün überzogen sind. Auf einer Passhöhe rechts Abzweig nach *Amólochos* am Hang des Óros Ágii Saránda. Linker Hand kann man bald den Leuchtturm an der Nordwestspitze von Ándros erkennen.

Am Ende des Asphalts schließlich die kargen Bruchsteinhütten von *Kallivári*, windgeschützt im Hangschatten. Auf dem Plateau darüber sieben Vestas-Rotoren à 225 kWh – exponierte Lage hoch über der windreichen Meerenge zwischen Ándros und Euböa, Blick rüber nach Euböa. Ein beträchtlicher Teil des Ándros-Stroms könnte hier erzeugt werden – doch wegen technischer Schwierigkeiten waren die umweltfreundlichen Windräder zum Zeitpunkt der Recherche noch nicht am Netz.

▸ **Órmos Vitáli:** einsamer Strand an der Ostküste. Straße nach *Ágios Pétros* nehmen, kurz nach den wenigen Häusern Abzweig nach *Gídes*, rechts auf dem Gipfel eine OTE-Anlage.

Nach *Vitáli* die Erdpiste geradeaus, wenig später wunderschöner *Rastplatz* mit kleiner Kapelle und Bänken unter einer mächtigen Platane, herrlicher Blick. Ein paar Kurven weiter ein völlig verfallenes Kreuzkuppelkirchlein unterhalb der Straße. Die Piste folgt einem schönen Tal mit den verstreuten Häusern von Vitáli bis hinunter zum Strand.

Eindrucksvolles Relikt der Antike: der Turm von Ágios Pétros

Der mächtige Rundturm von Ágios Pétros stammt aus hellenistischer Zeit (3.–1. Jh. v. Chr.) und ist das beeindruckendste und wohl auch wichtigste Baudenkmal der Insel. Er steht in den Hügeln 5 km östlich von Gávrion, etwas unterhalb vom Dorf Ágios Pétros. Vom gleichnamigen Strand an der Straße nach Bátsi ist er deutlich zu sehen.

Jede wichtige Ägäis-Insel besaß in hellenistischer Zeit ein Netz von Wachtürmen (→ Insel Kéa). Sich nähernde Schiffe zu erkennen, mit Feuersignalen konnte man sofort die anderen Türme auf der Insel verständigen und so die Bevölkerung aufmerksam machen bzw. warnen. Der Turm von Ágios Pétros diente wahrscheinlich außerdem als Schutzturm für die antiken Erzminen, die in der Umgebung lagen (noch bis Anfang unseres Jahrhunderts hat man auf Ándros Erz abgebaut!).

Man erreicht den Turm auf schmaler Asphaltstraße, die am Ortsausgang von Gávrion von der Straße nach Bátsi abzweigt (beschildert). Wenige Kurven vor dem Dorf erblickt man rechter Hand am steilen Terrassenhang den Turm. Jetzt noch 5 Min. zu Fuß, wobei man das Grundstück eines Imkers umgehen und ein Stück über Terrassen klettern muss.

Zusammengesetzt aus riesigen Quadern: der Turm von Ágios Pétros

Der aus gewaltigen Steinquadern zusammengesetzte Rundturm (ohne Mörtel!) besitzt gut 2 m dicke Mauern und ist 20 m hoch. Seine Basis von ca. 4 m Höhe wirkt im Gegensatz zu den darüberliegenden Blöcken rau und ungefüg – wahrscheinlich ist sie wesentlich älter als der Überbau. Durch einen niedrigen Eingang gelangt man ins Innere, seitlich der Tür schmale Schießscharten, oberhalb Fensteröffnungen. Nach oben blickend erkennt man die bizarr verwitterten Schieferklötze einer ehemaligen Wendeltreppe. Wer wendig genug ist, kann durch einen schmalen Kamin direkt über dem Eingang ein Stockwerk höher klettern und den herrlichen Blick auf die Küste hinunter genießen.

Von Gávrion nach Bátsi

Zwischen Gávrion und Bátsi liegen einige der schönsten Strände der Insel, die zudem vor den heftigen Meltémi-Winden geschützt sind. Gleich dahinter verläuft die wichtige Uferstraße von und zum Hafen.

▸ **Paralía Agíou Pétrou**: an der Straße nach Bátsi, etwa 2 km ab Hafen. Der längste Sandstrand der Insel, ca. 800 m lang, kaum Schatten, zum großen Teil naturbelassen. Am nordwestlichen Strandende die große Fischtaverne "Marabou", zwei weitere gemütliche Tavernen "O Giannoulis" und "Paralia" an der Straße Richtung Bátsi. Diverse Unterkünfte. Während der Saison täglich Badeboote ab Bátsi (→ dort).

• *Übernachten* **Hermes**, C-Kat., neues Haus am Hang etwas zurück von Strand, 14 Zimmer. DZ ca. 40–65 €, Frühstück extra. ✆ 22820-72246.
Villa Sofia, D-Kat., Studios in Straßennähe am nördlichen Strandende, mit Garten und Kinderspielgeräten. Preis ca. 40–75 €.

✆ 22820-71249, ✆ 71450.
Studios Irene, neuer Komplex am Hang, Irini Rombos vermietet Studios mit TV, Balkon und schönem Meeresblick. Geeignet für Familien, da Platz für Kinder. ✆ 22820-71675.

▸ **Psilí Ámmos**: ein Stück südlich von Ágios Pétros, guter Strand mit hellbraunem Sand, mehrere hundert Meter lang, schattenlos, Sonnenschirme und Liegestühle. Landeinwärts der Durchgangsstraße das Badehotel Perrakis und mehrere Privatquartiere. Am südlichen Strandende Abzweig auf einer Erdstraße zum Kloster Zoodóchou Pigí (→ Bátsi/Umgebung).

Noch schöner als Psilí Ámmos ist der benachbarte, etwa 100 m lange Dünenstrand *Chrýssi Ámmos* mit fast weißem Sand, ebenfalls Verleih von Sonnenschirmen und Liegestühlen, außerdem kleine Strandbar.

• *Übernachten* **Perrakis**, B-Kat., großes Hotel über der Straße, geführt von Herrn Perrakis. Herrlicher Blick über die Bucht, ruhig, gemütliche Halle mit Panoramafenstern, TV und Bar, Restaurant und Terrasse. In drei leicht gegeneinander versetzten Komplexen 45 einfache Zimmer mit dunklem Holzmobiliar, Balkons und Meeresblick. Wird auch von Reiseveranstaltern beschickt. DZ ca. 45–75 €, Frühstück extra. ✆ 71456, ✆ 71459, www.hotelperrakis.gr
To Perasma, schöne Zimmer mit Bar. ✆ 22820-71622.
• *Essen & Trinken* **Agios Kyprianos**, gemütliche Terrassentaverne in einer kleinen Bucht bei der gleichnamigen Kapelle am Südende von Psilí Ámmos.

Bátsi

Ehemaliges Fischerdorf in einer Doppelbucht – im nördlichen Teil der attraktive Sandstrand mit Hotels und Pensionen, südlich der Ort mit schmucken Fassaden und steilen Treppenwegen reizvoll übereinander gestaffelt.

Auf der großen Platia am Wasser diverse Cafés unter Stoffmarkisen, in den Gassen darüber viel Vegetation mit Zypressen, Blumen und kleinen Gärtchen, in der fruchtbaren Ebene hinter dem Strand noch reichlich Platz zum Expandieren. Unterm Strich ein Ort mit Charme und derzeit der einzige auf Ándros, wo der Tourismus Fuß fassen konnte. Es gibt mehrere Strände in der unmittelbaren Umgebung, jede Menge Unterkünfte und alle Annehmlichkeiten eines gut ausgestatteten Urlaubsorts.

Von der Küstenstraße: Panoramablick auf Bátsi

Verbindungen/Adressen (s. Karte auf S. 133)

● *Verbindungen* Busse nach **Gávrion** und **Ándros-Stadt** 6–8 x tägl., sonntags weniger. Nach **Órmos Korthíou** ca. 3–4 x, So 2 x. Busstopp an der zentralen Platia.
Taxistandplatz ebenfalls an der Platia, ✆ 22820-41081.

● *Apotheke* Im Hafen.

● *Ausflüge* Inselausflüge per **Bus** z. B. zur Chóra, zu den Sáriza-Quellen inkl. Kloster Ágios Nikólaos, außerdem 1- und 2-Tagesfahrten nach Tínos und Mýkonos (inkl. Délos) werden in der Hochsaison von mehreren Reisebüros angeboten.
Badeboote steuern im Sommer täglich verschiedene Ziele an, darunter den langen Strand von Ágios Pétros bei Gávrion.

● *Auto-/Zweiradvermietung* **Rent a Bike Dinos (9)**, etwas zurück vom Strand (Gasse mit Postcontainer hinein). Dinos vermietet Halbautomatic-Mopeds (ca. 14 €), Roller (ca. 20 €) und Geländemotorräder (ca. 23 €). ✆ 22820-41003.

Autos vermieten **Hermes** (✆ 22820-41358) und **Politis** (22820-41421).

● *Geld* **Ionian Popular Bank** neben den Cafés an der Hafenplatia. **National Bank of Greece** am Ende der Uferpromenade, vor der Kurve, gegenüber den Fischerbooten. Beide mit Geldautomat.

● *Post* An der Strandstraße.

● *Reisebüros* **Greek Sun Travel** im Hafen (✆ 22820-41198) und **Andros Travel** an der Strandstraße (✆ 22820-41252).

● *Shopping* Lesertipp: Deutlich günstiger als die Minimärkte im Zentrum ist der **Supermarkt** kurz hinter dem Kriegerdenkmal an der Ausfallstraße in Richtung Chóra.
Batsi Gold, an der Straße zwischen Strand und Hafen, gute Gold- und Silberauswahl, geführt von nettem Engländer, der in seinen wilden Jahren im legendären Torremolinos gelebt hat.

● *Tankstelle* Einige hundert Meter südlich vom Ort, an der Straße nach Ándros-Stadt.

Übernachten (s. Karte auf S. 133)

Jede Menge Möglichkeiten, wobei die Hotels nicht immer die beste Wahl darstellen. Privat wohnt man meist billiger und besser. Zahlreiche Einwohner und Athener Zugereiste vermieten Zimmer, Apartments und Studios.

• *In Strandnähe* **Epaminondas (14)**, A-Kat., große Apartmentanlage an der Einfahrtstraße, seitlich oberhalb vom Strand. Apartments nicht übermäßig geräumig, aber schön und modern eingerichtet, Marmorfußböden, kleine Balkone mit Blick auf die Bucht von Bátsi. Swimmingpool und Panoramaterrasse. Apartment für 2 Pers. ca. 70–180 €. Hauptsächlich Pauschalgäste. ✆ 22820-41682, 📠 41681, www.andros-hotels.com/epaminondas/index.html

Skouna (12), C-Kat., an der Uferstraße, hübscher Speisesaal mit Kamin, schattige Frühstücksterrasse. Zimmer geräumig und sauber, mit Linoleumböden und ordentlichen Bädern, teils Aircondition. Von den Balkonen z. T. Meerblick. Freundliche Vermieter. DZ mit Bad und Balkon ca. 35–55 €, Frühstück extra. ✆ 22820-41240.

Karanasos (10), C-Kat., durchschnittliches Haus, etwas zurückgesetzt hinterm Strand, kein besonderer Blick, Zimmer marmorgefliest mit Bad und Balkon, gemütlicher Aufenthaltsraum mit Bar. DZ ca. 30–50 €. Auch über Reiseveranstalter. ✆ 22820-41480.

Chryssi Akti (11), C-Kat., das älteste und größte der Strandhotels. Großer Bau, die meisten der 61 Zimmer parzellenförmig nach hinten ausgerichtet. Zimmer mit Bad und Aircondition, solide möbliert, Balkon, Telefon, Kühlschrank. Unten großer Frühstücksraum, Terrasse und Bar, neuerdings auch ein Swimmingpool. DZ ca. 35–60 €, Frühstück extra. Wird auch von Reiseveranstaltern angeboten. ✆ 22820-41236, 📠 41628.

Villa Arni (5), etwas zurück vom Strand, Weg bei der Glari Bar hinein und am Freilichtkino vorbei, sehr ruhig gelegen. In einem hübschen Garten acht Studios, jeweils mit TV und schattigen Terrassen, vom Obergeschoss herrlicher Blick auf Bátsi. Studio ca. 30–60 €. ✆ 22820-41360, 📠 71950.

Likio Studios (4), ebenfalls ruhige Lage, ca. 150 m hinter dem Strand, bei "Rent a bike Dinos" hinein. Familie Marousas vermietet 16 ordentlich eingerichtete und gepflegte Studios sowie zwei Apartments inmitten satter Rasenflächen. Leserkommentar: "Thanie und Dimitris sind außerordentlich gastfreundlich. Sie verwöhnten uns mit selbstgemachtem Wein und eingelegten Nüssen aus eigener Landwirtschaft. Der jüngste Sohn lernt übrigens Deutsch." ✆ 22820-41050.

Villa Zilda, am Weg zu Likio Studios, ruhige saubere Rooms mit schattigen Terrassen.

• *Im Ort* **Villa Aegeo (7)**, beim Laden "Batsi Gold" die Stufen hinauf. Gute Lage und schön eingerichtet, geräumige Zimmer mit Kühlschrank, Bad und Balkon. DZ ca. 30–50 €. ✆ 22820-41327.

Villa Rena, schöne große Anlage am oberen Ortsrand, Nähe Umgehungsstraße. Hübsch eingerichtete Studios mit Balkon und Meeresblick. Es gibt einen Pool mit Poolbar und Kinderspielplatz, im Garten steht ein Grillofen. ✆ 22820-41024.

Anna Michail (3), alleinstehendes Haus im oberen Ortsbereich, Nähe Kirche Ágios Geórgios. Ordentliche Zimmer mit Balkon und herrlichem Blick über die Bucht. ✆ 22820-41761.

The Yellow Rose (18), 20 m vom Kriegerdenkmal, Zimmer sehr einfach, Bad und Kühlschrank am Gang, um Sauberkeit muss man sich selber kümmern. Vorteil: von der Dachterrasse vor den Zimmern super Panoramablick. Nette ältere Vermieterin, die meist am Bus auf Neuankömmlinge wartet. Entsprechend "Ausstattung" und "Service" sehr günstige Preise. ✆ 22820-41455.

• *Südlicher Ortsteil, über Klippenküste* Den Weg beim Kriegerdenkmal weiter, praktisch jedes Haus vermietet hier Zimmer. Schönste Ecke im Ort, ruhig und direkt am Meer.

Villa George & **Villa Pitsa**, zwei große Apartment-Häuser mit ordentlichem Vollholzmobiliar, Kochnische und Terrasse. Vermieter ist der freundliche Georgios, zu finden im Souvenirladen "Maria", wenige Schritte entfernt. Pro Wohneinheit ca. 25–60 €. ✆ 22820-41300.

Villa Erotica, Studios oberhalb von kleinem Kiesstrand, schöner Vorgarten und schilfgedeckte Terrasse. ✆ 22820-41550.

• *Außerhalb* **Aneroussa Beach**, C-Kat., nett geführtes Hotel etwa 1,5 km südöstlich vom Ort direkt über dem Delevóyas-Strand, schöne Lage und sehr ruhig. Bonbonfarbiger Schachtelbau, auf mehreren Ebenen dem unebenen Gelände angepasst. Mit vielen verspielten Details: barocke Säulengeländer, Vasen, kleine Balkone und Terrassen. Eingangshalle mit angrenzendem Speisesaal im gleichen klassizistischen Design, davor lauschige Terrasse mit Meerblick, auf der man sich rundum wohlfühlen kann. 37, z.T. ziemlich kleine Zimmer, teils mit gemauerten Betten, jeweils Klimaanlage, Telefon und Balkon. Unterhalb der Anlage kleiner eigener Strand mit Beachbar (→ Bátsi/Baden). Laut Leserzuschrift Personal sehr hilfsbereit und aufmerksam, an der Rezeption wird Deutsch gesprochen. DZ

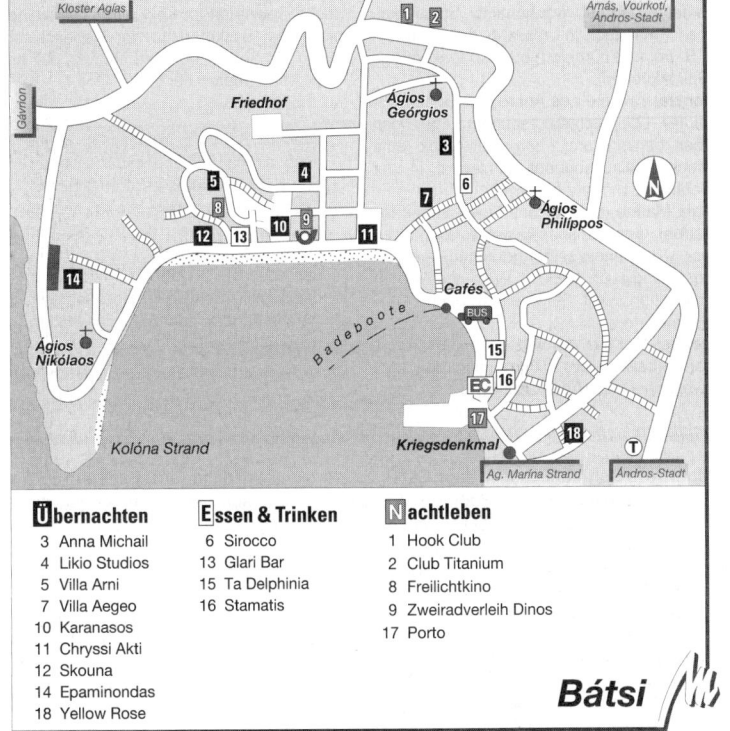

Kloster Agías

Arnás, Vourkoti,
Ándros-Stadt

Gávrion

Friedhof

*Ágios
Geórgios*

*Ágios
Philíppos*

Cafés

BUS

*Ágios
Nikólaos*

B a d e b o o t e

Kolóna Strand

Kriegsdenkmal

Ag. Marína Strand Ándros-Stadt

Übernachten	**Essen & Trinken**	**Nachtleben**
3 Anna Michail	6 Sirocco	1 Hook Club
4 Likio Studios	13 Glari Bar	2 Club Titanium
5 Villa Arni	15 Ta Delphinia	8 Freilichtkino
7 Villa Aegeo	16 Stamatis	9 Zweiradverleih Dinos
10 Karanasos		17 Porto
11 Chryssi Akti		
12 Skouna		
14 Epaminondas		
18 Yellow Rose		

Bátsi

ca. 50–70 €, Frühstück extra. Auch über Reiseveranstalter, z. B. Attika. ☎ 22820-41044/5 (Winter 210-6525659), ✆ 41444.

Agia Marina, die Taverne am gleichnamigen Strand (→ Baden) vermietet Zimmer etwas oberhalb vom Strand. ☎ 22820-41963.

Essen & Trinken (s. Karte oben)

Bátsi ist nicht sonderlich reich mit Tavernen gesegnet, die meisten öffnen zudem erst Ende Mai, manche nur im Hochsommer.

Ta Delphinia (15), geführt von Yiannis und seiner deutschen Frau Gesa, die außerhalb der Saison in Athen leben, aber trotzdem viele Tipps zu Ándros geben können. Abwechslungsreiche Küche, Bier vom Fass.

Stamatis (16), ein paar Schritte rechts hinter der Doppeltreppe, man kann draußen sitzen oder im großen, nett eingerichteten Innenraum. Zur Küche recht gemischte Leserkommentare.

Sirocco (6), in einer der obersten Gassen von Bátsi. Kleine Tische, romantische Windlichter und herrlicher Blick auf den

Strand. Im Angebot wohlschmeckende Gerichte nahöstlicher Herkunft, Shrimps, aber auch Pizza und Spaghetti, mittlerweile auch offener Wein. Gedeck und Brot kosten extra. Insgesamt etwas teurer, aber durchaus noch im akzeptablen Rahmen.

Medousa, am langen Ortsstrand, hinter Andros Travel. Großes Terrassenrestaurant, Spezialität ist Kaninchenstifado.

● *Außerhalb* **Stivaris Garden**, hübsche Gartentaverne am Weg zum Strand Agía Marína, kurz vor Hotel Aneroussa. Bei Yiannis und seiner englischen Frau Sally sitzt man gemütlich unter einem dichtem Blätterdach. Einmal wöchentlich Spanferkel, manchmal auch interessante Spezialitäten, z. B. *froutália* (Omelett) oder *spanakopitákia* (Spinatkuchen).

Lontza, Taverne des Aneroussa Beach Hotel (→ Übernachten), schöne Lage hoch über dem Strand, herrlicher Blick aufs Meer. Speiseangebot zumindest in der Nebensaison recht begrenzt.

Agia Marina, am gleichnamigen Strand (→ Baden), täglich frische Gerichte, auch Fisch (von Wirt Yiannis selber gefangen), auf Vorbestellung auch *froutália*, Wein aus eigener Produktion. Mit Zimmervermietung. (→ Übernachten).

Belalis, in Káto Apróvatos an der Durchgangsstraße, etwa 100 m nach dem Abzweig nach Áno Apróvatos (→ Bátsi/Umgebung). Fast nur von Einheimischen besucht, Spezialität ist Kokkinistó, Schweinebraten im Backofen. In der Nebensaison nur Fr bis So (mittags und abends, Juli bis etwa Mitte September tägl.

> Wer im Sommer in Bátsi ist, sollte auch einmal im landeinwärts liegenden **Káto Katákilos** essen (→ S. 136). Dort gibt es mehrere große, hübsch gelegene Tavernen, die *froutália* und offenen Wein anbieten (warme Küche nur abends). Geöffnet sind sie allerdings ausschließlich im Hochsommer. Anfahrt per Taxi oder mit einer Wanderung verbinden.

Nachtleben (s. Karte auf S. 133)

Man trifft sich zunächst in den Cafés an der großen Platia, anschließend in der Handvoll Music-Bars mit Popmusik im Umkreis. Danach geht's am Wochenende noch weiter in die großen Discos an der Umgehungsstraße.

● *Bars* **Capriccio**, oberhalb der Doppeltreppe, seit langem einer der angesagtesten Plätze, draußen sitzen, drinnen tanzen.

Select, ebenfalls beliebt, in der Nähe vom Capriccio hügelaufwärts, hinter Apotheke.

Porto (17), Music-Café in herrlicher Lage direkt auf den Klippen am Fischerhafen, Tische unter Schilfsonnenschirmen, mexikanische Gerichte.

● *Diskotheken* **Hook Club (1)** und **Club Titanium (2)** liegen im Talgrund an der Umgehungsstraße und sind nur im Hochsommer geöffnet.

● *Livemusik* **Panorama**, großes Bouzouki-Lokal am nördlichen Ortseingang von Paleópolis (→ S. 137), an Wochenenden oft Hochbetrieb.

● *Kino* **Freilichtkino (8)**, hinter dem Strand, Weg bei Glari Bar hinein, Filme in Englisch mit griechischen Untertiteln. Vorstellung tägl. 21.30 Uhr.

Bátsi/Baden

Diverse Bademöglichkeiten in Fußentfernung von Bátsi, Strände zwischen Bátsi und Gávrion siehe oben.

▶ **Ortsstrand**: schließt sich unmittelbar nördlich an Bátsi an – 500 m brauner Sand mit einigen schattigen Tamarisken. Es gibt Windsurfbrett-Verleih, Tretboote und ein großes Angebot an Wassersport, u. a. Wasserski, Jet-Ski, Surf-Ski, Banana-Boat und Speedboat-Rides. Dahinter ballen sich diverse Hotels, Rohbauten und Baustellen.

Eine weitere kleine *Sandbucht*, die teils als Bootsparkplatz genutzt wird, liegt auf der Landzunge gegenüber Bátsi, die Straße nach Gávrion führt direkt daran vorbei.

▶ **Weitere Strände**: Mehrere Strände liegen südöstlich von Bátsi, schöner Spaziergang die Straße vom Hafen Richtung Süden, eventuell als Rundwanderung zu machen (→ unten). Bei einem *Denkmal für Kriegsopfer* macht die Straße eine scharfe Kurve. Links vom Denkmal führt ein betonierter Weg oberhalb der Küste weiter (Schild: Aneroussa Beach Hotel). Bei den letzten Häusern 30 m langer Kiesstrand und große Felsplatten unmittelbar am Wasser, schön zum Sonnen.

Der Weg führt weiter ums steile Kap herum, nach einigen hundert Metern der schmale weiße Kies-/Sandstrand *Delevóyas*, ca. 100 m lang, eingefasst von hohen Klippenwänden mit Felsplatten. Es geht ganz seicht hinein, allerdings auf rutschigen Steinplatten. Das Westende wird auch für FKK genutzt. Wenige Meter oberhalb vom Strand steht das empfehlenswerte "Aneroussa Beach Hotel", das auch eine Strandbar betreibt (→ Bátsi/Übernachten).

Der Strand *Agía Marína* liegt noch ein kleines Stückchen weiter: ruhige Bucht mit terrassenförmig ansteigendem Olivenhain, sehr friedliches Örtchen und äußerst fruchtbar – kleine Gemüsegärten, Wein, Sonnenblumen, Feigen, mittendrin auf Privatgrund die kleine weiße Kapelle der *Agía Marína* mit dutzenden von Heiligenbildern (kann besichtigt werden). Der Strand ist ca. 200 m lang, sehr schmal und meist algenverschmutzt, im Wasser grobe Kiesel, sonst Feinkies, schöner Blick auf vorgelagerte Inselchen. Am Wasser die kleine empfehlenswerte Taverne "Agia Marina" (→ Bátsi/Essen & Trinken). Am südlichen Strandende führt ein Treppenweg bergauf ins Inselinnere. Der Weg ist gesäumt von den inseltypischen Einfriedungen in Trockenmauertechnik, vorbei an Hütten für Schafe und Ziegen. Nach etwa 25 Minuten hat man die Asphaltstraße erreicht, auf der man in einer halben Stunde zurück nach Batsi kommt.

> **Rundwanderung**: den gerade beschriebenen Weg von Bátsi zum Strand Agía Marína nehmen, dort hinauf zur Durchgangsstraße und auf Asphalt zurück nach Bátsi. Insgesamt ca. 6 km, knapp 2 Std. Laufzeit.

Bátsi/Umgebung

▶ **Kloster Agías** *(Zoodóchou Pigí)*: großes, festungsartig anmutendes Gemäuer etwa 6,5 km nördlich von Bátsi in den Bergen. Seit 1928 dient es als Nonnenkloster, sein Ursprung lässt sich aber bis ins Jahr 1325 zurückverfolgen. Heute leben hier noch etwa sechs Nonnen. Wer das Glück hat, eingelassen zu werden (die Nonnen sind nicht immer über Besuch erfreut), kann die kleine Kirche mit Ikonen und Resten alter Fresken betrachten. Eine besonders verehrte Marienikone ist in Silber gefasst und mit Votivgaben geschmückt, als besonderer Schatz gilt außerdem eine Jahrhunderte alte Seidenstickerei aus Kleinasien. Die Quelle *Zoodóchou Pigí* (lebensspendender Quell), einst verantwortlich für den Bau des Klosters, ist mittlerweile versiegt.

● *Hinkommen* Eine kurvige, leider sehr schlechte **Erdstraße** mit Geröll und ausgewaschenen Spurrillen zweigt am Südende vom Strand Psilí Ámmos von der Straße nach Gávrion zum Kloster ab.

Wanderer können direkt ab Bátsi hinauflaufen: An der Umgehungsstraße (→ Stadtplan) führt beim Restaurant Edem eine schlechte Piste steil bergauf. Immer auf den Sendemast zuhalten, kurz davor links um die Bergkuppe herum und das Kloster ist erreicht. Dauer hinauf ca. 1 Std., zurück 45 Min.

● *Öffnungszeiten* Besuche nur vor 11 Uhr und nach 17 Uhr, entsprechende Kleidung Voraussetzung (keine Shorts, nackte Schultern, Minikleider etc.).

▶ **Káto Apróvatos:** Straßendorf 2 km östlich von Bátsi, beschilderter Abzweig zum Agía-Marina-Strand und hinauf nach Áno Apróvatos. Tipp ist die Taverne "Belalis" an der Durchgangsstraße, etwa 100 m nach dem Abzweig nach Áno Apróvatos (→ Bátsi/Essen & Trinken)

▶ **Áno Apróvatos:** Auf einer endlos scheinenden Zementpiste geht es in steilen Serpentinen 800 m hinauf in die Berge. Dorfhäuser liegen weit verstreut, großartige Ausblicke, die einzige Taverne heißt nicht von ungefähr "To Balkoni to Aegeon" und bietet gute traditionelle Gerichte, für die hauptsächlich Zutaten aus eigener Produktion verwendet werden, ist allerdings nur abends geöffnet.

▶ **Káto Katákilos:** Abstecher ins bergige Hinterland, reizvolle Abwechslung zum Rummel in Bátsi. Die Häuser des durch und durch ländlichen Dörfchens liegen 6 km landeinwärts verstreut in einer üppig grünen Mulde. Eine gute Asphaltstraße führt über Bergrücken hinüber, beschildert, herrlicher Blick zurück auf Bátsi. Viel Vegetation – Zitronen, Feigen. Es riecht nach Mist, Maulesel sind an der Straße angebunden, ein Bächlein gluckert.

• *Essen & Trinken* Mehrere Tavernen befinden sich an der Hauptstraße, sind aber nur in der Hochsaison geöffnet – vorher erkundigen, wenn Sie dort essen wollen. Besonders lohnend an den lokalen Feiertagen: 27. Juli (Agios Panteleimonos), 15. August (Panagía) und 29. August (Ágios Ioánnis). Im **To Steki** gibt´s die gesottenen Teigbällchen namens *loukoumádes* und das bekannte Insel-Omelett *froutália*. Gegenüber liegt **O Gregos**, ein Stück weiter **Ta Klimata**. Falls geschlossen, kann man sich in einem kleinen **Kiosk** mit Brot, Käse und Getränken versorgen, Wasser gibt es gegenüber an einer **Quelle**.

▶ **Áno Katákilos:** 5 Min. oberhalb des Unterdorfs (Abzweig kurz nach Ortsausgang), auch hier eine Taverne namens "I Kyria Vrisi".

▶ **Órmos Aténi:** langwierige Fahrt an die Ostküste, dort zwei hübsche, einsame Sandstrände in einer Bucht, keine Einrichtungen, einsam.
Von Bátsi die Straße landeinwärts Richtung Káto Katákilos nehmen, aber kurz vorher links abbiegen und auf lang gezogener Erdpiste ein Tal entlang bis zu den paar Häusern der Landwirtschaftssiedlung *Aténi*, dort noch gut 2 km runter zum Ormos.

Große Ándros-Durchquerung

Mit Fahrzeug oder per pedes von Bátsi über Káto Katákilos, Arnás und Vourkotí rüber zur Chóra an der Ostküste – schöne Ándros-Tour über die breiteste Stelle der Insel. Alle Vegetationszonen werden durchquert, Panoramen unterwegs immer wieder großartig, es geht bis auf 1000 m hinauf, kann also auch im Sommer kühl werden. Zweiradfahrer Vorsicht – die heftigen Meltémiwinde haben in den höheren Lagen die Kraft, ein Moped umzuwerfen!

Zunächst auf guter Teerstraße nach *Káto Katákilos*, kurz vorher Abzweig nach Aténi (5 km), siehe vorheriger Abschnitt. Von Káto Katákilos noch 14 km bis Vourkotí. Nach Ortsausgang zunächst rechts Abzweig nach *Áno Katákilos*, geradeaus weiter auf neuer Asphaltstraße durch gewaltige Berg- und Tallandschaften. Bald trifft man auf ein tiefes Flusstal mit üppigster Baumvegetation. Über den Fluss und den jenseitigen Hang mit herrlichen Rückblicken steil hinauf nach *Arnás* (auch: Arní), ein weit verstreutes Dorf, eingebettet in üppiges Grün am Hang des *Pétalon (Profítis Ilías)* mit 995 m der höchste Berg der Insel. Kurz vor dem eigentlichen Dorf fährt man bei einer weißen Kapelle links. Das folgende Straßenstück ist erst seit 2002 asphaltiert, es geht in ständigen Serpentinen steil hinauf und über baumlose, bizarr verwitterte Hänge an der Nordseite des Profítis Ilías entlang. Am Kamm oben herrliche Ausblicke auf die Ostküste tief darunter. Das letzte Stück bis *Vourkotí* war 2002 noch nicht asphaltiert, aber vorplaniert und problemlos zu befahren. In Vourkotí beginnt eine gute Asphaltstraße, auf der man rasch nach Apikía und in die Chóra gelangt. Einige Kilometer nach Ortsausgang liegt unterhalb der Straße das sehenswerte Kloster *Ágios Nikólaos* (→ S. 147).

> **Wanderung:** Bis Arnás Taxi, von dort bis Apikía sind es etwa 3 Fußstunden. In Apikía übernachten (Details S. 147) bzw. per Taxi oder Bus runter nach Ándros-Stadt.

Bátsi bis Kreuzung Stavrópeda

Die Hauptstraße in Richtung Chóra nehmen. Südlich von Bátsi türmt sich der 995 m hohe *Pétalon* (höchster Berg der Insel), ins Meer stößt das lang gezogene, schmale Kap *Thiákion*. Während die Täler oft fruchtbare Enklaven bilden, sind diese Kaps extrem steinig und kahl. Überall sieht man die typischen Steinmäuerchen und terrassierten Hänge, die Küste meist unzugängliche Klippenlandschaft. Südlich des Kaps schöne, menschenleere Strecke hoch über dem Meer.

Paleópolis

Ein prächtiger Anblick: der mächtige, zum Meer weit ausgleitende Hang des Pétalon, die Häuser weit verstreut zwischen schlanken Zypressen und silbrig schimmernden Ölbäumen. Zwischen den fruchtbaren Terrassengärten ein Labyrinth von endlosen, schmalen Treppenwegen, tief unten der mehrere hundert Meter lange, von Zivilisationsmüll verdreckte Kies/Sandstrand, der nur mit mühevoller Kraxelei zu erreichen ist (Leserhinweis: Vorsicht, scharfkantige Steine im Wasser). Wenn man die Wege zwischen den schmucken Wohnhäusern entlangschlendert, kommt man sich vor, als spaziere man durchs Wohnzimmer der Bewohner. Aber es lohnt sich – üppig wuchernde Pflanzenvielfalt, Blumen überall, irgendwo plätschert eine Quelle, kleine Bächlein begleiten die Wege.

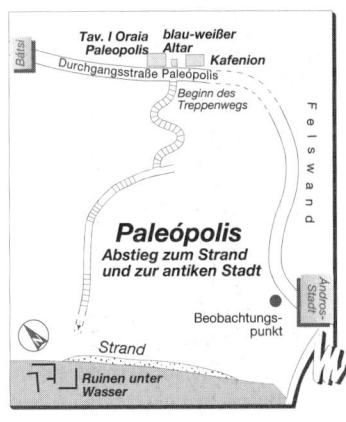

Tav. I Oraia Paleopolis · blau-weißer Altar · Kafenion · Durchgangsstraße Paleópolis · Beginn des Treppenwegs · Felswand · **Paleópolis** *Abstieg zum Strand und zur antiken Stadt* · Beobachtungspunkt · Strand · Ruinen unter Wasser · Ándros-Stadt · Bátsi

• *Hinunterkommen* An der Durchgangsstraße zwischen Kafenion und Taverne "I Oraia Paleopolis" sieht man einen **blau-weißen Altar** (→ Skizze). Hier beginnt der lange Treppenweg zum Strand mit nicht weniger als 1039 Stufen (der Ausschilderung "Paralia" folgen, sonst landet man in einer Sackgasse bei einer Kapelle).

Motorisierte können am westlichen Ortsende die Dorfstraße hinunterfahren, von dort hat man auch Strandzugang.

Paleópolis, die "alte Stadt"

Fast 1000 Jahre lang, etwa vom 6. Jh. v. Chr. bis mindestens ins 4. Jh. n. Chr. befand sich hier die Hauptstadt der Insel. Viel ist nicht mehr erhalten und zudem schwer zu finden, verstreut liegen Säulen und Mauerruinen. Reste der Mauern sind vor dem nordwestlichen Ende des Strands tief unten im seichten, meist kristallklaren Wasser zu erkennen. Am besten sieht man sie von der Straße südlich von Paleópolis, die hier hoch oben in den Berghang gesprengt wurde. Schuld an dem "Untergang" der Stadt war entweder ein Erdbeben oder eine Landsenkung im 4. Jh. Damals wurde die Stadt verlassen. Die zahlreichen Funde sind heute im Archäologischen Museum von Ándros untergebracht. Prunkstück ist der **Hermes von Ándros**, eine wunderbar erhaltene Jünglingsstatue.

Südlich von Paleópolis bizarre, ausgedörrte Mondlandschaft – fahle Schieferplatten, skurrile Felsformationen und gespenstische Steinmauern, die sich über alle kahlen Flächen ziehen. An der wichtigen Kreuzung Stavrópeda teilen sich die Wege – nach Ándros-Stadt sind es 12 km, zum Órmos Korthíou 14 km.

Kreuzung Stavrópeda bis Órmos Korthíou

Es geht anfangs ein wildes, einsames Tal entlang, später über einen mächtigen Höhenrücken in die Landwirtschaftsebene um Órmos Korthíou, immer wieder schöne Ausblicke. Vor allem im letzten Stück der Fahrt viele *Taubentürme* in und um die Streudörfer.

▸ **Zagorá**: äußerst seltenes Beispiel einer Siedlung aus der so genannten *geometrischen* Epoche (so genannt nach der vorherrschenden Keramikmusterung), von 900–700 v. Chr. Inselhauptstadt. Etwa 700 m nach der Kreuzung Stavrópeda steht rechts an der Straße die Kirche *Agía Triáda*. Dort kann man zu einem steilen Vorgebirge am Meer hinuntersteigen, auf dem sich die spärlichen Reste der großen antiken Siedlung befinden. Eine fast schnurgerade und äußerst massive Stadtmauer (2–4 m dick, bis 2,65 m hoch!) grenzte die Halbinsel von Zagorá zum Festland ab – zum Meer hin sorgten Steilfelsen für Schutz. Die ideale Wehrlage war wahrscheinlich der primäre Grund für den Bau der Stadt, es gab nämlich keinerlei Quellen auf dem windgepeitschten Kap, Wasser musste mühsam mittels Zisternen gesammelt werden. In den sechziger und siebziger Jahren wurde ein Teil der Stadt freigelegt, Erläuterungen, Modelle etc. finden Sie im Archäologischen Museum von Ándros.

• *Hinkommen* Von Agía Triáda bis Zagorá braucht man etwa 30–40 Min. Der Weg führt zwischen Steinmauern entlang und ist immer wieder mit Mäuerchen versperrt, um Schafe abzuhalten.

Direkt hinter der Kapelle **Agía Triáda** führt

ein Pfad nach links. Man folgt ihm bis zur nächsten Gabelung und geht dort rechts. Nach 10 Min. trifft man auf einen Querpfad und geht rechts abwärts. 5 Min. später kommt man an der Kapelle **Ágios Geórgios** vorbei und hält geradewegs auf die Halbinsel zu, die man nach etwa 10 Min. erreicht. Das Ausgrabungsgelände ist von einer Mauer umgeben, Zutritt ist aber möglich.

Xirolithiés auf Ándros: Nutzmauern mit künstlerischem Charakter

Xirolithiés: Trockenmauern auf Ándros

Ein faszinierendes Flechtwerk halbhoher Steinmauern erstreckt sich über die gesamte Insel. Ihre Funktionen sind vielfältig – zum einen fungieren sie als Abgrenzungsmauern zwischen den zahllosen kleinen und großen Landbesitzern, zum anderen hindern sie die allgegenwärtigen Ziegen daran, sich hemmungslos über das karge Ackerland und die Feldfrüchte herzumachen. Ferner stützen sie die überall in wahrer Sisyphusarbeit errichteten Terrassen ab, verhindern bei den winterlichen Regenfällen das Wegschwemmen der kostbaren Erdkrume und dienen schließlich auch als Windschutz für die Nutzpflanzen auf den oft völlig baumlosen Inselhängen.

An sich sind Trockenmauern typisch für die gesamten Kykladen, aber nirgendwo sind die Mauern so eigenartig und kunstvoll aufgeschichtet wie auf Ándros! Unverkennbares Merkmal der aus kleinen und großen Schieferbrocken aufgehäuften Mauern sind hier nämlich die in regelmäßigen Abständen vertikal eingesetzten Schieferplatten, die nach oben meist annähernd spitz zulaufen. Diese Technik gibt den einfachen andriotischen Feldmauern eine elegante und kunstvolle Note.

▶ **Kappariá**: bedeutet "Kaperndorf", interessanter Ort neben der Straße zwischen Zypressen, Kapernbäumen und Ölbaumterrassen. Verstreut am Hang die alten braunen Schieferhäuser, vom Untergrund fast nicht zu unterscheiden. Die Häuser um die Kirche sind dagegen in wunderbarem Lichtblau gehalten. Sehr auffallend auch die eigentümlichen "Taubentürme" mit ihren geziegelten

Ornamentmustern. Von den Balkons der beiden Kafenia an der Straße wunderschöner Blick weit ins Tal.

Lesertipp: "Kurz bevor man Kappariá erreicht, zweigt in einer Spitzkehre links eine schmale, unbefestigte Straße zu einem Ortsteil ab – schmale Gässchen, ruhiger Kirchplatz, die verfallenen Häuser werden zur Zeit renoviert, schöner Blick auf das Kappariá an der Hauptstraße."

▶ **Tal von Korthion:** lang gestreckt, von Oliven und Zypressen bedeckt, Felderwirtschaft, kleine weiße Weiler kleben an den Hängen.

Etwa 4 km vor Órmos Korthíou asphaltierter Abzweig zu den Bergdörfern *Písso Meriá, Moustákio, Amonáklion* und *Korthí.* Schöne Höhenfahrt am südlichen Hang entlang, Straße mündet kurz vor Órmos Korthíou wieder auf die Hauptstraße.

Órmos Korthíou

Stiller, oft fast ausgestorben wirkender Fischerort in geschützter Lage zwischen zwei wilden, einsamen Landzungen. Im Hochsommer fegen trotzdem oft die peitschenden Meltémi-Winde hinein und wühlen das Meer heftig auf, interessant für Surfprofis. In den neunziger Jahren wurde eine neue Uferpromenade angelegt, an der sich mittlerweile einige Fischtavernen eingerichtet haben. Im Ortszentrum verläuft außerdem eine liebevoll gepflasterte Fußgängerzone, an der alle wichtigen Geschäfte liegen. Ob dieser finanzielle Kraftakt wohl mehr Touristen ins Dorf locken wird?

Neben dem Dorf ein ungepflegter brauner Sand-/Kiesstrand mit niedrigen Dünen, die wenigen Besucher kann man zählen. Einige weitere kleine Strände liegen nördlich vom Ort, zu erreichen mit einem Spaziergang durch steinige Phrygana von der Kapelle vorn auf der Landzunge: Der erste ist sandig und besitzt eine turmhohe Steinsäule, der zweite besteht aus Feinkies, der dritte aus Grobkies. Dort gibt es eine Quelle.

● *Verbindungen* Busse von und nach **Ándros-Stadt** ca. 3–4 x tägl., von und nach **Gávrion** (über Bátsi) ebenfalls. An Wochenenden weniger.

● *Übernachten* **Korthion,** C-Kat., allein stehendes Haus am Ortseingang direkt am Wasser, 15 einfache Zimmer, vorne raus toller Meeresblick mit dem Rauschen der Brandung unmittelbar unterhalb. DZ ca. 25–50 €. ✆ 22820-61218, 📠 61118.
Direkt gegenüber vermietet **Villa Korthion** Studios. Zimmer gibt es außerdem in der Taverne **O Kalogridis** (→ Essen & Trinken). Am Strand wird freies Zelten bisher toleriert.

● *Essen & Trinken* **O Kalogridis,** am Hauptplatz, schöne Taverne der alten Sorte mit viel Holztäfelung, vorne raus Terrasse zur Uferpromenade, gute Küche.

To Bintzi, angenehm schattige Grilltaverne in schöner Lage auf zwei Terrassen, ganz vorn auf der linken Landzunge, nach dem kleinen Fischerhafen.

En Plo, nettes Café/Snackbar an der Uferpromenade, schön sitzt man auf der schattigen Terrasse im ersten Stock.

● *Shopping* Mehrere Lebensmittelläden und "Supermärkte" in der Fußgängerzone, teils wirklich sehenswert mit einem unglaublichen Sortiments-Wirrwarr.

Strecke von Ándros-Stadt nach Órmos Korthíou siehe S. 148

Kreuzung Stavrópeda bis Ándros-Stadt

Das fruchtbare Messariá-Tal entlang, großes Durchgangstal, breit, mit üppigen Wiesen und weiten Schieferhängen. Die letzten Kilometer vor Ándros dichte Zypressenlandschaft und auffallend gepflegte Ortschaften, in denen die reichen Reederfamilien ihre Sommerquartiere haben. Hier auch die ältesten Kirchen der Insel.

▶ **Pítrofos**: größeres Dorf, etwas abseits der Straße. Benachbart liegt **Melída** mit einem großen Friedhof, dessen weiße Taxiárchis-Kirche zu den ältesten der Insel gehört (byzantinisch, ca. 11. Jh.).

▶ **Messariá**: Hauptort des Tals, lang gezogen entlang der Straße, jeweils vorher und nachher eine Tankstelle. Schräg gegenüber der Hauptkirche geht ein schmaler Weg hinein zur byzantinischen *Taxiárchis* (Erzengelkirche). Nach etwa 50 m trifft man inmitten grüner Zitronen- und Zypressenhaine auf das verwitterte Kirchlein aus Schiefergestein mit achteckiger Kuppel. 1158 wurde mit dem Bau begonnen, im 18. Jh. wurde sie erneuert, die Türstürze aus Marmor stammen von dieser Renovierung (Jahreszahl 1772 über der Südtür, Relief über der Haupttür mit fehlendem Taubenkopf). Seit einigen Jahren wegen Verfall geschlossen.

• *Übernachten* Mehrere neue Unterkünfte im Umkreis von Messariá zeigen die Beliebtheit des grünen Tals.
Aiolos, Nähe Ménites, komfortabler Neubau mit Studios, dank der exponierten Lage herrlicher Blick über das Tal. Schöner Pool mit kleinem Kinderbecken und Poolbar. ✆ 22820-51311.
Nine Muses, neu erbaute Anlage, ebenfalls mit Pool. ✆ 22820-24128.

Afroessa, Zimmer im oberen Ortsbereich. ✆ 22820-22805.
• *Essen & Trinken* **Dionysios**, Taverne mit weinüberrankter Terrasse an der Durchgangsstraße, von der großen Hauptkirche ein Stück die Straße hinauf.
Herrlich duftendes *psomí choriátiko* (Bauernbrot) stellt die **Bäckerei** am Ortsausgang Richtung Ándros-Stadt her, kurz vor der Abzweigung nach Lámira.

▶ **Ménites**: kleines, hübsches Dorf abseits der Hauptstraße, asphaltierter Abzweig am westlichen Ortsende von Messariá (2 km, beschildert). Hier kann man den enormen Wasserreichtum von Ándros besonders gut beobachten! Unerschöpflich sprudeln mehr als ein halbes Dutzend Quellen in eine Rinne am Wegesrand und werden weitergeleitet in ein (leider arg verschmutztes) Bachbett. Das Ganze wohlgeborgen unter dichten Nussbäumen und Efeuranken. Schön für den Nachmittagsausflug, mehrere Tavernen sind unter und an der Straße terrassenförmig übereinander gestaffelt. Leider fehlen oft die Besucher, deswegen unregelmäßige Öffnungszeiten. Oberhalb prächtige weiße Kirche mit schönem Blick auf die gurgelnde und plätschernde Oase.

▶ **Kloster Panachrántou**: ältestes, bedeutendstes und gleichzeitig am höchsten gelegenes Kloster der Insel (etwa 800 m über dem Meer). Tolle Lage am Nordhang des *Gerakónas*, hoch über dem Tal von Messariá – von der Straße zur Chóra ist es deutlich zu sehen.
Zwei Möglichkeiten der Anfahrt: "von hinten" über das Dorf *Méssa Vouní*, beschilderter Abzweig zum Kloster ab Straße von Órmos Korthíou in die Chóra (→ S. 148). Etwas beschwerlich, viele Kurven, anfangs Asphalt, später nur noch Erdpiste, großartiger weiter Blick bis rüber nach *Tínos*. Alternative: Zwischenzeitlich wurde auch aus dem Tal von Messariá, "von vorn" also, eine steile Piste angelegt. Abzweig am westlichen Ortsende von Messariá, anfangs Asphalt vorbei an *Aladinóu* bis *Fállika*, kurz danach zweigt eine Erdpiste zum Kloster ab (→ Karte "Road Editions" bzw. "Periigitikos Pezoporikos Chartis Androu").

Der weiße, festungsartige Klosterkomplex stammt aus dem 10. Jh. und wurde angeblich aufgrund eines Gelübdes des byzantinischen Feldherrn Nikiforas Fokas erbaut. Nur noch ein Mönch wohnt hier oben in der Einsamkeit – Vater Eudokimos ist auf ganz Ándros bekannt dafür, dass er seine seltenen Gäste gerne bewirtet (damit er auch da ist, besser vorher anrufen, ✆ 22820-22090). Platanen beschatten den Vorhof, in der Kirche verblasste Wandmalereien und Reliquien des Klosterheiligen Ágios Panteleímonos (Fest am 27. Juli).

● *Fußweg zum Kloster* Gegenüber der Kirche Ágios Nikólaos in **Messariá** beginnt ein Pfad zum Kloster Panachrántou hinauf, Dauer ca. 1,5 Std. Man kreuzt die Fahrstraße nach Aladinóu und Fállika, etwas später trifft man im Flusstal auf eine schöne alte **Bogenbrücke**. Von dort geht es bergauf zum Kloster.

Ándros-Stadt (Chóra)

Fantastische, sehr ungewöhnliche Lage – ein Felssporn, der wie ein Schiffsbug durchs Wasser pflügt, die Häuser eng an eng auf den Kamm gebaut. Trotzdem sehr beschaulich, Touristen kommen oft nur zu Tagesausflügen.

Das Ambiente ist reizvoll: Zahlreiche klassizistische Villen verschönen die wohlhabende Reederstadt, die marmorgepflasterte Hauptstraße ist für Autos gesperrt und durchzieht schnurgerade das ganze Zentrum. Mittelpunkt des Lebens ist die idyllische Platia Kairis, wo sich vormittags die Hausfrauen und abends die Männer zum Plausch treffen. Das Ganze besitzt fast musealen Charakter. Es gibt jedoch auch drei wirkliche Museen in der Stadt, wobei der Besuch des Archäologischen Museums am meisten lohnt. Und auch die Umgebung ist einen Abstecher wert – üppige Garten- und Zypressenlandschaften, links und rechts der Stadt erstrecken sich zwei längere Sandstrände, südlich ragt ein zweiter kahler Felsgrat ins Meer.

Information/Verbindungen/Adressen (s. Karte rechts)

● *Information* **Touristiko Periptero**, kleiner Informationskiosk an der Platia Goulandris (→ Stadtplan). Hier wird der Inselführer "Andros Travel Guide" verkauft, und einige Prospekte liegen aus.

● *Verbindungen* **Busstation** südlich der Hauptstraße, Nähe Panagía-Kirche. Weiter Blick in die üppige Tallandschaft landeinwärts. 6–8 x tägl. nach **Gávrion** (Sa/So 5 x), 3–4 x tägl. nach **Órmos Korthíou** (Sa/So 1– 2 x) und **Apikía**, **Steniés**, **Sinetí**, **Ménites** und **Vourkotí** je 2 x. Aktuelle Zeiten sind angeschlagen.

Taxis an der Platia Basileion Goulandris, ✆ 22820-22171.

Schiffstickets gibt es u. a. hinter dem Torbogen an der Platia Kairis.

● *Adressen* **Autoverleih (4)**, bei Lazaros Valmas im Hotel Egli, gegenüber Hauptkirche. ✆ 22820-22767.

Geld, mehrere Banken mit Geldautomat an der Hauptstraße.

Post, an der Hauptstraße Richtung Ortsausgang.

Tankstelle, an der Straße hinter dem nördlichen Strand.

Zweiradverleih, "Rent a Bike Aris" an der Einfahrtsstraße, Nähe Hotel Paradise. ✆ 22820-24381.

Übernachten (s. Karte rechts)

Paradise (6), B-Kat., am Ortseingang von Messariá kommend. Größeres Haus, seit 1930 als Hotel geführt und kürzlich vom renommierten Saint George Lycabettus Hotel in Athen übernommen, solide Mittelklasse. Freundliche Eingangshalle und Salon mit Bar, oben Speisesaal mit Panoramablick, geräumige Zimmer mit ordentlichen Bä-

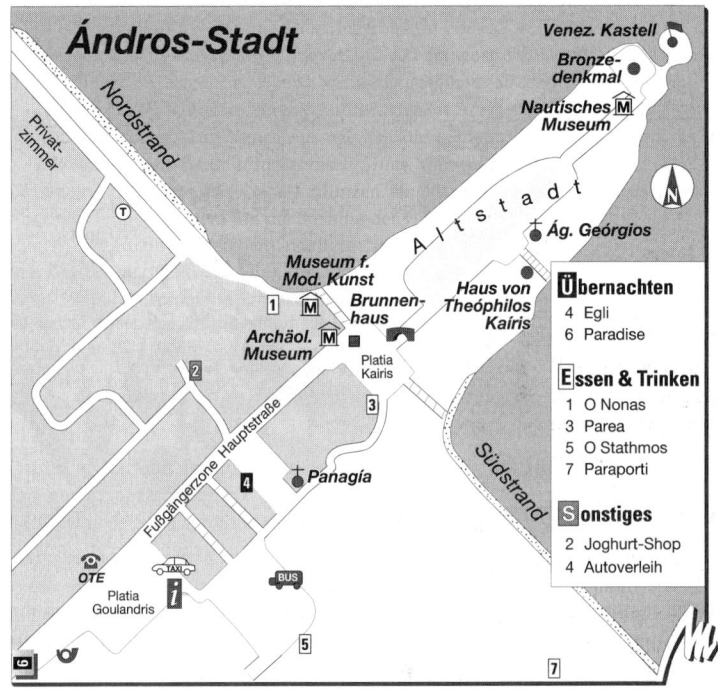

Ándros-Stadt

Venez. Kastell
Bronze-
denkmal
Nautisches M
Museum

Nordstrand

Privat-
zimmer

Altstadt

T

Ág. Geórgios

Museum f.
Mod. Kunst

Haus von
Theóphilos
Kaíris

1 M Brunnen-
haus

Archäol. M
Museum

Platia
Kairis

2

3

Übernachten

4 Egli
6 Paradise

Essen & Trinken

1 O Nonas
3 Parea
5 O Stathmos
7 Paraporti

Sonstiges

2 Joghurt-Shop
4 Autoverleih

Fußgängerzone Hauptstraße

4 Panagía

Südstrand

OTE

TAXI

BUS

Platia
Goulandris

i

6

5

7

dern (Badewanne), jeweils TV, Mini-Bar und Telefon. Im Garten hinter dem Haus großer Pool mit Blick in die Berge. Weiterhin gibt es Tennis und Tischtennis sowie im Sommer Badebus zum Strand. DZ mit Frühstück ca. 70–120 €. ✆ 22820-22187, 📠 22340.

Egli (4), C-Kat., ganz zentral an der Hauptstraße, gegenüber der Panagías-Kirche. Altes Stadthotel der ursprünglichen Sorte, viel Atmosphäre und blitzblank sauber, geführt von der charmanten und dynamischen Rumänin Christiana. Gemütliche kleine Bar mit Frühstücksraum, an der Marmortreppe zu den 15 Zimmern Puttenengel und Kakteen, hohe Räume mit altem, solidem Mobiliar, darunter verzierte Messingbetten, z. T. Duschkabinen im Zimmer, jeweils TV. DZ mit Bad ca. 30–50 €, mit Etagendusche etwas günstiger. In einem separaten Haus am Ortseingang werden auch Apartments vermietet. ✆ 22820-22303, 📠 22159.

● *Niborió* (Nordstrand) Hier findet man eine ganze Reihe von Privatunterkünften und Apartmenthäusern.

Irene's Villas, 500 m vom Ortszentrum, ein Stück oberhalb vom Nordstrand, schmaler Zufahrtsweg, Urlaub auf dem Hühnerhof, Gänse, Katzen und Hähne wuseln durcheinander. Bungalows mit ein oder zwei Zimmern, Küche, Du/WC, bis zu vier Personen finden Platz. Stilvoll eingerichteter Salon, hübsche Terrasse mit Blick. ✆ 22820-23344.

Vasiliki, auf einem Hügel landeinwärts vom Strand, schöner Meeresblick, ruhig. Apartments mit kleinen Veranden vor der Tür, Dachterrasse mit Café. ✆ 22820-23547, 📠 25056.

Stella, Pension mit Café gegen Ende der Uferstraße, acht Zimmer mit Blick, jeweils Kochherd. ✆ 22820-22471, 📠 24419.

Maria Niouniousko, nette Privatunterkunft, empfohlen von Leserin H. Bauer: "Leider spricht Maria kein Englisch, ihre Freundin, eine gebürtige Amerikanerin, dafür umso mehr." ✆ 22820-22612.

• *Essen & Trinken* **O Stathmos (5)**, direkt am Busbahnhof, ordentliches Speiselokal mit Außenterrasse und schönem Blick. Die schmackhaften Gerichte sind an die italienische Küche angelehnt, gute Bedienung, sehr sauber. Preise etwas höher.

Parea (3), freundliche Taverne auf dem Hauptplatz, direkt am Eingang zur Altstadt. Im Umkreis Kafenia und Fastfood.

O Nonas (1), einfaches Mezedopólion am Fuß der Altstadt (neben Xenia Hotel), Blick auf den Nordstrand.

Eine ganze Anzahl von Fischtavernen findet man am Nordstrand, am Südstrand liegt das hübsche Lokal **Paraporti (7)** (→ Baden).

• *Nachtleben* Spielt sich in erster Linie am Nordstrand Niborió ab, dort gibt es zahlreiche Treffs, z. B. den **Vengera Club** und **Cabo del Mar** sowie die Disco **Remezzo** am äußersten Ende des Nordstrands, direkt neben dem großen Dieselkraftwerk.

• *Shopping* **Galaktopolion Grigoris (2)**, Metzeropoulos Str, linke Seitengasse der Hauptstraße. Seit 1929 schon gibt es den kleinen Shop von Gregoris Hatzigregorios, hier bekommt man täglich frischen Joghurt und Risogalo (Milchreis).

Glika Kontaliou, hübsch altmodischer Laden an der Hauptstraße, Sirup und Marmeladen mit diversen Aromen, Mandelgebäck mit Honig.

Sehenswertes

Die Stadt als Ganzes – macht viel Spaß, hier umherzuschlendern. Die Häuser sind z. T. auf senkrecht abfallende Felsen gebaut, Treppengassen ziehen sich links und rechts der schnurgeraden Hauptstraße entlang. Alles strahlt Wohlstand, vielleicht sogar etwas Behäbigkeit aus, klassizistischen Zierrat entdeckt man reichlich.

Naós Panagía: am Platz gegenüber Hotel Egli, seitlich der Fußgängerzone. Schönste und bedeutendste Kirche von Ándros, der Innenraum prunkt mit schweren Kristalleuchtern und Silberikonen.

Friedhof: am Ortseingang, hinter Hotel Paradise. Die prunkvollen marmornen Grabmäler diverser Reedergenerationen sind teilweise antiken Tempelbauten nachempfunden und mit filigranen Steinmetzarbeiten geschmückt: Skulpturen, Porträts, Schiffsreliefs etc.

Öffnungszeiten Mo–Sa 8–12 Uhr, 15–17 Uhr, So 17–20 Uhr.

Altstadt: Das alte Viertel beginnt an der bildhübschen *Platia Kairis* mit Archäologischem Museum, elegantem Marmorbrunnenhaus (1818) und der Büste von *Theophilos Kairis*, einem berühmten Sohn der Stadt (1784–1853). Er machte sich vor allem als Philosoph der Aufklärung einen Namen, wurde deswegen von der orthodoxen Kirche verfolgt und starb im Gefängnis. Steile Treppenwege führen auf beiden Platzseiten zum Nord- bzw. Südstrand hinunter, an ersterem das Museum für moderne Kunst. In früheren Jahrhunderten befand sich an dieser Stelle ein tiefer Graben, der die Chóra vor Angriffen schützte.

Durch einen malerischen *Torbogen* betritt man das historische Zentrum und trifft an der Hauptstraße auf die hübsche Kirche *Ágios Geórgios*, die blauen Kuppeln der beiden schönen Glockentürme sind weithin sichtbar. Dahinter führen Stufen hinunter zum *Wohnhaus* von Theophilos Kairis, zu erkennen an der Gedenktafel.

Weiter kann man bis zur Spitze der Halbinsel laufen. Dort passiert man das bescheidene *Nautische Museum* und betritt ein paar Schritte weiter die halbrunde Platia Afanous Nautou mit dem riesigen *Bronzedenkmal* des "Unbekannten Seefahrers von Ándros" (entworfen von Michael Tombros, dem bedeutendsten Bildhauer von Ándros, gestiftet 1958 vom Reeder Nikolaos Yiannis Goulandris). Schöner, ruhiger Ort, vor allem während der Siesta. Davor auf winziger Felseninsel die spärlichen Reste des ehemaligen venezianischen Kastells *Méssa Kástro*, darunter betonierte Badeplattform, Dusche und Fischerboote. Mutige können über den Bogen auf die Insel hinüberklettern.

Museen

Archäologisches Museum: moderner Bau an der zentralen Platia Kairis, großzügig angelegt, Videoüberwachung, Aircondition, dazu Klaviermusik als Untermalung. Die Funde sind exakt kommentiert (englisch) und in den geschichtlichen Zusammenhang gefügt.

Im ersten Stock Funde aus *Zagorá*, der alten Inselsiedlung aus der geometrischen Epoche. Sie lag als natürliche Festung auf einem steil abfallenden Kap an der Westküste und war mit einer fast schnurgeraden, bis zu 4 m dicken Mauer zum Festland hin abgeschlossen. Früheste Tonscherben hat man bis ins 10. Jh. v. Chr. zurückdatieren können. Anfang des 6. Jh. wurde die Siedlung verlassen. Erhalten sind u. a. riesige Tonpithoi (Vorratskrüge), außerdem zahlreiche andere Gefäße aus Ton, Gewichte, Spindeln, Türbolzen, Zähne und Knochen von Haustieren etc. Modelle erläutern den Aufbau der Stadt.

Im Erdgeschoss bildet die ehemalige Inselhauptstadt *Paleópolis* den Schwerpunkt. Von der archaischen Periode (700–480 v. Chr.) bis in späte römische, wahrscheinlich sogar bis in christliche Zeit, war sie die wichtigste Stadt der Insel (unterhalb des heutigen Paleópolis, siehe dort). Die Funde sind chronologisch geordnet – je ein Raum für archaische, klassische, hellenistische und römische Zeit – und bestehen weitgehend aus Großplastiken, Grabreliefs, Fragmenten von Statuen u. Ä. Höhepunkte der Sammlung sind die zwei Statuen des *Hermes* und der so genannten *Heracleiótissa* (Frau aus Herculaneum). Beide Skulpturen wurden 1833 in Paleópolis gefunden, lagerten dann über hundert Jahre lang in Athen und befinden sich erst seit 1981 im Museum von Ándros. Der Hermes stammt aus römischer Zeit und ist ein so genannter

Eintritt in die Altstadt

Andros
Karte Seite 122/123

"Koúros" (männliche Jünglingsstatue, nackt), wahrscheinlich die Kopie eines Bronzegusses des berühmten Bildhauers Praxiteles. Er ist erstaunlich gut erhalten und zeigt sich in vollendeter Anmut und Grazie. Die Schlange, die sich um den Baumstumpf hinter ihm windet, gilt als Symbol des Götterboten. Die Herkulanenserin ist eine so genannte "Kore" (weiblich und bekleidet) und stammt wahrscheinlich von einem Nachfolger des Praxiteles aus hellenistischer Zeit. Ihr Kopf ist leider verloren gegangen. Vor allem der Fund des Hermes verursachte erheblichen Wirbel – der griechische Außenminister verkündete höchstpersönlich die Entdeckung vor der Weltpresse, und sogar *Otto von Wittelsbach*, der bayerische König Griechenlands, erschien zur Besichtigung.
Öffnungszeiten/Preise Di–So 8–14.30 Uhr, Mo geschl. Eintritt ca. 2 €, EU-Stud. frei.

Museum für moderne Kunst: Das einzige Museum seiner Art in Griechenland, erreicht man, wenn man beim archäologischen Museum ein paar Stufen die Gasse hinunter geht. Ausgestellt sind hauptsächlich Skulpturen von *Michael Tombros* (1889–1973), geboren in Athen, aber Sohn andriotischer Eltern. Er gilt als Wegbereiter der griechischen Plastik. Wunderbar in seiner naiven Eleganz sind etwa sein "*The dream of the woman*" (1950) oder, ganz anders, "*Alter Mann von Ithaka*" (1936). Als Materialien verwendete er hauptsächlich Bronze und Marmor. Im Untergeschoss moderne griechische Malerei und interessante Kinetic-Kunst, z. B. eine Art Musikinstrument, dessen eigenartigen Klang man schon während des ganzen Rundgangs vernommen hat. Straff gespannte Saiten, verschieden gestimmt, über Elektrokontakt bewegte Metallstäbe stoßen daran, per Lautsprecher verstärkt – das klassische Abbild einer "Nervensäge". Im *Neubau* schräg gegenüber wechselnde Ausstellungen bedeutender internationaler Künstler, u. a. waren schon Picasso, Kandinsky, Klee, Matisse und Henry Moore vertreten.
Öffnungszeiten/Preise Mi–So 10–14, Di geschl., im Sommer gelegentlich auch abends 18–20 Uhr. Eintritt ca. 3 €, Stud. ermäß., die Ausstellungen im Neubau kosten bis zu 6 €.

Nautisches Museum (Marine Museum): an der Spitze der Halbinsel, kleine Sammlung historischer Modelle und Fotos von Schiffen, die unter der Flagge von Ándros fuhren bzw. deren Bau hier in Auftrag gegeben wurde.
Öffnungszeiten/Preise 10–13, 18–20 Uhr, So-Nachmittag und Di geschl., Eintritt frei.

▶ **Chóra/Baden**: Hauptstrand ist der nördlich gelegene Strand *Niborió*, etwa 500 m lang und sehr schmal. Gleich dahinter verläuft die Uferstraße mit zahlreichen Unterkünften, Tavernen und Bars, als Vergnügungszeile vor allem bei den jungen Athenern sehr beliebt, an Wochenenden herrscht oft Rummel bis tief in die Nacht. Am Nordende Hafen und großes Dieselkraftwerk, das den Strom für Ándros und die Nachbarinsel Tínos erzeugt (bei der Überfahrt nach Tínos sieht man am Südende von Ándros die Starkstromleitung, die nach Tínos hinüberführt).
Im Gegensatz zum Nordstrand ist der Strand *Parapórti* südlich der Stadt fast einsam. Durch die Felsnase, auf der die Chóra liegt, ist er gegen Meltémi-Winde geschützt. Etwa 400 m lang, ziemlich breit und unbebaut, mit baumbestandenen Dünen, ein Bach mündet hier. Beim Basketballfeld die große, hübsch aufgemachte Taverne "Paraporti". Im Hinterland ausgedehnte Zitronenplantagen, dort Möglichkeit zu schönen Spaziergängen.

Nördlich von Ándros-Stadt

Touristisches Hauptziel ist meist Apikía, wo das bekannte Sáriza-Wasser sprudelt. Doch gibt es noch weitere pittoreske Dörfer in der näheren Umgebung von Ándros-Stadt, nämlich *Strapouriés, Lámira* und *Ipsiloú*, die alle durch Treppenwege miteinander verbunden sind. Hübsch zum Spazierengehen und nicht zu weit von der Chóra.

▸ **Steniés**: Hangdorf 6 km nördlich von Ándros, über einen Bergrücken zu erreichen. Bevorzugtes Sommerquartier reicher andriotischer Reederfamilien, im Winter stehen viele Häuser leer. Üppigste Vegetation mit Zypressen, Obstbäumen und zahllosen Blumen. Mal durch den Ort laufen: viel treppauf, treppab über Wege, die für Autos zu schmal sind, kleine Wasserläufe begleiten die Wege, überall grünt und blüht es, Düfte hängen in der Luft – ein bisschen wie im Garten Eden.

Am Weg kurz vor dem Ort der *Órmos Giália* mit zwei Stränden, durch ein Kap getrennt. In der ersten Bucht Kies und Sand, kleine Taverne mit preiswertem Fisch, ein Fluss mündet hier, im Sommer oft stehende Gewässer bzw. ausgetrocknet. Der andere Strand mit mehr Sand, ohne Einrichtungen, insgesamt schöner.

Verbindungen Busse etwa 3 x tägl. ab Ándros-Stadt.

▸ **Kloster Agía Marina**: Abzweig an der Straße nach Apikía, zunächst Asphaltstraße Richtung Ménites, dann Zufahrt auf holpriger Erdpiste. Das Kloster ist unbewohnt und in der Regel verschlossen.

Apikía

Großes Dorf hoch oben am Hang, berühmt für seine Mineralquelle, erfrischend kühle Luft auch im Sommer. Vom Parkplatz an der Straße gelangt man über ein paar Stufen zur Quelle in einem schönen Brunnenhaus – davon kosten! An der Hauptstraße große Mineralwasserfabrik, die das kalzium- und natriumreiche *"Sáriza-Wasser"* in Plastikflaschen abfüllt und in ganz Griechenland ausliefert. Nach oben nicht enden wollende Treppen, selbst Maulesel begehren hier auf.

● *Verbindungen* Busse ca. 3 x tägl. ab Ándros-Stadt.

● *Übernachten* **Pigi Sariza**, B-Kat., Großhotel neben der Quelle, sehr ruhig, für Erholungsuchende ideal. Äußerlich nicht sonderlich einladend, innen aber gepflegt und gut in Schuss. Geschmackvolle Lobby, Bar, spezielle Tische zum Kartenspielen, Restaurant mit Terrasse, Swimmingpool inkl. Bar, großer Hof, in dem eine mächtige Platane Schatten bietet. Zimmer mit weißem Rauputz, fachmännisch gefliest, schönes Holzmobiliar, TV, Radio, Frigobar. Ganzjährig geöffnet. DZ ca. 35–70 €, Frühstück extra. ✆ 22820-23799, ✆ 22476.

Privatzimmer im selben Haus wie Taverne Tassos, selber Besitzer wie Hotel Egli in der Chóra (siehe dort).

● *Essen & Trinken* Zu empfehlen ist die hübsche Taverne **Tassos** neben Hotel Pigi Sáriza, außerdem gibt es die Taverne **Romantica** mit Panorama-Terrasse.

▸ **Kloster Ágios Nikólaos**: Wenige Kilometer vor Vourkotí schmiegt sich die lang gestreckte Anlage mit hoher, wehrhafter Schiefermauer, über die die blaue Kirchenkuppel pittoresk hinausragt, an den Schluchthang unterhalb der Straße. Erbaut ist Ágios Nikólaos am Standort einer "heiligen Quelle", die hier angeblich seit 1000 Jahren plätschert. Die Ursprünge des Klosters sollen bis in diese Zeit zurückreichen, der Großteil der heutigen Gebäude stammt allerdings aus dem 16.–18. Jh. Seit vielen Jahren hat der Klosterabt enorme Energie in die Restaurierung gesteckt, zwischenzeitlich unterstützt von Novizen – durchaus interessant, einmal junge orthodoxe Mönche kennen zu lernen, z. T. sind sie in den USA, in Deutschland und Australien aufgewachsen.

Vor dem Tor eine riesige Platane und ein Brunnen von 1766, aus dem herrlich kaltes Quellwasser sprudelt. Zunächst betritt man einen Innenhof mit Arkaden, durch ein zweites Tor gelangt man zur ausgesprochen hübschen Kreuzkuppelkirche, deren Bruchsteinmauern von jeglichem Putz befreit wurden – eine außerordentlich gelungene Restaurierung. Bunte Fensteröffnungen in der Kuppel schaffen eine farbenfohe und warme Atmosphäre, in der die reichhaltige Ausstattung wirkungsvoll zur Geltung kommt. Im Narthex (Vorhalle) diverse Ikonen und Freskenreste, größte "Sehenswürdigkeit" ist rechter Hand eine Ikone, die auf den ersten Blick gänzlich aus Gold- und Silberfäden gestickt scheint. Jedoch erklären die Mönche stolz, dass Gesicht und Hände aus Menschenhaar bestehen – das Werk einer Nonne, die im 17. Jh. als Einsiedlerin in der Nähe des Klosters lebte und ihre Haare für das Heiligenbild opferte. Außerdem gibt es ein kleines *Kirchenmuseum*, das aber für Besucher nicht immer geöffnet wird.

Der heilige Nikolaus ist der Schutzheilige der Seefahrer. Alljährlich am 6. Dezember finden viele andriotische Seeleute den Weg ins Kloster.

Wandern: Von Apikía kann man das Kloster in etwa 1 Std. zu Fuß erreichen. Ein Eselspfad beginnt am oberen Ende der Treppen, die sich von der Hauptstraße hangaufwärts ziehen.

▶ **Vourkotí**: Bergdorf mit weiß gekalkten Bruchsteinhäusern inmitten prachtvoll instand gehaltener Terrassen, wunderbar gelegen am oberen Ende einer tiefen Schlucht, die sich der Fluss *Achla* mit Urgewalt in den Fels gebrochen hat (am Schluchtausgang Badeplatz). Von Apikía problemlos auf neu angelegter Asphaltstraße zu erreichen. Große Grilltaverne am Ortsausgang Richtung Arní.

▶ **Von Vourkotí nach Bátsi**: schöne, landschaftlich sehr lohnende Ándros-Durchquerung auf neuer, weitgehend asphaltierter Straße am Nordhang des Profítis Ilías. (→ S. 136). Zweiradfahrer Vorsicht – hier oben wehen oft heftige Winde!

Von Ándros-Stadt nach Órmos Korthíou

Großartige Panoramafahrt, die Asphaltstraße schraubt sich in steilen Windungen bis auf über 300 m Meereshöhe in die Berge, prächtige Ausblicke zurück auf die Chora auf dem ins Wasser ragenden Felssporn.

Das hübsche Dörfchen *Sinetí* liegt am Beginn einer tiefen Schlucht namens Dipotámata (→ Kasten), tief unterhalb erkennt man einen kleinen Strand, zu dem sich eine steile Piste hinunterzieht. Die Asphaltstraße nach Órmos Korthíou führt parallel zur Schlucht und überquert sie nach etwa 5 km, dort liegt auch ein beschilderter Abzweig zum Kloster Panachrántou hoch über dem Messariá-Tal (→ S. 141).

Dipotámata: im tiefen Tal der Wassermühlen

Von den Hängen des Gerakónas (685 m) oberhalb von Méssa Vouní hat sich der kräftige, auch im Sommer noch Wasser führende Fluss Stefánes einen tiefen Einschnitt bis hinunter nach Sinetí gebahnt, wo er in einer kleinen Sandbucht ins Meer mündet. Die Straße von Ándros-Stadt nach Órmos Korthíou begleitet diese gewaltige, fast urzeitlich wirkende Schlucht etwa 5 km lang, von Sinetí bis Éxo Vouní. Am Grunde des Canyons gibt es einen alten Maultierweg, der von Kochýlou nach Sinetí führt, unterwegs stehen mehrere aufgegebene Wassermühlen, auch eine schöne steinerne Bogenbrücke ist erhalten. Einstieg in die Schlucht an der Stelle, wo die Asphaltstraße sie kreuzt (beim Abzweig zum Kloster Panachrántou). Am Schluchtgrund existiert allerdings eine äußerst üppige Vegetation, sodass der Weg teilweise völlig überwuchert und kaum passierbar sein soll (wegen des dornigen Gestrüpps unbedingt hohe Schuhe und lange Hosen anziehen). In dem feuchten Mikroklima fühlen sich übrigens genau die schmetterlingsähnlichen Nachtfalter der Familie Euplagia Quadripunctaria heimisch, die man im berühmten "Schmetterlingstal" Petaloúdes auf der Insel Páros betrachten kann (→ S. 279).

Tipp: Etwa 50 m oberhalb des Einstiegs steht auf Sichtweite eine der alten Wassermühlen (an der Straße beschildert mit "Nerómilo"). Diese kann man bequem ohne längeren Fußmarsch besichtigen, der Weg führt zwar über Stock und Stein, ist aber nicht zu verfehlen. Das Wasser wird im Oberlauf in einem Teich angestaut und treibt ein Mühlrad mit vertikaler Achse an. Die Anlage ist gut erhalten und für den Interessierten eine Fundgrube von Zeugnissen alter Handwerkskunst. Etwas flussabwärts steht am anderen Ufer das heute als Stall genutzte Wohnhaus des Müllers. Sehenswert ist die aus Bruchsteinen aufgeschichtete zentrale Steinsäule im Untergeschoss, welche die Decke trägt.

▶ **Kástro tis Grias** *(Paleókastro)*: "Die Burg des Alten Weibs" ist ein markanter, 583 m hoher Berggipfel oberhalb vom hübschen Ort *Kochýlou*. An der Spitze sind die kaum noch lokalisierbaren Reste eines venezianischen *Kastells* aus dem 13. Jh. erhalten. In ihrer grandiosen Wehrlage galt die Festung als nahezu uneinnehmbar, fiel aber im 18. Jh. trotzdem an die Türken: Eine alte Frau, die mit den anderen Einwohnern in Streit lebte, öffnete den Belagerern das Stadttor. Später bereute sie diese Tat bitterlich und sprang von dem hohen Felsen in den Tod. Die Stelle wird seitdem *Tis Grias to Pidema* genannt, der "Sprung der Alten". Einmal im Jahr soll man noch heute den Schatten der Alten springen sehen.

Wer hinauf will: Eine Erdpiste zweigt in Kochýlou ab und führt bis kurz unter den Gipfel, über Stufen geht es bis zur Spitze.

Hinter Kochýlou beginnt dann eine lange, äußerst panoramareiche Abfahrt in die weite Bucht von Órmos Korthíou (→ S. 140).

Über der Stadt die Stiftskirche, in der Ferne ragt der Exómbourgo

Tínos

**Tínos ist heilig – penetranter Weihrauchduft in der "Basargasse", scheitel-
hohe Wallfahrtskerzen, körbeweise Silber- und Farbikonen, Heiligendevoti-
onalien in allen Variationen. Schwarz gekleidete Mütterchen, junge Mädchen, aber auch schlanke Burschen und schwitzende Mitvierziger rutschen
auf den Knien die schnurgerade Straßenzeile zur prächtigen Stiftungskirche
am höchsten Punkt der Inselhauptstadt hinauf ...**

Tínos ist das griechische Lourdes. Die wundertätige Ikone der *Panagía*, die 1823
dank der Visionen einer Nonne oberhalb von Tínos-Stadt "gefunden" wurde, hat
seitdem einen einzigartigen Religionsboom heraufbeschworen. Die Panagía
heilt Gebrechen, lindert Schmerzen, macht Kranke gesund – eben wie die
Muttergottes in Lourdes. Alljährlich am **25. März** (Mariä Verkündigung) und
am **15. August** (Mariä Himmelfahrt) ziehen wahre Völkerscharen von orthodoxen Gläubigen zur kleinen Kykladeninsel. Doch auch Wochen vorher und
nachher, eigentlich fast das ganze Jahr über, wird Tínos von Pilgern überflutet.
Religiöse Inbrunst, vermischt mit Souvlakidampf und typisch griechischer Geschäftstüchtigkeit – all das kann Tínos für jene Besucher interessant machen,
die ein Stück griechischer Kultur und Orthodoxie kennenlernen wollen.

Die Insel selber ist weitgehend kahl, mit nur einem Gipfel über 700 m, trotzdem fast durchweg bergig, mit schroffen Steilküsten und zahllosen Terrassenhängen. Zu sehen gibt es viel: Für das markante Profil sorgt der knorpelige
Felsklotz *Exómbourgo*, der gleich hinter der Hauptstadt 540 m hoch aufsteigt.
Viele kleine Dörfer überziehen das Inselinnere, dazu kommen mehr als 1000 (!)

schneeweiße Kirchlein, Klöster und Kapellen, ebenso wie die überall existenten *Taubentürme*, für die Tínos berühmt ist. Reiche Marmorvorkommen werden in mehreren Steinbrüchen abgebaut. Nicht von ungefähr ist Tínos auch eine Insel der Bildhauer – in dieser Hinsicht lohnenswertestes Ziel ist *Pírgos* im äußersten Nordwesten, der zweitgrößte Ort der Insel.

Natürlich hat auch der ausländische Tourismus seine Enklaven. So gilt das Hotel Tinos Beach (A-Kat.) in *Kiónia*, wenige Kilometer westlich von Tínos-Stadt, als eins der besten Großhotels der Kykladen außerhalb von Santoríni und Mýkonos und auch um *Pórto Ágios Ioánnis* östlich der Inselhauptstadt hat sich in den letzten Jahren viel getan.. Doch der Rest der Insel ist erfreulich unberührt, wohl auch weil die Strände *so* schön nicht sind. Einziger kleiner Badeort, bisher hauptsächlich von Rucksacktouristen entdeckt, ist *Órmos Panórmou* beim oben erwähnten Pírgos.

Größe: 200 qkm, Länge bis zu ca. 30 km, Breite bis zu ca. 15 km. Höchster Gipfel ist mit 729 m der Tsiknias im Osten der Insel.

Bevölkerung: knapp 8000 Einwohner, zu den Festtagen (25. März und 15. August) kommen gut dreimal soviel Pilger.

Geografie/Geologisches: reiche Marmorvorkommen. Besonderheit sind die venezianischen Taubentürme, an die 800 sollen es noch sein (→ unten).

Wichtige Orte: Tínos-Stadt; das Bildhauerdorf Pírgos; die schönen Dörfer Ktíkados und Triantáros bei Tínos-Stadt; die Marmordörfer Kardiáni und Isterniá; Bade- und Fischerort Órmos Panórmou im Nordwesten; das Traditionsdorf Vólax.

Straßen: inzwischen recht gutes Netz von Asphaltstraßen, u. a. von Tínos-Stadt nach Pírgos und Órmos Panórmou, von Tínos-Stadt nach Kiónia und nach Pórto Ágios Ioánnis, außerdem zu den Dörfern rund um den Exómbourgo und über Kómi zum Órmos Kolimbíthra. Details → Karte.

Entfernungen: Tínos-Stadt – Pírgos 30 km, Pírgos – Órmos Panórmou 4 km, Tínos – Kiónia 3 km, Tínos – Pórto Ágios Ioánnis 7 km, Tínos – Exómbourgo 15 km, Tínos – Kolimbithra 21 km.

Auto-/Zweiradverleih: nur in Tínos-Stadt.

Tankstellen: insgesamt fünf – drei nacheinander an der alten Ausfallstraße von Tínos-Stadt Richtung Inselinneres, eine weitere an der neuen Ausfallstraße, eine zwischen Falatádos und Monastíri. Das Netz wird ausgebaut.

Unterkunft: zahlreiche Hotels und Privatzimmer in Tínos-Stadt und an den umliegenden Stränden. Privatzimmer außerdem vor allem in Pírgos und Órmos Panórmou.

Baden: Die besten Strände liegen in der relativ flachen Umgebung von Tínos-Stadt, hauptsächlich östlich. Ansonsten erwähnenswert der Strand von Kolimbíthra, die Badebuchten bei Órmos Panórmou und der kleine Strand von Ágios Nikítas. Strände an der Nordküste sind oft verschmutzt.

Landkarten: Die Karte "Tinos" (Karten-Nr. 102) von Road Editions ist gewohnt detailliert. Auch Toubi's Inselkarte ist bis auf einige Kleinigkeiten ziemlich genau. Im Prinzip ebenfalls gut ist die Karte "Tínos Island", die man im Reisebüro Mariner an der Hafenpromenade gratis erhält. Allerdings stammt sie von 1979 und ist nur in Schwarzweiß-Druck erhältlich, was die Übersichtlichkeit etwas mindert.

Postleitzahl: 84200.

Geschichte

Der Mythen, Legenden und Vermutungen sind viele – der Windgott Aiolos soll einst auf Tínos in einer Höhle im Tsiknias-Gebirge gelebt haben, der Name Tínos soll von einem phönizischen Wort abstammen, das "große Giftschlangen" bedeutet, der Meeresgott Poseidon soll die Schlangen schließlich vernichtet haben ... Wie dem auch sei, Tatsache ist das große *Poseidon-Heiligtum*, das wenige Kilometer westlich von Tínos-Stadt liegt. Es war in der Antike (mindestens seit dem 5. Jh. v. Chr., vielleicht früher) ein weithin bekanntes religiöses Pilgerziel und Heilzentrum (ähnlich wie Epidauros am Peloponnes). Poseidon wurde auf Tínos als Heilgott verehrt, und sein Tempel ist wahrscheinlich älter als das Heiligtum des Apollon auf Delos. Erstaunlich folgerichtig, dass auch heute Tínos wieder ein bedeutendes religiöses Zentrum ist und die wundertätige Ikone der Panagía ebenfalls Heilkräfte besitzen soll.

Wie Ándros wurde auch Tínos Ende des 2. Jt. von den *Ionern* besiedelt, vereinzelte Keramikfunde lassen aber auf eine wesentlich frühere Besiedlung durch andere Völker schließen. Die Ioner legten ihre Hauptsiedlung am markanten Berg *Exómbourgo* an (viel später erbauten dort auch die Venezianer eine starke Befestigung samt umliegender Stadt).

Im 8. Jh. stand die Insel unter der Oberherrschaft von Eritrea (Euböa), kämpfte in den Perserkriegen ebenso wie Ándros zuerst auf der Seite von Xerxes, wechselte aber vor der Schlacht von Salamis zu den Athenern über. Danach trat Tínos wie die anderen Kykladeninseln dem Attisch-delischen Seebund bei. Nach dem Höhepunkt der griechischen Antike wurde es makedonisch besetzt, danach von den Ptolemäern (Diadochenkämpfe), schließlich von den Römern. Aus den folgenden Jahrhunderten ist außer Araberüberfällen wenig überliefert.

1207 besetzte das Söldnerheer der venezianischen Eroberfamilie *Ghizi* die Insel und errichtete am Exómbourgo ein Kastell, in dessen Umgebung sich die größte Siedlung der Insel bildete. Ab 1390 wurde Tínos der Republik Venedig einverleibt, die die Festungsstadt auf dem Exómbourgo noch einmal verstärk-

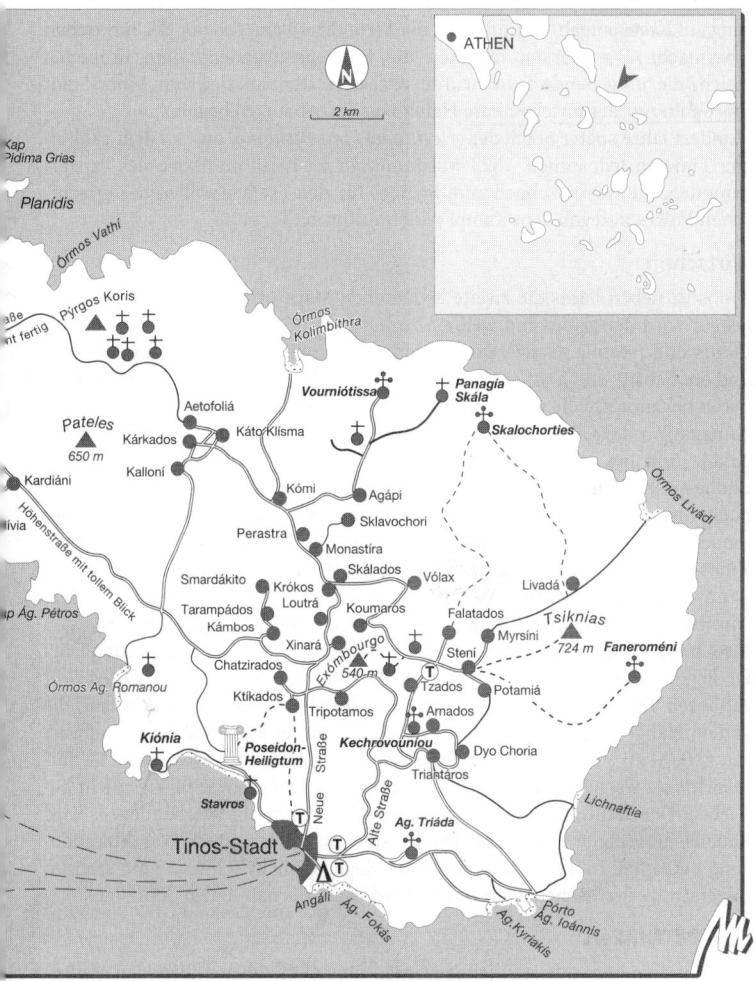

te. Das Kastell behauptete sich dank seiner grandiosen Wehrlage an dem fast senkrecht aufragenden Steilfels in den folgenden Jahrhunderten immer wieder gegen zahlreiche *Türkenangriffe* und wurde eine der stärksten Verteidigungsanlagen der Venezianer in der Ägäis. Die Venezianer konnten sich demzufolge auf Tínos länger halten als auf den anderen Kykladeninseln. In den zahlreichen venezianisch-griechischen Mischehen wurde oft der Glaube der Italiener beibehalten, und noch heute lebt eine starke *römisch-katholische Bevölkerungsminderheit* auf Tínos (wie auf Sýros und Náxos, das eine ähnliche Entwicklung durchmachte). Erst 1714 (im selben Jahr, in dem auch die letzte Venezianer-Festung auf Kreta aufgab) kapitulierten die Verteidiger kampflos vor der türkischen Übermacht. Die Türken machten die Burg postwendend dem Erdboden gleich, die umgebende Stadt wurde verlassen, der Aufstieg von Tínos-Stadt (bis dahin nur der unscheinbare Hafen von Exómbourgo) begann.

Hundert Jahre später brach der *griechische Freiheitskampf* aus, an dem zahlreiche Tinioten teilnahmen. 1823 wurde mitten im Krieg die Ikone der Panagía gefunden. Sie wurde schnell zum Symbol für den Freiheitswillen des griechischen Volkes und gab dem Kampf neuen Auftrieb.

Wirtschaft

Tínos ist neben Páros die zweite bedeutende Marmorinsel der Kykladen. Abgebaut wird der grüne und weiße *Marmor* hauptsächlich im Nordwesten um Pírgos und Isternía. Ganze Dörfer sind zum großen Teil aus Marmor erbaut, und auf Schritt und Tritt stößt man auf einfach bis kunstvoll gehauene Stücke, deren bekannteste die relief- und ornamentverzierten tiniotischen Oberlichter namens "*Kamári*" bzw. "*Yperthyri*" sind (zu betrachten z. B. im Kloster Agía Triáda und im "Marmordorf" Pírgos). Tínos hat überdurchschnittlich viele Bildhauer, Künstler und Maler hervorgebracht, in Pírgos gibt es sogar eine Bildhauer- bzw. Steinmetzschule. Die Insel gilt deswegen als Ausgangspunkt der modernen Bildhauerei Griechenlands. *Marmorwerkstätten* findet man u. a. in Tínos-Stadt (z. B. Ortsausgang Richtung Pórto Ágios Ioánnis) und in Pírgos.

Landwirtschaftlich kann fast nur für den Eigenbedarf produziert werden. Natürliche Anbauflächen finden sich auf der großteils kargen und steinigen Insel hauptsächlich im Gebiet um den Exómbourgo, wo auch die meisten Dörfer liegen, und in den fruchtbaren Tälern, die zur Nordküste verlaufen. Mit zahllosen Terrassen hat man vor allem an der steilen Westküste versucht, die kahlen Hänge zum Meer zu kultivieren. Hier gibt es auch reichlich Quellwasser, z. B. beim schönen Ort *Kardiáni*. Angebaut werden verschiedene Gemüsesorten, es wächst etwas Obst, wenig Getreide, außerdem wird Viehzucht betrieben. Der Wein von Tínos ist nur in beschränktem Maß vorhanden, es wird Retsína hergestellt. Zahlreiche Dörfer sind inzwischen stark von Abwanderung betroffen. In Tínos-Stadt lebt man dagegen nicht schlecht vom stetigen Pilgerstrom, inzwischen auch zunehmend vom internationalen Tourismus.

Essen & Trinken

Wie auf dem benachbarten Sýros werden überall die oblatenförmigen *chalvadópittes* und süße Fruchtgeleestückchen namens *loukoúmia* angeboten. Auch die in Öl gesottenen Teigbällchen *loukoumádes* werden in zahlreichen Kafenia zubereitet. Besondere Spezialität von Tínos sind aber die *tiropitákia* genannten Osterkuchen – kleines rundes Gebäck aus Mürbeteig, gefüllt mit ungesalzenem Käse, geriebener Orange und Zucker (nur an Ostern und in den Wochen danach erhältlich). Ansonsten ist noch *loukániko* (Wurst) von Tínos bekannt – serviert entweder gebraten mit Zitrone oder im Bauernomelett *froutália* (→ Insel Ándros). Die berühmten Tauben der Insel landen dagegen wohl nur noch an hohen Festtagen in den Schmortöpfen der Einheimischen, für Touristen sind sie zu schade. In einigen Tavernen um den Hafen und im Hinterland wird offener Inselwein angeboten, gelegentlich sogar Retsína vom Fass, der ebenfalls auf Tínos hergestellt wird.

Von Tauben und Türmen

Die Venezianer waren es, die der Taubenzucht frönten. Das zarte Fleisch der Täubchen, ihre zahlreich anfallenden Eier sowie der üppige Taubenmist *(Guano)*, der einen hervorragenden Felddünger abgibt, waren ausschlaggebende Gründe für die Entstehung der Zucht. Als Gutsherren mit Sinn gleichermaßen für Ästhetik wie für praktische Verwendbarkeit errichteten die venezianischen Adligen ihre Taubenschläge an exponierten Stellen in Form von niedrigen, im Grundriss quadratischen Türmen (peristeriónes). In den Obergeschossen befanden sich die Nistplätze, die Räumlichkeiten zu ebener Erde fungierten als Scheunen, Abstellkammern u. Ä. Das Besondere an diesen Türmen sind die reich verzierten Taubenkammern, die sich außer zur windigen Nordseite nach drei Seiten hin öffnen. Mit dünnen Schieferplatten sind die Ein- und Ausfluglöcher in Form von Rauten, Rhomben, Pyramiden und Kreisen so aufwendig gestaltet, dass kleine Kunstwerke entstanden sind. Der praktische Sinn dieser Verzierungen liegt in der Vielzahl der geschützten Winkel für die Tauben, die darin ein ideales Nistrevier finden. Auf Tínos

*Die Taubentürme von Tínos:
filigran und zweckmäßig zugleich*

konnten sich die Venezianer länger als auf den anderen Kykladen-Inseln an der Macht halten – an die 800 Taubentürme stehen hier noch, die meisten im Gebiet um Kámbos und Tarampádos. Einige sind noch in Betrieb (Täubchen sind unter den Einheimischen noch immer als Delikatesse begehrt!), andere wurden renoviert und zu Wohnhäusern umfunktioniert. Inzwischen wird die typische Taubenhaus-Architektur auch bei vielen Neubauten zu Dekorationszwecken verwendet.

Inselfeste

Die größten und wichtigsten sind *Mariä Verkündigung* am 25. März und *Mariä Entschlafung* (Panagiri) am 15. August. In einer riesigen Prozession wird dabei die heilige Ikone durch die Stadt getragen, Prominenz ist anwesend, griechische Kriegsschiffe liegen vor Anker, Volksfestatmosphäre. Am 30. Januar wird die *Entdeckung der Ikone* gefeiert, am 23. Juli wird der Nonne *Pelagia* gedacht, die an diesem Tag den entscheidenden Traum hatte. Weitere große Feste finden in *Isternía* statt (26. Juli und 14. September), reizvoll ist außerdem das Fest *Johannes' des Täufers* (Ioánnis Pródromos) am 29. August in Kómi.

Verbindungen von und nach Tínos

Wegen der ständigen Pilgerströme bestehen das ganze Jahr über ab *Piräus* und *Rafína* gute Verbindungen mit geräumigen Großfähren, Schnellfähren und Schnellbooten, die weiter nach Mýkonos-Sýros-Páros-Náxos-Íos-Santoríni fahren (ebenso umgekehrt). An Wochenenden ist oft halb Athen im Anmarsch. Die Fähren machen entweder am zentral gelegenen Anleger fest (Limáni) oder am äußersten westlichen Kai (Néo Limáni), von dort sind es etwa 500 m ins Zentrum.

Der Bau eines *Flughafens* ist für die nächsten Jahre geplant.

● *Fähren/Schnellfähren*   Von **Piräus** mindestens 2, Freitag und Sonntag meist 3 Überfahrten tägl., Dauer ca. 3 Std. 15 Minuten bis 4,5 Std. Fährpreis pro Pers. (Deck/Pullmannsitz) ca. 20 €, Kleinwagen ca. 62 €, Mittelklassewagen ca. 74 €, Schnellfähre deutlich teurer.
Ab **Rafína** meist 2 Überfahrten tägl. über Ándros (keine Schnellfähren), Dauer nur ca. 3 Std. Preis pro Pers. ca. 16 €, Kleinwagen ca. 51 €, Mittelklassewagen ca. 62 € – also deutlich billiger als von Piräus.

Etwa 2 x tägl. werden **Ándros** (1,5 Std.), **Sýros** (1 Std.) und **Mýkonos** (1 Std.) angefahren, in der Saison fährt auch täglich ein Schiff die Route **Páros-Náxos-Íos-Santoríni**, gelegentlich weiter nach **Kreta**.
● *Schnellboote*   Verschiedene Gesellschaften befahren täglich die Strecke **Rafína-Ándros-Tínos-Sýros-Mýkonos-Páros-Náxos-(Amorgós)-Íos-Santoríni**.   Überfahrtsdauer von Rafína nach Tínos ca. 1,5 bis 2 Std., pro Pers. ca. 26 €.

Verkehr auf der Insel

▸ **Busse:** Busverbindungen ab Tínos/Hafen gibt es in beinahe alle Orte. Handikap in der Nebensaison ist allerdings, dass die meisten Busse entsprechend den Bedürfnissen der Inselbewohner fahren. Also morgens in die Stadt rein (Einkaufen, Arbeit etc.) und mittags bzw. nachmittags wieder zurück. Nachmittags deshalb in der Regel keine Verbindung zurück nach Tínos-Stadt. Im Sommer werden aber die touristisch wichtigen Orte regelmäßig angefahren.

▸ **Mietfahrzeug:** Damit kommt man oft besser klar als mit den seltenen Bussen. Reichlich Auswahl findet sich im Hafen.

▸ **Eigenes Fahrzeug:** lohnt nur bei längerem Aufenthalt und wenn man fleißig davon Gebrauch macht. Für ein paar Tage tut's in jedem Fall auch ein gemietetes Moped bzw. Jeep. Fahrrad ist nicht zu empfehlen, denn Tínos ist äußerst steil und bergig.

Tínos-Stadt

Auf den ersten Blick großstädtisch und gleichzeitig so festländisch, dass man meint, man befände sich irgendwo in Mittelgriechenland. Um den Hafen mit viel Rummel mehrstöckige Hotelkästen, größer als auf den anderen Kykladen. Die schnurgerade, breite Wallfahrtsstraße zur exponiert stehenden Stiftungskirche hinauf verstärkt noch den Eindruck. Nachts ausgedehntes Lichtergefunkel – Hochhaus-Skyline, Trubel in den Tavernen ...

Doch hinter der Hafenpromenade wird Tínos schnell wieder zur hübschen Kykladen-Siedlung mit weißgewaschenen Gassen, kleinen Kirchlein und alten Häusern mit Holzbalkons und Treppenaufgängen. Viel zu sehen gibt's immer in der quirligen *Basarstraße* parallel zur Wallfahrtsstraße. Die Neubauviertel an der Peripherie sind dagegen wie überall wenig erhebend. Die Stadt endet abrupt in der Dürre der Felshänge, zwei asphaltierte Straßen führen ins bergige Hinterland.

Information

Mariner, Reisebüro an der Promenade, vis à vis vom Anleger, neben der Apotheke. Der Besitzer, Herr Adonis Foskolos, ist Vertrauensmann der Kreuzer-Abteilung des Deutschen Segel-Verbandes (DSV). Er und seine beiden Söhne sprechen hervorragend Deutsch. Die Deutsche Berti Oden, die hier arbeitet, lebt seit über zwanzig Jahren auf Tínos und ist quasi ein lebendiges Insel-Lexikon, spricht mehrere Sprachen, darunter natürlich perfekt Griechisch. Zimmervermittlung, Ausflüge, Gratis-Inselkarten, Infos für Segler. ℡ 22830-23193.

Verbindungen

Busse starten direkt im Hafen, im Sommer nach **Kiónia** etwa 10 x tägl., zum **Kloster Kechrovouníou** ("Monastíri" oder "Moní") und weiter nach **Stení** 7 x, **Pórto Ágios Ioánnis** 5–7 x, **Pírgos/Panórmos** 6 x, **Kalloní/Strand von Kolimbíthra** 2 x (nur Hochsaison) und **Skálados/Kámbos/Smardákito** 2 x. Bedenken Sie, dass es nur im Sommer von den meisten Inseldörfern nachmittags eine Verbindung zurück nach Tínos-Stadt gibt! Einzige Ausnahme ist als gut besuchtes Touristenziel das Marmordorf **Pírgos**. **Taxistandplatz** etwas abseits vom Anleger (→ Stadtplan). ℡ 22830-22470.

Adressen (s. Karte auf S. 159)

● *Ausflüge* In der Saison gehen fast täglich Ausflugsboote nach Mýkonos, Délos und Sýros. Buchen kann man z. B. im Reisebüro **Mariner**.

● *Auto-/Zweiradvermietung* Mehrere um den Hafen. Wir empfehlen **Vidalis (10 + 13)**, an der alten Ausfallstraße Richtung Inselinneres (von der Anlegestelle rechts), Zannaki Alavanou Str. 16. Herr Georgios Vidalis und seine Frau betreiben ihren Job äußerst engagiert, haben eine große Auswahl gut gepflegter Zweiräder und Autos, außerdem eine Karte an der Wand, die genau die asphaltierten Straßen der Insel darstellt. Weitere Filialen im Hafen und am Néo Limáni (→ Stadtplan). ℡ 22830-23400, ✆ 25995, www.vidalis-rentacar.gr

● *Hafenamt* Auskunft unter ℡ 22830-22348.

● *Post* Im östlichen Hafenbereich, neben Hotel Tinion.

● *Internationale Presse* Im Ortsteil Paláda (→ Stadtplan) und an der Uferstraße Nähe Hotel Avra.

● *Geld* National Bank im Hafen.

● *Tankstellen* Drei Stück nacheinander an der alten Straße Richtung Inselinneres, eine weitere an der neuen Ausfallstraße.

Übernachten (s. Karte rechts)

Wegen der vielen Pilger ausgeprägte Herbergenkultur und während der Woche meist kein Problem, ein geeignetes Zimmer zu finden. Jedoch Vorsicht an Wochenenden: Dann ist Tínos-Stadt oft bis aufs letzte Bett ausgebucht, ebenso an den Tagen um den 15. August und 25. März–Pilgerrummel total! Höchstens in der "countryside" weitab der Stadt kann man dann noch unterkommen.

● *Direkt im Hafen* Um den Hafen ein ganzes Bündel von viel gebuchten C- und D-Klasse-Hotels – zwar schöner Blick aufs geschäftige Hafenleben, allerdings erheblicher Geräuschpegel, da oft volle Kafenia und Tavernen unten im Haus. Im östlichen Hafenbereich wird es ruhiger.

Oceanis (18), C-Kat., von den Großhotels im Hafen vielleicht beste Wahl, zwar noch im Hafen, aber in einer ruhigen Ecke, ein Stück abseits von Anlegestelle und Tavernen (wenn man ankommt, rechter Hand, abends blaue Leuchtschrift). Die 47 Zimmer durchschnittlich eingerichtet, ohne Besonderheiten, aber solide und sauber, alle mit eigenem Bad und Balkon, z. T. schöner Blick vorne raus. Unten großer Frühstücksraum mit Grün, gemütliche Bar mit Polstermöbeln und TV. DZ ca. 45–60 €. ✆ 22830-22452, 🖷 25402.

Avra (14), C-Kat., historisches Haus an der Hafenpromenade, über 100 Jahre alt, nette Besitzerin. Arkadenvorbau, im Aufgang kitschiges Wandbild, sehr hohe, einfache aber saubere Räume mit Holzböden und Nasszellen, teilweise Balkon, pflanzenüberwachsener Innenhof, Frühstücksraum. DZ mit Bad ca. 30–55 €. ✆ 22830-22242, 🖷 22176.

Tinion (15), B-Kat., Konst. Alavanou Str. 1, historisches Gebäude im östlichen Bereich der Hafenpromenade, seit über 60 Jahren in Betrieb und damit ältestes Hotel am Ort. Kürzlich vollständig renoviert und seitdem wieder eine recht gute Adresse. Über dem Eingang elegante Arkadenterrasse, auf die 4 Zimmer münden. Himmelhohe Räume mit z. T. schönem altem Mobiliar, unten Aufenthaltsraum. DZ mit Bad ca. 55–75 €. ✆ 22830-22261, 🖷 24754, E-Mail: kchatzi@ ath.forthnet.gr

● *In der Altstadt, Nähe Hafen* Unterm Strich mehr Flair, eher persönlich gehaltene kleinere Stadthotels und Pensionen, jedoch kein Meeresblick.

Eleana (3), D-Kat., älteres Haus mit schönen Stuckverzierungen an einem stimmungsvollen Platz, direkt neben der Kirche Trion Iearchon (drei Hierarchen). Frau Veloudios, die temperamentvolle Wirtin, ist freundlich und hilfsbereit. Zimmer einfach und sauber, teils mit schön überwachsenen Balkonen, jeweils TV. DZ mit Bad ca. 50–70 €, mit Etagendusche günstiger. ✆ 22830-22561.

Meltemi (6), C-Kat., im unteren Drittel der Wallfahrtsstraße Philippoti Str. rechts hinein. Freundliches Haus, ganzjährig geöffnet, alle Zimmer mit Heizung. Holzgetäfelte, familiäre Eingangshalle mit TV, Zimmereinrichtung etwas älter, farbenfrohe Wolldecken, Teppichböden und jeweils eigenes Bad (Badewanne). Balkons mit Holzgeländern, vom obersten Stockwerk Blick aufs Meer. DZ ca. 40–55 €. ✆ 22830-22881, 🖷 23000.

Favie Souzane (5), C-Kat., von der Anlegestelle rechts und die Ausfallstraße Richtung Inselinneres nehmen, dann links. Großes, mehrstöckiges Haus mit 34 Zimmern, z. T. Meeresblick, vor einigen Jahren renoviert. DZ ca. 45–60 €. ✆ 22693, 🖷 25993.

Afroditi (23), C-Kat., ebenfalls rechter Hafenbereich, vom Hotel Oceanis noch ein Stück weiter ums Eck. Hübsches Haus mit tiefblauen Fensterläden und -türen, netter Frühstücksraum, Zimmer einfach, Steinfußboden, weiß gefliese Bäder. DZ ca. 40–50 €. ✆ 22830-22456, 🖷 23556.

● *Außerhalb vom Zentrum* Hier hauptsächlich Hotels, die von Pauschalreisenden bewohnt werden. In der Saison deshalb oft ausgebucht bzw. als feste Kontingente an verschiedene Reiseveranstalter vergeben.

Argo (26), C-Kat., ca. 800 m östlich vom Zentrum, nah am Meer auf der Halbinsel von Akrotíri, Nähe Angáli-Strand. Von außen nicht so ansprechend, aber nett und persönlich geführter Familienbetrieb. 20 Zimmer mit Du/WC auf vier Stockwerken, schön die 2-Zimmer-Suite für Familien, Balkons mit Meeresblick, teils auch nach hinten. Sitzterrasse vor der Tür, morgens wird Frühstück serviert. DZ ca. 40–60 €. ✆ 22588, 🖷 23188.

Aeolos Bay (24), B-Kat., am Beginn vom Stadtstrand, vierstöckiges größeres Haus mit 70 Zimmern, teils Meerblick, teils Blick hinten raus auf Tínos-Stadt mit Panagía-Kirche. Freundlicher älterer Besitzer, der schon viel in der Welt herumgekommen ist. Unten

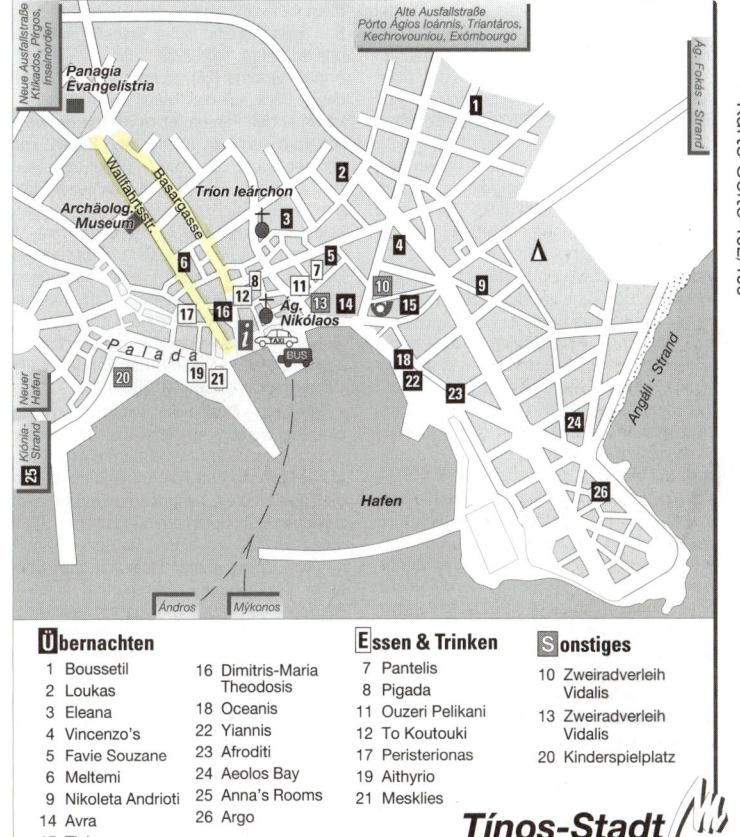

Neue Ausfallstraße
Klíkados, Pírgos,
Inselnorden

Alte Ausfallstraße
Pórto Ágios Ioánnis, Triantáros,
Kechrovouníou, Exómbourgo

Ag. Fokás - Strand

Panagía
Evangelístria

Wallfahrtsstr.

Basargasse

Tríon Ierárchon

Archäolog.
Museum

Ag.
Nikólaos

BUS

TAXI

Palada

Neuer
Hafen

Kiónia - Strand

Argáli - Strand

Hafen

Ándros   Mýkonos

Übernachten

1 Boussetil
2 Loukas
3 Eleana
4 Vincenzo's
5 Favie Souzane
6 Meltemi
9 Nikoleta Andrioti
14 Avra
15 Tinion
16 Dimitris-Maria
   Theodosis
18 Oceanis
22 Yiannis
23 Afroditi
24 Aeolos Bay
25 Anna's Rooms
26 Argo

Essen & Trinken

7 Pantelis
8 Pigada
11 Ouzeri Pelikani
12 To Koutouki
17 Peristerionas
19 Aithyrio
21 Mesklies

Sonstiges

10 Zweiradverleih
   Vidalis
13 Zweiradverleih
   Vidalis
20 Kinderspielplatz

Tínos-Stadt

große Halle im rustikalen Stil, Marmorböden überall, in den Zimmern dunkle Holzmöbel, Bäder ansprechend gefliest. Kleiner, nierenförmiger Swimmingpool. DZ ca. 50–75 €. Wird auch von Reiseveranstaltern gebucht. ℡ 22830-23339, 📠 23086.

Alonia, B-Kat., ziemlich weit vom Schuss, moderner weißer Bau an der Straße nach Pórto, wo die Straße zum Kloster Agía Triada abgeht. Die zwei Flügel im rechten Winkel zueinander. Ums Haus Bruchsteinterrassen mit Buschwerk und Blumen, Swimmingpool. Weiterhin Cafeteria, Speisesaal und TV-Raum. In den Zimmern solides Holzmobiliar, TV und Telefon. Insge-

samt ansprechend und gepflegt, zum Meer etwa 800 m. DZ ca. 55–85 €. Hauptsächlich von Reiseveranstaltern gebucht. ℡ 22830-23541, 📠 23544.

● *Privatzimmer* Jede Menge "Rooms", die Anbieter kommen zum Hafen, Preis wie immer Verhandlungssache, DZ ca. 25–40 €.

Dimitris-Maria Theodosis (16), Evangelistrias Str. 33, mitten im Geschehen, direkt in der Basargasse, kleine Zimmer über einem Fährticketbüro, nur Etagendusche, Gemeinschaftsküche. Zwei Zimmer mit Balkons zur Gasse. Dimitris vermietet auch neue Apartments für Familien in der Nähe der Panagía Evangelístria. ℡ 22830-24809.

Yiannis (22), uriges altes Haus mit blauen Fensterläden, unmittelbar neben Hotel Oceanis am Ostende vom Hafen. Kykladisch verwinkelt mit etwa 10 sehr einfachen Zimmern, Terrassen und Treppen auf diversen Ebenen, im Gang Kühlschrank, nur Etagenduschen. Beliebt bei Rucksackreisenden. ✆ 22830-22515.

Loukas (2), vom Hafen rechts halten und die alte Ausfallstraße Zannaki Alavanou landeinwärts nehmen, dann links. Freundlich geführtes Haus, Zimmer mit Bad. ✆ 22830-23964.

Vincenzo (4), 25 Martiou 8–10, auf der anderen Seite der Zannaki Alavanou. Größeres Haus, einfache Zimmer z. T. mit eigenem Bad, täglicher Roomservice. Transfer mit Minibus ab Hafen. Fahrradverleih, Waschmaschine, kostenloser Internetzugang. Wenn das Haus voll ist, wird im Garten auch Camping gestattet. ✆ 22830-22612, 📱 23612, E-Mail: vincenzo@pigeon.gr

Nikoleta Andrioti (9), Kapodistriou Str. 11, die junge sympathische Gastgeberin vermietet 4 DZ und 3 Studios, alle gepflegt, jeweils Kühlschrank und TV. Zwei große Zimmer können auch als Mehrbettzimmer verwendet werden, z.B. für Familien. Frühstücken kann man im dicht überwachsenen Innengarten hinter dem Haus mit Fächerpalmen, einer Laube aus Weintrauben und einem Grill. Einige Zimmer grenzen direkt an den Garten an. ✆ 22830-24719, 📱 25863, E-Mail: nikoleta@thn.forthnet.gr

Boussetil (1), Ioannou Voulgari Str. 7, ebenfalls die Zannaki Alavanou hinauf und kurz vor Ortsende rechts abbiegen. Schlichte Pension in ruhiger Lage, geführt von Manthos und seiner Mutter, hübsch die dicht begrünte Schattenterrasse neben dem Haus. Zimmer recht unterschiedlich möbliert, teils Linoleumböden. DZ teils mit eig. Bad, teils Etagendusche. Transfer mit Minibus ab Hafen. ✆/📱 22830-22675.

Anna's Rooms (25), Apartments mit herrlichem Blick auf das Meer und die hereinkommenden Fähren, etwa 800 m nordwestlich vom Zentrum, in Richtung Kiónia, kurz vor der Bucht von Stavrós. Gepflegte Räume, auch für Familien ausreichend Platz, großer Garten mit Trampolin und Schaukeln, Internetzugang. Gastgeberin Anna Vidos stammt aus Holland und spricht Deutsch sowie sechs weitere Sprachen. Mehrere Leserempfehlungen für dieses gastfreundliche Haus, in dem oft Gäste vieler Nationen zusammenkommen. ✆/📱 22830-22877, E-Mail: annasrooms@zonnet.nl (im Winter Niederlande: 0031/50/5410915).

● *Camping* **Tinos**, der einzige Campingplatz der Insel, vom Hafen ca. 500 m nach rechts (beschildert), ein Bus steht für Neuankömmlinge etwa von Anfang Juni bis Ende August bereit. Langgestrecktes Gelände zwischen Rohbauten am südöstlichen Stadtrand, seit 1982 von einer tiniotischen Familie geführt. Üppig grüner Platz mit Stellreihen unter Schilfdächern, Oliven- und anderen Bäumen, ausreichend Schatten, allerdings ungepflegt. Meist laufen Hühner, Enten, Kaninchen und Katzen auf dem Gelände herum (was nicht jeder mag, wenn sie knabbern an den Zelten ...). Taverne unter dicht belaubten Bäumen und Self-Service nur Juni bis August offen. Sanitäre Anlagen sind laut Leserbriefen etwas vernachlässigt. Waschmaschine vorhanden. Zum Angáli-Strand etwa 300 m. Vermietung von Bungalows mit eigenem Bad für ca. 20–30 €. ✆ 22830-22344, 📱 24551.

Essen & Trinken (s. Karte auf S. 159)

Jede Menge Lokale, aber ohne besondere Höhepunkte. Mitteleuropäische Preise haben sich auch hier durchgesetzt.

Mesklies (21), an der linken Hafenfront (wenn man von den Schiffen kommt). Gehobene Kategorie, gute Qualität der Speisen, auch leckere Pizza, aber nicht billig.

Peristerionas (17), Frangisko Paximadi Str. 9, schmale Seitengasse der Wallfahrtsstraße links. Der "Taubenturm" der Brüder Kritikou scheint dem touristischen Geschmack zu entsprechen, meist ordentlich voll, Weinranken über den Tischen, es gibt Wein vom Fass und gute Fischgerichte.

Pelikani (11), am Beginn der Drosou Str. Liebevoll aufgemachte Ouzerie mit kleinen Tischen an der Straße, interessante und leckere Speisenauswahl, z. B. *tomátokeftédes* oder *kolokýthoukeftédes*.

Aithyrio (19), an einer ruhigen Platia im Viertel Palláda, zu erreichen durch ein Gässchen neben Hotel Egli. Nettes Plätzchen mit Schilfdachterrasse.

Pantelis (7), ebenfalls Drosou Str., großes, meist sehr gut besuchtes Gartenlokal, oft

Wettergegerbter Mykoniote (EF) ▲▲

Fangfrischer Fisch wird gleich im Hafen angeboten (EF) ▲

▲▲ Mit dem Kaiki zur nächsten Badebucht (EF)

▲▲ Schöner Wohnen – malerische Kykladenidylle (EF)

▲ Maulesel werden auf den Kykladen seit

Schweinswürste gehören zu den kulinarischen Spezialitäten der Kykladen (EF) ▲▲

Verkauf von Nüssen und Naschwerk an der Uferpromenade von Páros (EF) ▲

Häufig kann man direkt am Meer essen (oben: Mýkonos, unten: Milos) (EF)

geht es hoch her, nicht selten wird spätabends zwischen den Tischen ausgelassen getanzt.

To Koutouki (12), in der Georg L. Gafou Straße, vom Hafen die Basargasse hinauf und erste rechts. Winzige Taverne mit uraltem Bruchsteingewölbe und schwerer Holzdecke, einige Tische auch vor der Tür. Geführt von Eleni, offener Retsína vom Fass, auch die Küche okay, dabei einige interessante Spezialitäten, z. B. *melitzánes foúrnou*, allerdings nicht gerade billig.

Michalis, neben Koutouki, preislich okay, hervorragendes *saganáki* (überbackener Käse), ebenfalls Retsína vom Fass.

Pigada (8), einige Schritte nach Koutouki, in den letzten Jahren stark vergrößertes Lokal

zwischen Gafou Straße und der darüberliegenden Parallelgasse. Man sitzt hübsch im Freien, ist allerdings recht kommerziell geworden.

● *Cafés* **Mesklies (21)**, an der linken Hafenfront, neben dem Restaurant gleichen Namens. Beste Konditorei (Zacharoplastíon) der Stadt, Riesenauswahl liebevoll gefertigter Kuchen und Süßwaren, u. a. natürlich die berühmten Osterkuchen namens *tiropitákia* (→ Einleitung Tínos/Essen & Trinken).

Kostas, Kafegalaktopoleion in der Georg L. Gafou Str., gegenüber der Taverne Michalis ein paar Stufen hinunter, urige Kneipe, u. a. preiswerte *loukoumádes*.

Loukoumades gibt es auch in mehreren anderen Kafenia von Tínos.

Nachtleben/Shopping

● *Nachtleben* Auch Pilger suchen abends Abwechslung, Touristen sowieso. Das nächtliche Treiben spielt sich hauptsächlich im Viertel **Palláda** links vom Hafen ab (beim Hotel Egli vorn um die Ecke), dort liegen Musikbars Tür an Tür.

Kaktos Bar, originelle "Location" hoch über der Stadt, direkt an der New Road bei einer alten Windmühle, einmaliger Blick, coole Musik, auch live.

Paradise/Vengera, große Doppeldisco an der Straße nach Kiónia, gute Mischung aus Greek Pop und westlicher Musik.

● *Shopping* Zahllose Shops reihen sich an der **Basargasse** – Klamottenläden mit

günstigen Baumwollpullovern, Schmuck, Wallfahrerutensilien und Mitbringsel in Form von Süßigkeiten, Wein, Spirituosen.

Tinos Ceramics, an der Hafenfront, kurz vor Hotel Avra. Hübsche Keramik von Margarita und Bernardo, einem Österreicher mit seiner griechischen Frau. Handbemalte Taubentürme, Reliefs, Becher, Teller und Tassen. In der ruhigen Jahreszeit deutschsprachige Töpferkurse, angefertigte Stücke können gebrannt und nach Hause genommen werden. Ihre Werkstatt liegt links der Straße nach Pírgos, kurz hinter Tripótamos. ✆ 22830-23423, www.clayart.gr

Sehenswertes

Odos Megalochari (Wallfahrtsstraße) und Odos Evangelistrias (Basargasse): Die breite und fast 500 m lange Wallfahrtsstraße steigt vom Hafen schnurgerade zur Kirche der Panagía am höchsten Punkt der Stadt an. Reuige Pilger, Kranke und Gebrechliche quälen sich auf wunden Knien hinauf – Frau büßt, Mann bummelt gemächlich nebenher und spricht Mut zu. Eine lange schmale Teppichrutschbahn erleichtert die Bußübung etwas.

Währenddessen läuft gleich daneben das Geschäft mit der Frömmigkeit. Beinahe orientalisch wirkt das Gewimmel in der "Basargasse". Vor allem Pilgerutensilien stehen zum Verkauf: mannshohe Kerzen, Weihrauch aller Art (z. B. schwarzer und goldener Libanese, Libanese natur, Smyrna, zypriotischer und byzantinischer Weihrauch), knallbunte Plastikfläschchen für das heilige Wasser, das unterhalb der Evangelistria-Kirche aus dem Boden sprudelt ... Den Gläubigen bieten die Shops außerdem kräftige Kniepolster für den Weg zur Panagía – oder wie wär's mit einem heiligen Stein von der Insel Tínos? Gleich am Anfang der Gasse steht linker Hand ein schönes, großes *Brunnenhaus* von 1798.

Sonstiges: Die katholische Kirche *Ágios Nikólaos* findet man etwas versteckt hinter der Hafenfront (neben Restaurant Avra die Stufen hinauf). Über dem rechten Portal erkennt man die Inschrift: *"Ludovicus Bavariae Rex honoravit decoravitque 1836"* – der bayerische König Ludwig gab sich also zur Einweihung die Ehre.

Ansonsten sind vor allem die Gassen links der Wallfahrtsgasse hübsch und weitgehend ursprünglich, z. B. der *Odos Nikolaos Gyzi* oder der *Odos Agios Nikolaos*. Auf letzterem trifft man ein Stück nach der Kirche auf ein *Brunnenhaus* mit der Jahreszahl 1797.

Hinter der Wallfahrtskirche der Panagía sind neben dem alten Weg nach Tripótamos Reste der *antiken Stadtmauern* erhalten, grob aufeinander geschichtete Steinklötze auf mehreren hundert Metern Länge.

Archäologisches Museum: in der oberen Hälfte der Wallfahrtsstraße links. Schöne Sammlung, hauptsächlich Funde vom Heiligtum des Poseidon (→ Kiónia) und aus der Exómbourgo-Region, die schon in geometrischer Zeit besiedelt war. Eins der elegantesten Stücke ist das *Delphinrelief* gleich am Anfang. Dort außerdem ein besonders seltener Fund, nämlich eine *Sonnenuhr* aus dem Heiligtum des Poseidon. Sehr beachtenswert sind die übergroßen *Amphoren* im ersten Raum. Besonderes Prunkstück ist eine Vase mit plastischen Reliefdarstellungen: ganz unten Krieger mit Helmen, darüber Wagenrennen, wieder darüber kämpfen Löwen mit Pferden und Menschen, dann weidende Pferde. Am Hals des Gefäßes eine Göttin, aus deren Kopf ein neuer Gott entspringt (Priesterin hilft etwas nach). Rechts daneben wird Feuer unter einem Kessel angezündet, wahrscheinlich um den Neugeborenen zu baden. Im zweiten Raum spätere Funde aus klassischer bis römischer Zeit: Haushaltsgeräte, Vasen, Reste von Reliefs und Skulpturen. In der Mitte des Hofs ein Mosaikboden, im Säulengang rundum Skulpturen, Säulenreste, Inschriften und wieder ein Delphin, alles römisch. Eine interessante Figurengruppe bilden die drei Oberkörper mit Rüstungen und der Zentaur, der auf die Vorderbeine eingeknickt ist.

Öffnungszeiten Di–So 8.30–15 Uhr, Mo geschl., Eintritt ca. 1,50 €, So frei, EU-Stud. frei.

Kirche der Panagía Evangelístria

Eher Palast als Kirche, aus tiniotischem und parischem Marmor in der ersten Hälfte des 19. Jh. errichtet. Der Vorplatz ein riesiges Kieselmosaik, um die eigentliche Kirche im Viereck weitläufige Arkadengänge, Pilgerwohnungen, Verwaltungsräume und Museen. Im großen marmorgepflasterten Innenhof herrliche Zypressen. Abends prächtig illuminiert.

Trotz der Größe des Komplexes reicht der Platz an Sommerwochenenden bei weitem nicht für all die Pilger, die aus den Bäuchen der Fährschiffe quellen. Schnell ist die Treppe zur Kirche hoffnungslos verstopft. Mit mannshohen Kerzen, oft auf Knien den schmutzigroten, abgewetzten Teppich hinaufkriechend, wälzt sich Jung und Alt zum Kirchenraum mit der wundertätigen Ikone der *Megalócharis* (die Gnadenreiche).

Öffnungszeiten Tägl. 7–20 Uhr, Museen meist ab 8.30 Uhr offen.

Die Geschichte der Panagía Evangelístria

Im Sommer 1822 hat die **Nonne Pelagía** im Kloster Kechrovouníou oberhalb des kleinen Städtchens Tínos zweimal einen Traum – sie sieht deutlich eine Stelle auf einem Hügel über der Stadt, die Muttergottes erscheint ihr und fordert sie auf, dort graben zu lassen. Die Arbeiten werden tatsächlich begonnen und ziehen sich über Monate hin. Zuerst stößt man auf die Fundamente einer byzantinischen Kapelle, die dem Agios Ioannis geweiht war. Am 30. Januar 1823 findet man eine uralte **Marienikone**, die schätzungsweise seit 800 Jahre dort vergraben liegt! In den Wirren des griechischen Befreiungskriegs gegen die Türken wird das Auffinden der wertvollen Ikone (man behauptet, sie sei vom Apostel Lukas gemalt!) als Zeichen Gottes für den baldigen Sieg gedeutet. Voll gläubiger Freude gehen die Griechen daran, Geld zu sammeln, um an dieser Stelle eine gewaltige Kirche zu errichten. Sie wird der größte Sakralbau der griechischen Orthodoxie und zieht bald jedes Jahr Tausende von Pilgern an. Der Zusammenhang mit den heroischen Befreiungskriegen verklärt schnell ihre Bedeutung.

Ein zweites Ereignis steigert die nationale Bedeutung von Tínos noch einmal – am 15. August 1940 liegt das griechische Kriegsschiff "Elli" im Hafen vor Anker, um zum großen Feiertag der Jungfrau Maria der Ikone der Panagía ihre Referenz zu erweisen. Ein italienisches U-Boot feuert, ohne dass sich Italien im Krieg mit Griechenland befindet, ein Torpedo auf die Elli ab. Das brennende Schiff sinkt sofort, mit ihm einige Mann der Besatzung. Dieses Ereignis zieht eine ungeheure Welle der Empörung in ganz Griechenland nach sich und steigert den Widerstandswillen gegen das faschistische Italien und das mit ihm verbündete Nazideutschland. Am 28. Oktober desselben Jahres widersetzt sich General Metaxas den Gebietsforderungen der Italiener mit einem einzigen Wort: óchi – nein! Der **"Óchi-Tag"** wird zum Beginn des Kampfes gegen Mussolini und ist heute Nationalfeiertag in Griechenland.

Der alten Marienikone wird Wunderkraft zugeschrieben, zahllose Kranke und Gebrechliche kommen alljährlich nach Tínos und bitten um ihre Genesung. Die Nonne Pelagía wurde 1971 durch das oberste Patriarchat der griechisch-orthodoxen Kirche in Konstantinopel (Istanbul) heiliggesprochen, im selben Jahr erklärte man Tínos offiziell zur **"Heiligen Insel"**. Die vielen tausend Pilger spenden der Panagía alljährlich immense Werte – die Opfergaben wandern in den riesigen Kirchenschatz (der größte Griechenlands), Geldspenden werden für diverse soziale und kirchliche Zwecke verwendet.

Kirche: Über die breite Treppe im Hof gelangt man zum Haupteingang. Im dreischiffigen Innenraum Marmorsäulen und reichlich Stuck, kostbare Weihrauchgefäße und eine rußgeschwärzte Altarwand. Überall hängen Votivtäfelchen, die zum großen Teil Schiffe in allen Variationen darstellen (Fürbitten für die Elli und ihre Besatzung), aber auch die alltäglichen kleinen und (meist) großen Sorgen der zahllosen Besucher widerspiegeln. Brille, Schere, Wiege, Auto – Symbole für Krankheit, Beruf, Kinder und Gefahren – nichts gibt es, weswegen die Panagía nicht angefleht wird. Links im Raum ruht unter einem

Auf bloßen Knien zur Panagía Evangelistría

Marmorbaldachin die goldeingefasste *Heilige Ikone*. Unter den Massen von gespendeten Perlenketten, Gold- und Edelsteinbroschen ist sie praktisch nicht mehr zu erkennen. Wie viele Millionen Pilger haben ihr Deckglas wohl schon inbrünstig geküsst?

Mausoleum: Unter der Kirche ist ein kleiner Andachtsraum für die getöteten Besatzungsmitglieder der Elli eingerichtet. Das unförmige Metallgebilde ist der geborstene italienische Torpedo. Links daneben liegt ein niedriger Raum namens *Évresis* (Auffindung). Hier wurde die Ikone gefunden und hier tritt – angeblich erst seit dem Bau der Kirche - das heilige Wasser aus dem Berg. In den zahlreichen Taufbecken werden alljährlich Hunderte von Kindern, aber auch Erwachsene, mit dem heiligen Wasser getauft.

Museen: Unter den Arkaden um die Kirche sind mehrere Museen untergebracht.

Museum spätbyzantinischer Kunst: im Parterre der rechten Umfassungsmauer des Kirchhofs. Ausstellung wertvoller Ikonen, hauptsächlich aus dem 18. Jh., dazu Holzschnitte und Stiche zur Kirchengeschichte der Panagía und der Meteora-Klöster, historische Drucke und vieles andere, z. B. ein Brief an den britischen Botschafter vom 9. Dez. 1940, in dem die Tinioten alle Devotionalien der Kirche (Wert immens) für den Kampf gegen die Italiener anbieten. Glücklicherweise (vom heutigen Standpunkt) kam es nicht dazu, denn die Bank of Greece zahlte die benötigten Summen, der Kirchenschatz wurde nicht angetastet. Auch eine Goldmedaille der Olympi-

schen Spiele in Moskau findet sich hier, gestiftet anscheinend vom Gewinner.

Museum des Antonios und Lazaros Sochos: im Hofparterre, vom Eingang aus gesehen an der rechten Außenmauer. Ausstellung von Plastiken in Holz und Stein, Gipsgüssen und Maquetten (verkleinerte Modelle für Großgüsse) der einheimischen Bildhauer Antonios und Lazaros Sochos in zeitlos antikem und modernem Stil.

Museum der Votivgaben: gegenüber dem Haupteingang auf der Empore, rechts der Kirche auf dem Gang im ersten Stock. Silberarbeiten, Perlmuttschnitzereien, Votivgaben, Leuchter.

Museum Tiniotischer Kunst: Auf demselben Umgang, aber ganz rechts. Skulpturen einheimischer Künstler, darunter Gianoulis Chalepa, Georgios Vidalis u. a. In erster Linie mythologische und historische Gestalten, eindrucksvoll z. B. die riesige Gipsbüste von Theodoros Kolokotronis, einem der Helden des griechischen Freiheitskampfs. Weiterhin einige Ölbilder.

Pinakothek: Vom Eingang aus gesehen im Hof an der Eingangsmauer links. Langgestreckter, großer Saal mit gestifteten Originalen und Kopien griechischer und europäischer Meister, darunter Reproduktionen von Rubens und Rembrandt. Weiterhin Stilmöbel, Porzellanfiguren, Elfenbeinschnitzereien und unbearbeitete Elefantenstoßzähne.

Westlich von Tínos-Stadt

Vom Hafen führt eine Asphaltstraße bis zum 3 km entfernten Kiónia mit schönem Sandstrand und dem größten Hotel der Insel. An der niedrigen Klippenküste dominieren zunächst Hafenanlagen und Neubauten, später folgen einige kleine Strände.

▸ **Stavrós**: Etwa 1 km ab Hafen, pittoreskes weißblaues Kirchlein am Meer, daneben kleiner Sand-/Kiesstreifen mit schattigen Tamarisken, unterhalb der Kirche eine kleine urige Ouzerie, man sitzt auf einer Mole direkt am Wasser (Lesertipp: Auf Anfrage kocht der Wirt leckere Gerichte). An dieser Stelle landeten einst die Pilger, um im nahen Poseidon-Heiligtum Gesundheit zu erflehen. Reste eines antiken Hafens sollen erhalten sein.

Kiónia

Etwa 500 m langer, brauner Sand-/Kiesstrand am Ende der Uferstraße, teilweise von Tamarisken beschattet und beherrscht vom mächtigen Hotel Tinos Beach. Im Umkreis haben sich diverse weitere Unterkünfte und mehrere Tavernen etabliert. Am Strand Tretbootverleih, Surfbretter etc. Eine Piste führt von Kiónia hinauf zur Höhenstraße nach Pírgos, unterwegs Abzweig zum Strand von Ágios Romanós (→ S. 174).

● *Übernachten* **Tinos Beach**, A-Kat., einziges Großhotel der Insel, ca. 350 Betten, kann über viele Reiseveranstalter gebucht werden. Ruhige Lage und insgesamt guter Standard, sehr weitläufig. Am Eingang wird man von zwei riesigen Benjamini empfangen, große Halle im kykladischen Stil, im Wechsel Bruchsteinwände und weißer Verputz, große Bar und Restaurant. Vor dem Haus saftiger Rasen, schattige Sitzterrasse und Meerwasserpool, weiterhin gibt's Disco, Boutique, TV-Raum, Kinderspielplatz und kostenlosen Bustransfer in die Stadt. Personal spricht z. T. Deutsch. Oben breite Gänge, überall Teppichboden, Zimmer durchschnittlich modern, blau gefliste Bäder, Aircondition, vorne raus schöner Meeresblick. Neben dem Haupthaus recht hübsche Bungalowanlage, teils Arkadenterrassen. EZ nur ohne Meeresblick. DZ mit Frühstücksbuffet ca. 80–125 €. ✆ 22830-22626, ✆ 23153, E-Mail: tinosbeach@internet.gr

Ta Kionia, Apartmentanlage mit Meeresblick direkt an der Straße, geführt vom Ehepaar Lavrentis und Karmela Apergis. Eine gute Taverne gehört dazu (→ Essen & Trinken). ✆ 22830-22718.

Ioanna, nach dem Hotel Tinos Beach über einen holprigen Steilweg zu erreichen, Eine Handvoll schöne Studios/Apartments mit schattigen Terrassen, geführt von der herzlichen Frau Ioanna Delasouda. Sehr ruhige Lage, weiter Blick. ✆ 22830-24215, ✆ 41690.

Galini, ordentliche Apartments und Studios landeinwärts vom Hotel (beschildert), eingerichtet mit Kiefernholzmobiliar, jeweils Terrasse. ✆ 22830-24560, ✆ 24827.

● *Essen & Trinken/Unterhaltung* In der Nähe vom Hotel gibt es eine Reihe von Tavernen. Mehrere Leserempfehlungen für **Ta Kionia**, vom Hotel aus die letzte der drei Tavernen an der Straße. Freundlicher und recht preiswerter Familienbetrieb. "Der Wirt legt sich für seine Gäste ganz schön ins Zeug."

Annabelle, großes Bouzouki-Zentrum vis à vis vom Hotel, Aircondition.

▶ **Poseidon-Heiligtum**: Die spärlichen Reste des einst hochberühmten antiken Tempelbezirks des Poseidon und seiner Gattin Amphitrite liegen kurz vor dem Tínos-Beach-Hotel, unmittelbar an der Straße. Hier hat der Heilkult auf der Insel Tínos, der mit der Entdeckung der wundertätigen Ikone im 19. Jh. eine christliche Wiederbelebung erhielt, seinen Ursprung. Die heutigen Ruinen stammen hauptsächlich aus hellenistischer Zeit. Am markantesten ist die *Exedra* mit ihrer halbkreisförmigen Sitzbank am hinteren Ende des Geländes. Davor liegen Teile der einstigen *Kassettendecke* eines Brunnenhauses mit Sonnenmuster. Weiterhin sind etliche Marmorplatten verstreut und *Grundrisse* von Tempeln und verschiedenen Gebäuden zu erkennen.

Öffnungszeiten So, Mo und Mi–Fr 8.30–15 Uhr, Sa 8.30–11 Uhr, Di geschl.

Nach wie vor aktuell: Der Heilkult von Tínos

Nicht ganz geklärt ist, wie alt das Heiligtum ist. Doch bereits im 7. Jh. v. Chr. scheint es einen **Poseidon-Kult** auf Tínos gegeben haben – angeblich hatte der Meeresgott eine Schlangenplage auf der Insel ausgerottet (noch heute gibt es viele Schlangen in Griechenland – giftige und ungiftige). Daraus entwickelte sich ein Kult, der Poseidon als Heilgott verehrte. Kranke und gebrechliche Pilger aus ganz Griechenland strömten vor allem seit dem 5. Jh. v. Chr. nach Tínos, opferten dem Gott und wurden von Heilpriestern behandelt. Im 3. Jh. wurde der Tempelbezirk des Poseidon noch um ein Heiligtum für seine Gattin **Amphitrite** erweitert, die für Frauenleiden zuständig war. Bei der Heilung der Pilger spielte ganz ähnlich wie in den heutigen religiösen bzw. pseudoreligiösen Wallfahrtsorten Suggestion und Selbstsuggestion eine große Rolle. Dass tatsächlich Heilungen stattfanden, konnte man aus Inschriften und Geschenken entnehmen, die von dankbaren Wallfahrern gestiftet wurden. Die ganze Angelegenheit entwickelte sich schnell zu einem großen Geschäft, die Kranken und Genesenen spendeten eifrig, fliegende Händler sorgten bei den alljährlichen Kultfesten für die Versorgung, und der Heilkult überdauerte die gesamte römische Zeit. Erst im 4. Jh. n. Chr., in der Epoche des frühen Christentums, wurde er als "heidnisch" verworfen. Dass er nie ganz ausgestorben ist, zeigt die Entwicklung um die heilige Ikone der Panagía seit dem 19. Jh.

Östlich von Tínos-Stadt

Die Strände Angáli und Ágios Fokás liegen in Stadtnähe und sind vom Hafen aus auf guter Asphaltstraße schnell zu erreichen. Eine weitere Straße führt zu den Stränden von Ágios Sóstis und Ágios Kyriákis und endet in Ágios Ioánnis, ca. 7 km östlich von Tínos-Stadt, wo sich ein größeres touristisches Zentrum herausgebildet hat. Schönes Ziel unterwegs ist das Kloster Agía Triáda.

▶ **Angáli & Ágios Fokás**: Der Strand *Angáli* geht nach einer Flussmündung in den Strand von *Ágios Fokás* über, etwa 1,5 km ab Zentrum. Insgesamt sehr lang, teils Sand, teils flache Kieselsteine, weitgehend unbesiedelt, lediglich einige Tavernen und zwei empfehlenswerte Apartmentanlagen. Schöne Ecke zum Urlauben.

- *Verbindungen* In der Saison fährt ein Bus bis zu 8 x tägl.
- *Übernachten* **Golden Beach Bungalows**, C-Kat., direkt am Strand, schöne Apartmentanlage mit mehreren Häusern, freundliche Besitzerfamilie, Pluspunkt die sehr ruhige Lage. Ein kostenloser Hotelbus fährt in die Stadt. ☎ 22830-24579, ☏ 23385., E-Mail: goldenbeach@thn.forthnet.gr
Von ähnlicher Qualität auch die Apartments **Blue Bay Teresa**, gleich daneben. ☎ 22830-22343, ☏ 23249.

▶ **Kloster Agía Triáda**: nur wenige Kilometer östlich der Stadt. Die Straße verzweigt sich kurz nach den letzten Häusern, hier rechts halten, Richtung Pórto Ágios Ioánnis, kurz darauf beschilderte Abzweigung. Der kleine, verschachtelte Komplex mit hübschem Innenhof ist auf mehreren Ebenen erbaut. Zu sehen gibt's ein kleines *Museum* mit den reliefverzierten Oberlichtern aus Marmor, für die Tínos berühmt ist und die einem auf der Insel immer wieder begegnen. Außerdem reichlich Kuriositäten im Raum – ein Radio Marke Uralt hat seinen Ehrenplatz gefunden, Schießbüchsen aus vergangenen Jahrhunderten, ein altes Modell des Klosters und mehr. In den Räumlichkeiten daneben das *Mausoleum*. Hier lagern lange Reihen

Tiniotisches Oberlicht voll reichhaltiger Symbolik aus venezianischer, byzantinischer und antiker Tradition

von Kästen, in denen, drei Jahre nach ihrem Tod, die Knochen der Verblichenen ihre Ruhestätte finden. Zu guter Letzt die *Kirche*, in der man die Oberlichter aus Marmor in Funktion sehen kann. Außerdem gibt es unter den Arkaden (linker Hand vor dem Museum) noch eine ehemalige *Geheimschule* aus der Zeit der türkischen Besetzung, in der die Mönche griechische Kinder unterrichteten (1744–1822).

Öffnungszeiten unregelmäßig, leider häufig geschlossen.

▶ **Ágios Sóstis & Ágios Kyriákis**: exzellenter langer Sandstrand kurz vor dem Ende der Asphaltstraße bei Ágios Ioánnis, allerdings oft starken Winden ausgesetzt und weitgehend schattenlos. Zwei asphaltierte Zufahrten führen hinunter. Bei der ersten trifft man auf mehrere neue Apartmentanlagen, auf der zweiten auf die gute und freundlich geführte Taverne "Gialos" direkt am Strand.

- *Übernachten* **Akrogiali**, B-Kat., das gemütliche Haus in Strandnähe wird von Familie Palmaris freundlich geführt. Pauschal über Attika. DZ ca. 50–70 €. ☎ 22830-24798, ☏ 25013.
Akti Aegaeou, große gepflegte Anlage mit Pool an der ersten Zufahrt zum langen Sandstrand. ☎ 22830-24248.
Bei der zweiten Zufahrt liegen die Apartments **Zalonis** direkt am Strand. ☎ 22830-25137.
- *Essen & Trinken* Außer **Gialos** gibt es am Strand die ebenfalls zu empfehlende Ouzeri **Tolis/Stina** mit deutschsprachigem Wirt.

▶ **Pórto Ágios Ioánnis**: stark zersiedelte Ecke mit diversen Unterkünften. Am Ende der Asphaltstraße schön geschwungene Badebucht mit Blick auf Mýkonos, etwa 300 m lang, mit Steinen durchsetzt, saisonal starke Algenanschwemmungen. Der lange Strand von Ágios Kyriákis ist etwa 700 m entfernt. Linker Hand führt eine steile Panoramapiste hinüber zur einsamen Badebucht *Lichnaftía.*

• *Verbindungen* In der Saison fährt ein Bus bis zu 6 x tägl.

• *Übernachten* Bei Pórto Ágios Ioánnis gibt es viele neu erbaute Unterkünfte, vor allem am Hang oberhalb der Bucht.
Porto Tango, A-Kat., schöne Anlage mit knapp 60 Zimmern, nett eingerichtet, Süßwasserpool. Zu buchen über Attika. ℡ 22830-24411, ✆ 24416, www.portotango.gr

Carlos, B-Kat., Bungalow Hotel weit oben am Hang, Pool und Panoramablick. DZ ca. 50–75 €. ℡ 22830-24159, ✆ 24169.
Porto Rafael, gepflegte Studioanlage mit herrlichem Kakteen- und Palmengarten und Restaurant. ℡ 22403, ✆ 23912.
Cyclades, die nette Anlage von Panagiotis Desipris liegt in exponierter Lage oberhalb vom Porto Rafael, schöner Blick, Studios jeweils mit Balkon/Terrasse und TV. ℡ 25342.

Ziele auf der Insel

Tínos ist steil und bergig, fast durchwegs genießt man herrliche Panoramen, vor allem auf der Höhenstraße nach Pírgos im äußersten Nordwesten. Sehr lohnend ist auch die Besteigung des Exómbourgo, wo einem Tínos und das Ägäische Meer bis hinüber nach Mýkonos und Delos zu Füßen liegen.

Es ist unbedingt zu empfehlen, ein Leihfahrzeug (Mofa reicht aus) bzw. ein mitgebrachtes eigenes Gefährt zu nehmen. Abgesehen vom Hochsommer fahren die Busse oft schon so früh am Nachmittag zurück, dass der Ausflug endet, bevor er richtig begonnen hat. Außerdem hat man dann viel mehr Möglichkeiten, z. B. die hübsche Rundfahrt um den Exómbourgo.

Verbindungen Busse zum **Kloster Kechrovouníou** und weiter nach **Stení** gehen ca. 7 x tägl., nach **Kómi**, **Kalloní** und zum Strand von **Kolimbíthra** 3 x, nach **Skálados**, **Kámbos** und **Smardákito** 2 x.

▶ **Ktíkados:** herausgeputztes Dörfchen nordwestlich über Tínos-Stadt. Eine neue Asphaltstraße führt von Tínos-Stadt fast schnurgerade hinauf, zurücklaufen kann man auf schönem Maultierpfad (→ nächster Abschnitt). Hübsch zum Bummeln, weißgekalkte Gässchen und enge Treppenwege, am Ortsbeginn die große Kirche *Naós Ypapántis.*

• *Essen & Trinken* **Drosia**, große Terrassentaverne an der Hauptgasse, herrlicher Blick die Hänge hinunter. Traditionelle tiniotische Küche, Spezialitäten u. a. Stockfisch mit Knoblauchsoße, Zicklein, gebackene Täubchen, Artischocken, frittierte Auberginen, Froutália-Omelett, dazu Wein vom Fass.

▶ **Wanderung von Ktíkados nach Tínos-Stadt:** Das Dorf ganz durchlaufen, am östlichen Ortsende wird die Hauptgasse zum gut ausgebauten, gepflasterten Maultierpfad, der über einige Hügel schnurstracks hinunter nach Tínos-Stadt führt, Dauer ca. 1 Std. Unterwegs liegen oberhalb des Wegs die Ruinen des verlassenen Dorf *Kaloumenádos* (eingezeichnet nur auf der "Mariner"-Karte von Tínos). Etwa 100 m nach Ortsende von Ktíkados zweigt bei einem Wegweiser rechts ein Mulipfad nach *Kiónia* ab (Dauer ca. 45 Min.). Wenn man hier links in Richtung Tínos-Stadt weiterläuft, kommt man nach wenigen Minuten zu einer Pilgerkirche. Bei der Apsis teilen sich die Wege. Geradeaus ein schmaler Pfad in die Felder, links um die Apsis herum führt der Weg in 30 Min. zur Landstraße nach Tínos. Man geht rechts den Weg, er führt parallel zum Hang und einer westlich gelegenen Hochebene. 30 Min. später sind die ersten Häuser von Tínos-Stadt in Sicht. Einstieg in Tínos: hinter der Wallfahrtskirche links den Odos Agios Nikolaos nehmen, der in den gepflasterten Pfad übergeht.

▸ **Kloster Kechrovouníou:** blendend weißer Komplex am Hang hoch über Tínos, schon allein wegen des umwerfenden Blicks lohnt der Weg. Hier lebte die Nonne Pelagía, und hier hatte sie ihre Vision von der Muttergottes-Ikone, der Tínos seine heutige Popularität verdankt. Die weitläufige Anlage wirkt mit ihren zahlreichen Würfelhäuschen, den überwölbten Gängen und vielen Kirchen fast wie ein kykladisches Dorf. Jede Nonne, die in die Gemeinschaft eintreten möchte, muss als "Mitgift" ein eigenes Häuschen als Unterkunft bauen. Kechrovouníou ist heute eins der wenigen Klöster der Kykladen, das noch bewohnt wird; mehrere Dutzend Nonnen leben und arbeiten hier. Die schlichte *Zelle der Pelagía* ist eins der höchstgelegenen Häuschen am Hang und liegt neben der Taxiárchis-Kirche (Weg beschildert). Mit Bettgestell, Koch- und Schlafstelle ist sie als kleines Heiligtum ausgeschmückt, ein wunderschöner, weltentrückter Platz.

Öffnungszeiten tägl. 8–12.30, 14.30–18 Uhr.

● *Anfahrt/Verbindungen* Von Tínos-Stadt sind es etwa 8 km. Die alte Straße Richtung Inselinneres nehmen, bei erster Gabelung kurz nach der Stadt links, nach langen Serpentinen hinauf nächste Gabelung rechts (Triantáros, Dío Choriá). Nächste Gabelung gleich darauf links (Monastíri, Stení, Falatádos), darauf wiederum rechts und noch wenige Meter. Von Tínos-Stadt gibt es häufige **Busverbindungen** zum "Monastíri" oder "Moní".

● *Essen & Trinken* **Amados**, kleine Taverne 150 m nach dem Kloster, hübsche Terrasse und herrlicher Blick auf das glitzernde Meer.

▸ **Triantáros:** großes Hangdorf oberhalb von Tínos-Stadt, Nähe Kloster Kechrovouníou. Gilt als beliebtestes Dorf bei Ausländern, zahlreiche Häuser sind in Besitz von Deutschen und Schweizern und wurden sorgfältig restauriert – ein wichtiger Beitrag zum Weiterbestehen der Kykladen-Architektur. Gute Taverne an der Straße, traditionelle Küche.

Eine schlechte Piste führt östlich von Triantáros hinunter zum schönen Strand von *Lichnaftía*, Sand mit Steinen, einige verstreute Häuser, keine Einrichtungen.

Exómbourgo

540 m hoch – ein Ausflug, den man nicht versäumen sollte. Der Aufstieg ist leichter als man denkt, und von dem zerfurchten Gneisklotz, der das Profil von Tínos dominiert, hat man den denkbar besten Blick über die Insel.

Die Region um den Exómbourgo war dank ihrer fantastischen Wehrlage seit Jahrtausenden die bevorzugte Siedlungsregion der Insel (Ausgrabungsfunde im Archäologischen Museum von Tínos). Die Venezianer errichteten hier eins ihrer stärksten *Kastelle* im Ägäisraum, um das sich der Hauptort der Insel gruppierte, eine richtige Stadt mit hunderten von Häusern, Kirchen, Mühlen und Zisternen. Im Fall eines Angriffs flüchtete sich fast die gesamte Inselbevölkerung in diese Wehrsiedlung. Über einen Zeitraum von 500 Jahren konnten die Verteidiger jeden Angriff der Türken abwehren. Erst 1714 kapitulierte man gegen eine erdrückende türkische Übermacht von fast 30.000 Mann. Die

Der Exómbourgo: knorpeliger Felszahn hoch über der Stadt

Türken machten die Festung postwendend dem Erdboden gleich, der venezianische Statthalter starb als "Verräter" in einem Kerker der Dogenrepublik. Die neue Stadt wurde daraufhin an der Küste erbaut, Exómbourgo verfiel. Reste der Mauern und Zisternen sind noch heute zu erkennen.

Der Aufstieg ist am besten "von hinten" möglich, von einer Art Hochplateau zwischen Exómbourgou und dem Hang, an dem das Kloster Kechrovouníou klebt. Vorne fällt der Felshang steil und unnahbar ab. Am Gipfel erwarten Sie ein überdimensionales Gipfelkreuz aus Marmor, eine Sende-/Empfangsantenne und ein wirklich grandioser Blick. Rechnen Sie aber mit heftigem Wind – wie Sie wissen, hatte der Windgott Aiolos einst sein Domizil auf Tínos.

● *Leihfahrzeug* Von Tínos-Stadt kommend, bis zur Kreuzung bei **Mési** fahren (kurz vor Falatádos), dort links Richtung Skálados und Kómi. Wenig später zweigt unterhalb vom Gipfel linker Hand eine betonierte **Piste** ab, die vorbei an einer pittoresken Kirchenruine bis zur ummauerten orthodoxen Kirche **Eleoúsa** und der gegenüberliegenden katholischen Wallfahrtskirche **I Ierá Kardía tou Jesu** (Herz-Jesu-Kirche) führt, dort parken.
Von hier auf schmalem **Weg** (beschildert: "Kástro Agías Elénis") aus groben Steinen in ca. 20 Min. auf den windumtosten Gipfel, wobei man die verwitterten Reste der venezianischen Bastionen und Zisternen durchquert. Eine weitere Aufstiegsmöglichkeit bietet der längere Aufstieg von **Xinará**

an der "Vorderseite" des Bergs. Von dort schlängelt sich ebenfalls ein Weg auf den Gipfel.
● *Bus* Wenn Sie mit dem Bus kommen, nehmen Sie einen nach **Stení**, **Kómi/Kalloní** oder **Falatádos** und steigen an der Kreuzung **Mési** aus. Zu Fuß ist es von hier noch ca. 1 km bis zur oben erwähnten Kirche. Wichtig: Erkundigen Sie sich vor der Fahrt, wann der letzte Bus zurückfährt! Alternative: zu Fuß zurück nach Tínos-Stadt (ca. 2–3 Std.). Steigen Sie vom Gipfel nach **Xinará** ab (ist allerdings von oben nicht sichtbar) oder gehen Sie auf der Straße über **Skálados** und **Loutrá**, von dort weiter bis **Ktíkados** (→ S. 168) und nehmen Sie den alten Maultierweg nach **Tínos-Stadt.**

Dörfer im Exómbourgo-Gebiet

Eine asphaltierte Straße führt einmal rund um den Exómbourgo – schöne Fahrt um den verwitterten Steilfels, den man so optimal von allen Seiten betrachten kann, immer wieder andere Perspektiven. Schnell wird einem hier klar, warum die venezianische Festung jahrhundertelang nicht eingenommen werden konnte. Vor allem nördlich und westlich vom Gipfel ist die Landschaft wild und einsam, überall liegen gewaltige Felsbrocken verstreut. Die Dörfer sind zahlreich und malerisch, liegen aber meilenweit vom Tourismus entfernt und sind stark von Abwanderung bedroht. Fast überall lebt hier eine starke katholische Bevölkerungsmehrheit. Reizvoll sind die pittoresken schneeweißen Kirchen, die optische Akzente in die Landschaft setzen.

▶ **Mési**: kleines Dorf bei der zentralen Kreuzung in der Exómbourgo-Region. Im alleinstehenden Kloster *Agíou Franstíkou* ist ein kleines volkskundliches Museum untergebracht (tägl. 10–16 Uhr). Essen kann man gut in der Taverne "Pentostrato" an der Kreuzung.

▶ **Falatádos**: 1 km nördlich der Kreuzung bei Mési. Großes Dorf mit engen, verwinkelten Gassen und einer prachtvollen, sehr gepflegten Kirche.

● *Übernachten/Essen & Trinken* Zwei Tavernen bieten trationelle Küche. **Lefkes**, schöne Platanenterrasse am Ortseingang, auch Zimmervermietung (jeweils Kühlschrank und TV). ✆/📠 22830-41335. **Markos**, weiter oben im Ort, Spezialität ist hier u. a. Stockfisch mit Knoblauchsoße.

▶ **Stení**: hübsches Dörfchen mit mehrfach überwölbter Hauptgasse und vielen Blumen, ein Bummel lohnt sich. Von hier Aufstieg auf den *Tskniás* möglich (729 m), ebenso Weiterfahrt zum *Órmos Livádi* (→ unten).

▶ **Vólax**: wohl das reizvollste Dorf im Umkreis des Exómbourgo. Wunderschöne Architektur aus weiß gekalkten Häusern mit Außentreppen und üppigem Blumenschmuck inmitten einer Wildnis aus riesigen Granitbrocken. Zu erreichen auf asphaltierter Straße, Abzweig zwischen Koumaros und Skálados, Parken am Ortseingang.

In Vólax sind die Inseltraditionen stärker ausgeprägt als in anderen Orten. Nur noch etwa 25 ältere Menschen leben hier (vor dreißig Jahren waren es noch 150), einige arbeiten als Korbmacher, z. B. der kontaktfreudige Antoni Firigo (Schild "Ergastiri Antoni") an der zentralen kleinen Platia. Mit ihm kommt man schnell ins Gespräch, er hat lange in Kanada gelebt und spricht Englisch. Neben der Kirche im hinteren Ortsbereich liegt ein kleines *Museum* für bäuerliche Kultur, einen Blick wert ist auch die große Quelle mit mehreren Auffangbecken. Vom neu gebauten *Amphitheater* kann man die Stille und den freien Blick auf das Dorf genießen. Seine Wiederbelebung verdankt das in den achtziger Jahren fast ausgestorbene Vólax übrigens auch der finanziellen Unterstützung eines bekannten deutschen Talkmasters, der ein Haus auf Tínos hat und mehrmals im Jahr hier weilt.

● *Essen & Trinken* **Volax**, direkt am Ortseingang, "Was Jack hier mit seinen Eltern leistet, ist ein dickes Lob wert", schrieb einer unserer Leser. **O Rokos**, Hinweisschild am Ortseingang links. Große Taverne mit Panoramaterrasse. Auch hier sehr gute Qualität zu äußerst günstigen Preisen.

▶ **Skálados**: Von hier wirkt der Exómbourgo am unnahbarsten und steilsten.

▶ **Krókos**: Abzweig in den Inselnorden zum Strand von Kolimbíthra (siehe unten). In der schlichten Dorftaverne kann man einfach und deftig essen.

▶ **Loutrá**: verwinkeltes, halb verlassenes Dörfchen unterhalb der Kreuzung von Krókos, am Westhang des Exómbourgo, dominiert von einem katholischen *Ursulinen-Kloster* mit prächtigen Palmen. Das Kloster fungierte früher als Volksschule und Gymnasium, ist aber jetzt unbewohnt. Im Jesuitenkloster (durch den Ort durchlaufen) hübsches *Museum* mit bäuerlichen Arbeitsgeräten und Dingen aus Klosterbesitz. Ein netter Pater macht eine Führung (auf französisch). Spende nicht vergessen!

▶ **Xinará**: direkt am Fuß des nach Westen hin senkrecht abfallenden Steilhangs des Exómbourgo, hier steht weithin sichtbar der große römisch-katholische *Bischofspalast* von Tínos. Fußweg auf den Exómbourgo (→ oben).

Nördlich vom Exómbourgo

Im Gegensatz zur kargen Südküste wird in den Tälern um Kómi noch viel Landwirtschaft betrieben, man sieht Gemüsefelder, Weinanbau und Rinderzucht. An der Kreuzung oberhalb von Krókos kann man auf einer guten Asphaltstraße das lange, üppig grüne Tal Richtung *Kómi* durchfahren und dort zum Strand von Kolimbíthra abbiegen. Busse gehen in der Saison mehrmals tägl. ab Tínos-Stadt.

▶ **Agápi und Kloster Vourniótissa**: Kurz vor Kómi zweigt eine Asphaltstraße nach Agápi ab. Das Bergdorf klebt in einem Taleinschnitt am Steilhang, im Umkreis stehen diverse Taubentürme. Ab Ortseingang 4 km lange Asphaltstraße zum Kloster hoch über der Nordküste. Nach 2 km links am Weg weiße Kapelle, nach 3 km Kreuzung – links weiter zum Kloster, rechts zur Wallfahrtskirche *Panagía Skála* (ca. 4 km ab Kreuzung). *Vourniótissa* besteht aus einer zweischiffigen Kirche und zwei Nebengebäuden, in denen Matratzenlager für Pilger und Hirten eingerichtet sind. Die Kirche ist meist verschlossen (jeder Einheimische weiß, wo der Schlüssel liegt). Das niedrige Innere wird durch Querbögen gestützt, es gibt zwei marmorne Altarwände und diverse Ikonen. Vor einigen Jahren wurden kleine Palmen angepflanzt. *Feiertage* mit großem Pilgeransturm sind der 8. und 24. September.
Ein steiniger Pfad führt in 45 Min. hinunter zum Meer, zum Baden ist die Bucht allerdings ungeeignet.

▶ **Kómi**: Zentrum der Landwirtschaftsregion, abseits der Durchgangsstraße verwinkeltes Dorfzentrum und große, schlichte katholische Kirche. Auffallend die vielen Neubauten, wahrscheinlich Sommerdomizile wohlhabender Athener.

▶ **Órmos Kolimbíthra**: schönster Strand der Nordküste, ca. 21 km von Tínos-Stadt. Ab Kómi auf neuer Asphaltstraße hinunter, 4 km durch ein großes Anbaugebiet mit hohen Schilfzäunen. Unten etwa 500 m brauner Sandstrand, dahinter großer Lagunensee mit dichtem Schilf, wo Schildkröten und Enten leben. Ums Kap herum weitere Sandbucht, ca. 50 m lang, mit winzigen Fischerhäuschen und Booten. Abgesehen von der Hochsaison bisher kaum Touristen und weitgehend einsam, wegen der besseren Verkehrsanschließung hofft man auf Zuwachsraten. Draußen im Wasser vorgelagert der eindrucksvolle Felsklotz *Dragonísi*.

Übernachten/Essen & Trinken Eine einfache **Taverne** direkt am Strand. Die Taverne **I Kolimbithra** über der zweiten Bucht (nur sporadisch offen) vermietet Zimmer in einer architektonisch eigenartig abgestuften Anlage, ✆ 22830-52213.

▶ **Aetofoliá, Kallóni, Kárkados, Káto Klísma**: Siedlungszentrum am Ende der Asphaltstraße. Möglichkeit einer Rundfahrt – eine breite, fast ebene Piste führt ab *Kallóni* Richtung Süden zur Hauptinselachse (verläuft hoch über der Südküste nach Pírgos im äußersten Nordwesten) und zurück nach Tínos-Stadt.

▶ **Von Aetofoliá nach Isternía/Pírgos**: Von Aetofoliá quer durch das Bergland Richtung Isternía verläuft eine Fahrpiste, die laut Leserzuschrift mittlerweile fast (!) bis zur Hauptstraße Isternía-Pírgos fertig gestellt ist. Bevor man hier fahren will erkundigen. Auch als Wanderung gut zu machen, Frühbus nach Kallóni nehmen und in Aetofoliá aussteigen.

Östlich vom Exómbourgo

▶ **Órmos Livádi**: zu erreichen über *Steni* und *Myrsíni*. Bei Myrsíni endet der Asphalt, weiter auf breiter Erdpiste ein weit auslaufendes Tal hinunter, im Frühjahr üppig grün, teils dichter Baumwuchs, Gewächshäuser. Eindrucksvoll ist der über und über mit felsigem Geröll bedeckte Nordhang. Auf halber Strecke der "Ort" *Livadá*: zwei Häuser und eine Kirche. Glücklich unten angelangt, bietet sich eine etwa 200 m Kiesbucht zwischen bizarren Felsformationen zum Baden an, wunderschön und ganz einsam.

Von Tínos-Stadt nach Pírgos (Inseldurchquerung)

Panoramafahrt in die wilde, großteils kahle Region der Marmordörfer. Das bedeutendste und größte ist Pírgos, aber auch Isternía und Kardiáni sind ganz von interessanter Marmorarchitektur geprägt. Hübsch und beschaulich der Badeort Órmos Panórmou.

Von Tínos-Stadt am besten die *neue Straße* benutzen, die noch im Stadtgebiet von der alten Ausfallstraße (beginnt am Südostende des Hafens) links abzweigt und in die Nähe von *Ktíkados* (→ Tínos/Stadt/Umgebung) hinaufführt. Von dort über Kámbos weiter Richtung Nordwesten. Bei mehr Zeit ist auch die *alte Ausfallstraße* schön, sie führt mit vielen Serpentinen ins Exómbourgo-Gebiet. Hinter dem Exómbourgo wird die Landschaft wild und urtümlich – kaum ein Baum, nur ab und an Taubentürme und weiße Kirchlein am Wegesrand. Grüner und weißer Marmor, rostbrauner und grauer Schiefer türmen sich zu steilen Halden auf. Die Straße windet sich als schmale Berg- und Talbahn in langen Kurven hoch auf dem Hügelkamm, dann wieder tief hinunter ... Herrlich weite Ausblicke aufs Meer und die Inseln.

▶ **Kámbos**: altes Dorf mit großer Kirche aus dem 18. Jh. Eine asphaltierte Stichstraße führt ein Tal entlang über *Tarampádos* nach *Smardákito*, hier im Umkreis stehen die meisten Taubentürme der Insel. Ab Smardákito Fußweg nach Kómi.

Dutzende von Taubentürmen prägen das Inselinnere von Tínos

▶ **Ágios Romanós**: Abfahrt bei Bildstock "Chaire Maria", Kapelle *Agía Marina* in der Nähe. Lange, sehr holprige Piste hinunter zum 200 m langen Sandstrand, dahinter etliche Ferienhäuser.

▶ **Kardianí**: verborgenes Schmuckstück unterhalb der Durchgangsstraße, fast ganz aus Marmor erbaut. Eine kräftige Quelle macht das weiße Hangdorf zur fruchtbaren Oase. Sie entspringt in einem überbauten Wegstück unterhalb der katholischen Kirche und ist mit einem Marmorrelief von 1777 eingefasst. Riesige Platanen, Olivenbäume und Zypressen beschatten die Häuser, plätschernde Kanäle begleiten die langen Treppenwege. Taverne mit Panoramaterrasse.

▶ **Strand von Giannáki**: 100 m Kiesstrand unterhalb von Kardiáni, Asphaltstraße an großem Marmorbruch vorbei. Empfehlenswerte Taverne "Anemos Beach", Wirtin spricht gut Deutsch. Südlich benachbart, durch ein Felskap getrennt, ein kleiner Sandstrand. Noch weiter südlich eine weitere schattenlose Sandbucht, an der Straße oben beschildert mit "Ágios Pétros".

▶ **Istérnia**: herrlich gelegenes Bergdorf aus weiß gewaschenen Würfelhäusern oberhalb der Straße, optisch wunderbarer Kontrast zu dem verblichenen Gestein. Fahrzeug am Parkplatz vor dem Ort abstellen. Eine lange, mit Marmor gepflasterte Gasse führt durch den verschachtelt angelegten Ort und endet am Vorplatz der großen Hauptkirche *Agía Paraskeví* mit filigran bearbeiteter Marmorfront. Viele Häuser stehen allerdings leer, unverputzte Bruchsteinmauern und leere Fensterhöhlen überall. Kurz vor der Kirche ein Kafenion mit schöner Aussichtsterrasse.

Es gibt auch eine Unterstadt, die einst für den Marmortransport ausgebaut wurde und auch touristische Ausflugsschiffe in die abgelegene Gegend locken sollte. Der Plan schlug fehl, und die Ruinen gammeln nun vor sich hin.

Tínos
Karte Seite 152/153

▶ **Órmos Isterníou:** Bade- und Fischerörtchen unterhalb von Isternía. Atemberaubende Serpentinenstraße durch urtümliche Marmorhalden und Terrassen den Steilhang hinunter. Nur im Juli und August nennenswerter Tourismus, sonst liegt hier der Hund begraben. Zwei Strände im Ortsbereich: der erste mit Kies, ca. 150 m lang, einige Tamarisken. Der andere mit Sand, ca. 100 m lang. Zwischen den Stränden abgeschrägte Felsplatten, ganz nett zum Sonnen.

• *Übernachten* **Shinaki** House, Rooms hoch über der Bucht, herrlicher Blick. ✆ 22830-31244.

• *Essen & Trinken* Zwei einfache Fischta-vernen stehen einander an der Mole gegenüber. Wenn man runterkommt links **Rombos**, immer frischer Fisch, zahlreiche Vorspeisen. Wirt ist leidenschaftlicher Angler.

Kurz hinter Isternía ein Pass, über den der Wind hinwegpfeift, am Kamm eine Reihe eindrucksvoller Windmühlenruinen aus Schiefer.

▶ **Kloster Katapouliani:** unmittelbar neben den Windmühlen schlechte Fahrpiste hinein, ca. 1 km. Abgesehen von zahlreichen Hunden unbewohnt, ein Aufseher kümmert sich um die Wartung.

Pírgos

Bilderbuchdorf aus weißen Schachtelhäusern, eingebettet in karge, braune Bergketten. Die Marmorbearbeitung hat hier eine lange Tradition, zahlreiche Steinmetze und Bildhauer, aber auch viele Maler, stammen aus dem Ort.

Ein Spaziergang macht Spaß – tiefblaue Fensterläden und Türen an schmalen Gassen, Blumenkübel vor den Fenstern, üppige Bougainvilleen und Oleander ranken über die Mauern. Überall sieht man das Bemühen der Einwohner, ihren Ort zu einem Schmuckstück zu machen: Die lange Hauptgasse ist schlicht und einfach schön, die zentrale Platia mit mächtiger Platane und altem Marmorbrunnen ein Gedicht.

Pírgos ist das Dorf der Marmorbildhauer, es gibt mehrere Werkstätten und sogar eine Bildhauerschule am höchsten Punkt des Orts. Viele Details in den Gassen sind aus Marmor: Straßenschilder, Wasserstellen, Türstöcke, Bodenpflaster, Oberlichter, Treppenstufen ... Um nur zwei Beispiele herauszugreifen: an der Hauptstraße (Nr. 29) blaue Tür mit elegantem Bogen, einem Kirchenportal ähnlich – laut Inschrift von 1819. Und zwei Häuser vor der Platia das Schiff im antik nachempfundenen Türstock (dunkelblaue Tür).

• *Verbindungen* etwa 5 x tägl. Busse von und nach **Tínos** und **Órmos Panórmou** (Vorsicht, immer Rückfahrt checken: im Sommer Verbindungen bis abends, ansonsten letzter Bus bereits am frühen Nachmittag). Bushaltestelle an der Durchgangsstraße, gegenüber führt ein Gässchen direkt zur Hauptgasse von Pírgos. Diese nach rechts zur idyllischen Platia. An der Bushaltestelle ein **Ortsplan** mit allen wichtigen Punkten.

• *Übernachten* **Pirgos (Theotikou Maria)**, kleine Studioanlage an der Zufahrtsstraße (wenn man herunterkommt, in der erste Kurve). ✆ 22830-31082.

Michali, neu erbaute Studios mit großen Balkonen/Terrassen, etwas erhöht am Ortsrand, schöner Blick auf Pírgos. ✆ 22830-31400.
Pirgos Village Houses, der Tipp für Pírgos: Die deutschstämmige Frau Dorothea Mavromara-Gudelius bietet hier weitab vom Massentourismus Unterkunft in liebevoll restaurierten Dorfhäusern, die jeweils Platz für vier Personen haben. ✆ 22830-31404 (Athen: ✆/✉ 210-8051419), E-Mail: gudelius@hol.gr

• *Shopping* In Pírgos gibt es mehrere Marmorateliers, wo man u. a. tiniotische Oberlichter käuflich erwerben kann. Der Heimtransport dürfte allerdings Probleme mit sich bringen. Geeigneter für den Transport

Bei den Marmorbildhauern von Pírgos

sind die dekorativen Relieftäfelchen und Kykladenidole.
Lambros Diamantopolous, schönes Atelier an der Hauptgasse, kurz vor der Platia rechts. Weitere Werkstätten Nähe **Bushaltestelle**, an der Fahrstraße um den Ortskern.

Sehenswertes: In dem Gässchen, das von der Bushaltestelle ins Zentrum führt, liegen zwei Museen nebeneinander. Im *Museio Tiniou Kallitechniou* (Tiniotisches Museum der schönen Künste) kann man ausdrucksstarke Charakterköpfe, Reliefs und Skulpturen aus Gips und Marmor bewundern, teilweise sind sie mehr als 100 Jahre alt. Das *Museio Gianoulis Chalepa* ist das ehemalige Wohnhaus von *Gianoulis Chalepa*, dem berühmtesten Bildhauer von Tínos. Einige Originalmöbel, sein schlichtes Schlafzimmer mit eisernem Bettgestell, Fotografien, Originalskizzen und einige z. T. unvollendete Skulpturen werden gezeigt. Wenige Schritte weiter trifft man auf die lange, schmale Hauptgasse von Pírgos, die zur Gänze mit Marmor gepflastert ist. Rechter Hand geht es an einigen Marmorateliers (→ Shopping) vorbei zur zentralen Platia 1821 mit klassizistischem *Brunnenhaus* aus Marmor und mehreren hübsch gelegenen Kafenia. Wenn man sich nach links wendet, findet man nach wenigen Schritten rechter Hand eine uralte rußige *Schmiedewerkstatt*, in der Bildhauerwerkzeuge hergestellt werden.

Von der Platia im Zentrum den breitesten Weg bis Ortsende hinauf, dort steht rechts eine große *Marmorwerkstatt*. Wenn man Glück hat, ist sie offen, und man kann den jungen Schülern bei der Arbeit zusehen. Angefertigt werden in der staubigen Halle Nachbildungen antiker Statuen, Kruzifixe, die berühmten Oberlichter und vieles mehr.

Einen Blick wert ist außerdem der *Friedhof* bei der Hauptkirche (beim Brunnenhaus an der Platia den linken Weg nehmen): Auf den Grabsteinen der

Steinmetze sind ihre typischen Arbeitswerkzeuge eingemeißelt, Seefahrer erkennt man an den Schiffsreliefs.

Die *Bildhauerschule* von Pírgos ist das alleinstehende Haus am höchsten Punkt des Orts. In dem Einraum-Haus üben die angehenden Künstler an Tonköpfen das Modellieren.

Öffnungszeiten/Preise Beide **Museen** So–Do 11–14 Uhr, 17.30–18.30 Uhr, Fr/Sa 11–14, 18–20 Uhr. Eintritt ca. 1,50 €.

▶ **Wanderung im Umkreis von Pírgos:** Am Ortsausgang von Pírgos zweigt von der Straße nach Órmos Panórmou links ein Fußweg ab, zu Beginn mit grünem Marmor gepflastert, später mit Namen und Daten versehene Steine (mindestens 60 Jahre alt). Gut sichtbare Beschilderung nach *Márlas*, *Kiría Xéni* und *Órmos Panórmou* (mit 1996 datiert). Der Weg nach Márlas dauert 40 Min. und geht ziemlich aufwärts, dann weiter auf der Asphaltstraße zum Kloster Kiría Xéni und wieder den Fußweg nach Órmos Panórmou. Vorsicht jedoch: Der Weg Pírgos-Márlas führt durch ein Bachbett, im Frühjahr ist er unter Umständen nicht zu begehen.

Órmos Panórmou

4 km unterhalb von Pírgos liegt der ehemalige Wirtschaftshafen der Insel. Vor der Gründung von Tínos-Stadt wurde hier der Marmor der nahen Steinbrüche verschifft. Heute ist Órmos Panórmou ein schmuckes, kleines Fischerdorf mit Promenade unter schattigen Tamarisken, allerdings sehr ruhig und weitab vom Schuss. Vorgelagert ist die Insel Planídis mit Leuchtturm.

Die umliegenden Strände sind wegen der Nordlage unsauber, vor allem, wenn der Meltémi bläst. Im Sommer kümmert man sich aber um die Säuberung. Am etwa 100 m langen Ortsstrand mündet ein Bach, es gibt Schilf, einige Tamarisken und einen kleinen Ententeich. Ein besserer Strand liegt in der südöstlich benachbarten Bucht, ca. 10 Min. zu Fuß, auch Fahrpiste: 150 m lang, junge Tamarisken wurden angepflanzt, seitlich eine Handvoll Fischerhäuschen mit Bootsgaragen. Ein Fußweg führt auch an der linken (nördlichen) Buchtseite entlang zu mehreren kleinen Badebuchten, am schönsten ist die dritte Bucht (nach der Kapelle). Im Sommer fahren Kaikis zu weiteren Stränden der Umgebung. Am Ortseingang die Bronzebüste eines tapferen Freiheitskämpfers mit rostiger Kanone.

● *Übernachten* Nur Privatzimmer und Apartments, diverse Möglichkeiten.

Faidra, am Ortseingang rechts (schräg gegenüber der Bronzebüste), ein paar Stufen hinauf zum großen Haus mit Balkons und Meeresblick. ✆ 22830-31211.

Elena, größeres Haus am Ende der Promenade, zu erkennen an den blauen Türen und Fensterläden. ✆ 31694.

To Panorama, ruhige Studios oberhalb vom Ort, prächtiger Blick. ✆ 22830-31477.

● *Essen & Trinken* Unter den Bäumen an der Hafenpromenade mehrere Tavernen, davor schaukeln die Fischerboote. Gute Möglichkeit, fangfrischen Fisch zu essen.

O Marcos, die älteren Wirtsleute Marcos und Margarita bieten meist nur einige Gerichte, diese sind aber hervorragend.

Agia Thalassa, gute hausgemachte Meeresküche.

Tzortzis, am Ende der geschwungenen Ortsbucht. Leserkommentar: "Hier haben wir sehr gut gegessen. Auch Einheimische kommen und gucken in die Töpfe, was es Leckeres gibt".

Nordwestliche Inselspitze

▶ **Márlas und Umgebung:** Kurz vor Pírgos zweigt eine Asphaltstraße zu den wenigen Häusern von *Márlas* ab. An der Platia am Dorfeingang führt links eine Piste zu den großen *Steinbrüchen* über der Nordküste, beschildert "Latomia Koumelas Mali". Breite Fahrspur, trotzdem eine deutliche Warnung vor deren Benutzung: zum einen große Hálden von Marmorstaub auf der Straße, zum anderen schwerfällige und oft rücksichtslose LKW-Fahrer, die entgegenkommen. Abgebaut wird in erster Linie grüner Marmor – eine der wenigen Regionen Griechenlands, wo dieser seltene Baustoff gewonnen wird.

Ab Márlas führt rechter Hand eine Straße zur hübschen, blendend weißen Doppelanlage des Klosters *Kiría Xéni*. Im Umkreis mehrere Kapellen, herrlich ist der Blick auf Pírgos am Hang gegenüber. Unterhalb der Piste die Ruinen von *Káto Marlás*, ein verlassenes Dorf, in dem es sich lohnt, etwas herumzustöbern.

Kurz vor Márlas zweigt linker Hand eine schlechte Fahrpiste zwischen Steinmäuerchen nach *Mamádos* ab – eine Handvoll Häuser, zusammengedrängt auf einer Hügelkuppe. Unterwegs kreuzt man die Starkstromleitung, die von Ándros herüberkommt und für den gesamten Tínos-Strom verantwortlich ist. Weiter bis zur äußersten Inselspitze nur zu Fuß oder per Gelände-Bike, unterwegs das verlassene Dorf *Ismaíl*. Auf einer vorgelagerten Insel steht der *Leuchtturm*, den man bei der Fährüberfahrt von Ándros nach Tínos sieht.

Mýkonos

Mýkonos heißt Urlaub. Die Insel ist völlig vom Fremdenverkehr eingenommen – samt all seiner Begleiterscheinungen, die hier extreme Blüten treiben. Was auf dieser kleinen Ägäisinsel üblich und erlaubt ist, treibt Griechen anderenorts die Zornes- und Schamröte ins Gesicht: Mýkonos, das weltliche Zentrum der Kykladen, ein "Sündenbabel" der Ägäis. Erstaunlich dabei, dass nur wenige Seemeilen nördlich Tínos liegt, tief religiöser Mittelpunkt und geistiger Nabel griechischer Orthodoxie. War es vielleicht der Neid der Mykonioten auf die berühmte Schwesterinsel, der diese kontroverse Entwicklung veranlasst hat?

Sei es, wie es ist, Mýkonos steht heute für Toleranz – Homosexuelle sind seit Jahrzehnten Stammgäste der Insel, Nacktbaden ist mehr als üblich, Discofieber und intensives Nachtleben beherrschen den Ort. Was Spaß macht, ist erlaubt. Doch das ist nicht alles: Mýkonos hat ohne Zweifel einen der malerischsten, saubersten und unverbautesten Inselorte der Kykladen. Schon der Anblick von der Fähre ist einmalig: Schneeweiße Würfelhäuser stapeln sich übereinander, davor das tiefblaue Meer, über den Dächern Windmühlenflügel, rote und blaue Kirchenkuppeln ... Dazu kommen die vielen sandigen Strände und Badebuchten, die sich vor allem an der Südküste wie Perlen einer Kette reihen und ihresgleichen in der Ägäis suchen.

Die Bewohner von Mýkonos haben die naturgegebenen Vorzüge ihrer "Sonnen-, Wind- und Meer-Insel" geschickt zu nutzen gewusst. Ihr Eiland ist inzwischen fast zum Synonym für Urlaub in Griechenland geworden. Noch in

Die Windmühlen von Mýkonos

den dreißiger Jahren nicht viel mehr als ein Zwischenstopp für Kulturreisende hinüber aufs vorgelagerte *Délos* mit seiner weltberühmten Ausgrabungsstätte, stehen heute die sonnenhungrigen Gäste bereits Schlange, wenn die Fischer auf anderen Inseln nach dem Winter gähnend den Kalkanstrich ihrer Häuschen erneuern. Und sie sind immer noch da, wenn die Tavernen sonst wo schon längst ihre Türen geschlossen haben. Mýkonos ist eine der beliebtesten Urlaubsinseln des Mittelmeers und eine Drehscheibe des internationalen Tourismus. Von Italien bis Israel, von Neuseeland bis USA – nach Mýkonos fahren sie alle, aber auch bei den Festlandsgriechen zählt Mýkonos mittlerweile zu den attraktivsten Reisezielen. Dem Andrang entsprechend ist natürlich auch kulinarisch einiges geboten – auf keiner anderen Kykladeninsel gibt es ein solches Angebot guter bis sehr guter Restaurants, selbst in Strandkneipen ist Hummer immer mit dabei.

Wer lebhaft und kontaktfreudig ist, wird den Aufenthalt genießen können. Andererseits gibt es aber auch genug Strände, an denen man sich weit entfernt von Mýkonos-Stadt ein ruhiges Zimmer mieten kann. Dass Mýkonos für Urlauber aller Couleurs offen ist, zeigt die Tatsache, dass zwei gut besuchte Campingplätze das Angebot abrunden.

Geschichte

Auch Mýkonos wurde in der Antike nach Karern, Kretern und Phöniziern von den *Ionern* besiedelt. Im Angesicht des überragenden Délos führte die Insel allerdings ein eher bescheidenes Dasein, war zeitweise wohl auch eine Leprakolonie, in der die Kranken von Délos isoliert wurden. Insgesamt weiß man wenig über die Insel im Altertum, auch die Standorte der damaligen Inselsiedlungen konnten bisher nicht eindeutig festgestellt werden. Bekannt ist lediglich, dass Mýkonos als Mitglied des Attisch-delischen Seebundes nur vergleichsweise geringe Steuern zahlen musste. Immerhin soll der Wein von Mýkonos gut gewesen sein, wie man aus Dionysos-Münzen ablesen kann.

Größe: 86 qkm, Länge 12–15 km, Breite 11 km. Höchster Gipfel ist mit 372 m der Profítis Ilías Vorniotis (auch: Vardiés) im Nordwesten der Insel.

Bevölkerung: im Winter ca. 5000, im Sommer bevölkern rund 16.000 Menschen die Insel. Mýkonos gehört zu den wenigen Ägäisinseln, auf denen die Bevölkerungszahl zunimmt – natürlich dank des einträglichen Tourismusgeschäftes.

Geografie/Geologisches: an sich eine eher karge und ziemlich flache Insel, die aber ausgezeichnete Sandstrände besitzt.

Wichtige Orte: nur zwei – Mýkonos-Stadt und Áno Méra, ein Dorf im Inselinneren, ansonsten ausschließlich Hotelsiedlungen.

Straßen: Die Hauptverbindungen sind inzwischen weitgehend asphaltiert.

Entfernungen: Mýkonos – Áno Méra 6 km, Mýkonos – Platí Gialós 4 km, Mýkonos – Paradise Beach 5 km.

Auto-/Zweiradverleih: Dutzende von Vermietern in Mýkonos-Stadt, außerdem am Campingplatz Paradise, in Órnos, Ágios Stéfanos und Áno Méra.

Tankstellen: bei Mýkonos-Stadt, an der Straße nach Platí Gialós, an der Straße nach Áno Méra und in Áno Méra selbst.

Unterkunft: zahllose Hotels und Privatzimmer in Mýkonos-Stadt und Umgebung, außerdem an allen Stränden Privatzimmer, z. T. auch Hotels. Zwei Campingplätze direkt am Strand.

Baden: etliche hervorragende Strände, vor allem an der Südküste. Paradise und Super Paradise Beach sind die bekanntesten, letzterer weltberühmter Homosexuellen-Treff.

Landkarten: Sehr hilf- und inhaltsreich ist die "Sky Map" von Mýkonos, die aus einem detaillierten Stadtplan mit zahlreichen kommentierten Adressen sowie einem sehr guten Inselplan besteht, der das vielfältige Wegenetz komplex darstellt.

Aktuell und genau ist außerdem die Karte "Mykonos" von Road Editions (1:40.000).

Postleitzahl: 84600

Nach dem Zusammenbruch der byzantinischen Herrschaft kam Mýkonos 1207 zusammen mit Tínos (siehe dort) an die venezianischen Brüdern *Ghizi*. Nach dem Aussterben der Ghizi fiel es 1390 an die Republik Venedig. 1537 eroberte der gefürchtete Korsar *Chaireddin Barbarossa* die Insel, und Mýkonos wurde türkisch – fast zwei Jahrhunderte vor Tínos. In den folgenden Jahrhunderten machten sich die Männer von Mýkonos einen ausgezeichneten Namen als *Seefahrer*. Durch Handel mit Kleinasien und dem Peloponnes, aber auch mit Hilfe intensiver *Piraterie*, konnte man zu Beginn des 19. Jh. auf Mýkonos eine Flotte von 22 großen Schiffen aufbauen. Als 1821 der griechische Befreiungskampf begann, mischten die Mykonioten mit ihren gut ausgerüsteten Schiffen und erfahrenen Seeleuten sofort kräftig mit. An der zentralen Hafenplatia steht heute das Denkmal der *Manto Mavrogenous* (1796–1848). Diese energische junge Dame aus einflussreichem Haus (Großvater Steuereinnehmer, Vater Bankier, Bruder Flottenführer) organisierte während der Kämpfe die Flotte von Mýkonos und gilt heute als Freiheitsheldin der Insel. Sie stellte ihr ganzes Vermögen für den Kampf zur Verfügung und starb 1848 bettelarm in Páros (auch dort ist ein Platz nach ihr benannt).

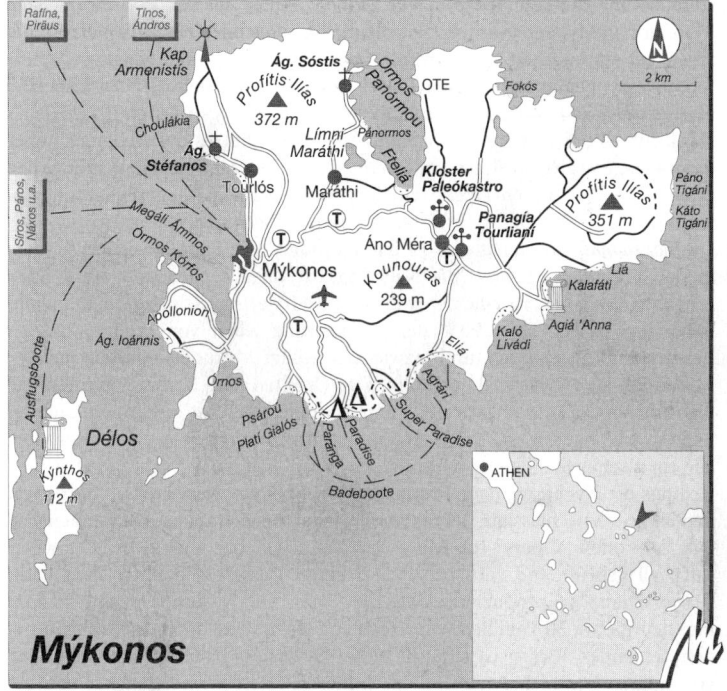

Mýkonos

In der ersten Hälfte des 19. Jh. baute man weiterhin Schiffe auf Mýkonos, trieb Handel und erarbeitete einen soliden Wohlstand (im Volkskundlichen Museum von Mýkonos-Stadt kann man noch einige Stücke betrachten, die den damaligen Lebensstandard dokumentieren). Der Aufstieg von Sýros wurde jedoch zum Abstieg für Mýkonos, auch die Erfordernisse der modernen *Dampfschiff-fahrt* waren wohl eine Nummer zu groß für die kleine Insel. Die Abwanderung wurde erst wieder durch das Aufkommen des *Tourismus* im 20. Jh. gestoppt – reiche Amerikaner machten mit ihren Motorbooten Ausflüge nach Délos und nahmen dabei Quartier in Mýkonos. Die Schönheit des Ortes sprach sich herum, und schon in den dreißiger Jahren besuchten alljährlich einige tausend Menschen die Insel. Die hervorragenden Strände taten ein übriges. Heute werden alljährlich fast 700.000 Übernachtungen registriert. Mýkonos ist wegen seiner exzellenten Kykladen-Architektur weltberühmt. Allerdings wird die Insel zusehends zersiedelt und verliert so an Reiz.

Wirtschaft

Auf dem kahlen und steinigen Mýkonos hat man nie landwirtschaftliche Güter in größerem Maßstab produzieren können. Zwar wurde in früheren Jahrhunderten Wein ausgeführt, man betrieb Viehzucht und baute Obst und etwas

Gemüse an. Die Hauptrolle spielte jedoch immer das Meer – die meisten Männer von Mýkonos verdingten sich als *Matrosen* oder verdienten als *Fischer* ihren Lebensunterhalt. Die zentrale Lage der Insel an den gängigen Schifffahrtswegen begünstigte diesen Trend. Die vielen Kapellen auf der Insel sind zum großen Teil von Seeleuten oder ihren Angehörigen errichtet, meist als Dank für eine Errettung aus Seenot. Ansonsten gibt es auf Mýkonos außer dem allgegenwärtigen Meer vor allem Wind. Die zahlreichen Windmühlen zeigen, dass der *Brotbäckerei* ebenfalls gewisse wirtschaftliche Bedeutung zukam. Auch die Nachbarinseln konnte man mit Backwaren versorgen.

Die *Touristeninvasion* hat alles radikal verändert. Wer kann, investiert seitdem in den Fremdenverkehr – die Nachfrage ist ungebrochen und die Rendite erheblich. Mýkonos ist eine der wenigen Inseln der Ägäis, auf der die Einwohnerzahlen steigen. Gut 90 % der Bevölkerung leben vom Tourismus, der Lebensstandard ist hoch, und inzwischen besitzt Mýkonos wohl die meisten Millionäre aller griechischen Inseln. Der Großteil aller Verbrauchsgüter und Nahrungsmittel muss heute eingeführt werden. Doch im Inselinneren gibt es noch immer Bauern und Viehzüchter, die hauptsächlich Schweine halten, aber alle ein zweites Standbein im Tourismus haben. Seit einigen Jahren hat sich allerdings die Nachfrage nach Produkten von Mýkonos verstärkt, so dass sogar der lange vernachlässigte *Weinanbau* wieder neue Impulse bekommen hat. Die "Mykonos Winery" hat Mitte der Neunziger begonnen, drei Ökoweine (offiziell geprüft und zertifiziert) und einen Dessertwein unter dem Label "Paraportiano" zu produzieren. Was die *Fischer* von Mýkonos angeht, so können heute etwa 50 Familien vom Fischfang leben. Und auch das Problem mit dem fehlenden *Wasser* ist einer dauerhaften Lösung näher gekommen , denn vor einigen Jahren hat man im Inselinneren einen Wasserspeicher von der Größe eines Sees angelegt (→ Kasten, S. 213), einen weiteren bei Áno Méra im Inselosten. Dieses Wasser kann für alle Zwecke benutzt werden, nur nicht zum Trinken.

Bis zum Einsetzen des Touristenstroms hatte Mýkonos auch eine lebendige Tradition im Weben und Stricken, zahlreiche *Webstühle* standen auf der ganzen Insel. Inzwischen lohnt die mühselige Heimarbeit aber nicht mehr, im Dienstleistungsgewerbe kann in derselben Zeit wesentlich mehr verdient werden. Zwar bekommt man in den Souvenirshops noch hier und dort handgearbeitete Stücke (→ Shopping), weitaus der größte Teil wird aber eingeführt.

Essen & Trinken

Serviert wird in den Tavernen im Allgemeinen internationale und griechische Küche mit für Kykladen-Verhältnisse recht hohem Standard. Auch eine ganze Reihe von höherklassigen Restaurants hat sich fest etabliert, die kreative und fantasievolle Gerichte bieten. In der Hochsaison bleiben allerdings Enttäuschungen wegen Überlastung nicht aus.

Auffallend ist, dass in den letzten Jahren ein Umdenken begonnen hat, was die inseleigenen Produkte betrifft. Immer mehr Tavernen beginnen, mykoniotische Spezialitäten zu servieren: Dazu gehören vor allem der lang gereifte Weichkäse *kopanistí*, den man auch in vielen Läden kaufen kann, Schweinefleisch und die kräftig gewürzten Schweinswürste namens *loúzes*. Mittlerweile haben manche Wirte damit begonnen, das Gemüse für ihre Tavernen ökologisch anzubauen. Und sogar der lange brach liegende Weinbau ist wieder im Aufwind (→ Wirtschaft), wobei der süße Dessertwein "Liasto" eine besondere Spezialität darstellt. Auch das mykoniotische Mandelgebäck *amygdálota* und die Mandelmilch *soúmada* haben in Griechenland einen guten Namen (→ Mýkonos-Stadt/Shopping).

Der König ist tot, es lebe der König!

Er war unumschränkter Herrscher des Hafens, Liebling aller Touristen, lebendes Wahrzeichen der Insel. Wenn er etwas von den Straßenhändlern stibitzte, blickten diese großmütig in eine andere Richtung, den Touristen fraß er aus der Hand. Die Rede ist von Petros, dem Pelikan. Ein schwerer Sturm verschlug ihn 1952 halb tot nach Mýkonos, wo ihn der Fischer Theodoris, ein echtes Inseloriginal, liebevoll aufpeppelte. Ganze 33 Jahre (!) lebte Petros daraufhin bewundert und geachtet an der turbulenten Hafenpromenade – seit Anfang der Siebziger sogar samt Pelikan-Gattin Irene, die aus dem fernen Louisiana (USA) eingeflogen wurde, ihm jedoch leider keine Sprösslinge schenkte (dies übrigens nicht wegen fehlender Leidenschaft, sondern weil es sich schlichtweg um zwei verschiedene Pelikanarten handelte). Der Bürgermeister von Mýkonos nahm Petros sogar auf Werbereisen bis New York und Tokio mit, wo er mit wahren Begeisterungsstürmen empfangen wurde. Doch im Dezember '85 fuhr ein Auto Petros an und er folgte seinen Pelikan-Ahnen – die Promenade war verwaist, der Thron vakant.

Petros vor seiner Stammkneipe

Als der mykoniotische Pelikan-Mangel bekannt wurde, hagelte es buchstäblich Langschnäbler, doch keiner wurde so recht heimisch auf Mýkonos. Ein süddeutscher Reiseveranstalter stiftetet seiner Paradeinsel 1986 schließlich einen robusten Thronfolger aus einem Zoo der Bundesrepublik. Doch auch dieser hat mittlerweile wieder (mehrere) Nachfolger gefunden und so lebt heute mindestens ein Petros der Soundsovielte mit Partnerin an der Hafenpromenade von Mýkonos Ob jedoch glücklich und zufrieden, sei dahingestellt, wenn man die Touristenmassen sieht, die sich geradezu darum balgen, die armen Viecher zu betatschen oder "auf die Platte zu bannen". Meine Bitte: Lassen Sie die Beiden doch in Ruh – Ihnen streicht doch auch nicht dauernd jemand über den werten Schnabel ... Der "echte" Petros ist bis heute auf Mýkonos unvergessen.

Inselfeste

Das *Osterfest* auf Mýkonos gehört zu den farbenprächtigsten im Ägäisraum. Das hat sich herumgesprochen, und ein erster Besucherschwall ergießt sich schon vor den eigentlichen Feiertagen über die Insel. Am *Palmsonntag* (eine Woche vor Ostern) findet wie überall in Griechenland eine große Prozession statt. Vor allem Frauen und Kinder tragen Lorbeer- und Olivenzweige, die an den Pforten der Kirchen zu kunstvollen Gebinden zusammengesteckt werden. Während der Karwoche fastet man und schrubbt die Stadt auf Hochglanz, am *Karfreitag* wird die Kreuzabnahme Christi mit einer feierlichen Prozession um die Stadt und den Hafen begangen. Dazu ertönen Klagelieder, alle Menschen tragen brennende Kerzen. Am *Karsamstag* folgt eine weitere Zeremonie, bei der der Papás (Priester) die Gläubigen mit duftendem Weihwasser besprengt. Am Samstagabend und den ganzen Sonntag über werden zahllose Feuerwerkskörper gezündet – *Christós anésti* (Christus ist erstanden)! Nach Mitternacht folgt dann das feierliche Osteressen im Kreis der Familie. Am Nachmittag des *Ostersonntags* wird Judas als Puppe vor der Kathedrale verbrannt. Die Daten der nächsten Jahre (Karfreitag bis Ostersonntag): 9.–11. April 2004 und 30. April –1. Mai 2005.

Im Juni folgt das Fest *Johannes des Täufers*, Höhepunkt ist dabei das Überspringen eines brennenden Holzstoßes.

Mitten in der Saison, am 15. August, findet in Áno Méra das große *Fest der Panagía* (Mariä Himmelfahrt) vom Kloster Tourianí statt, außerdem am 14. September das *Fest des Kreuzes* in Mýkonos-Stadt, wobei die Bauern die Samen ihrer Nutzpflanzen zur Weihe in die Kirche bringen.

Ein besonderer Brauch, der auf Mýkonos, aber auch auf anderen Kykladeninseln, z. B. Ándros, seit langem gepflegt wird, sind die privaten Schlachtfeste zum Ende der Touristensaison im Oktober, *chirosfágia* genannt. Überall auf der Insel beginnen dann die Bauern, ihre gut gemästeten Schweine zu schlachten – jedoch nicht gleichzeitig, sondern nach und nach, um sich gegenseitig helfen zu können. In aller Frühe fängt man an und ist bis mittags fertig. Dann beginnt das Zubereiten der traditionellen Würste, das Kochen und Braten und ein aufwändiges Festmahl schließt sich an, begleitet von Musik und Tanz. Mit etwas Glück kann man auch den neuen Wein kosten, der zur gleichen Zeit fertig wird. Bis Dezember werden Dutzende dieser Schlachtfeste gefeiert, viele Gäste werden geladen, man besucht sich reihum. Auch Fremde sind willkommen und werden gerne bewirtet.

Verbindungen von und nach Mýkonos

▶ **Schiff**: sehr gute Fährverbindungen von *Piräus*, *Rafína* und den größeren Kykladen-Inseln. Vom Festland meist über *Tínos* und/oder *Sýros*, aber auch Direktschiffe. Ab Rafína gehen auch *Schnellboote* und fahren weiter nach *Páros* und *Náxos*.

● *Fähren/Schnellfähren* Von und nach **Piräus** 2–4 x tägl., Fahrtzeit etwa 6 bzw. 3,5 Std., Deck-/Pullmannsitz (Economy Class) pro Pers. ca. 22 bzw. 32 €, billigster Kabinenplatz etwa 33 €, Kleinwagen ca. 67 bzw. 74 €, Mittelklassewagen ca. 80 bzw. 90 €. Von **Rafína** etwa 2 x tägl. (keine Schnellfähren), Fahrzeit etwa 4,5 Std. Deck-/Pullmannsitz (Economy Class) etwa 15–18 bzw. 30 €, billigster Kabinenplatz etwa 27 €, Kleinwagen ca. 55 €, Mittelklassewagen ca. 65 €. Außerdem täglich von und nach **Ándros**, **Tínos**, **Sýros**, **Páros**, **Náxos**, **Íos** und **Santoríni**, gelegentlich nach **Amorgós**

Aufs vorgelagerte **Délos** mit der größten Ausgrabungsstätte der Kykladen gehen täglich Ausflugsboote.

● *Schnellboote* 1–3 x tägl. von **Rafína** (über Ándros und Tínos) und **Piräus** (über Sýros), weiter nach **Páros**, **Náxos**, **Íos** und **Santoríni**. Überfahrtsdauer von Rafína ca. 2 Std. 15 Min., pro Pers. ca. 30 €., ab Piräus ca. 3,5 Std., ca. 32 €.

▶ **Flugzeug:** Der Airport von Mykonos ist klein, Chartermaschinen aus Mitteleuropa können jedoch landen. Olympic Airways fliegt in der Saison bis zu 6 x tägl. von und nach *Athen* (einfach ca. 73 € incl. Flughafengebühr), außerdem mehrmals wöchentlich nach *Santoríni*, *Rhódos* und *Thessaloníki*. Der Flugplatz von Mýkonos liegt ca. 3 km landeinwärts der Stadt, Busse verkehren auf dieser Strecke nicht, ein Taxi kostet ca. 6 €. Es können nur Maschinen mit geringer Kapazität starten und landen – rechtzeitig Plätze sichern!

Verkehr auf der Insel

▶ **Busse:** in der Hauptsaison sehr gute Verbindungen ab *Mýkonos-Stadt* zu den umliegenden Stränden, in der Nebensaison muss man sich in Geduld üben.

▶ **Mietfahrzeug:** Riesenangebot an Zwei- und Vierrädern, Preise der Anbieter weitgehend identisch. Bei der geringen Größe von Mýkonos reichen Zweiräder für die Inselerkundung aus.

▶ **Eigenes Fahrzeug:** lohnt nur sehr bedingt, keinesfalls in der Hauptsaison. Dann platzt die Insel aus allen Nähten, Mýkonos-Stadt ist zudem für Privatautos gesperrt, viel zu enge Gassen, Menschenmassen etc. Doch Mietmopeds gibt's an jeder Ecke, zu den gängigen Zielen fahren außerdem Busse.

Mýkonos-Stadt

Ein Traum! Unter dem strahlenden Licht der Ägäis eine der schönsten Hafenpromenaden der Kykladen. Buntes Bild der schaukelnden Fischerboote. Dahinter verwinkelte, blank gefegte Gassen, schneeweiße Häuser mit roten, türkisen und meerblauen Fensterläden, hölzerne Außentreppen, intime Plätze mit winzigen Kirchlein, verschwiegene Gärtchen hinter hohen Mauern. Ein labyrinthisches Netzwerk von Gässchen, in dem man sich auch nach dem zweiten Abend noch verirrt.

Mýkonos ist mit seinen zahllosen Tavernen, Bars und Souvenirläden völlig auf die Ansprüche der zigtausend Hotelurlauber eingestellt. Extremes Nachtleben, von April bis Oktober herrscht allabendlich Karnevalstimmung in den völlig überfüllten Gassen und Plätzen um den Hafen. Erfreulich dabei – Autos müssen draußen bleiben, Mýkonos ist für Blechkutschen zu eng.

Information (s. Karte auf S. 186/187)

Keine offizielle Informationsstelle vorhanden, nur ein selten besetztes Büro der **Touristenpolizei (44)** am Anleger, vis à vis vom Yacht Club, ✆ 22890-22482. Dort außerdem je ein Informationsbüro für Hotels, Privatzimmer/Apartments und Camping. Weitere Zimmervermittlung im Ortszentrum und am **Flughafen** (→ Übernachten). Im **Internet**: mykonos.com.gr; greek-tourism.gr/mykonos und mykonosgreece.com (→ auch S. 80).

Mýkonos
Karte Seite 181

Verbindungen

- *Busse* Es gibt **zwei Bushaltestellen**. Die erste, untere, liegt an der **Kreuzung beim Hafen**, wo die Umgehungsstraße und die Straße nach Ágios Stéfanos beginnen (→ Stadtplan). In der Hochsaison Busse etwa halbstündlich nach **Toúrlos** und **Ágios Stéfanos** (ca. 8.15–1 Uhr nachts), ca. 8 x tägl. nach **Áno Méra** und weiter zu den Stränden **Agía Ánna** und **Kalafátis** (Ostküste), ca. 6 x tägl. zum **Eliá-Strand**. In der Nebensaison deutlich weniger Verbindungen.
  Zweite Bushaltestelle an der Platia Agiou Louka am **oberen, südlichen Ortsende** (→ Stadtplan). Von der Hafenpromenade ca. 10 Min. zu Fuß, Weg ab Matojanni Str. beschildert (Hauptgasse senkrecht zur Hafenfront, beginnt neben Platia Manto Mavrogenous mit Taxistand). Busse etwa halbstündlich zu den Stränden **Ornós, Psaroú/ Platí Gialós, Paránga** und **Paradise**, stündlich zum Strand **Ágios Ioánnis** (letzte Busse meist gegen 2 Uhr nachts). Auch hier wesentlich weniger Busse in der NS. Keine Busse zum Airport (Bus zum Paradise Beach bis Abzweig Airport nehmen und 5 Min. zu Fuß).
- *Taxi* **Standplatz** am großen Platz an der Hafenpromenade (Denkmal der Manto Mavrogenous). Üblicherweise tut man sich zu mehreren zusammen – nachts wegen Überlastung längere Wartezeiten. ✆ 22890-23700 und 22400.
- *Schiff* Der Strand **Platí Gialós** ist Abfahrtsstelle der **Badeboote** zu den Stränden an der Südküste – Paránga, Paradise, Super Paradise, Agrári und Eliá (→ Platí Gialós).

Adressen (s. Karte rechts)

- *Ärztliche Versorgung* **Medical Center**, neben der Tankstelle an der Umgehungsstraße, tägl. 9–24 Uhr, 24-Std.- Notdienst. ✆ 22890-27407, 27464, im Notfall unter ✆ 6977654737.
  Georgios Katzirmas, Zahnarztpraxis unterhalb der Windmühlen von Káto Mýli. ✆ 22890-25183.
- *Ausflüge* Jeden Vormittag zwischen 8.30 Uhr und 12 Uhr gehen Ausflugsboote nach **Délos**, Rückkehr zwischen 12 Uhr und 15 Uhr. Abfahrt an der südlichen Hafenmole beim Rathaus. Weitere Délos-Boote gibt es in der HS ab Platí Gialós und Ornós (→ Insel Délos).

Übernachten

20	Terra Maria
21	Apollo
24	Mario's
27	Zorzis
30	Chez Maria
32	Philippi
36	Poseidon
40	Matoyanni
41	Karboni
42	Cavo Tagoo
49	Manto
51	Carbonaki
53	Delos
54	Petassos Gorgona Aegean Omiros
59	Semeli
60	Elena
61	Lefteris
62	Rochari
63	Damianos

Informationsstellen

34	Hotels
37	Privatzimmer
39	Camping

Mýkonos-Stadt

Páros, Náxos, Íos, Santoríni

Tínos, Ándros, Piräus

Kastro
Paraportianí-Kirche
Volkskunst-museum
WC
Ausgrabung
Rathaus
Boote nach Délos
Ág. Nikólaos
tís Kadenas
Kath. Kirche
Kathe-drale
Drei Brunnen Platz
Marine mus.
Ág. Kyriákis
Platia Manto
Mavro-genous
Archäol. Museum
Poli-kandrioti
OTE
BUS
Aussichts-punkt
Áno Méra
FÄHREN

E ssen & Trinken

2	Sea Satin Market
8	Ta Kioupia
10	Barkia
11	Nikos
15	Kounellas
18	Sirens
22	La Maison de Katrine's
25	El Greco
26	Archeon Gefsis
29	Sesame Kitchen
31	Sale e Pepe
35	Philippi
47	Klimataria
48	Antonini's
52	Alexis
55	Appaloosa
56	Baboulas

N achtleben

1	Kastro
3	Sea Base Club
4	Montparnasse
5	Veranda
6	Caprice
7	Mykonos
9	Skandinavian Bar
12	La Porta
14	Down Under
17	Cine Manto
28	Yacht Club
45	Space
46	Pierro's
50	Mad Club

S onstiges

13	Internetcafé
16	Internetcafé
19	Traditionelle Bäckerei
23	Wäscherei
33	Zweiradverleih
38	Wäscherei
43	Olympic Airways
44	Touristenpolizei
57	Zweiradverleih
58	Zweiradverleih

Im Sommer fahren vormittags auch **Bade-boote** von der Stadt zu den Stränden der Südküste (Alternative: Bus nach Platí Gialós, von dort Boot). Außerdem zig Ausflugsangebote örtlicher Agenturen zu umliegenden Inseln.

• *Auto-/Zweiradvermietung* Jede Menge Vermieter. Schwerpunkte sind die beiden **Busstopps (33+57)** an der Kreuzung oberhalb vom Hafen und der Kreuzung der Umgehungsstraße mit der Straße nach Platí Gialós und der zum Flugplatz.
Empfehlung für **Auto/Moto rent a Star (58)** an der unteren Busstation, geführt vom umgänglichen Michalis, mit dem man über den Preis reden kann. ☎ 22890-27711, mobil 6937-096540.

• *Geld* **Geldautomaten** am Nordende vom Agía Ánna-Strand, am oberen Busstopp, beim Cine Manto und gegenüber der Konditorei Aladdin.

• *Internationale Presse* **Iannis Terzopoulos**, sehr gut sortierter Laden, etwas versteckt an der Rückfront der Kirche Agía Kyriakí gegenüber Pierro's (→ Nachtleben), ab Uferpromenade beschildert mit "International Press". Die Zeitung "The European" hat ihn 1994 zum schönsten Zeitschriftenkiosk Griechenlands gewählt. Ein zweiter Laden liegt am **Dreibrunnenplatz**.
Tageszeitungen vom selben Tag gibt es abends ab etwa 18 Uhr.

• *Internet* Mehrere Internet-Cafés (13+16) liegen an der Xenias Str. von der oberen Bushaltestelle zu den Windmühlen von Káto Mýli, z. B. **Mykonos Cyber Café** (www. mykonoscybercafe.com), **Internet Corner** und **@ngelos Internet Café**.
Double Click liegt in der Zouganeli Str. 18 (www.mykonos.com.gr/doubleclick).

• *Post* Im hinteren Stadtbereich, Ortsteil **Laka** (→ Karte).

• *Reisebüros* **Eros Travel**, im Hotel Delos (→ Übernachten). Freundlich geführte Flugagentur mit Reisebüro, organisiert private Flüge und Quartiere auf anderen Inseln. ☎ 22890-22517, 📠 22312, E-Mail: deloshot@otenet.gr
Olympic Airways (43), Platia Agiou Louka (obere Bushaltestelle). Unbedingt frühzeitig um Tickets kümmern, Flüge sind schnell ausgebucht. ☎ 22890-22490.

• *Reitstall* **Mykonos Riding Center**, außerhalb der Stadt, am Abzweig von der Straße zum Flughafen nach Paradise und Paránga hinunter. ☎ 22890-23877.

• *Tankstellen* Eine am Weg nach Platí Gialós und zwei an der Straße nach Áno Méra (→ Übersichtsplan zur Insel).

• *Toilette* Im Viertel **Kástro**, an der Uferstraße kurz vor dem Volkskundlichen Museum.

• *Wäscherei* **Quick Clean (38)**, an der Platia Agiou Louka (obere Bushaltestelle).
Marousa Laundromat (23), Agios Efthymios Str., Nähe Platia Agiou Louka.

Übernachten

Mýkonos ist eine der beliebtesten Urlaubsinseln der Ägäis, und die Zimmerpreise liegen deutlich über denen der meisten anderen Kykladeninseln, sind sogar höher als auf Santoríni. Trotz des riesigen Bettenangebots ist aber *Mýkonos-Stadt* im Sommer weitgehend ausgebucht. Wer im Juli/August ohne Reservierung kommt, kann Schwierigkeiten bekommen, ein Zimmer zu finden. Deshalb gleich im Hafen oder Airport die zahlreichen Offerten prüfen. Hoteliers und Anbieter von Privatzimmern kommen in Scharen zu jeder einlaufenden Fähre bzw. jedem Flugzeug und sorgen per Kleinbus für schnellen Transport zur Unterkunft – oder die im unten stehenden Kasten angegeben Adressen in Anspruch nehmen. In der Nebensaison gab's dagegen in den letzten Jahren reichlich Vakanzen, vor allem außerhalb der Stadt findet man fast immer Platz. Wohnen direkt im Zentrum hat allerdings abends bzw. nachts den großen Vorteil, nicht den letzten Bus erreichen zu müssen (knallvoll!) bzw. die ständig überlasteten Taxis benutzen zu müssen (lange Wartezeiten einkalkulieren).
Im Folgenden *Detailinfos zu über 50 Hotels und Pensionen* in Mýkonos-Stadt und Umgebung, sowie an allen wichtigen Stränden (ab S. 203). Etwas Vorsicht

allerdings: Viele Hotels vergeben ihre Zimmer zum Anfang der Saison als geschlossene Kontingente an einen oder mehrere Reiseveranstalter. Da diese Verträge aber immer nur für ein Jahr geschlossen werden, kann sich die Situation in einzelnen Unterkünften von Jahr zu Jahr ändern. Bevor man sich auf einen längeren Weg macht, erst in der Zimmervermittlung im Hafen nachfragen bzw. von dort im Hotel anrufen lassen.

Hilfe bei der Zimmersuche

Im Hafen: Informationsbüros für Hotels (s. Karte S. 186/187, 34) (✆ 22890-24540, 📠 24760, E-Mail: mykhotels@otenet.gr), Privatzimmer (s. Karte S. 186/187, 37), Studios und Apartments (✆ 22890-24860) sowie Camping (s. Karte S. 186/187, 39) (✆ 22890-23567) nebeneinander direkt am Hafenanleger.
Im Ort: Mykonos Accommodation Center, Odos Enoplon Dynameon 10 (neben dem Nautischen Museum), GR-84600 Mykonos, ✆ 22890-23160, 📠 24137, http://mykonos-accommodation.com. Tägl. 8–22 Uhr (Sommer), 9–14 und 17–21 Uhr (Winter). Seit 1981 Vermittlung qualitativ ansprechender Unterkünfte, freundlich geführt, es wird Deutsch gesprochen.
Am Flugplatz: nur Hotelinformation, ✆ 22890-25770.

Am Hafen (s. Karte auf S. 186/187)

Vorteilhaft sind hier die zentrale Lage und der herrliche Blick auf Meer und Hafenbucht, einen gewissen Geräuschpegel muss man allerdings einkalkulieren.

Delos (53), D-Kat., traditionelles Hafenhaus unmittelbar neben dem Agía-Ánna-Strand, 5 Min. vom Fähranleger. Eins der ältesten Hotels der Stadt, jedoch umfassend renoviert. An der Meeresseite stehen fünf 300 Jahre alte Marmorsäulen von der Insel Tínos. Der zuvorkommende Besitzer, Herr Andreas Renieris, spricht ausgezeichnet Deutsch. Er vermietet neun jeweils voneinander unterschiedliche Zimmer mit Meeresblick und eigenem Bad. Laut Leserzuschrift fahren auf der nahen Straße nachts viele Vespas vorbei. Herr Renieris vermittelt und organisiert auch Aufenthalte auf anderen Inseln (→ Reisebüros). DZ mit Frühstück ca. 50–80 €. ✆ 22890-22517, 📠 22312, E-Mail: deloshot@otenet.gr

Manto (49), C-Kat., ganz zentral, beim Taxiplatz schmale Gasse hinein, zwischen Mavrogenou und Zouganeli Str. Ideal für Nachtschwärmer, die hier auch reichlich Quartier nehmen – nachts wird's gelegentlich laut in den Gängen. 15 schlichte Zimmer mit Du/WC, Betten mit Stein-/Holzfundament. Freundliche junge Besitzer, die die Frühstückszeiten (bis mittags) ihren nachtschwärmenden Gästen angeglichen haben. Der Frühstücksraum mit Bar wird von zwei netten Jungs betrieben, diverse Drinks und Essen sind erhältlich. DZ ca. 45–80 €. ✆ 22890-22330, 📠 26664.

Apollo (21), D-Kat., altes Seefahrer-Haus zwischen dem Kafenía an der Promenade, relativ laut. Ein Hotel mit Tradition und eigenem Charme, seit 80 Jahren Familienbetrieb und damit eine der ältesten Herbergen der Insel. Hebt sich mit seinen Holzdecken und farbigen Wänden wohltuend von manchem modern "gestylten" Etablissement ab. Beim Eintreten in die Rezeption fühlt man sich in Uromas Zeiten versetzt. Zwei nette, ältere Damen mit Witz und Humor führen das Hotel, eine spricht recht gut Englisch. Die 20 Zimmer sind einfach ausgestattet, nicht vom Neuesten, aber sauber und ordentlich, z. T. ohne eigene Du/WC, aber auch die Gemeinschaftsbäder sind okay. DZ mit Bad ca. 40–70 €, mit Etagendusche günstiger. ✆ 22890-22223, 📠 24237.

Lefteris (61), E-Kat., Apollonas Str. 9, nicht direkt im Hafen, sondern in einem ruhigen Wohnviertel am Hang südlich oberhalb der Platia Manto Mavrogenous. 8 Zimmer, Gemeinschaftsküche, Dachgarten mit Aussicht. DZ ca. 40–80 €. ✆ 22890-23128, 📠 27117.

Im Zentrum, Matoyanni Straße (s. Karte auf S. 186/187)

Im Auge des Hurrikans – die berühmte Matoyanni Straße ist die Hauptgasse von Mýkonos. Sie beginnt neben der großen Platia Manto Mavrogenous an der Hafenfront (Taxistand) und führt mitten ins Zentrum. Vorteil: zentrale Lage, auch die Lärmbelästigung hält sich in akzeptablen Grenzen.

Matoyanni (40) (C-Kat.,) und **Karboni (41)** (D-Kat.), mitten in der Einkaufsstraße, 150 m vom Wasser. Die beiden Hotels stehen unter gleichem Management und besitzen zusammen 29 Zimmer unterschiedlicher Ausstattung, unten im Haus ist eine Taverne/Bar untergebracht. Das Matoyanni etwas komfortabler, alle Zimmer mit Du/WC (im Gegensatz zum Karboni), Marmorboden und Inventar skandinavischer Machart, hinter dem Haus erfrischender Garten und Terrasse. DZ im Matoyanni ca. 50–100 €, das Karboni ist etwas günstiger. ✆ 22890-22217, ✆ 23264.

Im Zentrum, Kalogera Straße (s. Karte auf S. 186/187)

Seitengasse der Matoyanni Straße, hier wohnt man schön und vor allem etwas ruhiger als an der Hauptgasse. Mehrere alteingeführte Hotels.

Terra Maria (20), D-Kat., ruhige Lage neben einem von außen nicht sichtbaren Park, in dem im September bis zu 5 m hohe Säulenkakteen blühen. 14 Zimmer mit Du/WC und TV, sechs davon mit Balkon und Blick auf den Park. Auch eine Terrasse ist für die Gäste vorhanden. DZ ca. 40–70 €. ✆ 22890-24212-3, ✆ 27112.

Mario's (24), C-Kat., mit viel Holz eingerichtet, hinten Garten, 14 kleine, durchschnittlich ausgestattete Zimmer mit Du/WC, jeweils TV und Kühlschrank. DZ ca. 45–90 €. ✆ 24670, ✆ 22704, E-Mail: h/marios@otenet.gr

Zorzis (27), C-Kat., kleines Schmuckstück – gegenüber von Mario, eins der ältesten Häuser der Insel (16. Jh.). Professionell und aufmerksam geführt von Jonathan Varnalis, einem Griechen, der in Australien aufgewachsen ist. Die 10 Zimmer mit Holzdecken und Marmormosaikböden sind mit stilvollem Holzmobiliar liebevoll eingerichtet, für kühlere Zeiten gibt es sogar Federbetten. Alle Zimmer mit Aircondition, Ventilator und TV, zwei haben Balkon. Frühstück wird auf Wunsch im netten Hinterhof serviert (Filterkaffee, Joghurt mit Früchten, frisch gepresster Saft, Vollkornbrot). DZ mit Frühstück ca. 60–115 €. ✆ 22890-22167, ✆ 24169, www.zorzishotel.com

Philippi (32), D-Kat., älteres Gebäude mit 13 Räumen. Benachbart das gleichnamige Großrestaurant, das vom Bruder des Hotelbesitzers betrieben wird (→ Essen & Trinken). Von den 2 EZ, 8 DZ und 3 Dreibettzimmern haben nur 3 eigene Du/WC. Die meisten Zimmer mit Balkon und Blick auf den beeindruckenden Garten. DZ mit Bad ca. 35–60 €, mit Etagendusche günstiger. ✆ 22294, ✆ 24680.

Chez Maria (30), von den 15 gemütlichen Zimmern haben 10 eigene Du/WC, alle sind mit alten Stilmöbeln eingerichtet, kristallene Lüster hängen von der Decke, in den nostalgischen Bädern Waschbecken in Muschelform. Der Preis mit 40–70 € ist allerdings weniger nostalgisch. Deutsche Gäste in der Minderzahl, eher Franzosen, Briten und Italiener. Zum Haus gehört ein gepflegtes Restaurant (→ Essen & Trinken). ✆ 22890-22480.

Rochari Straße (s. Karte auf S. 186/187)

Die Straße, die zum Amphitheater führt – ruhig und trotzdem mitten in der Stadt, mit wenigen Schritten kommt man ins Zentrum. Einrichtung von Discobars ist verboten. Grund: Der ehemalige griechische Ministerpräsident Mitsotakis besitzt hier ein Ferienhaus.

Carbonaki (51), D-Kat., vom Zentrum aus kurz vor dem ausgeschilderten Amphitheater, größere, verwinkelte Anlage mit 21 Zimmern, alle mit Bad, gegenüber einige erstklassige Apartments (für 4–7 Pers.), kleiner Pool, mehrere Terrassen, Kapelle ist angebaut. Alles picobello sauber und gepflegt, große Räume, elegantes Holzmobiliar, moderne Badezimmer. Antonios und Maria sind in freundlicher Weise um ihre – zum erheblichen Teil deutschen – Gäste bemüht. DZ ca. 45–96 €, in der etwas düsteren

Bar kann man frühstücken. ☎ 22890-22461, 📧 24102, www.carbonaki.gr

Elena (60), D-Kat., aufmerksam geführtes Haus direkt am Amphitheater, oleandergesäumte Terrasse, gemütliche Halle. Zimmer mit Du/WC, TV, Aircondition, Telefon und Radio, von den Holzbalkons schöner Blick über die Stadt aufs Meer. Man arbeitet mit Reiseagenturen zusammen, besser vorher anrufen. DZ mit sehr gutem Frühstücksbüffet ca. 60–110 €. ☎ 22890-23457, 📧 23458, E-Mail: hotel-elena@hotmail.com

Semeli (59), A-Kat., gepflegtes Haus unterhalb der Umgehungsstraße, das inseltypische Architektur mit modernem Wohnkomfort verbindet. Freundliche Lobby, die Zimmer ansprechend eingerichtet, Süßwasserpool, schöner Blick über die Stadt. DZ ca. 130–250 €. Pauschal z. B. über TUI. ☎ 22890-27466, 📧 27467, www.semelihotel.gr

Stadtrand und Umgebung (s. Karte auf S. 186/187)

Auf den Hügeln um Mýkonos-Stadt und den Hafen zahlreiche Möglichkeiten, alle in Fußentfernung zum Zentrum, die meisten mit Panoramablick. Diverse Häuser sind von Reiseveranstaltern in Beschlag genommen. Der Discolärm dringt nicht herauf und die Hotels sind in der Regel relativ neu und noch nicht abgewohnt.

● *Auf den Hügeln* **Nazos**, D-Kat., oberhalb der Kunstakademie (→ Stadtplan), recht guter Standard, gemütliche Zimmer im Inselstil, teils Holzdecken und hübsch möbliert, Frühstücksraum. DZ ca. 60–100 €. ☎ 22890-22626, 📧 24604, www.hotelnazos@otenet.gr

Elysium, C-Kat., vom Nazos noch ein paar Schritte höher, die bevorzugte Adresse für Gays und von ebensolchen geführt. Elegante Edelklasse, alle Schikanen wie Fitness-Center und großer Pool mit Panoramablick, in den gut ausgestatteten Zimmern schwarz gebeiztes Holzmobiliar, Telefon, Föhn, TV und Kühlschrank. Keine Kinder als Gäste. DZ ca. 130–240 €. ☎ 22890-23952, 📧 23747.

Rochari (62), B-Kat., an der Umgehungsstraße, in unmittelbarer Nähe vom Elena (→ Rochari Straße). Gut eingeführtes Hotel mit freundlicher Wirtin Maria, ca. 7 Min. ins Zentrum. 1977 im kykladischen Stil errichtet, 60 geschmackvoll eingerichtete Zimmer verteilen sich in der großzügigen Anlage mit Pool über den Hang. Jeweils Du/WC, Telefon, Radio und Balkon (schöner Blick auf Meer und Ort). DZ mit Frühstück ca. 70–130 €. ☎ 22890-23107, 24307, E-Mail: rohari@otenet.gr

Poseidon (36), B-Kat., an der Straße nach Ornós, neben den Mopedverleihern an der oberen Straßenkreuzung (Nähe Bushaltestelle nach Platí Gialós). Zum nächsten Strand Megáli Ámmos sind es ca. 400 m, ins Zentrum knapp 10 Fußminuten. Hübsche Anlage im weißen Kykladenstil mit Pool, herrlicher Meeresblick, Zimmer freundlich, mit Du/WC, Balkon, Kiefernmöbeln und z. T. durchgehenden Holzdecken, Aufenthaltsraum mit TV und Internet. Vorwiegend pauschal gebucht, z. B. über Attika.

DZ ca. 70–120 €. ☎ 22890-22437, 📧 23812, www.poseidonhotel-mykonos.com

Damianos (63), E-Kat., etwas oberhalb der Umgehungsstraße, an der Straße nach Áno Méra. Alle Zimmer mit Du/WC, einige mit schönen kleinen Terrassen, einige mit Blick auf die nächste Mauer. Kleine Frühstücksterrasse. Knapp 10 Fußminuten ins Zentrum. DZ ca. 45–90 €. ☎ 22890-23085, 📧 23668.

● *Ortsteil Tagoo (oberhalb vom Hafen)* **Cavo Tagoo (42)**, an der Küstenstraße nördlich vom Hafen, ca. 800 m in Richtung Tourlós, macht seiner A-Kategorie alle Ehre. Für die gelungene Kombination von kykladischem Baustil, fantasievoller innenarchitektonischer Aufteilung und mutiger Integration der anstehenden Felsen in die einzelnen Räume erhielt das 1985 erbaute Hotel bereits einen Architekturpreis. Von den 60 geschmackvoll eingerichteten Zimmern hat jedes einen anderen Grundriss, die Ausstattung mit Bad, Telefon, Musik, Sitzgruppe im Zimmer und auf dem Balkon gilt natürlich für alle Zimmer. Geboten sind ferner Bar, Snack-Bar, Fernsehraum, Restaurant mit vorzüglicher Mittelmeerküche und natürlich der abends festlich illuminierte Meerwasserpool mit Pool-Bar. Bei Cavo Tagoo fühlen sich hauptsächlich Pauschalreisende deutscher Reisegesellschaften wohl (z. B. Attika), jedoch wurde uns versichert, dass bei rechtzeitiger Anmeldung auch Individualurlauber eine Chance haben. DZ ca. 90–200 €. Wird hauptsächlich über Reiseveranstalter gebucht. ☎ 22890-23692-3-4, 📧 24923.

Für die folgenden Häuser vom Busstop aus die Gasse nehmen, die etwa parallel zur Küstenstraße bergauf führt (→ Stadtplan). Alle Häuser bieten einen herrlichen Hafenblick, in die Stadt läuft man 10–15 Min.

Petassos (54), B-Kat., neues Haus, geschickt an den Hang gebaut. Empfohlen von Leserin D. Lorenz: "Zimmer mit Aircondition auf verschiedenen Ebenen, relativ groß und komfortabel. Von den meisten Balkonen herrlicher Blick auf Hafen und Sonnenuntergang. Großzügig gestaltetes Foyer und Frühstücksraum, sehr gutes Büffet. Freundlicher Service." DZ ca. 75–140 €. ✆ 22890-22608, 📧 24101, www.petasos.gr

Gorgona (54), C-Kat., am Hang oberhalb vom Hotel Cavo Tagoo, 10 Min. ins Zentrum. Mittelklassehotel, Zimmer auf drei zweistöckige Gebäude verteilt, helle Kiefernmöbel, Du/WC, Telefon. Großes Plus: Alle Zimmer besitzen Balkon oder Terrasse, von denen man einen fantastischen Meeresblick hat. Jeden Abend kann man den Sonnenuntergang betrachten, tagsüber auch hautnah die einlaufenden Schiffe. Im Untergeschoss hübsche Außenterrasse mit Snack-Bar, zum Strand von Tourlós sind es ca. 400 m. DZ ca. 60–110 €. Wird auch von Reiseveranstaltern gebucht. ✆ 22890-24544, 📧 24542.

Aegean (54), C-Kat., komfortables Haus hoch oben am Hang, herrlicher Blick, Swimmingpool mit Poolbar. Zimmer mit TV und Kühlschrank, z. T. Balkon oder Terrasse. 15 Fußminuten ins Zentrum. DZ ca. 60–150 €. ✆ 22890-23544, 📧 24927, E-Mail: dassi @mailbox.gr

Omiros (54), D-Kat., einfaches, im Kykladenstil erbautes Hotel wenige Fußminuten nördlich vom Hafen in ruhiger Hanglage, schöner Terrassenhof. Warm empfohlen von Leser H. Knorr: "Alle elf Zimmer, jeweils mit Du/WC und eigener großer Terrasse, sowie ein Apartment bieten einen traumhaften Blick auf Stadt und Hafen. Der freundliche und weltgewandte Nikos spricht perfekt Englisch, gibt Tipps und Hilfen. Omiros überzeugt sowohl von der Lage als auch von der Leistung." Nikos hat lange in USA gelebt und ist eigentlich Sirtakitänzer. Viele Stammgäste kommen regelmäßig zu ihm. DZ ca. 40–70 €. ✆ 22890-23328.

● *Weiter außerhalb* **Tharroe of Mykonos**, L-Kat., von Mýkonos aus in Richtung Platí Gialós fahren und auf die Straße nach Ornós abzweigen, kurz danach rechts die Straße auf einem Hügel. Kleines, geschmackvoll ausgestattetes Hotel mit Poolterrasse, von der man einen herrlichen Panoramablick auf Mýkonos-Stadt, das Meer und Délos hat. Sehr persönlich und aufmerksam geführt von Frau Olga Papadakis. Sauna, Jacuzzi, Gourmetrestaurant. Beim Bau des Hotels wurde ein mykenisches Kuppelgrab entdeckt, das besichtigt werden kann (→ S. 206). In der Nebensaison erschwinglich, DZ ab ca. 90 €, im Sommer allerdings bis zu 300 €. ✆ 22890-27370-4, 📧 27375, E-Mail: tharroe@myk.forthnet.gr

Mykonos Bay, B-Kat., Bungalowanlage direkt am Strand Megáli Ámmos. 31 Wohneinheiten, immer zu mehreren zusammengebaut, Balkons vorne raus mit schönem Seeblick, Swimmingpool mit Windschutzwand. DZ ca. 50–110 €. ✆ 22890-23338, 📧 27775, www.mykonosbayhotel.com

Vienoulas Garden, B-Kat., an der Straße nach Platí Gialós, Busstopp in unmittelbarer Nähe, 15 Gehminuten in die Stadt. Nettes modernes Hotel mit Atmosphäre. Bungalowartige Bauweise, sehr sauber, weitgehend ruhige Lage etwas abseits der Straße. Gutes Frühstück, täglicher Handtuchwechsel. DZ ca. 70–120 €. Auch über Reiseveranstalter zu buchen, z. B. TUI. ✆ 22890-24214, 📧 24303, E-Mail: vienoula@otenet.gr

Milena, E-Kat., an der Straße zum Flughafen, geführt von der gastfreundlichen Familie Daktilidis. Hübsche Anlage auf einem Hügel, etwas verwinkelt mit Terrassen und zentralem Frühstücksraum, eine Privatkapelle ist direkt angebaut. Saubere Zimmer mit modernem Holzmobiliar, alle mit Bad. Zu Fuß knapp 15 Min. ins Zentrum, der Hausherr fährt 2 x tägl. von und zur Stadt, ansonsten kann man den Flughafenbus stoppen (mehrmals tägl.). DZ ca. 35–75 €. ✆ 22890-23126, 📧 22159.

Privatzimmer & Camping

● *Privatzimmer* Bei der Ankunft der Fähre drängen sich die Anbieter zu Dutzenden hinter den Absperrgittern und halten einem die staubigen Abbildungen ihrer Luxus-Etablissements unter die Nase. Hier auf ein Angebot einzugehen erspart späteres, langes Suchen. Zudem bequem, da fast immer kostenloser Kleinbus-Transport zur Unterkunft angeboten wird (und auch wieder

zurück). Allerdings kauft man so die Katze im Sack – also nicht für längere Zeit verbindlich anmieten, erst anschauen. Insgesamt ist der Zimmerstandard aber recht hoch, da ständig neue Unterkünfte gebaut werden. Handeln ist angebracht, für unter 30 € für ein DZ wird man allerdings kaum etwas ergattern, in der HS kaum unter 50 €.

La Veranda, Frühstückspension am Hang

oberhalb der Umgehungsstraße, freundlich geführt von Familie Skagias, wunderbarer Blick auf den Hafen (Sonnenuntergang), gemütliche Frühstücksterrasse, kleiner, geschmackvoller Pool, passable Zimmer. 10 Fußminuten in die Stadt. ℅ 22890-23670, ✆ 25133.

Stavroula's, ruhige Lage etwas abseits der Straße zum Platí Gialós, 20 Min zu Fuß von Mýkonos-Stadt, 15 Min. von Platí Gialós. Von Frau Stavroula Kousathana und ihrer Tochter Irini sehr freundlich und hilfsbereit geführte Anlage mit neun Zimmern, sehr sauber und mit Liebe zum Detail hergerichtet. Alle Zimmer mit Aircondition, TV, Küchenzeile und Terrasse/Balkon, zwei Zimmer in einem Taubenhausnachbau, in der Mitte des Hofs ein Kaktusgärtchen. Stavroula und Irini sind bei fast allen einlaufenden Fähren im Hafen zu finden. ℅ 22890-23801, mobil 6944-570007.

● *Camping* Es gibt zwei Plätze auf der Insel, beide liegen am Strand und in der Einflugschneise des Flughafens. Beide schicken tagsüber zu jeder Fährankunft einen Kleinbus an den Hafen (Achtung: nachts meist nicht!). Für Neuankömmlinge kostenloser Transfer, ansonsten für die Fahrt von und zur Stadt mit ca. 1,50 € rechnen (fährt mehrmals tägl., u. a. auch morgens rechtzeitig zum Boot nach Délos und in der Hochsaison sogar bis nachts um 3 Uhr – maßgeschneidert für Nachtschwärmer). Al-

ternative: Linienbusse fahren von der Stadt bis in den frühen Morgen zu beiden Plätzen.

Camping Mykonos, etwas erhöht über dem Paránga-Strand (→ Südküste), herrlicher Blick auf die Bucht. Großes Gelände auf mehreren Terrassen, Zelte können unter Tamarisken, Bambusdächern oder hinter Schilfabgrenzungen aufgestellt werden, für Schlafsackschläfer gibt's eine betonierte Fläche mit Dach, auch Stellmöglichkeiten für Wohnmobile bzw. -wagen sind vorhanden. Saubere Sanitäranlagen, Self-Service-Restaurant, gut sortierter Minimarkt, Busstopp vor der Tür. ℅ 22890-25915, ✆ 24578.

Camping Paradise, seit 1969 in hervorragender Lage am langen Paradise-Strand (→ Südküste), dementsprechender Massenbetrieb, junges Publikum. Schilfbahnen grenzen die einzelnen Stellbereiche ab, außerdem wachsen Eukalyptusbäume, Olivenbäume und Tamarisken, weiterhin sorgen Schilfdächer für Schatten, der aber trotzdem eher Mangelware ist. Sanitäranlagen einfach. Am Eingang gutes Self-Service-Restaurant mit Riesenauswahl, man sitzt sehr schön und völlig schattig am Strand, Benutzung auch für Nicht-Bewohner. Abends Barbetrieb und Freiluft-Disco, die im Hochsommer bis 4 Uhr früh den gesamten Platz beschallt. Deutsche Presse, Mopedverleih, zahlreiche Schließfächer für Wertsachen. ℅ 22890-22852, 22129, ✆ 24350, E-Mail: paradise@paradise.myk.forthnet.gr

Essen & Trinken

Im Prinzip reichhaltiges Angebot an guten Tavernen mit oft fantasievoller griechischer sowie internationaler und ethnischer Küche, meist zu gehobenen Preisen. Leider verführt der Massenandrang nicht selten dazu, es mit der Qualität nicht so genau zu nehmen. Bedauerlich auch: offenen Wein gibt es eher selten, stattdessen die deutlich teureren Flaschenweine. Die opulenten Fässergalerien mancher Lokale sind oft nur Attrappe.

Stadtzentrum (s. Karte auf S. 186/187)

Im Brennpunkt des Geschehens um die Matoyanni und Kalogera Str. (Seitengasse der Matoyanni) liegen einige gute, jedoch meist teure bis sehr teure Adressen.

Philippi (35), Kalogera Str., neben dem gleichnamigen Hotel (→ Übernachten), eine wahre Institution in Mýkonos und seit vielen Jahren Garant für hervorragendes Essen, das jedoch seinen Preis hat. Tische in einem idyllischen Garten mit baumhohen Kakteen und Blumen, internationale und griechische Küche, auch Spezielles, große Speisekarte. Das Besondere: Seit einigen Jahren baut

Philippis Contizas in seiner "Plakota Farm" beim Flughafen zahlreiche Gemüsesorten auf ökologischer Basis an, die er für vegetarische Gerichte verwendet. Nur abends. Reservierung unter ℅ 22890-22294.

La Maison de Katrine's (22), etwas versteckt zwischen Matoyanni und Dilou Str., ein kulinarisches Highlight, nobel-geschmackvoll aufgemacht mit edlem, grottenartigem

Innenraum und romantischen Windlichtern auf den Außentischen. Französische und mediterrane Küche gehobener Qualität, sehr gute Weine, sehr teuer. Spezialität: Spaghetti mit Hummer. Reservierung obligatorisch unter ℡ 22890-22169.

Chez Maria, gepflegtes Restaurant mit opulentem Interieur in einem großen Innengarten der Kalogera Str., gehört zur gleichnamigen Pension (→ Übernachten). Italienische, griechische und internationale Küche bunt gemischt, Preise höherer Kategorie. Reservierung unter ℡ 22890-27565.

El Greco (25), großes Lokal am Dreibrunnenplatz, mit flackernden Windlichtern hübsch romantisch, zudem stilvoll mit Stofftischdecken und -servietten. Ordentliche griechische und internationale Küche, gute Auswahl und netter Service, Preise etwas höher.

Archeon Gefsis (26), Dilou Str. 19, Kuriosität oder ernst gemeint? Weiß gewandete "Jungfrauen" bedienen zwischen flackernden Leuchtern und altgriechischer Dekoration im Designerstil. Der Trend zur Antike ist hip im jungen Athen, deswegen dieser Ableger eines beliebten Hauptstadtlokals (→ S. 35) auf Mýkonos. Die Speisen sind fantasievoll, häufig auf Gemüsebasis, als

Aperitif wird Met (Honigwein) gereicht, der nicht nur bei den Germanen, sondern auch im antiken Griechenland populär war. Serviert wird in Ton- und Steingut, gegessen mit Messer und Löffel, so wie das angeblich vor 2500 Jahren üblich war. Infos auf www.arxaion.gr

Appaloosa (55), Mavrogenous Str. 11, neues, geschmackvoll und gemütlich aufgemachtes Innenraumlokal, auf der schmalen Außenterrasse findet höchstens ein halbes Dutzend Gäste Platz. Neben mexikanischen Gerichten gibt es "Ethnic food" aus den verschiedensten Ecken der Welt, z. B. marokkanisches Lamm und chicken tandoori, außerdem eine Vielfalt von Cocktails.

Sesame Kitchen (29), etwas versteckt in einer schmalen Passage, wenige Schritte vom Dreibrunnenplatz (Tria Pigadia). Draußen Tische eng an eng, ebenso im hübschen kleinen Raum mit Galerie. Die interessante Palette vegetarischer Gerichte lohnt den Besuch, viel mit frischem Gemüse, Tofu, Reis und Curry.

Sale e Pepe (31), wenige Meter von der Platia Agiou Luka, Edelkneipe mit winziger Straßenterrasse und sehr gutem Ruf – prima Antipasti und hausgemachte Pasta, dazu schöne Weinauswahl, teuer. ℡ 22890-24207.

Alefkandra/Klein-Venedig (s. Karte auf S. 186/187)

Schönes Viertel am Wasser, dementsprechend überlaufen und touristisch sind die Lokale (Leserkommentare: "Das schlechteste Essen unseres Urlaubs", "Man wird geradezu genötigt, das teuerste Gericht auf der Karte zu nehmen" etc.).

Sea Satin Market (2), der derzeitige Trendsetter liegt unterhalb der Windmühlen mit Blick hinüber nach Klein-Venedig. Vor allem Athener Gäste lieben das nobel-romantische Ambiente mit dem rustikalen Touch. Ein Großteil der Küchenaktivitäten findet im

Freien statt, viel wird auf Holzkohle gekocht, Fisch und Gemüse liegen wie auf einem Vormittagsmarkt herum. Bei eher mittlerer Qualität sind die Preise allerdings ziemlich hoch.

Hafengegend (s. Karte auf S. 186/187)

Hier findet man einige der alteingesessenen Mýkonos-Lokale, doch auch dazu hin und wieder Negativkritik von Lesern.

Antonini's (48), direkt am Mavrogenou-Platz (Taxistand), historisches Haus mit schöner alter Vorhalle, seit langen Jahren Garant für echt griechische Küche ohne internationale Zugeständnisse, gute Auswahl, nicht billig, aber preislich noch im Rahmen. Spezialität des Hauses sind Kasserolle-Gerichte mit Lamm.

Klimataria (47), biegt man am Platz mit der Statue der Widerstandskämpferin Manto Mavrogenous in die schmale Zouganeli Str. ab, erreicht man nach wenigen Metern die-

se ruhige, ursprünglich wirkende Taverne. Widersprüchliche Lesermeinungen zum Essen, Retsína vom Fass, mittlere Preise.

Baboulas (56), Fischtaverne in exponierter Lage zwischen einigen Felsen unterhalb dem archäologischen Museum, gleich neben dem Strand Agía Anna, Tische z. T. direkt am Wasser. Geführt von ehemaligen Fischern, einfache und preiswerte Küche, schöner Blick auf die Hafenfront von Mýkonos.

Sirens (18), traditionelles Ouzeri an der Hafenpromenade, Fischplatte, *manitária gemis-*

Häuser eng ans Wasser gebaut: Klein-Venedig in Mýkonos

tá (gefüllte Pilze) oder *kolokíthoukeftédes* (vegetarische Bratlinge) zu mittleren Preisen.

Nikos (11), am südlichen Hafenende (Mole für Délos-Boote) beim Rathaus Gässchen zur Platia Agias Monis hinauf. Eine der ältesten und bekanntesten Tavernen von Mýkonos, früher bewusst ursprünglich gehalten, seit einigen Jahren vergrößert und nun dem touristischen Trend angepasst. Küche nach wie vor gut, zu mittleren Preisen.

Ta Kioupia (8), etwas oberhalb am selben Platz wie Nikos, etwas zugige Ecke, doch Schutzwände halten die Windböen ab. Gegen die marktbeherrschende Stellung von Nikos hat man einen schweren Stand. Beim letzten Check durchschnittliches Angebot zu moderaten Preisen.

Kounelas (15), am südlichen Ende der Hafenfront ein kleines Gässchen hinein, kleine urige Fischerkneipe, früher in der kalten Jahreszeit Stammplatz der Fischer. Mittlerweile hat man erweitert und kann nun auch in einem kleinen Hof neben dem Haus sitzen. Der dampfende Holzkohlengrill vor der Tür ist ständig in Betrieb. Leider Preise nicht mehr sonderlich günstig, zudem sehr unterschiedliche Lesermeinungen zur Qualität des Essens.

Barkia (10), in der schmalen Georgouli-Str. hinter dem südlichen Ende der Hafenfront (Kástro-Viertel). Ausgesprochen gemütliches Nudel- und Pizzalokal, die üppige Nudelauswahl malerisch vor der Tür drapiert, originell eingerichtet, viel Holz und verspielte Details, einige Plätze auf der Gasse, auch Dachgarten vorhanden. Das Ambiente hat seinen Preis – Pizza teurer als in Deutschland.

Frühstück/Snacks (s. Karte auf S. 186/187)

Wer die hohen Restaurantpreise scheut, findet zahlreiche "Fastfoodias", Gyros-Kneipen und "Pasticcerias" (Konditoreien). Ein optimales Nährwert-/Preisverhältnis bietet Gyros-Pita für ca. 1,50–2 €. Die Frühstückspreise an der Uferpromenade sind zwar nicht gerade niedrig, aber hier sitzt man eben einfach zu schön.

Alexis (52), Giros-/Souvlákikneipe am Taxiplatz, ein Stück oberhalb von Antonini's (→ Essen/Hafengegend). Seit den siebziger Jahren bevorzugte Anlaufadresse für alle, die preiswert und trotzdem in ordentlicher Qualität essen wollen, auch günstige Frühstückspreise. Alexis verbreitet stets gute Laune.

Donut Factory, im hinteren Ortsteil an der wichtigen Kreuzung Mitropoloeos/Enoplon Dynameon Str., gutes Gebäck, Milchreis,

Eis und exzellenter Fruchtjoghurt. Ideal für eine kurze Verschnaufpause.

Aladdin, hervorragende Konditorei in der Nähe vom Dreibrunnenplatz, zwei Tische mit Bänken vor der Tür, große Auswahl, überaus köstlich sind die "Baklava-Petit Fours".

Hibiscus, Kalogera Str. 19, Croissanterie mit ausgezeichnetem Gebäck und Teigwaren, gut fürs kleine Mittagessen, auch frische Säfte, entweder zum Mitnehmen oder an kleinen Tischchen am Straßenrand.

O Andreas, am Taxiplatz, Beginn der Zouganeli Str., vielfrequentierter Bäcker, bei dem vor allem das leckere Blätterteiggebäck mit Rosinen und Schokofüllung eifrige Abnehmer findet.

Nachtleben

Für jeden Geschmack und Geldbeutel etwas – die Stadt verwandelt sich nachts in ein ausgelassenes Volksfest. Die junge erlebnishungrige Klientel trifft sich vor bzw. in der *Skandinavian Bar* oder auf der überfüllten Platia bei *Pierro's*, aber auch die beschaulichen Nischen fürs ruhigere Vergnügen sind keine Mangelware. Die Discobars verlangen meist Eintritt von ca. 3–5 € (erstes Getränk frei), dann geht es rund bis 3 Uhr (Wochenende 4 Uhr), anschließend zieht man weiter in den *Yacht Club* am Hafen, wo bis mindestens 6 Uhr weitergefeiert wird. Fazit: In Mýkonos muss man sich entscheiden, ob man tags oder nachts leben will!

Discotheken & Disco-Bars (s. Karte auf S. 186/187)

Musik praktisch überall identisch. Kenner pendeln hin und her, bevor sie zur richtigen Zeit in der richtigen Kneipe landen.

Pierro's (46), an der kleinen Platia hinter der Hafenfront, am Beginn der Matoyanni Str. In den siebziger und achtziger Jahren *der* Platz schlechthin, doch der frühere Homosexuellen-Treff von Mýkonos-Nacht hat im Aids-Zeitalter deutlich an Zulauf verloren. Wenn man Glück hat, erhält man noch eine leise Ahnung des ehemaligen Geschehens: bleich geschminkte Transvestiten mit Abendkleid und Stöckelschuhen, glatt rasierte Lederpunks, schicke Jungs und der Opi, der begierig alles ablichtet, was ihm vor die Kamera läuft. Und das alles unter den Augen Gottes – die Agía-Kyriakí-Kirche steht gleich gegenüber.

Manto, neben Pierro's, beim letzten Check etwas günstigere Preise.

Nepheli Blue & Icaros, über Pierro's bzw. Manto, auch hier geht es zu vorgerückter Stunde hoch her, im Icaros gelegentlich Travestieshows.

Skandinavian Bar (9), an der Georgouli-Str. (Kástro-Viertel), seit Jahren die Nummer Eins bei den jungen Nachtschwärmern! Es beginnt ganz ruhig, dann füllt sich die kleine Platia und ist binnen kurzem schwarz vor Menschen, zwei Bars sorgen für ständigen Nachschub an Getränken. Ab Mitternacht geht's dann hinauf in die Disco im ersten Stock, wo man so richtig ausflippen kann und internationale Kontakte knüpfen kann.

Down Under (14), wenige Schritte unterhalb der Skandinavian Bar, kleine Einraum-Disco, in der es oft heiß hergeht.

La Porta (12), ebenfalls wenige Meter unterhalb der Skandinavian Bar liegt ganz versteckt einer der beliebtesten Gay-Treffs von Mýkonos. Weibliche Wesen sucht man hier vergeblich, dafür stehen die jungen Männer bis auf die Gasse hinaus.

Mykonos Greek Music Bar (7), in Klein-Venedig, Seitengasse der Mitropoleos Str., Disco mit ausschließlich griechischer Musik, hauptsächlich junge Griechen als Gäste. Einige Sirtaki tanzende Männer animieren zum Mitmachen.

Space (45), die größte Disco von Mykonos-Stadt liegt an der Platia von Laka, nur im Hochsommer geöffnet.

Mad Club (50), Technoschuppen zentral am Taxiplatz im ersten Stock, am Treppenaufgang kann man schön draußen sitzen.

Sea Base Club (3), neuer, cooler Club an der Uferstraße im Kástro-Viertel, Nähe Volkskundliches Museum. Relaxte Atmosphäre, interessante Musiktrends mit internationalen DJs In der Raummitte stehen Congas, die jeder nach Belieben nutzen kann.

Yacht Club (28), ganz vorn am Fähranleger, für die ganz Unermüdlichen endet erst hier die Nacht, 24 Stunden offen (!), ab 4 Uhr früh wird voll aufgedreht – Disco und Bar.

> **Hard Rock Café Mýkonos**: große Open Air Disco mit Restaurant und Pool an der Straße nach Áno Méra (→ S. 214). In der Saison kostenloser Pendelbus ab Mitternacht bis 5 Uhr morgens, Abfahrt beim Yacht Club am Hafen.

Nachtbars, Cocktails u. a. (s. Karte auf S. 186/187)

Wer nicht auf knallharten Techno, brüllenden Sound und jugendliches Getümmel steht, findet unter den folgenden Adressen vielleicht das Passende.

• *Klein-Venedig* Hier den Sonnenuntergang erleben! Trotz überzogener Preise noch immer sehens- und erlebenswert.

Kastro (1), die berühmteste Adresse, bei der Paraportianí-Kirche direkt am Wasser. Dank gediegener Einrichtung sehr behaglich, populärster Platz für Drinks zum Sonnenuntergang, aber auch später am Abend meist gesteckt voll. Herrliche Lage und Ausblick, unten klopft die Brandung an die Mauern, oben ertönt klassische Musik – Fensterplätze mit Stil.

Montparnasse (4), ein paar Häuser vom Kastro die Gasse hinunter. Ähnlich schöne Lage, gepflegtes Interieur und gedämpftes Licht. Idyllischer Platz zum abendlichen Träumen bei klassischer Musik, dazu Live-Piano.

Caprice (6), die lauteste der Bars in Klein-Venedig, bereits am frühen Abend geht hier oft die Post ab. Die drei ineinander greifenden Räume sind in modernem Weiß durchgestylt und kontrastieren damit geschickt zum historischen Kapitänshaus. Ein Riesenspaß: Vor der Tür Sitzplätze auf einer handtuchschmalen Mole, an der sich die Wellen brechen.

Veranda (5), das Eckhaus an der Tavernen-Plattform in Klein-Venedig wurde Mitte der Neunziger in einen gestylten Treffpunkt verwandelt.

• *Sonstiges* **Oniro**, ruhige Nachtbar schräg oberhalb des Fähranlegers, herrlicher Blick auf die Hafenbucht.

Cine Manto (17), schön gelegenes Open Air-Kino in einem großen Garten mitten in der Stadt, zu erreichen von der orthodoxen Kathedrale aus durch ein kleines Gässchen. Im Sommer jeden Abend Vorstellung.

Shopping

Boutique reiht sich an Boutique. Neben reichlich Kitsch, z. B. Windmühlen in allen Abarten, findet man eine imponierende Vielzahl von interessanten und anregenden Shops aller Art, dazu mehr Juweliere als auf jeder anderen griechischen Insel. Vor allem die internationale Mode-Avantgarde ist reichlich vertreten. Seit längerem wirken diverse Designer auf Mýkonos, hübsche luftige Sommermode wird bevorzugt kreiert, die T-Shirts sind oft originell bedruckt. Nur noch in wenigen Läden gibt es dagegen die traditionellen, in Heimarbeit hergestellten Stücke von Mýkonos, z. B. handgewebte und bestickte Tücher, Strickpullover und Häkelwaren. Nicht versäumen sollte man außerdem, sich an kulinarischen Produkten wie dem traditionellen *Inselgebäck* und mykoniotischer *Mandelmilch* zu laben.

• *Ikonen* **Apokalypse**, kleines, aber feines Studio für Ikonenmalerei, Nähe Kirche Agía Kyriaki. Der Autodidakt Merkouris Dimopoulos betreibt sein Atelier seit 1987 und hat schon diverse Kirchen von Mýkonos mit Ikonen ausgestattet. Seine Technik ist streng an der traditionell überlieferten Methode der Ikonenmalerei angelehnt: Untergrund aus sieben Schichten, darüber Überzug aus 22-karätigem Gold, dann die Malerei mit Eierfarben, abschließend der Lack.

• *Kulinarisches* **Efthymiou**, kleiner Laden in der Zouganeli Str., schräg gegenüber Taverne Klimataria, 1950 eröffnet. Hier findet man *paradosiáka glyká Mykónou*, die berühmten Leckereien von Mýkonos: unglaublich süße Pralinen aus lockerem Teig auf Mandelbasis, mit dünner Puderzuckerschicht überzogen und mit intensivem Weihrauchgeschmack. Erhältlich sind Einzelstücke, aber auch Geschenkpackungen.

Mýkonos Karte Seite 181

Agrari, in der Flora Zouganelli Str., parallel zur Matoyanni, kulinarische Produkte von Mýkonos und anderen Inseln: Wein, Gewürze, Süßes u. Ä.

Fournos tou Gioras, die 400 Jahre alte Backstube von Georgios Vamvakouris an der Agios Efthymios Str. ist die älteste der Kykladen. Das tief gelegene Gewölbe ist dunkel wie eine Höhle, Brot, Gebäck und Pittes werden hier noch im holzbefeuerten Ofen gebacken.

● *Kunst* **The Studio**, Panachrantou Str .11, am Ende der Matoyanni Str links und gleich wieder rechts. Der Brite Richard James North lebt und arbeitet seit 1984 auf Mýkonos. Mit seiner lebendigen, farbig-filigranen Popart hat er bereits Autos, Boote, Nachtclubs, Büros, Plattencover und Plakate ges-

taltet, zuletzt z. B. das Plakat des renommierten Jazzfestivals von Montreux. Derzeit malt er mit Acryl auf Holz.

● *Musik* **Mykonos Records**, Platia Manto Mavrogenous und Mitropoleos Str. 16. "Nissiotissa"-Inselmusik und internationale Charts, vor allem aber die berüchtigten "Mykonos-Hits", das sind schnell produzierte Zusammenfassungen der gerade aktuellen Hits, die Tag und Nacht in jeder Bar und Disco der Insel gespielt werden.

● *Schmuck* **The Workshop**, Panachrantou Str. 12. Bei Christos werden angehende Kunsthandwerker ausgebildet.

Ilias Lalaounis, Polikandrioti Str. 14, zwischen Platia Manto Mavrogenous und Hafen, der griechische Nobel-Juwelier hat weltweit Niederlassungen, u. a. in Paris, N. Y.

Sehenswertes

Durch Mýkonos zu streifen ist ein Genuss. Um allerdings mit Muße die Architektur der gepflasterten Gässchen und niedrigen Häuser zu betrachten, tut man dies am besten morgens oder zur Siesta-Zeit.

Wenn frühmorgens die erschöpften Nachtschwärmer in den Kojen liegen, sind die Einwohner schon an der Arbeit – der Dreck der vergangenen Nacht verschwindet, Fassaden werden abgewaschen, Mýkonos verwandelt sich von der Riesen-Disco wieder in ein kykladisches Dorf.

Hafenbereich

Am Weg vom Anlegedock der Fähren zum Ortszentrum liegt das *Archäologische Museum* nah am Wasser. Kurz danach folgt der kleine Strand *Agía Ánna* und man erreicht die zentrale *Platia Manto Mavrogenous* mit dem Denkmal der Freiheitsheldin und dem Taxistand. Wenige Schritte weiter zweigt die Matoyanni Str., die Hauptgasse der Stadt, in den alten Ortsteil ab (→ nächster Abschnitt).

Entlang der großzügigen Promenade reihen sich mehrstöckige Gebäude mit hohen Arkaden aus dem 19. Jh., unter denen sich zahlreiche Kafenia eingerichtet haben. Am Ende der Promenade steht ein schöner, marmorner *Verkaufsstand*, geschmückt mit zwei eleganten Delfinen, auf dem die Fischer ihren Fang zum Verkauf anbieten. Kurz danach folgt das große klassizistische *Rathaus* von Mýkonos, das einzige Gebäude mit rot geziegeltem Giebeldach. Der russische Konsul von Mýkonos ließ es Ende des 18. Jh. errichten, ebenso die kleine blaukuppelige Kapelle *Ágios Nikólaos tis Kadenas* auf der Mole davor. Auf der langen Mole dahinter starten die täglichen Boote nach Délos (→ Ausflüge). Hinter dem Rathaus liegt der weite Platz *Agias Monis* mit Tavernen, dort beginnt das Kástro-Viertel. Rechter Hand der Platia steht ein großes, halb verfallenes *Gebäude*, dessen Restaurierung seit langem überfällig ist. Im 19. und 20. Jh. war es die Schule von Mýkonos, später wurde es als Telefonzentrale genutzt, nun steht es seit langem leer. Direkt dahinter hat man erst vor wenigen Jahren Reste der antiken Inselhauptstadt entdeckt.

Badeplatz mit Marmorsäulen: im Hafen vor dem Hotel Delos

Archäologisches Museum: Die große und sehenswerte Sammlung beherbergt hauptsächlich Funde aus den Gräberfeldern von *Rínia*, wohin während der Ersten und Zweiten Katharsis die Gräber von Délos verlegt worden waren (→ Délos/Geschichte). In der Hauptsache handelt es sich um vielfältige, sorgsam rekonstruierte Keramikobjekte aus verschiedenen Epochen, darunter viele prachtvolle rot- und schwarzfigurige Vasen, außerdem Grabbeigaben wie Schmuck, kleine Skulpturen etc. Das Prunkstück der Sammlung wurde jedoch in der Chóra von Mýkonos gefunden: ein 1,34 m hoher *Reliefpithos* aus dem 7. Jh. v. Chr., der höchst eindringlich Szenen aus dem trojanischen Krieg zeigt und damit zu den ungewöhnlichsten Relikten der Antike zählt. Den Hals des Pithos ziert die erste Darstellung des berühmten Trojanischen Pferds, man erkennt deutlich die Räder, die Krieger sitzen hinter kleinen, quadratischen Fensterluken. Unterhalb des Pferdes wird die Eroberung der Stadt gezeigt: Nach dem Tod ihrer Männer treten die Frauen Trojas den Achäern entgegen. Einige bitten um Mitleid und können die mordenden Krieger besänftigen, doch Neoptolemus, der Sohn Achills, tötet mit seinem Schwert den kleinen Sohn des trojanischen Helden Hektor, das Flehen der Mutter Andromache, die er später zur Konkubine nehmen wird, lässt ihn ungerührt. Eindrucksvoll sind auch die großen, zweihenkligen Gefäße im Raum links der Kasse, die ebenfalls mit reichem Bilderschmuck dekoriert sind. Im letzten Raum, im Portico und in den zwei Atriumhöfen stehen zahlreiche, teils filigran bearbeitete Grabstelen, die hauptsächlich aus hellenistischer Zeit stammen. Viele der dargestellten Motive deuten auf Schiffsunglücke hin.

Öffnungszeiten/Preise Di–So 8–14.30 Uhr, Mo geschl. Eintritt ca. 2 €, EU-Stud. frei, Stud. anderer Länder 1 €.

Pálea Chóra (alte Stadt)

Der eigentliche Ortskern unmittelbar hinter der Hafenpromenade geht mit dem rechtwinkligen Grundriss der Gassen und der Anlage der Häuser bis ins 14. Jh. zurück. Doch wurde fast alles gründlich umgebaut, um den Bedürfnissen der Urlauber zu entsprechen. In den engen Pflastergassen spielt sich der Großteil des touristischen Lebens ab – Restaurants, Bars, Kneipen, Nachtleben, Boutiquen dicht an dicht. Kaum hat man im Gedränge Gelegenheit, die einzigartige Architektur zu bewundern: zweigeschossige Häuser mit weiß gekalkten Außentreppen, farbigen Holzbalkons und flachen Zisternendächern. Alljährlich im Frühjahr wird alles renoviert, frisch getüncht und für die Fremden auf Hochglanz gebracht. Ruhige Treppengassen ohne kommerzielle Shops liegen am Hang, der zu den Mühlen von Áno Mýli hinaufsteigt.

Hauptschlagader ist die *Matoyanni Str.*, die am Hafen beginnt. Wenige Schritte hinter der Promenade stößt man hier auf eine Platia mit der kleinen Kirche *Agía Kyriakí*, abends einer der Rummelplätze von Mýkonos. Am Ende geht die Matoyanni Str. in einer Rechtskurve in die Enoplon Dynameon Str. über, dort liegt nach ein paar Metern die hübsche *Platia Tria Pigadia* mit drei Brunnen, die noch bis 1956 die Wasserversorgung der Stadt sicherten. Am Ende der Enoplon Dynameon Str. trifft man auf die lebendige *Mitropoleos Str.*, die rechts nach Klein-Venedig, links zur Bushaltestelle nach Platí Gialós und Paradise Beach hinaufführt.

Nautisches Museum (Marine Museum): Die sorgfältig präsentierte Sammlung von nautischen Instrumenten, detaillierten Schiffsmodellen, alten Stichen und Landkarten ist in einem historischen Kapitänshaus aus dem 19. Jh. am Dreibrunnenplatz untergebracht. Mýkonos spielte in den letzten Jahrhunderten eine große Rolle in der Seefahrt, zahlreiche Kapitäne stammen von der Insel (→ Geschichte). Schön ist auch der üppig grüne Garten, in den man das *Leuchtwerk* eines ganzen Leuchtturms verfrachtet hat – 1890 war er am Kap Armenistís an der Nordspitze von Mýkonos erbaut worden, nachdem dort 1887 ein britisches Dampfschiff gesunken war. Die Lichtkonstruktion funktionierte bis 1983, also über 90 Jahre lang. Außerdem stehen im Garten die Kopien antiker *Grabstelen* von Seeleuten, die Originale befinden sich im Archäologischen Museum.

Öffnungszeiten/Preise tägl. 10.30–13, 18.30–21 Uhr, Eintritt ca. 2 €, Stud. die Hälfte.

Haus der Lena: gleich benachbart zum Marine Museum. 300 Jahre altes Haus, das der Besitzer, ein wohlhabender Reeder, 1970 der Stadt übereignete. In den drei Innenräumen Sammlung historischer Möbel, Schmuck, Geschirr etc. aus dem letzten Jahrhundert.

Öffnungszeiten/Preise tägl. 10.30–13, 18.30–21 Uhr, Eintritt ca. 3 €, Stud. die Hälfte.

Kástro (Burgviertel)

Das älteste Viertel der Stadt liegt auf der Halbinsel südlich vom Hafen. Dort hatten die Venezianer im 13. Jh. ein *Kástro* errichtet. Erhalten ist davon jedoch so gut wie nichts mehr. Größte Sehenswürdigkeit ist die berühmte Kirche *Panagía Paraportianí*. Das Viertel geht praktisch nahtlos in die Paléa Chóra über, ist vom Grundriss aber eher verwinkelt. Die Bausubstanz ist meist neueren

Surreale Raumkomposition aus weißestem Weiß: die Kirche Paraportianí

Datums und wird touristisch fast genauso intensiv genutzt wie der Kern von Mýkonos-Stadt. Wahrscheinlich aus türkischer Zeit stammen die Häuser vom fälschlicherweise so genannten "Klein-Venedig", die das Kástro-Viertel zum Meer hin abschließen (siehe unten).

Panagía Paraportianí: mit ihrer asymmetrischen Fassadengestaltung ist sie einmalig in ganz Griechenland. Architekturstudenten, Hobbyzeichner und Berufsfotografen stehen gleichermaßen fasziniert vor dieser surrealistischen Raumkomposition aus dem weißesten Weiß der Ägäis. Der Name bedeutet etwa "Gottesmutter bei den Toren", womit das frühere Tor zum mittelalterlichen Kástro gemeint ist, das sich neben der Kirche befand. Ihre heutige Form erhielt die Paraportianí im 17. Jh., reicht aber in den Anfängen bis ins Mittelalter zurück. Fünf Kapellen sind in den Kuppelbau integriert, aber leider fast immer verschlossen: im Erdgeschoss *Ágii Anárgyri*, *Ágios Efstáthios*, *Agía Sózonta* und *Agía Anastásia*, in der Kuppel darüber thront die der *Panagía* geweihte Hauptkirche, die der gesamten Anlage ihren Namen gegeben hat (Tipp: Eine Frau kümmert sich um die Pflege der Kapellen – vielleicht hat man Glück und kann einen Blick ins schlichte Innere werfen, z. B. spät nachmittags, wenn die Öllämpchen entzündet werden).

Volkskundliches Museum: in einem Kapitänshaus aus dem 18. Jh., schräg gegenüber der Paraportianí-Kirche. Atmosphärisch dichte und liebevoll zusammengestellte Sammlung von wertvollem altem Hausrat, Zierstücken und Dokumenten, dazu heroische Bilder zur Befreiung Griechenlands von den Türken und anderen historischen Themen. Auf einem Vorsprung über dem Eingang thront die sterbliche Hülle des ausgestopften Pelikans *Petros I.* Weiterhin können eine traditionelle Küche und ein Schlafgemach betrachtet werden,

außerdem im Untergeschoss mykoniotische Schiffe des 19. Jh., die z. T. im griechischen Freiheitskampf verwendet wurden – Modelle und Originale.
Öffnungszeiten/Preise Mo–Fr 15–21.30, Sa 17.30–21.30 Uhr, So geschl., Eintritt frei).

Mikrí Venetía ("Klein-Venedig")

Dieser Stadtteil schließt die Kástro-Halbinsel nach Süden hin ab. Bis zu drei Stockwerke hohe Häuser sind hier unmittelbar ans Meer gebaut; von stämmigen Balken gestützt, thronen große Holzveranden und Balkone über dem Wasser. Die farbenfrohen Anbauten stammen allerdings nicht von den Venezianern, sondern von den Türken, die 1537–1821 die Insel beherrschten. Da seit dem 16. Jh. viele Einwohner von der Piraterie lebten, hatten die Häuser auch einen recht praktischen Zweck – die Beute konnte mit Booten ohne großes Aufsehen direkt ins Innere transportiert werden. Heute sind die Häuser alle renoviert und beherbergen die gediegensten *Bars* mit der schönsten Panorama-Lage von Mýkonos, berühmt für ihren Sonnenuntergang (→ Nachtleben). Südlich der türkischen Häuser liegt eine viel besuchte Tavernenplattform mit tollem Blick auf die Häuserzeile und das Wahrzeichen von Mýkonos, die Windmühlen auf dem gegenüberliegenden niedrigen Hügel. Am Nordende der Häuserzeile kann man neben der berühmten Bar "Kastro" über Stufen zu einem hübschen Plätzchen auf Granitfelsen direkt am Meer hinuntersteigen und das Panorama ungestört genießen.

Alefkándra

Östlich anschließend an Kástro und Klein-Venedig liegt Alefkandra unterhalb vom Windmühlenhügel. Der Name (lefkós = weiß) rührt daher, dass an dem winzigen Strand früher die Frauen von Mýkonos ihre Wäsche wuschen und bleichten, herrlich ist von hier der Blick auf "Klein-Venedig". Etwas landeinwärts befindet sich die reich ausgestattete griechisch-orthodoxe Kathedrale *Panagía Theotókou Pigadiótissa*, Ziel der großen Palmsonntag-Prozession. Unmittelbar daneben steht die katholische Kirche *Panagía I Rodariou* (Muttergottes vom Rosenkranz), denn auch Mýkonos besitzt noch eine kleine römisch-katholische Gemeinde. 1991 wurde das Altarbild der Muttergottes, das 1715 aus Venedig nach Mýkonos gebracht worden war, zusammen mit dem historische Altar aus dem 18. Jh. durch einen Brand fast vollständig zerstört. Das schwer beschädigte Bild konnte jedoch restauriert werden und wurde 1997 zusammen mit einem neuen Marmoraltar geweiht (Messe an Sonn- und Feiertagen von April bis August um 19.30 Uhr, September 18.30 Uhr, Oktober 18 Uhr, Auskünfte unter ✆ 22890-22710 oder 23877).

Die Mitropoleos Str. führt von hier hinauf in Richtung obere Bushaltestelle. Schräg gegenüber der Apsis der orthodoxen Kathedrale kommt man durch ein Gässchen zum *Cine Manto*, einem Open-Air-Kino in einem großen, alten Stadtgarten. Das angeschlossene Café Kipos ist ein angenehm ruhiges Plätzchen mitten in der Stadt.

Káto Mýli (unterer Mühlenberg)

Der niedrige Windmühlenhügel an der Südwestflanke von Mýkonos beherrscht das Panorama der Stadt, die fünf Mühlen dienen aber nur noch zur

Dekoration. Das war nicht immer so – früher sollen gut zwei Dutzend Mühlen auf Mýkonos gestanden haben. Wind gab es auf der flachen baumlosen Insel immer mehr als genug. In der Umgebung der Mühlen durfte nicht gebaut werden, um den Windstrom nicht zu behindern, aus diesem Grund sind sie heute so weit zu sehen.

Áno Mýli (oberer Mühlenberg)

Eine weitere Windmühle steht exponiert am Hügelhang nördlich oberhalb von Mýkonos-Stadt, direkt an der Umgehungsstraße. Hier hat man einen wunderschönen Blick auf die ganze Stadt und kann abends den Sonnenuntergang genießen. Die Mühle darf auch von innen besichtigt werden und man kann auf einer engen Wendeltreppe bis zum restaurierten Mahlwerk hinaufsteigen. Neben der Mühle liegt noch der alte Dreschplatz, auch der Backofen der Mühle ist noch erhalten. Der Panoramaplatz vor der Mühle ist ein beliebter Festplatz, am zweiten Sonntag im September leitet ein fröhliches Gelage die herbstliche Festsaison auf Mýkonos ein (→ Feste), musiziert wird dazu mit Trommeln und der traditionellen Tsamboúna (Dudelsack aus Ziegenhaut). Gäste sind willkommen. Eine zweite (verschlossene) Mühle liegt ein Stück stadteinwärts, sie ist mit wenigen Schritten zu erreichen.
Öffnungszeiten Juni–September tägl. 16–18 Uhr.

> Der **Sonnenuntergang** von Mýkonos ist weltberühmt. Einmalig schön verschwindet der glutrote Ball hinter den flachen Hügeln der vorgelagerten Inseln Délos und Rínia. Abgesehen von den Bars in Klein-Venedig gibt es zwei gute Plätze, um das Schauspiel zu beobachten: die Mühle von Áno Mýli (→ vorheriger Abschnitt) und vor allem die zweite Kurve an der Ausfallstraße nach Áno Méra, hoch über dem Hafen – mit dem Bike bequem zu erreichen, findet sich abends immer ein gutes Dutzend Romantiker und Fotografen ein.

Inselrundfahrt/Strände

Mýkonos ist flach und bis auf die teils bizarren Formen seiner Granitfelsen landschaftlich wenig aufregend, zudem mittlerweile stark zersiedelt. So gut wie jeder Prominente Griechenlands nennt ein opulentes Anwesen auf Mýkonos sein Eigen, das er dann oft nur zwei oder drei Wochen im Jahr nutzt.

Durch planloses Bauen wurde leider viel zerstört – ausgesprochen hübsch wirken dagegen die über tausend (!), auf ganz Mýkonos verstreuten Kirchen und Kapellen, die allesamt leuchtend rot getünchte Kuppeln und Tonnengewölbe aufweisen. Viele Familien haben auf ihren Grundstücken Privatkapellen gebaut, in denen die Ahnen begraben liegen. Auch die zahlreichen Strände in der verzweigten Felsküste gehören nach wie vor zu den schönsten der Kykladen – eine gute Alternative zu den oft steilen und holprigen Straßen zu den Stränden der Südküste bieten die Badeboote ab Platí Gialós (siehe dort).

Privatkapellen findet man zu tausenden auf Mýkonos

Westküste

Durch eine Asphaltstraße fast völlig dem Tourismus erschlossen, nur ganz im Norden unberührt. An beinahe jedem Strand haben sich Hotels und Pensionen angesiedelt, eventuell lohnend als Ausweichquartier für das laute Mýkonos-Stadt – vor allem nördlich vom Ort fast immer mit Blick aufs Meer und auf den Sonnenuntergang. Während der Saison sehr gute Busverbindungen.

Von Mýkonos-Stadt nach Norden

Nach Ágios Stéfanos sind es etwa 4 km, dahinter erhebt sich der höchste Inselberg *Profítis Ilías Vorniotis* (372 m).

▶ **Toúrlos**: Zur Entlastung des Hafens in Mýkonos-Stadt wurde ein neuer großer Fähranleger gebaut, es gibt Liegeplätze für Jachten, und auch Kreuzfahrtschiffe gehen hier vor der Küste vor Anker. Unterhalb der Straße ein langer, schmaler Sandstrand, dahinter steile Granitfelsen mit weißer Würfelarchitektur.

● *Übernachten* **Olia**, B-Kat., ansprechend gestaltete, verschachtelte Anlage in weichem kykladischem Stil mit dekorativem Taubenhaus-Anbau. 27 große, komfortable Zimmer mit Marmorboden, gemauerten Betten, Bad, Balkon (Meerblick), Telefon und Radio. Geschmackvoller Frühstücksraum ist vorhanden, ebenso eine gemütliche Bar und Salon mit Sitzgelegenheiten im skandinavischen Stil. DZ mit Frühstück ca. 50–130 €. ✆ 22890-23123, 23824.

Sunset, D-Kat., direkt an der Straße, 18 schlichte, aber gepflegte Zimmer mit Bad, die meisten mit Balkon und Meerblick, angeschlossen eine kleine Taverne mit schönem Meeresblick. DZ mit Bad ca. 30–75 €. ✆ 22890-23013, ✉ 23931.

Maria, wer günstiger wohnen will, kann es hier versuchen. Hübsche und gepflegte Anlage, etwas zurück von der Straße, Zimmer gruppieren sich um einen Innenhof mit Olivenbäumen, von den 30 modern gestalteten Zimmern (die meisten mit, aber auch einige ohne Bad) ist allerdings im Sommer ein Großteil an Reiseagenturen vergeben. DZ ca. 30–70 €. ℡ 22890-23009.

Kavaki, benachbart zu Maria, familiäre Atmosphäre dank freundlicher Wirtin Alexandra, Zimmer etwas älter, aber mit solidem Mobiliar eingerichtet, Bäder grün gehalten, schilfgedeckte Frühstücksterrasse, Bar. DZ mit Bad ca. 30–60 €. ℡ 22890-22579.

Maki's Place, neuer Komplex, etwas zurück von der Hauptstraße. Kykladische Würfelbauten am Hang verteilt, farbenfroh

gestrichene Balkone, neues Mobiliar, helle Marmorböden, sauber und ruhig. Die Pension von Makis Santorineos verfügt über Pool, Frühstücksterrasse und Snackbar. DZ ca. 35–75 €. ℡ 22890-25118, 📠 23156.

● *Essen & Trinken* **Mathios** (Mathew), gemütliche Terrassentaverne über der Durchgangsstraße, direkt neben dem Busstopp. Von Einheimischen empfohlen, große Auswahl. Besonders lecker sind z. B. die gegrillten Kalamares, auch Gemüsegerichte gibt es, z. B. *kolokythákia* (Zucchini), gefüllt mit Käse.

▸ **Ágios Stéfanos**: 200 m lange Sandbucht kurz hinter Toúrlos, das Namen gebende Kirchlein am Strandende geht fast unter im Hotel- und Badebetrieb. Einige Tavernen und gemütliche Bars mit Musik direkt über dem Strand, Tretboot- und Kanuverleih, schöner Blick auf Mýkonos-Stadt und Sonnenuntergang. Insgesamt recht gemütliche Ecke.

● *Übernachten* **Princess of Mykonos**, B-Kat., schönes neues Hotel über der Bucht, Pool mit Poolbar, DZ ca. 80–180 €, hauptsächlich über Reiseveranstalter. ℡ 22890-23806, 📠 23031, E-Mail: princes@myk. forthnet.gr

Panorama, C-Kat., auf dem windigen Hügelplateau nördlich über dem Strand, 27 Zimmer, super Blick, mit Restaurant. DZ ca. 50–85 €. ℡ 22890-22337, 📠 23422.

Artemis, C-Kat. direkt an der Straße, wenige Meter zum Strand. 46 kleinere Zimmer in Standardausführung mit Du/WC, Balkon (die meisten mit schönem Meerblick) und Telefon. Großer Aufenthaltsraum, Snack-Bar und Veranda. DZ ca. 35–80 €. ℡ 22890-22345, 📠 23865.

Mina, D-Kat., hinter dem Artemis, hinsichtlich familiärer Atmosphäre empfehlenswert, 15 einfache, saubere Zimmer mit Bad und Balkon (nicht alle mit Meerblick). Die freundlichen Besitzer servieren auch Frühstück auf der Terrasse, eine Bar ist vorhanden. DZ inkl. Frühstück ca. 45–110 €. ℡ 22890-23024.

Mama's, Kostas und Christina Assimomitis bieten Zimmer in einem kleinen Wohnkomplex, schöner Meeresblick im ersten Stock, tolles Frühstück mit selbstgemachten griechischen Käsesorten von Oma (= Mama). Christina ist eine junge Deutsche, die fließend Griechisch spricht. Auch Vermietung von Zimmern und Studios in der Chora. ℡ 22890-23262, mobil 6932-917824.

▸ **Von Ágios Stéfanos Richtung Norden**: Die Asphaltstraße führt über die Hügel zur Bucht von *Choulákia*, deren ruhiger Strand für seine schön abgeschliffenen Kieselsteine bekannt ist. Am Buchtende geht es landeinwärts auf einer Erdpiste in Serpentinen etwa 2 km bergauf. Vorbei an Einfahrten zu neu erbauten Villen, kommt man auf einem zum Ende hin sehr holprigen Erdweg bis zum großen Leuchtturm auf dem *Kap Armenistís*, einer der abgelegensten Ecken der Insel. Nur durch eine Meerenge getrennt, liegt gegenüber die Insel Tínos mit dem hohen Tsikniás-Gebirge. Das Panorama hier oben ist wunderbar, ebenso die herrliche Ruhe, nur der Wind pfeift oft heftig – die Nordküste von Mýkonos gehört zu den windigsten Zonen der Ägäis.

Zurück nach Mýkonos-Stadt kann man die weitgehend asphaltierte Höhenstraße nehmen, die in etwa parallel zur Küstenstraße über die Hügel verläuft - (→ Karte). Schöne Fahrt über Berg und Tal, vorbei an ländlichen Anwesen und kleinen Kirchen, bis zur Umgehungsstraße um Mýkonos-Stadt.

Übernachten **Vangelis**, E-Kat, in der Bucht von Choulákia, Insidertipp fern der Stadt, geführt von Vangelis mit seiner Frau Sofia. Neun Zimmer, gemütlich, gastfreundliche Atmosphäre, gute Küche für Hausgäste. DZ ca. 30–75 €. ℡/📠 22890-22458.

Von Mýkonos-Stadt nach Süden

Die stadtnahen Strände, die sich nach Norden öffnen, haben mit Verschmutzung zu kämpfen. Besser sieht's an den Südstränden Órmos Ornós und Ágios Ioánnis aus. Nach Ornós kann man die Küstenstraße nehmen oder die neue Umgehungsstraße um Mýkonos-Stadt, deren Verlängerung ebenfalls nach Ornós führt. An letzterer liegt ein erst vor wenigen Jahren entdecktes Kuppelgrab aus mykenischer Zeit.

Tharroe of Mykonos: Kuppelgrab aus mykenischer Zeit (1600–1400 v. Chr.)

Beim Bau des Hotels "Tharroe of Mykonos" (→ S. 192) stieß man Mitte der Neunziger auf ein großes Kuppelgrab der Mykener, ein so genanntes Thólosgrab. Ein etwa 14 m langer Gang führt in die runde Grabkammer mit 5 m Durchmesser, die wegen ihrer Größe wahrscheinlich die letzte Ruhestätte eines hohen Adligen war – Frau Papadakis, die Hotelmanagerin, spricht sogar von einer "Königin". Die zahlreichen Grabbeigaben, hauptsächlich Schmuck und Keramik, befinden sich nun im Archäologischen Museum in Mýkonos-Stadt, wurden aber bisher noch nicht ausgestellt. Das Hotel hat die Ausgrabung aus eigener Tasche bezahlt, geplant sind für die Zukunft eine Überdachung und ein separater Zugang, der nicht durch das Hotelgelände führt. Interessenten können aber bis dahin das Grab auf Anfrage gerne besichtigen.

▸ **Megáli Ámmos**: heller Sandstrand direkt an der Straße, gleich nach der großen Straßenkreuzung zum Ornós Beach bzw. Flughafen und Paradise Beach. In die Stadt ca. 15 Min. zu Fuß. Während der Saison sehr voll, aber schon im September angenehm leer, je nach Windverhältnissen jedoch verschmutzt. Einige passable Unterkunftsmöglichkeiten und Privatzimmer sind zu haben. Vorbei an der Meerwasser-Entsalzungsanlage von Mýkonos geht es weiter bis zur Kórfos-Bucht.

▸ **Órmos Kórfos**: kurz vor Ornós passiert man diese schlauchförmige, nach Norden hin offene Bucht. Hier gibt es keinen Badebetrieb, denn die Nordwinde treiben den Abfall von Mýkonos-Stadt hierher. Auf einer Asphaltstraße kann man die Nordseite der einst völlig einsamen Halbinsel Ágios Ioánnis befahren, die mittlerweile mit zahlreichen Villen weitgehend zugebaut wurde.

▸ **Órmos Ornós**: stark zersiedelt, insofern nicht gerade die schönste Ecke der Insel. Der Sandstrand ist ca. 300 m lang und wird hauptsächlich von den Bewohnern der hiesigen Badehotels besucht, die ihren Urlaub meist pauschal gebucht haben. Zahlreiche Boote liegen vor Anker, der Hafen der Fischer liegt vorne links.
Bequem für die hiesigen Gäste: Mehrmals tägl. fahren Badeboote zu den Stränden der Südküste, außerdem fährt jeden Vormittag (außer Mo) ein Ausflugsschiff zur Insel Délos.

● *Verbindungen* Halbstündlich **Busse** von und nach Mýkonos-Stadt, von morgens bis nach Mitternacht, in der Hauptsaison auch länger.

● *Übernachten* Hotels, Studios und Apartments in Mengen.

Santa Maria, A-Kat., gut bewachtes Prominentenhotel auf einer Halbinsel an der linken Seite der Bucht. Hier fliegen die VIPs schon mal mit dem Hubschrauber ein. Das hauseigene Restaurant Daniele's bietet schönen Blick und leichte mediterrane Küche. Über Reiseveranstalter. DZ ca. 200–350 €. ℡ 22890-23220, 🕿 23412, www.santa-marina.gr

Xidakis, C-Kat., von zwei Brüdern freundlich geführtes Haus wenige Meter landeinwärts der Busstation. Hinter dem Haus Pool, einfache Zimmer mit TV, kleine, blaue Balkons, Bäder ansprechend. Vorne beliebtes Terrassencafé. Es wird Deutsch gesprochen. DZ ca. 50–90 €. ℡ 22890-22813, 🕿 23764, E-Mail: xidakis@myk.forthnet.gr

Pigalle, C-Kat., an der linken Seite der Halbinsel, nur sechs Zimmer mit jeweils kleinem Balkon, darunter empfehlenswerte Taverne (→ Essen & Trinken). DZ ca. 50–100 €. ℡ 22890-22825.

Asteri, D-Kat., an der Straße nach Ágios Ioánnis vermietet die herzliche Maria Kousathanas 13 schöne Zimmer mit Bad und Balkon, rustikaler Frühstücksraum. DZ ca. 35–80 €. ℡ 22890-22715, 🕿 24953.

Costas, E-Kat., am Westhang über der Bucht, acht einfache, saubere Zimmer mit kleinen Balkons, Strandblick. DZ ca. 35–70 €. ℡ 22890-23090.

● *Essen & Trinken* **Porto Ornos**, alteingesessen am Buswendeplatz am Strand. Bodenständige griechische Küche.

Alto Mare, vom Busstopp nach links, gutes italienisches Lokal am Strand, ganz in kühlem Weiß gehalten. Pasta und Seafood zu empfehlen, aber nicht gerade billig.

Kostantis, vom Busstopp gesehen rechts, Tische stehen direkt im Sand, von Einheimischen geführt, große Auswahl und zivile Preise.

Pigalle, kleine, sympathische Terrassentaverne bei der Fischermole an der linken Seite der Bucht, kurz vor Hotel Santa Maria. Täglicher frischer Fisch, nur abends.

● *Sonstiges* **Zeitungen** und **Zeitschriften** werden in der Hochsaison einem mobilen Stand am Busstopp verkauft.

▸ **Ágios Ioánnis:** geschwungene Bucht mit schönem Blick auf Délos, vom Ornós Beach auf einer Asphaltstraße über einen Hügel zu erreichen. In den letzten Jahren ist die einst verträumte Ecke – 1988 wurde hier der Hollywoodfilm "Shirley Valentine" gedreht und für seine schönen Landschaftsaufnahmen mit einem Oscar ausgezeichnet – ein trauriges Opfer ungezügelter Bautätigkeit geworden. Links 200 m weißer Sandstrand, rechts kleine Fischermole und das Doppelkirchlein des heiligen Johannes mit rotem Tonnengewölbe. Dahinter sperren hüfthohe Mauern jeglichen Grund ab – Hotels, Privatvillen und Ferienhäuser. Trotzdem ist der Strand unten angenehm ruhig geblieben und abends ein wunderschöner Platz, um die Sonne hinter Délos untergehen zu sehen.

Richtung Norden führt eine Staubpiste nach ca. 200 m zur kleinen, beliebten Badebucht *Kápari* mit schönem, weichem Sand ohne Einrichtungen (Achtung: mit dem Auto nicht zu empfehlen, da es kaum Platz zum Wenden gibt). Das große fürstliche Anwesen hoch darüber am Hang gehört dem hier zurückgezogen lebenden legendären Weinbrand-Produzenten Metaxas. Richtung Süden kommt man von der Taverne "Sunset" aus auf einem Trampelpfad zu kleinen abgelegenen Buchten zwischen den Küstenfelsen.

● *Verbindungen* Die Busse nach Ornós fahren nach Ágios Ioánnis weiter, Wendeplattform oberhalb der kleinen Kirche am Wasser.

● *Übernachten* **Apollonia Bay**, A-Kat., 1998 oberhalb vom Fischerhafen eröffnet, elegante, geschmackvoll eingerichtete Anlage mit komfortablen Zimmern und Süßwasserpool, blendend weiß gehalten, dazu integrierte Schiefermauern und -säulen. Blick hinüber nach Délos. Leserempfehlung für dieses neue, aufmerksam geführte Haus.

DZ ca. 100–130 €, Frühstück extra. Gehört zum Hotel Elena in Mýkonos-Stadt (→ dort). Hauptsächlich über Reiseveranstalter. ✆ 22890-27890-5, 📧 27461.

Manoula's Beach, C-Kat., große alteingesessene Anlage in Strandnähe, Meeresblick, schöne Taverne direkt am Strand, geräumiger Pool. 69 saubere und freundlich eingerichtete Zimmer mit kleinen Balkons. DZ ca.70–150 €, Frühstück extra. Hauptsächlich über Reiseveranstalter. ✆ 22890-22900, 📧 24314.

Agios Ioannis Beach, kleine Studioanlage hinter der Taverne O Georgios (→ Essen & Trinken). ✆ 22890-22901.

● *Essen & Trinken* **O Giorgios (Sunset)**, große Strandtaverne mit tollem Sonnenuntergangsblick, man sitzt gemütlich etwas erhöht, die Pergola wird überrankt von Weintrauben, die schilfgedeckte Bar und Schilfschirme vermitteln Karibikfeeling. Hier wurden viele Szenen des Films "Shirley Valentine" gedreht, davon zehrt das Image noch heute.

Südküste

Hier liegen die meisten und besten Strände der Insel, durchweg sandig, gut geschützt vor den oft heftigen Nordwinden und sehr sauber. Reiches Wassersportangebot und Tavernen gibt es überall, an den Stränden Paradise und Super Paradise auch jede Menge "Entertainment", Techno-Partys etc.

Die übervollen Linienbusse transportieren jeden Vormittag die Badelustigen nach *Platí Gialós*, von dort geht's mit Badebooten weiter zu den Stränden *Paránga, Paradise, Super Paradise, Agrári* oder *Eliá* – sehr schönes Erlebnis! Alternative: Alle Strände kann man entlang der relativ flachen Küste problemlos per Fuß erreichen, *Paránga, Paradise* und *Eliá* auch direkt per Bus. Für eine Wanderung von Platí Gialós bis Eliá ist man ca. 3 Std. unterwegs, von dort kann man per Bus wieder nach Mýkonos-Stadt zurückfahren.

Wer nach Platí Gialós mit dem eigenem Fahrzeug fährt, kann unterwegs zwei Abstecher machen: linker Hand führt nach dem Ort Glástros eine asphaltierte Straße in ein dicht besiedeltes Villengebiet. Mitten darin steht dekorativ auf einem Hügel die in Privatbesitz befindliche Kirche *Ágios Lázaros* unter einer Pinie. Man kann nur schwer hinaufgelangen, doch der Blick von oben auf die zerklüftete Südküste ist herrlich.

Zurück an der Hauptstraße kann man wenig später links auf eine Erdpiste einbiegen und sieht nach ein paar Minuten Fahrt ein einsames Tor auf einem der kargen Hügel, *Pórtes* genannt. Es handelt sich bei den zwei monolithischen Pfeilern mit waagrecht darüber liegendem Türsturz wahrscheinlich um den Türrahmen eines antiken Wachturms.

Platí Gialós

Der am besten erschlossene Strand der Südküste zieht sich halbrund um eine Bucht und ist größtteils von Hotels und Tavernen in Beschlag genommen – im Sommer bunte Sonnenschirm- und Liegestuhlparade, es geht eng zu, die Unterkünfte werden hauptsächlich über Reiseveranstalter gebucht. Geeignet für Familien mit Kindern, der feinsandige Strand fällt flach ins Wasser ab.

Busse pendeln in der Hochsaison auf der vielbefahrenen Asphaltstraße im 15-Minuten-Rhythmus von und nach Mýkonos-Stadt, Badebboote tuckern weiter zu den Stränden. Hübsch und leicht zu bewältigen ist der *Fußweg* halbhoch über der Küste Richtung Osten, am Paránga-Strand vorbei zum Paradise und weiter zum Super Paradise Beach (→ Paradise Beach).

Eine echte Gaudi: mit dem Badeboot zum Paradise Beach

• *Anfahrt/Verbindungen* Busse fahren tagsüber etwa halbstündlich von und nach **Mýkonos-Stadt** (oberer Busstopp), abends stündlich bis ca. 2 Uhr. In der Nebensaison deutlich weniger Verbindungen.

Platí Gialós ist Abfahrtsstelle der Kaíkis zu den Stränden **Paránga**, **Paradise**, **Super Paradise**, **Agrári** und **Eliá**. Diese reizvolle Art der Fortbewegung sollten auch Landratten einmal ausprobieren. Preise zwischen 3 und 6 € hin/rück, tagsüber etwa halbstündlich nach Paradise, Super Paradise und Eliá, abends stündlich. Paránga und Agrári werden seltener angelaufen. Aufpassen, dass man nicht das letzte Boot zurück verpasst.

Ein Ausflugsboot fährt jeden Vormittag (außer Mo) nach **Délos**.

• *Übernachten* Am Platí Gialós und entlang der Zufahrtsstraße liegen gut ausgestattete Hotels meist höherer Kategorien mit riesigem Zimmerangebot, das den Bedarf mittlerweile deutlich übersteigt. Nur im Hochsommer ist man ausgebucht, ansonsten steht die Hälfte der Räumlichkeiten leer. Rund um den Strand dominieren die Hotelkomplexe von Familie Kousathanas: Petinos, Petinos Beach, Neos Petinos, Palladium und Nissaki, dazu kommt das Luxushotel Mykonos Blu (Grecotel). Die meisten Zimmer werden von Pauschalreisenden gebucht.

▶ **Psaroú**: etwa 200 m langer, schmaler und flach abfallender Sandstrand westlich von Platí Gialós. Man sitzt und liegt eng an eng, alles wirkt sehr intim, die Tavernen grenzen unmittelbar an den Strand an, dominierend im östlichen Buchtbereich das komfortable Grecotel "Mykonos Blu". Von der Busstation am Platí Gialós führt ein Fußweg hinüber.

• *Übernachten* **Psarou Garden**, A-Kat., kleine, neue Anlage etwa 50 m vom Strand, zwanzig stilvoll eingerichtete Zimmer und Apartments, weitgehend Balkon oder Terrasse mit Strandblick. DZ ca. 80–130 €. ✆ 22890-24871, ✉ 27696, www.mykonos-psarougarden.com

Psarou Beach, E-Kat., direkt am Strand, seit vielen Jahren als Familienbetrieb geführt, 29 ordentliche Zimmer mit Kiefernbetten und Marmorboden, Frühstücksraum und Terrasse. Von der dazugehörigen Restaurant-Bar sei vermerkt, dass die Gag die Bar in einem "gestrandeten" Schiff untergebracht ist. DZ ca. 35–80 €. ✆ 24180, ✉ 23681, www.myconos-psaroubeach.com

Neraida, E-Kat., ein paar hundert Meter nördlich des Psaroú-Strandes, 12 saubere

Standardzimmer, zur Entspannung von der Hektik am Strand gibt es eine Veranda und eine kleine Snack-Bar. DZ ca. 35–70 €. ✆ 22890-22093, 📠 24813.

Soula, am Hang oberhalb vom Psaroú Beach sechs rustikale Zimmer unterschiedlicher Größe, nette Gastgeberin. DZ ca. 35–70 €. ✆ 22890-22006.

• *Essen & Trinken* **Ruvera**, kleine Strandtaverne, in der man herrliche Salate, Seafood,

Spaghetti mit Hummer, Gemüse aus dem eigenen Garten und das besonders empfohlene *loúza* bekommt. Abends geschl.

To Paradosiakon Kafenion, gemütliche Plätze auf Korbstühlen unter einer Tamariske.

• *Sport* **Psarou Diving Center**, PADI/ CMAS-Tauchschule direkt am schmalen Zugang zum Strand, Mai bis Mitte Okt. ✆/📠 22890-24808, www.dive.gr

▶ **Agía Ánna:** 15 Fußminuten östlich von Platí Gialós am Fuß der lang gestreckten Halbinsel *Agreli* (bevorzugter Platz für Klippenbader). Kleiner, ruhiger Strand ohne Liegestühle und Sonnenschirme. Achtung: nicht verwechseln mit dem gleichnamigen Strand bei Kalafátis im Südosten.

• *Übernachten* **Agia Anna Beach**, hinter der Taverne Nicolas vermietet Marsoula Daktilidis hübsch um einen Innenhof gruppierte Studios und Rooms. ✆ 22890-25623, 📠 25762.

• *Essen & Trinken* **Nicolas**, verträumte Strandtaverne, Sitzplätze im Sand unter Schilfdach und Tamarisken – Griechenland pur.

▶ **Paránga:** von Mýkonos-Stadt auf Asphaltstraße zu erreichen oder 20 Fußminuten ab Platí Gialós. Gut 200 m grobkörniger Sand, noch nicht ganz so überlaufen wie Platí Gialós bzw. Paradise, aber doch oft sehr voll. Mehrere große Self-Service-Tavernen am Strand, außerdem in schöner Lage etwas erhöht Camping Mykonos (→ Mýkonos-Stadt/Übernachten). Zum benachbarten Paradise-Strand läuft man nur knapp 10 Min.

• *Verbindungen* **Busse** von und nach Mýkonos-Stadt.

• *Übernachten* Beide Hotels können auch über Reiseveranstalter gebucht werden. **San Giorgio**, A-Kat., komfortables Haus wenige Meter vom Meer, zwischen den Stränden Paranga und Paradise, beide leicht zu Fuß zu erreichen. Zimmer mit guter Einrichtung, Pool und Kinderbecken mit Blick auf Paradise Beach, Fitness-Raum. DZ ca. 120–190 €.   ✆ 22890-27474,   📠 27481,   www. sangiorgio.gr

Zephyros, C-Kat., oberhalb vom Strand, hübsch und sehr ruhig gelegen. Würfelförmiger Kykladenbau mit 30 Zimmern, die meisten mit Meeresblick, Du/WC, Telefon, unten Frühstücksterrasse mit Blick und freundlicher Aufenthaltsraum mit Bar. Mehrmals täglich kostenloser Minibus in die Stadt. Pauschal über Attika. Viele Stammgäste. DZ ca. 70–120 €. ✆ 22890-23928, 📠 24902, E-Mail: zephyros@myk.forthnet.gr

Maganos, ruhige Apartments mit Meerblick, jeweils Aircondition und TV, ca. 3 Gehminuten vom Strand, Busstopp und Tavernen in der Nähe. ✆ 22890-24644.

Kostas Daktilidis vermietet gut gelegene Privatzimmer im östlichen Strandbereich hinter den Tavernen, Auskunft in der Paranga Bar. ✆ 22890-25364.

• *Essen & Trinken* **Barba Yiannis**, große Strandtaverne, geführt von Dimitris und seiner österreichischen Frau Karin. Zu den Spezialitäten gehören die *kanelónia*, eine Art Palatschinken mit Fleisch. Die Toiletten zählen sicherlich zu den saubersten Strandtoiletten auf Mýkonos.

Paranga, Terrassenbar am Ostende des Strands, wo man seinen (teuren) Cocktail am (oder im) hauseigenen Pool mit Panoramablick schlürfen kann, relaxte Atmosphäre, jazzig inspirierte Chill Out Music, an Wochenenden DJs.

▶ **Paradise** *(Kalamopódi)*: Die Legende lebt – 400 m ausgezeichneter Sandstrand mit schattigen Tamarisken, Jugend aus aller Welt liegt hier dicht an dicht. Vermietung von Sonnenschirmen und Liegestühlen. Leserwarnung: "Das vorgelagerte Felsenriff kann wegen der zahlreichen Seeigel recht unangenehm werden."

Griechenland pur: die Strandtaverne Nicolas

Nebeneinander am Strand mehrere gut ausgestattet Self-Service-Restaurants und Großbars, dahinter seit 1969 Camping Paradise (→ Mýkonos-Stadt/Übernachten). Bereits mittags dröhnt schwerer Techno über den Strand, zum Sundown herrscht volle Partystimmung, man tanzt auf den Tresen und springt zum Abkühlen in den Pool. Gelegentlich finden Partys und sonstige "Events" statt. Besonders heiß her geht es bei den Vollmondpartys (Busservice die ganze Nacht).

Zum benachbarten Paránga-Strand geht man nur wenige Meter, der Spaziergang zum Super Paradise dauert ca. 30 Min.

● *Anfahrt/Verbindungen* **Badeboot** ab Platí Gialós oder **Linienbus** ab Mýkonos-Stadt (auch nachts). Per **Mietfahrzeug** die Straße Richtung Airport, dann beschilderte Asphaltstraße hinunter.

● *Übernachten* **Paradise View**, C-Kat., nettes Haus mit Pool 400 m oberhalb vom Strand (Busstopp), 17 Zimmer, ruhig, auch pauschal zu buchen. DZ ca. 35–90 €. ✆ 22890-26636, ✉ 24636.

● *Essen & Trinken* **Ithaki**, östlich oberhalb vom Strand, vor Disco Cavo Paradiso. Der Bildhauer Christos Christou hat sein Lokal wunderbar ausgestattet, selber Tische und Bänke gefertigt und stellt auch seine Skulpturen aus. Der kulinarische Schwerpunkt liegt auf Seafood – frischer Fisch, Schalentiere und Spaghetti mit Shrimps. Gegen

Abend wird auch hier getanzt.

● *Unterhaltung* **Tropicana**, Beach Bar mit Pool, der Marktführer am Strand, täglich wird gefeiert, www.tropicana-mykonos.com

Cavo Paradiso, legendärer Club östlich oberhalb vom Kultstrand. Im Hochsommer täglich (sonst nur am Wochenende) heiße Techno-Raves mit internationalen DJs. Wenn die Diskos in der Stadt schließen, geht es hier erst richtig los – oft bis mittags. ✆ 22890-27205, www.cavoparadiso.gr

● *Sport* **Dive adventures**, gut ausgestattete und professionell geführte Tauchschule. ✆ 22890-26539. Außerdem, **Kanuverleih**, **Windsurfing**, **Wasserski**, **Banana-Boat** etc.

● *Sonstiges* Verkauf internationaler **Zeitungen** und **Zeitschriften**.

▶ **Super Paradise** *(Plindrí)*: malerische, tief eingeschnittene Badebucht mit breitem Sandstrand, ca. 200 m lang (Achtung Rutschgefahr: Im Wasser ist eine Betonplatte eingelassen, um den strömungsbedingten Verlust von Sand zu verhindern). Verleih von Sonnenschirmen, Liegestühlen und Kanus. Beliebtester Gay-Treffpunkt der Insel (vor allem im westlichen Strandbereich). Auch hier häufige Events: Livebands, Beach Parties oder Specials wie "Corona"-Sponsoring. Es gibt eine Self-Service-Taverne mit großer Beach Bar, im Pool kann man sich von der heißen Musik abkühlen.

Super Paradise, einer der schönsten Strände der Südküste

Der Weg zu den Stränden *Agrári* und *Eliá* ist der anstrengendste Teil der Südküstenwanderung. Rechts in der Bucht geht es zunächst die steile Piste hinauf, auf der Kuppe oben vor der Mauer eines großen Anwesens muss man den Weg rechts verlassen und in die nächste Bucht hinuntersteigen – ab hier schon Blick auf Agrári und Eliá! Jetzt halbhoch über der Küste und auf Ziegenpfaden nach Sicht laufen. Zum Agrári läuft man knapp 1,5 Std., zum Eliá ist es von dort noch ein Spaziergang von 15 Min.

● *Anfahrt/Verbindungen* Per **Badeboot** ab Platí Gialós. Zufahrtsstraße ziemlich schlecht, es verkehren keine Busse, mit eigenem Fahrzeug aber kein Problem.

● *Übernachten* **Super Paradise**, Rooms und Apartments von Maria Xidakis, Auskunft in der Taverne. ✆ 22890-23023.

● *Unterhaltung* **Coco Club**, auf den Felsen westlich oberhalb vom Strand, in Korbstühlen um einen Pool herum kann man den Strandblick genießen.

▶ **Agrári**: schöner, grobkörniger Sandstrand, gut 500 m lang und sehr breit. Verleih von Liegestühlen und Sonnenschirmen, hübsche Self-Service-Taverne "Agrari Beach". Deutlich weniger besucht als Super Paradise und Eliá.

● *Anfahrt/Verbindungen* Am besten mit **Bus**, **eigenem Fahrzeug** oder **Badeboot** zum Eliá-Strand und von dort die paar Minuten hinüberlaufen.

● *Übernachten* **Sunrise**, B-Kat., gepflegte Oase am Strand von Agrari, weit weg vom Trubel der Chora. Liebevoll eingerichtet, vollklimatisiert, schöner Pool, freundliche Betreuung durch Ioanna an der Rezeption. Zimmer originell eingerichtet, große Spiegel, Tisch mit Marmorplatte, ausgezeichnete Betten, TV, Mini-Bar. DZ mit Frühstück ca. 80–135 €. Ein Pendelbus verkehrt in die Stadt. ✆ 22890-72201, 📠 72203, E-Mail: sunrise-m@otenet.gr

Agrari Beach, einfache Zimmer vermietet die gleichnamige Taverne. DZ ca. 40–60 €. ✆ 22890-71295.

• *Essen & Trinken* **Agrari Beach**, versteckt hinter seinem blumengeschmückten Vor- garten liegt dieses gute und preiswerte Selbstbedienungslokal.

▸ **Eliá**: Etwa 500 m grob- bis feinkörniger Sandstrand, der von vielen Besuchern als der beste aller Mýkonos-Strände angesehen wird – dementsprechend die intensive Bautätigkeit am Osthang. Es gibt mehrere Tavernen, Sonnenschirme und Liegestühle in langen Reihen und ein großes Sportangebot (Wasser Ski, Jet Ski u. a.), Unterkünfte der gehobenen Kategorie sind in Bau. Oberhalb der Bucht liegt das nur im Hochsommer geöffnete Spaßbad "Watermania".

• *Anfahrt/Verbindungen* **Badeboot** oder 6 x tägl. **Bus** ab Mýkonos-Stadt. Mit dem eigenen Fahrzeug die Straße nach Áno Méra nehmen und von dort hinunter.

• *Übernachten* **Iannis Stavrakopoulos** von der Taverne "Elia Beach" vermietet Zimmer in Bungalows, Auskunft in der Taverne. ✆ 22890-71204, ✆ 72090.

• *Essen & Trinken* **Elia Beach**, Taverne mit Bambusbedachung direkt am Strand, großzügige Portionen, Preis-Leistungsverhältnis in Ordnung.

Desire, ein paar Schritte weiter, mit Sonnenschirmen aus Schilf hübsch aufgemacht, ebenfalls gute Küche.

• *Sport* **Watermania**, mehrere Pools und Rutschen, Scubadiving, Fitness, Café, Bar, Self-Service und Ouzerie. Eintrittskarten in Hotels und bei Windmill's Travel an der Platia Fabrica (bei Platia Agiou Louka), kostenloser Bustransfer ab Mykonos-Hafen und Platia Fabrica. ✆ 22890-26555-6-7, www.windmills-travel.com

Nordküste

Die Nordküste wird dominiert vom tief eingeschnittenen Órmos Panórmou, in den häufig heftige Meltémi-Winde hineinpfeifen. An der Westseite des Golfs führt eine asphaltierte Straße am "See von Maráthi" vorbei über Pánormos bis zur Kapelle Ágios Sóstis (Abzweig von der Straße nach Áno Méra wenige Kilometer hinter Mýkonos-Stadt). An der Ostseite der Bucht führt eine Piste bis zur Sende- und Empfangsanlage der Telefongesellschaft OTE.

> **Límni Maráthi: der "See" von Mýkonos**
>
> Seit wenigen Jahren besitzt das praktisch wasserlose Mýkonos einen See! Das etwa 1,5 km lange und bis zu 800 m breite Reservoir wird durch winterliche Regenfälle gespeist und gestaut, eine überdimensionale Zisterne also. Im Sommer sinkt sein Spiegel zwar erheblich, ausgetrocknet ist er bisher jedoch noch nie. Mittels LKW wird das Wasser in die Stadt transportiert. Eine 3 km lange, ziemlich schlechte Piste führt einmal rund herum.
>
> Ein zweiter kleinerer Wasserspeicher liegt im Nordosten von Mýkonos und stellt die Versorgung von Áno Méra sicher (S. 216).

▸ **Pánormos**: etwa 1 km langer, sanft geschwungener Dünenstrand, reizvoll gelegen in der tief eingeschnittenen Bucht von Pánormos, Blick auf das gegenüberliegende Ufer. Bisher zwei Tavernen und eine schön gelegene Hotelanlage. Tagsüber kommen viele Tagesgäste aus Mýkonos-Stadt, Parkplatz am Strandbeginn.

• *Übernachten* **Albatros Club**, hübsch konzipierte, an den Hang gestaffelte Anlage, 24 Zimmer mit Terrassen, kleiner Pool, erhol- sam ruhig. DZ mit Frühstück ca. 60–100 €, derzeit nur über Reiseveranstalter, z. B. Neckermann. ✆ 22890-25130, ✆ 25361.

• *Essen & Trinken* **Panormos Beach Tavern**, beim Parkplatz am Strandanfang, "trendy" Beach Bar-Taverna mit weißen Segeltuchschirmen. Oft gut besucht, Cocktails, Seafood und Pasta.
Taroula, schattige Terrasse neben Albatros Club, bekannt für seinen guten Fisch.

▶ **Ágios Sóstis**: von Pánormos noch ein Stück weiterfahren. Die früher einsam stehende Doppelkirche mit rotem Tonnengewölbe ist mittlerweile von vielen neu gebauten Häusern umgeben. Unterhalb liegt ein etwa 150 m langer, schön geschwungener Sandstrand, Zugang linker Hand der Kapelle. Die versteckt gelegene Taverne ist seit vielen Jahren der Geheimtipp auf Mýkonos.

• *Essen & Trinken* **Kiki's Place**, Tipp! In der Taverne von Vassili und seiner schwedischen Frau Kiki (jetzt unter neuer, gleichfalls engagierter Leitung) sitzt man unter dem dichtem Blätterdach einer alten Mimose, die Brüstung zum Bergabhang ist mit Oleanderbüschen begrenzt. Das Wasser läuft einem im Mund zusammen, wenn man Fleisch und Fisch, *féta* und Pilze vom offenen Grill sieht, dazu gibt es wunderbare Salate. Die Zutaten werden täglich frisch eingekauft. Achtung: Nur tagsüber, nach Einbruch der Dunkelheit kein Betrieb mehr (kein elektrisches Licht vorhanden). Frühzeitig kommen, schnell ist alles besetzt.

▶ **Fteliá**: Die völlig unverbaute Bucht mit kargen Felshängen zu beiden Seiten liegt am tiefsten Punkt des Órmos Panórmou. Hinunter fährt man von der Straße nach Áno Méra auf anfangs betonierter Piste, die später in eine von Dünen verwehte Sandpiste übergeht (Abzweig etwa 1 km nach dem Hard Rock Café, gegenüber einer Kapelle und "Ikaros Village"). Unten ungepflegter, den Nordwinden schutzlos ausgesetzter Dünenstrand aus schönem hellbraunem Sand – für Starkwindsurfer ideal, allerdings mit angeschwemmtem Müll übersät. In der Mitte ist er von einem niedrigen Kap unterbrochen, auf dem die Grundmauern einer prähistorischen Siedlung liegen.

• *Essen & Trinken* **Akri**, freundlich geführte Taverne in geschützter Lage an einem kleinen Sandstrand am Ostende der Bucht, schönes, ruhiges Plätzchen zum Sitzen.

Hard Rock Café: Highlife im Hinterland

Die weltweit expandierende Kette der amerikanischen Hard Rock Cafés hat sich Mitte der Neunziger auch in Mýkonos eingekauft und mitten auf der Insel einen Riesenkomplex aus dem Boden gestampft, nämlich an der Straße nach Áno Méra kurz vor dem Strand von Fteliá. Man mag zur Hamburgerkultur stehen wie man will, das Hard Rock Café von Mýkonos ist sehenswert: Die Wände sind mit Gold- und Platinplatten zahlreicher Größen des Showbiz gepflastert (Stückpreis um die 10.000 Dollar), dazu gibt's in Glasvitrinen Raritäten der Popkultur zu bewundern, z. B. ein augenscheinlich echtes Bühnenjackett der Beatles (!) und alte E-Gitarren von Rock-Heroes. Tagsüber kann man sich in Pool, Bar und Restaurant oder auf der Gokart-Bahn vergnügen, nachts ist "Highlife" mit Schaumpartys und Bengalischem Feuer in der großen Open-Air-Disco angesagt, auch in den Pool darf gesprungen werden (geöffnet 23–4 Uhr, am Wochenende länger). Im Sommer verkehrt ein Transferbus vom Yacht Club in Mýkonos-Stadt, dort kann im Anschluss weitergefeiert werden (→ Nachtleben).

Áno Méra

Ehemalige, weit verstreute Bauern- und Bergarbeitersiedlung auf hügligem Plateau, mittlerweile touristisch geprägt, aber trotzdem ruhig geblieben. Um den großen Fußgängerplatz liegen mehrere Tavernen, die zum gepflegten Essen einladen.

Das Kafenion "I Ellas" zwischen Durchgangsstraße und Platia erinnert mit Loren und alten Gerätschaften an die 1980 stillgelegten Barytbergwerke im Osten der Insel (→ S. 217), deren Arbeiter zum großen Teil in und um Áno Méra lebten. Unterhalb der Platia erhebt sich das festungsartige Mönchskloster *Panagía Tourlianí*, in dem bei Piratenüberfällen ein Großteil der Bevölkerung Schutz fand. Die Zahl 1767 über dem Eingang dokumentiert seine Erweiterung, gegründet wurde es bereits im 16. Jh. Der schöne Hof wird von einem kunstvoll gestalteten Glockenturm mit übereinander angeordneten Relieftafeln aus Tínos-Marmor überragt. Diese stellen u. a. Maria mit Kind, einen Bauer, einen Abt und einen Seraphim dar. Im gleichen Stil wurde der Marmorbrunnen neben dem Eingang gestaltet – ein Gesicht mit Krone, aus dessen Mund Wasser sprudelt. In der überaus reich ausgestatteten Kirche gibt es einen prächtigen Bischofsstuhl und eine filigran verzierte Altarwand, auf der sich u. a. kleine Einhörner tummeln. Großes Klosterfest am 15. August.

Öffnungszeiten Tägl. 9–13, 14–19.30 Uhr.

• *Verbindungen* Die Busse zu den Stränden Eliá, **Agía Ánna** und **Kalafátis** stoppen in Áno Méra.

• *Essen & Trinken* **Vangelis**, an der Platia, das alteingesessene Lokal von Stavros bietet vor allem gute Grillgerichte.

Dafni, ebenfalls an der Platia, erst 2001 eröffnet, modernes Styling, gepaart mit sorgfältig zubereiteten Speisen im "ökologischen" holzbefeuerten Ofen.

I Ellas, Kafenion im Stil eines Heimatmuseums, der urig-gemütliche Innenraum ist im Stil einer alten Bauernstube eingerichtet und mit alten Bildern und Fotos geschmückt. Verschiedenes leckeres Gebäck wird täglich frisch gemacht.

Von Áno Méra nach Norden

▸ **Kloster Paleókastro und Umgebung**: Von Mýkonos-Stadt kommend führt am Ortseingang links ein etwa 1 km langer Abzweig zum Kloster *Paleókastro*, bewohnt von einer netten, älteren Nonne. Über dem Tor in der hoch gemauerten Eingangsfront droht eine Pechnase etwaigen Angreifern. Der schöne Innenhof ist mit bunten Blumentöpfen liebevoll geschmückt, sonntags erhalten Besucher manchmal als Willkommensgabe selbst gemachte Honigbällchen. Unmittelbar hinter dem Kloster steht ein eigenartiger, menhirartig geformter Granitfels, von dem vermutet wird, dass es letzter Überrest eines prähistorischen Grabs ist. Im Umkreis des anschließenden Hügels wurden Reste einer antiken Siedlung gefunden, deren Bewohner den Golf von Pánormos kontrollierten. Später errichtete die venezianische Sippe der Ghizi auf dem Hügelplateau ein Kastell, zu sehen ist davon aber praktisch nichts mehr, nur eine Zisterne gibt es hier oben.

Die Piste führt noch über Berg und Tal weiter am Rand des Golfs entlang zum OTE-Sendemast mit Panoramablick.

Öffnungszeiten: **Kloster Paleókastro**, tägl. 9–12 Uhr.

Mýkonos
Karte Seite 181

▶ **Fokós**: Kurz nach der Abzweigung zum Kloster führt eine Asphaltstraße, die später zur gut befahrbaren Erdpiste wird, hinunter zum Strand von Fokós. Kurz vor der Küste fährt man am zweiten Stausee von Mýkonos entlang, ein langes, schmales Gewässer, dessen Auslauf in der Bucht unten eine leicht sumpfige Mulde bildet und auch für das verhältnismäßig viele Grün hinter dem Strand verantwortlich ist. Der grobsandige, etwa 200 m lange Strand wird noch recht selten besucht und ist gut für ein paar ruhige und erholsame Stunden.

Eine holprige Piste führt nach Osten noch einige hundert Meter weiter zum Doppelstrand von *Mersíni*, wo noch weniger los ist.

● *Essen & Trinken* Fokos, hübsch aufgemachte Café-Bar/Taverne am Pistenende, geführt von einem Griechen mit seiner kanadischen Frau. Leckere Vielfalt an Speisen, vor allem viele fantasievolle Salate und selbst gezogenes Gemüse, z. B. Linsen-

und Broccolisalat. Die Preisgestaltung mussten wir allerdings bei unserem Aufenthalt als eher unangenehm abhaken, so wurde Geld für "Gedeck" verlangt, was sogar in Mýkonos-Stadt unüblich ist. Abends geschl.

Südostküste

"Hinter" Áno Méra, deshalb weitab vom Schuss und lange nicht so überlaufen wie die Südküste.

▶ **Kaló Livádi**: schöner, heller Sandstrand, etwa 400 m lang, flankiert von einer langen Reihe von Sonnenschirmen aus Schilf. Inzwischen gibt es auch Busverbindungen ab Mýkonos-Stadt, doch vor allem in der Nebensaison ist es hier noch wunderbar einsam. Westlich der Bucht führt eine staubige Piste zu einer ehemaligen Schiffsverladestation der Barytminen, die heute zum Anlanden von Baumaterial für die Ferienhäuser um Áno Méra verwendet wird.

● *Übernachten* Ioannis (Jean) Papoutsas vermietet am östlichen Strandbeginn einige Zimmer mit Blick auf den Sonnenuntergang. ☎ 22890-71298.

● *Essen & Trinken* Kalo Livadi, ebenfalls am Strandbeginn, originelle Taverne unter

Tamarisken und Holzdach, sehr gemütlich und nicht so teuer.
La Barca (Varka), etwas weiter in Richtung Strandmitte, aufwändig aufgemacht, Essen soll gut sein.

▶ **Agía Ánna**: im Windschatten des weit vorspringenden Felsenkaps *Dimastó*, ca. 150 m lang, Sonnenschirme und Liegestühle werden vermietet. Unmittelbar am Kap klebt ein winziges Fischernest, in dem die Fischer pittoresk ihre großen Netze flicken – auf Mýkonos ein höchst seltener Anblick. In der Nähe hat man Grundmauern einer antiken Siedlung entdeckt. Um das Kap liegen interessante Tauchgründe, zu erkunden mit Hilfe der Tauchbasis am Strand.

● *Übernachten* Anastasia Village, B-Kat., große Bungalowanlage mit Pool auf den Felsen oberhalb vom Strand, 85 Zimmer in moderner Ausstattung, jeweils TV, teils Holzdecke. Zur Anlage gehört das berühmte Restaurant "Spilia". DZ ca. 125–182 €. ☎ 22890-71205, ☏ 71360, www.hotelanastasia.gr
Unterkünfte im Umkreis des Fischerorts vermietet die Taverne **Markos** (☎ 22890-71497), Studios **Fanis** (☎ 22890-71436) und Apartments **Labrini** (☎ 22890-71845).

● *Essen & Trinken* Spilia, unterhalb des Anastasia Village liegt dieses inselweit bekannte Restaurant unter den überhängenden Wänden einer Höhle direkt am Meer. Im Winter ist die Terrasse, wo die Tische stehen, oft vom Meer bedeckt. Meeresküche zu gehobenen Preisen.
Markos, mitten im kleinen Fischerort, authentische Fischtaverne mit verglastem Gastraum.

● *Sport* Diving Center Kalafati, deutsch geführte Station am Strand Ágia Ánna und in den nahe gelegenen Apartments Jorgos. Getaucht wird nach Grotten, versunkenen Schiffswracks und antiken Amphorenfeldern rund um das Kap. ✆/℡ 22890-71677, www.mykonos.diving.de, E-Mail: waldemar @otenet.gr (deutsche Adresse: Tauchbasis Schwerelos, Rathausplatz 1, D-85049 Ingolstadt, ✆ 0841-35189, ℡ 910590).

▶ **Kalafátis:** Gut 600 m langer Sandstrand in flacher, geschwungener Bucht nördlich der Dimastó-Halbinsel. Am breitesten ist das nördliche Ende, dort hat auch das komfortable Großhotel "Aphrodite Beach" seinen Platz, dessen Bewohner das Gros der Strandgäste stellen. Wegen der windexponierten Lage prima Möglichkeiten für Windsurfer.

- *Verbindungen* Etwa 10 x tägl. Busse von und nach Mýkonos-Stadt.
- *Übernachten* **Aphrodite Beach**, A-Kat., ältere, aber sehr gepflegte Großanlage mit Rasen und Swimmingpool, direkt am Strand, alle Einrichtungen vorhanden, ruhig. DZ mit Frühstück ca. 116–212 €. Fast ausschließlich Pauschalgäste. ✆ 22890-71367, ℡ 71525, www.aphroditehotel.com
- *Essen & Trinken* **Thalassa**, auf dem Anleger am Ende der Straße direkt am Meer, elegant angehauchte Taverne ganz in Weiß, gehobene Preise.
- *Sport* **Kalafati Water Sports**, Tretboote, Kanus, Jet Ski, Kneeboard, Wasserski, Banana Boat u. a.
Mykonos Surf Center, Windsurf- und Segelunterricht sowie Verleih von Material. Geführt von Pezi Huber, ✆ 22890-72345, E-Mail: pezi.huber@firstnet.gr

▶ **Liá:** der letzte erreichbare Strand an der Südküste, lange Anfahrt ab Áno Méra, zunächst auf einer Betonpiste, später lange, sandige Abfahrt 150 m tief hinunter in eine Bucht mit schönem, grobem Sand. Da ungeschützt, ist es oft sehr windig. Sonnenschirme und Liegestühle können gemietet werden. Zu Fuß kann man in Richtung Osten weitere abgelegene Buchten erreichen.

- *Essen & Trinken* **Lia**, legendäres Fischrestaurant mit bester Qualität, seit vielen Jahren ein Tipp. Der Besitzer ist selber Fischer, man isst den Tagesfang oder Hummer frisch aus dem Bassin. Nicht billig, aber "in".

Umrundung des Profítis Ilías Anomerítis

Der 351 m hohe Berg liegt völlig einsam im unbewohnten Osten von Mýkonos. An seiner Ostflanke wurde bis 1980 Baryt abgebaut, aus dieser Zeit sind noch zahlreiche Relikte erhalten.

Die Umrundung des Bergs ist ein kleines Abenteuer auf schlechter Piste, mit einem robusten Zweirad aber möglich. Zuerst nimmt man die bequeme Asphaltstraße, die zur weithin sichtbaren Militärstation am Gipfel führt. An der Schranke, die die Weiterfahrt verbietet (Sperrgebiet), geht es rechts auf einer schmalen Holperpiste weiter, die teilweise fast zum Pfad wird. An der Ostseite des Bergs kann man zu den Stränden *Páno* und *Káto Tigáni* abzweigen. Wieder zurück auf der Piste, fährt man vorbei an den tiefen Löchern früherer Minen durch eine urtümliche, völlig einsame und kahle Landschaft. Nach der Umrundung führt an der Nordseite ein knapp 1 km langer Abzweig hinunter zum Doppelstrand von *Merchiás*. Knapp 2 km weiter erreicht man wieder Asphalt und kann im Folgenden noch zum Strand von Fokós hinunterfahren (→ S. 216).

Im Heiligen Bezirk: Oberkörper einer riesigen Apollostatue

Délos (neugriech.: Dílos)

Unbewohntes Felseneiland aus Gneis, Schiefer und Granit, wenige Kilometer vor der mykonotischen Küste. Apollon ist hier geboren – so erzählt es die griechische Mythologie. Aus dem uralten Kult um den Lichtgott entwickelte sich ein bedeutendes Heiligtum, dank der wirtschaftlich attraktiven Lage (inmitten der Kykladen, auf halbem Weg nach Kreta und Kleinasien) wurde daraus einer der bedeutendsten Handelsstützpunkte der Ägäis. Délos gehört heute zu den wichtigsten Ausgrabungsstätten der griechischen Antike und wird in einem Atemzug mit Delphi, Olympia und Mykene genannt. 1990 wurde es von der Unesco ins Weltkulturerbe aufgenommen.

Eine Besichtigung kann aufgrund der starken Zerstörungen nur noch Eindrücke vermitteln, lohnt aber trotzdem wegen der abgeschiedenen Lage und der für Kykladen-Verhältnisse ungewöhnlichen Größe des Trümmerfelds. "Highlights" sind die berühmte *Löwenterrasse*, die prächtigen *Mosaikböden* in den gut erhaltenen Wohnhäusern der Handelsstadt und der 112 m hohe *Kýnthos-Hügel* mit seinem fantastischen Ägäis-Rundblick.

Die Ausflugsboote von Mýkonos bleiben meist nur etwa zwei Stunden auf Délos, so lange braucht man in jedem Fall für einen knapp bemessenen Rundgang, die Weitläufigkeit der Anlage lässt viel Raum für eigene Entdeckungen. Sonnenempfindliche sollten einen Hut mitnehmen, denn das Gelände ist zum großen Teil schattenlos. Auch Getränke sollte man ausreichend mitnehmen, der Insselladen ist teuer (Schiffskapitäne verkaufen Mineralwasser "frei Schiff").

Delische Mythen

Warum wurden der strahlende Lichtgott Apoll und seine Schwester Artemis gerade auf dieser, der unwirtlichsten aller Kykladen geboren? Von Homer und anderen altgriechischen Dichtern sind Mythen zur Insel in verschiedenen Varianten überliefert:

... Leto, eine der vielen Geliebten des Zeus, war schwanger, und aus Furcht vor der eifersüchtigen Hera, der Gattin des Zeus, verweigerten ihr alle Landstriche Griechenlands die Aufnahme. Doch Poseidon, Gott des Meeres und Bruder des Zeus, ließ eine unbewohnte Felseninsel aus den Fluten auftauchen (delos = offenbar, sichtbar) und verankerte sie mit seinem Dreizack am Meeresboden. Hier konnte Leto endlich die Zwillinge gebären, und dankbar versprach sie der Insel den Schutz durch ihren Sohn und immerwährenden Ruhm und Reichtum...

... der Athener Königssohn Theseus kehrte siegreich von Kreta zurück, wo er den grausamen Minotauros getötet hatte. Unter anderem machte er Zwischenstation auf Délos und tanzte hier zu Ehren des Apoll zusammen mit den vor dem kretischen Ungeheuer geretteten Jünglingen und Jungfrauen den so genannten "Kranichtanz". Aus diesem Mythos leiteten die Athener später ihre Einflussnahme auf Délos ab ...

● *Anfahrt* Tägl. außer montags fahren zwischen 9–13 Uhr **Ausflugsschiffe** ab Mýkonos-Stadt (Pier am Südende vom Hafen, bei der kleinen blauen Kapelle Ágios Nikólaos), je nach Saison bis zu fünf Schiffe. Rückkehr zwischen 12 und 15 Uhr. Kostenpunkt hin und zurück ca. 6 €€ (Stud. 5 €€).

Achtung: Die Überfahrten sind oft recht schaukelig, die offene See zwischen Mýkonos und Délos fungiert als Windkanal
● *Öffnungszeiten/Preise* Di–So 9–15 Uhr, Mo geschl. Eintritt ca. 5 €€, Stud. die Hälfte, EU-Stud. frei. Es gibt auch geführte Touren inkl. Überfahrt für ca. 26 €€.

Geschichte

Délos war dank der immensen Sogwirkung des *Apollon-Kults* vom 7.–1. Jh. v. Chr. eins der wichtigsten Kultur- und Wirtschaftszentren der Ägäis und ein Mittelpunkt antiker Zivilisation. Die Höhepunkte der Entwicklung liegen in zwei deutlich voneinander unterschiedenen Phasen.

▸ **Griechische Zeit**: Um die Mitte des 3. Jt. v. Chr. siedelten auf Délos wie auch auf anderen Kykladeninseln *Karer* aus Kleinasien. Reste ihrer Siedlungen hat man hauptsächlich um den Kýnthos-Hügel gefunden. Aus der ersten Hälfte des folgenden Jahrtausends sind bisher keine Spuren menschlicher Besiedlung entdeckt worden.

Erst im 15. Jh. v. Chr. ließen sich die *Mykener* nieder, wurden aber um 1100 v. Chr. von den *Ionern* verdrängt, die vor den Dorern vom Festland auf die Inseln und an die kleinasiatische Küste flohen. Augenscheinlich suchten sie einen Ort für ihre rauschenden Apollon-Feste und die Wahl fiel auf das unscheinbare Délos – zentral gelegen, wegen seiner geringen Bedeutung politisch neutral und zwischen den umgebenden Inseln völlig geschützt. Die Ioner waren es wahrscheinlich auch, die den oben angedeuteten *Geburtsmythos* auf

Délos lokalisierten und damit das Ansehen der Insel und ihres Kultes erheblich steigerten. Auch der gesamten Inselgruppe gaben die Ioner ihren heutigen Namen – da Délos relativ zentral lag, benannten sie die Inseln rundum "Kykladen", was sich vom altgriechischen Wort "kyklos" = Kreis ableitet, Kreisinseln also (die heutigen Südkykladen wurden damals noch nicht zu den Kykladen gerechnet). Délos wurde in den folgenden Jahrhunderten zum größten Heiligtum der griechischen Inselwelt. Pilger und Gesandtschaften aus allen ionischen Siedlungsgebieten zogen auf die Insel, sie brachten kostbare Weihgeschenke mit, großzügige Stiftungen und Bauten entstanden. Das zog Kapital und Handel an, ein Wirtschaftsboom setzte auf der Insel ein, und Délos wurde zu einem politischen Machtfaktor, um dessen Besitz hart gerungen wurde. Seit dem 7. Jh. v. Chr. war es vor allem die Insel *Náxos*, die versuchte, ihre Vorherrschaft zu etablieren. Viele prächtige Bauten aus naxischem Marmor sind noch erhalten, darunter die berühmte *Löwenterrasse* und der Torso eines Kolossal-Standbilds des Apoll, ein so genannter *Koúros* (→ Rundgang).

Seit dem 6. Jh. v. Chr. machte das aufstrebende *Athen* seinen Einfluss immer mehr geltend, die attischen Strategen sahen die Beherrschung von Délos als unabdingbar für ihre Herrschaft im ägäischen Inselraum an. So ordnete der Tyrann Peisistratos um 540 v. Chr. die Verlegung aller alten "vorathenischen" Kultgräber von Délos auf die Nachbarinsel Rínia an (so genannte *Katharsis* = Reinigung). Endgültig festigte sich der Athener Einfluss nach den siegreich beendeten *Perserkriegen* (490–479 v. Chr.). Damals gründete Athen mit mehr als 200 Stadtstaaten der ägäischen Inseln und Küsten den so genannten *Attisch-delischen Seebund* als Verteidigungsbündnis gegen die Perser. Verwaltung und Sitz der wichtigen Bundeskasse wurden in Délos eingerichtet, alle Bündnispartner waren ursprünglich gleichberechtigt und mussten dort alljährlich ihre Tribute einzahlen – insgesamt die beachtliche Summe von 460 Talenten (entspricht 1,3 Mio. Euro!). Doch das mächtige Athen verwandelte den Bund allmählich in ein von ihm mehr oder minder rücksichtslos regiertes Reich. Aus Furcht vor dem in Ägypten siegreichen persischen Großkönig verlegte man 454 v. Chr. schließlich den gesamten Bundesschatz in die heimischen Mauern und errichtete unter Perikles mit diesen Mitteln die zerstörte Akropolis in der heute noch sichtbaren Gestalt. Damit war die Bedeutung Délos' als religiöses Heiligtum und politisches Machtzentrum erst einmal gebrochen. 426 v. Chr. wurde von den Athenern bestimmt, dass auf Délos nicht mehr geboren und gestorben werden durfte (*zweite Katharsis*). Viele Bewohner wanderten auf die Nachbarinsel Rínia aus.

▶ **Hellenistische/Römische Zeit**: 314 v. Chr. wurde Délos von den in Ägypten regierenden Ptolemäern wieder zur unabhängigen Insel erklärt und zum Mittelpunkt eines neuen Inselbundes gemacht. Dank seiner günstigen Lage stieg jetzt seine Bedeutung als Handelshafen. Sklaven und Getreide wechselten in großem Maßstab ihre Besitzer, der Hafen wurde mehrmals erweitert und ausgebaut. Vor allem seit der Eroberung Griechenlands durch die *Römer* kam es seit 166 v. Chr. zu einer neuen Blüte. Die Römer forcierten den Sklavenhandel, und um die mächtige Insel *Rhódos* zu schädigen, erklärten sie Délos zum *Freihandelshafen*. Als auf Befehl der Römer 146 v. Chr. auch noch der große

Konkurrent Korinth zerstört wurde, stieg Délos schnell zum bedeutendsten Handelsumschlagplatz der Ägäis auf – bis zu 10.000 Sklaven sollen zeitweise täglich verkauft worden ein. 25.000 Einwohner zählte damals die reiche Insel, Kaufleute aus aller Welt errichteten ihre Niederlassungen und bauten sich prächtige Wohnhäuser, phönizische, syrische und ägyptische Heiligtümer verdrängten die alten Kulte. Die herrlichen Mosaikböden der Stadt vermitteln noch einen Eindruck des damaligen Wohlstands.

Die neue Bedeutung brachte Délos jedoch auch den Untergang. 88 v. Chr. verwüstete König *Mithridates von Pontos* auf einem seiner Feldzüge gegen die Römer die Insel, mit ihm verbündete Piraten vollendeten um 70 v. Chr. das Vernichtungswerk. Zwar errichteten die Römer noch eine Verteidigungsmauer um die Stadt, doch die Apollon-Insel konnte sich nicht mehr erholen und versank allmählich in Vergessenheit. Andere Handelsstädte in Italien und Kleinasien traten an ihre Stelle, die Reichen verließen ihre Villen, Macchia überwucherte die heiligen Stätten. Im 6. Jh. n. Chr. war Délos verlassen, nur der Meltémi-Wind wohnte noch zwischen den Ruinen der früheren Pracht ...

▶ **Moderne**: In der Neuzeit war Délos war anscheinend nicht gänzlich unbesiedelt, denn noch heute sieht man überall Pferche und Steinmauern, vom Hügel Kynthos auch eine Ziegenweide. Im 18. und 19. Jh. wurde die riesige Anlage wie so viele antike Ruinenstätten von den Bewohnern der umliegenden Inseln als willkommener Steinbruch für den Bau ihrer Häuser verwendet. Was aufrecht stand, wurde abgetragen, vor allem der Heilige Bezirk mit seinen wertvollen Marmorbauten wurde ein Opfer der Zerstörung. Erste Souvenirjäger vollendeten das Werk. Seit 1873 begann die französische *Ecole Archéologique Française d'Athènes* mit groß angelegten Ausgrabungen und legte das Apollon-Heiligtum und einen Teil der antiken Stadt frei. Bis heute sind die Grabungen nicht abgeschlossen – praktisch die gesamte Insel steckt voller antiker Bauten.

Rundgang

Das weitläufige Ausgrabungsgelände lässt sich in mehrere Bereiche gliedern:

- der antike **Hafen** unmittelbar links und rechts der Anlegestelle,
- der **Heilige Bezirk** mit dem Apollo-Heiligtum und dem Heiligen See linker Hand der Anlegestelle,
- das **Museum** mit den Ausgrabungsfunden,
- die "**Terrasse der fremden Götter**" und der **Kýnthos-Hügel**, weithin sichtbar am Ostende der Stadt,
- die hellenistisch/römische **Handelsstadt**, vom Hafen geradeaus.

Für die Besichtigung wenden sich die meisten Besucher von der Agora am Hafen nach links, durchstreifen den Heiligen Bezirk, machen über das Museum einen Bogen zur Terrasse der fremden Götter und zum Kýnthos-Hügel und laufen quer durch die Wohnsiedlung zum Hafen zurück. **Tipp**: Wer seine Ruhe vor den zahlreichen Mitlaufenden haben will und sich eher für die gut erhaltene Stadt mit ihren Mosaikböden als für den recht mitgenommenen Heiligen Bezirk interessiert, geht genau anders herum.

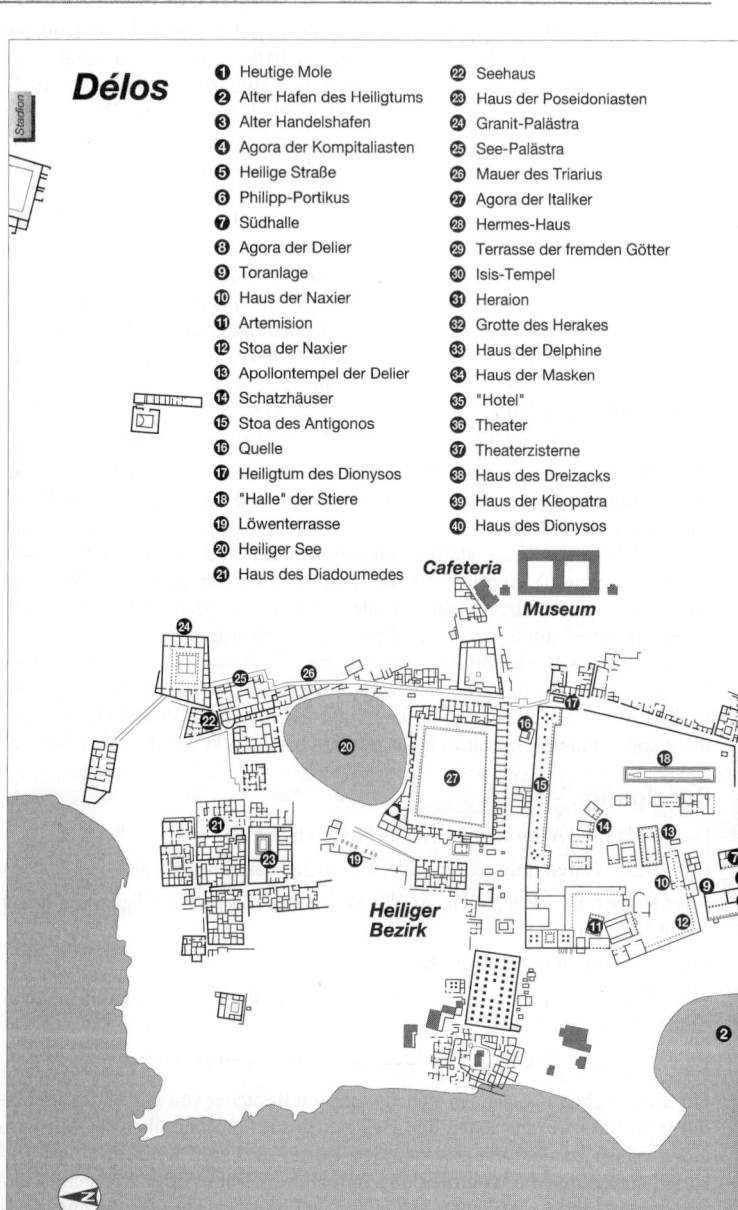

Délos

① Heutige Mole
② Alter Hafen des Heiligtums
③ Alter Handelshafen
④ Agora der Kompitaliasten
⑤ Heilige Straße
⑥ Philipp-Portikus
⑦ Südhalle
⑧ Agora der Delier
⑨ Toranlage
⑩ Haus der Naxier
⑪ Artemision
⑫ Stoa der Naxier
⑬ Apollontempel der Delier
⑭ Schatzhäuser
⑮ Stoa des Antigonos
⑯ Quelle
⑰ Heiligtum des Dionysos
⑱ "Halle" der Stiere
⑲ Löwenterrasse
⑳ Heiliger See
㉑ Haus des Diadoumedes

㉒ Seehaus
㉓ Haus der Poseidoniasten
㉔ Granit-Palästra
㉕ See-Palästra
㉖ Mauer des Triarius
㉗ Agora der Italiker
㉘ Hermes-Haus
㉙ Terrasse der fremden Götter
㉚ Isis-Tempel
㉛ Heraion
㉜ Grotte des Herakes
㉝ Haus der Delphine
㉞ Haus der Masken
㉟ "Hotel"
㊱ Theater
㊲ Theaterzisterne
㊳ Haus des Dreizacks
㊴ Haus der Kleopatra
㊵ Haus des Dionysos

Cafeteria

Museum

Heiliger Bezirk

Stadion

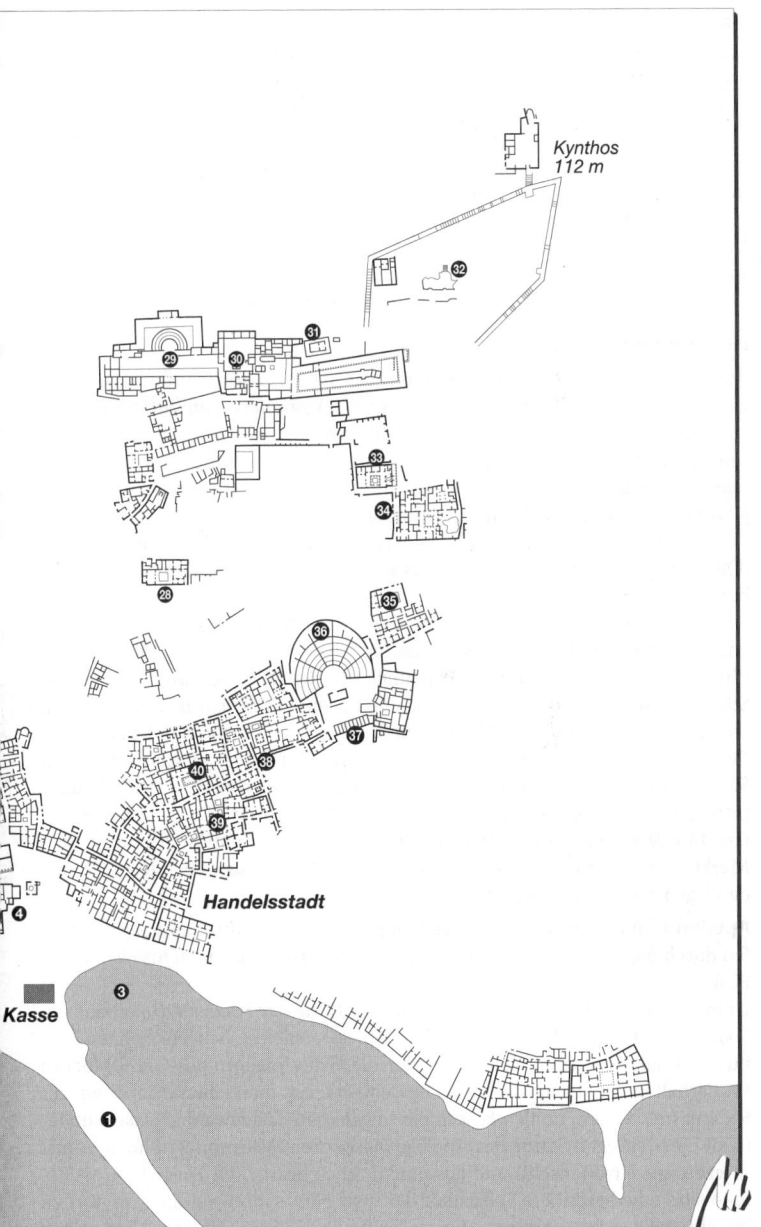

Kynthos
112 m

Handelsstadt

Kasse

Hafen

Von den weiträumigen antiken Anlagen und Kais ist kaum etwas erhalten. Die *heutige Mole (1)* wurde erst im 19. Jh. von den Archäologen aufgeschüttet und teilt das historische Hafengebiet in zwei Hälften.

Nördlich der Mole lag der *Hafen des Heiligtums (2)*, wo die Pilgerschiffe festmachten. Die Heilige Straße führt von hier ins Apollon-Heiligtum.

Südlich der Mole erstreckte sich auf etliche hundert Meter der große *Handelshafen (3)* mit Wirtschaftsgebäuden, Lagerhallen, Sklavenunterkünften etc. Dank des stürmischen Aufschwungs der Insel musste er mehrmals erweitert werden. Ein weiterer Hafen lag nördlich vom Heiligen See in der *Bucht von Skardana* – eine von Löwen flankierte Prozessionsstraße führte ins Heiligtum.

Heiliger Bezirk

Ausgangspunkt eines Rundgangs durch das stark zerstörte Trümmergelände ist 50 m nach dem Kassenhäuschen die große *Agora der Kompitaliasten (4)*. In späthellenistischer Zeit war sie Versammlungsort von Sklaven und Freigelassenen, die hier die Götter von Wegkreuzungen, die so genannten "lares compitales", verehrten. Reste von schön geschmückten Weihegeschenken und Rundaltären (Stierköpfe und Blumengebinde) sind erhalten.

Von der Agora geht es nach links die breite *Heilige Straße (5)* entlang. Sie war 300 m lang und führte vom Hafen bis zum Heiligen See, dem mythischen Geburtsort des Apoll. Reste der Pflasterung sind noch zu sehen.

Gleich zu Beginn standen sich zwei lange Säulenhallen gegenüber. Der 72 m lange *Philipp-Portikus (6)* links wurde um 210 v. Chr. vom Makedonenkönig Philipp V. gestiftet. Erhalten ist eigentlich nur der lange Architrav mit großer Stiftungsinschrift (parallel zum Weg am Boden). Die einstmals 66 m lange *Südhalle (7)* stammt ebenfalls aus dem 3. Jh. und wurde von den Königen von Pergamon finanziert. Von dem Bau ist kaum noch etwas auszumachen, nur Säulenreste liegen verstreut. An der Rückfront befanden sich 14 kleine Räume, in denen wahrscheinlich Geldgeschäfte getätigt wurden. Dazwischen führte ein Durchgang zur großen *Agora der Delier (8)*, dem wichtigsten und größten Marktplatz der griechischen Epoche auf Délos. In den umgebenden Kolonnaden lagen zahlreiche Geschäfte.

Apollon-Heiligtum: Zurück an der Heiligen Straße kommt man über vier Stufen durch die *Toranlage (9)* mit Stümpfen von dorischen Säulen ins eigentliche Heiligtum.

Unmittelbar rechts anschließend stand das *Haus der Naxier (10)*, erbaut um 560 v. Chr. von der Insel Náxos, die damals versuchte, beherrschenden Einfluss auf das Heiligtum auszuüben. Nur die Grundmauern aus Granitblöcken sind erhalten, an der nördlichen Längsseite erkennt man einen mächtigen, gut 6 x 4 m messenden, hohlen *Sockel*, die so genannte "Badewanne" – das Fundament einer riesigen Statue des Apoll aus naxischem Marmor, 9 m hoch (5-mal so groß wie ein Mensch!) und aus einem Stück gearbeitet! Diese Koúros-Statuen sind eine besondere Spezialität der Insel Náxos, drei weitere sind dort zu besichtigen (→ Insel Náxos). Die Inschrift auf der Basis lautete: "Vom selben Stein bin ich, Standbild und Sockel". Es wurde mehrfach versucht, die Kolossalstatue zu rauben, dabei wurde sie wegen ihres großen Gewichts in Stücke zerteilt. Becken und Oberkörper findet man – von Wind und Wetter bis zur Unkenntlichkeit abgeschliffen – nicht weit vom Sockel Richtung Nordwesten im *Artemision (11)*, dem Heiligtum der Artemis.

Von der Toranlage nach Westen erstreckte sich die *Stoa der Naxier (12)*, ein L-förmiger Bau, von dem heute kaum mehr etwas zu erkennen ist. Genau dort, wo die beiden Gebäudeflügel aufeinander treffen, ist ein ummauertes Loch zu sehen. Hier hat der Athener Feldherr Nikias 417 v. Chr. angeblich als Weihegeschenk für den Athener Tempel eine gewaltige Bronzepalme aufstellen lassen – es wird berichtet, dass sie noch in antiker Zeit bei einem heftigen Sturm aus der Verankerung gerissen wurde und dabei die nahe Koúros-Statue umriss, die in mehrere Stücke zerbrach.

Anschließend an das Haus der Naxier erkennt man die Grundmauern von drei unterschiedlich großen *Apollon-Tempeln* aus verschiedenen Zeiten *(13)*. Sie wurden alle von den Athenern gestiftet und gehörten zu den wichtigsten Bauten des Heiligtums. Obwohl nur noch Grundmauern, sind die geschichtlichen Entwicklungen daran gut abzulesen:

Der *Poros-Tempel* (erbaut aus Kalkstein von der Insel Póros) liegt am weitesten nördlich und ist der kleinste und älteste (Ende des 6. Jh.) der drei, denn damals war der Athener Einfluss noch vergleichsweise gering. Über hundert Jahre später wurde dieser Tempel jedoch Standort der Bundeskasse des Attisch-delischen Seebunds.

Der südlichste *Tempel der Athener* ist der größte (mit gut 30 m fast doppelt so lang wie der Poros-Tempel) und wurde zeitgleich mit der Gründung des Seebunds begonnen (478 v. Chr.), als Athen auf dem Höhepunkt seiner Macht stand. Er sollte eigentlich später die Bundeskasse übernehmen – doch als die Athener sie nach Athen überführten, ließen die Delier den halbfertigen Tempel als Bauruine stehen und stellten ihn erst im 3. Jh. v Chr. fertig.

Der *mittlere Tempel* wurde von den Athenern ein halbes Jahrhundert nach dem missglückten Südtempel errichtet, nämlich nach der zweiten Katharsis von 425 v. Chr. Er ist deutlich eine Nummer bescheidener ausgefallen als der unvollendete Südtempel, dessen Größe den Deliern wahrscheinlich ein Dorn im Auge war.

Nur ein kleines Stück weiter Richtung Norden stehen die Grundmauern von fünf *Schatzhäusern (14)*, in denen die Pilger nach der Prozession auf der Heiligen Straße ihre Weihegeschenke niederlegten. Zumindest eines davon wurde wahrscheinlich auch als Übernachtungsquartier benutzt.

Ein paar Schritte nördlich der Schatzhäuser liegt die lang gestreckte *Stoa des Antigonos (15)*, die fast schon bis zum Museum hinüberführt. Sie war das Weihegeschenk eines makedonischen Königs und mit 120 m die längste Säulenhalle in Délos. Vor der Halle standen die Ahnen des Königs als Statuen. Im östlichen Bereich ist eine eingefasste *Quelle (16)* erhalten, zu der Stufen hinabführen.

Das *Heiligtum des Dionysos (17)* am östlichen Ende der Stoa (gegenüber vom Museum) fällt durch seine zwei überdimensionalen Phallus-Skulpturen auf. Die Seitenwände der Pfeiler sind mit Darstellungen ähnlicher Thematik verziert. Interessant ist weiterhin die extrem schmale *Halle der Stiere (18)*, so genannt nach den eigenartigen Stier-Ornamenten. Wahrscheinlich hatte der makedonische

Symbol antiker Sinnenfreude:
Phallos im Heiligtum des Dionysos

König Demetrios im 3. Jh. v. Chr. hier seine siegreichen Tiere als Weihegeschenk für Apoll aufstellen lassen. Am Nordende des Gebäudes findet man in einem kleineren Raum eine dreieckige Granitbasis – vielleicht ein Altar für Apoll.

Um den Heiligen See: Mit ein paar Schritten geht es weiter zur berühmten *Löwenterrasse (19)* – sie flankierte einst die Prozessionsstraße, die vom Nordhafen ins Heiligtum führte. Mindestens neun Löwen aus naxischem Marmor brüllten zum "Heiligen See" hinüber, wo der Mythos die Geburt von Apoll und seiner Schwester Artemis lokalisiert hat. Heute stehen hier nur noch Kopien der schwer mitgenommenen Raubtiere, die Originale kann man im Museum betrachten: fünf stützen ihre schlanken Leiber mühsam auf Stahlkorsette, die Konturen der Gesichter bis zur Unkenntlichkeit verwittert, zwei weitere bestehen nur noch aus Bruchstücken des Hinterleibs. Einer der Delos-Löwen brüllt heute ohne Kopf vor dem Arsenal in Venedig.

Der *Heilige See (20)*, einst eine sumpfige Erweiterung im Unterlauf des Inopos-Flusses, wurde in den zwanziger Jahren wegen Malariagefahr trocken gelegt und ist mit Tamarisken und Büschelgras zugewuchert. Eine Mauer markiert seinen Umriss. Die einsame Palme wurde im 19. Jh. neu gepflanzt und erinnert an die Palme am Ufer des Sees, die Leto kniend umklammert haben soll, als sie Apoll gebar.

Seit dem 2. Jh. schwand die Bedeutung des Apollon-Heiligtums. Die Römer eroberten Griechenland und erklärten Délos zum Freihandelshafen, die Insel entwickelte sich zum bedeutendsten Handelsplatz der Ägäis. Römische und kleinasiatische Kaufleute erbauten sich damals auch im Bereich des Heiligen Bezirks Warenhäuser und reich ausgestattete Privathäuser. In den hellenistisch-römischen Gebäuden nördlich vom Heiligen See sind noch viele gut erhaltene Zisternen, mit Platten abgedeckte Wasserläufe der Kanalisation sowie mehrfarbige und schwarz-weiße Mosaikböden zu finden, z. B. im *Haus des Diadoumedes (21)* und im so genannten *Seehaus (22)*, dessen Atriumhof ein schönes Blütenmuster inmitten von Wellen schmückt. Im großzügigen *Haus der Poseidoniasten (23)*, auch "Léschi" (Club) genannt, das als Niederlassung von Kaufleuten und Schiffseignern aus Beirut diente, hat man einige Säulen wieder aufgerichtet. Außer Kaufmanns-und Privathäusern wurden auch Sportstätten errichtet, darunter die so genannte *Granit-Palästra (24)* und benachbart die *See-Palästra (25)*, wo zahlreiche aus dem Boden ragende Tongefäße auffallen.

An der Ostseite des Sees kommt man hinüber zum Museum. Der Weg ist flankiert von der *Triarius-Mauer (26)*, erbaut von den Römern nach dem verheerenden Piratenüberfall von 70 v. Chr. Zwischen den See und die weiter oben erwähnte Stoa des Antigonos platzierten römische Kaufleute um 110 v. Chr. einen weiten, rechteckigen Marktplatz, die *Agora der Italiker (27)*. Um den offenen Platz zog sich eine zweistöckige Säulenhalle mit Geschäften, in der Nordostecke waren Badeanlagen untergebracht.

Museum

Die Reichhaltigkeit der delischen Funde wird einem hier bewusst. Im Raum geradeaus stehen prächtige *Kouroi-Statuen* aus archaischer Zeit (6. Jh. v. Chr.), rechts am Anfang findet man die 40 cm große, *linke Hand* der Apollon-Statue vom Haus der Naxier (siehe oben). Im Raum hinten rechts befinden sich die *Original-Löwen* der Löwenterrasse. Wenn man nach links geht, kommt man zu mehreren Statuen aus dem 5.–2. Jh., darunter die "Entführung der Prinzessin Oreithyia durch den Nordwind Voreas" und die gut erhaltenen Statuen von zwei in Ziegenfelle gehüllten Schauspielern. Am Ende des Raums ein prächtiges *Wandmosaik* mit farbenfroher Umrahmung aus Blumen, Stierköpfen und Theatermasken: die Göttin Artemis bei der Jagd und der Götterbote Hermes, zu erkennen an seinen Flügelschuhen. In den nächsten beiden Sälen stehen weitere Statuen, Grabstelen, Torsos und Marmorköpfe, hauptsächlich aus dem 1. Jh. v. Chr. Besonders auffallend ist eine Stele aus Rhinia mit einer Reliefplatte aus Bronze. Im letzten Raum vor dem Ein-/Ausgang ist Kleinkunst ausgestellt – Statuetten, Freskenfragmente und Mosaikreste, darunter auch eine Vitrine mit erotischen Darstellungen: Phalli in allen Formen und Größen, z. B. als Öllampe. Im Raum hinter dem Eingangsbereich findet sich schließlich noch Keramik und weitere Kleingegenstände aus verschiedenen Epochen.

Links neben dem Museumsgebäude kann man in einer überteuerten Cafeteria Rast machen.

"Terrasse der fremden Götter" und Kýnthos-Hügel

Vom Museum aus geht es einen Pfad entlang durch verschiedene Heiligtümer und vorbei an großzügig konzipierten Wohnhäusern zum Fuß des Hügels. Eins der größten Häuser ist etwas abseits vom Weg das einst vierstöckige *Hermes-Haus (28)* mit zahlreichen, um einen Säulenhof gruppierten Räumen, mehreren Treppenhäusern und tollem Blick auf die Stadt und den Heiligen Bezirk.

Das wichtigste Heiligtum war die *Terrasse der fremden Götter (29)*, wo seit hellenistischer Zeit zahlreiche außergriechische Götter verehrt wurden, z. B. Hada und Atargis aus Syrien und die ägyptischen Gottheiten Isis, Anubis und Serapis. Délos war damals einer der wichtigsten Handelshäfen der östlichen Ägäis und dementsprechend "international" geprägt. Angeschlossen war ein kleines *Theater*, in dem bis zu 500 Personen die Kulthandlungen verfolgen konnten. Gleich daneben steht ein dekorativ restaurierter *Isis-Tempel (30)* mit gut erhaltener Säulenfront und einer Statue der Göttin.

Der Treppenweg auf die Hügelspitze beginnt kurz nach dem *Heraion (31)*, einem kleinen Tempel der Hera aus archaischer Zeit. Ziemlich am Anfang des Wegs liegt rechts unterhalb die *Grotte des Herakles (32)*, eine Felsspalte mit schweren Granitplatten bedeckt, damit zur Höhle gemacht und als Heiligtum verwendet. Auf der Spitze des Hügels gab es einst ein Gipfelheiligtum. Davon ist kaum etwas erhalten, der Aufstieg lohnt dennoch wegen des bei klarer Luft herrlichen Blicks auf die kreisförmig gelagerten Inseln Tínos, Mýkonos, Sýros, Náxos und Páros – die antike Anschauung, dass Délos der Mittelpunkt der Kykladen war, wird einem hier oben verständlich.

Handelsstadt

Vom Kýnthos-Hügel geht es Richtung Westen zur Anlegestelle zurück. Dabei kommt man durch die dicht bebaute spätantike Stadt mit den optischen Höhepunkten der Ausgrabung, den hervorragend erhaltenen Mosaikböden. Sie stammen aus hellenistischer und römischer Zeit (1.–2. Jh. v. Chr). Damals war Délos Freihandelshafen und erlebte einen ungeahnten Wirtschafts- und Bauboom. Insgesamt ist die Stadt deutlich besser erhalten als der Heilige Bezirk. Die lange, mit Schieferplatten gepflasterte Hauptstraße zieht sich vom Theater quer durch die Siedlung hinunter zum Hafen, kleinere Seitengassen zweigen ab. Die meist zweistöckigen Häuser spiegeln den Wohlstand der Zeit wider und gehören zu den besten Beispielen hellenistischer und römischer Wohnarchitektur. Häufigstes Baumaterial war Gneis, die heute kahlen Bruchsteinmauern waren in der Antike reich bemalt und verputzt. Zur Straße hin befanden sich Werkstätten und Läden. Die größten Häuser hatten jeweils einen Innenhof, um den sich die Gebäudeflügel gruppierten. Nach außen fast fensterlos, umgaben im Inneren Säulengalerien den Hof. Das häusliche Leben spielte sich so verborgen vor neugierigen Blicken ab. Der Hof war oft mit einem vertieften Mosaikboden versehen, auf dem das Regenwasser gesammelt und in Zisternen geleitet wurde. Anlage und Stil der Wohnhäuser und Mosaikböden ähneln sehr dem um 79 n. Chr. von Vulkanasche verschütteten Pompeji bei Neapel.

Häuser mit Mosaikböden: Vom Kýnthos kommend, ist gleich das erste Haus rechts das *Haus der Delfine (33)*. Im Säulenhof beherbergt es ein wunderschönes Mosaik aus etwas grimmig wirkenden Delfinen mit gefletschten Zähnen, auf denen so genannte "Eroten" reiten, die Göttersymbole in den Händen halten. Im westlichen Eingang ist ein eigentümliches Mosaikbild erhalten, das symbolhaft die phönizische Göttin Tanit darstellt.

Schräg gegenüber, auf der anderen Seite des Weges, steht das *Haus der Masken (34)* mit vier Fußbodenmosaiken in nebeneinander liegenden Räumen. Vor allem das Mosaik im östlich gelegenen Raum ist fantastisch – Dionysos reitet auf einem Panter, links und rechts davon Zentauren. Seinen Namen hat das Haus von dem mittleren Mosaikboden, der an den Schmalseiten mit Theatermasken geschmückt ist.

Der Weg führt nun am so genannten *Hotel (35)* vorbei, vielleicht ein ehemaliges Gästehaus der Stadt, und danach zum großen *Theater (36)* von Délos, dessen Sitzreihen leider nur noch Trümmerhaufen sind. Es konnte gut 5000 Zuschauer fassen. Sehr einfallsreich und anschaulich ist die Konstruktion der angeschlossenen weiträumigen *Zisterne (37)* – das von den Theaterrängen hinunter rinnende Regenwasser sammelte sich auf der Bühne (Orchestra) und wurde von dort in den Speicher geleitet. Die eleganten Rundbögen unterteilten den Raum in neun Becken und waren überdacht.

Vom Theater führt die Hauptstraße der Handelsstadt direkt hinunter zum Hafen. Unterhalb des Theaters steht rechts das *Haus des Dreizacks (38)* mit weiteren schönen Mosaiken: der Namen gebende Dreizack des Poseidon, hübsch mit Schleife geschmückt; ein Delfin, der sich um einen Anker windet; eine Amphore mit Siegerkranz und Palmwedel, auf der ein Pferderennen dargestellt ist – Erinnerung an einen Sieg bei den Panathenäischen Spielen. Linker Hand, etwas abseits vom Weg, liegt das *Haus der Kleopatra (39)* mit den beiden kopflosen Marmorstatuen der Hausherrin Kleopatra (nicht die ägyptische Königin) und ihres Mannes Dioskourides. Die Inschrift auf dem Sockel besagt, das die beiden zwei silberne Dreifüsse für den Apollon-Tempel im Heiligen Bezirk gespendet haben. Zurück am Hauptweg berührt man rechter Hand schließlich das *Haus des Dionysos (40)* mit dem berühmtesten Mosaik von Délos: Dionysos auf einem Panter reitend. Das meisterhafte Porträt aus allerkleinsten Steinchen wirkt so frisch, als wäre es erst gestern entstanden.

Sýros

Trotz seiner populären Nachbarn Mýkonos und Páros liegt Sýros abseits der großen Touristenströme. Kykladen-Fähren legen dennoch zahlreich an. Der Grund: Sýros befindet sich zentral in der Mitte der Inselgruppe, hier kreuzen sich viele Schiffslinien und schon seit Jahrhunderten spielt Sýros als Warenumschlags- und Handelsplatz eine Rolle.

Ein weiterer Grund: Ermoúpolis, der Hauptort, ist seit 1834 Verwaltungszentrum und "Hauptstadt" der Kykladen. Und Stadt darf man ruhig wörtlich nehmen – mit über 14.000 Einwohnern, dem eindrucksvollen Häusermeer auf zwei Hügeln, dem klassizistischen Rathaus und der Großwerft im Hafen.

Die Syrioten leben nicht schlecht von Landwirtschaft, Seefahrt, Kleinindustrie und der erwähnten Werft und mussten deshalb bisher nicht um die Gunst von Touristen buhlen. So gibt es bisher auch kaum Ferienanlagen im größeren Stil. Neugierige "Inselhüpfer" kommen dagegen von Jahr zu Jahr mehr – und das fantastische Panorama der Inselhauptstadt erleichtert den Abgang von der Fähre beträchtlich. Vor allem in *Galissás* an der Westküste, dem besten Badeort der Insel, haben sich zahlreiche Hotels und "Rent Rooms" etabliert. Trotzdem wird der internationale Pauschaltourismus auf Sýros so schnell nicht Fuß fassen, dafür gibt es zu wenige Strände, zu wenig malerisches "Inselkolorit". Die typischen Kykladendörfer mit engen Treppengassen und blendend weißen Kubenhäusern findet man auf Sýros nicht, auch landschaftliche Höhepunkte sind nicht die Regel. Hauptsächlich Griechen machen bisher Urlaub auf der unspektakulären Insel. Trotzdem kann Individualreisenden Sýros für einige Tage empfohlen werden – nicht zuletzt wegen *Ermoúpolis*, der so gar nicht "typisch kykladischen" Hafenstadt.

Sýros
Karte Seite 233

Größe: 86 qkm, Länge ca. 17 km, Breite bis zu 12 km. Höchster Gipfel ist der Pírgos (442 m), nordwestl. von Ermoúpolis.

Bevölkerung: ca. 25.000 Einwohner, damit die bevölkerungsreichste Kykladeninsel.

Geografie/Geologisches: Der Süden besteht aus Schiefer und besitzt fruchtbare Täler und Ebenen. Im unbesiedelten Norden dominiert karstiges Kalkgestein – auffallend dort die zahlreichen liebevoll instandgehaltenen Anbauterrassen.

Wichtige Orte: die Hauptstadt Ermoúpolis; der Küstenort Galissás mit dem schönsten Strand; die einfachen Badeorte Kíni und Vári.

Straßen: Der Nordteil der Insel ist kaum erschlossen, ansonsten gutes Straßennetz mit viel Asphalt (→ Karte).

Entfernungen: Ermoúpolis – Galissás 7 km, Ermoúpolis – Kíni 5 km.

Auto-/Zweiradverleih: in Ermoúpolis und Galissás.

Tankstellen: mehrere in Ermoúpolis und an der Straße nach Galissás, eine bei Fínikas, eine bei Vári und eine an der Straße südlich vom Airport (→ Karte). Keine Zapfstelle nördlich von Ermoúpolis.

Unterkunft: Hotels und Privatzimmer in Ermoúpolis, Kíni, Galissás, Fínikas, Possidonía, Mégas Gialós und Vári. Zwei Campingplätze in Galissás.

Baden: einige durchschnittliche Strände, der beste liegt bei Galissás.

Landkarten: Sehr detailliert ist die neue GPS-kompatible Karte "Sifnos" des Anavasi Verlags im Maßstab 1:25.000. Besonders interessant für Wanderer sind die zahlreichen Fuß- und Maultierwege, die erst 2002 mit GPS aufgezeichnet wurden und jeweils mit Kommentaren versehen sind.

Von gewohnt guter Qualität ist außerdem die Karte "Syros" (Nr. 104) im Maßstab 1:30.000 von Road Editions.

Postleitzahl: 84100.

Geschichte

Wichtigster Ausgrabungsort der Insel ist *Chalandrianí* im äußersten Norden. Dort hat man ein Gräberfeld mit 500 Gräbern entdeckt, das bis ins 3. Jt. v. Chr. zurückreicht. Die Funde gehören zu den ältesten der Kykladen und sind Zeugnisse der damaligen Hochkultur auf den Inseln. Eine ganze Epoche hat man danach die *Kéros-Sýros-Kultur* genannt (2600–2200 v. Chr.).

Der Name Sýros leitet sich wahrscheinlich von der *phönizischen* Hafenstadt Oussira (Tyrus) ab, die im Gebiet des heutigen Libanon lag. Phönizische Kaufleute oder Piraten siedelten sich auf Sýros an, bis sie ab 1000 v. Chr. von den *Ionern* verdrängt wurden. Diese gründeten laut Überlieferung der Odyssee zwei gleichberechtigte Städte, eine davon an der Stelle des heutigen Ermoúpolis. Obwohl Sýros schon damals relativ fruchtbar gewesen sein soll, erlangte die Insel keine besondere Bedeutung. Im 6. Jh. v. Chr. lebte hier der Philosoph *Ferekides*, der Lehrer des berühmten Pythagoras (→ Inselnorden). Nach anfänglicher Unterwerfung unter die Perser schloss sich auch Sýros nach den Perserkriegen dem Attisch-delischen Seebund an. Später wurde es, wie die anderen Inseln auch, von den Makedoniern, den Ptolemäern und den Römern beherrscht.

Bis 1207 n. Chr. ist wenig bekannt, dann gliederte der venezianische Herzog Marco Sanudo Sýros in sein *Herzogtum von Náxos* ein. Die Venezianer errichteten an der Stelle des heutigen Áno Sýros ihre Befestigungsanlage, von der jedoch nichts mehr erhalten ist. Entscheidend für die spätere Entwicklung von Sýros war, dass sie den *katholischen Glauben* mitbrachten, der hier besonders stark Fuß fassen konnte. 1537 eroberten zwar die *Türken* die Kykladen und

Die Inselhauptstadt Ermoúpolis ist auf zwei Hügeln erbaut

gliederten sie ins Osmanische Reich ein. Da die katholische Bevölkerung auf der damals so genannten "Insel des Papstes" aber so zahlreich war, übernahmen die mit den Türken verbündeten *französischen Könige* die Schutzherrschaft über Sýros. Damit konnten sich katholischer Glaube und Kultur noch weiter ausbreiten, Orden ließen sich nieder, Klöster und Schulen wurden gegründet, und fast die gesamte Bevölkerung trat zum römisch-katholischen Glauben über (auch heute besitzt Sýros mit gut 8000 Katholiken noch vor Tínos die stärkste katholische Bevölkerungsminderheit auf den Kykladen). Im 18. Jh. konnte Sýros mit Billigung der türkischen Herrscher sogar *Freihandelszone* werden, ein erster wirtschaftlicher Aufschwung bahnte sich an.

Auch während der *griechischen Befreiungskämpfe ab 1821* stand das katholische Sýros weiterhin unter der Protektion der Franzosen und blieb neutral. Die Folge war, dass zahlreiche Flüchtlinge aus ganz Griechenland auf die Insel strömten, die Bevölkerung nahm stetig zu, und die neuen Impulse brachten einen fulminanten Wirtschaftsboom mit sich. Vor allem die Schiffsbauer und Kaufleute der nordostägäischen Inseln Chíos und Psara fanden nach den türkischen Massakern auf ihren Inseln in Sýros ihre neue Heimat, ebenso die Händler aus Smyrna (das heutige Izmir). Die Neuankömmlinge siedelten sich auf dem Nachbarhügel von Áno Sýros an und nannten die Stadt *Ermoúpolis*, nach Hermes, dem Gott der Kaufleute. Binnen kurzer Zeit entstanden große Werften, die hervorragende Lage der Insel begünstigte Handel und Schifffahrt, Sýros wurde zur wichtigsten Drehscheibe im östlichen Mittelmeer. Sämtliche Transitrouten nach Kleinasien, Ägypten und in die Türkei liefen über die Insel, Ermoúpolis stieg zeitweise zur bedeutendsten Stadt Griechenlands auf – Athen zählte damals gerade 2000 Einwohner und hatte es nur seiner großen

Vergangenheit zu verdanken, dass es 1830 zur griechischen Hauptstadt gewählt wurde.

1834 wurde Ermoúpolis *Verwaltungssitz und Hauptstadt der Kykladen*, 1836 wurde die erste Handelskammer eröffnet, eine große Reederei folgte, ab 1855 konnten auf Sýros die ersten Dampfschiffe Griechenlands gebaut werden, 1861 startete eine große Maschinenfabrik ihre Produktion, es folgten viele weitere Manufakturen und Kleinbetriebe, darunter Druckereien, Textilfabriken, Gerbereien und Gießereien. Das kürzlich eröffnete Industriemuseum von Ermoúpolis erinnert an diese Zeiten (→ S. 243). Dem Wirtschaftsboom folgte die Kultur: Unter Otto von Wittelsbach, dem ersten Herrscher des jungen griechischen Staates, kamen mitteleuropäische Architekten nach Sýros. Wie in Athen wurden ganze Straßenzüge klassizistischer Bauten errichtet, der Münchner Johann Erlacher plante den Hafen, dazu Dutzende von Villen und Kaufmannshäusern, das pompöse Rathaus stammt vom bayerischen Architekten Ziller, das Apollo-Theater, eine Nachbildung der Mailänder Scala, von einem Franzosen. Mitte des 19. Jh. erschienen auf Sýros ein gutes Dutzend Zeitungen, Schulen und Krankenhäuser wurden gebaut, die Universität genoss nach der Hochschule von Athen den besten Ruf in ganz Griechenland.

Als jedoch Ende des 19. Jh. die ersten Eisenbahnen auf dem Festland fuhren und 1893 der *Isthmos von Korinth* mit einem Kanal durchstochen wurde (Verkürzung des Seewegs nach Italien!), verlagerte sich die Wirtschaftskonzentration allmählich nach Athen/Piräus. Die meisten Werften wanderten dorthin ab, mit ihnen die siriotischen Arbeiter. Trotzdem war der Einbruch nicht endgültig – mittels Gemüseanbau und einer verbliebenen Werft blieb Sýros eine der einkommensstärksten Kykladeninseln. Als in den fünfziger und sechziger Jahren der Bauboom in Griechenland begann, fehlte auf Sýros jedoch das Geld. Das klassizistische Flair blieb deshalb erhalten und ist heute der größte Anziehungspunkt der Insel. Ermoúpolis verfällt, steht aber unter Denkmalschutz. Restaurierungsmaßnahmen greifen inzwischen vereinzelt.

Wirtschaft

Bodenschätze sind auf Sýros rar. Dank *Viehzucht* kann der Eigenbedarf an Milch, Butter, Käse und Fleisch gedeckt werden, geringe Mengen können auch ausgeführt werden. Wirtschaftliches Standbein der Insel ist heute neben der *Neorion-Werft* im Hafen der Anbau von *Frühgemüse* und *Blumen* in Treibhäusern – die landwirtschaftliche Produktion ist vielfältig und wird zum großen Teil nach Athen exportiert. Ansonsten existieren mehrere *Textil-Manufakturen* auf Sýros (Stoffherstellung, Spinnereien etc.). Berühmt sind auch die Leckereien der Insel, die in verschiedenen Kleinbetrieben hergestellt werden (→ unten). Da Ermoúpolis Hauptstadt des "Nomos Kykladion" ist, arbeiten auch viele Einwohner in *Justiz* und *Verwaltung*. Die Abwanderung ist dank der relativ günstigen Wirtschaftslage bisher weniger dramatisch als auf anderen Kykladeninseln.

Essen & Trinken

Da Sýros noch hauptsächlich auf griechische Urlauber eingestellt ist, kann man vor allem in Ermoúpolis interessante Spezialitäten kosten. Man findet

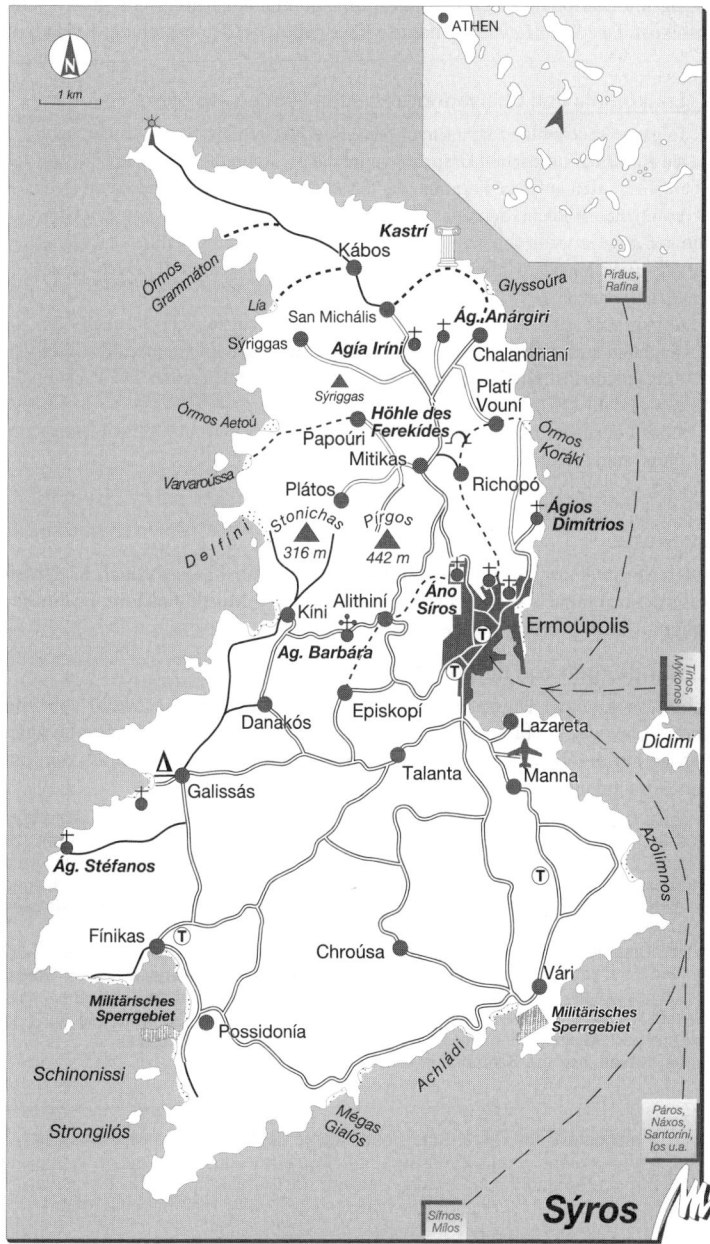

ATHEN

Ormos Grammáton

Kábos
Kastrí

Lía

San Michális
Sýriggas
Agía Iríni
Ág. Anárgiri

Glyssoúra

Chalandrianí

Sýriggas

Platí Vouní

Höhle des Ferekídes

Papoúri
Mitikas

Ormos Aetoú

Richopó

Varvaroússa

Plátos

Ágios Dimítrios

Delfíni

Stonichas
316 m

Pírgos
442 m

Kíni
Alithiní

Áno Sýros

Ermoúpolis

Ag. Barbára

Episkopí

Danakós

Lazareta

Talanta
Manna

Galissás

Didimi

Ág. Stéfanos

Chroúsa

Vári

Fínikas

Militärisches Sperrgebiet

Militärisches Sperrgebiet

Schinonissi

Possidonía

Strongilós

Mégas Gialós

Achládi

Azólimnos

Ormos Koráki

Piräus,
Rafina

Tinos,
Mýkonos

Páros,
Náxos,
Santorini,
Ios u.a.

Sifnos,
Milos

Sýros

wenig internationale Zugeständnisse und durchaus authentische griechische Inselkost. Der *San Michális* genannte Käse gehört zu den besten der Kykladen.

Loukoúmia und Chalvadópittes: süße Sünden aus Sýros

In ganz Griechenland kennt man diese Spezialitäten aus Sýros – auch wenn sie eigentlich türkischen Ursprungs sind. Selbst wenn die Fähren nur für wenige Minuten anlegen, kommen die Straßenhändler schwer bepackt an Deck gestürmt. Zu Recht, denn das begehrte Naschwerk wird ihnen von den Griechen geradezu aus den Händen gerissen. Versuchen sollte man beides, eignet sich auch gut als Mitbringsel – viele Läden und Kleinproduzenten findet man um den Hafen in Ermoúpolis.

Loukoúmia sind mit Puderzucker bestäubte Fruchtgeleestückchen, unglaublich süß und in den verschiedensten Geschmacksvarianten, die allerdings nicht alle mitteleuropäischen Vorstellungen entsprechen. Die Packungen sind meist kitschig bunt und auffallend.

Chalvadópittes sind leckere, handgroße Oblaten mit türkischem Honig, Nuss- und Mandelstückchen.

Inselfeste

Jeden Sommer organisiert die Stadt Ermoúpolis ein *Kulturfestival*, in dessen Rahmen fast täglich Veranstaltungen stattfinden – Musik, Folklore, Dichterlesungen, Ausstellungen, Vorträge etc.

Verbindungen von und nach Sýros

▶ **Schiff**: dank seiner zentralen Lage sehr gute Verbindungen, sowohl von und nach Piräus wie auch zu anderen Inseln. Allerdings wird Sýros nicht von allen Fähren auf der gängigen "Touristen-Achse" Tínos-Mýkonos-Páros-Náxos-Íos-Santoríni angefahren.

● *Fähren/Schnellfähren* Von und nach Piräus 1–2 x tägl., Dauer ca. 4 Std., Schnellfähre ca. 2,5 Std. Deck/Pullmannsitz (Economy Class) ca. 18 € bzw. 26 €, Kleinwagen ca. 59 bzw. 69 €, Mittelklassewagen ca. 72 bzw. 82 €. Von und nach **Rafína** 5–6 x wöch., Dauer ca. 4 Std., keine Schnellfähren. Pro Pers. ca. 15 €, Kleinwagen ca. 52 €, Mittelklassewagen ca. 65 €). Weitere Verbindungen etwa 1–2 x täglich von und nach **Mýkonos** und **Tínos**, 1 x tägl. **Páros**, **Náxos**, **Íos** und **Santoríni**, weniger häufig **Kleine Kykladen** und **Amorgós**. Gelegentlich gibt es die Möglichkeit, zu den westlichen Kykladen überzusetzen (besser ab **Páros**), außerdem Verbindungen in die östliche Ägäis, meist über **Ikaría** nach **Sámos**.

● *Schnellboote* In der Hochsaison 1–2 x tägl. nach **Rafína**, **Tínos**, **Mýkonos**, **Páros**, **Náxos**, **Íos** und **Santoríni**, weniger häufiger zu weiteren Inseln, z. B. **Amorgós**. Von und nach Piräus Überfahrtdauer ca. 2 ½ Std., ca. 26 € pro Pers.

Die **Anlegestelle** für Fähren und Schnellboote liegt im linken, westlichen Bereich des Hafens, dort fahren auch die Inselbusse ab. Doch einige wenige Schiffe starten und landen an der Ostseite des Hafenbeckens. Da die beiden Stellen einen guten Kilometer auseinanderliegen, sollte man beim Kauf des Tickets immer vorsichtshalber fragen, wo das Schiff anlegt.

▶ **Flugzeug**: Der Flughafen (✆ 22810-87025) liegt südlich der Inselhauptstadt und wird von *Athen* 2–3 x täglich angeflogen (Flugdauer ca. 35 Min., ca. 61 € incl. Flughafengebühr). Keine Verbindungen auf andere Inseln und keine Charterflüge vom Ausland.

Verkehr auf der Insel

▶ **Busse**: ab Terminal am Hafen häufige Verbindungen in alle Inselorte, speziell in die Badeorte an der Westküste.

▶ **Mietfahrzeug**: eher rar gesät, vor allem Autoverleiher findet man nur wenige. In der Saison Fahrzeug am besten mindestens einen Tag vor der Anmietung reservieren. In der Nebensaison spürbare Preisnachlässe, handeln!

▶ **Eigenes Fahrzeug**: lohnt eigentlich nicht, die Insel ist nicht groß und kann leicht mit einem Mietfahrzeug bewältigt werden. *Fahrrad* okay, Sýros ist relativ flach.

Ermoúpolis

Ein echter Bilderbuchanblick! Vor den kahlen Flanken des höchsten Inselbergs ballt sich ein dichtes, pastellfarbenes Häusermeer, das auf zwei steil aufragende Hügel hinaufdrängt – der linke gekrönt von der katholischen Bischofskirche, der rechte von der orthodoxen Kathedrale.

Die Atmosphäre wirkt ausgeprägt städtisch und unterscheidet sich völlig von den sonstigen kykladischen Inselorten mit ihren bescheidenen weißen Würfelbauten: zahllose klassizistische Hausfassaden, die weite, mit Marmor gepflasterte *Platia* mit großen Cafés und dem mächtigen Rathaus, breite, autogerechte Straßen, dazwischen enge, schattige Seitengassen mit Dutzenden von Läden. Insgesamt die liebenswert altmodische Eleganz einer einst eleganten Metropole, die zusehends versucht, an die guten alten Zeiten wieder anzuknüpfen – immer mehr klassizistische Stadtpaläste und herrschaftliche Villen wurden in den letzten Jahren restauriert. Ermoúpolis ist eine Stadt, in der man gerne einen Tag verbummelt – je höher man steigt, desto mehr wird die Stadt zum Dorf. *Áno Sýros*, der linke Hügel, war einst eine eigene (venezianische) Siedlung und ist jetzt mit der Unterstadt nahtlos zusammengewachsen, ein langer Treppenweg führt direkt vom Zentrum hinauf.

Wer auf seine Fähre wartet und schnell mal ins Wasser springen möchte: Nur wenige Schritte vom Hafenbecken liegt hinter dem Hotel Hermes ein kleiner, relativ sauberer Kiesstrand.

Information/Verbindungen

● *Information* **EOT**, Dodekanissou Str. 10 (vom Fähranleger links), das einzige offizielle Informationsbüro auf den Kykladen. Mo–Fr 8–14 Uhr (oft geschlossen). ✆ 22810-86725, 🖷 82375.

Das Büro der siriotischen **Hotelvereinigung** liegt an der Ostseite der Hafenfront, Thimaton Sperchiou Str. 9. ✆/🖷 22810-80356, www. welcome2syros.gr. In einem kleinen **Kiosk** im Hafen, Nähe Busstation, bekommt man je einen Hotel- und Privatzimmerprospekt.

● *Verbindungen* Alle **Inselbusse** starten bei der Anlegestelle der Fähren an der Südseite des Hafens. Häufige Verbindungen nach Kíni, Galissás, Fínikas, Possidonía, Vári, Mégas Gialós und auch hinauf nach Áno Sýros.

Taxistandplatz an der großen Platia Miaoulis (Rathaus), wenige Meter hinter der Hafenfront. ✆ 22810-86222. Weiteste Entfernung ab Ermoúpolis kostet ca. 12 €.

Adressen

● *Ausflüge* In der Saison Boots- und Busausflüge von Ermoúpolis zu den Badeorten und Buchten der Insel, außerdem nach Páros, Mýkonos und Delos. Buchung im Reisebüro **Team Work** an der Hafenfront, Nähe Anlegestelle, Akti Papagou 18, ✆ 22810-83400, 🖷 83508, www.teamwork.gr

● *Auto-/Zweiradvermietung* Autos u. a. bei **Galera** an der Hafenfront, Nähe Chiou Str. (✆ 22810-87666) und **Vassilikos** gegenüber Busstation am Fähranleger (✆ 22810-84444). Autos und Zweiräder z.B. bei **Syros**, Dodekanisou Str. 6, neben EOT-Infobüro (✆ 22810-83777).

● *Hafenamt* Auskunft unter ✆ 22810-88888.

● *Geld* **Banken** u. a. an der Hafenfront; an der Platia Miaoulis, in der Protopapadaki Str. und in der Kalomenopoulou Str. (Nähe Platia Tziropina).

● *Internationale Presse* An der östlichen Hafenfront, neben Hotel Akteon.

● *Olympic Airways* An der westlichen Hafenfront, wo die Fähren abfahren. ✆ 22810-82634, 88018, 🖷 88445.

● *Post* Protopapadaki Str., Nähe Platia Miaoulis (→ Stadtplan).

● *Tankstellen* Mehrere an der Hafenstraße Richtung Süden, eine noch südlich vom Airport.

Übernachten (s. Karte rechts)

Ermoúpolis besitzt eine Vielzahl von Unterkünften, von denen eine ständig wachsende Zahl in edel restaurierten klassizistischen Häusern des 19. Jh. untergebracht ist. Da Ermoúpolis Hauptstadt und Verwaltungszentrum der Kykladen ist und jeder Bewohner einer Kykladeninsel irgendwann einmal aus offiziellem Anlass hierher kommen muss, sind die Hotels und Pensionen das ganze Jahr über gut gebucht und nicht völlig vom Urlaubergeschäft abhängig. Wegen der vielen Athener Gäste sind Aircondition und TV fast obligatorisch.

● *Ober-/Mittelkasse* **Omiros (8)**, A-Kat., Omirou Str. 43, links oberhalb der Platia Miaoulis. Ein großes, altes Stadthaus, 150 Jahre alt, ehemals im Besitz des einheimischen Bildhauers Vidalis, wurde vom griechisch-deutschen Ehepaar Dimopoulos-Haase vollständig restauriert und z. T. mit Antiquitäten geschmackvoll eingerichtet. Hohe Räume mit Aircondition, schönen Holzböden und hervorragenden Betten. Unten ein kleiner gemütlicher Aufenthaltsraum im geschmackvoll-mediterranen Stil (TV, Spiele und Literatur), im oberen Stockwerk sorgt eine Lichtkuppel für ideale Beleuchtungsverhältnisse. An der Rezeption deutschsprachige Mitarbeiter, gut plaudern lässt es sich mit Herrn Poulios, dem Nachtportier, der 25 Jahre in Düsseldorf gelebt hat. Vor dem Haus kleine Frühstücksterrasse. 11 DZ und zwei Suiten. DZ mit Frühstück ca. 70–90 €. ✆ 22810-84910, 🖷 86266, E-Mail: omirosho@ otenet.gr
Diogenis (25), B-Kat., Platia Papagou, an der Hafenfront, südlich der Fähranlegestelle. Weiteres klassizistisches Gebäude, das zum eleganten Hotel umgestaltet wurde. Kühles Styling, gefliese Zimmer mit Messingbetten, TV und Mini-Bar, Bäder mit Sitzbadewannen, teilweise Balkon mit schö-

nem Hafenblick. DZ mit Blick ca. 60–90 €, ohne Blick günstiger, Frühstück extra. ✆ 86301, 🖷 83334.
Hermes (18), C-Kat., repräsentativer, klassizistischer Bau, ganz in Weiß, geräumig und dominant an der rechten Hafenfront (vom Schiff aus gesehen). Das alteingesessene Hotel wurde vor einigen Jahren renoviert (die Hinterfront allerdings bisher nicht). Elegante Lobby mit Bar, in den Zimmern Teppichböden, stilvolle Tapeten und laut Leserzuschrift bereits etwas abgewohntes dunkles Holzmobiliar, Bäder weiß gefliest, mit Sitzbadewannen, funktionierende Klimaanlage, von den kleinen Balkons nach vorne schöner Blick auf den Hafen, nach hinten angenehm ruhig. Im Souterrain gut besuchte Großbar. DZ mit Frühstück ca. 70–95 €. ✆ 22810-83011, 🖷 87412.
Im ehemaligen Reederviertel Vaporia rechts oberhalb der Platia Miaoulis gibt es einige ungewöhnliche Unterkünfte direkt an der unverbauten Steilküste, z. T. mit Spitzenblick: **Syrou Melathron (2)**, A-Kat., Babagiotou Str. 5, prächtiger Stadtpalast neben dem Ipatia, derzeitiges Vorzeigeobjekt von Ermoúpolis. 1860 vom bayerischen Baumeister Erlacher für eine begüterte Reederfamilie erbaut, 1996 umfassend restauriert. Gehobener

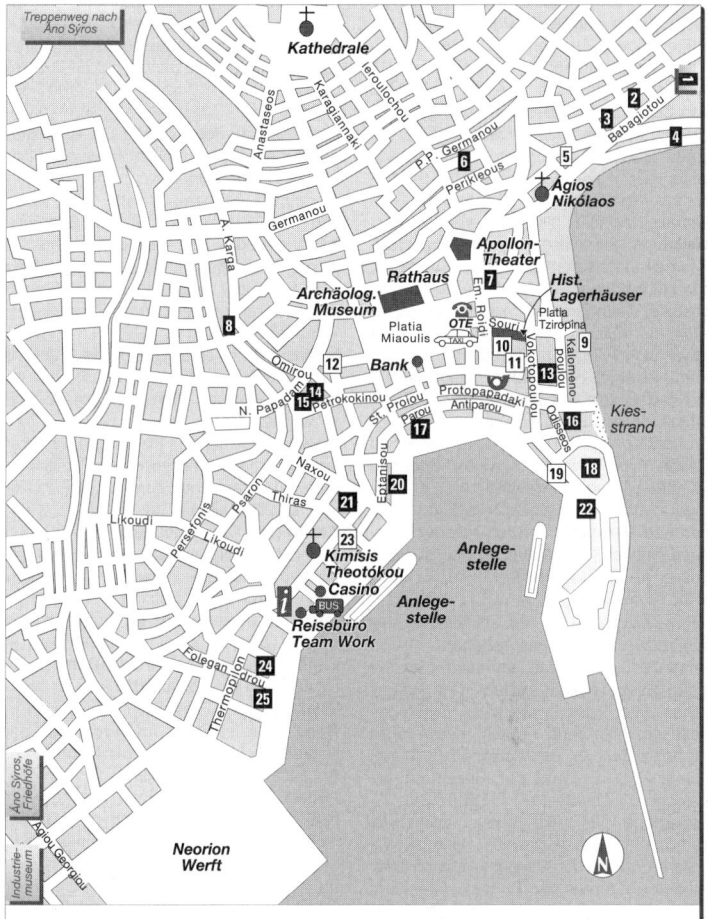

Ermoúpolis

Übernachten

1 Archontiko Vourlis
2 Syrou Melathron
3 Ipatia
4 Sea Colours
6 Adonis
7 Villa Elena
8 Omiros
13 Kastro
14 Paradise

15 Marina
16 Manos
17 Votsalo
18 Hermes
20 Dream
21 Ariadni
22 Kymata
24 Esperance I
25 Diogenis

Essen & Trinken

5 Enidria
9 To Thalami
10 To Archontariki
11 Petrino
12 Vakchos
19 Ta Giannena
23 La Dolce Vita

Standard, vorne raus herrlicher Meeres-blick. Unten stilvoller Salon, Zimmer mit Parkettböden, Fresken und Deckenmale-reien, jeweils Aircondition, Mini-Bar und TV, schöne Dachterrasse. DZ mit Frühstück und Seeblick ca. 120–150 €, ohne Seeblick etwas günstiger. ☎ 22810-85963, ✆ 87806.

Ipatia (3), B-Kat., Babagiotou Str. 3, gleich hinter der Ágios Nikólaos-Kirche (→ Se-henswertes). Weiteres historisches Ree-derhaus (von 1870), gleich neben dem Syrou Melathron, aber wesentlich schlichter. Hohe Räume mit bemalten Decken und Wänden, alte Holzböden und massive, eiserne Bett-gestelle. Neun Zimmer, fast alle mit Meer-blick, die meisten mit Bad. Wird von einer etwas eigenwilligen griechischen Dame ge-führt, die lange in den USA gelebt hat. DZ ca. 35–60 €, kein Frühstück. ☎/✆ 22810-83575, E-Mail: ipatiaguest@yahoo.com

Archontiko Vourlis (1), A-Kat., an derselben Straße, noch etwa 100 m weiter. Edel res-taurierte klassizistische Villa mit vier Zim-mern und Suiten, jeweils TV, z. T. Aircondi-tion und Meeresblick, Roomservice, geho-bene "antike" Ausstattung. DZ ca. 90–160 €, Suite 170–200 €, Frühstück extra. ☎ 22810-81682, ✆ 88440.

● *Privatzimmer* Hier nur ein kleiner Aus-schnitt aus dem riesigen Angebot.

Ariadni (21), Naxou Str., beim südlichen An-leger Gasse hinauf, restauriertes histori-sches Haus, alles in eleganten Grautönen gehalten, glänzende Fliesen, neuwertiges Mobiliar, Zimmer mit Balkonen, z. T. mit Küchenzeile. Es wird nur Griechisch ge-sprochen. DZ ca. 30–60 €. ☎ 22810-81245.

Esperance I (24), Akti Papagou/Ecke Fole-gadrou Str., klassizistisches Haus an der Hafenfront, von der Anlegestelle nach links. Moderne Zimmer mit TV und Hafenblick. DZ ca. 30–60 €. Günstigere Preise im **Espe-rance II**, ein Stück die Straße hinauf (Aus-kunft im Esperance I). ☎ 22810-81671, ✆ 85707.

Dream (20), direkt vis à vis der Anlegestel-le, 20 recht durchschnittliche Zimmer, teils Meerblick, ganz oben auch Zimmer mit klei-ner Küche. DZ ca. 25–45 €. ☎ 22810-84356, ✆ 86452, www.dreamrooms.gr

Kymata (22), Platia Kanari, schräg gegen-über vom Hotel Hermes, exponierte Lage im Hafen. Acht ordentliche Zimmer mit Ha-fenblick, Aircondition und TV. DZ ca. 25–40 €. ☎ 22810-82758.

Votsalo (17), Parou Str. 21, schmale Parallel-gasse hinter der Hafenfront, zum Hafen hin großes Schild. Altes, handtuchschmales

Haus mit hohen schlichten Zimmern. Dach-garten mit Bar und Hafenblick. Bevorzugter Anlaufpunkt für Rucksacktouristen, schnell ausgebucht. DZ mit Du/WC ca. 25–40 €, mit Etagendusche günstiger. ☎ 22810-87334, ✆ 86760.

Paradise (14), Petrokokinou Str. 20, Seiten-gasse der Omirou, linker Hand der Platia Miaoulis. Renoviertes Haus mit einfachen modernen Zimmern, jeweils Aircondition und TV, Kühlschrankbenutzung. Begrünter Innenhof und – Tipp – schöne Dachterras-se mit Sonnenliegen, Tischen und Stühlen, toller Blick über die Stadt, vor allem abends nach der Tageshitze schön. DZ ca. 25–50 €. ☎ 22810-83204, ✆ 81754.

Marina (15), in einer Quergasse unterhalb vom Paradise, sechs neue Räume mit Air-condition, TV und Balkon. DZ ca. 25–45 €. ☎ 22810-82940.

Manos (16), Odisseos Str., ruhige Gasse an der östlichen Hafenseite, netter Familienbe-trieb mit ordentlichen Zimmern. DZ ca. 25–50 €. ☎ 22810-87954.

Kastro (13), Kalomenopoulou Str. 12, eben-falls östliche Hafenseite, uriges Haus, ge-führt von einer lieben alten Dame mit ihrem Sohn, historisches Haus mit hohen Räu-men, partiell renoviert, im Aufgang Fres-ken, in den Zimmern Teppichboden, je-weils mit neu gefliestem Bad, Betten okay. DZ ca. 25–45 €. ☎ 22810-88064.

Villa Elena (7), Evagelidou Str., schön in-stand gesetztes Stadthaus in zentraler Lage Nähe Platia Miaoulis. Kein Blick Zimmer mit Aircondition. ☎ 22810-84989.

Adonis (6), Perikleous Str. 11, rechts ober-halb der Platia Miaoulis, ein paar Gassen hinter Apollon-Theater. Sehr ruhige Lage, ordentlich ausgestattet und sauber, Zim-mer mit Bad, Kühlschrank, Aircondition und TV. DZ ca. 30–50 €, Frühstück am Dachgar-ten. ☎ 22810-82846, ✆ 87665.

Irini, hoch oben in Áno Sýros, fantastischer Blick. ☎ 22810-87869.

● *Studios/Apartments* **Sea Colours (4)**, im Reederviertel Vaporia, großzügiges Haus am Fuß der Steilküste, unmittelbar über der Mole Agios Nikolaos. Studios, 1- und 2-Zim-mer-Apartments, modern und stilvoll einge-richtet, TV, Mini-Bar, teils Aircondition, schöne Veranden zum Meer hin, Blick rü-ber nach "Klein-Venedig", Frühstücksmög-lichkeit auf der Terrasse, zu buchen über Reisebüro Teamwork am Hafen. Studio ca. 33–62 €, 1-Zimmer- Apt. 50–110, 2-Zimmer-Apt. 72–120 €. ☎ 22810-81181, ✆ 83508.

> **Urlaub mit Stil**: Ebenfalls bei Teamwork buchen kann man einen Aufenthalt in einer der zahlreichen klassizistischen Sommervillen bei Possidonía an der Westküste. Preise ab etwa 400 € pro Woche aufwärts. In der Hochsaison frühzeitig um Reservierung kümmern.

Essen & Trinken (s. Karte auf S. 237)

Ähnlich wie in der Hotellerie besinnt man sich auch in der Gastronomie auf die Tradition. So konnten sich mittlerweile einige reizvolle Tavernen etablieren, die aus dem üblichen Schema herausragen und wirkliche Inselspezialitäten bieten. Eine ganze Tavernenzeile, die abends immer gut besucht ist, hat sich östlich der Platia Miaoulis um die Emmanuel Roidou und Stefanou Str. entwickelt. Insgesamt ist man zwar auf Touristen eingestellt, jedoch eher auf griechische als auf ausländische.

Ta Giannena (19), alteingesessene Taverne im Hafen, vis à vis vom Hotel Hermes. Abends viele Tische an der Hafenfront, flinker Service. Große Auswahl an Fleisch, Fisch, Gemüse, Aufläufe und Salate. Zur Qualität widersprüchliche Leserzuschriften.

Vakchos (12), Sofokleous Str. 4, Seitengasse der Omirou Str., westlich der Platia Miaoulis, an der Rückseite des früheren Markts. In dieser 1843 erbauten Keramikfabrik war von 1928–74 die populäre Taverne "Gavrilis" zu finden, in der oft der bekannte Inselsänger Markos Vamvakaris (→ S. 245) auftrat. Nun hat sich wieder ein Wirt gefunden, der diese schöne Ecke neu belebt. Drinnen sitzt man in hohen gewölbten Räumen aus Bruchstein, draußen unter Weinranken. Ausgewogenes Angebot an Fisch und Fleisch sowie große Auswahl an traditionellen kykladischen Gerichten, z. B. sehr leckere vegetarische Brätlinge wie *patátokeftédes* (Kartoffelbrätlinge) und *revíthokeftédes* (Kichererbsen).

To Archontariki (10), Emm. Roidou Str. 8, östlich der Platia Miaoulis. Hübsche Straßentaverne, in der "Kyria Maria" interessante Gerichte nach alter Tradition kocht, z. T. im Tontopf. Einen Versuch wert sind z. B. *bekrí mezé* (Schweinefleischstückchen mit Pilzen und Paprika).

To Petrino (11), Stefanou Str. 9, gleich um die Ecke, beliebt und gemütlich, aufmerksamer Service.

To Thalami (9), Ouzeri/Psarotaberna direkt an der Wasserfront unterhalb der Platia Tziropina, Blick auf das Vaporia-Viertel und die Kirche Agios Nikoalos (→ Sehenswertes). Schattige Terrasse, vorne raus Plätze direkt auf den Klippen, im Boden Bullaugen, die

den Blick auf das Meer unter dem Haus freigeben. Ordentliche Auswahl an Fisch und Meeresgetier, mittlere Qualität.

Enidria (5), neue Psarotaberna im Reederviertel an der Babagiotou Str., neben Guesthouse Ipatia (→ Übernachten) im Schatten der Kirche Ágios Nikólaos. Die schöne Lage schlägt sich im Preis nieder.

La Dolce Vita (23), italienische Küche auf den Stufen der Nikos Filini Str., Nähe Schiffsanlegestelle, schmal gefasster Hafenblick.

● *Außerhalb vom Zentrum* **O Lilis**, an der Hauptgasse von Áno Sýros, schön dekorierte historische Taverne mit Holzbalkendecke und großer Terrasse, ehemalige Stammkneipe des Sängers Markos Vamvakaris (→ Sehenswertes/Kasten). Gute traditionelle Küche und herrlicher Blick auf Ermoúpolis. Nur abends.

I Thea, ebenfalls in Áno Sýros, kleine Panoramataverne, beschildert am Treppenweg von Ermoúpolis, nur abends.

Charavgi, im Stadtteil Doxa, Agiou Dimitriou Str. 4, beliebtes Taverne und *krassopotion* (Weinlokal), auf der Terrasse sitzt man gemütlich und kann *mezédes* kosten. Tägl. mittags und abends geöffnet.

● *Cafés/Kafenia* An der Hafenfront Auswahl zwischen zahlreichen Bistro-Cafés. Links und rechts der breiten Freitreppe zum Rathaus befinden sich zwei edle klassizistische Kafenia.

Ellinikon, bei der Jugend beliebtes Café unter den Arkaden an der Platia Miaoulis, neben einigen süßen Leckereien bekommt man hier auch *mezédes*.

Frangosyriani, Panoramacafé in Áno Sýros mit herrlichem Blick auf die Unterstadt.

• *Nachtleben* Dank des ausgeprägt städtischen Charakters ist einiges geboten. Am frühen Abend ist die große **Platia Miaoulis** Schauplatz der "Volta". Die halbe Stadt flaniert dann auf den blanken Marmorplatten der Platia auf und ab. Die zwei Kafenia links und rechts der Rathaustreppe sind dabei ideal zum Sitzen und Beobachten. Danach spielt sich alles an der Hafenfront ab, wo sich zahlreiche Musikbars drängen und ab Mitternacht der Geräuschpegel erheblich steigt. Große Attraktion außerdem: das **Kasino** von Ermoúpolis (→ Kasten).

Rodo Club, Iroon Polytechniou 21, großer Tanzclub mit Open-Air-Zone an der Küstenstraße Richtung Süden, ein ganzes Stück hinter der Neorion Werft,

• *Shopping* Täglich bunter **Gemüsemarkt** in der Chiou Str. zwischen Hafen und Platia Miaoulis.

Kostas Prekas, Chiou Str. 4, leckere Produkte von Sýros, z. B. der berühmten San-Michális-Käse sowie Honig, Wein, Oliven, Kräuter u. v. m.

Kritzinis, Stamatiou Proiou Str., quer zur Chiou Str., schöne Weinprobierstube im historischen Stil.

Diverse kleine Läden stellen Loukoúmia und/oder Chalvadópittes her, meist im Familienverband.

Livadaras, Hafenfront 24, nahe der Einmündung der Chiou Str., Spezialladen für Chalvadópittes seit 1923.

Likoutris Hafenfront Nr. 44, seit 1932, ähnlich wie Livadaras, die Produktion ihrer leckeren Oblaten findet gleich im rückwärtigen Ladenbereich statt.

Keramos, Stefanou Str. 7, der gut sortierte Keramikladen von Markos Perris liegt unter einem Dach von Oleander zwischen den Tavernen.

Koumarianos, reichhaltig bestückter Bäcker an der westlichen Seitenfront der Platia Miaoulis.

Kazino Aigaiou: Das Kasino von Sýros

Mitte der Neunziger wurde in einem der klassizistischen Hafenhäuser genau gegenüber der Fähranlegestelle das einzige Kasino der Ägäis eröffnet. Abends um 20 Uhr startet der Betrieb an den über 150 Automaten und Spieltischen, geschlossen wird um 4 Uhr, an Wochenenden um 6 Uhr. Formelle Kleidung ist nur insoweit erforderlich, dass Männer lange Hosen tragen müssen. Ausländer müssen jedoch ihren Pass und eine Geldsumme hinterlegen. ✆ 22810-84400-9, 📠 85274, E-Mail: casinosyro@otenet.gr; web: www.casinosyros.gr

Sehenswertes

Ermoúpolis hat Atmosphäre: breite Gassen und steile Treppenwege, gepflastert mit glatt getretenen Granit- und Marmorquadern, Dutzende von klassizistischen Hausfassaden, filigrane schmiedeeiserne Balkons, prächtige Fenster- und Türstöcke. Zwar ist vieles in schlechtem Zustand und steht leer, doch sind Restaurierungsmaßnahmen nicht zu übersehen.

Von der Hafenfront führt der breite Odos Eleftheriou Venizelou zur alles beherrschenden Platia Miaoulis. Mal die Seitengassen durchschlendern, die allesamt nach den Kykladen und anderen griechischen Inseln benannt sind, im Odos Chiou täglicher Gemüsemarkt.

Platia Miaoulis

Der repräsentative Mittelpunkt von Ermoúpolis zeigt sich in großstädtischer Eleganz – blank gescheuertes Marmorpflaster, schlanke Palmen, davor das kanonenbewehrte Denkmal des Admirals Andreas Miaoulis aus Hydra, eines

Mittelpunkt von Ermoúpolis: die großzügige Platia Miaoulis

Seehelden der griechischen Freiheitskriege. Blickpunkt ist die mächtige Fassade des klassizistischen *Rathauses*, vom deutschen Architekten Ernst Ziller Ende des 19. Jh. entworfen. Eine breite Freitreppe führt hinauf, links und rechts davon zwei Kafenia der Jahrhundertwende. Rechts vom Rathaus der ehemalige Club Hellas, einst Versammlungsraum der städtischen Reeder, heute als städtische Bibliothek genutzt.

Archäologisches Museum: In drei bescheidenen Räumen in der linken Seitenfront des Rathauses sind Fundstücke der kykladischen Zeit bis zur römischen Epoche ausgestellt, hauptsächlich von Chalandrianí im Inselnorden, aber auch viel von Amorgós und anderen Kykladeninseln. Neben einer kleinen Sammlung von Kykladenidolen (z. T. nur Bruchstücke) gibt es auch frühe Vasen, Bronzewerkzeuge, Grabreliefs, Stelen und Skulpturenreste. Besonders hübsch ist das Bein eines Marmortisches in Form eines Ziegenfußes im ersten Raum links. *Öffnungszeiten/Preise* Di–So 8.30–15 Uhr, Mo geschl. Eintritt frei.

Umgebung der Platia Miaoulis

Östlich der Platia lag das einstige Repräsentierviertel der Stadt, einiges davon konnte restauriert werden. An der Gasse rechts vom Apollon-Theater (→ nächster Abschnitt) fällt die große Stadtvilla der Familie *Vessilaropoulos* auf, erbaut unter Johann Erlacher. Sie ist heute prächtig restauriert und fungiert als Arbeiterzentrum der Kykladen. Liebevoll wiederhergestellt wurden auch die historischen *Lagerhäuser* an der nahen Georgiou Souri Str., die von der Platia Miaoulis zur idyllischen *Platia Tziropina* hinüberführt. Letztere ist eine der schönsten Platzanlagen der Stadt, mit hohen Palmen und dem *Tziropinas-Haus*, in dem heute die Verwaltung (Nomarchia) der Kykladen untergebracht ist.

Sýros
Karte Seite 233

Apollon-Theater: nur wenige Schritte rechts oberhalb der Platia. 1864 wurde es als Nachbildung der Mailänder Scala eröffnet und sah die Aufführung zahlreicher Verdi-Opern. 1955 musste man schließen, seitdem verfiel es stark. Eine langjährige Restaurierung wurde vor wenigen Jahren abgeschlossen. Hervorragend gelungen ist der Innenraum mit 470 Sitzplätzen, die alle mit dunkelrotem Samt ausgestattet sind. An der Decke schön gestaltete Malereien, die in zwei konzentrischen Kreisen berühmte Dichter und Komponisten darstellen (im inneren Kreis: Homer, Aischylos und Euripides, im äußeren Kreis: Dante Alighieri, Rossini, Verdi, Mozart, Vincenzo Bellini und Gaetano Donizetti).

Ágios Nikólaos: Die klassizistische Kirche, die dem Patron der Seefahrer geweiht ist, dominiert mit ihren zwei Türmen und der weithin sichtbaren blauen Kuppel die vornehmste Wohngegend der Stadt. Das dreischiffige Innenleben überrascht mit seiner Pracht: säulengestützte Galerien, mächtige Deckenleuchter, reiche Bemalung mit vielen Ornamenten und Symbolik – das üppige klassizistische "Outfit" wirkt eher katholisch als orthodox.

Vapória-Viertel: Hinter der Kirche Ágios Nikólaos gelangt man ins Vaporiá-Viertel, das pittoresk oberhalb eines Steilabfalls zum Meer thront. Hier lebten im 19. Jh. die reichsten Familien, meist Reeder und Industrielle. Dank der frischen Meerwinde war es der kühlste Ort in der Stadt und man konnte sich wirklich wie auf einem Schiff fühlen (Vapóri = Schiff). Die *Babagiotou Str.*, die entlang des Steilhangs verläuft, ist eins der besten Beispiele für die ehemalige Eleganz der kunstvollen Hausfassaden. Einige der Patrizierhäuser wurden zu stilvollen Hotels umgebaut (→ Übernachten). Herrlich ist der Blick übers Wasser zu den alten Häuserfronten, die direkt ans Wasser gebaut sind – fast wie "Klein-Venedig" in Mýkonos.

Mitrópolis Metamorfóseos Sotírou: Umgeben von einem großzügigen Außenbereich mit einem Mosaikboden aus Kieselsteinen steht die Hauptkirche von Ermoúpolis an der stufenreichen Omirou Str., westlich der Platia Miaoulis. Der fast barock wirkende Innenraum ist reich ausgestattet, besitzt eine Empore und Kanzel sowie zahlreiche Ikonen hinter Gold- und Silberblech.

Vrondádo-Hügel

Die orthodoxe Kathedrale *Anástasis tou Sotíros* krönt den niedrigeren der beiden Hügel über Ermoúpolis (150 m). Linker Hand vom Rathaus führen mehrere steile Treppenwege hinauf. Um den stolzen zweistöckigen Bau an der Spitze erstreckt sich ein hübscher Pinienpark mit herrlichem Blick über die Stadt und die Bucht – besonders abends schön, wenn sich Ermoúpolis in ein Lichtermeer verwandelt. Das Innere der Kathedrale ist reich geschmückt, im mit Pflanzen dekorierten Vorraum liegt ein Gästebuch aus. Von der Kathedrale aus kann man zur Höhle des Ferekides wandern (→ S. 253).

Südlicher Stadtbereich

Entlang der lebhaften Hafenfront kommt man zur großen *Neorion-Werft*, die 1993 in Konkurs gegangen war, dann aber ihren Betrieb wieder aufnehmen konnte. Kurz vor der *Platia Iroon* führt der kopfsteingepflasterte Odos Agiou Georgiou nach Áno Sýros hinauf. Weiter südlich verläuft parallel zum Meer die lange *Iroon Polytechniou Str.*, einst die Industriezone der Stadt. Noch heute sieht man dort zahlreiche, malerisch verrottete Fabrikruinen des 19. Jh., die an die große Epoche der Stadt erinnern.

Kimísis Theotókou: Die große, der Himmelfahrt Marias (in der Orthodoxie eigentlich "Entschlafung Marias") geweihte Kirche steht nur wenige Meter von der Fähranlegestelle im Odos Stamatiou Proiou. In der Vorhalle rechts befindet sich eine kleine "Entschlafung Marias", gemalt im zarten Alter von nicht einmal zwanzig Jahren von einem kretischen Künstler namens Domenicos Theotokopoulos (1545–1614), der später unter dem Pseudonym "El Greco" weltbekannt wurde. Die Prägnanz seines späteren Stils ist hier erst in Ansätzen spürbar.

Industriemuseum (Biomechanikó Museío): Das im Jahr 2000 eröffnete Industriemuseum von Ermoúpolis ist in einer ehemaligen Bleigießerei und späteren Farbenfabrik an der Georgiou Papandreou Str. 11 untergebracht, wenige Schritte von der verkehrsreichen Platia Iroon (gegenüber vom Hospital). Es erinnert an die "großen" Zeiten der Insel im 19. und 20. Jh., als hier Maschinen, Motoren und Schiffe gebaut wurden, Textilfabriken, Druckereien, Gerbereien und Lebensmittelmanufakturen arbeiteten und viele Menschen in diesen Branchen Arbeit fanden. Im Mittelpunkt stehen die restaurierten Maschinen, die bis in die fünfziger Jahre des 20. Jh. auf Sýros hergestellt wurden. Für die nahe Zukunft geplant sind noch die Rekonstruktion einer ehemaligen Bleigießerei in der Nachbarschaft des Museums und einer Gerberei im Süden der Industriezone.
Öffnungszeiten/Preise Mi–Mo 10–14, Do–So zusätzlich 18–21 Uhr, Di geschl. Eintritt ca. 2,50 €, Stud. 1,50 €.

Friedhöfe: Wenn man den kopfsteingepflasterten Odos Agiou Georgiou nach Áno Sýros hinauf fährt, passiert man linker Hand den großen städtischen *Friedhof Ágios Geórgios*, auf dem die vielen aufwändigen Grabmäler der reichen Reeder- und Industriellenfamilien auffallen. Gleich danach folgt der *Britische Friedhof*, zu erreichen durch einen unscheinbaren Eingang an der Straße, beschildert mit "Syra British Cemetery". Neben Angehörigen des Konsulats, das Großbritannien im 19. Jh. auf Sýros unterhielt, und der "Eastern Telegraph Company", sind hier vor allem britische Soldaten der zwei Weltkriege beerdigt, darunter auch die, die sich an Bord des Transportschiffs "Arcadian" befanden, das am 15. April 1917 auf dem Weg von Thessaloníki nach Alexandria von deutschen U-Booten torpediert wurde. Viele Soldaten konnten nicht identifiziert werden ("'Known unto god") und von manchen wird nur vermutet, dass sie hier begraben wurden ("Believed to be buried near this spot").
Öffnungszeiten **Kimísis Theotókou**, April bis Aug. 7.30–12, 17.30–18.30 Uhr, übrige Zeit 7.30–12.30, 16.30–17.30 Uhr. **Britischer Soldatenfriedhof**, Mitte Mai bis Mitte Okt. 8–12, 15.30–18 Uhr, übrige Zeit 8–12, 14.30–17 Uhr.

Áno Sýros

Das Dorf über der Stadt, der Autolärm dringt nur noch schwach herauf, die Stimmung ist viel ruhiger als unten. Am reizvollsten ist sicherlich der Fußweg hinauf. Die Verlängerung des Odos Omirou führt als etwa 1 km langer Treppenweg direkt ins Zentrum und mündet auf die Hauptgasse namens "Piatsa", die sich quer durch das Ortsinnere zieht. Mit einem Fahrzeug kann man aber

Markos Vamvakaris, berühmtester Sohn von Áno Sýros

auch den Odos Agiou Georgiou ab Platia Iroon nehmen, dessen Verlängerung sich um den Ort herumschlängelt und weiter in den Inselnorden geht. An einer scharfen Kurve am oberen Ortsende kann man parken und gelangt durch einen gewölbten Durchgang auf die Hauptgasse.

Mit seinem Gewirr von Gässchen, weiß gekalkten Kubenhäuschen, verwinkelten Durchgängen und Stufen wirkt Áno Sýros völlig kykladisch – die einzige derartige Siedlung der Insel. In seinem Grundriss geht es bis ins venezianische Mittelalter zurück, einige Häuser sind direkt an den Steilhang gebaut, nach vorne drei oder vier Stockwerke, hinten eines. Immer wieder hat man schöne Ausblicke auf Ermoúpolis und weit übers Meer. Exponiert auf der Hügelspitze (180 m) thront die ockerfarbene katholische Bischofskirche *Ágios Geórgios* aus der ersten Hälfte des 19. Jh.

Im Inneren schlichte hölzerne Sitzreihen und Heiligenskulpturen (gibt es in der Orthodoxie nicht), über den Seitenaltären hängen Ölgemälde. Der *Bischofspalast* ist angebaut, unterhalb ein nur noch von wenigen Mönchen bewohntes *Kapuzinerkloster* mit der lateinischen Aufschrift "Ut unum sint" (Damit sie eins sein mögen). Von der ehemaligen venezianischen Burg, die hier einst stand, ist nichts mehr erhalten. An der Platia Markos Vamvakaris an der weiter unten verlaufenden Hauptgasse erinnert eine Bronzebüste an den Rembétikosänger *Markos Vamvakaris*, ein paar Schritte weiter ist auch ein kleines Museum dem berühmten Sohn der Stadt gewidmet. Es besteht zwar nur aus einem Raum, enthält aber interessante Dokumente und Fotos aus der Zeit des Rembetiko, außerdem die Bouzouki des Künstlers. Von der Terrasse des Cafés "Frangosyriani" an der Platia hat man einen prächtigen Blick auf Ermoúpolis. In der Taverne "O Lilis", die ebenfalls an der Hauptgasse liegt und in der Markos Vamvakaris oft sang, kann man auch heute noch einkehren, seit den alten Zeiten hat sich hier nicht viel verändert (→ Essen & Trinken).

Öffnungszeiten **Museum Markos Vamvakaris**, nur Juli/August, Mi–So 10–14, 19–22 Uhr.

Ermoúpolis/Umgebung

Besonders verlockend ist der *Pírgos*, mit 442 m der höchste Inselberg unmittelbar hinter der Stadt. Eine Asphaltstraße führt auf die Spitze (→ Inselnorden). Ein weiterer Ausflug bietet sich an zur Kreuzkuppelkirche *Ágios Dimítrios*, die knapp 2 km nördlich der Stadt einsam über der Steilküste steht – der

Legende nach erbaut an einer Stelle, wo nach einem Traumhinweis eine vergrabene Ikone gefunden wurde. Zu erreichen ist das hübsch gestaltete Kirchlein auf einer Asphaltstraße vom Vapória-Viertel oder von der Anástasis-Kathedrale. Es ist auch gut von der Fähre aus zu sehen – wenn früher das Schiff von Piräus in Sicht kam, läutete der Küster hier die Glocken.

Rundwanderung nördlich von Ermoúpolis siehe S. 253

Markos Vamvakaris, erster Rembétiko-Star Griechenlands

Mit Rembétiko bezeichnet man die städtische Volksmusik, die seit der Jahrhundertwende in den Armenvierteln Athens entstand. Die Wohnverhältnisse waren dort erbärmlich, ebenso die wirtschaftliche Situation der hauptsächlich aus Kleinasien zuströmenden Griechen. Die Rembétiko-Lieder griffen in ihren Texten diese Situation auf und übten heftige Kritik an den politischen Institutionen, waren quasi ein Stück Subkultur. Ebenfalls aus Kleinasien kam das Haschischrauchen, das den Bewohnern aus ihrer Not einen Ausweg im Rausch bot. Aus diesen Anfängen entwickelte sich in den dreißiger und vierziger Jahren eine höchst populäre Musikrichtung, die vor allem in Piräus ihr Zentrum hatte. Markos Vamvakaris wurde 1905 in Áno Sýros geboren und verbrachte hier seine Kindheit und Jugend. Als junger Mann ging er nach Piräus, wo er Zugang zur Rembétiko-Bewegung fand. Mit drei anderen Musikern gründete er die erste landesweit populäre Rembétiko-Gruppe Griechenlands. Er führte das Leben eines echten "rembétis" (Außenseiters) und saß mehrmals im Gefängnis, u. a. weil er der Polizei Informationen über Haschischraucher verweigerte. Er komponierte mehr als 2500 Lieder, wurde der berühmteste aller Rembétes und einer der bekanntesten Sänger Griechenlands. 1972 starb er in Athen. Sein Lied **Frangosyrianí** ("Katholisches Mädchen von Sýros") kennt heute in Griechenland jedes Kind, die Melodie fast jeder Tourist.

Sýros
Karte Seite 233

Westküste und Inselinneres

An der Westküste findet man die besten Badeorte von Sýros, besonders schön ist hier der allabendliche Sonnenuntergang über dem Meer. Während der Südwesten und Süden bereits seit dem 19. Jh. als Sommerfrische begüterter siriotischer und Athener Schiffseigner in Beschlag genommen waren (dementsprechend viele Ferienvillen), sind Kíni und Galissás davon ganz unberührt.

Kíni liegt am nächsten zur Inselhauptstadt, die Straße führt in Serpentinen hoch über die Hügel hinter Ermoúpolis, immer wieder Panoramablicke. Kurz nach Alithiní rechter Hand ein gewaltiger Steinbruch, wo mit Baggern ganze Hügel abgebaut werden. Danach schraubt sich die Straße in die Bucht von Kíni hinunter.

Essen & Trinken **O Voulias**, Mezedes-Taverne an der Straße nach Kíni, exponierte Lage mit Blick auf beide Küsten. **Alithini**, die Taverne im gleichnamigen Ort, bietet einen schönen Panoramablick auf Ermoúpolis.

▶ **Episkopí**: netter Abstecher, inmitten von viel Grün und kräftigen Pinien liegen traditionelle Ferienhäuser und Sommervillen der reichen Reederfamilien. Leser W. Gaus empfiehlt von hier aus die Wanderung über das Kloster Agías Varváras nach Kíni: "Rechts an der Kirche vorbei, kurz bergab, dann kurz und steil bergauf, danach über den Bergsattel immer geradeaus. Etwa 150 m unterhalb des Klosters (→ nächster Abschnitt) zweigt von der Straße nach rechts ein alter Weg nach Kíni ab, der noch auf weite Strecken mit weißen Steinplatten gepflastert ist. Am Ende des Wegs kann man kurz vor Kíni einen alten Wasserbrunnen studieren, der noch weitgehend intakt ist."

▶ **Kloster Agías Varváras**: hoch über Kíni, direkt an der Straße. Einige freundliche Nonnen unterrichten hier Waisenkinder im Weben von Teppichen und Decken, bei der Arbeit kann man zusehen, die angefertigten Stücke stehen zum Verkauf.

Kíni

Ruhiges Bade- und Fischerörtchen mit winzigem Hafen in einer fast kreisrunden Bucht. Ortsstrand mit einigen Tavernen, Tretboot-Verleih und Sonnenschirmen ziemlich steinig, besser links um die Felsen herum zum 150 m langen Sand-/Kiesstrand von *Lotós* mit Schilf dahinter. Unterm Strich: Inselurlaub der wirklich beschaulichen Sorte, selbst im Hochsommer.

● *Verbindungen* häufige Busse von und nach Ermoúpolis, seltener nach Galissás.

● *Übernachten* **Sunset**, C-Kat., wo die Stichstraße am Wasser mündet, direkt am Meer, saubere Zimmer, von denen man den Sonnenuntergang erleben kann, unten drin die beliebte Fischtaverne "Zalonis". DZ ca. 30–55 €. ✆ 22810-71211.

Elpida, D-Kat., an der Zufahrtstraße, ca. 100 m vom Strand, einfaches Haus, 12 Zimmer mit insg. 18 Betten. DZ mit Balkon und Bad ca. 30–50 €. ✆ 22810-71229.

The Harbor Inn, sechs schöne Apartments nah am Wasser, im Inselstil liebevoll eingerichtet, Veranda mit Meeresblick, schattiger Innenhof, ruhige Atmosphäre. Geführt von einer Engländerin mit ihrem griechischen Mann, Verleih von Büchern und Tauchausrüstung, Preise auf Anfrage: Trudy & Kyriakos Boukas, Kíni, Sýros Island 84100, ✆ 22810-71377, 📠 71378, E-Mail: tboukas@otenet.gr

Markos, 100 m vom Strand (am Ende der Stichstraße am Meer rechts gehen und wieder erste rechts, auf Deutsch steht "Zimmer" dran). Hübscher, schattiger Innenhof mit alten Brunnen, viel Ruhe, 10 ordentliche Zimmer, z. T. mit Balkon. ✆ 22810-71371.

Kini Bay, hoch über Kini, herrlicher Blick, aufmerksam geführt von Giannis und Popi Hatzidakis. Gepflegte Zimmer mit Aircondition, Kühlschrank und Kochgelegenheit, Studios und Apartments. Aussteigen bei Bushaltestelle "Lotos" und noch ca. 2 Min. laufen. DZ ca. 30–50 €, Studio 35–55 €, Apt. 55–80 €. Kein Frühstück. ✆ 22810-71331, 📠 71420.

Im Kloster Agías Varváras

• *Essen & Trinken* Mehrere schön gelege- ne Fischtavernen, z. B. **to Akrogiali tou**

Alforsou, direkt am Wasser, Tische unter Tamarisken, offener Wein.

▶ **Delfíni**: nette, ruhige Strandbucht, knapp 2 km nördlich vom Ort. Eine Erd- straße führt hinüber, Fußgänger können außerdem einen sehr schönen Weg entlang der Küste nehmen, allerdings sollte man schwindelfrei und trittfest sein. Es gibt eine kleine, rund gemauerte Strandbar, die Stimmung ist entspannt und freundlich. In der Taverne gibt es gute griechische Hausmannskost.

Übernachten Familie Voutsinos vermietet Apartments im **Akti** (✆ 22810-71357) und Zimmer im **Delfini** (✆ 22810-71326).

▶ **Wanderung von Kíni nach Galissás**: Dauer etwa 1,5 Std. Vom Ende des Strands von Lotós geht es etwas bergauf und dann kann man den Weg entlang der Küste nicht mehr verfehlen.

Galissás

Ruhiges Dorf in fruchtbarer Niederung, etwas zurück vom Meer, viel Land- wirtschaft inmitten sanfter Hügel. Galissás besitzt den besten Strand der Insel und ist touristisch stark erschlossen – das Neubauviertel in Strandnähe wirkt allerdings bunt zusammengewürfelt und besitzt nur wenig Atmosphäre.

Zur Zeit herrscht noch die richtige Mischung: kein Rummel, aber doch einiges los mit Badehotels, Kneipen und Tavernen. Sogar eine neue Uferpromenade und eine große Anlage für Pauschalurlauber wurden zwischenzeitlich errich- tet, außerdem findet man hier die beiden einzigen Campingplätze der Insel.

• *Verbindungen* Tagsüber häufige Busver- bindungen von und nach Ermoúpolis, au- ßerdem nach Fínikas, Possidonía und Kíni. Bus hält zunächst im Ort (ca. 700 m zum Strand), danach unten in Strandnähe.

• *Übernachten* Mehrere Hotels und sehr großes Angebot an Privatzimmern.

Dolphin Bay, A-Kat., das einzige Großhotel der Insel, am Hang über der Bucht, Riesen- anlage mit 140 Zimmern, Süßwasserpool, Restaurant, Disco und Tennisplatz. DZ ca. 90–120 €. Über Reiseveranstalter zu buchen, z. B. Attika. ✆ 22810-42924, ✆ 42843, E-Mail: dbh@otenet.gr

Françoise, C-Kat., an der Straße vom Ort zum Strand. Modernes, freundliches Haus mit Garten, Pflanzen im Treppenaufgang, Restaurant und großem Aufenthaltsraum (Farb-TV). 24 Zimmer mit solidem Mobiliar, Balkon und Du/WC, teilweise Aircondition. DZ je nach Saison ca. 40–60 €, Frühstück extra. Wird auch gelegentlich von Reiseveran- staltern angeboten. ✆ 22810-42000, 42024, E-Mail: francois@otenet.gr

Petros (E-Kat.) und **Semiramis** (C-Kat.), die Straße ein Stück weiter in Richtung Strand und rechts abbiegen. Zwei ruhige und sau- bere Häuser, geführt von Familie Roussos. Hübsch geflieste Zimmer, jeweils Kühl-

schrank, Radio und Telefon, im Semiramis Aircondition, von den Balkonen Blick in die ländliche Umgebung. DZ ca. 35–55 €, Früh- stück extra. ✆ 22810-42067, ✆ 43000.

Benois, C-Kat., größere Anlage mit mehre- ren Bauten an der Straße direkt hinter dem Strand. 32 Zimmer mit TV und Kühlschrank, z. T. Aircondition. Bar und Restaurant mit Terrasse. DZ ca. 40–65 €, Frühstück extra. Wird auch über Reiseveranstalter angebo- ten. ✆ 22810-42833, ✆ 42944.

Angela, an der Zufahrtsstraße, fünf Apart- ments sowie sechs ordentliche und sau- bere Zimmer mit und ohne Bad, häufiger Wäsche-/Handtuchwechsel. Die herzliche und hilfsbereite Besitzerin spricht fließend Englisch. Erweiterung geplant. DZ ca. 30– 50 €. ✆ 22810-42855.

Kosmos, moderne Anlage mit Garten schräg gegenüber von Camping Yianna. Drei Zimmer mit Terrasse und separatem Eingang. DZ ca. 30–50 €. ✆ 22810-43371.

• *Camping* **Two Hearts**, etwa 500 m links von der unteren Bushaltestelle. Flaches, terrassenförmig angelegtes Gelände mit dichtem Baumwuchs und Schilfdach. Freundlicher Familienbetrieb, kleiner Laden und gute Grilltaverne mit schönem Blick in die Hügel. Sanitäranlagen spärlich, aber sauber. Es werden auch kleine Blechräume vermietet. Hervorzuheben die sehr ruhige Lage. ✆ 22810-42052, 📱 42708.

Yianna, von der unteren Bushaltestelle kleiner Fußmarsch nach rechts, ca. 150 m hinter dem Strand. Grundstück mit dichten Schilfzäunen in große Parzellen unterteilt, Schatten durch Schilfdächer und Tamarisken, allerdings ungleichmäßig verteilt. Laden, Bar, angeschlossen eine beliebte Open-Air-Disco, kleine Taverne am Weg zum Strand. ✆ 22810-42418.

• *Essen & Trinken* **Angelino**, direkt an der Bushaltestelle und somit mittendrin im Leben. Neben leckeren Salaten gibt es "mixed various", das aus mind. zehn verschiedenen Vorspeisen besteht. Leser A. Barndt lobt die besonders schönen Tassen und Teller in vielen Farben.

Socrates, unterhalb des Dolphin Bay Hotels. Hier kann man in angenehmer Atmosphäre gut essen.

Discovolos, schattige Laube an der Straße, 150 m vom Strand, alteingesessenes Lokal.

Green Dollar Bar, direkt am Strandbeginn, "der" Treff in Galissás, gut ausgestattet, Dartscheiben, im Garten Großschach, tolle Cocktails zu günstigen Preisen.

• *Nachtleben* Discos im Hotel **Dolphin Bay** und am **Camping Yianna**.

• *Sonstiges* **Galissas Tours** verleiht Autos und Zweiräder, ✆ 22810-42801.

▶ **Galissás/Baden**: recht schöner, flach ins Wasser abfallender *Sandstrand* mit einer Menge dichter, schattiger Tamarisken dahinter – eine Rarität auf den Kykladen. Das Ganze überragt von roten Felshängen und der weißen Kapelle *Agía Pakoú*.

In der Nachbarbucht links (südlich) ein weiterer kleiner Kiesstrand mit Quelle namens *Armeós*, der fast ausschließlich für FKK genutzt wird, gelegentlich sieht man Wildcamper. Zu erreichen, indem man nach Hotel Dolphin Bay die Stufen zur Kapelle hinaufsteigt oder vorne beim Fischerhafen ums Kap klettert.

Fínikas

Kleiner Fischerhafen, im Sommer auch bei Jachtbesitzern beliebt. Von der verzweigten Küstenlinie her reizvoll, allerdings nur recht mäßiger, schmaler Sandstreifen an der Straße. In der Umgebung viel Landwirtschaft – Anbauflächen zwischen Schilfhecken, Gewächshäuser für Tomaten und Gurken. Hauptsächlich Griechen verbringen hier ihren Urlaub. Vom Hafenende führt eine Betonpiste etwa 1 km nach Westen, dort niedrige rote Klippenküste mit der winzigen Sandbucht *Kókkina*.

• *Übernachten* **Olympia**, C-Kat., direkt an Straße und Strand. Ordentliches Mittelklassehotel, Flachbau mit 40 Zimmern, weitläufiger Halle und brauchbarem Restaurant. In den Zimmern solides Holzmobiliar, jeweils Balkon und TV, teils Aircondition. DZ ca. 40–75 €. ✆ 22810-42212, 📱 42708, E-Mail: olympia1@otenet.gr

Cyclades, C-Kat., vor wenigen Jahren erbautes Hotel, etwa 50 m vom Strand, Zimmer mit Aircondition, Kühlschrank und TV. Restaurant und Dachgarten. DZ ca. 40–70 €. ✆ 22810-42255, 📱 43178, www.hotelcyclades.com

Damianos, zwei Apartments in familiärer Atmosphäre, etwa 100 m vom Meer, Kinderspielgeräte. ✆ 22810-42688, 📱 43656.

Amaryllis, sechs Apartments an der Straße, 150 m vom Strand. ✆ 22810-42894, 43681.

Possidonía

Auch Delagracia genannt, größerer Ort, der sich von einer weit ins Meer vorspringenden Halbinsel (militärisches Sperrgebiet) landeinwärts zieht. Badeurlaub hat hier Tradition, prachtvolle, z. T. aufwändig restaurierte klassizistische Sommervillen stehen im Hinterland verstreut – besungen vom Liedermacher Vamvakaris in seinem berühmten Lied "Frangosyrianí/"Katholisches Mädchen von Sýros" (→ S. 245). Die Bademöglichkeiten sind besser als in Fínikas, vor allem an der Südseite der Halbinsel. Dort führt eine Staubstraße zum Strand *Angathopés* aus feinem, weißem Sand (allerdings mit Steinen durchsetzt) und schattigen Tamarisken. Zur nächsten Bucht *Komitó* war die Zufahrt beim letzten Check verboten, weil privat.

● *Übernachten* **Posidonion**, B-Kat., am Ortsbeginn, großes, gut geführtes Badehotel an kleinem Strandfleck, 60 Zimmer, z. T. in Bungalows. DZ ca. 45–70 €. ✆ 22810-42332, ✆ 42220, E-Mail: posidonion@syr.forthnet.gr

Archeon, C-Kat., modern eingerichtetes Hotel mit 21 Zimmern an der Südseite der Halbinsel, am Nordende des Angathopés-Strand. DZ ca. 35–60 €. ✆ 22810-43920, ✆ 43940.

Willy's, 80 m vom Strand, acht hübsch eingerichtete Zimmer mit Betten auf gemauerten Fundamenten, jeweils TV. DZ ca. 30–50 €. ✆ 22810-43296, ✆ 42426, E-Mail: wily@otenet.gr

Villa Gioreli, 100 m oberhalb vom Strand, 5 Studios mit schönem Meeresblick. ✆ 22810-43395, ✆ 43181.

Sýros
Karte Seite 233

Inselsüden

Hauptsächlich niedrige Klippenküste, kaum längere Strände. Praktisch nur ein größerer Ort an einem Sandstrand, jedoch Schießplatz daneben.

▶ **Ámpela**: kleine Sand-/Kiesbucht mit einer Taverne, die Studios vermietet (✆ 22810-43542). Nur über Piste zu erreichen, sehr ruhig.

▶ **Mégas Gialós**: halbrunde Sandbucht mit Tamarisken, einige Fischerboote schaukeln im Wasser, ebenfalls ruhig.

● *Übernachten* **Alexandra**, C-Kat., direkt hinter dem Strand, alle Zimmer mit Balkon und Bad. DZ ca. 45–70 €. ✆ 22810-42540, ✆ 42610.

Akrotiri, C-Kat., ein Stück weiter östlich bei einem schmalen Kiesstrand an der Straße. Schön eingerichtetes und aufmerksam geführtes Haus mit 31 Zimmern, jeweils Bad, TV, Aircondition und kleiner Balkon, unten große Terrasse und Bar. DZ ca. 40–70 €, wird auch gelegentlich pauschal angeboten. ✆ 22810-42142, ✆ 86562.

Alkyon, C-Kat., neue Hotelanlage etwas weiter oben, 25 Zimmer, Pool, Taverne und Meerblick. DZ ca. 50–80 €. ✆ 22810-61761, ✆ 61000, E-Mail: alkyonsy@otenet.gr

Mike and Bill, freundlich geführte Privatzimmer direkt am Strand. ✆ 22810-43531.

● *Essen & Trinken* **O Talaraz**, oberhalb der Durchgangsstraße, Terrassenlokal mit guter Fischküche und zahlreichen *mezédes*.

Vári

Der Ort etwas zurück auf einem Hügel, am Meer malerische Klippenlandschaft, tief eingeschnittene, verzweigte Bucht mit zwei kleinen Sandstränden und einigen Hotels. Die meisten Einrichtungen in der Ostbucht, gleich daneben jedoch ein Schießplatz der Armee, wo ab und zu peitschende Schüsse die Siestaruhe durchbrechen. Sýros ist wegen der vielen Ämter und Einrichtungen die am besten bewachte Insel der Kykladen.

● *Verbindungen* Fast stündlich Busse von und nach Ermoúpolis.

● *Übernachten* **Kamelo**, C-Kat., alteingeführt und beste Lage, weil unmittelbar am Strand, unten beliebte Taverne, freundliche Wirtsleute, moderner Anbau. DZ ca. 40–70 €. ✆ 22810-61217, ✆ 61117.

Domenica, C-Kat., angenehmes Haus, nett aufgemacht, mit viel Grün, 25 Zimmer mit durchgehenden Balkons, jeweils durch Glasscheiben voneinander getrennt, schöner Meeresblick, zum Strand sind es nur wenige Meter. DZ ca. 40–70 €. ✆ 22810-61216, ✆ 61289.

Romantica, C-Kat., etwas zurück vom Wasser, 30 Zimmer, mit Pool und Liegeterrasse. DZ je nach Saison ca. 40–65 €. ✆ 22810-61211, ✆ 61684, E-Mail: romanae@otenet.gr

▶ **Achládi:** wild-zerrissene Bucht mit winzigem Sandstrand und Fischerbooten, extrem felsig, gute Schnorchelmöglichkeiten, ruhig. Schön gelegene Taverne, daneben einfaches Hotel unter buschigen Tamarisken.

Übernachten **Emily**, D-Kat., elf Zimmer mit Balkonen, die schattigen Tamarisken vor dem Haus verwehren teilweise den Meerblick, DZ je nach Saison ca. 35–55 €. ☏ 61459, 📠 61400, E-Mail: enxensyr@otenet.gr

▶ **Chroúsa:** im Hinterland der Südküste, einer der alten Villenorte aus dem 19. Jh., heute nur im Sommer bewohnt. Etliche pompöse Landhäuser, z. T. verfallen.

▶ **Azólimnos:** wenige Kilometer südlich von Ermoúpolis, winziger Sandstreifen und steinige Uferabschnitte, dahinter Treibhäuser und kleine Weinfelder. Nicht sonderlich ansehnlich, aber sauber gehalten und nächste Bademöglichkeit von Ermoúpolis, an Wochenenden immer viele Jugendliche, Schulkinder etc. Wegen der Stadtnähe mittlerweile diverse Unterkünfte und Tavernen.

● *Übernachten* **Santa Maria**, B-Kat., gepflegtes, 1994 erbautes Haus mit nur zehn Zimmern, 300 m vom Strand, ruhig. DZ ca. 45–70 €. ☏ 22810-61803, 📠 61805, E-Mail: santamaria@hol.gr

Panorama, etwa 200 m vom Strand, hübsche Privatunterkunft mit schilfgedeckten Terrassen, Pool und Kinderspielplatz. DZ ca. 35–60 €. ☏/📠 22810-61208.

Inselnorden

Nördlich von Ermoúpolis ist Sýros wild, bergig und fast menschenleer. Der Ausflug in die Páno Meriá (Hochland) lohnt vor allem wegen der herrlichen Panoramablicke und der völligen Ruhe. Roter Faden ist die Asphaltstraße von Áno Sýros über Mítikas nach San Michális im äußersten Norden, wo die Straße endet.

Von der Platia Iroon im Süden von Ermoúpolis nimmt man die Straße nach *Áno Sýros*. Dahinter führt eine enge Ausfallstraße in steilen Spitzkehren weiter in die kahle Berglandschaft, vorbei am *Pírgos*, dem höchsten Gipfel von Sýros. Hinter *Mítikas* schlängelt sich die schmale Asphaltstraße mit vielen Kurven nach Norden und gabelt sich nach wenigen Kilometern: Links geht es auf etwa gleicher Höhe vorbei am *Sýriggas*, dem zweithöchsten Berg, und weiter bis *San Michális*. Rechts kommt man hinunter nach *Chalandriani* und *Platí Vouní*, wo man eine Wanderung zur alten Inselhauptstadt *Kastrí* anschließen kann. Was auf Karten als Ortschaften vermerkt ist, sind oft nicht mehr als ein paar Häuser von Viehzüchtern und Farmern. Immer wieder trifft man auf hübsch getünchte Einzelgehöfte, auch die alten Terrassen wurden teilweise in liebevoller Arbeit wieder instand gesetzt.

Es existiert keine Busverbindung in den Norden. Ausflüge mit Mietfahrzeug sind grundsätzlich problemlos möglich, allerdings gibt es keine Tankstelle. Ich rate davon ab, sich allzu weit von den Asphaltstraßen zu entfernen. Zwar gibt es diverse Erdpisten, die z. T. auch ans Meer führen. Allerdings trifft man hier kaum noch Menschen und kann bei Pannen keinerlei Hilfe erwarten. Auch ein dichtes Netz von Maultier- und Fußpfaden durchzieht den Norden, die meisten wurden noch auf keiner Karte vermerkt.

Großartiger Blick vom Pírgos hinunter auf Ermoúpolis

Die Tavernen im Norden kann man an einer Hand abzählen: Kurz hinter Mítikas kommt man an der gleichnamigen, üppig mit Oleander überwachsenen Taverne vorbei, von der man einen schönen Blick in die Berge hat. Zwei weitere Lokale gibt es in San Micháli am Ende der Straße.

▸ **Pírgos** (442 m): Bei den wenigen Häusern von *Mítikas* führt links ein schmaler Abzweig nach *Plátos* und *Hartianá*, nach wenigen Metern zweigt davon linker Hand die asphaltierte Zufahrt zum höchsten Inselberg ab. Am Gipfel eine eingezäunte OTE-Sendestation und Superblick: Stadt und Werft tief unten, an der Westküste Kíni und gerade noch ein Zipfel von Galissás, und – je nach Luftklarheit – Weitsicht zu den Nachbarinseln Járos, Tínos, Mýkonos u. a.

▸ **Órmos Aetoú und Varvaroússa:** Für Wanderer interessant – von Mítikas die Fahrpiste bis *Papoúri* nehmen, dann ein lang gestrecktes Tal zum Meer hinuntersteigen. Unten Sandstrand und weiter südlich die Badebucht *Varvaroússa* mit vorgelagertem Inselchen. Weiterlaufen kann man Richtung Süden über den Strand von *Delfíni* bis Kíni. Gesamtdauer Mítikas bis Kíni ca. 5 Std.

▸ **Höhle des Ferekídes:** Bald nach Mítikas zweigt rechter Hand eine etwa 600 m lange Betonpiste über einen Hügelrücken zum Weiler *Richopó* ab. Am Kamm oben hat man einen herrlichen Blick auf den Pírgos mit OTE-Anlage, im Meer draußen erkennt man Tínos, Mýkonos und Delos. 10 Min. nördlich von Ríchopo liegen seitlich des Maultierwegs nach Platí Vouní mehrere Höhlen im Fels, in einer soll der Philosoph *Ferekídes*, ein Lehrer des berühmten Pythagoras, gelebt haben. Er schrieb als einer der ersten antiken Schriftsteller in Prosa, beschäftigte sich mit Astrologie, Astronomie und der Entstehung der Welt. Leider ist die Region um Richopó von der nahen Müllkippe im Órmos Koráki beeinträchtigt, alle Hänge sind mit Plastikmüll übersät, auch der Weg zur Höhle.

Wanderung von Ermoúpolis zur Höhle siehe S. 253

▸ **Chalandrianí**: Abzweig von der Asphaltstraße bei der Kirche *Ágios Geórgios*, gleich danach führt links eine Zementpiste zur Wallfahrtskirche *Ágii Anárgiri* hinauf. Das bedeutende prähistorische Gräberfeld von *Chalandrianí* (→ Sýros/Geschichte) kann nur zu Fuß erreicht werden. Zu sehen ist dort heute nichts mehr, die Grabstätten sind längst wieder überwuchert. Einige der reichhaltigen Funde sind im Museum von Ermoúpolis ausgestellt, darunter Marmoridole, Vasen und Bronzewerkzeuge.

▸ **Kastrí**: In einer Kurve bei Chalandrianí steht ein Wegweiser zur jahrtausendealten Inselfestung *Kastrí* ("Kastri – Prehistoric Settlement"). Tatsächlich sind Reste der langen Mauern noch in völliger Abgeschiedenheit auf einem lang gezogenen, felsigen Hang erhalten, der an der Nordseite der völlig einsamen Kiesbucht *Glyssoúra* von der Ostküste aus schräg nach oben steigt. Vom Schild an der Straße zieht sich der mit roten Punkten und Pfeilen markierte steinige Fußweg in Serpentinen den mit Oreganobüscheln übersäten Hang hinunter bis zur Bucht, unterwegs müssen einige Viehgatter geöffnet werden (bitte wieder schließen). Von der Bucht aus muss man dann den Nordhang hinaufsteigen. Das Erlebnis der absoluten Stille, verbunden mit dem stetigen Panoramablick auf die gegenüber liegende Insel *Tínos*, macht den anstrengenden Fußmarsch sehr reizvoll. Für Hin- und Rückweg sollte man mit gut 3 Stunden rechnen. Tipp: Man kann von Kastrí auch über den Höhenrücken nach Westen bis *San Michális* laufen (→ Inselkarte) oder diesen Weg für Hin- und Rückweg benutzen. Für die Besichtigung gibt es im Archäologischen Museum von Ermoúpolis einen guten Führer des Ministry of Culture (allerdings nur griech./engl).

> Bitte steigen Sie keinesfalls auf die uralten Mauern von Kastrí, die so mittel- bis langfristig zerstört werden!

▸ **Platí Vouní**: Am Ende der Straße über Chalandrianí liegen die Häuser von Platí Vouní, dem größten "Ort" im Inselnorden. Von dort kann man zur Höhle des Ferekides bzw. zum Órmos Koráki hinuntersteigen und auf einer asphaltierten Küstenstraße nach Ermoúpolis zurückkehren (→ Ermoúpolis/Umgebung, Rundwanderung).

▸ **San Michális**: Kleine, nahezu verlassene Viehzüchtersiedlung um die Kapelle San Michális, hier endet der Asphalt. Nur eine Handvoll Häuser, vieles liegt in Ruinen, etwas Weinanbau und Bienenzucht. Von den zwei weltabgeschiedenen Sommertavernen/Café-Bars "Plakostroto" und "San Michalis" blickt man bis zur Verbannungsinsel Járos hinüber.

▸ **Von San Michális weiter**: Ein Maultierpfad führt zum nahen Weiler *Kábos*. Von dort geht ein langer Fahrweg zum Leuchtturm am *Kap Trímeso*, dem äußersten Nordzipfel von Sýros. Ein Weg führt zur Badebucht von *Lía*, ein anderer zur weit verzweigten Bucht von *Grámmata* mit mehreren kleinen Sand-

stränden und bizarren Felsformationen. Ihren Namen hat die Bucht von Inschriften aus römischer und byzantinischer Zeit, die hier bereits vor über hundert Jahren auf Felswänden entdeckt wurden – wahrscheinlich verfasst von
Pilgern auf dem Weg nach Délos, die hier notlanden mussten. Inzwischen sind
die Inschriften allerdings weitgehend verschwunden.

Rundwanderung im Norden von Sýros

*Ermoúpolis – Richopó – Höhle des Ferekídes – Platí Vouní – (Glissoúra –
Kastrí –) Órmos Koráki – Ermoúpolis*

Die Wanderung in den einsamen Norden von Sýros hat leider durch die neue
Müllkippe im Órmos Koraki an Reiz verloren, trotzdem gibt sie einen guten
Einblick in die Natur der Insel abseits der Ortschaften. Gesamtlänge ca. 14
km, Gesamtdauer ca. 4–5 Std., aber besser einen vollen Tag einplanen. Genügend Proviant und Wasser mitnehmen, unterwegs gibt es keinerlei Verpflegungsmöglichkeit. Wer abkürzen will, kann ab Platí Vouní zum Órmos Koráki
an der Küste hinunterklettern und umkehren, Wegersparnis ca. 5 km.

Wegbeschreibung: Vom Parkplatz
bei der Kathedrale *Anástasis tou Sotíros* am Vrondádo-Hügel nimmt man
die Asphaltstraße nach Norden, die
durch ein einfaches Wohnviertel verläuft. Nach etwa 700 m zweigt am
Ortsausgang, bevor sich die Straße
deutlich hügelabwärts senkt, bei einem allein stehenden Haus (Nr. 45)
zweigt links eine Piste ab und führt
etwa 500 m hügelaufwärts zu einer
kleinen, weißen *Kapelle* (von der
Straße aus sichtbar). Schräg hinter
der Apsis beginnt der Wanderweg,
markiert durch ein verwittertes Holzschild: "Richopó (40 Min.), Spiliá tou
Ferekídes (55 Min.), Platí Vouní (1
Std., 10 Min.), Glissoúra (1 Std. 45
Min.)." Zwischen zwei Trockenstein-
mauern steigt der alte Maultierpfad
(Kalderími) zum Dorf *Richopó* hinauf.
Von dort geht es auf steinigem Hohlweg zwischen Feldmauern weiter
nach Norden. Leider ist der gesamte

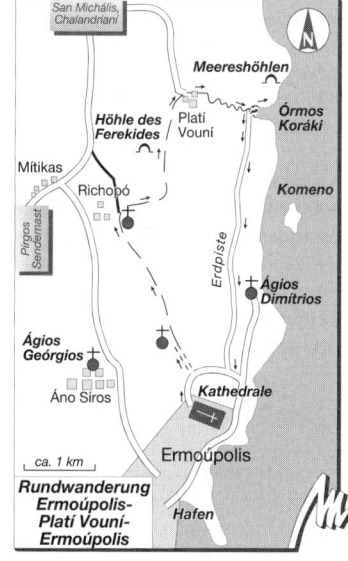

San Michális, Chalandriani

Meereshöhlen

Höhle des Ferekídes / *Platí Vouní*

Órmos Koráki

Mítikas

Richopó

Pírgos Sendernast

Komeno

Erdpiste

Ágios Dimítrios

Ágios Geórgios

Áno Siros

Kathedrale

ca. 1 km

Rundwanderung Ermoúpolis-Platí Vouní-Ermoúpolis

Ermoúpolis

Hafen

Hang mit Plastikmüll übersät, der von der insularen Müllkippe tief unten im
Órmos Koráki heraufgeweht wird. Etwa 10 Min. nördlich von Richopó liegen
die *Höhle des Ferekídes* (→ Inselnorden) und andere Klüfte linker Hand auf
Felsterrassen. Schnell kommt man jetzt nach *Platí Vouní*. Hier kann man noch
die etwa 2,5 km weitergehen zur einsamen Bucht von *Glissoúra*, die unterhalb
der prähistorischen Inselfestung *Kastrí* liegt (→ S. 252). Oder man nimmt den

Hauptweg durchs Dorf hindurch und steigt auf der anderen Seite hügelabwärts eine Mauer entlang. Bald trifft man auf eine Stelle, wo man zu einem
ausgetrockneten Flussbett hinuntersehen kann. Mit etwas Kletterei gelangt
man schließlich in die Bucht von *Koráki* mit einem kleinen Kiesstrand, der
aber wegen der benachbarten Mülldeponie unbrauchbar ist. 15 Min. nördlich
gibt es jedoch schöne Felsen zum Sonnenbaden und noch einige Schwimmmi-
nuten weiter entdeckt man sogar einige tiefe Meereshöhlen. Vom Órmos Koráki führt eine Asphaltstraße direkt nach *Ermoúpolis*.

Járos

**Die gänzlich kahle Felseninsel sieht man bei der Schiffsanreise nördlich von
Sýros im Dunst liegen. Verwaltungsmäßig gehört sie zu Sýros und ist heute
unbewohnt.Doch dem war nicht immer so.**

Járos verkörpert eins der traurigsten Kapitel der jüngsten griechischen Geschichte, denn hier waren während der Zeit der Militärdiktatur von 1967 bis
1974 tausende von politischen Gefangenen inhaftiert. *"Wir erziehen sie zu guten Griechen"*, hieß die Doktrin der Obristen – Mittel dazu waren verdorbenes
Essen, verseuchtes Wasser, fehlende Toiletten und Folter. Das riesige, lang gestreckte Gefängnisgebäude steht noch heute auf einer schmalen Halbinsel direkt am Meer. In ihm waren die "Kommunisten" inhaftiert, in einem benachbarten Zeltlager die "leichteren Fälle". Bereits 1967 gelang es einem "Stern"-
Reporter, die Haftanlagen aus der Luft zu fotografieren. Laut Amnesty International vegetierten dort zwischen 6000–7000 Gefangene, die Junta gab knapp
3000 zu. Während sich nur wenige Kilometer entfernt die Urlauber im Zeichen des beginnenden Griechenland-Booms in der Sonne aalten, verhunger-
ten hier Menschen. Auch Frauen waren inhaftiert, z. T. junge Mütter mit
ihren Kindern.

Es gibt Gerüchte, dass Járos in den nächsten Jahren für Tagesausflüge freigege-
ben wird. Erkundigen Sie sich in Sýros.

Die Diktatur der Panzer

Hintergrund des Putsches vom April 1967 waren die griechischen Parla-
mentswahlen, die vor der Tür standen. Ein überwältigender Sieg der Linken
zeichnete sich bereits im Vorfeld ab – was die Ultrarechten mit allen Mitteln
verhindern wollten. Dabei hatten sie mächtige Unterstützung – nie restlos
bewiesen, aber trotzdem glasklar ist, dass der amerikanische Geheimdienst
CIA in die Putschpläne eingeweiht war und sie billigte. Eine Linksregierung
hätte nämlich wahrscheinlich die Mitgliedschaft Griechenlands in der
NATO in Frage gestellt, womit die Existenz der strategisch wichtigen amerikanischen Militärbasen im Land gefährdet gewesen wäre (Bill Clinton hat
viel später einmal eingeräumt, dass es ein Fehler der amerikanischen Politik
gewesen sei, die Obristen zu unterstützen).

... in der Nacht zum 21. April 1967 rollten Panzer nach Athen, Soldaten besetzten die Regierungsgebäude und Rundfunkanstalten und verhafteten alle links-verdächtigen Personen, derer sie habhaft werden konnten, darunter auch Führer verschiedener Parteien und sogar Konservative wie den amtierenden Ministerpräsidenten Kanellopoulos. Die Initiatoren des Staatsstreichs waren eine Gruppe von Offizieren der mittleren Dienstgrade um Oberst *Georgios Papadopoulos*, die den Putsch mit einer erstaunlich geringen Zahl Eingeweihter durchführten – kaum mehr als 300 Offiziere. Gegenüber der Öffentlichkeit im In- und Ausland traten die Obristen als "Retter der Demokratie" auf, die den endlosen Parteienhader unter den Griechen schlichten wollten. Die Wahrheit sah anders aus – binnen weniger Tage waren Tausende von Menschen in Lagern interniert, jede nur denkbare Opposition wurde ausgeschaltet, voran die Presse, Fernsehen und die Parteien. Es folgten die Gewerkschaften, der Beamtenapparat und die Schriftsteller – die Werke von 210 Autoren wurden verboten, aber auch die Stücke des Komponisten *Mikis Theodorakis*, der inhaftiert und gefoltert wurde. *König Konstantin II.* ließ die Putschisten gewähren, unterschrieb sogar postwendend die Ernennungsurkunden der neuen Militärregierung und verspielte damit das Ansehen der Monarchie. Im Dezember 1967 musste er abdanken und nach Italien fliehen (erst 1993 durfte er erstmals für einen Privatbesuch nach Griechenland zurückkehren). Auch die Sympathien der ausländischen Wirtschaft genossen die Obristen – vor allem im Schiffsbau und im Fremdenverkehr wurde kräftig investiert, der Tourismus blühte auf wie nie zuvor. Kaum ein Staat protestierte nachdrücklich gegen das Regime, keinerlei Sanktionen wurden beschlossen. 1973 geriet die Diktatur jedoch ins Schwanken. Größter Unruhefaktor waren die Studenten, die mit Streiks und Protestaktionen die Junta immer wieder angriffen. Im November '73 kam es zu Unruhen, in deren Verlauf Papadopoulos die Armee eingreifen ließ. Fazit: mindestens 50 Tote und 200 Verletzte. Dieses Ereignis wurde zum Stolperstein für den Diktator, seine Anhänger ließen ihn fallen, die Macht übernahm der berüchtigte Geheimdienstchef *Ionnidis*. Das abrupte Ende der Diktatur kam mit der *Zypernkrise*. Ionnidis war ein entschiedener Anhänger der *Enosis*, des Anschlusses Zyperns an Griechenland. Er ernannte den griechischen Zyprioten Nikos Sampson, einen als Türkenhasser bekannten Partisanen, zum neuen Staatschef von Zypern. Dieser initiierte sofort Ausschreitungen gegen die türkische Minderheit. Die Antwort der Türkei war eindeutig – am 20. Juli 1974 landeten türkische Truppen auf Zypern, was Ionnidis zur totalen Mobilmachung gegen den NATO-Verbündeten veranlasste. Doch hier verweigerten ihm die Armeeführung und die USA endgültig die Gefolgschaft und zwangen ihn zum Rücktritt. Ironie der Geschichte: Die Diktatur war anfangs von den USA befürwortet worden, jetzt wurde sie von ihnen wieder gestürzt. Neuer demokratischer Ministerpräsident wurde *Konstantin Karamanlis*, 1990 wurde er als 83-Jähriger zum zweiten Mal zum griechischen Staatspräsidenten gewählt.

Blick auf die Bucht von Parikiá

Páros

Verkehrsgünstig gelegen zieht Páros die Urlauberströme magisch an. Parikiá, der Hauptort, und Náoussa, der Bilderbuchhafen im Norden, gehören zu den schönsten Kykladensiedlungen und bieten durchorganisierte touristische Infrastruktur. Das Inselprofil ist zwar eher unspektakulär und sanft, trotzdem gibt es genug zu erleben und zu entdecken, z. B. die historischen Marmorbrüche im mächtigen Zentralmassiv, das berühmte Schmetterlingstal von Petaloúdes und die alte Inselhauptstadt Léfkes. Gute Strände liegen zudem in allen Inselecken.

Der Besuch wird einem leicht gemacht – Parikiá ist der wichtigste Hafen der Kykladen, hier kreuzen sich alle Schifffahrtslinien, es bestehen beste Verbindungen nach Piräus und zu allen anderen wichtigen Inseln. Zusätzlich gibt es einen Mini-Flughafen, der von Athen aus mehrmals täglich angeflogen wird. Kein Wunder also, dass neben Mýkonos und Santoríni Páros das größte Aufkommen an Pauschalurlaubern hat. Vor allem Briten fühlen sich wohl, wie man allabendlich unschwer an der lebendigen Hafenpromenade von *Parikiá* feststellen kann. Wer Abwechslung und "Nightlife" sucht, kann hier voll auf seine Kosten kommen, ebenso wie in *Náoussa*, wo sich im Sommer halb Athen um den malerischen Fischerhafen drängt. Ein weiterer, nicht weniger entscheidender Grund für die Beliebtheit von Páros sind die erwähnten Strände rund um die Insel – dass die Küstenorte deshalb mehr als "entdeckt" sind, muss nicht betont werden. Allerdings geht es an der Ostküste ein ganzes Stück ruhiger zu als in Parikiá. Mit dem Golden Beach gibt es hier den besten Strand der Insel, der vor allem Surfern ein Begriff ist: Die Meerenge zur Nachbarinsel Náxos verstärkt hier die häufigen Nordwinde wie in einem Windkanal.

Im Gegensatz zu den Küsten ist das Hinterland der Insel fast noch so ruhig geblieben wie vor der Touristeninvasion. Für Wanderer bieten sich ideale Möglichkeiten, es gibt zahlreiche Wege (z. T. markiert), und Páros ist nicht allzu steil und bergig. Auch mit einem Mietfahrzeug kann man lohnende Touren unternehmen. Zunehmend schwappt die Urlauberwelle inzwischen auch auf die ruhige Zwillingsinsel **Antíparos** über, die mit kleinen Autofähren täglich zu erreichen ist – der bildhübsche Hafenort und die größte Tropfsteinhöhle der Kykladen sorgen dort für Attraktivität.

Größe: ca. 190 qkm, Länge bis ca. 25 km, Breite bis ca. 16 km. Höchster Gipfel ist der Ágios Pántes (755 m).

Bevölkerung: ca. 8000 Einwohner.

Geografie/Geologisches: Páros besteht größtenteils aus Marmor, einige der Abbaustollen sind begehbar.

Wichtige Orte: die Inselhauptstadt Parikiá; Náoussa, Fischerhafen und zweiter bedeutender Touristenort im Norden; die ehemalige Inselhauptstadt Léfkes; die Badeorte Písso Livádi, Driós und Alikí.

Straßen: Eine Asphaltstraße umrundet die gesamte Insel (Parikiá – Náoussa-Písso Livádi – Driós – Alikí – Parikiá). Gute Asphaltverbindung außerdem von Parikiá quer über die Insel, über Léfkes nach Písso Livádi. Auf den Ágios Pántes geht ab Léfkes eine Schotterpiste.

Entfernungen: Parikiá – Náoussa 10 km, Parikiá – Alikí 12,5 km, Parikiá – Léfkes 11 km, Náoussa – Driós 16 km.

Auto-/Zweiradverleih: Ein Fahrzeug ist sehr lohnend auf Páros – viele Möglichkeiten in Parikiá, ansonsten in Náoussa, Písso Livádi, Alikí und Driós.

Tankstellen: mittlerweile sehr dichtes Netz, mindestens zwölf Stationen sind auf der Insel verteilt – u. a. drei in Parikiá, drei in Náoussa, zwei beim Flugha-

fen und drei zwischen Pródromos und Márpissa an der Ostküste.

Unterkunft: Hotels und Privatzimmer in Parikiá, Náoussa, Alikí, Písso Livádi, Driós, Léfkes und einigen kleineren Orten. Mit zwischenzeitlich acht Campingplätzen ist Páros die diesbezüglich am besten ausgestattete Kykladeninsel!

Baden: Gute Sandstrände sind über die ganze Insel verstreut, konzentriert bei Parikiá, Náoussa und an der Ostküste (dort besonders der "Golden Beach" bei Driós).

Karten: Sehr detailliert ist die neue GPS-kompatible Karte "Paros" des Anavasi Verlags (1:500). Besonders interessant für Wanderer sind die zahlreichen Fuß- und Maultierwege, die 2002 mit GPS aufgezeichnet wurden und jeweils mit Kommentaren versehen sind. Von gewohnt guter Qualität ist auch die Karte "Paros" von Road Editions. Inhaltsreich ist auch die "Sky Map" von Páros, die aus detaillierten Stadtplänen zu Parikiá und Náoussa mit zahlreichen kommentierten Adressen sowie einem etwas grob strukturierten Inselplan besteht, der aber das vielfältige Wegenetz recht gut darstellt.

Postleitzahl: 84400.

Páros
Karte Seite 260/261

Geschichte

Mindestens seit dem 4. Jt. v. Chr. war die Insel besiedelt. Auf der kleinen Insel *Sáliagos* zwischen Páros und Antíparos (damals noch durch eine Landbrücke verbunden) hat man Spuren einer Siedlung und zahlreiche Gegenstände aus Obsidian entdeckt, die in diese Zeit datieren (→ Insel Antíparos). Aus dem 3. Jt. stammen außerdem einige Marmoridole, die belegen, dass Páros eins der wichtigsten Zentren der *bronzezeitlichen Kykladenkultur* war. Schon damals existierte eine Siedlung an der Stelle des heutigen Parikiá.

Im 2. Jt. war Páros wahrscheinlich von den *kretischen Minoern* abhängig bzw. besiedelt. Diese wurden von den kriegerischen *Mykenern* (Peloponnes) verdrängt, die seit der Mitte des Jahrtausends die minoische Kultur und Zivilisation im Ägäisraum zerstörten. Eine mykenische Akropolis liegt bei Náoussa im Inselnorden.

Parischer Marmor

Schon in der Antike hatte er Weltgeltung, für die alten Meister galt er als König der Steine. Der **Lichnítes** genannte (d. h. der "bei Lampenlicht gewonnene"), weißkörnige parische Marmor wurde mittels tief in den Berg getriebener Stollen abgebaut – im Gegensatz zu allen anderen Marmorbrüchen Griechenlands, wo im Tagebau gearbeitet wurde und noch wird. Gerade die allertiefsten Schichten besaßen die beste Qualität – makelloser weißer Marmor, unter hohem Druck gefestigt und "in Ruhe gereift". Parischer Marmor war teuer und wurde nur für erlesene Kunstwerke und nur von den besten Bildhauern verwendet. Trotzdem war die Nachfrage groß – alle wichtigen Kulturstätten des antiken Griechenlands, allen voran Delos und Delphi, orderten den feinkristallinen Stein für kostbare Weihegeschenke und Kunstwerke. Zahlreiche prachtvolle Statuen wurden aus ihm geformt – darunter die berühmten **Koren vom Erechtheion** auf der Athener Akropolis (heute im Akropolis-Museum, siehe dort) und die weltbekannte **Venus von Milo** (→ Insel Mílos/ Westkykladen). Noch 1844 waren Franzosen auf Páros unterwegs, um Marmor für das Grab Napoleons zu beschaffen.

Parischer Tiefenmarmor ist perfekt durchkristallisiert, frei von störenden Kalkresten und damit der lichtdurchlässigste Marmor der Welt (3,5 cm). Obwohl er auf Grund dieser "leuchtenden" Eigenschaften für die Herstellung von Skulpturen als ideal gilt, ist sein aufwändiger Abbau zu teuer geworden und musste eingestellt werden. Im Tagebau gefördert wird dagegen heute der einfache, eher graue als weiße Oberflächenmarmor der Insel, der vor allem als Baumaterial Verwendung findet. Fast täglich rollen Laster, beladen mit Riesenblöcken, in den Hafen von Parikiá.

Ab etwa 1000 v. Chr. kamen schließlich die vom Festland verdrängten *Ioner* nach Páros. Die reichen *Marmorvorkommen* machten die Insel zu einer der wohlhabendsten in der Ägäis. Eine große Hafenstadt entstand an der Stelle des heutigen Parikiá, der Marmor wurde nach ganz Griechenland exportiert, u. a. natürlich ins nahe Délos, aber auch nach Delphi. Um 700 v. Chr. konnten die Parier eine Kolonie auf der *Insel Thássos* in der Nordägäis gründen – wichtig als Handelsstützpunkt zum Hellespont und wegen ihrer reichen Goldvorkommen. Mit den dortigen Edelmetallen konnte Páros als eine der ersten Inseln eigene Münzen prägen. In den *Perserkriegen* stand der parische Stadtstaat wie die meisten Kykladeninseln anfangs auf der Seite des Großkönigs, der als sicherer Sieger angesehen wurde. Erst nach seiner Niederlage in der Schlacht von Salamis trat Páros dem *Attisch-delischen Seebund* bei und musste laut Überlieferung die höchsten Tributzahlungen aller Inseln leisten, ein deutliches

Zeichen seines Reichtums. Auch während der *hellenistischen Zeit*, in der Páros von den Makedoniern unterworfen war, blühte der Marmorexport. Aus dieser Zeit stammt die berühmte *"Parische Chronik"* (Marmor Parium), ein in Marmor gemeißelter Abriss der griechischen Kulturgeschichte (ein Fragment ist im Archäologischen Museum von Parikiá zu sehen). Während der *römischen Epoche* wurden die parischen Wälder für den Schiffsbau des Weltreichs abgeholzt, danach ist nicht mehr viel überliefert. Zeitweise soll Páros fast verlassen gewesen sein. Doch das Christentum scheint sich früh gefestigt zu haben, denn die Ursprünge der berühmten Kirche *Ekatontapilianí* in Parikiá reichen mindestens ins 5. Jh. zurück.

Anfang des 13. Jh. wurde das Byzantinische Reich aufgeteilt, die ägäischen Inseln fielen an die Venezianer. 1207 gründete Marco Sanudo das *Herzogtum Náxos*, dem auch Páros angehörte. In wechselnden Dynastien blieben die Venezianer bis ins 16. Jh. an der Macht, Reste ihrer Befestigungen sind in Parikiá und am Kap Kephalos (Ostküste) bis heute erhalten. 1537 eroberte *Chairedin Barbarossa* das Kastell am Kéfalos-Berg, Páros wurde türkisch. In den folgenden Jahrhunderten machten Piraten die Ägäis unsicher, Páros wurde einer ihrer bevorzugten Ankerplätze. Die neue Inselhauptstadt *Léfkes* gründete man deshalb hoch oben in den Bergen. 1821 begann der *griechische Freiheitskampf*, das noch immer relativ wohlhabende Páros stellte Schiffe, Geld und Kämpfer und wurde 1830 in den griechischen Staat eingegliedert.

Wirtschaft

Páros ist weitgehend sanft und hügelig, Landwirtschaftsflächen stehen ausreichend zur Verfügung. Neben *Wein* (→ Essen & Trinken) wird vor allem *Gerste* angebaut – beides in so großen Mengen, dass es von der Insel exportiert werden kann. Da Páros relativ wasserreich ist, können auch alle Arten *Gemüse* gezogen werden, z. B. Tomaten, Auberginen, Bohnen, Zwiebeln und Gurken. An Obst und Nüssen herrscht ebenfalls kein Mangel – Pflaumen, Orangen, Zitronen, Mandeln, Pistazien und Sauerkirschen werden geerntet. Dank der zahlreichen Ziegen stellen die Bauern auch viele *Milch- und Käseprodukte* her, die zu den Spezialitäten von Páros zählen.

Ansonsten gilt Páros als Insel der *Fischer*. Náoussa ist der Ankerplatz einer der größten Fischerflotten der Kykladen; das Bild der bunten Kaíkis und der langen Schleppnetze zieht die Touristen alljährlich in Scharen an. Besonders *Tintenfisch* (Oktapódi) sieht man hier und auf Antíparos häufig zum Trocknen über Leinen gehängt – dank der flachen Gewässer zwischen den beiden Nachbarinseln gibt es reiche Fanggründe. Der Großteil des Fischfangs und der Kraken wird jedoch über Zwischenhändler nach Athen ausgeführt.

In der Antike und noch bis in die Neuzeit hinein war Páros für seinen exzellenten schneeweißen *Marmor* berühmt, der mit Hilfe von tief in den Berg gebohrten Stollen gefördert wurde (→ Kasten). Der Abbau wurde jedoch zu teuer und heute wird geringerwertiger Marmor nur noch im Tagebau gewonnen, nämlich beim Dorf Maráthi im Zentrum der Insel. Die nahe gelegenen alten Stollen sind stillgelegt und eine äußerst rare Sehenswürdigkeit (→ separates Kapitel weiter unten).

Páros
Karte Seite 260/261

Der ständig wachsende *Tourismus* ist auch auf Páros dabei, die Landwirtschaft zu verdrängen. Die *Landflucht* ist in den kleineren Orten überall deutlich spürbar – fast die Hälfte der gesamten Inselbevölkerung lebt inzwischen in den beiden Zentren Parikiá und Náoussa. Zimmervermietung, Restaurants, Bars, Rent-a-bike-Shops, kleine Läden – alles scheint mehr Geld abzuwerfen als die mühevolle Arbeit auf steinigem Boden. Trotzdem besitzt noch fast jede Familie irgendwo ein eigenes Feld oder einen kleinen Weinberg. Der Touristenstrom hat jedoch neue Nachfrage nach Handarbeitsprodukten mit sich gebracht – viele Frauen weben und stricken Decken und Pullover, die dann in den Geschäften von Parikiá an die Frau bzw. den Mann gebracht werden. Vieles, was dort angeboten wird, stammt allerdings auch aus großen "Souvenirfabriken" vom Festland.

Essen & Trinken

Vorherrschend ist dank des Fremdenverkehrs internationale und griechische Küche auf relativ hohem Niveau. Von den einheimischen Produkten gelten die Käseprodukte als besonders schmackhaft, vor allem der milde Weichkäse *Mizíthra*. Daneben gehören *Tintenfisch* (→ Wirtschaft) und *Kaninchenragout* zu den Spezialitäten.

Neben Santoríni ist Páros das *größte Weinanbaugebiet* der Kykladen. Vor allem der parische Rotwein hat traditionell einen guten Namen, wird aber nur noch in kleinem Maßstab auf der Insel selbst hergestellt. Ein Großteil der Mandilaria- und Monemvasia-Trauben geht in den Export – alljährlich im September liefern die rund tausend Weinbauern

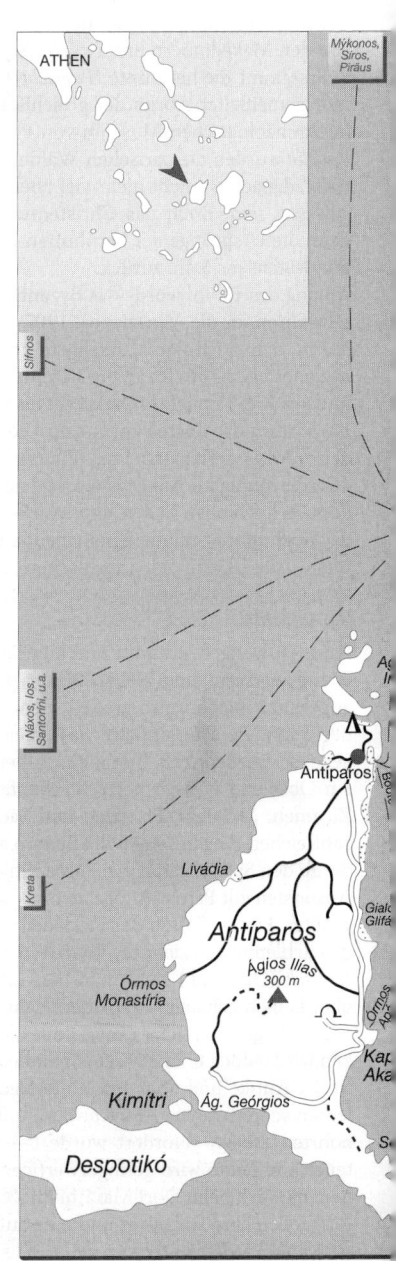

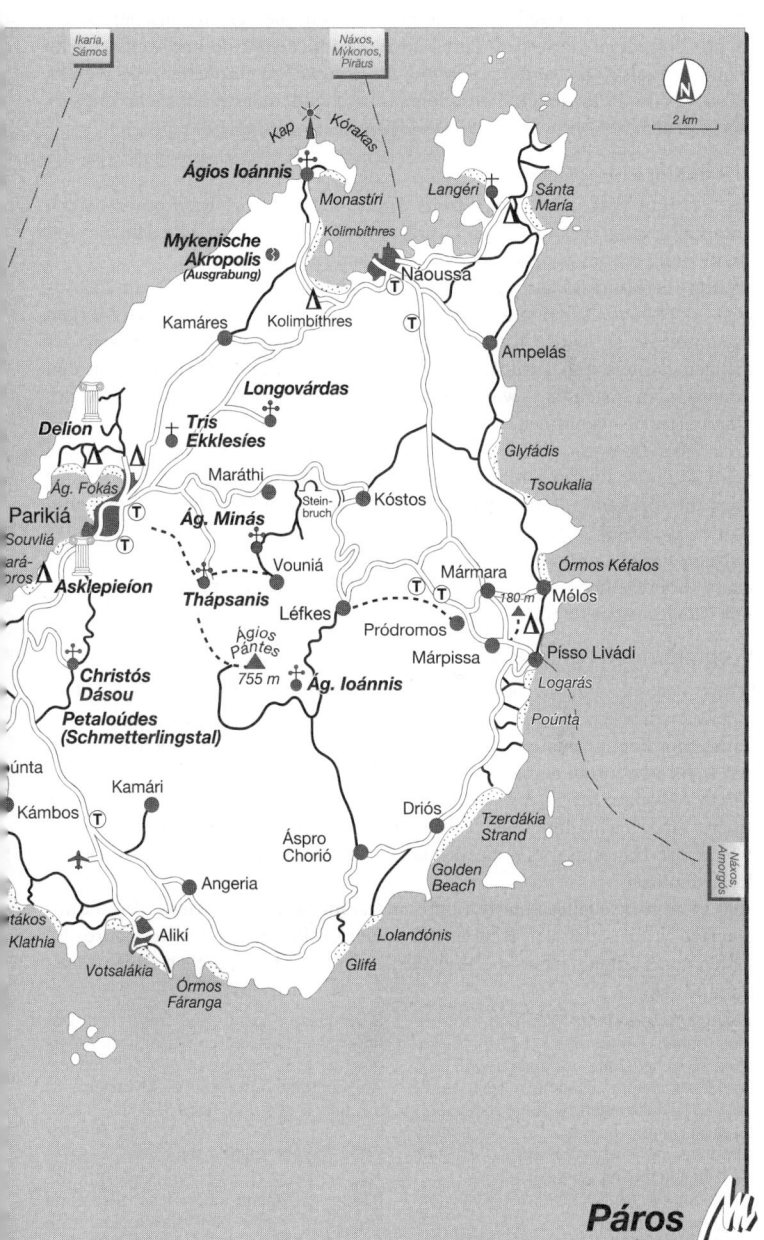

Ikaria, Sámos

Náxos, Mýkonos, Piräus

2 km

Kap Kórakas

Ágios Ioánnis

Monastíri

Langéri

Sánta María

Kolimbíthres

Mykenische Akropolis (Ausgrabung)

Náoussa

Kamáres

Kolimbíthres

Ampelás

Longovárdas

Tris Ekklesíes

Glyfádis

Tsoukalia

Delion

Ag. Fokás

Maráthi

Steinbruch

Kóstos

Parikiá

Ág. Minás

Souvliá

ará-

oros

Asklepieíon

Vouniá

Mármara

Órmos Kéfalos

180 m

Mólos

Thápsanis

Léfkes

Pródromos

Pisso Livádi

Ágios Pántes

755 m

Márpissa

Logarás

Ág. Ioánnis

Poúnta

Christós Dásou

Petaloúdes (Schmetterlingstal)

únta

Kamári

Driós

Tzerdákia Strand

Kámbos

Golden Beach

Angeria

Áspro Chorió

tákos

Klathía

Alikí

Lolandónis

Votsalákia

Órmos Fáranga

Glifá

Náxos, Amorgós

Páros

der Insel den Löwenanteil ihrer Ernte bei der zentralen Genossenschaftskelterei ab. Trotzdem werden auf Páros noch verschiedene rote und weiße Weine produziert, als Roter ist der vollmundige *"Brousko"* zu empfehlen, die Weißen *"Kavarnis"* und *"Lagari"* sind besonders erfrischend, müssen aber sehr kalt serviert werden.

Inselfeste

Am 24. Juni Fest des *Ágios Ioánnis Pródromos* im Dorf Pródromos östlich unterhalb von Léfkes, bei Písso Livádi. Am 17. Juli Fest der *Agía Marína* und am 27. Juli Fest des *Ágios Pandeleímonas*, beide auf Antíparos.

Weithin berühmt ist das Fest der *Panagía* (Mariä Himmelfahrt) am 15. August. Am Abend des Vortages Musik und Tanz im Hafen, am nächsten Morgen Festgottesdienst in der Kirche Ekatontapilianí, danach Prozession mit der heiligen Ikone durch Parikiá. Viele Besucher reisen aus Athen und von den umliegenden Inseln an – wer an diesem Tag kommt, kann Probleme mit der Quartiersuche bekommen.

Eine Woche darauf, am 23. August, traditionelles Dorffest *Enneámera* ("Die neun Tage der Jungfrau Maria") in Náoussa zur Erinnerung an einen Seesieg über die Türken: Fackelerleuchtete Bootsparade, historische Kostüme und großes Spektakel.

Enthauptung Johannes des Täufers am 29. August, dazu Festlichkeiten in Náoussa (Kolimbíthres), in der alten Inselhauptstadt Léfkes und im nahe gelegenen Kloster Ágios Ioánnis.

Verbindungen von und nach Páros

▶ **Schiff**: Páros besitzt die besten Schiffsverbindungen der Kykladen. Empfehlenswert vor allem bei der Rückreise, falls man nach Athen zurück muss – zuverlässiger kommt man von keiner anderen Insel nach Piräus. Auch alle anderen wichtigen Inseln der Ost- und Zentralkykladen werden häufig angefahren: *Tínos, Mýkonos, Náxos, Íos, Santoríni*. Dazu gibt es in der Saison auch etwa 2x wöch. eine Verbindung per Fähre und/oder Schnellbooten hinüber nach *Sífnos*, der Hauptinsel der Westkykladen, und nach *Amorgós*, der östlichsten Kykladeninsel.

Alle großen Inselfähren starten und landen im Hauptort **Parikiá**, Verbindungen gibt es aber auch von *Písso Livádi* an der Ostküste. Vor den Reisebüros im Hafen von Parikiá hängen meist große Tafeln mit allen aktuellen Abfahrtszeiten und -zielen.

● *Fähren/Schnellfähren* Von und nach **Piräus** gehen Fähren 2–4x täglich, Dauer ohne Zwischenstopp um die 5 bzw. 3 Std., Deck/Pullmannsitz (Economy Class) ca. 21 bzw. 32 €, Kleinwagen ca. 66 bzw. 74 €, Mittelklassewagen ca. 83 bzw. 92 €. Eine preislich etwas günstigere Verbindung von und nach **Rafina** gibt es etwa 1x täglich. Verbindungen zur Nachbarinsel **Náxos** gibt es etwa 1–4x tägl. (ca. 5 €), in der Hochsaison teilweise mit Weiterfahrt auf die Kleinen Kykladen südlich von Náxos (**Iráklia,** Schinoússa, **Epano Koufonissi** und **Donoússa**) und schließlich weiter nach **Amorgós** (ca. 10 €). Ansonsten 2–4x tägl. **Íos** (ca. 9 €), **Santoríni** 2–5x (ca. 12 €), **Mýkonos** 2–3x (ca. 6 €), **Sýros** und **Tínos** 1–2x (ca. 6 bzw. 8 €). Nach **Kreta** 2–4x wöch., nach **Thessaloniki** 1x wöch. mit Minoan Lines.

● *Schnellboote* Tägliche Verbindungen von **Piräus** und **Rafina** (über Tínos, Sýros und Mýkonos), weiter über Náxos, Íos nach **Santoríni**.

• *Lokale Verbindungen* Kleine Autofähren fahren im Sommer etwa alle 20 Min. von **Poúnta** nach **Antíparos** hinüber, außerdem gibt es stündliche Boote von **Parikiá** nach **Antíparos**.
Im Sommer geht eine Fähre oder ein Schnellboot mehrals wöch. hinüber zur nahen Insel **Sífnos** (Westkykladen) und stoppt dabei auch in **Antíparos**.
Außerdem fahren während der Saison vom kleinen Hafen **Písso Livádi** an der Ostküste 1–2x tägl. kleinere Schiffe nach **Náxos** hinüber. Achtung: an windigen Tagen fallen diese Fahrten oft aus!

Schiffsunglück vor Páros

Am 26. September 2000 kam es drei Seemeilen vor Páros zu einem verheerenden Schiffsunglück. Die 34 Jahre alte Großfähre "Express Samina" (unter ihrem früheren Namen "Golden Vergina" ist sie vielen Inselhüpfern wohl besser bekannt) lief mit über 500 Menschen an Bord auf das in allen Seekarten eingezeichnete, gut bekannte und mit Leuchtfeuer markierte große Riff Pórtes auf. Bereits eine halbe Stunde später versank das Schiff in der unruhigen See, 82 Menschen kamen dabei ums Leben, darunter viele Kinder, die ihre Rettungswesten nicht anlegen konnten. Ursache der Katastrophe war menschliches Versagen: der Kapitän befand sich nicht auf der Brücke, ein unerfahrener Auszubildender führte das Ruder. Zudem waren alle Schiffskammern geöffnet – wenn nur einige davon geschlossen gewesen wären, hätte das die Sinkgeschwindkeit entscheidend verlangsamt und alle Passagier hätten gerettet werden können. Die Schiffsführung wurde wegen fahrlässiger Tötung unter Anklage gestellt. Als Folge dieser vermeidbaren Tragödie hat man in Griechenland begonnen, alte Schiffe auszumustern, die Sicherheitsstandards zu verbessern (motorisierte Rettungsboote, mehr Rettungsinseln, Rettungsringe mit Positionsleuchten u.a.) und ausländische Konkurrenz zuzulassen.
Die Unglücksstelle ist heute mit einer Boje markiert, man kommt mit den Fähren nahe daran vorbei.

▶ **Flugzeug**: Im Sommer fliegen mehrmals täglich kleine Propellermaschinen von Olympic Airways und anderen Gesellschaften von und nach *Athen* (ca. 70 € incl. Flughafengebühr). Der winzige Flugplatz liegt bei *Alikí* im Süden von Páros. Zubringerbusse von Olympic Airways pendeln von und nach Parikiá, das Büro liegt ein paar Meter vom Hafen (→ Parikiá/Adressen).

Verkehr auf der Insel

▶ **Busse**: Zentrum des Bustransports ist die Inselhauptstadt *Parikiá*. Von hier gehen Busse in alle wichtigen Inselorte und zu den Stränden an der Ostküste. Nach *Náoussa* gibt es in der Saison fast halbstündlich bis spätabends Verbindungen – trotzdem ist gerade dieser Bus in Stoßzeiten oft unglaublich voll.

▶ **Mietfahrzeug**: gutes Angebot in Parikiá, sowohl *PKW* als auch *Zweiräder*. Die angebotenen wendigen Kleinwagen Marke Peugeot, Fiat, Seat etc. reichen im Allgemeinen aus, *Jeep* nur nötig, wenn man häufig Erdpisten fahren will. Verleih von Fahrrädern in *Parikiá* und *Náoussa*.

▶ **Eigenes Fahrzeug**: lohnt sich auf Páros. Die Insel ist relativ groß und gut erschlossen, außerdem liegt die größte Kykladeninsel Náxos gleich nebenan. Optimale Lösung: den Besuch beider Insel kombinieren! Auch die Mitnahme eines *Fahrrads* ist reizvoll, da Páros weitgehend flach ist – falls man die inseldurchquerende Tour über Léfkes nicht macht.

Parikiá

Die Inselhauptstadt liegt flach in einer weiten, geschützten Bucht, unmittelbar dahinter steigen steile Hänge an. Auf den ersten Blick etwas nichtssagend – lange Uferpromenade, Neubauviertel am Weg zum Strand, fast langweilig. Doch der eigentliche Ortskern verbirgt sich hinter der Küstenfassade – ein Gewirr von weißen Gassen, Mauern, kleinen Gärtchen und blumenüberwucherten Balkonen, die die schattenlose Uferpromenade schnell vergessen lassen.

Zu unternehmen gibt's genug: Vom *Kástro*, dem ältesten Ortsteil auf einem niedrigen Hügel hinter der Hafenfront, kann man die herrlichsten Sonnenuntergänge genießen. Oder man bummelt einfach nur durch die Gassen mit ihren verspielten Perspektiven und liebevollen Details, am besten in der stillen Siesta-Zeit. Abends erwacht dann die Uferpromenade zu vollem Leben – eine Taverne, eine Bar, eine Disco neben der anderen. Die hauptsächlich jungen Urlauber kommen hier voll auf ihre Kosten und können die Nacht zum Tag machen – aber hoffentlich nicht so lange, dass man am nächsten Morgen nicht die *Panagía Ekatontapilianí* bewundern kann, eine der ältesten und berühmtesten Kirchen Griechenlands.

Information

Vereinigung der Zimmervermieter, Büro direkt am Anleger, noch vor der Windmühle. Vermittlung von Unterkünften und allgemeine Informationen. Leiter der Vereinigung ist Georgios Epitropakis (→ Übernachten/Rena). Geöffnet ist nur während der Hochsaison. ✆ 22840-22722 (im Sommer) und ✆/✉ 22840-21427 (ganzjährig).

Verbindungen

• *Bus* Die zahlreichen **Inselbusse** fahren ca. 150 m nördlich vom Anleger ab – von und nach **Náoussa** in der Saison tagsüber halbstündlich, abends stündlich (bis ca. 1 Uhr), etwa stündlich nach **Písso Livádi, Golden Beach** und **Driós** (Ostküste) sowie nach **Poúnta** (Hafen nach Antíparos), etwa 9x tägl. nach **Alikí** (Südküste) und 4x tägl. nach **Ampelás** (Ostküste). Genaue Zeiten hängen an der Haltestelle aus, es gibt auch kopierte Handzettel. Achtung – die Busse sind meist überfüllt. Rechtzeitig kommen, um sich einen Sitzplatz zu sichern!

• *Taxi* **Standplatz** am großen Platz (Platía Manto Mavrogenous), ein paar Schritte gegenüber vom Anleger. ✆ 22840-21500.

• *Schiff* Ausflugsboote fahren regelmäßig hinüber nach **Antíparos** (siehe dort) und zu verschiedenen Stränden auf Páros. Badeboote pendeln kontinuierlich zu den Stränden **Kriós** und **Ágios Fokás** am Nordwestende der Bucht von Parikiá. Abfahrt aller Boote in der Nähe vom Busstopp.

Adressen

• *Ärztliche Versorgung* **Health Center**, staatliches Krankenhaus beim kleinen Park, kurz vor der Kirche Panagía Ekatotapilianí. Kostenlose Behandlung, kein Auslandskrankenschein nötig. Ein holländischer Arzt spricht gut Deutsch. Mit Zahnarzt. ✆ 22840-22500.

Straßenhändler im Hafen von Parikiá

Medical Center, wenige Schritte entfernt, modernes Privatzentrum, in dem Ärzte verschiedener Fachrichtungen zu konsultieren sind. Mo–Fr 9–14, 18–21 Uhr, für Notfälle 24-Std.-Service. ✆ 22840-24410, ✉ 24412.

● *Ausflüge* Die Agenturen um den Hafen bieten Dutzende von Möglichkeiten – u. a. Fahrt zur **Tropfsteinhöhle** auf Antíparos, auf Mauleseln oder mit Bus zum **Schmetterlingstal**, per Boot oder mit Bus zu den Stränden um **Náoussa** oder zum **Golden Beach**, dem längsten Strand der Insel. Preise in den Agenturen nahezu identisch.

● *Auto-/Zweiradverleih* zahlreiche Möglichkeiten um den Hafen.
Parai Tours, vom Anleger die Promenade Richtung Süden bis zum Platz mit der Kirche Zoodóchou Pigí. Ines aus Hamburg und ihr griechischer Ehemann Vassilios Parai vermieten neue, hervorragend gepflegte Autos und Motorräder (keine Fahrräder). Ines gibt gerne Erkundungstipps, klärt über die Tücken der verschiedenen Zweiradtypen und über die Versicherungsbedingungen auf. Faire Vertragspraxis, freundlicher und hilfsbereiter Umgang, Straßenservice überall auf der Insel. Im Büro werden auch Ausritte mit Eseln zum Schmetterlingstal oder mit Pferden in der Umgebung von Náoussa vermittelt. ✆ 22840-23681, ✉ 21771, E-Mail: parai1@otenet.gr

Iria Travel, kurz vor dem antiken Friedhof. Dee aus Neuseeland und ihr griechischer Ehemann vermieten Autos und Zweiräder in gutem Zustand. ✆/✉ 22840-21232.

● *Geld* Zwei Banken mit Geldautomat am großen Manto-Mavrogenous-Platz, am Beginn der Altstadt.

● *Gepäckaufbewahrung* Reisebüros am Hafen, Hotel Kontes und Hotel Festos.

● *Internationale Presse* **La Palma** an der Hafenpromenade (beim Busstopp) und **Book Shop International Press** in der Market Street.

● *Internet* Das Web boomt auf Paros, es gibt eine ganze Reihe von Internet-Cafés, z. B. **Marina** (an der Hafenfront), **Memphis Net** (Busstation), **Syndemeno/Wired Café** (Market Street) u. a.

● *Olympic Airways* An der Westseite der Platia Manto Mavrogenous, etwa zwischen OTE und Banken, ✆ 22840-21900.

● *Post* An der Uferstraße, ein ganzes Stück östlich vom Anleger, in der Saison auch Sa geöffnet. Geldwechsel.

● *Tankstelle* Mehrere an der Umgehungsstraße um Parikiá.

● *Wäscherei* Zwei an der Uferstraße nördlich vom Hafen, eine weitere an der Platia Frangiskou I. Tzantani, 50 m von der Platia Manto Mavrogenous.

Übernachten

Es gibt viele Dutzend Möglichkeiten, in Parikiá unterzukommen. Trotzdem sind die Preise deutlich höher als auf weniger besuchten Kykladeninseln. In der Nebensaison kann man allerdings fast überall handeln – dann ist man auch hier froh, überhaupt Zimmer loszuwerden. Nicht unbedingt zu empfehlen ist es, den Schleppern am Hafen zu folgen – es sind z. T. nicht unbedingt die besten Zimmer, die angeboten werden. Gerade Vermieter von "besseren" Unterkünften kommen oft gar nicht in den Hafen.

Hauptzonen für Unterkünfte: *um den Hafen*, im rückwärtigen Teil der *Altstadt* und vor allem am *Strand* nördlich von Parikiá. Pauschalurlauber kommen hauptsächlich in den ruhig gelegenen Anlagen südlich von Parikiá unter.

Um den Hafen und in der Altstadt (s. Karte auf S. 268/269)

Zentrale Lage, wenige Schritte von der Fähre, man ist sofort in der Altstadt. Zum langen Strand nördlich vom Ort sind es ca. 5–10 Min.

Georgy (16), C-Kat., an der großen Platia Manto Mavrogenous, direkt beim Anleger. 30 schlichte, aber geräumige Zimmer mit Bad, modern und freundlich eingerichtet. Blick auf Innenhof oder Platz. Unten beliebte Cafeteria und Snack-Bar. DZ ca. 35–60 € ✆ 22840-21667, ✉ 22544.

Kapetan Manolis (14), C-Kat., zwei Häuser nach dem Georgy eine Passage hinein. Die hübsche bungalowartige Unterkunft von Vassilis liegt zentral, aber trotzdem ruhig. Vor jedem Zimmer eine kleine Terrasse mit Stühlen und Blick auf den begrünten Hof. Leserempfehlung für dieses Haus. DZ ca. 35–65 €. ✆ 22840-21244.

Argonauta (9), C-Kat., ungefähr 150 m vom Anleger entfernt, am Eingang zur Altstadt auf der rechten Seite. Das schon etwas ältere Hotel bietet 15 Zimmer mit dunklem Mobiliar, Balkon, Telefon und Aircondition, Bäder okay. Im Obergeschoss ein ruhiger Innenhof zwischen den Zimmern. Ansonsten aufgrund der Lage nicht gerade leise. DZ ca. 40–65 €. ✆ 22840-21440, ✉ 23442, www.argonauta.gr

Dina (15), E-Kat., an einem kleinen Platz an der Hauptgasse. Weinüberrankte Fassade mitten in der Altstadt, nach hinten lang gestreckt mit prächtigen Topfpflanzen im Gang. Die tadellos sauberen Zimmer im ersten Stock an einer Terrasse, einfach möbliert. Frau Constantina Patelis ist die freundliche Besitzerin. DZ mit Bad ca. 30–60 €. ✆ 22840-21325, ✉ 23525.

Rückwärtige Altstadt (s. Karte auf S. 268/269)

Vom Hafen die Straße am kleinen Park entlang bis zum Ende. Dort Hinweisschildern nach rechts folgen, nach ca. 150 m eine ganze Reihe von ruhig gelegenen Hotels und "Rooms".

Georgi's Aegean Village (43), C-Kat., freundliche Wohnanlage im kykladischen Dorfstil, versteckt im rückwärtigen Ortsteil, ruhig mit guter Wohnqualität, schöner alter Garten. Studios und Apartments für 2–5 Pers., gut geeignet für Familien mit Kindern. Studio ca. 30–50 €. Derselbe Besitzer wie Hotel Georgy (siehe oben). ✆ 22840-23187, ✉ 23880.

Festos (39), Ableger des Hostels in Athen (siehe dort), freundlich geführt, DZ, Einzel- und Mehrbettzimmer, Waschmaschine und Gepäckaufbewahrung. Pro Pers. ca. 12–18 €. ✆ 22840-21635, ✉ 24193.

Louiza & Galinos (48), C-Kat., am hinteren Ortsende, die beiden Hotels stehen einander genau gegenüber und werden vom selben Management geführt. Zusammen stehen etwa 65 Zimmer zur Verfügung, alle mit Bad. Oft von Gruppen frequentiert. Mit Pool, beliebter Taverne (Frühstücksmöglichkeit) und Rent-a-bike. DZ ca. 45–90 €. ✆ 21480, 22122, ✉ 23446.

Acropolis, E-Kat., schräg gegenüber vom Galinos, vor einigen Jahren renoviert, ordentliches Kiefernholzmobiliar. DZ ca. 30–60 €. ✆/✉ 22840-24444.

Margarita (45), D-Kat., die Gasse beim Hotel Galinos hinein, 12 Zimmer, solide Einrichtung, Bäder renoviert, Kühlschrank am Gang. DZ ca. 30–60 €. ✆ 22840-21862, ✉ 24950.

Vangelistra **(44)**, nette und saubere Unterkunft, freundliche Wirtin, Pflanzen im Treppenaufgang, gute Betten, Bäder in verschiedenen Farbtönen, muschelförmige Waschbecken, großer Garten nebenan.

Von zwei Zimmern schöner Blick auf Kástro-Hügel und Ort. DZ etwa 25–55 €, außerdem ein Studio mit Wohnzimmeratmosphäre, ca. 30–60 €. ✆ 22840-21482.

An der Promenade nordöstlich vom Hafen (s. Karte auf S. 268/269)

Hotels und Privatunterkünfte in dichter Folge, ebenso in den Gassen dahinter. Vorteil in erster Reihe: nur über die Straße zum Strand, außerdem schöner Buchtblick. Abseits der Strandstraße wohnt man dafür ruhiger. Ins Zentrum läuft man 10 Min.

Rena (33), Renate aus Holland und ihr griechischer Ehemann Georgios, beide sehr freundlich und hilfsbereit, vermieten zwölf Zimmer unterschiedlicher Größe in einer Gasse unweit des Hafens, direkt oberhalb des antiken Friedhofs. Alle Räume hübsch eingerichtet, mit Balkon oder Terrasse und Ventilatoren. Die Zimmer unterm Dach haben Zugang zur schönen Dachterrasse und verfügen über einen Kühlschrank, ansonsten gemeinschaftlicher Kühlschrank auf dem Gang. Gepflegte Bäder mit abgemauerter Dusche. Alles stets blitzblank sauber, da Rena jeden Tag reinigt und frische Handtücher bereit legt. Freundliche, familiäre Atmosphäre. DZ ca. 25–50 €, Dreibettzimmer ca. 30–60 €. Ab drei Tagen Rabatt. Wer vorbucht, wird direkt von der Fähre abgeholt. ✆ 22840-22220, 21427, 📱 21427.

Arian (40), C-Kat., ebenfalls etwas oberhalb vom antiken Friedhof. Geräumige Zimmer mit Linoleumböden und Kiefernholzmöbeln, alle mit Bad/WC und Balkon. Allerdings kein Meeresblick, sondern Blick aufs Häusermeer. Treppen aus Schieferbruch. Bildschöner Innenhof, dort Frühstückstische unter leuchtend roten Hibiskusblüten und eine Bar. DZ ca. 35–60 €. ✆ 22840-21490, 📱 21904.

Sofia (36), von der Hafenpromenade vor dem Hotel Stella abbiegen, noch ca. 60 m. Zwei blumengeschmückte Häuser in einem Garten mit Oliven, Weinstöcken und Palmen, geführt von einem hilfsbereiten jungen Ehepaar. 10 DZ und zwei Dreibettzimmer, bis auf eines alle mit großen Terrassen/Balkonen, gepflegt und sauber. Aufenthaltsraum und überdachte Veranda. DZ ca. 25–50 €. ✆ 22840-22085.

Paros (17), C-Kat., geführt von freundlicher griechisch/australischer Familie. Alles in Weiß gehalten, Haupthaus eins der ersten Hotels auf Páros (30 Jahre alt), aber gekonnt renoviert, der moderne Anbau hell gefliest mit Kiefernholzmobiliar. Alles sehr sauber und gut in Schuss. DZ mit Frühstück ca. 30–60 €. ✆ 21319, 📱 23375.

Cyclades (28), C-Kat., beim Restaurant Katerina die Gasse hinein, dann auf der rechten Seite. Alle Zimmer mit hellem Mobiliar, bunt gefliesten Bädern, Balkon, Telefon und Klimaanlage. Im Erdgeschoss Salon mit TV und nettem Frühstücksraum, Außenterrasse mit Aprikosenbäumen. Freundlicher Wirt, täglicher Reinigungsservice, Transfer von und zum Hafen. DZ ca. 30–60 €. ✆ 22840-24859, 📱 22048.

Die folgenden vier Unterkünfte liegen etwas zurück von der Uferfront, in der Gasse neben Hotel Argo:

Apollon (21), B-Kat., geführt von Familie Bizas, echte Überraschung und absoluter Tipp, Logieren bei Herrn Baron. Von außen nicht zu sehen, aber das ganze Haus gleicht einem Adelssitz: schwere Teppiche, barocke Polstermöbel, Kronleuchter, Götterstatuen und Stuckdecken, in den Gängen Parkettböden und Holztäfelung, reich verzierte Holzbetten in den Zimmern, man traut seinen Augen nicht. Einzig störend die hässlichen Resopalwände in den Räumlichkeiten. Transfer von und zum Hafen. DZ ca. 45–75 €. ✆ 22840-22364, 📱 22664, www.hotelapollon.gr

Cyclades Studios, geführt von Kostas, der Englisch spricht und auch mal die Gäste im Kleinbus durch die Umgebung von Parikiá chauffiert. Vermietet werden elf Studios in großzügiger Bauweise. Neue Einrichtung aus hellem Holz, ebenfalls neue Bäder mit abgemauerter Dusche, gut ausgestattete Küche. Alle Zimmer verfügen über einen Balkon und eine Klimaanlage. Von einigen Balkonen im Obergeschoss hat man Meeresblick. Preis ca. 30–65 €. ✆ 22840-22840.

Eleni (27), 1997 fertig gestellte Anlage im kykladischen Stil. Elf geräumige Zimmer, jeweils mit zwei Balkonen (!), saubere Bäder mit Dusche und Sitzbadewanne. Angenehm begrünter Garten mit Sitzgruppen und Brunnen in der Mitte. Die freundliche Vermieterin Eleni Kritikos spricht gut Englisch und bemüht sich sehr, alle Wünsche zu erfüllen. Mehrere Leserempfehlungen. DZ ca. 25–50 €. ✆ 22840-22714, 22036, 📱 24170.

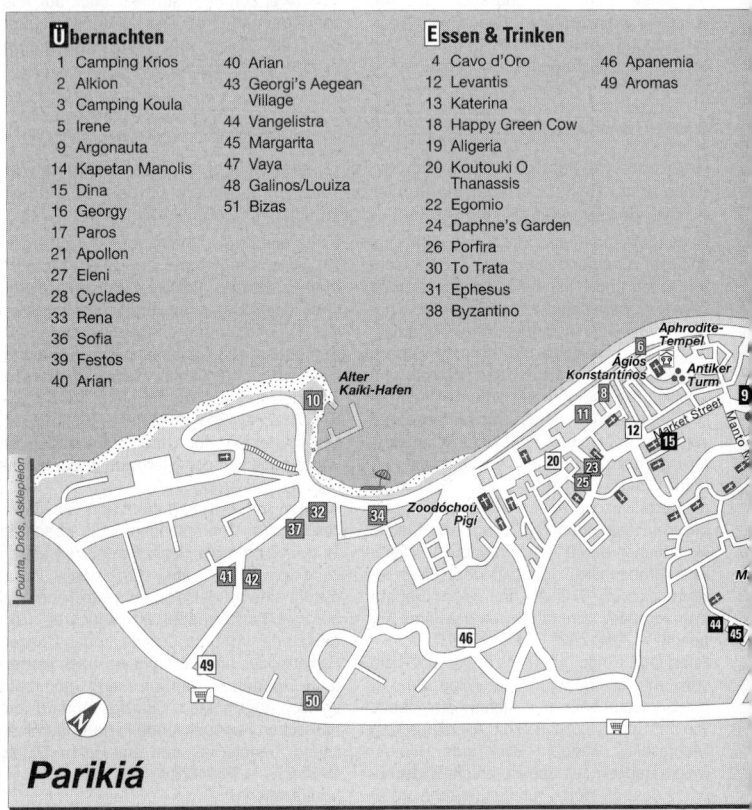

Übernachten

1 Camping Krios	40 Arian
2 Alkion	43 Georgi's Aegean Village
3 Camping Koula	44 Vangelistra
5 Irene	45 Margarita
9 Argonauta	47 Vaya
14 Kapetan Manolis	48 Galinos/Louiza
15 Dina	51 Bizas
16 Georgy	
17 Paros	
21 Apollon	
27 Eleni	
28 Cyclades	
33 Rena	
36 Sofia	
39 Festos	
40 Arian	

Essen & Trinken

4 Cavo d'Oro	46 Apanemia
12 Levantis	49 Aromas
13 Katerina	
18 Happy Green Cow	
19 Aligeria	
20 Koutouki O Thanassis	
22 Egomio	
24 Daphne's Garden	
26 Porfira	
30 To Trata	
31 Ephesus	
38 Byzantino	

Aphrodite-Tempel

Agios Konstantinos

Antiker Turm

Alter Kaiki-Hafen

Zoodóchou Pigi

Market Street

Founta, Dríos, Asklepíeion

Parikiá

Irene (5), C-Kat., kurz vor dem Campingplatz, nette Wirtin, gemütliche Terrasse und Frühstücksraum, 16 ordentliche Zimmer mit hellen Kiefernholzmöbeln, Bad und Blick aufs Wasser, angenehme Atmosphäre.

Leser bestätigen bisher den guten Standard. DZ ca. 30–70 €. ✆ 22840-21476, ✆ 22741. **Alkion (2)**, C-Kat., nach Camping Koula, einfaches Haus mit sehr schönem Buchtblick, DZ ca. 40–70 €. ✆ 22840-21506, ✆ 23124.

Am Stadtrand (s. Karte auf S. 268/269)

Hier wohnt man ruhig und abseits vom Touristenrummel.

Vaya (47), C-Kat., an der Ausfallstraße nach Náoussa, etwa 7 Fußminuten vom Zentrum und Strand entfernt. Schön verwinkeltes und trotz der nahen Straße ruhiges Haus. Zwei Terrassen bieten Gelegenheit zum Frühstücken, Zimmer mit Kiefernholzmöbeln und modernen Bädern. Die Besitzerfamilie Apostolopoulos ist freundlich. DZ mit Frühstück ca. 30–65 €. ✆ 21068, ✆ 23431.

Bizas (51), ca. 600 m vom Hafen entfernt, ruhig und schön gelegen an der Straße hinauf zum Monastiráki (Kloster Ágii Anárgyri). Der Lehrer Konstantínos Bizas vermietet drei geräumige und gut gepflegte 2- und 3-Bett-Zimmer mit Doppelbetten, Terrasse oder Balkon sowie einem Kühlschrank. Bäder weiß gekachelt und mit Marmorböden. Hübsch begrünte Außenanlage mit

Cafés, Bars & Nachtleben

6 Evinos/Pebbles	32 Slammer Bar
7 Maracaibo	34 Kialoa
8 Saloon d'Or	35 Symposion
10 Alexandros	37 Sex Club
11 Black Beard	41 Paros Rock Café/The
23 Pirate Bar	Dubliner/Down Under
25 The Balcony	42 Prime
29 Cine Paros	50 Cinema Rex

Páros
Karte Seite 260/261

vielen Blumen und Bäumen. Transfer von und zum Hafen. DZ ca. 20–55 €. ℰ 22840-

24990, ℰ 23920, http:// parosweb.com/ costas.bizas, E-Mail: kbizas@otenet.gr

Camping (s. Karte auf S. 268/269)

Mittlerweile drei Plätze im Umfeld der Inselhauptstadt, nur einer allerdings in Fußentfernung.

Camping Koula (3), bestbesuchter Platz der Insel, viel junges Publikum, hauptsächlich Rucksacktouristen, zu empfehlen für "Hardcore-Partygänger", wie ein Leser meint. Schöne Lage nördlich von Parikiá, durch die Straße vom Strand getrennt, vom Hafen ca. 500 m die Straße nach links. Ebenes Gelände mit hartem Boden unter dicht belaubten Olivenbäumen. In der Saison überfüllt, nachts gelegentlich laut, betrunkene Touristen, nebenan krähen Hähne

vom übervölkerten Hühnerhof. Sanitäranlagen regelmäßig gereinigt, am Eingang brauchbares Self-Service-Restaurant mit großer Terrasse und schönem Blick, weiterhin gibt es Mini-Market und einen Platz zum Kochen bzw. Grillen. Kein Platz für Wohnmobile. ℰ 22840-22081, ℰ 22740.

Camping Parasporos, etwa 2 km südlich von Parikiá. Ebenes Gelände, doch recht harter Lehmboden. Der gut 800 Personen fassende Platz wurde reichlich begrünt, an einigen Stellen fast schon dichter Wald: Ölbäume, Kermeseichen, Oleander, Lorbeer und sogar Orangen, Zitronen und Feigen. Sanitäre Anlagen zahlreich, über die Sauberkeit gibt es unterschiedliche Lesermeinungen. Kochplätze vorhanden, außerdem Restaurant, Bar und Mini-Markt. Am Platzeingang Disko-Bar mit griechischer Musik und Tanzmöglichkeit: das Kommunikationszentrum des Platzes. Hauptattraktion ist aber der 1998 errichtete Swimmingpool ein paar Meter vor dem Platzeingang mit begrünter Außenanlage und Poolbar, auch für fremde Gäste erlaubt. Zum Parásporos-Strand ca. 5 Min. zu Fuß, der kleine und steinige Delfíni-Strand liegt nördlich vom Gelände (→ Von Parikiá nach Alikí). Bis mittags und abends regelmäßiger Busservice nach Parikiá. Linienbusse nach Alikí halten auf Verlangen unweit des Platzes. ✆/✉ 22840-22268.

Camping Krios (1), großes, flaches Gelände beim gleichnamigen Strand am Nordwestende der Bucht von Parikiá, 3 km von der Stadt. Hervorzuheben der dichte Baumbestand – kräftige Wildzypressen und kleine Eukalyptusbäume. Da nur wenig besucht, recht ruhig. Self-Service-Restaurant, Bar, Mini-Market und Pool (nur im Hochsommer). Vor dem Platz schmaler Kiesstrand, 150 m weiter der eigentliche Sandstrand (→ Baden). Transfer mit kostenlosem Badeboot und/oder Kleinbus. Nur Mitte Juni bis Mitte September. ✆ 22840-22081.

Essen & Trinken (s. Karte auf S. 268/269)

An stimmungsvollen Tavernen und Gartenrestaurants herrscht kein Mangel, traditionelle Inselgerichte findet man allerdings kaum, dafür umso mehr durchschnittliche griechische und internationale Küche. Weit verbreitete Unsitte sind die hohen Preise, verbunden mit "überschaubaren" Portionen. Günstiger als in der Altstadt isst man in den Tavernen nördlich vom Hafen.

● *In der Altstadt* **Levantis (12)**, zentral an der Market Street, Ecke Archilochou Str. Tische im Innenhof, darüber schützendes Dach mit alten Weinstöcken. Der "Hauslegende" zufolge stammt der 70 cm dicke Pfosten, der den Dachstuhl trägt, von einem gestrandeten Piratenschiff. Internationale Küche, die einen Versuch wert ist.

Daphne's Garden (24), Manto Mavrogenous Str., romantisches Gartenlokal in der zentralen Seitengasse der Market Street, auf der Speisekarte interessante Gerichte, z. B. Oktopus à la Spetsiota. Etwas teurer.

Happy Green Cow (18), ebenfalls an der Manto Mavrogenous Str., winziges Lokal mit Durchreiche zur Gasse, fantasievoll-freakig aufgemacht, vegetarische Gerichte von Sojaburger bis Burritos, maßvolle Preise.

Koutouki O Thanassis (20), verstecktes "Nestchen" im Gassengewirr zwischen Hauptgasse und Promenade, nur eine Handvoll Tagesgerichte, aber vorzüglich gekocht, preiswert und guter offener Paroswein.

Apanemia (46), am äußersten Südende der Market Street, am Parkplatz hinter Hotel Aegean. Weitläufiges Gartenrestaurant mit Springbrunnen, äußerst freundlicher Service, hervorragende Vorspeisen, darunter auch Páros-Spezialitäten, und ordentliche bis gute Hauptgerichte. Bisher faire Preise, auch von Einheimischen gut besucht.

● *Östlich vom Hafen* **Aligeria (19)**, Platia Frangiskou I. Tzantani, etwas abseits der Hafenpromenade an einem kleinen Platz östlich der Platia Mavrogenous. Man sitzt angenehm und ruhig. In die Küche zu gehen und selbst auszusuchen ist hier noch üblich. Besitzer Christos ist ein witziges Unikum. Die Spezialitäten seiner einfallsreichen und abwechslungsreichen Küche sind: gegrillte Champignons in Zitronensauce, Oktopus in Weinsauce, in Spinat gekochte Kalamari, Kartoffeln und Artischockengemüse mit Dill sowie Kaninchen-Stifádo. Bisher preisgünstig und sehr sauber.

Porfira (26), direkt rechts neben dem antiken Friedhof, Fischlokal, dem ein guter Ruf vorauseilt, geführt von einheimischen Fischern, leckere Spezialitäten, etwas teurer.

To Trata (30), links neben dem antiken Friedhof. Eigentlich eine Fischtaverne und Ouzerie, es gibt aber auch Fleischgerichte. Empfehlenswert ist dennoch der Fisch, denn der Wirt ist selbst Fischer und kocht abends höchstpersönlich. Echte Familientaverne, sehr viele einheimische Gäste, ortsübliche Preise.

Ephesus (31), kurdisches Lokal hinter dem medizinischen Zentrum, von einem jungen Ehepaar freundlich geführt, gute Vorspeisen und leckere, scharf gewürzte Gerichte aus Kleinasien, Preise normal.

Egomio (22), unauffällig zwischen all den Lokalen an der Promenade. Leserkommentar: "Herzlicher Service, hervorragender und sehr preiswerter offener Wein, Riesenangebot von hausgemachten Spezialitäten, darunter einiges aus dem holzbefeuerten Ofen, das Lamm in Zitronensauce war göttlich."

Katerina (13), ebenfalls direkt an der Uferstraße in Höhe vom Strand, nettes Personal und ebensolche Einrichtung. Familienbetrieb mit ordentlicher griechischer Küche.

Kaktos, mexikanische Küche, hübsch dekoriert und recht beliebt.

Cavo d'Óro (4), 100 m vor Camping Koula, guter Italiener, seit 1980, leckere Pizza aus dem Holzofen und auch sonst reichhaltige Speisekarte, von Lesern gelobt.

● *Westlich vom Hafen* **Mira**, an der Paralía, geführt von Ioannis und Esther aus der Schweiz. Inseltypische Küche, vor allem Grillgerichte vom Lamm, Huhn und Schwein, aber auch Pizzen griechischer Art. Zu den Spezialitäten gehören geschmortes Lamm, hausgemachte Moussaká sowie mit Petersiliecreme gefüllte Pilze.

● *Am hinteren Ortsrand* **Byzantino (38)**, Mezedopólion gegenüber dem Eingang zur Kirche Ekantontapilianí, netter Service, vorzügliche Fisch- u. Meeresgerichte, moderate Preise.

Aromas (49), an der Ausfallstraße Richtung Poúnta und Alikí auf der rechten Seite, zu erkennen an den grünen Stühlen. Fast 2 km vom Hafen entfernt, jedoch mitten im Nachtleben, nur wenige Schritte vom Paros Rock Café entfernt, dementsprechend bis tief in die Nacht offen. Solide, für pariotische Verhältnisse noch recht authentische Küche. Gute Fleischgerichte mit Inselkräutern und ein paar französische Spezialitäten, denn Chefin Caroline kommt aus Frankreich. Viele einheimische Gäste. Etwas Straßenlärm muss man allerdings in Kauf nehmen.

● *Cafés, Snacks etc.* **Symposion (35)**, kleines, sympathisches Café mitten in der Alt-

stadt, gegenüber vom Haus der Manto Mavrogenous (→ Sehenswertes) gemütliche Terrasse, große Auswahl an Crêpes und Süßem.

The Balcony (25), wie der Name schon sagt, auf dem Balkon eines historischen Hauses mitten im Zentrum (kleine Platia an der Hauptgasse). Innen Holzdecke und -böden, draußen Marmortischchen mit schönem Blick. Nicht billig.

Meltemi, an der westlichen Paralia, geführt von Georgios und seiner deutschen Frau Karin. Die Barfrau Karen aus Schottland ist eine Institution, bekannt für ihre einfallsreichen Cocktails und den britischen Humor. Gutes Frühstück, Tipp sind auch die Waffeln mit Früchten und Eis sowie der Apfelkuchen nach deutschem Rezept, Bier vom Fass. Griechische und internationale Musik in gedämpfter Lautstärke. Tische direkt am Wasser und an der Uferstraße.

Mojo, neues Café an der westlichen Paralía. Frühstück mit frisch gepressten Säften und Toast, später Sandwichs, Crêpes und Waffeln, am Abend Ouzo mit Mezes, Drinks und Cocktails. Gut besucht bis spät in die Nacht, Tipp für die ruhigere Form des Nachtlebens, freundlicher Service.

Evinos (6), etwas erhöht oberhalb der Strandstraße (unter Kirche Ágios Konstantínos). Den Sonnenuntergang sollte man hier erleben! Leserin G. Grubert schreibt: "Der Tipp für alle, die von lauter Disco-Musik genug haben – hier wird u. a. Louis Armstrong, Nina Simone, Bill Withers, Tom Waits gespielt – etwas jazzig also und zum Sonnenuntergang natürlich Klassik, Besitzer spricht perfekt Deutsch."

Pebbles (6), schönes Dachgartencafé, benachbart zum Evinos. Auch hier zum Sonnenuntergang Klassik, ansonsten Jazz, gelegentlich auch live.

Alexandros (10), wunderschönes Lokal in einer restaurierten Windmühle am südlichen Ortsende gegenüber vom großen Hotel Pandrossos (direkt an der Straße), herrlicher Blick auf die Uferfront von Parikiá.

Nachtleben (s. Karte auf S. 268/269)

Zahlreiche Bars an der Hafenfront. Auf den ersten Blick verwirrend in ihrer Vielfältigkeit. Doch ein gewisser Rhythmus stellt sich schnell ein – vom Sonnenuntergang (die Uferpromenade blickt voll nach Westen!) bis weit nach Mitternacht bzw. ins Morgengrauen ... Leserstimme: "Parikiá ist wirklich absolut zu empfehlen für Leute, die Highlife suchen. Eine Disco-Bar nach der anderen, habe allerdings noch nie so viele Betrunkene gesehen wie hier". Das Zentrum des Trubels findet man

Páros Karte Seite 260/261

am Südende der Promenade, indem man dort den Weg am ausgetrockneten Bachbett landeinwärts nimmt – nach ca. 200 m großer Komplex mit *The Dubliner Irish Bar* und *Paros Rock Café* unter einem Dach. Allnächtlich ab Mitternacht ziehen ganze Völkerscharen hierher.

Saloon d'Or (8), weiter Platz an der Seefront, in der Saison bis zum Bersten mit fröhlichen Nachtschwärmern gefüllt. Unüberhörbar die neuesten Hits, Bier und Cocktails schlürfen, natürlich englische Mädchen als Bedienung. Im Haus nebenan kleine Disco.

Black Beard (11), weitere gut besuchte Disco-Bar, etwas südlich vom Saloon d'Or.

Kialoa (34), historisches Haus am Südende der Uferpromenade, geschmackvoll restauriert, sehr beliebt und bekannt für seine gute Musikauswahl.

Pirate Bar (23), gemütlich ausstaffierte Blues- und Jazzbar am kleinen Platz an der Hauptgasse, seit vielen Jahren ruhender Pol im Nachtleben. Fürs erste Getränk wurde abends laut Leserzuschrift eine Art Eintrittsgebühr erhoben – was auf Páros übrigens häufiger vorkommt.

Maracaibo (7), an der nördlichen Hafenfront, "Reggae at the beach" heißt das Stichwort, denn die Tische stehen in einem Tamariskenwäldchen direkt am Strand, abends erleuchtet mit flackernden Windlichtern.

• *Discotheken* Die Szene orientiert sich an den neuesten internationalen Trends – die fröhliche Unkompliziertheit von Íos findet man hier nicht, Ohrenstöpsel und Liebe zu Techno sind anzuraten. Eintrittsgebühren sind obligatorisch.

Slammer Bar (32), am Südende der Uferpromenade, brüllend laute Disco-Bar.

Sex Club (37), modische Großdisco am Flussbett.

Paros Rock Café/The Dubliner/Down Under (41), riesiger Komplex mit zahlreichen Bars und mehreren Tanzflächen – oben Hard Rock, unten brüllender Techno mit Schwarzlicht und Laserblitzen.

Prime (42), Disco genau gegenüber vom Paros Rock Café.

• *Kino* **Cine Paros (29)**, hinter der nördlichen Uferpromenade (Nähe Rooms Sofia) und **Cine Rex (50)** im südlichen Teil der Umgehungsstraße (von der Uferpromenade bei der Kirche Zoodóchou Pighí landeinwärts abbiegen).

Shopping

Neben zahllosen typischen Touristenshops, Juwelieren etc. gibt es auch einige ausgefallene Läden, doch die Fluktuation ist groß.

Folgende Adressen liegen alle im Bereich der Hauptgasse ("Market Street"):

The world of music, große Auswahl an griechischer Musik auf CD.

Teapot, in der Mitte der Hauptgasse rechts, zahlreiche Tees, dazu Gewürze und Heilkräuter von Páros und anderen griechischen Inseln, Naturkosmetik, Räucherstäbchen etc., englisch geführt.

Kivotos, in der Market Street kurz vor der Taxiarchenkirche (→ Sehenswertes). Das sehr gut Deutsch sprechende Ehepaar Magdalena und Tanos verkauft in seinem Laden exklusive Kleidung und Schuhe namhafter Hersteller. Die Markenqualität ist ca. 20 % günstiger als in Deutschland zu erhalten.

Sehenswertes

Im hübschen Ortszentrum gibt es nur Fußgängergassen. Dabei sollte man auch mal abseits der touristischen "Market Street" schlendern – ruhige Wohnviertel mit Außentreppen an den Häusern, Bougainvillea wuchert über die Mauern, Blumenkübel auf den Stufen, schwarz gekleidete Frauen ... Vor allem im südlichen Ortsbereich sind die Einheimischen noch unter sich.

Uferpromenade

Ágios Nikólaos: kleine Kirche mitten auf der Paralía, wenige Schritte östlich vom Fähranleger. Neben der Panagía Ekatontapilianí sicherlich die meistbesuchte Kirche der Stadt. Praktisch jeder gläubige Grieche geht hier auf dem täglichen Gang in die Stadt hinein, um die Ikonen zu küssen. Der heilige Nikolaus befindet sich ganz rechts auf der alten, dunkelbraunen Altarwand. Die Kuppel wurde sogar von innen blau bemalt, und die Wände sind mit pariotischem Marmor getäfelt.

Öffnungszeiten unregelmäßig geöffnet, zumeist tägl. vormittags und etwa 17–22 Uhr.

Antiker Friedhof: erst in den neunziger Jahren an der Uferstraße nördlich vom Anleger entdeckt, bisher wurde nur ein kleiner Teil ausgegraben (eingezäunt). Die ganz verschiedenartigen Gräber, Sarkophage und Urnen stammen aus der Zeit vom 8. Jh. v. Chr. (geometr. Periode) bis hin ins 3. Jh. n. Chr. (römisch). Besonders auffallend sind die Reihen römischer Sarkophage aus Marmor, die sich unter der Straße noch weiter Richtung Meer ziehen. Ein Großteil der Funde wurde im Archäologischen Museum untergebracht.

Zoodóchou Pigí: größere Kirche an einer Platía an der südwestlichen Paralía. Im Innern der Kirche des "Leben spendenden Quells" befindet sich eine große, helle Altarwand aus Marmor mit vielen alten Ikonen. Die Gläubigen sprechen ihr Gebet jedoch an der Ikonostasis gleich links von der Altarwand. Die Kirche ist reich ausgestattet mit vielen vergoldeten,

Wunderschönes Fotomotiv mitten in Parikiá: die Kirche Ágia Triáda, davor ein eleganter Marmorbrunnen

sakralen Gegenständen, und die Decken, Rundbögen sowie die Kuppel sind mit bunten Mustern bemalt (unregelmäßig geöffnet, meist vormittags).

Altstadt

Wenige Schritte vom Anleger entfernt liegt am Beginn der Altstadt die weite offene Platia Manto Mavrogenous mit Oleander und Rasenflächen. Hier steht die Büste von Frau *Manto Mavrogenous*, einer Heldin der griechischen Freiheitskriege (1796–1848). Sie stammte von der Insel Mýkonos, stellte ihr ganzes Vermögen für den Kampf gegen die Türken zur Verfügung und starb trotz ihrer großen Verdienste bettelarm auf Páros an Typhus (→ Insel Mýkonos).

Am anderen Ende der Platia beginnt die lange *Lochagou Straße*, meist "Market Street" genannt, die die Altstadt der Länge nach durchzieht: hübsch zum Bummeln, viele Läden, Boutiquen etc., die wirklich originellen Inselläden sind leider fast alle ausgestorben. Malerisch sind die Durchgänge und Überwölbungen, die noch aus dem venezianischen Mittelalter stammen. An einem kleinen Platz mitten im Zentrum steht ein bildhübscher *Marmorbrunnen*, einer von dreien in Parikiá, die 1777 von Nikolaos Mavrogenous gestiftet wurden – der Großvater von Manto spielte damals unter der türkischen Besetzung eine einflussreiche Rolle. Der zweite Brunnen steht ebenfalls an der Marktgasse, den dritten findet man an der Manto Mavrogenous Str., der linken Seitengasse der Market Street. Dort wo diese Gasse am Ende auf das betonierte Bachbett trifft, steht rechter Hand auch das *Sterbehaus* der Manto Mavrogenous (kleine Tafel gegenüber Café Symposion).

Die Kirche der Taxiarchen (Erzengel) steht ebenfalls in der Market Street. Uralte, dunkle Altarwand mit wertvollen Ikonen hinter Glas. In der Mitte und in einer Ikonostasis die Darstellung der Taxiarchen. Die Kirche setzt sich rechts der Altarwand mit einem Seitenschiff fort. In der Kuppel und in den Rundbögen zeigt sich die ehemals eindrucksvolle Freskenbemalung heute nicht mehr so gut erhalten.

Öffnungszeiten **Taxiarchis**, unregelmäßig geöffnet, meist tägl. vormittags und ca. 17–22 Uhr.

Kástro-Viertel: niedriger Hügel, der auf engstem Raum die Stilvielfalt von fast 3000 Jahren vereinigt, ältester Teil der Stadt. Zu finden, wenn man kurz nach dem Eintritt in die Altstadt (von der oben erwähnten Platia kommend) rechts einige Treppenstufen hinaufsteigt (beschildert). Hier hat man Reste der frühesten Inselsiedlung entdeckt (2500–2000 v. Chr.), viel später (5. Jh. v. Chr.) wurde hier ein Tempel erbaut, dessen kultischer Bezug unklar ist – entweder war er der Demeter, dem Apoll oder der Athene geweiht. Noch viel später, nämlich im 13. Jh. n. Chr., errichteten die Venezianer eine Festung. Der 10 m hohe *Turm* der Burg samt benachbarter Mauer ist noch eindrucksvoll erhalten. Antike Säulentrommeln und behauene Quader aus Marmor bilden den Großteil der Ummantelung. Sie wurden von den Venezianern weitgehend aus der benachbarten Tempelruine entnommen – ein einzigartiges historisches Dokument, das die bis ins 19. Jh. gängige Praxis belegt, antike Überreste als willkommenen Steinbruch bei Neubauten zu verwenden. Nicht mehr schwerbewaffnete Krieger halten hier allerdings heute die Wacht, sondern zahllose Tauben nisten in den Ritzen des Wachturms.

Steigt man noch einige Stufen höher, erreicht man am höchsten Punkt die blaukuppelige Kirche *Ágios Konstantínos* und hat freien Blick aufs Meer in Richtung Westen. Unter der Nordwand erkennt man noch das Südfundament das einstigen *Stadttempels*, Teile davon sind ins Meer abgerutscht. Angebaut ist eine Kapelle mit wunderschöner dreisäuliger Vorhalle – abends treffen sich hier die Sonnenanbeter.

Panagía Ekatontapilianí

Nur wenige Schritte vom Hafen steht eine der ältesten Kirchen Griechenlands. Ihre Ursprünge kann man bis ins frühe 4. Jh. verfolgen, wenn auch zahlreiche spätere Renovierungen ihr Aussehen reichlich veränderten. Der Name ist wahrscheinlich eine Verballhornung aus "kátapolianí" – "unterhalb der Stadt". Oder er bedeutet "100 Türen" ("ekató" = hundert) – doch konnte man bisher nur 99 zählen. Wenn die hundertste Tür gefunden wird, so heißt es, wird Konstantinopel wieder zu Griechenland gehören!

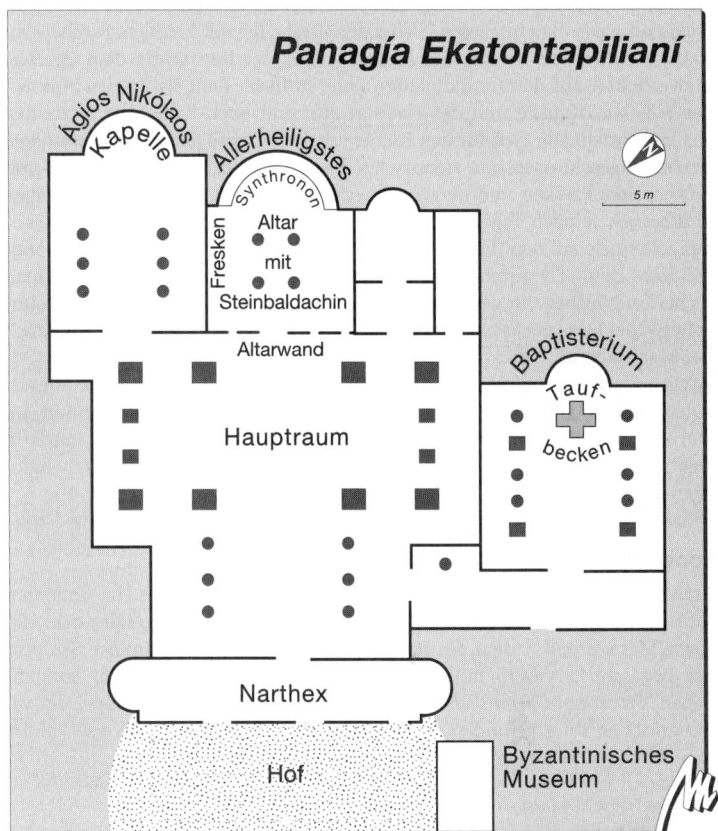

Panagía Ekatontapilianí

Ágios Nikólaos
Kapelle
Allerheiligstes
Synthronon
Fresken
Altar
mit
Steinbaldachin
Altarwand
Baptisterium
Tauf-
becken
Hauptraum
Narthex
Byzantinisches
Museum
Hof

5 m

Der ausgesprochen harmonisch wirkende Kreuzkuppelbau geht auf die Zeit des oströmischen Kaisers Justinian zurück (6. Jh.). Baumeister war angeblich ein Schüler des Isidoros, der die Hagia Sofia in Konstantinopel erbaute. Erst in den sechziger Jahren stellte eine grundlegende Restaurierung die ursprüngliche byzantinische Gestaltung annähernd wieder her.

Im hohen Innenraum vermitteln schlanke Säulen und rundum laufende Galerien Leichtigkeit und Anmut. In den Gewölben aus verschiedenfarbigen Quadern sind Reste von Fresken aus dem 16. Jh. zu erkennen. Die Ikonostase (Altarwand) besteht aus durchscheinendem parischem Marmor, die kunstvoll geschnitzte Tür zum Allerheiligsten aus dauerhaftem Zypressenholz. Links steht die verehrte *Ikone der Panagía mit Kind*, die Ostern und am 15. August von Soldaten der griechischen Marine durch die Stadt getragen wird. Im *Allerheiligsten* ist der Altar mit einem steinernen Kuppelbaldachin überdacht, links an der Wand sieht man verwitterte Fresken. Im Kirchenraum rechts steht ein ehemaliger Brunnen. Links neben dem Allerheiligsten ist die Kapelle des *Ágios Nikólaos* in den Bau integriert. Sie ist der älteste Teil der heutigen Kirche – im 4. Jh. gestiftet von Helena, der Mutter von Kaiser Konstantin dem Großen, und errichtet auf den Grundmauern eines antiken Tempels. In den Apsiden der Nikolaus-Kapelle und des Hauptschiffs sind noch halbrunde Sitzreihen aus frühchristlicher Zeit für den Klerus erhalten, das so genannte *Synthronon*. Rechts angeschlossen ans Hauptschiff liegt das *Baptisterium*, ebenfalls mit Resten alter Fresken und dem in Griechenland einzigartigen kreuzförmigen *Taufbecken*. Je nach Tageszeit zaubern die einfallenden Sonnenstrahlen schöne Lichtspiele auf den Boden. Die Marmorgrabsteine im Hof und im *Narthex* (Säulenvorbau) der Kirche besitzen makabre Details, außerdem findet man rechts im Narthex ein verblasstes Fresko von Maria und Jesus in ungewöhnlicher Pose: Jesus guckt nämlich recht munter als Ungeborener aus dem Bauch der Maria heraus.

Seitlich vom Eingang im Hof befindet sich ein *byzantinisches Museum* mit wenigen, ausgesuchten Ikonen und anderen Stücken, alle sehr gut präsentiert. Im Devotionaliengeschäft gibt es informative Bücher über die Kirche, auch in Deutsch. Zu guter Letzt: im *Innenhof* nach oben schauen – die Kirchenglocken hängen in den Zweigen einer hohen Zypresse.

Öffnungszeiten/Preise **Kirche** tägl. 8–20 Uhr. **Museum** tägl. 9–13, 17–20 Uhr, Eintritt ca. 1,50 €.

Sonstiges

Archäologisches Museum: hinter der Ekatontapilianí-Kirche. Im Innenhof Reste eines großen römischen *Mosaiks*, das die Taten des Herakles darstellt, sowie Statuen und Säulen. Im Inneren u. a. eine kopf- und armlose Skulptur der Siegesgöttin *Nike* (5. Jh.) sowie ein Fragment der im 3. Jh. v. Chr. entstandenen *"Parischen Chronik"*, eine Marmorplatte, die 1627 in der Mauer der venezianischen Burg gefunden wurde. Anhand der eingravierten Verse konnte man wichtige Ereignisse der griechischen Geschichte datieren.

Öffnungszeiten/Preise Di–So 8.30–14.30 Uhr, Mo geschl. Eintritt ca. 2 €, EU-Stud. frei, andere die Hälfte, sonntags frei.

Ausgrabungen: An der Umgehungsstraße weisen mehrere Schilder zu antiken Fundstätten, z. B. *Open Air Sanctuary, Ancient Pottery Workshop* und *East Gaste of the Ancient Fortification*.

Parikiá/Umgebung

Besonders reizvoll ist der Aufstieg zum Monastiráki. Dass Parikiá auch schon in der Antike ein Zentrum des Inselebens war, kann man an diversen archäologischen Fundstätten der Umgebung erkennen.

▶ **Monastiráki:** am Hang hoch über der Stadt, in dichtem Zypressen- und Pinienwäldchen, von unten deutlich zu sehen. Das ehemalige Kloster *Ágii Anárgyri* ist heute verlassen und ein beliebtes Ausflugs- und Picknickziel. Die kleine Kuppelkirche ist verschlossen und die übrigen Räumlichkeiten sind leer, dafür hat man von der schattigen Terrasse einen herrlichen Panoramablick über die ganze Bucht. Zu erreichen von der Umgehungsstraße auf 1,2 km langem Abzweig Nähe Nordkreuzung (zunächst Asphalt, später zementierte Piste), anfangs nicht beschildert, später "Monastiráki". Unterwegs Abzweig zum gleichnamigen Restaurant.

▶ **Asklepieíon:** Das ehemalige Heiligtum des Heilgottes Asklepios liegt an der Straße nach Alikí, etwa 50 m nach der Mündung der südlichen Uferstraße auf die Umgehungsstraße (vom Hafen ca. 15 Min. zu Fuß). Dem hier zu Tage tretenden Wasser wurden einst Heilkräfte zugesprochen. Leider ist so gut wie nichts mehr zu sehen, nur einige Säulentrommeln und Fundamentreste liegen in dem eingezäunten Gelände verstreut. Vom Hügel darüber kann man Einblick nehmen.

▶ **Délion:** ehemaliges Apollo-Heiligtum auf einer windgepeitschten Hügelspitze nördlich von Parikiá. Nach dem Ende des Livádia-Strandes, an dem der Campingplatz liegt, führt eine beschilderte Piste in Serpentinen steil hinauf. Mit dem Moped problemlos zu machen, zu Fuß eine gute Stunde. Auch hier sind nur einige wenige Trümmer erhalten, darunter die Grundmauern eines Tempels. Der Ausflug lohnt jedoch wegen des ausnehmend schönen Rundblicks – Richtung Norden bis nach Náoussa, südlich bis Antíparos. Bei besonders klarem Wetter kann man Délos und Mýkonos erkennen, die etwa 35 km weiter nördlich liegen.

> Mystisch Veranlagte haben festgestellt, dass das Délion von Páros zusammen mit dem Apollotempel auf Náxos und dem Apollo-Heiligtum von Délos ein exakt **gleichschenkliges Dreieck** bildet. Angeblich wurden hier in der Antike zur jeweils gleichen Zeit Festlichkeiten zu Ehren des Lichtgottes begangen.

Weitere archäologische Fundstätten im Umkreis von Parikiá ab S. 288.

▶ **Parikiá/Baden:** gute Möglichkeiten in der weitläufigen Hafenbucht, jedoch hapert's natürlich an der Sauberkeit – dank der täglichen Schiffe und zahlreicher Hotels, die sich ungeklärt ihrer Abwässer entledigen.
Ein kleiner *Ortsstrand* liegt am südlichen Ende der Uferpromenade, ca. 150 m lang, mit Tamarisken.
Viel besser ist der lange, aber ziemlich schmale Sandstrand *Livádia* in der Nordhälfte der Bucht von Parikiá. Unmittelbar dahinter liegen die meisten Hotels der Stadt, dementsprechend sehr voll, ein kleines Tamariskenwäldchen spendet guten Schatten.
Von hier Asphaltpiste über Hügel zum *Kriós-Strand* am äußersten westlichen Ende der großen Bucht um Parikiá. Etwa 200 m weißer Sand, mit Steinen durchsetzt und fast schattenlos, aber deutlich weniger Rummel als an den Stränden direkt beim Ort. Herrlicher Blick auf Parikiá und die dahinter ansteigenden Berge.
Gleich nach Kriós liegt der kleine, nicht überlaufene Sandstrand *Marcellos*, umrahmt von Felsen. Tolle Sicht auf Stadt und Hafen, wunderschön zum Schwimmen und Schnorcheln.

Páros
Karte Seite 260/261

Von Parikiá nach Alikí (Inselsüden)

Gut ausgebaute Asphaltstraße die meist flache Westküste von Páros entlang. Man kommt hier zur Fähre nach Antíparos, zum Schmetterlingstal und zum Flugplatz bei Alikí. Abseits der Straße einige schöne Strände, ab Alikí Möglichkeit, die Insel im äußersten Süden auf Asphalt zu umrunden.

▶ **Souvliá** (auch: Delfíni): kleiner Sand-/Kiesstrand, etwa 3 km südlich von Parikiá, nah an der Straße, windig wegen seiner ungeschützten Lage nach Nordwesten. Hauptsächlich Gäste eines nahen Großhotels sind hier anzutreffen. Am Strand die Taverne "Magaya" mit gelegentlicher Livemusik.

▶ **Parásporos**: weißer, weicher Sandstrand südlich von Souvliá, ein Kap trennt die beiden Strände (durch Piste verbunden). Ein großes Strandlokal ist hier zu finden, ebenso ein Großhotel und ein Campingplatz (→ Parikiá/Übernachten).

▶ **Agía Iríni**: zwei versteckt gelegene Sandbuchten inmitten bizarr-felsiger Klippenküste aus rotem und weißem Marmor. Am *nördlichen* Strand schattige Bäume, eine Taverne und die Kapelle Agía Irini. Noch idyllischer ist die *südliche* Bucht namens "Palm Beach" – hohe Dattelpalmen sorgen hier für Schatten bis zum frühen Nachmittag, es gibt zwei Tavernen und einen netten Zeltplatz. Es geht flach ins Wasser, gut geeignet für Familien mit Kindern. Zu erreichen ist Agía Iríni von der Hauptstraße auf 500 m langer, schlechter Schotterpiste, ungeeignet für Wohnmobile.

● *Übernachten* **Camping Agia Irini**, der vielleicht schönst gelegene Platz auf Páros, zudem ruhig. Etwa 130 qm großes Areal mit vielen Ölbäumen und Palmen, unmittelbar davor der kleine Sandstrand mit kristallklarem Wasser. Ebenes Gelände mit weichem Untergrund auf umgepflügtem Boden, kein Gras. Kommunikationszentrum ist die mit Strohmatten überdachte Terrasse des alten Bauernhauses, in dem auch die Rezeption untergebracht ist. Taverne, Mini-Markt, kleiner Kochraum (Gas selbst mitbringen). Sanitäre Anlagen relativ neu, mit brauchbaren Installationen. Eigentümer spricht gut Englisch, ist hilfreich und unkompliziert. ✆ 22840-91496, ✆ 91144, www.greeka.com/paros-campings.htm (mit 3D-Tour).

● *Essen & Trinken* **Lari**, im Campinggelände, etwas zurück vom Strand, gemütliche schattige Plätze, ordentliche Auswahl, Zutaten weitgehend aus eigener Produktion. **Agia Irini – Tavern at the Beach**, ein Stück weiter südlich, geführt von Nikos Akalestos und seiner holländischen Frau. Leckeres Essen, dazu Wein aus Páros und griechische Musik. Abends kann man von der Terrasse den Sonnenuntergang genießen.

▶ **Kloster Christós Dásou**: zu erreichen auf asphaltierter Straße in die Berge. Das weitläufig verschachtelte Kloster mit blendend weißer Kuppelkirche am höchsten Punkt wurde von der bekannten Familie Mavrogenous gestiftet, seit 1805 ist es Nonnenkloster, etwa 12 Frauen leben noch hier. Oberhalb vom Kloster liegt die Grabeskirche des berühmtesten Inselheiligen *Ágios Arsénios*. Hier trifft man auch auf den *Maultierpfad*, auf dem man sich von Parikiá zum Kloster und weiter zum berühmten Schmetterlingstal von Petaloúdes schaukeln lassen kann.

Öffnungszeiten Tägl. 9–13 Uhr.

Gut versteckt im Blättergewirr: die Bärenspinner im Schmetterlingstal

Schmetterlingstal Petaloúdes

Tausende und Abertausende von Nachtfaltern aus der Familie der Bärenspinner namens Euplagia Quadripunctaria (Russischer Bär) hocken alljährlich von Anfang Juni bis Mitte September an den überwachsenen Baumstämmen und Efeuranken eines üppig grünen Terrassengartens.

Verantwortlich für die dichte Vegetation mit riesigen Zypressen und zahlreichen verschiedenartigen Obstbäumen ist eine ganzjährig sprudelnde Quelle auf dem Gelände. Das Besondere: Der einzigartige Biotop besitzt ein ideales, kühl-feuchtes Mikroklima, das den Faltern bereits seit mehr als 100 Jahren hervorragende Bedingungen zur Fortpflanzung bietet. Von ihrem Geruchssinn geführt, kommen sie ab Juni erst vereinzelt, dann in immer größeren Scharen von der ganzen Insel herangeflogen, pflanzen sich hier fort und legen im September ihre Eier ab. Danach sterben sie. Für die Besitzer, die Familie Gravaris, die auch eine Snack-Bar betreibt, bedeuten die Tierchen bares Geld, denn täglich stapfen hunderte Touristen durch das Gelände.

Um die 3–4 cm großen, orangeroten Tierchen mit ihren schwarz-weiß gestreiften Flügeln in Schwärmen auffliegen zu sehen, kommt man am besten möglichst spät, denn sie sind als Motten nachtaktiv. Dass sie keine Schmetterlinge im eigentlichen Sinne sind, erkennt man übrigens daran, dass sie ihre Flügel beim Zusammenklappen nicht senkrecht stellen.

• *Öffnungszeiten* etwa Mitte Juni bis Ende Sept. Mo–Sa 9–20 Uhr, Eintritt ca. 2 €.

• *Anfahrt* **Eigenes Fahrzeug**, von Parikiá kommend, führt, kurz nachdem sich die

Straße Richtung Poúnta und Alikí gabelt, eine Zufahrtsstraße hinauf.

Bus, bis "Petaloúdes" bzw. "Butterfly Valley"-Stopp an der Strecke Parikiá-Alikí. Ein Bushäuschen steht an der Straße, von dort noch ca. 1 km die Straße hinauf.

Organisierte Touren, davon gibt es ab Parikiá und Náoussa jede Menge – am reiz-vollsten ist sicher der Ritt per Maultier ab Parikiá (2x tägl.). Geritten wird ca. 45 Min. auf Nebenstraßen, von denen man herr-liche Ausblicke genießt – allerdings die Esel mit Holzgestellen "gesattelt", die nicht gerade weich sind. Die Treiber lassen genügend Zeit für die Besichtigung, bevor es wieder zurückgeht.

> **Achtung**: Bitte rütteln Sie keinesfalls an den Sträuchern, um die Falter in Schwärmen auffliegen zu sehen! Die zarten Lebewesen sind äußerst empfind-lich und hängen tagsüber unbeweglich in den Pflanzen, um Kraft zu sammeln für ihre nächtlichen Begattungs- und Nahrungsflüge. Werden sie häufig aufge-scheucht, verbrauchen sie unnötig Energie, was beim einem Großteil der Tiere zum sicheren Tod führt! Leider gibt es seitens der Betreiber keinerlei Überwa-chung in dem Gelände und nur bescheidene kleine Warnschilder, die häufig übersehen werden. So kommt es, dass die Falter alle paar Minuten aufge-schreckt durcheinander wirbeln, weil sich wieder ein Besucher inmitten von Schmetterlingsschwärmen auf die Platte gebannt sehen will. Fazit: Ökologisch erscheint die Vermarktung dieses Biotops höchst fragwürdig!

▶ **Poúnta**: winziges Nest mit Großhotel. Mindestens zehnmal, in der Saison häu-figer, pendeln kleine Autofähren nach *Antíparos* hinüber (→ Antíparos). Un-mittelbar beim Anleger steht eine Kapelle, deren Tür genau nach Antíparos ausgerichtet ist. Als es noch keine regelmäßigen Fährverbindungen gab, signa-lisierte man mit der geöffneten Tür, dass Passagiere übergesetzt werden wollten.

▶ **Von Poúnta an der Küste entlang nach Alikí**: reizvolle Alternative zur Haupt-straße ist die kurz vor Poúnta links abzweigende Asphaltstraße. Nach Alikí sind es hier etwa 8 km durch flaches Acker- und Weideland, unterwegs pas-siert man diverse Abzweigungen zu kleinen Stränden. Bei *Voutákos* Stichstra-ße zu einem Dünenstrand mit Ferienvillen. Ein Stück weiter südlich liegt der neue Campingplatz Aliki (→ Alikí/Übernachten).

Alikí

Einfacher Fischerort, der in den letzten Jahren touristisch stark ausgebaut wurde. Die Häuser sind weit ins Hinterland verstreut, die flache Landschaft wurde früher zur Salzgewinnung genutzt (Alikí = Saline). Insgesamt wenig, was zum Bleiben reizt, jedoch abgesehen vom Hochsommer entspannend ruhig, gut geeignet für Familien mit Kleinkindern.

Am 150 m langen Ortsstrand liegt eine kleine Uferpromenade mit Fischtaver-nen. Einen wenig attraktiven Stein- und Sandstreifen findet man westlich außerhalb, über den Hügel Richtung Westen kann man weitere Buchten errei-chen, z. B. *Makriá Míti*, dort liegt auch der Campingplatz von Alikí. Bademög-lichkeiten gibt es außerdem südlich vom Ort (vom Hafen den Weg weiter und ums Kap herum), dort erstreckt sich der lange Kies-/Sandstrand *Votsalákia* mit Tamarisken im südlichen Teil. Danach führt eine etwa 2,5 km lange Schot-terstraße immer an der Küste entlang (und am Müllverbrennungsplatz vorbei) zum ruhigen *Órmos Fáranga* mit Beach Bar.

Die Straße von **Alikí** um die Südspitze von Páros nach **Driós** ist seit Mitte der Neunziger asphaltiert. Schöne Strecke mit herrlichen Ausblicken nach Antíparos.

• *Verbindungen* Busse von und nach **Parikiá** ca. 10–18x tägl., Sa und So weniger. Busstopp am Ende der Zufahrtsstraße zum Strand, direkt an der Paralía. Abfahrtsplan vorhanden. Bus hält ebenfalls am Ortseingang und am Flughafen sowie auf Zuruf auch am Volkskundemuseum.

• *Übernachten* In Alikí wurden zahlreiche Häuser neu errichtet und alte Unterkünfte renoviert. Mittlerweile ist das Angebot für die Nebensaison reichlich, im Hochsommer kann es aber schon mal eng werden.

Narges, A-Kat., Großhotel mit 78 Zimmern, an der Straße vom Strand Richtung Driós. Ziemlich kühl gestaltete Eingangshalle mit Marmorböden und viel dunklem Holz. 73 Zimmer und 6 Suiten, jeweils mit Balkon, Kühlschrank, Klimaanlage, Radio und Telefon, Bäder mit Wanne. Großer Swimmingpool mit Poolbar hinter dem Haus, auch Restaurant vorhanden. DZ ca. 65–110 €. ✆ 91392, ✆ 91379, www.narges.gr

Afroditi, B-Kat., an der Durchgangsstraße Richtung Driós. 24 moderne Zimmer in einem zweistöckigen Haus, alle mit dunklen Holzmöbeln eingerichtet. Enge, weiß gflieste Innenbäder mit täglicher Reinigung. Abgeteilte Rundumbalkone ums gesamte Haus mit hübschen Rundbögen. Im Erdgeschoss Frühstücksaal mit Bar und Rezeption. DZ ca. 35–60 €. ✆ 22840-91249, ✆ 91395.

Galatis, C-Kat., gleich am Ortseingang beim Fußball- und Kinderspielplatz. Alle Zimmer mit Bad, Balkon, TV und Klimaanlage, eingerichtet mit Kiefernholzmöbeln. Außerdem werden auch Apartments für bis zu 4 Personen vermietet. Frühstückszimmer, Restaurant und Bar im Hotel, neu errichteter Swimmingpool im Garten. DZ ca. 35–60 €, Apartments etwas teurer. ✆ 22840-91355, ✆ 91651.

Villa Konitopoulos, kleine Anlage schräg gegenüber von Hotel Afroditi. Schöner Eingangsbereich mit Tischen unter weinüberranktem Dach. Geräumige Zimmer mit Bad, aber nicht alle mit Balkon oder Terrasse. Freundlich geführte Rezeption. 2 Minuten zum Strand. Juni bis Sept. geöffnet. DZ ca. 30–60 €. ✆/✆ 22840-91202.

Maria, Privatzimmer an der Zufahrtsstraße zum Strand von Alikí. Neueres Haus mit blauen Fensterläden und einer Dusche für die Strandbesucher gleich am Eingang. Gut

ausgestattete Zimmer mit Bad und Balkon. Schöne Dachterrasse, leider zur Straße hin. DZ ca. 25–50 €. ✆ 22840-91090.

Michalis, an der Durchgangsstraße von Parikiá auf der rechten Seite. Mehrere einfache Zimmer unweit des Strandabschnitts in der Ortsmitte. Zu erkennen an dem aus Naturstein gemauerten Eingang. DZ ca. 25–50 €. ✆ 22840-91405, 91419.

Young Inn, neues, freundlich geführtes Hostel, etwa 150 m vom Strand, ideal für Rucksacktouristen, internationales Publikum. Es gibt DZ mit Bad und Balkon, Dachterrasse mit Meerblick, Frühstück und Abendessen, Getränke bis 24 Uhr, Strandpartys und Barbecues, Spiele, Internetzugang, Mofaverleih etc. Übernachtung ab 8 € pro Pers. ✆ 6976415232 (mobil), www.young-inn.com

Camping Aliki, unweit des Strandes auf der Rückseite des westlich von Alikí liegenden Hügels (Kap Makriá Míti). Trotz Beschilderung nicht ganz leicht zu finden: von Parikiá kommend am Ortseingang beim Hotel Galatis rechts am Basketballplatz vorbei und eine ziemlich schlecht asphaltierte Straße über den Hügel hinweg, das letzte Stück nur geschottert. Der im Hochsommer bis zu 700 Personen fassende Platz selbst liegt nicht übermäßig attraktiv, ist aber (abgesehen vom Flughafenlärm) sehr ruhig. Harter, lehmiger Boden mit vielen kleinen Steinchen, viele Olivenbäume geben Schatten. Die meisten Zeltstellplätze wurden mit hüttenartigen Schilfrohrkonstruktionen parzelliert, gut als Sicht- und Windschutz. Taverne, Minimarket, Koch- und Spülraum sowie Snackbar mit Sitzgelegenheit vorhanden. Zu Fuß etwa 3 Min. zum Strand, der hier aus vielen kleinen Buchten mit Sand oder Kies besteht. Superblick hinüber nach Antíparos. Transfer mit Mini-Bus zum Hafen Parikiá. Geöffnet Ende Juni bis Mitte September, doch auch in der Nebensaison kann gegen eine geringe Gebühr gezeltet werden. ✆ 22840-91303, ✆ 91150.

• *Essen & Trinken* **Galatis**, gehört zum gleichnamigen Hotel. Im gehobenen Niveau gestalteter Innenraum mit einer Kaminwand aus parischem Marmor. Riesen-Fernseher für Fußballübertragungen vorhanden. Außen sitzt man schattig unter einem Strohmattendach.

Akrogiali, gleich die erste Taverne am Ende der Zufahrtsstraße zum Strand. Insbesondere zur Mittagszeit sehr beliebt, da der Strand wirklich gleich nebenan liegt. Unter Tamarisken und Strohmattendach sitzt man sehr angenehm. Spezialitäten sind Fischgerichte, nicht billig.

Mouragio, in der Mitte der Paralía, wo die Fischerboote vor Anker liegen. Zwei, drei Tische vor der Taverne, der Rest auf einer ins Meer hineingebauten Terrasse praktisch auf Wasserhöhe. Das Ambiente macht einen etwas authentischeren Eindruck und ist vor allem abends gut besucht. Leckere Fischspezialitäten. Preise im Rahmen.

Das Volkskundemuseum von Alikí

Direkt beim Flughafen, von Poúnta kommend noch vor dem Ortseingang von Alikí, liegt das "Museío Kykladítikis Laographías". Benétos Skiadás hat hier in jahrelanger Arbeit eine sehenswerte Sammlung zusammengetragen sowie diverse Gerätschaften im Miniaturformat funktionstüchtig errichtet. Seine Frau führt die Besucher durch den Saal und erklärt die einzelnen Stücke auf englisch.

Zu sehen gibt es im Innenraum zahlreiche originalgetreue Miniaturnachbauten, z. B. einen kleinen Webstuhl, eine Oliven- und Traubenpresse, eine Destillationsanlage für Ouzo, einen traditionellen Kamin, eine Leuchtfeueranlage, Kränze und Ringe aus pariotischem Marmor, ein traditionelles Landhaus und eine Windmühle. Dazu kommen noch mehr als ein Dutzend Schiffsnachbauten, z. B. das französische Kriegsschiff "La Fierte", das am 3. Dezember 1833 vor dem Hafen von Parikiá bei einem Sturm sank, eine antike römische Galeere (3. Jh.), das antike Schiff "Kereenía" aus Zypern (ca. 400 n. Chr.), traditionelle griechische Fischerboote (Kaíkis) und Passagierschiffe aus dem 19. und 20. Jh., die ehemaligen Verbindungsboote zwischen Páros und Antíparos sowie das alte Dampfschiff "Moschánthi", das von 1940 bis 1960 die Route Piräus-Sýros-Ándros-Tínos-Páros befuhr.

Im Garten des Museums sind originalgetreue Kopien von kykladischen Bauwerken zu bewundern, u. a. das Kloster Chosowiótissa auf Amorgós, die Panagía-Kirche von Tínos, eine Wassermühle von Náxos, die vier Windmühlen von Mýkonos, der Leuchtturm von Ándros, das antike Theater von Mílos (3. Jh. v. Chr.), das erste Kafenion und das venezianische Kástro von Parikiá sowie der gut 3 m hohe Nachbau einer Windmühle, in der man die gesamte Mechanik nachvollziehen kann. Daneben steht ein Modell des griechischen Kriegsschiffs "Elli", das, am 15. August 1940 wehrlos im Hafen der Kykladeninsel Tínos liegend, von einem italienischen U-Boot torpediert und versenkt wurde (→ Tínos). Außerdem sind in der Außenanlage des Museums eine eselgetriebene Wasserfördereinrichtung für Brunnen, der Mühlstein einer Ölpresse und eine Traubenpresse im Original ausgestellt.

Öffnungszeiten/Preise Tägl. 10–14 Uhr, 17–21 Uhr, Eintritt ca. 2 €.

Von Parikiá zur Ostküste

Die Straße führt quer durch das zentrale Bergmassiv und bietet einige der schönsten Eindrücke der Insel. Taschenlampe mitnehmen, um die berühmten Marmorstollen von Maráthi anzuschauen! Sehr lohnender Ort unterwegs ist Léfkes, die alte Inselhauptstadt. Von dort führt eine breite Schotterpiste auf den höchsten Inselgipfel.

▶ **Kloster Thápsanis**: gut instand gehaltenes Kloster neueren Datums. Eine beschilderte Straße (anfangs Beton, später Schotter) zweigt exakt 3,5 km nach Parikiá rechter Hand ab und führt etwa 3 km bergauf, am Örtchen *Choridáki* vorbei. Das Kloster wird noch von etwa 30 Nonnen bewohnt, Zutritt ist nur orthodoxen Christen gestattet.

▶ **Wanderung vom Kloster Thápsanis auf den Ágios Pántes**: Vom Kloster kann man in etwa einer Stunde auf den Gipfel des *Ágios Pántes* weiterlaufen, mit 755 m höchster Inselberg. Man nimmt dazu die Piste am Kloster vorbei zu einem ca. 1,5 km entfernten *Steinbruch*, zweigt aber schon vorher rechter Hand auf einen rot markierten *Pfad* ab, der direkt zum Gipfel führt. Auf dem Ágios Pántes sind Fernmeldeeinrichtungen installiert, von Léfkes führt auch eine Straße hinauf (siehe weiter unten).

▶ **Wanderung vom Kloster Thápsanis nach Parikiá**: Nach *Parikiá* geht es vom Kloster fast durchwegs bergab, ca. 90 Min. Man muss dazu Richtung Nordwesten ein Tal entlang zum kleinen leer stehenden Kloster *Ágios Dimítris* hinuntersteigen, von dort geht es in vielerlei Windungen eine eindrucksvolle grüne Schlucht hinunter, bis man südlich des hinter Parikiá aufsteigenden Hügels *Notiás* bequem auf Sicht laufen kann.

Marmorstollen von Maráthi

Tiefe schwarze Löcher im roten und weißen Marmorhang. Schon in der Antike wurden die langen, abschüssigen Gänge gebohrt, um den kostbaren "Lichnites" zu fördern. Man kann noch heute hineinsteigen – ein kleines Abenteuer, das viel Spaß macht!

Etwa 5 km von Parikiá, unmittelbar nach dem Dorf *Maráthi* (liegt rechts oberhalb), führt die Straße über eine kleine Brücke, Busse halten hier auf Wunsch. Unmittelbar danach zweigt rechts ein neu gepflasterter Marmorweg ab (beim letzten Check für Fahrzeuge gesperrt), beschildert zum Kloster Ágios Minás und zu den "Quarry's Maráthi". Nach etwa 200 m sieht man links einige Bruchsteinhäuser aus Marmor. Im Hang linker Hand dahinter liegen die schwarzen Stollenlöcher. Die Häuser dienten im 19. Jh. einer französischen Expedition als Standquartier, die hier Marmor für das Grab Napoleons abbaute. In der zweiten Hälfte des 19. Jh. waren die Häuser noch einmal bewohnt, als eine belgische Schürffirma den Versuch unternahm, das brachliegende Geschäft mit parischem Marmor zu beleben. Das Unternehmen baute damals sogar eine maultiergezogene Schienenbahn hinunter nach Parikiá.

Einstieg: Unbedingte Voraussetzung sind gute *Taschenlampen* und rutschfestes Schuhwerk, Sie sollten am besten in einer Gruppe, keinesfalls allein gehen!

Schwarzer Schlund: Marmorstollen bei Maráthi

Gefährlich ist die Sache aber nicht. Gesamtdauer etwa 30–40 Min. Im Berg wird's kühl – eventuell warme Sachen mitnehmen. Als Eingang den *rechten Schlund* nehmen, an dessen Beginn links ein altes Marmorrelief in den rostroten Marmor gemeißelt und mit Gitter abgedeckt ist (rechts von diesem Stollen liegt noch eine weitere, nicht begehbare Öffnung). Über Geröll kann man den steilen Gang hinuntersteigen – Vorsicht, je tiefer, umso feuchter! An der Sohle angelangt, nach links den stockdunklen Gang entlang, der zunehmend niedriger und enger wird – aber keine Panik! Hier die beste Möglichkeit, die schier unglaubliche Lichtdurchlässigkeit des parischen Marmors zu testen. Selbst massive Brocken lassen das Licht der Taschenlampe noch durchscheinen! Der Gang mündet nach wenigen Minuten in einen schräg nach oben verlaufenden Ausgangsstollen, der laut Leserzuschrift seit einigen Jahren nach und nach halbschuhtauglich ausgebaut wird.

▶ **Kloster Ágios Minás:** am Hügelkamm hoch über den Marmorstollen, eine steile Serpentinenpiste führt hinauf. Weltabgeschiedener Bau, meterdicke Mauern schotten das Innere nach außen völlig ab. Hier oben wohnt seit vielen Jahren Minas, ein interessanter alter Mann, dessen Vorfahren schon hier gelebt haben. Nach dem Krieg ist er nach Kanada ausgewandert und spricht deshalb sehr gut Englisch. Man wird nicht umhin kommen, sein Essen zu kosten sowie den selbstgemachten Oúzo und Maráthi-Wein. Der Innenhof ist wunderschön malerisch mit Rundbögen, altem Brunnen und einer kerzengeraden Zypresse. Die Klosterkirche wurde renoviert, alte Freskenreste sind in einer Seitenkapelle erhalten, eine Bodenplatte trägt die Jahreszahl 1636. Ein wenig Geld sollte man zurücklassen.

*Von Ágios Minás führt der Fahrweg weiter zu den wenigen Häusern von Vou-
niá, wo er endet (keine Verpflegungsmöglichkeit im Ort). In etwa 45 Min. kann
man von hier zum Kloster Thápsanis hinüberlaufen.*

▶ **Kóstos**: hübsches Örtchen, etwas abseits der Straße nach Léfkes. In den Tavernen am Dorfplatz kann man beschaulich unter Bäumen essen. Oberhalb der
Straßenkreuzung bei Kóstos liegt "Studio Yria", der größte und wohl beste Ke-
ramikworkshop von Páros. Die Franco-Kanadierin Monique Mailloux und ihr
parischer Ehemann führen die Werkstatt mit angeschlossenem Laden schon
seit über 25 Jahren.

Öffnungszeiten **Studio Yria**, Mo–Sa (Juli/August auch So) 9–14, 17–20 Uhr. ✆ 22840-29007,
www.studioyria.com

Léfkes

**Die alte Inselhauptstadt aus der Zeit der türkischen Besetzung. Herrliche
Panoramalage am Hang – blendend weiße Häuser, das tiefe Grün der zahlreichen Kiefern als Kontrast, auf dem Hügelkamm Richtung Meer Windmühlen (eine ist nach wie vor in Betrieb).**

Einst lebten hier 3500 Menschen, die meisten als Steinbrucharbeiter. Die Marmorblöcke wurden im nahen Písso Livádi verschifft. Doch als das Industriezeit-
alter neue Anforderungen an Verkehr und Schnelligkeit des Warenumschlags
stellte, baute man den Hafen Parikiá an der Westküste aus. Die Einwohner von
Léfkes wanderten nach und nach aufs Festland ab, hauptsächlich in die Marmorbrüche des Pentelikon-Gebirges bei Athen. Heute leben in Léfkes nur
noch etwa 700 durchweg alte Menschen, von den jungen Leuten hält es fast
keinen mehr.

Léfkes gilt als das schönste Dorf von Páros. Der Ortskern wirkt durch und
durch mittelalterlich – schmale, verwinkelte Gässchen ohne Autos, immer
wieder abrupte Ecken, Windungen, Treppen, Torbögen. Alte Häuser aus
Bruchstein, an der Platía im Zentrum ein malerisches Kafeníon. Dominierend
ist die große Hauptkirche *Agía Triáda* mit Säulen, Kanzel und Altarwand aus
hellem parischem Marmor, Kristallglasleuchtern von der Insel Murano (Venedig) und wertvollen Gold- und Silberikonen. Ein kleines *Volkskunstmuseum*
mit einem bunten Sammelsurium von Gegenständen des bäuerlichen Dorfle-
bens liegt kurz vor der unteren Platía mit dem Kafeníon.

Öffnungszeiten/Preise **Volkskunstmuseum**, im Sommer tägl. 10–13, 17–20 Uhr (Nebensaison nur So), Eintritt ca. 1 €.

● *Verbindungen* Die häufigen Busse von
Parikiá nach **Písso Livádi** und **Driós** (Ostküste) halten an der **Léfkes**, Haltestelle am oberen Ende des Ortes. Hier die Straße hinein
bis zu einem Aussichtspunkt unter Bäumen. Dort führt die Hauptstraße links hinunter zur zentralen Platía.

● *Übernachten* **Lefkes Village**, A-Kat.,
Schmuckstück am unteren Ortsrand, an
der Straße nach Pródromos, Panoramablick
das Tal hinunter in Richtung Meer. Die vor
wenigen Jahren erbaute Anlage schmiegt

sich terrassenförmig an den Hang und
setzt Léfkes quasi nach unten hin fort, architektonisch gekonnt wurden Tradition und
Moderne kombiniert. 20 Zimmer im schlichten mediterranen Stil, alle verschieden voneinander, aber sehr geschmackvoll. Gemütlich ist der Aufenthaltsraum mit Kamin, außerdem gibt es Swimmingpool mit Bar und
ein Amphitheater. Besitzer ist ein Athener
Fabrikant, der sich in Léfkes "verliebt" hat.
Ein kleines Museum ist in die Anlage integriert (→ Sehenswertes). Freundlicher junger

Manager Georg. Auch über Reiseveranstalter zu buchen, z. B. Attika. DZ mit Frühstück ca. 70–130 €. ✆/✉ 22890-41827, 42398, www.lefkesvillage.gr

Pantheon, C-Kat., an der Straße, die von der Bushaltestelle in den Ort führt, großes traditionelles Haus aus Marmorbruch, mit Marmor gefliste Gänge, unten weitläufiger Aufenthaltsraum. Zimmer mit Holzböden und solidem Mobiliar. Von den Balkonen toller Blick. DZ mit Bad ca. 30–50 €. ✆ 41646, 41700.

Tassos Desillas, Zimmer im unteren Teil des Orts, in Sichtweite der Kirche Agía Triáda. Tassos und seine freundliche Frau Sophia vermieten 3 Apartments für 4–5 Personen, schlicht eingerichtet mit dunklen Holzmöbeln, einem Sofa und Marmorböden. Außerdem gibt es im Obergeschoss auch schöne, große 2-Personen-Studios mit Balkonen. Alle Zimmer mit Heizung, daher auch im Winter geöffnet. Preise ca. 50–80 € fürs 4-Personen-Apartment und ca. 25–50 € fürs 2-Personen-Studio. Keine Beschilderung vorhanden und nur schwer zu finden. Besser anrufen und abholen lassen. ✆ 22840-41661.

● *Essen & Trinken* Lohnend ist der gute lokale Wein, den man hier noch überall aus dem Fass bekommt.

Klarinos, inselweit bekannte Taverne direkt an der oberen Platia im Ort. Als eine der wenigen Tavernen noch von einem Einheimischen geführt. Hübsch begrünte Hochterrasse unter Schilfmattendach. Nicht ein großartiger Blick, sondern die hervorragende Qualität des Essens entscheidet hier.

To Dasos, Taverne mit Panoramaterrasse an der oberen Ortszufahrt. Die herzliche Gastfreundschaft von Fanouris Ragousis und seiner Frau machen den Besuch lohnend. Zu empfehlen sind die traditionellen Gerichte in Tontöpfen, lecker sind auch die "pies" (Zucchini, Tomaten, Käse) sowie der Hauswein (rote und rosé) aus eigener Produktion. In der Nebensaison nur abends geöffnet.

Panorama, an der Durchgangsstraße im Ort, gleich am Busstopp. Nomen est omen – wirklich eine exzellente Panoramasicht und leider oft viel Wind auf der Terrasse. Preise im üblichen Rahmen.

● *Cafés/Bars* I **Lefkes**, Kafenion an der unteren Platía, an der Hauptgasse hinunter zur Kirche Agía Triáda. Hübsches, windgeschütztes Plätzchen unter einer großen Kiefer inmitten des Orts.

Akthi, Snackbar an der Straße nach Písso Livádi schon ein Stück außerhalb des Ortes. Man sitzt auf einer romantischen Terrasse mit dem schönen Blick auf Léfkes, in die wilde Bergwelt und auf die Windmühlen am gegenüberliegenden Bergkamm.

● *Shopping* Kleine Webstube von **Maria Chanioti** am Eingang zur Altstadt.

Dromos, Antiquitätenladen an der Hauptgasse Richtung Triáda-Kirche. Breites Angebot von Krimskrams über Schmuck bis zu wirklich wertvollen Antiquitäten.

Psimithri, an der Gasse zur unteren Platia, Atelier der Ikonenmalerin Maria Triantafillou. Die gut Englisch sprechende Kunstlehrerin arbeitet und lebt in Athen und kommt nur im Sommer nach Páros.

Museum der ägäischen Zivilisation

Das kleine Ein-Raum-Museum in der Hotelanlage Lefkes Village ist das persönliche Hobby des Besitzers. Der vermögende Möbelfabrikant hat hier zahlreiche Gegenstände zusammengetragen, die abseits vom Massentourismus den Alltag auf den Kykladen und anderen Inseln prägen. Also mal keine Schau der Vergangenheit, sondern griechisches Leben jetzt und heute. So kann man etwa die diversen Stuhltypen betrachten, die seit langem in den Kafenia verwendet werden, eine Ecke ist der Töpferei verschiedener Inseln gewidmet, die typische Kykladen-Architektur wird dokumentiert, landwirtschaftliches Gerät findet man ebenso wie traditionelles Werkzeug für die Metall- und Holzbearbeitung, die Herstellung von Wein und Öl wird dargestellt, und auch eine kleine Bibliothek ist vorhanden. Besichtigung täglich 9–20 Uhr, bitte in der Rezeption vom Hotel Lefkes Village nachfragen.

Der Rundblick schlechthin: auf dem Dach von Páros

▶ **Wanderung von Léfkes nach Pródromos**: Unterhalb der Kuppe mit den Windmühlen führt etwa parallel zur heutigen Fahrstraße ein teilweise gepflasterter *byzantinischer Weg* hinunter nach *Pródromos* (→ Ostküste). In früheren Jahrhunderten war er Teil der Inselhauptstraße von Parikiá über Léfkes nach Písso Livádi. Insgesamt ein schöner, etwas holpriger Spaziergang von etwas über einer Stunde zwischen Ölbaumterrassen und über ein Flussbett.

Einstieg: beim Kafenion "I Léfkes" rechts hinunter, kurz danach hält man sich links. Am Ende der Häuser des Dorfes Talüberquerung, dort ein Schild "Byzantine Road" (ca. 15 Min.). Nach einer weiteren Viertelstunde überquert man eine Brücke. Der ungepflasterte Weg führt über eine Hochebene mit Viehpferchen. Bergab beginnt das Pflaster wieder, noch eine Viertelstunde und man sieht die ersten Häuser von Pródromos.

Ágios Pántes (auch: Ágios Ilías)

Mit 755 m höchster Berg der Insel, von Léfkes über eine breite Schotterpiste zu erreichen (oder zu Fuß ab Kloster Thápsanis, siehe dort). Schönste Bergszenerie auf Páros, wild und kahl – und bei klarem Wetter optimaler Rundblick über fast alle Kykladen!

Die Gipfelstraße beginnt gegenüber dem kleinen Park an der oberen Straße von Léfkes (nach der Schule) und führt in Steilkurven nach oben, Panoramablick auf den Ort. Nach knapp 2 km zweigt rechter Hand eine schmale Piste zum kleinen Kloster *Ágios Ioánnis Kaparos* ab, das man in einiger Entfernung am Hang hervorlugen sieht. 1646 gegründet, ist es heute in Besitz der Kaparos-Familie aus Léfkes. In der Kirche eine wertvolle Ikone Johannes' des Täufers (1652), besonders hübsch ist aber dank des Wasserreichtums der üppige Obstgarten mit

Äpfeln, Pflaumen und vor allem vielen leckeren Sauerkirschen. 3,5 km ab Léfkes geht links die Piste über *Langadá* nach *Áspro Chorió* ab (→ nächster Abschnitt). Geradeaus weiter mit grandiosen Rundblicken auf den Gipfel, die Insel Antíparos liegt wie ein Relief tief unten im Meer. 7,5 km von Léfkes ist das Ziel erreicht, oben Fernmeldeanlagen des OTE, großer Windrotor und die zwei Kapellen *Ágios Pántes* und *Ágios Ilías* (beide verschlossen). *Wichtig*: Auch im Sommer kann es reichlich kühl werden, außerdem weht oft ein heftiger Wind. Vor allem, wer mit dem Zweirad kommt, sollte unbedingt warme Sachen mitnehmen!

Wer zu Fuß runter will: 200 m vor der OTE-Anlage zweigt von der Straße ein rot markierter *Fußpfad* zum großen Kloster Thápsanis ab, das tief unten deutlich zu erkennen ist (→ "Wanderung vom Kloster Thápsanis auf den Ágios Pántes").

Rundblick vom Ágios Pántes: Man traut seinen Augen nicht – an klaren Tagen sind zu sehen: *Antíparos, Náxos, Iráklia, Íos, Síkinos, Folégandros, Sífnos, Sérifos, Sýros, Tínos, Mýkonos, Délos* und *Rínia*! Nirgendwo wird einem bewusster, wie eng diese Inseln zusammengehören. Da Páros zentraler liegt, ist der Blick sogar besser als vom wesentlich höheren Zas auf Náxos.

Mármara, Márpissa, Písso Livádi und die Strände an der Ostküste siehe weiter unten nach Náoussa, Abschnitt "Ostküste".

Von Parikiá nach Náoussa (Inselnorden)

Die Küste zwischen Parikiá und Náoussa bildet eine unzugängliche Felsbarriere. Landeinwärts des Bergrückens führt die Straße ein lang ausgleitendes Tal entlang.

▶ **Tris Ekklesíes**: unmittelbar links der Straße nach Náoussa, ca. 1,5 km ab Ortsausgang, die Grundmauern dreier Kirchen aus dem 17. Jh., die hier an der Stelle einer tausend Jahre älteren frühchristlichen Basilika errichtet wurden. Noch früher soll sich hier das Grab des berühmten parischen Dichters *Archilochos* befunden haben (7. Jh. v. Chr.). Der Erfinder des Iambus (Versmaß) gilt als ältester Lyriker der Griechen und hat seine Gedichte oft mit Spott und Hohn garniert, gleichzeitig sehr menschlich und ehrlich geschrieben – eine absolute Rarität in seiner "heroischen" Zeit. Marmorbruchstücke liegen verstreut, teils mit historischen Inschriften.

▶ **Heiligtum der Aphrodite**: auf einem Hügel westlich der Straße nach Náoussa, Abzweig ca. 2 km hinter Parikiá. Die Piste führt zu einem Gehöft, von dem aus man noch ein Stück aufwärts steigen muss. Die kaum noch auszumachenden Reste des Heiligtums liegen bei einem Brunnen unter einigen Bäumen. Schöner Blick rüber zum Kloster Longovárdas. Das Ganze ist auch als Wanderung von Parikiá aus gut zu machen.

▶ **Kloster Longovárdas**: 2 km nach Tris Ekklesíes zweigt rechter Hand eine Asphaltpiste zum größten Kloster der Insel ab. Der abseits liegende Männerkonvent besitzt die mit Abstand schönste Klosterkirche der Insel mit herrlichen Fresken und einer monumentalen Altarwand. Fünf Mönche leben hier derzeit und führen ernsthaft Interessierte gerne durch die Anlage. Frauen haben allerdings keinen Zutritt und müssen außerhalb der dicken Mauern warten. Die

Auf allen Festen dabei: die traditionelle Inselmusik „Nissiótiko" (EF)

Mýkonos
▲▲ Das malerische Viertel Klein-Venedig (EF)

Mýkonos

Viele der alten Inselzisternen sind nach wie vor ▲▲
in Betrieb (EF)

Panoramablick vom oberen Mühlenberg (Áno Mýli) (EF) ▲▲

Zahlreiche Kirchen auf Mýkonos haben rote Kuppeln (EF) ▲

Délos
▲▲ Kurze Orientierung vor der Besichtigung (EF)

der *Zoodóchou Pighí* geweihte Kirche besitzt an allen Innenwänden relativ gut erhaltene Malereien. Eine Inschrift gibt das Jahr 1657 als Entstehungszeit des Katholikons an, in dieser Zeit wurden auch die Fresken erstellt. Die Altarwand mit ihren unzähligen Ikonen wurde erst im Jahre 1888 hierher verbracht. Die Ikonen datieren hauptsächlich aus dem 18. und 19. Jh., die älteste wurde 1766 gemalt und zeigt den heiligen Michael (ganz links auf der Altarwand). Während 1956 die klösterliche Gemeinschaft noch 25 Mönche zählte, leben heute gerade noch fünf Männer hier. Sie arbeiten in der Anlage, bestellen ihre Felder, bauen Wein an und backen Brot. Nach der Besichtigung wird den Besuchern manchmal ein Rakí ausgegeben. Das findet dann außerhalb der Klostermauern statt, um die wartenden Frauen auch noch mit einbeziehen zu können. Bitte beachten Sie, dass das Kloster keine Sehenswürdigkeit für Touristenmassen ist, sondern eine intakte Gemeinschaft von Menschen, die abseits der Welt leben wollen. Insofern sollte man nur bei ernsthaftem Interesse an die große Pforte klopfen.

Wer englisch spricht, sollte nach dem mittlerweile über achtzigjährigen Mönch James fragen. James ist in England geboren, konvertierte zum griechisch-orthodoxen Glauben und kam 1956 ins Kloster Longovárdas. James erklärt Interessierten gerne ein paar Einzelheiten zum Kloster, wobei er sich seinen typisch englischen Humor bis heute bewahrt hat.

• *Öffnungszeiten* Täglich 9.30–12 Uhr. An kirchlichen Feiertagen gibt es verschiedene Ausnahmeregelungen. Männer müssen lange Hosen ("no shorts") und ein mindestens die Oberarme bedeckendes T-Shirt tragen (kein Trägershirt). Frauen haben keinen Zutritt.

• *Zufahrt* 2 km nach Trís Ekklesíes zweigt rechter Hand von der Straße Richtung Náoussa eine Asphaltpiste zu dem größten Kloster der Insel ab. Von der Abzweigung geht es nochmals 1,8 km über Beton und Schotter mäßig den Hügel hinauf.

Alkyoni: The Aegaen Wildlife Hospital

Die Tierklinik in der Nähe von Kamáres ist einmalig auf den Kykladen. Marios Fournaris aus Parikiá und andere ehrenamtlich tätige Tierpfleger behandeln hauptsächlich Vögel: Mäuse- und Adlerbussarde, Zwerg- und Steinadler, Wander- und Turmfalken, Korn- und Wiesenweihen, Gänsegeier, Sperber, Schleiereulen, Steinkäuze, Schwäne, Reiher, Rohrdommeln, Pelikane und Flamingos, außerdem Schildkröten, Igel und Eidechsen. Bei den meisten Verletzungen handelt es sich um Schusswunden, denn Griechen sind leidenschaftliche (zumeist illegale) Jäger und Großwild gibt es kaum noch in Griechenland. Viele hundert Tiere aus sämtlichen Regionen Griechenlands wurden hier schon behandelt, die meisten konnten danach wieder in freier Wildbahn ausgesetzt werden. Das Alkyoni lebt ausschließlich von privaten Spenden. Volontieren und Mithilfe auf freiwilliger Basis ohne Vergütung ist jederzeit möglich.

Kontakt: Alkyoni, GR-84400 Páros, Cyclades, Griechenland, ✆/📠 22840-22931, mobil 694741616, www.parosweb.com/awh/index.html

Órmos Náoussa (Golf von Náoussa)

Náoussa liegt malerisch in einem weiten Golf. Im Westen türmen sich Felsmassen, nach Osten gleitet das Land sanft zur Klippenküste ab. Es gibt mehrere schöne Badestrände, die weitgehend geschützt vor Wind und Wellen sind. Und auch unter Seglern gilt die Bucht von Náoussa als eine der besten der Kykladen. Selbst bei starkem Wind liegt man ruhig vor Anker und der Órmos ist geräumig genug für ganze Flotten.

Náoussa

Idyllischer Fischerhafen mit reizvoll verwinkeltem Ortskern, allerdings stark vom Tourismus in Beschlag genommen, viel griechisches und internationales Publikum, hohe Preise.

Der kykladische Charme weicht zusehends den genormten 2- und 3-stöckigen Villen und Apartmenthäusern, die ins Umland wuchern. Während ganzjährig etwa 1200 Menschen in Náoussa leben, wächst die Zahl im Hochsommer um gut das Zehnfache. Das bildhübsche, marmorgepflasterte Hafenbecken und der lang gestreckte Tavernenplatz an der Hauptstraße sind die alltäglichen Treffpunkte. Auf letzterem sitzt man neben dem Bachbett eines im Sommer ausgetrockneten Flusses. Café-Bars und Restaurants reihen sich hier in dichter Folge und man kann im Schatten mächtiger Eukalyptusbäume gemütlich Kaffee oder Oúzo schlürfen. Reizvoll ist auch ein Bummel durch die engen, überwölbten Gassen des historischen Zentrums. Die früher aus Verteidigungsgründen notwendige verschachtelte Bauweise mit ihren labyrinthischen Wegen, versteckten Winkeln und unvermuteten Torbögen vermittelt heute viel Flair.

Außerdem kann man täglich per Badeboot zu den zahlreichen Stränden der Umgebung tuckern. Zwei kleinere Strände liegen in Fußentfernung zum Zentrum.

Information/Verbindungen/Adressen

● *Information* Kleiner städtischer **Infokiosk** bei der Brücke am Hafen. Tipps zu Unterkünften und Sehenswertem. ✆ 22840-52158. Auch die Reisebüros geben Infos, z. B. Katerina im **Simitzis Tours** am Hauptplatz, ✆ 22840-51113.

● *Verbindungen* **Linienbusse** von und nach **Parikiá** fahren in der Saison jede halbe Stunde, abends stündlich, Fahrtzeit etwa 20 Min., stoppen auch am Beginn vom Kolimbíthres-Strand. Weitere häufige Busse gehen nach **Písso Livádi** und **Driós**, mehrmals tägl. fährt auch ein Bus zum **Sánta María-Strand**. Abfahrt aller Busse am Hauptplatz, dort auch **Taxistand**, ✆ 22840-51582. In der Saison täglich **Badeboote** zum Kolimbíthres-, Monastíri-, Lángeri- und Sánta-María-Strand (Abfahrt am Mole direkt an der Brücke).

● *Adressen* **Ausflüge**, die Agenturen um den Hauptplatz bieten vieles an – z. B. Pe-

taloúdes-Tal, Rundfahrt um die Insel, Golden Beach, aber auch Tagesexkursionen nach **Mýkonos**, Delos etc.

Geld, mehrere Banken mit Geldautomat am Hauptplatz mit den Tavernen.

Internationale Presse, am Hauptplatz, ein paar Schritte nach Hotel Aliprantis.

Kinderspielplatz, zwischen Hauptplatz und Flussstraße, kurz vor der Kirche Pantánassa.

Medical Center, am Hauptplatz, Nähe Busstopp. ✆ 22840-52304.

Post, Richtung Süden weit außerhalb vom Zentrum.

Tankstelle, insgesamt drei – von Parikiá kommend, eine am Eingang vom Ort, die zweite am Ortsausgang, eine dritte ein Stück weiter in Richtung Mármara.

Wäscherei, "Angie's Laundry" im alten Ortskern, Nähe Weinlokal Kavarnis.

Im Fischerhafen von Náoussa

Übernachten (s. Karte auf S. 293)

Viele (allzu viele) Möglichkeiten in allen Preisklassen, Náoussa hat bald mehr Unterkünfte als Parikiá, was dem Ort jedoch schlecht bekommt, denn die ganze Bucht wird nach und nach zugebaut. Individualreisende kommen einfacher direkt im Ort unter als in den von Pauschalurlaubern belegten Hotels an den Stränden der Umgebung. Der städtische Informationskiosk und die Reisebüros am Hauptplatz helfen bei der Suche.

● *Im Ortszentrumt* **Atlantis (8)**, C-Kat., zentrale Lage an der Zufahrtsstraße, kurz vor der Brücke. 30 Zimmer mit Bad und Balkon, schöner Blick aufs Wasser, hinten kleiner Pool. Auffallend die geschmackvollen Rundbögen im ganzen Haus, angenehme Bar. DZ ca. 40–75 €. ✆ 22840-51340, ✆ 52087.

Madaky (10), E-Kat., an der Brücke, paar Schritt vor dem Hauptplatz. Älteres Haus mit 34 Zimmern, weitläufig, ordentlich möbliert, in den Zimmern Kühlschrank, teilweise Terrasse oder Balkon, Aufenthaltsraum mit TV. Die herzliche Gastgeberin Margarita Daphni Kyriani hat für den Hotelnamen die Anfangsbuchstaben ihrer drei Namen benutzt (Ma-Da-Ky). DZ mit Du/WC ca. 25–50 €, mit Etagendusche günstiger. ✆ 22840-51475.

Aliprantis (13), C-Kat., einziges Hotel am Hauptplatz, inmitten der Tavernen, etwas höherer Geräuschpegel. 15 Zimmer, ansprechend eingerichtet, viel Holz, Balkons auf den Platz. Unten im Haus gute Konditorei. DZ ca. 35–70 €. ✆ 22840-51571, ✆ 51648.

Minoa (22), C-Kat., auf dem Hügel, den sich der neue Ortsteil von Náoussa hinaufzieht, 5 Min. vom Hauptplatz. Gute Zimmer mit Einbauschränken, Balkon und Bad, unten beliebtes Restaurant. DZ ca. 35–55 €. Positive Leserstimmen. ✆ 22840-51309, ✆ 51551.

Stella (20), D-Kat., versteckte Lage mitten im Ort, trotzdem ruhig (nach der Apotheke rechts hinein bzw. gegenüber vom Hotel Minoa). Einfach, aber nett gemacht, geführt von älterem Ehepaar. Begrünter Innenhof, Zimmer mit Linoleumböden, ordentlich möbliert, Balkon, vom Obergeschoss Meeresblick. DZ mit Bad ca. 30–60 €. ✆/✆ 22840-51317, E-Mail: hotelstella34@hotmail.com

Christina (25), C-Kat., in einem ruhigen Wohnviertel am Hügel über der Stadt. Sehr schöne, gepflegte Anlage, Blumenkübel und Beete überall, verstreute Sitzgelegenheiten,

Terrasse mit Blick über die ganze Bucht, Bar. 12 geräumige Zimmer mit dunklem Holz, jeweils Bad, Telefon, Kühlschrank, TV, kleine Terrasse oder Balkon. Freundliche Besitzer. DZ ca. 40–80 €. ☎ 22840-51017, 📠 53372.

Anna (7), ordentliche Privatzimmer hinter dem Hotel Atlantis, aufmerksam geführt, jeweils Kühlschrank, kleiner Balkon oder Terrasse. Zimmer zur Straße allerdings laut. Anna arbeitet in der Bäckerei in der Fußgängerzone. DZ ca. 25–50 €. ☎ 22840-51538.

Kiki & Michalis Katsigiannis, hinter der Kirche Pantánassa die Straße rauf, danach rechts und die nächste Gasse links, 5 Min. vom Ortskern. Lesertipp von C. Mielke: "Acht ordentlich eingerichtete Studios mit vielen praktischen Küchengegenständen. Kiki und ihr Sohn Georgios sprechen Englisch. Kiki sitzt gerne mit den Gästen vor ihrem Haus (direkt nebenan) und kocht dann auch schon mal was." ☎ 22840-51723.

● *Pipéri-Strand* Schöner kleiner Sandstrand am westlichen Ortseingang, ca. 5–10 Fußminuten ins Zentrum. Mehr als ein Dutzend Anlagen staffeln sich hier terrassenförmig die Hänge hinauf.

Manis Inn (2), ideal gelegene Anlage direkt am Strand. Einladender Pool, nett eingerichtete Anlage mit Balkon oder Terrasse, TV und Kühlschrank, Aircondition auf Wunsch (kostenpflichtig). Restaurant und Bar zwischen Pool und Strand. DZ ca. 60–90 €. ☎ 22840-51744, 📠 52654, www.manisinn.gr

Alpha Studios (1), am Hügel oberhalb von Manis Inn, kein Meeresblick, aber sehr ruhig. Geschmackvolle, üppig mit Blumen geschmückte Anlage mit 5–6 Apartments, jedes mit Terrasse und eig. Zugang von außen. Auf den Terrassen bieten Blumen und Weinreben Schatten, zusätzlich gibt es einen Sonnenschirm. Blaue Möbel, Steinfußboden, bestickte bzw. gehäkelte Vorhänge, TV, Telefon, Bäder mit Badewanne. Alles sehr sauber, tägliche Reinigung, jeden zweiten Tag Wäschewechsel. Gastfreundlicher Besitzer, der das Gespräch mit seinen Gästen sucht. Preise ca. 35–80 €. ☎ 22840-51819, www.alpha-studios.gr

● *Oberhalb der Zufahrtsstraße* **Castello (3)**, E-Kat., kleines Haus am Hang oberhalb vom Pipéri-Strand. Einfach, aber nett eingerichtet, helle Holzmöbel, sauber gefliesste Böden, bunte Vorhänge. Nur elf Zimmer und dementsprechend recht persönliche Atmosphäre, keine Balkons, aber gemeinsame Sonnenterrasse mit Buchtblick, Früh-

stücksraum. DZ ca. 30–65 €. ☎ 22840-51020, 📠 52600.

Villa Galini, sauberes und gepflegtes Haus in Hügellage, 350 m vom Pipéri-Strand, geführt von Andreas Kitidis und seiner deutschen Frau Gudrun. Doppel- und Mehrbettzimmer mit Kühlschrank und (meist) Balkon und schönem Blick auf Náoussa. Andreas gibt auch gerne Tipps zur Insel. DZ ca. 25–50 €. ☎ 22840-53335, 📠 53336, www.paros.de, E-Mail: vgalini@otenet.gr

Sakis (5), hoch oben am Hügel (an der Polizeistation eine Gasse hinauf) vermietet Sakis mit seiner deutschen Partnerin Martina acht Zimmer und zwei Apartments. Von den Balkonen bietet sich ein wunderbarer Blick auf die Bucht. Die Zimmer sind hell und verfügen über Kühlschrank, TV und geräumige Bäder. Die Apartments für bis zu sechs Personen wurden im gleichen Stil errichtet, besitzen eine große Küche und zwei Balkone. Durch die extreme Hügellage kein lauter Autoverkehr. Kostenloser Transfer nach Parikiá. Freundliche Aufnahme und viele Infos über Páros. DZ ca. 30–65 €, Apt. ca. 44–120 €. ☎ 22840-52171, 📠 24365, mobil 697-7741626, www.paros-online.com (sehr umfangreich und informativ).

Katerina (6), etwas unterhalb von Sakis, schönes Haus mit roten Balkonen, Tür- und Fensterläden, mehrere Terrassen mit herrlichem Meerblick. DZ ca. 30–65 €. ☎ 22840-51642.

Hara, zwischen Sakis und Katerina, gepflegtes Haus mit täglicher Zimmerreinigung, Maria und Kostas vermieten helle DZ und zwei Apartmants für bis zu 6 Pers. Alle Zimmer mit Kochgelegenheit, Balkon/Terrasse und Meeresblick. DZ ca. 30–65 €. ☎ 22840-51011, 📠 51500.

Papadakis (4), C-Kat., Gasse beim Hotel Atlantis hinauf, herrliche Panoramalage am Hang über dem Ort, weiter Blick. Frau Constantina Barbarigos führt zusammen mit ihrer Mutter das allein stehende Haus mit Pool. Zimmer mit Küche und TV. DZ ca. 50–80 €. ☎ 22840-51643, 📠 51269.

● *Ágii-Anárgyri-Strand* 400 m langer Strand östlich vom Ort, 10 Min. ins Zentrum. Zum Wohnen vielleicht die schönste Ecke, da ruhig und noch nicht so verbaut wie Pipéri.

Kalypso, C-Kat., unmittelbar am Strandbeginn, schöner, gepflasterter Innenhof mit rankenden Bougainvillen, zum Meer hin Kiesterrasse mit Tamarisken, wo man Hängematten aufspannen kann. Hübsche Lobby, Bar und Frühstücksraum. Geräumige

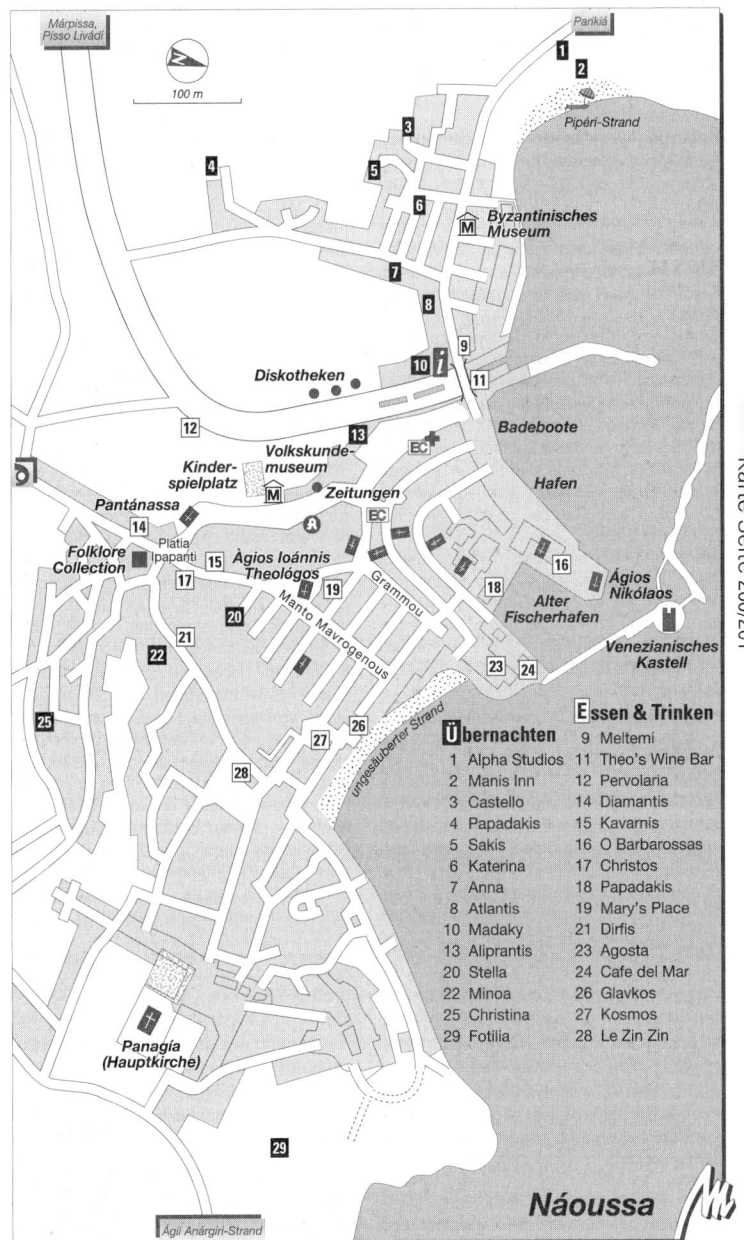

Márpissa, Pisso Livádi

Parikiá

100 m

Pipéri-Strand

Byzantinisches Museum

Diskotheken

Badeboote

Hafen

Volkskunde-museum

Kinder-spielplatz

Zeitungen

Pantánassa

Folklore Collection

Platía Ipapanti

Àgios Ioánnis Theológos

Grammoú

Manto Mavrogenous

Ágios Nikólaos

Alter Fischerhafen

Venezianisches Kastell

ungestäuberter Strand

Übernachten

1 Alpha Studios
2 Manis Inn
3 Castello
4 Papadakis
5 Sakis
6 Katerina
7 Anna
8 Atlantis
10 Madaky
13 Aliprantis
20 Stella
22 Minoa
25 Christina
29 Fotilia

Essen & Trinken

9 Meltemí
11 Theo's Wine Bar
12 Pervolaria
14 Diamantis
15 Kavarnis
16 O Barbarossa
17 Christos
18 Papadakis
19 Mary's Place
21 Dirfis
23 Agosta
24 Cafe del Mar
26 Glavkos
27 Kosmos
28 Le Zin Zin

Panagía (Hauptkirche)

Náoussa

Ágii Anárgiri-Strand

Zimmer mit TV, Balkon oder Terrasse, meist Meerblick, auch Studios und Apartments (5 Pers.). DZ ca. 45–70 €, Studios/Apartments ca. 60–90 €. Auch über Reiseveranstalter zu buchen. ✆ 22840-51488, ✆ 51607, www.kalypso.gr

Kosmitis, A-Kat., moderne Anlage mit großem Meerwasserpool und Poolbar, prima Lage an der östlichen Strandseite, geräumige Zimmer mit Terrassen, ansprechend möbliert, Bäder mit Badewannen. Ansprechpartner ist der junge Vangelis. DZ ca. 60–120 €. Pauschal über Attika. ✆ 22840-52466, ✆ 51910, E-Mail: kosmitis@par.forthnet.gr

Fotilia (29), C-Kat., ruhige Lage zwischen Strand und Stadtzentrum, neueres Haus mit 14 gepflegten Zimmern, alle mit Marmor gefliest, mit geschmackvollem Mobiliar und schön gekachelten Bädern, jeweils Balkon. Es gibt einen Pool mit Jacuzzi, außerdem steht auf dem Gelände eine historische Windmühle aus dem 18. Jh. George und Michalis kümmern sich aufmerksam um ihre Gäste. DZ ca. 50–80 €. ✆ 22840-52581-2, ✆ 52583.

Flora, mit Bougainvillea überwachsenes Haus unmittelbar seitlich vom Strand, geführt vom älteren Herrn Dimitrios Malmatenios und seiner Frau. Moderne und saubere Zimmer mit Kühlschrank, die meisten mit Meerblick. DZ ca. 30–65 €. ✆ 22840-51435, ✆ 52007.

• *Kolimbíthres-Bucht* Westlich außerhalb, zwischen 3 und 6 km von Náoussa (→ Strände um Náoussa).

Kouros, C-Kat., großzügige Bungalowanlage Nähe Campingplatz, etwas zurück vom Strand. Das Gelände zwischen den weißen Kubenhäusern ist aufwändig bepflanzt, insgesamt 55 passable Zimmer, Pool, Restaurant und Bar, zum Strand sind es 2 Min. DZ ca. 60–120 €, in der Saison Halbpension

meist obligatorisch. Auch über Reiseveranstalter zu buchen. ✆ 22840-51000, ✆ 51688, www.hotelkouros.gr

Astir of Paros, A-Kat., neues Tophotel direkt am Strand (ein Stück nach Campingplatz), großzügige Bungalowanlage mit satten Rasenflächen, zur Ausstattung gehören Restaurant, Swimmingpool mit Kinderbecken, Tennis, Golf (Drei Löcher) und Jacuzzi. Komfortable Zimmer verschiedener Kategorien. Hauptsächlich über Reiseveranstalter. ✆ 22840-51976, ✆ 51985, E-Mail: astir @mail.otenet.gr

Asteri, ruhig gelegene Bungalowanlage oberhalb einer hübschen Sandbucht zwischen Granitbrocken, etwa 5 km ab Náoussa. Gut ausgestattet, Pool und schöne Terrasse (Meeresblick), in den Zimmern Steinfußboden und gediegene dunkle Möbel, rustikal eingerichtet, jeweils Küche und Bad. Für 2 Personen ca. 40–80 €. ✆ 22840-51106, ✆ 52173.

Porto Paros, A-Kat., kurz vor dem ehemaligen Kloster Ágios Ioánnis Pródromos, direkt am Strand, etwa 6 km ab Náoussa. Neue Großanlage mit 200 Wohneinheiten, riesigem Pool und sehr guten Sportmöglichkeiten. DZ mit Frühstück ca. 100–150 €, auch über Reiseveranstalter. ✆ 22840-52010, ✆ 51720, www.portoparos.united-hellas.com

• *Camping* **Naoussa**, am Límnes-Strand (zum Kolimbíthres-Strand etwa 500 m), etwa 2 km westlich von Náoussa, von Parikiá kommend, noch vor dem Ort. Bus von Parikiá hält auf Verlangen an der Straße, von dort noch ein knapper Kilometer zu Fuß. Familienbetrieb, relativ großer grüner Platz, auch für Autos zugänglich. Geräumige Stellflächen durch Schilfbahnen getrennt, teils schöner, kräftiger Baumwuchs mit Oliven und Eukalyptus. Self-Service-Restaurant und beliebte Bar. ✆ 22840-51595.

Essen & Trinken (s. Karte auf S. 293)

Wegen des hohen Besucheraufkommens großes Angebot. Die typischen "Touristen-Tavernen" gruppieren sich unter den hohen Eukalyptusbäumen am lang gestreckten Hauptplatz. Netter isst man im Ortskern und um den alten Fischerhafen.

Christos (17), auf schick und nobel gemacht, alles in weiß, Stofftischdecken, gehobene Preise. Wer das mag, findet hier eine angenehme Atmosphäre und interessante Gerichte.

Minoa, im gleichnamigen Hotel, solides griechisches Essen. Genießt einen guten Ruf, nicht zuletzt, weil die Preiskalkulation noch im Rahmen bleibt.

Dirfis (21), gegenüber Minoa, freundliche, familiäre Atmosphäre, schmackhafte Gerichte vom Holzkohlengrill und vernünftige Preise. Nach dem Essen gelegentlich Ouzo auf Kosten des Hauses.

Meltemi (9), großes Lokal unterhalb der Brücke am Hafen, schöner Hafenblick und vielfältige Auswahl. An Wochenenden viel besucht von Athener Gästen, die oft spon-

tan singen und Tänze aufs Parkett legen – allerdings kommen auch häufig Touristenbusse zu organisierten "griechischen Abenden".
Mary's Place (19), beliebte Souvlakipinte in der Altstadt.
Pervolaria (12), stimmungsvolles Gartenlokal etwas südlich außerhalb vom Zentrum. Man sitzt gemütlich, netter Service. Gute griechische Küche, aber auch Pizza vom holzbefeuerten Ofen. Nicht ganz billig. Nur abends geöffnet.
Diamantis (14), etwas abseits, hinter der Kirche Pantánassa (→ Sehenswertes), gute Grillküche, zu empfehlen ist z. B. das Lamm nach Art des Hauses.
Glavkos (26), ruhige Ouzerie am Kiesstrand östlich vom alten Hafenbecken.

• *Im Alten Hafen* Hier gibt es eine Reihe von bewusst ursprünglich gehaltenen Fischtavernen und Ouzerien mit Atmosphäre.
O Barbarossas (16), bei den Einheimischen beliebte Fischtaverne am Hafenbecken, genau gegenüber der Kapelle des Ágios Nikólaos. Geführt von Giorgios, einem sehr traditionsbewussten Parianer. Der Grill vor der Tür schafft Ambiente, viele Tische im Freien, Oktopus hängt zum Trocknen aus. Leserempfehlung für Oktopussalat und gegrillten Oktopus, andererseits aber auch Kritik wegen mangelnder Qualität und hoher Preise.
Papadakis (18), nette Taverne am Beginn des Hafenbecken, Fisch, Salat, offener Retsína, nicht teuer.

Nachtleben (s. Karte auf S. 293)

Im Prinzip eher von der gemächlichen Sorte. Doch wenn an Sommerwochenenden in Scharen junge Athener anreisen, wird auch hier die Nacht zum Tag gemacht. Vor allem um das alte Hafenbecken gibt es einen ganzen Schwung von Clubs und Bars mit stolzen Preisen (fürs erste Getränk wird eine Art Eintrittsgebühr erhoben).

• *Cafés/Weinlokale/Bars* **Aliprantis**, Konditoreicafé am Hauptplatz, alteingesessener Familienbetrieb, leckerer Kuchen und Gebäck aus eigener Produktion.
Kavarnis (15), weinüberranktes Haus gegenüber Christo's, im ersten Stock stimmungsvoller Dachgarten.
Theo's Wine Bar (11), bei der Brücke am Hafen, kleine Tischchen mit Atmosphäre.
Kosmos (27), kleine Bar im Ortskern, wenige Meter vom Kiesstrand östlich vom Hafenbecken. Tagsüber ruhig und entspannend, abends gut besucht. Beliebt bei Hobbymalern.

Le Zin Zin (28), Café-Bar an der Straße, an der auch Dirfis und Minoa liegen, nicht billig, aber nett zum Sitzen und Gucken.
Agosta (23), an der östlichen Hafenfront, viel Leben auf zwei Stockwerken.
Café del Mar (24), stimmungsvolle Plätze direkt am Meer.
• *Diskotheken* Mehrere große Discos mit Freiluftbars liegen aneinander gereiht entlang des Flusslaufs. Das mit viel Holz eingerichtete **Varelathiko** ist besonders populär.
• *Kino* Hinter der Kirche Pantánassa, bei der Taverne Diamantis, Vorführungen tägl. 22 Uhr.

Die Musik- und Volkstanzgruppe **Náoussa Páros** bietet von Mai bis September am Vorplatz der Panagía-Kirche traditionelle Tänze und Musik von Páros dar. Achten Sie auf Aushänge, oder fragen Sie in den Reisebüros, Auskunft auch unter ☎ 22840-52284, 🖂 52114.

Sehenswertes

Vom Hauptplatz, wo die Busse halten, betritt man durch einen Torbogen das labyrinthische mittelalterliche Viertel mit seinen engen gepflasterten Gassen und einigen netten Läden und Boutiquen. Hier kommt man schnell zum historischen Hafenbecken von Náoussa.

Alter Hafen: Das kleine quadratische Hafenbecken wird oft als "schönster Fischerhafen der Kykladen" bezeichnet – und da ist durchaus etwas dran. Hier ist die Fischerwelt noch heil, zumindest für die zahlreichen Touristen. Boote liegen dicht an dicht, auf der Mole stehen genauso dicht die bunten Tavernentische, Fischer flicken ihre Netze (vor allem sonntags), die Wirte bereiten das Essen vor, Tintenfische trocknen auf langen Leinen. Abends ist hier jeder Platz besetzt.

Ein langer Wellenbrecher führt zu den zerfallenden Resten eines *venezianischen Kastells*. Der massive Rundbau mit meterdicken Mauern ist im Lauf der Jahrhunderte abgesunken, sodass die Kanonenöffnungen dicht über dem Wasserspiegel liegen. Links vom Hafenbecken steht die blendend weiße Kapelle *Ágios Nikólaos*, die dem Schutzheiligen der Seeleute geweiht ist. Rechts vom Kastell kommt man zu einem etwa 100 m langen, ungesäuberten Strand mit Algenanschwemmungen.

Kirchen: Die große Kirche der *Panagía* thront exponiert auf einem Hügel über dem historischen Kern, die Kirche *Pantánassa* steht am Ende der Hauptstraße. Die kleine Kirche des *Ágios Ioánnis Theológos* im Ortskern besitzt noch einige alte Fresken.

Museen: Ein kleines *Byzantinisches Museum* liegt direkt an der Zufahrtsstraße, ist aber nur selten geöffnet. Ein *Volkskundemuseum* mit traditionellen Gegenständen aus Haushalt, Handwerk und Landwirtschaft liegt an der Verlängerung des Hauptplatzes, kurz vor der Kirche Pantánassa. Ein Stück hinter der Kirche findet man die so genannte *Folklore Collection* ("laográfiki syllógi Náoussas Párou") mit Trachten aus Páros und verschiedenen anderen Regionen Griechenlands.

Öffnungszeiten **Volkskundemuseum**, tägl. 18–21 Uhr; **Folklore Collection**, im Sommer tägl. 19–21 Uhr.

Salz auf der Haut: Dienstags und donnerstags bieten die Fischer von Náoussa den Urlaubern an, sie beim morgendlichen Fischfang zu begleiten. Es wird dabei genau erklärt, welche Fische im Netz sind, und auch mit sonstigen Fischerweisheiten wird nicht gespart. Abfahrt ist um 7 Uhr, Rückkehr gegen 10 Uhr. Information unter ✆ 22840-52123 oder 52678.

Strände um Náoussa

In bequemer Fußentfernung liegen die beiden ortsnächsten Strände *Pipéri* (westlich) und *Ágii Anárgyri* (östlich). Weitere gute Sandstrände erstrecken sich im ganzen *Órmos Náoussa*. Täglich fahren Badeboote hinüber, die Strände sind aber alle auch per Moped bzw. zu Fuß zu erreichen.

Badeboote fahren von Náoussa in der Hochsaison von etwa 10–20 Uhr alle 30 Min. zum Strand von **Kolimbíthres**, zum Wasserpark **Aqua Paros** und zum Strand von **Monastíri**, mehrmals tägl. zum einsamen Strand von **Lángeri** und 1–2x tägl. zum Strand von **Sánta María**.

Im Westen

Die Westseite des Golfs von Náoussa zeigt sich landschaftlich großartig – eine weite Bucht mit schroffen Felshängen, die in einer reizvoll zerklüfteten Halbinsel endet. Die besten Strände namens *Kolimbíthres* und *Monastíri* sind allerdings relativ klein und deshalb oft ziemlich voll.

▶ **Pipéri**: am Ortseingang von Náoussa, kleiner Sandstrand am Ausgang einer steilwandigen Bucht, die mit Hotelanlagen zugebaut ist (→ Náoussa/Übernachten).

▶ **Límnes**: schmaler, mehrere hundert Meter langer Sand- und Kiesstreifen im südlichen Bereich der Bucht, wo auch der Campingplatz liegt. Wasser sehr flach, Taverne. Im Anschluss kleine, dünige Halbinsel mit Wacholderbäumen und Tamarisken, wo sich der Wasserskispezialist "Slalom Water Ski Zone" niedergelassen hat. D – ie ruhige, wellenarme Bucht von Náoussa ist für diesen Sport besonders geeignet.

Mykenische Akropolis

Kurz vor der Halbinsel mit der Wasserskischule zweigt von der Uferstraße links eine Asphaltstraße ins Dorf Kamáres ab. Hier folgt man dem Hinweisschild "Mycenean Acropolis" etwa 200 m weit bis zu einem Parkplatz unterhalb von einigen eindrucksvollen Granitfelsen. Auf einem von ihnen wurde 1975 eine mykenische Siedlung ausgegraben, die auch in geometrischer Zeit bewohnt war. Weiße Pfeile auf dem Fels weisen den Weg, der etwa 500 m steil bergauf führt. Leider gibt es oben keine Informationstafel, sodass man mit den vielen Ruinen (noch dazu aus unterschiedlichen Epochen) nicht viel anfangen kann. Der Aufstieg lohnt aber auch wegen des herrlichen Blicks auf die Bucht von Náoussa. Wichtig: Bitte steigen Sie nicht auf die Mauerreste, sondern gehen Sie daneben.

Páros Karte Seite 260/261

▶ **Kolimbíthres**: bizarre Mondlandschaft aus ausgehöhlten Granitbrocken, eingelagert eine kleine, windgeschützte Sandbucht, in der Liegestühle und Sonnenschirme vermietet werden, außerdem Windsurfbretter und Pedalboote. Im Umkreis gibt es einige Tavernen und Übernachtungsmöglichkeiten (→ Náoussa/Übernachten). Neben dem großen Hotel Porto Paros liegt das attraktive Spaßbad *Aqua Paros* mit 13 Rutschen, einem "Lazy River" und mehreren Meerwasserbecken.
Öffnungszeiten/Preise **Aqua Paros**, im Sommer tägl. 10–19 Uhr, Erw. ca. 11 €, Kinder 7,50 €).

▶ **Monastíri**: sandige Badebucht nördlich von Kolimbíthres unterhalb des ehemaligen Klosters *Ágios Ioánnis Pródromos*. Eine im letzten Stück nicht mehr asphaltierte Piste führt über eine flache Landenge hinüber. Im Sommer sehr voll – Sonnenhungrige, Speedboat-Fans und Beach-Volleyballer, schattige Taverne/Beach Bar mit Discomusik, Vermietung von Liegen und Sonnenschirmen. Beim Kloster kann man in den Klippen baden.

Grandiose Szenerie aus Granitbrocken: Strand Kolimbíthres bei Náoussa

Ein weiterer Strand mit grobem Sand liegt in der östlichen Nachbarbucht. Vorbei an einer selten offenen kleinen Fischtaverne kommt man in 10 Fußminuten hinüber. Leser R. Dorschel schreibt: "Nachdem man in der Umgebung Felsen für die Hafenbefestigung von Náoussa weggesprengt hat, hat die Strömung große Teile des Sandes abgetragen. Wer sich auf dem schmalen verbliebenen Streifen eingerichtet hat, findet dennoch viele Tugenden dieses immer noch sehr beliebten Strandes: Wunderbar zum Schwimmen und Schnorcheln, nackt baden ist die Regel, über den kleinen Hügel eine wildromantische Fels- und Buchtenlandschaft mit weiteren kleinen Kiesstränden und nicht zuletzt: sehr beliebt unter Schwulen, die in den Felsen auch eine Menge Spaß haben ..."

▶ **Kap Kórakas:** Ab Monastíri etwa 1 km Fußweg zum felsigen Kap Kórakas mit weißem *Leuchtturm*, den man von der Fähre nach Mýkonos sieht. Der Spaziergang lohnt sich – hier am nördlichsten Punkt von Páros zeigt sich die Küste wild-zerklüftet und bizarr ausgehöhlt, bis zu 17 m hohe Felsen stürzen senkrecht ins Meer.

Im Osten

Nordöstlich von Náoussa erstreckt sich rund um die Ikonímiou genannte Halbinsel ein weit ausladendes Badegebiet, das bequem auf breit ausgebauter Asphaltstraße zu erreichen ist: mehrere längere und kürzere, breitere und schmalere Strandabschnitte, felsig, kiesig oder sandig, ruhig oder überlaufen. Zusammengefasst: Strandleben für jeden Geschmack. Nur eines ist für alle gleich: Die Strände sind fast völlig schattenlos, lediglich weiter landeinwärts findet man halbhohe Macchia und kräftige Tamarisken, letztere besonders schön im Umkreis vom Lángeri-Strand.

▶ **Ágii Anárgyri**: wenige Fußminuten vom Zentrum, etwa 400 m langer Sandstrand mit schattigen Tamarisken und einigen netten Unterkünften (→ Náoussa/Übernachten). Gut für Kinder geeignet, da es ganz flach ins Wasser hineingeht.

▶ **Gialós Xifarás**: der erste Strand östlich des E-Werks, das mittels Dieselgeneratoren Strom für ganz Páros und per Unterseekabel auch für Náxos erzeugt. Knapp 1 km langer, jedoch sehr schmaler und völlig schattenloser Sand-/Kiesstreifen direkt links der Straße nach Sánta María. Insgesamt wenig attraktiv.

● *Übernachten* **Mike Bungalows**, A-Kat., an der Straße Richtung Sánta María, gegenüber vom Strand. Größere, zweistöckige Anlage in einem Tamariskenwäldchen, zu erkennen an den braunen Fensterläden. Gut ein Dutzend neuere Bungalows für 4–6 Personen. Alle mit Bädern, ordentlicher Einrichtung und schattigen Balkonen oder Terrassen. Nur im Sommer geöffnet. 4-Personen-Bungalow ca. 70–90 €. ☏ 22840-51040, 51866.

● *Essen & Trinken* **Kapetana**, Taverne neben Mike Bungalows, etwas zurück von der Durchgangsstraße, aber gut beschildert. Fisch- und Fleischgerichte, durch die Nähe zum Strand auch tagsüber kleine Mahlzeiten oder nur ein Kaffee an der Strandbar üblich. Gäste sind vor allem Strandbesucher.

▶ **Lángeri**: still und abgelegen an der Innenseite der Bucht, keine Straßenverbindung, einsame und idyllische Ecke. Von der Fahrstraße nach Sánta María nimmt man links eine Piste zu einem Bauerngehöft oberhalb der weißen Kapelle *Zoodóchou Pigí*, die mit ihrer kleinen tamariskenbestandenen Terrasse direkt am Ufer steht. Die niedrige Klippenküste ist hier mit üppigen Wacholderwäldchen gesäumt, ins Wasser kann man praktisch überall hüpfen, viel FKK. Etwa 50 m nördlich der Kapelle kleine feinsandige Bucht, deren Dünen sich landeinwärts ziehen. Hier sieht man bereits den langen, schmalen Sandstrand wenige Gehminuten weiter. Außer Sonnenschirmen gibt es keine Einrichtungen.

● *Übernachten* **Drakos**, schöne Apartmentanlage an der Straße nach Sánta María, gepflegte Rasenanlage und Pool. Ruhig und erholsam, abseits vom Rummel. ☏ 22840-51142.

▶ **Sánta María**: an der östlichen, Náxos zugewandten Seite der großen Halbinsel östlich von Náoussa. Langer und schmaler Sandstrand mit herrlichen Wacholderdünen, die gut 50–100 m ins Land reichen, dahinter einige ausgetrocknete Salzseen. Wegen des ständigen Winds, der hier durch den Kanal zwischen Páros und Náxos fegt, viele Surfer, für die ein eigener Strandabschnitt reserviert ist. Gut eingeführte Surf- und Tauchschule, beliebter Platz für Wohnmobile sowie ein guter Campingplatz.

Etwa 500 m nördlich vom Sánta María-Strand liegt hinter der Kapelle *Ágios Geórgios* eine weitere schöne Bucht mit weichem, braunem Sand und Dünen mit dichtem Wacholder, eingefasst von felsigen Landzungen. Bei der Häusergruppe führt eine holprige Zufahrt hinunter. Am Weg sieht man eigenartige längliche Steinrinnen im Wasser, die angeblich Trockendocks zur Schiffsreparatur darstellen. Sie wurden – wie die gleichen Rinnen in Driós – in der Antike errichtet und sind gut 2000 Jahre alt (→ Driós, S. 307).

● *Verbindungen* **Bus**, Haltestelle direkt am Campingplatz. Verbindungen allerdings nicht sehr häufig: Je nach Saison ca. 3–8x tägl. von Parikiá über Náoussa nach Sánta María und zurück. Sa und So weniger Verbindungen.

● *Übernachten* **Camping Surfing Beach Santa Maria**, größter Platz der Insel und direkt hinter die Dünen gebaut, recht harter Untergrund mit niedriger Grasnarbe und wenig Schatten, ziemlich windig. Das riesige Areal ist im Grunde ein Dorf für sich.

*Páros
Karte Seite 260/261*

Leicht futuristisches Design, modern ausgestattet. Self-Service-Restaurant, Strandtaverne, Mini-Markt, Wäscherei, Geldwechsel, Kinderspielplatz und Volleyballfeld vorhanden. Witziger Swimmingpool und Pool-Bar für alle Gäste: Barhocker befinden sich zum Teil im Wasser, man kann plantschen und gleichzeitig an der Pool-Bar sitzen. Täglich kostenloser Shuttlebus nach Náoussa. Es werden auch 47 hübsch gestaltete Zimmer vermietet, verteilt auf 4 Häuser. DZ ca. 35–60 €. Insgesamt ein absolut professionell geführter Platz, fast schon zuviel Organisation. ✆ 22840-51013, 52491, 📠 51937, www.surfbeach.gr

• *Essen & Trinken* **Dichty**, Fischtaverne nahe beim Campingplatz, hübsch angelegte Hochterrasse mit Meeresblick. Nur im Hochsommer geöffnet und dann stets gut besucht. Preise im oberen Rahmen.

Katsounas, weitere Fischtaverne am Ende der Zufahrtsstraße zum Sánta María-Strand. Man sitzt in einem hübsch begrünten Innenhof unweit des Strands. Die Fischgerichte sind durchweg lecker. Der Clou ist aber eine eigene Kapelle, die direkt an die Taverne angegliedert ist. Freundlicher Besitzer, normale Preise. Ab etwa Anfang Juni geöffnet.

• *Sport* Zum Campingplatz gehören eine **Surfschule** und eine **Tauchschule**, außerdem werden noch **Wasserski**, **Banana Boat** und **Bootsverleih** angeboten.

Ostküste (von Nord nach Süd)

Abgesehen von der Bucht von Náoussa liegen hier die meisten Strände und Badebuchten der Insel. Vor allem in der Nordhälfte sind sie nur wenig besucht und nahezu ohne Einrichtungen. Der ständige Blick aufs nahe Náxos macht Lust, mal rüberzufahren auf die größte Insel der Kykladen.

Die Küstenpiste bietet sich an für eine hübsche Mopedtour – lohnende Panoramastrecke vom Sánta-María-Strand Richtung Süden immer am Wasser entlang. Es geht durch menschenleere, windgepeitschte Grasnarbe halbhoch über der rostroten Klippenküste zunächst ins kleine Fischernest Ampelás.

Wer's bequemer haben will und mit PKW: besser die *Asphaltstraße* von Náoussa nach Mármara nehmen und bei Bedarf unterwegs Abstecher zum Meer machen.

▶ **Ampelás**: eine Handvoll Häuser zwischen Gemüsegärtchen und Weinfeldern, sehr ruhig. Zum Baden nur bedingt geeignet – kleiner, schattenloser Strand neben der Betonplattform, an der die Fischerboote vertäut sind, weitere Strände allerdings außerhalb.

• *Verbindungen* **Bus**, Busstopp direkt am Hafen. Je nach Saison ca. 2–6x tägl. von Pariká über Náoussa und Sánta María nach Ampelás und zurück. Sa und So weniger Verbindungen, während der Nebensaison gar keine.

• *Übernachten* **Christiana**, C-Kat., freundliches Haus an der Küstenstraße nördlich vom kleinen Hafen. Anna Tripolitsiotis vermietet 28 Zimmer und 10 kleine Apartments, die meisten mit Balkon und Meeresblick. DZ ca. 25–60 €. Mai bis Oktober. ✆ 22840-51573, 📠 52503.

Popi Inn, etwa 50 m vom Meer entfernt. 12 einfach möblierte Zimmer mit Bad, Balkon, Kühlschrank und Camping-Gaskocher. Freundliche Vermieterin, rund um das Haus hübscher grüner Garten, angenehme Atmosphäre. DZ ca. 25–50 €. ✆ 22840-51434.

• *Essen & Trinken* **Christiana**, an der Küstenstraße nördlich vom kleinen Hafen. Angenehmes Plätzchen auf einer schattigen Terrasse am Meer mit wunderschönem Blick hinüber auf Náxos/Stadt und die Westküste der Insel. Inmitten der Terrasse wächst ein Baum. Sehr empfehlenswerte Fischgerichte, freundlicher Service und griechische Musik vom Band.

Ventouris, an der betonierten Zufahrtsstraße zum Strand. Große Taverne mit der Privatkapelle des Besitzers Nikolaos gleich nebenan: Eingang direkt vom Lokal. Ordentliches Essen zu normalen Preisen. Sehr romantisch mit Kerzenlicht. Freundlicher Wirt.

Von Ampelás Richtung Süden zwischen niedrigen roten Klippen mit Wacholdermacchia weiter die Küste entlang. Die nur teilweise asphaltierte Piste führt landeinwärts um das Kap Damoulís herum, bei einer betonierten Kreuzung geht es links zum Strand von Glyfádis.

Wer die Asphaltstraße fährt, kommt man am Kokou Riding Center von Ivan Lefebre aus Kanada vorbei (☎ 22840-51818).

▶ **Bucht von Glyfádis:** wenig besuchter Sandstrand mit Verwehungen und Dünen, dahinter Schilf. Um den markanten Felsgrat des Kap Antikefalos geht es weiter zum langen Strand von Mólos im *Órmos Kéfalos.*

▶ **Órmos Kéfalos:** lang gezogene Bucht, eingebettet zwischen zwei kahle, steile Felsenkaps. Ein einsamer, schmaler Sandstrand mit Dünen zieht sich die ganze Bucht entlang, dahinter ein weites Feuchtgebiet mit Tümpeln und Schilfgras (Moskitos). Am Südende im Schutz der Felsen der kleine Fischerhafen *Mólos.* Ein 100 m langer Fahrweg führt Richtung Süden zur kleinen Sandbucht *Gialós Vígla* mit reichlich groben Steinen, auch im Wasser, sehr ruhig.

Bisher wird Mólos noch kaum besucht, man kann nur eine Handvoll Zimmer mieten, und es gibt nur wenige Tavernen. Einige weitere Lokale findet man an der Straße nach Mármara, dessen antiker Hafen die Bucht von Mólos war.

● *Übernachten/Essen & Trinken:* **To Kyma tis Thalassas**, geführt von Frau Paraskevi Daskalaki. Drei schöne Ferienwohnungen mit je zwei Schlafzimmern und Küche direkt am Strand, jeweils überdachte Terrasse, im Garten gemütliche Sitzecke. Preis ca. 35–60 €. ☎ 22840-41798. **O Molos**, einfache Fischtaverne, geführt von der freundlichen Frau Vasilia Samiou. Sie vermietet auch vier Zimmer mit großen Balkonen. ☎ 22840-41441.

▶ **Mármara:** ehemals reiches Dorf, aber immer wieder durch Seeräuber zerstört. Am Ortsausgang Richtung Mólos-Strand hübsche zweischiffige Kirche *Agios Savvas* aus dem 17. Jh. mit kleiner Zypressenallee und verstreuten byzantinischen Marmorreliefs.

▶ **Pródromos:** unscheinbares, aber abseits der Durchgangsstraße durchaus hübsches Dorf. Wird nur selten von Touristen besucht, besitzt jedoch noch viel historische Bausubstanz und einige alte Kirchen. Die Busstation liegt an der Abzweigung der Landstraße nach Pródromos. An der Straße zwischen Pródromos und Márpissa gleich drei der wenigen Tankstellen an der Ostküste.

Márpissa

Das größte Dorf der Region, reizvoller Ort in Hanglage, der alten Inselhauptstadt Léfkes durchaus ähnlich: weißes Häusermeer mit Bogendurchgängen, Treppen, Pflastermalereien, mehreren Plätzen, den typischen Würfelhäusern und einem guten Dutzend kleiner Kirchen und Kapellen. Auffallend ist besonders die wunderschön "kykladisch" wirkende Kapelle der Taxiárchis am nördlichen Ortseingang, von Mármara kommend.

An der zentralen Platia mit dem Busstopp stehen drei markante Windmühlenstümpfe. Durch die Seitengassen der breiten Straße gelangt man in die schmalen Gässchen des Dorfzentrums, die sich mit ihren weiß bemalten Fugen den Hang hinauf ziehen. Hier liegen die kleinen, meist in privater Hand befindlichen Kirchlein. Etwa auf halber Höhe den Hügel hinauf, liegt die Platia

Agíou Nikoláou mit zwei netten Kafenía und Wandmalereien einer pariotischen Künstlerin (→ Kunst). Ganz oben auf der Kuppe des Hügels steht die schon von weitem als markanter Blickfang sichtbare Kirche *Ágios Stavrós*. Direkt angrenzend liegt die Platía Papageorgi Stamena, ein herrlich ruhiges Plätzchen an der höchsten Stelle des Ortes mit der Büste des Dorfarztes Efstratios Nikitas Alipantis (1904–1969).

● *Übernachten* **Afentakis**, C-Kat., an der Durchgangsstraße nach Léfkes, schöne Lage an Eukalyptusallee mit Blick über Felder Richtung Süden, ruhig, weil weit vom Tourismus. Die nette Besitzerin vermietet kleine, ansprechend gemachte Apartments für ca. 30–60 €, auch Apartments für 3–4 Pers. sind zu haben. Nächste Strände sind Písso Livádi und Mólos, etwa 2 bzw. 4 km entfernt. ✆ 22840-41993, 📱 41141.

● *Kunst* **Atelier Marousso Agourou**, an der Platía Agiou Nikolaou in der oberen Altstadt. Am Café Aigaio bietet die französisch sprechende Künstlerin schon einen ersten Eindruck von ihrer naiven Malereien an den Außenwänden neben dem Atelier. Der kleine Ausstellungsraum ist meist nur im Hochsommer geöffnet. Die Bilder mit Ansichten von Páros und Athen erinnern stilistisch durchaus an den Expressionismus. ✆ 22840-41080.

● *Nachtleben* **viva maria**, Disko bzw. Musik-Club. Von Písso Livádi kommend am Ortseingang auf der rechten Seite. Musik (fast) aller Stilrichtungen, je nach Geschmack der Gäste. Beliebt nicht nur bei Touristen, sondern auch bei der Jugend der umliegenden Dörfer. Im Hochsommer täglich geöffnet, in der Nebensaison nur an den Wochenenden.

Thront hoch über der Küste –
Kloster Ágios António

▸ **Kéfalos und Kloster Ágios António**: Nach dem Bummel durch Márpissa sollte ein Besuch des nahen Klosters *Ágios António* auf dem markanten, 180 m hohen Bergkegel Kéfalos nicht fehlen. Die Anlage ist zwar umzäunt und der Eintritt "strengstens" verboten – trotzdem lohnt der Aufstieg, weil es ein wirklich wunderschönes Plätzchen mit besonderer Atmosphäre ist: das malerische, blendend weiße Kloster mit Kuppelkirche, davor die Mauerreste eines venezianischen Kastells, dazu der Blick auf die tief unten liegende Bucht von Mólos und die Ostküste von Páros, hinüber nach Náxos und bis zu den Kleinen Kykladen. 1537 verteidigten sich hier oben die Venezianer verzweifelt, jedoch letztendlich vergeblich gegen den gefürchteten Piraten Chairredin Barbarossa. Die Eroberung des Kastells bedeutete die Machtübernahme der Türken auf Páros.

Vom zentralen Platz mit den Windmühlen führt eine Zementpiste in wenigen Minuten bis zu einer Pumpstation knapp unterhalb der Spitze des *Kéfalos*. Weiter geht es auf gepflastertem Maultierpfad in knapp 10 Min. zum Kloster hinauf, unterwegs tolle Vegetation, kleine, Schatten spendende Zypressen, im Frühjahr ein Meer von Blumen. Unterhalb vom Gipfel zwei Kapellen – eine mit eingestürztem Dach, die andere sehr hoch und geräumig mit kleinem Anbau.

Písso Livádi

Ursprünglich ein winziges Nest, Ankerplatz der Fischer aus den umliegenden Dörfern. Der florierende Tourismus hat alles verändert – Tavernen, Hotels, Privatzimmer und Apartments gruppieren sich um den kleinen, hellen Sandstrand und den Fischerhafen. Im Sommer herrscht schon einiges an Rummel, trotzdem ist es hier deutlich ruhiger als in Parikiá und Náoussa. Seinen Nescafé schlürft man am schönsten vorne an der Spitze der Hafenmole. Vorbildlich: eine Reihe von Kinderspielgeräten steht direkt im Sand.

● *Verbindungen* Häufige Busse von und nach **Parikiá** und nach **Driós**.
In der Saison fahren kleinere Passagier- und Ausflugsboote nach **Náxos-Stadt** hinüber, z. B. die "Captain Kafkis". Bekannt ist vor allem die "Express Scopelitis". Sie befährt die Route **Katápola (Amorgós)-Donoússa-Epáno Koufoníssi-Schinoússa-Iráklia-Písso Livádi-Náxos/Stadt** und zurück. Insofern bestehen durchaus interessante Verbindungsmöglichkeiten zu den umliegenden Inseln.

● *Übernachten* Jedes zweite Haus vermietet Zimmer und/oder Apartments. Wer trotzdem nicht fündig wird, findet eine Vermittlung in "Perantinos Travel" (→ Sonstiges).
Andromachi, C-Kat., gleich am Strand, zu erkennen an den roten Türen, mit hellen Schwedenholzmöbeln ansprechend eingerichtet, geräumige Badezimmer, große Balkone. Freundliche Vermieterin. DZ ca. 35–55 €. ✆ 22840-41387, 🖳 42153.
Leto, C-Kat., halbhoch über dem Strand an der Straße zum benachbarten Logarás Beach. Schöne Holzbalkone, relativ neues Mobiliar, Bäder sauber gefliest, Kochecke. DZ ca. 30–55 €. ✆ 22840-41283, 🖳 41505, E-Mail: maria@ath.forthnet.gr
Corali, C-Kat., oberhalb vom Leto am Hang. Schöner Blick auf Stadt und Hafen. Vermietet werden 20 durchschnittlich eingerichtete Zimmer, teils hell, teils dunkel möbliert, und 5 geräumige Apartments. Kleiner Frühstücksraum im Erdgeschoss. DZ ca. 30–60 €. ✆ 22840-41289, 🖳 41891, www.hotelcorali.gr
Anna, direkt am Anleger, freundlich geführt. Eine Handvoll Apartments, alle geräumig und sauber, mit Küche. Von den großen Balkonen teilweise Blick auf Písso Livádi, teilweise hinüber nach Náxos. Preis ca. 30–60 €. ✆ 22840-41320, 🖳 43327, E-Mail: annasinn@otenet.gr
Dina's Inn, ebenfalls in zentraler Lage hinter den Häusern auf der Hafenmole. 6 Zimmer, alle mit Kochgelegenheit (ca. 25–50 €) und zwei Apartments für 4 Personen, an der Rückseite schöne Terrasse direkt an der niedrigen Klippenküste. Die nette Vermieterin spricht Englisch. ✆ 22840-41418.
Paradise, im Viertel oberhalb der Bucht auf der rechten Seite. Die Vermieterfamilie lebte lange Zeit in Frankreich und spricht perfekt Französisch. Im Erdgeschoss sechs kleine Zimmer mit hellen Möbeln, Bad, Balkon und Kühlschrank. Große Gemeinschaftsküche für alle Gäste. Im Obergeschoss werden vier deutlich besser ausgestattete Studios mit Küche vermietet. Hier auch neuere Bäder. DZ ca. 25–45 €, Studio 30–50 €. ✆ 22840-41378, 41468.
Arka's Inn, A-Kat., weit oben am Südhang Richtung Logarás. Nettes, kleines Haus in ruhiger Lage. Vermietet werden mehrere neu eingerichtete Apartments für 2–4 Personen, von den Balkonen fantastischer Buchtblick. Preis ca. 45–90 €. ✆ 22840-41085, 🖳 41176.

Páros
Karte Seite 260/261

Camping Captain Kafkis, etwa 400 m landeinwärts an der Straße nach Márpissa. Größeres, terrassiertes Gelände mit Swimmingpool am Hang gegenüber einem üppig grünen Eukalyptuswäldchen. Schnell wachsende Pappeln und eine erstaunliche Pflanzenvielfalt von interessanten Ziersträuchern und Blumen spenden ausreichend Schatten. Einige Stellplätze sind mit dem Auto befahrbar. Seit 1999 wird der Platz vom recht gut Deutsch sprechenden Níkos verwaltet. Im oberen Platzbereich ein Self-Service-Restaurant mit gemütlicher Hochterrasse und schönem Blick aufs Meer und nach Písso Livádi. Außerdem kleiner Mini-Markt. Insgesamt ruhige Lage. Anfang Mai bis Ende September. ✆ 22840-41479, ✉ 43315, E-Mail: captain-kafkis@ mailbox.gr

● *Essen & Trinken* **Vrochas**, freundliche Taverne am Strand, Tische stehen teilweise direkt im Sand.

Mouragio, Fischtaverne am Schiffsanleger.

Ein paar Tische oben auf der Hochterrasse, ansonsten sitzt man direkt unten am Meer, wo die Fischerboote festmachen. Wirklich empfehlenswerte Fischgerichte, nicht unbedingt preisgünstig, aber sehr gut.

Primatsa, im Untergeschoss des Hotels Andromache. Nett begrünte Terrasse mit Meeresblick unter Schatten spendendem Schilfdach. Solide griechische Küche, gute Fleischgerichte.

● *Cafés & Bars* **Remezzo**, neben Taverne Vrochas am schmalen Dorfstrand. Man sitzt bequem schattig direkt auf dem Sand. Angenehme griechische und internationale Musik. Tagsüber und abends beliebt.

● *Sonstiges* **Perantinos Travel**, an der Paralía ein paar Stufen hinauf. Die freundliche Inhaberin Athena Perantinou hilft bei allen Fragen und Problemen: Zimmervermittlung, Motorbike- und Autovermietung, Geldwechsel, Ausflüge, Fährtickets (ab Písso Livádi und Parikiá). ✆/✉ 22840-41135.

▸ **Logarás:** gut 500 m langer, grobsandiger Strand südlich benachbart zu Písso Livádi. In den letzten Jahren stark verbaut, mehrere Hotels, diverse Tavernen und Bars. Schöner Blick nach Náxos.

● *Übernachten* **Albatross**, C-Kat., hübsche Anlage mit bunten Fensterläden, etwas erhöht am Hang oberhalb des Strandes an der Zufahrtsstraße (beschildert). 40 Zimmer, ganz in weiß gehalten und mit gemauerten Betten. Alle mit Bad, Terrasse oder Balkon, Kühlschrank, Telefon und Radio. Unterhalb des Hauses großer Swimmingpool mit Poolbar. Außerdem offene Frühstücksterrasse mit Meeresblick, TV-Raum und kleiner Kinderspielplatz. DZ ca. 50–80 €. ✆ 22840-41157, ✉ 41940, www.albatross.gr

Akteon, C-Kat., direkt am Ende der Zufahrtsstraße zum Strand. Theodoris und Katerina Melanitis vermieten 25 Apartments und Studios in einem neuen, verwinkelten Haus. Ansehnlich gestaltete Außenanlage. Zimmer alle mit Bad, Balkon mit Meeresblick, gut ausgestatteter Küche, Telefon, TV und Radio. Hoteleigenes Restaurant am Strand. Nette Atmosphäre. Preis ca. 35–60 €. ✆ 22840-41098, ✉ 41733.

Stavros, in der Ortsmitte gelegen, wo die beiden Zufahrtsstraßen zusammentreffen. Nikos und Maria Melaniti vermieten hübsche, weiß geflieste Studios für 2–4 Personen mit heller Kiefernholzeinrichtung. Küche ebenfalls hell gehalten und gut ausgestattet. Bäder mit abgemauerte Dusche nicht sehr geräumig. Alle Zimmer mit Bad, Balkon (einige mit Meeresblick) und Telefon. Garten mit nachgebauter Mini-Windmühle und großen Kakteen. Preis ca. 30–50 €. ✆ 22840-42342, ✉ 42342.

Afroditi, eine freundliche, ältere Familie, die nur Griechisch spricht, vermietet 13 geräumige Zimmer direkt am Strand. Eingerichtet mit Kiefernholz, kleine Bäder, einige mit Küche, andere nur mit Kühlschrank, jeweils Balkon mit Meeresblick. DZ ca. 25–50 €, ohne Küche etwas günstiger. ✆ 22840-41430, 41975.

Lena, E-Kat., an der Verbindungsstraße von Logarás hinüber nach Písso Livádi, Eingang neben der Taverne "The Cavern". 22 einfach eingerichtete Zimmer, dazu ein großer Gemeinschaftsbalkon mit Meeresblick. DZ ca. 20–40 €. ✆ 22840-41296.

● *Essen & Trinken* **Markakis**, direkt am Ende der Zufahrtsstraße, die erste Taverne am Platz. Tische vorm Haus und auch gegenüber unter den Tamarisken am Strand. Lauschig ruhiges Plätzchen. Stets frischer Fisch, denn einige Familienmitglieder sind Fischer. Auch vegetarische Gerichte. Preise im oberen Rahmen.

Fissilani, angeblich über 40 Jahre alte Taverne an der Ostende des Dorfstrands. Man sitzt windgeschützt mit Meeresblick. Gute Auswahl, leckere Fisch- und Fleischgerichte, aber nur während der Hauptsaison geöffnet.

The Cavern, Fischtaverne an der Verbindungsstraße von Logarás hinüber nach Písso Livádi. Schöner Blick hinunter aufs Meer und den Strand. Guter Oktopus und leckere Fischsuppe. Auch gekochtes Schweinefleisch und mit Käse gefüllte Auberginen- und Zucchini-Bällchen gehören zu den Spezialitäten. Despina, die Schwiegertochter des Hauses, spricht etwas Deutsch.

● *Cafés & Bars* **Ammos**, Strandbar am östlichen Strandende, gehört zur Taverne Fissiliani. Windgeschütztes Plätzchen auf Holzboden mit wunderschönem Blick hinüber nach Náxos. Große Tamariske direkt vor der Bar.

● *Sport* **Odysseus Sport & Dive Center**, Tauchkurse und Segeltrips, geleitet von Dimitrios Katsikis, einem sehr kompetenten ehemaligen Marinetaucher. Nette, persönliche Atmosphäre. ✆ 22840-41530.

▶ **Poúnda**: südlich nebenan, kleiner, feinsandiger Strand mit ausgeprägter Dünenbildung. Ultimativer In-Treff ist der "Pounda Beach Club", der vor fünfzehn Jahren als Strandbar begann, mittlerweile flankiert vom gleichartigen "Viva Pounda Summer Club". Die beiden heftig konkurrierenden Freizeitclubs bieten alles, was heutzutage bei der Jugend angesagt ist, und ziehen dementsprechend im Sommer tausende von Teenagern an: Griechen, Skandinavier, Italiener, Holländer und Deutsche. Lockerer Umgangston und lässig-entspannte Atmosphäre prägen die Szene. Geboten werden u. a.: Restaurants, Cafés und Beachbars, Internet, Video-Games, Boutiquen, Swimmingpool, Bungee Jumping, Bowling, Tattoo und Piercing, Body Painting, Massage, Yoga Meditation, Fotoservice und Tauchschule – und natürlich "Party all day".

▶ **Mesada**: holprige Zufahrt zu unverbauter und wenig besuchter Kiesbucht. Zwei gute Tavernen lohnen den Stopp: "Thea" über dem Strand und die ländliche Taverne "5 F" weiter landeinwärts mit herrlichem Blick.

New Golden Beach (auch: Tzerdákia oder Néa Chrissí Aktí)

Exzellenter Surfstrand, der zu den besten im Mittelmeer gehört, jedes Jahr im August findet ein großer internationaler Wettbewerb der Profisurfer statt. Ein Luxushotel und zwei weitere gut ausgestattete Hotelanlagen sorgen für Unterkunft. Der "Paros Surf Club" bietet Surfkurse und Equipment (www.parossurf. gr), gleich nebenan liegt die Tauchschule "Aegean Diving College" (www. aegeandiving.gr).

● *Übernachten* Die zwei Mittelklassehotels **Paros Philoxenia** (B-Kat., ✆ 22840-41778, ✉ 41978, www.parosphiloxenia.com) und **Silver Rocks** (C-Kat., ✆ 22840-41244, ✉ 41944) besitzen beide einen Swimmingpool, DZ mit Frühstück ca. 50–90 €.

Golden Beach (Chrissí Aktí)

Der Golden Beach gilt als bester Strand von Páros. Etwa 1 km lang, weicher, goldgelber Sand mit hohen Dünen und Schilf, zu beiden Seiten von niedriger Steilküste eingeschlossen, Blick auf vorgelagerte Felseninseln. Die Surfstation "Fanatic Force 7" liegt in der Strandmitte und wird seit über 20 Jahren von Bernd Schultze aus München geführt, Buchung über Sun+Fun in München (www.surfreisen.de) oder direkt vor Ort (✆ 22840-41789, ✉ 41714).

● *Übernachten/Essen & Trinken* Zwei fast gleichwertige Hotels, jeweils mit Restaurant, liegen einander an der Zufahrt zum Strand gegenüber, direkt am Meer. Geöffnet Mai bis Oktober.

Amaryllis, C-Kat., familiäre Atmosphäre, nette Wirtin. Zimmer mit ordentlichem, dunklem Holzmobiliar, Telefon, Aircondition und

Páros
Karte Seite 260/261

Kühlschrank, ansprechend gefliese Bäder. Auch ein Apartment steht zur Verfügung. DZ mit Frühstück ca. 35–65 €. ☎ 22840-41410, ✆ 41600, www.amaryllis-hotel-paros.com

Golden Beach, C-Kat., vis à vis vom Amaryllis, alles marmorgefliest, unten freundliche, bunte Sitzgelegenheiten, wohnlich eingerichtet, Klimaanlage. Zimmer mit Kiefernholzmöbel, Telefon, TV, Balkon, große, gefliese Bäder. Aufmerksame Besitzerin. DZ mit Frühstück ca. 35–65 €, auch einige Apartments werden vermietet. ☎ 22840-41366, ✆ 41195, www.goldenbeach.gr

Louridis, A-Kat., Bernd vom "Fanatic Fun Center" und ein griechischer Kompagnon vermieten 20 Apartments für 2–4 Personen direkt hinter der Surfstation. Gut ausgestattet mit hellen Kiefernholzmöbeln. Abgemauerte Duschen, ordentliche Küchenzeile, Geschirr vorhanden. Riesige Balkone. 2-

Pers.-Apartment mit Küche ca. 25–50 €, ohne Küche etwas günstiger. ☎ 22840-41789. ✆ 41714.

● *Essen & Trinken* Außer den beiden Hoteltavernen, jeweils mit Bar, sind zu empfehlen die Taverne und Beach-Bar **Louridis** direkt an der Surfstation. Man sitzt windgeschützt etwas zurückgezogen vom Strand in einem Garten mit Palmen. Gute griechische Küche.

● *Nachtleben* **Golden Garden**, Disco-Club direkt an der Abzweigung der Inselstraße zum Golden Beach. Open-Air-Bereich und Innenraum, griechische und internationale Musik. Beliebt und immer gut besucht. Anfang Juni bis Mitte September.

Manos, Open-Air-Disco am Nordende vom Golden Beach, nur während der Hauptsaison geöffnet.

Driós

Touristisches Zentrum im Südosten von Páros, etwa 1 km südlich vom Golden Beach. Weit auseinander gezogenes, wasserreiches Dorf mit hohen Bäumen und üppigen Gärten. Lange Wege zwischen Oleander und Olivenhainen, Eukalyptus und Pinien. Am Wasser unten niedrige Klippenküste, an der Uferpromenade ein kleiner Sand-/Kiesstrand unter kräftigen Tamarisken. Vor einigen Jahren wurden eine neue Fischermole gebaut. In der Nebensaison ruhig, im Sommer ist aber oft kein Zimmer mehr zu bekommen.

● *Verbindungen* Je nach Saison etwa 8–14x tägl. (Sa/So weniger) Busse über **Léfkes** nach **Parikiá** und über **Písso Livádi** nach **Náoussa**. Busstopp an der Platía an der Durchgangsstraße.

● *Übernachten* **Nissiotiko**, D-Kat., angenehme und ruhige Bleibe, etwas versteckt direkt oberhalb von schmalem Sand-/Kiesstrand, schöner Garten mit schattigen Bäumen. 16 einfache, aber hübsche Zimmer mit Du/WC und teilweise Kühlschrank, herrlicher Blick. DZ ca. etwa 35–75 €. Neben dem Hotel hat Besitzer Vassilikis Prekas einen Gebäudekomplex mit 8 Studios gebaut, umgeben von einem Blumengarten. Die Einrichtung ist geschmackvoll im griechischen Stil, alle Studios mit Kochnische, Essplatz, TV/Radio und Aircondition, Dusche mit Föhn. Preis ohne Frühstück: 2 Pers. ca. 65–105 €, 4 Pers. 107–150 €. ☎ 22840-41500, ✆ 41950, www.nissiotiko-paros.gr

Sea View, C-Kat., etwas zurückgezogen von der Durchgangsstraße kurz vor der Platía. 15 Zimmer im hellblau/weiß gehaltenen kykladischen Stil mit Steinböden und gemauerten Betten. Saubere Bäder mit Wan-

ne, außerdem großer Balkon. Schlichte Einrichtung mit Tisch und Stuhl sowie Kühlschrank und Telefon. Außenanlage aufwändig gestaltet mit Swimmingpool, Poolbar und englischem Zierrasen. DZ ca. 40–90 €. ☎ 41923, ✆ 41925, www.seaview1.gr

Anezina, C-Kat., wenig attraktive Lage an der Durchgangsstraße bei der Bushaltestelle. Vermietet werden 14 kleine Zimmer mit Bad und Balkon. Täglicher Reinigungsservice. Hinter dem Hotel ein großer Garten mit Orangen- und Olivenbäumen, wo man gemütlich sitzen kann. Hoteleigenes Restaurant. DZ ca. 30–50 €. Auf demselben Grundstück vermietet Maria Anousaki im **Anezina Village** (B-Kat.) eine Reihe herrlicher Apartments zwischen 70 und 90 qm Wohnfläche, jedes im Grunde ein eigenes Haus. Außerordentlich großzügig im pariotischen Stil erbaut mit Natursteinen, viel Marmor und Holz. Luxuriöse Küche, Kamin, Heizung, supergroße Bäder und ebenso riesige Balkone mit Meeresblick. Wirklich geschmackvoll, aber das Ganze hat seinen Preis: ca. 100–205 €. ☎ 22840-41037, ✆ 41557.

Avra, C-Kat., direkt am Ufer und am Anfang der Paralía von Driós. Stella Karanastassis vermietet 9 Zimmer, nicht mehr ganz taufrisch, aber gut gepflegt. Das Hotel war früher eine Mehlfabrik, die mit der benachbarten Wassermühle betrieben wurde. Insofern sind die Zimmer alle etwas anders geschnitten, insgesamt aber von durchschnittlicher Größe. Bäder klein, aber sauber und mit abgemauerter Dusche. Alle Zimmer haben einen Balkon, einige auch einen Kühlschrank. DZ ca. 25–45 €. ✆ 22840-41016, 41052.

Kyma, am Anfang der Paralía im selben Haus wie die Taverne "To Kyma", aber ein anderer Besitzer. Vermietet werden 6 schöne große Apartments mit Doppelbetten. Insgesamt gute Ausstattung, Marmorböden und jeweils ein riesiger Balkon mit Meeresblick. Geräumige, neue und geschmackvoll eingerichtete Bäder. Preis ca. 30–50 €. ✆ 22840-41906, 43217.

● *Essen & Trinken* **To Kyma**, schräg gegenüber vom Hotel Avra am Anfang der Paralía. Die freundliche junge Wirtin Ritsa spricht vorzüglich Deutsch. Sie kocht Spezialitäten aus ihrer nordgriechischen Heimat und kykladische Gerichte. Natürlich gibt es auch frischen Fisch. Man sitzt angenehm windgeschützt hinter Rundbögen. Aufmerksamer, schneller Service, günstige Preise.

Markakis, freundliches Lokal unten an der Paralía, von Lesern gelobt. Gute Fischgerichte und Pizzen. Man sitzt schattig unter Tamarisken im kleinen Vorgarten der Taverne, keine 10 m vom Meer entfernt. Schöner Blick auf die vorgelagerte Insel Drionísi.

Platania, an der Zufahrt zum Strand, nette Grilltaverne neben dem Ententeich unter einer stämmigen Platane.

Leserempfehlungen: **Anna**, direkt gegenüber der Bushaltestelle: "Von außen nicht sehr einladend, drinnen aber wird man angenehm überrascht – das Essen ist ‚typisch griechisch' und sehr gut. Die Mutter von Anna kocht, man kann die Speisen in der Küche anschauen und auswählen. Viele Stammgäste und Einheimische. Trotz der zentralen Lage und des guten Essens sind die Preise nicht hoch."

Tarsa, unterhalb der Hotelanlage "Poseidon", zwischen Driós und dem Golden Beach. "Gute griechische Spezialitäten, besonders Fisch und Lammgerichte. Angenehmer und schneller Service in deutscher Sprache, günstige Preise."

● *Cafés & Bars* **Resalto**, an der Paralía von Driós, wunderschöner Meeresblick von der Terrasse. Klassik am Vormittag, tagsüber griechisch, Rock und Blues am Abend. Gutes Frühstück, Crêpes und Snacks den ganzen Tag über.

Tsou, gehört zum Hotel Anezina und liegt in dessen Garten, dennoch für jedermann zugänglich. Man glaubt in einer alten, umgebauten Lagerhalle zu sein, aber das große und ungewöhnlich hohe Gebäude ist neu. Innen zwei schöne Kamine, gemütlich trotz des Hallencharakters.

Lake, neben dem Platania (→ Essen & Trinken). Gute Cocktails, im Sommer fast Discocharakter und rund um die Uhr geöffnet.

● *Sonstiges* Reinhard Fröhlich, Renardo genannt, leitet eine **Aquarellschule** an der Paralía in Driós. Zwischen Mitte Mai und Mitte Juli sowie von Anfang September bis Anfang Oktober finden alljährlich jeweils zweiwöchige Kurse mit professionellen Lehrern aus Deutschland und Österreich statt. Anschrift: Páros Gallerie Kyma, GR-84400 Driós, Páros, Cyclades. ✆ 22840-42327, 43217. Anschrift in Österreich: Opernring 2, A-8010 Graz, ✆ 0043-316-824435.

Antikes Trockendock

Werfen Sie einen Blick auf die eigenartigen Felsen vor der "Resalto Bar" an der Paralía. Mehrere parallel verlaufende, breite und tiefe Furchen ziehen sich hier ins Meer hinein. Das sieht auf den ersten Blick antik aus und ist es auch, denn die Felsen haben eine jahrtausendealte Geschichte: Es handelt sich um ein einstiges Trockendock für Schiffsreparaturen. Die Schiffe wurden hoch gezogen und kippten in den Rinnen nicht um.

▸ **Lolandónis:** Sand-/Kiesbucht mit Zimmervermietung und zwei Tavernen. Kurz vor Áspro Chorió führt eine lange Betonpiste hinunter.

Páros
Karte Seite 260/261

▶ **Glifá**: ebenfalls auf betonierter Piste zu erreichen, der Kiesstrand besteht aus z. T. riesigen Brocken, übers nächste Kap folgt aber ein kleiner *Kies-/Sandstrand* mit windzerzausten Zypressen.

> Die **Weiterfahrt nach Alikí** im Südwesten ist auf einer Asphaltstraße problemlos möglich – schöne Panoramablicke zurück und hinüber nach Antíparos.

Antíparos

Die kleine Schwester. Sanft gerundet, fast lieblich wirken die menschenleeren, niedrigen Hügel. Keine Dramatik, wenig Spektakuläres – aber vielleicht ist es gerade das, was Antíparos reizvoll macht. Vor allem junge Leute, mittlerweile auch Familien mit Kleinkindern, finden hier ihren Fluchtpunkt vor dem Rummel auf Páros. Viele Fischer leben noch auf Antíparos – der Fang von Kraken ist traditionell wichtigster Erwerbszweig.

Die einzige Inselsiedlung ist ein Hafenörtchen aus dem Bilderbuch – zumindest in der Nebensaison. Im Sommer findet man dagegen in den Tavernen, Cafés und "Pubs" so leicht keinen freien Platz mehr. Die mittlerweile zahlreichen Diskotheken und Disco-Bars, der Campingplatz samt FKK-Strand und die überall aus dem Boden sprießenden "Rent Rooms"-Schilder signalisieren, dass Antíparos schwer im Trend liegt. Das Seine dazu tut der rege Durchgangsverkehr von Tagesausflüglern, die zur größten Tropfsteinhöhle der Kykladen im Süden der Insel geschleust werden. Die über die ganze Insel verstreuten kleinen Strände sind allerdings auch in der Saison nicht überlaufen und bei Individualisten beliebt.

Größe: 35 qkm, Länge ca. 12 km, Breite bis ca. 5,5 km. Höchster Gipfel der Profítis Ilías (300 m).

Bevölkerung: ca. 750 Einwohner.

Straßen: Die Straße von Antíparos-Ort bis zum Strand von Ágios Geórgios am Südende der Insel ist asphaltiert, die Strecke zum Livádia-Beach an der Westküste nur im ersten Abschnitt. Sonst gibt es nur Erdpisten.

Entfernungen: Antíparos – Tropfsteinhöhle 9 km.

Fahrzeugverleih: nur in Antíparos-Ort.

Tankstellen: zwei an der Ausfallstraße in den Süden der Insel, etwa 1 km außerhalb von Antíparos-Ort.

Unterkunft: zahlreiche Hotels und Privatzimmer in Antíparos-Ort, außerdem ein Campingplatz.

Baden: einige kleinere Strände um Antíparos-Ort sowie auf der ganzen Insel verstreut. Im Südwesten der Strand von Ágios Geórgios, weiterer schöner Strand auf der dort vorgelagerten Insel Despotikó.

Karten: → Páros.

Postleitzahl: 84007.

Verbindungen von und nach Antíparos

Antíparos ist in erster Linie von der Nachbarinsel Páros aus zu erreichen, häufige Überfahrten gibt es ab *Parikiá* und von *Poúnta*, vis à vis von Antíparos-

Ort. 2002 existierte allerdings auch etwa 4x wöch. eine Verbindung mit dem "Antiparos Express" nach Fáros an der Ostküste der Insel Sífnos (→ S. 594). Fahrtdauer ca. 2 Std., Erwachsene ca. 15 €, Kinder 7,50 €.

● *Boote ab Parikiá* Nach **Antíparos-Ort** im Sommer etwa stündl. bis 23 Uhr oder noch länger, in der Nebensaison seltener. Abfahrt im Hafen an der kleinen Mole beim Busstopp, dort auch Ticketverkauf und Information. Dauer 30 Min., ca. 2 € einfach, kein Fahrzeugtransport.

● *Fähren ab Poúnta* Die kürzeste Überfahrt, Poúnta liegt genau gegenüber von Antíparos-Ort. Drei kleine **Autofähren** überqueren den hier nur 1,5 km breiten Kanal: in der Hochsaison etwa 1–2x stündl. (6.20–1.45 Uhr), sonst etwa 10–18x tägl., Sa und So mit geringerer Frequenz. Kostenpunkt pro Pers. ca. 0,80 €, Moped 1,20 €, Motorrad 1,50 €, Auto 4–7 €, Fahrtdauer ca. 10 Min. Für die Rückfahrt rechtzeitig am Hafen sein!

Inseln zwischen Páros und Antíparos

In vorgeschichtlicher Zeit waren Páros und Antíparos durch eine Landbrücke miteinander verbunden. Noch heute ist die Meerenge extrem flach, bei der Überfahrt sieht man fast ständig den Grund, kleine Felsspitzen und Inselchen ragen überall aus dem Wasser. Auf der größten Insel namens Strongyloníssi besitzt die berühmte Reederfamilie Goulandris ein Anwesen (→ Insel Ándros). Nördlich davon liegt die Insel Sáliagos. Britische Archäologen haben dort in den sechziger Jahren ein kleines Dorf aus der Jungsteinzeit entdeckt (ca. 4800 v. Chr.), u. a. fanden sie große Mengen an Pfeilspitzen aus Obsidian, Werkzeug und Keramikgefäße, außerdem drei Marmoridole aus dem Frühkykladikum. Es handelt sich dabei um die bislang älteste Siedlung der Kykladen, vielleicht ein Handelszentrum für Obsidian. Zu sehen ist heute von der Ausgrabung allerdings so gut wie nichts mehr.

Antíparos-Ort

Die bildhübsche Hafensiedlung liegt an der engsten Stelle der Insel. Trotz ständig steigender Touristenzahlen ist sie um einiges geruhsamer, intimer und überschaubarer als Parikiá. Im Hochsommer drängen sich allerdings auch hier die Massen.

Wie aus dem Ei gepellt präsentiert sich das Örtchen: Alle Gassen sind sorgfältig gepflastert und mit geweißten Kalkfugen versehen, die Häuser tadellos restauriert, die Tavernen liebevoll aufgemacht. Antíparos – ein Schmuckstück, das mit Liebe gehegt und gepflegt wird. Die Hauptstraße führt vom Hafen schnurgerade hinauf zu einer Gabelung, dort gelangt man nach wenigen Metern auf eine idyllische *Platia* mit riesigem Eukalyptusbaum und zwei Cafés, deren Tische fast die ganze Fläche einnehmen. Geradeaus kommt man durch einen überwölbten Durchgang zum westlichen Ortsende und zum dortigen *Sifnikós-Strand* (→ Baden). Rechts vom Platz steht die hübsche Kirche des *Ágios Nikólaos* mit Türstock von 1645. Dahinter beginnen die alten Gassen des venezianischen *Kástro-Viertels*, dessen Ursprünge ins 15. Jh. zurückgehen. Das malerische Häusergeviert, dessen Mauern aus Verteidigungsgründen nach

Antiparos

außen fensterlos sind, ist heute nur noch z. T. bewohnt, und die Winterfeuchte nagt arg an den bröckligen Gemäuern.

Verbindungen

● *Verbindungen* Ein **Inselbus** fährt je nach Saison etwa 2–8x täglich vom Hafen zur **Höhle** und weiter zum Strand von **Ágios Geórgios** (→ Inselsüden). Laut Lesertipp sind die Busse an der Fähre teurer als die "normalen". Weitere Verbindung zur Höhle gibt es per **Boot**, etwa 3x tägl. (nur vormittags), zurück zwei Stunden später.

Im Hochsommer fahren **Badeboote** zu verschiedenen Stränden der Insel.

Adressen

Geld, National Bank am Hafen.
Gepäckaufbewahrung, bei Oliaros Tours, gegenüber vom Anleger.
Post, an der Hauptgasse vom Hafen zur Platia.
Reisebüros, mehrere am Hafen und an der Hauptgasse, die vom Hafen zur Platia führt. Infos über Fährverbindungen, Hilfe bei der Unterkunftssuche, Ausflüge, Geldwechsel.
Wäscherei (Laundry"), an der Hauptgasse vom Hafen zur Platia, Nähe Post.

Fahrzeugverleih, eine ganze Menge im Hafen, z. B. "Antíparos Europcar", offene und geschlossene Kleinwägen, Jeeps und Mini-Busse (✆ 22840-61346, 61276, 📱 61276); "Motorplan", relativ neue Bikes mit 50 ccm und 80 ccm, Road-Service auf ganz Antíparos (✆ 22840-61110, 61449, 📱 61276); "Angelos", gegenüber der Windmühle, zuverlässige Autos verschiedener Größen, Jeeps, Mopeds und Mountainbikes, ebenfalls Straßenservice (✆ 22840-61027, 61626).

Übernachten

Riesiges Angebot an Unterkünften, selbst in der Hochsaison kein Problem. Die Bewohner überhäufen einen bei der Ankunft mit Offerten.

● *Hotels* **Anargyros**, D-Kat., genau gegenüber vom Anleger, einfache Zimmer über der gleichnamigen Taverne, kann laut werden. DZ ca. 25–45 €. ✆ 22840-61237, 📱 61204.
Mantalena, C-Kat., vom Anleger ein Stück nach rechts, mit 32 Zimmern größtes Inselhotel, grundlegend renoviert, vorne schöne Terrassen zum Meer. DZ mit Bad ca. 40–65 €. ✆ 22840-61206, 📱 61550, E-Mail: Mantalenahotel@par.forthnet.gr
Galini, C-Kat., hübsches Haus am südlichen Ortsrand, die Hauptstraße hinauf und links hinein, Aufenthalts-/Frühstücksraum mit TV, mit netter Gartentaverne, spezialisiert auf Fisch. Der gastfreundliche Besitzer Pavlos Marianos macht den Aufenthalt angenehm. DZ ca. 35–65 €. ✆ 22840-61420, 📱 61057.
Antíparos, E-Kat., vom Anleger links und bei der Kapelle rechts rein, gemütliche Angelegenheit mit kleiner, schattiger Taverne und Leihbüchern, 23 Zimmer mit Du/WC, DZ ca. 30–60 €. ✆ 22840-61358, 📱 61340, www.otenet.gr/antiparoshotel
Artemis, C-Kat., hübsche Anlage am nördlichen Buchtende, viel Grün ums Haus, angenehme, schattige Terrasse, Zimmer mit Balkonen zur Bucht, jeweils Kühlschrank. DZ ca. 40–80 €, ✆ 22840-61460, 📱 61472, E-Mail: artemis@par.forthnet.gr

● *Privatzimmer und Apartments* **Irini**, von Joanna freundlich geführte Unterkunft, die Hauptstraße geradeaus und nächts links. Im Bikeverleih "Joanna" im Hafen fragen (Hausgäste bekommen Rabatt für ein Bike). ✆/📱 22840-61730.
Panorama, von der Anlegestelle rechts halten und 100 m eine Gasse hinauf. Schöner Blick vom höchsten Punkt auf Ort und Meer. Acht Zimmer, ein Studio und ein Apartment. ✆ 22840-61523.
Kouros Village, neben Artemis am Nordrand der Hafenbucht, moderne Anlage mit Studios und Apartments, Pool mit beliebter Bar, herrlicher Blick aufs Wasser. ✆ 22840-61084, 📱 61497.
Marinatou, neues Haus ganz vorne am nördlichen Kap der Hafenbucht. Maria und Nikos Marinatos, Hauptberuf Seemann, haben vier sieben Studios für je 3–5 Personen. Jedes Studio verfügt über mehrere Terrassen in verschiedene Himmelsrichtungen, z. B. mit Blick über die gesamte Hafenbucht. Jeweils kleine Küche und sehr ordentliches Bad. Im Ortskern außerdem Vermietung von vier älteren Zimmern mit Kochgelegenheit. ✆/📱 22840-61395, mobil 6977524686.
Lilly's Island, am Ortsrand, etwa 300 m vom Hafen, geführt von der Schweizerin Lilly

Treffpunkt zu jeder Jahreszeit: die Platia in Antíparos-Ort

Antíparos

und ihrem griechischen Ehemann Derek. Kleine Anlage mit schönem Palmengarten und Pool, gemütliche Frühstücksecke. Schön eingerichtete Zimmer, hervorragende Matratzen, sehr gutes Frühstück. Leserkommentar: "Die beiden kümmern sich mit viel Herzlichkeit um das Wohlergehen ihrer Gäste." DZ ca. 35–65 €. ✆ 22840-61411, 📠 22840, www.lillysisland.com

Argo, nördlich des Orts in Richtung FKK-Strand, saubere Zimmer mit Veranda oder Balkon sowie gute hauseigene Taverne. Anita & Andreas Sieg schrieben uns: "Leider hat man keinen Blick auf den Hafen, das Essen und die Gastfreundschaft machten das aber mehr als wett." Akis Viazes, der älteste Sohn, spricht sehr gut Englisch. ✆ 22840-61419, 61186.

Weitere günstige Privatzimmer gibt es im ganzen Ort.

● *Camping* **Antíparos**, an der nördlichen Inselspitze, gegenüber den vorgelagerten Inseln, direkt am schmalen Strand, allerdings durch eine Mauer davon getrennt, in 500 m Entfernung FKK-Strand. Vom Hafen ca. 20 Min. zu Fuß (Weg beschildert), manchmal kommt der campingeigene Bus zur Fähre. Großer Sand-/Kiesplatz unter einigen knorrigen Wacholderbäumen, etliche Schilfbahnen geben ausreichend Schatten. Fast nur junge Leute auf dem Platz, was die Atmosphäre prägt, in der HS sehr voll, viele junge Athener. Sanitäre Anlage sauber, Self-Service-Restaurant mit Einkaufsmöglichkeit, abends dröhnen mittlerweile zwei Discos. Geöffnet April bis Oktober. ✆ 22840-61221.

Quartiere auf Antíparos: Auch außerhalb der Stadt werden zahlreiche idyllisch gelegene Häuser von einer Schweizer Agentur vermietet. Sämtliche Häuser sind in Privatbesitz und liegen in hübscher Umgebung sowie immer in der Nähe eines Sandstrandes. Die Häuser von sehr unterschiedlicher Größe bieten Platz für bis zu 6 Personen und sind modern ausgestattet. Einige bieten Extras für Familien mit Kindern. Preise und Informationen auf Anfrage bei Ursula und Hans Theill, Waldhofstr. 60, CH-4310 Rheinfelden, Schweiz. In der Schweiz: ✆ 0041-61-8311374, 📠 8338310, http://homepage.sunrise.ch/homepage/antiparos/index.html. Auf Antíparos: ✆ 22840-61468.

Essen & Trinken

● *Essen & Trinken* **Spiros**, seit über 30 Jahren am kleinen Anlegekai. Spiros hat sich allerdings mittlerweile aus dem anstrengenden Tagesgeschäft zurückgezogen und die Taverne seiner Tochter übergeben. Doch die Mutter kocht noch immer vorzügliche inseltypische Gerichte. Viele einheimische Gäste.

Klimataria, glaubt man dem Wirt, ist seine Taverne die älteste auf Antíparos. Auf jeden Fall bieten Tassos und sein Englisch sprechender Sohn eine gute und relativ preiswerte Küche. Man sitzt in ruhiger Lage, etwas abseits vom Trubel in einer Seitengasse der Fußgängerzone.

Makis, in der Fußgängerzone kurz vor der Platía im hinteren Ortsteil. Die vielfältige Speisekarte ist draußen an die Wand gepinselt. Tische auf einer Hochterrasse mit einem großen, Schatten spendenden Baum. Gute Vorspeisen, z. B. gebackene Zucchinischeiben, Grillspezialitäten zu durchschnittlichen Preisen.

To Steki, an der Hauptgasse, schattiges, ruhiges Plätzchen mit üppig wuchernder Bougainvillea auf der Terrasse. Gute und frische Fleischgerichte, denn die Familie betreibt einen eigenen Bauernhof. Preise okay.

5 F, ebenfalls an der Hauptstraße. Alteingesessene Taverne und nett aufgemachter Schnellimbiss, spezialisiert auf Gýros und Souvláki, kein Fisch. Witziger Inhaber. Sehr beliebt, Preise im üblichen Rahmen.

Statheros, Fisch- und Grilltaverne an der Paralia. Kalliopi, die Mutter des Wirtes Nikos, kocht noch selbst und das vorzüglich. Empfehlenswert sind die mit Hackfleisch gefüllten Auberginen, Rindfleisch in Tomatensauce sowie die diversen Fischgerichte. Gutes Angebot an Vegetarischem.

Pavlos Place, am Ende einer Gasse, die etwa in der Mitte der Fußgängerzone nach links abzweigt (→ Übernachten/Hotel Galini). Ausgezeichnete Küche, dementsprechend oft sehr voll, was auf Lasten des Services geht. Pavlos Marianos bietet eine große Auswahl an Vorspeisen, z. B. Auberginensalat, gebackene Zucchini- und Fischrogenbällchen oder frittierte Kichererbsen. Lob bekamen auch das Kaninchenstifado

und die Fischgerichte vom Holzkohlengrill. Sehr kinderfreundlich.

Argo, nördlich des Orts in Richtung FKK-Strand. Leider hat man keinen Blick auf den Hafen. Das Essen und die Gastfreundschaft von Gerasimos und Pothiti machen das aber mehr als wett. Als Spezialitäten gelten Bauernsalat mit Kapern, gebackenes Auberginengemüse, Saubohnen, gebratenes Hähnchen mit Zwiebeln und Paprika sowie in Essig eingelegte und in roter Weinsauce gekochte Kalamari. Zu empfehlen ist der selbst gebrannte Tresterschnaps.

Sinoris und **Damez**, zwei schöne Gartentavernen am hinteren (westlichen) Ortsende, am Weg zum Sifnikós-Strand, gelegentlich Livemusik.

● *Kafenia & Cafés* **To Kentro**, das Kafeníon an der Platía, Treffpunkt zu jeder Tageszeit. Hier mischen sich Inselbewohner und Touristen auf bisher noch sehr angenehme Weise, auch der Pope schaut regelmäßig vorbei.

Yannis Place, Café-Bar in der Fußgängerzone. Blaue Tische und Stühle auf beiden Seiten der breiten Gasse. Angenehme Musik, junges Publikum.

Ostria, zu erkennen an den grünen Tischen und Stühlen inmitten der Fußgängerzone. Hübsches, schattiges Plätzchen vor einem alten Stadthaus. Freundliche Bedienung, griechische Musik.

Margarita, eines der beliebtesten Cafés in der Fußgängerzone, den ganzen Tag über gut besucht. Auf der Terrasse wächst eine Palme. Spiros öffnet schon früh morgens und bereitet gutes Frühstück zu. Gelobt wurden vor allem der Cappuccino und der Filterkaffee. Tagsüber gibt es Omelettes, Sandwichs, Nudelgerichte, Kuchen und exotische Obstsalate.

Smile, tagsüber gemütliches Café, nachts Music-Bar. Direkt am Square mit dem großen geweißelten Baum. Zu erkennen an den bequemen Stoffsesseln mit dem aufgedruckten Gesicht einer lachenden Sonne. Gute Drinks.

Sunset, hübsche Bar am Sifnikós-Strand (→ Baden), Kleinigkeiten zu essen, Drinks, Cocktails und ein herrlicher Sonnenuntergang. Kinder erwünscht, viel Platz.

Nachtleben

Dank der vielen jungen Besucher ist einiges geboten, die Zustände von Páros sind aber noch nicht erreicht. Man trifft sich zuerst an der Platía im Zentrum oder in den umliegenden Bars, um Mitternacht geht's weiter in eine der Discos. Sehr beliebt bis in die frühen Morgenstunden sind allerdings auch die Pubs.

• *Pubs* **Lucky Luke Pub**, an der Hauptplatía von Antíparos-Ort im hinteren Ortsteil. Diverse Musikrichtungen bis tief in die Nacht hinein. Vor dem Eingang eine fotogene Treppe und ein großer Maulbeerbaum. Bei der einheimischen Jugend sehr beliebt. **The Doors**, unweit vom Lucky Luke ebenfalls im hinteren Ortsteil von Antíparos-Ort. Auch die Musik unterscheidet sich kaum. Innen hängen Dutzende Bilder von berühmten Filmschauspielern. **Stones Pub**, in der Fußgängerzone neben dem To Steki. Unverputzter Natursteinbau mit postmoderner Einrichtung. Hübsches, weinüberranktes Vordach. Beliebt beim englischsprachigen Publikum, nicht billig.

• *Discos* **Marianos Club**, Disco am Weg von der Stadt Richtung Campingplatz. Disco-Musik, New Wave, gelegentlich Rock oder griechische Musik. Bei der einheimischen Jugend sehr beliebt. Geöffnet 23–5 Uhr, während der NS nur an Wochenenden. **La Luna**, beliebte Disco beim Campingplatz, bis 3 Uhr früh geöffnet, Klimaanlage, die funktioniert und eingeschaltet wird. **Mýlos – The Mill**, seit langen Jahren unsterbliche Disco in einer Windmühle südlich vom Ort.

▶ **Antíparos-Ort/Baden**: Nördlich vom Hafen schließt die Bucht mit einem *Sandstrand* ("Baby-Beach") ab, einige Bäume sorgen für Schatten. Der Strand von *Diapóri* (Camping-Beach) vor dem Campingplatz an der nördlichen Inselspitze ist offizielle Nacktbadezone. Das etwa 200 m flache Sandareal mit niedrigen Dünen und Wacholdermacchia ist ideal für Kinder und Nichtschwimmer, da das Wasser ganz seicht ist. Der Clou: Wenn man die richtige Furt erwischt, kann man sogar auf die gegenüberliegende flache Insel *Diplό* hinüberwaten! Auch beliebt bei Windsurfern (bei günstigen Windrichtungen Düse, aber Vorsicht mit den Strömungen!), im Hochsommer Brettvermietung.

Den ruhigen Strand *Sifnikós* (so genannt, weil man hier Richtung Sífnos blickt), auch bekannt als "Sunset Beach", eine etwa 100 m lange, schattenlose Sandbucht mit Anschwemmungen, findet man an der dem Hafen gegenüberliegenden Westseite von Antíparos. Nördlich schließt sich eine zerrissene Klippen- und Buchtenlandschaft an, wo man toll schnorcheln, aber auch wunderschöne Sonnenuntergänge erleben und spazieren gehen kann. Ein weiterer, gut 300 m langer Sandstrand namens *Fanári* liegt 5 Fußminuten südlich vom Hafen. Erfreulich sind hier die zahlreichen Schatten spendenden Tamarisken.

Ziele auf der Insel

Seit einigen Jahren ist die frühere Holperpiste entlang der Ostküste durchgehend asphaltiert. Dort gibt es einige, im Sommer gut besuchte Strände, der windige Westen ist dagegen einsam geblieben. Zur Tropfsteinhöhle sind es etwa 9 km, es fahren Busse, aber auch die Wanderung zur Höhle ist reizvoll.

▶ **Órmos Livádia**: Sandstrand mit spärlich bewachsenem Hinterland etwa in der Mitte der Westküste. Wegen der nach Nordwesten offenen Lage wird immer wieder Müll und Schmutz an die Küste gespült. Dennoch gehört die Bucht zu den beliebtesten Ausflugszielen auf Antíparos und auch Zelte sieht man hier häufig, denn Kontrollen sind selten. Keine Einrichtungen.

Antíparos

Wanderung von Antíparos-Ort zum Strand von Livádia

Eine der beliebtesten Wanderungen auf Antíparos, problemlose Wegführung. Etwa 5 km lang (ca. 90 Min.), kaum starke Steigungen, vorbei an mehreren Kapellen und nur zu Beginn ein Stück auf der Asphaltstraße. Allerdings weitgehend schattenloser Weg durch die Landwirtschaftsebene im Innern der Insel. Verpflegungsmöglichkeiten gibt es keine, nur eine eingefasste Quelle oberhalb des Livádia-Strandes.

Wegbeschreibung: Von Antíparos-Ort sind es etwa 5 km. Von der fotogenen *Windmühle* am Hafen geht oder fährt man zunächst auf der Asphaltstraße ortsauswärts in südwestlicher Richtung. Vorbei am Fanári-Strand und dem kleinen Lagunensee, folgt etwa 1,1 km nach der Windmühle der Abzweig zum Órmos Livádia (ausgeschildert). Die Straße wird jetzt enger und der Asphalt geht in Schotter über, um sich kurze Zeit später wieder in eine breite Asphaltstraße zu verwandeln. Vorbei an Kornfeldern steigt sie kurvenreich an und erreicht nach etwa 2,2 km die Kapelle *Profítis Ilías*, links auf einem Plateau. Unser Weg verlässt hier den Asphalt und führt dicht an der Kapelle nach rechts. Auf schmalem und steinigem Pfad geht es an einer Ziegenmauer hinunter ins Tal und auf der anderen Seite wieder gemächlich hinauf. Als optische Zielmarke auf diesem Pfad, der einen weiten Bogen der Straße abkürzt, dient die an einer Kurve der Asphaltstraße liegende Kapelle *Agía Paraskeví*. Etwa 150 m vor dem kleinen Haus der Gottesmutter trifft der Weg wieder auf den Asphalt, auf dem man in Richtung Kapelle weiter geht. Ab der Windmühle hat man nun etwa 2,5 km hinter sich gebracht. Von der kleinen Anhöhe an der Kapelle öffnet sich der Blick ins Inselinnere und zwischen die beiden Hügelketten. Hier liegen intensiv landwirtschaftlich genutzte Flächen: Kornfelder, Weinstöcke, Obstbäume und Oliven. Wenig später endet der Asphalt und es geht auf einer Schotter- bzw. Staubpiste weiter. Exakt 750 m nach dem Ende der Asphaltstraße folgt eine Abzweigung: links geht es in die Bauernsiedlung *Kámpos*, rechts verläuft unser Weg Richtung Südwesten an Kornfeldern vorbei. 450 m nach diesem Abzweig trifft von links eine Einmündung auf unseren Weg. Zum Órmos Livádia geht es weiter geradeaus, jetzt auf leicht ansteigendem Pfad, gesäumt von Feldern und Bauernhöfen. Etwa 1,6 km nach dem Ende der Asphaltstraße folgt erneut eine Abzweigung nach links und auch hier bleibt man auf dem geradeaus führenden Weg entlang einer Ziegenmauer. Neben der Schotterpiste verläuft hier eine Telegrafenleitung. Von der nächsten Anhöhe aus ist bereits links unten die Bucht Livádia zu erkennen. Zuerst trifft man jedoch noch 200 m nach der vorigen Abzweigung auf eine weitere Weggabelung: hier den linken Pfad nehmen, mit dem Órmos Livádia bereits im Blickfeld. Die Staubpiste führt nun an einer eingefassten *Quelle* vorbei und endet nach einem steil abwärts führenden, teils betonierten Stück an der Ostseite der Bucht, die man genau 4,8 km ab der Windmühle am Hafen erreicht hat.

Ostküste

▶ **Gialós Glifá:** lang gezogene und feinsandige Bucht mit Taverne und Übernachtungsmöglichkeit an der Ostküste, etwa 5 km südlich von Antíparos-Ort. Am Südende einige Dünen, das nördliche Ende der Bucht wird durch ein Tamariskenwäldchen begrenzt. Nur hier gibt es etwas Schatten, ansonsten verleiht der Tavernenbesitzer in der Hochsaison auch Sonnenschirme. Durch den feinen Sand (mit nur wenig Kies) und das seichte Wasser, verbunden mit geringer Brandung, ist die Bucht für Familien mit Kindern ideal. In der Nebensaison ist es oft menschenleer, im Hochsommer dagegen proppenvoll.

● *Übernachten/Essen & Trinken* **Big Blue**, Apartments und Strandbar in einer Anlage. Allerdings: der Glifá-Beach befindet sich auf der gegenüberliegenden Seite der Asphaltstraße, die weiter in den Inselsüden führt. Die Beachbar wurde auf dem flachen Gelände hinter dem Strand errichtet. Chef Damianos vermietet außerdem fünf neue Studios und drei Zimmer im Haus hinter der Strandbar. Geräumige Zimmer mit Bad und Balkon/Terrasse (nicht alle mit Meeresblick), die Studios selbstverständlich mit Kochgelegenheit. Wegen der Bar kann es im Sommer schon mal laut werden. Preise ca. 25–60 €. ✆ 22840-61627.

▶ **Órmos Apándima:** Etwa 100 m lange Sand- und Kiesbucht unterhalb der Höhle Agíou Ioánnou. Berühmte Leute sollen hier schon zu Gast gewesen sein: Alexander der Große, König Otto von Griechenland und Lord Byron legten hier an, um die Tropfsteinhöhle zu besuchen. Rechts und links wird die kleine Bucht von meterhohen Felsklippen eingerahmt, im Rücken wächst eine Reihe Schatten spendender Tamarisken. Das Wasser wird recht schnell tief und der Strand ist sehr sauber. Links befindet sich eine große, betonierte Anlegestelle.

● *Übernachten/Essen & Trinken* **Apandima Beach**, A-Kat., Christina und Georgios Triantafillos vermieten sieben großzügig gestaltete Apartments mit ca. 70 qm für bis zu 6 Personen. Kleine Küchen und recht neue Bäder, dazu Balkon oder Terrasse. Preis ca. 25–50 €. Daneben betreiben sie eine eher improvisiert wirkende Taverne. Es gibt Kaffee, Eis und Drinks sowie Fischgerichte und Spaghetti. Georgios verleiht außerdem so genannte Jet-Ski. ✆ 22840-61374.

● *Einkaufen* Supermarkt **Apandima** an der Zufahrtsstraße.

Spílion Agíou Ioánnou

Die berühmte Tropfsteinhöhle liegt 170 m hoch im Berg, eine Asphaltstraße führt hinauf. Im Eingang befindet sich eine kleine Kapelle, die dem Ágios Ioánnis geweiht ist.

Die Höhle öffnet sich als tiefer Schlund im Berg, exakt 354 steile und glitschige Stufen führen etwa 90 m hinunter zum tiefsten Punkt. Überall quellen meterdicke Tropfsteingebilde – auf einem breiten Stalagmit, der damals schon abgebrochen war, zelebrierte anno domini 1673 ein romantisch veranlagter französischer Diplomat die Weihnachtsmesse. In den letzten Jahrhunderten wurde die Höhle immer wieder beschädigt. So transportierten russische Offiziere im 18. Jh. Dutzende von Tropfsteinen nach St. Petersburg, weitere wurden im Zweiten Weltkrieg von Soldaten als Zielscheiben für ihre Schießübungen benutzt. Zahllose Besucher haben ihre Namen in die Wände und Tropfsteine geritzt. Genau dort, wo die Treppe am tiefsten Punkt der Höhle endet, findet man auch die krakeligen Schriftzeichen *"Othona, Basileus tis Ellados,*

1840" – angeblich hat hier Otto I., damaliger bayerischer König von Griechenland, sein Signum eingraviert (siehe Foto nächste Seite). Noch ältere Inschriften entdeckt man auf einer Art Plattform linker Hand (Abzweigung beim Runtergehen) – die älteste, die wir entdeckten, immerhin von 1776. Auch der überall präsente *Lord Byron* soll sich hier verewigt haben.

● *Anfahrt* **Busse** von Antíparos-Ort fahren je nach Saison etwa 2–8x tägl. unmittelbar bis zum Parkplatz unterhalb der Höhle.
Im Sommer kommen **Ausflugsboote** aus Antíparos-Ort und landen im Órmos Apándima (→ oben), etwa 2 km unterhalb. Von dort ca. 45 Min. Fußmarsch hinauf (gutes Schuhwerk nötig – Geröll!) oder auf dem schwankenden Rücken eines Maulesels (20–30 Min., ca. 8 € hin u. zurück).
Zu Fuß braucht man von Antíparos-Ort etwa 2,5 Std. (→ unten).

● *Öffnungszeiten/Preise* Im Sommer tägl. 10–16, sonst 11–14 Uhr. Eintritt ca. 3 €. Wenn die Zahl der Besucher am Saisonbeginn und -ende gering ist, wird die Höhle nur geöffnet, wenn der Bus kommt. Falls man individuell unterwegs ist (Moped oder zu Fuß), muss man eventuell warten, bis eine Gruppe kommt.

● *Essen & Trinken* Am Höhleneingang **Kiosk** mit Getränken und Snacks.

Wanderung von Antíparos-Ort zur Höhle Spilíon Agíou Ioánnou

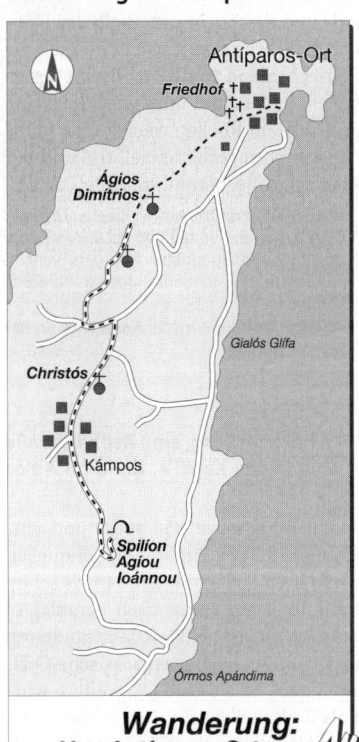

Diese abwechslungsreiche, relativ leichte Wanderung führt durch das Innere der Insel zur größten Tropfsteinhöhle der Kykladen. Dauer ca. 2,5 Std.

Wegbeschreibung: Vom *Hafen* geht man die Fußgängerzone entlang bis zur Platia. Dort folgt man der Straße nach links, passiert bald rechts den Friedhof und gelangt schließlich etwa 15 Min. ab Hafen zu einer Kreuzung, wo man rechts in einen Schotterweg abbiegt. An einem kleinen, kaum noch kenntlichen *Getränkelager*, das man nach etwa 300 m erreicht, muss man sich leicht links halten und den *Berg* hinaufgehen, der Weg wird hier steiniger und steiler. Oben angelang, hat man einen herrlichen Blick auf Antíparos-Ort und die Nachbarinsel Páros. Jetzt gabelt sich der Weg. Man geht rechts, passiert einen alten, noch bewohnten *Bauernhof* (nicht vom Hofhund erschrecken lassen, er ist angekettet!) und steigt schließlich einen schmalen, steilen Steinweg hinunter zu einer kleinen *Kapelle* (etwa 20 Min. ab Taverne). Dort geht man hinunter in ein kleines Tal und gelangt unten auf einen breiteren Schotterweg. Hier darf man nicht den Weg bergauf nehmen, sondern hält sich leicht links, sodass man auf etwa gleicher Höhe bleibt. Bald kommt man an eine weitere *Weggabelung*, an der man sich wieder leicht links halten muss. Der Weg führt nun hinunter zu einer weiteren *Kapelle* (20 Min. ab erster Kapelle). Von hier hat man einen schönen Blick auf das vor einem liegende fruchtbare Tal am Fuß des höchsten Inselbergs *Profítis Ilías*. Nun folgt man dem gut ausgebauten Schotterweg, der sich durch das teilweise noch bewohnte Tal schlängelt. Nach etwa 5 Min. gabelt sich der Weg, hier geht man links. Nach weiteren 5 Min. kommt man an ein Elektrohäuschen, an dem sich der Weg nochmals gabelt. Hier geht man rechts und kommt schließlich an einer größeren *Kirche* vorbei. Der Weg zieht sich weiterhin durch das fruchtbare Tal und bald an der *linken Bergseite* hinauf. Bis zum höchsten Punkt braucht man etwa 50 Min., dort bietet sich eine herrliche Aussicht auf das glitzernde Meer. Jetzt geht es etwa 3 Min. bergab, bis man

160 Jahre alte Unterschrift eines Monarchen: König Otto von Griechenland

auf die *Asphaltstraße* zur Höhle trifft. Man folgt dieser noch ein kurzes Stück und gelangt zum *Parkplatz* vor dem Höhleneingang. Zurück nach Antíparos-Ort kann man mit dem Bus fahren (je nach Saison ca. 2–6x tägl.).

Inselsüden

Wenn man von der Höhle ca. 2 km nach Süden weiterfährt, biegt die Straße in Richtung Westküste ab. Linker Hand gibt es hier einen Abzweig zum Strand *Sorós* im Südosten von Antíparos, in der Saison mit Taverne/Café-Bar "Peramataki", die auch einfache Zimmer vermietet (☎ 22840-61211). Richtung Westen stößt man nach etwa vier kahlen Inselkilometern gegenüber der Insel *Despotikó* und dem Miniinselchen *Kimítri* ans einsame Ufer von Ágios Geórgios, wo hauptsächlich Landwirtschaft und Ziegenhaltung betrieben werden.

▸ **Ágios Geórgios**: langer, flacher Küstenstreifen mit einem von Felsen unterbrochenen Kiesstrand namens *Almíra*. Im Sommer kann man hier einige wenige Zimmer mieten, eine Handvoll Bars und Tavernen sind dann ebenfalls offen (beschildert). Zu empfehlen ist "Zombos" mit Fleisch und Gemüse aus eigener Produktion. Sehr ruhig, im Hinterland entstehen immer mehr Privatbauten.

▸ **Profítis Ilías**: mit 300 m höchster Inselberg. Von Ágios Geórgios zweigt kurz vor der Taverne Zombos eine Piste ab, insgesamt etwa 5 km, in der zweiten Hälfte schlecht zu befahren, zu Fuß aber problemlos (ca. 1 Std.). Auf dem Gipfel eine Kapelle und atemberaubender Blick auf zahlreiche Kykladeninseln.

Insel Despotikó

Die unbewohnte Insel wird nur von Hirten genutzt, die hier ihre Ziegen weiden lassen. Da ein langer Sandstrand direkt vis à vis von Ágios Geórgios liegt, kommen ab und an auch Badetouristen. Bei den Tavernen in Ágios Geórgios kann man Fischer fragen, ob sie einen übersetzen (Preis unbedingt vorher abmachen!). Um auf Despotikó zur schönen Südbucht *Órmos Livádi* zu gelangen, muss man den alten Bauernhof passieren, der schon von Antíparos aus zu sehen ist, und den Pfad am Meer entlang gehen, bis sich der Weg gabelt. Dort links und über den Bergrücken hinunter zur Südbucht (ca. 30–40 Min.).

Náxos

Im Vergleich zu den anderen Kykladen wirkt das riesige Náxos fast wie ein Kontinent. Keine andere Insel besitzt diese Vielfalt der Landschaften: fruchtbare Uferebenen, steile, fast alpenähnliche Bergmassive, silbrig grüne Olivenhaine, kilometerlange weißsandige Strände ...

Doch die ganze Bandbreite des Spektrums verbirgt sich zunächst vor den Augen des Ankömmlings. Hinter Náxos-Stadt steigen absolut kahle, braune Barrieren auf – kein Baum, kein Strauch, nur ganz am Horizont entdeckt man den *Zas*, den höchsten Gipfel der Kykladen, den man übrigens relativ leicht erklettern kann. Die volle Schönheit von Náxos lernt man erst kennen, wenn man sich auf die Reise macht: quer durch die Insel zur Ostküste, in den Norden nach Apóllonas, in den unerschlossenen Süden ... Wenn man ein Fahrzeug auf die Kykladen mitnehmen will, dann lohnt es sich hier! Wobei nicht zu vergessen ist, dass Náxos-Stadt zu den interessantesten Siedlungen der Inselgruppe gehört und die Strände südlich der Stadt sicher die allerbesten der Kykladen sind. Wegen der großartigen und abwechslungsreichen Landschaft mit zahlreichen geschichtlichen Monumenten (venezianische Wohntürme, byzantinische Kapellen, antike Marmorstatuen) lohnt sich auch das Wandern – falls man nicht gerade im brütend heißen Hochsommer unterwegs ist. Trotz all dieser Vorzüge ist Náxos noch nicht so überlaufen wie das Dreiergespann *Mýkonos-Páros-Santoríni*. In der touristischen Entwicklung hinkt man einige Jahre hinter der Nachbarinsel Páros her – zum Glück, wie viele Inselliebhaber meinen.

Náxos-Stadt: Blick von der einlaufenden Fähre

Náxos
Karte Seite 321

Geschichte

Náxos spielt in der minoisch-griechischen Mythologie eine bedeutende Rolle. Denn hier soll der Göttervater *Zeus* seine Kindheit und Jugend verbracht und schließlich den Weingott *Dionysos* gezeugt haben. Dieser feierte später auf der fruchtbaren Weininsel Náxos seine berühmt-berüchtigten Orgien. Nach Zeus ist deshalb auch der höchste Berg der Insel benannt. Weiterhin war es die Insel Náxos, auf der der siegreiche Held *Theseus* bei der Rückkehr von Kreta, wo er zuvor den grausigen *Minotauros* getötet hatte, seine Geliebte *Ariadne*, die Tochter des Kreterkönigs Minos, schmählich zurückließ. Für den Grund gibt es mehrere Versionen: Vielleicht hatte er auf dem Schiff eine neue Geliebte gefunden, vielleicht hatte er Bedenken, wie die aus dem feindlichen Kreta stammende Ariadne in Athen aufgenommen werden würde? Die wohl schlüssigste Theorie besagt, dass Theseus Ariadne aufgeben musste, da Dionysos höchstpersönlich sie begehrte. Wie es auch gewesen sein mag, der Weingott vermählte sich nach der Abreise des Theseus tatsächlich mit Ariadne und errichtete ihr einen gewaltigen Palast an der Stelle des heutigen Tempeltors vor Náxos-Stadt. Theseus aber vergaß in seinem Gram über die Trennung die Vereinbarung, bei der Ankunft in Attika weiße Segel zu setzen – der Rest ist sicher bekannt, sein Vater Ägeus erblickte die schwarzen Segel, dachte, sein Sohn wäre vom Minotauros getötet worden, und stürzte sich voller Schmerz ins Meer, das seitdem das Ägäische heißt. Die Rolle, die Náxos bei der Namensgebung des Meeres und in der hochpolitischen Affäre um den Minotauros spielt (der Sieg des Theseus spiegelt den geschichtlichen Fakt der Überwindung der minoischen Kreter durch die mykenischen Griechen wider), zeigt die Bedeutung, die der Insel seit jeher zugemessen wurde.

Die bisher ältesten Funde auf Náxos datieren ins 4. Jt. (Bronzezeit). Zahlreiche Stücke der so genannten *Kykladenkultur* hat man im Küstengebiet *Grótta* gefunden, unmittelbar nördlich von Náxos-Stadt. Nach wie vor wird es eifrig von Noch früher sollen aber bereits *Thraker* vom Festland eingewandert sein und die Weinrebe auf Náxos heimisch gemacht haben. Danach siedelten sich die

Größe: 428 qkm, Länge ca. 32 km, Breite bis ca. 23 km. Höchster Gipfel der Insel und der gesamten Kykladen ist der Zas mit 1001 m.

Bevölkerung: ca. 14.000 Einwohner.

Geografie/Geologisches: Náxos hat im Inland weitgehend gebirgigen Charakter. Während der flache Westen ausgedehnte Sandstrände besitzt, fallen die Bergzüge zur Ostküste wild und steil ab. Granit, Schiefer, Marmor und Schmirgel sind die vorherrschenden Gesteinsarten. Die reichen Marmor- und Schmirgelvorkommen der Berge – vor allem im Zentrum und Ostteil der Insel – werden schon seit der Antike abgebaut (Näheres im Kapitel Wirtschaft und bei den speziellen Ortsbeschreibungen).

Wichtige Orte: Náxos-Stadt; die Zentren der Tragéa-Hochebene Chalkío und Filóti; die alten Bergstädte Apíranthos und Korónos; Fischer- und Badeort Apóllonas im Norden.

Straßen: Es wird überall neu asphaltiert; insbesondere im Bereich der Inselhauptstadt ist der Straßenbau in vollem Gange. Die Hauptachsen des Verkehrs sind asphaltiert, z. B. Náxos – Filóti – Korónos – Apóllonas und die Seitenstraßen nach Moutsounas und Liónas (Ostküste), Náxos – Melanés – Flerió – Moní; Náxos – Pirgáki, Náxos – Chalkío – Moní; Chalkío – Filóti – Apíranthos, außerdem die Küstenstraße von Náxos über Engarés bis kurz vor Apóllonas und seit kurzem sogar die Straße von Filóti zum Pírgos Chimárrou im kaum erschlossenen Inselsüden. Entlang der Ostküste gibt es dagegen nur Erdpisten.

Entfernungen: Náxos-Stadt – Filóti 20 km, Náxos-Stadt – Apóllonas 54 km, Náxos-Stadt – Pirgáki 18 km.

Auto-/Zweiradverleih: diverse, jedoch nur in Náxos-Stadt.

Tankstellen: sind mittlerweile sehr zahlreich – mehrere an den Ausfallstraßen aus Náxos-Stadt Richtung Inselinneres, eine an der Straße nach Engarés, zwei weitere zwischen Galanado und Sangrí, eine im Ortsbereich Chalkío (Richtung Moní), eine zwischen Chalkío und Filóti, eine weitere an der Straße Richtung Süden, kurz nach Vívlos (Trípodes). Keine Tankstellen zwischen Filóti und Apóllonas, an den Straßen nach Moutsoúnas und Liónas sowie an der neuen Asphaltstraße zum Órmos Kalándou im Inselsüden.

Unterkunft: Hotels und Privatzimmer in Náxos-Stadt, Apóllonas und an den Stränden südlich von Náxos-Stadt bis Pirgáki. Privatzimmer in Chalkío, Filóti, Moní, Apíranthos, Moutsoúnas, Liónas, am Abrámi-Strand (Norden) u. m. (→ Text).

Baden: Gute Bademöglichkeiten und Strände findet man an allen Seiten der Insel, konkurrenzlos ist jedoch die Reihe hervorragender Sandstrände südlich von Náxos-Stadt.

Karten: Akkurat und übersichtlich, wenn auch mit leichten Ungenauigkeiten, ist die Karte von "Road Editions" (1:50.000), derzeit wohl die beste Wahl. Inhaltsreich ist auch die "Sky Map" von Náxos, die aus einem detaillierten Stadtplan zur Chóra mit zahlreichen kommentierten Adressen sowie einem etwas grob strukturierten Inselplan besteht, der aber das vielfältige Wegenetz recht gut darstellt.

Die vom deutschen Harms-Verlag als Wanderkarte konzipierte "Náxos-Kykladen-Touristikkarte" (1:50.000) enthält zwar Wanderwege, doch sind diese vor Ort kaum eindeutig zu lokalisieren, weil es eine Vielzahl weiterer Wege gibt.

Postleitzahl: 84300.

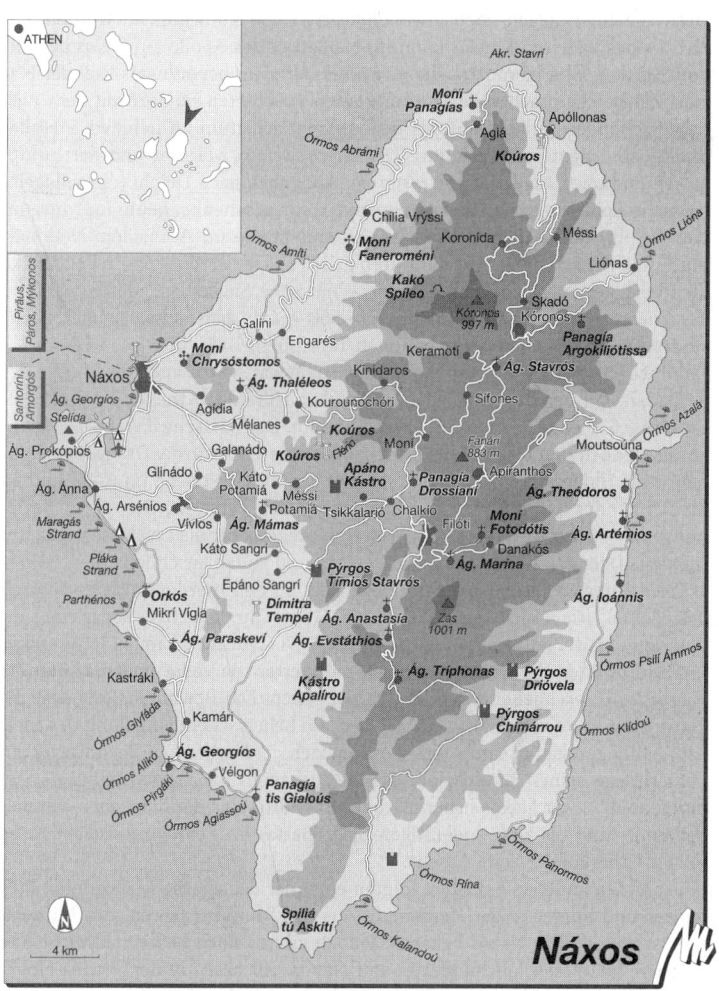

Karer an, gefolgt von den *Minoern*, die von den *Mykenern* vertrieben bzw. entmachtet wurden.

Ab etwa 1000 v. Chr. sind die Daten gesicherter – die *Ioner* setzten sich damals auf den meisten Kykladen fest, natürlich auch auf Náxos. Dank seiner Größe und Fruchtbarkeit und wegen der immensen *Marmor- und Schmirgelvorkommen* wurde Náxos die wohlhabendste und mächtigste Insel der Kykladen. Die griechische Bildhauerkunst erhielt hier ihre entscheidenden Impulse. So wurden in archaischer Zeit (etwa 700–500 v. Chr.) auf Náxos erste Monumentalstatuen gemeißelt, so genannte *Koúroi* (= Jünglinge), gut 6–7 m hoch.

Drei von ihnen liegen noch unvollendet dort, wo sie begonnen wurden, der Torso eines weiteren Koúros kann im Heiligtum des Apollo auf Délos bewundert werden. Überhaupt war die *Kultinsel Délos* ein bevorzugtes Ziel der Naxier: Zahlreiche prachtvolle Marmorbauten errichteten sie dort mit dem Ziel, beherrschenden Einfluss auf das bedeutende Heiligtum zu nehmen – Höhepunkte sind heute die berühmte *Löwenterrasse* aus Marmor und der Rumpf einer 9 m hohen Apollo-Statue (Koúros). Aber auch nach Delphi (die geflügelte naxische Sphinx gilt als eins der ältesten Weihegeschenke, heute im Museum von Delphi) und Athen (archaische Artemis-Statue im Archäolog. Nationalmuseum) wurden naxische Skulpturen geliefert. Der Einfluss des in der Antike dichtbevölkerten Náxos war immens – naxische Siedler gründeten während der griechischen Kolonisation von 750–550 v. Chr. beispielsweise die Hafenstadt Náxos auf Sizilien (beim heutigen Taormina).

Wohl wegen dieser konzentrierten Machtfülle war Náxos auch die einzige der Kykladen, auf der sich (mit nachdrücklicher Hilfe des Athener Tyranns Peisistratos) 538 eine *Tyrannis* etablieren konnte. Der naxische Tyrann *Lygdamis* konnte jedoch nur 15 Jahre herrschen, bis er gestürzt wurde. Das riesige Tempeltor im Hafen von Náxos-Stadt stammt aus dieser Epoche im 6. Jh. und ist bezeichnendes Symbol für den Gigantismus der Tyrannis. Die engen Beziehungen zu Athen waren auch im Weiteren prägend für die Inselgeschichte. Im sich anbahnenden Konflikt mit den Persern und in den anschließenden *Perserkriegen* unterwarf sich Náxos im Gegensatz zu den meisten anderen ionisch besiedelten Inseln nicht dem Großkönig. 501 v. Chr. konnte es sogar einer intensiven persischen Belagerung standhalten. Die Quittung kam elf Jahre später – 490 eroberten die Perser die Insel, plünderten sie völlig und machten die Hauptstadt anschließend dem Erdboden gleich. Die Bewohner flohen in die Berge oder wurden versklavt. Damit war die beherrschende Stellung der Insel nachhaltig geschädigt und Athen konnte nach der siegreichen Beendigung der Perserkriege seinen Einfluss auf Náxos ausbauen. Im *Attisch-delischen Seebund* (ab 477) war Náxos neben Páros und Ándros eins der führenden Mitglieder und stand bis zum endgültigen Sieg Spartas im Peloponnesischen Krieg (404 v. Chr.) auf der Seite Athens.

Wie auf den anderen Kykladen folgten einander danach die Makedonier, Ptolemäer und Römer in der Herrschaft. Aus den "dunklen Jahren" des Mittelalters ist wenig über Náxos bekannt. Jedoch gibt es noch heute zahlreiche alte Kirchen aus diesen Jahrhunderten auf Náxos, vor allem in der Tragéa-Hochebene und in der Ebene von Sangrí, viele davon mit wertvollen Fresken, darunter die berühmte *Panagía Drossianí* (→ S. 356).

1207 traten mit dem Herzog Marco Sanoudo die *Venezianer* auf den Plan – sie eroberten die wichtige Insel, indem sie sie von Süden aufrollten. Das neu gegründete *Herzogtum Náxos* umfasste 17 Inseln, wobei das große und wohlhabende Náxos als Herzogssitz und Zentrale fungierte (→ Kasten). Die Venezianer prägten die Architektur der Hauptstadt entscheidend und hinterließen zahlreiche Bauten auf der ganzen Insel.

1537 eroberte der türkische Korsar und Admiral *Chaireddin Barbarossa* Náxos, die Kykladen wurden türkisch. Die Türken waren jedoch hauptsächlich an den Steuern interessiert, die Náxos alljährlich aufzubringen hatte. Faktisch

Wappen der venezianischen Familie Barozzi am Pírgos Gratsía

Rondo Veneziano

Marco Sanoudo hieß der venezianische Herzog, der 1207 das ausgedehnte venezianisch-kykladische "Herzogtum Náxos" gründete. 17 Inseln verleibte er ihm ein und bis weit ins 16. Jh. konnten die Venezianer in der Ägäis an der Macht bleiben. Wie kein zweiter Fremdherrscher haben sie die Architektur der Kykladenorte geprägt. Náxos wurde dank seiner erheblichen wirtschaftlichen und strategischen Bedeutung die Kommandozentrale Sanoudos – auf dem heutigen Stadthügel errichtete er eine mächtige Festung mit damals angeblich zwölf Rundtürmen. Eine weitere Festung lag strategisch einmalig auf einem Gipfel im Herzen der Tragéa – zu den Ruinen von Apáno Kástro kann man heute noch hinaufklettern. Die Ländereien der Insel verteilte Sanoudo an venezianische Adlige, die sich von einheimischen Handwerkern über die ganze Insel verteilt wehrhafte Wohntürme, so genannte "Pirgoi" (Einzahl: Pírgos), errichten ließen. Gut verschanzt, thronten sie in diesen oft mehrere Stockwerke hohen Festungen über der einfachen Inselbevölkerung und waren auch im Fall eines Piratenangriffs meist sicher. Etwa 30 der z. T. gut erhaltenen und restaurierten Ruinen sind noch heute in fast jedem Ort und auch abseits der Siedlungen zu finden. Ebenfalls auf die jahrhundertelange venezianische Besetzung zurückzuführen ist der heutige römisch-katholische Bevölkerungsanteil auf der Insel.

blieben deshalb die Venezianer an der Macht, es entstanden zahlreiche Kirchen und Klöster, auch katholische Orden ließen sich nieder (Jesuiten, Ursulinen). Vor allem im 18. Jh. wagten die Inselbewohner immer wieder Aufstände gegen die Fremdherrscher, Relikte aus dieser Zeit sind der *Turm von Markopolíti* in Akádimi und das *Turmkloster Ipsilís* bei Engarés. 1830 wurde auch Náxos dem neuen Nationalstaat Griechenland angeschlossen.

Wirtschaft

Schon seit der Antike wurde auf Náxos *Marmor* in großem Maßstab abgebaut und noch heute ist er ein wichtiges Ausfuhrprodukt. Marmorbrüche (allerdings teilweise stillgelegt) liegen um die Orte Filóti, Moní und Kinídaros (siehe dort). Dazu kam im 19. und 20. Jh. *Schmirgel*, ein extrem hartes Mineral, das zum Schleifen verwendet wurde und auch heute noch in geringerem Maßstab abgebaut wird (→ Moutsoúnas).

Auf Náxos gibt es reichlich Ebenen und sanfte Terrassenhänge, die sich zur agrarischen Nutzung eignen. Náxos gilt deshalb als die *fruchtbarste Insel der Kykladen* und ist die einzige, die in größerem Maß Agrarüberschüsse aufs Festland exportieren kann – hauptsächlich Kartoffeln und Oliven, aber auch Getreide, Gemüse und Obst. Kartoffeln werden vor allem um Náxos-Stadt, Galanádo, Vívlos und Engáres angebaut – Náxos ist Griechenlands wichtigster Produzent von Saatkartoffeln. Olivenbäume stehen zu Hunderttausenden in der *Tragéa*, einer weiten Hochebene, die das Kernland der Insel bildet. Die angebauten Obstsorten sind vielfältig, es wachsen Äpfel, Birnen, Aprikosen, Pflaumen, verschiedene Zitronensorten, Orangen etc. Auch die Früchte des heimischen *Zedratbaums* (zitronenähnliche Früchte, aber größer und bis zu mehrere Kilo schwer) gehen in den Export. Man gewinnt daraus unter anderem eine Art sirupsüßer Marmelade, aus den Blättern wird unter reichlich Alkohol- und Zuckerzusatz ein spezieller Likör destilliert (→ Essen und Trinken). Außerdem wird Viehzucht in größerem Maßstab betrieben.

Trotz dieser im Vergleich zu anderen Kykladeninseln günstigen Gegebenheiten steckt die Landwirtschaft in der Krise. Immer mehr junge Leute wandern vom Land nach Náxos-Stadt ab oder gehen nach Athen – dort findet man leichtere und besser bezahlte Arbeit, für die Kinder gibt es Schulen und Universitäten und damit die Chance auf eine solide Ausbildung, das kulturelle Angebot ist bedeutend besser. Die Dörfer überaltern, die traditionelle Terrassenwirtschaft wird zusehends aufgegeben, weil sie zu anstrengend und zu wenig ertragreich ist. Unausweichliche Folge ist die Erodierung des Bodens, das brachliegende Land wird zusätzlich überweidet, Flächenbrände (oft von Hirten gelegt) vernichten die Vegetation. In den letzten Jahren sind deshalb in ehemaligen Agrargebieten zahlreiche Brunnen versiegt. Auch die heftigen winterlichen Regenfälle zerstören mehr als sie nützen. Wasser ist im Sommer zusehends Mangelware bzw. nicht selten katastrophal knapp, die zahlreichen Touristen verbrauchen den Löwenanteil davon. Wichtig wären gezielte Aufforstungsmaßnahmen, Regeneration der Vegetation und Landschaftsschutzmaßnahmen.

Der *Tourismus* bietet eine lohnende Alternative zur extrem mühseligen Feldarbeit. Hotels und Pensionen schießen in Náxos-Stadt wie Pilze aus dem Boden, während der Rest der Insel noch weitgehend unberührt ist. Der Tourismus und seine schädlichen Auswirkungen blieben deshalb bisher hauptsächlich auf Náxos-Stadt und die Strände an der Westküste beschränkt.

Essen & Trinken

Die naxiotische Küche ist insgesamt noch weitgehend unverfälscht geblieben und auf die Bedürfnisse der eigenen Bevölkerung eingestellt. Das beste Fleisch ist Ziegenfleisch (katsíki), das in vielen Tavernen angeboten wird, hauptsächlich gegrillt, aber auch gekocht. Dank der ausgeprägten Schaf- und Ziegenhaltung gibt es verschiedene Käsesorten, z. B. *mizíthra* (Weichkäse, säuerlich und süßlich), *antothíro* (Quark aus entrahmter Milch) und natürlich den bekannten Hartkäse *kefalotíri*, hergestellt aus der vollen Milch. Auch die Kartoffeln von Náxos gelten als besonders wohlschmeckend.

Naxiotischer Wein genießt trotz ausgeprägter antiker Weinbautradition (Dionysos = Gott des Weins) heute keinen so exzellenten Ruf wie der von der Nachbarinsel Páros, er wird hauptsächlich zum Eigenbedarf angebaut. In manchen Tavernen gibt es offenen Fasswein, zum Mitnehmen hat man außerdem eine große Auswahl in den Verkaufsshops an der Uferfront in Náxos-Stadt. Der populäre Insellikör *Kítro* (oder "Kítroráko") wird aus den Blättern und Früchten des Zedratbaums (spezielle Zitronenart, die so genannte Zitronatzitrone) hergestellt. Es gibt ihn in drei Geschmacksrichtungen: einen milden, gesüßten, der grünlich gefärbt ist und ausschließlich aus den Blättern hergestellt wird, einen klaren, der etwas stärker ist, und einen noch stärkeren gelben, der ganz ohne Zuckerzusatz destilliert wird. In vielen Geschäften in der Chóra findet man außerdem die spezielle *"Marmelade"* von Náxos: Früchte des Zedratbaums und Obststückchen verschiedener Art in Sirup eingelegt.

Inselfeste

Am Freitag nach Ostern viel besuchtes Fest der *Zoodóchou Pigí* in der Kirche Panagía Argokiliótissa (bei Korónos); Fest des *Ágios Geórgios* am 23. April in Kinídaros und Potamiá; am 14. Juli Fest des *Ágios Nikódimos* in Náxos-Stadt (der Inselheilige und Stadtpatron lebte von 1749–1809 in der Chóra und soll über hundert Bücher geschrieben haben); um den 15. August schließlich das große Fest der *Panagía* (Mariä Himmelfahrt) in vielen Inselorten, vor allem in Filóti; am 29. August Fest *Johannes des Täufers* in Apíranthos und Apóllonas; am 8. September *Theoskepástis* (Geburt der Muttergottes) in Moní (Panagía Drossianí) und Potamiá.

Verbindungen von und nach Náxos

▸ **Schiff**: sehr gute Anschlüsse an das kykladische Linienschiffnetz. Die meisten Verbindungen laufen via **Páros** und weiter in Richtung *Sýros-Mýkonos-Tínos-Piräus* bzw. *Rafína* oder Richtung Süden nach *Íos-Santoríni*. Von Náxos auch beste Möglichkeit, nach *Iráklia, Schinoússa, Epáno Koufoníssi* und *Amorgós* zu gelangen: mit Großfähren oder der kleinen "Express Skopelitis", die fast täglich diese Route fährt. Donoússa liegt etwas ab vom Schuss und wird seltener angelaufen. Zum Zeitpunkt der letzten Recherche gab es außerdem einmal wöch. Verbindungen nach *Rhódos* (Dodekanes), *Kreta* und *Thessaloniki*.

● *Fähren/Schnellfähren* Von und nach **Piräus** gehen Fähren etwa 2–4 x tägl., Dauer ca. 7–9 bzw. 3,5–4,5 Std., Deck/Pullmannsitz (Economy Class) ca. 21 bzw. 32 €, Kleinwagen ca. 66 bzw. 74 €, Mittelklassewagen ca. 79 bzw. 88 €. Eine preislich etwas günstigere Verbindung von und nach **Rafina** gibt es 1 x täglich.

Náxos
Karte Seite 321

Ansonsten von und nach **Páros** bis zu 4 x tägl., Anlegestelle in Parikiá (kleinere Boote fahren auch nach Pisso Livádi), **Mýkonos** 2 x, **Íos** und **Santoríni** mindestens 1 x tägl. (z. T. über Síkinos und Folégandros). Außerdem Überfahrten auf die **Kleinen Ky-**kladen (Details siehe dort) und **Amorgós**.

● *Schnellboote* Die Kykladenroute wird in der Saison täglich befahren: **Rafína – Ándros – Tínos – Mýkonos – Sýros – Páros – Náxos – Íos – Santoríni** und zurück sowie über **Páros** nach **Piräus**.

▶ **Flugzeug**: Der *Flugplatz* von Náxos liegt wenige Kilometer südlich von Náxos-Stadt (✆ 22850-23292). Viele Jahre wurde an ihm gebaut – Bestrebungen, den Tourismus nicht zu forcieren, und Geländeschwierigkeiten verzögerten die Fertigstellung immer wieder. Vor wenigen Jahren wurde er tatsächlich in Betrieb genommen. Derzeit gibt es 1–4 x tägl. Flüge mit kleinen Maschinen von und nach *Athen* (ca. 72 € incl. Flughafengebühr).

Olympic Airways-Vertretung im Reisebüro "Naxos Tours" an der Hafenfront von Náxos-Stadt (→ Adressen).

Verkehr auf der Insel

▶ **Busse**: auf den Hauptrouten okay, sonst eher problematisch, denn nur die wichtigsten Orte werden einigermaßen häufig angefahren, die kleinen Dörfer im Inselinneren dagegen oft nur 2–3 x wöchentlich. In der Nebensaison stark eingeschränkter Verkehr.

▶ **Mietfahrzeug**: Viele Straßen wurden in den letzten Jahren asphaltiert, so dass man bequem herumkommt. Für Zweiräder ist Náxos allerdings fast schon zu groß. Für die teils langen Pisten im Inselsüden sind Jeeps sicherlich das Richtige.

▶ **Eigenes Fahrzeug**: lohnt sehr wegen der Weitläufigkeit der Insel. Auch Fahrräder sind sinnvoll, z. B. um die Strände südlich von Náxos-Stadt zu erreichen. "Absolutes Erlebnis war die Fahrt mit dem Mountainbike auf die Tragéa-Hochebene – zwar anstrengend, aber nicht so mörderisch wie befürchtet", schrieb uns Leser A. Barnitzke.

Náxos-Stadt (Chóra)

Ein wahres Lehrbeispiel venezianisch-kykladischer Architektur – und gleichzeitig eine sympathische Inselmetropole voller Leben, noch weitgehend ohne touristische Auswüchse.

Weiße, graue und pastellfarbene Würfelhäuser drängen einen sanften Hügel hinauf. Unüberschaubar das Gewirr von Treppengässchen – mittelalterliche Häuser in- und übereinandergeschachtelt, dämmrig überwölbte Passagen mit Dutzenden von Läden und Lädchen, wuchernde Blumenpracht hinter verfallenden Mauern, jahrhundertealte Fassaden mit marmornen Türstürzen und Wappen ehemaliger Herrscherfamilien. Die verwinkelten Gassen und Treppen der Altstadt ziehen sich zum *Kástro* hinauf, einer aus Wehrhäusern gebildeten venezianischen Burg, die sich von den darunter anklammernden griechischen Vierteln optisch kaum abhebt. Sogar eine katholische Kathedrale ist aus dieser Zeit noch übrig geblieben. Alle paar Meter zweigen schmale Gässchen von den Pfaden zur Wehrburg ab, allesamt wunderschön zum Schlendern. Darunter verteilen sich die weißen Häuser mit ihren bunten Türen, Fensterläden und Erkern an allen Seiten des Kástrohangs.

Vor der Altstadt verläuft die *Paralia*, die lange, elegant geschwungene Hafenpromenade. Von Anfang Juni bis Mitte September wird sie abends für jeglichen Auto- und Zweiradverkehr gesperrt, wodurch ihre fröhlich-quirlige Atmosphäre erst richtig zur Geltung kommt. Vor allem hier sind die üblichen Begleiterscheinungen des modernen Inseltourismus anzutreffen: schicke Cafés, bunte Musik-Bars, mehr oder minder empfehlenswerte Touristentavernen und Souvenirshops mit allerlei Kitsch. Im krassen Gegensatz zum mittelalterlichen Kern steht auch sicherlich das Neubauareal am Strand von *Ágios Geórgios* südlich vom Hafen. Die Straßen dort sind breit in Quadraten angelegt, "ideal" also für Autos und Mofas, die im Hochsommer rund um die Uhr durch das Viertel zum dortigen langen Sandstrand knattern. Trotzdem hat Náxos einen Kern, der von all dem unbeeindruckt bleibt. Man spürt förmlich Geschichte, wenn man durch die stillen Gässchen zum Kástro hinaufsteigt. Und man sieht die Geschichte hautnah auf der Halbinsel nördlich vom Hafen: das gewaltige Marmortor *Portára* steht dort seit gut 2500 Jahren.

Information

Naxos Hoteliers Association und Naxos Rooms Association, zwei Vermittlungsbüros für Hotels und Privatzimmer, direkt am Anlegekai. Es wird im Hotel angerufen, falls Zimmer frei sind, Abholung per Minibus. **Naxos Tourist Information Center** vis à vis vom Fähranleger, geführt von Despina Kitini vom Hotel Chateau Zefgoli. Fundierte Auskünfte über Busse und Fähren, Hotelvermittlung (gegen Gebühr), Gepäckaufbewahrung, Ticketverkauf, Vermittlung von Mietfahrzeugen, Ausflüge etc. Kurz: "Allround-Info" über Náxos. ✆ 22850-25201, ✆ 25200. Weitere Informationen bieten die **Reisebüros** an der Uferpromenade.

Verbindungen

●*Busse* **Busstation** genau gegenüber der langen Anlegemole. Die aktuellen Abfahrtszeiten sind auf einer Tafel am dortigen Büro der Busgesellschaft angeschlagen (die ebenfalls erhältlichen gedruckten Fahrpläne stimmen nicht immer). Je nach Saison zu den Stränden **Agía Ánna, Ágios Prokópios** und **Pláka** etwa 16–52 x tägl., **Chalkío** und **Filóti** ca. 5–10 x tägl., **Apíranthos** 4–8 x tägl., **Apóllonas** 3–6 x tägl., **Koronída** 2–4 x tägl., **Pirgáki** und **Vívlos (Trípodes)** 3–5 x tägl., **Melanés** (Koúros) 2–4 x tägl., **Moutsoúnas** 1 x tägl., **Kinídaros, Danakós, Keramotí, Liónas** und **Potamiá** mehrmals wöch. Zusätzlich verkehrt Mo–Fr ein kostenloser **"Public Bus"** im Stadtgebiet.

●*Taxi* **Taxistandplatz** bei der Grünanlage an der Hafenfront, ✆ 22850-22444.

Adressen (s. Karte auf S. 328/329)

●*Ärztliche Versorgung* **Health Center**, Krankenhaus im oberen Teil der Stadt, Ausfallstraße nach Filóti (Papavassiliou Str.). Mehrere englischsprachige Ärzte, 24-Std.-Service. ✆ 22850-23333. Privates Gesundheitszentrum **Iatricó Kéntro**, ✆ 22850-23234. **Niedergelassene Ärzte** (Auswahl): Nikos Imelos, ✆ 22850-26166; Germanos Kapiris, ✆ 22850-24466 (Allgemeinmed.); Asimia Marcantoni, ✆ 22850-24883 (Kindermedizin); Sophia Kritikiou, ✆ 22850-23878 (Zahnmed.); Ioannis Mamouzelos, ✆ 22850-22315 (Zahnmed.).

●*Apotheken* Mehrere im Stadtgebiet, zentral gelegen sind die beiden an der Paralia: eine direkt neben Zas-Travel (✆ 22850-22241), die andere ein paar Meter südlich (✆ 22850-23183). Weitere Apotheken an der Papavassiliou-Str.

●*Ausflüge* Die Agenturen an der Hafenfront bieten Ausflüge zu allen bedeutenden Zielen der Insel – nach **Filóti, Apíranthos** und **Apóllonas**, in die **Tragéa,** zum **Koúros** in den Flério-Marmorbrüchen u. v. m. incl. deutschsprachiger Führung. Kostet je nach Ziel bis zu 20 €. Angeboten werden im Sommer auch Tagesexkursionen nach **Mýkonos/Délos, Santoríni** und **Amorgós**. Preise: jeweils ca. 28 € ohne Verpflegung und Eintritte (z. B. auf Délos). Fragen Sie in den Reisebüros.

● *Geld* **National Bank of Greece (25)**, restauriertes Gebäude mit Geldautomat an der Mitte der Hafenfront. Weitere Banken mit Geldautomaten ebenfalls an der Paralia.

● *Gepäckaufbewahrung* **Naxos Tourist Information Center** gegenüber vom Anleger (ca. 1,80 € pro Gepäckstück). Weitere, preislich womöglich etwas günstigere Möglichkeit im **Hotel Oceanis** beim Anleger (→ Übernachten).

● *Internationale Presse* Große Auswahl im Foto- und Buchladen **Zoom (29)** am Südende der Hafenfront.

● *Internet* **Zoom**, neben der gleichnamigen Buchhandlung. Computer mit sehr schnellem Internet-Zugang, ca. 5 € pro Std. Außerdem: Farbdrucker, Scanner, CD-Brenner, CD und Disketten-Verkauf. Tägl. 8.30–24 Uhr. ✆ 22850-23675, 📠 24422, E-Mail: prizoom@otenet.gr
Vaporia, Internet-Café, Spielhölle, Billard und Sat-TV. 30 Min. Internet kosten ca. 3,20 €. Ganzjährig geöffnet, im Sommer von 9 Uhr morgens bis 5 Uhr nachts. ✆ 22850-23469.

● *Olympic Airways* Generalvertretung auf der Insel ist das Reisebüro **Naxos Tours (30)**, am Südende der Hafenfront. Freundlicher Service. ✆ 22850-23043, 23743, 📠 23951, E-Mail: naxostours@naxos-island.com

● *Post* Die südliche Verlängerung der Hafenfront, über die Papavassilíou-Straße hinweg weiter geradeaus, dann nach etwa 250 m auf der linken Seite. Mo–Fr 8–14 Uhr. ✆ 22850-22211.

● *Reisebüros* Zu den größten Agenturen an der Uferfront zählt **Naxos Tours (30)**, dort vermittelt man so ziemlich alles, was es in Reisebüros zu vermitteln gibt (insbesondere Hotels, Zimmer, Mietfahrzeuge, Ausflüge etc.). Außerdem Ticketverkauf und Infos für alle Fährlinien. Freundliche Mitarbeiterin Renata. ✆ 22850-23043, 23743, 📠 23951, E-Mail: naxostours@naxos-island.com
Zas Travel, langjährig tätig, gleich zwei Büros an der Paralia. ✆ 22850-23330, 23331, 📠 23419, E-Mail: zas-travel@nax.forthnet.gr
Cycladikon Travel, ebenfalls an der Paralia. Hier werden die Tickets für die neuen Fähren der Blue Star-Flotte verkauft. ✆ 22850-23830, 23840, 📠 23329.

● *Sport* **Tennis** und **Minigolf** in der Hotelanlage Mathiassos Village (✆ 22850-22200). **Surfunterricht/Brettverleih** und **Mountainbiking** im Flísvos Sportclub am Südende

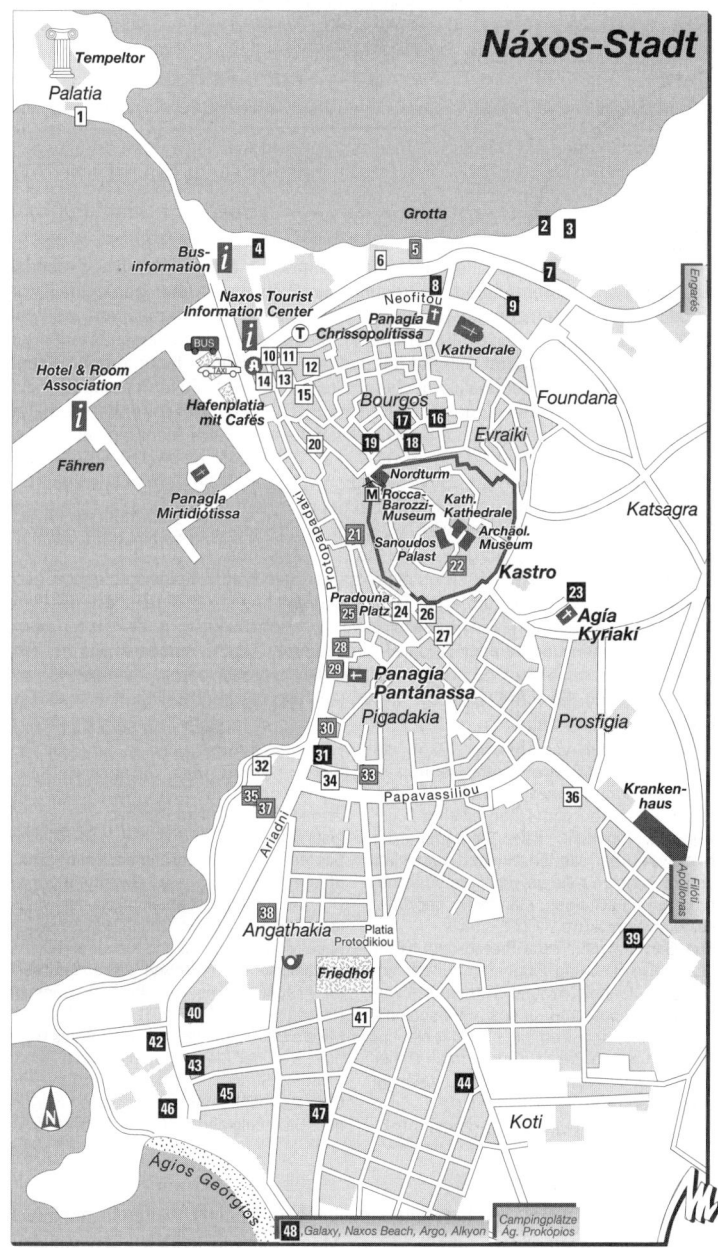

Náxos-Stadt

Tempeltor
Palatia
1

Grotta

2 **3**

7

Bus-
information **4**

6 **5**

Engarés

8

Neofitou

Naxos Tourist
Information Center

Panagía
Chrissopolitissa

9

T

Kathedrale

BUS

10 **11** **12**

Hotel & Room
Association

TAXI

14 **13**

15

Bourgos

Foundana

Hafenplatia
mit Cafés

17 **16**

Fähren

20

19 **18**

Evraíki

Panagía
Mirtidiótissa

Nordturm

M Rocca-
Barozzi-
Museum

Kath.
Kathedrale

Katsagra

21

Sanoudos
Palast

Archäol.
Museum

22

Kastro

Pradouna
Platz **24**

23

25

26

**Agía
Kyriaki**

27

28

29

**Panagía
Pantánassa**

Pigadakia

Prosfigia

30

31

32

33

Krankenhaus

34

Papavassilíou

36

35

37

38

Angathakia

Platía
Protodikíou

Filóti
Apóllonas

39

Friedhof

40

41

42

43

44

45

47

Koti

46

N

Agios Georgios

48 Galaxy, Naxos Beach, Argo, Alkyon

Campingplätze
Ag. Prokópios

vom Ágios Geórgios-Strand (✆/☏ 22850-24308); weitere Möglichkeiten am Strand von Ágios Prokópios und im Surf-Hotel Mikrí Vígla am gleichnamigen Strand.

● *Wäscherei* Mehrere im Viertel südlich der Papavassilíou Str., in der Nähe der Platía Protodikíou.

Auto- und Zweiradvermietung

Unbedingt lohnend auf Náxos! Die Insel ist groß und man ist wesentlich unabhängiger als mit Bussen, die die kleinen Orte im Inland oft nur 1 x tägl. anfahren. Viele Straßen wurden in den letzten Jahren neu asphaltiert, sind allerdings oft eng, kurvig und unübersichtlich. Bitte sehr **VORSICHTIG FAHREN** und nicht rasen! Normaler Pkw reicht aus, wenn man hauptsächlich auf Asphalt bleibt. Mit *Jeeps* ist man am besten beraten, muss aber auch am meisten zahlen. Mofas und Mopeds sind bezüglich Straßenzustand in Ordnung. Ein Problem ist aber der kleine Tank, vor allem bei Fahrten zur abgelegenen Ostküste, denn der Weg ist weit, viel weiter als man nach dem Kartenstudium denkt, da die Straße in zahllosen Windungen hoch ins Gebirge geht und sich auf der anderen Seite wieder hinunterquält. Wenn man im Inselinneren bei Chalkío nachtankt, reicht die Mofa-Füllung gerade für einmal nach Apóllonas und zurück bzw. runter zur Ostküste und wieder hoch – Extra-Ausflüge sind keine möglich, z. B. ab Moutsoúnas die Piste Richtung Süden. Mit Motorrad bzw. Geländemaschine ist man in so einem Fall besser beraten – aber bitte nur mieten, wenn man schon Erfahrung damit hat. Die Vermieter fragen oft, wohin bzw. wie weit man fahren will und geben einem dann das dafür geeignete Fahrzeug. Bei den Vermietern kann man sich auch nach dem Zustand der Straßen und Pisten erkundigen. Oft gibt's gute Tipps für Ausflüge.

Die Anbieter sind zahlreich – einige gleich an der Hafenfront, die meisten aber südlich vom Hafen, in der Straße zum Ágios Geórgios-Strand und am dortigen Platz, der Platia Protodikiou (→ Stadtplan). Die Preise sind völlig saisonabhängig, in der Nebensaison oft Schnäppchen und Handeln möglich, im Sommer kaum. Preisbeispiele pro Tag: Mountainbikes ca. 6–8 € (NS) und 8–10 € (HS), 50-ccm-Maschinen ca. 10–12 € (NS) und ca. 12–14 € (HS), 125-ccm-Enduro ca. 12–14 € (NS) und ca. 14–18 € (HS), Panda ab 42 €, Buggy ab 50 €, Jeep ab 55 €.

● *Autos* **Autour**, vom Anleger 100 m die Straße Richtung Ortsteil Grótta. Der freundliche Stelios vermietet ausschließlich Autos. Alle Fahrzeuge machen einen gut gewarteten Eindruck. Faire Vertragspraxis: Man wird über alle Einzelheiten aufgeklärt und kann sich für die gewünschte Versicherungsart entscheiden. Ganztägig geöffnet, keine Mittagspause. ✆ 22850-25480.

Fun Car, von der Platia Protodikiou 100 m die Straße Richtung Flughafen auf der linken Seite. Ioannis Vavilonis vermietet zuverlässige Pandas und Jeeps unterschiedlicher Ausstattung. Zumindest in der Nebensaison günstige Preise. Zudem freundlicher Service. ✆/☏ 22850-26084, E-Mail: funcar@ naxos-island.com

● *Zweiräder* **Sousounis,** an der Platia Protodikiou, hinter dem Supermarkt Dallas. Der freundliche und faire Nikos Sousounis vermietet alle Zweiradklassen, die auf der Insel zugelassen sind, d. h. von 50–600 ccm. Scooter, Straßenmaschinen und Cross. Straßenservice auf ganz Náxos rund um die Uhr. Außerdem Mountainbikes der Marke Ideal, mit Shimano-Schaltung und jedes Jahr neue Modelle. Helme und Kinderfahrradsitze in verschiedenen Größen vorhanden, auch für Mountainbikes. Vergleichbar günstige Preise. ✆ 22850-24704, 23931. ☏ 24704.

Mike's Bikes, im Neubauviertel Ágios Geórgios. Von der Platía Protodikíou die Straße Richtung Strand, dann auf der rechten Seite. Gute Auswahl an unterschiedlichen Maschinen. Ganztägig geöffnet. ✆/☏ 22850-24975.

Übernachten

An Hotels und Pensionen herrscht wahrlich kein Mangel. Einige liegen gleich an der *Hafenfront*. Beste und schönste Möglichkeiten jedoch oben auf dem

Festungshügel – mit Atmosphäre und herrlichem Blick. Ebenfalls interessante Unterkünfte im Stadtteil *Grótta*, nördlich vom Hafen. Die meisten Hotels liegen aber in Strandnähe, nämlich im *Neubauviertel* um den Ágios-Geórgios-Strand (südlich vom Hafen). *Privatzimmer* findet man hauptsächlich in den Altstadtgassen hinter der Hafenfront und im Viertel Ágios Geórgios – falls man nicht schon am Hafen von hartnäckigen Vermietern abgefangen wird. Vor allem in der Nebensaison ist Handeln möglich.

Hafenfront, Altstadt und Festungshügel (s. Karte auf S. 328/329)

Tipp sind die ruhig gelegenen Hotels an der Spitze des Festungshügels, ein paar Meter vom einzig erhaltenen Turm der Burg. Von der Platia mit Cafés an der Hafenfront führen rote Pfeilmarkierungen durch die verschlungenen Gässchen hinauf.

Coronis (31), C-Kat., durchschnittliches Hafenhotel an der südlichen Uferfront, vor ein paar Jahren jedoch neu renoviert. Alle 30 Zimmer mit Bad, Telefon und Aircondition, prächtiger Meeresblick von den Balkonen. DZ ca. 40–65 €. ℡ 22850-22297, 🖷 23951, E-Mail: naxostours@naxos-island-com

Oceanis (4), D-Kat., direkt gegenüber vom Anleger, einfach und etwas abgewohnt, aber freundliche Besitzer und preiswert, schöner Blick vom oberen Stockwerk. Alle Zimmer mit Bad, DZ ca. 25–60 €. Bietet auch Gepäckaufbewahrung. ℡ 22850-22436.

Chateau Zefgoli (19), C-Kat., Tipp, wer etwas komfortabler wohnen will. Geschmackvoll gestaltetes Hotel im Boúrgos-Viertel unterhalb der Festung, begrünter Vorgarten (hat schon als Postkartenmotiv gedient), heimelige Lobby mit Kunsthandwerk, Kamin und TV, vom ebenfalls begrünten, atriumähnlichen Innenhof sind die Zimmer auf mehreren Galerien über Marmortreppen zu erreichen, dunkle Stilmöbel, moderne Bäder, Marmorböden. Dachterrasse mit herrlicher Aussicht über die Stadt. Hotelier Kostas hat in München studiert und spricht gut Deutsch. Da in der Hochsaison oft belegt, vorher im hoteleigenen "Naxos Tourist Information Center" von Despina Kitini nachfragen (genau gegenüber vom Anleger). DZ ca. 80–115 €. ℡ 22850-22993, 🖷 25200, www.greekhotel.com/cyclades/naxos/chora/zefgoli

Panorama (17), C-Kat., neben Chateau Zefgoli, sehr sauber, freundliche Besitzerin, vom gemeinschaftlich genutzten Terrassenbalkon herrlicher Blick weit über die Stadt. 16 Zimmer. DZ mit Bad etwa 30–50 €, mit Etagendusche 25–45 €. ℡/🖷 22850-24404.

Anixis (16), D-Kat., 50 m vom Panorama entfernt. Ebenfalls sehr beliebt und sauber, geführt von der freundlichen Familie Sideris, von der offenen Dachterrasse weiter Blick. Zimmer mit ordentlichem Kiefernholz-mobiliar und TV. DZ mit und ohne Bad, etwa der gleiche Preis wie im Panorama. ℡ 22112, 22932, 🖷 22112, www.hotel-anixis.gr

Dionysos (18), Jugendherberge und Billig-Hotel in einem, allerdings schon mehr Legende als Hotel. Hr. Michalis Zefgolis führt das Haus seit 40 Jahren, wie er uns stolz erzählte. Aber schon vor dem Weltkrieg wurde es als Hotel geführt – damit ist es wohl das älteste der Stadt. Verhältnisse in dem alten Haus sehr bescheiden, es gibt DZ mit Bad für ca. 18 €, außerdem ein schreckliches und fensterloses 17-Betten-Zimmer mit eisernen Stockbetten, das Bett für ca. 6 €. Die Dusche tröpfelt zwar oft nur, doch mit die preiswerteste Unterkunft in Náxos, noch dazu in Super-Lage direkt neben Hotel Panorama, schöne Terrasse mit Blick. Meist nur Juli/August geöffnet. ℡ 22850-22331.

Kastell (23), C-Kat., Nicole aus Deutschland und ihr griechischer Ehemann Nikos vermieten 11 DZ incl. 2 Studios in ruhiger, aber zentraler Lage hinter dem Kástro in der Nähe der Kirche Agía Kyriakí. Hübsch eingerichtet mit hellen Kiefernholzmöbeln, Bäder geräumig und sauber, Böden aus naxiotischem Marmor. Alle Zimmer mit Balkon, Blick aufs Kástro und hinunter zum Meer. Frühstück möglich. Ausgebauter Dachgarten mit gemütlichen Sitzecken und Planschbecken für Kinder. Frühstück möglich. Wer sich die Suche im Gassengewirr sparen will, wird bei Anruf vom Hafen abgeholt. Preis ca. 20–50 €. ℡ 22850-23082, 🖷 24164, www.kastell.gr

Irini (39), neue, hübsche Pension im höher gelegenen Teil der Stadt, gegenüber der Kirche Christós. 7 DZ und ein 4-Bett-Zimmer, alle mit hellen Kiefernholzmöbeln eingerichtet. Dazu jedes Zimmer mit Bad und Küchenzeile. Klimaanlage und Heizung für den Winter. Tägliche Reinigung, sehr oft frische Wäsche. Kleine Dachloggia zur gemeinsamen Nutzung. Transfer zum Hafen wird organisiert. DZ ca. 40–65 €. Fragen Sie im "Naxos Tourist Information Center" nach Mr. Stavros. ✆ 22850-23169, 📠 25200.

Sakis Savas, Privatzimmer in der Altstadt, an der Rückseite des Kástrobezirks (an der Kathedrale vorbei, Nähe Atlantik-Supermarkt). Tipp von Susanne und Christoph Schäfer: "Herr Savas hat sechs Kinder und ist mal zur See gefahren, er spricht hervorragend Englisch und ist ausgesprochen liebenswürdig und gastfreundlich." Die Zimmer besitzen Kühlschrank, Balkon und Aircondition, DZ ca. 25–40 €. Herr Sakis ist auch in der Zimmervermietung im Hafen registriert. ✆ 22850-24746.

Ortsteil Grótta (s. Karte auf S. 328/329)

Unmittelbar nördlich vom Hafen, vom Anleger geradeaus laufen, nicht nach rechts die Hafenpromenade entlang.

Grotta (2), C-Kat., schöne Lage am steilen Kliff nordöstlich der Hafenfront, zu erreichen von der Straße nach Engarés, knapp 10 Min. ins Zentrum, sehr ruhig. Herrlicher Blick aufs Meer, die einfahrenden Schiffe und das Tempeltor vor dem Hafen. Geschmackvoll ausgestattet, weitläufig, großer Aufenthaltsraum, Jacuzzi-Pool. Alle Zimmer gepflegt, gutes Mobiliar, Bad und Balkon/Terrasse, dazu zuvorkommende Bedienung, herzliche Besitzerfamilie Lianos, es wird auch Deutsch gesprochen. Positive Leserkommentare. DZ ca. 40–70 €. ✆ 22215, 📠 22000, www.hotelgrotta.gr

Ocean View (3), kleine, dreistöckige Anlage am Hang mit Superblick auf Hafen und Tempeltor. Sehr freundlicher Besitzerfamilie Sideris, die stets für ein sauberes Haus sorgt. 17 Zimmer im rustikalen Stil. DZ ca. 30–55 €. ✆ 22850-25256. 📠 22112.

Sofi (9), in der Nähe der Kathedrale, modernisiertes Haus, große Zimmer mit Küchenzeile, sehr kleine Zimmer ohne Küchenzeile. Bäder geräumig, schattenlose Balkone zur Südseite. Vor dem Haus Ausgrabungen der antiken Agora. Freundliche Besitzerfamilie. DZ ca. 25–50 €. ✆ 22850-23077, 📠 25582.

Anna (8), E-Kat., an der Ausfallstraße Richtung Engarés. Eher eine Pension, kein Hotel. Die liebe ältere Anna vermietet in ihrem kleinen Haus sieben Zimmer, alle mit Du/WC, Kochgelegenheit und Kühlschrank, z. T. Balkon. Das Ganze intim und persönlich, winziger Innenhof. Gewisser Geräuschpegel muss in Kauf genommen werden. DZ ca. 25–45 €. ✆ 22850-22475, 📠 25416.

Adriani (7), E-Kat., an der Stadtumgehungsstraße Richtung Engarés, dann auf der linken Seite, ca. 400 m vom Hafen entfernt. Vermietet werden 18 DZ mit Bad, Balkon und Telefon. Guter Zimmerservice, familiäre Atmosphäre, hübsch und geschmackvoll eingerichtete Zimmer. Bäder sauber und okay, Balkone mit Meeresblick. Frühstück im gemütlichen Speisezimmer möglich. Transfer zum Hafen im Kleinbus. DZ ca. 30–60 €. ✆ 22850-23079, 📠 24183.

Neubauviertel Agios Geórgios-Strand (s. Karte auf S. 328/329)

Mittlerweile wohl eine ganze Hundertschaft von Hotels der B- bis E-Kat., alle neu erbaut, ständig kommen mehr dazu. In der Regel sauber und solide, wenn auch oft reichlich stereotyp in Aussehen und Ausstattung. Auch Apartments und Privatzimmer werden häufig angeboten – eventuell lohnend, weil in unmittelbarer Strandnähe. Breite Straßen, die auch noch in der Nacht rege befahren werden.

Nissaki Beach (46), C-Kat., große Anlage im kykladischen Stil direkt am Ágios-Geórgios-Strand, im Innengarten Swimmingpool. Familie Papadopoulos bietet 40 geräumige Zimmer mit Kiefernmöbeln, Marmorboden, Bad, Telefon, Balkon oder Terrasse (meist mit Meeresblick), Klimaanlage, Sat-TV und Radio. Es gibt eine Bar und eine gute hauseigene Taverne mit Terrasse. DZ ca. 50–85 €, die meisten Zimmer sind aber an Reiseveranstalter vergeben. ✆ 22850-25710, 📠 23876.

Galaxy (48), B-Kat., wenige Meter vom Strand. Größere Anlage mit Pool und 54 gut eingerichteten Zimmern und Studios, 2002 renoviert. Alle Zimmer mit Bad, Balkon oder Terrasse (nur teilw. Meeresblick), Klimaanlage, TV und Telefon, die Studios natürlich mit Küchenzeile. Preise ca. 70–135 €. Auch über TUI zu buchen. ✆ 22850-22422, 📠 22889.

Kymata (43), C-Kat., schräg gegenüber vom Nissaki Beach, knapp 100 m vom Strand. Auf zwei Stockwerken 17 Zimmer mit Du/WC und rundum laufenden Balkonen, angenehme Atmosphäre und mit Freude am Detail eingerichtet, freundlicher Aufenthaltsraum im rustikalen Stil. Mit Bar und Taverne. DZ ca. 35–65 €. ✆ 22438, ☏ 24825.

Akrogiali (45), C-Kat., ebenfalls nur ein paar Schritte vom Nissaki Beach, wenige Meter vom Strand. 15 Zimmer mit Du/WC, Balkon und Meeresblick. Angeboten werden auch 2-Zimmer-Apartments. Frau Kastelanos stammt aus Deutschland. DZ ca. 35–60 €. ✆ 22552, ☏ 24522.

Sophia/Galini (42), C-Kat., vom Strand aus gesehen gleich hinter Nissaki Beach (gegenüber Hotel Kymata). Beide Hotels gehören derselben freundlichen Eigentümerfamilie Latinas und liegen auch direkt nebeneinander. Insgesamt 25 DZ, alle mit Bad, Kühlschrank und Telefon. Den schönen Meeresblick bieten die meisten, aber nicht alle Balkone des Hauses. Preis ca. 30–60 €. ✆ 22516, 22114, ☏ 22677.

Barbouni (44), C-Kat., netter Familienbetrieb, helle und saubere Zimmer mit Bädern, ordentlich möbliert, jeweils TV. Der Wirt keltert naxiotischen Wein selbst und kocht auch für die Gäste. 5 Min. zum Ágios-Geórgios-Strand. Es gibt auch neue Apartments und Studios. DZ mit Du/WC ca. 40–65 €. Ganzjährig geöffnet. ✆ 22850-24400, ☏ 23137, www.barbouni-hotel.com

Iliovasilema (47), C-Kat., ungefähr 80 m hinter dem Ágios-Geórgios-Strand mitten im Viertel gelegen. Dreistöckige Anlage mit Swimmingpool vor dem Haus. Vermietet werden 17 Zimmer und 4 Suiten (für jeweils 4 Personen) mit Bad, Balkon und Telefon. Tägliche Zimmerreinigung garantiert, ansonsten wie der übliche Inselstandard. Preise ca. 40–65 €. ✆ 23222, ☏ 23224, E-Mail: iliogr@nax.forthnet.gr

Alkyoni (48), C-Kat., am Südwestteil des Ágios-Geórgios-Strandes gelegen, Zufahrt von der Straße Richtung Flughafen. Vom Beach aus direkt hinter dem Sport-Club Flisvos. Zweistöckige Anlage mit Blick aufs Meer, schöner Außenbereich mit Süßwasserpool und Poolbar sowie guter Taverne. Freundliche Besitzerfamilie. Gäste berichte-

ten insbesondere von gutem Frühstück. Zimmer mit Aircondition und TV. Pauschal über TUI. ✆ 22850-26136, ☏ 25987.

Avra (48), E-Kat., etwa 100 m vom Strand, sehr aufmerksam geführt. 12 Zimmer mit gefliesten Böden und Kiefernmöbeln, alle mit Bad, die meisten mit Balkon. Im Souterrain die mit reichlich Holz ausgestattete Rezeption, der hübsch eingerichtete Frühstücks- und Aufenthaltsraum sowie eine Bar. Trotz Zusammenarbeit mit Reiseveranstaltern (z. B. Attika) sind meist einige Zimmer für Individualreisende frei. DZ ca. 30–50 €. ✆ 22850-22156, 24183.

Fikas (48), C-Kat., Nähe Flisvos Sport Club. Nettes, gepflegtes Haus mit 16 Zimmern und persönlicher Betreuung, gutes Frühstück, kleiner Pool, die freundliche Besitzerfamilie spricht vorwiegend Griechisch. DZ ca. 30–65 €. Auch pauschal zu buchen (z. B. Jahn). ✆ 22850-22800, ☏ 23709.

Syrianos (40), D-Kat., hübsches Hotel der Familie Syrianos mit 11 sehr unterschiedlichen Zimmern unweit vom Strand. Alle Zimmer frisch weiß, mit hellen Kiefernholzmöbeln, Bad und Telefon, teilweise auch Balkon. Frühstück wird auf der Hotelterrasse serviert. DZ ca. 30–55 €. ✆ 23430, ☏ 24592.

Dimitra (48), 10 geräumige, mit hellem Kiefernholz geschmackvoll eingerichtete Zimmer mit Bad in neuem Haus. Alles sehr sauber, Zimmer zum Innenhof oder zur Straße, teilweise mit Balkon. Der freundliche Vermieter Vassilis und seine Frau Agiro machen auch Frühstück in einem barähnlichen Kellerraum, insgesamt sehr angenehme Atmosphäre, 5 Min. zum Strand. DZ ca. 30–60 €. ✆ 22850-24922.

Seaside Studios (48), an der Straße Richtung Camping Naxos, etwa 1 km nach Ortsausgang auf der linken Seite, nur 100 m vom Strand. Studios mit Bad, Küchenzeile und Veranda. Großes Gelände mit nettem Garten davor, in dem Kinder spielen können. Ideal für Surfer, da die Surfschule direkt auf der anderen Seite der Straße liegt. Preis für 2 Pers. ca. 25–50 € ✆ 22850-22165, ☏ 23067.

Camping

Südlich der Stadt liegen drei Campingplätze – einer noch relativ stadtnah, jedoch nicht direkt am Strand, die anderen beiden direkt am Strand, aber relativ weit entfernt (→ Strände südlich von Náxos-Stadt, S. 342). Zu allen Plätzen Linienbusverbindung und zur Chóra (je nach Saison unterschiedlich häufig, ca. 16–50 x täglich), außerdem Transfer mit platzeigenen Kleinbussen, die zu jeder Fähre kommen. Wer Nachtleben in der Stadt will: Busverbindung spätabends bzw. nachts nur in der Hochsaison, Taxi nicht billig. Eventuell versuchen, mit den Kleinbussen von den Strandhotels bzw. Campingplätzen, die auf Kundschaft von den Nachtfähren warten, als Anhalter mitzufahren. Zu Fuß läuft man vom Camping Naxos etwa 45 Min. in die Stadt, die beiden anderen sind zu weit für einen Fußmarsch.

Naxos, der stadtnächste Platz, etwa 3 km südlich vom Hafen, zwischen Ágios-Geórgios- und Ágios-Prokópios-Strand (von beiden Stränden jeweils ca. 1 km entfernt). Größeres Gelände mit viel Grün, Bäume und Sträucher spenden Schatten, außerdem Schilfdächer und Bambushecken. Bar mit Musik, kleines Self-Service-Restaurant, Minimarket, Räume für Selbstkocher und Swimmingpool. Sanitäre Anlagen okay. Zelte, Schlafsäcke und Iso-Matten gibt es auch zu mieten. Der Linienbus zwischen Stadt und Ágios Prokópios-Strand hält am Camping (beim Fahrer rechtzeitig um Stopp bitten). Zu Fuß vom Hafen etwa 45 Min.: am Südende der Hafenfront die Papavassilíou Str. links hinauf, die nächste gleich wieder rechts zur Platia Protodikiou und immer geradeaus bis zum Strand Ágios Geórgios. Diesen entlang laufen, vom anderen Ende noch 1 km Straße (beschildert). 20. Mai bis 15. Oktober. ☎ 22850-23500, ⌨ 23501.

Maragas, direkt am Máragas-Strand, ca. 7 km von Náxos-Stadt. Hat uns bei der Recherche gut gefallen, vor allem hinsichtlich professioneller Führung und Sauberkeit. Ist aber in der Saison sehr voll und entsprechend laut. Das Gelände teils mit Schilf überdacht, vorne wenig Schatten, im hinteren Teil viele große Bäume und sogar Palmen. Untergrund ebenes Gelände mit kleinen Steinchen, doch mit Iso-Matten kein Problem. Sanitäre Anlagen modern, in der Saison laut Leserzuschrift aber nicht immer gepflegt. Frühstücksbar, Self-Service-Restaurant, teurer Supermarkt (in der Stadt kann man billiger einkaufen), Safe für Wertsachen, Kinderspielplatz. Zelte, Iso-Matten und Schlafsäcke sind zu mieten, außerdem DZ, Studios und Apartments. Eigener Bustransfer in die Stadt, der Linienbus über Ágios Prokópios, Agía Ánna nach Pláka hält fast direkt am Camping (während der HS von 8 Uhr morgens bis 1 Uhr nachts alle 20 Min.). 1. Mai bis 15. Oktober. ☎ 22850-42552, ⌨ 24552, www.naxosnet.gr/maragas

Plaka, ca. 8 km von Náxos-Stadt, ruhig gelegen fast am Südende des Pláka-Strands, Eingang etwa 100 m vom Strand entfernt. Familiär geführt und nicht so voll wie Camping Maragas. Absolut ebenes Gelände, doch recht harter Boden. Die Bäume sind zwar noch recht klein, aber Schilfmattendächer bieten ausreichend Schatten. Ansonsten ebenfalls reich begrüntes und sauberes Areal. Sanitäre Anlagen in großer Zahl, neu und sehr sauber, warmes Wasser 24 Std., Bestnote unter den Plätzen auf Náxos! Sogar Toiletten und Duschen für Rollstuhlfahrer vorhanden. Einrichtungen: Mini-Markt, Restaurant, Bar, Telefon, Briefkasten, Geldwechsel an der Rezeption, Safe für Wertsachen und Wäscherei-Service. Zelte, Iso-Matten und Schlafsäcke gibt es auch zu mieten. Für Wohnmobile existieren auch Stromanschlüsse. Freier Transfer zum Hafen mit dem platzeigenen Kleinbus. Linienbus ist aber auch möglich, wobei der Stopp ca. 100 m vor der kurzen Stichpiste zum Platz liegt (während der HS von 8 Uhr morgens bis 1 Uhr nachts alle 20 Min.). 1. April bis 30. Oktober. ☎ 22850-42700, ⌨ 42701, www.united-hellas.com/tourism/naxos/plaka/index.htm

Essen & Trinken (s. Karte auf S. 328/329)

Leider zwischenzeitlich reichlich touristisch aufgebauschtes Potpourri von gepflegten bis kitschigen Restaurants, Essensqualität kann oft mit dem Ambiente nicht Schritt halten. Die wenigen authentischen Tavernen sind an einer halben Hand abzuzählen.

The Old Inn (11), etwas versteckt in einer Gasse seitlich der Straße nach Engarés, nur wenige Meter vom Hafen. Dieter aus Berlin ist ein Náxos-Pionier der ersten Stunde und hat hier ein Restaurant erster Güte aufgebaut. Großer, gemütlicher Innenhof, Speiseräume mit Antiquitäten eingerichtet. Hervorragende deutsche, internationale und griechische Küche, vor allem herzhafte Fleischgerichte: Jägerschnitzel, Leber Berliner Art, Spareribs, Lammbraten mit Bratkartoffeln, Rostbratwurst u. v. m. Allerdings alles zu recht stolzen Preisen.

Palatia (1), Ouzerie unterhalb vom Tempeltor, schöner Platz mit herrlichem Blick auf die Stadt. Frischer und getrockneter Fisch in guter Qualität, Oktopus, Kalamares etc.

Elli's (6), nördlich der Altstadt in schöner Lage am Wasser, an der Straße nach Engarés, vom Anleger etwa 3 Min. zu Fuß.

Geführt von Sabine aus Berlin und Vassilis, einem sympathischen jungen Ehepaar. Nett aufgemacht, Bistroatmosphäre, Küche international, griechisch, deutsch und vegetarisch: Steaks und Schnitzel mit diversen Saucen, gemischte Vorspeisenplatte, Spaghetti carbonara mit Sahnesauce und Käse, aber auch Moussaká.

Melodia (10), Ouzerí in der zweiten Reihe hinter der Paralia. 1996 eröffnet von der sympathischen Chefin Fotini. Kein Restaurant, sondern eine gemütliche Weinkneipe. Mezés mit Oktopus und Kalamari, sehr lecker. Man sitzt auf alten, wackligen Holzstühlen bei griechischer Musik. Moderne Wandmalereien mit Motiven aus der Seefahrt. Freundlicher Umgang. Viele einheimische Gäste, Preise im Rahmen.

Seepferdchen (14), ebenfalls in der zweiten Reihe hinter der Paralia. Eher ein kleineres Lokal, aber sehr gute Essensqualität. Frischer Fisch und auch hervorragende vegetarische Gerichte. Chef Manolis verfährt nach der Devise: wenn es nichts Frisches gibt, bleibt der Laden zu. Gilt auch unter Einheimischen als Tipp.

Sarris (34), schnelle, gute und auch preisgünstige Grillgerichte. Leckerer hausgemachter Wein. Der Familienbetrieb schräg gegenüber vom Waffle-House, in der Gasse hinter Naxos Tours wird von Nikos Argyriou Sarris geführt. Man sitzt angenehm direkt an der Fußgängerzone. Griechische Musik, lockerer Umgang. Gute Alternative zu den vielen überteuerten Tavernen.

Apostolis (12), im nördlichen Bereich der "Market Street" unter weinüberranktem Dach an einer kleinen Platia. Griechische Küche mit vielen Gerichten aus dem Tontopf. Gute *moussaká*, *stifádo*, *kléftiko* vom Hammel, *giouvétsi* und dicke Bohnen. Gäste lobten den Kartoffelsalat und einen chilischarfen Fétasalat. Ruhige Lage, guter Service, übliche Preise.

Vassilis (13), im labyrinthischen Bourgos-Viertel, nicht weit von Christos. Zwar eine der ältesten Tavernen der Stadt, aber inzwischen ein wenig verkitscht "griechisch" – Geschmackssache. Essen soll aber gut sein.

Lucullus (15), schräg gegenüber von Vassilis, als Taverne seit 1908 in Betrieb und damit laut Eigenwerbung die älteste in Náxos. 1998 vom neuen Besitzer Nikos übernommen. Seither ein paar seltenere Spezialitäten auf der Karte: z. B. *magirítsa* (Suppe aus Lamminnereien und Gemüse), *spetsofái* (Wurstgericht) und einige selbst kreierte Bur-

ger wie den so genannten Oúzoburger oder den Pandoraburger (mit Krabben und Champignons). Bisher positive Lesekommentare.

Koutouki (20), versteckt in handtuchschmalem Gässchen zum Kástro hinauf, seit 20 Jahren im Besitz derselben Familie. So richtig schön urig, man sitzt an wenigen Tischen in leichter Schräglage, der Holzkohlengrill dampft in einem Hauseingang, Besitzer Jorgo bedient. Einfache aber leckere Speisekarte, Souvlaki, Schwertfisch vom Grill etc., Portionen groß, löblich den offene Wein.

Dolfini (24), unterhalb des Südtors des Kástro, vor einigen Jahren eröffnet, indisch-thailändisches Restaurant, geführt von einem Engländer.

To Kastro (26), beliebte Taverne in toller Lage an einem offenen Platz (Platia Pradouna) hoch oben am Südtor der Festung – Haus mit knallroter Bougainvillea überwuchert, herrlicher Blick hinunter, zum Sonnenuntergang klassische Musik.

Oniro (27), Tipp in den oberen Gassen der Altstadt, nahe beim Südtor der Festung (an die Häuser gemalte Pfeile beachten). Geführt von drei Brüdern, auch deutsche Bedienung. Dachterrasse mit herrlichem Blick auf Stadt und Meer (Sonnenuntergang!). Griechische Küche, etwas über dem Durchschnitt, spezialisiert auf Gerichte im Tontopf (mit und ohne Fleisch), gut auch die Fischsuppe und *kleftikó*, in Staniol geschmortes Fleisch mit Paprika. Als Vorspeise z. B. *pikilía tíriou Náxou* (gemischte Platte der naxischen Käsesorten). Etwas teurer.

Karnagio (32), schöne Lage direkt an der südlichen Hafenmole, Wirt Lalos gilt als Fischspezialist. Allerdings gibt's nur Gerichte vom Grill, dafür aber stets frische und gute Ware, dazu z. B. Kartoffeln und allerhand Gemüse. Nichts für den schnellen Hunger, bei Lalos sollte man etwas Zeit mitbringen. Preise im oberen Segment. Oft gute Stimmung.

Café Picasso (41), mexikanische Spezialitäten für den, der das auch in Griechenland mag: Margaritas und Sangria schlürfen, Tacos, Nachos und Burritos schlemmen. Dazu auch gute Salate. Freundlich geführt von Debbie und Stavros. Von der Platia Protodikiou Richtung Ágios Geórgios-Strand auf der rechten Seite.

● *Etwas außerhalb* **Galini (36)**, etwas versteckte Ouzerie/Fischtaverne, an der Papavassiliou Str., von der Hafenfront hinter der ersten Rechtskurve nach 150 m auf der rechten Seite, Nähe Krankenhaus. Einige Tische draußen an der Straße, doch auch innen angenehm. Der etwas mürrisch blickende Chef Kostas steht selbst hinter dem Grill. Für gute Atmosphäre sorgt Chefin Athina. Lassen Sie sich ruhig auf die Spezialitäten des Hauses ein. Auch beliebt bei Einheimischen.

Angelis, Ouzerie etwas außerhalb vom Zentrum an der Straße zum Kino auf der linken Seite etwa 30 m in eine Seitengasse hinein (beschildert). Plätze innen oder auf der überdachten Hochterrasse. Echt gebliebene Familientaverne, in der noch die Mutter des Wirtes kocht. Täglich wechselnde Grillgerichte, angenehme Atmosphäre. Vergleichsweise günstige Preise, weil etwas abseits vom Schuss.

Panorama, ideales Ziel für einen Abendspaziergang, Straße nach Engarés hinauf, an der Kurve geradeaus weiter, ca. 30 Min. Nette, schlichte Taverne fern vom Rummel, Sonnenuntergang im Meer, gute Pfannengerichte und Fleisch vom Holzkohlengrill.

Kavouri, **Nissaki** und **O Gialos**, Superlage direkt am Ágios-Geórgios-Strand, Tische stehen schon fast im Wasser, Essensqualität eher gemischt.

● *Cafés* Wie bei den Tavernen: reiches Angebot, insbesondere an der Paralia. Doch die Qualität kann nicht immer mithalten. Faustregel: je weiter abseits der touristischen Hauptrouten, desto besser und günstiger.

Elliniko, gemütliches Plätzchen in der alten Marktstraße, kurz hinter dem Eingang auf der rechten Seite. Eine Handvoll Tische in der Gasse sowie Plätze auf dem Balkon mit schönem Blick auf Hafen und Anleger. Es gibt Oúzo und Oktopus-Mezé vom Grill vor dem Haus, wie es früher üblich war.

Notos (21), liebevoll-nostalgisch eingerichtetes Café in historischem Haus in der Altstadt, an der Gasse zum Kástro, kleiner Garten. Geöffnet vom Frühstück bis abends – interessante Auswahl an leichten Speisen, verschiedene Kaffeesorten etc.

Captains, eine der vielen Cafébars an der Paralia (etwa 100 m südlich vom Náxos Tourist Information Center.), doch einzigartig sind die Öffnungszeiten: 24 Stunden am Tag und das auch während der Nebensaison. In gemütlicher Runde bis 4 Uhr in der Nacht auf die Fähre warten ist kein Problem, Frühstück um 5 Uhr auch nicht.

Bikini Bar, neben dem Naxos Tourist Information Center. Nettes Café mit grandiosem Hafenblick. Besitzer Georgios bietet schnellen Service, gute Crêpes und vor allem die günstige Hafennähe zum Warten auf das nächste Schiff.

Rendez-vous, etwas kitschig, doch bekannt für ein gutes Frühstück. Außerdem gute Konditorei mit empfehlenswertem Kuchen, allerdings nicht gerade billig.

O Kafenes, direkt über dem Restaurant Dolfini (→ Essen & Trinken). Gutes, vielfältiges Frühstück und leckere Snacks bei angenehmer, meditativer und klassischer Musik.

La Frianderie (33), Straßencafé etwas zurück vom Südende der Hafenfront (bei Hotel Coronis hinein). Hat den Ruf, den besten Kaffee der Insel zu machen, stolz wird die Espressomaschine präsentiert.

Katerína's Grill, etwas zurück von der Paralia (Papavassiliou hinauf und gleich links), morgens zum Preis von ca. 1,60 € Kaffee und Tee, so viel man will.

Waffle-House, 55 Sorten hausgemachter Eiscreme nach italienischem Stil (eigene Eisfabrik auf Náxos). Frühstück ab 8.30 Uhr, Kaffee, traditionelle griechische Süßigkeiten. Abends gute Cocktails, je nach Publikum bis weit nach Mitternacht geöffnet.

Eine **Bäckerei**, die hervorragendes Gebäck macht, liegt an der Papavassiliou Str., schräg gegenüber von Katerina's Grill. Elizabeth bedient, die Mutter backt, und auf der Straße stehen zwei Tische.

Nachtleben (s. Karte auf S. 328/329)

Zahllose Möglichkeiten, vor allem jede Menge laute Disco-Bars, insbesondere in einer Gasse hinter dem südlichen Hafenende – nicht zu verfehlen. Diskotheken hauptsächlich am Südende der Paralía. Insgesamt ein munteres Nachtleben, jedoch weit von Mýkonos-Verhältnissen entfernt.

● *Musik-Bars & Kneipen* **Vengera (37)**, schicke, sehr bunt aufgemachte Disco-Bar mit Garten am Südende des Hafens, in der Saison meist gestopft voll. Angeblich die älteste Bar der Insel, geführt von Nikos und Dimitrios. Sehr beliebt auch bei der einheimischen Jugend. Geöffnet, solange

Gäste da sind, d. h. es kann auch schon mal Morgen werden.

Fragile, auch Boss Georgios glaubt, die älteste Bar der Insel zu besitzen. Bis tief in die Nacht ist die Stimmung an der Paralia auch hier gut. Rockmusik und griechische Hits der Saison.

Allegro, im Ágios Geórgios-Viertel. Caféteria, Video-Spiele und Billard bis tief in die Nacht hinein.

• *Diskotheken* **Ocean Club (35)**, stadtnächste Disco an der südlichen Hafenmole, großer Club mit Open-Air-Terrasse. Vollklimatisierter Innenraum. Beliebt bei jüngeren Publikum. Motto: "Extreme fun for extreme people!" Der DJ gilt als der beste der Insel.

Super Island (5), größte Disco auf Náxos, im Stadtteil Grótta, kurz hinter Restaurant Elli's in einem alten Bruchsteinhaus. Super Terrasse über der Brandung, beleuchtete Wellen. Im Sommer immer voll, eher junges Publikum.

• *Griechische Musik* **Aegean Pelagos**, östlich vom Waffle-House am Ende der Passage. Seit 1998 von einem freundlichen, jungen und kommunikativen Griechen geführt.

Viele Stammgäste, gelegentlich Livemusik, Tipp für die ruhigere Form des Nachtlebens.

Platanos, echte griechische Atmosphäre in einem großen Gartenlokal etwa 4 km außerhalb an der Straße nach Chalkío (ca. 1 km vor Galanádo auf der linken Seite). Juli und August tägl., sonst Fr, Sa und So. Bouzouki-Musik ab 22.30 Uhr. Kein Eintritt. ✆ 22850-24820.

• *Kino* **Cine Astra** ("Sternenkino"), Open-Air-Kino am Stadtrand, die Papavassiliou-Str. bis zum Krankenhaus und rechts die Straße Richtung Airport nehmen. Von Mai bis Oktober täglich zwei Originalfilme mit griechischen Untertiteln (Beginn 21 und 23 Uhr), Eintritt je nach Saison ca. 3,20–5 €. Auskunft: ✆ 22850-25381.

Shopping (s. Karte auf S. 328/329)

Die Produkte von Náxos – Kítrolikör, "Marmelade" (eingedoste süße Früchte) und Käse – werden mittlerweile kräftig vermarktet. Ein ganzes Bündel von Shops findet man an der Hafenfront sowie an der Odós Papavassilíou.

Zoom, im südlichen Bereich der Paralia. Gigantische Auswahl an Büchern, Zeitungen und Zeitschriften. Vieles auch in deutscher Sprache, u. a. ist dort unser Reiseführer "Náxos" zu haben, außerdem die Titel "Páros und Antíparos" sowie "Santoríni" von denselben Autoren. Außerdem Postkarten und Schreibbedarf aller Art.

Naos, empfehlenswerter Juwelier neben dem Waffle-House. Bekannt für die außergewöhnlichen Steine, die er eigenhändig in seiner Werkstatt in 925er Sterling-Silber fasst. Hübsche Stücke zu fairen Preisen. Inhaber Panagiotis Kyriakopoulos spricht gut Deutsch. Seine freundliche Partnerin Iris Neubauer stammt aus Bremen.

Tzimplakis, große Käserei an der Papavassilíou-Str., ein wirkliches Erlebnis. Ausfallstraße Richtung Krankenhaus linker Hand, etwa 200 m vom Meer, Schild kaum kenntlich: *"K.A. Tzimplákis, Émporos, Tyrokomiká Ídi"*. In mehreren hallenartigen Räumen reifen hier die runden Laibe dicht gedrängt auf Regalen. Auch der angeschlossene Laden ist sehenswert: Säcke voller Nüsse, Wein in großen Fässern, Olivenöl, Thymianhonig, Gewürze, Kítro und andere Inselprodukte in rauen Mengen – lohnende Adresse für Mitbringsel.

Promponas, ebenfalls Hafenfront, an der kleinen Platía mit den Cafés (schräg gegenüber vom Anleger), seit 1915 führender

Wein- und Kítroproduzent der Insel, sehr gute Qualität. Náxosweine mit den Namen "Ariadne" und "Bacchus", außerdem verschiedene Oúzo-Sorten, Náxos-Marmelade, in Sirup eingelegte Früchte und Loukoumádes. Kostproben der Kítro-Sorten gratis.

Elena, in der zweiten Reihe hinter der Paralia, in der Nähe der Kirche Ágios Nikólaos. Ellen aus Düsseldorf verkauft Keramik aus Náxos und von anderen griechischen Inseln. Außerdem Bücher, Schreibwaren und Postkarten sowie Ankauf, Verkauf und Tausch gebrauchter Bücher.

Petalouda Art & Craft, Kunsthandwerk aus ganz Griechenland. Geführt von Lisa aus Deutschland und Guy aus Frankreich. Olivenholz, Keramik, Metalle, Webereien, alles möglichst originell und natürlich Einzelstücke. Verkaufsraum fast wie ein Museum eingerichtet. In der zweiten Reihe hinter der Paralia, in der Nähe der Kirche Ágios Nikólaos.

Popi's Grill (28), urig und alteingesessen an der Uferfront, fungiert neben Grilltaverne auch als Verkaufsladen – alle Inselrenner auf einen Streich: Kítro, Bananenlikör und Oúzo von Náxos, in üppig bunten Dosen Marmelade von verschiedenen Früchten, dazu Butter, Käse und Wein der Insel.

Vracas (Name der historischen Beinkleider, die in Griechenland früher getragen wurden), an der Hafenfront, Schild "Silver, Icons, used Books". Evangelos Georgiadis

Náxos
Karte Seite 321

handelt mit Schmuck, Ikonen und verkauft seit über 20 Jahren gebrauchte Bücher, sehr freundlich und redselig.

Midas-Margaritis, Juwelier ein paar Schritte von der Hafenfront, am Gässchen, das von der Platía mit den Cafés in die Altstadt führt. Hier gibt's, in Silber und Gold gefasst, die so genannten "Náxos-Augen" – runde Verschlussdeckel der seltenen Seeschneckenmuscheln, die in dieser Art nur auf Náxos vorkommen (außen rot und ohrförmig, innen weiß und spiralig). Die leeren Gehäuse werden am Strand gesammelt und gelten als Glücksbringer.

Techni, in der Altstadt, wenige Meter oberhalb der Platia mit den Cafés, im schönen Laden von Eleni Hatziendou findet man ausgesuchte Handarbeitsstücke naxiotischer

Tradition, dazu Schmuck, Ikonen u. v. m.

Pagonis Leather Center, die Familie Pagonis fertigt seit 1940 Lederwaren. Mehrere Filialen an der Hafenfront und Hauptladen an der Straße von der Papavassiliou zur Platia Protodikiou.

Doradiko, gute Auswahl an Gewürzen und Honig, Keramik, Gläsern, Schmuck etc. Geführt von Georgios und Tatjana aus Kiel. Besonderer Gag: eine Maschine, mit der Fotos auf Tassen geprägt werden können. Kostet ca. 9,50 € pro Stück.

Bakery Naxos, große Bäckerei neben Zoom, viele empfehlenswerte Leckereien, insbesondere gute Sandwiches.

Dorodotis, Werkstatt traditioneller griechischer Volksmalerei, in der alten Marktgasse gelegen.

Antico Veneziano Antiqueshop (22): Verkauf von Antiquitäten, Handarbeiten, Porzellan und Glas im 800 Jahre alten Adelshaus der Familie della Rocca-Barozzi im Kástro-Viertel (→ Sehenswertes). Der Verkaufsraum ist genauso eingerichtet, wie die Häuser im Kástro früher aussahen. Sämtliche Stücke sind Nachbildungen von Gegenständen, die sich früher im Besitz der Herzöge von Náxos befanden. Sie wurden von den Venezianern aus aller Herren Länder zusammengetragen bzw. erbeutet. Verkauft werden u. a. Vasen, Spiegel, Metallgefäße, Silbergegenstände, Schalen, Keramik, Gläser, Uhren, Statuen, Kerzenständer, Truhen, Stühle, Lampen, Bilder, Deckchen, Webarbeiten etc. Durchaus angemessene Preise. Tägl. 10–15 und 18–22 Uhr. ✆ 22850-26206.

Sehenswertes

Rasch weg vom Trubel an der Hafenpromenade – der Hauch großer, stolzer Zeiten ist noch spürbar, wenn man die Gässchen zum Kástro, dem Burgviertel, hinaufsteigt.

Vieles liegt in Trümmern, doch manche der ehemals prächtigen venezianischen Häuser sind restauriert, fein ziselierte Marmorreliefs über den Türen und eingemeißelte Wappen zeigen die Herkunft und den früheren Reichtum der Bewohner. Die zahllosen Passagen der steilen Treppenwege sind oft noch mit uralten Holzbalkendecken überdacht.

Kástro

Der obere, innere Burgbereich. Still, während der Siesta fast menschenleer, nur noch wenige Menschen wohnen in den verfallenden Häusern, in denen einst die mächtigen venezianischen Familien ihre Domizile hatten. Doch in den letzten Jahren sind neben zwei Museen einige Souvenir- und Handwerksläden eingezogen und beleben zögernd die Szenerie.

Das Kástro von Náxos gilt als eines der wenigen vollständig erhaltenen Siedlungsensembles einer mittelalterlichen Stadt in Griechenland. Die Venezianer errichteten hier im 12. Jh. einen fünfeckigen Festungsbezirk mit starker

Blick vom Tempeltor auf Náxos-Stadt

Mauer, zwölf Türmen und drei Toren. Die wahrscheinlich vorhandene altgriechische Akrópolis wurde dabei zerstört. Auf die Spitze des Hügels setzten die Eroberer die Symbole der weltlichen und kirchlichen Macht – den zentralen Turm der Anlage (Palast des Sanoúdos), eine katholische Kathedrale sowie mehrere Kirchen, Klöster und den Sitz des Erzbischofs (Katholikí Archiepiscopí) nebst katholischem Gemeindehaus (Pnevmatikó Kéntro). Das Bestreben der Venezianer, ihre Religion und damit die westliche Kultur auf den Kykladen durchzusetzen, wird hier deutlich.

Ins Kástro-Viertel kommt man durch die beiden ehemaligen Burgtore mit ihren charakteristischen Spitzbögen: das Nordtor *Trani Porta* mit alter Holzbalkendecke beim einzig erhaltenen Rundturm (Krispi-Turm) der Festung – hier treffen sich abends die Sonnenanbeter – und das Südtor *Parapórti* an der hübschen Platia Pradouna mit der Taverne Kastro (→ Essen). Der ehemalige Hauptsitz der Adelsfamilie Della-Rocca-Barózzi befindet sich gleich rechts des Nordtors, wo heute folgerichtig das *Domus Della-Rocca-Barózzi Museum* untergebracht ist. Das Kástro von Náxos wird noch heute von den direkten Nachfahren dieser Adelsfamilie bewohnt. Sie ist französischen Ursprungs ("de la Roche") und stammt aus einem Zweig der Grafen von Burgund. 1207 siedelten sie sich während des vierten Kreuzzuges (1203–1207) auf Náxos an. Ein weiteres Herrenhaus der Familie steht an der Südseite des Kástro und bildet mit seiner Außenfassade einen Teil der Wehrmauer. Hier werden Antiquitäten verkauft (→ Shopping) und so hat man die seltene Gelegenheit, einen venezianischen Stadtpalazzo mit seinen Marmorböden, verwitterten Säulen und schweren Holzdecken von innen zu betrachten. Die ionischen Säulen links vom Eingang sind über 2000 Jahre alt und waren Teil der alten Akrópolis, die

früher auf dem Kástrohügel stand. Die Bruchstücke antiker Tempel waren von den Venezianern häufig in die Mauern ihrer Burgen integriert worden.
Am höchsten Punkt des Kástro steht die schlichte, fünfschiffige *katholische Kathedrale* mit Marmorfassade. Sie ist meist geöffnet, im Innenraum sind Grabplatten venezianischer Familien in den Boden eingelassen. Ungewöhnlich ist die byzantinische Ikone am Altar, die Maria in ganzer Gestalt zeigt, Einflüsse italienischer Tafelmalerei werden hier sichtbar (Messe tägl. 18.30 Uhr und jeden Sonntag 9.30 Uhr).
Das große Gemäuer daneben ist der *Paláti Sanoúdos* (Palast des Sanoudos), Rest des einstigen zentralen Wohn- und Fluchtturms der Anlage, der zu venezianischen Zeiten aber wesentlich höher war.

Archäologisches Museum: In der ehemaligen französischen Handelsschule und später der Schule des Jesuitenklosters hinter der Kathedrale. Die Jesuiten betrieben hier eine Internatsschule, in der 1869 auch der berühmte kretische Schriftsteller Níkos Kazantzákis unterrichtet wurde, bevor er aus Angst vor der kirchlichen Indoktrination durch die katholischen Fundamentalisten von seinem Vater herausgenommen wurde: "Die Frankenmönche, hol' sie der Teufel, könnten dich zum Katholizismus bekehren" ...
Das geräumige Museum besitzt eine der bedeutendsten Sammlungen von Kykladenkunst, darunter eine große Anzahl von *Idolen* (auch seltene sitzende Exemplare), verzierte mykenische Bügelhenkelkannen, Grabbeigaben aus Gold und verschiedenartigen Schmuck. Allerdings sind die Stücke schlecht oder gar nicht beschriftet. Die meisten Funde stammen aus dem Stadtteil Grótta, von den ungeplünderten Kammergräbern der Friedhöfe *Aplómata* (am Hügel östlich von Grótta) und *Kamíni*. Im großen Hof mit weitem Blick ins Hinterland erstreckt sich ein farbenprächtiger *Mosaikboden* aus hellenistischer Zeit, der die Entführung Europas durch Zeus in Gestalt eines Stieres zeigt.
Öffnungszeiten/Preise Di–So 8.30–14.30 Uhr, Mo geschl. Eintritt: Erwachsene ca. 1,70 €, Studenten ca. 1 €, Kinder frei. Internet: www.culture.gr/2/21/211/21121m/e211um13.html

Domus Della-Rocca-Barózzi Museum: Privatmuseum am Nordtor *Trani Porta*. Das Haus ist Teil der Wehrburg, seine Grundmauern stammen etwa von 1215. Zunächst war hier die Wache des Kástros untergebracht, später das venezianische Konsulat und schließlich das Haupthaus der Familie Della Rocca, die später durch Heirat mit der Barózzi-Familie verbunden wurde. Noch heute befindet sich der gesamte Komplex im Besitz der Adelsfamilie und alle Ausstellungsstücke stammen von ihr. Gezeigt werden u. a. uralte Ikonen und Bilder, Juwelen, Münzen, Kleidungsstücke, Bücher, Möbel, Instrumente, Geschirr, Porzellan, Glas und Kristallglas, Kupferschalen, Silbergegenstände, Holzgeräte, Skulpturen, Schnitzereien aus Olivenholz und anderen Edelhölzern. Auf dem großen Piano im Eingangsbereich hat schon Leonard Bernstein gespielt. Die reichhaltige Sammlung ist auf mehrere Zimmer verteilt und wird ständig vergrößert. Ziel der Museumsleitung ist es, die Geschichte der Adelsfamilie lebendig werden zu lassen. Wer einmal einen Blick auf Stadt und Hafen vom Balkon des Hauses geworfen hat, weiß, was die adeligen Nachkommen damit meinen.
Öffnungszeiten/Preise Nebensaison tägl. 10–15 Uhr, Hochsommer tägl. 9–15, 18–22 Uhr. Eintritt ca. 4,50 €.

Venezianische Nächte

Links neben dem Eingang zum Domus Della-Rocca-Barózzi Museum befindet sich der Gewölbekeller des Hauses. Hier finden während der ganzen Saison abendliche Musikveranstaltungen statt, natürlich fast ausschließlich Klassik. Der Keller wird dann wie vor Hunderten von Jahren nur mit Öllampen und Kerzenlicht beleuchtet. Im Hochsommer finden die Veranstaltungen auf der Freiluftterrasse des Museums statt, Eingang unmittelbar am Nordtor der Festung, d. h. neben der Museumspforte. Informationen über die Veranstaltungen im Museum, Eintrittspreise variieren je nach Tagesprogramm. ✆ 22850-22387.

Weitere Stadtviertel

Rund um den Burgbereich gruppieren sich die traditionellen Stadtteile der Chóra. Im Gegensatz zum rein venezianischen Kástro wohnten hier seit dem späten Mittelalter die orthodoxen und katholischen Griechen sowie Juden, Armenier und Türken. Nach Süden hin dehnte sich später die moderne Stadt aus.

Grótta: an der Küste nördlich vom Kástro, benannt nach den nahen Grotten. Hier liegt der eigentliche Ursprung von Náxos-Stadt, denn man hat Spuren einer großen Siedlung aus frühkykladischer Zeit entdeckt und auch in spätmykenischer Zeit (12. Jh. v. Chr.) lag hier die wichtigste Stadt der Insel. Da das Viertel seitdem durchgehend bewohnt war, konnte man nur punktuell Grabungen durchführen. Ein großer Teil der antiken Stadt liegt außerdem unter Wasser, da sich der Meeresspiegel gehoben hat. In der Nähe der heutigen orthodoxen Kathedrale hat man die antike *Agorá* entdeckt (eingezäunte Ausgrabungen im Umkreis vom Hotel Sávvas), auf dem Hügel *Aplómata* östlich oberhalb einen Friedhof. Zahlreiche Funde kann man im Museum betrachten. Heute ist von der Bedeutung des Ortes kaum noch etwas zu erkennen. Ein ständig wachsendes Neubauviertel dehnt sich aus, davor erstreckt sich niedrige Klippenküste. Der Strand ist von Archäologen befestigt worden, damit keine Funde weggeschwemmt werden. Schöner Blick aufs Tempeltor.

Agorá und **Boúrgos:** Die ältesten Viertel der mittelalterlichen Stadt liegen gleich hinter der nördlichen Hafenfront. Das labyrinthische Netzwerk ist einen ausgedehnten Bummel wert – überwölbte Passagen, weiß gewaschene Winkel und Treppen, Häuser über die Gassen gebaut ... An der schönen, alten *Marktgasse* trifft man auf kleine, urige Läden, eine traditionelle Backstube, einige hübsche Kunsthandwerksläden und Tavernen. Diese lange Handelsachse zieht sich bis in die benachbarten Viertel Evriakí und Foundána, die mit Agorá und Boúrgos nahtlos zusammengewachsen sind.

Evriakí und **Foundána:** In Erweiterung der mittelalterlichen Viertel Agorá und Boúrgos ließen sich hier seit dem 16. Jh. hauptsächlich Juden nieder. Die jüdischen Siedler waren meist wohlhabend, besaßen Läden und gründeten sogar ein florierendes Gerbereigewerbe. Der Name Foundána bezieht sich auf einen wichtigen Brunnen, der hier einst stand.

Das Tempeltor

Ein gigantisches Wahrzeichen, das da vor der Stadt auf einem Felseninselchen steht! Man erzählt, dass es die Insel war, auf der Theseus einst Ariadne zurückließ und auf der sie der stets bereite Gott Dionysos fand. Er baute ihr hier einen Palast – noch heute heißt die Stelle "Palátia". Heute ist die Insel durch einen Damm mit dem Hafen verbunden, mit wenigen Schritten kommt man hinüber.

Das über 7 m hohe und gut 5 m breite Tor *(Portara)* aus mächtigen Monolithen ist letzter Rest eines riesigen Tempels, der wahrscheinlich dem *Apollo* geweiht war. Er wurde im 6. Jh. v. Chr. unter dem Tyrannen *Lygdamis* begonnen und sollte wohl Symbol seiner unvergleichlichen Macht werden (außer auf der heiligen Insel Délos gab es damals keine derartigen Monumentalbauten in der Ägäis). Doch Lygdamis blieb nur knapp 15 Jahre an der Macht (538–24), dann wurde er gestürzt, und das Mach(t)werk blieb unvollendet. Unfertig wie der Tempel war, ließ man ihn stehen. In späteren Zeiten wurde eine christliche Kirche hineingebaut, noch viel später diente er – wie so viele antike Tempel – als Steinbruch für die Venezianer, die Baumaterial für ihr Kástro brauchten. Die überdimensionalen Türstöcke (etwa 1,5 x 1 m dick) waren augenscheinlich für den Transport zu schwer – allein diesem Umstand verdankt Náxos heute sein einzigartiges Wahrzeichen! Vor allem zur Zeit des Sonnenuntergangs ist es ein beliebtes Ziel. Die Mole davor ist eine beliebte, allerdings nicht sonderlich saubere Badezone, wo sich hauptsächlich Kinder vergnügen.

Strände südlich von Náxos-Stadt

Weißer Sand, so weit das Auge reicht! Richtung Süden bis Pirgáki auf gut 20 km Länge ein Strand nach dem anderen, nur gelegentlich unterbrochen durch felsige Kaps. Vorteil außerdem: Wegen der günstigen Südwestlage sind die Strände nach Norden gegen die gelegentlich heftigen Meltémi-Winde geschützt. Kein Wunder also, dass hier eine extreme Bautätigkeit der touristischen Art herrscht.

Ab Náxos-Stadt gibt es eine zum Teil asphaltierte Straße entlang der Strände *Ágios Geórgios*, *Ágios Prokópios* und *Agía Ánna*, die im Weiteren als Piste am kilometerlangen *Máragas/Pláka-Strand* verläuft. Man kann aber alle Strände auch auf Stichstraßen von der landeinwärts verlaufenden Hauptstraße erreichen: dort zunächst schöne Fahrt durch die große Landwirtschaftsebene südlich von Náxos, dann in Serpentinen über Hügelkämme und durch einige hübsche, weiße Dörfer. Abzweige zu den Stränden in *Ágios Arsénios* und *Vívlos (Trípodes)*.

Im Folgenden Beschreibung der etwa 20 km bis Pirgáki: zunächst Küstenpiste bis *Pláka*, danach auf der inseleinwärts verlaufenden Hauptstraße weiter bis *Pirgáki*. Unterwegs unzählige Unterkunftsmöglichkeiten und Tavernen, der Bauboom hält in diesem Teil der Insel augenscheinlich noch an.

Entdeckung abseits der Trampelpfade: Dionysos-Tempel von Íria

1987 gruben Archäologen wenige Kilometer südöstlich vom Flugplatz, bei der Kirche Ágios Geórgios Íria, die Ruinen eines imposanten Tempels aus dem 6. Jh. aus. Anhand dieses Fundes erhärtete sich erstmals die Theorie, dass kykladische Tempel schon sehr früh vollständig aus Marmor erbaut waren. Zwar sind nur die Grundmauern am ursprünglichen Ort erhalten, doch der Rest konnte dank zahlreicher gefundener Teilstücke rekonstruiert werden. Zwei Reihen ionischer Marmorsäulen trugen den Dachstuhl, der ebenfalls ganz aus Marmor bestand. Für Laien ist der Besuch allerdings uninteressant, da kaum noch etwas zu sehen ist.

▶ **Ágios Geórgios**: gleich südlich der Stadt, ca. 10 Min. vom Hafen, eine neu erbaute Uferpromenade führt hin. Der Strand ist in mehrere Buchten unterteilt – ein schier endloses Sandband, mal breiter, mal handtuchschmal, teils mit bewachsenen Dünen. Am Anfang Hauptbadezone für alle, die in Náxos-Stadt wohnen, das mit Abstand größte Hotelviertel der Insel liegt gleich dahinter (→ Náxos-Stadt/Übernachten). Liegestühle und Sonnenschirme in langen Reihen, einige Tavernen und Bars, deren Tische direkt im Sand stehen, Tretboot-/ Surfbrettverleih, mehrere Discos. Wasserqualität oft von Tag zu Tag verschieden, je nach Windrichtung. In der zweiten Hälfte dann zusehends einsamer, lädt ein zu Spaziergängen. Hinter einem kleinen Betonhäuschen liegt die so genannte *Lagune*. Deshalb so genannt, weil durch ein Riff vom offenen Meer getrennt. Der Verlauf der Unterwasserklippen, die fast bis an die Oberfläche reichen, ist anhand der Wellenbrechung gut zu erkennen. Vorsicht beim Schwimmen, es besteht erhebliche Verletzungsgefahr! Nur etwa in der Mitte befindet sich eine ca. 4 m breite Öffnung, die mit Bojen markiert wurde. Die ansässige Surfschule hat sich diesen naturgegebenen Schutz zunutze gemacht und erteilt ihre Unterrichtsstunden in dem ruhigen Wasser der Lagune. Etwas abseits der Surfer ist das seichte Wasser auch für Kinder gut geeignet, allerdings gibt es keinerlei Einrichtungen in der Nähe und keinen Sonnenschirmverleih.

Erst die breite Piste zur Halbinsel *Stelída* beendet die geschwungenen Sandbuchten. Hier liegen auch ein Campingplatz (→ Übernachten) und der vor einigen Jahren fertig gestellte *Flughafen*. Die Landschaft am Fuß des Stelída-Hügels wirkt ein wenig wie die niedersächsische Heide – völlig flach, niedrige Sträucherbüschel, windgepeitschte Tamarisken, z. T. ausgetrocknete Salzwasserteiche.

● *Sport* **Flísvos Sport Club Naxos**, direkt am Hauptstrand von Ágios Geórgios, gegründet von Jan aus Deutschland. Ungefähr 70 Surfbretter mit 120 Segeln gibt es für Profis und Anfänger zu leihen, die angeschlossene Surfschule wird von ausgebildeten VDWS-Surflehrern geleitet, der Unterricht findet in der Lagune ca. 400 m südwestlich statt. Zu mieten sind außerdem mehrere Katamarane und Mountainbikes. Wer will, kann auch organisierte Touren mitmachen. ✆/📠 22850-24308, E-Mail: flisvos @otenet.gr

Absolute Sportfreaks können gleich zu Hause buchen: Bonner Sportreisen, Friedrichstraße 45, 53111 Bonn. ✆ 0228/7668900, 📠 7668966, E-Mail: sportreisen@t-online.de

Náxos
Karte Seite 321

▶ **Ágios Prokópios**: südlich der Halbinsel Stelída, schöner Spaziergang dorthin zwischen turmhohen Felsbrocken. Exzellenter weißer, körniger Sandstrand in weitem Bogen, ca. 1 km lang, dahinter drei große Lagunenseen, alles so gut wie schattenlos. Im Sommer gnadenlos überfüllt.

Die touristische Entwicklung von Ágios Prokópios hat sich in den letzten Jahren in rasender Geschwindigkeit vollzogen. Mittlerweile gibt es Dutzende Hotels, Pensionen und Tavernen. Die Häuser ziehen sich hinter der Paralía entlang sowie rechts und links der Straße von Náxos-Stadt. Wer etwas nobler wohnen will, sollte eines der Hotels oberhalb des Dorfs am Hang des Hügels Stelída auswählen. Ein eigentlicher Ortskern ist nicht vorhanden. Alles ist auf die Anforderungen der Touristen ausgerichtet.

● *Verbindungen* **Busse** von Náxos-Stadt je nach Saison etwa 16–52 x tägl., Abfahrt vom Hafen. Bushaltestelle in Ágios Prokópios liegt direkt am Strand.

Taxis kosten von und nach Náxos-Stadt ca. 4 €, nachts mehr.

● *Übernachten* In den letzten Jahren wurde kräftig neu gebaut, und ein Ende ist noch immer nicht in Sicht.

Kavos Studios/Villas, hübsche und sehr gepflegte Anlage mit acht Studios und vier Villen, errichtet wie ein griechisches Theater am Hang. Ruhige Lage, etwa 600 m oberhalb des Strandes am Fuß des Stelída-Hügels. Architektonisch reizvoll, im Winter 2001/02 komplett renoviert. Alle Einheiten sind geschmackvoll im Kykladenstil eingerichtet und verfügen über moderne Marmorbadezimmer, integrierte Küchenzeile, Klimaanlage, Safe, Haartrockner und Telefon. Alle Balkone bieten einen wunderbaren Blick auf das Meer bzw. den Sonnenuntergang über Páros. Ein neu hinzugekommener Pool, Bar und Frühstücksterrasse tragen zum gehobenen Ambiente bei. Internet- und Fax-Service. Auch über Attika zu buchen. Studio ca. 40–70 €, Villa ca. 60–120 €. ✆ 22850-23355, ✆ 22077, www.kavos-naxos.com

Lianos Village, C-Kat., am Südwesthang des Stelída-Hügels gelegen. Größere Anlage mit 34 Zimmern, Swimmingpool, Bar und Frühstücksraum. Alle Zimmer mit Blick aufs Meer, Kühlschrank und Telefon. Neue weiße Bäder, sehr sauber und gehobene Ausstattung. Viele deutsche Gäste, zu buchen über Attika. DZ ca. 40–100 €. ✆ 22850-26366, ✆ 26362, www.greekhotel.com/cyclades

Villa Adriana, E-Kat., oberhalb von Ágios Prokópios am Hang. Hübsche, gepflegte Anlage mit 20 Zimmern und Studios unterschiedlicher Größe und Ausstattung, ruhige Lage. Außen und auch innen vieles im fri-schen Kykladenblau gehalten. Geräumige Zimmer mit Balkon und Kühlschrank, teilweise Herd, saubere Bäder und ordentlicher Service. Balkone zur Hälfte mit Meeresblick, die andere Hälfte mit Blick auf den Stelída-Hügel. Tägliche Reinigung. Positive Leserkommentare. Preis ca. 35–65 €. ✆ 22850-42804, ✆ 42128.

Proteas, B-Kat., oberhalb des Ortes an der Straße von Náxos-Stadt auf der linken Seite. 28 Studios, DZ und Viererzimmer in einer hübsch verschachtelten Anlage. Sehr geräumig gehalten, sauber vor allem auch die Bäder. Überall Marmorböden, Telefon, Radio und Küchenzeile in den Zimmern. Balkone fast alle mit Blick aufs Meer. Swimmingpool vorhanden. Preis ca. 40–80 €. Auch über Reiseveranstalter. ✆ 22850-26134, 26135, ✆ 23328.

Birikos, an der Straße von Náxos-Stadt hinunter zum Strand von Ágios Prokópios auf der linken Seite. Familie Kavouras vermietet sieben Studios, neun Apartments und einige DZ. Allesamt relativ neu und gut ausgestattet, Meeresblick aber nicht von allen Zimmern (in der Nachbarschaft wird noch gebaut). Swimmingpool vor dem Haus, rundherum neu begrünte Anlage. DZ ca. 25–45 €, Studio 35–55 €, Apartment 40–65 €. ✆ 22850-25474, 23474.

Vangelis, Vangelis von der Taverne Anesi und seine deutsche Frau Gabi vermieten sechs Studios, ein Apartment und einen Bungalow im oberen Teil des Ortes. Alles sehr geräumig, sauber, gut ausgestattet und mit Bad. Kleine Küchen, aber nagelneu. Hübscher Garten mit großen Agaven und Meeresblick. Studio ca. 25–45 €. Fragen Sie in der Taverne am Strand. ✆ 22850-24392, ✆ 24392.

Perama, etwas von der Straße zurückgesetzt. Nikos Katerinis und seine deutsche Frau Anna vermieten schöne Studios bzw. Zimmer mit Bad. DZ ca. 25–45 €.

• *Essen & Trinken* **Anesi Spiros**, letzte Taverne im nördlichen Strandabschnitt des Ortes Ágios Prokópios. Direkt dahinter liegen die drei Salzseen. Angenehme, windgeschützte Lage und dennoch direkt am Meer, teilweise überdacht. Zahlreiche leckere Spezialitäten, Fisch- und Fleischgerichte, sehr gute Spanferkel und Moussaká. In der HS riesige Auswahl vom Grill. Chef Vangelis spricht etwas Deutsch.

Barbounis, am Ende der Straße hinunter zum Strand gleich auf der rechten Seite, direkt am Bus-Stopp. Grillspezialitäten, Fisch und Fleisch. Immer gut besucht. Meeresblick inklusive.

Perama, direkt an der Straße, betrieben von Nikos Katerinis und seiner deutschen Frau Anna. Hervorragendes Essen zu günstigen Preisen, herzliche Atmosphäre und viele Stammgäste.

Colosseo, Pizzeria mit Tischen direkt an der Straße hinter dem Strand. Spezialitäten natürlich Pizza und Spaghetti, aber auch griechisches Essen. Gäste waren zufrieden.

Sun-Set, an der Straße Richtung Agía Ánna. Überdachte Strandtaverne mit schönem Meeresblick. Gäste äußerten sich sehr zufrieden über die Fisch- und Grillgerichte. Normale Preise.

Avali, außerhalb vom Ort gelegen, am Nordende des Strandes von Ágios Prokópios, noch jenseits der drei Seen. Hübsch begrünte und windgeschützte Hochterrasse am Hang mit fantastischem Meeresblick. Tagsüber typische Strandbar, abends Taverne mit griechischer Musik. Übliche Preise, Gäste waren zufrieden.

• *Unterhaltung* **Kahlua**, Café-Bar am Strand. Den ganzen Tag über und auch tief in der Nacht beliebter Jugendtreffpunkt.

▶ **Agía Ánna**: unmittelbar südlich von Ágios Prokópios, nur um eine kleine Landspitze herum. Vielleicht nicht ganz so idyllisch, dafür einige Bäume mehr. Am südlichen Ende vorspringendes Kap mit Kapelle Ágios Nikólaos, unterhalb davon kleiner Fischer- und Wirtschaftshafen mit Anleger.

Agía Ánna hat im Grunde die gleiche Entwicklung genommen wie Ágios Prokópios. In den letzten Jahren wurden viele Hotels, Pensionen und Tavernen direkt am Strand oder an der asphaltierten Straße von Náxos-Stadt errichtet. Während es in der Nebensaison dennoch eher ruhig zugeht, zeigt sich Agía Ánna im Hochsommer als boomendes Touristendorf. Ein malerisches Bild bieten die Segeljachten und Fischerboote, die am Kai vor Anker liegen. Agía Ánna ist beliebt bei den Crews, denn der Hafen ist sicherer als der von Náxos-Stadt.

• *Verbindungen* **Busse** von Náxos-Stadt je nach Saison 16–52 x tägl., Abfahrt vom Hafen. Bushaltestelle in Agía Ánna direkt an der kleinen Platía oberhalb des Hafens.

Taxis kosten von und nach Náxos-Stadt ca. 5 €, nachts mehr.

Für **Selbstfahrer** außer der Asphaltstraße vom Ágios-Prokópios-Strand auch Zufahrt von der tief landeinwärts verlaufenden Hauptstraße Richtung Süden: Abzweig ca. 8 km ab Náxos-Stadt kurz vor **Ágios Arsénios** beschildert.

• *Übernachten* **Iria Beach**, C-Kat., 1991 erbaute größere Anlage direkt am Strand, 25 Studios und Apartments mit teils geräumigen Terrassen, natursteingepflastert, Meeresblick. In den Räumen Marmorböden und elegante graue Holzmöbel. Hoteleigenes Restaurant vorhanden. Die Rezeption wird von der freundlichen Korinna aus der Schweiz geführt. Preise ca. 40–70 € fürs Studio und 60–120 € fürs 4-Personen-Apartment. ✆ 22850-42600-2, ☏ 42603. Auch im Reisebüro Zas Travel in Náxos-Stadt zu buchen.

Artemis, C-Kat., zweistöckiges Haus fast direkt am Strand von Agía Ánna. Zimmer mit Balkonen und Hochterrassen, aber nicht alle mit Meeresblick. Sauberkeit und Ausstattung okay. Pauschaltouristenkontingent von deutschen Anbietern. DZ je nach Saison ca. 60–90 DM. ✆ 41150, 41151, ☏ 41152.

Agia Anna, C-Kat., etwas zurück vom Strand an der Straße nach Ágios Arsénios gelegen. Hübsches Familienhotel, geführt von nettem jungem Paar, sprechen gut Englisch. Zimmer mit Marmorböden und hellen Kiefernholzmöbeln eingerichtet, geräumig und sauber auch die Bäder. Hoteleigenes Restaurant. DZ ca. 25–45 €. ✆ 22850-41870, ☏ 42704.

Gabriels Studios, direkt am Meer bei der Zufahrtsstraße von Ágios Prokópios. Herr Xenakis vermietet Studios für 2 und 4 Personen. Alle geräumig mit hellem Möbeln eingerichtet, Küche, neue Bäder, herrlicher Meeresblick von den großen Balkonen.

Preis ca. 25–50 € fürs 2er-Studio. ✆ 22850-24145, 📠 24145.

Castello Studios, gut eingerichtete Studios direkt am Strand, schräg vor "Gabriels Studios". Meerblick, freundliche Besitzer, Ioannis spricht fließend Englisch. ✆/📠 22850-24968.

Katerina Studios, direkt neben dem Hotel Iria. Mehrere Zimmer unmittelbar in Strandnähe. Alle mit Bad und Balkon, teilweise Meeresblick. Zimmer sauber und okay, hübsch begrünte Außenanlage. Preis ca. 25–45 €. ✆ 22850-42679.

Annita Studios, im Ort gelegen. Dreistöckiges Haus mit Swimmingpool im Garten. Alle Zimmer mit Bad, Telefon und Balkon mit Meeresblick. Kleine Bar am Pool. Vermietet werden auch ein paar Apartments. Preis ca. 25–45 €. ✆ 22850-42133, 📠 23903.

● *Essen & Trinken* **Gorgona**, an der Bushaltestelle am Anleger. Großtaverne, doch mit vielen Pflanzen etwas aufgelockert. Plätze vorne am Wasser praktisch immer belegt. Schöner Blick auf den kleinen Hafen und die Kapelle Ágios Nikólaos auf der Landzunge. Essen wurde von Gästen gelobt.

Akrogiali, hinter dem breiten Sandstrand, zwei Tamarisken spenden etwas Schatten. Innenraum locker gestaltet, tagsüber Strandbar, abends Restaurant. Dank der herzlichen Wirtin Katharina immer gut besucht, viele Stammgäste. Preise im Rahmen.

Faros, einige Meter südlich des Hafens entlang der Staubpiste Richtung Maragás. Einfache Strandtaverne, gute Fleischgerichte. Strahlt etwas mehr Griechenland-Atmosphäre aus und wird nicht nur von Touris-ten, sondern auch von Griechen besucht. Der Wirt ist selbst Fischer, daher gilt die Fischsuppe als Spezialität des Hauses (muss wegen der aufwändigen Zubereitung vormittags vorbestellt werden). Preise und Essen okay, griechische Musik. Nur in der HS geöffnet.

Ostria, schöne Lage direkt am Sandstrand, sehr hübsches Ambiente, unaufdringlicher und kompetenter Service, ausgezeichnete und vielseitige Küche. Dazu gute Hintergrundmusik, oft auch live (Gäste werden nach Möglichkeit und Fähigkeiten integriert). Frau Maria Delimari ist herzlich, zuvorkommend und kinderfreundlich, das gilt auch für ihren Mann Dimitris, ihren Sohn und den Koch Tassos. Mehrere Leserempfehlungen.

Mediterraneo Taverna Italiana, nomen est omen, der Lieblingsplatz italienischer Sommerurlauber. Zu erkennen an dem blauen Holzdach am Strand von Agía Ánna, tagsüber auch Strandbar. Abends italienische und internationale Gerichte. Gäste äußerten sich zufrieden, normales Preisniveau.

● *Unterhaltung* **Manolo**, Café-Bar direkt gegenüber dem Hotel Iria. Abends immer gut besucht, griechische und internationale Musik. Nur in der HS geöffnet.

Enosis, größter Disco-Club der Insel, direkt an der Bushaltestelle am Anleger von Agía Ánna. Internationale Disco-Musik, aber auch griechische Live-Auftritte von durchaus namhaften Sängerinnen und Sängern. Geöffnet nur im Hochsommer und an den Wochenenden während der Nebensaison. Fragen Sie unter ✆ 22850-24644 oder 23216.

▶ **Máragas/Pláka**: südlich des Kaps mit der Kapelle Ágios Nikólaos, der wildeste und ursprünglichste Strand an der Westküste. Kilometerlange grasbewachsene Dünen wie an der Nordsee. Mittlerweile gibt es auch hier zahlreiche Tavernen und Unterkunftsmöglichkeiten sowie die einzigen Campingplätze der Insel, die direkt am Meer liegen.

Südlich von Agía Ánna beginnt eine breite Staubpiste, die sich (fast) hinter dem gesamten Strand entlang zieht. Wahrscheinlich wird sie in den nächsten Jahren asphaltiert, denn das Gebiet wird immer stärker touristisch erschlossen. Kein Wunder, denn die fantastischen Strände setzen sich weiter nach Süden fort. Gleich am Anfang beim Kap prächtige, hoch gewachsene Wacholderbäume, ein kleines Wäldchen mitten im Sand. FKK mehr als üblich, vor allem je weiter man nach Süden vordringt. Wild campen ist verboten.

● *Verbindungen* **Busse** von Náxos-Stadt je nach Saison etwa 16–52 x tägl., Abfahrt vom Hafen. Bushaltestellen in Pláka liegen an der Taverne Paradiso sowie an den beiden Campingplätzen. Der Bus wendet südlich des Plaka-Campings und fährt direkt zurück.

Taxis kosten von und nach Náxos-Stadt ca. 6 €, nachts mehr.

Selbstfahrer fahren von Agía Ánna weiter auf der Staubstraße Richtung Süden. Diese

Piste endet nach etwa 3,5 km vor einem Schilfgebiet. Achtung: Zufahrt weiter südlich nach Orkós und Mikrí Vígla nur über die Inselstraße Náxos-Stadt – Glinádo – Vívlos.

● *Übernachten* Der Strand von Pláka zeigt sich noch nicht so stark verbaut wie Ágios Prokópios und Agía Ánna, doch was nicht ist .... Südlich des Camping Maragas wurden zum Zeitpunkt der Recherche einige neue Apartmenthäuser errichtet, teilweise sogar mit Swimmingpool. Zumindest derzeit noch relativ ruhige Lage, in der Nebensaison ist Handeln gut möglich.

Apartments Stella, größere Apartmentanlage ca. 200 m vor Camping Maragas. In einem gepflegten Anwesen werden Studios und DZ jeweils Bad und Terrasse/Balkon vermietet. Hübsch angelegter bunter Garten mit Bougainvillea und Palmen. Preis ca. 28–45 €. ✆ 22850-24526.

Paradisos Studios, gleich am Strandbeginn. Die gleichnamige Taverne vermietet auch Studios und Apartments. Fragen Sie den Wirt. Preise je nach Saison ca. 25–45 €. ✆ 22850-24046.

Plaka Studios, Maria und Nikos vermieten direkt neben ihrer gleichnamigen Taverne auch einige Studios. Zimmer geräumig und sauber, Meeresblick von den Balkonen, angenehme ruhige Lage. Preis ca. 25–45 €. ✆ 22850-24632.

Villa Medusa Resort, A-Kat., wohl die edelste Unterkunft auf der gesamten Insel.

Georgia und Nestor Karlovitch haben mit diesem exquisiten Hotel am Südende des Plákastrands wohl ihre Träume verwirklicht. Sie vermieten 18 elegante Zimmer mit Bad, Kühlschrank, Klimaanlage, Telefon, TV, Radio, Haartrockner und Safe. Jedes Zimmer hat seinen eigenen Stil, und alles ist farblich aufeinander abgestimmt. Teilweise top-moderne Designer-Möbel, aber auch echte rustikale oder antike Stücke. Das ganze natürlich geräumig und die passenden blitzsauberen Bäder dazu. Garantierter Meeresblick von allen Balkonen. Hervorragender Service, z. B. tägl. frische Wäsche. Außenanlage gleicht einem tropisch anmutenden Palmengarten mit Bar und Tanzplatz. Erfrischungen und Essen aus der eigenen Küche werden ebenfalls im Garten serviert. Dafür ist der freundliche Salomon aus Ghana zuständig. Direkter Zugang zum Meer. Mangels Nachbarhäusern im Grunde ein eigener Strandabschnitt vorhanden, absolut ruhige Lage. Einziges Problem: auf eigene Faust kaum zu finden (Anfahrt über Vívlos). Rufen Sie also unbedingt vorher an. Der Kleinbus holt die Gäste direkt vom Anleger in Náxos-Stadt ab. Allerfeinstes Niveau hat natürlich seinen Preis: DZ ca. 60–90 € inkl. american breakfast, fürs Gebotene jedoch absolut angemessen. Pauschal über TUI und Attika. Mai bis Oktober. ✆/☏ 22850-75555 (im Winter Athen: ✆ 210-8940447, ☏ 8946469), www.medusaresort.gr

Die beiden Campingplätze **Maragas** und **Plaka** liegen direkt an der Strandpiste, Beschreibung unter Náxos-Stadt/Übernachten (→ S. 334).

● *Essen & Trinken* Gut ein halbes Dutzend Tavernen hat sich entlang der Staubstraße Agía Ánna angesiedelt. In den nächsten Jahren werden weitere dazukommen. Aufgrund der Lage etwas außerhalb gibt man sich mit dem Essen deutlich mehr Mühe als in den touristischen Hochburgen.

Manolis, direkt vor dem Camping Maragas. Wirkt zwar auf den ersten Blick wie eine Großraumtaverne, doch die Qualität des Essens entschädigt für das Ambiente. Manolis bietet zahlreiche Fisch- und Fleischspezialitäten für einen günstigen Preis. Besonderer Blickfang die zehn Tische, die auf der anderen Seite der Straße direkt auf dem Strand unter den Tamarisken stehen. Stets wird griechische Musik gespielt, oftmals sogar live, daher viel Griechenland-Atmosphäre. Auch betreffs Sauberkeit der

Toiletten Bestnoten, z. B. Waschbecken in echtem Marmor!

Paradisos, gleich am Beginn des Strands. Unter einem Sonnendach an der Straße, aber mehrere Tische auch direkt auf dem Sandstrand unter zwei uralten Tamarisken. Schönes Plätzchen, leider oft sehr windig. Preise und Essen okay, immer griechische Musik. Insgesamt etwas ruhiger, weil außerhalb gelegen.

Amore Mio, gutes italienisches Restaurant mit großer Terrasse und herrlichem Blick aufs Meer.

Maria & Nikos, am Pláka-Strand, direkt neben dem Campingplatz. Hübsche Strandtaverne mit Griechenland-Atmosphäre. Küche ohne viel Schnickschnack, normale Preise. Oft und gerne von den Campern "belagert". Zimmervermietung angeschlossen.

Náxos
Karte Seite 321

Dolphin, direkt am Busstopp von Pláka. Auf einer Hochterrasse werden Fisch- und Fleischgerichte serviert. Schöner Blick über die Dünenlandschaft aufs Meer. Gäste äußerten sich zufrieden.

Die Strände südlich vom Pláka sind über mittlerweile asphaltierte Stichstraßen von der Hauptstraße weiter landeinwärts zu erreichen – also zurück zur Straße in den Inselsüden (über Glinádo und Vívlos), von dort kommt man zunächst hinunter nach Mikrí Vígla. Der Bergort Vívlos ist mit seinen drei Windmühlen einen Bummel wert.

▸ **Mikrí Vígla:** von der Hauptstraße 3 km lange, asphaltierte Zufahrt, unten geschwungene Sandbucht mit Dünen am Fuß eines hohen Felsenkaps, vorgelagert das winzige Felseninselchen *Parthénos*. Mittlerweile mit zahlreichen Hotels, Pensionen und Tavernen touristisch gut erschlossen. Mikrí Vígla ist ausgesprochen beliebt bei Surfern – und bei Wohnmobilisten, die man hier häufig in den Dünen trifft. Allem Anschein nach wird wenig bis gar nicht kontrolliert.

Es gibt zwei Hauptstrände: nördlich vom Kap der Strand von *Parthéna*, ca. 400 m lang, hervorragend geeignet für Surfer, da stets Wind und Wellen, meist anlandig. Anschließend Richtung Norden mehrere abgeschiedene kleine Sandstrände, beliebt bei Mietwagenfahrern, auch FKK. Weiterfahrt zum Pláka-Strand abenteuerlich, nicht zu empfehlen.

Südlich vom Kap liegt der 3,2 km lange *Sahara-Beach* – wesentlich geschütztere Lage und deshalb gut für Kinder geeignet, Wassersport. Wer will, kann hier bis Kastráki wandern.

● *Übernachten* **Mikri Vigla**, B-Kat., unübersehbar, direkt am Nordstrand, große, gepflegte Anlage, weiße Bungalows mit leuchtend blauen Fenstern und Türen inmitten von Rasenflächen, sehr ruhig. Elegante Bar mit TV, in kühlem Grau gehalten, Marmorrezeption und -boden, draußen davor großer Pool. Zimmer teils mit schönem Rattanmobiliar, Bäder mit Badewannen, Telefon, Radio. Angeschlossen als Hotel eine Surfschule. DZ ca. 40–80 €, auch pauschal zu buchen. ☏ 22850-75241, 🖷 75240, www.evripiotis.gr

Orkos Village, C-Kat., in norwegischer Hand, ruhige Lage an Sandbuchten nördlich von Mikrí Vígla. Wunderschöne, allerdings steile Hanglage unter gewaltigen Granitfelsen, herrlicher Blick auf Pláka-Strand. Im traditionellen Dorfstil 14 Bungalows mit Einzimmer-Studios und Zweizimmer-Apartments, alle mit Balkon/Terrasse zum Meer, geschmackvoll angelegt und begrünt. Taverne, Minimarket und die liebevoll geschmückte "Stone"-Bar, Transfer mit hoteleigenem Bus. DZ ca. 40–80 €. ☏ 22850-75321, 🖷 75320.

Oasis Studios, etwas nobler anmutende Anlage direkt am Hauptstrand. Zu erkennen an dem großen Schild auf dem Dach und den braunen Fensterläden. Vor dem Haus großer Swimmingpool, obwohl das Meer nur 200 m entfernt liegt. Hübsch gestaltete Außenanlage. Vermietet werden 8 Studios mit Telefon, Radio und Meeresblickbalkon. Preis ca. 30–55 €. ☏ 22850-75494, 🖷 75337, E-Mail: oasis@naxos-island.com

Victoria, oberhalb des Strands von Mikrí Vígla, direkt neben dem gleichnamigen Hotel. Nagelneue Anlage mit 25 Studios. Relativ großzügig gehalten und nur wenige Meter zum Strand. Preis ca. 25–45 €. ☏ 22850-75232, 75498.

● *Essen & Trinken* **Panagia Parthena**, direkt am Hauptstrand von Mikrí Vígla, gegenüber der kleinen Insel der gleichnamigen Kirche Panagía Parthéna. Man sitzt windgeschützt auf einer schönen Hochterrasse mit Meeresblick. Tagsüber Strandtaverne mit Kleinigkeiten und Erfrischungen im Angebot, abends Fisch- und Fleischgerichte. Normale Preise.

Mikri Vigla, Taverne am Nordende des Sahara-Strandes, geführt von Kostas und seinen Brüdern. Kleine Auswahl, aber immer frisch und gut.

O Kontos, der Wirt ist Fischer und hat immer frischen Fisch, außerdem guten Hauswein vom Fass (varelíssio krassí). Von der Terrasse schöner Buchtblick, nette Leute,

vermieten auch Zimmer. Essen und Preise im Rahmen.
Stelios, oberhalb des Hauptstrandes an der Zufahrtsstraße nach Orkós. Schöner Blick auf die Bucht von der Veranda. Empfehlenswerte Küche, Gäste waren auch mit dem Wein vom Fass sehr zufrieden, allerdings nur in der HS geöffnet.

▸ **Kastráki**: etwa 17 km von Náxos-Stadt, gut 2 km südlich von Mikrí Vígla. Relativ zersiedelte Ortschaft aus ein paar wenigen Fischerhäusern und vielen Neubauten. Im Sommer ziemlich überlaufen, während der Nebensaison sind jedoch fast alle Zimmervermietungen und Tavernen geschlossen. Der Strand von Kastráki ist im Ortsbereich ziemlich schmal, am Buswendeplatz felsig und nicht gerade sauber. Wesentlich bessere Badestellen findet man dagegen südlich und nördlich vom Ort, allerdings völlig schattenlos. Tavernen gibt es nur am nördlichen Strandabschnitt. Zu Fuß bis Mikrí Vígla braucht man über den Sahara-Beach ca. 35 Min.

• *Verbindungen* **Busse** von Náxos-Stadt je nach Saison etwa 3–5 x tägl., Abfahrt vom Hafen. Bushaltestellen in Kastráki direkt am Meer sowie an der Inselstraße (an der Taverne Apolafsis), anschließend Weiterfahrt nach Pirgáki und zurück nach Náxos-Stadt.
Taxis kosten von und nach Náxos-Stadt ca. 15 €, nachts teurer.
Selbstfahrer: von Náxos-Stadt über die Inselstraße in den Süden: Náxos-Stadt – Glinádo – Vívlos. Ungefähr 6 km nach Vívlos beschilderte Abzweigung nach rechts. Zunächst asphaltierte Straße, dann Schotter. Alternative: weiter geradeaus auf der Inselstraße und erst nach 7 km ab Vívlos nach rechts abbiegen. Hier ist die Zufahrt nach Kastráki durchgängig geteert.
• *Übernachten* Bedingt durch die weite Entfernung zur Stadt vermieten die meisten privaten Anbieter nur im Hochsommer.
Skala Apartments, nicht im Ort, sondern oberhalb auf der anderen Seite der Straße, direkt neben der Taverne Apolafsis. Vermietet werden 12 mit dunklen Holzmöbeln eingerichtete Apartments mit Bad, Küche, Telefon, TV. Meeresblick von der Veranda, eigenes Restaurant in der Anlage vorhanden. Preis ca. 25–50 €. ✆/℡ 22850-75311.
Akti Kastraki, kleine, ummauerte Anlage am Nordende des Strandes neben der Taverne Akrogiali. Zimmer nicht allzu groß, aber sauber, alle mit Bad und Balkon. DZ ca. 22–45 €. Juni bis September. ✆ 22850-75292.

Studios Yiannis, am Südende des Kastráki-Strandes. Kleineres, zweistöckiges Haus unweit vom Meer in ruhiger Lage. Hübscher Garten mit viel rosa blühendem Oleander. Gute, saubere Zimmer mit Bad und Balkon, helle Einrichtung. Meeresblick. Nur im Hochsommer geöffnet. Preis für ein Studio liegt dann bei ca. 40 €. ✆ 22850-75413.
• *Essen & Trinken* **Axiotissa**, an der Straße nach Kastráki, von Náxos kommend auf der linken Seite. Terrasse mit schönem Blick über die Felder aufs Meer und in die Berge. Sophia und Ioannis, die auch in der Ökobewegung tätig sind, bieten Gerichte der alten griechischen Küche mit Produkten der Insel, insbesondere Fleisch, Feta und Olivenöl von Náxos. Eine besondere Spezialität ist "Hunqiar beyendi", ein orientalisches Fleischgericht mit Tomaten und Auberginenpüree. Etwas teurer, aber gemessen an der Qualität gutes Preis-Leistungs-Verhältnis. Von Ostern bis Oktober ab 13 Uhr.
Apolafsis, an der Inselstraße direkt am südlichen Abzweig nach Kastráki. Hier hält auch der Linienbus. Tische unter einem Sonnendach mit Blick aufs Meer. Umgebung mit Bäumen und Sträuchern begrünt.
Akrogiali, direkt am Nordende des Kastráki-Strandes. Tische auf einer Hochterrasse mit traumhaftem Meeresblick. Gute Fisch- und Fleischgerichte, Preise im Rahmen. Der freundliche Wirt vermietet auch Zimmer. Juni bis September. ✆ 22850-75420.

Von Kastráki nach Pirgáki

Im Folgenden läuft die Straße fast unmittelbar am Strand entlang – kilometerlang, einsam und ohne Einrichtungen, nur wenige Zufahrten. Teilweise fantastische Dünen, die Hunderte von Metern ins Land reichen, unglaublich dicht mit Stechwacholder-Macchia bewachsen.

▶ **Órmos Alikó**: Hier endet die Asphaltstraße bei den einsamen Ruinen eines gescheiterten Hotelprojekts. Die sandigen Dünen laufen an niedrigen Felswänden aus, dazwischen liegen kleine, abgeschiedene Sandbuchten.

Nach links führt die Erdpiste weiter zum Strand von Psilí Ámmos. Einige Neubauten kündigen die touristische Erschließung in den nächsten Jahren an. Derzeit aber noch erholsame Stille in herrlich abgeschiedener Lage am Ende der naxiotischen Welt.

> Im Gebiet von Alikó wächst der so genannte **Kédro-Baum**, der in Griechenland nur noch sehr selten zu finden ist. Die Art wird sehr alt und wächst jedes Jahr nur um etwa 1 cm. Daher soll das gesamte Gebiet unter Naturschutz gestellt werden. Frau Moustakis von der Taverne Faros (→ unten) kümmert sich sehr um den Erhalt dieser Bäume.

▶ **Órmos Pirgáki**: mehrere breite und nach Süden offene Sandbuchten, kaum Wind und Brandung. Ein Badeparadies und beliebtes Ziel für Tagesausflügler. Während der Nebensaison weit abseits des Massentourismus, im Hochsommer proppenvoll wie praktisch alle Inselstrände. Der geschotterte Weg führt hinter dem Beach entlang und steigt auf der anderen Seite des Órmos zur ehemaligen Hotelanlage "Pirgaki" hinauf, deren kleine Bungalows jetzt in Privatbesitz sind. Wer will, kann per Mofa oder Jeep zum ca. 3,5 km entfernten Órmos Agiassoú weiterfahren (→ S. 380).

• *Übernachten/Essen & Trinken* **Faros**, etwa 500 m vor dem Órmos Alikó an der Straße. Elias Moustakis und seine Frau Irini vermieten fünf ordentliche, relativ neue Zimmer mit Kühlschrank, außerdem zwei Apartments. Beliebte Taverne, die von Lesern gelobt wird, zum Haus gehört auch ein Swimmingpool. Freundliche Wirtsfamilie, die sich auch im Naturschutz engagiert. DZ ca. 25–55 €. ✆/✉ 22850-75244.
Tassia, kurz vor den Bungalows links, Haus mit acht Wohnungen (Zwei 2-Zimmer, der Rest 1-Zimmer). Einfach eingerichtet, aber sehr sauber. Freundliche Wirtsfamilie Jan-

nis und Tassia Wroutzi. ✆ 22850-75458 (Juni bis Sept.), sonst ✆ 22850-31296 (Lesertipp von Frau E. Baggos-Kochendörfer).
Psili Ammos, unterhalb des ehemaligen Hotels Pirgaki hinter dem Strand. Weißes Haus mit Zimmervermietung und Taverne, überdachte Hochterrasse zum Beach hin. Man sitzt schön und ruhig, leider gemischte Leserstimmen bezüglich Service. Preise wie üblich. ✆ 22850-75255, 75351.
To Trapezaki, urlge Traverne der Geschwister Kotakis, zwei Schwägerinnen kochen Hausmannskost, gemütliche Sitzgelegenheiten unter alten Bäumen.

Nordküste von Náxos-Stadt bis Apóllonas

Die Straße kratzt das gebirgige Innenleben von Náxos nur an – durch großartig-karge Felsszenarien geht es an der Küste entlang zunächst bis Engarés. Von dort dann weiter auf ehemaliger Schotterpiste, die erst vor wenigen Jahren asphaltiert wurde, bis Apóllonas an der Nordspitze der Insel. Unterwegs passiert man etliche Badebuchten, zu denen Fußwege hinunterführen, außerdem das imposante Wehrkloster Moní Faneroméni sowie den halb zerfallenen Pírgos Agiá direkt neben der Straße.

Anfangs überziehen nur kugelige Phryganabüsche die völlig baum- und strauchlosen Hänge. Ein Stück vor Galíni dann unvermutet die schwelende

Müllkippe von Náxos, anschließend Kontrastprogramm – in einer tiefgrünen, herrlich fruchtbaren Landwirtschaftsebene die beiden Dörfer *Galíni* und *Engarés*. Blickfang ist über Galíni ein großer *Windrotor*. Ab Engarés führt die Straße an einem neu angelegten Stausee vorbei immer in Küstennähe hinauf nach *Apóllonas*. Bis Moní Faneroméni noch sehr fruchtbare Abschnitte, Obstbäume, Wein, Getreide-, Gemüse- und Kartoffelfelder, dann zunehmend karger und Anstieg über 350 Höhenmeter.

▸ **Moní Chrisostómou**: weißes festungsartiges Gebäude aus dem 18. Jh., seitdem permanent bewohnt, markanter Blickpunkt am Hang oberhalb von Náxos-Stadt. Von der Straße nach Engarés kann man einen Abzweig hinauffahren oder mit Abkürzungen laufen. Links am Weg in den Fels gebaut das markante schneeweiße Kirchlein *Ágios Ioánnis*.
Noch vier Nonnen leben im Kloster, unterstützt von Bekannten aus dem Dorf. Touristen werden nur in Ausnahmefällen eingelassen (Schultern und Knie bedecken, Frauen im Rock). Durch eine niedrige Tür gelangt man in den dämmrigen, blätterüberdachten Innenhof, klösterliche Ruhe, nur der Nordwind pfeift. Die Gäste statten der düsteren, kleinen Kirche einen Besuch ab, die Ikone wird geküsst, anschließend kleiner Plausch mit einer der Nonnen. Sie leben von Spenden und ihre Aufgabe ist es vor allem, das Kloster sauber und instand zu halten. Von hier oben herrlicher Blick auf Náxos-Stadt mit Tempeltor und rüber nach Páros!

▸ **Órmos Amití**: Abzweig vom Parkplatz in *Galíni*, ca. 2 km Piste, teils betoniert. Unten mehrere hundert Meter weicher, weißer Sandstrand mit Steinen und rauer Brandung, beliebt bei Surfern. Wegen der Nordlage allerdings ziemlich viel Müll. Im Hochsommer ist eine kleine Taverne geöffnet, sonst keine Einrichtungen.

▸ **Moní Ipsilís**: befestigtes Turmkloster am Hang des Engarés-Tals, oberhalb von Galíni (von unten nicht zu sehen). Im 17. Jh. gegründet, wurde es wegen seiner Küstennähe zur starken Festung ausgebaut – Rundturm, zinnenbewehrte Mauern, Pechnase. Heute in Privatbesitz und nicht zu besichtigen.

▸ **Engarés**: ursprünglich gebliebenes Bauerndorf ohne Tourismus. Die Umgebung so üppig grün, dass es eine Freude ist. Am oberen Ortsende drei hübsche weiße Kirchlein, an der Hauptgasse im Ort zwei kleine Kafenia, die gleichzeitig als Pantopolíon (Krämerladen) fungieren, in den beiden einfachen Tavernen "Stella" und "Charis" isst man gut und günstig.
Am Ortseingang zweigt eine asphaltierte Nebenstraße nach *Melanés* und zu den dortigen Steinbrüchen ab.

Von Engarés bis Apóllonas

Die in den neunziger Jahren asphaltierte Straße führt parallel zu einem Bach das fruchtbare Tal hinunter – durch Schilfhecken abgetrennte Felder, Gewächshäuser, vereinzelt Bauerngehöfte, mehrere unspektakuläre Kiesstrände charakterisieren die Landschaft.

Gut 1 km hinter Engarés führt die Straße um einen künstlich angelegten *Stausee* herum, einen der größten Wasserspeicher der Kykladen. Das Projekt wurde Anfang der neunziger Jahre mit EU-Subventionen realisiert und macht die

Náxos
Karte Seite 321

Insel auch im Hochsommer weitgehend unabhängig von den Tankschiffen, die von Piräus aus fast alle Kykladeninseln mit Wasser versorgen.

Am Talausgang kleiner Kiesstrand, oberhalb der Straße (etwa 1,5 km nach dem See) die blendend weiße Kirche *Agía Sophía* und Dutzende weiterer Kapellen auf den Berghängen. Die Straße schlängelt sich weiter dicht entlang der Küste nach Norden. Steigungen folgen Gefällstrecken. Kahle, nur mit Macchia bewachsene Hügel wechseln sich mit fruchtbar terrassierten Hängen ab. Dazwischen überquert man häufig üppige Flusstäler. Immer wieder genießt man schöne Blicke hinunter auf die Steilküste, die breiten Sandbuchten sowie die abwechslungsreiche Bergwelt im Inselinnern. Gelegentlich sieht man eine improvisierte Taverne am Straßenrand.

● *Essen & Trinken* einige Kurven vor dem Kloster Faneroméni beschilderter Abzweig Richtung Küste, hinunter zur Taverne **O Aigaios** von Georgios Mavros. Man sitzt unter einem schattigen Blätterdach, es gibt Gegrilltes, selbstgemachten Wein und *kítro*, den bekannten Zitronenlikör von Náxos. Sehr gemütlich.

▶ **Moní Faneroméni:** massives Wehrkloster aus dem 17. Jh., direkt unterhalb der Straße, davor eine kleine Quelle unter Bäumen. Noch in den fünfziger Jahren lebte ein ganzer Mönchsstaat hinter den dicken Mauern, 23 Bewohner sollen es seinerzeit gewesen sein. Derzeit wird das Kloster vom älteren Bruder Vassilis und einem jüngeren Kollegen bewohnt, beide sind gastfreundlich und bei Besuchern mit Griechischkenntnissen gern zu einem Schwatz aufgelegt. Zu besichtigen sind der verwinkelte Innenhof und die kleine Kirche mit ihrer hohen, goldverzierten Altarwand.

▶ **Órmos Abrámi:** ein paar Häuser und ein leicht geschwungener Kies-/Sandstrand tief unterhalb der Straße. Eine geschotterte Stichpiste führt in gut 500 m recht steil hinunter zum Órmos. Doch der Weg lohnt nur wegen der guten Tavernen, denn der Beach gehört nicht zu den Vorzeigestränden der Insel. Knapp 200 m Sand und Kies, mäßig sauber, aber sehr ruhig gelegen, einige Bäume spenden Schatten.

● *Übernachten/Essen & Trinken* **Country Taverne** von Kostas Markopoulos, ca. 100 m vor Órmos Abrámi, üppig grüne Terrasse an der Straße. Kostas und seine Frau Sophia haben vier Töchter (eine spricht hervorragend Englisch) und sind sehr freundlich. Vermietet werden auch Zimmer, allesamt sehr sauber und mit traumhaftem Blick über die Bucht. Preis ca. 18–25 €, geöffnet nur von Anfang Juni bis Ende August. ✆ 22850-63272. Ein Fußweg geht von hier aus hinunter zur Badebucht Ágios Mámas.

Efthimios, Pension mit Taverne am Strand von Órmos Abrámi, mit Wein und Rosen berankt, überdachte Sonnenterrasse, freundlicher Wirtin. Es gibt Retsína vom Fass, guten Fisch, außerdem bemerkenswerte Auswahl an Fleisch- und Nudelgerichten. Es werden hübsche Zimmer vermietet, das DZ für ca. 18–25 €, außerdem eine Wohnung für 4 Personen (ca. 30 €). Ausstattung schlicht, aber wer hierher kommt, tut es ohnehin nur der herrlichen Ruhe wegen. Mai bis Oktober. ✆ 22850-63244, 📠 63223.

Hinter Órmos Abrámi schraubt sich die Straße hoch in die Berge nach Agiá. Etwa 2 km vor der Ruine des Pírgos Agiá zweigt eine schmale Schotterstraße links zum Órmos Ágios Theódoros ab. Dann folgen die beeindruckenden Reste des Wehrbaus auf einem kleinen Plateau westlich der Straße. Hinter Agiá einige lang gezogene Steigungs- und Gefällstrecken. Größte Höhe ca. 360 m, dann abwärts in zahlreichen Serpentinen bis Apóllonas.

Sýros
Blick vom historischen Industriegelände auf den Hügel von Áno Sýros (EF)

Tínos
In der Bildhauerschule von Pírgos (EF) ▲▲

Páros
Fischer in Náoussa (LBF) ▲▲
Marktszene im Hafen von Parikiá (EF) ▲

▲▲ **Parós:** Das venezianische Kástro in Parikiá (EF)

▲ Ankunft auf Náxos (EF)

▲▲ **Parós:** Die Kapelle der Evangelístria in Parikiá (EF)

▲ Das Tempeltor Portára vor Náxos-Stadt (EF)

▶ **Órmos Ágios Theódoros**: sehr schöne Bucht, umringt von Felsen, türkisfarbenes Wasser. Leider keinerlei Einrichtungen vorhanden. Zufahrt über eine schmale, steil bergab führende Schotterstraße etwa 2 km vor dem Pírgos Agiá.

▶ **Pírgos Agía**: unweit der Straße auf ca. 220 Höhenmetern, eindrucksvoller Zinnenturm aus der Zeit der venezianischen Besetzung. Im Mittelalter gab es entlang der Küsten ein ganzes Netz dieser Wachttürme, auch heute stehen noch mehrere. Bei Piratenüberfällen zündete ein Wächter ein Warnfeuer an, der Wächter des benachbarten Turms ebenfalls etc. Innerhalb kurzer Zeit waren alle informiert.

Dieser Pírgos ist leider nicht mehr so gut erhalten wie einige andere auf der Insel. Er steht jedoch wunderschön fotogen auf einem Bergrücken ein paar Meter unterhalb der Straße und ist frei zugänglich. Über einen kleinen Trampelpfad gelangt man zum Eingang. Die steinerne Treppe hinauf und durch die kleine Holztür kann man ins Innere steigen. Allzu viel gibt es aber nicht mehr zu sehen.

Rechter Hand führt ein steiler Hohlweg hinunter in einen Schluchteinschnitt, beschildert "Prós Ieró Naó Panagías" (Zum Heiligtum der Muttergottes). Unter turmhohen Platanen versteckt, etwa 200 m unterhalb des Turms, liegen die lang gestreckten Gemäuer des ehemaligen Klosters *Moní Panagías*. Direkt davor entspringt eine starke Quelle, deren Rauschen man schon den ganzen Weg über vernommen hat – bildschöne Picknickstelle!

Apóllonas → *separates Kapitel weiter unten.*

Tragéa – Hochebene

Hochebene im Herzen von Náxos – ein Meer von Ölbäumen, eingeschlossen von Bergketten. Steinbrüche, einige malerische Orte und zahllose Kirchen, ideale Wandermöglichkeiten und der berühmte Kouros von Fleriό.

Es gibt diverse Möglichkeiten, die Tragéa zu durchfahren. Einiges dazu im Folgenden, andere Kombinationen sind aber jederzeit möglich. Die Hauptroute von Náxos-Stadt führt über Galanádo nach Chalkío und Filóti – wer will, fährt von dort über Apíranthos weiter in den Inselnorden, nach Apóllonas (→ separater Abschnitt zum Inselnorden). Diese Strecke ist so etwas wie das Rückgrat der Insel.

Wer direkt zum berühmten *Koúros von Flerió* will, nimmt die Straße über Ágios Thaleléos und Kourounochóri nach Mýli – kurz hinter dem Ort zweigt eine Straße zum Koúros ab (→ S. 368), über Kinídaros und Moní gelangt man wieder zur Hauptstraße Chalkío-Filóti. Das Ganze ist natürlich auch als Rundtour in umgekehrter Richtung möglich.

Von Náxos-Stadt nach Chalkío

Die Hauptstraße ins Inselinnere führt zunächst durch die weite Küstenebene *Livádi* – weitflächiger Gemüse- und Kartoffelanbau, Obst und Weideflächen, abgeschirmt durch die obligaten Schilfhecken. Kurz vor *Galanádo* beginnt die Bergstrecke – in Serpentinen den Hang hinauf, tolle Rückblicke.

▶ **Galanádo**: hübsche Siedlung an der Straße nach Sangrí, aber nichts Überwältigendes. Zwei Kafenia liegen sich in der Ortsmitte fast gegenüber. Kurz vor dem Ortsausgang Richtung Sangrí auf der linken Seite Zimmervermietung.

▶ **Pírgos Belónia**: restaurierter venezianischer Wohnturm, kurz hinter Galanádo rechts an der Straße (verschlossen, da in Privatbesitz einer Engländerin). Auf demselben Grundstück die eigentümliche Doppelkapelle *Ágios Ioánnis*, die nicht verschlossen ist – das rechte Schiff griechisch-orthodox (Altarwand), das linke katholisch (Kreuz). Das Gemäuer aus rohem Bruchstein ist wasserdurchlässig und extrem feucht. Neben einem Pfeiler im weiß gekalkten Innenraum hat sich durch ständiges Herabtropfen ein etwa 5 cm hoher Stalagmit gebildet. Die Kirchenfront ziert ein Wappen der venezianischen Familie Crispi.

▶ **Ágios Mámas**: uralte Kreuzkuppelkirche aus rohen Bruchsteinmauern, einige Kilometer nach dem Pírgos Belónia links der Straße im Tal, unterhalb einiger markanter Kurven. Wer mit dem Bus kommt, sollte den Fahrer bitten, beim "monopáti giá Ágios Mámas" halten – man läuft bequem bergab zum benachbarten ehemaligen Bischofspalast (Eingangspforte in der Mauer). Beschreibung der Kirche im Rahmen einer Wanderung aus dem Tal von Potamiá (→ S. 371).

▶ **Sangrí**: eigentlich zwei Dörfer – *Káto Sangrí* und *Epáno Sangrí*. Beide liegen etwa 5 km hinter Galanádo rechts der Hauptstraße. Üblicherweise wird Epáno, also das obere, als Sangrí bezeichnet. Eine Stichpiste führt von der Straße durch ein Pinienwäldchen mitten auf den Dorfplatz mit der Schule und einer hübschen Taverne. Blickfang sind die Windmühlen südlich des Ortskernes.
Kurz nach Epáno Sangrí führt ein beschilderter Abzweig zum Strand von *Agiassoú* im Süden von Náxos. Auf Sichtweite von der Hauptstraße passiert man dabei den *Pírgos Tímios Stavrós* aus dem 16. Jh., der zum Museum ausgebaut wurde (→ Inselsüden, S. 380).

Demeter-Tempel (Tempel der Dímitra)

Etwa 1,5 km südlich von Epáno Sangrí und 2 km westlich der Erdstraße zum Órmos Agiassoú (→ Karte) steht neben der Kapelle Ágios Ioánnis Gíroulas eine der bedeutendsten antiken Sehenswürdigkeiten von Náxos. Der Tempel aus dem 6. Jh. v. Chr. überstand anscheinend unversehrt fast ein ganzes Jahrtausend, bis man ihn im 5. Jh. in eine christliche Basilika umwandelte. Diese wurde irgendwann im Mittelalter zerstört, später errichtete man eine kleine Kapelle auf den antiken Grundmauern. Bei Ausgrabungen konnte man viele Teile des ehemaligen Tempels finden, die sorgfältig katalogisiert wurden. Vor einigen Jahren hat man ihn teilweise wieder aufgebaut, allerdings weitgehend mit neuen, rekonstruierten Marmorblöcken. Der gut beschilderte Tempel ist sowohl von Epáno Sangrí wie von der Straße zum Órmos Agiassoú mit dem Fahrzeug zu erreichen, von Epáno Sangrí gibt es außerdem einen Fußweg.

Ziegen haben Vorfahrt: unterwegs im Inselinneren von Náxos

Náxos Karte Seite 321

Chalkío

Großes Dorf mit etlichen gut erhaltenen klassizistischen Wohnhäusern, zwei Pirgoi und einer idyllischen Platia. Chalkío ist Knotenpunkt zweier wichtiger Straßen in den Inselnorden: weiter entweder über Moní oder über Filóti.

Die alte Dorfkirche *Panagía i Protóthronos* steht unter einer Platane an der Durchgangsstraße und befindet sich in stark restaurierungsbedürftigem Zustand. Ihre Fresken im rechten Seitenschiff sind noch erkennbar, im linken Seitenschiff aber schon völlig heruntergebrochen. Die Altarwand zeigt biblische Darstellungen auf sehr dunklem Holz, einige wertvolle Ikonen liegen hinter Glas. Rechts neben der Kirche liegt ein kleines *byzantinisches Museum*, das der Dorfpriester Vassilis nur öffnet, wenn Touristenbusse in Chalkío stoppen oder genug Leute vor dem Museum warten, fragen Sie im Kafenion gegenüber. Links vom Eingang byzantinische Ikonenbilder, u. a. von Christus, Maria, Johannes und dem heiligen Georg sowie Teile einer Altarwand. Auf der rechten Seite sakrale Handarbeiten und Altarschmuck. In der Mitte ein Prozessionsschrein von 1853 und, im ganzen Raum verstreut, kleinere archäologische Funde, z. B. antike Marmorfragmente. Im zweiten Raum sind die heruntergefallenen Fresken aus der Panagía ausgestellt (Eintritt frei, kleine Spende für die Restaurierung angebracht). Hinter der Kirche der große, gut erhaltene venezianische Wohnturm *Gratsía*, grau, verwittert mit hoher Mauer rundum, im ersten Stock Tür mit dem filigran verzierten Wappen der venezianischen Familie Barozzi.

Ein weiterer Turm namens *Markopolíti* steht bei der Gabelung am Ortsende Richtung Filóti rechts, versteckt hinter Olivenbäumen, im Örtchen Akádimi. Der Markopolíti-Turm wurde im 18. Jh. von der griechischen *Familie Politis* errichtet und war ein Zentrum wiederholter Aufstände gegen die Venezianer, speziell gegen die Barozzi, die von ihrem Turm aus Chalkío und Umgebung beherrschten. Bedeutendster Freiheitskämpfer war Marko Politis, der schließlich hingerichtet wurde.

Bildschön ist außerdem die unverputzte Kreuzkuppelkirche *Ágos Geórgios Diasorítis* mit sehr gut erhaltenen Wandmalereien aus dem 11. Jh., etwa 10 Min. außerhalb im Olivenhain, Hinweisschild an der Umgehungsstraße gegenüber dem Pírgos Gratsía (Besichtigung soll neuerdings möglich sein).

- *Verbindungen* 5–10 x tägl. **Busse** von und nach Náxos-Stadt.
- *Übernachten* nur Privatzimmer.
- *Essen & Trinken* mehrere **Café-Bars** direkt an der Durchgangsstraße; außerdem ein uriges, altes **Kafenion** etwas oberhalb der Schule.

O Giannis, Taverne unter einer Akazie an der schönen Platia Ágios Ioánnis, Seitenstraße am unteren Ende des Dorfes. Ohne Verkehr und mit bunten Blumen liebevoll dekoriert genießt man traditionelle Grillspezialitäten. Laut Zuschrift leider sehr teuer.

- *Shopping* **Kítro-Náxos Destillerie Vallindras**, mitten in Chalkío an einer von der Platia abgehenden Gasse. Traditionelle Destillerie für Kítro (seit 1896), die wie ein Museum gestaltet ist. Kostenlose Führung durch die Besitzerin, in sehr ruhiger und freundlicher Atmosphäre wird der Produktionsablauf erklärt, man kann die verschiedenen Varianten des Kítro kosten und natürlich auch kaufen.

Elaia/L'Olivier, an der Platia. Die deutsche Keramikkünstlerin Katharina Bolesch fertigt hochgebrannte Steinzeugkeramik mit lebensmittelechter Glasur und Bemalung per Hand. Hauptmotiv sind Oliven und alles, was damit zusammenhängt. Es gibt auch Olivenhoz-Produkte, Olivenöl und -seife.

▶ **Chalkío/Umgebung**: Eindrucksvoll und wild zeigt sich der spitze Felskegel *Apáno Kástro* nordwestlich von Chalkío. Am Gipfel die weitläufigen, allerdings schlecht erhaltenen Ruinen einer ehemaligen venezianischen Festung aus dem 13. Jh., herrlicher Blick weit über die ganze Tragéa bis hinunter nach Náxos-Stadt. Das ganze Gebiet um den Berg war schon lange vor Christus besiedelt, man hat u. a. antike Friedhöfe gefunden.

Aufstieg möglich ab *Tsikkalarió* am Fuß des Felsens, die asphaltierte Straße dorthin beginnt am Ortseingang von Chalkío (von Náxos-Stadt kommend) und führt weiter ins Tal von Potamiá (→ S. 371). In Tsikkalarió Richtung Westen aus dem Ort hinaus und weglos die Felsen hinaufklettern.

Von Chalkío Richtung Moní

An der Gabelung am Ortsende von Chalkío links (Richtung Norden) 2 km zur interessantesten Kirche von Náxos, der *Panagía Drossianí*. Darüber am Hang liegt das Bergdorf *Moní*. Von Moní entweder im Bogen über Kinídaros zum Koúros von Fleríó und zurück nach Náxos-Stadt – oder über Sífones Anschluss an die Hauptroute nach Korónos und Apóllonas.

▶ **Panagía Drossianí**: unterhalb von Moní, direkt an der Straße (nicht beschildert). Ihr Ursprung datiert bis ins 6. Jh. zurück. Äußerst verblüffend der Grundriss: eigentlich ein einschiffiges Gewölbekirchlein, an der dem Berg zugewandten Seite sind aber mehrere uralt-verwitterte Seitenkapellen angebaut. Innen verblasste Reste von *Wandmalereien*, teils noch aus der Entstehungszeit der Kirche – historisch bedeutsam, weil noch vor dem Bilderstreit entstanden (→ Kunst und Kultur, S. 114), z. B. blickt in der linken Seitennische der Apsis ein wunderschönes Antlitz der *Panagía* herunter.

• *Öffnungszeiten/Preise* Am späten Vormittag kommen die Busse der organisierten Tagesausflüge, dann wird die Kirche geöffnet. Ansonsten hängt neben der Tür der Strick einer Glocke. Läuten Sie "lange und laut", nach wenigen Minuten kommt die Haushälterin des Priesters herüber, die Ihnen mehr oder minder freudig öffnet. 2 € sollte man dafür übrig haben. Es besteht Fotografierverbot.

▶ **Moní**: wenig attraktives Bergdorf am Rand der Tragéa. Etliche Häuser neueren Datums, aber abseits der Hauptwege auch noch die alten, verfallenen Bruchsteinhütten. Der große Steinbruch am Hang gegenüber sorgte früher für Arbeit, ist aber bereits seit vielen Jahren geschlossen.

• *Übernachten* Fragen Sie im **O Michalis**, Frau Irini vermietet Zimmer in einem neuen Haus nebenan, vom rundum laufenden Balkon fantastischer Blick ins Tal. Zimmer sehr einfach, aber alle mit Bad, könnten sauberer sein. DZ ca. 22–30 €. ✆ 22850-31902.

• *Essen & Trinken* Alle Tavernen sind gänzlich auf Tagestouristen eingestellt. Gleich nach dem Parkplatz am Ortseingang links Café-Restaurant **The Ford**. Nach weiteren 30 m rechts Café-Restaurant **Panorama O Michalis**, Außenterrasse bietet tollen Blick auf den Südosten von Náxos und insbesondere auf den Zas. Unmittelbar nebenan Kafenion/Bar **Paradisos**. Hier kein Talblick, aber einladende Atmosphäre unter einer weinüberrankten Pergola.

Ab Moní verlässt man die Tragéa und hat mehrere Möglichkeiten: entweder auf der neuen Asphaltstraße über *Sífones* nach *Korónos* an der Straße nach Apóllonas (Inselnorden) oder über Kinídaros nach Náxos-Stadt.

Von Chalkío über Filóti zum Zas und weiter nach Apíranthos → nächster Abschnitt.

Zas und Umgebung

Der höchste Inselberg dominiert das Profil der Insel. Filóti ist Hauptort der Region und gleichzeitig einer der größten von Náxos. Durchgangsstraße nach Apíranthos führt dicht am Zas entlang, von den langen Serpentinen herrliche Ausblicke auf die Tragéa, zurück auf Filóti und auf die umgebenden Bergketten.

Filóti

Größerer weißer Ort weit oben am Hang, malerische Lage, daneben Marmorbrüche. Beliebtestes Dorf für Tagesausflüge. Liegt bereits am Rand der Tragéa, hinter dem Ort geht es in Serpentinen steil hinauf in die höchsten Berge der Insel und hinüber nach Apóllonas an der Nordspitze von Náxos.

Die Platia an der Durchgangsstraße mit ihren Kafenia und Tavernen unter Akazien und Platanen ist ein idealer Stopp. Die Bewohner freuen sich über Besucher, trotz Massentourismus wird man überall auffallend herzlich begrüßt. Leider wird Filóti selbst in der Nebensaison täglich von gut einem Dutzend Touristenbussen "überfallen". Sofort brechen dann Hektik und Betriebsamkeit aus, was dem romantischen Charakter des Dorfes abträglich ist.

Entlang der Seitengassen ist Filóti deutlich ruhiger, fast verschlafen und ursprünglich geblieben. Gegenüber der Bank kann man eine breite Treppe zur

Náxos
Karte Seite 321

Kirche der *Panagía Filotítissa* mit ihren verspielten Glockentürmen hinaufsteigen. Hier ist ein kleines *Dorfmuseum* eröffnet worden (Öffnungszeiten nach Bedarf, meist am Vormittag). Am hinteren Ende der Kirche zieht sich rechts ein Gässchen hinunter und endet an einem *Pírgos*, der noch bewohnt wird (laut Marmorrelief 1718 erbaut). Beim Feigenbaum führt das schmale Gässchen wieder hinunter zur Hauptstraße.

• *Verbindungen* **Busse** ab Náxos-Stadt je nach Saison 5–10 x tägl.

• *Adressen* viele neue **Supermärkte** und **Souvenirshops** entlang der Hauptstraße, reichhaltiges Angebot auch an Obst und Gemüse; **Apotheke** vorhanden.

• *Übernachten* Das Angebot an Privatzimmern steigt rapide, es wird kräftig gebaut. **Baboulas**, Neubau unterhalb des Restaurants Baboulas (→ Essen). Sechs geräumige, in dunklem Holz gehaltene Zimmer, alle mit kleinem Bad. Fragen Sie im Restaurant Baboulas. DZ ca. 20–35 €. ✆ 22850-31426.
Giannakis, an der Bank in der Ortsmitte die Straße ca. 50 m hinunter gehen, drei geräumige Zimmer mit hellen Holzmöbeln und sauberen, weiß gefliesten Bädern. DZ ca. 20–35 €. ✆ 22850-31563.

• *Essen & Trinken* Fast ein Dutzend Tavernen und Bars an der Durchgangsstraße, alle auf Tagestouristen eingestellt. Dennoch allgemein recht gute Qualität des Essens.
O Platanos, Kafenion unter den Platanen am alten Dorfmittelpunkt. Der freundliche Wirt Dimitri spricht nur Griechisch, trotz-

dem klappt die Verständigung mit "Händen und Füßen" prima. Ältestes Kafenion am Platz, wohltuend gegenüber den vielen neuen Touristenläden.
Gleich daneben Kafenion **Krassas** und gegenüber auf der anderen Straßenseite das modern eingerichtete Kafenion **Melissa**. Direkt am Krassa anschließend das Jugend-Kafenion **Old Scool** auf einer etwas erhöhten Terrasse.
Katsanis, Taverne mit leckerer einheimischer Küche, die nette Wirtin lässt Gäste fast immer in die Töpfe schauen. Im Tavernengewirr von Filóti nicht auf den ersten Blick zu finden: von Chalkío kommend auf der linken Seite, ca. 50 m nach dem Platanos.
Baboulas, Kafenion auf der gegenüberliegenden Straßenseite, fest verschmolzen mit der gleichnamigen Taverne. Vorteil: angenehm zum Sitzen auf der windgeschützten Seite Filótis. Immer viel los, deshalb ist der Grill auch in der NS schon mittags angeheizt. Freundliche, hilfsbereite Familie: Vater und Mutter kochen, die drei Töchter bedienen und Oma sitzt an der Kasse.

▶ **Filóti/Umgebung:** gemütliche und relativ einfache Wanderung durch die Olivenhaine in die beiden schmucken Dörfchen *Damariónas* und *Damalás*. Wer mit dem Bus aus Náxos-Stadt kommt, kann eine Rundtour machen und ab Chalkío wieder zurückfahren. Höhepunkt der Aktivitäten um Filóti ist aber sicherlich die Besteigung des Zas.

Zas

Benannt nach Göttervater Zeus, mit 1001 m höchster Berg der Kykladen, wildes Kalksteinmassiv, kahl und felsig, trotzdem verhältnismäßig leicht zu erklimmen. Ab Kapelle Agía Marina braucht man gerade mal 1,5–2 Std. Verirren ist kaum möglich, weil ziemlicher "Verkehr" herrscht. Man trifft fast immer andere Wanderer. Wichtig natürlich: gutes Schuhwerk. Und aufs Wetter achten. Wolken hängen sich oft als dicke Nebelsuppe in die Berge.

Zwei Wege gibt es auf den Gipfel: den viel begangenen ab Agía Marína und die anstrengendere Route über die Zeus-Höhle im Westhang. Im Folgenden Beschreibung beider Wege – es bietet sich an, sie für Auf- und Abstieg zu kombinieren.

Weitere Wanderziele im Umkreis sind das *Kloster Fotodótis* (mit etwas Kondition am selben Tag zu machen) und eventuell der gut ausgebaute Weg nach *Danakós* und auf Asphaltstraße zurück.

Majestätisch liegt das Kloster Fotodótis in der wilden Natur

Besteigung des Zas von der Kapelle Agía Marína

Einsame und steile Berglandschaft, trotzdem mittlerweile der wohl am besten markierte Wanderweg der Insel und mit Sicherheit der beliebteste. Vorbei an einer Ziegentränke und Ruinen alter Kalkbrennöfen, im oberen Drittel oft sehr windig. Dauer ab Agía Marína zur Spitze ca. 1,5–2 Std., Markierung mittlerweile durch aufgeschraubte Metallplättchen, durch rote und grüne Punkte sowie große und kleine Steinmännchen. Die Besteigung ist mit Ausnahme eines kurzen Geröllfeldes im oberen Drittel problemlos zu machen. Dennoch empfehlen sich sowohl lange Hosen (wegen der dornigen Sträucher) als auch festes Schuhwerk. Ungefähr ein Liter Wasser pro Person sollte ausreichen.

▸ **Wegbeschreibung**: Etliche Spitzkehren hinter Filóti zweigt die asphaltierte Stichstraße ins Dörfchen *Danakós* ab (Wer mit dem Bus kommt, muss hier aussteigen – "Haltestelle" Agía Marína. Bereits kurz nach Filóti dem Schaffner Bescheid sagen, Bus hält nicht immer!). 15 Fußminuten nach der Kreuzung steht rechts direkt an der Straße die Kapelle *Agía Marina*, hier beginnt der Aufstieg. Wer die Besteigung des Zas bereits in Filóti starten will: Der gut erkennbare Beginn des Wegs liegt in der südlichen Ortshälfte, direkt hinter einer Betonplattform.

Rechts neben der Kapelle verläuft ein deutlich sichtbarer *Hohlweg*. Nach ca. 75 m zweigt rechts ein Ziegenpfad ab, auch auf diesem kommt man zum Gipfel, allerdings später weitgehend weglos und nur noch auf Sicht. Besser auf dem Hauptweg bleiben (rote Punkte am unteren Rand der rechten Mauer), bis man nach etwa 200 m ab Kapelle zu *zwei Häusern* kommt. Der Hohlweg führt weiter zwischen den Häusern hindurch (Punkte auf den Felsplatten am Boden schwer erkennbar). Das erste Gatter nach den Häusern links liegen lassen. Weiter den Hohlweg gehen, die roten und neuerdings auch grünen Punkte auf dem Boden im Blick. Nach einem zweiten Gatter auf der linken Seite beginnt links ein Metallzaun. Den Hohlweg nicht verlassen. Ungefähr 400 m nach den Häusern trifft man auf ein *Gatter*. Hier keine Scheu, Gatter aufmachen und durch, aber unbedingt wieder schließen (wegen der Ziegen). Der weitere Weg ist nun eine Weile eingefasst von Steinmauern und Zäunen. Nach einer halben Stunde kommt man (rechts des Weges) an zwei *Wassertrögen* für die Ziegen vorbei. Hier rechts hinauf zum Gipfel. 15 m nach dem letzten Trog teilt sich der Weg: hier rechts weitergehen, der rote Pfeil auf einem Stein inmitten des Weges gibt die Richtung an. Nach weiteren 20 m liegt rechts eine kleine *Felshöhle*. Der Weg ist hier wieder gut erkennbar mit roten und grünen Punkten markiert. Langsam werden die Bäume weniger, und man läuft nur noch durch die Phrygana. Das nächste Teilstück umfasst mehrere Kehren und steigt nun etwas steiler an. Nach ca. 15 Min. ab den Trögen teilt sich der Weg erneut: rechts halten und dem roten Pfeil folgen. Die Wanderroute führt hier zwischen einem roten Punkt auf der linken Seite und einem Steinmännchen auf der rechten Seite hindurch (die andere Möglichkeit führt auf Umwegen auch zum Gipfel). Viele rote Punkte und grüne Pfeile markieren den hier etwas schwerer erkennbaren Weg. Ungefähr 100 m nach der letzten Gabelung kommt man an den Überresten zweier *Kalkbrennöfen* vorbei (zuerst einer links, dann einer rechts des Weges). In der rechten Ruine wächst ein einsamer, mächtiger Feigenbaum. Der Weg ist durch Punkte und Steinmännchen gut erkennbar. Etwa 100 m nach den Öfen trifft man auf 740 Höhenmetern auf eine gut 2 m hohe *Mauer*: Hier rechts, d. h. bergauf gehen (links geht es auf Umwegen ebenfalls zum Gipfel). Entlang der Mauer wird der Weg teilweise sehr eng. Nach dem Ende der Mauer wandert man nach ca. 30 m an einem Zaun entlang, dann folgt eine erneute Wegteilung: rechts abbiegen. Steinmännchen und rote Punkte markieren den nun schmalen Pfad. Nach weiteren fünf Minuten folgen mehrere Weggabelungen: auch hier immer rechts halten (auf Punkte und Steinmännchen achten). Gut eine Viertelstunde nach dem Ende der Mauer muss man rechts ein kleines Stück durch ein etwas steileres *Geröllfeld* hinaufklettern. Sollte mit guten Schuhen kein Problem sein. Von hier aus wunderschöner Blick auf die Makáres-Inselgruppe, Donoússa und Amorgós. Nach dem Geröllfeld sind es nur noch ca. 20 Minuten bis zum Gipfel. Nun hat man 830 Höhenmeter erreicht und die Phrygana wird immer spärlicher, der Berg nach oben hin immer flacher. Vor allem Steinmännchen markieren das obere Viertel des Weges. Den Gipfel ständig fest im Blick, ist auf Sicht laufen angesagt und problemlos machbar. In diesem Teilstück weht der Wind oftmals ziemlich heftig und man überwindet zügig die 850-, 900- und 950-m-Höhenlinie. Nach insgesamt gut 1,5–2 Stunden Fußmarsch erreicht man den Gipfel des Zas. Kein Kreuz, sondern ein viereckiger *Betonklotz* (trigonometrischer Punkt) markiert die höchste Stelle. Von hier herrlicher Rundblick auf Náxos, im Blickfeld außerdem Páros, die Kleinen Ostkykladen, Amorgós und bei klarem Wetter auch Íos.

Der Abstieg vom Zas ist bei zügiger Gangart in etwas über einer Stunde zu bewerkstelligen. Tipp: Wieder unten an der Straße von Filóti nach Apíranthos

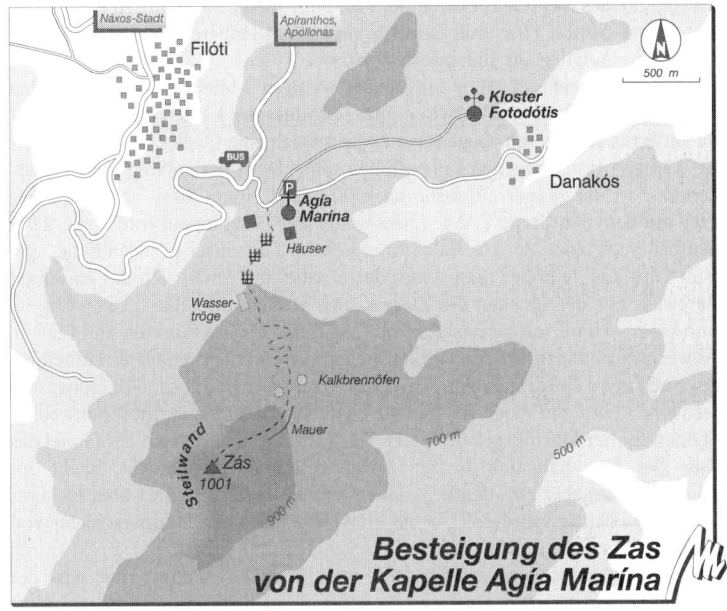

Náxos-Stadt
Apíranthos, Apóllonas
Filóti
Kloster Fotodótis
Danakós
BUS
Agía Marína
Häuser
Wasser-tröge
Kalkbrennöfen
Mauer
700 m
500 m
Steilwand
Zás 1001
900 m
500 m

Besteigung des Zas von der Kapelle Agía Marína

angelangt, führt ein alter *Maultierweg* in 15 Min. nach Filóti (Beginn an der Hauptstraße, von der Abzweigung nach Danakós ca. 100 m in Richtung Filóti). Dort durch Neubauviertel immer nach unten laufen bis zur Platia.

Besteigung des Zas über die Zeus-Höhle und Abstieg zur Kapelle Agía Marína

Alternativroute auf den Zas, eine der abwechslungsreichsten Langwanderungen auf Náxos: einsame und steile Berglandschaft, außergewöhnliche Vegetation und die sagenumwobene Zeus-Höhle. Allerdings nur teilweise gut markierter Weg. Der Aufstieg zur Höhle dauert von Filóti etwa 1,5 Std., bis zum Gipfel eine weitere Stunde. Auch wenn der Weg fast immer gut erkennbar ist, sind doch ab Filóti gut 630 Höhenmeter zu überwinden, was viel Schweiß kostet. Mindestens 2,5 Liter Wasser pro Person sollte man schon einkalkulieren, wobei die Quelle unterhalb der Höhle letztmals eine Nachtankmöglichkeit bietet. Decken Sie sich in Filóti mit ausreichend Proviant ein. Der Abstieg zur Kapelle Agía Marína ist leichter, jedoch gibt es dort keine Quelle.

▶ **Wegbeschreibung**: Der Weg beginnt im Zentrum von Filóti. Vom Dorfplatz mit seinen vielen Kafenia und Tavernen folgt er zunächst ca. 1 km der asphaltierten Straße Richtung Apíranthos. Gut 700 m außerhalb von Filóti zweigt in einer Linkskurve eine kleine, ebenfalls asphaltierte Straße nach rechts ab. Ein großes blaues Schild mit der Aufschrift "Zas Cave" weist den Weg. Diese 1997 verbreiterte Straße endet nach etwa 15–20 Fußminuten am Fuß der Steilwand, die die

Westflanke des Zas prägt. Ein kleiner *Parkplatz* bietet Raum für eine Handvoll Autos und Mofas. Hier, auf ziemlich genau 500 Höhenmetern, beginnt der eigentliche Aufstieg am Südende des Platzes.

Der zuerst eingefasste Weg führt nach wenigen Metern an einem großen Baum vorbei, neben dem Arbeiter zum Zeitpunkt der letzten Recherche gerade ein Haus errichteten. Gegenüber befindet sich eine *Quelle*, an der man seine Wasservorräte auf jeden Fall auffüllen sollte. Der steinige Weg führt gut erkennbar an der Mauer aufwärts, nach 20 m auf einem Stein links ein roter Pfeil mit dem Schriftzug CAVE. Links weiter den Hang hinauf rote Pfeile, gelegentlich auch blaue Punkte. Bald öffnet sich der fantastische Blick auf die Ausläufer des Zas. Je höher man steigt, desto näher fühlt man sich der einsamen Bergwelt, nur die Glocken der Ziegen unterbrechen die Stille. Unser Weg ist nun bis zur Höhle gut ausgestattet mit roten und blauen Punkten und Pfeilen. Abwechselnd folgen Phasen starker Steigungen und fast paralleler Höhenwege. Nach etwa 10 Min. ab dem Parkplatz erreicht man auf ca. 540 Höhenmetern einen *Grat*, der einen Blick in die Schlucht am Südhang mit ihren weißen Steinen (hoher Marmorgehalt) bietet. Darüber ragt majestätisch der Gipfel des Zas. Der Weg hält sich an den östlichen Hang der Schlucht, bleibt gut markiert, wird aber nun deutlich steiler, unbefestigter und führt über lockeres Geröll. Vorsichtig wandern! Überall blinkt der hübsche Glimmerschiefer von Náxos in der Sonne. Der nächste Streckenabschnitt führt dann direkt durch das Tal der Schlucht, an dessen Kante man bisher hinaufstieg. Hier zeigt der Höhenmesser ca. 570 m an. Immer mit dem Gipfel des Zas im Blick wandert man weiterhin auf gut markiertem Weg. Hinter der nächsten Felsnase auf der linken Seite öffnet sich der Blick auf die Höhle des Zeus. Zuvor durchquert man noch ein Feld mit hübschen Aronstabgewächsen, die auf den ersten Blick wie eine Orchideenart aussehen. Etwa 30 m unterhalb des Höhleneingangs wurde der Bachlauf zu einem *Brunnen* eingefasst, dessen kühles und wohlschmeckendes Wasser das ganze Jahr über sprudelt. Vorratsbehälter auffüllen, später folgt keine Möglichkeit mehr zum Wassertanken.

Die *Zeus-Höhle* (Spílion Argiá) liegt in etwa 600 m Höhe am Westhang des Zas, der hier mehrere hundert Meter steil nach unten abfällt. In älteren Beschreibungen nannte man sie auch Grotte des Jupiter. Ähnlich wie die Idéon-Ándron-Höhle auf Kreta erhebt sie den Anspruch, dass der mächtige Zeus in ihr aufgewachsen sein soll. Entgegen vielen Berichte ist sie derzeit unverschlossen, ein paar Meter hineingehen kein Problem. Doch Vorsicht, durch die hohe Feuchtigkeit ist der Boden rutschig. Zudem benötigen die Augen ein paar Minuten, um sich an die Dunkelheit zu gewöhnen. Dann jedoch erkennt man an den Wänden die Umrisse von einigen Stalaktiten, ansonsten ist der Eingangsraum eher unspektakulär. Warnung: Gehen Sie ohne Lampe und Ausrüstung keinesfalls weiter in die Höhle hinein!!! Es gab schon zahlreiche Knochenbrüche aufgrund der glitschigen Felsen.

Von der Höhle auf etwa 610 Höhenmetern führt der Pfad nun weiter durch den oberen Teil der Schlucht aufwärts, geradewegs auf die Steilwand des Zas zu. Leider werden die Markierungen nun sehr spärlich, die roten und blauen Pfeile durch Steinmännchen ersetzt. Nach der Höhle wird der Weg durch die Schlucht zudem deutlich steiler und anstrengender. Je weiter hinauf, desto en-

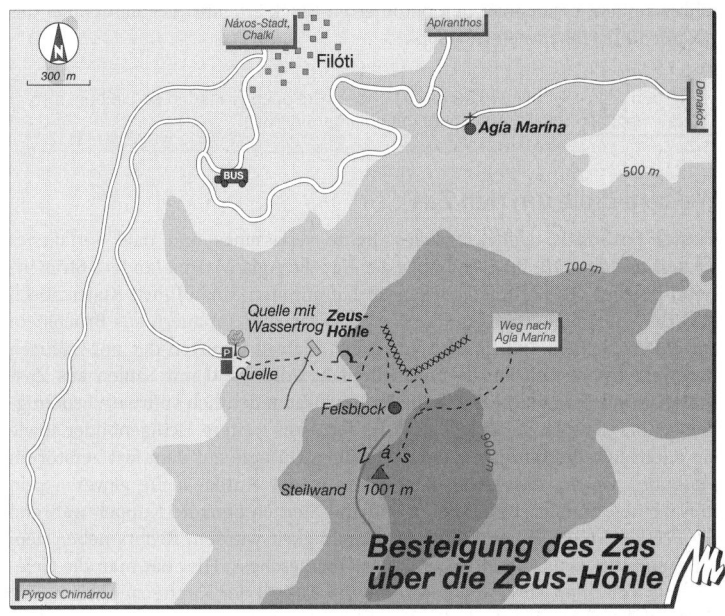

Náxos-Stadt, Chalki

Apíranthos

Filóti

300 m

Agía Marína

500 m

BUS

700 m

Quelle mit **Zeus-** Wassertrog **Höhle**

Weg nach Agía Marína

Quelle

Felsblock

900 m

Z a s

Steilwand 1001 m

Besteigung des Zas über die Zeus-Höhle

Pýrgos Chimárrou

Danakös

ger zeigt sich die Schlucht, und ca. 10 Min. ab der Höhle überwindet man die 650-Höhenmeter-Linie.

Am oberen Ende der Schlucht beginnt ein steiles *Geröllfeld*, vor dem unser Weg nach links abbiegt und in nördlicher Richtung unterhalb eines kleinen Grates verläuft. Hier beginnt nun die Nordumgehung der Steilwand, und nur noch Steinmännchen markieren den Wegverlauf, der bald 700 Höhenmeter erreicht. Über glatte Felsplatten geht es weiter hinauf. Bald wird ein *Drahtzaun* mit einer Mauer dahinter sichtbar. Vor dem Zaun wendet sich der Weg nach rechts, bergauf Richtung Gipfel orientieren und zunächst weiter am Zaun entlang.

Zwischen dem Zaun und einem Felsblock wird es ziemlich eng und steil. Zur Orientierungskontrolle: Der Höhenmesser zeigt hier ca. 760 m an. Nach ein paar Metern durch dichtere Phrygana verlässt man auf ca. 770 Höhenmetern den Zaun nach rechts: Steinmännchen markieren die Abzweigung, bald folgen auch wieder rote Pfeile. Nun erreicht der Weg einen Abschnitt, der einfach und relativ langweilig über den steilen, felsigen Hang stets weiter bergauf führt. Nur größere und kleinere Steinmännchen markieren den Weg, der über zahlreiche kleinere Grate verläuft und relativ zügig die 800-, 850- und 900-m-Höhenlinien überschreitet.

Über ein kleines Plateau mit viel Phrygana und wenig Geröll geht es geradewegs weiter hinauf. Etwa in diesem Gebiet – auf 930 Höhenmeter – trifft diese Route auf den Aufstiegsweg von der Kapelle *Agía Marína*. Der Weg wird nun unmittelbar vor dem Gipfel etwas flacher, rote Punkte und Steinmännchen führen hinauf, bevor man den betonierten Block erkennt, der den Gipfel des Zas auf 1001 Höhenmetern angibt.

> Auf dem Zas liegt bisher **kaum Müll**. Dies sollte auch weiterhin so bleiben, also leere Flaschen unbedingt wieder mit hinunter nehmen!

Weitere Ziele um den Zas

▸ **Kloster Fotodótis**: eindrucksvolles, heute verlassenes und halb verfallenes Kloster aus dem 15. Jh. Gegenüber der Kapelle Agía Marína (andere Straßenseite) beginnt eine Erdpiste, die in 30 Fußminuten hinaufführt. Majestätisch liegt der ehemalige Pírgos mit seinen massiven Außenmauern aus Bruchstein auf einem kleinen, 560 m hoch gelegenen Plateau inmitten der unberührten Bergwelt. Interessant ist die ungewöhnliche Altarwand mit Säulen aus Zas-Marmor und Ikonen, die durch die im Innenraum deutlich spürbare Feuchtigkeit schon ziemlich verwittert sind. In der Apsis weitere Heiligenbilder sowie ein Altar auf einer antiken Säule. Die Säulenstümpfe auf dem fast zerstörten Fußboden zeigen, dass dieser Ort schon in der Antike heilig gewesen sein muss. Hübsch anzusehen ist die hohe, mit Sternen bemalte Kuppel, während die Fresken schon längst Opfer der Feuchtigkeit wurden. Rechts neben dem Eingang führt eine Außentreppe in das Obergeschoss. Hier hat man die Gelegenheit, von oben durch die Fenster in die Kuppel der Kirche zu blicken. Das Dach fehlt vollständig, doch die Zinnen des Wehrklosters sind noch schön erhalten. Mit viel Fantasie vermag man sich vorzustellen, wie das Leben hier früher aussah. Heute wirkt der Ort – insbesondere der Pírgos – fast etwas mystisch. Von den Hängen ringsum klingen die Glocken der Ziegenherden und jeden Tag kommt ein Hirte durch den verwilderten Klostervorhof, um die ewigen Lichter am Brennen zu halten. Hinter dem Kloster hat man einen prachtvollen Blick hinüber nach Donoússa und auf andere kleine Inseln östlich von Náxos.

▸ **Danakós**: hübsches, kleines Dorf in lang ausgleitendem Tal am Ende der Asphaltstraße, Schussfahrt im Leerlauf, unten Wendeplattform. Unterhalb der Straße das Dörfchen, Kafenion und kleine Taverne "O Florakas" vorhanden (guter Landwein und gute Küche, z. B. Kaninchen).
Tipp: Ein gut ausgebauter *Maultierweg* führt von der Kapelle Agía Marína parallel zur Asphaltstraße bis nach Danakós und weiter Richtung Meer. Vor dem Bau der Straße war dies die einzige Verbindung. Wanderung ab Kapelle nicht länger als 1 Std.

Apíranthos

Großer, schöner Ort hoch oben am Fels, im 17. Jh. hauptsächlich von Kretern besiedelt, die vor den Türken hierher geflüchtet waren. Apíranthos war Zentrum der umliegenden Bergwerksregion. Mit Marmor gepflasterte Gassen und gepflegte venezianische Wohnhäuser zeugen vom ehemaligen Wohlstand. Auch ein sorgfältig restaurierter Wohnturm erhebt sich über dem Ort.

Abseits der langen, schmalen Hauptgasse ist Apíranthos ein Labyrinth aus weiß gekalkten Bruchsteinmauern, das immer wieder neue Überraschungen

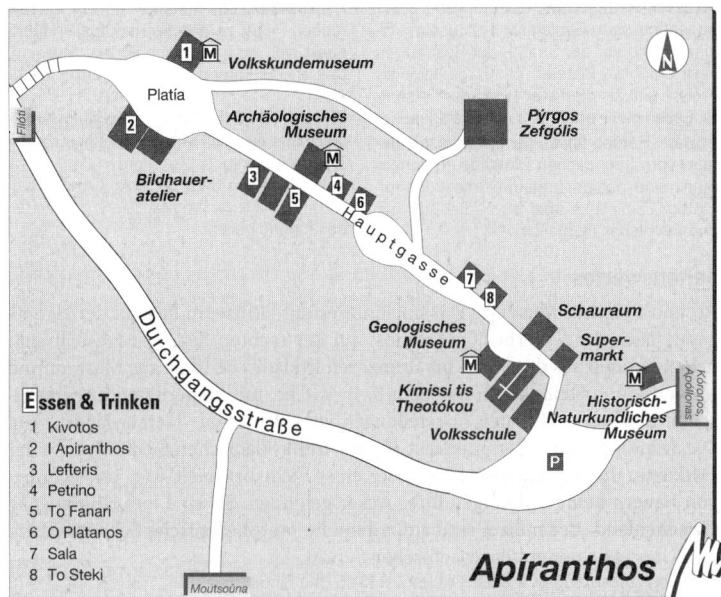

Essen & Trinken

1 Kivotos
2 I Apiranthos
3 Lefteris
4 Petrino
5 To Fanari
6 O Platanos
7 Sala
8 To Steki

Apíranthos

bietet. Lange, überwölbte Gässchen, Treppen, die unvermutet an Haustüren enden, Maulesel auf den Stufen "geparkt". Die Abwanderung zeigt deutliche Spuren, scheint jedoch durch den zunehmenden Tourismus gestoppt. 1988 erhielt Apíranthos den Titel "Kulturelles Dorf Griechenlands", womit eine sichtbare Erneuerung der mittelalterlichen Bausubstanz verbunden war. Verfallene Häuser und Ruinen wurden restauriert, das Dorfbild dementsprechend aufpoliert.

Kleine Überraschung: Es gibt mittlerweile *vier Museen* in dem stillen Ort (→ Skizze), alle in Privatinitiative gegründet und sicher ein Grund mehr, Apíranthos einen Besuch abzustatten.

● *Verbindungen* je nach Saison 4–8 x tägl. **Busse** von und nach Náxos-Stadt. Parkplatz und Haltestelle am südöstlichen Ortseingang.

● *Adressen* am unteren Dorfeingang ein kleiner **Supermarkt**. Keine Post, kein OTE, nur Telefonzellen an der Hauptgasse, z. B. kurz nach dem Geologischen Museum.

● *Essen & Trinken* **Lefteris (3)**, an der Hauptgasse, etwas oberhalb gegenüber dem Archäologischen Museum. Unser Tipp: hübscher, in dunklem Holz gehaltener Innenraum, geschmackvoll eingerichtet und sehr sauber. Hinter der Taverne Balkon und Terrasse mit wunderschönem Blick auf die Berglandschaft. Unter einem Nuss-

baum sitzen, der griechischen Musik lauschen und das hervorragende Essen genießen. Besonders lecker der selbst gebackene Kuchen. Wie üblich, hilft die ganze Familie mit. Werfen Sie auch mal einen Blick in die Küche. Höheres Preisniveau.

To Fanari (5), weitere Taverne unterhalb von Lefteris, schlichte Einrichtung, aber toller Balkon mit Talblick. Etwas preiswerter als Lefteris.

O Platanos (6), an der runden Einbuchtung etwa in der Mitte der Hauptgasse gelegen. Tische stehen draußen, schattig unter einer Platane. Besondere Attraktion: Ein Tisch steht in einer Mauergrotte deutlich erhöht. Normale Preise.

To Steki (8), am unteren Dorfeingang direkt gegenüber dem Geologischen Museum. Einige Tische auf der Straße, der Rest auf einem erhöhten Plateau. Etwas günstigeres Preisniveau als die Tavernen in der Ortsmitte. Essen okay, aber nicht überwältigend.

● *Cafés* **Petrino (4)**, an der Hauptgasse, geführt vom freundlichen Dimitrios. Im Innenraum eine riesige Luftaufnahme von Apíranthos, Sitzplätze aber auch draußen mit dem herrlichen Bergblick.

I Apiranthos (2), Kafenion an der kleinen runden Platia, zu der die Hauptgasse führt, direkt vor dem volkskundlichen Museum. Das älteste Kafenion im Ort, Treffpunkt der Alten.

Kivotos (1), Café-Bar in dem alten Natursteinhaus an der Platia, neuerdings der In-Treff in Apíranthos.

Sala (7), neben dem To Steki, Café-Bar unter einer blau-weißen Markise, vor allem bei der Jugend beliebt.

Sehenswertes

Archäologisches Museum: Das hochinteressante Museum liegt an der Hauptgasse, nach der Taverne "O Platanos" auf der rechten Seite. Ausgestellt sind neben Funden aus der Stein- bis Bronzezeit kykladische Idole aus Marmor und – der Clou – Steinplatten aus dem 3. Jt. v. Chr. mit eingeritzten astronomischen Zeichen und ersten Darstellungen von Menschen, Tieren, Jagdszenen. Die Wandmalereien stammen fast alle aus frühkykladischen Siedlungen an der Ostküste, die im Gegensatz zu heute einst dicht besiedelt war, und wurden von Bauern beim Umpflügen ihrer Äcker gefunden. Sie sind einmalig in ganz Griechenland. Bedeutsam sind außerdem die protohellenische Schriftzeichen, also Überreste der ersten griechischen Schrift.

Öffnungszeiten/Preise Mai bis Okt. tägl. 8.30–15 Uhr, Eintritt frei.

● *Rundgang* **Vitrine 1** zeigt frühkykladische Marmorvasen und -schalen sowie Utensilien zur Farbbearbeitung.

In der kleinen **Vitrine 2** und in **Vitrine 3** sind Fragmente frühkykladischer Idole aus Marmor sowie Marmorwerkzeuge ausgestellt.

Die **Vitrinen 4, 5** und **6** enthalten frühkykladische Gefäße (Steinschalen, Tonkrüge etc.) aus dem 3. Jt. v. Chr., die im östlichen Teil von Náxos gefunden wurden.

Vitrine 7 zeigt römische und frühchristliche Öllampen sowie die auf Stein gemeißelten Bilder von Menschen bei der Jagd, beim Tanzen und bei der Schifffahrt.

Der Tisch im Eingangsbereich **(8)** stellt prähistorische Steinwerkzeuge sowie Bronzewerkzeuge und -waffen aus.

Vitrine 9 enthält neuzeitliche Marmormörser, Tongefäße, Steinschalen und einige große Vasen.

In **Vitrine 10** nochmals auf Fels gemeißelte Szenen aus dem menschlichen Leben.

Des Weiteren sind im ganzen Raum verschiedene Einzelexponate ausgestellt. Außerdem gibt es weitere Felsenbilder, ein Dreifußgefäß aus geometrischer Zeit (8. Jh. v. Chr.), einige unvollständige Büsten und eine Statuette direkt neben dem Eingang.

Für die folgenden drei Museen wird ein **Kombi-Ticket** verkauft. Es kostet etwa 0,70 €, ist bei allen Museen des Ortes zu erwerben und berechtigt am gleichen Tag zum Eintritt in allen drei Museen.

Geologisches Museum: Vom Parkplatz am südöstlichen Ortsende kommt man zunächst auf den großen Kirchplatz. Direkt neben der Kirche steht das Museum, eins der ganz wenigen seiner Art in Griechenland.

Die Ausstellung im ersten Stock ist noch im Aufbau begriffen. Die Exponate (nicht nur Marmor und Schmirgel) sind im Flur und in zwei Räumen (A und B) ausgestellt, Beschriftung bis auf die Fundorte ausschließlich griechisch. Es existiert ein kleiner fotokopierter Orientierungsplan auf Englisch (danach fragen, aber bitte wieder zurückgeben).

Öffnungszeiten in der NS tägl. 10–14 Uhr, in der HS tägl. 10–17 Uhr.

● *Flur* Tisch 1 zeigt das harte Gestein von Náxos, das sich sogar zur Herstellung von Metalltrennscheiben (ebenfalls ausgestellt) eignet.

Auf Tisch 2 sind vor allem Gebrauchsgegenstände ausgelegt, während das Regal gegenüber eine Mineraliensammlung (nicht nur von Náxos) zeigt.

● *Raum A* Die Vitrinen 1 und 2 zeigen Mineralien aus Náxos, während auf dem Regal an der hinteren Wand Mineralien der Kykladen gesammelt sind (Páros, Antíparos, Santoríni, Sýros, Amorgós, Donoússa, Iráklia, Mílos, Délos und Sérifos sowie Dodekanes-Inseln Nissíros und Léros).

Auf Tisch 1 werden Mineralien zum Verkauf angeboten (günstige Preise), außerdem gibt es eine kleine Vitrine mit etwas wertvolleren Stücken.

Tisch 2 wird dagegen eher von Quarzen und Bergkristallen sowie Calciten dominiert.

● *Raum B* Die Vitrinen 1 und 2 enthalten paläontologische Funde, vor allem Fossilien aus Náxos.

Die Vitrine 3, das einzige Regal und die Tische 2 und 3 zeigen Mineralien aus ganz Griechenland, während sich Tisch 1 insbesondere auf Kíthnos konzentriert.

In Vitrine 4 eine kleine Sammlung von Halbedelsteinen. Zwischen der Vitrine 4 und dem Tisch 2 steht eine beeindruckende, ca. 1,5 m hohe Amethystdruse.

Tisch 4 ist der Arbeitsplatz des Personals und stellt gleichzeitig Mineralien und Halbedelsteine aus. Hier stehen zwei Lupen zur Verfügung, außerdem kann man ein Mikroskop entleihen.

Hinter dem Tisch 4 befindet sich eine reichhaltige geologische Bibliothek. Die meisten Bände sind griechische Fachliteratur, nur wenige Bücher in Deutsch und Englisch.

Volkskundemuseum *(Laográfico Museío)*: an der oberen Dorfplatía gegenüber dem Kafeníon "I Apíranthos". Nachbau eines traditionellen apiranthischen Bauernhauses aus dem 19. und frühen 20. Jh. mit allem möglichen Hausrat. Hübsches Sammelsurium, in dem man sich stundenlang aufhalten kann. Eine sehr steile Treppe führt hinter der Platane zum Museum. Das Museum ist *Ioánnis Katínas* gewidmet, der aus Apíranthos stammt und der nationalen Befreiungsbewegung gegen die deutsche und italienische Besatzung der Insel im Zweiten Weltkrieg angehörte. Im Dezember 1944 wurde er im Partisanenkrieg getötet. Gegründet wurde das Volkskundemuseum schon im Jahre 1966, blieb aber während der Militärdiktatur geschlossen und wurde erst im Mai 1987 wieder für die Allgemeinheit geöffnet. Leider wurden in diesen unruhigen Jahren zahlreiche Stücke bei Einbrüchen entwendet.

Öffnungszeiten in der NS tägl. 10–14 Uhr, in der HS tägl. 10–19 Uhr.

● *Rundgang* Nachgebildet ist das Innenleben eines Hauses aus dem 19. Jh. – Küche, Wohn- und Schlafzimmer, dazu die traditionellen Haushaltsgeräte und Bekleidungsstücke.

Im Eingangsraum fallen vor allem folgende Gegenstände ins Auge: diverse Musikinstrumente, darunter die typischen Dudelsäcke namens *Tsamboúna* aus der Haut von Ziegenböcken (bei weiblichen Ziegen würden die Euter stören), Kuhhorn und Schilfrohr. Weiterhin Webstuhl und Spinnrad, Handwerksgeräte eines Bäckers, Sicheln und Gartenwerkzeuge, Ton- und Eisenkrü-

ge, Kannen, Werkzeuge eines Schäfers und für die Holzbearbeitung sowie ein Sofa mit gestickten und gehäkelten Handarbeiten.

Vom Eingangsraum rechts die Treppe hinauf gelangt man in ein nachgebautes Schlafzimmer: Metallbett mit Baldachin, eine Hängematte, ein offener Kohleofen für den Winter, ein Kinderstuhl und eine Wiege, diverse kunstvoll gewebte Kleidungsstücke und Trachten sowie Unterwäsche, Schuhe, Kissen und Decken.

Im Raum links vom Eingang ist eine griechische Küche aus dem 19. Jh. nachgebaut: Kochstelle, Tonteller, Krüge, Lampen mit

Náxos Karte Seite 321

Kerzen und Öl, Metallkessel, Weinfäss-chen, Nähmaschine etc. Außerdem sind in diesem Raum diverse Kindersachen (Wiege, Laufstuhl und ein Kinderklo) ausgestellt.

Vor dem Museum (links vom Eingang) ste-hen Tonkrüge, Bastkörbe und Tröge sowie Bauernwerkzeuge für die Feldarbeit. Beson-ders interessant: ein Trageaufbau für Esel.

Historisch-Naturkundliches Museum: ein paar Meter nördlich der Bushalte-stelle an der Durchgangsstraße entlang auf der linken Seite. Ausgestellt wer-den auf relativ kleinem Raum Muscheln, Meerestiere, Korallen, Schwämme, die Flossen eines Schwertfischs, Schnecken, in Alkohol konservierte Pilze und verschiedene Fische, Baumfrüchte, Vogelnester, Knochen, Schädel und Hörner von Ziegenböcken, Fossilien sowie Steine und Mineralien. Außerdem gibt es hier ein 7000-Liter-Aquarium mit Meerespflanzen und Fischen.
Öffnungszeiten in der NS tägl. 10–14 Uhr, in der HS tägl. 10–19 Uhr.

Sonstiges: Gegenüber dem Geologischen Museum befindet sich der *Schau- und Verkaufsraum* einer örtlichen Frauenkooperative, in dem Häkel- und Websachen ausgestellt sind und auch z. T. käuflich erworben werden können, günstige Preise.

Am selben Platz wie das Volkskundemuseum, unterhalb vom Kafenion "I Apí-ranthos", liegt die Werkstatt "Figura Gallery Shop" des Bildhauers *Georgios Glezos*, 1959 in Apíranthos geboren. Nach seiner Ausbildung in Athen eröffne-te er 1985 in seinem Heimatort dieses Atelier, in dem er elegant geschwunge-ne Skulpturen voller Bewegung mit klangvollen Namen wie "The Motion" oder "Dance" fertigt (tägl. 9.30–14.30, 18–22 Uhr, ℘ 22850-61453).

Vom Platz kann man mit wenigen Schritten zum venezianischen *Pírgos Zefgóli* (auch: Pírgos Sommarípa) hinaufsteigen. Der ehemalige Wohnturm der Fami-lie Zefgóli wurde kürzlich restauriert und wird vielleicht auch bald von innen der Öffentlichkeit zugänglich gemacht.

Inselnorden, Korónos und Apóllonas → Abschnitt Inselnorden, S. 374.

Weitere Touren von Náxos-Stadt

Von Náxos-Stadt zum Koúros von Flerió

Schöne Strecke abseits der Hauptroute via Chalkío und Filóti. Der berühmte Koúros liegt etwa 11 km vom Hafen der Chóra entfernt in den ehemaligen Steinbrüchen von Flerió, ein zweiter ganz in der Nähe. Weiterfahrt auf der neuen Straße über Kinídaros nach Moní oder Korónos. Unterwegs ein gro-ßer Betrieb für Marmorverarbeitung an der Straße und vorbei an den Dör-fern Ágios Thaléleos, Mélanes, Kourounochóri und Mýli.

Von Náxos-Stadt zunächst die Hauptstraße Richtung Chalkío nehmen, dann etwa 2 km nach den letzten Häusern der Chóra links die neue, gut ausgebaute Asphaltstraße Richtung Mélanes. Es geht einen Hügel hinauf und durch den Weiler *Ágios Thaléleos* linker Hand. Später eine scharfe Rechtskurve. Nach weiteren 2 km folgt der Abzweig nach *Mélanes*. Danach etwas verwirrende Kreuzung – links führt eine Erdpiste hinüber nach Engarés an die Nordwest-küste, geradeaus geht es weiter über die Orte *Kourounochóri* und *Mýli* zum Koúros. Hinter Mélanes steigt die Straße deutlich an, bevor es direkt beim

Verwunschener Prinz seit Jahrtausenden: der Koúros von Fleriό

Koúros wieder hinunter in ein üppig grünes Tal geht. Insgesamt abwechslungsreiche Fahrt durchs Landesinnere. Seit einigen Jahren wird auch eine Busverbindung von Náxos-Stadt zum Koúros angeboten.

▶ **Mélanes**: wenig ansehnliches, aber sehr schön gelegenes Hangdorf etwa 8,5 km vom Hafen der Chóra entfernt. Eine kurze Stichstraße führt hinauf in den steilen Ort. Am unteren Eingang Parkplatz, zu Fuß weiter in den alten Dorfkern.

● *Essen & Trinken* **Kouros**, wenige Meter nach dem unteren Ortseingang auf der rechten Seite. Schöner Aussichtsbalkon, jedoch nur im Hochsommer geöffnet.

O Vasilos, Panoramataverne im Dorfzentrum. Fantastischer Blick auf den Nachbarort Kourounochóri. Gästen schmeckte vor allem der griechische Salat. Preise im Rahmen.

Von Mélanes führt ein direkter **Fußweg** zum Koúros. Am östlichen Ortsausgang an den einzelnen Häusern vorbei, bei der großen Gabelung nach rechts den oberen Weg nehmen. Dauer ca. 40 Min.

▶ **Kourounochóri**: kleines Örtchen unterhalb der Straße. Gleich am Ortseingang der venezianische *Pírgos Mavrogéni*, auch *Pírgos della Rocca* genannt, ein gut erhaltener Wehrbau mit Zinnen. 1833 stattete ihm der bayerische Otto I., seines Zeichens erster König von Griechenland, einen Besuch ab. Schöner Blick ins grüne Tal von Mélanes, Zypressen wie in der Toskana. Ab Kourounochóri wird die von der Chóra bis Mélanes neu asphaltierte Straße deutlich kurviger, teilweise enge Serpentinen.

▶ **Mýli**: winziger Bauernweiler, ebenfalls unterhalb der Straße Richtung Koúros. Benannt nach den Wassermühlen, die in diesem fruchtbaren Tal einst in Betrieb waren. Improvisierte Taverne direkt an der Straße in einer scharfen Kurve.

Koúros von Flerió

Die schönste der drei auf Náxos erhaltenen Jünglingsstatuen ruht seit Jahrtausenden wie ein verwunschener Prinz unfertig an ein und demselben Fleck – ein gewaltiger Marmorkoloss, über 6 m hoch, nur ein Stück vom rechten Bein und der linke Fuß fehlen.

Hier, in den ehemaligen Steinbrüchen von Flerió, brach man vor gut 2500 Jahren den Stein, gab aber seine Bearbeitung bereits in der Rohform wieder auf – wahrscheinlich weil das rechte Bein der Statue brach. Wunderschön vor allem seine Lage inmitten eines gepflegten Gartengrundstücks unter schattigen Bäumen. Ein fast mystischer Anblick – Blätterrauschen, zirpende Grillen, ein Bach plätschert ... Es heißt, dass er und seine beiden Genossen eines Tages aufwachen und die Insel beherrschen werden.

Nach der Besichtigung ein Muss: der "Koúros-Pardiesgarten". So nennt die freundliche ältere Besitzerin zu Recht ihren üppigen Garten mit improvisiertem Kafenion/Taverne. Zwischen riesigen Zitronen- und Orangenbäumen ein wunderschön lauschiges Fleckchen, wo man in aller Ruhe einfache Mahlzeiten und wassergekühlte Getränke zu sich nehmen kann (u. a. kandierte Früchte, Kítro und Wein vom Fass). Geöffnet ist meist bis gegen 19 Uhr. Wer später kommt, kann rechts neben dem Grundstück einen Hohlweg hinaufgehen und den Koúros oben liegen sehen.

● *Zufahrt*   Die asphaltierte Stichstraße zweigt ca. 800 m nach **Mýli** rechts von der Hauptverbindung ab, führt einen relativ steilen Hügel hinunter und endet an einem kleinen Parkplatz. Von hier aus weiter den schmaleren Weg bergab, danach links eine betonierte und ebene Piste entlang. Eingang zum Koúros und "Paradiesgarten" nach etwa 300 m auf der rechten Seite.

● *Verbindungen*   Mittlerweile gibt es **Busverbindungen** von Náxos-Stadt zum Koúros von Flério. Je nach Saison 2–4 x tägl. vom Hafen der Chóra bis zum Parkplatz oberhalb des Koúros. Weiterfahrt nach Kinídaros nur 2–3 x wöch. Die Fahrer wissen, dass fast alle Mitfahrenden zum Koúros wollen, und geben rechtzeitig vor dem Aussteigen Bescheid. Aber unbedingt vorher fragen, wann ein Bus zurückfährt!

▸ **Der zweite Koúros:** Eine zweite Jünglingsstatue liegt inmitten eines mit halbhoher Phrygana bedeckten Hanges. Der Weg ist relativ gut markiert und in knapp 25 Minuten leicht zu wandern. Vom Eingang des Paradiesgartens folgt man dem Betonweg bis zum Ende. Dort steigt man rechts den Abhang hinauf und folgt den vielen roten Markierungen. Der zweite Koúros von Mélanes liegt auf genau 250 Höhenmetern mit dem Kopf hangabwärts völlig frei im niedrigen Strauchwerk – fantastisch ist der Blick auf die umliegenden Berge.

Vom Koúros über Kinídaros nach Moní

Seit 1995 ist die Straße vom Koúros durch die raue, verkarstete Bergwelt bis Moní asphaltiert. An dieser Strecke liegen die meisten *Marmorbrüche* der Insel – immer wieder sind die Bergflanken aufgerissen, und der nackte Fels kommt zum Vorschein. Farbenspiele von rostrot bis blauädrig und violett. Besonders eindrucksvoll eine schon fast vollständig abgetragene Bergspitze, aus der quaderförmige Brocken herausgesprengt wurden.

▶ **Kinídaros:** Das beeindruckende Bergdorf liegt inmitten üppiger Zypressen und terrassierter, schön angelegter Gartenlandschaft. Ausgesprochen harmonisch der Kreuzkuppelbau der Kirche, viel Landwirtschaft. In der Dorfmitte ein traditionelles Kafenion, etwas weiter an der Durchgangsstraße nach Moní (fast am Ortsausgang) eine sehr hübsche Taverne mit weinüberrankter Pergola. Noch keine Zimmervermietung.

Kurz vor Moní folgt eine Gabelung auf einer Anhöhe. Von hier wunderschöner Blick südlich in die Tragéa-Ebene. Links über Sífones Richtung Stavrós und weiter in den Inselnorden, nach rechts erreicht man in Kürze Moní (→ S. 357) und kann danach durch die Tragéa wieder zurück nach Náxos-Stadt fahren.

Tal von Potamiá

Mit dem eigenen Fahrzeug interessante Alternative zur Hauptroute über Galanádo, schöne Fahrt auf durchgehend asphaltierter Straße durch fruchtbares Flusstal mit den Hangdörfern Káto, Méssi, Áno (Epáno) Potamiá und weiter über Apáno Kástro nach Chalkío. Auch für Wanderer eins der lohnendsten Gebiete – vor allem im Frühjahr üppig grün, viel Wasser, schattig.

Bei der Gabelung in der Livádi-Ebene links halten, anfangs Richtung Melanés, dann weiter nach Potamiá. In Windungen geht es das Tal entlang, zunächst durch *Káto Potamiá*, vorbei an *Méssi Potamiá* bis *Áno Potamiá*. Zwischen den drei Orten verläuft im Flusstal ein gepflasterter Wanderweg.

Hinter Áno Potamiá windet sich die Straße hoch hinauf in rote Gneis- und Marmorwildnis, herrliche Panoramablicke, landschaftlich großartig. Nach einsamer Fahrt erreicht man *Tsikkalarió*, hoch über dem Ort thronen die Ruinen der venezianischen Festung *Apáno Kástro*, gut und eindrucksvoll von unten zu erkennen (→ Chalkío/Umgebung). Ab hier ist es nur noch wenig mehr als 1 km nach Chalkío, dort Anschluss an die Inselhauptstraße.

● *Verbindungen* Ein **Bus** von Náxos-Stadt nach Potamiá fährt nur etwa 2–3 x wöch. Wichtig also, falls man für den Hin- oder Rückweg auf den Bus angewiesen ist – genaue Abfahrtszeiten checken! Besser mit dem Taxi nach Káto Potamiá fahren und weiter nach Chalkío laufen, ca. 6 km. Von dort 5–10 x tägl. Busse zurück nach Náxos-Stadt. Oder die folgende Wanderung machen und per Bus zurück.

● *Essen & Trinken* I **Pigi (Paradise)**, große Gartentaverne an der Platia von Áno Potamiá, beliebtes Wochenendausflugsziel der Einheimischen.

▶ **Wanderung von Áno Potamiá zur Kirche Ágios Mámas** (und weiter zur Verbindungsstraße zwischen Chalkío und Náxos-Stadt): landschaftlich reizvolle Strecke – hübsche Bauerndörfer entlang eines Flusslaufes, üppige Vegetation und die einsam in den grünen Hügeln liegende Kirche Ágios Mámas. Dauer: von Áno Potamiá etwa 30–40 Min. hinunter nach Káto Potamiá, von dort in derselben Zeit bis Ágios Mámas. Weiter eine knappe Stunde Schweiß treibend hinauf bis zur Asphaltstraße.

In *Áno Potamiá* folgt man ein Stück dem Fluss, geht über die Brücke, an drei Waschplätzen und einer Kapelle vorbei, dann links weiter an der Mauer entlang parallel zum Hang (nicht den betonierten Weg hinauf). Nun ist *Méssi Potamiá* schon erreicht. Rechts unseres Wanderweges folgt dann ein paar Stufen hinauf die Kapelle *Agía Iríni*. Weiter die gepflasterte Gasse hinab und wieder einige Meter hinauf zur großen Kirche *Ágios Geórgios*. Der gepflasterte Weg nach Káto Potamiá führt durch den Ort bergab. Ziemlich weit unten rechts eine *Quelle*, guter Rastplatz mit der Möglichkeit, Wasser aufzufüllen.

Nur 10 m nach der Quelle gabelt sich der Weg: rechts weitergehen, der grüne Pfeil auf der rechten Mauer weist die Richtung. Es folgen einige außerhalb des Ortes liegende Häuser und die Schule von Potamiá. Auf dem natursteingepflasterten Weg geht es weiter bergab durch malerische Wiesen mit bunten Blumen, prächtigen Ölbäumen und duftenden Kräutern. An zwei weiteren Gabelungen geben dann grüne Pfeile die Richtung an. Etwa 20 Min. nach Méssi hat man nun *Káto Potamiá* erreicht und wandert direkt auf die Dorfkirche *Panagía* zu. Deren Vorplatz ist wunderbar geeignet für eine Rast im Schatten großer Bäume.

Der weitere Weg verläuft zunächst von der Kirche Panagía wieder 30 m zurück, dann rechts abbiegen in den *Odós Ágios Nikodímou toú Agiorítou*, einige Stufen hinab, dann über eine Brücke und auf einem schmalen gepflasterten Weg zwischen Mauern entlang wieder ansteigend. Bald sieht man rechts die Kapelle *Ágios Ioánnis Pródromos* in einem Feld liegen. Entlang der rechts liegenden Mauer mit dem grünen Pfeil weiter, unterhalb eine Eselstränke.

Auf schmalem, teilweise stark überwuchertem Pfad geht es dicht an einer Mauer entlang, relativ parallel zum Hang. Ein Blick nach rechts schweift in ein üppig grünes Tal mit viel Oleander und Zypressen. Bald darauf gibt die Vegetation auch die Sicht auf die Natursteinkirche Ágios Mámas frei, die direkt oberhalb des Wegverlaufs liegt. Zunächst jedoch erreicht man den Bachlauf, der für die vielfältige und bunte Natur hier verantwortlich ist. Man überquert den kleinen Fluss und wählt sofort danach rechts den breiten Schotterweg. Ein paar Meter steil den Hang hinauf rückt Ágios Mámas wieder ins Blickfeld. Nun noch querfeldein über eine Wiese, eine kleine Mauer und durch dichtes Schilfgras erreicht unser Weg sein Ziel.

O Naós tou Agíou Mamántos: Die Kirche des Ágios Mámas

Wenn auch schon halb verfallen, präsentiert sich die uralte Kreuzkuppelkirche aus rohen Bruchsteinmauern dennoch imposant inmitten der wilden Natur. Von dem dreischiffigen Bau stehen nur noch die Grundmauern und das Dach, es gibt keine Türen und Fenster, im Grunde ist es kaum mehr als eine Ruine. Ziegen nutzen den Sakralbau als Schutzraum. Die Anfänge des Kirchenbaus reichen bis ins 7. Jh. zurück, in venezianischer Zeit war sie katholische Bischofskirche. Wer im Innenraum nach oben schaut, kann mit großer Mühe Reste von Wandmalereien und Fragmente von Stuckarbeiten entdecken. Bruchstücke antiker Säulen zeugen aber von einer noch älteren Tradition an dieser Stelle.

Oberhalb der Kirche befindet sich ein weiteres Gebäude in halb verfallenem Zustand. Es ist der ehemalige *Bischofssitz* der katholischen Kirche auf Náxos, der seit langem leer steht.

Mittelalterliche Kreuzkuppelkirche im Tal von Potamiá: Ágios Mámas

Von hier aus bieten sich dem Wanderer zwei Möglichkeiten: entweder nach Káto Potamiá auf demselben Weg zurückwandern und von dort mit dem Nachmittagsbus nach Náxos-Stadt fahren oder hinauf zur Hauptinselverbindung Náxos-Stadt – Chalkío wandern, sofern man noch über ausreichende Kondition (und Wasser) verfügt. Der Vorteil hierbei: es gibt häufigere Busverbindung zurück zur Chóra (vorher über die Verbindungen erkundigen und dann per Handzeichen den Bus anhalten). Hier die Wegbeschreibung zur Straße von Náxos-Stadt nach Chalkío, der schwierigste Teil unserer Wanderung: Von Ágios Mámas aus durchquert man die Wiese (Vorsicht, hohe Disteln), über halb eingestürzte Ziegenmauern und durch die Macchia hinauf zum *Bischofspalast*, ein etwas mühsamer Aufstieg. An der Palastruine geht es hinauf durch die Holzpforte und weiter geradewegs den Hang aufwärts durch die dichte Macchia auf eine Mauer zu. Hinter der Mauer verläuft ein schmaler Pfad auf knapp 100 Höhenmetern. Man wandert diesen Pfad nach links, d. h. in südlicher Richtung. Hinter einer scharfen Linkskurve wird der Pfad gepflastert, bleibt schmal und führt weiter den Hang hinauf, teilweise wieder durch dichte Macchia.

Immer an der Mauer entlang, trifft man bei ca. 140 Höhenmetern bald auf einen breiten Schotterweg, der weiter zur Straße führt. Wer diese letzte Steigung bewältigt hat, erreicht in Kürze auf genau 190 Höhenmetern die Hauptverbindungsstraße von Náxos-Stadt nach Chalkío, relativ genau auf der Hälfte der Strecke zwischen Galanádo (rechts) und Sangrí (links). Die mehrmals täglich verkehrenden Busse nach Náxos-Stadt oder Filóti halten auf Handzeichen.

Inselnorden

Hier liegt das wichtigste Ausflugsziel der Insel: das Fischerdorf Apóllonas mit seiner berühmten Koúros-Statue.

Von Náxos-Stadt nimmt man die kurvige Asphaltstraße über Filóti, Apíranthos, Korónos und Skadó. Hinter Apíranthos wird die Straße sehr schmal, linker Hand türmt sich das *Fanari-Gebirge* auf. Bei *Skadó* teilt sich die Straße. Wer schnell am Ziel sein will, sollte jetzt die neue begradigte Strecke über Méssi nehmen – statt 16,5 km sind es hier nur 11,2 km bis Apóllonas, zudem ist die Straße in besserem Zustand. Selbstfahrer sollten in jedem Fall sehr aufpassen, denn auf den engen Serpentinenstraßen kommt es immer wieder zu Unfällen.

Reizvolle Alternative: mit dem eigenen Fahrzeug von Náxos-Stadt die durchgehend asphaltierte Straße an der Nordküste entlang (siehe oben, S. 350).

▸ **Stavrós:** markante Kreuzung mit Kapelle *Ágios Stavrós* unterhalb vom *Korónos*, mit 997 m zweithöchstes Bergmassiv auf Náxos. Schöner Haltepunkt und grandioser Blick gleichzeitig auf Ost- und Westküste!
Richtung Südwest kurvige Asphaltstraße über Moní hinunter in die Ebene nach Chalkío. Unterwegs sieht man unterhalb der Straße die Ruinen des verlassenen Dörfchen *Sífones*.

▸ **Keramotí:** ab Stavrós Stichsträßchen tief hinunter, sehr ruhiges Dörfchen ohne spezielle Sehenswürdigkeiten, auf einen steilen Felsgrat gebaut. Dank der geschützten Lage sehr fruchtbar, prächtige Baumlandschaft, trotzdem halb verlassen. Zum Ausruhen ideal ist der sonnige Vorplatz der großen Dorfkirche.

Korónos

Neben Apíranthos zweiter bedeutender Ort, wo Schmirgel abgebaut wurde. Vor dem Krieg vergleichsweise wohlhabend, später durch Krieg und Bürgerkrieg verarmt. Herrlich fotogene Lage, Stopp lohnt sehr, was man oben von der Durchgangsstraße nur erahnen kann.

Architektonisch absolut fantastisch: In einem tiefen Taleinschnitt stapeln sich die Häuser fast senkrecht übereinander, alles in blendendem Weiß. Auf schier endlosen und extrem steilen Treppengässchen "klettert" man hinunter in den Ortskern, dort uriges Kafenion mit Terrasse, nachmittags Treff vieler Männer des Orts. So gut wie keine Touristen im Ort, man erregt immer viel Aufsehen.
Oberhalb von Korónos Abzweig zur nahen Wallfahrtskirche der *Panagía Argokiliótissa*, weiter unten Straße nach Liónas an der Ostküste hinunter (→ Ostküste), hier lag früher das Zentrum der Schmirgelproduktion.

● *Essen & Trinken* **I Platsa**, Dorftaverne ganz unten im Ort neben der alten Quelle, gute traditionelle Küche mit Fleisch von eigenen Tieren, nette Besitzer.

▸ **Panagía Argokiliótissa:** reizvoller Abstecher auf asphaltierter Panoramastraße, ca. 2 km, der verlassene Ort *Atsipápi* 1 km weiter. Unterwegs immer wieder tolle Ausblicke auf die teils instand gesetzten Terrassenhänge, viel Weinanbau. Man passiert die stillgelegte Seilbahn zu den Schmirgel-Bergwerken und

Blick auf Korónos: Zentrum des Schmirgelabbaus

fährt bis zu einer großen Radarstation der Armee. Schöner Blick rüber nach Donoússa.

Die Wallfahrtskirche liegt etwas unterhalb daneben und ist umgeben von Pilgerwohnungen, die bis zu 200 Menschen Platz bieten. Am Freitag nach Ostern großes Fest der *Zoodóchou Pigí* (Jungfrau des Leben spendenden Quells). Ein origineller alter Aufseher wohnt hier und zeigt Besuchern gerne die lang gestreckte, liebevoll ausgeschmückte Kirche mit Ikonen jeglichen Alters und zahlreichen Abendmahlsdarstellungen. Die Ikone der Panagía Argokiliótissa ist mit Silberblech verkleidet und umrahmt von zahllosen Votivtäfelchen. Gegenüber im Fels liegt die *Grotte*, in der die Ikone der heiligen Jungfrau gefunden wurde. Der Platz ist heute mit einer Kapelle eingefasst. Zum Fest der Zoodóchou Pigí kommen Tausende von Inselbewohnern, defilieren an der Ikone vorbei und steigen von der Grotte ein paar steile Stufen hinauf aufs Kapellendach, wo breite Treppen in den Hof zurückführen. Schön ist auch der exponiert gebaute Glockenturm auf vorgelagerter Anhöhe.

‣ **Skádo**: halb verlassenes Dorf hoch oben in den Bergen, hier gabelt sich die Straße, kürzere Stecke nach Apóllonas rechts über Méssi.

‣ **Wanderung von Koronída nach Apóllonas**: Vom hoch gelegenen Bergdorf führt ein Fußweg hinunter nach Apóllonas, Dauer 1,5–2 Std. Beginn des Pfads an der Asphaltstraße am Ortsausgang Richtung Apóllonas kurz nach der ersten scharfen Kurve hinter dem *Friedhof* links (die ersten Markierungen mit roten Punkten und Pfeilen sieht man erst später). Nach knapp 3 km trifft man wieder auf die Straße, geht diese nach rechts ca. 200 m hinauf, bis linker Hand wieder ein rot markierter Pfad beginnt. Diesen entlang, durch ein Bachbett, und nach 1,5 km kommt man wieder auf die Asphaltstraße. Diese ein Stück hinunterlaufen, bis links eine Straße abzweigt, die schnell zum Koúros von Apóllonas (und weiter die Küste entlang nach Norden) führt. Vom Koúros zum Hafen sind es noch knapp 10 Min. (→ Skizze Apóllonas).

Apóllonas

Eingeklemmt zwischen hohen Bergausläufern. Beschauliches Örtchen mit kleinem Sandstrand, im Halbkreis rundum Tavernen und Bars. Vor allem wenn abends die Tagesbesucher weg sind, bietet Apóllonas noch den Charme eines schlichten Fischerdorfs ohne großen Tourismus. Der benachbarte lange Kiesstrand ist allerdings ziemlich verschmutzt und lohnt kaum den Weg.

• *Verbindungen* je nach Saison tägl. 3–6 **Busse** ab Náxos. Die 55 km weite Fahrt dauert über 2 Std.(!), führt durch die wildesten und schönsten Regionen der Insel und ist wohl die beste Sightseeing-Tour, die man auf Náxos unternehmen kann. Achtung Selbstfahrer: bisher **keine Tankstelle** in Apóllonas, Benzin für Motorroller gibt's für teures Geld im Supermarkt am Ortseingang.

• *Übernachten* Die meisten Besucher sind Tagestouristen, und so verwundert das relativ geringe Angebot an Hotels kaum. Ohnehin hat uns die allgemeine Qualität der Zimmer in Apóllonas wenig überzeugt. Für ein paar ruhige Tage sicherlich okay, mehr aber nicht. Zahlreiche Einwohner vermieten im Hochsommer Privatzimmer. Fragen Sie in den Tavernen der Paralía. **Adonis (2)**, C-Kat., das einzige neuere Hotel in Apóllonas. Liegt direkt an der Zufahrtsstraße schräg gegenüber vom Aiolos. Das freundliche Vermietereheepaar bietet 24 im rustikalen Stil eingerichtete Zimmer, alle mit Bad (Wanne vorhanden), Balkon, Telefon und Heizung für die Winterzeit. Große Eingangshalle mit Hotelbar, ebenfalls rustikal eingerichtet. Frühstück möglich. DZ ca. 20–40 €. ✆ 22850-67060. **Aiolos (3)**, D-Kat., an der Zufahrtsstraße rechte Seite, etwa 300 m vor dem Beginn der Paralía. Einfache, saubere Zimmer mit

soliden Holzbetten, eigenes Bad und Balkon. Schon etwas abgewohnt, Renovierung überfällig. DZ ca. 20–38 €. ✆ 22850-67088. **Kouros (4)**, C-Kat., direkt am Kiesstrand im westlichen Ortsteil. Zufahrt kurz vor der Paralía rechts über einen Betonweg, dann durch ein kleines Bachbett. Äußerlich wenig attraktiver Bau, sieht fast abbruchreif aus. Innen jedoch deutlich besser erhalten. Zimmer geräumig und gut ausgestattet, teilweise mit Meeresblick. Ab Juni geöffnet. DZ mit Bad und Balkon ca. 25–38 €. ✆ 22850-67000. **Flora's Apartments**, am höchsten Punkt des Orts, weißes Haus als Pírgos-Nachbau, relativ neu und gut ausgestattet, freundlicher Besitzer, allerdings kaum Englischkenntnisse.

• *Essen & Trinken* **Delfinaki (1)**, gleich am Beginn der Paralia links. Die Besitzerin, eine freundliche griechische Mama, lässt einen gern in die Kochtöpfe gucken, zu empfehlen ist der selbst gekelterte Wein vom Fass. **Akrogiali**, inmitten des Tavernenpools der Hafenpromenade. Spezialisiert auf Joghurt, Fruchtsalat, frisch gepresste Säfte etc. **Marinas Restaurant**, am Zugangsweg zum Strand östlich der Paralia. Gute Alternative zur im Sommer oft überfüllten Hafenpromenade. Ohnehin aber nur im Hochsommer geöffnet.

Sehenswertes: Der *Koúros* liegt oberhalb von Apóllonas an der Straße nach Órmos Abrámi. Sie finden den fast 3000 Jahre alten Jüngling, wenn Sie am Hafen zur Hauptkirche mit der blauen Kuppel gehen. Rechts davon beginnt ein Fußweg, der anfangs zur Klippenküste, dann steil hinauf zur Straße nach Órmos Abrámi steigt. Ein weiterer Treppenweg beginnt an der Zufahrtsstraße zum Hafen (→ Skizze). Wer mit dem Fahrzeug aus Richtung Korónos kommt, kann an der Gabelung vor dem Ort die linke Straße nehmen, die direkt zum Koúros führt.

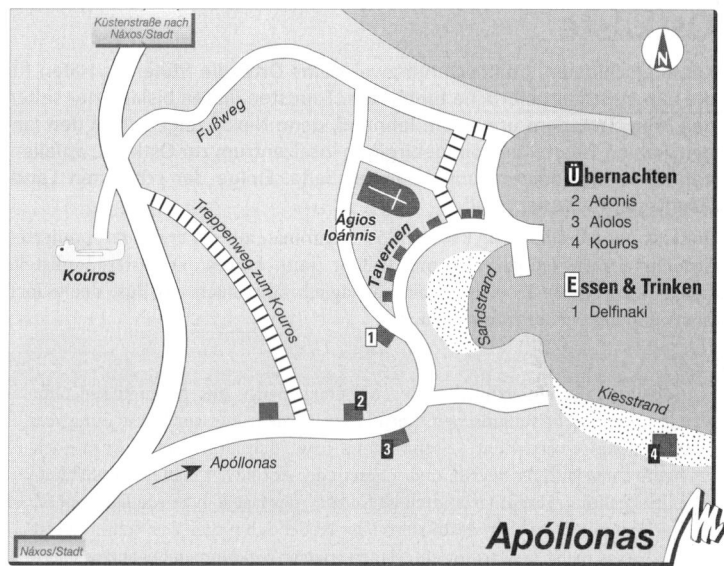

Im Gegensatz zu seinem Kollegen im Steinbruch von Flerió ist der Koúros von Apóllonas wesentlich älter. Typisch dafür sind seine steife Körperhaltung und das vorgestellte linke Bein (ägyptischer Einfluss). Auch deutlich größer ist er, nämlich fast 11 m lang. Allerdings ist er ein völlig unfertiger Klotz, man erkennt gerade mal die Konturen. Wahrscheinlich traten beim Herauslösen aus dem Gestein Risse auf, und man ließ ihn einfach liegen, wo er war. Entweder Apollo oder Dionysos sollte wohl dargestellt werden (Náxos ist die Insel des Dionysos, vgl. auch Geschichte). Von hier oben schöner Blick auf Apóllonas.

Wer Richtung Süden blickt, erkennt vielleicht auf den Bergen von *Kalógeros* (385 m) die Ruinen der dortigen byzantinischen Festung.

▶ **Apóllonas/Baden**: Der hellbraune, etwa 50 m lange *Sandstrand* liegt unmittelbar vor den Tavernen und ist z. T. von Fischerbooten in Beschlag genommen. Hier sonnen sich die Tagesausflügler, bevor sie wieder in den Bus nach Náxos-Stadt steigen.

Der *Kiesstrand* ist etwa 400 m lang, grober Kies mit riesigen Blöcken, dazwischen Tamarisken – erhöhte Vorsicht vor Seeigeln!

Westlich vom Ort gleiten schwarze *Klippenflächen* ins Meer, anschließend *Kiesbucht* mit Tamarisken.

Ostküste

Kaum erschlossen, praktisch nur zwei kleine Orte, die früher als Häfen für die nahen Schmirgelbrüche fungierten. Touristen finden bislang nur selten den Weg. Trotzdem ungemein lohnend, denn Náxos zeigt sich in den langen, kahlen Tälern, die vom gebirgigen Inselzentrum zur Ostküste abfallen, von seiner schroffsten, unnahbarsten Seite. Einige der schönsten Landschaftseindrücke der Insel!

Anfahrt per Mietfahrzeug problemlos, wenn man auf die etwas ramponierten Straßen achtet. Jedoch nur mit vollem Tank fahren, keinerlei Tankstelle (nächste in Filóti). Höchstens einmal täglich fährt auch ein Bus, der jedoch postwendend wieder retour geht.

Schmirgel ist ein extrem hartes Mineralgemenge aus Magneteisenstein, Glimmer und kristallinischem Korund. Es wurde früher zur Herstellung von Schleifpapier verwendet – "schmirgeln" bzw. "Schmirgelpapier" ist ja noch heute ein geläufiger Begriff, und schon in der Antike hat man ihn als Schleifmittel genutzt. Hauptbestandteil ist *Korund*, der fast so hart wie Diamant ist – je mehr er überwiegt, desto wertvoller ist der Schmirgel. Der Schmirgel ist auf Náxos meist in Marmor eingelagert, reiche Vorkommen liegen vor allem im Osten von Náxos, speziell in den Bergen zwischen *Apíranthos*, *Korónos*, *Liónas* und *Moutsoúnas*. Vor allem Ende des 19. und in der ersten Hälfte des 20. Jh. florierte der Abbau – Schmirgel war das wichtigste Exportprodukt von Náxos, seine Ausbeute ein Monopolgeschäft der Regierung. In zahlreichen Steinbrüchen (Tagbau), aber auch mit tief in den Berg gebohrten Stollen gewann man das begehrte Industrieprodukt, *Drahtseilbahnen* transportierten die Brocken hinunter in die Häfen von Moutsoúnas und Liónas, wo die Frachtschiffe beladen wurden. Von dort gingen die Transporte in das staatliche *Schmirgeldepot* auf der Insel Síros. Die Seilbahn gibt es noch heute (siehe unten), aber sie ist seit langem stillgelegt. Auch hat man bereits in den dreißiger Jahren des 20. Jh. in den Großlabors der Industriemultis aus Bauxit und Carborundum synthetische Stoffe mit denselben Eigenschaften wie Schmirgel entwickeln können, die leichter und billiger zu produzieren sind. Trotzdem wird auf Náxos nach wie vor Schmirgel abgebaut. Die Männer von Apíranthos und Kóronos fördern immerhin pro Jahr noch bis zu 28 Tonnen. Die Bezahlung ist zwar schlecht, dafür sind die Arbeiter krankenversichert und bekommen ab etwa 50 Jahre Rente – sehr wichtig für die Dörfer. Die Stilllegung der Stollen ist allerdings nur noch eine Frage der Zeit.

▶ **Liónas:** fast verlassen wirkendes Örtchen um eine Kiesbucht an der nördlichen Ostküste. Zu erreichen auf steiler Stichstraße von Korónos, zwar asphaltiert, aber sehr kurvenreich und starkes Gefälle. Seitlich in den Hängen alte Abbaustollen, über der Straße sind im oberen Teil noch immer die Drahtseile der längst stillgelegten Seilbahn gespannt. Im Dunkeln aufpassen, immer wieder liegen "Schmirgelsteine" auf der Straße.

Die Straße endet in Liónas am Buswende- und Parkplatz. Rechts und links der Bucht steigen die fast kahlen Berghänge an. Der Nordhang wurde in den letzten Jahren mit Ferienhäusern fast komplett zugebaut, die meisten davon sind aber nur im Sommer bewohnt. Es gibt zwei Tavernen und einige wenige Privatunterkünfte, die jedoch nicht immer offen sind – besser sich nicht darauf verlassen. Auch im Sommer ist es meist sehr ruhig. Der Kiesstrand ist zwar verteert, aber nördlich vom Ort gibt es schöne Marmorklippen, die z. T. so geformt sind, dass man dort bequem liegen kann – schön zum Schwimmen, glasklares Wasser.

Verbindungen **Bus** nur 3–5 x wöch., fährt mittags von Náxos-Stadt ab und spätnachmittags von Liónas wieder zurück. Tagesausflug deshalb nur schlecht möglich.

▸ **Moutsoúnas:** ehemaliger Bergwerkshafen an der mittleren Ostküste von Náxos, von Apíranthos auf asphaltierter Stichpiste tief hinunter zur Küste zu erreichen. Eine altertümliche Seilbahn überquert die Zufahrtsstraße, die rostigen Loren sind noch voll mit Schmirgel beladen, werden aber seit Jahrzehnten nicht mehr benutzt. Stille liegt über den verrotteten Gebäuden, Abraumhalden türmen sich auf, Verladekräne verrotten langsam – ein Industriedenkmal in der Einsamkeit. In der Nebensaison fast menschenleer, in der Hochsaison kommen aber mittlerweile immer mehr Mietwagenfahrer herunter, um die Abgeschiedenheit und Ruhe zu genießen. Einige neue Tavernen bieten gemütliche Einkehrmöglichkeiten.

Im Ort 100 m Sandstrand zwischen ausgefrästen Klippenrändern. Weiter südlich liegt ein deutlich besserer Strand, doch der Konkurrenz an der Westküste ist auch er nicht gewachsen. Der lange, einsame Kiesstrand *Azalá* liegt nördlich von Moutsoúnas, zu erreichen ist er über eine Piste, die kurz vor Moutsoúnas links abzweigt.

Náxos
Karte Seite 321

• *Verbindungen* 1 x täglich kommt ein **Bus** von Náxos-Stadt und fährt sofort wieder zurück, nicht geeignet für einen Tagesausflug. Mit dem **eigenen Fahrzeug** langwierige Fahrt mit zahllosen Serpentinen, vorbei an Steinbrüchen und wilden Müllkippen. Vorsichtig fahren, Bankette nicht gesichert, Straße z. T. beschädigt.

• *Adressen* **Mini-Market** im unteren Ortsteil vorhanden (Ende Juni bis Mitte September). **Kartentelefon** an der Hauptstraße.

• *Übernachten:* Es gibt mittlerweile Dutzende von Privatzimmern, die aber meist nur in der HS vermietet werden.

Anatoli, in einem Seitenweg der Hauptstraße, nicht direkt am Strand gelegen. Insgesamt fünf Zimmer mit Bad und Balkon, toller Blick über die Bucht. DZ ca. 20–28 €. ✆ 22850-68288.

Ostria, wer es etwas nobler liebt, ist hier richtig – fragen Sie in der gleichnamigen Taverne. Hübsche, geräumige Studios ca. 400 m südlich des Ortskerns, durch die etwas abseitige Lage quasi hauseigene Bucht. Preis ca. 20–35 €. ✆/✆ 22850-68235.

Nikos Mandilaras & **Astrid Scharlau,** vier Ferienhäuser in der Bucht von Azalá, 1998 im traditionellen Stil aus Bruchstein erbaut. Preise auf Anfrage: P.B. 81, GR-84300 Náxos, Internet: http://doro.scharlau.bei.t-online.de

• *Essen & Trinken* **Michaloukos,** direkt am Ende der Straße, wo die Schienen am Verladekai für den Schmirgel enden. Daneben Privatzimmer (nur HS).

Ifalos, urige Atmosphäre unter Schilfmatten mit Blick über die ganze Bucht und im Hintergrund auf Amorgós, der temperamentvolle Wirt vermittelt auch Privatzimmer. Essen okay und günstig.

Ostria, traditionelle Taverne mit gehobenem Niveau, Blick auf die Moutsoúnas-Bucht. Essen lecker, aber etwas höheres Preisniveau.

Agerieno, südlich vom Ort, Nähe Studios Ostria. Schöne Hochterrasse mit Meeresblick, gutes Essen zu gutem Preis. Auch einige saubere Zimmer werden vermietet.

Von Moutsoúnas die Küste nach Süden

Ungefähr 100 m nach Studios Ostria endet die Asphaltstraße unvermittelt. Die ausgefahrene Schotterpiste nach Süden ist aber mit Normal-PKW bis zur Bucht von *Pánormos* problemlos befahrbar, ca. 19 km (Ausbau wird vorbereitet). Nach etwa 8 km der 600 m lange Sandstrand *Psilí Ámmos* mit Taverne und Zimmervermietung, 4 km weiter die hübsche Bucht *Órmos Klidoú* mit Blick auf zwei der Kleinen Kykladen, nämlich *Epáno* und *Káto Koufoníssi* (→ S. 390).

- *Übernachten* **Nikolas**, gute Taverne mit fünf Studios am Strand Psilí Ámmos. Nikolas verarbeitet in der Küche nur inseleigene Produkte, auf dem Gelände laufen Truthähne, Hühner, Schafe und Ziegen herum. ✆ 697-7982579.

▸**Órmos Pánormos:** ca. 19 km südlich von Moutsoúnas. Schmale, tief in die Küstenlinie einschneidende Bucht, Strand aus Sand und Kies, beliebt bei Seglern. Keine Einrichtungen. Oberhalb der Bucht hat man eine frühkykladische Siedlung aus dem 3. Jt. v. Chr. gefunden.

Inselsüden

"In the middle of nowhere", wie unser Freund Theoharis meint, befindet man sich hier. Der Süden von Náxos ist fast menschenleer. Tagesausflügler sind zwar hier und dort anzutreffen, Einheimische aber umso seltener.

Trotz guter Bedingungen mit quellenreichen Tälern und üppigen Ölbaumhainen ist diese Inselregion weitgehend unbesiedelt geblieben. Es gibt keine Orte, lediglich Höfe von Ziegenzüchtern stehen verstreut. Auf einer neu asphaltierten Straße sind der historische *Pírgos Chimárrou* und der abgelegene Strand im *Órmos Kalándou* zu erreichen, eine Erdpiste führt zum Sandstrand von Agiássos. Beide Strände sind vor den häufigen Nordwinden gut geschützt.

▸**Órmos Agiassoú:** weitgehend einsamer Sandstrand, ca. 600 m lang, dahinter Felder, verstreute Bauern- und Sommerhäuser. Kleine Taverne, die aber nur im Hochsommer geöffnet ist. Hauptsächlich Griechen kommen mit Jeep oder Enduro zum Baden.

Zu erreichen auf gut befahrbarer Piste (die ersten 4 km asphaltiert), die an der Straße von Náxos-Stadt nach Chalkío bei *Sangrí* abzweigt (in der Hochebene Tragéa, ca. 11 km ab Náxos-Stadt, beschildert). Es geht durchweg bergab, eine in Richtung Süden auslaufende Ebene entlang – linker Hand immer die Silhouette des Zas-Massivs. Gleich zu Anfang des Weges steht links der kürzlich zum Museum ausgebaute *Pírgos Tímios Stavrós* (16. Jh.), der lange als Kloster diente. Zu sehen sind eine kleine Kapelle, das Refektorium, Zellen der Nonnen sowie Ikonen und Sakralgegenstände, im Untergeschoss wechselnde Ausstellungen zeitgenössischer griechischer Kunst. Einige hundert Meter bergauf hinter dem Pírgos liegt die (verschlossene) Höhle *Kalorítsa*, deren Innenraum zur Kapelle umgestaltet ist, u. a. sind einige alte Wandmalereien erhalten. Raufklettern lohnt wegen des schönen Rundblicks. Wenig später links auf einer Bergkuppe in 470 m Höhe das byzantinische Kastell *Kástro*

Apalírou, das der venezianische Herzog Marco Sanoudo 1207 eroberte. Das Kástro war damals der größte Wehrbau im Inselinneren, die spärlichen Ruinen lassen die einstige Bedeutung noch erahnen. Abzweig ist beschildert, Aufstieg weglos.

Öffnungszeiten/Preise **Pírgos/Moní Tímios Stavrós**, tägl. 10–14 Uhr, Eintritt ca. 3 €.

▶ **Pírgos Chimárrou**: etwa 10 km ab Filóti, äußerst imposanter Rundturm am Südfuß des Zas, diesmal keine venezianische Ruine, sondern das Relikt einer typischen Wehrburg aus hellenistischer Zeit (4.–2. Jh. v. Chr.). Bei Gefahr, z. B. Piraten, konnte man von der Spitze per Leuchtfeuer blitzschnell andere Türme auf der Insel warnen. Ein ganzes Netz überzog damals wahrscheinlich die wichtigsten der Kykladeninseln (→ Ándros). Der zumindest äußerlich perfekt erhaltene Turm misst heute etwa 15 m (die oberen Stockwerke fehlen) und besteht aus einer bis zu 1 m dicken Mauer aus weißen Marmorquadern, die ohne Mörtel zusammengesetzt sind. Eine heute nur noch in wenigen Resten erhaltene quadratische Wehrmauer umgab ihn, zwei niedrige Bruchsteinkapellen stehen an der Ostseite. Das Erdgeschoss des Turms war bisher üblicherweise zugänglich, doch bei der letzten Recherche war der gesamte Bau in ein Gerüst gehüllt und konnte nicht besichtigt werden.

Pírgos Chimárrou: imposantes Relikt der Antike

Náxos
Karte Seite 321

Die kürzlich asphaltierte Zufahrtsstraße zweigt etwa 500 m nach dem zentralen Dorfplatz von Filóti rechts ab. Anfangs führt sie noch durch Anbaugebiet, später durch zunehmend rauere Gebirgslandschaft, links ragt der Zas auf. Nach 5 km geht es in Serpentinen aufwärts, bis bei der Kapelle *Ágios Trífonas* der höchste Punkt erreicht ist. Weiter im Bogen durch die Ausläufer des Zas und noch etwa 5,5 km bis zum Pírgos.

▶ **Órmos Kalándou**: etwa 12 km südlich vom Pírgos Chimarrou. Die Straße führt durch monotone Landschaft und karge Ziegenweiden leicht bergab zum über 1 km langen, meist völlig einsamen *Kalándos-Strand*. Bisher keinerlei Einrichtungen.

Kleine Kykladen

Die Inselgruppe südöstlich von Náxos besteht aus vier bewohnten und einer Handvoll unbewohnter Minieilande. "Erimonísia, wie sie gelegentlich genannt werden, heißt übersetzt die "verlassenen" bzw. "einsamen" oder "unbewohnten" Inseln – doch das trifft schon seit längerem nicht mehr zu. Man fühlt sich nicht einsam und ist es auch nicht, im Sommer gibt es auch hier schon einiges an Touristenansturm, außerdem rege Verwandtenbesuche aus Athen.

Irakliá, Schinoússa, Epáno Koufonísi und *Donoússa* besitzen zusammen nur ca. 43 qkm und 600 Einwohner. Es sind karge, weitgehend kahle Inseln mit wenigen Bäumen, aber etlichen (schattenlosen) Stränden. Die Bewohner sind hauptsächlich Viehzüchter, weniger Fischer (Ausnahme Epáno Koufonísi). Besuchenswert sind sie vor allem, weil das griechische Inselleben noch in traditionelleren Bahnen verläuft als in den benachbarten Tourismus-Hochburgen Náxos, Páros und Íos. Schon allein wegen der schlechteren Schiffsverbindungen lässt die Masse der ausländischen Inselbesucher die Winzlinge unbeachtet links liegen. Trotzdem kommen in den Sommermonaten jährlich mehr und mehr Besucher, der Fremdenverkehr ist auch hier inzwischen (insbesondere auf Koufonísi) eine feste Größe.

Wer Irakliá, Schinoússa und Donoússa besuchen will, sollte seine Ansprüche an Komfort, Perfektion etc. zurückschrauben. Es gibt bisher nur relativ wenige, meist sehr einfache Fremdenzimmer, pro Insel außerdem kaum mehr als eine Handvoll Tavernen und Läden. Da fast alles vom Festland bzw. den großen Inseln eingeführt werden muss, ist auch das Verpflegungsangebot begrenzt, vor allem Gemüse und Obst sind manchmal Mangelware. Dagegen entwickelte sich in den letzten Jahren auf Epáno Koufonísi der Tourismus mit allen seinen "Nebenwirkungen" auf Tavernen und Verpflegung weitaus stärker.

> Es gibt keine Bank und keinen Geldautomaten auf den Kleinen Kykladen, also ausreichend Bargeld mitbringen.

Geschichte

Wie man sich denken kann, hat sich auf den Kleinen Kykladen wenig Geschichtsträchtiges ereignet, zumindest ist davon nichts bekannt bzw. überliefert. Immerhin besaß *Irakliá* zur Zeit der *venezianischen Besetzung* ein kleines Kastell, dessen Ruinen noch heute erhalten sind. Das beweist, dass diese Insel damals besiedelt war – keine Selbstverständlichkeit, denn allem Anschein nach war die Inselgruppe über Jahrhunderte hinweg unbewohnt. Wahrscheinlich nach der *türkischen Eroberung* verließen die wenigen Bewohner die abgelegenen Inselchen im Schatten des großen Náxos, und nur Seeräuber benutzten sie fortan als Schlupfwinkel. Erst im 19. Jh. besiedelten Bauern von Amorgós unter Leitung des dortigen *Klosters Chosowiótissa* die kleinen Inseln aufs neue, sie gehörten damals zum Besitz des Klosters. Noch heute soll ein

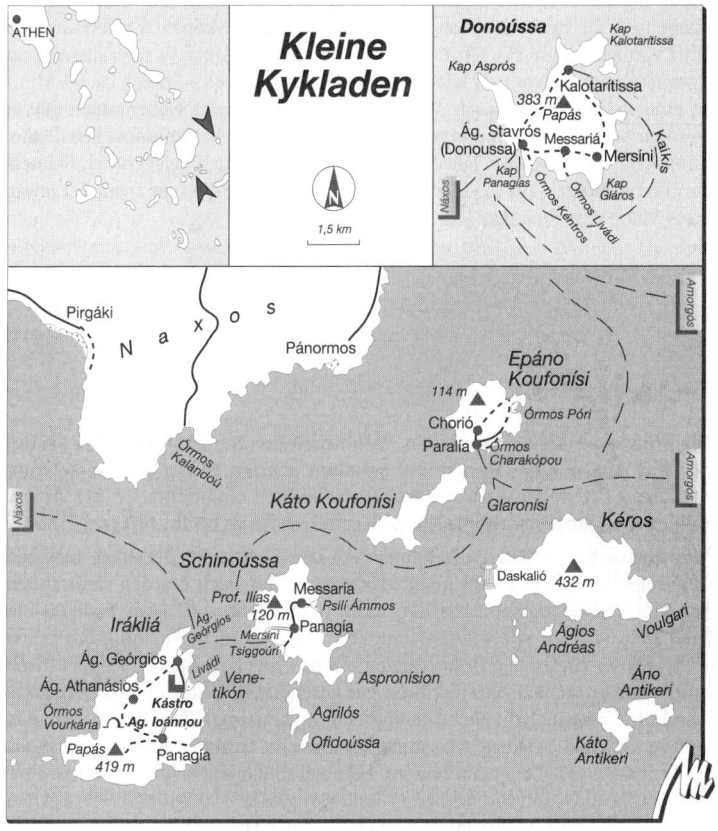

Mönch von Chosowiótissa auf Donoússa leben. Interessant ist jedoch, dass einige *prähistorische Funde* auf den Kleinen Kykladen gemacht wurden – am bedeutendsten ist das Gräberfeld an der Westküste der heute unbewohnten *Insel Kéros*, wo man mehrere hundert Idolfiguren gefunden hat, die aus derselben Kulturstufe stammen wie die Funde von Chalandrianí auf Síros (siehe dort). Eine ganze Epoche der kykladischen Kultur hat man danach die *Kéros-Sýros-Kultur* genannt. Weitere Fundstellen liegen vor allem auf Irakliá und Schinoússa.

Verbindungen auf die Kleinen Kykladen

Je nach Jahreszeit kommen etwa 1–4 x wöch. Großfähren von **Piräus** über *Páros* und *Náxos*, die auf dem Weg nach *Amorgós* auf den kleinen Kykladen Station machen (ab Piräus nach Irakliá Deck/Pullmannsitz ca. 20 €, billigster Kabinenplatz ca. 30 €), Dauer ab Piräus 8–10 Std. Wichtigstes Schiff auf der

Route Náxos – Kleine Kykladen – Amorgós ist jedoch die neue "Express Skopelitis", die vor einigen Jahren die altersschwache Skopelitis ersetzt hat. Sie fährt von Mitte Juni bis Mitte September täglich ab *Amorgós* über die *Kleinen Kykladen* nach *Náxos* und wieder zurück (Dauer Náxos – Irakliá ca. 90 Min.), an einigen Tagen wird auch *Mýkonos* angelaufen. In der Nebensaison gibt es deutlich weniger Verbindungen. Dieses Schiff ist sehr langsam, kein Autotransport. In den letzten Jahren gab es über *Náxos* auch gelegentlich Schnellbootverbindungen auf die Kleinen Kykladen, doch ist dies ganz von der jeweiligen Marktlage abhängig.

> Generell gilt von Herbst bis Frühjahr ein stark eingeschränkter Fahrplan. Vorsicht, dass man nicht länger hängen bleibt, als einem lieb ist.

Irakliá

Die größte der Kleinen Kykladen. Wahrscheinlich benannt nach den Festen, die dort zu Ehren des Herakles abgehalten wurden. Ruhig und wenig spektakulär, wirkt sie trotz ihrer Kargheit freundlich einladend. Größte Attraktion ist eine Tropfsteinhöhle, die sich untermeerisch bis Íos fortsetzen soll.

Von Náxos kommend, nähert man sich der Längsseite der Insel mit dem dominierenden *Papás* (419 m) im Südwesten, der nach Norden sanft abfällt. Fährt das Schiff dann in die trichterförmige Bucht von *Ágios Geórgios* ein, fühlt man sich an alte Piratenfilme erinnert. Das nicht von ungefähr, denn während der türkischen Besetzung hatten hier wie auf anderen kleinen Inseln um Náxos tatsächlich Piraten ihren gut geschützten Unterschlupf. Wer gerne wandert, Ursprünglichkeit sucht und dem organisierten Tourismus entfliehen will, ist auf Irakliá richtig. Allerdings kommen im Sommer auf die ca. 110 permanent auf Irakliá lebenden Bauern, Viehhalter, Bienenzüchter (bekannt guter Thymianhonig!) und die wenigen Fischer ungefähr 450 Touristen und Angehörige vom Festland, die ihren Sommer auf der Heimatinsel verbringen. Um die Abwanderung zu stoppen, wurde 1996 eine gut 6 m breite Asphaltstraße nach Panagía gebaut.

Größe: 17,6 qkm, bis zu 6 km lang.

Bevölkerung: ca. 110 Einwohner.

Geografie/Geologisches: im Südwesten zwei Tropfsteinhöhlen, die größere und bedeutendere ist Spílion Agíou Ioánnou.

Wichtige Orte: der Hafen Ágios Geórgios und Panagía (Chóra) im Inselinneren.

Straßen: eine 1996 neu gebaute Asphaltstraße führt von Ágios Geórgios über die Livádi-Bucht nach Panagía.

Unterkunft: etliche Privatzimmer und Pensionen in Ágios Geórgios, eine Unterkunft in der Livádi-Bucht. Im Sommer kann es zu Engpässen kommen, wild Zelten wird in der Livádi-Bucht toleriert.

Baden: vor allem in der Livádi-Bucht, ansonsten noch im Hafen Ágios Geórgios. Zahlreiche weitere kleine Buchten sind zu Fuß oder mit dem Boot erreichbar.

Karte: Bei "Perigiali" (→ Ágios Geórgios/ Essen & Trinken) werden recht gute Übersichtskarten der Insel verkauft. Eine Gesamtkarte der "Kleinen Kykladen" ist bei Road Editions erschienen (Karten-Nr. 117).

Postleitzahl: 84300

*Ankunft auf Irakliá: Ausschließlich Fähren versorgen die kaum über hundert
Inselbewohner mit Lebensmitteln*

Ágios Geórgios

**Auch hier zum Empfang das wohl bekannte "Rooms, Rooms". Die Einheimi-
schen warten mit ihren wenigen Autos und einigen Traktoren auf Neuankömmlinge und begrüßen sie freundlich.**

Auf betoniertem Weg geht es rechts vom Strand in 5 Min. hinauf zum Ort,
oben gabelt sich die Straße. Ágios Geórgios besteht aus einem Kern von eng
aneinander gebauten Häusern, der Rest ist großzügig über den Hang verteilt.
Feigenkakteen wuchern über die Mauern, Kinder spielen auf der Straße, ab
und zu reitet ein Alter auf dem Esel vorbei, Frauen sitzen vor ihren Häusern.
Sehr angenehm ist das Fehlen jeglicher Touristenshops, es gibt nur ein paar
einfache Kneipen und Gemischtwarenläden. Trotzdem ist genügend los,
abends trifft man sich in den Tavernen und lernt sich meist schnell kennen.

● *Verbindungen* Keine Busse auf Irakliá, einige Pensionen holen manchmal Neuankömmlinge mit **Traktor** oder **Jeep** ab. Ansonsten ist Laufen angesagt, zur Livádi-
Bucht ca. 20 Min., nach Panagía 1 Std. Ob
sich durch die neue Straße etwas ändern
wird, bleibt fraglich.
Im Sommer werden **Bootsausflüge** zu den
Buchten Karvoulónakos und Alimiá im einsamen Südwesten der Insel angeboten.

● *Adressen* **Arzt** am höchsten Punkt der
Chóra. ✆ 22850-71388.

Internet, im "Maistráli" und bei "Giorgios Ga-
valas" am Weg zum Livádi-Strand (→ Essen
& Trinken).
Post und das Nötigste zum Einkaufen im
Allroundladen "Melissa" an der rechten
Straße im Ort.
Schiffstickets bei "Agiazi Travel" im Hafen
(✆ 22850-74236) oder in der "Melissa"
(✆ 22850-71539, ✉ 71561).
Telefon gegenüber der "Melissa".
Zeitungen, Bücher und Postkarten im
"Maistráli" (→ Essen & Trinken).

Zweiradverleih, "Rent a Scooter Iraklia" im Hafen, ☎ 22850-71564.

• *Information*   Die **Website** der Insel ist www.iraklia.gr

• *Übernachten*   Im Hochsommer sollte man versuchen vorzureservieren, da dann die Zimmer schon mal knapp werden. DZ in der Regel ca. 25–50 €.

Sohoro, 180 m vom Strand, ebenerdige Zimmer zwischen Olivenbäumen, jeweils mit Kühlschrank und Terrasse, geführt von Dimitris Gavalas. Ganzjährig. ☎ 22850-71565.

Villa Zografos, am Weg vom Hafen in die Chóra, 400 qm Garten, Zimmer mit Kühlschrank, schöner Blick auf die anderen Kleinen Kykladen. ☎ 22850-71946, ✆ 71956.

Angelos, zweistöckiges Haus mit mehreren hübschen, nicht mehr ganz neuen Zimmern. Den Weg an der "Melissa" vorbei hinauf, bis man an der Weggabelung auf das zweistöckige Haus stößt. ☎ 22850-71486.

Alexandra, ebenfalls am Weg zur Livádi-Bucht, kleines, schmuckes Haus, hübsche Zimmer mit Blick aufs Meer, alle mit Bad und Kühlschrank, Küchenbenutzung. Vermieterin spricht gut Französisch und sorgt für familiäre Atmosphäre. ☎ 22850-71482.

Maria, gegenüber von Alexandra, zwei DZ und zwei Studios, vermietet von einem freundlichen, älteren Ehepaar. ☎ 22850-71485.

Manolis, großes, weißes Gebäude hoch am Hang (an der "Melissa" vorbei und immer rechts halten). Fünf einfache Zimmer mit jeweils eigenem Bad. Schöne, große Terrasse, auf der abends die Gäste zusammensitzen. Dank geräumiger Zisterne immer genügend Wasser. ☎ 22850-71569.

Anna, oben auf dem Berg, am Weg zur Livádi-Bucht (rechte Seite), in kleinen Häuschen sieben gut ausgestattete DZ mit Bad, außerdem einige Studios. Geräumige, saubere Zimmer, alle mit Kühlschrank. ☎ 22850-71145.

• *Essen & Trinken*   **Perigiali**, gute Taverne an der linken Straße im Ort, gehört einem der Fischer, deswegen immer frischer Fisch. Im angeschlossenen Laden werden auch Inselkarten verkauft.

O Pevkos, rechter Hand auf dem Weg nach Livádi. Man sitzt unter einer riesigen, ausladenden Pinie, sehr idyllisch. Dimitris serviert vorzügliches Essen, frischen Fisch, Fleisch und Pfannengerichte.

Maistrali, Café-Bar mit Taverne unterhalb von Pevkos. Zum Frühstück und tagsüber gut besucht, abends weniger los. Machen ihre frischen, süßen Leckereien selbst.

Giorgios Gavalas, ebenfalls am Weg zum Livádi-Strand, gute Stimmung, Grillgerichte und Internetzugang.

Melissa, Laden, Kafenion, Rooms und Ticketverkauf in einem, der Treffpunkt für alles und jeden.

Ziele auf der Insel

▸ **Ágios Geórgios:** Sandstrand mit einigen Schatten spendenden Bäumen im Hafen, allerdings wegen der Hafennähe etwas unruhig.

▸ **Livádi:** Etwa 15 Fußminuten südlich der Chóra liegt der schönste Strand der Insel – 300 m feiner Sand, im Südteil einige Dünen, schattige Tamarisken, glasklares Wasser. Am Hügel landeinwärts verrotten die Ruinen der längst verlassenen Siedlung Livádi. Vorgelagert ist das Inselchen *Venetikón*, so genannt wegen des ehemaligen venezianischen Kastells über der Livádi-Bucht, schöner Blick hinüber nach Schinoússa.

• *Übernachten/Essen & Trinken*   **Marietta**, die einzigen Rooms am Strand, sieben Zimmer, sauber und gut ausgestattet, nur in der HS geöffnet. ☎ 22850-71252.

Ab und an sieht man in der Bucht auch Zelte, die bisher toleriert wurden.

Am jenseitigen Ende der Bucht liegt eine Taverne, die allerdings in den letzten Jahren geschlossen hatte.

▸ **Kástro:** spärliche Mauerreste eines venezianischen Kastells über der Livádi-Bucht, zu erreichen von Ágios Geórgios in einer halben Stunde. Zu sehen gibt es nur noch Fundamente und einige Mauerstücke. Die Überreste werden heute als Ziegenpferche benutzt, der Dreschplatz unterhalb des Kástro-Hügels ist ebenfalls noch in Gebrauch.

▸ **Von Ágios Geórgios nach Panagía:** 1996 wurde eine Autostraße über den alten Maultierpfad asphaltiert. Zu Fuß ist diese kürzeste Verbindung in ca. 1 Std. problemlos zu machen. Einfach von der Livádi-Bucht hinaufgehen, zwar kein reines Vergnügen über den glühenden Asphalt, dennoch ruhig, weil selten befahren. Schöner ist dagegen ein alter Pfad ab Ágios Geórgios westlich durch die Insel (Karte benutzen), der aber auch nach der Hälfte der Strecke wieder auf die Straße trifft.

▸ **Panagía (Chóra):** Bergdorf mit kargen Bruchsteinhäuschen, von Viehzucht und Landwirtschaft geprägt, in den kleinen Gärten und Höfen gackerndes Federvieh und bepackte Esel. Fast nur noch ältere Bewohner leben hier, die jungen Leute sind aufs Festland gezogen – dementsprechend erfreut sind die Bewohner, wenn ab und zu mal ein junges Gesicht vorbeikommt. Am Ortseingang rechts die Volksschule, in der noch einige wenige Kinder unterrichtet werden. Ebenfalls rechter Hand die weiße Kirche der *Panagía*, Namens- und Schutzpatron der Ortschaft. Keine Zimmervermietung.

• *Essen & Trinken* **Drossia**, Kafenion mit Gemischtwarenladen unter einem großen, schattigen Baum im unteren Teil des Dorfes. Ein Stück weiter oben ein weiteres **Kafenion**.

O Kritikos, preiswerte Café-Bar/Ouzerie im unteren Teil des Dorfes, schöne Aussichtsterrasse mit Blick auf Amorgós, nur in der HS geöffnet.

▸ **Tourkopígado:** Hinter Panagía führt links ein Weg hinunter zu dieser Bucht, in der die Einwohner fischen. Zum Baden weniger brauchbar.

▸ **Papás:** Besteigung ab Panagía kein Problem, ca. 1 Std. auf steinigem Pfad. Trotz der relativ geringen Höhe schöner Blick auf umliegende Inseln.

▸ **Spílion Agíou Ioánnou:** Die weit verzweigte Tropfsteinhöhle des heiligen Johannes ist ab Panagía in ca. 1,5 Std. zu erreichen. Kurz nach der Kirche muss man rechts abbiegen und einem gut erkennbaren und mittlerweile markierten Eselspfad folgen, der sich zwischen Trockenmauern in ein Tal hinab und auf der anderen Seite einen steilen Hügel hinaufzieht. Man geht in südwestlicher Richtung immer zwischen Mauern hindurch und gelangt dann über einen Kamm am Nordhang des Papás zur Höhle. Links liegt eine ziemlich große Höhle mit oft verdrecktem Vorplatz, hier wird am 29. August das große Höhlenfest gefeiert. Rechts liegt die eigentliche Höhle mit schmalem Eingang. Die ersten 4 m muss man auf allen Vieren kriechen, dann gelangt man in den ersten Raum mit rußgeschwärzter Decke und einem kleinen Altar für das *Fest des heiligen Johannes* am 29. August. Rechter Hand sind Reste von abgebrochenen Stalaktiten und mannshohe Stalagmiten zu erkennen. Von hier könnte man in den nächsten größeren Raum klettern, der sich wiederum fortsetzt – es heißt, dass das Höhlenlabyrinth unterirdisch bis Íos reicht. Wir raten allerdings, keinesfalls weiter als bis zum ersten Raum vorzudringen, wo es schon fast stockdunkel ist. Im Weiteren gibt es keinerlei Markierungen und man kann nur mit einer starken Halogenlampe überhaupt noch etwas erkennen. Gehen Sie nur zu mehreren in die Höhle, am besten mit einem Einheimischen – Georgios Koveos aus Ágios Geórgios macht Führungen (fragen Sie in der "Melissa"). Für den Rückweg kann man den Pfad zu den wenigen Häusern von *Ágios Athanásios* nehmen, von dort geht es in 30 Min. zum Hafen hinunter.

Karte Seite 383

Irakliá

Inselfeste: 23. April Fest des *Ágios Geórgios* (Kirche), 20. Juli Fest an der Kapelle *Profítis Ilías*, 15. August Fest der *Panagía* im gleichnamigen Ort; 29. August Fest des *Ágios Ioánnis* in der Höhle.

Schinoússa

Kleine, karge Insel, sehr flach, deswegen gut geeignet für eine Erkundung zu Fuß. Wer Improvisation und Einfachheit mag, gerne läuft, ohne viel klettern zu müssen, ist gerade richtig. Über ein Dutzend kleiner Strände und Buchten laden rund um die Insel zum meist einsamen Baden ein.

Auch auf Schinoússa leben die Einwohner vorwiegend von Viehzucht, Ackerbau und vom Fischen, inzwischen aber auch immer mehr vom Tourismus. Entlang der Hauptstraße sieht man überall "Rooms for rent"-Schilder. De facto gibt es nur einen Ort, das Dorf *Schinoússa*, wegen seiner Kirche auch Panagía genannt, ansonsten nur den Weiler Messariá und einige Häuser am Hafen. Insbesondere südlich des Ortes werden viele Häuser außerhalb auf die Hänge gebaut. Anders als bei den anderen kleinen Kykladen liegt der Hauptort nicht direkt am Hafen, sondern knapp 1 km entfernt auf einer Bergkuppe. Bei der Ankunft in der schmalen, tiefen Bucht deshalb nur ein schmuckloser Kai und gerade mal fünf, sechs Häuser – umso mehr überrascht der hübsche Ort oben.

Größe: 8,5 qkm, bis zu 5 km lang. Höchste Erhebung gerade 120 m.
Bevölkerung: ca. 100 ständige Bewohner.
Straßen: Eine breite Betonstraße führt vom Hafen hinauf ins Dorf.
Wichtige Orte: nur Schinoússa/Panagía.
Unterkunft: wenige am Hafen, fast alles in Panagía und am Tsiggoúri-Strand. Dutzende Neubauten, viele noch nicht fertig.

Baden: Livádi und Tsiggoúri sind die nächsten Strände, ansonsten viele Buchten und kleine Sandstrände rund um die Insel.
Karte: Im "Tourist Information Center" von Giorgios Grispos gibt es ein fotokopiertes Faltblatt mit Karte und einigen Infos zu kaufen. Empfehlenswert, weil alle Wanderwege und Badebuchten eingezeichnet sind.
Postleitzahl: 84300.

Panagía

Vom Hafen 15 Min. zu Fuß, vorbei am Trinkwasserbrunnen, der Panagía mit Wasser versorgt. Kleiner, ländlicher Ort, links und rechts der Hauptstraße weiße Häuser und einige Gässchen, Hühnergegacker, Bauern auf dem Weg zum Feld, nur sehr selten ein Auto. Man bemüht sich, den kargen Ort zu begrünen, die Straße entlang hat man Bäume gepflanzt. Da der Ort so hoch liegt, hat man einen guten Überblick über die Insel, zwischen den Häusern kann man auch immer wieder zum Meer hinunterschauen. Rund um Panagía, insbesondere südlich des Dorfes, wird kräftig gebaut. Linker Hand steht die stolze *Panagía-Kirche*, in der eine wertvolle Ikone der Heiligen Jungfrau aufbewahrt wird (eine alte Frau hat den Schlüssel, Ausländer werden aber nicht gerne hineingelassen). In der örtlichen Volksschule werden nur noch wenige Kinder unterrichtet.

• *Adressen* **Arzt**, an der Straße Richtung Messariá. ✆ 22850-71385.

Einkaufen, größerer Supermarkt hinter der Kirche an der Hauptgasse, mehrere kleine Mini-Märkte an der Hauptgasse.

Post in einem Wohnhaus links der Straße.

Schinoussa Tourist Information Center, am Ortseingang auf der linken Seite, geführt von Giorgios Grispos. Zimmer, Schiffstickets, internationales Zeitungsangebot, Inselkarten, Telefon mit Zähler sowie Auskünfte aller Art. ✆ 22850-71930.

Telefon, Kartentelefone im Hafen und an der Platia in der Chóra, Telefon mit Zähler bei Giorgios Grispos.

• *Übernachten* **Sunset**, ganz neu erbaut, ein richtiges Hotel mit schönem Hafenblick. ✆ 22850-71948.

Anesis, neun geräumige DZ mit Bad, Kühlschrank und Mini-Balkon, toller Blick auf Irakliá. Immer heißes Wasser, weil elektrisch geheizt. Der Vermieter ist auch der "Taxidriver" der Insel, holt die Gäste mit dem Kleinbus vom Hafen ab. Herr Stratos ist ein knallharter Geschäftsmann, Handeln ist selbst in der NS nicht möglich. ✆ 22850-71180.

Pothiti, Frau Pothiti vermietet über der Taverne drei Zimmer mit hellen und sauberen Bädern, Balkon und Gemeinschaftskühlschrank am Gang. Wegen der Taverne nicht ganz leise. Zusätzlich vermietet Frau Pothiti auch wenig attraktive DZ mit Gemeinschaftsbädern in einem Haus am Ortseingang. ✆ 22850-71184.

Provaloma, Taverne am Fußweg nach Messariá, etwa 5 Min außerhalb des Dorfes. Hübsche, große Zimmer, alle mit Bad, für gehobene Ansprüche, jedoch nur in der HS geöffnet. ✆ 22850-71936.

Meltemi, am südlichen Ortsausgang links und rechts der Gasse. Hübsche Zimmer, alle mit Bad und tollem Blick auf die Insel. Leider nur in der HS geöffnet. ✆ 22850-71195.

• *Essen & Trinken* **Pothiti**, einzige Taverne im Ort, die auch in der Vor- und Nachsaison geöffnet ist. Man wird sogleich in die Küche gebeten, die man sich besser nicht so genau anschaut. Griechische Gerichte mittlerer Qualität, Preise okay.

Provaloma, am Fußweg nach Messariá gelegen, die teuerste und sauberste Alternative, gilt unter Touristen als eins der besten Restaurants der Insel. Leider nur in der HS geöffnet.

Panorama, an der Hauptstraße und, wie der Name sagt, mit schönem Blick.

• *Cafés/Bars* **To Kentro**, Kafenion, Geschäft und Taverne in einem.

Café-Pub Margarita, bescheidene Ansätze eines Nachtlebens. Wie immer alles in Blau, Disco-Musik, von der Terrasse fantastischer Blick auf Irakliá und Íos.

Ostria, am Ortseingang, etwas abseits der Hauptstraße, schön zum Sitzen.

Ziele auf der Insel

▸ **Mersíni**: kleine Sandbucht neben dem Hafen, es gibt aber schönere Strände, die auch von Mersíni leicht zu erreichen sind.

• *Übernachten/Essen & Trinken* **Plito Chrisou**, zweistöckiges weißes Gebäude in liebevoll angelegtem Garten, sehr freundlicher Hausherr, acht schöne Zimmer mit Balkon bzw. Veranda, einige mit Blick aufs Meer. Frühstück und verschiedene Gerichte auf Bestellung.

Mersini, malerische Fischtaverne mit Meeresblick, den Fisch holt der Wirt selbst aus dem Meer, immer frisch. Auf Bestellung auch Hummer. Etwas teurer.

▸ **Tsigoúri**: 10 Min. ab Panagía, in der Nähe vom Ortseingang rechts ab und steil hinunter. Relativ sauberer Sandstrand mit weit ausladenden Tamarisken, die mit ihren Zweigen richtige Höhlen bilden. Strandschläfer wurden in den vergangenen Jahren meist toleriert, doch mittlerweile gibt es die neuen "Tsigouri Beach Villas" mit Taverne. ✆ 22850-71175.

▸ **Livádi**: gleich neben Tsiggoúri, aber nur über den Pfad am südlichen Dorfausgang zu erreichen. Ebenfalls Sand, allerdings wenig Schatten.

▸ **Messariá:** Von Panagía nach Messariá geht die Straße hinter der Kirche links ab. Der breite Schotterweg zieht sich durch karge Landschaft, kaum Grün unterwegs, Bruchsteinmauern durchziehen die Felder. Messariá ist um einen Hügel herum angelegt und wirkt heute wild und ursprünglich. Zahlreiche Häuser sind verfallen, nur die kleine Kirche wird gepflegt. Nur eine Handvoll Menschen wohnen hier im Winter, eine Familie und ein paar alte Leute. Im Winter sitzen sie abends oft zusammen, um sich Gesellschaft zu leisten. Derzeit baut man gerade einige der halb verfallenen Häuser wieder auf, vielleicht ist es doch noch nicht zu spät für das Dorf.

▸ **Psilí Ámmos:** ca. 30 Min. nördlich von Panagía, in Messariá rechts an der Kirche vorbei und den nächsten Weg wieder rechts (beschildert). Sandstrand in einsamer Bucht mit Steilküste rechts und links. Schönes Farbenspiel des Meeres, Schatten unter Olivenbäumen. Die Maschenzäune sind nicht schön, aber notwendig, um die angepflanzten Büsche und Bäumchen vor Ziegen zu schützen.

▸ **Órmos Almirós:** zweigeteilte, sehr hübsche Sandbucht an der Ostseite der Insel, von Panagía ca. 25 Fußminuten. In der Nebensaison herrlich ruhig, im Sommer gibt es eine Snackbar.

> **Inselfeste:** am 25. März Fest in Messariá an der kleinen Kirche. Größtes Fest ist am 15. August das Fest der *Panagía* – nach dem Gottesdienst Essen für alle, Tanz und viel Spaß. Weiteres Fest kurz nach Ostern (Datum hängt vom Ostertermin ab). Am 6. Dezember Nikolaus-Fest an der Kapelle in Hafennähe.

Epáno Koufonísi

Ganz anders als die lang gezogene Schwester Káto Koufonísi, eine unbewohnte Weideinsel. Epáno Koufonísi liegt dick und rund im Meer. Weiß gekalkte Häuser ziehen sich großzügig die Hänge westlich und östlich des Hafens hinauf, ein auffallender Kontrast zu den meist ärmeren Dörfern der Nachbarinseln. Unter den Erimonísia gibt es hier zweifellos den meisten Tourismus, der sich zudem in den letzten Jahren noch deutlich gesteigert hat – im Sommer wird es richtig voll.

Durch die ertragreichen Fischgründe rund um die Insel sind die Bewohner zu Wohlstand gekommen und errichten inzwischen eifrig immer mehr Unterkünfte für die zunehmende Zahl an Besuchern. Epáno Koufonísi ist zwar winzig, besitzt aber von allen Kleinen Kykladen das höchste Touristenaufkommen, vor allem Italiener prägen im Sommer das Flair der Insel. Auf engem Raum gibt es einige herrliche Naturschauspiele, so im Osten eine wunderschöne Felsküste in allen Farben von gelb bis tiefrot – kleine Grotten, Salzwasserbecken, das Meer dazu hellgrün bis dunkelblau, zwischendrin kleine, sandige Buchten und jede Menge Badegelegenheiten.

Epáno Koufonísi (Chóra)

Sehr lang gezogene Ortschaft, weiträumig verteilt. Unten am Strand und mitten im Ort mehrere größere Lokale, östlich der Bucht schmucke weiße Häuser

Größe: 3,8 qkm.

Bevölkerung: 280 ständige Bewohner, die überwiegende Zahl lebt vom Fischfang, einige von Landwirtschaft und Viehzucht, inzwischen auch viele vom Tourismus.

Wichtige Orte: Epáno Koufonísi ist der einzige Ort, unterteilt in Paralía (Strand) und Chorió (Dorf), mittlerweile aber zusammengewachsen.

Straßen: eine betonierte Straße ins Inselinnere, die bald in eine breite, recht holprige Staubstraße übergeht. Eine schmale Betonstraße führt durch das Dorf, außerdem eine breite Staubpiste zum Charakópou-Strand.

Unterkunft: Privatzimmer mittlerweile reichlich überall im Ort, im nahen Umkreis und am Strand, ansonsten bei Fínikas am Charakópou-Strand.

Baden: sehr schöne Strände und kleine Sandbuchten im Osten und Norden, der Westen ist Steilküste. Zusätzlich gute Bademöglichkeiten auf Káto Koufonísi.

Karte: gibt es bisher (noch) nicht zu kaufen. Direkt am Anleger steht ein großer Übersichtsplan, der wahrscheinlich nach einer Luftaufnahme gezeichnet wurde.

Postleitzahl: 84300

an der Seefront, einige stattliche Gebäude am Hang. Westlich vom Strand führt eine Straße ins Dorf, dann links hinauf – weiße, eng aneinander gebaute Häuser, kleine Seitengässchen. In fast jedem Haus werden Zimmer vermietet, doch vieles ist nur in der Hauptsaison geöffnet. Am Ende der Straße auf dem Weg zu einer sauberen Kiesbucht nur noch vereinzelte Häuser. Folgt man dem Weg in Richtung *Mühle*, sieht man rechter Hand frische Ausgrabungen. Dort fand man Überreste einer alten Behausung – aus welcher Zeit, ist noch nicht geklärt. Weiter den beleuchteten Weg entlang, gelangt man zum *Órmos Pariános*, dem Fischerhafen.

Epáno Koufonísi
Karte Seite 383

● *Verbindungen* Mittlerweile besitzt jeder größere Zimmervermieter einen Kleinbus oder zumindest einen alten Jeep, um die Gäste vom Hafen abzuholen. Auch **Finikas** fährt seine potenziellen Mieter kostenlos zum Charakópou-Strand (Details siehe dort). Im Sommer ist der Transport zu den Stränden auf Epáno Koufonísi und zu Buchten der Nachbarinseln Káto Koufonísi und Kéros gut organisiert. Die Boote fahren nach Bedarf (Auskünfte beim Ticketverkäufer im Ort).

● *Adressen* **Arzt** an der Straße zur Chóra. ✆ 22850-71370.

Einkaufen, Supermärkte direkt am Strand und an der Hauptgasse im Ort.

Post unmittelbar hinter dem Dorfstrand eine Stichstraße nach links, dann nach 100 m rechts.

Schiffstickets, im oberen Teil des Ortes auf der rechten Seite, dort kann man auch Kaikiausflüge buchen.

Telefon, an der Betonstraße vom Strand zum Dorf, schräg gegenüber von "Katerina Studios".

● *Information* Die **Website** der Insel ist www.koufonisos.com

● *Übernachten* Dutzende neuer Privatquartiere sind überall im Dorf und unten am Strand entstanden (DZ ca. 25–50 €), sogar einige Hotels gibt es inzwischen.

Ägeon, C-Kat., neues Hotel am Strand, 13 Zimmer, guter Standard zu nicht gerade niedrigen Preisen. DZ ca. 60–120 €. ✆ 22850-74050, 📠 74056.

Villa Ostria, östlich oberhalb des Hafens, 10 ordentliche Zimmer mit Du/WC, schöne Terrassenbar mit Blick über den Hafen, freundliche Vermieter. ✆ 22850-71671, 📠 71672.

Lefteris, am Ortsstrand, zweistöckiges Gebäude mit Balkon auf den Innenhof, dort eine Taverne. Hübsche, rustikal eingerichtete Zimmer in verschiedenen Größen, alle mit Du/WC. ✆ 22850-71458.

Katerina, im unteren Dorfbereich, nahe des Ortsstrands links der Gasse. Acht DZ mit sauberem Bad und Balkon, z. T. Kühlschrank und Kochgelegenheit. Helles Mobiliar, bunte Gardinen, jeden zweiten Tag Zimmerservice durch die warmherzige Besitzerin. ✆ 22850-71670.

Kapetan Nikolas, einige Zimmer direkt über der Taverne, weitere in einem großen

Haus direkt daneben. Jedes mit eigenem Kühlschrank, aber teilweise mit Gemeinschaftsbad. Toller Blick auf die Bucht hinter dem Ort. ℘ 22850-71690, 71471.

Acrogiali, auf der anderen Seite des Strands unmittelbar am Meer. Fünf hübsche DZ mittlerer Größe mit Bad, Balkon und Gemeinschaftskühlschrank. Von zwei Zimmern Superblick aufs Meer. ℘ 22850-71685.

Camping, seit einigen Jahren hinter Fínikas Taverne am Charakópou-Strand. Gelände relativ eben, einige Bäume sowie Schilfmatten geben Schatten, harter Sandboden mit Steinen. Nur in der HS. ℘ 22850-71683.

● *Essen & Trinken* Pizza auf der Speisekarte fast jeder Taverne deutet an, welche Nation den Großteil der Sommertouristen stellt.

Kapetan Nikolas, empfehlenswerte Fischtaverne am Westende des Dorfes, Terrasse mit Blick aufs Meer, sehr beliebt. Preise okay.

Melissa, älteste Taverne im Ort, auch viel frischer Fisch und Fleischspezialitäten. Ebenfalls sehr beliebt und fast immer voll. Superschnelle Bedienung durch die Töchter und Söhne des Hauses, Preise im Rahmen.

Lefteris, großer Innenhof mit lustiger Bestuhlung direkt am Strand, Wirt nett, aber meist gestresst, große Auswahl an Fischspezialitäten.

Giorgios, im Osten der Bucht, Restaurant bzw. Fischtaverne auf hübscher Terrasse. Der Wirt ist selbst Fischer, die Taverne bietet aber auch leckere Omelettes und Salate. Nur in der HS geöffnet.

Ouzeri Maria, vom Hafen kommend unmittelbar vor Kapetan Nikolas, schöner Platz zum Sonnenuntergang, gute *méze*.

● *Nachtleben* Findet in den Café-Bars am Strand, im Ort und bei Finikas statt.

Sorokos, eine der beliebtesten Nachtbars am Strand.

Nikitas, am Westende des Dorfstrands ein paar Stufen hinauf. Tagsüber Strandbar, abends wird kräftig getanzt.

Kalamia, Musikcafé an der Betonstraße vom Strand zum Dorf, mit Internetzugang.

Scholio, schön hergerichtete Bar in der ehemaligen Schule am nördlichen Ende der Hauptgasse durchs Dorf.

To Steki, Jugendtreffpunkt der Griechen im Ort an der Hauptgasse.

Ziele auf der Insel

In der Hafenbucht feiner Sandstrand, allerdings ist das Wasser nicht so sauber, kein Schatten. Ein Fußpfad führt zur südlichen Ostküste, dort kommt man schon nach knapp zehn Minuten zur ersten und beliebtesten Badebucht namens Charakópou. Viele weitere folgen entlang der ganzen Küste, z. T. sehr schön, die meisten gut zugänglich.

▶ **Charakópou:** drei lang gestreckte Sandstrände, im Sommer immer viel los, wenig Schatten. Hier ist das Territorium von Finikas. Er betreibt direkt am Strand eine Taverne mit reichhaltigem Angebot rund um die Uhr (Spezialität: Fischsuppe) sowie ein kleines Geschäft, vermietet Zimmer verschiedener Qualität (℘ 22850-71368) und betreibt einen Campingplatz, den einzigen der Kleinen Kykladen (→ Übernachten).

▶ **Órmos Póri:** traumhafter Sandstrand, ein paar Buchten weiter. In den kleinen Dünen glitzert gebleichtes Seegras silbrig in der Sonne, im Norden ragen riesige bizarre Felsen in das Wasser hinein. Kein Schatten, keine Taverne, also Verpflegung mitnehmen. Im Sommer kommen Badekaikis hierher, ansonsten zu Fuß durchs Inselinnere oder die Küste entlang, je ca. 45 Min.

▶ **Inselumrundung:** in etwa 2 Std. zu machen, einen richtigen Weg gibt es aber nur bis zum Órmos Póri. Im Weiteren muss man sich selbst einen Weg entlang der Küste suchen (gutes Schuhwerk) oder einem breiten Weg durchs Inselinnere zurück zum Dorf folgen (letztere Variante dauert insgesamt nur wenig mehr als eine Stunde).

> **Inselfeste**: am 23. April Fest des *Ágios Geórgios* an der Dorfkirche und im Hafenbereich. Am 15. August Fest der *Panagía* an der gleichnamigen Kirche auf der Schwesterinsel Káto Koufoníssi. Größtes Fest der Insel ist jedoch Finikas' Geburtstag, Termin: irgendwann im Sommer!

Weitere Inseln im Umkreis

▶ **Káto Koufoníssi**: lang gestreckt zwischen Schinoússa und Epáno Koufoníssi, nach Osten eindrucksvoll-bizarre Küstenlinie in schräg abfallenden Gesteinsschichten. Nur im Sommer leben ein paar Viehzüchter auf der ansonsten nur von einigen Totalaussteigern bewohnten Insel. Inzwischen setzen in der Hauptsaison täglich Badeboote von Epáno Koufoníssi über – der Tipp, um einen ruhigen Tag zu verbringen! Seit einigen Jahren gibt es auch eine kleine Taverne auf Káto Koufoníssi, die aber nur im Sommer geöffnet hat.

▶ **Kéros**: ebenfalls Badeboote ab Epáno Koufoníssi, steil und bergig, mit 432 m höchster Gipfel der Kleinen Kykladen. Heute nur noch von halbwilden Ziegen bewohnt, die hier zwecks Milch und Käseerzeugung heimisch gemacht wurden. Südlich der Insel mehrere felsige Klippeninselchen. Bekannt wurde Kéros hauptsächlich wegen des prähistorischen Gräberfelds an der Westküste, gegenüber dem Inselchen *Daskalió*, in dem man Hunderte von Marmoridolen gefunden hat. Die beiden schönsten sind der *Flöten-* und der *Harfenspieler* – einzigartig in ihrer Eleganz und Harmonie der Formen. Die beiden etwa 20 cm hohen Skulpturen gehören zu den bedeutendsten Stücken der Kykladenkultur und sind im Archäologischen Nationalmuseum in Athen ausgestellt.

Donoússa

Lang gezogene, sehr gebirgige Insel, weit entfernt vom Rest der Inselgruppe. Dominierend ist der 383 m hohe Papás. Besonders reizvoll: die Inselumrundung zu Fuß!

Donoússa hat genauso viele Bewohner wie Irakliá und Schinoússa, trotzdem wirkt es kleiner und unbedeutender. Zumindest in der Nebensaison ist es eine Oase der Ruhe. Vor wenigen Jahren war es hier auch im Sommer noch relativ ruhig – doch mittlerweile quillt die Insel im August fast über. Allerdings sind es fast nur griechische Touristen oder kurzzeitig heimkehrende "Auswanderer" aus Athen. Bei der Einfahrt in den Hafen erscheint der Hauptort *Ágios Stavrós* zunächst weitläufig, in Wirklichkeit konzentriert sich aber alles Leben auf den kompakten kleinen Kern. Die drei anderen Inseldörfer – *Messariá*, *Mersíni* und *Kalotarítissa* – verfügen erst seit wenigen Jahren über Elektrizität, produziert in einem kleinen Ölkraftwerk bei Ágios Stavrós. Zwar wurde unterhalb von Mersíni mit EU-Mitteln auch eine Versuchsanlage mit Sonnenkollektoren gebaut, doch ist sie nie in Betrieb gegangen und verrottet nun allmählich.

Bis heute ist Donoússa fast autofrei. Bereits vor vielen Jahren hat man zwar begonnen, eine Fahrpiste nach Kalotarítissa im Nordwesten zu bauen und sie mittlerweile auch fertig gestellt. Trotzdem gibt es lediglich eine Handvoll

Donoússa
Karte Seite 383

Fahrzeuge und einige Mopeds auf der Insel, im Sommer ergänzt durch einen LKW mit Lebensmitteln.

Größe: 13 qkm.

Bevölkerung: ca. 130 Einwohner im Winter, man lebt von Fischfang, Viehzucht, Landwirtschaft und zunehmend auch vom Tourismus.

Wichtige Orte: der Hafen Ágios Stavrós (auch Donoússa genannt).

Straßen: eine Asphaltstraße führt nach Kalotarítissa im Norden, ansonsten gibt es nur wenige kurze zementierte Stücke, z. B. hinauf zur Kirche Panagía und bei den Sonnenkollektoren von Mersíni.

Unterkunft: einige Privatzimmer in Ágios Stavrós, wild Zelten ist in der Kéntros-Bucht erlaubt.

Baden: Hauptbadestrände sind der Ortsstrand von Ágios Stavrós und die Kéntros-Bucht. Die anderen Strände sind über Land schwer zugänglich, man kann jedoch Fischerboote finden, die einen hinbringen.

Karten: Eine grobe Karte der Insel gibt es im Gemeindebüro und bei "Nikitas" sowie im "Meltemi".

Hafenbüro (im To Kyma): ✆ 22850-51566.

Postleitzahl: 84300.

Ágios Stavrós/Donoússa-Ort

Ein winziger, recht hübscher Ort in typischer Kykladenarchitektur – schmale Gässchen, die weiß gekalkten Häuser eng aneinander und übereinander gebaut, um die Kirche prachtvolle blumengeschmückte Terrassen. Das ganze Dorf erscheint wie eine große Familie, tatsächlich sind fast alle miteinander verwandt, zumindest sehr gut bekannt. Im Sommer kommen die Angehörigen von den größeren Inseln und aus den Städten am Festland, überall herrscht Hochstimmung, das im Winter ausgestorbene Dorf erwacht zu neuem Leben und platzt fast aus den Nähten.

Der sandige, etwa 200 Meter lange Ortsstrand *Órmos Stavrós* bietet wegen seiner zentralen Lage nicht unbedingt das wahre Vergnügen, im Hochsommer ist wegen der eingeleiteten Abwässer vom Baden abzuraten. Besser man geht die paar Minuten hinüber zum Órmos Kéntros.

● *Verbindungen* Zu Fuß oder mit einem Fischerboot. Fährtickets werden vor der Abfahrt am Hafen verkauft.

● *Adressen* **Arzt**, im Gemeindehaus, den Weg rechts an der Kirche vorbei. ✆ 22850-61306.

Einkaufen, Supermarkt in einem Seitenweg der südlichen Hafenpromenade unterhalb der Dorfkirche. Ansonsten kann man das Nötigste im Kafenion, bei Nikitas und in einem wenig Vertrauen erweckenden Gemischtwarenladen einkaufen. Es gibt sogar einen Bäcker, der nicht nur gutes Brot backt, sondern auch leckeren Kuchen (nur im Sommer geöffnet).

Post im Gemeindehaus, keine festen Öffnungszeiten.

Schiffstickets, neben der Taverne von Nikitas im Hafen.

Telefon, OTE-Büro in der links vor dem Gemeindehaus abzweigenden Gasse.

● *Übernachten* Trotz vieler neu errichteter Häuser kommt es im Sommer zu Engpässen.

Skopelitis, kleine Bungalows mit Garten an der Mitte vom Ortsstrand. ✆ 22850-51586.

Nicholas Sigalas, der Besitzer der Taverne "To Iliovasilema" (→ Essen & Trinken) vermietet acht geräumige Zimmer mit Bad, sein Haus befindet sich direkt in der Nachbarschaft der Taverne. ✆ 22850-51570.

Voula Prasinou, wenige Meter rechts des Betonwegs zur Kirche Agios Ioannis, schöne Lage im Hang, ca. 120 m vom Stavrós-Strand. Drei Studios mit Aussichtsterrasse. ✆ 22850-61455.

Nikitas Markoulas, einfache Zimmer im alten Teil des Dorfes, ziemlich weit oben am Hang. Toller Blick auf die Bucht. Fragen Sie in Nikitas' Taverne. ✆ 22850-51566.

Zentraler Treffpunkt auf Donoússa: die Taverne "To Kyma"

• *Essen & Trinken* Die Auswahl ist nicht groß, aber es gibt vier Tavernen und eine Pizzeria (alle nur in der Hauptsaison geöffnet), jede mit ihrem eigenen Reiz.

Aposperitis, Ouzerie direkt am Strand, reizvoll durch die Lage. Sehr hübsch hergerichtet, den Fisch holt der Wirt selbst aus dem Meer.

To Kyma, schon allein wegen Nikitas' uriger Taverne ist Donoússa eine Reise wert! Frisches, gutes Essen, reichhaltige Portionen, fast immer ist die Taverne voll, man sitzt oben auf der windgeschützten, heimeligen Terrasse oder eine Etage tiefer, direkt auf der Gasse über dem Hafen. Da Nikitas nur eine kleine Küche hat, gibt es nicht jeden Tag alles, aber er sorgt für Abwechslung. Einer seiner Söhne checkt die Bestellungen, die nicht nach Tischnummer, sondern nach Namen gehen. Gelegentlich spielen die Einheimischen abends die traditionelle Inselmusik Nissiótiko, dann wird in ausgelassener Stimmung die Nacht durchgemacht.

Meltemi, auf einer Dachterrasse, wird von Nikos geführt und gilt als die beliebteste Taverne bei deutschen Touristen. Solide griechische Küche – Fisch, Gegrilltes, Moussaká. Schöner Blick.

To Iliovasilema, gegenüber dem Ortskern auf der anderen Seite des Stavrós-Strandes. Hier kocht der Chef Nicholas die üblichen Fisch- und Fleischgerichte. Toller Blick auf den Ortskern Stavrós und die vorgelagerten (unbewohnten) Inseln.

• *Nachtleben* Das Nachtleben geht in den Tavernen los, setzt sich im "Breakfast" fort und endet meist in der Kéntros-Bucht.

Breakfast-Blue Lagoon, morgens Frühstückslokal, abends Bar und manchmal auch Disco, etwas teurer. Besitzer ist ein Grieche, der in Berlin wohnt.

Ziele auf der Insel

Die einzige Straße führt nach Kalotarítissa im Norden der Insel. Ansonsten ist Donoússa sehr gebirgig, so dass auch näher gelegene Buchten zu Fuß schlecht zu erreichen sind. Was auf der Karte nah aussieht, ist weiter weg, als man denkt. Gutes Schuhwerk, Trinkwasser und Proviant sollten bei Wanderungen immer dabei sein.

▶ **Órmos Kéntros:** Hauptbadebucht der Insel, schöner Sandstrand, im Rücken von einer Natursteinmauer begrenzt. Leider kein Schatten, es gibt aber ein paar Bambushütten (im Sommer jedoch meist belegt), Zelten wird bisher toleriert. Von Ágios Stavrós in einer Viertelstunde zu erreichen, vor der Kirche Panagía rechts ab. In der Nebensaison FKK üblich.

▶ **Vathí Limenári:** tief eingeschnittene Felsbucht mit etwas Sand und Steinen unterhalb von Messariá, etwa 45 Min. ab Ágios Stavrós. Zum Schnorcheln empfohlen. Auf der Landzunge östlich davon hat man eine *Siedlung* aus geometrischer Zeit (900–700 v. Chr.) entdeckt, von der aber nicht viel zu erkennen ist.

▶ **Livádi:** Strand mit ganz feinem Sand unterhalb von Mersíni, einige wenige Bäume. Zu Fuß anstrengende 1,5 Std. ab Ágios Stavrós, beim Abstieg von Mersíni muss man immerhin 180 Höhenmeter überwinden. Im Sommer per Kaiki in 20 Min. zu erreichen. In der Nachbarschaft eine weitere Badebucht, von der man ebenfalls nach Mersíni hinaufsteigen kann.

▶ **Kalotarítissa:** kleiner Ort im Norden, nur noch von einer Handvoll Familien bewohnt. Der benachbarte schöne *Órmos Roússa* besteht aus feinem, weißem Sand und ist durch ein vorgelagertes Inselchen vor den Nordwinden geschützt. Im Sommer verkehren Kaikis und eine Taverne ist geöffnet.

▶ **Inselumrundung:** Auf Eselspfaden kann man in einem halben Tag ganz Donoússa umrunden, ein rares Vergnügen auf den großteils steilen und bergigen Ägäis-Inseln. Der Weg lohnt sehr, weil man viel von der Insel sieht, außerdem unterwegs an etlichen guten Stränden vorbei kommt. Es geht von Ágios Stavrós zunächst Richtung Osten am Órmos Kéntros vorbei (→ oben). Zuerst passiert man das Dörfchen *Messariá* (Charaugi) mit seinen weißen Häusern. Von dort läuft man weiter nach *Mersíni*, rundum Gemüse- und Obstanbau auf Terrassen. Etwas unterhalb die größte "Inselsehenswürdigkeit": eine Quelle mit herrlich erfrischendem Wasser unter Platanen, wunderschöne Stelle! Zwischen Terrassen und am Osthang des Papás geht es schließlich nach *Kalotarítissa* mit prima Bademöglichkeiten am Sandstrand Órmos Roússa. Von dort auf der Straße entlang der steilen Nordwestküste zurück nach Ágios Stavrós. Je nach Gangart dauert die Wanderung 4–5,5 Std.

Inselfeste: am 14. September findet in Ágios Stavrós die "Kreuzerhöhungs"-Prozession statt.

Amorgós

Amorgós, die schweigende Insel. Schiefergebirge, die ins Meer stürzen, ein Kloster, das wie ein Schwalbennest in der Felswand hängt, versteckte Dörfer, die vor noch nicht allzu langer Zeit noch ohne Elektrizität waren, einsame Badebuchten. Zwar gibt es mittlerweile zahlreiche Mopeds und Autos auf Amorgós – aber noch immer spürt man den wohltuenden Kontrast zu den "Straßeninseln" Náxos und Páros. Wandern ist angesagt.

Die östlichste Kykladeninsel ist kein Massenziel. Trotzdem entwickelt sich auch hier mittlerweile erheblicher Tourismus (auch in der Nebensaison) – Alternativszene, Ruhesuchende und Wanderer mittleren Alters aufwärts. Neben Deutschen auch viele Franzosen, denn der Mitte der Achtziger teilweise beim Kloster Chosowiótissa und in der Chóra gedrehte Taucherfilm "La grande bleu" ('The big Blue") bzw. "Im Rausch der Tiefe") von Luc Besson war in Frankreich ein Renner. Amorgós ist auch beliebt für Daueraufenthalte, Überwinterung etc. Die Aura eines "Geheimtipps" umweht die Insel noch immer und zieht jedes Jahr mehr Neugierige an – insofern ist Amorgós auch ein Beispiel dafür, wie schnell sich eine Insel verändern kann.

Amorgós
Karte Seite 398/399

Größe: 120 qkm, Länge 28,5 km, Breite zwischen 2,5 km und 10 km. Höchster Gipfel mit 821 m der Kríkelos im äußersten Nordosten.

Bevölkerung: ca. 1500 Einwohner.

Wichtige Orte: Katápola – der Südhafen, Chóra – Hauptort, Ägiáli – Nordhafen, Langáda und Tholária – Bergdörfer im Norden.

Straßen: Ende der Neunziger wurden viele der ehemaligen Schotterpisten asphaltiert, so die Strecke von der Chóra nach Ägiáli an der Nordwestküste sowie die Stichstraßen nach Langáda und Tholária. Die Verbindung Katápola-Chóra ist schon länger betoniert. Des weiteren die Straßen von der Chóra zum Kloster Chosowiótissa sowie zum Agía Ánna-Strand und in den Inselsüden bis zur Kirche Agía Paraskeví kurz hinter Kolofána. Danach führt eine breite Erdpiste zur äußersten Südwestspitze.

Entfernungen: Katápola – Chóra ca. 5 km, Chóra – Ägiáli ca. 12 km, Chóra – Kolofána 19 km.

Auto-/Zweiradverleih: Zweiräder und Autos werden in Katápola, der Chóra und Ägiáli verliehen.

Tankstellen: eine auf halbem Weg von Katápola zur Chóra hinauf, eine zweite am Ortsrand von Ägiáli.

Unterkunft: Hotels, Privatzimmer und Camping in Katápola und Ägiáli, etliche Privatzimmer in der Chóra, Langáda und Tholária.

Baden: Amorgós ist keine ausgesprochene Badeinsel – felsige Buchten mit Kies und Sand sind zwar über die ganze Insel verstreut, aber meist nicht sehr attraktiv. Kleinere Strände liegen bei Katápola, der längste Inselstrand bei Ägiáli.

Wandern: Auf der ganzen Insel wurden fast sämtliche Wanderwege mit Holzschildern vorbildlich gekennzeichnet. Ziel, Richtung und Wanderzeiten sind angegeben. Verirren ist damit so gut wie ausgeschlossen.

Karten: Sehr detailliert ist die neue GPS-kompatible Karte "Amorgós" des Anavasi Verlags (1:40.000). Besonders interessant für Wanderer sind die zahlreichen Fuß- und Maultierwege, die erst 2002 mit GPS aufgezeichnet wurden und jeweils mit Kommentaren versehen sind. Sehr gut ist außerdem die Karte "Amorgós" des Athener Verlags "Road Editions" (1:40.000).
Für Wanderungen ist auch die schon ältere Karte des Deutschen Dr. Georg Perreiter zu empfehlen. Sie ist im Fährticketbüro in Katápola erhältlich.

Postleitzahl: 84008

Die lange, schmale Insel ist eigentlich in zwei Teile geteilt: den stärker besiedelten Südwesten mit *Katápola*, dem wichtigsten Hafen und der malerischen *Chóra* hoch darüber, und den Nordosten mit zwei hübschen Bergdörfern und dem Hafenort *Ägiáli*. Zwischen beiden Inselteilen verläuft eine asphaltierte Straße, man kann aber auch auf einem alten Eselspfad eine Wanderung von Süd nach Nord unternehmen. Tourismus spielt sich hauptsächlich im Hafen Katápola, in der Chóra und in Ägiáli ab, in zunehmendem Maße auch in den nicht mehr ganz so ruhigen Bergdörfern im Inselnorden. Man pendelt hin und her, fährt zu den schönen kleinen Badebuchten unterhalb des Klosters *Chosowiótissa*, verbringt die Abende in den Tavernen – außer Wandern gibt's sonst nicht viel zu tun. Generell zum Baden auf Amorgós: Die zahlreichen Buchten an der Nord- und Nordwestküste leiden unter den Strömungs- bzw. Windverhältnissen und sind oft teer- und müllverschmutzt. Viel sauberer wirken die Strände an der Südostküste, sind jedoch häufig schwer zu erreichen, da die Steilhänge oft Hunderte von Metern zum Meer abfallen.

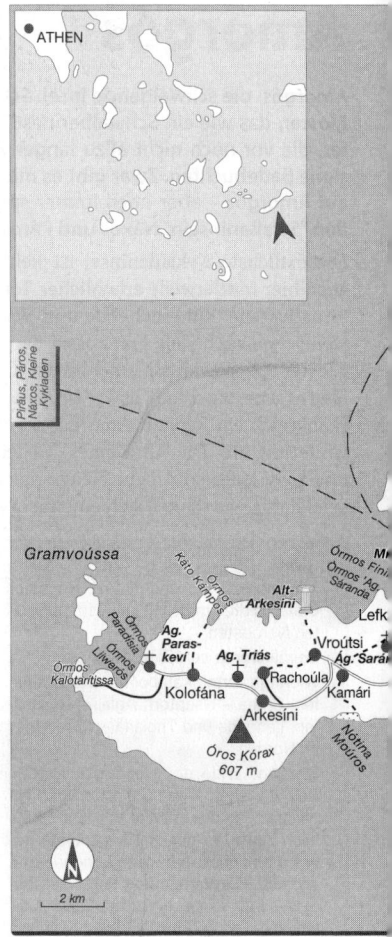

Geschichte

Auf Amorgós hat man überdurchschnittlich viele *Marmoridole* aus dem 3. Jt. v. Chr. gefunden, augenscheinlich war die Insel eine Art Zentrum der kykladischen Kultur. Unumstrittener Höhepunkt ist ein fast lebensgroßes *weibliches Idol* (exakt 1,48 m hoch), das heute im Kykladen-Museum von Athen ausgestellt ist und als ein Meisterwerk der frühen Monumentalplastik gilt. Seine fast abstrahierten Formen sind so behutsam und sparsam modelliert, dass die Figur unglaublich modern wirkt und voll und ganz dem künstlerischen Ideal unserer heutigen Zeit entspricht. Henry Moore, einer der bedeutendsten zeitgenössischen Bildhauer, soll hellauf begeistert gewesen sein, als er das Idol von Amorgós zum ersten Mal zu Gesicht bekam.

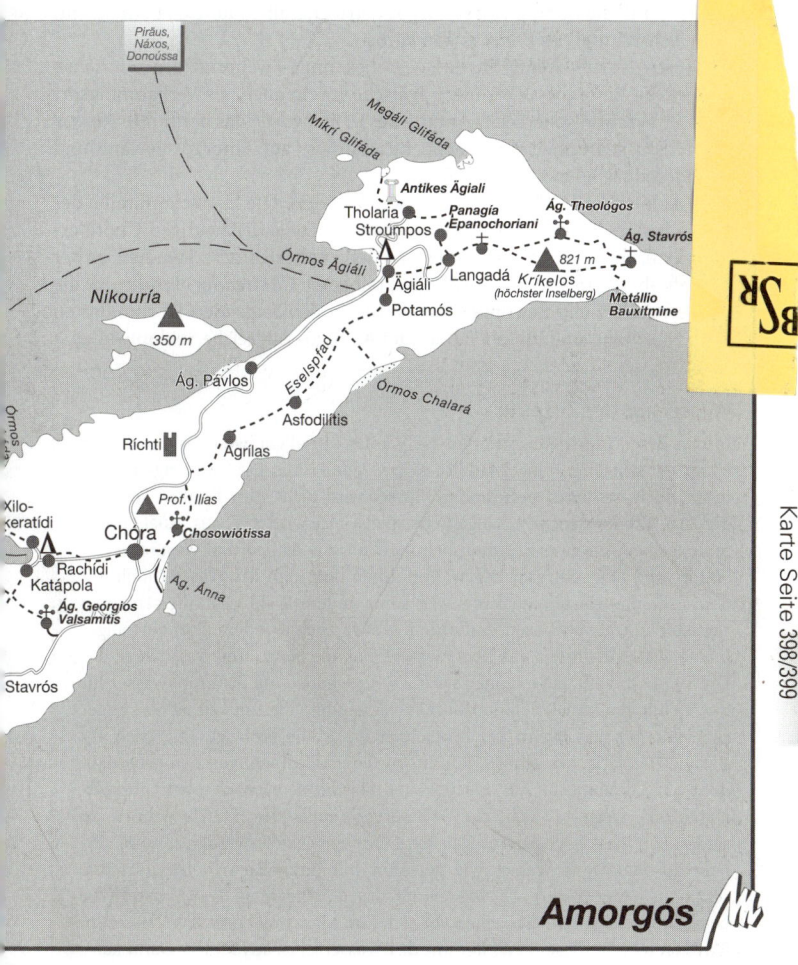

Aus der Antike ist die Existenz dreier Städte überliefert, Überreste von allen drei konnten entdeckt werden. *Minóa*, die älteste, wurde, wie der Name sagt, im 2. Jt. v. Chr. von minoischen Kretern angelegt, Reste hat man auf einem Felsenkap südlich vom heutigen Hafen Katápola gefunden. *Arkesíni* (auf einem Steilfelsen im Südwesten von Amorgós) und *Aigialé* (bei Tholária im Inselnorden) wurden ab etwa 1000 v. Chr. von Ionern aus Náxos gegründet.

In klassischer Zeit (nach den Perserkriegen) trat auch Amorgós dem *Attisch-delischen Seebund* bei – aus der niedrigen Besteuerung kann man ersehen, dass die wirtschaftliche Bedeutung der Insel schon damals gering gewesen sein muss. Der jährliche Beitrag von Amorgós betrug nämlich nur exakt ein Talent, d. h. ein Achtzehntel des Beitrags von Páros!

Im Weiteren ist nur wenig Historisches bekannt – während der *römischen Epoche* wurde Amorgós, wie andere ägäische Inseln auch, als Verbannungsort genutzt. In byzantinischer Zeit, Anfang des 9. Jh., wurde das berühmte *Kloster Chosowiótissa* gegründet, das erheblichen Einfluss auf Amorgós gewann und sogar andere Inseln kolonisieren konnte.

Ab 1207 kamen die *Venezianer* auch nach Amorgós. Die Herrscherfamilie der Ghizi (→ Insel Santoríni) ließ ein Kastell an der Stelle der heutigen Chóra errichten. Danach wechselten sich verschiedene venezianische Familien in der Herrschaft ab, bis 1507 der osmanische Freibeuter *Chaireddin Barbarossa* die Insel übernahm. Viele Bewohner wanderten in den folgenden Jahrhunderten ins nahe Náxos aus, und Piraten fanden auf Amorgós zahlreiche Schlupfwinkel.

Wasser aus der Zisterne

In den Bergdörfern von Amorgós ist Wasser, vor allem, wenn es im Winter kaum geregnet hat, eine kostbare Ware. Jedes Haus hat seine eigene Zisterne, doch das darin gesammelte Wasser wird nicht zum Trinken verwendet. Das Trinkwasser von Langáda beispielsweise wird z. T. aus Ägiáli, größtenteils aber von zwei Brunnen heraufgeholt, die östlich und westlich rund 900 m vom Dorf entfernt liegen. Von ihnen holt man das Wasser noch mit dem Esel, da der steinige Stufenweg keine andere Wahl lässt, die schweren Kanister zu transportieren. Außerdem gibt es noch in jedem Dorf eine allgemeine Zisterne, in der das Regenwasser, das die Stein- und Betonwege des Dorfes hinabfließt, aufgefangen wird. Es wird jedoch nur als Tränkwasser für das Vieh und zum Gießen der Blumen verwendet. Sparsamkeit ist also angesagt. Was passiert, wenn der Fortschritt die Mühe erübrigt, zeigt sich am Beispiel Tholária: Vor einigen Jahren wurde ein Pumpenhäuschen gebaut, in dem ein Dieselmotor das Quellwasser für das Dorf nach oben pumpte. Daraufhin steigerte sich der Wasserverbrauch der Dorfbewohner so schlagartig, dass nach kurzer Zeit die Pumpe abgestellt werden musste. Sobald die Leute das Wasser wie gewohnt mit ihren Eseln holen mussten, senkte sich der Verbrauch wieder auf das übliche Maß. Jetzt "rostet" die Dieselanlage in ihrem Häuschen vor sich hin. Manchmal geht das Wasser im Sommer aus. In diesem Fall kommt das Wasserschiff aus Piräus. Dann kann es passieren, dass man einige Tage Knappheit leidet oder gar auf dem Trockenen sitzt, da das Schiff auch andere Inseln versorgen muss und die Organisation im Argen liegt.

Wirtschaft

In der Antike war Amorgós für seine kostbaren *purpurgefärbten Gewänder* bekannt, die aus Flachs gewebt wurden. Heute ist die Insel karg und wasserarm. Landwirtschaftlicher Anbau kann nur in kleinem, mühevollem Rahmen betrieben werden, größere Ebenen fehlen, höchstens Viehzüchter haben ihr Auskommen. Die Abwanderung ist groß, fast alle jüngeren Bewohner haben die Insel verlassen, die traditionelle Terrassenwirtschaft wird allmählich aufgegeben. Der Tourismus hat zwar neue Perspektiven sichtbar werden lassen, doch die meisten Tavernenwirte und Zimmervermieter kommen nur im Sommer aus Athen herüber. Dauerhaft wohnen höchstens noch 1500 Menschen auf Amorgós – ein Grund wohl dafür, dass die Insel als Überwinterungstipp für Zivilisationsflüchtlinge galt und noch immer gilt.

Essen & Trinken

Genuine Inselspezialitäten gibt es kaum. Am ehesten bekommt man sie in den dörflichen Tavernen im Norden von Amorgós, z. B. in Langáda bei Níkos Ziegen- bzw. Zickleinfleisch und Kichererbsenbrei (Kichererbsen werden auf Amorgós angebaut). Die Tavernen im Hafen Katápola servieren meist durchschnittliche griechische Küche. Inselwein vom Fass gibt es nur sehr selten, z. B. im "Askas" in Ägiáli.

Inselfeste

Im Südteil von Amorgós: am 26. Juli Fest bei der großen Kirche *Agía Paraskeví* im äußersten Inselwesten (Endstation des Inselbusses); am 8. September wird auf dem Steilfels von Arkesíni der *Geburtstag der Muttergottes*, am 21. November im Kloster Chosowiótissa das *Erscheinen der Muttergottes-Ikone* gefeiert.
Im Nordteil von Amorgós: in Ägiáli am 7. August Fest der *Dorfkirche Christos*, am 15. September Fest von *Ágios Stavrós*; in Tholária am 1. Juli Fest der Hauptkirche *Ágii Anárgyri* und in Langáda am 15. August großes *Panagíri*. Bei all diesen Festen nach der Kirche Essen für alle, Musik und Tanz!
Höhepunkt im ansonsten eher ruhigen Inselleben ist jedoch das *Osterfest*. Ilse Fath-Engelhardt, eine langjährige Amorgós-Kennerin, beschreibt das Osterfest in *Langáda*:
"Die Vorbereitung und Einstimmung auf das große Fest beginnt bereits Wochen vorher. In der gesamten *Fastenzeit* essen streng orthodox Gläubige keinerlei Fleisch und nur ein einziges Mal Fisch. In der *Karwoche* dürfen zusätzlich keine Milchprodukte und verschärft am Karfreitag kein Öl verzehrt werden. Auch für den Popen ist die Karwoche besonders fordernd: Jeden Abend werden die Kirchenglocken genau zum Sonnenuntergang geläutet, und dann beginnt er seine Liturgie, die jeden Abend länger, lauter und feierlicher gesungen wird und über Lautsprecher durchs ganze Dorf schallt. Am *Karfreitag* hört man ihn schon am Vormittag, und abends findet eine Prozession durchs Dorf statt.
Am *Karsamstag* wird von Sonnenuntergang bis 3 Uhr nachts eine Messe gehalten. Das ganze Dorf ist versammelt, die Stimmung ist so festlich wie bei uns zu Weihnachten, jeder hat seine besten Sachen angezogen. Kurz vor zwölf treten der Pope und die Gemeindemitglieder mit Kerzen, die am Osterlicht entzündet worden sind, auf den Kirchenvorplatz heraus. Dort steht schon ein Predigtpult bereit, von dem der Pope den Segen gibt und aus der Bibel vorliest. Punkt zwölf werden die beiden Kirchenglocken im feierlichen Rhythmus geläutet, der Pope liest weiter vor, wieder wird geläutet usw. Jetzt zündet die männliche Dorfjugend ihre Kracher, von weit her detoniert ein Kanonenschlag. Schließlich macht sich der Pope wieder auf, in die Kirche zurückzukehren,

Amorgós
Karte Seite 398/399

aber – so will es ein witziger alter Brauch – das geht nicht, da ihm ein alter Mann von innen die Tür versperrt. Ein Dialog findet zwischen ihnen statt, in dem der Pope in der Rolle des auferstandenen Christus den Alten, der die Rolle des Satans übernommen hat, bittet und immer schärfer auffordert, die Tür zu öffnen, damit das Licht Christi eintreten könne (vor dem Auszug aus der Kirche wurde das Licht gelöscht, nur die Osterkerzen brennen). Als alles nichts fruchten will, holt der Pope aus und rennt buchstäblich die Tür ein mit den Worten: "Das Licht Christi ist stärker als du". Danach wird in der Kirche weiter die Messe gefeiert, indem der Pope und abwechselnd zwei Vorsänger verschiedene Bibeltexte rezitieren.

Mittlerweile haben sich die Leute am Vorplatz *"kaló páscha"* (Frohe Ostern) und *"polí kroniá"* (viele Jahre) gewünscht. Die Versammlung löst sich langsam auf, man geht nach Hause, wo verlockend nach der langen Fastenzeit der Festtagsschmaus wartet: Innereiensuppe (eine Spezialität, bei der alle Innereien des Osterzickleins oder -lamms feingeschnitten und mit frischen, aromatischen Bergkräutern gewürzt werden) und Zicklein- oder Lammbraten.

Am *Ostersonntag* finden spät nachmittags auf dem Kirchenplatz akrobatische Vorführungen der Jungen statt: Sie machen nacheinander Handstandüberschläge über drei von ihresgleichen, die einen Bock bilden. Es könnte sich dabei um eine traditionelle Brautwerbungssitte handeln, da die Mädchen im heiratsfähigen Alter ihren Liebsten zusehen. Danach wird in den Tavernen die ganze Nacht mit Tanz und Musik gefeiert. Beim Tanz beginnen stets zwei Männer (sie bezahlen die Kapelle für ihre Runde), die schließlich ihre weibliche Verwandtschaft ob jung, ob alt auffordern. Um ihnen eine Pause zu ermöglichen, spendieren Freunde und Verwandte unter den Zuschauern den Tänzern immer wieder Raki, den Tänzerinnen kleine Schokoladentafeln, die diese freudig dem Kreis der Ihren zuwerfen.

Auch am *Ostermontag* feiert man von abends bis in die frühen Morgen weiter. Zuvor wird allerdings noch eine in Männerkleider gestopfte Strohpuppe, die den Judas darstellt, gleichzeitig aber auch an einen Frühlingsbrauch erinnert, in die Luft gesprengt."

Verbindungen von und nach Amorgós

Die Verbindungen im Sommer sind recht gut, außerhalb der Saison leidlich. Fähren ab **Piräus** fahren nach Amorgós im Hochsommer mehrmals wöch, in der Nebensaison etwa 1–2 x wöch., Deck/Pullmannsitz (Economy Class) etwa 21 € pro Pers., billigster Kabinenplatz ca. 37 €. Unterwegs werden zahlreiche Inseln angelaufen, darunter *Sýros*, *Páros* und *Náxos*, dementsprechend lang und zäh ist der Trip, mit 9 Std. muss man rechnen. Weiterfahrt dann gelegentlich hinüber zum Dodekanes: Astipálea, Tílos, Kos, Kálymnos, Rhódos oder Iráklion (Kreta) etc.

Vom nahen **Náxos** gibt es nach Amorgós im Hochsommer fast tägliche Verbindungen mit der kleinen "Express Skopelítis", die unterwegs in aller Regel Iráklia, Schinoússa, Epáno Koufonísi und eventuell Donoússa anläuft, ab Náxos dauert das gut 6 Std.. Auf Amorgós wird zunächst *Ägiáli* im Inselnorden angelaufen (jedoch nicht immer, vorher erkundigen!), danach ist Endstation in *Katápola* im Inselsüden.

Seltene Idylle: der Hafen von Amorgós

Verkehr auf der Insel

Busse: insgesamt recht spärlicher Verkehr und nur auf den gängigen Strecken. Die häufigsten Fahrten von Katápola hinauf zur Chóra und weiter zum Kloster Chosowiótissa bzw. zum Strand von Agía Ánna. Weitere tägliche Verbindungen zwischen der Chóra und Ägiáli. Von der Chóra in den Süden der Insel nur etwa 3 x wöch. bis Órmos Paradísia. Im Inselnorden gibt es einen mittlerweile gut frequentierten Pendelverkehr zwischen Langáda, Ägiáli und Tholária. Details unter den jeweiligen Orten.

Mietfahrzeug: mehrere Anbieter in den Hafenorten.

Eigenes Fahrzeug: bitte kein eigenes Fahrzeug mitbringen – Amorgós ist eine Oase der Ruhe. Es tut der Insel nicht gut, wenn die Fremden anfangen, die bescheidenen Straßen als Sightseeing-Strecken zu missbrauchen.

Katápola

Wichtigster Hafen der Insel, herrliche Lage in einer tief eingeschnittenen Meeresbucht, dahinter die prächtige Szenerie der Inselberge. Katápola besteht aus drei Ortsteilen, die sich um die Bucht verteilen: der Hafen Katápola im Süden, Rachídi in der Mitte und Xilokeratídi im Norden.

Katápola ist neben Ägiáli im Norden der beliebteste Inselstandort, es gibt reichlich Zimmer, diverse gut besuchte Tavernen und sogar einen (spartanischen) Zeltplatz. Zumindest in der Nebensaison herrscht dennoch wohltuende Stille – dann kann man stundenlang im Schatten sitzen und die ruhige Inselatmosphäre genießen, die wenigen Autos sind an zwei Händen abzuzählen.

Eine lange Promenade lädt zum Bummeln ein, der Blick aufs ruhige Wasser, auf Netze flickende Fischer und schaukelnde Boote gibt einem das Gefühl, hier wirklich noch in Griechenland zu sein. Einzige "Sehenswürdigkeit" ist die Kirche *Panagía Katapolianí* in einer Parallelgasse über der Hafenmole. Im Vorhof liegen einige spärliche Steine mit antiken Inschriften – Bruchstücke eines antiken Apollo-Tempels, der hier angeblich stand, später wurde eine frühchristliche Basilika darüber gebaut. Gegenüber der Kirche haben Ausgrabungen neben der Villa Katapoliani (→ Übernachten) weitere historische Mauern zum Vorschein gebracht. Besonders hübsch ist auch der Ortsteil *Xilokeratídi*, wo sich hinter der Uferfront einige pittoreske, weiß gekalkte Gässchen mit üppiger Blumenpracht verbergen sowie einige Tavernen zum gemütlichen Essen einladen.

Verbindungen

• *Schiff* Die Linienschiffe fahren, von Náxos kommend, meist erst **Ägiáli**, später **Katápola** an (auf der Rückfahrt umgekehrt): in der Hauptsaison fast tägl., in der Nebensaison aber nur 1–2 x die Woche. In jedem Fall vorher aktuelle Informationen einholen, sonst bleibt man unter Umständen länger in einem Hafen hängen, als einem lieb ist.

• *Bus* Busse pendeln in der Hauptsaison stündlich auf der Strecke **Katápola – Chóra – Kloster Chosowiótissa – Agía Ánna**, in der Nebensaison mehrmals täglich. Auch zwischen dem **Süd- und Nordteil** von Amorgós stellen Busse mehrmals tägl. die Verbindung her: in der HS bis zu 4 x, in der NS mindestens 2 x, am Wochenende nur 1 x. Wer in den **Südwesten** will, kann von der Chóra aus etwa 3 x wöch. in die Dörfer Kamári, Vroútsi, Arkesíni und Kolofána (Endstation am Órmos Paradísia) fahren, Details im Kapitel "Inselwesten".

Abfahrt aller Busse an der kleinen Platía an der Hafenfront, Ortsteil Katápola.

• *Taxi* ☎ 6937-883838, 6944-743090.

Adressen (s. Karte rechts)

• *Arzt* **Medical Center** an der Uferstraße kurz vor der Straße zur Chóra. ☎ 22850-71207.

• *Bäcker* **Mavros Bakery**, in einem Natursteingebäude am Hafen. Immer frisches Brot, Pita, Pizzen und zahlreiche Süßigkeiten.

• *Einkaufen* Zwischenzeitlich vier **Supermärkte (11+17)** an der Hafenfront. Echt urig ist der Laden von Iannis hinter der Platia, wo sich die Angebote bis zur Decke stapeln.

• *Fährtickets* An der Hafenfront, in einem wunderschönen **Kafenion (10)** der alten Sorte – müsste eigentlich unter Denkmalschutz stehen. Der sehr nette ältere Herr verkauft engagiert seine Tickets. Weiterer Verkauf direkt gegenüber der **Anlegestelle (16)**.

• *Friseur* Amorgianischer Haarschnitt gefällig? **Simone**, gelernte Friseurin aus Deutschland, hat ihren kleinen Salon in Xilokeratídi und bietet nebenbei gebrauchte Bücher an (An- und Verkauf).

• *Geld* **Bank** mit Geldautomat an der Hafenpromenade.

• *Hafenamt* In einer Seitengasse der Hafenplatia, 24 Std. offen. ☎ 22850-71259.

• *Motorverleih* **Auto Motor Thomas (19)**, kurz vor der Brücke an der östlichen Hafenfront von Katápola. Sehr freundlicher englischsprachiger Chef Thomas. Jedes Jahr neue Modelle, stets perfekt gepflegt. ☎ 22850-71777.

• *Tankstelle* Auf halbem Weg zwischen Katápola und Chóra.

Übernachten (s. Karte rechts)

Mittlerweile in allen drei Ortsteilen reichlich Möglichkeiten, hauptsächlich Privatzimmer. In der Regel angenehme Unterkünfte, die auch preislich noch erfreulich sind. Warmwasser rund um die Uhr, Kühlschrank und Kochgelegenheit sind oft inbegriffen. Die Zimmervermieter geben sich beim Einlaufen der Fähre noch nicht ganz so aufdringlich wie auf den großen Tourismus-Inseln.

• *Katápola* **Minoa (6)**, C-Kat., gleich an der kleinen Platía am Anleger, gute Unterkunft, modern, 10 Zimmer, Wirtin achtet auf Sauberkeit, Betten mit weiß gekalkten Stein-

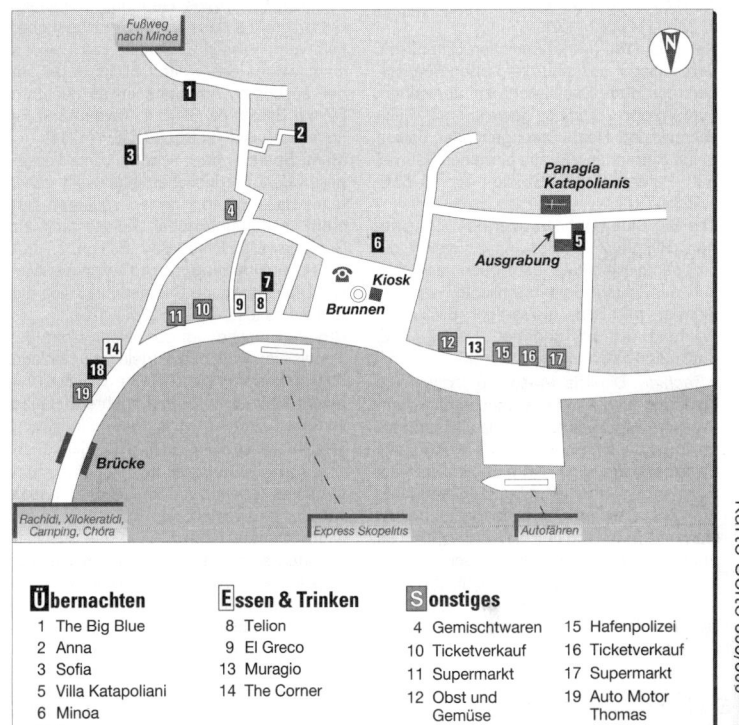

Fußweg nach Minóa

Panagía Katapolianís

Ausgrabung

Kiosk

Brunnen

Brücke

Rachídi, Xilokeratídi, Camping, Chóra

Express Skopelítis

Autofähren

Übernachten

1 The Big Blue
2 Anna
3 Sofia
5 Villa Katapoliani
6 Minoa
7 Amorgos
18 Katapola

Essen & Trinken

8 Telion
9 El Greco
13 Muragio
14 The Corner

Sonstiges

4 Gemischtwaren
10 Ticketverkauf
11 Supermarkt
12 Obst und Gemüse
15 Hafenpolizei
16 Ticketverkauf
17 Supermarkt
19 Auto Motor Thomas

Katápola

Amorgós

Karte Seite 398/399

fundamenten. DZ mit Bad ca. 30–55 €. ℰ 22850-71480, 📠 71003.

Anna (2), unsere Empfehlung, vom Hafen ein paar Schritte ein Gässchen rauf. Freundliches großes Haus mit rot gestrichenen Türen und Fenstern (vom Hafen leicht zu sehen). Bildschöner Garten mit Blumen, in dem man schnell Kontakt zu anderen Gästen findet, Zimmer weitgehend modern, sehr ruhig, gute Bäder mit Warmwasser, Kühlschrank am Gang, auch Kochgelegenheit vorhanden. DZ mit Bad ca. 22–40 €. Neu gebaute Studios in direkter Nachbarschaft ab 32 €. ℰ 22850-71218.

Amorgos (7), direkt an der Hafenfront, etwas älter, einfach, aber sehr sauber, geführt von der freundlichen Evangelia Mavrou. 14 Zimmer, fast alle mit Bad und TV, z. T. mit Küche. DZ ca. 22–40 €. ℰ 22850-71013.

Villa Katapoliani (5), neueres Haus, schräg gegenüber der gleichnamigen Kirche, 20 Zimmer mit Aircondition und TV, geführt von Stamatia. Modernes Mobiliar, kleine Bäder, teils große Terrassen, Kühlschrank am Gang, von der Dachterrasse Blick aufs Meer. DZ ca. 25–40 €. Außerdem werden 6 neue Apartments an der Straße Richtung Chóra für 45–65 € vermietet. ℰ 22850-71064, E-Mail: katapol@otenet.gr

Sofia (3), am Südrand der Stadt. 12 geräumige Zimmer auf zwei Etagen. Sehr sauber. Vom Hafen aus Richtung Pension Anna, die Treppengasse weiter hinauf, dann links durch den Torbogen. DZ mit Bad ca.

22–40 €, ohne Bad entsprechend billiger. ℘ 22850-71493, ✆ 71021.

Katapola (18), an der östlichen Hafenfront. Vom Anleger aus sind die großen Buchstaben auf dem Dach nicht zu übersehen. Fünf große Studios, jeweils mit Kühlschrank und Herd. Durchgehender Balkon (ohne Abtrennung für die einzelnen Räume) mit Hafenblick. DZ/Studio ca. 25–50 €. ℘ 22850-71007.

The Big Blue (1), hoch über dem Ort gelegen, Richtung Pension Anna, weiter die Treppengasse hinauf, ganz oben nach 30 m auf der linken Seite. Schlichte, saubere Zimmer mit Bad, großartiger Blick. Nur während der HS geöffnet. DZ ca. 35 €. ℘/✆ 22850-71094.

● *Rachídi* **Dimitris Place**, im Ortsteil Rachídi mit der Kirche, etwas zurück vom Wasser, beschildert. Wer das Ursprüngliche und Originelle sucht, ist hier richtig. Der kontaktfreudige ältere Dimitri hat sein Reich in 20 Jahren aufgebaut – Unterkünfte bungalowartig in einem großen, üppigen Garten, Umgebung ländlich und sehr ruhig, jedes Zimmer etwas anders, Küchenbenutzung, Kühlschrank, Bäder einfach, aber okay. Für Familien auch zwei Zimmer nebeneinander. DZ mit Bad ca. 20–35 €. ℘ 22850-71309.

● *Xilokeratídi* **Agios Georgios Valsamitis**, C-Kat., großes Haus auf einem Hügel oberhalb vom Wasser, 25 Zimmer mit Balkons, lohnt wegen des weiten Blicks in die Hügel, ansonsten Ambiente etwas nüchtern, DZ mit Balkon ca. 30–45 €, Taverne mit Panoramaterrasse. ℘ 22850-71228, ✆ 71147.

Maria Spanos, paar Schritte vom Wasser, beschildert. Freundliches, blau-weiß gehaltenes Haus mit sehr netten, sauberen Zimmern, Kiefernholzmöbel, Kühlschrank am Gang, jeweils kleines Bad, Balkon, z.T. Küche, Zentralheizung, 24 Std. warmes Wasser. Die nette junge Gastgeberin Maria bietet DZ für ca. 22–40 €. ℘ 22850-71253.

Urania, hübsche, auf der halben Höhe des Hügels in Xilokeratídi gelegene Anlage. Frau Urania von der Taverne Gavallas vermietet insgesamt 20, auf mehrere Häuser verteilte Zimmer mit Bad. Einrichtung schlicht. DZ ca. 20–35 €. ℘ 22850-71275.

● *Camping* **Amorgos**, von der Kommune geführtes Gelände an der Uferpromenade, von der Anlegestelle ca. 200 m links, noch hinter Ortsteil Rachídi. Für den wenigen Schatten sorgen einige Mattendächer, am Platzrand eine Reihe hoher Zypressen. Außer sanitären Anlagen und kleiner Bar bisher keine Einrichtungen, lockerer Umgangston. Warmes Wasser 24 Std. ℘ 22850-71802, 71251, ✆ 71257.

Essen & Trinken/Nachtleben (s. Karte auf S. 405)

Gutes Angebot an Tavernen, vom Ambiente her wunderschön mit herrlichem Blick auf die Bucht. Von echten Amorgianern werden allerdings nur noch "The Corner", "Muragio", "Vitzentzos" und "Gavallas" geführt.

The Corner (14), preiswerte, griechisch gebliebene Küche. Spezialitäten von Níkos sind Souvláki, Lammkoteletts und Moussaká. Lockere, angenehme Atmosphäre, guter offener Hauswein.

Muragio (13), wenige Schritte von der kleinen Platía an der Hafenfront entfernt. Das ganze Jahr über geöffnet, noch ziemlich griechisch, typisch blau lackierter Innenraum, meist gute Auswahl.

Vitzentzos, auf der anderen Seite der Hafenbucht, in Xilerokatídi. Sehr ansprechendes und gutes Essen. Man sitzt hübsch unter dichten Tamarisken, innen nett dekoriert.

Gavallas, kleine, saubere Fischtaverne neben "Vitzentzos", freundliche Wirtin Urania, Retsína vom Fass.

Psaropoula, direkt an der breiten Hafenpromenade in Xilokeratídi. Großer Innenraum, schneller Service, gutes Essen. Fischspezialitäten, mittleres Preisniveau.

● *Snacks* **Frianderie Telion (8)**, Café an der Hafenfront, erstklassiges Gebäck, bestes Frühstück in Katapola, sympathische junge Chefin Stamatia.

In der Nachbarschaft an der Hafenpromenade viele neue Café-Bars, z. B. **Amorgos** und **El Greco (9)**. Außerdem im Ortsteil Xilokeratídi das Eiscafé **Dodoni**.

● *Nachtleben* **Andrea**, direkt hinter der Uferpromenade, Frühstück, Beach-Bar und Restaurant, geführt von einem freundlichen italienischen Paar. Spezialität ist eine mit Käse, Tomaten, Auberginen und Olivensauce gefüllte Pastete. Im Sommer oft Live-Musik.

Le Grand Bleu, Disco-Pub im Ortsteil Xilokeratídi. Tipp: in der Saison hier jeden Abend (21 Uhr) auf Englisch kostenlose Vorführung des Films "The deep Blue".

Katápola/Baden und Umgebung

▶ **Strände in der Hafenbucht:** Westlich von Katápola liegt ein schmaler, von einer Mauer begrenzter *Kiesstrand* – nah am Ort, aber nicht sonderlich attraktiv und etwas verschmutzt. Ein Stück weiter steht die kleine Kirche der *Panagía* mit tonnengewölbtem Dach. Im Umkreis hat man schon vor Jahrzehnten eine Reihe frühkykladischer Gräber entdeckt, die mittlerweile nicht mehr auszumachen sind.

Besser badet man an der Nordseite der Bucht. Am Ortsende von Xilokeratídi liegt kurz nach dem Friedhof ein etwa 300 m langer Kiesstrand, ziemlich schmal (3–5 m) und nicht ganz sauber. Danach geht man bis zur Kapelle *Ágios Panteleímonas* auf einer Landzunge, dort findet man ein paar kleine Buchten, die ganz leidlich sind. Von Ágios Panteleímonas kommt man außerdem auf einem gut erkennbaren Trampelpfad in nordwestlicher Richtung zum feinen, weißen Sandstrand *Maltézi*, die schönste Badestelle im gesamten Órmos Katápola, der aber nur 150 m lang und dementsprechend überfüllt ist.

▶ **Minóa:** Die spärlichen Ruinen einer altgriechischen, später römisch besiedelten Stadt liegen über Katápola. Vom oberen Ortsende führt südwärts ein deutlich sichtbarer Weg den Berghang hinauf und trifft bald auf eine Fahrpiste. Diese hinauf bis zum Sattel *Mármara* mit Kapelle Stavrós, ab Katápola ca. 20 Min. Oben angelangt rechts den Seitenweg nehmen, noch ca. 10 Min. Alternative: Die Fahrpiste hinauf beginnt im Hinterland von Katápola und ist von der Hafenfront bei einem Bike-Shop zu erreichen (später beschildert, anfangs nicht). Minóa hat eine typische Wehrlage hoch über dem Meer – toller Blick auf Katápola, rüber bis Náxos und landeinwärts auf Chóra und Profítis Ilías. Das Gelände ist teilweise umzäunt, aber durch ein kleines, unverschlossenes Tor frei zugänglich. Ausgrabungen wurden 1981–1991 von der Archäologin Lila Marangou durchgeführt. Gefunden hat man Reste eines *Tempels*, eines *Gymnasiums* (Sportstätte) aus hellenistischer Zeit, einer römischen *Zisterne* und, über einen Pfad zu erreichen, Ruinen einer *Akropolis*.

▶ **Wanderung vom Sattel Mármara zum Kloster Valsamítis:** Etwa 200 m südwestlich des Abzweigs nach Minóa in Richtung Léfkes zweigt bei einem unbewohnten Haus ein Weg nach links ab. Diesen geht man etwa 100 m weit, dann führt ein Trampelpfad ins Inselinnere, auf dem man zum Kloster Valsamítis kommt (→ S. 414), ab Katápola ca. 1,5 Std. Der Abzweig ist markiert mit einem Steinmännchen. Vom Kloster kann man bequem zur Chóra zurücklaufen.

▶ **Órmos Finíkia:** nächste Bucht südlich von Katápola, jenseits vom Berghang, schattenlos und viele Algen, kaum besucht. Vom Hafen den gerade beschriebenen Weg nach Minóa nehmen, am Sattel aber nicht rechts, sondern auf dem Hauptweg bleiben und kurz vor dem Weiler *Léfkes* den Hügel hinunterlaufen, ca. 1 Std. ab Katápola. Auch per Moped über eine breite Staubpiste zu erreichen.

▶ **Órmos Ágii Saránda:** 10 Min. westlich vom Finíkia-Strand, tief eingeschnittene Bucht mit Palmen, Sand und Kies, reichlich dreckig. Der Saumpfad führt weiter in den Südwesten von Amorgós, nach Kamári und Vroútsi (→ "Südwesten der Insel").

Amorgós
Karte Seite 398/399

Zur Chóra führt eine asphaltierte Straße, häufige Busse. Wer laufen will, nimmt den alten Maultierpfad, der ebenfalls das Tal hinaufführt, Beginn im Ortsteil Rachídi links der Asphaltstraße (→ Skizze), Dauer eine knappe Stunde. Beschreibung in umgekehrter Richtung im Abschnitt "Chóra".

Chóra

Ein Gewirr von Würfelhäusern und engen, schattigen Gässchen, aus Furcht vor Piraten hoch oben an den Bergkamm geschmiegt. Integriert ins Ortsbild Dutzende von strahlend weißen Kirchlein und Kapellen. Das Ganze für Autos gesperrt und überragt von einem knorpeligen Felszahn, auf dem einst das venezianische Kástro stand.

Fürs Auge ein Genuss ist das Wechselspiel von uralten Bruchsteinruinen und frisch gekalkten Kykladenhäuschen mit Türstöcken aus Marmor, hier und dort sind antike, frühchristliche bzw. mittelalterliche Bruchstücke eingebaut. Abseits der gewundenen Hauptgasse verlaufen schmale, holprige Treppenwege, dazwischen findet man kleine, intime Plätze und verschwiegene Winkel. Noch Mitte der Achtziger galt die Chóra von Amorgós als Quintessenz des "unverdorbenen" griechischen Insellebens. Inzwischen regt sich frischer Wind: Moderne Unterkünfte wurden errichtet, Wohnhäuser renoviert und in großer Zahl neu erbaut, schicke Cafés bringen Atmosphäre zwischen die weißen Mauern. Viele Einheimische wohnen den Winter über nicht mehr in der Chóra, sondern kommen nur noch in der warmen Jahreszeit vom Festland, um sich hier ihr Geld zu verdienen. Auch haben zahlreiche Athener mittlerweile Ferienhäuser erworben. Dennoch ist die Chóra wegen der Atmosphäre noch immer ein Tipp: nicht überlaufen, freundliche Einheimische, meist kommt man leicht ins Gespräch.

Nachruf: Bis Mitte der Achtziger des 20. Jh. saß er tagaus, tagein in seinem winzigen Laden an der Hauptgasse der Chóra – die Rede ist vom betagten Puppenmacher *Kostas Gerakis*. Geduldig fertigte er farbenfrohe Schattenspiel-Puppen aus gepresster Pappe, hauptsächlich Figuren aus Mythologie, Geschichte und Folklore. Im Zeitalter ohne TV und Kino war das Schattenspiel mit Puppen in Griechenland ein viel begehrtes Vergnügen. Ende der Achtziger starb Herr Gerakis, einer der letzten Vertreter dieser Kunst. Sein Sohn betreibt heute das Café "Vengera", in dem die Werke seines Vaters ausgestellt sind (→ Essen & Trinken).

● *Verbindungen* Bushaltestelle direkt am Ortseingang. Im Sommer häufige Busse nach **Katápola** und zum **Kloster Chosowi-ótissa**, nach Katápola Pendelverkehr oft bis ca. 22 Uhr. Achtung: In der Nebensaison fährt der letzte Bus schon früher hinunter nach Katápola. Wer ihn verpasst – der schöne, gemütliche **Fußweg** dauert ca. 45

Hoch oben in den Bergen: die Chóra von Amorgós

Min., kein Problem. Nach Ägiáli im **Inselnorden** gehen Busse in der HS bis zu 4 x tägl., in der NS 2 x, aber an den Wochenenden außerhalb der Saison nur 1 x; in den einsamen **Inselsüdwesten** 3 x wöch.

● *Adressen* **Apotheke** am Buswendeplatz, **Lebensmittelläden** an der Hauptstraße, **Post** und **Bank** an der hinteren Platia.

● *Übernachten* Viele günstige Privatzimmer ohne Komfort, zwischenzeitlich auch einige neu erbaute Pensionen mit solidem Standard.

Chora, kurz vor dem Ortseingang, auf einem Hügel oberhalb der Straße nach Katápola. Dank der exponierten Lage herrlicher Blick, sehr ruhig, gut ausgestattet, Zimmer mit großer Terrasse. ✆ 22850-71110, ✆ 71204.

Panorama, neues Haus am Ortseingang, 10 Zimmer mit Bad, Kühlschrank und teils Balkon (35–60 €) und 7 Studios mit Küche und TV oberhalb der Schule (60–75 €). ✆ 22850-74016, ✆ 71606.

Elias Kastanis, am unteren Ortsrand, an der Straße zum Kloster. Saubere Zimmer mit Balkon oder Terrasse, oben große Dachterrasse, ebenfalls schöner Blick. Im selben Haus auch 3 Studios und 4 Apartments. DZ ca. 25–40 €. ✆ 22850-71277, ✆ 71012.

Nikos Ludaros (führt ein Pantopolion/Lebensmittelgeschäft an der Hauptstraße), Pension mitten im Ort, unten drei unan-

sehnliche Zimmer mit Gemeinschaftsbad, im Obergeschoss vier DZ, ganz okay, drei sogar mit kleiner Teeküche (Kühlschrank und Gasherd), und Gemeinschaftsterrasse. DZ ca. 25–40 €. ✆ 22850-71216.

● *Essen & Trinken* **Kafenion Dimitri / To Kástro**, eins der ersten Häuser am Ortseingang, Kontaktbörse und einzige noch authentische Taverne, hier mischen sich noch Touristen und Einheimische. Einfache Gerichte, kleine Terrasse, in Ehren ergraute Wirtsleute. Als einziges Kafenion ganzjährig geöffnet.

Bayoko, am Ortseingang. Beim freundlichen jungen Paar Niki und Kostas gibt es Frühstück, Kaffee, Drinks und abends Cocktails. Spezialität ist die Bayoko-Pie mit einer speziellen Sauce. Im Obergeschoss modern und gemütlich eingerichtete Musik-Bar, in der bei guter Stimmung getanzt wird (in der HS tägl., in der NS nur an den Wochenenden).

Liotrivi, gute Taverne in einer ehemaligen Ölpresse. Hausgemachte Spezialitäten. Am unteren Dorfausgang rechts ein paar Stufen hinuntergehen. Etwas höhere Preise, die aber durchaus der Qualität des Essens angemessen sind.

Petrino, an der Hauptgasse. Pizza, Pasta, vegetarische Gerichte und Süßigkeiten, *tirópita* mit *féta* von Amorgós, guter Wein.

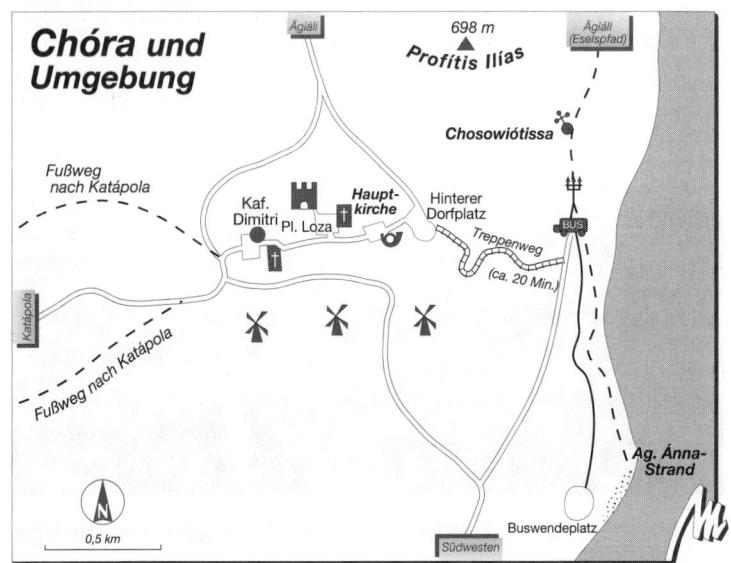

Chóra und Umgebung

698 m
▲
Profítis Ilías

Ágiáli

Ágiáli (Eselspfad)

Chosowiótissa

Fußweg nach Katápola

Kaf. Dimitri   Haupt-kirche

Pl. Loza

Hinterer Dorfplatz

BUS

Treppenweg (ca. 20 Min.)

Katápola

Fußweg nach Katápola

Ag. Ánna-Strand

Buswendeplatz

0,5 km

Südwesten

I Thea, Taverne mit Panoramaterrasse am hinteren Ortsende. Fleisch, Fisch, Spaghetti und viele Vorspeisen. Gute Lammgerichte. Ab 12 Uhr mittags offen.

● *Cafés* **Kath'Odon**, Platia Plateaki, Frühstück, Kaffee, traditionelle Vorspeisen, Salate und eine gute Auswahl an Aperitifs.

Zygos, gegenüber vom Museum, Weinranken über der Straße, darüber Dachgarten mit herrlichem Blick, frisch gepresste Säfte und prima Kuchen. An drei Samstagen im Monat griechische Musik und Tanz.

Vengera, geführt von Michalis, dem Sohn von Kostas Gerakis (→ S. 408). An den Wänden des modern eingerichteten Cafés sind die berühmten Puppen aufgehängt.

● *Shopping* **Ergastiri**, an der Hauptgasse, handgemachte Keramik, darunter reichlich Amorgós-Kitsch, aber auch einige schöne Stücke, vor allem die unglasierte Ware.

Sehenswertes: Bei der Bushaltestelle am Ortseingang die Gasse hinein. Schräg gegenüber von Dimitris' Kafenion steht die Doppelkirche *Ágii Pándes*, in der frühchristliche Säulen und Kapitelle verarbeitet sind. Gleich dahinter muss man rechts und gleich wieder links gehen, um auf die lange, gewundene *Hauptgasse* zu treffen, die sich durch die ganze Chóra zieht. Gegenüber vom Café Zygos passiert man das interessante *Archäologische Museum* in einem schönen historischen Haus aus dem 18. Jh. (Schild: "Archontiko Gavra"). Die Sammlung wurde von der Archäologin Lila Marangou aufgebaut, die Minoa ausgegraben hat (→ S. 407). Zu sehen sind Stücke vom Frühkykladikum bis in römische Zeit, hauptsächlich Skulpturen, Grabstelen, Inschriften und etwas Keramik. Höhepunkt ist ein über 2 m langer Tonpithos mit Skelettresten. Leider wurde ein Großteil der Funde bisher nicht ausgestellt.

Etwa auf gleicher Höhe des Museums führt links ein Gässchen zur großen Platia Loza mit der *Mitrópolis*, der Hauptkirche des Orts. Am anderen Platzende kann man auf breiten Stufen zum ehemaligen *Burgfelsen* hinaufsteigen, den höchsten Punkt der Chóra. Zutritt durch ein verschlossenes Kirchlein, knapp unterhalb der Spitze (Schlüssel bei Dimitris). Vom Kástro ist nichts mehr erhalten, nur ein paar Schiefermauern stehen hier oben, aber toller Blick auf das kubische Dächerlabyrinth und die Windmühlen auf den kahlen Hügeln rundum.

Ansonsten nimmt man die Hauptgasse bis zum Ortsende, dort geht es über einige Stufen zu einer großen Platia mit drei eng aneinander gebauten Kirchlein, kurz danach das Gymnasium und die Volksschule von Amorgós, am Ortsausgang schließlich ein Hubschrauberlandeplatz und der OTE-Sendeturm. Wenige Meter weiter beginnt ein malerischer Treppenweg zum Kloster Chosowiótissa, ausgeschildert mit "Monastíri" (→ unten).

Öffnungszeiten/Preise **Archäologisches Museum**, Mai bis Oktober Di–So 9–13, 18–20 Uhr. Eintritt frei.

▶ **Fußweg nach Katápola**: Spaziergang von einer knappen Stunde, leicht zu laufen, da gut ausgebaut und stetig bergab, sporadisch rot markiert. Der gepflasterte *Maultierpfad* beginnt etwa 500 m unterhalb der Chóra, an der Straße links bei einem Haus mit zwei großen Garagen. Der Beginn ist mit einem roten Pfeil markiert. Zwischen Steinmäuerchen läuft man auf lockerem Schiefergestein südlich um die Hügelkante herum, kreuzt unterhalb der *Tankstelle* die Asphaltstraße, kürzt noch querfeldein einige Kurven ab und trifft wieder auf die Straße. 150 m weiter unten überquert die Straße auf einer kleinen *Brücke* ein ausgetrocknetes Bachbett, das bis Katápola hinunterführt und dort im Ortsteil Rachídi ins Meer mündet. Von der Brücke hinunter und das Bachbett entlang, kommt man auf Fuß- und Fahrweg gemütlich bis zur Hafenpromenade. Wer unten loslaufen will: Einstieg linker Hand vom Pantopolion (Lebensmittelgeschäft) am Ortseingang von Rachídi (→ Skizze).

Ein weiterer, längerer *Fußweg* führt von der Chóra nördlich um die Hügel herum nach Katápola. Einstieg am Ortseingang der Chóra, dort wo die Umgehungsstraße Richtung Ägiáli abzweigt (→ Dr.-Perreiter-Karte).

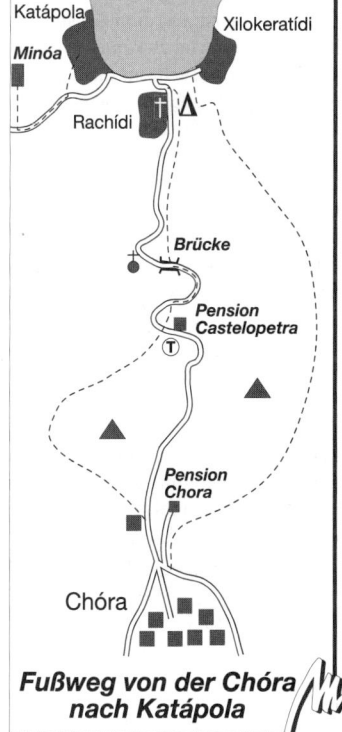

Fußweg von der Chóra nach Katápola

Amorgós
Karte Seite 398/399

Kloster Chosowiótissa

Unvergleichlich: Ein rostroter, überhängender Steilhang am Meer, mitten drin das blendend weiße Kloster mit meterdicken Mauern und zwei mächtigen Stützpfeilern in eine natürliche Nische gedrängt. Architektonisch einer der interessantesten Klosterbauten der Ägäis – ein typisches Wehrkloster, das sich immer wieder gegen Piraten verteidigen musste.

Nur noch eine Handvoll Mönche lebt hier jahrein, jahraus zwischen Himmel und Erde. Einstmals sollen es hundert gewesen sein, noch vor 20 Jahren waren es über 30 – sie alle haben sich auf den Berg Athos zurückgezogen. Die Situation des Klosters ist prekär: Nachwuchs ist keiner in Sicht, die Finanzen sind unsicher, man lebt von Spenden der Gläubigen. Einziger Rettungsanker sind die immer zahlreicher erscheinenden Touristen – kaum ein Amorgós-Urlauber, der den Besuch versäumt.

Gründer des Kloster waren wahrscheinlich Mönche, die Anfang des 9. Jh. vor Bilderstürmern aus dem Kloster Choseva in Palästina flüchten mussten. Auf ihrer langen Irrfahrt kamen sie auch nach Amorgós. Die Steilwand erinnerte sie, sagt man, so sehr an ihr heimisches Kloster, dass sie hier ihre neuen Zellen errichteten. Angeblich zeigte ihnen dabei eine mitgebrachte Muttergottes-Ikone die richtige Stelle – sie ist noch heute in der Klosterkirche untergebracht. Eine andere Legende erzählt, dass die Ikone von einer Frau in Palästina in ein Boot gelegt worden war, um sie vor den Ikonoklasten (Bilderstürmer) in Sicherheit zu bringen – damals neben dem Vergraben eine häufige Methode, die hoch verehrten Ikonen vor Bilderstürmern in Sicherheit zu bringen. Das Boot mit der Ikone wurde an der steilen Ostküste von Amorgós angeschwemmt, und die Einheimischen errichteten an der Stelle eine Kirche. Dabei wies ihnen angeblich ein Maurernagel die richtige Stelle, der, wie von Gotteshand geführt, in die fast senkrecht abfallende Felswand geschlagen war. Auch er wird noch heute im Kloster verwahrt. Piraten zerstörten später die Kirche, im 11. Jh. wurde aber unter dem byzantinischen Kaiser Alexis Comnenos ein Kloster errichtet und in den folgenden Jahrhunderten zu einer starken Festung ausgebaut. Obwohl Piraten das Kloster mehrmals eroberten, wurde es nicht aufgegeben, sondern immer wieder verstärkt. Vor allem in byzantinischer Zeit, aber auch noch in den folgenden Jahrhunderten, war das Kloster Chosowiótissa der eigentliche Kristallisationspunkt der Insel. Es besaß zahlreiche Ländereien auf Amorgós und auch außerhalb der Insel und galt als eins der reichsten Klöster in Griechenland. Noch im 19. Jh. wurden unter der Leitung der Mönche die verlassenen Kleinen Kykladen wiederbesiedelt. 1952 enteignete der griechische Staat dem Kloster sämtliche Ländereien und überschrieb sie den Gemeinden.

● *Anfahrt* Die Busse von Katápola fahren über die Chóra weiter bis zur Kiesbucht **Agía Ánna** am Fuß der Steilwand östlich der Chóra. Ein paar Kurven vor der Endstation liegt die Haltestelle fürs **Kloster**. Ein Fahrweg schlängelt sich von dort unter den turmhohen Wänden entlang bis zur Eingangspforte des Klosterareals, das bis zuletzt unsichtbar bleibt. Ab Pforte bis zum Kloster sind noch einige Schweiß treibende Treppenstufen zu bewältigen.

Reizvoll: am Beginn der Chóra aussteigen, durch den Ort zum hinteren Ausgang gehen (dort liegen die beiden Schulen). Gleich hinter den letzten Häusern führt ein **Treppenweg** in Serpentinen steil den Hang zum Meer hinunter. Nach etwa 20 Min. trifft man auf die Straße, die auch der Bus entlang-

fährt. Die Straße nach links bis zur Kurve gehen, bei der die Piste zum Kloster abzweigt. Gesamtdauer ab Chóra ca. 40 Min., zurück kann man dann mit dem Bus fahren.
● *Öffnungszeiten* Ganzjährig tägl. 8–13 Uhr, im Sommer zusätzlich 17–19 Uhr. Strenge Kleidervorschriften: keine nackten Schultern und Beine, Frauen müssen einen Rock tragen, Röcke gibt es in der Regel auszuleihen, aber besser nicht darauf verlassen. Eine Spende wird erwartet. Fotografieren nicht erwünscht.

▸ **Besichtigung:** Mit seinen mächtigen Stützpfeilern, meterdicken Mauern und winzigen Fenster- und Türöffnungen ist das Kloster wehrhaft wie eine Festung. Insgesamt sollen es 65 Räume besitzen, von denen man als Tourist aber nur einen Bruchteil zu sehen bekommt. Wenn man durch die kaum mehr als hüfthohe Eingangstür – aus Verteidigungsgründen ist sie so klein geraten – hinein "gekrochen" ist, heißt es Treppen steigen. Bevor man die Kirche am höchsten Punkt der Anlage betritt, kommt man in einen Raum mit liturgischen Gewändern und Chorgestühl, außerdem diversen kirchlichen Kostbarkeiten wie alten Pergamenten und Silberschmuck. Die kleine, reich geschmückte *Kirche* beherbergt rechts vor der Altarwand die mit Silberblech überzogene heilige Ikone der *Jungfrau Chosowiótissa*, umgeben von zahlreichen Votivtäfelchen. Darunter die Ikone des *heiligen Georg*, die angeblich von einem Leprakranken inmitten von Balsamkräutern gefunden wurde, durch deren Einnahme er binnen kurzem gesund wurde. Weitere, mit Silber und Gold verkleidete, rußgeschwärzte Ikonen hängen in der Altarwand aus schwarzem Zypressenholz. Danach sollte man unbedingt einmal auf die Terrasse hinaustreten – der Übergang vom dunklen Innenraum in die gleißende Sonnenhelle ist zwar so krass, dass man anfangs kaum die Augen öffnen kann, dann aber kann man den wunderschönen Blick weit übers Meer und die Steilküste entlang genießen.

Blendend weiß, fantastische Architektur: das Kloster Chosowiótissa

Die Muttergottes-Ikone des Klosters ist schon für viele Wunder verantwortlich gemacht worden – u. a. soll sie Krankheiten geheilt und Regen auf die karge Insel gebracht haben. Außerdem hat sie es auch bewerkstelligt, dass bisher noch kein Mönch und Pilger von den immer wieder aus der Steilwand herabfallenden

Felsbrocken verletzt wurde. Jedes Jahr zu Ostern weilt sie nacheinander für kurze Zeit in jedem Inseldorf, wo sie der Pope in einer Prozession durchs Dorf bis zum Friedhof trägt. Das große Klosterfest findet am 21. November statt.

▸ **Agía Ánna**: zwei kleine Kiesbuchten im Steilhang unterhalb der Straße, westlich vom Kloster. Mächtige Steinplatten zum Sonnen, Badehose wird meist "vergessen". Hier wurden einige Szenen des Films "Im Rausch der Tiefe" gedreht. Ideal zum Schnorcheln, aber immer Vorsicht: nicht zu weit hinausschwimmen, es gibt gefährliche Strömungen. Keinesfalls versuchen, auf die beiden vorgelagerten Felsen zu schwimmen.

Anfahrt Der Bus von der Chóra fährt bis zu einem **Wendeplatz** etwas oberhalb der Bucht.

Südwesten der Insel

Von der Chóra auf breiter, geteerter Straße zu erreichen. Zahllose hohe Trockenmauern und Terrassen durchziehen das abgelegene, karge und steinige Land der Káto Meriá, der Unterdörfer. Um Arkesíni und Kolofána liegen Landwirtschaftsebenen, sonst ist der Südwesten kaum besiedelt.

Nur wenige Touristen verirren sich hierher, höchstens mal ein paar Wanderer sind unterwegs. Es gibt nur einige wenige kleine Strände, hauptsächlich im äußersten Inselwesten. Es besteht die Möglichkeit, mit dem Bus bis Arkesíni zu fahren und nach Katápola zurückzulaufen (→ Wanderung von Arkesíni nach Katápola). Ansonsten sollte man besser ein Leihfahrzeug nehmen, als sich auf die unregelmäßig verkehrenden Busse zu verlassen.

● *Verbindungen* Zum Zeitpunkt der Recherche fuhr 3 x wöch. ein Bus in die kleinen Dörfer **Kamári**, **Vroútsi**, **Arkesíni** und **Kolofána**. Wer in Katápola Quartier genommen hat, sollte sich vorher erkundigen, wann der Bus zurückfährt.

▸ **Von der Chóra nach Kamári**: zunächst Richtung Kloster Chosowiótissa, dann den Abzweig in den Südwesten nehmen (beschildert) und auf eindrucksvoller Höhenpiste hoch über der Ostküste fahren, dabei toller Blick zurück auf die mächtige Steilküste um das Kloster.

▸ **Kloster Ágios Geórgios Valsamítis**: ca. 4 km ab Chóra am Hang etwas abseits der Straße, eine kurze asphaltierte Stichpiste führt rechts hinüber. Das hübsche kleine Kloster ganz in Weiß steht inmitten fruchtbarer Terrassenhänge mit viel Grün. In der Inseltradition ist es ein nahezu mystischer Bau, errichtet im 17. Jh. an der Stelle eines uralten Wasserheiligtums. Am Hang oberhalb entspringt eine Quelle, auch in der Kirche selbst – das Wasser galt als heilkräftig (u. a. soll es Leprakranke geheilt haben), und man deutete anhand der Wasserbewegungen auch die Zukunft. Erst Anfang der Achtziger ließ der Bischof von Náxos das Wasserloch verschließen, um den "heidnischen" Glauben zu unterbinden. Man kann zwar die Aussichtsplattform vor der Kirche betreten, die Kirche selbst ist verschlossen. Oberhalb am Berg steht ein verfallener *venezianischer Wachturm*.

Von Valsamítis kann man hinüber zur Ausgrabung von *Minóa* bzw. nach Katápola wandern: Oberhalb des Klosters geht es durch ein Gatter in ein umzäuntes Grundstück mit Ziegenhaltung und auf der anderen Seite wieder hinaus. Hier beginnt der leicht auszumachende Fußpfad entlang des Berghangs (→ S. 407).

▶ **Stavrós**: zwei, drei unscheinbare Häuser und eine weiße, mehrschiffige Kapelle.

▶ **Kamári**: verstreute weiße Häuser am Terrassenhang, kaum noch Bewohner. Kafenion vorhanden, außerdem rechts an der Straße die kleine Fischtaverne "Psaropoula". An den vier aneinander gebauten Kapellen des *Ágios Nikólaos* zweigt der Weg nach Léfkes und Katápola ab (→ Wanderung von Arkesíni nach Katápola).

▶ **Nótina Moúros** *(Mouru Beach)*: reizvolle Badestelle, etwa 1,5 km unterhalb von Kamári an der Südküste. Grober Sand, Kies und Steinplatten inmitten schöner Felskulisse, deutlich sauberer als an der Nord- bzw. Nordwestküste. Eine breite Piste (soll 2003 asphaltiert werden) führt von Kamári hinunter, über dem Strand die freundlich geführte Taverne "Mouros" mit griechischer Grillküche und leckerem Fisch.

▶ **Vroútsi**: etwa 1 km von Kamári und etwas höher gelegen, auf zementierter Stichpiste zu erreichen. Unterhalb der großen Kirche *Ágios Spirídonas* die Taverne "Georgalinis", die ihre Fleischgerichte hauptsächlich mit Produkten der umliegenden Bauernhöfe zubereitet. Vroútsi ist Ausgangspunkt für eine schöne Wanderung zum Steilfelsen von Arkesíni: Am Ende vom Kirchenplatz rechts und gleich wieder rechts, dort beginnt der breite, etwa 1,5 km lange Pflasterweg. Gute 30 Min. sollte man rechnen. Man hält zunächst auf die blendend weiße Kapelle des *Ágios Ioánnis* zu, die rechts oberhalb vom Weg steht. Von dort sieht man etwas tiefer vor sich den eindrucksvollen Felsen von Arkesíni mit dem Gipfelkirchlein der *Panagía Kastrianí*.

▶ **Alt-Arkesíni**: (Ákro Kastrí): eine der drei antiken Inselstädte, um 1000 v. Chr. von Siedlern aus Náxos gegründet, zu dem man bei klarem Wetter hinüberblicken kann. Superlage auf einem fast uneinnehmbaren Kap, zugänglich nur über eine schmale Landbrücke, auf der der Weg verläuft. Erhalten ist allerdings praktisch nichts mehr. Wo heute die Kapelle steht, soll ein Aphrodite-Tempel gestanden haben. Herrlich ist der weite Blick nach Norden: Hafeneinfahrt von Katápola, Chóra und Profítis Ilías. Rechts unterhalb liegt die kleine, steinige Bucht von *Kastrí*.

▶ **Rachídi** *(Rachúla)*: kleiner Weiler auf einer Hügelspitze abseits der Straße, zu erreichen auf steiler Stichpiste. Oben Windmühlenstümpfe, schöner Blick auf die Ebene von Arkesíni und Agía Tríada.

▶ **Arkesíni**: größeres Dorf am Hang des *Óros Kórax* (607 m), Ausgangspunkt der Rückwanderung nach Katápola (→ weiter unten). Möglich ist aber auch die Besteigung des Kórax mit herrlichem Blick bis zur Insel *Astipálea*, quasi das Bindeglied zwischen Kykladen und Dodekanes.

● *Übernachten/Essen & Trinken* **Kira Sophia**, Pension an der Durchgangsstraße, sechs neuere Zimmer mit Bad und Balkon. ✆ 22850-71723. Verpflegung in der Taverne **Arkesini** und im Kafenion/Pantopolion **O Makis**.

▶ **Agía Tríáda**: Bei der Kapelle Agía Triáda südlich von Arkesíni steht auf einem kleinen Hügel etwas abseits der Straße ein *hellenistischer Wachturm* (beschildert mit "Pírgos"). Kurz nach dem Ortsausgang von Arkesíni führt eine Piste zu einem Gehöft und zur Kapelle, dann sind es noch wenige Meter zu Fuß. Der eindrucksvolle Festungsturm mit quadratischem Grundriss besteht aus

Amorgós
Karte Seite 398/399

riesigen Schieferquadern, die noch bis in 5 m Höhe erhalten sind. Sein Zweck war wohl die Bewachung der fruchtbaren Ebene von Arkesíni und Kolofána – im Fall einer drohenden Gefahr konnten sich die Bauern hier zurückziehen. Derzeit laufen Ausgrabungen, doch eine Besichtigung ist meist möglich.

▶ **Kolofána**: Hauptort der gleichnamigen Ebene, der Inselbus fährt noch 1 km weiter bis zur Wallfahrtskirche Agía Paraskeví, oberhalb vom Órmos Paradísia. Man könnte den guten Kilometer zum tief eingeschnittenen *Órmos Katókampos* an der Nordküste hinunterzulaufen, lohnt jedoch nur bedingt, weil verschmutzt.

• *Übernachten/Essen & Trinken* An der Straße im Ort das freundliche Kafenion/Estiatorio **Delfini**, außerdem am Ortseingang links die einzige Pension im Inselwesten mit hübschem Garten und netter Besitzerin **Sofia Nomikou-Bandidou**, ☎ 22850-72244. Außerdem neue Taverne **Apanemo** an der Straße südlich des Ortes (☎ 22850-72255).

▶ **Agía Paraskeví**: Von Kolofána führt eine asphaltierte Straße bis zu der gepflegten Kirche mit weithin sichtbarer blauer Kuppel. Im Umkreis Pilgerzellen, großes Fest am Namenstag der Heiligen am 26. Juli.

▶ **Órmos Paradísia**: von der Kirche kurze Piste hinunter. Landschaftlich eindrucksvolle Bucht mit wild-zerrissenen Klippen, aber nur winziger Sandstrand und Betonmole, voller Teer. Rechter Hand schöner Felshang zum Sonnen.

▶ **Wanderung von Arkesíni nach Katápola**: schöner Inselpfad über Rachídi, Vroútsi und Léfkes zurück nach Katápola, der frühere Hauptweg von den Dörfern im Inselwesten zum Inselhafen. Dauer ca. 3,5 Std., Wegverlauf → Dr.-Perreiter-Karte. Am besten zunächst per Inselbus bis Arkesíni. Dort den Weg nach Agía Triáda nehmen (siehe oben), aber gleich rechts abzweigen und auf breitem Weg zwischen Steinmauern durch die Felder und Olivenbäume, bis man auf die steile Auffahrt nach Rachídi trifft. Hier hinauf, auf dem Plateau zweigt 20 m vor der Kapelle rechts ein deutlich sichtbarer Weg zwischen hohen Steinmauern ab und zieht sich um den Berghang hinüber nach Vroútsi (ca. 45 Min.), wo man etwas zu essen bekommen kann. Vroútsi durchqueren, Straße hinunter nach Kamári. Bei den vier nebeneinander liegenden weißen Kapellen des Ágios Nikólaos links den Weg nehmen, anfangs schöner Blick auf Ákro Kastrí. Immer bergab bis zum Órmos Ágii Saránda, eine hübsche Bucht mit Palme, aber reichlich verschmutzt. Bergauf an Léfkes vorbei (unterhalb der Órmos Finíkia) bis zum Sattel Mármara bei Minóa, toller Blick auf Katápola und Chóra.

Achtung: Wer in umgekehrter Richtung, also von Katápola aus loswandern will, sollte wissen, wann der (meist einzige) Inselbus zum Hafen zurückfährt. Ansonsten müsste man die gut 10 km von Kamári zur Chóra laufen!

Äußerster Südwesten

Das flach auslaufende Südwestende von Amorgós ist einsam, Busverbindungen gibt es keine. Eine befahrbare Piste (für Fischer gebaut) zweigt kurz vor der Kirche Agía Paraskeví von der Asphaltstraße ab. Es geht steil und teils zementiert hinauf zu den wenigen Häusern von *Kalotarítissa* und weiter auf engem, holprigem Weg am klippenreichen *Órmos Liiwerós* vorbei, dort Blick hinunter auf den gestrandeten Frachter "Olympia".

Wanderung von Arkesíni nach Katápola

▶ **Órmos Kalotarítissa**: schöne Naturbucht in geschützter Lage an der äußersten Westspitze von Amorgós. Von außen praktisch nicht einsehbar, deshalb früher Ankerplatz für Piraten und Schmuggler. Im Halbrund feinsandiger Strand, jedoch stark verschmutzt (nach Norden offen). Fischer haben hier Bootsgaragen und Schiffe vor Anker liegen, fahren aber nur noch selten zur nahen Insel Gramvoússa hinüber. Über niedrigen Sattel hinüber zu der Gramvoússa vorgelagerten Küste, dort schöner Klippenbadeplatz mit roten, bizarr zerschrammten Felsplatten. Vor der Westküste das winzige Inselchen *Kisíri*.

▶ **Gramvoússa**: mächtiger Klotz vor der Westspitze von Amorgós. An der Südseite laut Dr.-Perreiter-Karte ein guter, vor Nordwinden geschützter Strand.

Inseldurchquerung Chóra – Ägiáli

Ein alter Eselspfad und eine 1996 asphaltierte Straße stellen die Verbindung zwischen dem Süd- und dem Nordteil der Insel her.

Mit dem Auto braucht man etwa eine Viertelstunde. Die Anstrengung des Fußweges lohnt aber unbedingt – sämtliche Vegetationsstufen der Insel werden durchwandert, von völlig kahlen Gebirgsregionen geht es über halbhohe Macchiagebiete bis in fruchtbares Terrassengebiet mit Oliven- und Feigenbäumen.

▶ **Straße per Fahrzeug**: Die Straße verlässt die Chóra am östlichen Ortsausgang, schraubt sich Richtung Norden den Westhang des *Profítis Ilías* hinauf und verläuft ein Stück am Inselkamm entlang, um sich dann genau gegenüber der Insel Nikouriá – tolles Panorama – zu den wenigen Häusern von *Ágios Pávlos* an der Westküste zu senken. Dort gibt es einen schönen Strand mit guter Fischtaverne, bis Ägiáli sind es noch ca. 5 km die Felsküste entlang. Etwa 5 km nach der Chóra sieht man an einer Stelle namens *Ríchti* (beschildert) unterhalb der Straße ein kleines Gehöft, eine Kapelle und die Ruine eines antiken Wachturms. Der Turm besteht aus großen Blöcken und ist noch bis in 6 m

Höhe erhalten. Wahrscheinlich besaß Amorgós wegen seiner langen
Küstenlinien   zahlreiche   dieser
Wachtürme, ein weiterer ist im Inselsüden zu besichtigen (→ S. 415).

● *Verbindungen*   Seit der Asphaltierung
besteht eine reguläre Linienbusverbindung
zwischen Katápola, der Chóra und Ägiáli.
Busse fahren je nach Saison 3–4 x tägl., an
Wochenenden nur 1 x, ca. 1,50 € einfach.
Auch einige **Pensionen** und **Hotels** aus
dem Norden holen ihre Gäste in Katápola
mit dem Minibus ab, falls die Fähre nur
dort festmacht.

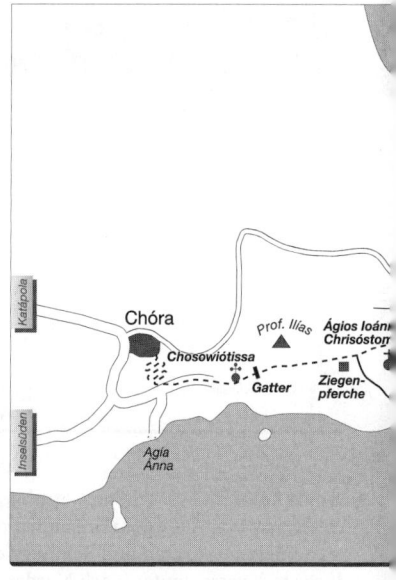

▶ **Eselspfad Chosowiótissa – Ägiáli**:
als Langwanderung sehr beliebt, jedoch teilweise relativ schwierig zu
laufen, oft nur aufgeschüttete lose
Steine. Der Pfad beginnt beim Kloster Chosowiótissa, führt hoch über
der Küste den Inselkamm entlang
und senkt sich über Agrílas und Asfodilítis nach Potamós, von dort ist
es nur noch ein kleines Stück bis
Ägiáli hinunter. Streckenlänge ca.
12 km, Wanderzeit gut 4–5 Std., je nachdem, wie schnell man wandern will,
Markierung durch kleine, rotschwarze Täfelchen mit der Nr. 1. Wichtig:
Reichlich Wasser und Proviant mitnehmen, unterwegs gibt es – bis auf die Taverne von Ágios Pávlos (→ unten) – keine Verpflegungsmöglichkeit! Der Wegverlauf ist mit den Inselkarten gut zu verfolgen: Vom *Kloster Chosowiótissa*
geht es in 250 m Höhe über der Ostküste entlang, linker Hand der Profítis
Ilías. Nach ca. 2 km steigt der Pfad zum Kamm hinauf. Auf der anderen Seite
verläuft unterhalb die neue Straße. Der Pfad geht parallel zur Straße, aber gut
100 m oberhalb am Hang entlang der Telegrafenleitung und verläuft im Folgenden auf dem Inselkamm weiter, während sich die Straße in vielen Windungen zur Westküste senkt. Hier kann man sich entscheiden, ob man die Straße
oder den Pfad für den weiteren Weg nehmen will:

Der **Pfad** ist die schönere und kürzere Wahl: Es geht hoch über der Küste an
den Bauernhäusern von *Agrílas* und *Asfodilítis* vorbei nach *Potamós* über der
Bucht von Ägiáli. Tipp: auf halbem Weg zwischen Asfodilítis und Potamós
Möglichkeit zum sauberen *Órmos Chalará* zunächst über den Kamm hinauf,
dann auf der anderen Seite wieder hinuntersteigen – unten Kies und Felsplatten, sehr schön und völlig einsam. Allerdings sind gut 300 m Höhenmeter zu
überwinden, die man natürlich auch wieder hinauf muss – insofern wohl besser zu machen, wenn man in Ägiáli Quartier genommen hat. Dazu mit Hin-
und Rückkehr einschließlich Baden einen ganzen Tag rechnen!

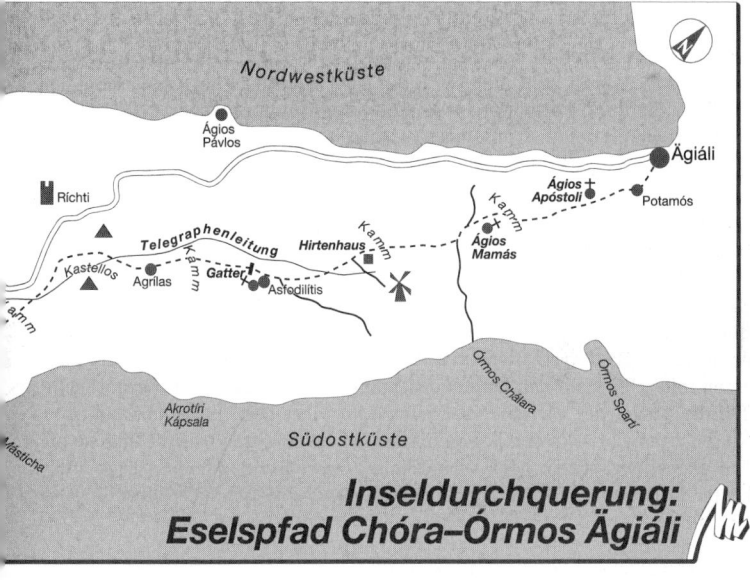

Die **Straße** bietet den Vorteil, dass man, an der Küste angekommen, genau vis à vis der Insel Nikouriá bei den wenigen Häusern von *Ágios Pávlos* ins Wasser springen kann, dort schmaler Sandstrand, der wie ein Dorn ins Wasser ragt. Im Hochsommer wird eine kleine Taverne betrieben, in der man gut frischen Fisch essen kann.

Wer in umgekehrter Richtung laufen will: von Ägiáli nach *Potamós* hinauf und den Ort durchqueren, am oberen Ende beginnt der Pfad, der langsam auf den Inselkamm ansteigt.

Nordosten der Insel

Vor allem das Hinterland lohnt, denn es ist wild, bergig und weitgehend unberührt. Den äußersten Nordosten dominiert der Kríkelos, mit 821 m höchster Gipfel von Amorgós.

Beliebte Ziele sind die Bergdörfer *Tholária* und *Langáda*, sehr hübsch, geruhsam und ideale Wanderziele. Von Ägiáli führen gepflasterte Maultierwege und vollständig asphaltierte Straßen hinauf. Seither fahren auch Busse im regulären Pendelverkehr. Elektrizität gibt es seit Anfang der neunziger Jahre. Wer hinauf laufen will, sollte unbedingt die alten Wege nehmen, die wesentlich schöner als die Fahrstraße sind (→ Rundwanderung Ägiáli – Tholária – Langáda – Ägiáli).

Ägiáli

Der nördliche Hafenort mit dem längsten Sandstrand der Insel hat sich in den letzten Jahren zum ausgeprägten Tourismuszentrum entwickelt. Ein größerer Siedlungskern liegt am Anleger, der Rest der bisher ruhigen Bucht wird derzeit mit neuen Straßen erschlossen und nach und nach zugebaut.

In der Nebensaison noch vergleichsweise ruhig und geeignet für Erholung abseits jeglichen Trubels, wird Ägiáli im Sommer bereits stark besucht, diverse Discos und Musikbars sorgen dann fürs nächtliche Vergnügen. Das früher sehr beliebte Übernachten am Sandstrand ist heute streng verboten und wird auch in der Nebensaison kontrolliert. Parallel dazu wurde von Seiten der Kommune ein Müllbeseitigungsdienst für den Strand organisiert. An der Südseite der Bucht führt vom Hafen eine Gasse bis Potamós hinauf. Den unteren Teil nennt man "Sunset Boulevard", denn von den dortigen Tavernen und Cafés hat man einen tollen Blick auf den Sonnenuntergang. Beeindruckend ist der nördliche Teil der Bucht, der wie eine große Tatze im Meer liegt. Einsame Sand- und Kiesbuchten gibt es in den Felsen nordwestlich vom Strand, leider sind sie oft von angeschwemmtem Müll verunreinigt. Im Süden dominiert felsige Steilküste, die zackige, hoch aufragende Insel *Nikouriá* verschmälert den Eingang zur Bucht.

Verbindungen/Adressen

• *Verbindungen* **Schiff**, im Sommer fast täglich Verbindung mit **Piräus**, außerdem mehrmals wöch. (von Juli bis Sept. tägl. mit der "Express Skopelitis") über die Kleinen Kykladen von und nach **Náxos**. Die Schiffe, die **Katápola** anlaufen, machen in der Regel auch im Hafen von Ägiáli Station, so gibt es häufige Verbindungen zwischen Katápola und Ägiáli. Für einen Tagesausflug sind sie allerdings nicht unbedingt geeignet, da meist nur eine Verbindung pro Tag existiert, so dass man zumindest einmal übernachten muss.
Bus, die Verbindungen in die Bergdörfer **Tholária** und **Langáda** sind mittlerweile gut ausgebaut (bis zu 5 x tägl.) und auf Fähren abgestimmt. Busse nach **Katápola** fahren ebenfalls mehrmals tägl. (→ Katápola). Bushaltestelle am Hafen, Zeiten sind gegenüber angeschlagen.
• *Adressen* Eine **Bank** gibt es in Ägiáli nicht, die **Post** ist am "Sunset Boulevard" beschildert.
Auto Motor Thomas, Auto- und Zweiradverleih direkt am Hafen. Jedes Jahr neue Modelle, stets perfekt gepflegt. Freundlicher Service. ℡ 22850-73444.
Ägiali Tours, am Hafen. Schiffstickets, Telefon, Gepäckaufbewahrung, Bootsfahrten nach Nikouriá, Bustouren in den Inselsüden etc. ℡ 22850-73393, ✆ 73395.
Cosmetik Studio Petra, Petra aus Deutschland bietet medizinische Fußpflege, Fuß- und Reflexzonenmassage, Maniküre, Gesichtsmasken und komplette Gesichtsbehandlungen sowie Ganzkörper-Entspannungsmassage (Reiki) an. Praxisausstattung im deutschen Standard. Auch Verkauf hochwertiger Kosmetik und Sonnencreme. ℡ 22850-73155, 693-4778366.
IRIS-Center, Kooperative im Zeichen des Regenbogens, Vassilis Savras bietet esoterisch ausgerichtete Anwendungen. Auf dem Programm stehen unter anderem Seminare über Astrologie und Meteorologie sowie Anwendungen in Yoga, Akupunktur und Reiki, aber auch einfache Gymnastik und Aerobic, Massagen, Malerei, Tanzen und Drums. ℡ 22850-73545, ✆ 73273, http://users.forthnet.gr/nax/iris

Übernachten

Es werden immer mehr Hotels gebaut, vor allem im bisher wenig entwickelten Nordteil der Bucht.

Egialis, B-Kat., Großhotel, unübersehbar am Hang nördlich vom Strand, Swimmingpool, herrlicher Buchtblick, 47 Zimmer und mehrere Suiten. Transfer mit Minibus ab Hafen, Reisebüro Ägialis Tours unter selbem Management. DZ mit Frühstück ca. 60–130 €. ✆ 22850-73393, ✆ 73395.

Gryspos, B-Kat., Apartmentanlage rechts des Fußwegs nach Potamós. Exquisit eingerichtet, schwarz lackierte Möbel, Marmorfußböden, Spiegelschränke. Alle Wohneinheiten mit Balkon, doch der Blick zur Bucht ist teilweise verbaut. Preis ca. 35–90 €. ✆ 22850-73412, ✆ 73557.

Mike, C-Kat., älterer Kasten direkt am Anleger. 10 Zimmer, z. T. Balkon, schöner Blick vorne raus. DZ ca. 22–45 €. ✆ 22850-73208, ✆ 73633.

Christina, großes Haus rechts vom Fußweg nach Potamós. Die nette junge Besitzerin Christina vermietet geräumige DZ (auf Wunsch auch 3 Betten), saubere Bäder, Kühlschrank, und Balkon mit tollem Blick auf die Bucht. Ganzjährig geöffnet, daher auch Radiatoren in den Zimmern. DZ ca. 22–40 €. ✆ 22850-73236.

Lakki, am Nordende vom Strand, 35 Zimmer in kleinen Häuschen, umgeben von schattigem Garten, unter Bäumen sind Tische und Stühle aufgestellt. Die Zimmer wurden 2001 renoviert, DZ mit Bad ca. 22–45 €. Angeschlossen eine gute Taverne. ✆ 22850-73253, ✆ 73244.

Rechts des Fußwegs nach Potamós sind in den letzten Jahren Dutzende von Neubauten mit Zimmervermietung entstanden. In der Regel geräumige, gut ausgestattete DZ oder Studios ab 25 €, z. B. **Galaxy** (✆ 22850-73226), **Poseidon** (✆ 22850-73302), **Pelagos** (✆ 22850-73206) und **Agrogiali** (✆ 22850-73249).

● *Camping* **Aegiali**, neben der Pension/Taverne Askas, etwa 10 Fußminuten vom Anleger. Schatten durch Schilfdächer, Restaurant und Bar sowie Kochmöglichkeit und Waschmaschine. Vom Hafen Transfer mit Minibus. ✆ 22850-73500, ✆ 73388.

Essen & Trinken/Nachtleben

● *Essen & Trinken* **To Limani**, direkt im Ortskern bei der Kirche, besser bekannt als Katina (freundliche Wirtin). Gute Küche und schöne Sitzgelegenheiten auf kleiner Gasse unter Oleander, abends immer knallvoll, es wird auch auf der Dachterrasse serviert.

Asteria, direkt am Busstopp, etwa in der Mitte der Hafenfront. Der ehemalige Schiffskoch Marco bereitet traditionelle Gerichte, aber auch Pizza hervorragend zu. Preiswert.

To Koralli, südlich vom Hafen die Treppen hinauf, direkt entlang der Stufen, toller Blick aufs Meer (Sonnenuntergang!). Die selbst gefangenen Fische sind nicht billig, aber immer gut.

To Steki ("Sofia"), direkt oberhalb vom Anleger, supergemütliches Plätzchen unter schattigen Bäumen.

Askas, an der Straße hinter dem Strand, angeschlossen an die gleichnamige Pension. In der Saison jeden Samstag griechische Livemusik mit Tanz, große Auswahl, Lamm vom Spieß, Salat und Gemüse aus dem eigenen Garten, selbst gekelterter Wein vom Fass.

Selini, Café, Bar und Restaurant bei den Tamarisken am Strand. Gutes Frühstück, eine Salatbar und täglich wechselnde Fisch- und Fleischspezialitäten. Tagsüber gibt es auch amorgianische *mezédes* (Vorspeisenteller) und kleine Delikatessen. Chef Vangélis spricht gut Deutsch.

Frou-Frou, Café-Bar am "Sunset Boulevard", von der Österreicherin Andrea geführt. Leckerer selbst gebackener Kuchen, Eis, Crêpes und exotische Früchtedrinks. Mitteleuropäisches Frühstück.

● *Nachtleben* **Paspartou** und **Blue Cafe** liegen direkt nebeneinander am "Sunset Boulevard". Disco namens **Disco-the-que** am nördlichen Strandende, ebenfalls am Strand die neue Disco **Delear**. Alles aber nur im Sommer offen, sonst "tote Hose".

▶ **Ägiáli/Baden und Umgebung**: Am langen *Sandstrand* stehen schattige Tamarisken, diverser angeschwemmter Unrat und Teerbatzen werden in der Saison entsorgt, Verleih von Tretbooten und Kanus. Hinter der Pension Lakki Ruinen *römischer Thermen* direkt am Wasser. Im Nordwesten schließen sich zwei *Sandbuchten* an. Die erste ist über einen Trampelpfad ab nördlichem Strandende in ca. 15 Min. problemlos zu erreichen, zur zweiten läuft man noch einmal so lange. In der Hauptsaison fahren auch Kaikis hinüber.

Südöstlich oberhalb der Bucht kleben zwischen Terrassen die weißen Häuschen vom Dorf *Potamós*, eine Asphaltstraße führt hinauf. Beachtenswert ist die große Dorfkirche *Análipsis* mit blauer Kuppel und zwei Glockentürmen. Über Treppen kommt man in den oberen Ortsteil, am oberen (südlichen) Ortsausgang beginnt der Wanderweg in den Inselsüden (→ S. 424). Dort liegt die neue Taverne "Kamara" – Lamm und Käsespezialitäten von Amorgós, außerdem Kaffee und Drinks, super Aussichtslage am Hang.

Die asphaltierte Küstenstraße Richtung Süden führt gut 5 km an der Westküste entlang und steigt gegenüber der vorgelagerten Insel Nikouriá beim Sandstrand von *Ágios Pávlos* in steilen Serpentinen zum Profítis Ilías und zur Chóra von Amorgós an (→ Inseldurchquerung).

Tholária

Freundliches Bergdorf hoch über dem Meer, wegen der Kammlage oft sehr windig. Die große Kirche der Ágii Anárgyri mit blauer Kuppel und zwei Glockentürmen beherrscht das Bild. Überall sind Kalkblumen und Ostersprüche aufs Pflaster gemalt – eine typisch griechische Ostertradition.

Tholária ist wesentlich ruhiger als Ägiáli. Das zieht inzwischen zahlreiche Touristen an, die dem Rummel im Hafen entgehen wollen. In den letzten Jahren wurde viel gebaut, um Unterkünfte zu schaffen. Auch Busse pendeln jetzt regelmäßig hinauf und hinunter. Fantastisch ist der Ausblick über das ganze Tal, die Hafenbucht und das Meer im Norden. Abends kommen zahlreiche Einheimische und auch Touristen per Bus von Ägiáli herauf, um hier oben zu essen. Vor allem am Wochenende herrscht Betrieb bis tief in die Nacht. Zurück ins Tal geht's anschließend zu Fuß mit der Taschenlampe.

Von Tholária gelangt man in etwa 30 Min. zur schmalen Badebucht *Mikrí Glyfáda* an der Nordküste von Amorgós. Leider gibt es auch dort reichlich angeschwemmten Müll, zudem ist es oft windig. Schwieriger zu erreichen ist *Megáli Glyfáda* (beschildert). Außerdem kann man auf Maultierpfaden schöne einsame Wanderungen durch die steinigen Berge unternehmen. Auf dem Hügel nordwestlich vom Ort sollen Reste der antiken Stadt *Aigialé* bzw. *Vígla* (beschildert) liegen, Einheimische wissen über den genauen Standort Bescheid.

• *Verbindungen* Von Ägiáli sehr gute Busverbindungen, im Sommer bis zu 8 x tägl., abgestimmt auf die Fähren, auch abends noch Verbindungen.

• *Adressen* **Bäcker** im westlichen Ortsteil.

• *Übernachten/Essen & Trinken* **Vigla**, B-Kat., am unteren Ortseingang. Der freundliche Stefanos und seine Frau Irini führen die hübsch eingerichtete Anlage mit 25 Zimmern, Restaurant und Café-Bar. Saubere, geräumige Zimmer, alle mit Bad und schönem Blick auf die Bucht. Clubähnliche Atmosphäre. DZ mit Frühstück ca. 54–80 €. ✆ 22850-73004/5, ☏ 73332.

Kali Kardia, Taverne von Sophia Igonomidis mitten im Ort gegenüber der Kirche. Sehr zu empfehlen, zwar nur maximal drei Gerichte, aber sehr schmackhaft und preiswert. Hier auch vier schlichte, aber saubere Zimmer, zwei Bäder und Veranda mit Blick auf die Kirche und die Terrassenhänge im Westen. DZ ca. 20–40 €.

Sea Dream (To Thalassino Oneiro), das Café-Restaurant von Jannis, der früher Schiffskoch war, bietet ebenfalls gute Küche, dazu engagierten Service und eine freundliche Terrasse mit Pflanzen. Die Rückwand im Außenbereich wurde 1996 von der Ukrainerin Ludmila mit einem schönen Motiv bemalt. Ebenfalls fünf einfache Zimmer, drei davon mit Balkon, von den anderen zwei dafür schöner Blick auf die Terrassenhänge, alle mit Bad. DZ ca. 20–40 €. ✆ 22850-73345.

Evi's, dreistöckiges Haus mit dunkelblauen Fensterläden am Ortseingang links, von Ägiali auf der Erdstraße kommend. 8 DZ mit jeweils eigenem Bad, sauber, Kiefern-holzmobiliar. ✆ 22850-73391, ✉ 73244.

To Panorama, Grillrestaurant mit hübscher Terrasse im oberen Ortsteil.

Langáda

Noch sehr ursprüngliches Dorf, enge Gassen, niedrige Häuser, weiße Pflasterblumen. Blickfang: das Haus auf einem Felszacken und die südlich vom Ort in einen Steilhang gebaute Höhlenkirche Agía Triáda.

Auch hier wieder wunderschöner Blick, vor allem, wenn man zum Kirchlein hinaufklettert: auf die vorgelagerte Insel Nikouriá, das Tal nach Ägiáli hinunter, in die Schlucht und, bei klarem Wetter, weit hinüber bis Náxos und Íos. Es gibt mehrere Kafenia, zwei Tavernen, außerdem die einzige ganzjährig geöffnete Post des Tals. Richtung Osten ist die Besteigung des *Kríkelos* möglich (→ unten). Außerdem kann man einen schönen Rundweg über Tholaria und Ägiali machen.

● *Verbindungen* Gute Busverbindungen im Pendelverkehr Ägiáli-Tholária-Langáda, in der HS bis zu 8 x tägl, in der NS 5 x.

● *Adressen* Am oberen Dorfplatz ein **Supermarkt**, ein Haushaltswarengeschäft und eine Fleischerei. Weiterer **Gemischtwarenladen** an der unteren Parallelgasse zum Hauptweg. **Post** an der oberen Dorfgasse.

● *Übernachten* **Pagali**, 12 Zimmer und 7 Studios mit Meerblick hinter der einladenden Taverne "Níkos" von Nikos Vassalos. Alle ordentlich eingerichtet mit eigenem Bad, Aircondition, TV, Telefon und Balkon. DZ ca. 25–45 €, Studio 40–65 €. Bei Vorbuchung Bustransfer vom Hafen. ✆ 22850-73310. ✉ 73368, www.pagalihotel-amorgos.com

Vassilis, 6 Zimmer und 3 neue Studios direkt rechts an der Straße zum oberen Ortseingang, kurz hinter der Höhlenkirche. DZ ca. 20–40 €, Studio 40–65 €. ✆ 22850-73041.

Yiannis, Pension im unteren Teil des Ortes, beschildert. ✆ 22850-73002.

● *Essen & Trinken* **Nikos**, gemütliche Terrassentaverne mit Meerblick und hervorragenden griechischen Speisen, z. B. traditioneller Auberginenauflauf und Ziegenfleisch, nach dem Essen heruntergespült mit einem "Rakomelo". Tipp sind auch die gemischte Vorspeisenplatte und die Salate. In der HS oft traditionelle Live-Musik. Neben der Taverne hat Nikos einen privaten Kinderspielplatz errichtet.

Ludaros, Taverne unterhalb des Dorfplatzes auf einer Hochterrasse.

● *Sonstiges* **Yoga-Ferien**, Katrin und Rolf Müller aus Berlin veranstalten seit 1994 drei

Großes Schiefergebirge im Meer: die Ostküste von Amorgós

Mal jährlich zweiwöchige Yogaaufenthalte im Hotel Pagali. Im Preis von ca. 800–930 € (je nach Saison) sind enthalten: Flug, Fähre (mit Kabine), Unterkunft mit Frühstück und Yogakurs (tägl. außer So je 4 Std.) Informationen bei Yogaschule-Corpus, Wendgräben 24, 14776 Brandenburg. ℡ 03381/795746, www.corpus-berlin.de

Rundwanderung Ägiáli – Tholária – Langáda – Ägiáli

In den Bergen zwischen Tholária und Langáda gibt es keine direkte Straßenverbindung, nur alte Maultierpfade stellen die Verbindung her. Sehr hübsch ist deshalb die Rundwanderung von *Ägiáli* hinauf nach *Tholária*, dort rüber nach *Langáda* und wieder runter zum Hafenort. Dauer bei gemächlicher Gangart insgesamt 3 Std., Aufstieg im Sommer jedoch etwas Schweiß treibend. Markierung durch kleine, rotschwarze Täfelchen mit der Nr. 4.

▸ **Ägiáli – Tholária**: Dauer 45 Min. (gemächlich). Man läuft den Sandstrand in nördlicher Richtung bis zum Ende. Dort biegt man rechts ab auf einen von Mauern begrenzten Fußpfad. Nach wenigen Metern teilt sich der Weg, links geht es zu den Badebuchten am Nordrand der Bucht, rechts weiter nach Tholária. Nach kurzem Stück überquert man die Straße nach Tholária. Gegenüber steht die Kapelle des *Ágios Theodóros*. Links davon den breiten Fahrweg nehmen und sofort nach der Kapelle rechts auf den schmalen Fußpfad. Man läuft Terrassen entlang, nach ca. 500 m beginnt der eigentliche Aufstieg über Steinstufen. Es geht an einer zweiten Kapelle vorbei, links und rechts vom Weg bewirtschaftete Terrassen. Etwa 10 Min. vor Tholária ein Brunnen mit lauwarmem Wasser (Trinken nicht zu empfehlen).

▸ **Tholária – Stroúmpos – Langáda**: Dauer ca. 1,5 Std. Den Weg unterhalb der Kirche entlang geht es auf einem steinigen Pfad weiter nach Langáda (am Ortsende auf griechisch ausgeschildert). Etwa 20 Min. nach der Zisterne kommt eine Abzweigung, man wählt den linken oberen Weg. Nach einer halben Stunde ab Tholária kommt man an einen 200 m langen Bergrücken, nach einem verlassenen Gehöft stößt man auf eine Weggabelung, hier rechts halten. In einem langen Rechtsbogen geht es weiter, unterwegs eine verfallene Kapelle. Eine knappe Stunde von Tholária beginnt der Abstieg in eine tiefe Schlucht, auf dem Weg eine Grottenquelle. An der Wegbiegung rechts halten. Der Pfad führt direkt hinunter nach *Stroúmpos*, einem wunderschönen Fleckchen auf einer Kuppe am Hang der zerklüfteten Schlucht. Das von Feigenkakteen überwucherte Dorf war lange Zeit unbewohnt. Zwei Häuser sind inzwischen wieder sehr schön renoviert und bilden, zusammen mit der frisch gekalkten kleinen Kirche, einen auffallenden Kontrast zu den Ruinen. Über einen abgetretenen Stufenweg verlässt man das Dorf. Es geht in Serpentinen abwärts, uralte Olivenbäume prägen das Bild. Nach der Überquerung eines ausgetrockneten Flussbetts beginnt der Aufstieg über Steinstufen schräg am Hang entlang. Von oben wieder wunderbarer Blick. 30 Min. nach Stroúmpos erreicht man Langáda, das sich zur längeren Rast anbietet.

▸ **Langáda – Ägiáli**: Hinunter nach Ägiáli führt ein breiter, unbeschwerlicher Pflasterweg, ca. 40 Min. Links vom Weg ein Pfad zu der schon vom Ort aus sichtbaren *Höhlenkirche*, in der sich die Bewohner vor Piraten versteckten. Superblick von der Plattform vor der Kirche.

Besteigung des Kríkelos

Mit 821 m höchster Gipfel von Amorgós. Länge der Strecke 9 km, bei gemütlicher Gangart und mit Pausen hin und zurück ca. 5,5 Std. Der Weg ist mit roten Punkten markiert, auch einige blaue Hinweisschilder sind da.

Ausgangspunkt ist *Langáda*, das man auf dem Hauptweg Richtung Osten verlässt, bei der nächsten Abzweigung geht es rechts. Der folgende Weg ist vor allem im Frühjahr wunderschön, dann steht alles in üppigem Grün und herrlicher Blütenpracht: Mohn, Ginster, dunkelvioletter Aronstab, Huflattich, Glockenblumen, Disteln, Salbei u. v. m. Am Hang des Kríkelos geht es immer Richtung Osten, bis man gegenüber der Hochebene auf einer Bergkuppe das Kloster *Ágios Theológos*

Die Kapelle Agía Varvára auf dem Weg zum Gipfel des Kríkilos

Amorgós Karte Seite 398/399

sieht, das derzeit restauriert wird. Neben der Kirche ein Brunnen mit Trinkwasser. Jetzt durch relativ steiles Gelände mit niedriger Phrygana bis zum Vorgipfel, der durch eine kleine Steinmauer gekennzeichnet ist, schöner Rastplatz. Dann weiter auf hügeligen Kämmen zum Gipfel. Auffällig sind die vielen kleinen, stabförmigen Schnecken, die an der sonnengeschützten Nordostseite der Steine kleben. Auf dem Gipfel eine antikisierte Betonsäule, auf deren oberem Ende (Brustkörperhöhe) die Jahreszahl 1955, ein Pfeil und *GYZ* eingeritzt sind. Selbst bei dunstigem Wetter kann man noch Astipalea im Südosten und Náxos im Westen erkennen.

▸ **Von Langáda nach Ágios Stavrós**: ausgesprochen schöner, z.T. sehr steiler Bergpfad zur alten Bruchsteinkirche *Ágios Stavrós* über der Ostküste. Bis zum Kloster Ágios Theológos (→ vorheriger Abschnitt) läuft man ca. 1 Std. 15 Min., von dort eine weitere Stunde zur Kapelle. Wasser mitnehmen und feste Schuhe anziehen. Ab Kapelle auch die Möglichkeit, den Kríkelos zu besteigen – teilweise weglos steigt man in ca. 45 Min. hinauf (Richtung Westen). Laufzeit von Langáda bis zum Gipfel gut 3 Std. einfach. Kürzer ist die vorher beschriebene Variante ab Ágios Theológos.

▸ **Metállio**: Wer genügend Kondition hat, kann von Stavrós zu den alten Bauxitminen hinuntersteigen, die seit 1943 stillgelegt sind – wie fast alle Bergwerke und Stollen auf den Kykladen. Es geht steil hinunter, alpine Erfahrung ist nötig. Unten alte Stollen, die seit über 50 Jahren nicht mehr auf ihre Tragfähigkeit getestet wurden – Einsturzgefahr!

Auf Santoríni: weiße Kirchen, Sonne, Meer

Südkykladen

Die trockensten und felsigsten Kykladeninseln. Kaum ein Baum wächst auf Santoríni, Íos oder Anáfi, Quellen sind rar, in weiten Teilen sind die Inseln fast unbesiedelt. Dafür gibt es wilde und ursprüngliche Landschaftsformen, vor allem auf Santoríni und Folégandros. Auch die Gegensätze zwischen den einzelnen Inseln könnten nicht größer sein.

Fantastischer Höhepunkt ist **Santoríni** mit seinen Trabanteninseln, der bizarre Restkörper eines ehemaligen Vulkans. 300 m steigen die Kraterwände fast senkrecht aus dem Meer an, oben ziehen sich schneeweiße Häuserkämme entlang. Was seine Schönheit anbelangt, ist Santoríni sicher eins der größten Erlebnisse einer Kykladenreise – dementsprechend voll wird es im Sommer. Bescheidener zeigen sich die kleinen Inseln Folégandros, Síkinos und Anáfi, doch auch dort gibt es Raritäten: So ist die Chóra von **Folégandros** direkt an einen Steilhang zum Meer gebaut und gehört architektonisch zu den reizvollsten Kykladensiedlungen. Während hier im Sommer fast alle Betten ausgebucht sind, ist das benachbarte **Síkinos** eine Insel, auf der die Ruhe noch daheim ist. Das schwer erreichbare **Anáfi** zieht bisher vor allem Rucksackreisende an, doch das Schlafen am Strand wurde mittlerweile untersagt. Und schließlich lockt das berühmt-berüchtigte **Íos**, neben Mýkonos der zweite Rummelplatz der Ägäis, mit exzessivem Discofieber und besonders guten Stränden. Die Südkykladen erreicht man per Fähre meist über die Ostkykladen-Route, aber auch über die Westkykladen sind im Sommer die Verbindungen passabel. Santoríni hat zudem einen Flugplatz.

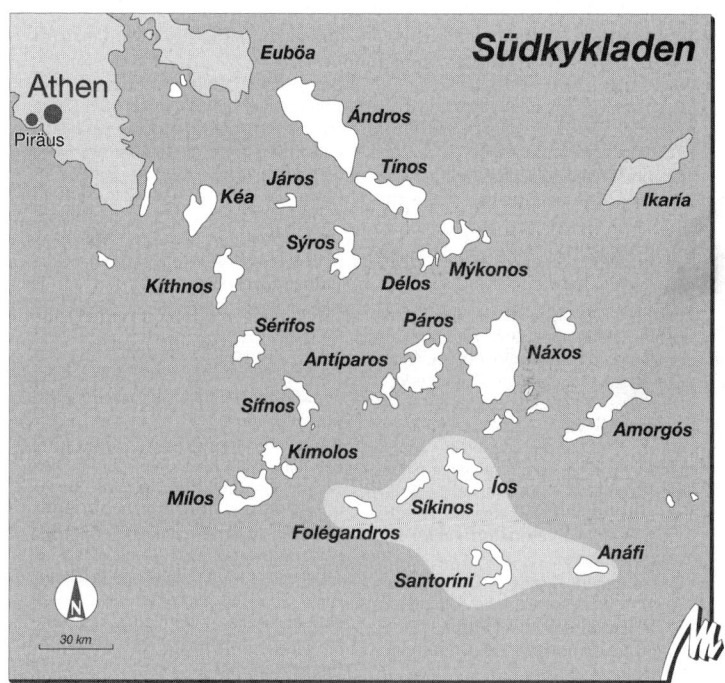

Íos

Íos gehört der Jugend. Während die Nebensaison noch weitgehend ruhig verläuft, ändert sich das schlagartig im Juli und August. Dann wird die Insel geradezu überflutet – Rucksacktouristen, Vergnügungssüchtige, ganze Cliquen, Stammgäste, neugierige Erstbesucher. Íos hat sein Publikum. Was lockt, ist der Karneval fast rund um die Uhr! Íos ist wie Mýkonos, aber jünger und fröhlicher. Briten und Iren stellen das Gros der Besucher, dazu kommen vor allem US-Amerikaner, Skandinavier, Italiener, Deutsche und Österreicher.

Der komentengleiche touristische Aufstieg der Insel begann in den frühen Siebzigern. In erster Linie dafür verantwortlich sind der Milopótas-Strand – einer der schönsten der Kykladen – und der fantastisch gelegene Hauptort in unmittelbarer Nähe. Seitdem gilt Íos als *die* Insel der Kykladen, ja Griechenlands, wo unternehmungslustige und kontaktfreudige Naturen ihre Urlaubsträume verwirklichen können. Tagsüber aalt man sich am Strand, danach verwandelt sich allabendlich die wunderschöne, malerisch gelegene Chóra in einen turbulenten Nachtclub, der bis ins Morgengrauen nicht zur Ruhe kommt.

Größe: 108 qkm, Länge ca. 17 km, Breite ca. 7,5 km. Höchster Gipfel mit 713 m der Pírgos in der Inselmitte.

Bevölkerung: etwa 1500 Einwohner, im Sommer bevölkern aber sicher 10.000 Touristen täglich die Insel.

Geografie/Geologisches: extrem wasserarme Insel, sehr bergig, straßenmäßig kaum erschlossen.

Wichtige Orte: Es gibt nur zwei Ortschaften – den Hafen Gialós und den Hauptort Chóra.

Straßen: Die asphaltierte Hauptachse der Insel führt vom Hafen zum Koumbára-Strand, auf der anderen Seite zur Chóra hinauf und von dort hinunter zum Milopótas-Strand, insgesamt ca. 9 km. Die Straße zum Agía-Theodóti-Strand wurde mittlerweile ebenfalls asphaltiert, die Piste zum Manganári-Strand im Süden wird wohl in absehbarer Zeit ebenfalls einen Belag erhalten. Ansonsten gibt es noch einige befahrbare Erdpisten (→ Karte).

Entfernungen: Gialós – Chóra 2,5 km, Chóra – Milopótas-Strand 2,5 km, Gialós – Agía-Theodóti-Strand 8 km.

Auto-/Zweiradverleih: zwei im Hafen, weitere in der Chóra.

Tankstellen: zwei Zapfstellen an der Straße vom Hafenstrand zur Chora (→ Karte).

Unterkunft: zahlreiche Hotels und Privatzimmer im Hafen, in der Chóra und am Milopótas-Strand. Ein Hotel und Privatzimmer außerdem am Manganári-Strand im äußersten Süden, Privatzimmer am Agía-Theodóti- und am Koumbára-Strand. Ein Campingplatz am Hafen, zwei weitere am Milopótas-Strand. Viele Vermieter kommen mit Bussen zum Hafen.

Baden: Gute Sandstrände liegen um die ganze Insel verstreut, sind aber nicht alle leicht zu erreichen. Zu den besten zählen der Milopótas-Strand, der Manganári-Strand und der Strand in der Hafenbucht.

Karten: Hübsch und durchaus brauchbar sind die Übersichtskarten in den bunten Íos-Heften "Ios Island", die es bei der Acteon Travel Agency am Hafen kostenlos gibt. Enthalten sind neben einer Inselkarte auch Übersichtspläne von Chóra, Hafen und Milopótas-Strand. Auch die Zweiradverleiher stellen ihren Kunden Karten zur Verfügung, die beste bei Jacob's Zweiradverleih im Hafen.

Postleitzahl: 84001

Eine einzige große "Party", Kontakte, Trubel, Stimmung, Anmache – das ist es, was hier zählt. Je später die Nacht, desto lockerer geht es zu. Erstaunlich, mit welchem Gleichmut die Einwohner das Treiben der flegelhaften Besucher mit der lockeren Moral hinnehmen. Doch sie verdienen sich eine goldene Nase und haben im Lauf vieler Jahre gelernt zu schweigen. Die alljährliche Menschenballung bringt allerdings Probleme mit sich. In Íos muss dabei vor allem der Alkohol genannt werden, der hier im Übermaß konsumiert wird. "Alkoholleichen" und Säufercliquen gehören zur Tagesordnung. Kein Wunder also, dass Íos eine schlechte Presse hat. Auflagenkräftige Magazine setzten Íos schon vor Jahren mit *"Suff und Sex"* gleich, Gerüchte von Exzessen und Drogen machten die Runde. Manche Reiseführer übten anderweitig Kritik: In Íos werde nicht mehr gearbeitet, die Felder verkämen, sämtliche Lebensmittel müssten eingeführt werden. Doch mit Katastrophenmeldungen dieser Art wird man Íos nur zum kleinen Teil gerecht. Die empörten Entsetzensschreie übersehen nämlich in der Regel die große Masse der *"normalen"*, freundlichen und friedfertigen jungen Touristen, die sich hier einfach wohl fühlen und das auch gerne zeigen.

Doch Íos hat auch eine ganz andere Seite: Das turbulente Inselleben spielt sich nämlich fast ausschließlich zwischen *Hafen, Chóra* und *Milopótas-Strand* ab.

Herrlicher Blick vom Chórahügel auf die Hafenbucht

Wer Ruhe und Ursprünglichkeit sucht, muss nur aus diesem magischen Dreieck ausbrechen – und findet sich in der Einsamkeit einer der felsigsten, wasserärmsten und in seiner Kahlheit faszinierendsten Inseln des ganzen Archipels wieder. Nicht zuletzt diese Vorzüge ziehen mittlerweile verstärkt älteres griechenlanderfahrenes Publikum an, das hier auch gerne willkommen geheißen wird, denn viele Einwohner von Íos wünschen sich mittlerweile ein anderes Image ihrer Heimatinsel.

Geschichte

Íos war wie die meisten anderen Kykladen schon mindestens im 3. Jt. v. Chr. besiedelt, das beweisen Gräber aus der *frühen Bronzezeit*, die man im Órmos Manganári im heute unbewohnten Süden der Insel gefunden hat, sowie die erst kürzlich entdeckte Siedlung *Skárkos* etwa 1 km landeinwärts vom Hafen. Später gründeten *Phönizier* wahrscheinlich eine Handelsniederlassung.

Um 1000 v. Chr. besiedelten dann die *Ioner* den markanten Hügel, auf dem noch heute die Chóra liegt. Im Gegensatz zu vielen anderen Inseln wurde auf Íos also der Standort der Inselhauptstadt durch alle geschichtlichen Epochen hindurch beibehalten. Erhalten blieb davon jedoch so gut wie nichts mehr.

Der Name *Íos* taucht bereits in der Antike auf. Ungeklärt ist, ob er auf das phönizische Wort für "Steinhaufen" zurückzuführen ist, auf das griechische Wort "Íos" für Veilchen (die hier im Altertum angeblich im Überfluss blühten) oder vielleicht auf die Ioner (Íos = Stadt der Ioner).

Reichlich unklar ist auch, inwieweit Íos in Bezug zu *Homer*, dem berühmtesten aller altgriechischen Dichter (8. Jh. v. Chr.), steht. Ganz abgesehen davon, dass nicht einmal seine Existenz bewiesen ist (manche reden von mehreren

Karte Seite 431

Íos

Dichtern, die später unter dem Sammelbegriff Homer zusammengefasst wurden), sind auch die Geschichten um sein angebliches *Grab auf Íos* nicht zu verifizieren. Herodot (490–420 v. Chr.) schreibt über 200 Jahre nach Homer das erste Mal davon und der Geschichtsschreiber Pausanias berichtet im 2. Jh. n. Chr. (fast 1000 Jahre nach Homer!), dass ihm die Einheimischen die Grabstelle Homers gezeigt hätten. Dazu gibt es die merkwürdige Geschichte, dass Homer aus Gram über ein nicht gelöstes Rätsel starb, das ihm hier auf Íos gestellt worden war, und gleich vor Ort begraben wurde. Im Hafen erinnert heute eine *Homerbüste* mit Textauszügen von Herodot, Plinius und Pausanias an den angeblichen Tod des Dichters auf Íos (→ Gialós/Sehenswertes). Wie dem auch sei, das angebliche "Grab Homers" bei *Plakotós* im Norden von Íos ist jedenfalls **nicht** die letzte Ruhestätte des Dichters, es stammt aus hellenistischer Zeit, also gut 500–600 Jahre nach Homer.

In der Epoche des *Attisch-delischen Seebundes* (5. Jh. v. Chr.) zahlte Íos einen äußerst geringen Beitrag (zeitweise noch geringer als der von Amorgós), die wirtschaftliche Bedeutung der Insel war augenscheinlich gleich Null.

Bis zum Mittelalter ist wenig Nennenswertes über Íos überliefert. 1207 verleibte der venezianische Herzog Marco Sanoudo die Insel seinem *Herzogtum Náxos* ein und ließ ein befestigtes Kástro auf dem Chorahügel errichten. 1537 wurde Íos nach den Angriffen des Chaireddin Barbarossa *türkisch*. In den folgenden Jahrhunderten tummelten sich *Piraten* auf der dünn besiedelten Insel, der *großartige Naturhafen* wurde einer ihrer bevorzugten Ankerplätze und auch in den griechischen Befreiungskämpfen ab 1821 spielte er eine wichtige strategische Rolle. Íos konnte damals allein 24 Schiffe ausrüsten. 1830 wurde Íos dem griechischen Staat angeschlossen.

Wirtschaft

Die großteils bergige und wasserarme Insel bietet kaum Nutzflächen für Landwirtschaft. Die einzigen größeren Ebenen sind das Hinterland der *Hafenbucht* und (wesentlich kleiner) die Ebene hinter dem *Milopótas-Strand*. So konnten traditionell nur etwas Gerste für Viehfutter, Hülsenfrüchte und Kartoffeln angebaut werden. Lediglich Thymianhonig wird heute noch in nennenswertem Umfang produziert. Der in den siebziger Jahren boomartig entstandene Tourismus war einziger Rettungsanker aus dieser Misere – mit all seinen negativen Begleiterscheinungen. Großes Problem ist wie auf den anderen Südkykladen die Wasserarmut der Insel, die Brunnen reichen in keiner Weise aus, den sommerlichen Ansturm zu bewältigen. Wichtig wäre die gezielte Erschließung verschiedener Inselregionen (hauptsächlich Westküste), um die extrem starke Zusammenballung der Touristen im Dreieck *Hafen-Chóra-Milopótas* zu entflechten.

Essen & Trinken

Wegen des starken Touristenandrangs und der damit verbundenen erhebliche Überfremdung durch Athener Wirte sind praktisch keine Inselspezialitäten mehr zu bekommen. Fastfood, Pizza und Spaghetti dominieren. Jedoch bieten einzelne Tavernen durchaus interessante, wenngleich auch nicht gerade inseltypische Gerichte an, so z. B. die Taverne "Polydoros" am gleichnamigen Strand und "O Lordos Byron" in der Chóra.

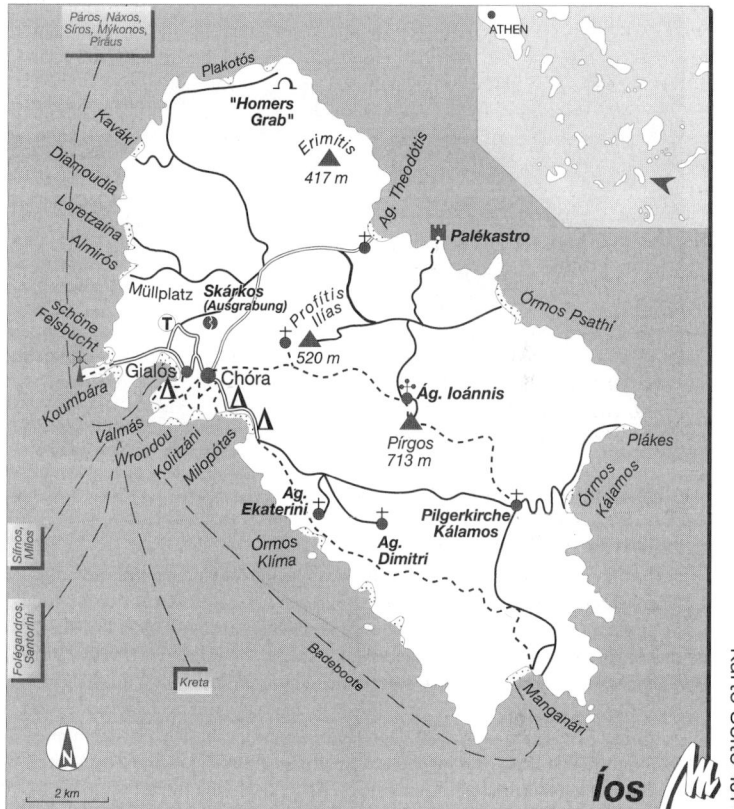

Inselfeste

Das größte und beliebteste Fest auf Íos findet am 29. August zu Ehren des heiligen Johannes um die *Kálamos-Kirche* im menschenleeren Südosten statt, also mitten in der Urlaubssaison (→ Kálamos-Kirche, S. 448). Touristen sind willkommen, die Reisebüros bieten organisierte Anfahrt. Außerdem gibt es am 24. Juni ein Fest in der Pilgerkirche *Ágios Ioánnis* auf dem Gipfel des höchsten Inselbergs Pírgos; am 15. August das Fest der Panagía um die Kirche *Gremiótissa* am Oberrand der Chóra (→ Sehenswertes) und am 8. September ein Kirchenfest bei der Kirche *Agía Theodóti* am gleichnamigen Strand im Nordosten. Zur Eröffnung der Touristensaison findet Anfang Mai außerdem ein großes *Homer-Festival* ("Omiria") statt, u. a. mit Sportwettkämpfen, Volkstanz und Theateraufführungen der Schulklassen.

Treffpunkt Milopótas-Strand

Jugendzentrum der Ägäis

Seit Anfang der Siebziger ist Íos völlig auf Jugendtourismus eingestellt. Anfangs waren es Hippies und Aussteiger, die den idyllischen Ort samt des nahe gelegenen fantastischen Sandstrands entdeckten. Dann kamen die Rucksacktouristen und die Einwohner samt Athener Investoren witterten ihre Chance, aus Íos etwas im ganzen ägäischen Raum Einmaliges zu machen: ein gigantisches Jugendzentrum. Um den Pauschaltourismus anzulocken, hätte es großer Investitionen bedurft. Doch hier ging es viel einfacher, indem man den natürlichen "Run" der Jugend auf die unverbaute Kykladeninsel ausnutzte. Die Rucksacktouristen waren anspruchslos, mäkelten nicht herum, wollten nur ihren Spaß. Das Rezept bewährte sich – im Gegensatz zu manch anderer griechischen Insel musste Íos deshalb kaum Werbung machen. Heute mischen sich zusehends Reisetaschen und Koffer unter die Rucksäcke, Íos ist nicht mehr "alternativ", aber auch nicht exklusiv geworden – und bietet somit eigentlich für jeden etwas, der Rummel und gute Laune mag.

Verbindungen von und nach Íos

Íos liegt an der Hauptroute von Piräus zu den südlichen Kykladen und nach Kreta, ab und an gibt es auch Verbindungen hinüber zu den Westkykladen, meist mit der "Milos Express".

Fähren von und nach *Piräus* gehen 2–4 x tägl., Fahrtdauer 7–9 Std. (Deck/Pullmannsitz etwa 22,50 €, billigster Kabinenplatz ca. 40 €), Schnellfähren brauchen ca. 4–5 Std.; Fähren von und nach *Náxos*, *Páros* und *Santoríni* mindestens 1 x tägl., *Sýros* und *Mýkonos* mindestens 5 x wöch., *Kreta* etwa 3 x wöch., 1–2 x wöch. nach *Anáfi* und über *Folégandros* und *Síkinos* nach *Kímolos* und *Mílos*.

Schnellboote befahren täglich verschiedene Routen zu umliegenden Inseln sowie die Strecke *Rafína-Ándros-Tínos-Mýkonos-Páros-Náxos-Íos-Santoríni*.

Verkehr auf der Insel

▸ **Busse:** Inselbusse pendeln ausschließlich zwischen Koumbára-Strand, Hafen, Chóra und Milopótas-Strand.

▸ **Mietfahrzeug:** relativ geringes Angebot, da es hauptsächlich Erdpisten auf Íos gibt. Erst seit kurzem werden auch Autos verliehen.

▸ **Eigenes Fahrzeug:** bitte nicht! Es gibt nur wenige asphaltierte Straßen und viele Holperpisten.

Gialós

Der Hafen liegt am Ende einer langen, schlauchförmigen Einfahrt und gilt als einer der besten Naturhäfen der Ägäis. Benachbart ein langer Sandstrand, auf Felsen vorgelagert die Bilderbuchkirche Agía Iríni (17. Jh).

Als Ort ist Gialós allerdings eher langweilig, kein Vergleich zur Chóra am Berg oben. Trotzdem ist wegen des schönen Strandes immer einiges los, auch viele Segelcrews laufen Gialós wegen seines geschützten Hafens an. Diverse Badebuchten liegen in der Umgebung.

Andenken an Íos

Der österreichische Maler *Helmut Kand* lebt seit gut dreißig Jahren jeweils von etwa Mitte Juni bis Mitte September in Gialós. Sein Studio, die *Villa Denaxas*, liegt am Hang über dem Hafen (hinter Einkaufszentrum Agora) und kann tägl. von 19–21 Uhr besichtigt werden. Die Impressionen Kands mit ihren kraftvollen Farben lohnen den Weg.

Information

Acteon Travel Agency, große Reiseagentur an der rechteckigen Platía am Hafen. Schiffstickets, Internetzugang, internationale Presse, Unterkünfte. Hübsch und informativ ist das jährlich neu herausgegebene Gratis-Heft **"Íos Island"** mit Tipps zu Unterkünften, Essen, Shopping und Nachtleben, dazu Übersichtspläne von Chóra, Hafen und Milopótas-Strand. Zwei weitere Filialen in der Chóra. ☎ 22860-91343, 📠 91088, www.acteon.gr

Verbindungen (s. Karte auf S. 435)

Busse pendeln täglich von etwa 7 Uhr morgens bis nach Mitternacht zwischen Koumbára-Strand, Hafen, Chóra und Milopótas-Strand. Der Fahrpreis von ca. 0,80 € ist immer gleich, egal wie weit man fährt.
Taxis gibt es nur zwei auf Íos, ☎ Kiriakos (6977-760570) und Bouzalakos (6977-031708). 2 x tägl. fahren Ausflugsbusse zum **Manganári-Strand** an der Südspitze von Íos, außerdem vormittags ein Badeboot. Preis jeweils etwa 5 € hin/rück.

Das schöne, alte Segelschiff **Leigh Browne** veranstaltet tagsüber Törns zu verschiedenen Stränden, abends Sunset-Touren.
Gelegentlich werden auch Tagesausflüge per Schnellboot nach **Síkinos** und **Folégandros** angeboten.
Jacob's Rental (6), Auto- und Zweiradverleih an der Südfront vom Hafen, großes Fahrzeugangebot, geführt vom geschäftstüchtigen Jacob aus Nordzypern. Weitere Filialen z. B. in der Chóra. ☎ 22860-91047, 📠 92268.

> **Tipp**: Vom Hafen führt ein breiter ehemaliger Maultierpfad zur Chóra hinauf, der die Serpentinenstraße wesentlich abkürzt! Beginn an der Straße zur Chóra rechts, etwa 200 m vom Hafen, kurz nach der halb im Boden versunkenen Kirche. Laufzeit nur knapp 15 Min.

Übernachten (s. Karte rechts)

Am Strand und um den Hafen hauptsächlich Hotels der C-Kat., aber auch einige preiswertere Möglichkeiten. Unterkünfte auch überall an der Straße und am Fußweg hinauf zur Chóra.

• *Im Hafen* Viel weniger Rummel als in der Chóra, jedoch treffen sich hier spätnachts bzw. frühmorgens die Nachtschwärmer, kann dann zeitweise laut werden.

Poseidon (7), C-Kat., etwas erhöht am Osthang der Bucht, über Stufen zu erreichen. Das gepflegte und gastfreundliche Haus bietet gut ausgestattete Zimmer mit herrlichem Hafenblick, dazu einen Pool und Frühstücksterrasse. DZ ca. 35–70 €. ✆ 22860-91091, ✆ 91969, E-Mail: poseidht@otenet.gr

Irene (5), empfohlen von Leser A. Barndt. Vom Anleger rechts um das Hafenbecken, nach "Jacob's Rental" schmale Gasse hinein in die zweite Reihe. Geführt von Irene und ihren Kindern, der Sohn Adonis spricht sehr gut Englisch, alle sind hilfsbereit. 27 Zimmer, davon 17 neu, jeweils sauberes Bad, Kühlschrank, Balkon oder Terrasse, teils Aircondition und/oder TV. Gelände schön bepflanzt. Täglicher Roomservice. Pool geplant, im Nebengebäude kleine Außenbar mit Terrasse, wo man frühstücken kann. DZ ca. 25–55 €. ✆ 22860-91023, ✆ 92292.

• *Gialós-Strand* Gleich nordwestlich vom Hafen, ca. 5–10 Min. zu Fuß. Schöne Lage mit Meerblick und recht ruhig.

Petros Place (8), E-Kat., am Strandbeginn hinter dem großen Parkplatz, etwas zurück vom Meer. Schöne, neue Anlage mit Pool, freundlich geführt. DZ 25–55 €. ✆ 22860-91421, ✆ 91866.

Corali (13), C-Kat., unmittelbar an der Strandstraße, geführt vom Ehepaar Sigalas (er war mal Bürgermeister von Íos). Sehr gepflegtes und gastliches Haus mit großer Taverne und Kinderspielplatz. Die Zimmer sind geräumig und gut eingerichtet, jeweils mit Du/WC und Balkon. DZ ca. 35–70 €. ✆ 22860-91272, ✆ 91552.

Meltemi, Privatzimmer neben Hotel Corali, ca. 20–50 €, vor den Zimmern große Sonnenterrasse. Superblick aufs Meer.

Mare-Monte (14), C-Kat., angenehm und komfortabel, direkt an der Strandstraße. 30 gut ausgestattete Zimmer mit Bad, Balkon, Telefon, Frühstück möglich, auch Restaurant mit internationaler Küche im Haus. Trotz Zusammenarbeit mit Reiseveranstaltern meist genügend Zimmer für Individualreisende. DZ ca. 40–70 €. ✆/✆ 22860-91585, 91564.

Elena (9), E-Kat., einfaches Haus ein Stück hinter dem Strand, am Weg zum Agía Theodoti-Strand. Älteres Besitzerehepaar, Zimmer mit Waschbecken gruppieren sich um einen geräumigen Innenhof, Benutzung der Dusche kostet extra. DZ etwa 20–50 €. Es gibt auch Frühstück. ✆/✆ 22860-91276.

Glaros (16), C-Kat., geführt vom freundlichen Ehepaar Damigos. Helle, freundliche Zimmer mit Kühlschrank, Du/WC und Balkon mit herrlicher Aussicht, ruhig. Hübsche Frühstücksterrasse. Transfer ab Hafen. DZ ca. 30–70 €. Auch pauschal zu buchen. ✆ 22860-91876, ✆ 91206.

Villa Maria, am Ende der Bucht in einen Weg einbiegen und noch 100 m weiter. 15 schlichte Zimmer, Mobiliar nicht mehr vom Neuesten, aber okay, jeweils Du/WC. DZ je Saison ca. 20–50 €, auch Frühstück möglich. Maria kommt mit einem Bus zu den Fähren. ✆ 22860-91525.

Petra Villas, C-Kat., am äußersten Ende des Gialós-Strands in ruhiger Hanglage. 12 Studios (2–4 Pers.) und 6 Apartments (3–5 Pers.), jeweils mit Terrasse, wundervoller Blick auf Bucht und Chóra. Insgesamt ordentlich ausgestattet und nette Atmosphäre. Studios je Saison um die 40–80 €, App. ca. 60–130 €. ✆ 91409, ✆ 91049, E-Mail: petraios@otenet.gr

• *Treppenweg zur Chóra* Hier gibt es einige Privatunterkünfte, die sich meist "Hotel" nennen. Vorteil: man wohnt nicht direkt im Rummel, ist aber nahe am Geschehen. Zudem vorne raus meist herrlicher Blick auf die Hafenbucht.

Princess Sissi (2), durchschnittliches Haus mit modernen, sauberen Zimmer, Aircondition, geräumigen Bädern und schönem

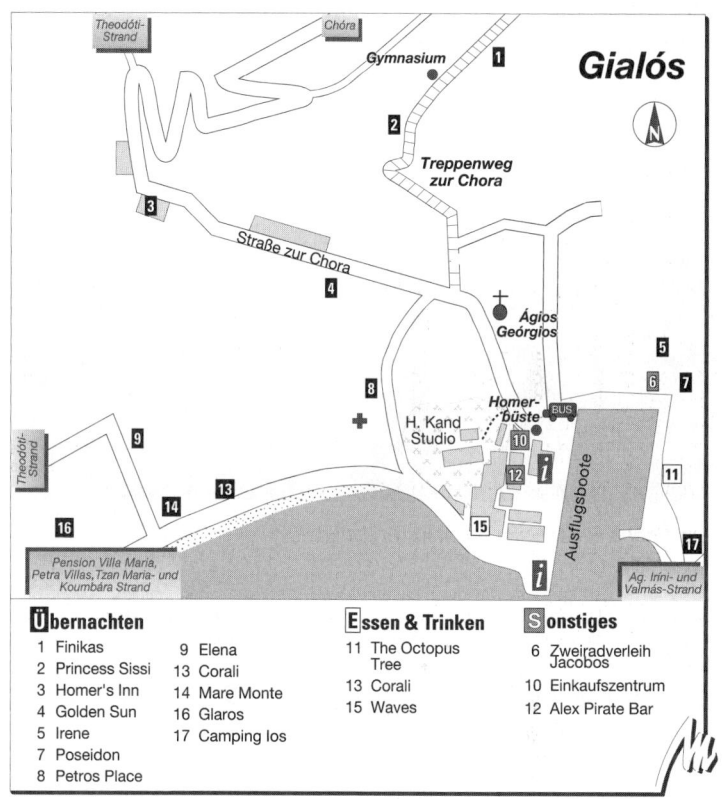

Gialós

Übernachten

1 Finikas
2 Princess Sissi
3 Homer's Inn
4 Golden Sun
5 Irene
7 Poseidon
8 Petros Place
9 Elena
13 Corali
14 Mare Monte
16 Glaros
17 Camping Íos

Essen & Trinken

11 The Octopus Tree
13 Corali
15 Waves

Sonstiges

6 Zweiradverleih Jacobos
10 Einkaufszentrum
12 Alex Pirate Bar

Karte Seite 431

Íos

Buchtblick, unten im Haus Irish Bar. DZ mit Bad etwa 20–50 €. ✆ 22860-91244, ✉ 92044.

Finikas (1), größeres, aufmerksam geführtes Haus im oberen Bereich des Treppenwegs, umgeben von Eukalyptusbäumen und Palmen, schöne Terrasse mit Pool, Bar und Buchtblick, Verandarestaurant. Saubere Zimmer mit Aircondition und Kühlschrank, z. T. mit kleinen Balkonen. DZ mit Bad etwa 20–50 €. ✆ 22860-91543, ✉ 27098, www.finikashotel.gr

● *An der Straße zur Chóra* Superblick auf die Hafenbucht, wegen des Busverkehrs jedoch nicht alle Unterkünfte ruhig gelegen.

Golden Sun (4), von Lesern empfohlen, 150 m nach dem Beginn des Treppenwegs links der Straße. John Kladis und seine Familie haben lange in den USA gelebt, sind sehr hilfsbereit. Saubere Zimmer, Pool mit

Blick auf die Bucht, kleine Bar mit Snacks zu relativ günstigen Preisen. Vor der Tür Busstopp. DZ ca. 25–50 €. ✆ 22860-91110.

Homer's Inn (3), C-Kat., 500 m vom Hafen, relativ ruhig und insgesamt angenehm, mit gut 40 Zimmern viel Platz, jedoch oft über Reiseveranstalter belegt. Besitzt Pool, Bushaltestelle benachbart. DZ ca. 35–65 €. ✆ 22860-91365, ✉ 91888.

Liostasi Sun Club, B-Kat., einige Kurven vor der Chóra, schöne, neue Anlage, elegant gestylt, Panoramaterrasse mit Pool, Kinderbecken und Poolbar. In den 13 Zimmern TV und Kühlschrank. DZ ca. 40–110 €. ✆ 22860-92150, ✉ 92140, www.acteon.gr

● *Camping* **Íos (17)**, an der Südseite des Hafens, recht ordentliches Gelände, Zierbäume bieten einigen Schatten, mit überdachten Betonterrassen wurde auch an

Der Strand in der Hafenbucht wird selten richtig voll

Gäste ohne Zelt gedacht. Da die meisten Camper am Milopótas-Strand wohnen wollen, meist wenig Rummel und in der Nachsaison schon bald geschlossen. Self-Service-Restaurant, Bar, Market, großer Pool, gelegentliche Discoabende. In die Chóra etwa 15 Fußminuten. Nur Juni bis September. ✆ 22860-91329, 🖂 92101.

Essen & Trinken/Nachtleben/Sonstiges (s. Karte auf S. 435)

● *Essen & Trinken* **Waves (15)**, vom Anleger wenige Meter in Richtung Strand, von Walisern geführt, recht leckere indische Gerichte, beim Essen kann man den Schiffen beim Anlegen und Abfahren zusehen.
The Octopus Tree (11), gemütliche Ouzerie an der Ostseite vom Hafen, wo die Fischerboote liegen. Man sitzt unter schattigen Pinien, guter Fisch, Treffpunkt der Fischer.
● *Bars/Nachtleben* Abends spielt sich alles in der Chóra ab, im Hafen geht's ruhig zu – die Alternative für alle, die es etwas beschaulicher mögen. Frühmorgens kommen dann die Nachtschwärmer herunter getor-

kelt und es wird etwas unruhiger.
Ciao, vis à vis vom Anleger, im Sommer 24 Std. offen, immer sehr gut besucht.
Alex Pirate Bar (12), hübsch aufgemacht, bei Alekos herrscht allabendlich gute Stimmung, Publikum etwas älter.
● *Sonstiges* **Ärztliche Versorgung**, neu erbautes medizinisches Zentrum zwischen Hafen und Strand (→ Ortsplan), spezialisiert auf Schnapsleichen. 24-Std.-Service. ✆ 22860-28611, 91227.
Geldautomat und **internationale Presse** in der Acteon Travel Agency, weiterer **Geldautomat** am Anleger.

Sehenswertes: Beim Busstopp steht eine *Homerbüste* mit Zitaten von Herodot, Plinius und Pausanias, die als Belege für Íos als "Grab Homers" herhalten müssen (→ Geschichte). Am Beginn der Straße zur Chóra ist eine Gedenktafel eingelassen, die an die Hinrichtung von Konstantinos Bouloubasis am 16. Oktober 1943 durch die deutschen Besatzer erinnert. Wenige Meter weiter, rechts der Straße zur Chóra, sieht man halb im Boden versunken die Kreuzkuppelkirche *Ágios Geórgios*. Zum Abschluss ein Spaziergang rund um das Hafenbecken zur exponiert an der Hafeneinfahrt stehenden Kirche *Agía Iríni* aus dem 17. Jh.

Skárkos: eine der ältesten Kykladensiedlungen

Auf einem Hügel namens *Skárkos* im Hinterland der Bucht hat man erst vor wenigen Jahren eine über 4000 Jahre alte Siedlung ausgegraben, die damit zu den ältesten der Kykladen zählt. Zahlreiche gut erhaltene Hausfundamente, Mauern und schmale Gassenzüge konnten auf dem flachen Gipfelplateau geortet werden. Die gefundenen Kunst- und Gebrauchsgegenstände sind im neuen archäologischen Museum in der Chóra ausgestellt. Zu erkennen ist der Hügel von weitem an den zahllosen Bruchsteinmauern, die alle Hänge und den Gipfel bedecken. Da die Arbeiten noch nicht abgeschlossen und gesichert sind, ist der Zugang allerdings bisher nicht gestattet. Wer es trotzdem versuchen will, kann von der Strandstraße aus die Straße beim Hotel Mare-Monte landeinwärts nehmen, später rechts abbiegen und kommt so zum Fuß des Hügels.

Gialós/Baden und Umgebung

▸ **Órmos Gialós**: Der schöne, ca. 500 m lange Sandstrand liegt einige hundert Meter westlich vom Hafen, einige spärliche Tamarisken bieten etwas Schatten. An der Uferstraße Bars, Hotels und Tavernen, eine deutsch geführte Sportstation bietet diverses Equipment und verleiht Sonnenschirme/Liegestühle.

• *Essen & Trinken* **Corali (s. Karte S. 435, 13)**, aufmerksam geführte Taverne im gleichnamigen Hotel, etwas teurer, aber gepflegt und solide zubereitet, Fisch und Fleisch vom Grill.

Café Baywatch, urig-gemütliche Bar, beliebter Treff beim Sportzentrum.

• *Sport* **Yialos Watersports**, geführt vom sympathischen Ralf Burgstahler aus Karls-ruhe. Windsurfen, Wasserski, Schnorcheln (jeweils auch Unterricht), Wakeboard, Kneeboard, Tube Rides, Banana Boat, Kanus, Tretboote, Mountainbikes, Bootsausflüge. ✆/☏ 22860-92463. Über "Best Minute Travel" (Karlsruhe) kann man einen Hotelaufenthalt am Gialós buchen, Wassersportangebot incl. ✆ 0721/484880 www.bestminutetravel.com

▸ **Tzamariá**: kleiner, abgeschiedener Sandstreifen an der westlichen Buchtseite. Keine Einrichtungen, vom Gialós-Strand 10 Min. zu Fuß (oder mit Bus in Richtung Koumbára).

▸ **Koumbára**: etwa 200 m Sandstrand vor der Kulisse einer felsiger Halbinsel, knapp 2 km westlich vom Hafen. Etwas versteckt hinter dem Strand liegt die Felsbadebucht *Diákofto* mit senkrechten Abstürzen – hervorragende Schnorchelmöglichkeiten und ein kleiner Sandstrand, den man nur schwimmend erreichen kann. Ein Fußpfad führt zum kleinen *Fáros* (Leuchtturm) am Ausgang der tief eingeschnittenen Hafenbucht, schön zum Spazierengehen. Am Straßenende unterhalb des Hotels Koumbara Sun Set hat sich ein Künstler niedergelassen, der dabei ist, sein Anwesen in ein Gesamtkunstwerk zu verwandeln.

• *Anfahrt/Verbindungen* Vom Hafen führt eine Asphaltstraße über einen kleinen Höhenrücken hinüber. **Busse** fahren zw. 10 und 23 Uhr etwa stündlich, zu Fuß ca. 20 Min.

• *Übernachten* **Koumbara Sun Set**, B-Kat., an der Zufahrtstraße kurz vor dem Strand, neue, größere Anlage in Bungalowbauweise, 50 Zimmer und 10 Apartments, Panoramaterrasse mit Pool. Beim letzten Check hauptsächlich italienische Pauschalurlauber. DZ mit Frühstück ca. 40–65 €. ✆ 22860-91956, ☏ 91955.

Karte Seite 431

Íos

● *Essen & Trinken* **Polydoros**, gegenüber vom Hotel, einer der wenigen kulinarischen Íos-Tipps. Geführt vom freundlichen Polidoros Pouseno, dessen Mutter interessante Spezialitäten zubereitet, z. B. gefüllte Artischocken, *Shrimps saganáki* (überbackene Garnelen) und *yiaoúrtlou* (Souvláki mit Joghurtsauce). Etwas teurer, aber sein Geld

wert. Mit Zimmervermietung. ℡ 22860-91132, E-Mail: pouseosp@aias.gr

Philippos, gutes Fischlokal an der Zufahrtsstraße, auf einer Hügelkuppe in Richtung Gialós, schöner Blick auf die Bucht.

La Luna, direkt am Strand, Leser A. Barndt: "Herrlicher Sunset mit relaxter Musik in einem schönen Rattanambiente."

▶ **Valmás**: kleine Sandbucht inmitten wilder Schieferklippen östlich vom Hafen. Schöner Spaziergang am Campingplatz und der weithin sichtbaren Kirche *Agía Iríni* (17. Jh.) vorbei, unterwegs kann man immer wieder zum Wasser hinuntersteigen. Am Ziel die nette Taverne von Katharina (nur in der Hauptsaison offen).

Chóra

Ein weißes Häusermeer, das sich an einen steilen Felshügel klammert. Als Krönung eine dekorative Kirche mit tiefblauer Kuppel sowie zwei winzige Kapellen. Abseits des gewundenen Hauptwegs, der sich durch die ganze Chóra zieht, schmale, weiß gekalkte Gassen und unverfälschte Kykladenatmosphäre.

Ein wirklich schöner Ort, der sich auch gut zu verkaufen weiß! Allabendlich wird die Chóra zum Rummelplatz. Fröhliche Menschenmassen quellen durch die Gassen, "Highlife" vor und in den Diskotheken, die tagsüber so beschauliche Platia knallvoll. Die Stimmung schäumt über – und das buchstäblich jeden Tag von April bis Oktober! Das Gros der Gäste stellen Engländer, erhöhter Alkoholkonsum hat Tradition. Die Einwohner nehmen es gelassen und versuchen, auf Sauberkeit in ihren Gassen zu achten – was nicht immer gelingt, zu heftig ist der Ansturm.

Information/Verbindungen/Adressen (s. Karte auf S. 441)

● *Information* **Tourist Information Center** direkt an der Bushaltestelle, Gepäckaufbewahrung, Hilfe bei der Zimmersuche und Auskünfte aller Art. ℡/℡ 22860-91135.
Hilfreich ist auch die **Acteon Travel Agency** am Ortsbeginn, vis à vis der Bushaltestelle, neben der großen Kirche. Gute Anlaufstelle für Schiffstickets. ℡ 22860-91318.

● *Verbindungen* Zwischen 7 Uhr morgens und 2 Uhr nachts pendeln ständig Busse zum **Hafen** und zum **Milopótas-Strand**. Die Strecken sind aber auch problemlos zu Fuß zu bewältigen, der alte Maultierpfad zum Hafen beginnt wenige Schritte unterhalb der Haltestelle, bei "Sweet Irish Dream" (→ Nachtleben).

● *Adressen* **Ärztliche Versorgung (14+16)**, Dr. Yannis Kalathas, an der Hauptgasse im Ortszentrum, in Notfällen 24-Std.-Service, ℡ 91137, Mobil-℡ 6932420200; Dr. Ilias Kara-

velas, Zahnarzt (6) hinter der Evangelismo-Kirche, ℡ 22860-92096. Weitere Ärzte direkt neben der Apotheke.

Apotheke (15), am Zugang vom Busstopp zur Chóra (→ Stadtplan).

Autoverleih Trohokinisi (25), links der Durchgangsstraße, ein Stück nach dem Busstopp. ℡ 22860-91362, ℡ 91166.

Einkaufen, Íos ist bekannt für seine originell bedruckten T-Shirts; kunstvolle Ledergürtel findet man im Leather Work Shop des Holländers Dick (in einem Seitenweg der Hauptgasse).

Geld, National Bank mit Geldautomat am Platz hinter der großen Kirche am Ortsbeginn. Weiterer Geldautomat bei Acteon Travel an der Durchgangsstraße, etwa 50 m oberhalb der Busstation.

Post, versteckt im Ortskern, Seitengasse der Hauptgasse (auf Schilder achten).

Wunderschönes Plätzchen: die Gipfelkirche über der Chóra

Wäscherei (7+19), im Gebäude von "Sweet Irish Dream", außerdem gegenüber der Post. **Zweiradverleih Vangelis (23)**, etwas unterhalb der Bushaltestelle, große Auswahl am Maschinen aller Art, auch Mountainbikes. ✆ 22860-91919.

Übernachten (s. Karte auf S. 441)

Karte Seite 431

Íos

Einige Hotels, hauptsächlich aber Privatzimmer, z. T. hostelähnlich und auf die Bedürfnisse junger Gäste zugeschnitten. Im unmittelbaren Ortskern kaum Unterkünfte (zu laut!), die meisten südlich im Neubauviertel *Pantanassa* am Hang hinter der Bushaltestelle, dort z. T. sehr schöner Blick auf die Chóra. Einige gute Adressen auch außerhalb an der Straße zum Milopótas-Strand, herrlicher Blick auf Strand und Meer. Dank des überwiegend jungen Publikums meist günstige Preise.

● *Im Ort* **Philippou (10)**, C-Kat., am Platz hinter der großen Evangelismo-Kirche, neben der National Bank of Greece. 11 Zimmer mit Bad und Balkon (allerdings kein romantischer Blick), vermietet von der freundlichen älteren Frau Nikoletta Philippou. Kann laut werden. DZ ca. 20–45 €. ✆ 22860-91290.
Francesco's (5), auf dem Hügel über dem Ort (von der National Bank Hauptgasse hinauf und erste links). Eine der beliebtesten Adressen für Rucksacktouristen, beliebte Bar mit Terrasse, vorne raus herrlicher Blick auf die Hafenbucht, Internetzugang, Waschmaschine. Saubere Zimmer mit hellem Kiefernholzmobiliar. DZ ca. 20–50 €, auch Mehrbettzimmer. ✆/✉ 22860-91223.

● *Neubauviertel Pantánassa* **Parthenon (28)**, C-Kat., ungewöhnliches Haus in eigenwilligem "barockem" Stil, gepflegt und aufwändig gestaltet, 15 saubere Zimmer, Teppichböden in den Gängen, Stuckverzierungen. Ehemann der Tochter des Hauses ist Deutscher. Café/Restaurant geplant. DZ ca. 20–60 €. ✆ 91275, ✉ 91075.
Markos (30), vor dem Haus großer Pool mit schönem Blick auf die Chóra, in der hauseigenen Bar Frühstück, Pizza und Videos. 18 kleine Zimmer, bescheiden eingerichtet. Hauptsächlich Jugendliche bzw. junge Erwachsene als Gäste, deswegen auch nachts ein gewisser Geräuschpegel. DZ ca. 20–50 €, auch Dreibettzimmer. ✆ 22860-91059, ✉ 91060.
George & Irene (33), C-Kat., Neubau am Hügelkamm hinter der Post, 25 passable DZ und Mehrbettzimmer mit Terrasse und (meist) fantastischem Blick auf die Chóra. Außer Frühstück werden Nudelgerichte

und Drinks geboten, die man am besten auf der Terrasse genießt. DZ ca. 40–70 €. ✆ 22860-91927, ✉ 91512.

Lofos (The Hill) (29), am Weg zu George & Irene hinauf, 16 ordentliche Zimmer mit Bad und Blick auf die Chóra, familiäre Atmosphäre und freundlich geführt. Nikos, der auch die Bäckerei in der Hauptgasse betreibt, und sein Sohn Stavros haben erst 2002 auf dem Hügel 50 m weiter oberhalb das **Lofos Village (32)** mit traumhaftem Rundblick auf die Chóra und die Nachbarinseln eröffnet. 20 Zimmer mit Balkon sowie Pool und Bar, außerdem ruhige Lage in direkter Nähe zur Chóra. DZ ca. 20–60 €. ✆ 22860-91481.

• *Außerhalb* **Kolitsani View (35)**, etwa 5 Min. außerhalb der Chóra, allein stehendes Haus in traumhaft ruhiger Lage hoch über der Kolitzáni-Bucht, geführt vom freundlichen Ehepaar Manolakis, Superblick auf das Meer und rüber nach Santoríni. Weg nach Kolitsáni nehmen (weiter unten be-

schrieben) und auf der Hügelkuppe links halten. Schöner Pool mit Poolbar. Einfache Zimmer mit gekachelten Bädern. DZ mit Bad ca. 25–65 €. ✆ 22860-91061, ✉ 92261.

Hermes, auf halbem Weg von der Chóra zum Milopótas-Strand, direkt an der Straße, herrlicher Meeresblick, schöne Terrasse, seit 1999 auch Pool mit Bar. DZ ca. 20–60 €. ✆ 22860-91471, ✉ 91608.

Petradi, ein Stück weiter wie Hermes und ganz ähnlich, ebenfalls Panoramaterrasse, alle Zimmer mit Balkon. DZ ca. 20–60 €. ✆ 22860-91510, ✉ 91660.

Katerina, oberhalb von Petradi über der Straße, schöner Garten, Pool und herrlicher Blick. ✆ 22860-91614.

Country House, allein stehende Anlage an der Straße nach Agía Theodóti, 8 Apartments für 4 Pers. mit großen Terrassen/Balkonen und Panoramablick, sehr ruhig. Transfer von und zum Hafen. ✆ 22860-91591, ✉ 91691.

Essen & Trinken (s. Karte rechts)

Wegen des überwiegend jungen Publikums nicht gerade Gourmet-Tipps, zudem kaum noch authentische Küche. Stattdessen massenweise Fastfood, aber auch einige Italiener (Íos wird von Italienern gerne besucht).

O Lordos Byron (9), Tipp! Liebevoll aufgemachtes "Mezedopólion", leckere Kleinigkeiten, darunter ausgefallene Salate und Experimentelles, täglich wechselnd, offener Wein und Oúzo. Erfreuliche Rückbesinnung auf Tradition im Fastfood-Gewimmel von Íos. Nur etwa 30 Plätze, frühzeitig kommen.

Pithari (13), nette Taverne mit Tischen auf dem Platz an der Kirche, wo auch die National Bank ihre Filiale hat. Nach dem Tod des Betreibers fest in Frauenhand: Oma kocht die komplizierten Sachen, Mama die einfachen, die Tochter bedient und erläutert die Tagesgerichte.

Kalypso (12), Terrasse und Dachgarten an der Hauptgasse, nicht zu übersehen. Überzeugende Lage, gemütlich und windgeschützt, Essen eher durchschnittlich.

Pinocchio (11), "Ristorante Italiano" mitten im Zentrum. Leckere Pizza, diverse Nudel-

gerichte, *scaloppina alla Milanese* (Wiener Schnitzel), auch diverse italienische Weine sind im Angebot.

Ali Baba (8), ethnische Küche (Thai und Chinesisch), aber auch Spare ribs und Burger, englischsprachiges Zielpublikum, gemütlich aufgemacht, aber keine Plätze im Freien.

The Mills (1), abseits vom Rummel, auf einem Hügel am Ende der Hauptstraße, gegenüber den Windmühlen. Ordentliche griechische Küche, offener Retsina.

Sainis (21), großes Mezedopólion hinter Ios Club (→ Nachtleben), Panoramablick, Gerichte nach traditionellen Rezepten, griechische Lifemusik.

• *Cafés* **Moonlight Bar**, im oberen Ortsbereich, kurz vor Francesco's (→ Übernachten), schöner Platz zum Frühstücken, vielfältiges Angebot.

Internetzugang im **Mojo@Net (18)**, neben Café Click am Zugang zur Chóra.

Nachtleben (s. Karte rechts)

Die Nacht wird zum Tag. Es brodelt in der Chóra! Fröhliche Menschen wogen durch die enge Hauptgasse, vor den Discos unterhalb der Platia liegt ein Ballungszentrum. *Der* Treff in der Chóra ist aber der hübsche, kleine Hauptplatz selber. Tagsüber idyllisch mit Olivenbäumen, abends brüllen die Bars die neuesten Hits in die Menge. Ein freier

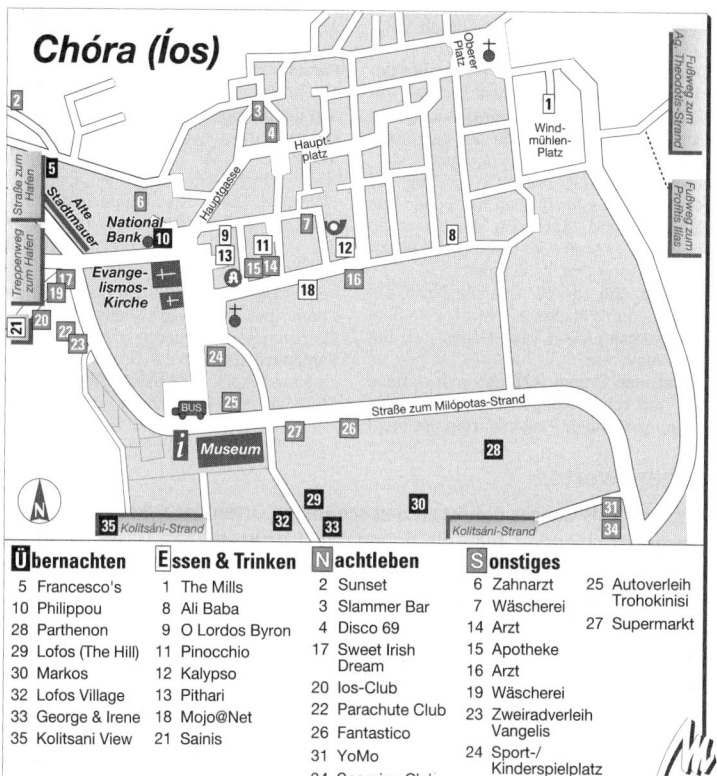

Chóra (Íos)

Übernachten
5 Francesco's
10 Philippou
28 Parthenon
29 Lofos (The Hill)
30 Markos
32 Lofos Village
33 George & Irene
35 Kolitsani View

Essen & Trinken
1 The Mills
8 Ali Baba
9 O Lordos Byron
11 Pinocchio
12 Kalypso
13 Pithari
18 Mojo@Net
21 Sainis

Nachtleben
2 Sunset
3 Slammer Bar
4 Disco 69
17 Sweet Irish Dream
20 Ios-Club
22 Parachute Club
26 Fantastico
31 YoMo
34 Scorpion Club

Sonstiges
6 Zahnarzt
7 Wäscherei
14 Arzt
15 Apotheke
16 Arzt
19 Wäscherei
23 Zweiradverleih Vangelis
24 Sport-/Kinderspielplatz
25 Autoverleih Trohokinisi
27 Supermarkt

Karte Seite 431

Íos

Platz hier ist reine Glückssache. Etwa um Mitternacht geht's aus dem Zentrum in die Großdiscos am Ortsausgang zum Milopótas Beach. Bis in den frühen Morgen hoher Lärmpegel auf den Straßen – keiner will schlafen gehen. Leserzuschrift: "Selbst unten am Hafen torkeln gegen morgen die letzten betrunkenen Jugendlichen über die Straße ..." Allerdings wird in den letzten Jahren die offizielle Sperrstunde von wochentags 3 Uhr (am Wochenende 4 Uhr) sehr strikt eingehalten – und nicht selten mit totalem Stromausfall in der gesamten Chóra nachhaltig bekräftigt. Warnung: Superbillige Cocktails sind mit Vorsicht oder besser gar nicht zu genießen, da ihnen minderwertiger Alkohol beigemischt ist. Am nächsten Morgen schmeckt man Spiritus auf der Zunge und kann nicht richtig sehen.

Seinen persönlichen Rhythmus wird man auf Íos sicher schnell finden. Ein Vorschlag: zunächst Platia im Ort, dann Disco 69, anschließend Sweet Irish Dream, später Scorpion Club, auch danach wird man sicher noch reichlich Betätigung finden ... und zum Sonnenaufgang auf die Bergspitze über der Stadt klettern!

● *Discos & Discobars* In der Hochsaison ist ein Eintritt von 2–3 € obligatorisch, dafür ist ein Getränk frei.

Disco 69 (4), unterhalb der Platía, alteingeführt. Auf dem Mäuerchen vor der Tür beste Kontakte, weil überschaubar und nicht so viel Rummel wie auf der Platía, auch drinnen fröhlich und kommunikativ.

Slammer Bar (3), seit 1974 oberhalb der Platía, schönes Innenleben mit Bögen aus Schiefergestein, Spezialität der "Slammer" mit Tequila, vorher wird der Kopf mit einem Helm bewehrt und "behämmert" ...

Íos-Club (20), große Open-Air-Disco mit Pink Floyd und klassischer Musik zum Sonnenuntergang (19–21 Uhr). Neben Irish Bar den Weg hinein.

Sweet Irish Dream (17), der unbestrittene "In"- Treff von Íos, gegenüber der Bushaltestelle, allnächtlich voll bis zum Bersten!

Man tanzt auf den massiv gemauerten Tischen und Bänken, säuft sich einen oder zwei an und sucht Kontakte.

Parachute Club (22), gleich daneben, etwas erhöht, österreichische Stammkneipe.

Ein ganzes Bündel von Open-Air-Diskotheken liegt am Ortsausgang Richtung Milopótas-Strand. In der Saison toben hier jede Nacht wahre Technoschlachten. Eintritt ca. 4–5 € (inkl. Drink). Marktführer und heftige Konkurrenten sind die beiden nebeneinander liegenden Discos **Scorpion Club (34)** und **YoMo (31)**.

● *Sonstiges* **Sunset (2)**, Bar hoch über der Chóra (bei Francesco's Pension), idealer Platz zum Sonnenuntergang.

Fantastico (26), an der Durchgangsstraße im ersten Stock, ausschließlich griechische Musik wird hier gespielt.

Sehenswertes

Die Chóra als Ganzes gehört zu den schönsten Orten der Kykladen. Am besten durchschlendert man die engen, weiß gewaschenen Gässchen in der stillen Siesta-Zeit, wenn alles unten am Strand brütet.

Danach kann man auf den beherrschenden Hügel hinaufsteigen, auf dem einst die ionische Akropolis und viel später ein venezianisches Kastell des "Herzogtums Náxos" standen. Von beiden ist nichts mehr erhalten. Oberhalb der letzten Häuser, direkt am südlichen Steilhang, steht die beeindruckende Kirche der *Panagía Gremiótissa*. Die exponierte Stelle hat sich angeblich die hier verehrte Marienikone selbst ausgesucht, indem sie immer wieder aus einer Dorfkirche verschwand und stets hier oben wieder entdeckt wurde. Besonders hübsch ist der Kontrast der kahlen Felsen zum blauen Dach des Arkadenturms und der ebenfalls blauen Kuppel, vor der Kirche steht eine hohe, schlanke Dattelpalme. Am 15. August findet hier oben das große Fest der Panagía statt. Noch ein paar Schritte sind es zur Spitze mit der Kapelle des *Ágios Nikólaos*, etwas unterhalb davon stehen zwei weitere kleine Kapellen. Wunderschön ist der Blick auf Hafenbucht und Meer!

Am westlichen Ortsausgang sind an der Straße zum Hafen Reste der mächtigen antiken *Kyklopenmauer* erhalten geblieben, die in archaischer Zeit die Stadt schützte (→ Stadtplan).

Am östlichen Ortsende liegt der *Windmühlenplatz* der Chóra. Die Handvoll Mühlen sind z. T. Ruinen und schon lange nicht mehr in Betrieb, kürzlich wurden zwei davon restauriert und ein kleines *Volkskundemuseum* wurde eingerichtet (nur in den Sommermonaten geöffnet), schöner Blick auf die Chóra. Hier beginnt die Straße zum Agía-Theodóti-Strand und der Aufstieg zum Pírgos (→ Chóra/Umgebung). Gleich in der Nähe liegt das nach antiken Vorbildern neu erbaute Open-Air-Theater *"Odiseas Elytis"*, in dem Musikveranstaltungen und Theateraufführungen stattfinden.

Tagsüber idyllisch, nachts die Sause: die Platia in der Chóra

Archäologisches Museum: Das neue Museum im Erdgeschoss des Rathauses präsentiert die Funde von Skárkos (→ S. 437) und anderen Stellen der Insel in mehreren hellen, luftigen Räumen. Auch dem angeblichen Homergrab auf Íos wird Platz gewidmet, interessant ist z. B. eine bei Agía Theodóti gefundene Marmorplatte mit zwei schlangenartigen Symbolen und einer Inschrift, die sich auf Homers Beerdigung bezieht. Weiterhin sind Grabstelen und Skulpturen ausgestellt.

<u>*Öffnungszeiten/Preise*</u> Di–So 9–14 Uhr, Eintritt ca. 2 €.

Chóra/Umgebung

▶ **Kolitsáni:** kleine Doppelbucht inmitten hoher Hügel mit Terrassenmauern, westlich der Chóra zwischen Hafen und Milopótas-Strand. Die westliche Strandhälfte besteht aus weichem Sand. Keine Einrichtungen. Von der Chóra nimmt man zunächst den Fahrweg, der an der Durchgangsstraße etwas unterhalb der Bushaltestelle beginnt, kurz nach "Sweet Irish Dream" undeutlich beschildert. Der Weg steigt nach links den Hang hinauf, auf der Höhe Gabelung, links steiler Fußpfad zum Kolitzáni hinunter. Oder weiter geradeaus, nach 5 Min. führt vom Fahrweg links eine Serpentinenpiste zum Strand hinunter (mit Bike nicht möglich).

Geradeaus weiter kommt man zur kleinen *Valmás-Bucht*, ab Durchgangsstraße ca. 30 Min., mit dem Moped zu machen (→ Gialós/Baden und Umgebung).

Für den Rückweg vom Kolitsáni kann man am östlichen Buchtende das Tal hinaufsteigen. Gelegentlich über niedrige Mäuerchen kletternd, nähert man sich

Karte Seite 431

Íos

der Asphaltstraße von der Chóra zum Milopótas-Beach, trifft auf eine Erd-piste und mündet schließlich bei den Discos am Ortsausgang der Chóra auf die Straße.

▸ **Wanderung zum Profítis Ilías und Pírgos:** Das zentrale Bergland mit den bei-den Gipfeln Profítis Ilías (520 m) und Pírgos (713 m) bietet sich wegen des umfassenden Rundblicks als Wanderziel an, ist auch relativ schnell zu errei-chen. Jedoch genügend Wasser mitnehmen, es gibt unterwegs keine Zisternen. Ausgangspunkt sind die *Windmühlen* am oberen Ortsrand der Chóra. Hier steigt hügelaufwärts der Trampelpfad zum *Profítis Ilías* an. Vom Gipfel geht man weiter auf einen Sattel zwischen Profítis Ilías und Pírgos. Geradeaus kommt man zur Fahrpiste, die zum Órmos Psathí führt, rechter Hand geht es zum *Pírgos* hinauf. Kurz vor dem Gipfel trifft man auf die Pilgerkirche *Ágios Ioánnis*. Weitere Details zu den beiden Gipfeln auf S. 447.

Tipp für Rundwanderung: Wer gut zu Fuß ist, kann vom Pírgos zur *Kálamos-Kirche* im Inselsüden runterlaufen und dort die Piste zum *Milopótas-Strand* zu-rück nehmen. Gesamtdauer 5–6 Std., keine Verpflegungsmöglichkeit unterwegs.

Milopótas

Stranderlebnis! Mehr als 1 km körniger, hellbrauner Sand, dahinter im wei-ten Bogen die Uferebene mit Feldern und schroffen Felshängen. In der Sai-son braten hier täglich bis zu 90 % aller Íos-Besucher in der Sonne. Zu Recht, denn der Milopótas-Strand gehört sicherlich zu den besten Stränden der Kykladen.

Abgesehen vom Anfang ist die lange Strandzone erfreulich unverbaut, vor al-lem in der Mitte findet man ruhige Stellen. Die endlose Reihe von nächtlichen Strandschläfern gehört dank rigoroser Polizeikontrollen und zweier Camping-plätze schon lange der Vergangenheit an. Großes Wassersportangebot in meh-reren Zentren entlang des Strands: Windsurfen, Kanus, Tretboote, Banana Boat etc. Von den anliegenden Tavernen werden Liegestühle und Sonnen-schirme vermietet (2 Liegestühle plus Schirm ca. 5–7 €) – gratis kann man sie benutzen, wenn man etwas konsumiert.

Anfahrt/Fußweg

Busse stoppen am Strandbeginn vor Cafe-teria Far Out und am hinteren Strandende bei Camping Far Out.
Der alte **Maultierpfad** von der Chóra zum Milopótas-Strand beginnt erst etwa auf hal-bem Weg hinunter (bei Grilltaverne Thalas-sothea O Marios, kurz nach Petradi) ober-halb einer Kapelle an der Straße. Bringt zum Abkürzen nur wenig. Vor allem nachts im Dunkeln, wenn man nach der Disco zum Strand hinunterläuft, sollte man besser die Straße benutzen. Einstieg unten: rechts ne-ben Ios Palace Hotel.

Übernachten

Im Hochsommer reicht die Kapazität der Strandhotels kaum aus. In der Nebensaison sind dagegen leicht Zimmer zu bekommen, z. T. mit erheblichen Preisnachlässen.

Ios Palace, B-Kat., bunte Anlage am Strand-beginn, verschachtelt am Hang. Übereinan-der gestaffelte Bungalows im kykladischen Dorfstil, 46 geräumige Zimmer, teils mit ge-mauerten Betten und Schränken, die groß-zügige Gestaltung mit Marmor strahlt Kühle aus. Weil etwas erhöht gelegen, z. T. toller Blick auf den Strand. Hoteleigener Swim-

Milopótas, einer der schönsten Strände der Ägäis

mingpool (Salzwasser), alle Zimmer mit Bad, Balkon, Telefon, Musik – bei dieser Preisklasse eine Selbstverständlichkeit. DZ ca. 50–150 €, Frühstück extra. ✆ 22860-91224, ✆ 91082, www.iospalacehotel.com

Far Out, B-Kat., große Anlage an der Zufahrtsstraße, hoch oben am Hang, gehört zum legendären Far-Out-Clan. Fantastischer Blick, Pool, TV-Raum. DZ 35–75 €. ✆ 22860-91446, ✆ 91701, www.faroutclub.com

Nissos Íos, C-Kat., im vorderen Strandbereich, tagsüber nicht ganz leise wegen der Musikbars in der Umgebung. Insgesamt 17 Zimmer (4 EZ), z. T. mit Balkon. DZ ca. 30–65 €. ✆ 22860-91610, ✆ 91306.

Dionyssos, B-Kat., am Strandende kurz vor Camping Far Out, etwas zurück von der Straße. Gepflegte, klimatisierte Anlage mit 40 Zimmern in mehreren Häusern, 1992 erbaut, Strandblick, Pool. DZ ca. 40–100 €, zu buchen auch über Attika. ✆ 22860-91630, ✆ 91215, www.webhotel.gr

Far Our Village, C-Kat., benachbart zum gleichnamigen Camping. 1998 erbaut, gepflegte Bungalowanlage im kykladischen Stil. Vorne schöne Poolanlage, gelegentlich mit Musikbeschallung, hinten ruhig. Internet- und Fax-Service. DZ ca. 30–70 €. Tel. 22860-92305, ✆ 92307, www.faroutclub.com

Paradise, hübsche Anlage hinter Far Out

Village, Evi Psiha vermietet 8 Studios und 11 "Rooms" mit Garten und TV-Raum. Transfer von und zum Hafen. ✆ 22860-91621, ✆ 91451.

● *Camping* **The Stars (Purple Pig)**, einfaches, älteres Terrassengelände am Strandbeginn. Schatten für kykladische Verhältnisse gut, Eukalyptus und Pappeln gemischt. Self-Service-Restaurant, Pool, Discobar, Internetzugang. ✆ 22860-91302.

Far Out, gut ausgestatteter Platz am östlichen Strandende, große Poolanlage mit Rutschen und Liegestühlen, daneben Volleyball-/Basketballfeld, seit 1999 auch Bungee Jumping (!), am Strand vor der Tür Wassersport, dazu ausgezeichnetes Self-Service-Restaurant und großer Barbereich mit fetzig lauter Musik von mittags bis 20 Uhr, danach herrscht Ruhe. Im **Far out Beach Club** kann man bereits tagsüber seinen Körper im Technorausch schütteln: "Party zone open to everybody!". Alle Einrichtung außer den Schlafplätzen sind offen für jedermann. Zeltplätze terrassenförmig am Hang, Bäume geben bisher wenig Schatten. Sanitäranlagen in Weiß, mit Marmor ausgekleidet, beim letzten Check sauber. Gratisbus ab Hafen. Internetzugang. ✆ 22860-91468, 92301, ✆ 92303, www.faroutclub.com

Karte Seite 431

Íos

● *Essen & Trinken* **Delfini**, direkt am Strandbeginn, hier isst man gemütlich und überraschend gut, fantasievolle thailändische Küche mit großen Portionen und leckeren Salaten.

Cafeteria/Self-Service Far Out, großes Terrassenlokal an der Bushaltestelle, Stammhaus des "Far Out"-Clans, Besitzer Makis Mikoniatis ist der reichste Mann der Insel. Im Sommer jede Menge los, morgens wird manchmal der "Bolero" von Ravel gespielt, den Abend beschließen rituell anmutende Sauf-Szenerien.

Harmony, mexikanische Küche am Westrand der Bucht, herrlicher Blick, in der Hängematte liegen ...

Drakos, tolle Lage am äußersten Ende der Bucht, direkt am Wasser.

● *Sport* **Mylopotas**, die ersten drei Wassersportzentren im vorderen und mittleren Strandbereich. ✆/℡ 22860-91622, www.ios-sports.gr

Meltemi, Wassersportzentrum beim Far Out Camping, seit fast 20 Jahren geführt von Peter Bramwell aus England, hier gibt's alles, was das Herz begeht – Windsurfing, Wasserski, Tretboote, Kanus, Banana Boat, Kneeboard, Tube Rides etc. ✆ 22860-91680, www.meltemiwatersports.com

Ios Diving Center, seit 1995 am Far Out Camping, Kurse für Anfänger und Fortgeschrittene (CMAS, YMCA und PADI), zunächst im Pool, dann im Meer. Die Unterwasseraufnahmen für "The Big Blue" wurden in den Gewässern um Íos gedreht (→ Insel Amorgós). ✆ 693/638646.

Ziele auf der Insel

Außerhalb des magischen Dreiecks ist Íos geradezu beklemmend einsam! Es gibt keine weiteren Orte, keine Straßen, keine Menschen. Nur nackte Felswildnis mit zahllosen Gesteinsarten, Distelgestrüpp und gleißende Sonne.

Neun Zehntel der Insel sind völlig unerschlossen und nur auf beschwerlichen Fußpfaden zu erwandern. Die Pisten sind in der Regel befahrbar, jedoch teilweise in schlechtem Zustand. Wichtig: auf jede Tour ausreichend Wasser mitnehmen, es gibt kaum Wasserstellen!

Agía Theodóti und Piste zum Órmos Psathí

Der Strand Agía Theodóti liegt etwa 8 km nordöstlich vom Hafen, schöne Fahrt auf asphaltierter Straße durch das anfangs flache, später bergige Inselinnere zur Windseite von Íos. Es geht über einen Pass und auf der anderen Seite in Serpentinen hinunter. Auf der Passhöhe Abzweig zum Órmos Psathí.

▶ **Agía Theodóti**: langer, weitgehend einsamer Sandstrand, dahinter Olivenbaumterrassen und spärliche Tamarisken. Eine aufgegebene Taverne, alte Schilfhütten, kleine Würfelhäuschen und rostige Tretboote gammeln vor sich hin. Glasklares Wasser und herrlicher Blick rüber nach Iráklia und Náxos mit dem hoch aufragenden Zas. Hinter dem Strand, oberhalb der Straße, die Pilgerkirche *Agía Theodóti* aus dem 16. Jh., die älteste erhaltene Inselkirche. Großes Fest am 8. September.

● *Anfahrt* Mit **Mietfahrzeug** entweder ab Gialós-Strand am Hafen (Straße bei Hotel Mare-Monte hinein, beschildert mit "Heliport" = Hubschrauberlandeplatz, nicht durchgehend asphaltiert) oder ab Windmühlenplatz in der Chóra (durchgehend asphaltiert). Die beiden Straßen treffen sich nach etwa 4–5 km.

● *Übernachten/Essen & Trinken* **Oasis**, neue Taverne oberhalb der Zufahrtsstraße, entdeckt von Leser A. Barndt. Es gibt einen Pool (!) und ein Palmengarten ist angelegt, große Terrasse mit modernem Mobiliar.

Weitere Tavernen sind **Koukos** direkt an der Straße und **George's Taverna** am Hang darüber. Hier kann man auch nach Zimmern fragen. Ein Wasserhahn befindet sich im Bereich der Pilgerkirche. Alle Tavernen sind nur in der Hochsaison geöffnet.

Am Strand einige wenige wilde Wohnwagencamper.

Auf der Passhöhe kurz nach dem Strand von Agía Theodóti zweigt rechts eine gut befahrbare Piste ab. Hier kann man die zwei höchsten Inselberge, eine alte venezianische Festung und einen weiteren Strand erreichen, ca. 11 km östlich von Agía Theodóti.

▸ **Profítis Ilías**: mit 520 m zweithöchste Erhebung von Íos. Zunächst 2,7 km die Piste in Richtung Psathí, dann rechts steiler Weg zum Gipfel hinauf. Oben kleine Kapelle und eingezäunte Radaranlagen, spektakulärer Blick über Stadt und Hafenbucht. Der Gipfel ist von der Chóra auch zu Fuß zu erreichen (→ Wandern).

▸ **Pírgos**: mit 713 m höchster Berg von Íos, eine befahrbare Piste führt zum windumtosten Gipfel mit Sendeanlagen des OTE hinauf. Im Dunst voraus sieht man Santoríni liegen. Etwas unterhalb vom Gipfel die blendend weiß gekalkte Pilgerkirche *Ágios Ioánnis* mit Schiefermauern (→ Karte), erbaut auf den Fundamenten eines Apollotempels (Kirchenfest am 24. Juni). Zu Fuß von der Chóra ca. 2,5 Std. (→ Wandern).

Wir basteln uns ein Homergrab

Im äußersten Nordosten der Insel, am Nordhang des Bergs **Erimítis** (417 m), soll laut spärlicher Überlieferung der berühmte Dichter der Ilias und Odyssee begraben liegen (→ Geschichte). Tatsächlich entdeckte ein holländischer Hobby-Archäologe und Seefahrer hier im 18. Jh. einige Gräber, jedoch stammen sie aus hellenistischer Zeit, also gut 600 Jahre nach Homer. Da "Homers Grab" aber natürlich eine Attraktion erstes Ranges darstellt, nimmt man es mit der historischen Wahrheit nicht so genau und hat die langwierige, teils schlechte Wegstrecke ausgeschildert. Mit dem Moped nimmt man zunächst die Asphaltstraße zum Strand von Agía Theodóti. Kurz vor den Bergen geht an einer Hausruine eine holprige Piste links ab (→ Karte). Sie führt steil in die Berge, an der Abzweigung zu einem Bauernhaus vorbei und nördlich über einen Kamm. Kurz danach zieht sich links eine schmale Piste tief hinunter zur einsamen Bucht von **Plakotós**, wir fahren aber geradeaus weiter bis zum Ende der Piste mit Wendeplattform. Dort steht eine Holzsäule mit Zitaten von Herodot und Pausanias in mehreren Sprachen. Links oberhalb sieht man einen **Aussichtspunkt** mit Schilfdach, von wo man einen schönen Blick nach Iraklía hat. Von dort führt ein Pfad zu einem weiteren Hügel, wo man aus Bruchsteinen und einer Marmorplatte ein grabähnliches **Denkmal** an den Dichter errichtet hat.

Karte Seite 431

▸ **Palékastro**: Die weitläufigen Ruinen eines venezianischen Kastells krönen eine 400 m hohe Hügelspitze südöstlich von Agía Theodóti. Am Weg zum Strand von Psathí kann man dorthin abzweigen. Einen knappen Kilometer nach einer Kapelle am Wegrand führt ein schmale Piste bis kurz unterhalb der Burg. Dort

Moped abstellen und in 10 Min. hinauf (gut erkennbarer Weg, markiert mit roten und blauen Pfeilen). Erhalten sind Außenmauern, Reste ehemaliger Häuser und das Fragment eines Rundturms. Eine kleine weiße Kapelle, die *Panagía Paleokastrítissa*, mit angebautem Ziegenstall steht im Gelände, an der höchsten Stelle eine Betonsäule, ein so genannter trigonometrischer Punkt (Landvermessung).

▸ **Órmos Psathí**: etwa 400 m langer, mittelgrober Sandstrand, eingefasst von felsigen Landzungen, steil abfallend und teils verschmutzt. In den letzten Jahren ist hier eine kleine Siedlung aus Ferienhäusern entstanden, es gibt mehrere "Rooms" und die Taverne "Alonistra", wo Argyris und Koula hervorragende lokale Spezialitäten mit Zutaten aus dem eigenen Gemüsegarten und selbst gefangenen Fisch bieten. Psathí gilt als "der" Spot für *Surfprofis* – am Nordende der Bucht starten, der heftige Nordostwind treibt einen Richtung Strand. Richtung Süden liegt eine weitere Sandbucht, die zu Fuß in wenigen Minuten zu erreichen ist.

Inselsüden

Eine breite, für die Asphaltierung vorbereitete Schotterpiste beginnt am Südende des Milopótas-Strand und führt als fantastische Bergstrecke zur Kálamos-Kirche im Süden von Íos. Unterwegs fast Hochgebirgscharakter, grandiose Steinlandschaften türmen sich auf, Felsbrocken wie von Riesen verstreut.

▸ **Kálamos-Kirche, Órmos Kálamos und Plákes**: Die zweihundert Jahre alte, blendend weiße Pilgerkirche steht an einer Wegkreuzung, normalerweise ist das Tor versperrt, um den Hof gruppieren sich Pilgerzellen. Von der Kirche führt eine Serpentinenpiste zum langen Sandstrand im *Órmos Kálamos* hinunter, der von oben gut sichtbar ist – sehr einsam, ohne Einrichtungen. Unten Weiterfahrt zur hübschen Bucht von *Plákes* möglich, ca. 2,5 km. Rechts der Kirche zweigt eine lange, kurvige Piste zum *Manganári-Strand* ab (→ unten).

> Das **Kirchenfest von Kálamos** findet am 29. August statt, also mitten in der Urlaubssaison. Die Einwohner von Íos ziehen dann per Auto, Muli, Kaiki oder zu Fuß los und bringen eine Ikone des *Ágios Ioánnis* zur Kirche. Abends dann Essen, Musik und Tanz, übernachtet wird im Freien bzw. in den Zellen um die Kirche. Touristen sind willkommen, Anfahrt wird organisiert.

▸ **Manganári**: an der äußersten Südspitze von Íos, beliebtestes Ausflugsziel der Insel. Schöner, langer Strand mit feinem, weißem Sand, durch niedrige Felskaps in mehrere Buchten unterteilt. Läuft in niedrigen Dünen aus. Erst seit 1995 ist er ans Stromnetz angeschlossen, vorher tuckerten munter die Generatoren.

Wer gut zu Fuß ist, kann ab Milopótas-Strand den Manganári-Strand in einer Schweiß treibenden Bergwanderung von 4,5 Std. erreichen. Unterwegs mehrere einsame Strände, z. B. der *Órmos Klíma*, etwa 1 Std. ab Milopótas.

• *Anfahrt* Im Sommer geht tägl. vormittags mindestens ein **Badeboot** ab Hafen, außerdem fahren zwei **Ausflugsbusse**, zurück am späten Nachmittag. Preis etwa 5 € hin/rück.

• *Übernachten/Essen & Trinken* **Manga-nari**, B-Kat., größere Bungalowanlage mit Restaurant und Disco. DZ ca. 40–80 €, Suiten teurer. Nur Juni bis September. ✆ 22860-91200, ✆ 91204.

Dimitris, zwei Häuser mit 24 einfachen Zimmern, familiäre Aufnahme. ✆/✆ 22860-91483.

Christos, große Taverne am Anleger, seit 1971 in Betrieb, spezialisiert auf Fisch, lecker und preiswert. ✆ 6932-411547.

Alternative ist die Taverne von **Antonis**, beide vermieten auch Zimmer.

• *Sport* Auch hier bietet **Meltemi** vom Milopótas einiges – Windsurfing, Wasserski, Schnorchelverleih und Kanus.

Síkinos

Auf Síkinos passiert buchstäblich nichts. Vorherrschende Elemente sind Wind und Stille. Bis auf drei kleine Orte ist die Insel nahezu unbewohnt, die Küsten sind steil und felsig, es fehlen Sandbuchten und Strände. Wer wahre Ruhe sucht und sich zwischen Folégandros und Síkinos entscheiden will, ist hier am Ziel.

Zu tun gibt's nicht viel. Die Chóra ist zwar größer als die von Folégandros, hat jedoch nicht deren Reiz. Auch die bisher sehr beliebte Wanderung hoch über der eindrucksvollen Steilküste zur *Episkopí-Kirche* im Inselwesten hat durch den Bau einer breiten Piste einiges an Ursprünglichkeit eingebüßt.

Landschaftlich wirkt Síkinos rau, es gibt kaum Bäume, dafür viel kahlen Fels (Marmor und Schiefer) und knöchelhohe Phrygana. Der Großteil der Insel liegt 300–400 m hoch über dem Meer. Auffallend sind die zahlreichen gut erhaltenen Anbauterrassen und endlosen Trockenmauern, die sich über die ganze Insel ziehen. Da kaum Straßen existieren, ist der Maulesel noch immer das wichtigste Transportmittel.

Síkinos Karte Seite 451

Größe: 40 qkm, Küstenlänge 40 km, größte Länge 15 km, Breite bis zu 5 km.
Bevölkerung: ca. 300 Einwohner, großteils miteinander verwandt.
Geografie/Geologisches: bergige Marmorinsel mit gut erhaltenen Terrassen, Weinanbau.
Wichtige Orte: Hafen Aloprónia und die beiden benachbarten Hauptorte Chóra und Chorió.
Straßen: Betonpiste vom Hafen zur Chóra und seit kurzem eine breite Piste zur Episkopí-Kirche im Inselsüden, deren Asphaltierung zu erwarten steht.

Entfernungen: Aloprónia – Chóra 3 km, Chóra – Episkopí 4 km.
Zweiradverleih, Tankstellen: keine.
Unterkunft: bis auf ein neu erbautes Bungalowhotel nur Privatzimmer, hauptsächlich in Aloprónia.
Baden: Einige kleine Badestrände sind vom Hafen zu Fuß oder per Boot zu erreichen.
Karten: Das Blatt 114 von "Road Editions" stellt Folégandros und Síkinos zusammen dar. Außerdem gibt es eine Toubis-Karte "Íos-Síkinos-Folégandros".
Postleitzahl: 84010

Geschichte

Der Mythos bringt die Insel mit dem Weingott *Dionysos* in Verbindung, dessen Sohn sich auf Síkinos niedergelassen haben soll. Vielleicht war der – auch heute noch empfehlenswerte – Wein von Síkinos schon im Altertum ein Begriff in der Ägäis.

In geschichtlicher Zeit besiedelten die *Ioner* die Insel. Ihre Hauptstadt lag im heute verlassenen Südwesten der Insel (Nähe von Episkopí), Ruinenfelder wurden dort entdeckt. Auch im Nordosten lag während der Antike eine Siedlung, um die sich die Archäologen aber bisher nur wenig gekümmert haben. Nach den Perserkriegen wurde auch das kleine Síkinos Mitglied des *Attisch-delischen Seebundes*.

In römischer Zeit fungierte die Insel als Verbannungsort, erstaunlich ist allerdings die Existenz eines großen *Grabmals* (Heróon), das wahrscheinlich für einen reichen Adeligen errichtet worden war und in frühchristlicher Zeit in eine Kirche umgewandelt wurde. Viel mehr ist aus diesen Zeiten nicht bekannt.

Anfang des 13. Jh. wurde auch Síkinos Teil des *venezianischen Herzogtums Náxos*, später wurde es aber noch einmal von den Byzantinern zurückerobert. Erneut in die Hände der Venezianer fiel das damals fast entvölkerte Síkinos durch Erbschaft im 15. Jh. Die Adelsfamilie der *Gosadini* errichtete über der steilen Nordküste ihr *Kástro*, die heutige Chóra (die letzten Reste der Burg wurden während des Zweiten Weltkriegs von italienischen Besatzungssoldaten abgerissen).

1537 kamen die *Türken*, die Venezianer konnten sich aber ähnlich wie auf anderen Kykladeninseln mit Steuerzahlungen ihren Verbleib "erkaufen" – erst im 17. Jh. setzten sich die Türken endgültig fest. 1770–74 waren vorübergehend die Russen auf Síkinos (russisch-türkischer Krieg), danach wieder die Türken. 1834 wurde Síkinos dem griechischen Staat angegliedert. Seit dem Zweiten Weltkrieg sind zahlreiche Sikinioten nach Übersee ausgewandert, vor allem nach Australien und USA. Bis heute hält die Abwanderung an.

Wirtschaft

Obwohl der Großteil der Inselbevölkerung emigriert ist, werden Landwirtschaft und Viehzucht noch in bescheidenem Maß betrieben. Dank der gut erhaltenen Terrassen gibt es Anbauflächen, auf denen u. a. ein guter Rotwein wächst. Außerdem können Oliven, etwas Getreide und Gemüse geerntet werden. Im Hafen liegen auch einige Fischerboote.

Essen & Trinken

In den wenigen Lokalen gibt es nur einfache Gerichte, auch der süffige *Síkinos-Wein* ist leider kaum zu ergattern.

Inselfeste

Am 15. August Fest beim *Faneroménis-Kirchlein* an der Nordküste, am Weg nach Episkopí.

Verbindungen von und nach Síkinos

Schiffe zwischen *Íos-Santoríni* und *Kímolos-Mílos* legen im Sommer mehrmals wöchentlich in Aloprónia an, auch Schiffe von *Piräus* nach *Santoríni* stoppen ab und an (ab Piräus Deck/Pullmannsitz ca. 23 €, billigster Kabinenplatz ca. 41 €). Síkinos hat erst Anfang der neunziger Jahre – als letzte der Kykladen – eine Anlegemole bekommen. Früher warfen die Fähren vor der Küste Anker und die Passagiere wurden per Kaiki abgeholt.

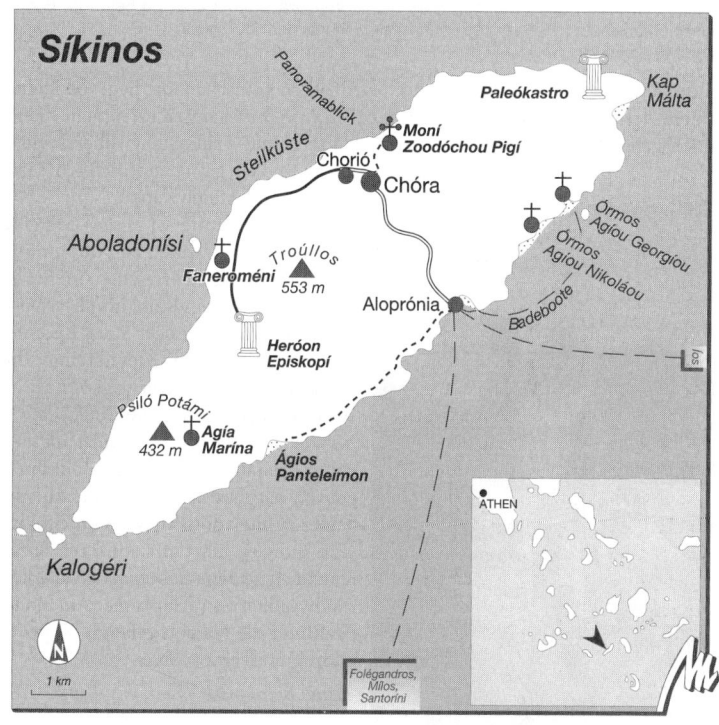

Aloprónia

Viele neu erbaute Häuser ziehen sich um die kleine Bucht des Hafenortes, die meisten werden von ehemaligen Inselbewohnern als Sommerhäuser genutzt. Im kleinen Hafenbecken schaukelt eine Handvoll Fischerboote, daneben liegt ein etwa 200 m langer Sand-/Kiesstrand mit Tamarisken. Es gibt einige Tavernen, deren Tische teils im Sand stehen, viele Privatzimmer und ein komfortables Hotel.

● *Verbindungen* Síkinos besitzt einen **Bus**, der Einwohner und Touristen zwischen Hafen und Chóra hin- und herfährt, in der Saison etwa stündlich. In den nächsten Jahren wird es im Sommer vielleicht auch Verbindungen zum Heróon im Inselsüden geben. In der Saison gibt es bei genügend Nachfrage **Kaikifahrten** zu kleinen Stränden (→ Baden/Umgebung).

● *Übernachten* **Porto Sikinos**, C-Kat., komfortable Bungalow-Anlage im kykladischen Stil, 18 Zimmer mit Terrassen, Meerblick, Bar, Restaurant. DZ ca. 50–80 €. Leserzu-

schrift: "gute Zimmer, guter Service, gutes Frühstück, hilfsbereiter Besitzer." ✆/📠 22860-51220.

Privatzimmer im Hafen sind u. a. **Loukas** (✆ 22860-51076) und **The Rock** (22860-51135). An der Straße zur Chóra, kurz nach Ortsausgang, das freundliche Haus von **Nikos Manalis**, wo man im Sommer auch essen kann. ✆ 22860-51236.

● *Essen & Trinken* **Loukas**, alteingesessene Taverne mit ordentlicher Küche – früher Ticketbüro, Taverne, Rooms und Gemischtwarenladen in einem.

● _Bars_ **Vrachos Rock-Café**, auf einer Terrasse oberhalb vom Hafen, gute und vielfältige Musikauswahl.

Vengera, auf der anderen Seite der Bucht, nur in der Hochsaison.

▶ **Aloprónia/Baden und Umgebung:** Nordöstlich vom Hafenort liegt die kleine Bucht _Ágios Nikólaos_, vom Hafen in ca. 45 Min. mühsam zu erreichen – kein durchgehender Pfad, teils muss man klettern und Feldmauern übersteigen.

Wild und einsam, hauptsächlich Kies, wenig Sand, kleine Kapelle.

Bester Inselstrand ist _Ágios Geórgios_ noch ein Stück weiter, zu Fuß nur äußerst mühselig zu erreichen, im Sommer fährt aber ein Kaiki hinüber. Vorwiegend grober, kiesiger Sand, bekannt für seine farbigen Kieselsteine. Im Sommer hat eine Taverne geöffnet.

Gelegentlich fahren die Kaikis auch weiter zur _Bucht von Málta_ an der Nordostspitze von Síkinos. Oberhalb davon hat man spärliche Fundamente einer zweiten antiken Stadt entdeckt.

Ein Fußweg führt zur winzigen Kiesbucht _Ágios Panteleímonas_ etwa 4 km südwestlich von Aloprónia. Am Hang dahinter die Namen gebende Kapelle, dort gibt es eine Höhle.

Eine Betonpiste führt ein langes Tal hinauf zur Chóra, ca. 3 km. An den Hängen gut erhaltene Terrassen, die z. T. noch für den Weinanbau genutzt werden.

Auf schwankenden Kaiki geht's in abgelegene Badebuchten

Chóra/Chorió

Die beiden fast zusammengewachsenen Orte liegen in 270 m Höhe, links und rechts von einem windumtosten Sattel.

Chorió (links) besteht fast ausschließlich aus schlichten Wohnhäusern, verfallenen Bruchsteinruinen und Ställen, dazwischen wuchern Feigenkakteen. Die wenigen Wege sind oft Sackgassen, die an Privathäusern enden. Die Chóra – die frühere venezianische Wehrsiedlung – besitzt dagegen mehr Ambiente und "Öffentlichkeit": In den hübschen, weißen Gässchen gibt es einige Tavernen und kleine Läden, außerdem ein wahres Schmuckstück von Kirche.

● _Übernachten_ Bisher nur wenige Privatzimmer in der Chóra, z. B. die Rooms von Herrn **Zagoreos**, ☎ 22860-51263.

● _Essen & Trinken_ Tavernen und Cafés gibt es ausschließlich in der Chóra.

❙ Klimataria, ordentliche Taverne an einer ruhigen Gasse, wunderschön unter prallen Weinranken,.

To Steki tou Garbi, gleich daneben, ebenfalls gut.

Sehenswertes: Die blendend weiß gekalkte Ortskirche *Tímios Stavrós* steht an einer weiten Platia, von den drei Glocken des Giebels baumeln Stricke herunter, davor recken sich Palmen. Im Inneren reich verzierte Altarwand mit diversen alten und neuen Ikonen. Am Platz sind zwei jahrhundertalte *Herrenhäuser* erhalten (Archóntika), noch vor gut fünfzig Jahren erhob sich hier auch die Ruine des venezianischen Kástro der Gosadini (→ Geschichte). Italienische Soldaten rissen es während der Besatzungszeit im Zweiten Weltkrieg ab. Seit einigen Jahren gibt es in der Chóra auch ein *Olivenölmuseum*, das aber nur während der Sommermonate geöffnet ist.

Oberhalb der Chóra kommt man in wenigen Minuten hinauf zum verlassenen Nonnenkloster *Zoodóchou Pigí*. Das ehemalige Wehrkloster, in das sich bei Piratenüberfällen die gesamte Dorfbevölkerung flüchtete, ist direkt an einen Steilabfall gebaut, der hier mehr als 300 m zum Meer abstürzt. Das Tor ist meist verschlossen, die Außenmauern verfallen allmählich, die Kapelle ist aber noch intakt. Herrlicher Blick auf den Hafen, die Chóra und bis hinüber nach Folégandros.

Wanderung zum Heróon (Episkopí)

Das Heróon ist ein ehemaliges römisches Grabmal, das später in eine christliche Kirche umgewandelt wurde. Es steht auf einer Hochfläche im Südwesten der Insel und ist leider mittlerweile auf einer Art "Inselautobahn" zu erreichen, die schwere Wunden in die Landschaft geschlagen hat. Die knapp 4 km lange Wanderung dauert von der Chóra etwas über eine Stunde.

Die neue, breite Piste beginnt bei der Volksschule (nach dem Friedhof) direkt im Sattel zwischen den beiden Ortsteilen. Asphalt gibt es (noch) keinen, bei Wind erheben sich Fontänen von weißem Staub und werden in die Augen des Wanderers geweht. Zwischen Feldmauern, Terrassen und Weinreben geht es am steilen Nordabhang der Insel entlang – schöne Ausblicke bis Folégandros und anfangs auch zurück auf die Chóra und das Kloster am Steilhang darüber. Nach etwa 45 Min. erkennt man tief unten an der Küste das kleine Kirchlein *Faneroménis* mit Übernachtungsräumen für Pilger (Kirchenfest am 15. August), davor das felsige Inselchen *Aboladonísi*. Kurz darauf kommt man auf einen sanften Hochsattel mit dem weithin sichtbaren Heróon. Dahinter steigt ein kegelförmiger Gipfel des *Psiló-Potámi-Massivs* an, einst Standort der antiken Ionerstadt.

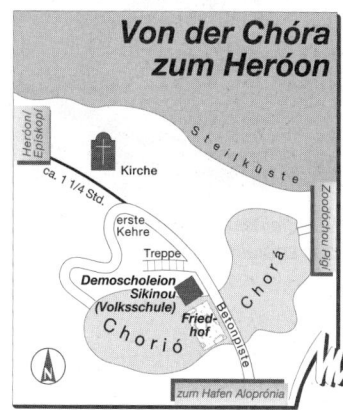

Von der Chóra zum Heróon

▸ **Heróon/Episkopí**: ein quaderförmiger Bau mit Kuppel, rundum läuft ein Fries. In der Eingangsfront fallen zwei schief stehende Säulen auf, die Leerräume dazwischen sind mit Schieferbruch aufgefüllt. Das Innere kann betreten werden und besteht aus Vorhof und Hauptraum. Im Vorhof eine leere Zisterne, im Innenraum ein Loch zur darunter liegenden Krypta.

Das Heróon wurde im 3. Jh. n. Chr. auf dem Friedhof der alten Ionerstadt als *Grabmal* für einen reichen Inselbewohner errichtet. Mit Säulen, Vorhof (Pronaos) und Hauptraum (Cella) war es einem antiken Tempel täuschend echt nachgebildet, was noch im 19. Jh. Archäologen zu der Vermutung veranlasst hat, es handele sich tatsächlich um einen Tempel. Erst in den sechziger Jahren des 20. Jh. konnte der tatsächliche Verwendungszweck geklärt werden. In frühchristlicher bzw. byzantinischer Zeit wurde das Grabmal ohne große bauliche Veränderungen in eine Kirche umgewandelt, im 17. Jh. schließlich in ein Kloster mit einigen Nebengebäuden. Damals erhielt das Bauwerk seinen Namen Episkopí und seine heutige Gestalt mit Kuppel und Glockenträger.

Im Umkreis des Heróon stehen einige kleine Kapellen, z. T. mit Wandmalereien. Wer noch Zeit hat, kann in einer guten halben Stunde querfeldein den in Richtung Südwesten aufragenden Gipfel (Teil des *Psiló-Potámi*-Massivs, das den Süden von Síkinos bildet) erklimmen. Oben steht das Gipfelkirchlein *Agía Marína* und man genießt einen umfassenden Blick. Ruinen der antiken Stadt sind allerdings kaum noch auszumachen.

Tipp: Bei der Weiterfahrt nach Folégandros bzw. wenn man von dort kommt, hat man vom Schiff einen schönen Blick aufs Heróon.

Völlig einsam im Süden von Síkinos: das spätantike Heróon

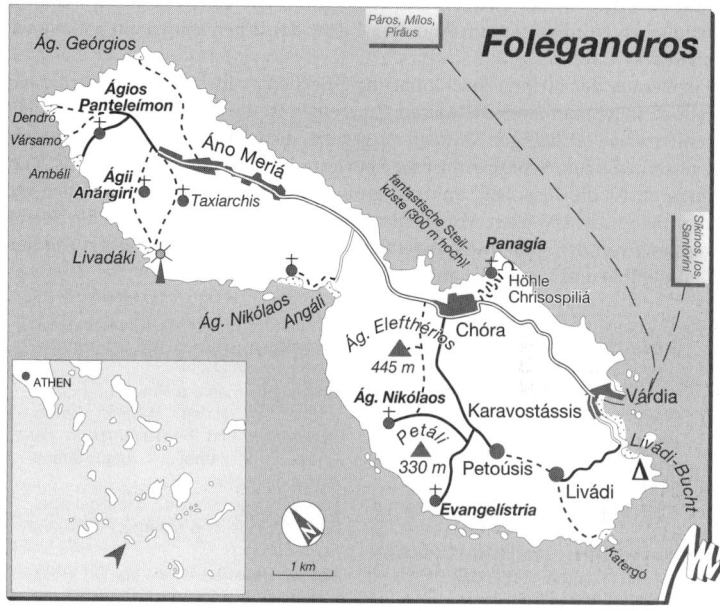

Karte: Folégandros mit Orten wie Ág. Geórgios, Ágios Panteleímon, Dendró, Vársamo, Ambéli, Ágii Anárgiri, Taxiarchis, Áno Meriá, Livadáki, Ág. Nikólaos, Angáli, Panagía, Höhle Chrisospiliá, Chóra, Ág. Elefthérios 445 m, Ág. Nikólaos, Karavostássis, Petáli 330 m, Petoúsis, Evangelístria, Livádi, Livádi-Bucht, Várdia, Katergó, ATHEN, Páros, Milos, Piráus, Síkinos, Íos, Santoríni

Folégandros

Karg, felsig, in der Hitze flimmern die Steine. Die wenigen Bäume kann man zählen. Wasser ist immer knapp. Trotzdem atemberaubende Eindrücke – die Ostküste grandios mit senkrechten Felsabstürzen, die fantastische Chóra unmittelbar an die Kante gebaut. In mühsamem Terrassenanbau haben die Bauern der dünnen Erdnarbe bescheidene Erträge abgerungen.

Folégandros ist eine der kleinsten Kykladeninseln. Es gibt eine einzige Asphaltstraße, zwei Busse und gerade mal drei Orte mit wenigen hundert Bewohnern. Vom benachbarten "Rummelplatz" Íos trennt die Insel mehr als die Handvoll Seemeilen. Doch unbekannt ist Folégandros nicht mehr, im Gegenteil: Waren es früher in erster Linie junge Rucksackreisende, die sich hier abseits vom Massentourismus wohl fühlten, hat sich das Besucheraufkommen in den letzten Jahren vervielfacht. Gründe dafür sind wohl in erster Linie die großartig-wilde Insellandschaft und die malerische Architektur der Chóra, die zweifellos zu den schönsten Kykladenorten zählt. Dementsprechend wurde viel gebaut, zahlreiche Hotels und Privatunterkünfte bieten Quartier, auch einen Campingplatz gibt es. Trotzdem ist Folégandros im Hochsommer meist ausgebucht. Vor allem Italiener, Franzosen und Deutsche kommen zuhauf, um die vermeintliche Ursprünglichkeit einer kleinen Kykladeninsel kennen zu lernen. Und tatsächlich schlägt unter der modischen Tünche von Shops, Bars und Tavernen in der Chóra wirklich noch das alte Herz der Insel – und im ländlichen Nordwesten um Áno Meriá geht das Leben seinen alten Gang wie eh und je.

Ein Besuch der kleinen Insel lohnt für Griechenlandliebhaber also sicherlich. Jedoch sollte man zweierlei wissen: Zum einen ist die Chóra in ihrer exponierten Berglage oft heftigen Winden ausgesetzt, die im Frühjahr und Herbst sehr kalt sein können. Schnupfen ist die häufigste Krankheit auf Folégandros. Zum anderen ist die Insel sehr ruhig – großartige Abwechslung, Nachtleben etc. darf man nicht erwarten. Vor allem, wenn Folégandros bei stürmischer See oft tagelang von der Außenwelt abgeschlossen ist, kommen nicht selten Einsamkeitsgefühle und Langweile auf.

Größe: 32 qkm, Küstenlänge 40 km, Länge 13 km, Breite 4 km. Höchster Gipfel mit 415 m der Ágios Elefthérios.

Bevölkerung: ca. 600 Einwohner.

Geografie/Geologisches: Einige der schönsten Terrassenhänge der Kykladen findet man westlich der Chóra. Teilweise sind sie bis hart ans Wasser gebaut.

Wichtige Orte: der Hafen Karavostássis; der Hauptort Chóra; das verstreute Handdorf Áno Meriá.

Straßen: Eine einzige Asphaltstraße führt vom Hafen zur Chóra und weiter nach Áno Meriá. Bitte keinen eigenen fahrbaren Untersatz mitbringen!

Entfernungen: Hafen – Chóra 4 km, Chóra – Áno Meriá 5 km.

Zweiradverleih: ein Verleih in der Chóra.

Tankstellen: eine an der Umgehungsstraße um die Chóra.

Unterkunft: mehrere Hotels und Privatzimmer im Hafen, weitere Hotels, Apartments und Privatzimmer in der Chóra, Privatzimmer am Angáli-Strand, ein Campingplatz.

Baden: beschränkte Möglichkeiten, beste Strände sind Katergó, Angáli und Ágios Nikólaos.

Karten: Detailliert ist die vor Ort erhältliche Karte "Folegandros" (1: 25.000) von Eleni Bechraki und Yannis Paraskevadis, die zusätzlich einen guten Plan der Chóra sowie diverse Inselinfos enthält. Das Blatt 114 von Road Editions stellt Folégandros und Síkinos zusammen dar.

Postleitzahl: 84011

Geschichte

Erste geschichtlich nachweisbare Siedler waren im 3. Jt. v. Chr. Karer und Phönizier, danach ließen sich wahrscheinlich Kreter nieder. Folégandros soll ein Sohn des kretischen Königs Minos gewesen sein.

Wie auf dem benachbarten Síkinos siedelten sich auch auf Folégandros um 800 v. Chr. *Dorer* an, die vom Peloponnes gekommen waren. Ihre Stadt lag fast benachbart zur heutigen Siedlung. Während der Zeit des *Attisch-delischen Seebunds* bezahlte Folégandros nur einen kleinen Betrag, Zeichen für die geringe wirtschaftliche Bedeutung der Insel. Die *Römer* nutzten Folégandros als Verbannungsinsel für Sträflinge.

Der venezianische Herzog *Marco Sanudo* gliederte Folégandros, damals *Polikandia* genannt, in sein Herzogtum ein, danach kam die venezianische Familie der *Gosadini* an die Macht. Im 16. Jh. folgten die *Türken*, später machten sich hauptsächlich Piraten auf Folégandros breit. 1834 wurde auch Folégandros in den griechischen Staat einbezogen.

Die Chóra, hart an dem felsigen Abhang gebaut

Wirtschaft

Trotz des ausgeprägten Terrassenbaus ist die Viehzucht erstes Standbein der bescheidenen Inselwirtschaft, daneben sind noch etliche Fischer tätig. Ackerbau wird hauptsächlich um Áno Meriá im Westteil der Insel getrieben, neben Wein werden Getreide und Gemüse angebaut. Auch Bienenhäuser sieht man häufig auf Folégandros.

Essen & Trinken

Wenig Spezielles, die besten Lokale liegen in der Chóra.

Inselfeste

Größtes Fest ist das *Panagíri* (Mariä Himmelfahrt) am 15. August, die Kirche der Panagía oberhalb der Chóra ist dann erstes Pilgerziel der Insel.

Verbindungen von und nach Folégandros

Die Verbindungen sind in den letzten Jahren stark verbessert worden. In den Sommermonaten stoppen alle Fähren und Schnellboote zwischen *Íos-Santoríni* und *Kímolos-Mílos* auf Folégandros, auch ab *Piräus* gibt es Verbindungen (Deck/Pullmannsitz ca. 23 €, billigster Kabinenplatz ca. 42 €). Allerdings gilt die enge Hafenbucht für Anlegemanöver als schwierig, bei hohen Windstärken kann man unter Umständen nicht von Bord gehen.

Karavostássis

Der ruhige Hafenort. Eine Kapelle und eine Handvoll weißer Häuser um einen 200 m langen Kiesstrand mit Tamarisken, im Wasser bizarre Felsformationen

Folégandros
Karte Seite 455

und vorgelagerte Inselchen, im Umkreis kahle Hänge ... Die gelassene Stimmung überträgt sich schnell: Bummeln, baden, aufs Wasser schauen – mehr gibt es nicht zu tun.

● *Verbindungen* Bus, je nach Saison Pendelverkehr zwischen 7 Uhr und Mitternacht bis zu 20 x tägl. zwischen **Hafen** und **Chóra**, Haltestelle in der Chóra ist die Platia Pounta am Ortseingang, Abfahrtszeiten sind angeschlagen. Wenn Fähren ankommen, gibt es einen Extrabus. Zwischen Hafen und Chóra kann man aber auch bequem zu Fuß laufen, etwa 45 Min.

Badeboot, im Juli/August tägl. über Katergó zum Angáli Beach und zum benachbarten Strand von Ágios-Nikólaos, außerdem Rundfahrten um die Insel.

Taxi, mittlerweile gibt es ein Taxi auf Folégandros, ℡ 22860-41048, 694469357.

● *Übernachten* Im Hafenort gibt es eine ganze Reihe von Hotels und meist reichlich freie Betten, denn die meisten Besucher wollen oben in der Chóra wohnen.

Poseidon, C-Kat., größeres Haus mit 18 Zimmern und gutem Restaurant an der Strandmitte. ℡ 22860-41272.

Vrachos, C-Kat., geschmackvolles Haus am südlichen Strandende, hübsch eingerichtete Zimmer und Studios mit schattigen Balkonen und Terrassen, schöner Meeresblick, unten Café-Bar. DZ je Saison ca. 40–73 € (im Hochsommer Frühstück obligatorisch, ca. 8,50 € pro Pers). ℡ 22860-41450, 🖷 41304, www.hotel-vrahos.gr

Ostria, ein paar Meter zurück vom Strand, bei Maria gibt es neue, saubere Zimmer, ruhig, auch von Lesern empfohlen.

● *Essen & Trinken* O Kalymnios, vis à vis vom Anleger, als einzige Taverne auch in der Nebensaison geöffnet. Terrasse mit Hafenblick.

Meltemi, bei der Kapelle nah am Anleger, schöner Buchtblick.

To Kati Allo, das Restaurant des Hotels Poseidon genießt einen recht guten Ruf.

Evangelos & **Sirma**, zwei kleine Kaffeebars/ Ouzerien am Kiesstrand.

Karavostássis/Umgebung

▶ **Várdia**: nördlich der Hafenmole, kleiner Kiesstrand unter einer niedrigen, roten Steilwand.

▶ **Órmos Livádi**: etwa 2 km südlich vom Hafen, zu Fuß gut 20 Min. den zementierten Weg am Meer entlang, unterwegs mehrere schmale Strandflecken unterhalb der halb hohen Klippenküste. In der nicht allzu großen Sand-/ Kiesbucht stehen einige weit ausladende Tamarisken, die Plätze unter den Bäumen sind teilweise durch Camper verschmutzt. Im Wasser Felsplatten und viele Seeigel. Vorgelagert ist das Felseninselchen *Ágios Ioánnis* mit winziger Kapelle. Von der Bucht führt eine Erdpiste hinauf zu den wenigen Bauernhäusern des Ortes *Livádi*. Schöne Rundwanderung möglich über *Petoúsis* bis zur Chóra bzw. in umgekehrter Richtung (→ "Wandern ab Chóra").

● *Übernachten* Camping Livadi, kahles, leicht terrassiertes Gelände etwas oberhalb vom Strand, ruhige und einsame Lage. Niedrige Eukalyptusbäumchen, Kunststoffbahnen und Mattendächer geben Schatten.

Taverne, Bar, kleiner Laden. Laut Leserzuschrift sanitäre Anlagen renovierungsbedürftig, Wasser häufig Mangelware. Mitte Juni bis Mitte September. ℡ 22860-41204.

▶ **Kátergo**: schöner, etwa 300 m langer Kiesstrand am südlichsten Punkt der Insel. Nur wenige Meter vorgelagert ist die Miniaturinsel *Makrí Kátergo*. Zu erreichen mit Badeboot ab Karavostássis oder zu Fuß ab Livádi. Keine Einrichtungen, keine Straßenverbindung.

Das Kástro-Viertel: Idylle ohne Lärm und Hektik

Chóra

Grandiose Lage auf einem Felssattel, der an zwei Seiten über 150 m steil zum Meer abfällt. In Quadratform angelegt, nach außen abweisend, innen hübsche, schattige Plätze und Gässchen, die zu den schönsten der Kykladen gehören! Trotz des Touristenrummels im Sommer alles sehr liebevoll aufgemacht und instand gehalten.

Schönster und ältester Teil der Chóra ist das *Kástro-Viertel* (beim überschatteten Platz am Ortseingang rechts den beschilderten Durchgang nehmen). Im 13. Jh. wurde es unter dem venezianischen Herzog Marco Sanudo als Wehrsiedlung erbaut, die meterdicken Außenmauern hatten damals keine Fenster. Das kleine Viertel besitzt einen streng geometrischen Grundriss und die Gassen wirken wie aus einem Guss. Weiß gekalkte Treppen, überwölbte Passagen, hölzerne Balkons und Übergänge zwischen gegenüberliegenden Häusern schaffen eine vollendete Komposition, wirkungsvoll unterstützt durch überquellenden Blumenschmuck. Auch der übrige Ort ist ausgesprochen hübsch. Mehrere Plätze mit Tavernen reihen sich aneinander, in den blitzblank geputzten Gassen stehen niedrige Würfelhäuschen mit versteckten Gärten und kleinen Terrassenmäuerchen vor dem Eingang. An den Steilhängen am hinteren Ortsausgang liegen zudem die heute vielleicht schönsten Terrassen der Kykladen. So sahen sie wohl alle einmal aus, bevor Landflucht und Tourismus ihren Untergang initiierten.

Verbindungen/Information

• *Verbindungen* Ein Bus pendelt je nach Saison bis zu 20 x tägl. zum **Hafen** und zurück (ca. 7–24 Uhr), vor Ankunft/Abfahrt eines Schiffes gibt es je einen Extrabus. Haltestelle an der Platia Pounta (Ortseingang). Ein weiterer Bus fährt bis zu 7 x tägl. von der **Chóra** nach **Áno Meriá** und zurück, Haltestelle am Ortsausgang (→ Stadtplan). Dieser Bus hält unterwegs bei der Zufahrt zum Strand von **Angáli**, noch ca. 20 Min. zu Fuß. Abfahrtszeiten sind an den Haltestellen angeschlagen.

• *Information* Das Reisebüro **Maraki Travel** am Ortseingang hat das Monopol beim Verkauf der Fährtickets. Hier gibt es alle Auskünfte über Schiffsverbindungen – und bei Sturm weiß man hier am ehesten Bescheid, wann wieder ein Schiff zu erwarten ist. ✆ 22860-41273.
Im italienisch geführten Reisebüro **Sottovento** (Ortsende) kann man eine gute Inselkarte mit Stadtplan der Chóra erwerben. ✆ 22860-41444, ✆ 41430.

Adressen (s. Karte rechts)

• *Einkaufen* Mehrere kleine **Supermärkte (7)** im Ort, in einem gibt es ausländische Zeitungen. Eine **Bäckerei (3)** liegt im hinteren Ortsteil, dort kann man auch das gute Bauernbrot *choriátiko* kaufen (So geschl.).

• *Gepäckaufbewahrung (23)* Im **Diaplous** (Ortseingang) u. **Sottovento** (Ortsausgang).

• *Internet* Im Reisebüro **Maraki Travel**.

• *Medizinische Versorgung* Der in der Touristensaison auf Folégandros stationierte **Arzt (16)** hat seine Praxis an der Platia Pounta am Ortseingang. An Werktagen ist vormittags offen, in Notfällen 24-Std.-Service. ✆ 22860-41222.

Apotheke (26) am Ortseingang.

• *Post* kurz vor dem Ortseingang.

• *Reisebüros* **Maraki Travel**, an der ersten Platia neben der Kirche, Verkauf von Schiffstickets (→ Information).
Sottovento, am Ortsausgang, Zimmervermittlung (auch auf anderen Inseln und in Athen), Ausflüge.

• *Wäscherei* In Rooms Pavlos (→ Übernachten).

• *Zweiradverleih* **Venetia Moto Rent (11)**, verleiht Mopeds beim Busstopp am Ortsausgang, ✆ 22860-41316.

Übernachten (s. Karte rechts)

Die meisten Besucher wollen in der Chóra wohnen. In den letzten Jahren hat sich deshalb viel getan und eine Reihe neuer, z. T. komfortabler Unterkünfte sind entstanden. Trotzdem ist im Hochsommer meist alles ausgebucht, ohne rechtzeitige telefonische Reservierung ist es dann fast unmöglich, ein Zimmer zu bekommen. In der Nebensaison gibt es dagegen reichlich Vakanzen und es kommt zu erheblichen Preisnachlässen. Viele Vermieter kommen zu den Fähranküften in den Hafen, und man wird per Kleinbus in die Chóra gefahren.

Anemomilos (22), B-Kat., 1993 erbaut, großzügige Apartmentanlage rechts oberhalb vom Ortseingang, herrliche Lage direkt am Steilhang zum Meer, abends Sonnenuntergang. Die 18 geräumigen Studios und Apartments sind fantasie- und geschmackvoll eingerichtet und besitzen jeweils Terrasse oder Balkon, tägl. Zimmerservice. Die freundliche Cornelia an der Rezeption spricht sehr gut Deutsch. Studio für 2 Pers. ca. 45–90 €. ✆ 22860-41309, ✆ 41407.

Meltemi (25), C-Kat., ebenfalls rechts oberhalb vom Ortseingang, saubere, geräumige Zimmer. DZ ca. 25–60 €. ✆ 22860-41425, ✆ 41328.

Polikandia (24), C-Kat., schön aufgemachtes Hotel am Ortseingang linker Hand, erbaut 1991. Mehrere Bauten gruppieren sich um einen begrünten Hof, großer Frühstücksraum mit Bar, nett eingerichtete Zimmer mit Radio/CD und Telefon, Blick in die ländliche Umgebung der Chóra. DZ ca. 25–65 €. ✆ 22860-41322, ✆ 41323.

Kastro (13), B-Kat., der Tipp, um authentisch in der Chóra zu wohnen. Das verwinkelte Haus mit seinen fast 1 m dicken Mauern stammt aus dem 16. Jh. und steht in der letzten Gasse des Kástro-Viertels direkt über dem 150 m hohen Steilhang zum Meer – grandioser Ausblick von den Zimmern, speziell bei Nordwind absolutes Erlebnis (!). 1993 wurde das Haus unter Aufsicht des Denkmalschutzamts komplett restauriert.

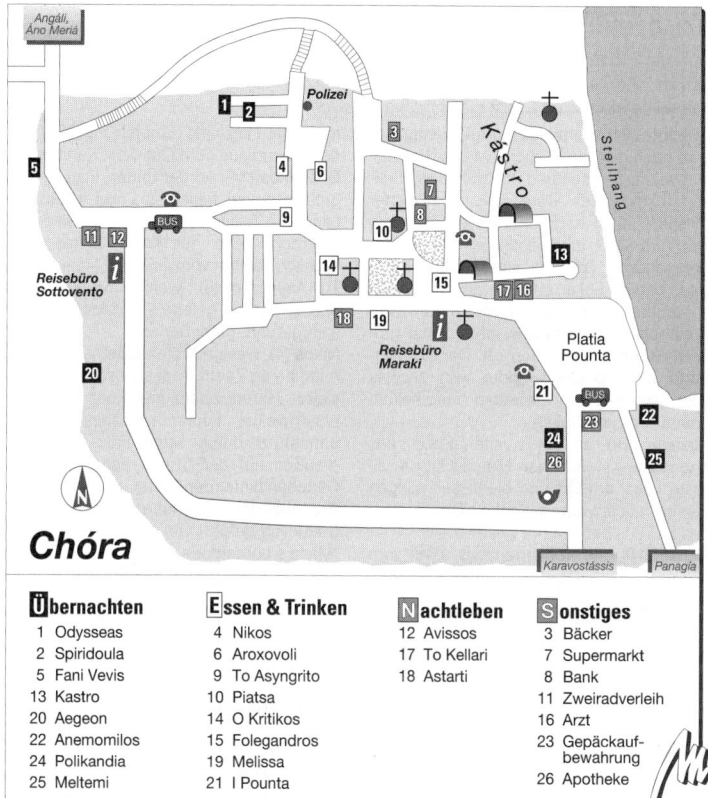

Chóra

Übernachten	**E**ssen & Trinken	**N**achtleben	**S**onstiges
1 Odysseas	4 Nikos	12 Avissos	3 Bäcker
2 Spiridoula	6 Aroxovoli	17 To Kellari	7 Supermarkt
5 Fani Vevis	9 To Asyngrito	18 Astarti	8 Bank
13 Kastro	10 Piatsa		11 Zweiradverleih
20 Aegeon	14 O Kritikos		16 Arzt
22 Anemomilos	15 Folegandros		23 Gepäckauf-bewahrung
24 Polikandia	19 Melissa		
25 Meltemi	21 I Pounta		26 Apotheke

Die Zimmer unterscheiden sich alle voneinander, besitzen weitgehend traditionelle Schieferböden und Decken mit schweren Holzbalken. Zusätzlich gibt es eine Dachterrasse und einen Frühstücksraum. Seit nunmehr fünf Generationen ist das Haus in Besitz der Familie Danassis. 12 Zimmer (jeweils mit Du/WC), DZ ca. 40–73 €, Frühstück extra. ✆/☎ 22860-41230.

Odysseas (1), C-Kat., am Ortsende, Zimmer mit gemütlichen Terrassen und herrlichem Blick auf die Terrassenhänge. DZ ca. 25–60 €. ✆ 22860-41276, ☎ 41239.

Aegeon (20), C-Kat., schöne, neue Anlage oberhalb der Umgehungsstraße. DZ ca. 35–80 €. ✆ 22860-41468, ☎ 41469.

Fani Vevis (5), C-Kat., ein paar Meter außerhalb, am Ortsende Richtung Áno Meriá. Älteres, herrschaftlich wirkendes Haus mit schmiedeeisernen Balkons, weiter Blick auf den Ort und die Panagía-Kirche darüber, hohe Zimmer mit kühlen Steinböden und teils historischem Mobiliar. DZ ca. 35–55 €. ✆ 22860-41237.

• *Privatzimmer*: **Pavlos**, günstige Rooms in ehemaligen Stallungen, vom Hafen kommend wenige hundert Meter vor dem Ortseingang, direkt an der Straße (man fährt mit dem Bus daran vorbei), geführt von einer jungen Familie. Saubere Zimmer mit Ventilator, eigenem Bad und jeweils kleiner Terrasse. Beliebt bei Rucksacktouristen. DZ ca. 18–35 €. ✆ 22860-41232.

Spiridoula (2), ordentliche Privatzimmer mit Kühlschrank in einer der hinteren Gassen der Chóra (→ Stadtplan), ✆ 22860-41078.

Pelagos, Leseempfehlung, Besitzerin der Rooms kommt in der Regel zum Schiff.

Essen & Trinken (s. Karte auf S. 461)

Auf den Plätzen und in den schmalen Gassen der Chóra isst man in idyllischer Atmosphäre. Die Tavernen machen sich allerdings heftig Konkurrenz, bei längerem Aufenthalt sollte man seine Gunst gleichmäßig verteilen.

Pounta (21), Gartenlokal am Ortseingang, wird noch nicht so besucht, wie es der Qualität seiner Speisen und den günstigen Preisen angemessen wäre. Falls das Wetter mitspielt, auch nach dem Essen noch ein Tipp zum Sitzen in romantischer Umgebung.

Folegandros (15), an der ersten Platia. Über dieses Lokal stolpert jeder, dementsprechend ist es ständig voll, zudem Umschlagplatz für sämtliche Infos. Auch größere Gruppen essen hier oft. Der extrovertierte und sprachgewandte Wirt Nicolas kann seine Gäste blendend unterhalten. Leihbücher und Spiele.

Melissa (19), an der zweiten Platia, das ehemalige Kafenion von Manolis ist das älteste Lokal am Ort und bietet seit einigen Jahren auch warme Küche. Die Tochter des Hauses bedient mit Charme.

Piatsa (10), die Konkurrenz vis à vis vom Melissa, man sitzt etwas erhöht oder zentral in der Platzmitte. Empfehlung: *Arní foúrnou* (Lamm aus dem Ofen) mit Kartoffeln.

O Kritikos (14), an der dritten Platia, alteingeführtes und beliebtes Lokal in schöner Lage, die Tische stehen z. T. vor einer stillgelegten Kirche, der "Kreter" bietet hauptsächlich Sachen vom Grill.

To Asyngrito (9), wenige Meter weiter, neues, zentral gelegenes Lokal, aufmerksam geführt, guter Service.

Nikos (4), wenige Meter außerhalb vom unmittelbaren Zentrum des Geschehens. Seit vielen Jahren waltet hier Koch Nikos mit blütenweißer Kochmütze seines Amtes, unterstützt durch seine Frau. Man sitzt draußen auf der Straße oder im kleinen Gärtchen hinter der Gaststube.

Aroxovoli (6), gegenüber von Nikos, sehr freundlich geführt von Nikolaos und Maria, "Maria's homemade food" ist einen Besuch wert, auch nett zum Frühstücken.

Nachtleben (s. Karte auf S. 461)

Auf Folégandros herrscht noch kein ausgeflipptes "Discolife", in den kleinen Bars geht es meist ruhig und überschaubar zu.

To Kellari (17), gemütliche Weinkneipe am Ortseingang, schon früh am Abend treffen sich in dem handtuchschmalen Raum kommunikative Urlauber zum Umtrunk. Gute Auswahl an griechischen Weinen und kompetente Beratung.

Greco, Musikcafé neben Avissos.

Astarti (18), neben Melissa (→ Essen & Trinken), schönes Plätzchen, um nach dem Essen zu relaxen, gute Musik, auch viel Jazz.

Avissos (12), am Ortsausgang, hübsches, stimmungsvolles Nachtcafé mit bunt illuminiertem Innenhof.

▶ **Marienkirche Panagía:** bedeutendste, größte und schönste Kirche der Insel, meistfotografiertes Motiv auf Folégandros, großes Fest am *15. August*. Der beeindruckende Bau steht unmittelbar östlich oberhalb der Chóra an einem steil ansteigenden Kap, zu erreichen über einen gepflasterten Serpentinenweg ab Platia Pounta am Ortseingang. Gleich am Beginn des Wegs lag einst die *antike Dorerstadt*, von der jedoch nichts mehr erhalten ist. Der schneeweiße Tonnenbau mit typisch durchbrochenem Glockenturm und diversen Kuppeln wurde erst im 19. Jh. errichtet, wirkt aber architektonisch ausgesprochen interessant. Der Innenraum ist zwar verschlossen, doch durch ein kleines Fenster am Eingang kann man einen Blick hineinwerfen (Schlüssel im Ort erfragen, gegen kleines Entgelt Besichtigung möglich). Überwältigend ist von hier oben das Panorama von Folégandros.

Mutige können hinter der Kirche die wenigen Meter zur Abbruchkante hinaufklettern. Dort fällt der riesige Marmorfels abrupt zum Meer hin ab, Höhe

Von der schneeweißen Kirche der Panagía hat man einen fantastischen Blick über halb Folégandros

fast 300 m! Hier oben an der Abbruchkante stand einst das venezianische *Kástro*, Mauerreste bzw. Trümmer liegen verstreut. Tief unten in der Wand kann man von der richtigen Stelle aus die Höhle *Chrisospiliá* erkennen. Achtung: Das Hinuntersteigen von der Abbruchkante ist lebensgefährlich, die Höhle ist außerdem nicht beleuchtet!

▸ **Höhle Chrisospiliá**: Tropfsteinhöhle etwa 30 m über dem Meer in der fast senkrecht abfallenden Felswand unterhalb der Panagía-Kirche. Im Inneren hat man zahlreiche antike Stücke gefunden, die Grotte war früher wahrscheinlich ein Heiligtum. Fragen Sie in den Reisebüros nach Bootsausflügen, die gelegentlich stattfinden.

▸ **Wanderung von der Chóra über Petoúsis und Livádi zum Hafen**: Man verlässt die Chóra auf der Straße nach Áno Meriá und biegt etwa 100 m nach der Kirche *Ágios Spiridónas* nach links (Süden) ab. Der Weg verläuft mit schönen Blicken zurück auf die Chóra über die Ausläufer des *Ágios Elefthérios*, mit 445 m höchster Inselberg. Nach knapp 3 km trifft man auf die Kirche *Ágios Nikólaos*, von dort führt eine etwa 2,5 km lange, befahrbare Erdpiste am 330 m hohen *Petáli* vorbei zu den wenigen Bauernhäusern von *Petoúsis*. Alternative zu dieser Strecke ist die etwas kürzere Erdpiste nach Petoúsis, die in der Nähe der Tankstelle an der Umgehungsstraße um die Chóra beginnt.

Von Petoúsis sind es noch einmal etwa 3 km bis *Livádi*, auch nur eine Handvoll Bauernhäuser. Jetzt kann man in etwa 20 Min. zum Strand von *Kátergo* absteigen oder in der gleichen Zeit zum *Órmos Livádi* mit Campingplatz (→ S. 458) gehen und gelangt in nochmals 20 Min. zum *Hafen*. Dort kommt man in etwa einer Stunde auf der Asphaltstraße in die Chóra oder nimmt den Inselbus. Die ganze Tour lässt sich auch bequem in umgekehrter Richtung machen.

Ziele auf der Insel

Neben der Streusiedlung Áno Meriá sind hauptsächlich die Strände Anlaufpunkte auf Folégandros. Abgesehen vom Angáli-Strand sind sie alle nur zu Fuß zu erreichen.

▸ **Angáli:** Der wichtigste Strand der Insel liegt an der Wespentaille von Folégandros. Er bildet den Ausgang eines schmalen Tals, ist nicht einmal 100 m lang, besteht aus feinem Sand und ist eingefasst von vielfarbigen Schieferfelsen. Bis auf Tagesausflügler und wenige Übernachtungsgäste ist hier nichts los. Es gibt einige Sommerhäuser, etwa zehn Privatzimmer und zwei Tavernen. Den Badespaß sollte man sich durch Algenanschwemmungen nicht verderben lassen. Die abgeschiedene Nachbarbucht *Fyrá* liegt südlich vom Hauptstrand und kann auf einem Fußweg oder durchs Wasser erreicht werden.

• *Anfahrt* **Bushaltestelle** mit Wartehäuschen kurz vor den ersten Häusern von Áno Meriá. Von dort zu Fuß eine steile betonierte Piste hinunter, etwa 20 Min.

• *Übernachten* Schlichte Zimmer bietet u. a. **Vangelis**, ✆ 22860-41105.

• *Essen & Trinken* In beiden Tavernen isst man sehr günstig, das Angebot ist allerdings beschränkt. Vom etwas erhöht gelegenen vorderen Lokal genießt man einen herrlichen Meeresblick. An offenem Wein gibt es Retsína und Rosé.

▸ **Ágios Nikólaos:** Etwa 150 m langer Kiesstrand mit Tamarisken nördlich vom Angáli-Strand, benannt nach einer kleinen Kapelle. Hier wird nackt gebadet und gelegentlich sieht man auch Zelte. Im Sommer wird es wegen der täglichen Badeboote ziemlich voll. Es gibt einen Kiosk und sogar eine Taverne oben am Hang.

• *Hinkommen* Per **Badeboot** oder **zu Fuß** von Angáli – bei der Taverne den Weg auf den Hügel hinauf und etwa 20 Min. Richtung Westen, schmaler Panoramapfad durch wild zerklüftete Schieferküste, Farben des Gesteins wechseln ständig. Unterwegs die Bucht von **Captain Yiannis**, der hier einige Zimmer vermietet.

Áno Meriá

Reine Landwirtschaftssiedlung ohne festen Ortskern, über Kilometer verstreute Bauernhöfe, es herrschen einfache und bescheidene Verhältnisse. Sehr ruhige, ländliche Atmosphäre.

Zu sehen gibt es ein paar (verschlossene) Kirchen und Kapellen, darunter am Ortsende die Taxiárchis-Kirche, und ein paar stillgelegte Windmühlen. Vor einigen Jahren wurde außerdem ein alten Bauerngehöft mit Stall und Zisterne in ein kleines *Volkskundemuseum* umgewandelt (Öffnungszeiten in der Chóra erfragen). Die Asphaltstraße endet bei den letzten Häusern, hier wendet der Bus, unterwegs noch weitere Haltestellen. Außer einigen Kafenia und zwei Tavernen existieren keinerlei touristische Einrichtungen, auch keine Unterkunftsmöglichkeiten. Für das Warten auf den Rückbus empfiehlt sich am Straßenende die einfache Taverne "To Iliowasilema" (Sonnenuntergang).

Strände um Áno Meriá

Vom Busstopp am Straßenende kann man auf Fußwegen durch karge, baumlose Weidelandschaft verschiedene einsame Strände erreichen.

▶ **Livadáki**: etwa 150 m lange Badebucht mit Kies und Felsplatten an der nördlichen Westküste. Auf dem benachbarten *Kap Asprópounta* steht der zweite Leuchtturm von Folégandros (der erste im Hafen). Man nimmt vom Ortsende von Áno Meriá die Piste, die die Asphaltstraße verlängert. Nach wenigen hundert Metern zweigt linker Hand ein beschilderter Pfad zum Strand ab, nach etwa einem Drittel der Strecke kommt man an der Kapelle *Ágii Anárgiri* vorbei. Man läuft höchstens eine Stunde.

▶ **Ambéli**: Wenn man von der erwähnten Piste nicht zum Livadáki-Strand abbiegt, trifft man wenig später auf die etwa 2 km lange Piste zum kleinen Kiesstrand Ambéli, die an der Kirche des Ágios Panteleímonas vorbeiführt. Dieser Weg dauert eine Dreiviertelstunde.

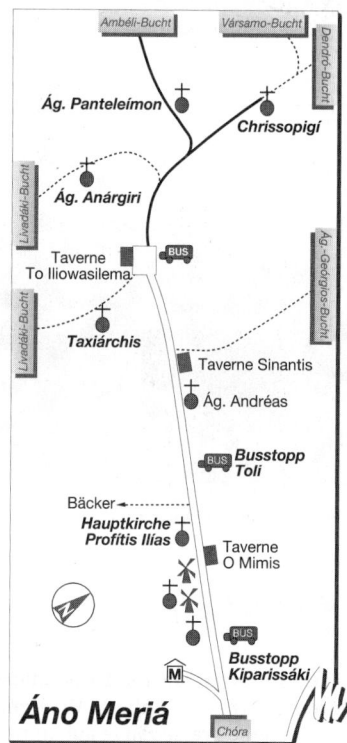

Folégandros
Karte Seite 455

▶ **Ágios Geórgios**: windiger Kiesstrand mit Kapelle und einigen Tamarisken an der äußersten Nordostspitze von Folégandros. Am benachbarten *Kap Kástellos* stand ein antiker Küstenwachturm. Ein gepflasterter Weg beginnt in Áno Meriá kurz vor Ende der Asphaltstraße bei der Taverne "Sinantis" (Busstopp), Wegdauer einfach etwa eine Stunde.

Blick auf den Hauptort Firá am Kraterrand

Santoríni

Fantastisch, faszinierend, gewaltig – alle diese Attribute treffen auf Santo-ríni zu! Der erste Anblick: Unvermittelt steigen aus dem tiefblauen Meer 300 m hohe Kraterwände auf, hoch oben klammern sich schneeweiße Häuserwürfel auf die brandroten Kämme. Schwarzes Lavagestein, ockerbraune Bimssteinadern, üppige Weinreben auf schwerem Boden, das leuchtende Blau der Kirchenkuppeln ... Santoríni ist ein einziger Farbenrausch.

Die Entstehung des im Mittelmeer einzigartigen Naturphänomens liegt mehr als 3500 Jahre zurück: Wahrscheinlich um 1625 v. Chr. zerreißt eine gewaltige Eruption das kegelförmige Zentrum einer bis dahin annähernd kreisrunden Vulkaninsel, die damals gut 600–1000 m hoch gewesen sein muss. Durch die Mengen an ausströmender Lava bildet sich unter dem Hauptgipfel ein riesiger Hohlraum. Der Boden bricht ein und in das entstandene Loch, die hunderte von Metern tiefe so genannte *Caldera*, dringt das Meer ein. Nur Teile der schroffen, bis zu 300 m hohen Kraterwände bleiben stehen und bilden seitdem drei eigenständige Inseln: die große Hauptinsel *Thíra*, das kleinere Nachbareiland *Thirassía* und den Winzling *Asproníssi*. Eine Siedlung auf Thíra (beim heutigen Ort Akrotíri) wird bei der Explosion vollständig verschüttet und ist dank der perfekt konservierten Funde heute eine weltberühmte Ausgrabung. Weitere Explosionen folgen: 197 v. Chr. wird durch unterseeische Ausbrüche in der Caldera die Lavainsel *Paléa Kaméni* ("Alte Verbrannte") an die Oberfläche gedrückt. Und im 16. und 18. Jh. entstehen zwei weitere Inseln, die durch neuerliche Eruptionen erst 1925 zur großen Insel *Néa Kaméni* ("Neue Verbrannte") verschmelzen. Santoríni besteht demnach heute aus fünf dicht beieinander liegenden Inseln – und die Vulkantätigkeit ist noch immer nicht erloschen. Santoríni ist damit der einzige noch sporadisch tätige Vulkan des östlichen Mittelmeeres. Die im Hauptkrater von Néa Kaméni austretenden Schwefeldämpfe gehören zu den viel besuchten Attraktionen. Dass die Erdrinde bei Santoríni im höchsten Maße instabil ist, zeigte sich auch 1956, denn binnen weniger Sekunden zerstörte ein *Erdbeben* mit der Stärke 7,8 auf der Richterskala gut zwei Drittel aller Inselhäuser.

Kein Wunder also, dass Santoríni heute dank all der landschaftlichen Sensationen fast ausschließlich vom Tourismus lebt – und vom berühmten *Kraterwein*, der überall auf den Bimssteinterrassen bestens gedeiht. Die Einmaligkeit der Landschaft mit den pittoresken Dörfern unmittelbar am senkrecht abfallenden Kraterrand hat die Hauptinsel Thíra zu einem der am meisten besuchten Ziele des Mittelmeers gemacht. Kreuzfahrtschiffe liegen regelrecht in Warteschlangen in der Caldera, ausländische Chartermaschinen öffnen täglich ihre Schleusen, aus den großen Fährschiffen von Piräus quellen Tausende von Rucksacktouristen.

Doch Thíra hat noch mehr zu bieten. Während die Innenwände des ehemaligen Kraters fast senkrecht zum tiefblauen Meer abbrechen, gleiten die Hänge nach Osten sanft aus und bilden kilometerlange Strände aus grauschwarzem Lavasand – ebenfalls einzigartig auf den Kykladen.

Geschichte

Der Vulkan hat die gesamte Geschichte Santorínis geprägt, sogar die heutige Entwicklung zum Touristenmagnet lässt sich darauf zurückführen.

Im 3. Jt. v. Chr. besiedelten *Karer* aus Kleinasien die Insel. Sie wurden im 2. Jt. von den *Minoern*, die auf Kreta eine großartige Zivilisation errichtet hatten, verdrängt bzw. assimiliert. Ob Santoríni politisch selbstständig war oder eine Art Außenposten des minoischen Reiches, lässt sich heute nicht mehr klären. Zumindest war es kulturell stark von den Minoern beeinflusst. *Strongili*, "die Runde", hieß die Insel damals noch.

Der *Vulkanausbruch* von (vermutlich) 1625 v. Chr. – übrigens der größte bis heute bekannt gewordene Ausbruch aller Zeiten – zerstörte die Insel völlig und beendete für mindestens zwei Jahrhunderte jegliches Leben. Da man in der Ausgrabung von Akrotíri keinerlei menschliche Überreste gefunden hat, nimmt man an, dass sich die Bevölkerung nach Kreta und auf andere umliegende Inseln retten konnte. Vielleicht kenterten die Schiffe der Flüchtenden aber auch in der riesigen Flutwelle, die sich durch die Explosion gebildet hatte. Dass diese Flutkatastrophe das minoische Reich auf Kreta vernichtete, gilt inzwischen als widerlegt (→ S. 537).

Ab etwa 1300 v. Chr. sollen sich nach Berichten antiker Schriftsteller *Phönizier* auf der Insel niedergelassen haben. Sie nannten sie *Kallisti*, "die Schöne". Geschichtlich bewiesen ist, dass um die Jahrtausendwende die *Dorer* vom südlichen Peloponnes nach Santoríni vordrangen. Diese nannten die Insel *Thíra* (nach einem mythologischen Helden) und gründeten ihre Hauptstadt *Alt-Thíra* auf dem großen Messavouno-Fels an der Ostküste. Ende des 19. Jh. hat sie ein deutscher Archäologe ausgegraben (→ spezielles Kapitel Alt-Thíra).

Santoríni Karte Seite 470/471

Nach dem Sieg Athens über die Perser trat auch Santoríni dem Attisch-deli-schen Seebund bei. Im Zeitalter des Hellenismus setzten sich die *Ptolemäer* auf der Insel fest und richteten einen großen Militärstützpunkt gegen die Makedonier im Norden ein. Die meisten Gebäude im ausgegrabenen Alt-Thíra stammen aus dieser Epoche und der Zeit der folgenden römischen Besetzung. Aus frühchristlicher und byzantinischer Zeit ist kaum etwas bekannt.

Die folgenden Daten beziehen sich auf die Hauptinsel Thíra.

Größe: ca. 75 qkm, Länge ca. 16 km, Breite im Mittelteil ca. 5 km. Höchster Gipfel ist mit 568 m der Profítis Ilías an der Ostküste zwischen Kamári und Périssa.

Bevölkerung: auf Thíra ca. 6500 Einwohner. Asproníssi und die beiden Kaméni-Inseln sind unbewohnt, auf Thirassía gibt es noch etwa 350 Einwohner.

Geografie/Geologisches: Der vulkanische Charakter Santorínis prägt völlig das Erscheinungsbild der Insel. Wichtigstes Ausfuhrprodukt war bis vor einigen Jahren Bimssteinsand (Pozzuolan-Mehl), der mit Kalk vermischt einen hervorragenden Mörtel ergibt.

Wichtige Orte: der Hauptort Firá; Oía – schönstes Dorf der Insel; die Badeorte Kamári und Périssa; Akrotíri – berühmt durch die minoischen Ausgrabungen; Pírgos – ältestes Dorf.

Straßen: Die verkehrstechnische Erschließung ist in den letzten Jahren stark vorangeschritten. Zahlreiche Straßen sind asphaltiert (→ Kartenskizze), es gibt sehr gute Nord-Südverbindungen und Stichstraßen an die Ostküste, jedoch keine durchgehende Straße an der Ostküste.

Entfernungen: Firá – Oía 12 km, Firá – Kamári 10 km, Firá – Périssa 15 km, Firá – Akrotíri 13 km, Firá – Athínion (Neuer Hafen) 5 km.

Auto-/Zweiradverleih: im Hauptort Firá, in Kamári und Périssa.

Tankstellen: insgesamt mindestens zwölf, das Netz wurde in den letzten Jahren stark erweitert, man findet eigentlich immer eine Zapfstelle (einige der Standorte siehe Inselkarte).

Unterkunft: riesiges Angebot – beinahe in jedem Ort Hotels und Privatzimmer, Jugendherbergen in Firá, Oía und Périssa, je ein Campingplatz in Firá, Kamári und Périssa, ein weiterer bei Akrotíri.

Baden: unterhalb vom Kraterrand kaum Möglichkeiten, aber lange Lavastrände an der Ostküste, vor allem bei Kamári und Périssa. Kleinere Strände auch unterhalb von Akrotíri und Oía.

Karten: Hervorragend sowohl inhaltlich wie auch vom Kartenbild ist die Karte "Santorini" des engagierten Schweizer Verlags Karto Atelier (www.kartoatelier.com), Maßstab 1:35.000. Neben einer ästhetisch gelungenen Inseldarstellung besitzt die Karte exakte und höchst detaillierte Stadtpläne für Firá, Oía, Imerovígli, Kamári und Périssa sowie kleine Ausgrabungspläne von Akrotíri und Alt-Thíra.
Gewohnt zuverlässig ist außerdem die Karte "Santorini" von Road Editions im selben Maßstab.

Postleitzahl: 84700

1207 kamen die *Venezianer*, sie nannten das Inselquartett (Néa Kaméni gab es noch nicht) "Santoríni" nach einer Santa-Irini-Kirche (heilige Irene) an der Nordspitze von Thirassía, wo sie das erste Mal an Land gingen. Santoríni wurde dem *Herzogtum Náxos* unter Marco Sanoudo zugeteilt. In den folgenden Jahrhunderten wechselten die venezianischen Herrschersippen häufig, mehrere befestigte Siedlungen entstanden, die wichtigsten waren *Pírgos* (Sitz der orthodoxen Gemeinde) und der markante Felsengipfel *Skáros* (beim heutigen Imerovígli, Sitz der venezianisch-katholischen Gemeinde) am höchsten Punkt des Kraterrands. Auf letzterem errichteten die Venezianer ein starkes *Kástro*, von dem jedoch nichts mehr erhalten ist. An anderen Orten sind dagegen noch Reste venezianischer Wohnburgen zu sehen. 1537 eroberte der türkische Admiral *Chaireddin Barbarossa* auch Santoríni. Unter Zahlung hoher Tribute konnten die Venezianer noch mehrere Jahrzehnte auf der Insel bleiben, die Türken kümmerten sich wenig um Santoríni und siedelten sich auch nicht an. 1821 stieg Santoríni mit einer großen Flotte in den Aufstand gegen die Türken ein und wurde 1834 dem neuen griechischen Staat angegliedert.

Wirtschaft

Santoríni befindet sich vollständig im Umbruch. Der Sog des *internationalen Tourismus* zieht alles an sich. Dabei ist Santoríni dank der vulkanischen Asche- und Bimssteinböden eine der fruchtbarsten Inseln der Kykladen und hätte am ehesten die Chance gehabt, eine profitable Wirtschaft zu entwickeln und am Leben zu erhalten. Das ist auch geschehen, aber das Geld ist im Tourismusgeschäft einfach leichter und schneller verdient.

Seit jeher wird auf der Hauptinsel Thíra vor allem *Wein* angebaut. Vulkanischer Boden ist dafür bestens geeignet, da er die Fähigkeit besitzt, Wasser zu speichern. Vier Kellereien arbeiten auf Santoríni, zwei davon bereits seit dem 19. Jh. und es können zahlreiche Sorten erzeugt werden. Der ständig ansteigende Tourismus hat seit den Achtzigern einen Nachfrageschub mit sich gebracht und die Existenz dieses Wirtschaftszweigs gesichert (→ S. 470).

Früher gab es auf Thíra auch eine ausgeprägte Anbaukultur ganz spezieller *Tomaten* – winzig kleine, feste und wohlschmeckende Früchte wurden in großem Maßstab angebaut und in fast einem Dutzend Fabriken zu Tomatenmark und Konserven verarbeitet. Steigender internationaler Konkurrenzdruck und die Umorientierung der Inselwirtschaft hin zum Tourismus bewirkten jedoch in den siebziger Jahren das Ende der Produktion. Heute sind die alten Gemäuer nur noch interessante Industriedenkmäler, gerade eine Fabrik arbeitet noch saisonweise bei Monólithos an der Ostküste, produziert aber nur für den Eigenbedarf der Insel.

Wer Santoríni im September besucht, wird außer der Weinlese vielleicht auch die *Pistazienernte* erleben können. Eine interessante Prozedur ist dabei das Schälen und Waschen der Früchte (→ S. 516).

Aber natürlich kennen die Bewohner von Santoríni auch seit langem den Nutzen ihrer Vulkangesteine: Wichtigstes Ausfuhrprodukt der Insel war noch bis Ende der Achtziger *Bimssteinsand*, auch Pozzuolan-Mehl oder Santoríni-Erde genannt. Zusammen mit Kalk ergibt dieser Sand einen perfekten *Mörtel*, der auch unter Wasser eisenhart wird. Schon im 19. Jh. ließ Ferdinand Maria de Lesseps auf Santoríni Bimsstein für den Bau des gewaltigen Suez-Kanals abbauen, und noch heute bestehen zahlreiche Schiffsmolen aus diesem Baustoff. Aber gerade der lukrativste Wirtschaftszweig war es auch, der der Insel die größten Schäden zufügte: Die mächtigen Bimsstein- und Aschedecken wurden nämlich *südlich von Firá* in großen Gruben abgebaut (in so genannten *Balades*) – und die schweren Wunden, die der intensive Abbau dort in den Kraterhang geschlagen hat, sind nicht zu übersehen. Aus Naturschutzgründen und natürlich wegen der touristischen Bedürfnisse nach intakter Landschaft hat man deshalb Anfang der Neunziger die Produktion eingestellt.

Karte Seite 470/471

Santoríni

Essen & Trinken

Bezüglich seiner Küche hat Santoríni einige interessante Varianten entwickelt. Zu den bekanntesten Inselspezialitäten gehören der Brei aus den kleinen gelben *Fava-Bohnen* und die *pséftikeftédes* (übersetzt: "falsche Fleischklößchen"), in Öl frittierte vegetarische Klößchen bzw. "Gemüse-Bouletten" aus Fava-Bohnen, Mehl, Zwiebeln und Kräutern. Wenn Santoríni-Tomaten verarbeitet sind, nennt man sie *tomátokeftédes*. Weitere inseltypische Gerichte bzw. Beilagen sind die leider kaum noch servierten weißen (!) *Auberginen* von Santoríni (gefüllt heißen sie "melitzánes imám"), gefüllte *Zucchini* und *Kapernblätter*.

Kraterwein (Santorinió Krassí)

Santorínis Weine sind einzigartig in Griechenland und Europa – sie sind absolut eigen in ihrer Art, sowohl im Geschmack als auch bezüglich Anbau, Verarbeitung und Lagerung. Die niedrigen Reben stehen überall auf den weiten Plateaus, die von der 300 m hohen Westküste zur flachen Ostküste abfallen. Trotz der erheblichen Wasserarmut auf Santoríni gedeihen sie prächtig – das Geheimnis heißt Tau! Die Asche- und Bimssteinböden sind nämlich hervorragende Speicher für den kostbaren allnächtlichen Niederschlag, der durch häufige Wasserdampfbildung über der hunderte von Metern tiefen Caldera noch ergänzt wird. Die einzelnen Stöcke sind so weit auseinander gepflanzt, dass ihre Wurzeln das Wasser aus großen Bodenflächen entziehen können. Um Verwehungen zu vermindern und

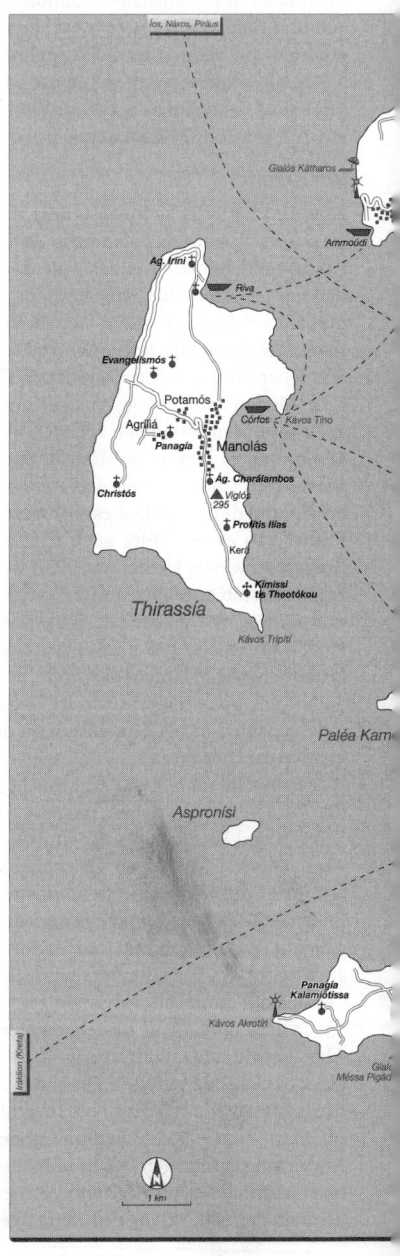

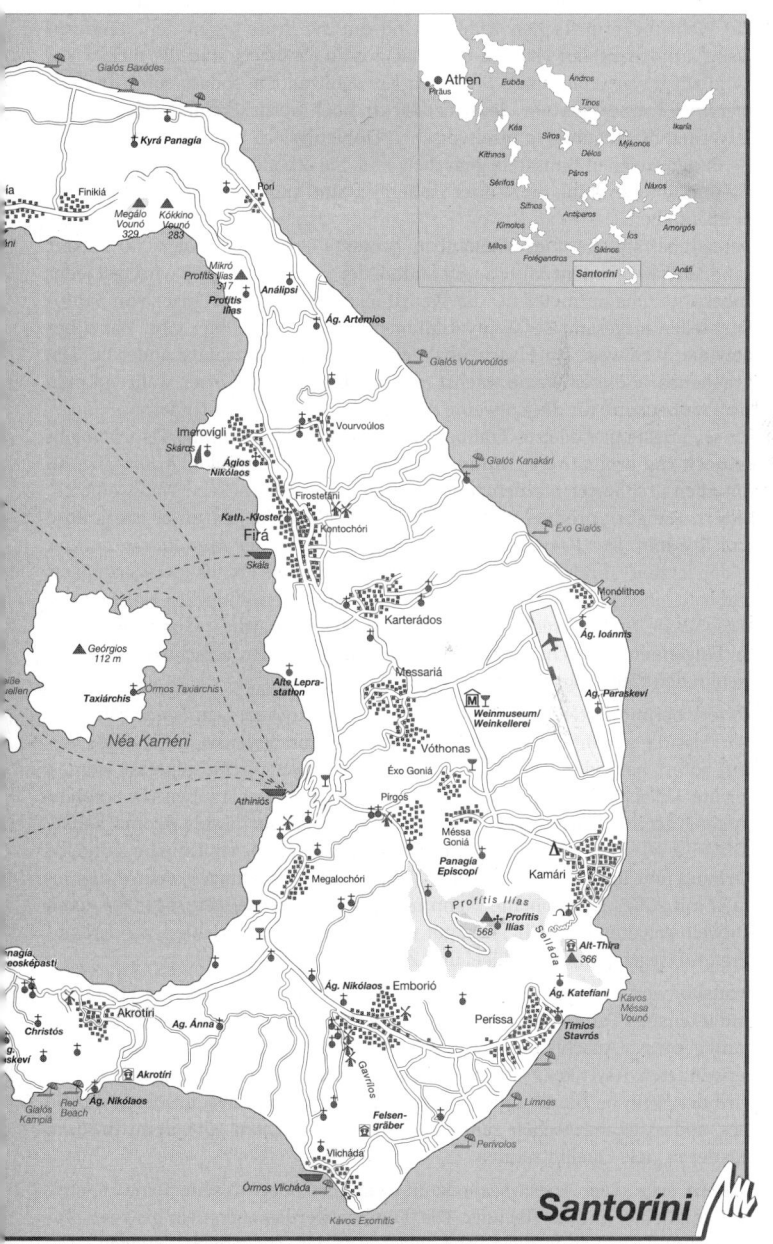

Santoríni

die winterlichen Niederschläge besser zu den Stöcken zu leiten, stehen zudem alle Weinstöcke in flachen Kuhlen. Und um die Ernte gegen den ständigen Wind auf den kahlen Hängen und Plateaus zu schützen, sind die dicken Rebäste auf unverwechselbare Weise im Kreis gewunden, sodass eine Art Korb (*stefáni* = Krone) entsteht, der bis zu 80 cm hoch werden kann. Nach der Ernte werden die Trauben in inseltypischen Höhlenkellern namens áspa gelagert, die in den weichen Bimsstein gegraben sind. Sie schaffen ein ideales Mikroklima (im Sommer kühl, im Winter isolierend) und sind gut geeignet, Erdbeben zu überstehen.

Derzeit beträgt die zum Weinanbau genutzte Rebfläche etwa 6000 Hektar Land, überwiegend im Mittel- und Südteil der Insel. Im Grunde wird fast jeder unbebaute Quadratmeter für die Weinstöcke genutzt. Die Winzer von Santoríni stellen insgesamt 40 Weinvariationen her, die es nur hier gibt. Dabei besitzt der Weißwein am Flaschenhals eine besondere Qualitätsbanderole. Die Traubensorte dieser Weine wächst ausschließlich auf der Insel, während man die Traubensorte für die Rotweine auch auf Páros und Kreta findet.

Die wichtigste und edelste Traubensorte ist die *Asýrtiko-Traube*. Daneben gibt es noch die aromatische *Aidáni-* und die vollfruchtig-milde *Athíri-Traube*. Aus allen drei Sorten werden zum Großteil (ca. 85 %) trockene Weißweine gekeltert. Daneben produziert man aber auch süße Weine, darunter etwas Rosé und Rotwein. Der Rotwein stammt weitgehend von der *Mandilariá-Traube*. In den letzten Jahren hat man sich mitteleuropäischen Trends etwas angepasst und baut einen gewissen Anteil der Weine wieder im traditionellen Holzfass aus. Diese Weine, zumeist weiße, weniger rote, tragen die Zusatzbezeichnung *Baréli*.

Im Folgenden die wichtigsten Weinsorten, die unter den verschiedensten Namen in den Handel kommen:

▶ **Niktéri**: berühmtester *Weißwein* der Insel, meist trocken. Sein Name rührt daher, dass die gesammelten Trauben (Mischung von Asýrtiko mit anderen Arten) sofort nach der Ernte, d. h. noch in derselben Nacht, gepresst werden (níchta = Nacht). Eine andere Erklärung meint, dass die Trauben vor Sonnenaufgang gepflückt werden, weil sie dann angeblich ihr bestes Aroma haben. Niktéri wird sechs bis sieben Jahre in Fässern gelagert, besitzt eine sattgelbe Färbung und um die 13 % Alkohol. Vollmundiger Geschmack, sehr erdig, jedoch mit süßer Komponente (kann mit geschlossenen Augen sogar für einen Rotwein gehalten werden). Passt gut zu allen Knoblauchgerichten, zu Geröstetem und Gegrilltem, zu Geflügel und Ziegenfleisch.

▶ **Broúsko**: weit verbreiteter *herber Rotwein* mit hohem Alkoholgrad (15–18 %) und intensiver Farbe. Die Trauben werden zwei bis vier Tage gelagert und erst dann gepresst. Anschließend erfolgt die Gärung mit Schale und Stielen. Da die verwendeten Asýrtiko-Trauben einen besonders hohen Tanningehalt haben, wird der Wein herb und üblicherweise sehr stark. Nicht alle Touristen mögen dies, sodass es inzwischen zahlreiche mildere Varianten gibt. Beim Broúsko existieren viele Qualitätsstufen.

▶ **Visánto**: sehr *süßer Aperitifwein*, kann weiß, rosé oder rot sein. Seine Herstellung folgt einer antiken Technik: Die Trauben werden zuerst ein bis zwei Wochen zum Trocknen in die Sonne gelegt, was den Zuckergehalt steigen lässt.

Erst dann presst man die "halb gebackenen" Trauben aus, traditionell mit den Füßen, heute aber meist mit Maschinen. Anschließend folgt eine lange Gärung mit Schale und Stielen, dann nochmals gut zehn Jahre Lagerung in Fässern. Visánto hat selten mehr als 10 % Alkohol, meist sogar nur 8 % und wird auch als Kirchwein verwendet. Es gibt eine weniger süße Variante namens *Imíglyko* (halbsüß).

Fünf größere und unzählige kleine Privatkellereien ("Cánaves") arbeiten auf Thíra, zwei davon sind seit dem 19. Jh. bestehende Familienbetriebe. Alle bieten Besichtigung mit Weinprobe und Direktverkauf an.

Antoniou: Niederlassung bei Megalochóri (→ S. 520). Der Wein der Marke *Santoríni* ist ein vollfruchtiger, fast schon an Zitrusfrüchtearoma erinnernder Weißwein, dessen drei Traubensorten bei Karterádos, Emborío und Akrotíri wachsen. Antonious *Visánto* wird aus Aidáni- und Athíri-Trauben gewonnen, vor der Verarbeitung liegen sie 15 Tage in der Sonne. Der *Niktéri* wird bei Antoniou acht Monate lang in französischen Holzfässern ausgebaut, sein Aroma ist intensiv fruchtig und vanilleartig.

Boutari: Niederlassung bei Megalochóri (→ S. 520). Großer, börsennotierter Weinhersteller (seit 1879), der in ganz Griechenland Standorte hat (auf den Kykladen außerdem noch in Páros). Produziert verschiedene Weine mit kontrolliertem Ursprungszeichen, darunter einen gehobenen Broúsko namens *Santoríni Boutari*, den trockenen Weißwein *Domaine Selladia* und einen *Visánto Boutari*, ein trotz der orange-goldenen Farbe natursüßer Weißwein. Anmerkung: Boutari ist auch der Produzent der einzigen griechischen Biersorte "Mythos".

Koutsouyanopoulos: Niederlassung etwas außerhalb von Messariá (→ S. 518). Die größte Privatkellerei der Insel ist seit 1880 im Geschäft (seit 1974 Flaschenabfüllung) und wird heute von Georgios Koutsouyanopoulos geführt. Man orientiert sich sehr an touristischen Bedürfnissen und produziert deswegen hauptsächlich trockene Weißweine mit mäßigem Alkoholgehalt (ca. 12 %), keine süßen Weine. Die Weine werden unter der Dachmarke *Volcan Wines* angeboten, einer der bekanntesten ist der Broúsko-Wein *Lava*.

Roussos: Hauptniederlassung in Méssa Goniá (→ S. 515). Kellerei seit 1836, Flaschenabfüllung seit 1974. Roússos legt großes Augenmerk auf Tradition und produziert auch entsprechende Weine. Top-Produkte sind der *Niktéri* und der *Visánto*, im Angebot sind auch andere süße Weine,

z. B. der *Athíri* und der rote Aperitifwein *Mavrathiró* (mit 15 % ziemlich stark), der vor der Abfüllung erst zehn Jahre in Fässern gelagert wird. Zudem gibt es den Roséwein *Riwári* und den sehr trockenen roten *Caldéra*. Der junge Chef hat ein Ohr für touristische Bedürfnisse: Man kann eine alte Kellerei besichtigen und dort die Trauben nach traditioneller Art mit den Füßen pressen (Méssa Goniá) oder sein Santoríni-Weinfestival besuchen (Éxo Goniá).

Santo: Niederlassung am Kraterrand bei Pýrgos (→ S. 519). Dem halbstaatlichen Betrieb sind knapp 850 Kleinwinzer angeschlossen. Insofern wird über 65 % der gesamten Weinproduktion Santorínis von Santo bestritten. Produziert werden insgesamt 18 verschiedene Weinsorten und jedes Jahr wird mit neuen Kreationen experimentiert. Eine solche "Erfindung" ist beispielsweise ein für Santoríni völlig untypischer Retsína-Wein namens *Santo*. Weitere Santo-Weinmarken sind u. a.: *Santoríni Asýrtiko* (trockener, aromatischer Weißwein), *Santoríni Niktéri & Santoríni Niktéri Baréli* (der traditionellste trockene Weißwein von Santoríni, die Baréli-Variante wird einige Monate im Holzfass ausgebaut), *Meltémi* (halbtrockener, fruchtig-blumiger Weiß- oder Roséwein), *Védema* (trockener Weiß-, Rosé- oder Rotwein), *Kaméni* (purpurroter Rotwein) und *Santoríni Visánto* (süßer Weißwein aus 15 Tage in der Sonne getrockneten Trauben, der anschließend zwei Jahre im Holzfass reift). Nebenbei werden auch andere traditionelle Inselprodukte wie Tomaten, Kapern und Fáva vermarktet.

Sigalas: Niederlassung in Baxés. Highlight ist die Sorte *Santoríni Sigálas*, die im Stahltank und auch im Eichenfass ausgebaut wird, mit licht- bis goldgelber Farbe und einem leicht zitronigen Aroma. Der *Sigálas Niampélo* wird in Weiß und Rot erzeugt. Der *Sigálas Mezzo* ist ein biologischer Wein aus einer Mischung von Asýrtiko-,

Karte Seite 470/471

Santoríni

Aidáni- und Athíri-Trauben. Sie werden nach der Lese sechs bis acht Tage in der Sonne getrocknet, der Wein reift mindestens ein Jahr im Holzfass. Ebenfalls mit biologischem Gütesiegel versehen ist der *Si-gálas Visánto* aus 8–10 Tagen in der Sonne getrockneten Asýrtiko- und Aidáni-Trauben. Er bleibt 2–3 Jahre im Holzfass und hat eine goldgelbe Farbe mit leichtem Orangen-Touch.

Inselfeste

Größte Inselfeste in der Urlaubssaison sind *Ostern* und *Panagíri* (Mariä Himmelfahrt) am 15.8. Auf ganz Santoríni wird am 5.5. das Fest der Inselpatronin *Santa Iríni* gefeiert, vor allem aber auf der Insel Thirassía, dem Standort der gleichnamigen Kirche (siehe dort). Örtliche Feste: in Oía Tag des *Ágios Geórgios* am 22.4.; am 20.7. Fest des *Profítis Ilías* am gleichnamigen Berg; am 7. September in Oía Tag des *Ágios Sóstis*.

Vulkanismus auf Santoríni

Die heutige Inselgruppe mit den Inseln Thíra, Thirassía und Asproníssi ist der Rest eines riesigen Vulkankomplexes, der vor wahrscheinlich 3600 Jahren in seiner Mitte eingestürzt ist. Dabei versank mehr als die Hälfte der ehemals zusammenhängenden, fast kreisrunden Insel mit dem älteren Namen Strongyle (= die Runde) im Ägäischen Meer.

Die Situation vor dem großen Ausbruch: Die ursprüngliche Insel war keine rein vulkanische Insel, wie der vorvulkanische Berg des *Profítis Ilías* beweist. Der mit 568 m über dem Meer aufragende Berg ist aus Kalksteinen des Erdmittelalters und der Erdneuzeit aufgebaut. Weitere nichtvulkanische Berge sind *Gavrílos* (bei Emporión) und *Monólithos* (Ostküste). Deren nichtvulkanische Gesteinsschichten dienten als Sockel für die Ablagerungen der mehrfach ausbrechenden Vulkane. Zu einem ersten großen Ausbruch kam es schon vor etwa 100.000 Jahren. Dabei wurde eine mächtige helle Bimssteinschicht abgelagert und später von dunklen Lavaströmen überdeckt (von Lava spricht man, wenn flüssige Gesteinsschmelze aus der Tiefe bis zur Erdoberfläche emporsteigt). Nach einem weiteren bedeutenden Vulkanausbruch vor 18.000 Jahren setzte eine rund 15.000 Jahre andauernde Pause ein. Die bei den frühen Vulkanausbrüchen geförderten Lavamassen erstarrten und bauten eine zusammenhängende Vulkaninsel von kegelförmiger Gestalt auf.

Der große Ausbruch: Der gewaltige Ausbruch des Santoríni-Vulkans von 1625 v. Chr. begann mit der Freisprengung eines Schlots (Förderkanal der Lava), aus dem dann in mehreren Phasen die unvorstellbare Menge von insgesamt zehn Kubikkilometern Bimsstein und Asche ausgeworfen wurde. Die Auswurfwolke dürfte mehrere Kilometer Höhe erreicht haben, um dann als Bimssteinregen auf die Insel niederzugehen. Durch diese ersten Ausbrüche wurden so tiefe Spalten im Vulkan aufgerissen, dass das Meerwasser in Kontakt mit der glutflüssigen Gesteinsschmelze gelangen konnte. Als Folge dieses Zusammentreffens von Wasser und Gesteinsschmelze wurden die Eruptionen besonders heftig. In dieser Phase des Vulkanausbruchs wurde die kykladisch-minoische Siedlung beim heutigen *Akrotíri* zerstört. Bei den rasch aufeinanderfolgenden Eruptionen wurden auch große Blöcke älteren Vulkangesteins ausgeschleudert, welche die Häuser regelrecht zertrümmerten.

Wenn man in Thíra oder Oía den steilen Treppenweg zum Hafen hinabgeht, läuft man direkt an den farbenprächtigen Gesteinsschichten vorbei, an denen sich der Aufbau des Vulkans ablesen lässt: Die mächtige Schicht der hellen Bimsstein- und Aschenlagen entstammt dem großen Ausbruch von 1625 v. Chr. Die darunter befindlichen roten bis schwarzen Gesteinsschichten sind härter, weniger porenreich und deutlich schwerer als der Bimsstein und wurden bei früheren Vulkanausbrüchen abgelagert.

In der letzten kräftigen Phase des Ausbruchs von 1625 v. Chr., in der ein Großteil der bis zu 60 m mächtigen Bimssteindecke ausgeworfen wurde, begannen Teile des Vulkangebäudes einzustürzen. Die Ursache hierfür liegt in dem Entleeren der Magmenkammer (Magma = flüssige Gesteinsschmelze). Durch das "Ausspucken" riesiger Mengen Magmas war im Untergrund ein Hohlraum entstanden, in den große Teile des Kraters einstürzten: Damit formte sich die *Caldera* (Einsturzkessel) in der Mitte der ehemals zusammenhängenden Insel und ließ nur noch an den Rändern die heute sichtbaren Inseln Thíra, Thirassía und Asproníssi stehen. Das Ausmaß des Einsturzes wird deutlich, wenn man bedenkt, dass der Kraterrand aus durchschnittlich 200 m Höhe fast senkrecht zum Meer hin abfällt und sich noch weitere 300 m unter dem Meeresspiegel fortsetzt.

Nach dem großen Ausbruch: Aus dem unter Wasser liegenden Krater stieg in den letzten zweitausend Jahren immer wieder Gesteinsschmelze auf. Nach mehreren Vulkanausbrüchen, die durch Berichte von Augenzeugen historisch belegt sind, bildeten sich so die jungen Inseln *Paléa* und *Néa Kaméni*. Die letzten Ausbrüche des Vulkans ereigneten sich auf diesen Inseln zwischen 1939 und 1941 sowie im Jahre 1950. 1956 machte Santoríni noch einmal weltweit von sich reden: Durch ein kurzes, aber heftiges *Erdbeben* wurden die Ortschaften Firá und Oía fast völlig zerstört.

Da die Erdkruste im ägäischen Raum wegen des Aufeinandertreffens der europäischen mit der afrikanischen Platte sehr instabil ist, muss auch für die Zukunft mit Ausbrüchen und Erdbeben gerechnet werden. Es ist auch denkbar, dass in ferner Zukunft die Caldera durch anhaltende vulkanische Tätigkeit völlig mit Lava aufgefüllt wird – sofern eines Tages die Insel nicht wieder durch einen großen Ausbruch in ihre Einzelteile zersprengt wird.

Verbindungen von und nach Santoríni

▸ **Schiff**: Santoríni ist wichtiger Anlaufpunkt aller Kykladen-Fähren und Schnellboote, Scheitelpunkt der Route über die *West-Kykladen* (Piräus – Sífnos – Mílos – Santoríni) als auch der Strecke über die *Ost-Kykladen* (Piräus – Síros – Páros – Náxos – Íos – Santoríni). Auf letzterer Route deutlich mehr Verbindungen. Außerdem gehen häufig Fähren von und nach *Kreta*.

Im Einzelnen: Von *Piräus* gehen Fähren ca. 2–4 x tägl. nach Athiniós, dem neuen Hafen von Santoríni (Deck/Pullmannsitz ca. 24 €, billigster Kabinenplatz ca. 43 €, Kleinwagen ca. 82 €, Mittelklassewagen ca. 97 €) und zurück, Dauer 8–12 Std. (Schnellfähren und -boote ca. 5–6 Std., ca. 37 €), je nach Route und Zwischenstationen. Weiterhin gibt es Verbindungen mehrmals tägl. von und nach *Íos, Páros, Náxos* und *Mýkonos*, mehrmals wöch. von und nach *Folégandros*,

Síkinos, Sýros, Mílos, Kímolos, Sífnos, Sérifos, Kíthnos und *Anáfi*, 1 x wöch. von und nach *Thessaloníki* in Nordgriechenland.

Von und nach *Kreta* fahren mindestens 5 x wöch. normale Linienschiffe (4,5–6 Std., Abfahrten meist nachts) und manchmal Tragflügelboote (Überfahrt nur 2,5 Std., aber teurer).

Schnellboote befahren täglich verschiedene Routen zu umliegenden Inseln sowie die Strecke *Rafína-Ándros-Tínos-Mýkonos-Páros-Náxos-Íos-Santoríni*.

● *Thíra besitzt drei Häfen* Der Hafen **Athiniós** liegt einige Kilometer südlich von Firá und ist Anlaufpunkt aller Großfähren und Schnellboote. Nach Spießrutenlauf durch Dutzende von "Rooms"-Anbietern Transport nach Firá, Kamári und Périssa in völlig überfüllten Bussen. Achtung: die Busse warten nicht lange. Wer sich im Hafen aufhält, muss sehen wie er hinaufkommt – entweder per Taxi oder mit einem Zimmeranbieter. Die Serpentinenstrecke hinauf zum Kraterrand ist ein Erlebnis! **Für die Rückfahrt wichtig**: Eine Stunde vor Abfahrt der Fähren fahren Busse hinunter, sonst keinerlei Verbindung. Einige Imbissstände, Supermarkt und Tavernen.

Skála, der alte Hafen unterhalb vom Hauptort Firá. Hier starten die zahlreichen Ausflugsboote zu den vorgelagerten Inseln, kein Linienverkehr. Außerdem stoppen hier die zahlreichen Kreuzfahrtschiffe, die wegen der Tiefe der Caldera jedoch nicht ankern können und an festen Bojen vertaut werden, Passagiere werden dann mit Booten zur Mole gebracht. Hinauf entweder den 587-Stufen-Weg per Muli, zu Fuß oder mit der Kabinenseilbahn, für die man als Schiffspassagier in der Regel eine Freikarte erhält. **Oía**, der Hafen liegt 20 Fußminuten unter dem Ort, Abstieg auch mit dem Muli möglich. Auch hier starten Ausflugsboote auf die nahe gelegene Inseln.

▶ **Flugzeug**: Olympic Airways und andere Gesellschaften fliegen in der Saison 4–6 x tägl. von und nach *Athen* (ca. 80 €), etwa 1 x tägl. nach *Mýkonos* (62 €), außerdem mehrmals wöch. nach *Iráklion/Kreta* (62 €), *Rhodos* (75 €) und *Thessaloniki* (110 €). Alle Preise incl Flughafengebühr. Der Flugplatz liegt bei Monólithos an der Ostküste und wird von Firá mit öffentlichen Linienbussen angefahren.

Verkehr auf der Insel

▶ **Busse**: auf *Thíra* gutes Bussystem mit Zentrum Firá, häufige Abfahrten. Wichtig: Zu jeder Fähre fährt 60–90 Min. vor dem Ablegen ein Bus zum Hafen Athiniós hinunter, rechtzeitig da sein. Taxis gibt es reichlich. Auf *Thirassía* verkehren mittlerweile auch ein Bus und zwei Taxis.

▶ **Mietfahrzeug**: überreichliches Angebot, auch Kleinfahrzeuge wie Mofas genügen für Touren. Die Insel ist kompakt genug, um sie auch in entlegenen Ecken schnell kennen zu lernen. Jedoch erhöhte Vorsicht, denn Santoríni hat von allen Kykladen die höchste Unfallrate. Nicht nur in die Landschaft schauen, sondern auch auf den oft sehr kurvigen Straßenverlauf!

▶ **Eigenes Fahrzeug**: Da *Thíra* relativ klein ist, lohnt die Mitnahme des eigenen Fahrzeugs nur bei längerem Aufenthalt. *Fahrrad* – äußerst Schweiß treibend die Serpentinenfahrt zum Kraterrand hinauf. Oben angelangt, nur noch mäßige Steigungen. Auf den Inseln Asproníssi, Paléa und Néa Kaméni keinerlei Fahrzeugtransport.

Firá (Thíra)

Weißes Häusermeer an der Abbruchkante des Kraters. Oben noch verhältnismäßig überschaubar, am schwarzen Kraterhang ein Irrgarten von Terrassen, Wänden und Treppen. Tavernen und Cafés mit überwältigendem Panoramablick.

Firá wurde nach dem schweren Erdbeben von 1956 mit Behutsamkeit und touristischem Weitblick wiederaufgebaut. Kein überdimensionaler Neubau stört die Harmonie der Zuckergusskomposition, der prächtige Arkadenbau der *Kathedrale* thront auf der Spitze wie der Palast eines orientalischen Märchenprinzen, das benachbarte Großhotel Atlantis wurde in den fünfziger Jahren von einem Stararchitekten daneben gesetzt. Im Gegensatz zum geschäftigen Trubel um den Hauptplatz herrscht in den säuberlich gepflasterten Gassen am Kraterrand gepflegte Basaratmosphäre. Das Angebot ist auf Kreuzfahrttouristen zugeschnitten: hell erleuchtete Schmuckboutiquen Athener Nobeljuweliere, schwere Pelze, nach Schafswolle duftende Teppichläden, Keramik – das meiste keine Ursprungsware von Santoríni und gewiss nicht billiger als im übrigen Griechenland.

Wer vom städtischen Rummel genug hat, kann Firá in wenigen Minuten auf dem Kraterrandweg Richtung Norden verlassen und in die höher gelegenen Dörfer *Firostefáni* und *Imerovígli* schlendern. Unterwegs genießt man die herrlichsten Panoramablicke auf Firá, den Kraterhang und die tief unten liegende Caldera – vor allem zur Zeit des Sonnenuntergangs der bevorzugte Treff aller Fotoprofis und -amateure.

Unterm Strich: Firá ist ein interessanter Standort und auch optimaler Ausgangspunkt für die Inselerkundung, häufige Busse fahren in alle Richtungen.

Verwirrende Namensgebung: Thíra oder Firá?

Offiziell heißt die Inselhauptstadt wie die Insel, nämlich Thíra (Betonung auf dem i). Genannt wird sie allerdings von den Inselbewohnern meistens Firá (Betonung auf dem a). Diese Bezeichnung geht noch auf türkische Zeiten zurück. Die Osmanen hatten nämlich Probleme, das griechische "th" (gesprochen wie das stimmlose englische th, z. B. "that") auszusprechen und verwendeten deshalb das F, änderten außerdem zusätzlich die Betonung. In diesem Führer verwenden wir Thíra als Bezeichnung für die gesamte Insel, Firá als Namen der Inselhauptstadt.

Santoríni
Karte Seite 470/471

Information

Es gibt keine Informationsstelle. Auskünfte kann man bei den diversen Reiseagenturen rund um den Hauptplatz einholen (Platia Theotokopoulou). Dort Infos über Schiffs- und Busverbindungen, Unterkünfte, Sehenswürdigkeiten, außerdem Geldwechsel, organisierte Ausflüge, Schiffstickets, Gepäckaufbewahrung u. a.

Verbindungen

• *Auf der Insel* gutes **Bussystem**, Busstation ca. 100 m unterhalb vom großen Hauptplatz in Firá (→ Stadtplan). Sehr häufige Verbindungen (etwa alle 30–45 Min.) nach **Oía** (über **Firostefáni** und **Imerovígli**), **Kamári** (über **Kartérados**) und **Périssa** (über **Emporión**), etwa stündlich nach **Akrotíri**, bis zu 7 x tägl. nach **Vlicháda**, Verbindungen weiterhin nach **Pírgos**, **Perívolos** (bei Périssa), **Voúrvoulos** und **Monólithos**, außerdem zum **Flughafen** und 1–1,5 Std. vor Abfahrt zu den Fähren, die im Hafen **Athiniós** ablegen. Preis zwischen 0,90 und 1,50 €, letzte Fahrten zwischen 23 und 24 Uhr. Aktuelle Abfahrtszeiten sind an der Station angeschlagen. Die Busse von und zu den Fähren sind meist völlig überfüllt und das Gepäck wird recht ruppig behandelt. **Taxistand** zwischen Busstation und Hauptplatz, ✆ 22860-22555. Ungefähre Fahrpreise: Zum Hafen Athiniós und nach Oía ca. 14 €, zum Flughafen 10 €.

• *Zum Alten Hafen* Eine vielfach gewundene **Treppe** mit 587 Stufen führt hinunter. Zu Fuß etwa 20 Min. (unbequem, weil durch Maultierkot verdreckt), per Muli etwa 3 €. Alternative: die neu erbaute **Seilbahn**, kostet dasselbe wie ein Maultierritt und fährt alle 20 Min. von 6.40–22 Uhr (→ Verbindungen Santoríni/Einleitung).

Adressen (s. Karte rechts)

• *Ausflüge* Zahlreiche Reiseagenturen bieten Dutzende von Möglichkeiten: **Inselrundfahrt** (mit Bus), nach **Oía**, **Akrotíri**, zum **Weinfestival** in **Éxo Goniá**, nach **Alt-Thíra**, **Kamári**, **Périssa**. Diese Touren kann man allerdings problemlos und wesentlich preisgünstiger auf eigene Faust unternehmen. Im Prinzip reizvoll, aber oft überfüllt sind die zahlreichen Schiffsausflüge: zu den heißen Quellen auf **Néa Kaméni**, nach **Thirassía**, **Caldera-Rundfahrt**, zu den Vulkanklippen bei **Akrotíri** etc. Viele Variationen und Kombinationen werden angeboten, die verfügbaren Zeiten sind allerdings oft recht knapp bemessen. Besonders schön ist die Tour mit der getreuen Nachbildung der "Bella Aurora", einem 18 m langen Schoner aus dem späten 18. Jh. Im Hochsommer fährt außerdem das Glasboden-Schiff "Calypso" tägl. durch die Caldéra. Preis für eine Standardtour zu den vorgelagerten Inseln ist ca. 14–18 €, manche Agenturen geben Studentenermäßigung (intern. Ausweis). Die Büros an der Ausfallstraße Richtung Oía sind billiger als die rund um den Hauptplatz, Preisvergleich lohnt. In der Nebensaison kann man gut handeln.
Thirak Tours wird von Jörg Neuschaefer aus Deutschland geleitet. Geboten werden privat geführte Touren auf der Insel für bis zu 6 Personen mit einem klimatisierten Mini-Bus, je nach Wunsch der Gäste. Über die Agentur können auch Hotel- und Privatzimmer, Segeltörns, Bootsausflüge, Reiten, Kutschenfahrten, Windsurfing und Tauchen gebucht werden. ✆/✆ 22860-23927, Handy 0946-252453, www.santorini-guide.com

• *Auto-/Zweiradverleih* etliche um den Hauptplatz und unterhalb davon an der Durchgangsstraße.

• *Geld* große Filiale der **National Bank** beim Taxistandplatz, Nähe Post. Weitere Banken am Hauptplatz.

• *Gepäckaufbewahrung* in verschiedenen Reisebüros, außerdem (etwas teurer) in der Jugendherberge.

• *Hafenamt* an der Straße nördlich vom Theotokopoulou-Platz. Auskunft ✆ 22239.

• *Internationale Presse* im **Fabrica Shopping Center** neben der Kathedrale und im **katholischen Kirchenbezirk**, wenige Schritte nach dem Museum Megaron Ghizi.

• *Internet* Internet-Cafés haben sich inzwischen fest etabliert, ihre Zahl wird wohl in den nächsten Jahren kräftig zunehmen.
PC World Markozannis, PC- und Internet-Dienstleister an der zentralen Platia. Gut 40 PC-Arbeitsplätze mit Internet-Anschluss, außerdem Netzzugänge für Laptop-Besitzer. ✆ 22860-25551, ✆ 23107, pcworld@san.forthnet.gr
Lava, Internet-Café an der kleinen Platia auf der linken Seite der Durchgangsstraße vom Busstopp Richtung Oía. 12 Computer mit Internet-Zugang. Angeboten werden auch Frühstück, Kaffee, kalte Drinks, Salate und Snacks. ✆ 22860-25291, ✆ 24724. www.lavacafe.gr

• *Olympic Airways* an der Ausfallstraße Richtung Kartérados, etwas außerhalb vom Zentrum, ✆ 22860-22493, 22793.

• *Post* südlich vom Hauptplatz, beim Neubau des Archäologischen Museums.

Firá

Übernachten
3 JH Firá
4 Villa Popi
5 Assimína
17 Pelican
18 Lignos
20 Santorini Camping
21 Tataki
24 Delfíni I
27 Loucas
28 Porto Fira
31 Caldera
32 Kavalari
33 Athina
34 Scirocco
36 Atlantis
37 Keti
39 Haroula

Essen & Trinken
2 Mama's Cyclades
6 Zafora
7 Diporto
8 Terpsi
9 Koutouki
13 Nikolas
22 Franco's Bar
26 Amethystos
29 Classico
30 Archipelagos
35 Poseidon
38 Koukoumavlos
40 Seléne

Nachtleben
1 Santorinia
10 Studio 33
11 Enigma
12 Koo Club
15 Kira Thira
16 Trip into the music
19 Tropical Bar
23 Canava Music Hall
25 The Two Brothers Bar

Sonstiges
14 Wäscherei
17 Wäscherei

● *Wäscherei* **Penguine (14)**, Self-Service an der Straße nach Oía linker Hand, 200 m oberhalb vom Hauptplatz.

Laundromat-Miele (17), neben Hotel Pelican, ebenfalls Self-Service.

Übernachten

Zahlreiche Möglichkeiten, trotzdem in der Hochsaison oft völlig ausgebucht. Generell teuer, vor allem am Kraterrand. Einige wenige Hotels mit gutem bis sehr gutem Standard, etliches in der Mittelklasse und zahllose Privatzimmer. Letztere vor allem unterhalb des Hauptplatzes und an der Straße zum Campingplatz. Meist wird man bereits an der Bushaltestelle bzw. schon im Hafen Athiniós von Vermietern angesprochen. Auf eigene Faust loszulaufen, hat in der Saison wenig Sinn, da man die wenigen freien Zimmer kaum aufspüren wird.

> **Tipp** für alle Inselorte: Auf eigene Faust auf Zimmersuche zu gehen kann in der Saison reichlich nervtötend sein. Durchaus überlegenswert ist es, gleich im Hafen auf eins der zahlreichen Angebote einzugehen. Man wird per Kleinbus bequem bis zur Unterkunft gekarrt und spart dabei die Kosten und Strapazen im völlig überfüllten Bus. Wenn die Unterkunft nicht akzeptabel ist, kann man vor Ort immer noch ablehnen bzw. am nächsten Tag etwas Neues suchen. Beachten Sie jedoch S. 90. Im Hafen von Athiniós gibt es außerdem ein gutes Dutzend Büros, die gegen Gebühr Zimmer vermitteln.

Am Kraterrand (s. Karte auf S. 479)

In der Regel umwerfender Blick und Sonnenuntergang auf dem eigenen Balkon, in der Hauptsaison jedoch fast nicht mehr zu bezahlen.

Atlantis (36), A-Kat., großer Kasten neben der Kathedrale, unübersehbar am Kraterrand, von der Frühstücksterrasse besonders toller Blick. Anfang der Fünfziger vom griechischen Architekten Joannis Venetsanos errichtet, ist das Atlantis das traditionsreichste Hotel der Insel. Mit seinen zahlreichen Rundbögen erinnert es an die typischen Tonnengewölbe Santorínis. Im blendend weißen Inneren fühlt man sich zeitweise in ein nobles Sanatorium versetzt. Die gesamte Einrichtung samt Aufenthalts- und Frühstücksraum wurde von den bekannten amerikanischen Architekten Robsjohn-Gibbings und Pullin entworfen. Es gibt 28 komfortable Zimmer mit TV, Mini-Bar und Aircondition, die mit Kirschbaummöbeln nobel eingerichtet sind. Frühstück wird auf Wunsch rund um die Uhr serviert, besonders lecker sind die hausgemachten Kuchen. Swimmingpool, Jacuzzi. DZ mit Frühstück ca. 130–225 €. ✆ 22860-22232, 22111, ✆ 22821, www.atlantishotel.gr

Kavalari (32), C-Kat., in der Nähe der Mitrópolis am Kraterrandweg. Ehemals ein traditionelles Kapitänshaus, nun Hotel der ersten Klasse. Vermietet werden Apartments und Zimmer mit Bad, Kühlschrank und Telefon, die Apartments mit vollständiger Küche. Geschmackvoll und mit gewissem Komfort eingerichtet. Jedes Zimmer hat seinen eigenen Stil und ist individuell eingerichtet, teilweise auch im Höhlenstil. Frühstück auf der großen Terrasse. DZ ca. 85–135 €. ✆ 22860-22455, ✆ 22603, www.kavalari.com

Porto Fira (28), B-Kat., am Hang unterhalb der Kraterrandgasse, an mehreren Terrassen übereinander sind elegante Räumlichkeiten in den Berghang gebaut, Einrichtung jeweils individuell, die natürlichen Felswände werden in die Raumgestaltung miteinbezogen, jedes Zimmer mit Telefon, Radio, Kühlschrank, Terrasse. Auch Pool und Restaurant sind seit kurzem vorhanden. Suite mit Frühstück ca. 110–250 €. Internetbuchung. ✆ 22860-22849, ✆ 23098, www.portofira.gr

Athina (33), schöne Terrassenanlage mit Kraterblick und Pool unterhalb der Mitropolis. 9 komfortable Studios mit Küche, Aircondition, Telefon, Fön. Preis ca. 65–120 €. ✆ 22860-24910, ✆ 24913, www.athinastudios.gr

Íos
Die Chóra: blauer Himmel, schneeweiße Häuser (EF) ▲▲

Santoríni

Auf Thirassía verläuft das Leben noch ganz   ▲ Blick vom Hafen Ammoúdi auf das Kraterranddorf Oía (DS) ▲▲
in traditionellen Bahnen (FF)   Fischhändler in Firá (DS) ▲

Folégandros

▲▲ Die Panagía-Kirche am Steilhang oberhalb der Chóra (EF)   ▲▲ Junge Inselbewohner in der Chóra (EF)

▲ Gemütliche Tavernen auf der zentralen Platía (EF)

Caldera (31), unauffälliger Eingang neben Hotel Athina. Schöne und für den Kraterrand mit Blick auf die Caldera relativ günstige Pension. Frühstück auf der Terrasse, täglich frische Handtücher. Bewirtet von freundlicher griechischer Familie samt Promenadenmischung Tobi. DZ ca. 40–80 €. ℡ 22860-25166.

Keti (37), E-Kat., eine der wenigen relativ preiswerten Möglichkeiten an der Caldera, kleiner Familienbetrieb, ebenfalls unten am Kraterhang (vom Porto Fira links halten), 7 schlichte Zimmer mit älterem Mobiliar, davor schmale Terrasse, jeweils Kühlschrank und TV. DZ ca. 45–75 €. ℡ 22860-22324, 🖷 22380, www.hotelketi.gr

Scirocco (34), direkt am Kraterrand unterhalb der Mitrópolis. Anja aus Bielefeld und ihr griechischer Mann Eleftherios vermieten 16 Apartments, Studios, Grotten und VIP-Grotten. Alle mit Bad, Klimaanlage, Kühlschrank, Telefon und Terrasse mit Calderablick, die Studios und Höhlen auch mit Küche. Pool und Frühstücksterrasse in der Anlage, Frühstück nach deutschem Standard. Anja gibt gute Tipps für Ausflüge und Tavernen. Angenehme und freundliche Atmosphäre. Studio ca. 65–98 €, Apartment ca.

78–118 €, Grotte ca. 95–128 €. ℡ 22860-22855, 🖷 23774, www.scirocco.gr

Loucas (27), B-Kat., unterhalb der Kraterrandgasse (beschildert). 25 Zimmer mit Bad, Balkon/Terrasse, Kühlschrank, Telefon, Sat-TV und Safe. Vor einigen Jahren grundlegend renoviert, geschmackvoll üppige oder funktional schlichte Einrichtung, je nach Wunsch und Geldbeutel. Täglicher Service. Pool und Fitnesscenter im Hotel. DZ ca. 80–125 €. ℡ 22860-22480, 🖷 24882, E-Mail: loucasason@ath.forthnet.gr

Assimina (5), D-Kat., bei der Seilbahnstation, Besitzer betreiben das benachbarte Reisebüro Mendrinos. Relativ geschmackvoll eingerichtet, solide Holzmöbel, hübsche Bettwäsche, Bad mit Lüftung. DZ mit Bad ca. 50–80 €, Zimmer mit Blick verlangen (am besten im 1. Stock), es gibt auch welche mit Blick auf einen Schacht. ℡ 22860-22989, 🖷 23958.

King Thiras, C-Kat., ein Stück nördlich vom katholischen Kirchenbezirk, 1990 eröffnet. Geräumige Zimmer mit Balkon und wunderbarem Blick auf Stadt und Caldera, gut eingerichtet. DZ ca. 45–80 €. In der Umgebung noch weitere kleine Hotels und Pensionen. ℡ 22860-23882, 🖷 22155.

Stadtzentrum (s. Karte auf S. 479)

Kein Calderablick, auch nicht immer leise gelegen, dafür günstiger im Preis. Faustregel: je weiter weg vom Krater, desto preiswerter.

Pelican (17), C-Kat., unterhalb vom Hauptplatz, gepflegtes Haus mit Aircondition, TV und Minibar in den Zimmern, ganzjährig geöffnet. DZ ca. 50–97 €. ℡ 22860-23113, 🖷 32514.

Tataki (21), D-Kat., originelles Hotel der einfachen Sorte, wenige Meter oberhalb vom Hauptplatz, mitten im "Basar". 11 Zimmer um einen kuriosen Innenhof mit einem Chaos von Blumenkübeln, in der Mitte ist ein Baumstamm einzementiert. Unterschiedlich möbliert, geräumig und relativ sauber, teilweise nur Blick auf den Hof. Mit etwas Glück 24 Std. lang heißes Wasser. Geführt von urigem altem Ehepaar. Bei Rucksacktouristen beliebt. Ganzjährig offen, Heizung. DZ ca. 35–70 €. ℡ 22860-22319.

Lignos (18), E-Kat., unterhalb vom Hauptplatz, an der Ecke zur Hauptstraße nach Oía. 9 ordentlich möblierte Zimmer, z. T. mit eigenem Bad. DZ ca. 35–70 €, auch Dreibettzimmer. ℡ 22860-23101.

Villa Popi (4), östlich der Durchgangsstraße, an der Taverne Triana wenige Meter den Hang hinab. Michail Alefragkis vermietet 20 Zimmer, die nach griechischen Inseln benannt sind. Gute Ausstattung, alle Zimmer mit Bad, Balkon und Heizung. Bäder schlicht und funktional. TV-Raum neben der Rezeption. DZ ca. 35–60 €. ℡ 22860-23786, 🖷 24745.

Delfini I (24), in derselben Straße wie das Krankenhaus, kürzlich vollständig renoviert. Mehrere DZ für ca. 40–65 €, außerdem Studios und Apartments., jeweils Aircondition und TV. ℡ 22860-22780, 🖷 22371, E-Mail: delphini@san.forthnet.gr

Haroula (39), von Lesern empfohlen, zwei Minuten von der Busstation, sehr ruhig, da in einer Sackgasse. DZ ca. 25–60 €. ℡ 22860-23469.

Summer Time, neue saubere Pension unterhalb vom Hauptplatz, freundlich geführt, vom Gemeinschaftsbalkon Blick zur Ostküste. ℡ 22860-22161.

Santoríni
Karte Seite 470/471

Jᴜɢᴇɴᴅʜᴇʀʙᴇʀɢᴇ/Cᴀᴍᴘɪɴɢ (s. Kᴀʀᴛᴇ auf S. 479)

● *Jugendherberge* **International Hostel Fira (3)**, 1995 eröffnet, historisches Haus bei der kath. Kathedrale, schräg gegenüber vom Museum Megaron Ghizi. Hohe alte Räume, z. T. mit Deckenmalereien, von der Atmosphäre her interessant, aber nicht immer ganz sauber und sanitär mäßig. Snackbar und Bibliothek. Es gibt einen Schlafsaal (ca. 7 €/Pers.), 8-Bettzimmer (ca. 8 €/Pers.), 4-Bettzimmer (ca. 11 €/Pers.) und einige DZ (ca. 15 €/Pers.). ☎ 228960-22387.

● *Camping* **Santorini (20)**, an der nach Osten abfallenden Inselseite, ca. 10 Fußminuten vom Zentrum von Firá (nördlich vom Hauptplatz beschilderter Abzweig von der Straße). Bisher ziemlich durchschnittlicher Platz, Bäumchen noch recht niedrig, Stellplätze deswegen teilweise überdacht. Restaurant, Minimarket und – Attraktion des Platzes – ein Swimmingpool. Sanitäranlagen mäßig, werden in der Hochsaison bisher zu wenig geputzt. Teure Schließfächer können gemietet werden. Im Sommer sehr voll mit Jugendlichen, dröhnende Musik vom Pool bis spät nachts. Leserkritik wegen der Überorganisation des Platzes, vieles ist verboten. ☎ 22860-22944, ☏ 25065, E-Mail: santocam@otenet.gr

Firostefáni

Eigentlicher Tipp für Übernachtung in bzw. bei Firá – weniger Rummel und mindestens genauso schöner Blick über die Caldera. Die Gemeinde Firostefáni liegt etwa 10 Fußminuten nördlich von Firá. Von der Seilbahnstation führt ein Weg immer dicht am Kraterrand entlang, die meisten Hotels und Pensionen liegen daran aneinandergereiht. Oder Sie fahren per Taxi bzw. Bus bis zur Kirche Ágios Gerásimos in Firostefáni, davor große Aussichtsterrasse mit Bänken, links und rechts davon die meisten folgenden Adressen.

● *Kraterrandgasse* **Agali Houses**, A.Kat., direkt am Kraterrand, herrlicher Blick, großer Süßwasserpool mit Liegeterrasse, geräumige Studios und Apartments, jeweils großer Balkon. Studio (2 Pers.) ca. 70–120 €. ☎ 22860-22811, 23397.

Efterpi Villas, C-Kat., am Kraterhang unterhalb der Hauptgasse, 17 Studios und Apartments, teils Höhlenwohnungen, schön und geschmackvoll eingerichtet, jeweils TV, kleiner Pool mit Jacuzzi und Sonnenterrasse. Studio ca. 110–150 €. Internetbuchung. Pauschal über Attika. ☎ 22860-22541, ☏ 22542, www.efterpi.gr

Manos, C-Kat., großzügige Apartmentanlage mit Terrasse und super Blick, sehr sauber, tolles Schlafzimmer (erhöht) mit Strahlern, Vollholzmöbel und sehr geräumig, Zimmerservice. Apartment ca. 70–110 €. ☎/☏ 22860-23202.

Villa Ilias, kleine Anlage am Kraterhang, angenehme Atmosphäre, Blick auf Fira und Caldera, Swimmingpool. Zimmer mit Kaffeemaschine und Kühlschrank. DZ ca. 50–97 €, Internetbuchung möglich. ☎/☏ 22860-22519, www.villailias.gr

Kafieris, C-Kat., zehn kleine Zimmer mit Steinfußboden, älterem Mobiliar und "vulcano view", einfach und sauber. DZ mit Bad ca. 35–60 €, mit Etagendusche günstiger. ☎ 22860-22189.

Galini, C-Kat., älteres, aber gut renoviertes Haus, ganz in hellblau-weiß gehalten, freundliche Besitzer, 8 meist kleine Zimmer, Steinfußboden, helle Kiefernbetten, z. T. auch Balkon, phantastischer Blick. DZ ca. 65–110 €, Frühstück wird angeboten. Vermietet werden auch traditionelle Höhlenhäuser für 2–5 Pers., ca. 90–130 €. ☎ 22860-22095, ☏ 23097, www.galinihotel.gr

Sofia, E-Kat., sehr freundliche Besitzerin Sofia Sigalas, ausgesprochen sauber, Zimmer mit kühlen Steinfliesen und modernen Holzmöbeln, geräumige Bäder. Dachterrasse mit traumhaftem Blick, von den Zimmer z. T. verbaut. DZ ca. 35–60 €. ☎/☏ 22860-22802.

Mylos, E-Kat., gegenüber von Sofia, geführt von Nikoletta Sigalas, acht Zimmer, Steinfußboden, älteres Mobiliar, z. T. mit Du/WC und Balkon. Unten gemütliche Bar – Frühstück mit Piepmätzen. DZ ca. 40–70 €. ☎ 22860-23884.

Sunset (Iliovasilema), E-Kat., neun einfach ausgestattete Zimmer mit Terrasse, sehr freundliches Ehepaar, der herrliche Blick auf die unterhalb gelegene Terrasse und die Caldera diente schon als Postkartenmotiv. DZ ca. 35–70 €. ☎ 0286/23046.

● *Im Ort* **Villa Argonaftes**, am Ortsbeginn von Firostefáni (von Firá kommend an der Verlängerung der Erithrou Stavrou Str.), zu erkennen an seinen Wandmalereien. Das sehr nette Ehepaar Toula und Lefteris vermietet neun DZ und mehrere Studios (mit Küche). Alles sehr sauber, mehrere Sonnenterrassen, allerdings kein Calderablick. DZ ca. 35–60 € (mit Aircondition ca. 70 €). ✆ 22860-22055.

Villa Firostefani, freundlich geführte Pension mit elf sauberen Zimmern an der Straße nach Oía, nachts muss man wegen der Geräusche die Fenster schließen. ✆ 22860-23320.

Villa Fotini, zwischen Villa Firostefani und dem Kraterrand, ruhige Lage, zum Sonnenuntergang beim "To Aktaion" sind es nur wenige Meter. 9 Zimmer mit Aircondition, Balkon und Kühlschrank. Nette Eigentümer, Roomservice. DZ ca. 25–50 €. ✆ 22860-24879.

Imerovígli

Höchstgelegener Ort am Kraterrand (→ Sehenswertes/Nähere Umgebung), sehr ruhig, zu Fuß gut 20 Min. nach Firá. Am Hang zahlreiche neue, komfortable und dementsprechend teure Apartmentanlagen, die vor allem pauschal gebucht werden. Fast immer ist ein Pool mit Kraterblick vorhanden.

Andromeda Villas, A-Kat., an der Caldera im oberen Ortsteil. Etwa 50 Wohneinheiten, weitgehend im Höhlenstil liebevoll terrassenartig in die Calderawand hineingebaut. Unterschiedliche Größe und Ausstattung, vom kleinen Studio über Maisonette bis zur Luxussuite. Alle geschmackvoll eingerichtet, mit kleinen Meeresblick-Balkonen, Küche, Klimaanlage, Telefon, Radio, Sat-TV und Safe. Frühstücksterrasse am Süßwasserpool, 1 x wöch. "Griechischer Abend" mit Livemusik. DZ ca. 120–170 €, Suite ca. 175–240 €. Frühstück ca. 10 € pro Pers. Von Lesern gelobt. Auch pauschal über Attika und TUI. ✆ 22860-24844, 📠 24847, www.andromedavillas.gr

Sunny Villas, A-Kat., neu erbaute Apartmentanlage im traditionellen Stil mit wunderschönem Blick auf den Vulkan. Die freundliche Familie Marinis vermietet 20 individuell gestaltete Studios und Suiten, fast alle im Höhlenstil. Hausherr Spiros spricht Deutsch. In der Außenanlage kleiner Swimmingpool mit Bar. Studio ca. 90–120 €, Suite ca. 115–160 €. ✆ 22860-23142, 23682, www.sunnyvillas.gr

Villa Anatoli, D-Kat., ruhige Lage in einer vom Kraterrand zurückgesetzten Gasse nördlich des Hauptplatzes. Calderablick nur vom Dachgarten. Neun Zimmer in einem zweistöckigen Haus. Bäder sauber und okay, Küche, Balkon, Radio und TV. DZ ca. 40–70 €. ✆ 22860-22178.

Kastro Katerinas (Katerina's Castle), E-Kat., Thomas und Irini vermieten neun Höhlenzimmer am Kraterhang. Einfaches Haus mit nicht sehr großen Zimmern, blitzsaubere Bäder, Aircondition. Bar und Gemeinschaftsterrasse mit Calderablick. DZ ca. 40–70 €. ✆ 22860-23111, 📠 23398.

Essen & Trinken (s. Karte auf S. 479)

Könnte besser sein. Die spektakuläre Lage am Kraterrand und viel Durchgangspublikum scheinen die Wirte zu verführen, an der Qualität zu sparen. Den schönen Blick muss man immer mitbezahlen, Brot wird unaufgefordert serviert und gesondert berechnet – insgesamt Vorsicht vor "Unregelmäßigkeiten". Natürlich gibt es auch gute Restaurants an der Caldera. Im Allgemeinen gilt aber die Faustregel: je weiter von der Promenade, desto besser und günstiger.

Koukoumavlos (38), unterhalb vom Hotel Atlantis. Gilt als eine der besten Tavernen an der Caldera. Romantischer Platz im Innenhof eines traditionellen Hauses, Tische auch in den drei barocken Innenräumen. Moderne, kreative Küche in mediterraner Mischung und jede Saison neue Kreationen: z. B. in Visanto-Soße eingelegte Shrimps mit Pilzen, Seebarschfilet in Retsína-Soße mit Ingwer und Koriander oder Lammfilet in Ca-bernet-Sauvignon-Soße, gute Weinauswahl, gehobener Service, nicht billig. www. koukoumavlos.gr

Archipelagos (30), an der Caldera gegenüber der Mitropolis. Terrasse mit Super-Hangaussichtslage aufs Meer und stilvoll, nicht zu überladen eingerichteter Innenraum im Höhlenstil. Romantische Atmosphäre. Gehobene griechische und mediterrane Küche, z. B. Shrimps-Platte in Oúzo-Soße, Kaninchen, Spaghetti Marinara, Risotto und große Auswahl an Fischsorten

Santoríni — *Karte Seite 470/471*

sowie vegetarischen Gerichten. Tipp sind auch die Mezédes und die Weine aus allen Regionen Griechenlands. Griechische Musik. April bis Oktober.

Seléne (40), vom Hotel Atlantis noch ein Stück Richtung Süden an der Caldéra, ruhige Lage. Terrasse und Innenraum bieten Platz für 300 Gäste. Internationale Küche, aber auch Santoríni-Spezialitäten, z. B. favakeftédes, mit Oktopus gefüllte Auberginen, Fischsuppe, Kaninchen-Stifádo, Schweinefilet, mit gewürfeltem Filet gefüllte Auberginen mit Püree usw. Auch vegetarische Menüs. Reiche Auswahl an hervorragenden Weinen. Luxus-Ambiente und daher das teuerste Lokal an der Caldera. April bis November tägl. ab 19 Uhr. www.selene.gr

The Flame of the Volcano, ruhige Lage am Panoramaweg nach Firostefáni, fantastischer Blick. Vielfältige und fantasievolle Grillküche, z. B. *güwézi*, *stifádo*, *soutzoukákia*, hervorragend die Gerichte im Tontopf. Preislich im Rahmen, dafür sehr kleine Portionen.

Poseidon (35), unterhalb der Busstation. Trotz schön gestaltetem Palmengarten äußerlich nicht besonders einladend, hat aber wirklich gute Küche und ein reichhaltiges Angebot an Fisch- und Fleischgerichten vom Grill. Spezialitäten: *stifádo* vom Kaninchen und Fleisch in Tomatensoße aus dem Ofen. Korrekte Preise. Geöffnet von 8 Uhr bis 1 Uhr nachts.

Nikolas (13), mitten im Zentrum an der Odos Erithrou Stavrou. Galt lange Jahre fast als Kult, doch die Qualität lässt nach. Dennoch füllen sich die Plätze abends innerhalb weniger Minuten, draußen bilden sich Warteschlangen. Teuer, trotzdem immer voll.

Diporto (7), ebenfalls an der Odos Erithrou Stavrou, winziges, günstiges Lokal mit nur wenigen Tischen draußen. Um die Ecke dazugehöriger Imbiss.

Koutouki (9), an einer kleinen Platia an der Hauptstraße Richtung Imerovígli auf der linken Seite. Zahlreiche griechische Spezialitäten, insbesondere vom Grill. Plätze draußen und im Innenraum. Guter, schneller Service und relativ preiswert, Autoverkehr muss man jedoch in Kauf nehmen.

Mama's Cyclades (2), 400 m von der zentralen Platia an der Straße Richtung Oía auf der rechten Seite. Einfache Taverne von einer stark amerikanisierten Griechin geführt. Bisweilen geht es zu wie in einem Highway-Restaurant. Dennoch echte griechische Küche, serviert wird u. a. Lamm von

Grill. Nach hinten ruhiger Garten mit Blick auf die Ostküste. Preise okay.

● *In Firostefáni* **To Aktaion**, kleines Lokal am Kraterrand an der Platia und der Kirche Ágios Gerásimos. Nach Angaben des Wirts die älteste Taverne der Insel, seit 1922 in der Hand der Familie Roussos und seit 1983 von Vangelis in der dritten Generation geführt. Hübsches Kykladenambiente in Blau-Weiß. Die Holzschnitte an den Wänden sind von Vangelis selbst kreierte Kunstwerke. Gemütliche Atmosphäre bei griechischer Musik. Es gibt einige typische Santoríni-Gerichte, z. T. vegetarisch: *favatokefthédes* (mit Fava gefüllte Auberginen) und Käse in Weinblättern, aber auch Hühnchenfilet mit Knoblauch, Shrimps in Oúzo-Soße und Santoríni-Salat (mit Kapern und den Blättern des Kapernstrauchs). Die Portionen fallen laut Leserhinweisen ziemlich klein aus.

Simos, an der Hauptstraße von Firá nach Firostefáni, ca. 300 m unterhalb der Kirche Ágios Gerásimos auf der linken Seite. Wer auf Kraterrandblick verzichten kann und unverfälschte griechische Küche genießen will, ist hier genau richtig. Echte Tavernenatmosphäre, abends oft Livemusik. Freundliche, stets gut gelaunte Kellner servieren viele Spezialitäten griechischer und insbesondere santorinischer Küche. Simos, der Wirt, kocht selbst. Sämtliche angebotenen Vorspeisen werden auf einem großen Tablett den Gästen an den Tisch gebracht.

Romantica, an der Durchgangsstraße von Firá nach Imerovígli auf der rechten Seite (direkt nach einer Abzweigung). Man sitzt innen oder auf einer hübsch aufgemachten Terrasse an der Straße. Familiär geführt, griechische Küche. Der Clou ist aber die live gespielte Bouzouki-Musik, in der Saison tägl. ab ca. 20 Uhr.

Il Cantuccio, kleines, aber feines italienisches Lokal an den Stufen zu Grotto Villas. Plätze im nett aufgemachten Hof oder im Innenraum. Stets gut besucht.

Vallas, Lesertipp, einfache Taverne am Kraterrandweg. Schöner Platz für einen Cocktail zum Sonnenuntergang, netter Wirt.

● *Cafés, Snacks etc.* **Franco's Bar (22)**, seit vielen Jahren die Renommierbar von Firá, die erste, die klassische Musik eingeführt hat, beste und teuerste Cocktails. Ab 12 Uhr mittags offen, man kann gemütlich in Liegestühlen liegen. Neuerdings mit Restaurant.

Just Blue & Orange, Musikcafé oben im Fabrica-Zentrum. Alles in Blau oder Orange gehalten, sogar die Innenwände. Der freundliche Besitzer serviert Frühstück, Crêpes, Sandwichs, kalte Drinks, Cocktails und Kaffee. Tagsüber gemütlich, abends ordentlich was los.

Classico (29), gegenüber Hotel Theoxenía. Mehrere Terrassen mit Caldera-Blick, zum Sonnenuntergang klassische Musik.

Galini, Café-Bar an der Caldera in Firostefáni. Gehört zum gleichnamigen Hotel. Auf gemütlichen Regiestühlen sitzt man auf der Terrasse hoch über der Caldéra und genießt den spektakulären Blick. Schon zur Frühstückszeit geöffnet.

Zafora (6), Terrassencafé bei der Seilbahnstation. Eins der beliebtesten Cafés an der Kraterrandgasse. Herrlicher Blick auf Firá.

Terpsi (8), Musikcafé am Kraterrand, 1994 eröffnet. Internationale und griechische Popmusik auf einer hübschen Hochterrasse. Es gibt Frühstück, Snacks, Drinks und Eis. Geöffnet von 9 Uhr morgens bis 3 Uhr nachts. Besonders beliebt zum Sonnenuntergang. Saftige Preise.

Amethystos (26), in der Hauptgasse Odos Erithrou Stavrou. Café mit leckerer Kuchenauswahl. Kein Kraterblick.

Nachtleben (s. Karte auf S. 479)

Auf Santoríni nicht ganz so ausgeprägt wie auf Íos, Páros und Mýkonos. Discos und Disco-Bars findet man in der zentralen Erithrou Stavrou Str. und im oberen Bereich des Treppenwegs, der zum Alten Hafen hinunterführt (Eintritt meist 3, manchmal 5 € incl. Drink, Nebensaison frei). Fürs ruhigere Vergnügen locken die Terrassen-Bars am Kraterrand. Besondere Santoríni-Spezialität: zum Sonnenuntergang Cocktails schlürfen und klassische Musik hören!

Santoriniá: "Die Frauen von Santoríni"

Unweit des Nomikós-Zentrums (→ Sehenswertes) liegt der Rembétiko-Club Santoriniá (1), 1984 als folkloristisches Bistro von zwei einheimischen Frauen gegründet. Rena Verakou und Kay Connors spielten in dem im Höhlenstil errichteten ehemaligen Weinkeller überwiegend griechische, aber auch deutsche und englische Lieder. 1991 wurde das Lokal geschlossen, da Rena an Krebs erkrankte und kurze Zeit später verstarb. Die Wiedereröffnung als Rembétiko-Lokal erfolgte 1995 unter dem alten Namen. Marina und Kostas Kolias, die heutigen Pächter, übernahmen das Santoriniá 1999. Da griechische Musik eine nach wie vor ungebrochene Renaissance erlebt, ist das Santoriniá heute ein absoluter In-Treff unter den Einheimischen. Ausländer sind natürlich auch herzlich willkommen. Allerdings sollte man daran denken, dass es sich um ein Tanzlokal handelt. Wer Tanzen nicht mag, ist hier falsch. Die Santorinier kommen gerne hierher, um Geburtstage, Namenstage oder Familienfeste zu feiern. Stammbesetzung ist heute eine vierköpfige Männergruppe, die Akkordeon, Gitarre, Bouzoúki und Touberléki (Trommel) spielt und dazu singt. Manchmal kommen Gastmusiker dazu. Das Publikum ist gemischten Alters, für Kinder ist das Santoriniá allerdings nicht geeignet. Es gibt gute Santoríni-Weine, Snacks und Obstteller.

Öffnungszeiten Im Hochsommer tägl., Nebensaison nur Fr, Sa und So, jeweils ab 23 Uhr bis 6.30 Uhr morgens, Sa Einlass nur mit Reservierung (☎ 22860-23777 o. 32065). Eintritt in der Nebensaison ca. 3 € , im Sommer ca. 6 € (incl. Drink).

Canava Music Hall (23), an der Caldera, von der so genannten "Gold-Straße" ein paar Stufen Richtung Hafen Skála, dann die erste Gasse links. Laut Chef Nikos Politis die älteste Bar der Insel, seit 1972 von ihm selbst geführt. Der Name Canava verrät: In der Höhle war früher eine Weinkellerei untergebracht, und im Innenraum sind auch einige Antiquitäten aus der Weinherstellung zu sehen. Ab Sonnenuntergangszeit mit Soft-Music geöffnet, später ab ca. 23 Uhr griechische und internationale Popmusik, ab 2 Uhr nachts richtig was los.

Tropical Bar (19), am Treppenweg links, seit 1981. Der freundliche Barkeeper Nikolas öffnet schon um 11 Uhr vormittags, dann

Santoríni

Karte Seite 470/471

aber als normales Café mit Calderablick. Abends vorwiegend junges Publikum, lockere Atmosphäre, lange Holzbar und kleiner Balkon, laute Popmusik Chefkellnerin Babetta kommt aus Australien.

Kira Thira (15), gemütliche Kneipe mit bunten Bildern, coole Jazzklänge heben sich hier angenehm vom üblichen Discosound ab.

The Two Brothers Bar (25), kleine, schummrig erleuchtete Bar. Das junge Publikum steht an der Theke und trinkt Bier, andere tanzen ausgelassen, während die zwei Brüder hinter der Bar stehen. Internationale Popmusik bis zum Bersten der Lautsprecher.

Trip into the music (16), im Stil zweier aneinander gebauter Höhlen. Vorwiegend junges Publikum, gemischte Musik: Pop, Rap und auch Rock. Kräftig aufgedrehte Boxen und immer was los, besonders beliebt bei skandinavischen Gästen.

Koo Club (12), vielleicht die schönste, sicher jedoch die beliebteste Disko auf der Insel: hohes Tonnengewölbe ganz in Weiß, im Hof große Bar. In-Location, Getränke nicht billig. An Wochenenden machen die jungen Athener die Nacht zum Tag.

Enigma (11), gegenüber dem Koo. Besitzt ebenfalls einen schönen, großen Innenhof. Internationale Popmusik bis zum frühen Morgen.

Studio 33 (10), gleich nach dem Koo Club. Disko mit ausschließlich griechischer Musik. Superstimmung unter den hauptsächlich griechischen Gästen!

Shopping & Kunst

Vor allem an der Kraterrandgasse und am Stufenweg hinunter diverse Möglichkeiten: Teppiche, Keramik, Schmuck, Pelze, meist aus *Kastoriá*, dem Pelzzentrum Nordgriechenlands. An der Kraterrandgasse auch mehrere *Galerien*, in denen ansässige Künstler ihre Werke ausstellen.

Ceramic Art Studio Goulas, Keramikwerkstatt und -galerie neben dem Nomikós-Konferenzzentrum in Firostefáni. Der junge Andreas Alefragkis hat es sich zur Aufgabe gemacht, seinen eigenen Santoríni-Stil zu entwickeln. Hochwertige Ware, alle Stücke garantiert Unikate. Ganzjährig geöffnet.

Ikonenwerkstatt, am Museum Megaron Ghizi. Katharína Ioannidou malt Ikonen aus den traditionellen Ei-Farben und 22-K-Blattgold nach der alten Technik. Ihr Laden ist Workshop und Ausstellung zugleich. Alle Stücke entsprechen dem byzantinischen Stil, sind garantiert echte Handarbeit und zumeist auf Olivenholz gemalt.

Künstleratelier Megaron Ghizi, neben dem Eingang zum Museum befindet sich ein Raum, der für Ausstellungen von Bildern, Fotos und Skulpturen, für Konzerte und Theater sowie als Begegnungszentrum genutzt wird.

Gallery Zoi, an der Kraterrandgasse. Marmoridole, bunt bemalte Vasen, Schmuck.

Michael Betinis, neben dem Eingang zur Seilbahn, große Auswahl an handgemachten Websachen und Stickereien.

Nostos, am oberen Ende der so genannten "Gold-Straße". Sehr gute Auswahl an griechischer und internationaler Musik auf CD und MC, aber auch Souvenirs kykladischer Kunst wie Ikonen, Aquarelle, Instrumente und Puppen.

Fabrica Shopping Center, vor wenigen Jahren zwischen der orthodoxen Mitropolis und der Hauptstraße errichtet. Auf mehreren Ebenen finden sich Läden aller Art, insbesondere jede Menge Souvenir-, Textil- und Keramikshops.

"Palia Fabrica" Art Gallery, neben der orthodoxen Mitrópolis. Der auf Santoríni beheimatete Maler Christoforos Assimis bietet geschmackvolle Aquarelle von Firá und dem Krater, behutsam gestaltet und dezent koloriert, daneben auch hübsche Keramik.

Potnia Thiron, in der Gasse von der National Bank hinauf zum Kraterrand. Dimitris verkauft Naturprodukte, Marmeladen, Kräuter, Gewürze, Nüsse, getrocknetes Brot, Schwämme und regionale Weine.

Neben der Taverne Nikolas ein **Tischler**, der seine Holzsouvenirs noch selber herstellt.

Sehenswertes

Die Gassen zwischen Hauptplatz und Caldera, das eigentliche Zentrum der Stadt, hat man schnell durchbummelt. Danach sollte man aber noch unbedingt ein Stück den Kraterhang hinuntersteigen. Interessant ist auch der Bezirk um

Spaziergang am Kraterrand

die katholische Kathedrale, wo Reste des historischen Zentrums erhalten bzw. wiederaufgebaut sind und natürlich das brandneue Prähistorische Museum.

Zentrum und Kraterrand: Zwischen dem geschäftigen *Hauptplatz* (Platia Theotokopolou) und der Kraterrandgasse liegt das kleine *Basarviertel* mit Obstständen und kleinen Läden (M. Danezi Str. und rechte Seitengassen). Die *Kraterrandgasse* (Ipapantis Str.) mit ihrem akribisch angelegten Kieselsteinpflaster ist die bevorzugte Flanierzeile der Stadt – toller Blick auf das weiße Dächer- und Treppengewirr am Hang und die Caldera tief unten. Zentral, in der Verlängerung der M. Danezi Str., zweigt von der Kraterrandgasse der breite *Stufenweg* zum Alten Hafen ab. Im oberen Teil reiht sich Taverne an Taverne, Souvenirshop an Teppichladen, Bar an Disco, weiter unten gehen die Maultiertreiber ihrem Geschäft nach und transportieren mutige Touristen zur Anlegestelle.

Architektonischer Blickfang im südlichen Bereich der Kraterrandgasse ist die orthodoxe Kathedrale *Mitrópolis* oder *Panagía tou Belonia*. Der prächtige Arkadenbau wurde nach dem Erdbeben von 1956 (das die hier stehende Vorgängerkirche völlig zerstört hatte) ausgesprochen großzügig und modern erbaut, mit seiner hohen Kuppel erinnert er fast an eine islamische Moschee. Beeindruckend ist auch das Innenleben mit riesigem Kristallleuchter und farbenfrohen Fresken des einheimischen Malers *Christoforos Assimis*. Gegenüber der Kathedrale begrenzt das Mäuerchen *Boudi* die Gasse zum Hang hin – besonders zum Sonnenuntergang ein beliebter Platz.

Südlich benachbart steht der große Kasten des *Hotel Atlantis* (→ Übernachten), noch ein paar Schritte weiter folgt der *Bischofspalast*. Richtung Süden erkennt man hier außerhalb von Firá riesige *Bimssteinbrüche*, die in Terrassenform angelegt sind und schwere Wunden in die Landschaft geschlagen haben.

Prähistorisches Museum Thíra: Nach vielen Jahren Planung und Bau wurde das lang erwartete Museum am 26. März 2000 vom griechischen Staatspräsidenten Konstantínos Stephanópoulos und der Kulturministerin Elisábeth Papazói feierlich eröffnet. Es liegt genau gegenüber vom Busbahnhof. Die rund 500 Exponate wurden alle auf Santoríni gefunden und stammen aus dem Neolithikum (Fundstellen: Firá und Akrotíri), dem Frühkykladikum (Firá, Ftéllos, Karageórgis-Steinbrüche bei Ágios Ioánnis am Kávos Alonaki, Akrotíri und Archángelos), dem Mittelkykladikum (Ftéllos, Karageórgis-Steinbrüche, Akrotíri und Steinbrüche von Megalochóri) und dem Spätkykladikum (Ftéllos, Akrotíri, Steinbrüche von Megalochóri und Potamós oberhalb vom Almíra-Strand). Einen Höhepunkt bilden zweifellos die herrlichen *Wandmalereien* aus der verschütteten Stadt Akrotíri im Süden Santorínis, von denen allerdings bisher nur vier im Original zu sehen sind (die "Erwachsenen Frauen", die "Blauen Affen", "Antilopen" und "Blumenmotive"). Später sollen einmal fast alle Bilder hier untergebracht werden, nur das "Frühlingsfresko", die "Boxenden Knaben" und die "Weißen Antilopen" werden im Athener Nationalmuseum verbleiben. Naturgetreue Kopien der Wandmalereien kann man derzeit im Nomikos-Konferenzzentrum betrachten (→ S. 489).

Öffnungszeiten/Preise Di–So 8.30–15 Uhr. Mo und an Feiertagen geschlossen. Eintritt frei.

Káto Firá: der am Kraterhang gelegene Teil Firás, abenteuerlich steil mit zahlreichen Bars und Terrassentavernen, aber auch noch großteils ruhigen Wohnhäusern, wo Touristen nur selten hinfinden.

Unterhalb vom Hotel Atlantis kann man ein Stück den Hang hinuntersteigen bis zur weißen Kapelle *Ágios Minás*. Dort rechts den Odos Agiou Mina parallel zum Kraterrand entlang. Hier trifft man auf die ebenfalls blendend weiße Kirche *Ágios Ioánnis*, zu der auch Stufen vom oben erwähnten Mäuerchen hinunterführen. Mit ihren dunklen Steinkanten unterhalb der Kuppel ist sie eine der fotogensten Kirchen der Insel.

Die Gasse führt weiter, bis man auf den Stufenweg zum Hafen trifft – hier gibt es mehrere Möglichkeiten, z. B. weiter Richtung Norden, bis man über Stufen zur *Seilbahnstation* nah am Zentrum hinaufsteigt. Aber Vorsicht – hier traben die Mulitreiber oft mit ganzen Horden von Tieren zum Alten Hafen hinunter!

Seilbahn: Das alpenerprobte Fabrikat der Firma Doppelmayr aus Vorarlberg wurde Anfang der Achtziger von den beiden Reedern *Loulas* und *Evangelos Nomikos* für die 14 Gemeinden der Insel gestiftet (auch das Hotel Atlantis stammt von ihnen). Die Gewinne, die der Betrieb einspielt, gehen hauptsächlich an karitative Einrichtungen (Waisenhäuser, Altersheime) in ganz Griechenland. Aber auch die Maultiertreiber erhalten einen Teil davon, denn für sie hätte die neue technische Konkurrenz den sicheren Konkurs bedeutet.

Kraterrandweg *(Odos Nomikou)*: berühmtester Weg von Firá, beginnt an der Seilbahnstation und führt immer am Berggrat entlang in die Vororte *Firostefáni* und *Imerovígli*. Unterwegs tolle Kraterpanoramen, nicht auslassen! Nur ein paar Schritte von der Seilbahn ein erster Aussichtspunkt mit Blick auf Firá, ein weiterer mit noch schönerem Stadtblick (Fotografentreff!) folgt nach wenigen Minuten. *Firostefáni* und *Imerovígli* (→ Thíra/Umgebung).

Archäologisches Museum: gegenüber der Seilbahnstation, große Sammlung von Vasen, Amphoren und Terrakotta-Figuren von der Prähistorie bis zu rot- und schwarzfigurigen Stücken der klassischen Antike. Die älteste Keramik stammt von den deutschen und griechischen Ausgrabungen in *Akrotíri*, das meiste aber aus *Alt-Thíra* (siehe dort). An der Seitenfront eine Gedenktafel an den Baron Friedrich Wilhelm Hiller von Gaertringen, der Alt-Thíra Ende des 19. Jh. auf eigene Kosten ausgrub.

Öffnungszeiten/Preise Di–So 8–15 Uhr, Mo geschl. Eintritt ca. 3 €, Stud. mit intern. Stud.-Ausweis die Hälfte.

Katholischer Kirchenbezirk: bei der Seilbahnstation um die Ecke, nah am Kraterrand. Ein schöner überbauter Straßenzug ist noch erhalten. Die kleine Kathedrale *Ágios Ioánnis Baptistís* mit ihrem filigran gestalteten Glockenturm ist 1823 erbaut, wurde beim Erdbeben von 1956 schwer beschädigt, danach jedoch wieder restauriert. Im schlichten Innenraum Bilder von Heiligen und einige Skulpturen. Benachbart das katholische *Katharinenkloster der Dominikanerinnen*, dessen kleine Kirche besichtigt werden kann.

Im selben Komplex auch das *Museum Megaro Ghizi* im ehemaligen Haus der *Ghizi*, einer alteingesessenen venezianischen Familie. Beim Erdbeben wurde das historische Gebäude zerstört, die Ghizi übereigneten es der katholischen Kirche, die es restaurierte und vor kurzem das Museum einrichtete. Bei musikalischer Untermalung vom Band kann man die Sammlung betrachten: Verträge, Urkunden, Testamente und Briefe aus der Geschichte Thíras (16.–19. Jh.), eine sehr interessante Fotodokumentation von Thíra "Before and after the earthquake 1956", schöne alte Stiche von der Vulkaninsel und eine weniger lohnende Gemäldesammlung bekannter griechischer Maler.

Öffnungszeiten/Preise **Kirche der Dominikanerinnen**, 9–13, 16.30–20 Uhr. **Museum Megaro Ghizi**, Mo–Sa 10.30–13.30 Uhr, 17–20 Uhr, So 10.30–16.30 Uhr. Eintritt ca. 2,50 €, ermäß. ca. 1 €.

Petros M. Nomikós Konferenzzentrum: ein Stück nördlich vom Kirchenbezirk (zu erreichen über den Odos Agiou Ioannou), besonders sorgsam restauriertes klassizistisches Gebäude mit herrlichem Calderablick. Die hier ansässige "Thíra-Stiftung" hat es sich zur Aufgabe gemacht, die kulturelle Entwicklung Thíras zu fördern, gesponsert werden u. a. geologische und archäologische Forschungen. Großes Highlight sind aber die originalgetreuen Kopien aller 40 bisher restaurierten *Fresken aus Akrotíri* (→ S. 533), die nach komplizierten vermessungstechnischen Verfahren hergestellt wurden, können hier betrachtet werden.

Öffnungszeiten/Preise Mai bis Okt. Di–So 17–21 Uhr, Mo geschl. Eintritt ca. 3 €, ermäß. Die Hälfte.

> **Santoríni Musik Festival**: alljährlich im September im Nomikós Konferenzzentrum, bekannte griechische und internationale Künstler sind zu hören, Programm in den Reiseagenturen auf Thíra.

Folklore-Museum: Das vor noch nicht allzu langer Zeit eröffnete Folklore-Museum liegt im Ort *Kontochóri*, der aber längst mit Firá und Firostefáni zusammengewachsen ist. Man folgt der unterhalb des Busbahnhofs verlaufenden breiten Straße Richtung Oía (vorbei am Hotel Lignós). Von hier aus befindet

Karte Seite 470/471

Santoríni

sich das Museum nach ca. 500 m auf der rechten Seite leicht unterhalb der Straße. Emmanouil Lignos hat seine auf der ganzen Insel zusammengetragenen Stücke nun in dieser Privatsammlung der Öffentlichkeit zugänglich gemacht, darunter die Einrichtung einer traditionellen *Höhlenwohnung*, eine ehemalige *Schmiede-, Tischler-* und *Schusterwerkstatt* sowie eine *Bibliothek* mit sämtlichen verfügbaren Druckerzeugnissen über Santoríni und eine kleine *Gemäldegalerie* mit ausschließlich santorinischen Motiven in Öl, Kreide, Bleistift oder Aquarell von diversen griechischen Künstlern. Im Hof des Museums steht eine Kirche, die Ágios Konstantínos und Agía Eléni geweiht ist.

Öffnungszeiten: März bis Oktober tägl. 18–20 Uhr. Eintritt frei.

Maultiertreiber

Sobald ein Kreuzfahrtschiff im Alten Hafen festmacht, ist der Teufel los – Dutzende und Aberdutzende von Tieren werden im Eiltempo den Serpentinenweg hinuntergetrieben. Die Treiber bedrängen die ausgebooteten Passagiere hart, für umgerechnet etwa 3 € zum Kraterrand hinaufzureiten. So mancher nimmt das Angebot an, und schon geht's im Laufschritt über die schlüpfrigen Stufen bergan. Wenn man dabei ein junges Tier erwischt, wird der Trab zum Abenteuer: Schwitzend und fluchend umklammert der Treiber mit aller Kraft die Zügel des ungebändigten Jungtiers – doch dieses, verängstigt und wütend wie es ist, kümmert sich meist wenig darum. Überhaupt bedeutet das stundenlange Rauf und Runter mit den teils schweren Lasten für die Tiere eine erhebliche Schinderei. So mancher Urlauber verzichtet deshalb auf das "romantische" Erlebnis und fährt mit der Seilbahn.

Alter Hafen *(Skála)*: liegt tief unter Firá, hier starten sämtliche Bootsausflüge (→ Adressen/Ausflüge), und auch die zahlreichen Kreuzfahrttouristen werden hier an Land gebracht. Der Abstieg *zu Fuß* ab Kraterrandgasse ist nur bedingt zu empfehlen – der geräumige Treppenweg mit seinen 587 breiten Stufen ist mit Maultierdreck arg verschmutzt, zudem traben immer wieder ganze Horden von Mulis vorbei. Wenn man den Ab- bzw. Aufritt *per Muli* wählt, sollte man möglichst wenig bei sich tragen und sich gut festhalten! Wer's bequem will, nimmt die *Seilbahn*.

Viel ist hier unten nicht zu sehen. Die Häuser sind zum großen Teil in den Fels getrieben, rechter Hand liegen vom Meerwasser ausgehöhlte Grotten, darüber ragt das vielfarbige Gestein der Kraterwand empor. Das im 13. Jh. erbaute *Kastell* der katholischen Delenda-Familie, vorne an der rechten Seite, wurde im Zweiten Weltkrieg von den italienischen Besatzern als Quartier benutzt. Das Wasser in der Caldera ist übrigens extrem tief – der Kraterhang fällt unter dem Meeresspiegel noch mehrere hundert Meter steil ab! Schiffe können hier nicht ankern und werden an großen Bojen festgemacht.

Firá/Nähere Umgebung

Südlich von Firá liegen die großen Bimssteinbrüche der Insel, *Balades* genannt. Richtung Norden, den schon erwähnten Kraterrandweg entlang, kommt man in die Dörfer Firostefáni und Imerovígli. Gegenüber dem Trubel in Firá breitet sich hier noch wohltuende Ruhe aus – herrliche Kraterpanoramen im Zusammenklang mit bildschöner Kykladenarchitektur.

Firostefáni

Schmuckstück mit blendend weißen Häusern den Hang hinuntergewürfelt, friedvolle Atmosphäre nur wenige Schritte von der Straße nach Oía.

Gleich am Ortsanfang verlockende Aussichtsterrasse mit Bänken, abends Treffpunkt der Dorfbewohner. Dahinter die große Dorfkirche *Ágios Gerásimos* mit üppigen Zypressen und die gemütliche, ganz in blau-weiß gehaltene Taverne "To Aktaion" von Georgios Roussos, ein wunderschönes Plätzchen, um eine Kleinigkeit zu essen (→ Firá/Essen).

Imerovígli

Am höchsten Punkt des Kraterrands gelegen, noch Mitte der Achtziger vom Tourismus völlig verschont, bietet inzwischen auch hier bereits jedes zweite Haus "Rooms", "Apartments" oder "Villas".

Im Mittelalter und zu venezianischer Zeit war Imerovígli bzw. der vorgelagerte Berg Skáros einer der wichtigsten Inselorte – Piraten machten damals ständig die Ägäis unsicher, und von hier hatte man einen optimalen Überblick über die gesamte Caldera. Als die Piratengefahr weitgehend vorüber war und zudem Ende des 18. Jh. Bergrutsche und Risse im Gestein das Wohnen zusehends gefährlicher machten, errichtete man an einer deutlich niedrigeren Stelle Firá, die heutige Hauptstadt.

Moní Ágios Nikólaos, das einzige orthodoxe Frauenkloster der Insel, steht am Ortseingang von Imerovígli. Einige wenige Nonnen wohnen noch in dem einfachen, festungsartigen Bau mit seinen dicken Mauern. Besucher werden höflich, aber distanziert empfangen ("ring the bell"), in der Klosterkirche sind zwei prächtige Ikonostasen zu bewundern. Um das Kloster noch alte Bruchsteinruinen vom Erdbeben im Jahr 1956. Tipp für einen Sonnenuntergang ist das schöne, aber teure Lokal "Blue Note" in Superaussichtslage über dem Skáros-Felsen. Besonders gut isst man in der "Imerovigli Taverna" mit Calderablick und Santoríni-Weinen vom Fass.

Öffnungszeiten **Ágios Nikólaos**, 8–12.30 Uhr, 16–19 Uhr, Mi u. Fr geschl. Unsere Spende wurde freundlich abgelehnt.

▸ **Skáros**: markanter, steil aufragender Felsklotz direkt vor Imerovígli am Kraterrand. Hier hatten die Venezianer Anfang des 13. Jh. ihre größte Inselfestung *Kástro* errichtet, in deren Schatten sich die Häuser der Siedlung klammerten. Erhalten ist davon praktisch nichts mehr.

Eine gut ausgebaute Treppe führt von der Terrasse bei der hübschen Kapelle *Ágios Geórgios* den Hang hinunter und über einen Sattel hinüber auf den Skáros. Unterwegs liegen vom Erdbeben zerstörte Gebäudereste verstreut (beispielsweise am Sattel, der Apsis nach zu schließen, eine ehemalige Kapelle). Wenn man den Felsen auf schmalen Wegen umrundet, trifft man ganz unvermutet auf die wunderschön gelegene Kirche *Theosképasti*. Das Gipfelplateau kann nur mittels einer kleinen Klettertour über eine Ruine erklommen werden, toller Blick die wilde Küstenlinie entlang – Richtung Süden erkennt man Firá, im Anschluss daran große Bimssteinbrüche im Kraterhang, dahinter erhebt sich der Profítis Ilías.

Firá/Weitere Umgebung

Der Inselhang gleitet von Firá sanft zur Ostküste ab. Die Orte sind hier nur partiell sehenswert, auch die Bademöglichkeiten an der Ostküste zeigen sich nicht sonderlich attraktiv.

▸ **Kartérados**: Eine Stichstraße führt in das kleine Dorf mit einigen markanten Kirchen, wenige Kilometer südöstlich von Firá. Ein Teil des Ortes liegt in einer Schlucht, es gibt zahlreiche Höhlenwohnungen. Kartérados besitzt einige Hotels und wird oft als Ausweichquartier für Firá benutzt, wenn die dortigen Unterkünfte belegt sind, ist allerdings bezüglich Panorama und Ambiente nicht sonderlich aufregend. Zu Fuß läuft man nach Firá etwa 15 Min., der Bus fährt 3 Minuten. Über eine Asphaltstraße kommt man zum schwarzen Strand *Éxo Gialós* an der Ostküste, einsam, saisonal verdreckt, im Sommer hat eine gute Fischtaverne geöffnet.

● *Übernachten* **George**, hübsche, sehr saubere Pension, geführt von Georgios Halarsi und seiner englischen Frau Helen, beide freundlich und hilfsbereit. Kleiner, gepflegter Garten mit Blumen und Kakteen, sehr ruhige Lage. DZ ca. 25–60 €. ✆ 22860-22351.

Villa Margarita, das freundliche Ehepaar Margarita und Spiros Halari vermietet 12 geräumige DZ in einem zweistöckigen Haus. Nett eingerichtet, sehr sauber, tägliche Reinigung. Spiros gibt gerne mal einen selbst gemachten Wein aus. DZ ca. 25–60 €. ✆ 22860-24485.

▸ **Messariá**: Zwischenstopp am Weg nach Kamári. Auf den ersten Blick nur eine Kreuzung mit diversen Tavernen, großem Supermarkt, Souvenirshops etc. Aber nur wenige Schritte oberhalb der Kreuzung liegt der historische Kern des Orts – ein ehemaliges Domizil reicher Reeder und Kapitäne, über hundert Jahre lang auch Standort einer Weinkellerei. Mehrere *Herrenhäuser* aus dem 19. Jh. sind noch erhalten, eines wurde vollständig restauriert und kann besichtigt werden.

Archóntiko Argýrou: Herrenhaus in Messariá

In der zweiten Hälfte des 19. Jh. ließ sich der begüterte Weinhändler *Georgios Argiros* in Messariá ein komfortables Anwesen errichten: 1860 erbaute man zunächst einen eingeschossigen Bau in traditioneller santorinischer Art aus Lavagestein, 1888 wurde ein Stockwerk im prächtigen Stil des Klassizismus obenauf gesetzt. Das Untergeschoss nutzte man für Gesindewohnung, Stallungen und Lagerung der Weinvorräte, darüber richtete Argiros die Privatwohnung für sich und seine Familie ein. Seine weitreichenden Handelsbeziehungen ermöglichten ihm die luxuriöse Ausstattung der Villa, im Tausch gegen Wein erwarb er wertvolles Mobiliar aus Österreich, Deutschland, Frankreich und Russland. Farbige Gemälde und Ornamente zierten die Decken und Wände, Parkettböden sorgten für Behaglichkeit.

Das heftige Erdbeben von 1956 beschädigte das Gebäude schwer, danach stand es über 30 Jahre lang leer. Unter Kulturministerin Melina Merkouri wurde in den Achtzigern der Entschluss gefasst, das wertvolle Baudenkmal umfassend zu restaurieren. Die Arbeiten wurden 1992 abgeschlossen, seitdem steht es zur Besichtigung offen. Frau Angela Argirou, eine Nachkommin des Erbauers, geleitet interessierte Besucher in einer umfassenden Führung durch das gesamte Haus. In den weitgehend original ausgestatteten Wohnräumen erhält man einen anschaulichen Eindruck vom Lebensstandard eines begüterten Landbesitzers im 19. Jh., Frau Argirous Erklärungen in englischer Sprache bringen manch interessantes Detail zutage.

● *Führungen* April bis Oktober, tägl. 10–14 Uhr, 17–19 Uhr, ca. 3,50 €.

● *Unterkunft* Das Untergeschoss des Anwesens wurde vollständig zu Apartments und Doppelzimmern der A-Kat. umgebaut. Sie sind im historischen Stil eingerichtet und alle verschieden. DZ ca. 50–65 €, Apartment je nach Größe und Saison ca. 60–140 €.

● *Adresse* Messariá, GR-84700 Santoríni, ℡ 22860-31669, 🖷 33064, E-Mail: archotikoargyrou@hotmail.com. Das Haus steht etwa 200 m oberhalb der zentralen Kreuzung. Winteradresse: Aphroditis Str. 2, GR-10558 Athen, ℡ 01/3223100, 🖷 3216855.

▶ **Monólithos**: dunkler Sandstrand unmittelbar beim Flugplatz, benannt nach dem markanten Felsklotz (nichtvulkanisches Gestein) mit der weißen Kapelle Ágios Ioánnis direkt neben der Landebahn. Hier stehen noch einige der alten *Tomatenfabriken*, in denen die kleinen festen Inseltomaten zu Mark und Saft verarbeitet wurden. Die Produktion ist jedoch mittlerweile fast völlig eingestellt, nur noch eine Fabrik ist saisonweise in Betrieb. Die alte Hafenanlage, von der man die fertigen Produkte aufs Festland transportieren wollte, ist heute versandet. Reste einer Mole sind noch erhalten, in ihrem Schutz liegt der Strand mit einer Handvoll Tamarisken, in der Nachbarschaft ein bescheidener Fischerhafen. Sonnenschirme und Liegestühle werden verliehen, es gibt einige Unterkünfte, Tavernen und Cafés.

Vor wenigen Jahren wurde die Straße hinter dem Flughafen bis Kamári durchgehend asphaltiert, was Hotel- und Tavernenansiedlungen am Strand ermöglicht hat. Auch heute wird hier noch immer viel gebaut. Nach Norden führt

Santoríni

Karte Seite 470/471

eine zusehend schmäler werdende Piste an bizarren Bimssteinformationen entlang bis zum Strand *Éxo Gialós* unterhalb von Karterádos.

● *Übernachten* **Memories Beach**, C-Kat., am Busstopp, nur durch die kaum befahrene Straße vom Strand getrennt. Hell eingerichtetes Haus mit schönen Zimmern und Balkonen direkt aufs Meer. DZ ca. 35–60 €, incl. Frühstück auf der Terrasse mit Meerblick. Pauschal über Attika. ✆ 22860-31918, ✆ 33436.

● *Essen & Trinken* **Skaramangas**, beliebteste Fischtaverne am Ort, seit langem in Familienhand. Vater fischt, Mutter kocht und die gut Englisch sprechende Tochter Irini bewirtet die Gäste. Man sitzt angenehm unter einem Schilfrohrdach, nur wenige Meter vom Strand entfernt.

Ausflüge mit dem Schiff

Hübsche Abwechslung zum Thíra-Alltag, allein ist man dabei allerdings nicht. Angefahren werden die Inseln in der Caldera – die Lavainsel Néa Kaméni und die heißen Quellen von Paléa Kaméni (Badehose mitnehmen!), außerdem die große, als einzige bewohnte Insel Thirassía.

Buchen kann man in allen Reiseagenturen auf Thíra, Abfahrt mit kleinen, soliden Ausflugsbooten vom *Alten Hafen Skála* unterhalb von Firá, auch in Oía werden diese Fahrten angeboten.

▶ **Néa Kaméni**: schwarz wie Pech, eine erstarrte urweltliche Formenwelt. Spaziergang durch Steinwüsten und zwischen Kraterlöchern. Zum größten Krater läuft man etwa 20 Min., meist in Begleitung hunderter anderer, denn nicht selten liegt ein halbes Dutzend Boote gleichzeitig vor Anker. Oben steigt etwas stechender Schwefeldampf auf, der auf den Felsen einen grünlich-gelben Niederschlag bildet. Graffiti aus aller Herren Länder "zieren" die dunklen Lavabrocken an der Anlegestelle.

▶ **Heiße Quellen**: in einer Bucht an der Nordwestseite von *Paléa Kaméni*. Wenn man ehrlich ist, sind sie eigentlich eher lauwarm. Kurzer Badeaufenthalt – man steigt direkt vom Boot ins tiefbraune, eisen- und schwefelhaltige Wasser, das schnell die Badehose einfärbt.

Thirassía

Die kleinere Schwesterinsel von Thíra liegt einsam am Rand des Archipels. Geologisch besitzt sie denselben Aufbau und fast haargenau dasselbe Erscheinungsbild – der Hauptort Manólas (auch: Thirassía) zieht sich in 175 m Höhe als ein weißes Band auf der Abbruchkante entlang. Gerade noch 350 Bewohner leben ständig auf Thirassía. Angebaut werden Futtermittel, Gemüse und etwas Wein. Der Tourismus ist kaum entwickelt.

Die Ausflugsschiffe steuern entweder den Hafen Córfos unterhalb von Manólas oder Ríva in der Míllo-Bucht an. Falls man in ersterem Hafen abgesetzt wird, kann man vom Anleger (Kiesstrand und einige Tavernen) einen Treppenweg hinaufsteigen oder per Muli reiten. Oben zum Verschnaufen Terrassentaverne mit tollem Blick rüber nach Thíra. Der Ort zeigt sich ausgesprochen hübsch und sehr ursprünglich mit vielen frisch gekalkten und bunt bemalten Würfelhäusern, immer wieder genießt man weite Ausblicke. Die Hauptgasse zieht sich den Kraterrand entlang. Da es keine Wasserversorgung gibt, sind überall Zisternen vor der Tür, auf vielen Anwesen Ziehbrunnen. Die meisten Häuser werden nur noch im Sommer als Ferienwohnungen genutzt.

Auf Thirassía: Aufritt vom Anleger nach Manólas

● *Verbindungen* Neben **Ausflugsbooten** von Skála, Athiniós und Oía gibt es auch ein reguläres **Fährschiff** (F/B Nissos Thirassia), das etwa 2–3 x tägl. von Skála und Athiniós aus hinüberfährt und auch im Winter die Verbindung aufrecht erhält. Außerdem legen 1–2 x wöch. die großen Autofähren von und nach Piräus im Hafen Ríva an. Es gibt eine Handvoll Autos auf Thirassía, darunter zwei Taxis und einen Bus. Die Busfahrt von Ríva nach Manolás kostet ca. 0,80 €, der Aufritt per Muli von Córfos ca. 3 €.

● *Übernachten* **Cavo Mare**, B-Kat., das einzige Hotel der Insel, 20 Zimmer, auf vier Häuser verteilt, im Innenhof ein Pool. Wer in der hauseigenen Taverne isst, kann den Pool kostenlos nutzen. DZ ca. 35–50 €. ✆ 22860-29121, ✆ 29176.

Außerdem gibt es eine Handvoll Privatzimmer, die von Tavernenwirten und Besitzern der Lebensmittelläden vermietet werden.

● *Essen & Trinken* An der Hauptgasse gibt es einige wenige einfache Kafenia und Tavernen, z. B. **Panorama** mit Superblick auf Santoríni und die gesamte Caldera und **Cadouni** mit Aussichtsterrasse im Obergeschoss. Geöffnet sind sie alle nur, wenn Ausflugsboote angekommen sind.

▸ **Ziele auf der Insel:** Von Manólas kann man in etwa 15 Min. hinunterlaufen nach *Potamós* am ausgleitenden Hang Richtung Westen – ein Ort mit drei Kirchen und nicht so verwinkelt wie Manólas. Eine Piste führt weiter zum Hafenort *Ríva* im äußersten Norden von Thirassía. Dort steht die Kapelle *Agía Irini* – laut Legende ist sie verantwortlich für den Namen Santoríni (Agía Irini = Santa Irini). Im Gedenken an die Namenspatronin findet hier am 5. Mai das größte Inselfest statt. In der nahen *Míllo-Bucht* liegt der einzige Badestrand der Insel, hauptsächlich Kies. Derzeit entsteht eine Siedlung, und im Sommer ist eine Taverne geöffnet. Am *Kap Tíno*, ebenfalls nördlich von Manólas, sieht man eine Verladerampe aus roten Backsteinen am Meer.

An der einsamen äußersten Südspitze, am *Kap Tripití* (228 m), steht das verlassene *Kloster Kímissi tis Theotókou*. Der lohnenswerte Ausflug dauert knapp 60 Min., es geht teils am Kraterrand entlang, dabei hat man herrliche

Ausblicke auf die Caldera. Man kommt am Friedhof und der Kirche *Ágios Charálambos* vorbei, südlich davon steht die Ruine einer Windmühle. Die Klosterkirche stammt von 1872, gegenüber vom Eingang gibt es einen Ziehbrunnen mit Trinkwasser, die Pilgerzellen werden noch heute für Feste genutzt.

Inselnorden

Die einzigen größeren Ortschaften sind Oía und das kurz davor liegende Finikiá – von Firá zu erreichen auf schmaler asphaltierter Höhenstraße mit Superblick tief hinunter zur Ostküste. Busse pendeln ständig hin und her.

Schöne Alternative zur Busfahrt sind die Wanderung über Firostefáni und Imerovígli entlang des Kraterrands und die Fahrt per Mietfahrzeug auf der neu asphaltierten Straße entlang der Ostküste über Porí und Voúrvoulos, wo auch einige Strände liegen (→ S. 504).

Oía

Der frühere Seefahrerort wurde an der äußersten Nordspitze auf den Kraterrand und tief den Hang hinunter gebaut. Faszinierendes Labyrinth aus Treppengässchen, Flachhäusern, Runddächern und Kirchenkuppeln, dazwischen sind alte Höhlenwohnungen in den weichen Bims gegraben. Wenig sichtbar Modernes stört die Szene – obwohl die meisten Häuser kaum älter als dreißig Jahre sind. Traumhafte Kykladenidylle, Postkartenmotive an jeder Ecke, am Lóntza-Kastell allabendlicher Auftrieb der Sunset-Fotografen.

Nur eine Minute, so lange dauerte das verheerende Erdbeben am frühen Morgen des 9. Juli 1956 – und Oía war ein Trümmerhaufen! Vieles hat man wieder aufgebaut und geschmackvoll restauriert, doch zwischen den Häusern sieht man noch immer einige Ruinen. Vor dem Erdbeben hatte Oía mehr als 8000 Bewohner. Viele sind nach Athen gegangen oder ins Ausland. Die Stadt war eines der großen Wirtschaftszentren von Santoríni. Mehr als vier Fünftel der Männer fuhren zur See und brachten ihrer Heimat einen gewissen Wohlstand. Reiche Schiffseigner und Kapitäne haben einst die klassizistischen Gebäude oben auf den Klippen errichtet. Wo heute im Hafen ein paar bunte Kaikis auf dem Wasser schaukeln, waren damals weit mehr als 100 Schiffe vorhanden.

Doch der Reichtum ist für die Hiergebliebenen inzwischen wieder zurückgekehrt – in Form des Tourismus. Die Grundstückspreise haben unterdessen Münchner Niveau erreicht. Wer ein Hotel an der Caldera besitzt, ist lebenslang saniert (zumindest aber bis zum nächsten Erdbeben). Außer dem Geschäft mit den Fremden und etwas Weinanbau gibt es keine anderen Erwerbsquellen. Wasser muss per Tankwagen von den Quellen bei Baxédes, Monólithos und Kamári geholt werden. Heute leben wieder etwa 500 Menschen ganzjährig in Oía, im Sommer gut das Zehnfache. Viele Künstler und Kunsthandwerker haben sich niedergelassen, diverse Galerien liegen an der schmucken, hübsch in Marmor gepflasterten Hauptgasse, die 140 m über dem Meer parallel zum Kraterrand verläuft. Der museale und artifizielle Charakter des Städtchens wird von seinen geschäftstüchtigen Bewohnern wirksam unterstrichen – aus jeder zweiten Tür ertönt klassische, meditative oder besinnliche Musik, die Düfte von Räucherstäbchen und orientalischen Parfüms hängen in der Luft. Mit seiner ruhigen und gediegenen Atmosphäre gilt Oía als idealer Urlaubsort für frisch Verliebte und Hochzeitspaare. Tipp für Romantiker: Weltberühmt ist der Sonnenuntergang von Oía – am schönsten vorne am zerstörten *Lontza-Kastell*, dort hat man auch den besten Blick auf den ganzen Ort.

Höhlenwohnungen und Tonnengewölbe

Auf Santoríni fehlen die meisten herkömmlichen Baumaterialien wie Holz oder Ton (Ziegel), auch Wasser ist Mangelware. Dagegen besteht ein Großteil der Oberfläche von Santoríni aus weichen *Bimssteinschichten*, die leicht zu bearbeiten sind. Außerdem ist die dominierende Landschaftsform der Steilhang, an dem Häuser nur mit großen Schwierigkeiten zu errichten sind. Als naheliegende Konsequenz grub man seine Wohnung in den weichen Tuff. Überall auf Santoríni gibt es diese traditionellen *Höhlenwohnungen* mit lang gestreckten Innenräumen und gewölbten Decken. Vor allem die einfache Inselbevölkerung lebte früher fast ausschließlich in Wohnhöhlen, denn nur die Wohlhabenden konnten sich "richtige" Häuser aus oft importiertem Baumaterial leisten (eine weitere, sehr verbreitete Bauform war das Mauern aus Lavabruchstein, der durch den reichlich vorhandenen Bimsmörtel zusammengehalten wurde). Das Wohnen im Berg hat durchaus Vorteile: Höhlenwohnungen sind nämlich erstens *windgeschützt* (wichtig auf Santoríni), außerdem relativ *erdbebensicher* (beim Erdbeben von 1956 waren es fast nur solche Wohnungen, die nicht einstürzten!). Zudem besitzt der grobporige Bims hervorragende *Isolationseigenschaften* – im Sommer wird die brütende Hitze abgehalten und es herrscht angenehme Kühle im Inneren, im Winter bleiben die Räume wohltuend warm. Auch die vorherrschende Form des *Tonnengewölbes* hat vor allem statische Ursachen – sie gilt ebenfalls als relativ erdbebensicher und wurde deshalb auch bei den meisten überirdisch angelegten Häusern übernommen. Die traditionellen Gewölbe bestanden jedoch aus mehreren Steinplatten, die in der Mitte zusammenstießen. Neuere Bauten kopieren das ursprüngliche Tonnendach nur, indem sie die ganze Decke aus Zement anfertigen.

Information/Verbindungen/Shopping

• *Information* **EOT** (griechisches Fremdenverkehrsamt), Büro an der langen gepflasterten Hauptgasse am Kraterrand (Odos Nikolaou Nomikou), freundliche Auskünfte, deren Qualität aber davon abhängt, wer gerade hinter dem Tresen sitzt, Englischkenntnisse. ℡ 22860-71234.
Karvounis Tours, an der Kraterrandgasse. Markos, der das Geschäft von seinem Vater übernommen hat, ist in Oía aufgewachsen – er weiß bestens über alles Bescheid. ℡ 22860-71290, ✆ 71291.

• *Verbindungen* in der Saison mindestens jede Dreiviertelstunde **Linienbusse** von und nach Firá, trotzdem sind die Busse überfüllt (besonders eng wird es nach dem Sonnenuntergang in Oía, denn dann wollen oft gut hundert Leute und mehr gleichzeitig in den Bus nach Firá). Beeindruckende Fahrt auf enger Straße, schöner Blick tief hinunter auf die Ostküste. Außerdem gehen **Badebusse** zum nahen Baxédes-Strand, auch Paradise genannt (→ Baden). **Taxi** von Firá nach Oía kostet ca. 13 €.

Santoríni

Karte Seite 470/471

Der kleine Hafen **Arméni** ist von Oía über einen langen Treppenweg ab der Hauptgasse zu erreichen (Beschilderung Arméni Beach). Hier starten die Ausflugsboote in die Caldera (Néa Kaméni, Paléa Kaméni und Thirassía).

Übernachten

In Oía gibt es hauptsächlich gediegene Unterkünfte in Höhlenwohnungen und traditionellen Inselhäusern am Kraterhang – meist 1- oder 2-Zimmer-Apartments inkl. Küche bzw. Kochnische. Zwar herrlicher Blick auf die Caldera, eigene Terrasse, Pool etc., dafür in der Regel extrem hohes Preisniveau und keine tageweise Vermietung.

• *Höhlenwohnungen* **Oia Village**, A-Kat., im Ostteil von Oía (Nähe Ortseingang), halbkreisförmig an den Kraterhang gebaut. Nina Keller-Roditis aus München vermietet 23 gut ausgestattete Höhlenwohnungen bzw. -häuser (2- bis 5-Bett) mit Bad, Klimaanlage, TV, Fön, Teak-Möbeln, Steinfundamentbetten und Küche oder Küchenzeile. Verwinkelte Höhlengestaltung, jedes Studio hat seinen eigenen Stil. Seit einigen Jahren gibt es in der Anlage einen Meerwasserpool mit Jacuzzi, Bar und Liegeterrasse. 2-Pers.-Haus ca. 140–180 €, für 4 Personen ca. 210–250 €. Frühstück à la carte oder "biologisch" pro Pers. ca. 10 €. Pauschal über TUI. ✆ 22860-71114, 🖷 71436, www.oiavillagehotel.com. Winteradresse: Hiltensperger Str. 42, D-80796 München, 089/3081205.

Chelidonia, B-Kat., 9 traditionelle Höhlenwohnungen in herrlich exponierter Lage am Kraterhang im Zentrum des Orts. Die Österreicherin Erika Möchel und ihr griechischer Ehemann Triantafyllos Pitsikalis vermieten sehr große, 2002 vollständig renovierte und gut ausgestattete Höhlenwohnungen (teils mit antiken Möbeln). Steinfundamentbetten, voll ausgestattete Küchen, alle mit Calderablick-Balkon. Riesige Bäder, weiß gefliest, alles tipptopp sauber. Unterschiedliche Wohnungen für 2–3 Personen, Studio ca. 106–115 €, 2-Pers.-Höhle ca. 110–160 €. ✆ 22860-71287, 🖷 71649. www.chelidonia.com

Ikies Traditional Houses, A-Kat., am Karterrand am östlichen Ortsrand. Vermietet werden zehn traditionelle Häuser mit privater Atmosphäre im alten Inselstil. Geschmackvolle Einrichtung nach bestimmten Themen: z. B. Fischer-, Kapitäns- oder Winzer-Haus, teils mit Wandmalereien. Alle mit Bad, Küche, Wohnzimmer, Klimaanlage, Sat-TV, Telefon und Calderablick-Veranda. Internet-Anschluss in der Rezeption. Frühstück wird auf Wunsch auf der eigenen Veranda serviert. Pool mit Sonnenterrasse in der Anlage. Herrlicher Blick auf Oía, dessen Zentrum 8 Fußminuten entfernt liegt. Transfer zum Hafen und Flughafen. Preis ca. 150–

250 € incl. Frühstück. Internetbuchung. ✆ 22860-71311, 🖷 22860-71953, www.ikies.com

Canaves Oia I & II, A-Kat., zwei geschmackvolle und durchdacht angelegte Apartmentanlagen mit 14 traditionellen Höhlenwohnungen, die modernisiert und erweitert wurden. Sehr schöne, kühle Fliesenböden, z. T. historisches Mobiliar und Betten mit Steinfundament. Vor den verschieden großen Wohnungen für 2–5 Pers. jeweils Terrasse mit Sonnenschirmen und Sitzmöbeln. Apartment mit Frühstück ca. 260 € aufwärts. Auch pauschal über Attika und TUI zu buchen. ✆ 22860-71453, 🖷 71195, www.canaves.gr

Filotera Village, A-Kat., hübsche Anlage am Kraterrand. Maria Xagorari und ihre gut Englisch sprechende Tochter Spiridoula vermieten 2 Apartments und 3 Studios im Höhlenstil. Alle mit Bad, Balkon, kleiner Küche und Telefon, Steinfundamentbetten mit Baldachin. Die Zimmer sind nicht übermäßig groß, aber hell in Weiß gehalten. Studio ca. 55–70 €, Apartment ca. 75–90 €. ✆ 22860-71110, 🖷 71555.

Filotera Studios, A-Kat., dieselbe Besitzerin wie bei den gleichnamigen Höhlenwohnungen. Die 10 Studios liegen nördlich der Kraterrandgasse ein Stück ortseinwärts und haben keinen Calderablick. Zimmer von durchschnittlicher Größe, alle mit Bad, Balkon, Küche und Telefon. Täglicher Zimmerservice, alles sehr gepflegt. Studio ca. 35–60 €. ✆ 22860-71110, 🖷 71555.

Golden SunSet Villas, A-Kat., Höhlenwohnungen, Apartments und Studios gegenüber der Windmühle im Nordwesten der Stadt. Alle recht großzügig gehalten und ausgestattet, Meeresblickbalkon, Bad, moderne Küche, TV und Safe. Einrichtung teils rustikal, teils helles Kiefernholz. Studio ca. 95–130 €, Apartment ca. 105–155 €. ✆ 22860-71001, 🖷 71107, www.goldensunsetvillas.com

Armeni Village, B-Kat., unterhalb der Kraterrandgasse, schöne Studios und Apartments mit Blick auf die Caldera, gesprächiger Besitzer. Mit kleinem Pool und großem Jacuzzi. Studio ca. 80–110 €. ✆/🖷 22860-71439.

• *Hotels und weitere Unterkünfte*: **Aethrio**, A-Kat., ruhig, aber dennoch fast im Zentrum von Oía. 1928 von der Familie Danigou als Socken- und Strumpfweberei errichtet, wurde das 2500 qm große Gelände nach langem Leerstand 1992 zu einem Hotel im Dorfstil umgebaut. Der Dieselmotorantrieb der alten Maschinen ist im Hotel noch als Ausstellungsstück zu sehen. Angeboten werden 20 Wohneinheiten vom DZ bis zum 2-Zimmer-Apartment. Die luxuriös und geschmackvoll eingerichteten Zimmer verfügen alle über eine Küche, Terrasse, Sat-TV mit 5 deutschen Programmen und Fußbodenheizung. Natürliche Gewölbedecken kühlen im Sommer. Außenanlage mit Gassen, Treppen, Terrassen, Swimmingpool mit Bar und sogar einer eigenen orthodoxen Kapelle. Probieren Sie ein Glas aus eigener Weinherstellung an der Hotelbar. 2-Pers.-Wohneinheit ca. 110–220 €. ✆ 22860-71040, 22860-71041, 🖷 71930. www.aethrio.com

Museum, B-Kat., ein schönes, altes Stadthaus direkt an der Kraterrandgasse, in dem früher das Schifffahrtsmuseum untergebracht war (→ Sehenswertes), wurde aufwändig renoviert. Das Ergebnis zeigt sich zwar leicht verkitscht im minoisch-byzantinischen Stil, jedoch auch elegant und sehr sauber. Vermietet werden neun aufwändig möblierte Studios/Apartments mit voll ausgestatteter Küche und TV. Im Hinterhof gibt es Pool und Bar. Netter und hilfsbereiter Inhaber. Achtung: Das Hotel kann nicht mit dem Taxi angefahren werden, bietet jedoch einen Hol- und Bringdienst ab Parkplatz. Für 2 Pers. je nach Saison ca. 65–110 € fürs Studio, ca. 85–130 € fürs Apartment. Frühstück extra. ✆ 22860-71515, 🖷 71516.

Laouda, B-Kat., am Kraterrand unterhalb der Hauptgasse. Viel Ambiente und ganzjährig geöffnet, freundlich geführt. Christoforos Nikos Fitros vermietet 16 Zimmer, Apartments und Studios im Höhlenwohnungsstil. Alle mit Bad, Balkon, Kühlschrank und rustikaler Einrichtung. Früh-

stücksraum und Rezeption in einer riesigen Höhle, geräumige Terrasse mit tollem Blick. Leserkommentar: "Die Oma des Hauses vermittelt das Gefühl, nicht Tourist, sondern wirklich Gast zu sein." DZ ca. 65–80 €, Studio 75–95 €. ✆ 22860-71204, 🖷 71274.

Fregata, D-Kat., älteres, aber sehr nett geführtes Hotel direkt am Kraterrand. 19 kleine Zimmer, alle mit Bad, demnächst auch mit Kühlschrank. Jede Etage hat eine eigene große Terrasse, zusätzlich gibt's eine Dachterrasse mit Liegestühlen, wo man sich mit einem Blick auf den Vulkan beim Spielen mit den halbmetergroßen Schachfiguren inspirieren lassen kann. Frühstücksraum mit üppigen Pflanzen, Schiffssteuerrädern und Fischreusen. Ansprechend und gemütlich. DZ ca. 30–60 €. ✆ 22860-71221, 22860-71333.

Anemones, E-Kat., neben Hotel Fregata. Vermietet werden zehn kleine Zimmer mit Doppelbetten. Zur Calderaseite mit, zur Gasse ohne Balkone, dafür etwas größer. Bäder sauber und okay. Einrichtung einfach und funktional (mit Tisch und Schrank). DZ mit Bad ca. 30–60 €. ✆ 22860-71342, 🖷 71220.

Finikia, C-Kat., in Finikia, kurz vor Oía direkt an der Straße. Familiär geführtes Haus mit 14 gut eingerichteten Zimmern und Studios, nach hinten weiter Blick auf die Terrassenhänge zur Ostküste, Süßwasserpool. Hervorzuheben die gute Küche des Hauses, auch bekannt für ihr Gebäck (→ Oía/Umgebung). DZ ca. 45–90 €.). Auch pauschal über TUI. ✆ 22860-71373, 🖷 71118, E-Mail: finikia@otenet.gr

• *Jugendherberge* Anfang der Neunziger erbautes Haus im Inselstil, ca. 150 m westlich der Bushaltestelle (beschildert). Etwa 80 Betten in mehreren Schlafsälen, Waschmaschinen, Minimarkt, Bar/Restaurant, Dachterrasse mit schönem Blick, schattiger Innenhof, gutes Frühstück. Zimmer und Sanitäranlagen sehr sauber. Pro Pers. ca. 12–14 € incl. Frühstück. Infos bei "Karvounis Tours". ✆/🖷 22860-71465.

Karte Seite 470/471

Santoríni

Essen & Trinken

In Oía essen zu gehen lohnt vom Ambiente her genauso wie in Firá. Das hat sich herumgesprochen und sogar in der Nachsaison sind die "Renner" unter den Lokalen schnell bis auf den letzten Platz besetzt. Früh kommen, andernfalls muss man warten, bis wieder ein Tisch frei wird. Leider hat der Touristennepp in den letzten Jahren deutlich zugenommen.

Ambrosia, nahe dem zentralen Platz an der Kraterrandgasse. Ausgefallene mediterrane Küche gehobenen Niveaus zu ebensolchen

Preisen, dazu die besten Tropfen von Santoríni und Weine aus ganz Griechenland. Sehr kleine Tische auf den Terrassen erzeugen private Atmosphäre, noch verstärkt durch romantisches Kerzenlicht. Im Innenraum antike Stücke wie im Museum. Nur abends ab 19 Uhr, Reservierung dringend angeraten. ☎ 22860-71413, Mobil 693-7081711, www.santorini-gr.com

Oia's Café Restaurant, an der Gasse zum Lontza-Kastell auf der rechten Seite. Romantisches Plätzchen mit Blick auf Firá, Imerovígli und die Kraterwand. Geschmackvolle Dekoration und gemütliche Musik. Küche internationaler und santorinischer Couleur. Nach Auskunft des freundlichen Wirts Tony versucht man, "den mystischen Touch der Insel im Essen wiederzugeben". Tgl. ab 18 Uhr. www.santorini-gr.com

Candouni, nördlich der Hauptgasse. Unter dem Gewölbedach eines alten Kapitänshauses von 1837 wurde dieses kleine, gemütliche Restaurant im klassischen Stil mit viel Holz eingerichtet. Abends sitzt man bei romantischem Kerzenlicht in schönem Ambiente (alte Bilder an den Wänden, Parkettboden) und genießt die kulinarischen Spezialitäten der mediterranen Küche. Plätze auch draußen im stilvollen Innenhof. In der Saison Reservierung angeraten, ☎ 22860-71616, Mobil 694-4996443.

1800, restauriertes altes Bürgerhaus an der Kraterrandgasse, stilvolle Atmosphäre. Der Wirt bietet interessante griechische Gerichte mit internationalem Einschlag. Zum hervorragenden Essen kommt die exquisite Weinauswahl. Gut 25–30 Sorten sind verfügbar, ausgewählt in Zusammenarbeit mit einem italienischen Connaisseur. Welches Publikum man hier erwartet, verdeutlicht der neue Werbespruch: "We serve slow food." Etwas teurer.

Skala, große Terrasse am Beginn des Treppenwegs zum Hafen Arméni. Schöner Calderablick. Der freundliche Wirt Georgios spricht hervorragend Deutsch. Leckere griechische Küche, Spezialitäten sind Zucchiniauflauf, diverse Salate und Lammgerichte. Guter Hauswein. Preise im ortsüblichen Rahmen.

Petros, an der Kraterrandgasse, gegenüber vom Hotel Fregata. Einfach und echt geblieben, Sitzplätze auf der Dachterrasse. Auf dem Außengrill vor der Tür brutzelt täglich frischer Fisch, außerdem gute Auswahl an vegetarischen Gerichten, natürlich auch *pséftikeftédes*, offener Wein.

Blue Sky, wenige Meter weiter östlich. Mit dem herrlichen Blick auf die Inseln der Caldera sitzt man auf einer überdachten Terrasse in windgeschützter Lage. Innen hat man die Wandmalereien von Akrotíri nachgebildet. Gute Grillgerichte, wobei man dem Koch beim Grillen draußen zusehen kann. Preise im Rahmen.

Thalami, im westlichen Teil der Hauptgasse. Einfach und echt geblieben. Sitzplätze auf beiden Seiten der Gasse, Terrasse mit Superblick. Gute griechische Küche und ordentlicher Service, Fisch- und Fleischgerichte, Spezialität ist gegrilltes Hühnchenfilet. Offener Wein.

Lontza, kleines Terrassenlokal an der Kraterrandgasse. Hauptsächlich jugendliches Publikum genießt den herrlichen Calderablick. Service rund um die Uhr, d. h. Frühstück, Drinks zum Sonnenuntergang und Dinner mit griechischer Küche. Preise nicht gerade günstig.

Papagallos, schräg gegenüber vom Café Lontza. Gleichzeitig Café und Restaurant. Von der überdachten Terrasse lässt sich prima dem hektischen Treiben auf der Kraterrandgasse zusehen. Guter Hauswein, gemütliche Musik. Preise und Service okay.

Thomas Grill, Nähe Busstopp, von Lesern empfohlen, ausgezeichneter Service und vernünftige Preise.

Finikia, im kleinen, verwinkelten Ort Finikiá kurz vor Oía direkt an der Durchgangsstraße. Bei Touristen und Einheimischen gleichermaßen beliebt, blumengesäumte Terrasse, fantasievolle Küche und interessante Vorspeisen, auch viel Süßes, gute Kuchen, Crêpes etc. Mit etwas Glück kann man hier z. B. Kapernblätter kosten. Guter, zuvorkommender Service. Es werden auch Zimmer vermietet (→ Oía/Übernachten).

Santorini Mou, direkt unterhalb der Durchgangsstraße von Finikiá. Wunderschönes Ambiente in einem bunten Garten. Tische auf mehreren Ebenen unterm Sonnendach. Freundlicher und schneller Service in angenehmer Atmosphäre. Gute griechische Küche und spät am Abend Livemusik. Tägl. ab 18 Uhr geöffnet. Etwas teurer.

*C*afés/*U*nterhaltung/*N*achtleben

An der Kraterrandgasse liegen vorwiegend schicke Café-Bistros mit traumhaftem Blick. Auf den internationalen Touristengeschmack hat man sich eingestellt – Caldéra-View mit Bolero von Ravel ist obligatorisch.

Pelekanos, an der westlichen Kraterrandgasse. Café-Bar und Restaurant für den kleinen Hunger. Im Obergeschoss schöne Terrasse mit Blick auf einen alten Uhrturm und den Sonnenuntergang. Es gibt gute Salate, Pasta, Pizza, Crêpes, Waffeln, deutsche Würstchen, Kaffee, Bier, Wein und Cocktails. Gabi, die Frau eines der Eigentümer, stammt aus Deutschland.

Flora, gemütliches Plätzchen am Kraterrand Richtung Kirche Ágios Geórgios. Man sitzt direkt auf der Gasse oder auf dem Dachgarten des Cafés mit obligatorischem Blick auf die Caldera. Freundlicher Service, Preise okay.

Anemones, an der Ostseite der Kraterrandgasse. Hübsch auf einem Hochbalkon neben dem gleichnamigen Hotel gelegen, das von derselben Familie geführt wird. Schöner Blick auf die Caldera. Guter, frisch gepresster Orangensaft, ansonsten Kaffee, Drinks, Toasts und andere Kleinigkeiten zum Essen.

Kastro, Café vorn am Lontza-Kastell. Das nachgebildete Felsambiente wirkt schon fast wieder kitschig. Schöne Aussicht aufs Kastell und hinüber nach Thirassía. Oft allerdings voll im Wind, außerdem ziemlich hohe Preise.

Iliovasilemata, schöner Platz zum Sonnenuntergang auf der Nordwestseite Oías. Freundliches, kykladisches Ambiente in einem überdachten Innenhof. Es gibt einige kleine Platten: Fisch, Fleisch, Spaghetti, Pizza, Muscheln, Shrimps und Salate.

Canava, ruhiges und stimmungsvolles Weinlokal direkt an der Bushaltestelle. Gelegentlich Livemusik.

Alitana, etwas versteckt in einer Gasse hinter dem Kraterrandweg zum Lontza-Kastell.

Traumhafter Blick auf die Caldera

In Gelb und Ocker gehaltenes Kaffeehaus mit ausgesprochen hübschem Innenhof. Gemütliche Atmosphäre mit bunten Lavasteinen und Amphoren.

Karte Seite 470/471

Santoríni

Kunst

Oía gilt als die Künstlerkolonie auf Santoríni. Unzählige Künstler aller Stilrichtungen kommen jedes Jahr und lassen sich von der besonderen Atmosphäre der Stadt inspirieren. Einige von ihnen sind hängen geblieben und haben Kunsthandwerksläden, Galerien und Boutiquen eröffnet. Preis-Leistungs-Verhältnis noch weitgehend okay.

Art Gallery Sivridakis, an der westlichen Kraterrandgasse. Manolis Sivridakis verkauft hübsche Santoríni-Aquarelle, sowohl Drucke als auch Originale.

Wave Sculpture, an der östlichen Kraterrandgasse unweit der Platia. Die freundliche Uschi aus München führt hier eine exklusive und geschmackvoll eingerichtete Galerie für Glaskunst, Bronzeskulpturen, Spiegel und Inselkeramik. Es gibt wenige,

aber dafür nur ausgefallene Stücke, die man nirgendwo sonst auf Santoríni findet, z. B. gläserne Handtaschen oder in Bronze gegossene Hundepfoten. Fast alles stellt Uschi in limitierten Auflagen von nur 150 Stück selbst her. Hochwertige Qualität, angemessene Preise.

Schole Techne, direkt neben dem Glockenturm an der Kraterrandgasse. Unbedingt sehenswert und originell ist der Laden von

Stavros Galanopoulos und Bella Kominatou (keine Namen draußen, nur ein verwittertes, kaum lesbares Schild). Hier werden mit geradezu fotorealistischer Genauigkeit die pittoresk verwitterten Fronten, Fenster und Türen alter griechischer Häuser nachgebildet. **Ilioloustri**, kleine Werkstatt in einer Höhle an der westlichen Kraterrandgasse zum Lontza-Kastell. Der Ikonenmaler Dimitrios Koliousis ist nicht ganz leicht zu finden, weil es ein paar steile Stufen hinuntergeht und man den tiefer als die Gasse liegenden Laden leicht übersieht. Seine Ikonen malt er fast vollständig als Auftragsarbeiten großer Sammler, nur ein kleiner Teil ist für Kirchen bestimmt. **Pitsikalis**, an der Kraterrandgasse, nur ein paar Meter westlich der Platia. Vielleicht der größte Postkartenladen der Insel, sicher aber der größte von Oía. Der freundliche Chef Emmanouil Pitsikalis verkauft wohl so ziemlich alle jemals mit Motiven von Santoríni gedruckten Postkarten.

Sehenswertes: Oía blickt auf eine lange Geschichte als Reeder- und Seefahrerstadt zurück. Seit Ende der siebziger Jahre gab es viele Jahre lang an der Kraterrandgasse ein uriges *Marinemuseum* (das heutige "Hotel Museum") mit zahlreichen Ausstellungsstücken aus dieser Epoche. Zusammengetragen hatte die Sammlung Antónios Dakorónias, ein ehemaliger Kapitän. Als der alte Herr 1993 starb, beschlossen die Schiffseigner von Oía, das beliebte Museum nicht aufzulösen, sondern zu modernisieren, zu erweitern und in einer schön restaurierten Stadtvilla neben dem Rathaus unterzubringen. Im geschmackvollen Rahmen kann man dort nun diverse Schiffsutensilien, zahlreiche historische Fotos, Modelle, Diplome und andere Relikte aus der Seefahrertradition Oías betrachten, darunter sogar eine Galionsfigur von 1690. Auch Herr Dakorónias selbst ist auf verschiedenen Fotografien als junger Kapitän zu sehen. Leider liegt das Haus etwas versteckt im verwinkelten Ortskern. Von der Platia geht man auf der Kraterrandgasse Richtung Lóntza-Kastell bis zum Rathaus. Dort durch den Torbogen und links in eine Gasse hinein.

Öffnungszeiten/Preise tägl. 12.30–16, 17–20.30 Uhr, Di geschl., Eintritt 3 €.

"Auf unserer Insel, an die Wellen schlagen, steht ein Leuchtturm, er leuchtet im Dunkeln. Es ist das Marinemuseum, Hafen Eurer Seele, gegründet, um an Euren Seemannstod zu erinnern und um ehrerbietig Eure Werke zu sammeln, um sie für die Geschichte aufzubewahren." (Gedicht von Antónios Dakorónias, seinem Vater gewidmet)

Strände und Häfen von Oía

▶ **Arméni**: kleiner Strand beim Hafen, ca. 15 Min. steiler Treppenweg ab Hauptgasse, auch Mulitransport (ca. 3 €). Unten eine Snackbar. Hier fahren die Ausflugsboote ab.

▶ **Ammoúdi**: pittoreske Bucht unterhalb von Oía. Entweder über den Treppenweg oder über die Straße zu erreichen. Nicht zu überbietende Fischerhafenidylle: bunte Tavernen in Rot, Gelb, Blau und Weiß, davor das grünlich schimmernde Wasser der Bucht. Direkt über den Dächern steile Lavaabhänge mit tiefrotem Gestein wie am Red Beach im Süden Santorínis, an einigen Stellen fast senkrecht. Oben liegt die Stadt mit ihren weißen Würfelhäusern und der Windmühle. Gigantischer Blick!

Die Restaurants am Hafen Ammoúdi gelten als hervorragende Fischtavernen, die Fischerboote legen direkt davor an, man kann beim Ausladen und Ausnehmen zuschauen. Die Strände dagegen sind kaum der Rede wert. Gleich hinter dem Parkplatz folgt ein etwa 15 m langer, dunkler Kiesstrand neben einer Mole. Eine andere (von den Einheimischen als "Strand" bezeichnete) Stelle liegt südlich der Bucht. Hinter den Tavernen zieht sich ein schmaler Pfad dicht am Wasser entlang und endet nach ca. 250 m unvermittelt an einem Betonplateau. Der unattraktive Steinstrand zieht trotzdem genügend Sonnenanbeter an, die dort ihr Handtuch ausbreiten. Man kann noch weiter zwischen den Felsen kraxeln und kommt dann zum *Kávos Ágios Nikólaos*. Vorgelagert ist die *Insel Ágios Nikólaos*, zu der man hinüberschwimmen kann. Dort erwarten einen die an den Hang gebaute *Kirche Ágios Nikólaos* und eine Betonplattform am Meer. Mutige springen aus 5 m Höhe vom Felsen ins Wasser.

● *Zugang* Beim vorgelagerten Lontza-Kastell führt ein **Treppenweg** mit knapp 300 Stufen hinunter. Um die Mittagszeit, wenn die Besucher in die Tavernen strömen, wird auch Mulitransport durchgeführt (ca. 3 €). Wer motorisiert ist, kann auch auf einer asphaltierten **Straße** bis zum kleinen Parkplatz unmittelbar an der Bucht fahren. Die Straße zweigt im nordwestlichen Teil von Oía von der Piste nach Baxédes links ab (beschildert). Es kommt jedoch unten regelmäßig zu Parkraummangel.

● *Essen & Trinken* **Sunset I & II**, die größte der Tavernen am Ammoúdi und als erste 1985 hier gegründet. Man sitzt direkt am Wasser auf einer schattigen Terrasse. Herrlicher Blick auf die Bucht und nach Thirassía. Freundliche Bedienung, viele Touristen. **Katina**, gleich die erste Taverne, wenn man vom Parkplatz am Ende der Straße kommt, zu erkennen an den grell orangefarbenen Tischen und Stühlen. Vor der Küche kann man dem Koch zusehen, wie er die Fische auf dem Holzkohlengrill zubereitet. Preise im Rahmen. Viele griechische Gäste.

To Kyma, direkt an dem großen Kran, mit dem die Kaikis ins Wasser gehievt werden. Gut ein Dutzend Tische auf einer Betonmole. Die Fischerfamilie serviert stets frische Ware, traditionell auf dem Holzkohlengrill zubereitet. Gute Kalamari.

Ether, an der Straße hinunter zum Strand (etwa auf halber Strecke). Hübsche, kleine Café-Bar auf einem Plateau rechts der Straße. Mithin der schönste Ort für die Betrachtung des Sonnenuntergangs in Oía. Leider liegt die Terrasse oft voll im Wind.

▶ **Baxédes** (auch "Paradise"): kilometerlanger Kies-/Sandstrand der sich östlich vom Kap *Mavrópetra* bis etwa 1 km vor Porí zieht. Von der mittlerweile durchgängig asphaltierten Straße hinter dem Strand zweigen überall kleine Stichpisten zum Meer ab. Der Beach besteht aus grauschwarzem Lavasand, Kieseln und kleinen Felsbrocken. Dahinter ragen die hellen Bimssteinwände teilweise recht steil auf und bieten dadurch sogar etwas Schatten. Bei gutem Wetter toller Blick nach Anáfi und Íos, an besonders klaren Tagen auch bis Náxos.

● *Verbindungen* Von Mitte Juni bis Mitte Sept. verkehren tägl. etwa 4–6 Busse von Oía. Auskünfte am Busbahnhof in Oía.

● *Übernachten* **Pelagos Studios**, an der Zufahrtsstraße zur Kirche Kyra Panagia. Die kleine Studioanlage liegt einsam und abgeschieden fast am Ostende des Baxédes in einem nett verwilderten Garten. Hübsche Studios mit Bad und Küche, dazu ein Swimmingpool im Außenbereich. Etwa 70 € in der Hauptsaison. ☎ 22860-71663, mobil 693-749248.

Paradise, direkt an der Durchgangsstraße, schon recht nah an Oía. Zimmer auf mehrere Häuser verteilt: einige vorne im kykladischen Würfelhaus, der Rest weiter nach hinten versetzt und mit tonnengewölbtem Dach. Neuere Bauart, schlichte Einrichtung, aber alle mit Bad und Balkon. Straßenlärm hält sich in Grenzen. Je nach Saison ca. 25–60 €. ☎ 22860-71519.

Karte Seite 470/471

Santoríni

▶ **Porí und Kouloúmbos**: Streusiedlung, Kaiki-Hafen und Strand an der Nordostecke der Insel. Eine Zimmervermietung (nur im Hochsommer geöffnet) sowie eine Taverne an der Durchgangsstraße und eine Taverne am kleinen Hafen. Mehr hat die weit gestreute Siedlung ohne erkennbaren Kern nicht zu bieten, wäre da nicht ein kleiner, ruhiger Strandabschnitt. Kurz hinter der Taverne Porí führt eine steile Treppe hinunter zum Wasser. Unten zieht sich der schwarzgraue Sand und Kies des *Kouloúmbos-Strands* auf einer Breite von 400 m bis ins Meer hinein. Die hohen Felsen bieten etwas Schatten. Dennoch kaum besuchter Ort, in der Nebensaison fast menschenleer.

Von Oía an der Ostküste nach Firá

Über *Baxédes*, *Porí* und *Voúrvoulos* führt eine neu asphaltierte Straße nach Firá – eine interessante Alternative zur viel befahrenen Hauptstraße, die hoch oben am Bergkamm verläuft. Die kleinen Buchten in diesem Teil der Küste sind allerdings wenig interessant, meist reichlich verdreckt und werden bisher kaum genutzt.

Wanderung von Oía nach Firá

Wohl die schönste Wanderung auf Thíra – auf schmalen Pfaden meist direkt an der Küste entlang, nur an einer Stelle muss man etwa 500 m auf der Asphaltstraße laufen. Dort winzige Kantina mit kleinen warmen Mahlzeiten, Kuchen und Erfrischungen. Dauer etwa 4 Std., feste Schuhe sind zu empfehlen.

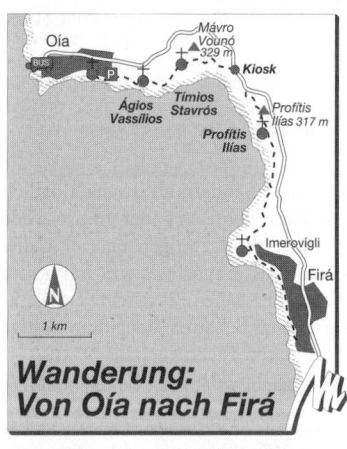

Gestartet wird an der *Hauptkirche* von Oía. Sie befindet sich an der Hauptstraße am Dorfausgang in Richtung Firá. Von hier aus folgt man ein Stück der Hauptstraße, bis man an einem *blauen P-Schild* nach rechts abbiegt (leicht bergauf, rechter Hand hinter einer weißen Mauer liegt ein Friedhof). Man überquert den *Parkplatz* (10 Min. ab Kirche) und gelangt rechts daran vorbei auf einen Schotterweg. Ab hier hat man das nächste Ziel immer vor Augen: die etwas erhöht gelegene, weiße Kapelle *Ágios Vassílios*, etwa 15 Min. ab Parkplatz. Bis hierher steigt der Weg (jetzt gepflastert) stetig an und bietet eine tolle Sicht auf den Kraterrand und die südlich im Hang liegenden Häuser von Imerovígli. Man geht an der Kapelle rechts vorbei. Der ansteigende Weg führt an einer bewachsenen Steinmauer vorbei auf den *Mávro Vounó* (329 m). In Nähe der Bergspitze steht eine weitere, etwas größere Kapelle namens *Tímios Stavrós* (etwa 20 Min. ab erster Kapelle). Hier oben weht ein angenehm kühler Wind, sodass man den traumhaften Blick zurück auf Oía sowie auf den Kraterrand und das tiefblaue Meer wirklich genießen kann. Der Weg geht an der rechten Bergseite nun stetig bergab, bis man nach etwa 25 Min. auf die *Asphaltstraße* nach Firá trifft. Dort steht der erwähnte Imbisswagen. Nun folgt man etwa 400 m der Hauptstraße und biegt dann bei einem größeren Haus rechts in einen kleinen Pfad ein. Ab hier geht es wieder stetig bergan auf den *Profítis Ilías* (317 m), wo man nach 25 Min. auf die gleichnamige Kapelle trifft. Falls geöffnet, lohnt ein Blick ins Innere. Hinweis: Wenn man den Weg heraufkommt, geht es rechts zur Kapelle und links auf einem breiteren Weg zunächst bergab. Hier muss man nach der Kapellenbesichtigung weitergehen und trifft schließlich auf den schönen *Kraterrandweg* nach Firá. Man passiert zunächst Imerovígli, dann Firostefáni und kommt schließlich etwa 2 Std. ab Profítis Ilías nach *Firá*.

Wer in Firá loslaufen will, nimmt zunächst den Kraterrandweg bis Imerovígli (→ S. 491) und folgt dort einem Weg nördlich aus dem Ort hinaus.

Profítis Ilías und Umgebung

Mit 568 m höchster Inselberg, erhebt sich der Profítis Ilías nahe der südlichen Ostküste und beherrscht das Profil Santorínis. In der Antike lag hier das traditionelle Siedlungszentrum – heute ist die Region vor allem interessant, weil an der Küste beiderseits des Bergs die besten Strände samt den zwei einzigen Badeorten der Insel zu finden sind! Dementsprechend liegt hier das Zentrum des Pauschaltourismus auf Santoríni.

Busse ab Firá pendeln bis tief in die Nacht, insofern ist es auch möglich, in Firá unterzukommen und zum Baden jeweils nach Kamári bzw. Périssa zu fahren. Jedoch sind die Inselbusse meist völlig überfüllt – und die Fahrt im Stehen ist nicht unbedingt ein Vergnügen.

Kamári

Wichtigster Badeort der Insel und Standbein des internationalen Pauschaltourismus. Schöner kilometerlanger Strand aus dunklem Kies, unmittelbar neben dem Ort das schroffe, steil aufragende Kap Méssa Vounó, ein Ausläufer des Profítis Ilías.

Der alte Dorfkern liegt ein Stück zurück vom Meer. An der Stichstraße zum Meer und unten an der langen Strandpromenade breitet sich ein wild wucherndes Hotel- und Tavernenangebot aus. Kamári verändert ständig sein Gesicht, es wird gebaut und gebaut, halbfertige Betongerippe überall, immer weiter wird die Uferpromenade Richtung Norden verlängert. Insgesamt sicher nicht gerade schön, aber der Strand und der benachbarte Felsblock entschädigen für vieles. Erfreulicherweise findet man noch einige Gärten mit schwer beladenen Pistazienbäumen zwischen den Neubauten, und auch die angepflanzten Tamarisken geben der Uferpromenade mittlerweile ein ganz freundliches Gesicht. Schöner Blick hinüber bis zur Insel Anáfi (→ S. 539), an klaren Tagen erkennt man das hoch aufragende Kap Kálamos.

Hinweis: Da Kamári in der Einflugschneise zum Flughafen bei Monólithos liegt, kommt es gelegentlich zu Lärmbelästigung.

Santoríni
Karte Seite 470/471

Verbindungen/Adressen

• *Verbindungen* häufige **Busse** von und nach Firá. Es gibt drei Haltestellen – eine am Ortsausgang Richtung Firá (Nähe ehemaliger Campingplatz), eine kurz hinter dem Südende der Paralia und eine an einer Seitenstraße der Stichstraße zum Strand, hinter dem Fußballfeld.
Etwa stündlich fährt ein Boot nach **Périssa** (→ Périssa), außerdem Badeboot zum **Red Beach**.

• *Adressen* **Auto-/Zweiradvermietung**, konzentriert an der Stichstraße zum Strand. "Vitanis", freundlich geführt, an der Verlängerung der Ortseingangsstraße auf der rechten Seite. ✆ 22860-32010.

Internationale Presse, mehrere Läden an der Uferfront.
Kino, Freilichtkino am Ortseingang neben dem Campingplatz. Während der Hauptsaison fast tägl. Vorstellungen ✆ 22860-31974, www.cinekamari.gr
Reisebüros, "Kamari Tours" an der Strandpromenade ist unbestrittener Marktführer auf der Insel mit unzähligen Filialen in allen Orten. Dementsprechend sind die Preise für Ausflüge oft ziemlich hoch, auch Leserkritik wegen der Qualität der Führungen erreichte uns. Vergleiche mit kleineren Anbietern sind zu empfehlen. ✆ 31390, 32758, www.kamaritours.com

Übernachten (s. Karte rechts)

Aufgrund des regen Pauschaltourismus kein Mangel an Unterkünften, vor allem an der Uferpromenade längs des langen Sandstrands reiht sich ein Hotel ans andere. Da die meisten Häuser ihre Zimmer saisonweise an Reiseveranstalter vergeben, kann sich die Unterkunftssuche für Individualreisende im Juli und August schwierig gestalten.

• *Stichstraße zum Strand* Beiderseits der Straße werden ständig neue Unterkünfte gebaut, die sich auch immer weiter ins Inselinnere ziehen.
Zephyros (5), C-Kat., recht weit oben, Nähe alter Ortskern. Unten angenehm eingerichteter Aufenthaltsraum mit Grünpflanzen, Bar und Sat-TV, hinter dem Haus ein schöner Pool. 42 gut ausgestattete Zimmer mit Balkon bzw. Terrasse, Busstopp in der Nähe. DZ ca. 40–80 €. ✆ 22860-31108, 📱 31200.
Matina (7), C-Kat., gepflegtes Haus linker Hand, etwas zurück von der Straße. Ausnehmend schöner Vorgarten mit Blumen und Pistazienbäumen, 27 freundliche Zimmer, gutes Mobiliar im Ikea-Stil, hübsche Überdecken, Telefon, Radio. Im ersten Stock etwas Meerblick, Schöne Poolanlage DZ mit Frühstück ca. 55–86 €. ✆ 31491, 📱 31860, www.hotel-matina.gr
Blue Sea (13), C-Kat., freundlicher Familienbetrieb, ruhig gelegen, etwas abseits der Stichstraße rechts, mit Pool. Netter Aufenthaltsraum, ordentliche Zimmer mit soliden Holzmöbeln, Bad und Balkon. Vermietung von Mofas. Zwar oft von Reiseveranstaltern belegt, aber meist noch einige Betten für Individualreisende frei. DZ ca. 38–75 €. ✆ 31481, 📱 31137.
Studios Manos (10), schräg gegenüber vom Hotel Blue Sea, 1997 erbaut, hübsche Anlage mit großen 2- bzw. 4-Bett-Zimmern, jeweils mit Küchenecke und Terrasse/Balkon, z. T. Meeresblick, gemütlich liegen kann man am kleinen Pool mit Poolbar. Für 2 Pers. ca. 35–70 €. ✆ 33727.
Akis (12), C-Kat., ein alter Seebär (früherer Kapitän) führt das gepflegte Haus an der Straße rechts, 18 sehr saubere, moderne Zimmer, davon eine Suite mit 2 Zimmern (4 Betten). Unten luftiger Aufenthaltsraum und Terrasse mit Cafeteria. DZ ca. 40–80 €. ✆ 31670, 📱 32423.
Esperides (11), Neubau gegenüber Akis, davor riesiger Garten mit Pistazienbäumen (das sehr freundliche Vermieterehepaar wohnt in kleinem Häuschen inmitten der Bäume). 15 Zimmer, sehr sauber, gut gefliest, schönes Holzmobiliar, Blick auf Garten. Vermittlung im Plotin Reisebüro an der Paralia. DZ ca. 30–60 €. ✆ 31185.
• *Uferpromenade* Alle Preisklassen, das meiste aber teuer, dafür nur durch einen Weg vom Strand getrennt und viele Zimmer mit prima Meeresblick. Zahlreiche private "Rooms" und Pensionen in den Seitengassen der Uferpromenade.
Nikolina (14), E-Kat., geschmackvoll und gepflegt, blaue Fenster und Türen, neues Holzmobiliar, z. T. Balkons mit Blick aufs Meer, geführt von freundlichem Ehepaar, DZ ca. 25–60 €, Frühstück extra, empfehlenswert, aber im Juli/August meist voll. ✆ 31702, 📱 32664.
Sunshine (25), C-Kat., 1983 erbaut, langer Schlauch nach hinten, vorne großer Früh-

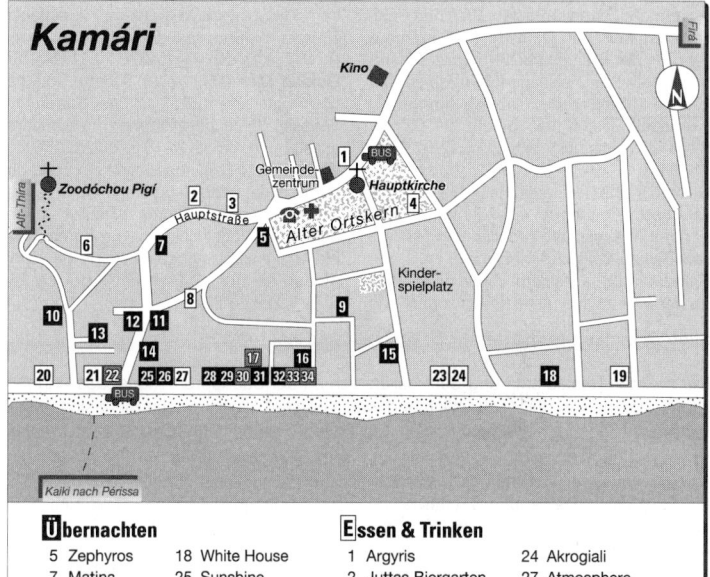

Kamári

Übernachten

5 Zephyros	18 White House
7 Matina	25 Sunshine
9 Spiridoula	26 Poseidon
10 Manos	28 Kamari Beach
11 Esperides	29 Roussos Beach
12 Akis	31 Tropical Beach
13 Blue Sea	32 George's
14 Nikolina	
15 Golden Star	
16 Villas Dolphins	

Essen & Trinken

1 Argyris	24 Akrogiali
2 Juttas Biergarten	27 Atmosphere
3 The Fat Man	
4 Pontios	
6 Danas	
8 Alexander	
19 Almira	
20 Amalthia	
21 Saliveros	
23 Camille Stefani	

Nachtleben

17 Club Albatros
22 Hook Bar
30 Kallisti
33 Dom Club
34 Mango

stücksraum, dahinter 35 Zimmer mit hellen Kiefernmöbeln, Marmorboden, Bad und sehr schmalen Balkonen. Insgesamt Atmosphäre ganz okay, hübsch die Terrasse mit Bar vor dem Haus. DZ ca. 35–70 €, Frühstück extra. ℰ 22860-31394, ℮ 32240.

Poseidon (26), C-Kat., neben Sunshine, 32 moderne Zimmer, alle mit Bad, Balkon meist seitlich raus, deswegen nur z. T. Seeblick, Telefon. Vorne Cafeteria. In der Saison meist von Reiseveranstaltern belegt. DZ 35–65 €, Frühstück extra. ℰ 22860-31698, ℮ 31387.

Bellonias Villas, ansprechende zweistöckige Apartmentanlage mit großem Pool. Einzimmer-Studios und Zweizimmer-Apartments mit Kochnische, ca. 80–140 €. Pauschal über TUI. ℰ 31138, ℮ 32002.

Dolphin (16), zentrale Lage direkt am Strand. 12 hübsch eingerichtete Apartments mit Balkons bzw. Terrassen, vor dem Haus

hübsche Bar mit originellem, delfinförmigem Springbrunnen. Preis ca. 70–110 €. Pauschal über Attika. ℰ 22860-31608, ℮ 31870.

Kamari Beach (28), C-Kat., große Anlage mit 55 Zimmern, eine der ersten in Kamári, einfach eingerichtet, aber jeweils mit Du/WC und Balkon, von den meisten schöner Meeresblick. Vor dem Haus großer Salzwasserpool, durch einen Zaun vom draußen vorbeilaufenden Weg getrennt, Sonnenschirme, Poolbar. Kann über viele Reiseveranstalter gebucht werden. DZ je Saison ca. 60–115 €. ℰ 31243, ℮ 32120.

Roussos Beach (29), B-Kat., großzügige zweistöckige Anlage mit geräumigem Pool, Zimmer mit Aircondition. DZ ca. 70–130 €. ℰ 31590, ℮ 31255, E-Mail: rousbeach@otenet.gr

Tropical Beach (31), C-Kat., 25 einfache Zimmer mit Bad, Balkon und Telefon. Stühle und Theke der hauseigenen Bar sind vom modernen Zeitgeist-Design inspiriert. Besitzer spricht gut Deutsch (hat mehrere Jahre in der BRD gearbeitet). Trotz Zusammenarbeit mit Reiseagenturen seien angeblich immer wieder einzelne Zimmer für Individualtouristen frei, betont er. DZ ca. 50–80 €, Frühstück extra. ℅ 22860-32222, ✆ 31998.

George's (32), kleineres Haus Nähe Tropical Beach, Zimmer um einen Innenhof, sauber, mit ordentlichem Mobiliar und Du/WC, kein Balkon, DZ ca. 25–50 €.

Spiridoula (9), an einem unbebauten Platz an der Promenade, etwa 100 m zurück von der Uferfront. Blick auf Weinstöcke vor dem Haus. Nette Vermieterin, 10 einfache Zimmer mit Bad, sauber, solides Holzmobiliar, DZ je Saison ca. 25–50 €. ℅ 22860-31767.

Golden Star (15), einige Schritte von der Uferpromenade zurück, schöner Garten und Terrasse. 15 saubere Zimmer mit Standardausstattung. DZ ca. 25–50 €. ℅ 22860-81897.

White House (18), so ziemlich am Ende der Promenade, nette Vermieterin Anna, in den Zimmern solides älteres Mobiliar, hinter dem Haus Vogelvoliere, vorne Cafébar, ruhig. Insgesamt angenehme Bleibe ohne großen Komfort. DZ mit Frühstück ca. 25–50 €. ℅ 22860-31819.

Essen & Trinken (s. Karte auf S. 507)

Die meisten Restaurants und Bars ballen sich an der Strandpromenade, das Angebot ist im Allgemeinen durchschnittlich und wenig originell. Ausländische Biere sind überall vertreten. "Griechischer" speist man in den Tavernen an der Durchgangsstraße im alten Ort. Faustregel: je weiter entfernt von der Promenade, desto besser und günstiger.

● *Uferpromenade* **Amalthia (20)**, am Südende der Paralia, Plätze auf der Terrasse und im Garten unter Pistazienbäumen. Hervorragender gefüllter Tintenfisch und der beste offene Wein der Insel. Mittleres Preisniveau.

Saliveros (21), fast am Südende der Paralia, unter einem blauen Sonnendach. Macht mit den alten, handgeflochtenen Holzstühlen, die so herrlich unbequem sind, noch einen echt griechischen Eindruck. Saliveros und seine freundliche Tochter Maroulia servieren einheimische Spezialitäten, Tipp ist *stifádo* und im Ofen gebackener Fisch mit Santoríni-Tomaten. Preise im Rahmen.

Atmosphere (27), eine der besten Adressen in Kamári, wenn auch nicht unbedingt authentisch. Boss Thomas und der Chefkoch kommen beide aus Schweden. Internationale Küche der kreativen Art: Muscheln in Weißweinsoße mit Speck, Fleisch mit Sauce Scandinavia, gemischte Grillplatte mit Fisch- und Kräutersoßen sowie Fisch aus der Kasserolle. Die Küche ist offen. Wer will, kann dort aussuchen und beim Kochen zusehen. Das Atmosphere liegt als einziges Paralia-Lokal im ersten Stock, daher kann man der leichten Rock-Musik ohne Mofageknatter lauschen.

Camille Stefani (23), gepflegtes Lokal der gehobenen Kategorie mit schattigen Sitzplätzen unter Tamarisken und Palmen am Strand der nördlichen Paralia. Gute Auswahl und recht einfallsreiche Speisekarte griechischer Provenienz: *tomatokeftédes*, *dolmadákia*, *stifádo*, *briám* sowie Fleisch- und Fischgerichte vom Grill. Schneller Service. Ganzjährig geöffnet. Preise im dafür angemessenen Rahmen.

Akrogiali (24), kurz nach dem Camille Stefani. Der Oberkellner spricht fließend Deutsch und ist daran interessiert, dass sich die Gäste wohl fühlen. Gute italienische und griechische Küche, relativ kurze Wartezeiten, Preise okay.

Almira (19), am Nordende der Paralia, mit einer großen Tamariske und einigen kleinen Palmen im Vorgarten. Solide griechische Küche, Muscheln in Ouzo-Soße, Lammkoteletts und Fischspezialitäten. Außerdem italienische Spaghetti- und Ravioli-Gerichte sowie Bruschetta (geröstetes Brot mit Tomaten und Basilikum). 35 verschiedene Weinsorten im Angebot.

● *Ortskern und Stichstraße zum Strand* **Argyris (1)**, auch Babis genannt. Einfaches Dorflokal neben dem Gemeindezentrum, es gibt keine Speisekarte, sondern täglich wechselnde Gerichte und verschiedene Sorten offener Wein, alles preiswert und gut.

Pontios (4), am Fußballfeld in die gegenüberliegende Straße hinein. Einige Tische draußen auf der Straße. Doch die Überraschung ist groß, wenn man den hinter der Theke liegenden Innenraum der urigen Ouzeri betritt: ein äußerst geschmackvoll und gemütlich eingerichtetes Zimmer mit offenem Kamin und Musikinstrumenten als Dekomaterialien. Die Menükarte wurde als Kunstwerk an die Wand gepinselt. Chef Georgios ist ein witziges Unikum und kocht

selbst vorzügliche Fischgerichte und leckere Vorspeisenplatten.

The Fat Man (3), an der Ortseingangsstraße rechts. Hübsch überdachter und begrünter Innenhof. Hier findet man noch die
alte, unverfälschte griechische Küche. Spezialitäten sind Fleisch vom Holzkohlegrill,
"Arthur-Spezial-Hühnchen Zorbas" mit einer
pikanten Kräutersoße und die *tomatokeftédes*. In der Saison drei x wöch. Livemusik.
Schneller Service, freundliche Bedienung
und angenehme Tavernenatmosphäre. Gutes Preis-Leistungs-Verhältnis.

Alexander (8), an der Ortseingangsstraße
zunächst geradeaus, dann an der Agentur
Lisos Tours links ab. Gilt als eines der gehobenen Lokale von Kamári. Man sitzt
draußen auf einer gepflegten Terrasse unter dem Sonnendach. Bequeme, mit rotem
Stoff bezogene Stühle, Teppiche auf dem
Boden. Ansonsten griechische Küche mit diversen Verfremdungen. Gehobene Preise.

Juttas Biergarten (2), geführt von Jutta aus
Berlin, die schon mehr als 30 Jahre auf Santoríni lebt. Wer sich im Urlaub nach deutscher Küche sehnt, der findet gerne den
Weg in den hübschen kleinen Garten mit
ruhiger Musik und bequemer Bestuhlung.
Eine deutsche Oase in Kamári: Es gibt nur
deutsches Bier (knapp ein Dutzend Sorten),
deutsche Brat- und Currywurst, deutschen
Kartoffel- und Wurstsalat, Kartoffelsuppe
Berliner Art mit Speck, deutsche Würstchen, Toasts und selbst gebackenen Kuchen. Lockerer Umgangston. Der Biergarten liegt etwas erhöht an der direkten Verlängerung der Ortseingangsstraße auf der
linken Seite

Danas (6), südlich der Stichstraße zum
Strand. 2002 neu eröffnet. Nicht gerade
preisgünstig, aber riesige Portionen und
überzeugende Qualität. Sehr gute *tomato-
kefthédes* sowie mit Käse überbackene und
mit Kalamari gefüllte Paprika.

*U*nterhaltung/*N*achtleben (s. *K*arte auf *S*. 507)

Kamáris Nachtleben ist neben den traditionell schon immer beliebten Strandbars
mittlerweile stark im Kommen. Zwar wurde die alte Kult-Disko "The Yellow Donkey"
schon vor Jahren geschlossen, es gibt aber eine gute Auswahl neu eröffneter Bars und
Musik-Clubs sowie eine neue Disko.

Mango (34), etwa in der Mitte der Paralia.
Man sitzt gemütlich unter Strohmatten-
schirmen in einem tropisch anmutenden
Palmengarten, schlürft seinen Kaffee, Cocktail oder kühlen Drink und schwingt im Beat
der internationalen Popmusik mit. Es gibt
51 verschiedene Cocktails, vielleicht Rekord
in Kamári. Deutschsprachige Bedienung.

Dom Club (33), etwas zurückgezogen hinter dem Mango, in der Mitte der Paralia. Eine der größten Diskos der Insel. Viel Holz,
glänzendes Metallambiente und passende
Lichteffekte. Seit der Eröffnung 1999, so der
freundliche deutschsprachige Besitzer Lefteris, fährt man abends nicht mehr nach Firá,
sondern bleibt in Kamári. Musik von den
70ern bis heute, je nach Geschmack des Publikums. Auch in der Nebensaison tägl. ab 22

Uhr geöffnet. Eintritt ca. 7 € incl. Freigetränk.

Kallisti (30), Café an der Promenade, Nähe
Kamari Beach Hotel. Prima Cocktails zu fairen Preisen, dazu Kleinigkeiten zum Essen.

Hook Bar (22), im Süden der Paralia. Spielt
oft Musik der 60er und 70er Jahre. Gemischtes Publikum, gute Stimmung.

Club Albatros (17), ebenfalls an der Paralia.
Gemütlicher Außenbereich mit Palmen und
einer Bar in der Mitte. Öffnet erst ab 21 Uhr
im Außenbereich. Später am Abend geht
man in den Innenraum (Naturstein und viel
Holz) und tanzt zwischen der Bar und den
Stehtischen weiter. Gute Lichteffekte. Aus-
gelassene Stimmung bis 4 Uhr morgens.
Chef ist Peter aus Deutschland, der hier
Petros genannt wird.

▶ **Kamári/Baden**: Der dunkle Strand unmittelbar beim Ort ist gepflegt und sauber, es gibt Sonnenschirme, Liegestühle, Tretboote, Surfbretter etc. – im Wasser leider Felsplatten, die das Baden erschweren. Weiter nach Norden wird der
Strand schnell unansehnlich, z. T. schmal und verwildert. Achtung: der dunkle
Lavakies heizt sich im Sommer unglaublich auf und kann dann mit bloßen Füßen nur im Laufschritt durchquert werden!

Santoríni

Karte Seite 470/471

> **Bootsfahrt gefällig?** Eine wirklich feine Sache: per Boot von *Kamári* um den Steilfels Méssa Vounó herum nach *Périssa* tuckern bzw. umgekehrt. Die kurze Fahrt kostet ca. 3 € und spart viel Zeit – ansonsten müsste man mit dem Bus zurück nach Firá und dort in einen anderen Bus umsteigen. Die "Eleni" pendelt etwa einmal stündl. von 6 Uhr früh bis 17 Uhr nachmittags zwischen Kamári und Périssa, bei hohem Seegang fallen die Fahrten allerdings aus.

Kamári/Umgebung

Im Einzugsbereich des Profítis Ilías diverse Möglichkeiten für Unternehmungen, vor allem um das eindrucksvolle Kap Méssa Vounó. Mehrere Weinkellereien im Bereich der Dörfer Méssa und Éxo Goniá.

Alt-Thíra

Weit gestreutes Ruinenfeld einer antiken Stadt hoch über Kamári. Großartige und strategisch einzigartige Lage auf dem Méssa Vounó oberhalb des Selláda-Sattels: drei steil abfallende Felswände und nur ein gut überschaubarer Zugang von der Landseite her, praktisch uneinnehmbar. Zudem war das Kalkgebirge des Profítis Ilías von jeher deutlich weniger gegen Erdbeben anfällig als die vulkanischen Schichten auf dem Rest der Insel. Trotzdem kaum zu glauben, dass sich hier oben eine komplette Stadt entwickeln konnte.

Gegründet wurde Alt-Thíra etwa um 1000 v. Chr. von dorischen Einwanderern aus Spárta. Seit dem 3. Jh. v. Chr. errichteten die ägyptischen Ptolemäer eine starke Garnison, um den großen Flottenhafen am Fuß des Felsens (heutiges Kamári) zu schützen, denn von hier aus kontrollierten sie ihren Herrschaftsbereich in der südlichen Ägäis. Auch die Römer bewohnten die Stadt noch, bis sie in byzantinischer Zeit dann aufgegeben wurde. Erhalten sind heute hauptsächlich Überreste aus hellenistischer und römischer Zeit, Grundmauern und Säulenstümpfe liegen weit verstreut auf den Felsterrassen.

Ausgegraben wurde Alt-Thíra 1896–1903 vom deutschen Baron *Hiller von Gaertringen*, einem Onkel des früheren Bundeskanzlers Adenauer. Eigentlich war er Graphologe und interessierte sich für das phönizische Alphabet. Doch hier fand er sein Lebenswerk. Die Fremdenführer flunkern wohl etwas, wenn sie behaupten, dass er für die Grabungen umgerechnet rund 5 Millionen Euro ausgegeben habe, aber er bezahlte tatsächlich sämtliche Kosten aus eigenen Mitteln – damals übrigens gängige Praxis, Archäologie war ein Hobby vermögender Privatleute.

• *Anfahrt* Von **Kamári** führt eine holprig gepflasterte Piste in vielen Serpentinen hinauf auf den Sattel. Diese so genannte Adenauer-Str. (der deutsche Bundeskanzler kam 1956 als erster Prominenter herauf) ist in langsamer Geschwindigkeit zu befahren, auch **Maulesel** werden angeboten. Zu Fuß empfehlen wir den Wanderweg über die Kapelle Zoodóchos Pigí (→ S. 513). Dieser Weg setzt sich auf der anderen Seite des Sattels nach **Périssa** fort (ca. 45 Min.).

• *Öffnungszeiten* Di–So 8–15 Uhr (Einlass nur bis 14 Uhr), Mo geschl., Eintritt frei.

• *Sonstiges* Ein **Snackwagen** bietet teure Erfrischungen. Es gibt **keine Toiletten**. Vorsicht – der Sattel ist oft unglaublich windig, man wird geradezu weggeblasen.

Schon die alten Griechen ...

Rundgang: Vom Sattel steigt man zunächst ein paar Meter den Hang hinauf zur Kapelle '*Agios Stéfanos (1)*, einem gedrungenen zweischiffigen Kirchlein mit Tonnengewölben. Ruinen einer frühchristlichen Basilika liegen davor.
200 m weiter, am Beginn der dorischen Stadt, das *Heiligtum des Artemidoros (2)*, eines Admirals der Ptolemäer (Ägypter). In den Fels geschnitten die Reliefabbildung eines Delphins, eines Löwen, eines Adlers und das Porträt des Artemidoros.
100 m darauf die große *Agorá* der Stadt *(3)*, Kapitelle und Säulenteile mit Inschriften liegen verstreut. Gleich danach trifft man rechter Hand auf eine lang gestreckte *Stoá* (Säulenhalle) mit den Resten einer zentralen Säulenreihe *(4)*. Unmittelbar oberhalb der Stoá, am Beginn einer Gasse den Hang hinauf, ein Haus mit erstaunlich gut erhaltenem *Phallus-Symbol*, wahrscheinlich ein Wegweiser zu einem "Haus der Freuden" *(5)*. Vom *Tempel des Dionysos (6)* schräg gegenüber ist dagegen kaum noch etwas zu sehen. Oberhalb der Stoá führt die Gasse hinauf in das Zentrum der Stadt mit Grundmauern vieler Wohnhäuser und dem *Palast des ptolemäischen Statthalters (7)*, der aber sehr schlecht erhalten ist.
Südöstlich dieses Ruinenfeldes trifft man auf eine heilige Stätte der ägyptischen Götter *Isis, Sarapis und Anubis (8)*. Unmittelbar dahinter steht eine *byzantinische Kirche (9)* am Südwestrand der alten Stadt. Von ihr sind ebenfalls nur noch die Fundamente erhalten. Früher soll hier ein Apollon-Tempel gestanden haben. Den Hang nordöstlich hinab stößt man wieder auf den Hauptweg, der ab der Agorá zur *Heiligen Straße* wird. Nach dem Ende der Stoá folgt eine beschilderte Brunnenanlage, dann Häuserruinen am Hang. Rechter Hand kommt man an einem großen freien Platz vorbei, kurz danach sieht man links

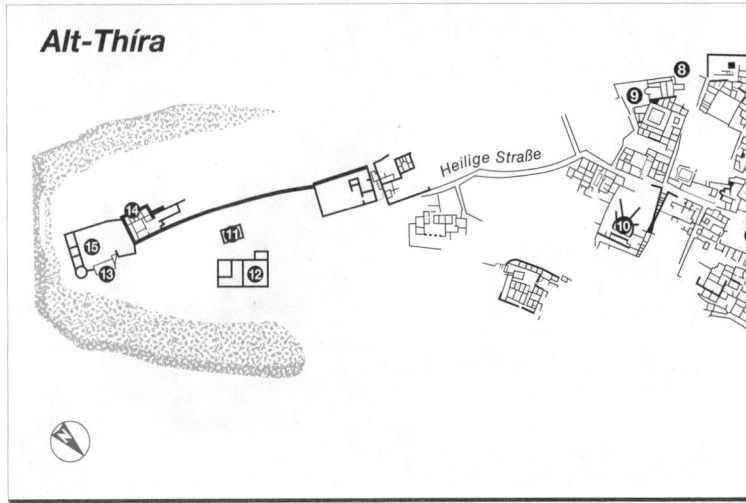

Alt-Thíra

Heilige Straße

am Hang die zerstörten Sitzreihen eines *ägyptisch-römischen Theaters (10)*, von dem die 1500 Zuschauer einst einen wunderschönen Ausblick aufs Meer hatten.

Die Heilige Straße verläuft südöstlich weiter und endet auf einer lang gestreckten, windigen Felsnase (war in den letzten Jahren für Besucher zeitweise gesperrt). Dabei passiert man zunächst die aus dorischer Zeit stammende *Götter-Agorá (11)* mitsamt einer kleinen, der Artemis geweihten Säule auf der linken Seite. Sie gilt als der älteste und heiligste Platz der alten Stadt. Dahinter liegt ein anderer *Apollon-Tempel (12)* aus dem 6. Jh. v. Chr. Zu sehen sind ein Hof mit Zisterne und eine weiter südlich liegende Terrasse für Wettkämpfe. Hier hat man zahlreiche erotische Felsinschriften entdeckt, in denen angeblich Männer ihre Lieblingsknaben gepriesen haben –, die "ältesten und wüstesten" Schriftzeugnisse der Dorer sind sie genannt worden.

Schließlich befindet sich am Ende der Heiligen Straße links eine (nicht zugängliche) *Grotte (13)*, die Hermes und Herakles geweiht war. Gegenüber sind die Ruinen *römischer Thermen (14)* erhalten. Dazwischen liegt ein *Gymnasion (15)* aus dem 2. Jh. v. Chr. Das Panorama von hier oben ist wunderschön. Man kann den nach Monólithos einschwebenden Flugzeugen zusehen, die in der Ferne sich dunkel erhebende Insel Anáfi wahrnehmen und den Schatten von Kreta erahnen. Ebenfalls herrlich ist der Blick über den ganzen Südteil Santorínis, vor allem auf Périssa mit seiner markanten Kirche.

Auf dem Rückweg kann man nach der Agorá links den gut erhaltenen Stufenweg hinauf zur *Kaserne der ptolemäischen Soldaten (16)* gehen. Hier ist die höchstgelegene Stelle von Alt-Thíra erreicht. Benachbart liegt das *Gymnasion (17)*, der mehr als 200 qm große militärische Übungsplatz von 164 v. Chr.

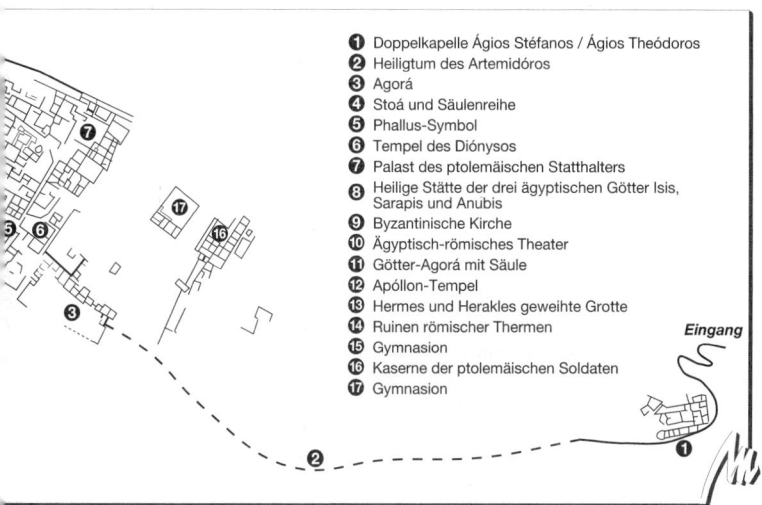

❶ Doppelkapelle Ágios Stéfanos / Ágios Theódoros
❷ Heiligtum des Artemidóros
❸ Agorá
❹ Stoá und Säulenreihe
❺ Phallus-Symbol
❻ Tempel des Diónysos
❼ Palast des ptolemäischen Statthalters
❽ Heilige Stätte der drei ägyptischen Götter Isis, Sarapis und Anubis
❾ Byzantinische Kirche
❿ Ägyptisch-römisches Theater
⓫ Götter-Agorá mit Säule
⓬ Apóllon-Tempel
⓭ Hermes und Herakles geweihte Grotte
⓮ Ruinen römischer Thermen
⓯ Gymnasion
⓰ Kaserne der ptolemäischen Soldaten
⓱ Gymnasion

Eingang

Wanderung von Kamári über die Kapelle Zoodóchos Pigí und Alt-Thíra nach Périssa

Von Kamári auf schmalem Serpentinenpfad steil hinauf. Eine Höhlenkirche mitsamt Quelle bietet einen guten Rastplatz. Weiter auf steinigem Fußpfad zum Selláda-Sattel, von dem ein schöner Panoramaweg mit Blick auf Périssa auf der anderen Seite hinunterführt.

Wegstrecke: Von Kamári über einen gepflasterten Treppenweg hinauf zur Kapelle Zoodóchos Pigí, dann auf Schotter zum Sattel des Selláda. Hier Besichtigungsmöglichkeit des alten Thíra. Auf gegenüberliegender Seite des Sattels wieder auf einem breit ausgetretenen Schotterweg hinunter nach Périssa.

Dauer: Von Kamári zur Kapelle Zoodóchos Pigí sind es etwa 30–35 Min., dann ca. 15 Min. bis zum Selláda. Hinunter nach Périssa dauert es ca. 35–45 Min. bis zum Busstopp. Für die Besichtigung von Alt-Thíra sollte man je nach Interessenlage 1,5–2,5 Std. einkalkulieren.

Karte Seite 470/471

Santoríni

▶ **Wegbeschreibung**: Unser Weg beginnt exakt auf 60 Höhenmetern an der *Kreuzung*, an der die Zufahrtsstraße nach Alt-Thíra von der verlängerten Ortseingangsstraße von Kamári abzweigt (beschildert). Man folgt zunächst der breiten, betonierten Straße ca. 300–350 m bergauf und biegt direkt hinter dem *Hotel Argo* an einem kleinen *Platz* mit verkrüppeltem Baum und einem Supermarkt rechts von der Straße ab. Der auf einer Breite von etwa 2,5 m betonierte Weg führt hier von 90 Höhenmetern sofort kräftig bergauf. Nach knapp 80 m endet der Beton und es beginnt links ein steiler, mit Natursteinen angelegter *Treppenweg*, der sich den Westhang hinaufzieht. Das erste Etappenziel, die Kapelle Zoodóchos Pigí, ist schon als weißer Fleck in der Felswand zu sehen. Auf Schotter und ordentlich gepflastertem Untergrund geht es in vielen Serpentinen sehr steil hinauf. Meist sorgt der Wind während des beschwerlichen

Aufstiegs für etwas Erfrischung. Am Wegrand zeigt sich nur spärlicher Phryganabewuchs: Thymian, Salbei, Oregano, ansonsten dominiert die karge Berglandschaft. Hübsch sind immer wieder die Blicke hinunter auf Kamári und den herrlich dunklen Sandstrand. Man steigt weiter steil aufwärts und erreicht etwa 30 Min. ab Beginn des Pfades die winzige, weiß gekalkte *Kapelle Zoodóchos Pigí* unter einer überhängenden Felswand auf immerhin schon 220 Höhenmetern.

Lebensspendender Quell: Die Kapelle Zoodóchos Pigí

Der Vorhof des einsamen Kirchleins bietet ein wunderschönes Ruheplätzchen mit weitem Blick, darüber ragt ein prächtiger Johannisbrotbaum. Die Kapelle selber ist mit zwei Vorhängeschlössern gesichert. Die Überraschung liegt dahinter: Vorbei an einem betonierten Tisch gelangt man durch ein meist offen stehendes Eisentor in eine gut 10 m tiefe Grotte. Hier entspringt eine erfrischende Quelle, die der Kirche ("Lebensspendender Quell") ihren Namen gegeben hat. Vom ständigen Herabtropfen des Wassers haben sich große Kalkterrassen gebildet – eine Tropfsteinhöhle en miniature. Leider reicht das Tropfwasser kaum aus, um eine Flasche aufzufüllen. Die Höhle ist hinter der Quelle noch ein Stück weit begehbar. Vorsicht jedoch auf dem glitschigen Untergrund, nur mit Taschenlampe.

Die Legende berichtet von einer Frau, die ihren Sohn durch einen Unfall verloren hatte. Sie stieg zur Kapelle hinauf, um ein Opfer zu bringen, wurde hier oben aber von einem Dämon vergewaltigt. Das Bildnis der Frau wurde später von der Familie in die Felsen geritzt. Seither ziehen am Jahrestag dieser Tat, dem 5. Mai, jedes Jahr die Einwohner Kamáris unter großem Lärm und Krach hinauf, um die bösen Geister zu vertreiben.

An der Südseite der Kapelle steigt der weitere Pfad wieder massiv an, zunächst auf Treppenstufen, dann nur noch auf Schotter. Nach einigen Kurven rückt in der geraden Verlängerung des Weges die *Doppelkapelle Ágios Stéfanos/Ágios Theódoros* ins Blickfeld. Hier liegt auch der Eingangsbereich zum antiken Thíra (→ oben). Bald ist die Sicht wieder frei auf die in Serpentinen angelegte Zufahrtsstraße zum Selláda-Sattel. Weiterhin über Schotter, Fels und loses Geröll zieht sich der Weg westlich in Richtung Straße und in die reicher bewachsene Schlucht hinein. Kurz bevor man auf die Straße trifft, biegt der Pfad nach rechts ab, den Hang hinauf. Hier, auf nun 270 Höhenmetern, bestimmen Schotter und loses Geröll den Wegverlauf. Nochmals umkurvt der Pfad nördlich einer Serpentine die Straße, bevor sie tatsächlich überquert wird. Schräg südlich setzt sich der Pfad auf der gegenüberliegenden Seite der Straße direkt in Richtung Eingangspforte von *Alt-Thíra* fort. Halblinks über den steilen Hang hinweg trifft man unmittelbar oberhalb des Parkplatzes auf den Weg zur antiken Stätte.

Nach einer eventuellen Besichtigung von Alt-Thíra setzt sich der Weg nach Périssa an der Westseite des Parkplatzes fort. Gut erkennbar geht es an einer Steinmauer auf einem breit ausgetretenen Schotterpfad mit Blick auf *Périssa*

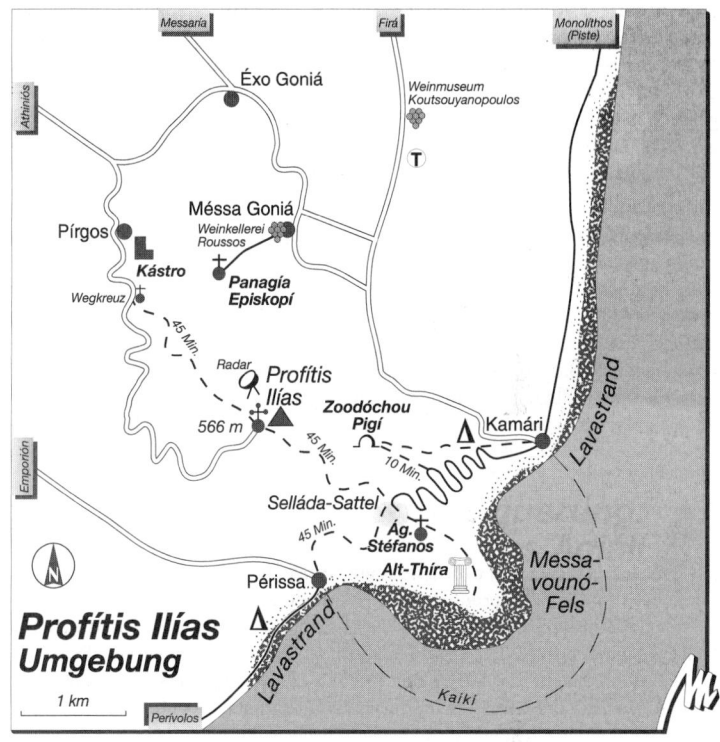

Profítis Ilías Umgebung

1 km

hinunter. Der weitere Weg, teilweise über einige Treppenstufen, ist nun nicht mehr zu verfehlen. Stets unterhalb der steilen und kahlen Felswand verläuft der Weg bergab, wobei die Schlucht immer rechts des Pfades bleibt. Je nach Wandergeschwindigkeit erreicht man in 35–45 Min. die Ebene hinter Périssa an der Asphaltstraße, die in Richtung Osten auf die *Uferpromenade* zuläuft. An der großen *Kirche Tímios Stavrós* Richtung Meer halten, dann wieder links abbiegen. Dort befindet sich die *Bushaltestelle*.

Wanderung von Alt-Thíra auf den Gipfel des Profítis Ilías

Vom Selláda-Sattel führt ein schmaler, steiniger Fußpfad auf den Gipfel des *Profítis Ilías*, zu erkennen an der großen Radaranlage. Hinauf wird man etwa 70–85 Min. brauchen – bequemer und kürzer ist der Weg natürlich in umgekehrter Richtung. Auf der Spitze das Kloster Profítis Ilías (→ unten).

Méssa Goniá

Zentrum des Weinanbaus auf Santoríni, beim Erdbeben von 1956 fast völlig zerstört, daraufhin wurde Kamári an der Küste gegründet. Verfallene Häuser,

Lagerhallen für Wein und Dutzende kleiner Kirchen prägen das Bild des Hangdorfs. Die Roussos-Familie hat eine große Kellerei zur Weinprobierstube umfunktioniert, die *Canava Roussos*. Für wenig Geld kann man tägl. von 10–20 Uhr fünf verschiedene Weine kosten und die Räumlichkeiten besichtigen – große Fässer, Gerätschaften für Anbau, Kelterei etc. Besonderes Schmankerl: Zur Weinernte (August/September) dürfen Touristen nach traditioneller Art die Trauben mit Füßen auspressen. Möglichkeit zum Weineinkauf.

▶ **Panagía Episkopí**: Kirche aus dem 12. Jh., auf einer Anhöhe über dem Ort, mittlerweile über eine breite Asphaltstraße zu erreichen. Leider außen und innen unschön mit Beton restauriert. Teile der Anlage stammen von einer frühchristlichen Basilika, die früher hier stand. Boden, Altarwand und Säulen bestehen ganz aus Marmor, einige der Säulen wurden aus dem nahen Alt-Thíra hierher gebracht. Beachtenswert sind die alten Fresken in den Bögen und Seitenkapellen, z. B. Salome mit dem abgeschlagenen Kopf Johannes des Täufers, verschiedene Heilige, Heilung der Blinden, Christi Auferstehung etc. Vom Kirchenvorplatz schöner Blick aufs Meer und die Landepiste von Monólithos.

Öffnungszeiten/Preise tägl. 9–17 Uhr, eine Aufseherin wohnt gleich bei der Kirche. Angemessene Kleidung notwendig.

Pistazienernte

Pistazien *(fistikiá)* sind neben Wein und Tomaten ein weiteres traditionelles Anbau- und Ausfuhrprodukt der Insel. Ende August werden die kleinen mandelförmigen Früchte reif und leuchtend rot. Man pflückt sie im September, danach erfolgt die Weiterverarbeitung. An der Straße unterhalb von 'Exo Goniá hatten wir Gelegenheit, eine *Pistazienschäl- und -waschmaschine* in Aktion zu sehen: Die festen Schalen der nussartigen Früchte sind nämlich noch mit einer zähen und dicken Haut umgeben, die zunächst entfernt werden muss. Dies geschieht in einer Art Drahttrommel, in der die Pistazien unter Zugabe von Wasser hin- und hergeschleudert werden, bis sich die Haut löst. Die Bauern der Umgebung bringen ihre Ernte zur Maschine, und diese läuft über mehrere Tage hinweg unermüdlich. Die Pistazien werden dann an der Sonne getrocknet, die weitere Zubereitung geschieht folgendermaßen: in eine Wassermenge zweieinhalb Suppenlöffel Salz geben, dazu einen Teelöffel *Xinó*, eine Art Aromastoff mit dem Geschmack von Zitrone. Die Mischung über ein Kilo sonnengeröstete Pistazien gießen, dann eine Viertelstunde im Ofen rösten, wobei man eine Zeitung unterlegt, die das Wasser aufsaugt. Pistazien kann man zwar auch roh essen, der Geschmack ist dann aber lange nicht so aromatisch.

Éxo Goniá

Weiteres Weinbauzentrum, hübsches Dorf am Steilhang über Méssa Goniá, jedoch ebenfalls beim Erdbeben von 1956 schwer beschädigt, in der großen Kirche *Agios Charalambos* Fresken von Christoforos Assiminis. Die einst nach Kamári ans Meer abgewanderten Bewohner kehrten im Laufe der letzten Jahre verstärkt zurück in das Schluchtdorf. Dennoch zeigt sich Éxo Goniá um

*Im September Anlaufpunkt aller Bauern der Umgebung:
die Pistazien-Schälanlage unterhalb von Éxo Goniá*

die Mittagszeit wie ausgestorben. Im unteren Dorfbereich liegt allerdings eine der größten *Weinkellereien* der Insel. Hier herrscht vor allem zur Erntesaison im Spätsommer Hochbetrieb.

Am südlichen Ortsausgang findet vom 15. Juni bis zum 15. September in einer alten Weinkellerei von Roussos das **Santoríni Folklore Festival** statt (Fr–So ab 20 Uhr, Eintritt ca. 10 €, eine Flasche Wein gratis). Erkundigungen bzw. Buchungen in allen Reiseagenturen der Insel (mit Bustransfer).

• *Essen & Trinken* **Gonia**, Ouzerie ziemlich weit oben in Éxo Goniá, von der markanten Kirche Ágios Charálambos nur ein paar Treppenstufen hinab. Man sitzt angenehm unterm Strohmattendach auf einer leicht begrünten Hochterrasse mit Blick auf Méssa Goniá, Kamári und auf den Profítis Ilías. Das ruhige Plätzchen ist noch eine Ouzerie im alten Stil. Chef Ioannis serviert leckeres Essen traditioneller Art.

• *Kunst* **Art Space**, eines der exklusivsten Künstlerateliers auf der Insel. Von der Durchgangsstraße Kamári– Messariá rechts ab (beschildert), untergebracht in einem großen Höhlenlagerraum. In dem mehr als 6 m breiten und sehr langen Tonnengewölbe im Bimsstein befanden sich von 1830 bis etwa 1950 ein Tomaten- und ein Weinverarbeitungsbetrieb sowie eine Rakí-Brennerei. Es hängen noch alte Fotos aus dieser Zeit in den Räumen und der Besitzer hat das Ambiente mit Geräten aus der Tomatenindustrie und der Winzerei dekoriert. Insofern kommen nicht nur die Freunde moderner Kunst, sondern auch die Liebhaber des alten traditionellen Handwerks auf ihre Kosten. Im Mittelpunkt stehen aber natürlich die Exponate moderner Kunst. Die Ausstellungsstücke stammen von mehr als 30 verschiedenen Künstlern. Man bemüht sich immer, wirklich hervorragende Arbeiten zu präsentieren. Geöffnet tägl. 9–20 Uhr, Eintritt frei, ✆ 22860-32774.

Karte Seite 470/471

Santoríni

Zwischen Éxo Goniá und Messariá

▶ **Weinmuseum und Kellerei Koutsouyanopoulos**: bei der Tankstelle östlich von Messariá, an der Busroute von Firá nach Kamári. Das *Wine Museum of Santoríni* zeigt in einem umgebauten Gewölbekeller von 1880 allerlei Utensilien zur Weinherstellung: Körbe, Krüge, "römische" Waagen, Lampen, Analysegeräte, Fässer bis zu 3000 Liter, Messbecher, Trichter, Schläuche aus Ziegenhaut, Abfülleinrichtungen, Werkzeuge für die Arbeit im Weinfeld, handbetriebene Weinpressen aus Holz und Metall sowie Walzen für die zu pressenden Trauben und einige Werkzeuge, die von santorinischen Böttchern ab ca. 1880 benutzt wurden. An den Wänden hängen unzählige Bilder, die gute Eindrücke von der Arbeit im Weinfeld, der Weinherstellung und Verschiffung im Hafen liefern. Informationen zu den Weinen von Koutsouyanopoulos auf S. 473.

Öffnungszeiten April bis Oktober tägl. 12–20 Uhr. Das Weinmuseum kostet ca. 1,50 € Eintritt. ✆ 22860-31322.

Pírgos

Ehemalige Inselhauptstadt zur Zeit der Piratengefahr. Extrem verwinkeltes Hangdorf mit Treppen, Gassen und Kirchen. Im oberen Bereich Reste einer mittelalterlichen Befestigungsanlage. Höchstgelegener Ort im Zentrum des Eilands. Sehr sehenswert und vom großen Tourismus noch nicht entdeckt.

Als die Bewohner des nahen Alt-Thíra wegen eines Erdbebens in der Antike ihre Stadt verlassen mussten, siedelten sie sich hier an. Pírgos ist damit der älteste noch bewohnte Ort der Insel. Er liegt auf dem nordwestlichen Arm des Profítis-Ilías-Massivs und kann noch mit weiteren Superlativen glänzen: Mit etwa 360 Höhenmetern ist Pírgos das "Penthouse" von Santoríni – kein Ort der Insel liegt höher. Und so wundert es auch nicht, dass in der Zeit verheerender Piratenüberfälle hier die Inselhauptstadt entstand.

Von der zentralen Platía, an der auch die Bushaltestelle liegt, führt eine Gasse geradewegs hinauf in das Gewirr von schmalen Gässchen, Bogendurchgängen, Treppchen, Würfelhäusern und tiefblauen Kirchenkuppeln. Am höchsten Punkt inmitten dieses typischen Kykladenambientes finden sich zahlreiche (mit Beton restaurierte) Mauern, die den Standort des ehemaligen venezianischen Kastros andeuten. Heute nennen es die Einheimischen "Kastelli". Von hier oben genießt man einen fantastischen, kaum zu überbietenden Rundblick – nur der Profítis Ilías ragt noch höher auf. In der ehemaligen Kirche *Agía Triáda* im Kastrobezirk ist ein Ikonenmuseum untergebracht. Das kleine Einraum-Museum besitzt wenige, aber wertvolle Ikonen, diverse Priestergewänder, Weihrauchgefäße und sakrale Gegenstände aus Silber.

Öffnungszeiten Nebensaison Mi, Sa, So 10–14 Uhr. Hauptsaison Mo, Mi, Fr, Sa, So 10–14 Uhr. Eintritt frei.

● *Verbindungen* Alle Busse der Routen Firá – Périssa und Firá – Akrotíri stoppen an der runden Platia in Pírgos.

● *Übernachten* **Zannos Melathrou**, A-Kat., hinter einem Bogendurchgang im oberen Teil des Ortes. Das 1870 mit Mosaikböden, Wandmalereien und Stuckdecken errich-

tete Herrenhaus steht unter Denkmalschutz. Chef Christos Poulakis hat es im Jahr 2000 vollständig saniert und zu einem luxuriösen Hotel umgebaut. Fast alle der zehn Suiten von 45–95 qm sind im Höhlenstil errichtet. Sie besitzen Marmorküchen und -bäder, Sat-TV und Telefon. Im Hotelsalon antike Möbel und museumsreife Ausstellungsstücke, zudem gibt es eine Weinbar und einen super Aussichtsbalkon. Suite für 2 Pers. mit Frühstück und Mietauto ca. 350–420 €, "Discount"-Preis im Winter: 255 €. Pauschal über Attika. ℘ 22860-28220, ℡ 28229, www.zannos.gr

Margarita, direkt an der Zufahrtsstraße, kurz vor der Platia auf der rechten Seite. Straßenlärm hält sich aber in Grenzen. Wirtin Theoni spricht nur ein paar Brocken Englisch. Sie vermietet in dem zweistöckigen Haus mit braunen Fensterläden neun relativ kleine DZ mit Bad und Balkon. Helle Kiefernholzmöbel. DZ ca. 25–50 €. ℘ 22860-31866.

● *Essen & Trinken* **Kallisti**, unser Tipp in Pírgos. Auf einer Hochterrasse direkt an der Platia, wo der Bus hält. Nektarios Fitros

serviert hier zahlreiche Spezialitäten und hervorragende Eigenkreationen, z. B. *maroúlikeftédes* (gebackener Teig mit Kopfsalat, Zwiebeln, Dill und Blüten einer besonderen Blume), *kondosoúvli* (mit Zwiebeln, grünem Pfeffer und Käse gefülltes Schweinefleisch, am Drehspieß gegrillt) und *chloró* (Kuhmilchkäse mit großen Löchern, eine Spezialität aus Pírgos). Außerdem gibt es ein riesiges Büffet von Nachspeisen. Preise fürs Gebotene okay.

Pyrgos, hübsche Lage an einem Weingarten vor dem Ortseingang auf der linken Seite. Ein weinüberrankter Holzsteg führt zum Speisepavillon mit Superblick über den gesamten Mittelteil der Insel. Küche im Rahmen, Preise gehoben.

Außerhalb von Pírgos

▸ **Weinkellerei Santo**: an der Kreuzung Richtung Firá bzw. Akrotíri in einem 1992 burgähnlich errichteten Haus hoch oben am Kraterrand, nicht zu übersehen. Da das Terrassenrestaurant ausgesprochen schön liegt, ist der Ausschankraum täglich Anlaufstelle Dutzender Touristenbusse geworden. Abends findet man hier einen wunderbar entspannenden Platz, um bei einem Glas Santoríni-Wein den Sonnenuntergang über der Caldera zu genießen. Nebenan kann man auch die *Kellerei* besichtigen, Dauer ca. 20 Min. Informationen zu den Weinen von Santo siehe S. 473.

Öffnungszeiten April bis Oktober tägl. von 9–20 Uhr. Englischsprachige Führung ca. 1,50 € pro Pers. ℘ 22860-22596, ℡ 23137, E-Mail: santowines@san.forthnet.gr

Profítis Ilías

Der höchste Berg (568 m) mit dem gleichnamigen Kloster an der Spitze präsentiert sich optisch verschandelt durch eine militärische Radaranlage samt "Greek Radio Television Transmitter Centre", bietet aber gute Wandermöglichkeiten.

Der Eingang zur Klosteranlage wird durch den imposanten Glockenträger überragt. Gleich dahinter liegt die große, sonnenüberflutete Klosterterrasse, von der man einen herrlichen Blick über ganz Santoríni hat. Die Dörfer sind wie im Bilderbuch ausgebreitet, man sieht bis Oía an der Nordspitze. Gleich südlich unterhalb des Felsens liegt Périssa mit seiner mächtigen Kreuzkirche. Bemerkenswert ist das marmorne *Weihwasserbecken* auf der Terrasse. Es stammt von der Insel Lésbos und entstand im Jahr 1742. Unter dem Hof liegt eine große *Zisterne* aus venezianischer Zeit, in der noch heute Wasser gesammelt wird. Die *Klosterkirche* selbst ist nicht so groß, wie man vielleicht erwartet hat. Immerhin besitzt sie eine imposante Altarwand von 1836, bedeutende Ikonen sowie zahlreiche Sakralgegenstände. Das *Volkskundemuseum* im Kloster ist leider seit vielen Jahren geschlossen.

● *Anfahrt* nur über Pírgos möglich, am Kreisverkehr rechts, etwa 3 km in steilen Serpentinen hinauf, dann vor der Militäranlage unterhalb des Gipfels auf die schmalere Straße

Karte Seite 470/471

Santoríni

rechts einbiegen und noch ein paar Kurven hinauf.

• *Öffnungszeiten des Klosters* im Sommer 5–9 Uhr und 16–18 Uhr, im Winter 5–10 Uhr und 17–19 Uhr. Mo und Di geschl. Der jüngere Mönch, der die Touristen einlässt, achtet ebenso streng auf die passende Kleidung wie seine älteren Glaubensbrüder.

• *Wandern* Kurz nach dem Ortsausgang von Pírgos geht von der Straße bei einem Wegaltar links ein gepflasterter **Fußpfad** zum Kloster ab, Dauer bis zum Kloster ca. 1 Std. Der **Fußpfad** vom Kloster nach Alt-Thíra auf dem Sellada-Sattel beginnt unmittelbar links gegenüber der Klosterpforte an einem Schild "Ancient Thíra by foot", Dauer auch ca. 1 Std.

Megalochóri

Zwei prächtige Glockentürme überspannen die Hauptgasse, einzigartig auf der Insel. Dazu gibt es eine idyllische Platia mit guten Tavernen. Trotzdem ist Megalochóri ein touristisch kaum berührter Ort geblieben.

Das kleine, verwinkelte Dorf liegt seitlich der Straße von Firá nach Périssa bzw. Akrotíri kurz hinter der Abzweigung zum Hafen Athiniós. Eine lange, gewundene Straße durchquert den Ortskern. Auf der zentralen Platia sitzt man schön unter einem uralten Baum. Optischer Höhepunkt von Megalochóri sind beiden Kirchen, deren Glockentürme jeweils die Hauptgasse überspannen. An der Platia steht der imposante Kreuzkuppelbau der *Panagía*. Ihr zweistufiger Glockenturm mit Kuppel und Uhr befindet sich auf dem langen Durchgang mit dem blauen Geländer. Weiter oben im Dorf überragt ein weiterer Glockenträger malerisch die Hauptgasse. Er gehört zur *Kirche Ágii Anárgiri*. Mit seinen drei Stockwerken und insgesamt sechs Glocken ähnelt er verblüffend dem Glockenträger der Panagía-Kirche in Oía.

• *Verbindungen* Alle Busse der Routen Firá – Périssa und Firá – Akrotíri stoppen an der Umgehungsstraße, jeweils am nördlichen und am südlichen Ortseingang von Megalochóri. Selbstfahrer Achtung: Die Hauptgasse durch den Ort ist eine Einbahnstraße, die nur von Nord nach Süd befahren werden darf.

• *Übernachten* **Vedema**, A-Kat., komfortable Anlage am Hang oberhalb des Ortskerns (beschildert). Mitglied der Kette "The Luxury Collection". 36 geschmackvolle Suiten mit TV und Aircondition, Swimmingpool, eigener kleiner Strand in 3 km Entfernung (Busservice). Restaurant und Weinbar sind in den Gemäuern einer 200 Jahre alten Weinkellerei untergebracht. Der Küchenchef aus Monte Carlo kreiert internationale mediterrane Küche. Über Geld spricht man hier allerdings nicht – die Suite kostet ca. 200–550 € am Tag. ☏ 22860-81796, ✆ 81798, www.vedema.gr.

• *Essen & Trinken* **Gero Manoli**, an der zentralen Platia, Tische unter einem riesigen Baum und zusätzlich mit Schilfmatten überdacht. Man sitzt ruhig im Dorfzentrum, und auch abends ist – zumindest während der Nebensaison – nicht allzu viel los. Griechische Musik tönt leise im Hintergrund und es gibt die übliche Küche. Gäste lobten die Fleischgerichte. Freundlicher Wirt.

Außerhalb von Megalochóri

▸ **Weinkellerei Boutari:** Am Abzweig nach Périssa bietet die große Kellerei eine Werksführung in deutscher Sprache mit Multimedia-Show zu Santoríni und anschließender Weinprobe der drei Sorten *Santoríni*, *Kallísti* und *Visánto*. Boutari ist eine der größten Weinkellereien mit fünf Niederlassungen in Griechenland. Weitere Informationen siehe S. 473.

Öffnungszeiten März bis Oktober tägl. 10–19 Uhr, im Winter 10–16 Uhr. ☏ 22860-81011, ✆ 81606.

▸ **Weinkellerei Antoniou:** erst vor wenigen Jahren eröffnete Kellerei südlich von Megalochóri und westlich der Straße Richtung Emborío (beschildert). Neuerer

Bau am Kraterhang mit schönem Blick von der Terrasse des Restaurants. Kleine Weinprobier- und Verkaufsstube oben am Parkplatz, Kellerei und Lokal die Treppe hinunter. Deutlich ruhiger als die anderen Kellereien, aber nur vormittags geöffnet. Weitere Informationen siehe S. 473.

Öffnungszeiten April bis Oktober tägl. 9–13 Uhr. ☎ 22860-23557.

Inselsüden

Südlich vom Profítis Ilías erstreckt sich eine ausgedehnte Ebene, die zum Meer hin abfällt und durch einen 7 km langen, schwarzen Strand abgeschlossen wird – mit Abstand der längste der Insel.

Derzeit entsteht hier eine riesige, weit ausufernde Ferienstadt, die sich einmal von Périssa über Perívolos bis Vlicháda ziehen wird. Die Asphaltstraßen sind bereits gezogen, auch Linienbusse kurven schon durch das Gelände. Doch bisher wirkt das staubige Ambiente mit seinen nur vereinzelt bezugsfertigen Hotels und zahlreichen Rohbauten noch nicht sehr einladend.

Größte Attraktion im Süden ist aber natürlich die weltberühmte Ausgrabung der kykladisch-minoischen Hafenstadt *Akrotíri*. Nach der Besichtigung kann man einen Stopp am nahen "Red Beach" einlegen, optisch sicher die eindrucksvollste Badestelle der Insel.

Der äußerste Südwesten Santorínis ist bisher weitgehend einsam und touristisch nur wenig erschlossen. Eine neue Asphaltstraße führt bis zum Leuchtturm am Kap Akrotíri in der äußersten westlichen Inselspitze. Die vulkanische Natur Santorínis ist in dieser Inselecke besonders stark zu spüren – Staub, Bimsstein und Lavageröll in allen Farbschattierungen.

Périssa

Neben Kamári zweiter Badeort von Santoríni, weit auseinander gezogene Sommersiedlung mit Tendenz zur Zersiedlung.

In Goldgräberstimmung haben sich hier in den letzten Jahren zahllose touristische Unternehmer entlang der langen Zufahrtsstraße zum Strand niedergelassen. Hotels, Bars, Fahrzeugverleiher, Reisebüros und Wäschereien gibt es zuhauf in "Boomtown" – doch alles wirkt etwas improvisiert, schnell aus dem Boden gestampft.

Während Kamári fast völlig von Pauschaltouristen in Beschlag genommen wird, ist Périssa der jugendlichste Ort auf Santoríni und bevorzugter Anlaufpunkt für Rucksacktouristen. Discos, eine Jugendherberge und ein gut besuchter Campingplatz direkt am Strand zeigen, wo's hier lang geht – zumindest in der Hauptsaison. In Vollmondnächten wird dann oft ein Strandfest mit großem Lagerfeuer gefeiert.

Ansonsten ist hier vieles ähnlich wie in Kamári: die atemberaubende Lage neben dem steilen Fels Méssa Vounó und der schwarze Lavastrand, der jedoch noch länger ist als bei Kamári und aus feinerem Sand besteht. Platzprobleme gibt es nicht: Auf einer neu asphaltierten Straße kann man am Meer entlang Richtung Süden laufen oder fahren, diverse Tavernen und Bars reihen sich wie an einer Perlenkette aneinander.

Karte Seite 470/471

Santorini

Verbindungen

Häufige Busse von und nach **Firá**, z. T. über **Perívolos** und **Vlicháda**. in der Hochsaison auch direkte Busse zur Ausgrabung von **Akrotíri** (ansonsten bis Firá fahren, dort umsteigen). Etwa stündlich Boot nach **Kamári**

(→ Kamári), außerdem Badeboot zum **Red Beach**.

Schöner **Fußweg** zum Sellada-Sattel und Alt-Thíra (→ Kamári/Umgebung), dafür können auch Maulesel gemietet werden, ca. 6 €.

Adressen

• _Auto-/Zweiradvermietung_ Diverse Anbieter konzentrieren sich entlang der Ortseingangsstraße.

• _Internationale Presse_ Mehrere Läden an der Ortseingangsstraße.

• _Internet_ Im Büro des Campingplatzes befinden sich Internet-Arbeitsplätze für ca. 5 € pro Std. ℡ 22860-81343, ✆ 81604.

• _Sport_ **Water Park**, im Jahr 2000 neu eröffneter Fun Club ein Stück weit hinter dem Strand von Périssa. Drei Rutschen und drei Swimmingpools, Kinderspielplatz, Restau-

rant, Snackbar, Sonnenschirme und Liegestühle. Dazu internationale Popmusik und entsprechend vorwiegend junges Publikum. In der Saison tägl. 10–23 Uhr. Eintritt 6 € pro Tag, Kinder 3 €. ℡ 22860-81809, ✆ 81139.

Mediterranean Dive Club, an der Paralia unweit vom Campingplatz. Tauchkurse für Anfänger und Fortgeschrittene. ℡ 22860-83080, ✆ 83081, www.diveclub.gr

• _Wäscherei_ Mehrere, z. B. schräg gegenüber der Kirche.

Übernachten

Zahllose, oft etwas gesichtslos moderne Hotels, die noch keine Patina angesetzt haben, dazu Riesenangebot an Privatzimmern. Einige gepflegte Adressen in Strandnähe werden auch pauschal angeboten. Die Übernachtungspreise sind durchweg geringfügig günstiger als in Kamári und es ist einfacher, eine Unterkunft zu finden. Vor allem in der Nebensaison kommen nur wenig Gäste, dann gibt's erhebliche Preisnachlässe.

Nine Muses, A-Kat., in Perívolos, 2 km südlich von Périssa. Geräumige Anlage mit 52 gut eingerichteten Zimmern in kleinen Wohneinheiten. Alle Zimmer mit Balkon, Kühlschrank, Klimaanlage und Radio, Bäder mit Wannen, in den Suiten auch Sat-TV. Großer Pool mit Kinderbecken, zum Strand 200 m. Hotelrestaurant vorhanden. DZ ca. 75–120 €. Pauschal über TUI. ℡ 22860-81781-4, ✆ 81790.

Vengera, A-Kat., ausnehmend geschmackvolle Anlage am Strand, sehr großzügig, mit Pool errichtet. Haupthaus klassisch angehaucht. In den 40 Zimmern Aircondition, TV und Kühlschrank, Waschmaschine verfügbar, Frühstücksbuffet. DZ ca. 65–110 €. Pauschal über TUI. ℡ 22860-82060, ✆ 82608.

Kouros Village, A-Kat., etwa 100 m vom Meer. Besonders hübsch ist der geschwungene Pool mit Bar, auch ein Kinderbecken ist vorhanden. Insgesamt 35 Zimmer mit Bad, Balkon, Kühlschrank, Klimaanlage, Radio und TV. DZ ca. 65–110 €. ℡ 22860-81972, ✆ 81973, E-Mail: Kourosv@hol.gr

Meltemi, A-Kat., an der Zufahrtsstraße. Größere Anlage mit 56 DZ und Studios, teils Maisonette. Moderne Einrichtung mit Bad,

Balkon, Steinfundamentbetten, Klimaanlage, Kühlschrank, TV, Radio und Föhn. Pool, Poolbar und Kinderspielplatz vor dem Haus. Einmal wöch. griechischer Abend. DZ ca. 50–85 €. Pauschal über TUI. ℡ 22860-81325, ✆ 81139, E-Mail: meltemi@otenet.gr

Amaryllis, C-Kat., an der Zufahrtsstraße, ca. 150 m vom Strand. Großes, neues Haus mit 28 geräumigen Zimmern, Bäder mit Lüftung, dunkle Holzmöbel, Radio, Telefon. DZ ca. 35–60 €. ℡ 22860-81173, ✆ 81847.

Black Sandy Beach, C-Kat., gepflegte Unterkunft mit acht Zimmern, etwas zurück vom Strand. Bei Herrn Vassalos und seiner Frau herrscht familiäre Stimmung. DZ ca. 50–90 €. ℡ 22860-82474, ✆ 81773, www. blacksandybeach.gr

Marianna, D-Kat., am Fuß des Méssa-Vounó-Felsens, sehr ruhig, tolle Lage. Für den etwa zehnminütigen Fußmarsch zum Strand entschädigt die hinter dem Hotel prächtig aufragende Bergkulisse. Frühstücksraum, 28 Zimmer mit Steinfußboden und älterem Mobiliar, aber alles ganz ordentlich, Bad, Balkon, Telefon. Inzwischen gibt es einen nagelneuen Pool. DZ ca. 30–60 €. ℡ 22860-81286, ✆ 81737.

Mark & Ioanna, kurz vor Marianna. Schöne Hotel- und Studioanlage mit Garten, Top-Zustand. Vom liebenswürdigen Adonis und seiner Schwägerin Christina aufmerksam geführt. Die sehr netten und gastfreundlichen Leute vermieten 20 Studios mit jeweils voll ausgestatteter Küche und Balkon. 300 m zum Strand. ✆ 22860-81053.

Marousianna, E-Kat., zentrale Lage vor dem Campingplatz. Kleines Hotel mit Garten, ein gewisser Lärmpegel muss in Kauf genommen werden, da es direkt an der Zufahrtsstraße liegt. Zum Strand nur ein paar Schritte. DZ ca. 25–50 €. ✆ 22860-81124.

• *Jugendherberge* **Youth Hostel Anna**, schräg gegenüber auf der anderen Straßenseite. Geführt vom jungen, netten Panos, der das Haus nach seiner Mutter benannt hat. Zwei große Schlafsäle (einer nur für Frauen, der andere gemischt) und Mehrbettzimmer. Cafeteria vor dem Haus. Pro Bett etwa 5–10 €. ✆ 22860-82182.

• *Camping* **Perissa**, direkt am Strand. Sauberes und recht ebenes Gelände mit z. T. weichem Untergrund: dunkler Lavasand, nur wenige Kieselsteine und geringe Grasnarbe. Zahlreiche große Bäume und Schilf bieten reichlich Schatten. Es gibt aber auch Plätze unter Schilfbahnen. Sanitäre Anlagen waren beim Check sauber, reichen jedoch in der Hochsaison bei voll belegtem Platz sicher nicht ganz aus. Es gibt einige Waschplätze, eine Selbstkocherküche, einen kleinen Laden, ein Self-Service-Restaurant und eine "Beach Bar" – tolle Lage am Strand, Drinks und viel Musik, während der Saison 24 Std. geöffnet, wer will, kann am Strand tanzen. Außerdem eine Windsurfschule. Lockerer Umgangston. Der Platz ist umzingelt von Open-Air-Clubs: oft ohrenbetäubende Techno-Musik bis 5 Uhr früh. Kostenloser Bus-Service zum Hafen Athiniós. ✆ 22860-81343, ✆ 81604.

Essen & Trinken

Einige Tavernen liegen dicht nebeneinander am Ende der Stichstraße zum Strand von Périssa (Busendhaltestelle), weitere findet man an der Strandstraße über Límnes Richtung Perívolos. Qualität und Preise weitgehend im üblichen Rahmen. Ausgesprochene Fischtavernen eher in Límnes und Perívolos.

Perissa, fast am Nordende der Paralia. Größere Taverne unter blauem Sonnendach. Oben hübscher Roof Garden. Gute Fleischgerichte und Salate. Schneller Service, ortsübliche Preise.

Meltemi, direkt an der kurzen Straße von der Platia an der Stavrós-Kirche zum Strand. Gepflegtes Ambiente in einem kolonnadenähnlichen Gang. Spezialität des Hauses sind Fischgerichte, Pizzen und Spaghetti. Gehobene Küche zu gehobenen Preisen.

Marcos, ("Tourist Kiosk Restaurant"), am Nordende der Straße zum Strand. Tolle Lage unter Tamarisken, Tische stehen direkt im Sand. Tagsüber Massenbetrieb im Self-Service-Verfahren. Lecker die Gerichte in der Kasserolle, z. B. *spetsofái*.

Cosi, an der Hauptstraße, ca. 200 m hinter dem Hotel Amaryllis auf der linken Seite. Saubere, ordentlich geführte Taverne. Gute Fleischgerichte und ebensolcher Hauswein.

Forum, Tipp am Límnes-Strand. Der freundliche Dimitrios Sigalas führt dieses gemütliche Restaurant im Stil einer Café-Bar schon seit über zwölf Jahren. Es gibt Hühner und Kaninchen vom eigenen Bauernhof, außerdem Fisch und zahlreiche vegetarische Gerichte, wofür das Forum besonders bekannt ist. Fáva, Gemüse, Tomaten und Wein aus eigenem Anbau. Etwa drei x pro Woche wird in der Saison griechische Livemusik gespielt, dazu werden lokale Tänze aufgeführt. Der Wirt greift dann höchstpersönlich zum Akkordeon.

Lava, an der Strandstraße, im Bereich von Límnes, ca. 500 m südlich vom Camping. Der freundliche Ioannis serviert leckere Fischgerichte, einige vegetarische Speisen und guten Hauswein. In die Küche gehen und auswählen wird hier noch praktiziert. Man sitzt unter vier großen Tamarisken.

Charlina, schöne Lage an der Strandstraße bei Perívolos. Großraumtaverne auf einer Hochterrasse in guter Lage direkt am Hauptstrand. Große Auswahl an griechischer und internationaler Küche. Etwas höhere Preise.

Paragadia, an der Paralia von Perívolos. Die alten Amphoren und Requisiten aus der Seefahrt verfehlen ihre Wirkung als Blickfang nicht. Auch an den Innenwänden hat sich der Wirt eine kunstvolle Bemalung einfallen lassen. Gute Fischgerichte, Preise im Rahmen.

Drosos, in Perívolos am Strand, Nähe Busstopp. Echte griechische Hausmannskost, sehr lecker. Freundliches Wirtsehepaar.

Santoríni

Karte Seite 470/471

Svago, in Perívolos, Terrasse an der Strandstraße. Chef Cesare serviert hochklassige italienische Küche: Bruschetta, Carpaccio, Anellini ricotta, Spaghetti salsa di limone, Tiramisu etc. Dazu italienische Musik und Meeresblick. Guter Service, immer frische Produkte, saubere Küche und hochwertige Weine. Italienisches Preisniveau.

Unterhaltung/Nachtleben

Unzählige Cafés und Musik-Bars haben sich entlang der langen Paralia von Périssa über Límnes bis nach Perívolos niedergelassen. Die Auswahl ist nahezu unbegrenzt. Wer will, kann am Strand tanzen, und dies während der Saison 24 Std. am Tag. Diverse Diskos liegen an der Zufahrtsstraße nach Périssa und im Bereich von Perívolos.

Jazz, Strandbar neben dem Tauchclub. Fantasievoll errichtetes Café mit Plätzen an der Straße und unter Tamarisken. Schon zur Frühstückszeit geöffnet, aber auch abends beliebt. Natürlich Jazz-Musik.

Bounty, Beach-Bar in der Nähe des Campingplatzes. Kühle Drinks bei angenehmer Musik unter Schatten spendendem Schilfdach. Freundliche Bedienung.

Beach Club Scorpio, in der Mitte der Uferstraße im ersten Stock. Bei guter Musik kann man leckere Crêpes und andere Kleinigkeiten essen. Wirt hat in der Schweiz studiert und spricht fließend Deutsch.

?, Bierhaus am Strand zwischen Périssa und Perívolos. Nur hier gibt es auf Santoríni alle Sorten der Paulaner-Brauerei aus dem Fass und aus der Flasche (Weizen). Gemütliches Plätzchen unter Tamarisken am Strand.

Mera, Café-Bar an der Hauptzufahrtsstraße zum Perívolos-Strand. Nett eingerichtet. Unter Tamarisken und Schilfrohrschirmen sitzt man bequem mit Meeresblick beim Drink. Stehbar und Open-Air-Tanzfläche nebenan.

Full Moon Bar, beliebter Szene-Treff, 100 m vom Campingplatz an der Kreuzung. Klein, aber freier Eintritt und Tanzparty bis 3 Uhr morgens, gelegentlich Livemusik.

Yaya, am Perívolos-Strand in einer ehemaligen Tomatenfabrik. Tagsüber Strandcafé, abends beliebte Disko. Vor dem Eingang rosten zwei alte Tomatenmischer als Blickfang vor sich hin. Im Innenhof weitere Utensilien aus der Tomatenverarbeitung. Café im Hof der Fabrik, die Disko hat einen Innen- und einen Open-Air- Bereich. Immer aktuelle internationale Popmusik und garantiert ausgelassene Stimmung. Disko im Hochsommer jeden Tag, in der Nebensaison nur an Wochenenden. Eintritt 4 €, inkl. ein Getränk.

The Hot Spot Chilli, in Perívolos, 2 km südlich vom Ort Périssa. Lautstarkes Vergnügen direkt an der Strandstraße, Wochenendtreff der Athener.

Sehenswertes

Kirche Tímios Stavrós: optisch imposant und hier gänzlich unerwartet. Die beherrschende Kirche mit dem mächtigem Glockenturm und fünf Kuppeln ist nach der Mitrópolis in Firá der größte Sakralbau der Insel. Sie wurde vor etwa 150 Jahren an der Stelle eines ehemaligen Klosters aus byzantinischer Zeit errichtet. Zuvor soll hier schon in der Spätantike ein frühchristlicher Tempel aus dem 1. Jh. n. Chr. gestanden haben. Normalerweise ist die Kirche verschlossen und man kann nur den weit ausladenden Innenhof besichtigen. Wenn man jedoch den Dorfpriester höflich bittet, schließt er die Kirche gerne für ein paar Minuten auf. Im Innenraum gibt es hohe Säulen und viel Marmorausstattung zu bestaunen. Die Ikonostase an der Vorderfront misst gut 20 m Breite und ist wahrhaft übersät mit Heiligenbildern. Zwei Kirchweihfeste finden jedes Jahr am 29. August und 14. September statt.

Archéa Elefsína: Am Fuß des Kaps Méssa Vounó stößt man auf eine umzäunte Ausgrabung, in der einige Säulenstümpfe auffallen. Lange Zeit war man sich der Bedeutung des Fundes nicht bewusst, doch seit 2002 sind die Archäologen sicher, dass es sich dabei um die antike Totenstadt Elefsína handelt, die nicht – wie bisher vermutet – vor dem Kap Exomítis in den Fluten des Meeres versunken ist, sondern unter Périssa liegt.

Périssa/Baden

Der Strand beginnt direkt am südlichen Steilhang des Kaps Méssa Vounó und zieht sich etwa 4 km südwestlich hinunter bis zum Kávos Exomítis. Richtung Süden wird er immer leerer, doch überall wird gebaut. Der erste und beliebteste Strandabschnitt gehört zum Ort Périssa, danach schließen sich die Siedlungen *Límnes* und *Perívolos* an. Der letzte Kilometer bis *Exomítis* zeigt sich fast menschenleer. Der dunkle Strand aus Lavasand und feinem Kies unmittelbar in Périssa ist gepflegt und sauber. Alle paar Meter werden Sonnenschirme und Liegestühle verliehen, ein Stück weiter südlich auch Tretboote und Surfbretter. Im Gegensatz zu Kamári gibt es in Périssa keine Felsplatten im Wasser. Weiter nach Süden zeigt sich der Strand genauso breit, dafür aber verwilderter. Im Bereich von Límnes hat sich die einheimische Jugend ein Fußballfeld und mehrere Beachvolleyball-Felder angelegt.

Périssa/Umgebung

Auch von Périssa aus ist die Besteigung des Méssa Vounó möglich, jedoch nur zu Fuß bzw. per Maultier. Einziger größerer Ort in der Nähe ist Emborió, das man bei der Anfahrt nach Périssa passiert. Von dort weitere Abzweigmöglichkeit zur Küste.

Emborió

Größter Ort im Süden der Insel. Ehemals bedeutendes Zentrum mit einem Befestigungswall aus dem Mittelalter und dem mächtigsten Pýrgos der Insel, der fast mitten im Dorf steht. Hübsche kykladische Architektur im alten Teil und acht Windmühlen etwas außerhalb. Ansonsten kaum touristische Bedeutung, sondern vielmehr Wohnstadt der Einheimischen.

Die Busse von Firá und Périssa halten an der zentralen Platia mit Kiosk und kleinem Kinderspielplatz sowie der *Kirche Panagía* dahinter. Von hier aus führt eine Gasse links, d. h. nördlich den Hang hinauf in den älteren Teil von Emborió. Hier findet man das typische Kykladenambiente von schmalen Gassen, Bogendurchgängen, Treppchen, Würfelhäusern und tiefblauen Kirchenkuppeln.

Wer jedoch westlich des Kiosks in die Straße einbiegt, trifft auf den besterhaltenen Pírgos von Santoríni. Der bullige Wohnturm *Goúlas Froúrio* aus byzantinischer Zeit diente bei Belagerungen als Fluchtburg. In venezianischer Zeit wurde er nach der Herrscherfamilie d'Argenta benannt. Im Innenraum der heutigen, markant am Hang gelegenen Ruine befanden sich einst eine Zisterne und eine Kapelle.

Von Firá kommend, erhebt sich kurz vor dem Ortseingang direkt an der Straße ein ehemaliger antiker Tempel, der in christlicher Zeit zur Kapelle *Ágios Nikólaos Mármaris* umgebaut wurde.

Am Hügelkamm *Gavrílos* südlich von Emborió stehen acht alte *Windmühlenruinen*, die wahrscheinlich einst von den Fallwinden vom Profítis Ilías profitierten. Sie sind auf einem Fahrweg am westlichen Ortsausgang zu erreichen. Die dritte Mühle ist offen, das Mahlwerk ist zwar nicht mehr vorhanden, aber man kann innen einige Stufen nach oben gehen und sich die hölzerne Windrad- und Dachkonstruktion ansehen. Vorsicht: Das alte Holz ist ziemlich morsch und die Steine halten auch nicht mehr fest.

Órmos Vlicháda

Hübsche Szenerie eines großen Jachthafens vor einem fahlgelben Sandsteinriff. Dazu ein schöner und noch weitgehend ruhig gebliebener Strand, klares Wasser und Fischerbootromantik.

Am Ende der asphaltierten Zufahrtsstraße kommen – noch bevor man die Bucht erreicht – zunächst die Schornsteine und Hallen von zwei längst stillgelegten Tomatenfabriken ins Blickfeld. Gleich oberhalb der Bucht zweigt die neue Straße über Perívolos nach Périssa ab, danach folgt ein breiter Parkplatz direkt am Wasser. Westlich davon liegt unter dem Sandsteinriff ein ruhiger, ca. 500 m langer, schwarzer Kiesstrand. Östlich des Strandes hat man 1997 eine große Marina errichtet. Hier liegen die Ausflugsschiffe, Fischerkähne und Kaikis vor Anker, aber auch die Schnellboote der reicheren Santoriner. Hinter der Marina ragt die gelbe Bimssteinwand einige Meter hoch empor. Bei starkem Wind löst sich der Bims und bedeckt im Nu alles mit Staub.

Östlich der Marina schließt sich wieder ein Strandteil in ebensolcher Qualität wie auf der Westseite an. Er zieht sich über Perívolos und Límnes entlang bis Périssa und wer will, kann im Sand bis zum Méssa-Vounó-Fels wandern. Richtung Westen kann man ca. 5 km bis zum Strand von Akrotíri direkt oder nahe am Wasser entlanglaufen. Zum Teil geht es allerdings durch wegloses Gebiet und einige Male muss man nach oben über die Bimssteinhänge ausweichen.

Felsengräber am Kávos Exomítis

Etwas landeinwärts versetzt von der Küstenstraße zwischen Vlicháda und Perívolos sind einige in die Felswände eingemeißelte Gräber aus der Antike zu sehen. Mehrere Feldwege zweigen Richtung Berg Gavrílos ab, einer davon (Abzweig gegenüber der Taverne Meroula) führt zu einem recht gut erhaltenen Grab mit angedeuteten Säulen korinthischen Stils rechts und links, Rundbogen, ionischen Kapitellen und Giebel in der Art eines Tempeldachs. Ansonsten liegen die Überreste ziemlich verstreut in der Landschaft am Südosthang des Gavrílos. Wissenschaftler datieren die Gräber etwa ins 5.–4. Jh. v. Chr.

● *Verbindungen* Vlicháda wird von Firá aus etwa 1–3 x tägl. nur auf der Périssa-Route (Karterádos–Messariá–Vóthonas–Pírgos–Megalochóri) angefahren. Vorsicht, man kann dort leicht hängen bleiben.

● *Übernachten* Ein Hotel und zahlreiche Pensionen, die aber teils nur im Hochsommer geöffnet sind.

Stavros tou Notou, B-Kat., direkt oberhalb des Hafens, 2002 neu eröffnet. Vermietet werden 23 Zimmer im einfachen Inselstil mit Steinfundamentbetten, sauberen Bädern, Meeresblickbalkonen, Klimaanlage, Kühlschrank, Sat-TV, Telefon und Safe. Außerdem werden fünf Suiten angeboten. DZ ca. 61–107 €. ✆ 22860-81115, 🖷 81266, www.snotos.com

Stella, A-Kat., gehört zur Taverna Vlichada. Die Wirtsfamilie vermietet im ersten Stock der Taverne und in einem Gebäude dahinter insgesamt 16 Zimmer. Funktionale Ausstattung ohne viel Schnickschnack. Alle Zimmer mit Bad und Balkon. DZ ca. 25–50 €. ✆ 22860-82532.

• *Essen & Trinken* Nirgendwo sind die Fische so frisch wie hier direkt am Hafen.
Limanaki, auf einer Hochterrasse direkt am Busstopp bzw. am Ende der Zufahrtsstraße. Strohschirme und ein Holzdach bieten Sonnenschutz. Schöner Blick aufs Meer und die Marina.

Vlichada, oberhalb des Fischerhafens am Hang gelegen, Zugang über ein paar Stufen in der Bimssteinwand oder über die Straße, die weiter nach Périssa führt. Tische direkt an der Steilwand oder jenseits der Straße, angenehme Atmosphäre.

Akrotíri

Einfaches Inseldorf, weltberühmt wegen der benachbarten Ausgrabungen einer kykladisch-minoischen Stadt, die beim Ausbruch des Santoríni-Vulkans verschüttet wurde. An der Durchgangsstraße ballen sich die Touristen, die ihren obligatorischen Ausgrabungsbesuch gemacht haben. Der Ortskern am Hang besteht ganz aus verschiedenfarbigem Lavagestein, auch Reste eines venezianischen Kastells sind erhalten.

In den letzten Jahren ist Akrotíri zu einem kleinen Urlaubszentrum ausgebaut worden. Fast ein Dutzend neuerer Hotels liegt am Ortseingang und bietet z. T. herrlichen Calderablick, auch einen Campingplatz gibt es dort. Zehn Fußminuten unterhalb der Straße findet man einen schmalen Kies-/Sandstreifen namens *Caldera Beach* sowie einen kleinen Fischerhafen, wo man frühmorgens dem Einlaufen der Fischerboote zuschauen kann. Im Gegensatz zu Firá sind die Preise in Akrotíri noch recht moderat.

• *Verbindungen* Häufige Busse von und nach Firá. Fahren bis zum Ausgrabungsgelände weiter.

• *Übernachten* **Paradise**, D-Kat., moderne Anlage im Zentrum, an der Kurve der Durchgangsstraße. 20 ordentliche Zimmer und Pool. Im angeschlossenen Restaurant sitzt man in einem kleinen, lauschigen Garten. Serviert wird gute traditionelle Küche und nachmittags hervorragender Kuchen aus eigener Backstube. DZ ca. 50–70 €. ℡ 22860-81352, ☏ 81506.

Faros, C-Kat., am Ortseingang (von Firá kommend), nur wenige Meter vom Beach entfernt. Ruhige Lage oberhalb des Kraterrands, Superblick inklusive. DZ ca. 35–65 €. ℡ 22860-81383, ☏ 81615.

Villa Mathios, C-Kat., gepflegte Anlage mit Restaurant am Ortseingang, direkt an der Straße. 20 DZ und acht Suiten mit Bad, Balkon, Klimaanlage, Telefon, Radio und Sat-TV. Hinter dem Haus Swimmingpool. DZ ca. 50–80 €. Pauschal über TUI. ℡ 22860-81152, ☏ 81704, www.vmathios.gr

Karlos, sauber und freundlich. Karlos holt seine Gäste kostenlos vom Hafen oder Flughafen ab. Seine Frau verpflegt die Gäste auf Wunsch mit guter einheimischer Küche. 20 Zimmer mit Bad. ℡ 22860-81370, ☏ 81095.

Camping Caldera View, etwa 1 km vor Akrotíri. Wird vom gleichnamigen Hotel verwaltet. Mit einigen Eukalyptusbäumen und Schilf mühsam begrünt, Schatten nur durch Schilfdächer. Harter Untergrund aus Sand und kleinen Kieselsteinen. Sanitäre Einrichtungen neueren Datums, gepflegt und sauber. Kleine Küche, Mini-Markt und Self-Service-Restaurant. Der zum Hotel gehörende Pool darf von Campern mitbenutzt werden. Wunderbare Aussicht, aber nicht weit von der Straße gelegen. Nächster Strand ca. 2 km über Feldwege. Mai bis Ende September. ℡ 22860-82010, ☏ 81889, www.calderaview-santorini.com

• *Essen & Trinken* **Theofanis**, Familientaverne auf einer schattigen Hochterrasse direkt an der Platia. Blick auf die Weinfelder und die gegenüberliegende Kirche. Große Auswahl an Santoríni-Weinen. Preise okay.

Panorama, von Firá kommend vor dem Ortseingang rechts. Super Blick auf die Caldera und die beiden Kaméni-Inseln, sehr beliebter Platz für den Sonnenuntergang. Gute einheimische Küche, etwas höhere Preise.

Iliovasilema, zwischen Campingplatz und Ortseingang. Herzlicher griechischer Wirt arabischer Abstammung, was sich auch in der Auswahl der Gerichte niederschlägt. Besonders erwähnenswert ist die ansprechende Präsentation des Essens. Preislich im Rahmen.

Santorini

Karte Seite 470/471

Remezzo, gemütliche Taverne am Fischerhafen beim Caldera-Beach. Sehr gute griechische Küche zu erschwinglichen Preisen.

Große Speisekarte, vorzügliches Essen.
Herrlicher Blick auf den Hafen und die
Inselchen in der Caldera.

Ausgrabung von Akrotíri

**Beim Vulkanausbruch von 1625 v. Chr. vollständig verschüttete Inselsied-
lung. Eine der bedeutendsten Ausgrabungen im östlichen Mittelmeer – das
"Pompeji der Ägäis".**

Weit über 3000 Jahre lag die Stadt luftdicht abgeschlossen unter einer bis zu
60 m hohen Bimssteinschicht. Im Laufe der Jahrhunderte erodierten aber
große Teile des Bimsgesteins. Letztlich blieb eine 7 m hohe Schicht übrig, die
den griechischen Archäologen Spyridon Marinatos 1967 nach mehreren
Vorarbeiten durch andere Forscher auf die richtige Spur brachte. Was er hier
entdeckte, war eine wissenschaftliche Sensation! Erstmals fand man in Griechenland ganze intakte Gassenzüge und bis zu drei Stockwerke hohe Häuserfronten aus einer Zeit lange vor der "klassischen Antike". Schnell erkannte
man, dass Akrotíri keine einfache Agrarsiedlung, sondern allem Anschein
nach eine wohlhabende Seefahrer- und Handelsstadt war, zu der mindestens
ein Hafen gehörte (der bisher nicht gefunden wurde!) und die kulturell auf
derselben Stufe wie das hochentwickelte minoische Kreta stand. Spektakulärer
Höhepunkt der Ausgrabungen waren die hervorragend erhaltenen Wandfresken, die Marinatos und seine Mitarbeiter in vielen Häusern entdeckten – ähnlich denen von Knossós auf Kreta. Sie sind heute im Nationalmuseum von
Athen ausgestellt, einige sind aber auch im neuen Akrotíri-Museum von Firá
zu sehen (→ S. 488). Prof. Marinatos starb am 1. Oktober 1974 unter einer zu-
sammenstürzenden Mauer inmitten seines Lebenswerks. Er liegt hier begraben, Kränze und Blumen erinnern an ihn. Der Archäologe Christos Doumas
führt Marinatos' Lebenswerk bis heute fort. Dank der unglaublichen Fülle an
Funden werden noch Jahrzehnte verstreichen, bis die Stadt vollständig ausgegraben und in allen Einzelheiten untersucht ist!

Das Pompeji der Ägäis ist wesentlich älter als die verhältnismäßig "junge" süd-
italienische Römerstadt, die erst 79 n. Chr. verschüttet wurde. Bis heute konnte allerdings der exakte Zeitpunkt der Katastrophe nicht eindeutig festgelegt
werden (→ S. 536). Vielleicht war Santoríni im 17. Jh. v. Chr. eine Art Satelli-
teninsel des minoischen Kreta, ein vorgeschobener Seestützpunkt. Genuin mi-
noisch war es wahrscheinlich nicht, sondern eine schon Jahrhunderte, wenn
nicht Jahrtausende lang besiedelte Kykladeninsel, die kulturell von den mächtigen kretischen Minoern stark beeinflusst wurde. Der gewaltige Ausbruch des
Santoríni-Vulkans von (vermutlich) 1625 v. Chr. zerstörte bzw. begrub die kykladisch-minoische Siedlung unter seinem Auswurfmaterial. Akrotíri war aber
wohl bereits eine erhebliche Weile (manche Forscher sprechen von einem
ganzen Jahr) vor dem Ausbruch des Vulkans verlassen worden, denn unter der
Asche- und Bimssteinschicht hat man weder Leichen, noch Wertgegenstände
aus Metall, Schmuck oder Münzen gefunden. Wahrscheinlich hatten vorange-
gangene leichte Erdbeben die Bevölkerung zu einer groß angelegten Flucht

Die Mär von Atlantis

Der gewaltige Vulkanausbruch von Santoríni hat immer wieder Anlass zu abenteuerlichen Spekulationen gegeben: Während die einen behaupten, der Ausbruch hätte die in der Bibel überlieferten zehn Plagen Ägyptens und den Exodus der Israeliten unter Führung des Moses ausgelöst, sehen andere in Santoríni die sagenhafte Insel "Atlantis", die als Folge der Naturkatastrophe im Meer versank. Auch Marinatos war davon überzeugt, dass es sich bei Akrotíri bzw. Santoríni zumindest um einen Teil von Atlantis gehandelt hat – der andere Teil soll das minoische Kreta gewesen sein.

Der berühmte Philosoph *Plato* hatte im 4. Jh. v. Chr., also mehr als tausend Jahre nach dem Vulkanausbruch von Santoríni, in seinen Dialogen "Timaios" und "Kritias" von dem plötzlichen Untergang eines großen Inselreiches namens Atlantis berichtet, dessen Bewohner wegen ihrer Überheblichkeit von den Göttern bestraft worden seien. Diese Geschichte habe er auf Umwegen von ägyptischen Priestern erfahren. Damit setzte Plato eine ungeahnte Kettenreaktion in Gang – bis heute beflügelt der rätselhafte Kontinent die Fantasie ganzer Forscher- und Schriftstellergenerationen, obwohl nach wie vor auch der kleinste Beweis für seine Existenz fehlt. Plato spricht von einer kleinen runden und einer großen, lang gestreckten Insel, die zusammen Atlantis gebildet hätten (man könnte also meinen: Santoríni und Kreta). Die Zeit des Untergangs setzt er allerdings auf etwa 9600 v. Chr. fest – damals habe sich Atlantis kriegerisch gegen Athen und Ägypten erhoben, woraufhin es die Götter vernichteten. Andererseits behauptet er aber auch, der Inselstaat habe noch jenseits der "Säulen des Herakles" gelegen (womit die Meerenge von Gibraltar gemeint ist): Atlantis wäre demnach eine Inselgruppe im Atlantik gewesen, was die Suche ungemein erweitert hat – Kanarische Inseln, Azoren, Bretagne, Irland, Karibik ...

Möglich erscheint, dass sich der große Theoretiker Plato – inspiriert durch den Vulkanausbruch auf Santoríni und den späteren Untergang der minoischen Kultur auf Kreta – die ganze "Story" ausgedacht hat, um an Hand dieses anschaulichen Modells sein Lieblingsprojekt, den "idealen Staat", zu schildern. In seiner Vorstellung hatte dieser nämlich keine Existenzberechtigung mehr, sobald die Götter und Gesetze nicht mehr geachtet wurden.

Karte Seite 470/471

Santoríni

veranlasst – ob sie letztendlich glückte, ist nicht geklärt, vielleicht sind die Schiffe noch auf See von den Auswirkungen des Ausbruch eingeholt worden und gekentert. Nicht mitgenommen wurden Hausrat, Keramik und Handwerksgeräte – die Bewohner hatten jedoch versucht, ihre Habseligkeiten vor den Beben zu schützen, indem sie sie in vermeintlich stabilen Räumen und unter Türstöcken aufgestellt hatten. Wahrscheinlich wollte man nach den Beben wieder nach Akrotíri zurückkehren. Und natürlich konnte man auch die fantastischen Wandfresken nicht mitnehmen, die von den Archäologen in beinahe jedem Haus entdeckt worden sind (→ Grabungsskizze). Anhand von Abdrücken und Hohlräumen in der Asche haben die Ausgrabenden vieles über die Lebensgewohnheiten herausgefunden – so gab es bereits richtige Möbelstücke wie Betten, Tische und Stühle (das Gipsmodell eines Betts steht im Nationalmuseum von Athen), man hat Speisereste analysieren können (u. a. Bohnen, Fisch, Ziegen- und Schweinefleisch), fast jedes Haus besaß einen Webstuhl, und eine öffentliche Kanalisation sorgte für die Beseitigung der Abwässer – Röhren aus Ton führten aus den Häusern zu Abflussgräben.

Das Ausgrabungsgelände liegt etwa 200 m oberhalb der heutigen Südküste von Santorini und umfasst derzeit mehr als 10.000 qm. Allerdings ist schon jetzt bekannt, dass die historische Stadt einst wohl das Doppelte dieser Fläche einnahm. Ob es jedoch der ehemalige Hauptort der Insel war, konnte bisher nicht nachgewiesen werden. Jedenfalls lag die Stadt sehr günstig an der windgeschützten Südseite und praktisch an der kürzesten Seeroute nach Kreta. Bis heute wurden über tausend Tongefäße unterschiedlicher Größe entdeckt, die entweder aus einheimischer Produktion oder aus Kreta stammen. Die Forscher unterscheiden drei Typen von zumeist zwei- bis dreistöckigen Häusern: größere öffentliche Gebäude ohne Wohneinheiten, Wohngebäude mit Wirtschafts- und Schlafräumen sowie Einzelgebäude nur mit Wirtschaftsräumen. Zwischen den Wänden wurden Holzbalken als "Knautschzone" eingezogen. Erdgeschossräume ohne Fenster waren Lagerstätten, mit Fenstern Verkaufsräume. Sogar Bäder mit Kanalisation wurden an fast allen Herrenhäusern entdeckt und ausgegraben. Soweit ersichtlich, verfügten die Häuser über ein Flachdach und die Wände waren verputzt. Auf diesem weißen Putz wurden die Malereien angelegt, die Akrotíri dreieinhalbtausend Jahre später weltberühmt machen sollten.

- *Lage/Verbindungen* Die ausgegrabene Stadt liegt einen knappen Kilometer südlich der Ortschaft Akrotíri fast unmittelbar an der Südküste Santorínis. Busse von und nach Firá halten am Eingang des Geländes. Parkplatz für Autos und Zweiräder gebührenpflichtig, 100 m weiter am Strand parkt man gratis, allerdings ist dort nur begrenzter Platz vorhanden.

- *Öffnungszeiten/Preise* Di–So 9–15 Uhr, Mo geschl. Eintritt 5 €, EU-Stud. frei, Stud. aus anderen Ländern ca. 3 €. Sammelticket (Akrotíri, Archäol. und Prähist. Museum in Firá) ca. 8 €, ermäß. 4 €. Parkplatzgebühren: Auto 1 €, Zweirad 0,50 €. ✆ 22860-81366.

Rundgang

Das gesamte Ausgrabungsterrain ist zum Schutz gegen Witterungseinflüsse mit lichtdurchlässigen Kunststoffdächern überdeckt. Die dadurch entstehenden, diffus-gelblichen Lichtverhältnisse erzeugen interessante optische Wirkungen. Leider kann nur ein kleiner, genau markierter Teil des Geländes besichtigt werden.

Die Hauptstraße Akrotíris, die so genannte *Telchines-Straße*, die mit ihren bis zu zwei Stockwerken hohen Fassaden vom Eingang geradeaus führt, ist nicht zugänglich. Man wendet sich zunächst rechts und umgeht das Zentrum der ausgegrabenen Stadt. Laufstege führen schließlich zum nördlichsten Punkt des Rundgangs mit schönem Blick zurück. Von hier aus geht es über den *Dreiecksplatz* zum Ausgang.

Direkt links vom Eingang befindet sich ein *Haus (1)* mit ehemals drei Stockwerken und wahrscheinlich mehr als 30 Zimmern. Einer der Räume soll religiösen Zeremonien, insbesondere weiblichen Initiationsritualen gedient haben.

1. Haus mit Lustrationsbecken und Wandbild der Krokus-Pflückerin
2. Haus am Südende der Telchines-Straße
3. Zweistöckiges Gebäude mit Antilopenwandbild
4. Wandbild der Boxenden Knaben
5. Wandbild der Blauen Affen
6. Haus des Müllers
7. Gebäude nördlich und östlich des Mühlenplatzes
8. Frühlingswandbild
9. Frauenhaus
10. Frauenwandbild, wahrscheinlich Priesterinnen
11. Nordmagazin
12. Toilette mit Abwasserleitung
13. Wandbild der jugendlichen Priesterin
14. Schiffswandbild
15. Fischerwandbild
16. Verkaufsstelle für Keramik

Flussbett

West-haus

Dreiecks-platz

Platz der Mühle

Telchines Straße

N

10 m

Ausgang

Eingang zum überdachten Gelände

Akrotíri

Dafür spricht ein Becken, das zur kultischen Reinigung (Lustration) diente. Außerdem wurden hier zahlreiche Wandmalereien gefunden, z. B. die *Herrin der Tiere*, die *Krokus-Pflückerin* sowie Darstellungen von Frauen, jungen Mädchen und Männern von Akrotíri. Unmittelbar hinter dem nächsten kleinen *Komplex (2)* liegt das Südende der Telchines-Straße. Es folgt ebenfalls links des Rundwegs ein wohl früher zweistöckiges *Gebäude (3)*. Im westlichen Teil des Hauses entdeckten die Forscher die verblüffend anmutig gestalteten *Weißen Antilopen* und die einzigartige Darstellung der *Boxenden Knaben (4)*, auf denen erstmals in der Geschichte Faustkampfhandschuhe dargestellt sind. Im nördlichen Bereich des Hauses wurden weitere bedeutende Malereien gefunden, nämlich die so genannten *Blauen Affen (5)*, die einst die Wände eines fast kompletten Zimmers bedeckten. Westlich des Fundortes der Blauen Affen befindet sich der nicht zugängliche *Platz der Mühle*. Hier hat man Gefäße für Mehl in einem der angrenzenden Häuser gefunden *(6)*. Aus dem breiten Eingang der Mühle wurde augenscheinlich Brot ausgegeben (wahrscheinlich im Tauschhandel). Die Bank, auf der der Müller saß, ebenso wie der Bottich, in dem das Mehl gemischt wurde, stehen noch am ursprünglichen Platz. Leider sind die Gebäude nördlich und östlich des Mühlenplatzes vom zugänglichen Teil aus nur schwer zu überblicken *(7)*. Dieser Sektor des Geländes umfasst den größten zusammenhängenden Gebäudekomplex, der bisher ausgegraben wurde. Gefunden wurde hier u. a. das herrliche *Frühlingsbild (8)*, das über drei Wände eines Raums verläuft und in drei Farbtönen auf jeder Wand drei Felsen mit blühenden Lilien in Dreierbüscheln zeigt, während sich in der Luft ein munteres Schwalbenpärchen tummelt. Unmittelbar dahinter biegt der zugängliche Weg nach links ab und verläuft in westlicher Richtung weiter. Kurz bevor eine erneute Linksbiegung folgt, liegt rechter Hand das so genannte *Frauenhaus (9)*, benannt nach den im nördlichen Zimmer gefundenen Bildern, die zwei *Erwachsene Frauen (10)*, wahrscheinlich Priesterinnen, darstellen. Im gleichen Haus wurden auch Malereien auf Papyri gefunden. Nicht zugänglich und auch vom Rundgang aus kaum zu sehen ist das *Nordmagazin (11)*, ein Lagerraum für Vorratsgefäße, in dem Prof. Marinátos 1967 mit seinen Grabungen begann.

Wenige Meter nach dem *Frauenhaus* trifft man auf einen großen, dreieckigen Platz mit einem mächtigen Haus auf der gegenüberliegenden, der nordwestlichen Seite. Der großartig restaurierte *Dreiecksplatz* vermittelt ein ungemein lebendiges Bild seines damaligen Aussehens. Während die Obergeschosse der Häuser mit ihren z. T. stattlichen Fenstern als Wohnungen dienten, waren Lagerräume und Werkstätten ebenerdig untergebracht. In die Mauern wurden Baumstämme (heute mit gefärbtem Beton imitiert) eingelassen, die Elastizität gaben und auf diese Weise gegen Erdbeben sicherten. An der Nordwestseite des Dreiecksplatzes liegt das bedeutende *Westhaus*, das wahrscheinlich eine Art Gemeindezentrum, Rathaus o. Ä. war. Umstritten ist noch immer, ob es zwei- oder dreistöckig war. Noch vor ein paar Jahren durfte man über die Treppe ein paar Stufen in das Obergeschoss hinaufsteigen, nun ist der Zugang gesperrt. Oben befinden sich mehrere Zimmer inklusive eines Bades mit *Toilette und Abwasserleitung (12)*. Auch im Westhaus wurden zahlreiche Wandmalereien gefunden, so z. B. die mit einem ärmellosen Gewand bekleidete *Ju-*

Akrotíri, das "Pompeji der Ägäis", verschüttet unter Asche und Bimsstein

gend liche Priesterin (13). Im gleichen Zimmer befand sich auch das bedeutende Bild des nackten Fischers (15), der zwei Bündel Makrelen trägt, die an einer Schnur aufgereiht sind. Einzigartig sind aber vor allem der *Seekriegszug* und die *Schiffsprozession,* zwei vielfigurige Bildwerke mit zahlreichen Schiffen, fast hundert Menschen und vielen Tieren, die als 40 cm hohe Friese die Nord- und Südwand des Raums 5 bedeckten. Wahrscheinlich stellen sie eine Expedition ins heutige Libyen dar. Zu diesem Komplex gehört auch die Darstellung der *Tropischen Landschaft.* Unmittelbar nach dem Dreiecksplatz führt der Rundgang an einem Raum vorbei, der wahrscheinlich als *Verkaufsstelle für Keramik (16)* diente. Links kann man in das Fenster hineinsehen. Weiter geht es nun Richtung Ausgang, wobei rechts und links des eingefassten Weges Tonpithoi in verschiedenen Größen zu sehen sind.

Die Fresken von Akrotíri

Elegant und schwungvoll angelegt, mit sicherem Blick für Farbwirkung, ähneln sie den minoischen Fresken aus Knossós (Kreta), wirken aber naturalistischer, oft detaillierter. In ihrer Thematik spiegeln sie die weltweiten Handelsbeziehungen der Akrotíri-Bewohner wieder. Die meisten Fresken sind bisher noch im Archäologischen Nationalmuseum von Athen untergebracht. Einige der Bilder können aber seit kurzem im Prähistorischen Museum von Firá (→ S. 488) betrachtet werden und es sollen noch mehr werden. Exakte Kopien aller 40 bisher restaurierten Fresken sind außerdem im Nomikos-Konferenzzentrum von Firá ausgestellt (→ S. 489).

Karte Seite 470/471

Santoríni

Baden am Strand von Akrotíri

Gleich unterhalb der Ausgrabungen endet die Straße am Buswendeplatz direkt am Meer. Der mehrere hundert Meter lange Strand aus schwarzem Lavakies und verstreuten riesigen Felsbrocken ist zum Baden nicht sonderlich gut geeignet. Hinter dem Beach fällt die Küste in bizarren Klippenformationen ab, Fischer haben sich darin ihre Bootsgaragen eingerichtet. Einige davon mussten jedoch Tavernen weichen. In der Mitte des Strandabschnitts befindet sich ein kleiner, betonierter Anlegesteg, von dem im Hochsommer Kaikis zum landschaftlich eindrucksvollen *Red Beach* fahren, der aber auch zu Fuß leicht zu erreichen ist.

• *Übernachten* Nach Privatzimmern in den Tavernen erkundigen.

Akrotíri, C-Kat., sehr ruhige, etwas isolierte Lage. Vermietet werden Zimmer mit hellen Holzmöbeln, Bad und Meeresblickbalkonen. DZ ca. 50–70 €. Pauschal über Attika. ✆ 22860-81375, 📠 81377, E-Mail: hotelakrotiri @yahoo.com

• *Essen & Trinken* **Melina**, die erste Höhlentaverne westlich vom Ende der Straße. In die Felswände hat man zwei Bootshälften integriert, davor stehen die Tische eng auf der Terrasse. Hübsche Dekoration mit Fischernetzen und Nachbildungen der

Wandbilder von Akrotíri. Gute Fischgerichte, aber ziemlich teuer.

Snack-Bar Akrotíri, direkt am Buswendeplatz. Gehört zum Hotel. Man sitzt angenehm schattig unter Tamarisken und Schirmen auf einer Terrasse am Meer.

Nikolos, originelle Höhlentaverne am Strand, tief in die Klippen hineingebaut, Schilfdach davor. Inzwischen deutlich vergrößert, aber noch immer herrliche Stelle, um einen halben Tag zu verträumen. Offener Wein, Fisch und Oktopus direkt vom Boot, als Mezédes (Vorspeisen) z. B. leckere Shrimps.

Red Beach (Kókkini Ámmos)

Gigantische Szenerie, die fast mit dem Kraterrandblick mithalten kann. Einer der beliebtesten Badeplätze auf der Insel. Von Akrotíri aus in ca. 20 Min. zu Fuß zu erreichen.

Wer vom Ausgrabungsgelände kommt, geht auf der Asphaltstraße weiter westlich den Hang hinab (beschildert). Wer aber direkt zum Red Beach will, steigt an der Endhaltestelle aus und wandert über den Strand von Akrotíri westwärts. Beide Möglichkeiten treffen, vorbei an mehreren Tavernen und einem Imbissstand, auf den Parkplatz an der *Kirche Ágios Nikólaos Mavrorachídi* unter einer dunkelroten Lavawand. Hier ist auch für alle diejenigen Endstation, die mit dem eigenen Fahrzeug kommen. Weiter zu Fuß geht es durch spärliche Phrygana um ein kleines Kap. Dort liegen Riesenblöcke verstreut und der stark ausgetrampelte Weg ist mit weißen Punkten markiert.

Nachdem man um die Ecke gebogen ist, öffnet sich der Blick urplötzlich auf eine gigantische tiefrote Felswand mit Geröll, die nach links langsam ins Wasser abgleitet. Darunter erstreckt sich ein grauer Sand- und Kiesstrand. Überwältigend zeigt sich das Farbenspiel des Vulkangesteins – von Hellgelb über Dunkelrot bis Tiefschwarz! Sicherlich eine der schönsten Stellen Santorínis, jedoch erkennt man mittlerweile vor Menschen den Strand nicht mehr. Tourbusse, Badeboote, Mietwagen – alle fahren zum Red Beach. Liegestühle und Sonnenschirme stehen in Reih und Glied, eine kleine Snackbar bietet Erfrischungen.

Der kleine Kiesstrand *Kampiá* liegt wenige Fußminuten westlich (→ nächster Abschnitt).

Red Beach: Hier war es vor wenigen Jahren noch menschenleer

● *Anfahrt/Verbindungen* Wer zum Red Beach will, muss am **Buswendeplatz** unterhalb von Akrotíri aussteigen und den Rest zu Fuß gehen (Fahrzeit von und nach Firá etwa 50 Min.). Am besten über den schmalen Kiesstrand an den Tavernen vorbei, dann wieder ein kurzes Stück über die Straße, bevor der eigentliche **Fußweg** zum Red Beach an der Kirche Ágios Nikólaos beginnt. Fußweg vom Busstopp bis zum Beach etwa 20 Min.

Von Périssa und Kamári aus fahren auch **Badeboote** zum Red Beach.

● *Essen & Trinken* **Ta Delfinia**, am Weg zum Red Beach, direkt unten am Wasser. Ein paar Stufen führen von der Straße hinunter. Man sitzt auf einer ins Meer hineinbetonierten Mole unter einem Sonnendach. Kapetan Georgios serviert natürlich Fischgerichte. Freundliche Bedienung, griechische Musik und gute Inselweine.

Südwestspitze Thíras

Kahl und abgelegen, in ihrer Einsamkeit faszinierend. Beim Ortseingang von Akrotíri (von Firá kommend) führt eine neu angelegte Asphaltstraße zum Leuchtturm an der äußersten Südwestspitze Thíras, etwa 5 km, ab Straße beschildert mit "Faros". Unterwegs gibt es einige nicht asphaltierte Seitenwege zu erforschen, u. a. zu den Stränden Kampiá und Méssa Pigádia.

Ziemlich am Anfang versteckt sich tief unten am Kraterhang die Höhlenkirche *Panagía tou Pállou* – mit elegant geschwungenen Formen dem Fels angepasst, Feuerstelle, schöner Blick auf die Caldera. Wenige hundert Meter danach, in einer Kurve links, die Kapelle *Ágios Ioánnis*, die *Panagía Kímisi* mit leuchtend blauer Kuppel steht etwas unterhalb davon.

▶ **Kampiá**: Abzweig linker Hand, etwa 700 m nach den beiden genannten Kirchen. Oberhalb vom Weg erkennt man die lang gestreckte weiße Höhlenkirche *Agía Paraskeví*. Über der (verschlossenen) Tür die Namen des Stifterehepaars, in die Mauer eingelassen eine wasserführende Zisterne mit einer Dose an einer Schnur.

Karte Seite 470/471

Santoríni

Irische Eichen und grönländisches Eis – die Frage nach dem Zeitpunkt des Vulkanausbruchs und seinen Folgen

Bereits seit Jahrzehnten beschäftigen sich Wissenschaftler der unterschiedlichsten Disziplinen mit der exakten Bestimmung des Zeitpunkts des Vulkanausbruchs von Santoríni. Auf drei internationalen Kongressen wurden die Forschungsergebnisse, die mit Hilfe unterschiedlicher naturwissenschaftlicher und archäologischer Datierungsmethoden gewonnen worden waren, vorgetragen und diskutiert. Zu einem endgültigen Ergebnis ist man dennoch bis heute nicht gekommen, da alle Methoden mit erheblichen Problemen zu kämpfen haben. So kann man zwar anhand der im Folgenden erläuterten Dendrochronologie und der Gletschereinlagerungen einen großen Vulkanausbruch um 1625 v. Chr. nachweisen – doch ob es sich dabei tatsächlich um den Ausbruch von Santoríni handelte, muss ohne gesicherte Daten aus Akrotíri hypothetisch bleiben.

Dendrochronologie (Zeitbestimmung durch Holz): Bestimmte Baumarten, z. B. Eichen, bilden je nach Witterungsbedingungen (Licht- und Wassermenge) unterschiedlich dicke Jahresringe. Die Abfolge dieser Ringe ergibt ein charakteristisches Muster, das bei allen Bäumen gleich ist, sich aber zeitlich nie exakt wiederholt. Durch Untersuchungen großer Mengen von Holzproben, deren Alter bis in prähistorische Zeit zurückreicht, kann man diese dann aufs Jahr genau datieren.

Auf den vegetationsarmen Kykladen fand man zwar kaum entsprechende Hölzer, jedoch hatte der Vulkanausbruch weitreichende Folgen: Durch den enormen Ausstoß von Vulkanasche gelangte diese auch in die Erdatmosphäre und verminderte den Einfall von Sonnenlicht. Auch weit von Santoríni entfernte Bäume, wie z. B. Eichen in den irischen Hochmooren, reagierten auf diese "Verdunklung" mit dünneren Jahresringen. Das Problem ist jedoch, dass in der Bronzezeit mehrere große Vulkanausbrüche stattfanden (u. a. in Island), und über die Herkunft der Asche, die den Himmel verdunkelte, können die Bäume leider nichts erzählen.

Ablagerungen in grönländischen Gletschern: Die mit ungeheurer Macht hoch geschleuderte Asche fiel auch in weit entfernten Gebieten wieder zu Boden. Ein Teil landete auf den großen Gletschern in Grönland und wurde beim Weiterwachsen der Gletscher im Eis eingeschlossen. Durch die jährliche Frühjahrsschmelze der Gletscher entsteht im Sediment der Endmoränenseen ebenfalls eine Art von "Jahresringen", durch die man den Zeitpunkt der Ascheeinlagerung bestimmen kann. Ähnlich wie bei den Baumringen kann man so zwar den Zeitpunkt ziemlich genau festlegen, weiß aber nicht, welcher Vulkan ausgebrochen ist.

C14-Methode (Radiocarbon-Datierung): Jede lebende Materie nimmt radioaktive Grundstrahlung aus der Atmosphäre auf. Stirbt die Materie, wird die Strahlung wieder abgegeben, ein Prozess, der sich über einen unendlich langen Zeitraum erstreckt. Bekannt ist jedoch die so genannte Halbwertzeit, d. h. die Zeitspanne, die es dauert, bis sich die Strahlung jeweils halbiert hat.

Durch Messen der Reststrahlung kann man so den Zeitpunkt errechnen, an dem der Zerfallprozess begonnen hat.

Auch diese Datierungsmethode bringt etliche Probleme mit sich. Hauptproblem ist, dass die Zerfallskurve nicht regelmäßig verläuft und man so als Messergebnis nur einen größeren Zeitraum erhält. Auch sind nicht alle Materialien zur Radiocarbon-Datierung gleich gut geeignet. Die besten Messergebnisse lassen sich mit Tierknochen erzielen, von denen man in Akrotíri jedoch keine gefunden hat. Die für Santoríni ermittelten Radiocarbon-Daten schwanken daher um bis zu 800 Jahre.

Zerstörte der Vulkan die minoischen Paläste auf Kreta?

Durch den Ausstoß immenser Mengen von Magma während des Ausbruchs hatte sich unter dem Vulkankegel ein gigantischer Hohlraum gebildet, in den die Reste des Vulkans hineinstürzten, sodass ein großer Einsturzkrater entstand. Lange Zeit ging man davon aus, dass dieser Einbruch plötzlich erfolgte und eine riesige Flutwelle erzeugte, die die Paläste auf Kreta zerstörte. Inzwischen geht man eher von einem langsamen "Abbröckeln" aus, das sicherlich keine Flutwelle erzeugte. Die These, dass es keinen Zusammenhang zwischen dem Vulkanausbruch und der Zerstörung der Paläste gibt, wird auch auf Grund zahlreicher archäologischer Belege immer wahrscheinlicher. Vor allem die Keramikfunde sprechen hier eine deutliche Sprache: Akrotíri orientierte sich nicht nur bei seiner eigenen Keramikproduktion am Vorbild Kretas, sondern importierte auch Keramik von dort. So fand man in Akrotíri etliche Gefäße im Stil der Phase spätminoisch I A, dann bricht die Entwicklung dort jedoch ab, während sie in Kreta noch weiterläuft und den so genannten Meeresstil (spätminoisch I B) hervorbringt, mit allerlei Seegetier bemalte Gefäße, von denen sich in Akrotíri kein einziges Stück finden ließ.

Auch wenn der Vulkanausbruch die Bewohner der Paläste nicht vernichtete, ja wahrscheinlich nicht einmal ernsthaft gefährdete, so hat er sie doch offenbar erschreckt. In verschiedenen Ausgrabungen fand man Bimsstein, der auf Kreta angeschwemmt worden war und den die Bewohner in den Schreinen der Götter als Weihgaben niederlegten. Der Schutz der Götter wurde ihnen aber anscheinend nur sehr halbherzig gewährt – zwar blieben sie von dem Vulkanausbruch verschont, dafür vernichtete einige Generationen später eine weitere Katastrophe sämtliche Paläste bis auf den von Knossós. Ob diese Katastrophe allerdings natürliche Ursachen hatte (Erdbeben o. Ä.) oder durch Menschen, beispielsweise mykenische Eroberer, verursacht wurde, wissen wir bis heute nicht.

(Martina Brockes)

Der geschotterte Weg hinunter zur Bucht von Kampiá führt etwa 2,3 km hangabwärts. Unten am Wasser mehrere hundert Meter schmaler, leidlich sauberer Strand aus grobem Kies, Geröll und größeren Felsblöcken zwischen hohen Felsen, in die einige Bootsgaragen gebaut wurden. Links leuchtet der "Red Beach" herüber, aber auch am Kampiá gibt es rotes Lavagestein. Baden ist möglich, allerdings sollte man auf die vielen kantigen Steine im Wasser achten.

Santoríni
Karte Seite 470/471

● *Essen & Trinken* **Kampia**, direkt im Rücken der Bucht befindet sich die kleine Taverne auf einer schilfüberdachten Hochterrasse. Das freundliche Wirtsehepaar serviert Fischgerichte, stets frische Qualität. Preise okay. Juni bis September offen.

Aeolos, an der Straße zum Leuchtturm, kurz vor der Abzweigung zum Kampiá-Strand auf der linken Seite. Hübscher Blick in die Caldera. Tische draußen und drinnen in einem sechseckigen Pavillon. Gute griechische Küche. Vor allem zum Mittagessen beliebt.

▶ **Méssa Pigádia:** Gut 3 km nach der Platia in Akrotíri zweigt links von der Asphaltstraße die etwa 1,5 km lange Schotterpiste zur Bucht Méssa Pigádia ab. Der Strand besteht aus grobem, schwarzem Lavakies mit Felsen und zieht sich über ca. 350 m Länge. Wasser mit Felsblöcken, daher nicht sonderlich attraktiver Badeplatz und selbst im Hochsommer nur wenig besucht. Die weit ausladende Bucht wird auf beiden Seiten von weißen und roten Klippen eingerahmt.

● *Essen & Trinken* **Messa Pigadia**, hübsch auf mehreren Ebenen am Strand und am Hang angelegte Taverne im alten Stil, mit Lavasteinen dekoriert. Vom einfachen Kaffee über Salate und traditionelle griechische Grillgerichte bis zu Fisch (denn der Wirt ist auch Fischer) ist alles zu haben.

▶ **Kirche Panagía Kalamiótissa:** Knapp 800 m vor dem Leuchtturm zweigt rechts von der Hauptstraße eine ebenfalls asphaltierte Piste zur Kirche Panagía Kalamiótissa ab. Sie steht wunderschön auf einem Plateau unterhalb des Bergrückens, die Lavaformationen am Kraterrand sind gut zu sehen. Die Außenanlage ist mit zahlreichen Blumen und Pflanzen begrünt, darunter auffallend viele Feigenbäume.

Felsformation an der Südwestspitze Santorínis

Fáros: Der große Leuchtturm steht am *Kávos Akrotíri* etwa 110 m über dem Meer zwischen Bimssteinhängen und Lavaklippen in allen Farbtönen. Superblick auf den Kraterrand-Felsen Aspronísi und die von Kreta oder Anáfi kommenden Fähren. Hinter Aspronísi liegt das Südkap der Insel Thirassía mit dem Kloster Kímissi tis Theotókou auf der Spitze. Unbedingt Vorsicht bei Spaziergängen am Steilkap, denn die Wände fallen steil ab und das Geröll ist sehr lose. Gelegentlich lösen sich auch einige Steine und fallen ins Meer.

● *Essen & Trinken* **Kapetan Dimitrios**, an der Straße zum Leuchtturm auf der Caldera-Seite, ca. 1 km vor dem Leuchtturm. Auffällig mit Lavasteinen dekoriertes Gebäude, windgeschützte Plätze unter einem Sonnendach, Blick über die Felder aufs Meer. Spezialität der freundlichen Eigentümerfamilie sind *tomatokeftédes*, *fáva* nach Art des Hauses und Käse aus eigener Schafhaltung. Die Lammgerichte und das Souvláki stammen von Tieren des eigenen Bauernhofs.

Die ruhige Hafenbucht Ágios Nikólaos

Anáfi

Abgesehen von den Sommermonaten ein Schlupfloch der Zivilisation – hier kann man noch viel von dem erleben, was Griechenland einst so liebenswert gemacht hat. Geschäftstüchtigkeit spielt noch nicht überall die Hauptrolle, insofern ein lohnender Gegensatz zum benachbarten Santoríni.

Anáfi ist ein steiler Felsklotz im Meer, abgelegen und einsam, die Chóra thront wunderschön hoch oben auf einem Felssporn. Schiffsverbindungen sind selten, obwohl Anáfi nahe bei Santoríni liegt. Schöne Sandstrände reihen sich an der langen Südflanke der Insel in Richtung zum *Kálamos*, dem eindrucksvollen Ostkap der Insel. Der Großteil der Insel ist nahezu unerschlossen und wird lediglich von Maultier- und Ziegenpfaden durchzogen, nur einsame kleine Kapellen stehen verstreut.

Nachdem Anáfi lange Jahre ein Geheimtipp für Rucksacktouristen war, die oft an den Stränden campierten, ändert sich das Publikum allmählich: Neben den vor allem in der Nebensaison vertretenen Stammgästen haben inzwischen Ruhesuchende, auch ältere Besucher sowie Griechen die Insel entdeckt und wissen den Wert dieser vergänglichen Idylle zu schätzen. Von Santoríni aus kommen vor allem in der Hauptsaison auch Tagestouristen. Die Wirte Anáfis haben sich in den letzten Jahren auf die größere Besucherzahl eingestellt, dennoch muss man in Hochsommer mit Engpässen in den Tavernen und wenigen Läden rechnen.

Karte Seite 541

Größe: 38 qkm, Küstenlänge ca. 30 km, Länge ca. 12 km. Höchster Gipfel ist der zentrale Wígla (582 m).

Bevölkerung: etwa 300 ständige Bewohner, viele weitere sind nur im Sommer da. Durch den Tourismus ist die Abwanderung jedoch gestoppt worden.

Geografie/Geologisches: auffallendes Marmorkap im äußersten Osten.

Wichtige Orte: nur zwei – der Hafen Ágios Nikólaos und die Chóra hoch darüber.

Straßen: Auch auf dieser abgelegenen kleinen Insel gibt es seit einigen Jahren eine Asphaltstraße vom Hafen zur Chóra (3 km). Etwa 500 m vor der Chóra zweigt davon eine neu gebaute Asphaltpiste zum Kloster Zoodóchou Pigí im Osten Anáfis ab. Außerdem existiert eine befahrbare Schotterpiste von der Chóra in den landwirtschaftlich geprägten Inselwesten. Ansonsten gibt es nur mehr oder minder gute Maultierpfade in allen Inselecken.

Entfernungen: Ágios Nikólaos – Chóra 1,5 km, Ag. Nikolaos – Kálamos 8 km.

Zweiradverleih: derzeit zwei Vermieter von Motorbikes.

Tankstellen: eine einzige vor der Chóra, über Stichstraße zu erreichen.

Unterkunft: begrenztes Angebot am Hafen und am Klissídi-Strand, jedoch eine ganze Reihe von Privatzimmern in der Chóra. Kein Campingplatz. Das früher übliche freie Zelten wird kaum noch geduldet.

Baden: Die schönsten Strände liegen an der Südküste, zu erreichen per Fußmarsch, inselbus oder Badeboot (nur im Sommer).

Karten: Das Blatt "Anafi" (Karten-Nr. 116) von Road Editions ist gewohnt zuverlässig.

Postleitzahl: 84009

Geschichte

Die Mythologie berichtet, dass sich die berühmten *Argonauten* aus schwerer Seenot nach Anáfi retten konnten. Der Lichtgott Apollo ließ nämlich im Unwetter einen leuchtenden Strahl auftauchen, der zu der kleinen Insel hinüberwies (Anáfi = die Strahlende). Aus Dankbarkeit errichteten die Seefahrer aus Thessalien auf dem schmalen Isthmos am Kálamos-Kap einen Opferaltar, an dessen Stelle später ein Apollo-Tempel und noch später ein Kloster errichtet wurde. Im Gegensatz zu den weiter nördlich gelegenen Kykladen wurde Anáfi (wie Santoríni und Mílos) um 800 v. Chr. von *Dorern* besiedelt, die vom südwestlichen Peloponnes in die Ägäis vordrangen. Ihre Stadt gründeten sie südöstlich unterhalb der heutigen Chóra am Hang, nicht weit vom Meer. Trümmer liegen noch heute weitflächig verstreut. Nach den Perserkriegen wurde auch Anáfi Mitglied im *Attisch-delischen Seebund*. Viel mehr ist aus der Antike nicht bekannt. 1207 gliederte der venezianische Herzog Marco Sanudo Anáfi in sein kykladisches *Herzogtum Náxos* ein und überließ es als Lehen einem anderen venezianischen Adeligen. Die Insel ging in den folgenden Jahrhunderten durch verschiedene venezianische Hände, bis 1537 die Türken kamen. Viele Bewohner flohen nach Kreta und Athen – in der griechischen Hauptstadt gibt es unterhalb der Akropolis sogar ein ganzes kleines Wohnviertel von ehemaligen Anafioten (→ Athen). 1834 wurde Anáfi dem neuen griechischen Staat angegliedert.

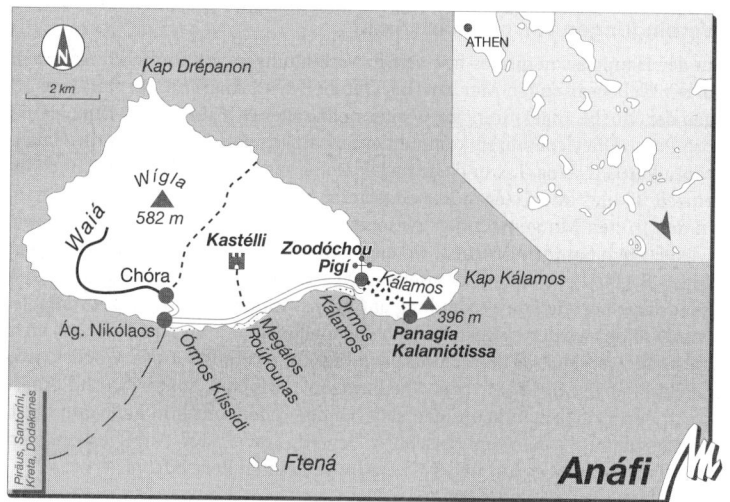

Wirtschaft

Anbauflächen liegen westlich der Chóra an den lang ausgleitenden Inselhängen der *Waiá*, angebaut werden etwas Getreide, Hülsenfrüchte und Obst, auch Honig wird hergestellt. Die wenigen Fischer haben ihre Kaikis im Hafen Ágios Nikólaos festgemacht, ansonsten gibt es natürlich auch Schafe und Ziegen. Exportiert wird nur Honig, die Bauern produzieren hauptsächlich für den Eigenbedarf. Der Tourismus hat allmählich Fuß gefasst. Eine ganze Reihe von Familien kann inzwischen davon leben. Die Entwicklung der Infrastruktur passt sich mehr und mehr den touristischen Bedürfnissen an.

Essen & Trinken

Obwohl in der Chóra neue Tavernen entstanden sind und bestehende erweitert wurden, ist das Angebot noch immer bescheiden und in der Hauptsaison kaum ausreichend. Zwei kulinarische Besonderheiten: zum einen wird der *choriátiki* (Bauernsalat) fast durchweg mit frischen, in Essig marinierten Kapern (Knospen und Blättern) serviert, was sehr lecker ist, zum anderen fällt auf, dass es den auf manch anderen Inseln eher seltenen Kichererbsenbrei *fáva* (mit Knoblauch, Zwiebeln und Olivenöl) fast immer und überall gibt.

Inselfeste

Am 15. August *Panagíri* (Mariä Himmelfahrt) in der *Chóra*; größtes Inselfest am 8. September im Kloster der *Panagía Kalamiótissa* am Fuß des Kálamos-Kaps – ganz Anáfi macht sich dann mit Booten, Mauleseln oder zu Fuß auf den Weg dorthin.

Karte Seite 541

Anáfi

Verbindungen von und nach Anáfi

In der Hauptsaison gibt es fast täglich Verbindungen von und nach *Santoríni*, in der Nebensaison (ab Mai bzw. bis Oktober) wird Anáfi nur an etwa drei Tagen der Woche angefahren, im Winter noch seltener (Fahrtzeit 90 Min., ca. 6 € pro Pers). Die Großfähren kommen grundsätzlich von *Piräus* über die Hauptroute Páros, Náxos, Íos und Santoríni, wobei manchmal auch Sýros und vereinzelt Síkinos und Folégandros angelaufen werden. Sie erreichen Anáfi meist in den frühen Morgenstunden zwischen 3.30 und 6.30 Uhr und fahren sofort wieder nach Santoríni zurück, wo sie dann ihre Abfahrtszeit abwarten (meist gegen 8 Uhr), ehe sie auf demselben Weg wieder nach Piräus zurückfahren. Die früher bestehende Verbindung auf die östlich benachbarte Insel Astipálea wurde leider wieder eingestellt. Auch Schnellboote fahren Anáfi derzeit nicht an. Dafür verkehrt in der Hauptsaison täglich, sonst 2–3 x pro Woche witterungsabhängig ein Post- bzw. Ausflugsboot zwischen Santoríni und Anáfi. Nach den Fahrtzeiten kann man sich bei der Hafenpolizei in Santoríni (hartnäckig bleiben!) oder im Reisebüro "Jeyzed Travel" auf Anáfi erkundigen. Schiffstickets gibt es nur in der Chóra im genannten Reisebüro.

Ágios Nikólaos

Der Hafen besteht nur aus einer Handvoll Häuser, die sich in den Ausgang eines engen Erosionstals klemmen, das sich zur Chóra hinaufwindet. Hübsch ist die Hausreihe vor der steilen Felswand, am Kai liegen Netze und Fischerkaikis, der Dieselgenerator tuckert unermüdlich. Zur etwa 3 km entfernten Chóra führt eine Asphaltstraße, außerdem gibt es einen deutlich kürzeren, teils betonierten Fuß-/Maultierweg, der sich gut erkennbar in Serpentinen den Hang hinauf windet (ca. 30 Min.).

• *Verbindungen* Zu jeder Schiffsankunft sowie saisonabhängig mindestens 5 x tägl. verkehrt ein **Bus** zwischen Ágios Nikólaos und der Chóra. Teilweise fährt der Bus im Anschluss weiter in den Ostteil der Insel. **Badeboote** tuckern von Juni bis September 3–5 x tägl. zu den Stränden in Richtung Osten bis zum Órmos Kálamos.

• *Übernachten/Essen & Trinken* Bei Fährankunft warten immer einige Zimmeranbieter aus der Chóra im Hafen. Weil das Angebot in Ágios Nikólaos beschränkt ist und die Zimmer am Klissídi-Strand, etwa 1 km östlich, oft im Voraus ausgebucht sind, geht man am besten gleich bei der Ankunft auf ein Angebot ein oder fährt mit dem Bus in die Chóra und sucht sich nach Tagesanbruch eine Unterkunft.

To Akrogiali, direkt am Anleger, große Hafentaverne und Kafenion in einem, täglicher Treffpunkt, hier wartet man auf die Fähre, spielt Gitarre, vertreibt sich die Zeit, lernt Leute kennen. Die Wirtin bereitet auf Wunsch auch spezielle Speisen zu, z. B. leckere Fischsuppe. Im ersten Stock schlichte Zimmer, DZ je Saison ca. 15–30 € (bei längerem Aufenthalt Preisnachlass). ✆ 22860-61218.
Café/Snackbar, unterhalb der Hafenkapelle am Ende des Kais, kein Essen, sondern nur Getränke und Fastfood. Hat auch nachts zu den Fährankünften bzw. -abfahrten geöffnet, was das Warten erträglicher gestaltet. Für Selbstversorger außerdem ein kleiner **Supermarkt**.
Keine weiteren touristischen Einrichtungen.

Chóra

260 m hoch am Bergkamm, seitlich der schmalen Hauptgasse eng verwin-kelte Gässchen und Treppen, die kleinen, schneeweißen Häuschen oft mit Tonnengewölben. Jedes Haus hat seinen Backofen und eine Zisterne. Auf der Hügelspitze über dem Ort stand früher ein venezianisches Kastell, von dem so gut wie nichts mehr erhalten ist.

Abgesehen von der Hochsaison ist die Chóra noch immer sehr ruhig. Doch dank des aufkommenden Tourismus hat die Inselflucht nachgelassen. Sogar eine neue Schule wurde gebaut. Abends füllen sich die Tavernen, man findet schnell Kontakt. Wirtschaftliche Grundlage sind neben dem Tourismus die weiten Flächen der *Waiá*, die sich Richtung Inselwesten erstrecken, dort fin-det man kleine Äcker und etwas Obstanbau.

• *Verbindungen* Busstopp am hinteren Dorfplatz (Windmühle und Kirche), West-ende der Chóra. Mindestens 5 x tägl. sowie eine Stunde vor Fährabfahrt fährt ein Bus nach **Ágios Nikólaos** hinunter. Nach Rück-kehr fahren die Busse teilweise in Richtung Inselosten bis zum Kloster **Zoodóchou Pigí** und stoppen an den Stränden der Südküste.

• *Adressen* **Arzt**, am hinteren Dorfplatz (Buswendeplatz) etwa 50 m einen Treppen-weg hinunter, dort rechts. Mo–Fr 9–10 Uhr.

Einkaufen, zwei "Supermarkets" sowie Bä-ckerei und Obsthandlung am Weg vom Buswendeplatz in die Chóra.

Geld, im Postamt werden Reiseschecks eingelöst. Es gibt bisher keinen Geldauto-maten auf Anáfi, geschweige denn eine Bank – genügend Bargeld mitnehmen!

Jeyzed Travel, mitten in der Chóra an der alten Schule, einzige Verkaufsstelle für Fährtickets, außerdem diverse Ausflüge über die Insel und Internetzugang. ✆ 22860-61253/612290, ✆ 61352, E-Mail: jeyzed@sa. forthnet.gr

• *Übernachten* Viele Unterkünfte wurden in den letzten Jahren neu erbaut. Sie liegen linker Hand der Zufahrtsstraße vom Hafen am östlichen Ortsrand, weitere grandios über dem Meer gelegene Zimmer konzen-trieren sich an anderen Dorfende im Um-kreis des Platzes mit der Windmühle. Die Preise variieren je nach Saison stark, DZ ca. 15–35 €.

Ta Plagia, lang gestrecktes Gebäude am östlichen Ortsbeginn, schöne, exponierte Lage, alle Zimmer mit Terrasse, Früh-stücksraum. ✆/✆ 22860-61308.

Panselinos, Giannis und Kalliopi Chalaris vermieten Zimmer am Dorfanfang unter-halb der Straße. ✆ 22860-61271. Weitere An-bieter in unmittelbarer Umgebung.

Villa Ostia, das tiefstgelegene Haus der Chóra. Popi Sigala, die freundliche jüngere Besitzerin wohnt einige Häuser weiter oberhalb. ✆ 22860-61375.

To Meltemi, das nette Haus von Margarita Peleki findet man an der zweiten Kehre des alten Maultierwegs zum Hafen hinunter. ✆ 22860-61291.

To Iliovasilema (Sunset), am westlichen Ortsrand, herrliche Studios mit Meerblick, am Ende der Straße links von der Wind-mühle den Treppenweg hinunter. ✆ 22860-61280.

• *Essen & Trinken* **To Steki**, die älteste Ta-verne im Ort, wenige Meter vom zentralen Dorfplatz am Fußweg zum Hafen, von der Terrasse weiter Blick, ordentliche Küche, auch gerne von Einheimischen besucht, häufig Nissiótissa-Musik per Band.

Armenaki, neue Taverne von Markos Ga-walas unterhalb der Hauptgasse, gemütlich mit altem Sofa auf der Terrasse, schmack-haftes, reichliches Essen.

Astrachan, beliebte Taverne mit Panorama-terrasse, exponierte Lage am Hauptweg durchs Dorf. Wirtin Agapia ist ein Unikum und kocht täglich frisch und gut, zum gro-ßen Teil mit Produkten aus dem eigenen Garten. Ihr Mann Giorgis bedient aufmerk-sam. Empfehlenswert ist ihr *skordaljá* – Kartoffelbrei mit Olivenöl und soviel Knob-lauch, dass der Atem stockt. Auch Wein aus eigenem Anbau.

Alexandra, kurz dahinter, in den letzten Jah-ren stark vergrößert, mit Frühstücksterrasse darüber. Schöner Blick und gewissenhaft geführt, bei den Einheimischen beliebt.

Órmos Klissídi

Gut 200 m langer, ziemlich breiter Strand mit feinem, goldgelbem Sand, etwa 500 m östlich vom Hafen. Schatten spenden Tamarisken und eine fotogene Palmengruppe. Oberhalb eine Handvoll Häuser mit Privatzimmern sowie zwei, drei Tavernen. Das früher obligate Wildcampen wird seit einigen Jahren nicht mehr geduldet, die Dorfpolizisten patrouillieren in der Saison mehrmals pro Woche. Einschlägig Interessierte müssen sich zum nächstliegenden Strand namens *Katsoúni* begeben (etwa 10 Fußminuten weiter östlich, Pfad an der weißen Kapelle vorbei). Dort wird ausschließlich nackt gebadet.

• *Anfahrt/Verbindungen*   Von der **Chóra** über eine neue Asphaltstraße zu erreichen, auch Busverbindung. Vom **Hafen** führt ein nachts z. T. beleuchteter Küstenpfad hinüber, Wegbeginn etwa 50 m rechts hinter den letzten Häusern der Hafensiedlung.

• *Übernachten/Essen & Trinken*   Mehrere Tavernen, alle mit Terrasse/Balkon und Zimmervermietung, sowie weitere Häuser mit Rooms.
Tis Margeritas, eher Café als Taverne, jedoch gibt es auch täglich wechselnde Hauptspeisen. Sehr gemütlich und freundlich, jedoch vergleichsweise teuer und kleine Portionen. Margerita vermietet auch gut ausgestattete Zimmer, die jedoch oft im Voraus ausgebucht sind (Gäste mit Anmeldung werden mit dem Auto von der Fähre abgeholt). ☎ 22860-61237.
Klissídi, urige Panoramataverne, ein Kleinod der kykladischen Gastronomie. In den letzten Jahren aus gesundheitlichen Gründen geschlossen, die Besitzerin Effi Karamalegou sucht aber neue Betreiber, so dass man hoffen darf.
Villa Apollon, hübsche, etwas teurere Privatzimmeranlage terrassenförmig am Hang oberhalb des "Klissídi", erreichbar auch über beschilderten Abzweig von der Straße Richtung Chóra. Rooms mit Terrasse, Kühlschrank und Telefon. Treppenweg zum Strand hinunter. ☎ 22860-61348, ✆ 61287.

Vom Órmos Klissídi zum Kálamos-Kap

Östlich vom Órmos Klissídi reihen sich mehrere Strände entlang der Südküste, auf den vorgeschobenen Kaps stehen immer wieder blendend weiße Kirchlein. Im äußersten Osten dominiert das markante Kálamos-Kap, ein steiler Marmorberg mit Gipfelkirche. An der Meerenge (Isthmos) davor steht das unbewohnte Kloster Zoodóchou Pigí, ein Badestrand liegt unterhalb davon.

Im Sommer fahren vom Hafen Badeboote die Südküstenstrände ab, letzte Station ist der Strand unterhalb vom Kálamos-Kap. Mittlerweile gibt es auch eine neue Asphaltstraße zum Kloster, die von Bussen befahren wird. Reizvoller ist aber vielleicht die Küstenwanderung ab Hafen bzw. Órmos Klissídi. Vom Hafen bis zum Kloster am Isthmos sind es ca. 8 km, z. T. geht es recht anstrengend auf und ab, zweieinhalb Stunden sollte man dafür einplanen.

▶ **Megálos Roúkounas**: schönster Strand der Südküste, etwa 500 m feiner, weicher Sand. Unter den wenigen Bäumen hausen gelegentlich einige Inselrobinsone in Schilfhütten (jedoch finden auch hier Kontrollen statt), gebadet wird hauptsächlich nackt. In der Saison ist an der Straße im Hinterland mindestens eine Taverne geöffnet. Zu Fuß ab Hafen etwa 60–90 Min. (oder Badeboot bzw. Bus).

▶ **Kastélli**: Im Hinterland vom Roúkounas-Strand kann man zu den Resten der ehemaligen dorischen Inselhauptstadt aufsteigen. Außer einem Marmorsarkophag auf halber Höhe neben einer kleinen Kapelle, ein paar Keller- bzw. Grabgewölben und Mauerresten ist auf dem Gipfel allerdings nichts mehr zu sehen. Links am Hang, etwas unterhalb, kann man jedoch überraschenderweise einige kopflose *Marmorbüsten* mitten in der Phrygana zwischen Geröll entdecken. Diese sollte man unbedingt unversehrt hinterlassen!

▸ **Órmos Kálamos**: schöne Strandbucht mit Bäumen unterhalb des Kálamos-Kaps, Ziel der Badeboote ab Ágios Nikólaos. Auf einem niedrigen Hügel steht das Kloster *Zoodóchou Pigí*, auch "Káto Kalamiótissa" genannt. Der schlichte Vierecksbau an der engsten Stelle der Insel ist auf den Fundamenten eines antiken Apollontempels erbaut. In der Mitte die Kirche mit silberglänzender Kuppel, im Inneren eine reich verzierte Ikonostase und eine berühmte, mit Devotionalien behangene Ikone der Panagía – Ziel der alljährlichen Prozession mit anschließendem großem Fest am 8. September, zu dem ganz Anáfi mit Booten, Mauleseln oder zu Fuß kommt. Rechts vom Eingang bilden große Marmorblöcke ein zweischiffi-

Megálos Roúkounas: schönster Strand von Anáfi

ges Tonnenkirchlein, auf dem Türsturz ist eine dreizeilige antike Inschrift erhalten. Im Klosterhof eine Zisterne, an der man sich vielleicht stärken kann. Neben dem Kloster wohnt eine Ziegenzüchterfamilie mit der einzigen größeren Herde der Insel. Hier wird der Käse gemacht, den man in den Tavernen der Chóra kosten kann.

▸ **Kálamos** (396 m): Wer noch Kraft hat, sollte den Aufstieg auf den schroffen Marmorberg nicht verpassen. Der Weg ist allerdings steil und anstrengend und dauert bis zur Gipfelkapelle eine gute Stunde. In endlosen Serpentinen geht es über weite, steinerne Flächen hinauf. Grandios die Stille der wilden Bergwelt, nur das Kreischen von Dohlen durchbricht gelegentlich die Ruhe. Die schlichte Kuppelkirche der *Panagía Kalamiótissa* auf der Spitze bleibt bis zuletzt unsichtbar, der Fels fällt hier fast senkrecht zum Meer ab, Superblick bis rüber zum Hafen und auf die vorgelagerten *Ftená-Inseln*! Gegenüber vom Haupteingang eine Zisterne, in der jedoch Gefäß und Seil fehlen.

Landschaftlich wunderschön, der große Rummel ist aber bisher ausgeblieben

Westkykladen

Kéa, Kíthnos, Sérifos, Sífnos, Mílos und Kímolos – die sechs Inseln, die in beinahe schnurgerader Linie das attische Festland nach Süden verlängern, stehen noch ganz im Schatten ihrer touristisch voll entwickelten östlichen Geschwister. Das große Geschäft mit den Urlaubern ist bisher ausgeblieben.

Lediglich **Sífnos** wird zur Saison regelmäßig von Rucksacktouristen und griechischen Urlaubern überschwemmt – und kann diesem Run bisher nur wenige Übernachtungsmöglichkeiten entgegensetzen. Während die ausgesprochen interessanten Inseln **Sérifos** und **Mílos** allmählich aus ihrem touristischen Dornröschenschlaf erwachen, ziehen **Kéa** und **Kíthnos**, die dem Festland am nächsten liegen und eigentlich am wenigsten "kykladisch" sind, nach wie vor hauptsächlich griechische Urlauber an.

Fähren und Schnellboote von Piräus laufen die Inseln fast täglich auf der Westkykladen-Route an: Kíthnos – Sérifos – Sífnos – Kímolos – Mílos und auf demselben Weg zurück (Variante: Die Schiffe fahren von Mílos über Folégandros und Síkinos weiter nach Íos bzw. Santoríni). Einzige Ausnahme ist Kéa, das nur mit kleinen Fährschiffen ab Lávrion und Kíthnos zu erreichen ist.

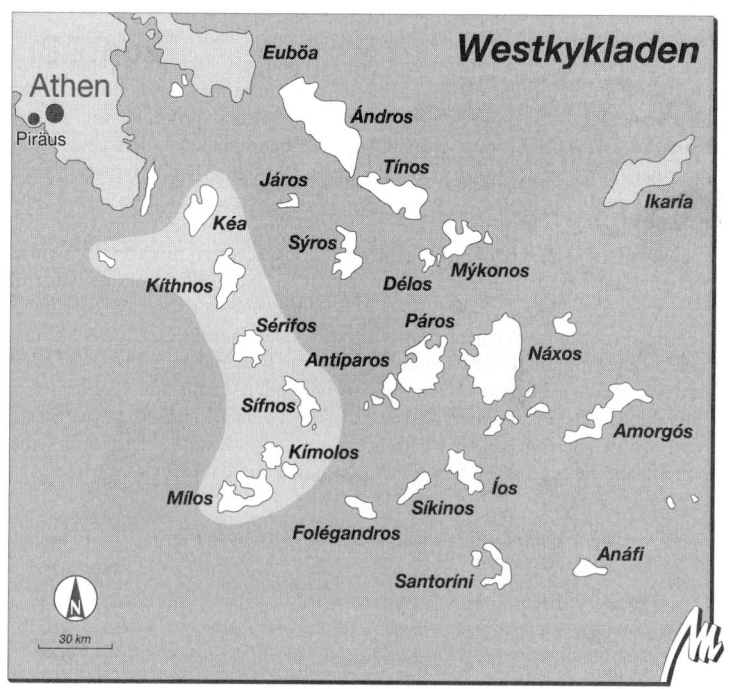

Kéa (Tziá)

Eine steile und bergige Insel, jedoch fruchtbar mit wetterharten Steineichen, prall beladenen Nussbäumen und grünen Zypressen. Sehr sehenswerter Hauptort hoch in den Bergen, ein einsames Kloster auf trotzigem Felsenkap, tief gezackte Küstenlinien mit versteckten Sandbuchten ... Obwohl keine reine Badeinsel, besitzt Kéa einige gute Strände, die selbst im August nicht überlaufen sind – ein Tipp für den Badeurlaub abseits vom Massenrummel à la Mýkonos, Íos etc.

Kaum mehr als 20 km vor der Südspitze Mittelgriechenlands gehört Kéa geografisch, wirtschaftlich und kulturell heute eher zu Attika als zu den Kykladen. Fast alle erschlossenen Buchten liegen an der dem Festland zugewandten Westküste, die Ostküste ist einsam und nur an wenigen Stellen zu erreichen – großes Bonbon dort allerdings die herrliche Bucht von *Sikamiá*. In der Antike war alles anders – damals lag die größte Stadt Kéas tief im Süden, an der Küste vis à vis von Kíthnos.

Abgesehen vom Hafen und einigen verstreuten Bauernsiedlungen ist die Hauptstadt *Ioulís* (Chóra) der einzige größere Ort. Halbkreisförmig liegt die

Stadt am Berghang und wirkt mit ihren roten Giebeldächern auf den ersten Blick wenig kykladisch. Beim Bummel erkennt man jedoch, dass die steilen Gassen, die überwölbten Passagen und die Treppen, die für Autos unpassierbar sind, noch durch und durch im traditionellen venezianisch-kykladischen Inselstil erbaut sind. Auch landschaftlich ist einiges geboten – die Bucht von *Písses* an der Westküste ist eine üppig grüne Obst- und Baumplantage, dort findet man auch den einzigen Campingplatz der Insel. Die Fahrt per Leihmoped hoch oben auf dem lang gestreckten Rückgrat in den wenig besuchten Süden führt dagegen über wilde Bergrücken und macht ausgesprochen viel Vergnügen.

Kéa ist vom Festland per Fähre nicht von Piräus, sondern nur vom kleinen attischen Küstenstädtchen *Lávrion* zu erreichen. Trotz aller Vorzüge verirren sich Ausländer deshalb selten hierher – abgesehen von den gut gelaunten Jachteignern, die an der Mole von *Vourkári* ihren Stammplatz haben. Um so mehr schätzen griechische Sommerfrischler die festlandsnahe Insel. Vor allem Athener machen an heißen Sommerwochenenden gerne den Katzensprung über die Meerenge zwischen Attika und Kéa. Vorsicht deshalb, in der Saison kann es zu Engpässen bei der Überfahrt kommen – während Freitag und Samstag alles auf die Insel strömt, herrscht Sonntagabend das Rückfahrtschaos!

Größe: Kéa ist knapp 20 km lang und bis zu 10 km breit. Die Küstenlänge beträgt 86 km. Höchster Gipfel ist der Profítis Ilías (568 m), südlich oberhalb von Ioulís.

Bevölkerung: nach mehreren Auswanderungswellen heute nur noch ca. 1600 Einwohner.

Geografie/Geologisches: Kéa ist sehr bergig, besitzt aber auch weit auslaufende Schluchten und tiefe Täler. Einzige Ebene ist das Hinterland der Bucht von Písses (Westküste). Das Gestein besteht zu 90 % aus Gneis und Glimmerschiefer, die markant abblätternden Schichten sind gut zu erkennen. Nur an der Ostküste gibt es auch Marmor.

Wichtige Orte: Ioulís, die Hauptstadt, liegt mitten in den Bergen. Vom Hafen Korissía führt eine Asphaltstraße hinauf. Nördlich von Korissía liegen die wenigen Häuser von Vourkári und Otziás.

Straßen: Asphalt gibt es nur von Korissía nach Ioulís, von Korissía über Vourkári nach Otziás, von Ioulís über die Bucht von Písses nach Koúndouros und von Ioulís nach Kató Meriá im Süden der Insel. Per Mofa sind aber auch die übrigen Staubstraßen zu befahren.

Entfernungen (vom Hafen Korissía): Vourkári 2 km, Otziás 5 km, Ioulís 6 km, Písses 13 km, Kloster Panagía Kastriani 10 km, Kató Meriá 17 km.

Auto-/Zweiradverleih: an der Ausfallstraße von Korissía nach Ioulís.

Tankstellen: eine an der Straße von Korissía nach Ioulís, eine zweite an der Straße von Ioulís nach Písses.

Unterkunft: nur wenige Hotels, ansonsten nur Privatzimmer und Apartments. Im Hafenort Korissía vier Hotels und Privatzimmer. In der Chóra derzeit nur ein kleines Hotel. In Písses an der Westküste ein Badehotel und der einzige Campingplatz. Schöne Lage hat das große und teure "Kea Beach Hotel" (B-Kat.) in der Koúndouros-Bucht im Süden von Kéa. Privatzimmer und Apartments außerdem in Vourkári und Otziás. Die Saison ist kurz – schon Mitte September schließt beispielsweise der Campingplatz.

Baden: Die Strände um den Hafen, Vourkári und Otziás sind eher enttäuschend. Prima ist dagegen der Strand in der Bucht von Písses, dicht gefolgt von der einsamen Sikamiá-Bucht an der Ostküste. Auch südlich vom Órmos Písses liegen noch einige interessante Strände.

Karten: In jeder Hinsicht sehr detailliert ist die Karte "Tziá/Kéa" von Road Editions (1:40.000).

Postleitzahl: 84002

Geschichte

Prähistorisches Inselzentrum war die Halbinsel nördlich vom heutigen Hafenort Korissía bei Vourkári. Am dortigen Kap Kephalá hat man Spuren einer *spätneolithischen Siedlung* aus dem 4. Jt. v. Chr. entdeckt. *Karer* aus Kleinasien und *minoische Kreter* besiedelten in den folgenden Jahrtausenden die Insel. Aus minoischer Zeit stammt die Stadt bei der Kapelle *Agía Irini* (ebenfalls Nähe Vourkári), die amerikanische Archäologen in den sechziger Jahren ausgegraben haben. Sie war bereits zu Beginn der Bronzezeit um 3000 v. Chr. bewohnt und wurde erst um 1450 v. Chr. durch ein Erdbeben zerstört. Das Ausgrabungsgelände ist umzäunt, man kann aber auch von außen einen guten Eindruck bekommen (→ Vourkári).

In der Antike war Kéa dichter besiedelt als heute, *ionische Flüchtlinge* vom Festland gründeten um 1200 v. Chr. insgesamt vier Städte (→ Kasten). *Karthéa*, die wichtigste und größte lag im Südosten Kéas – Indiz dafür, dass den benachbarten Inseln eine wichtigere Rolle zukam als dem Festland. Die Ruinen von Karthéa sind heute überwuchert und nur per Moped und anschließendem Fußmarsch zu erreichen, einige Funde hat man ins Archäologische Museum von Ioulís gebracht. Kéa pflegte damals enge Beziehungen zum nahen Athen. Es besaß Bodenschätze, nämlich *Roteisen-Ocker*, der eminent wichtig für die Herstellung der berühmten attischen Keramik war, es konnte Landwirtschaftsprodukte ausführen und lag zudem am viel befahrenen Schifffahrtsweg zur heiligen Insel Délos. Den daraus resultierenden relativen Wohlstand kann man an den jährlichen Tributlisten des *Attisch-delischen Seebundes* ablesen, dem Kéa nach den Perserkriegen ebenfalls beigetreten war. Dass der Altersruhestand samt gesetzlicher Altersversorgung damals noch nicht bekannt war, kann man an folgendem reichlich makaberen Brauch ablesen: Falls sie nicht mehr arbeiten konnten oder wollten, hatten Kéas Einwohner ab dem 70. Geburtstag das Recht, den so genannten *Schierlingsbecher* zu trinken (ein Pflanzengift, dem auch Sokrates zum Opfer fiel).

In den nachantiken Jahrhunderten verlor die Insel zusehends an Bedeutung, die Städte starben aus, nur wenig ist aus der Zeit der makedonischen und römischen Besetzung bekannt.

1207 eroberten die *Venezianer* Kéa und teilten sie unter mehrere Adelsfamilien auf. Aus dieser Zeit stammt der mittelalterliche Grundriss der Inselhauptstadt Ioulís. In den folgenden Jahrhunderten war Kéa beliebter Schlupfwinkel für Piraten aller Couleur – algerische Freibeuter eroberten sogar einmal die Chóra und igelten sich dort hartnäckig ein, bis das Kástro von venezianischen Truppen völlig zerstört wurde. Im 16. Jh. wurde auch Kéa von den *Türken* besetzt. Eine amüsante Episode ist aus den *griechischen Freiheitskriegen* überliefert (→ Vourkári).

Eine Fußnote der Zeitgeschichte hat sich ebenfalls in Kéa abgespielt: Nach dem Fall der *Militärdiktatur* von 1967–74 (→ S. 254) wurden die wichtigsten Mitglieder der Junta wochenlang im damals neu erbauten Hotel Karthea in Korissía (→ Übernachten) inhaftiert, bis über ihr weiteres Schicksal entschieden war.

Kéa (Tziá)
Karte Seite 553

Eine Insel und vier Städte

In der Antike war Kéa dicht besiedelt, die Standorte von vier größeren Städten sind von Archäologen lokalisiert worden. Jedoch ist kaum etwas von ihnen erhalten, und die spärlichen Reste sind nur unzureichend ausgegraben.

Karthéa, die größte und wichtigste Stadt, lag in der Póles-Bucht im äußersten Südosten der Insel, der heute nahezu unbesiedelt ist. Die Akropolis und verschiedene Tempel standen auf einem Hügel, der Ort gruppierte sich um den Hang zum Meer hinunter. Wegen der zahlreichen Piratenüberfälle wurde die Siedlung im Mittelalter aufgegeben. Erhalten ist nichts außer einigen Mauerresten und Säulenstümpfen.

Die Stadt *Poiíessa* hatte ihren Standort in der großen Bucht von Písses an der Westküste. Die relativ ungeschützte Lage war wahrscheinlich dafür verantwortlich, dass die Bewohner bereits während der römischen Epoche die Siedlung aufgaben und nach Karthéa umzogen.

Im Gegensatz dazu lag die antike Stadt *Ioulís* in perfekter Schutzlage hoch in den Bergen an der Stelle der heutigen Inselhauptstadt. Sie ist als einzige bis heute durchgehend besiedelt. Auf dem Hügel, auf dem die Venezianer ihr Kástro errichteten (heute die ehemalige Pension Ioulís), stand die ionische Akropolis – die Venezianer benutzten für den Bau ihrer Festung auch Steine der antiken Stadt. Als das Kástro schließlich zerstört wurde, verwendeten die Bewohner der Stadt die Überreste für ihren Hausbau. So sind einige der älteren Häuser z. T. aus antiken Trümmern errichtet.

Die vierte antike Ortschaft namens *Koressía* lag am Kap oberhalb der heutigen Hafensiedlung Korissía. Auch ihre Bewohner verließen sie während der römischen Epoche und siedelten sich in Ioulís an. Erhalten ist nichts mehr, aber man hat hier eine 1,73 m hohe Koúros-Statue gefunden (heute im Nationalmuseum von Athen).

Wirtschaft

Kéas Wirtschaft hat im 20. Jh. zwei schwere Krisen erlebt – die Schließung der Industriebetriebe und das Aussterben des Gerberhandwerks. In den dreißiger bis fünfziger Jahren kam es deswegen zu einer großen Auswanderungswelle – von früher 5000 Menschen blieben bis heute nur etwa 1600 auf der Insel. Dank der zunehmenden Bedeutung des Fremdenverkehrs steigt die Einwohnerzahl jetzt allerdings wieder. Nicht wenige ehemalige Auswanderer bauen sich Sommerhäuser und eröffnen Geschäfte.

Da Kéa wasserreich ist, wird traditionell Landwirtschaft betrieben. Vor allem die *Rinderzucht* spielt heute eine Rolle, im Süden der Insel liegen die Gehöfte der Züchter. Ansonsten werden *Obst* und *Gemüse* angebaut (in der Bucht von Pisses), auch die vielen *Nuss- und Mandelbäume* fallen auf, z. B. an der Straße zwischen Vourkári und Otziás. Aus den Eicheln der zahlreichen wilden *Steineichen* (am besten an der Höhenstraße in den Süden zu sehen) wurde früher ein Gerbemittel gewonnen, das aber wegen chemischer Konkurrenz schon Mitte des 20. Jh. bedeutungslos wurde. Ein ganzer Berufsstand wurde arbeitslos und musste auswandern.

Im 19. Jh. war Kéa aber auch eingebunden in die industrielle Produktion von Attika. Es gab eine *Emaillefabrik* (deren Gebäude samt Schlot noch heute den Hafenort dominieren) und andere Betriebe – vor allem in Vourkári –, in denen hauptsächlich Stahlhelme und diverses Kriegsmaterial hergestellt wurden. In den fünfziger Jahren des 20. Jh. mussten sie wegen der unrentablen Insellage schließen, heute liegt alles in mehr oder minder pittoresken Ruinen.

Essen & Trinken

Kein Schierlingsbecher mehr, aber der *Rotwein* von Kéa hat einen guten Ruf. Wer ihn ausgiebig kosten will, sollte allerdings im Winter kommen. Die Anbaumengen sind so minimal, dass der Vorrat in der Regel nur von November bis April reicht – im Sommer also meist Fehlanzeige. Dank der zahlreichen Athener Gäste gibt es in Vourkári und in Ioulís einige gute Tavernen, in Korissía ist das Niveau dagegen eher mäßig. *Joghurt mit Thymianhonig* gilt als Inselspezialität, ebenso das *Pasteli* genannte Knabbergebäck aus Sesam und Thymianhonig.

Inselfeste

Am 15. August (Mariä Himmelfahrt) große Prozession zum *Kloster Panagía Kastriani* mit seiner berühmten Marienikone. Außerdem Anfang August großes Fest zu Ehren des antiken Inselpoeten *Simonides*.

Verbindungen von und nach Kéa

Kéa liegt abseits der Hauptrouten der großen Kykladen-Fähren, die allesamt in Piräus starten. Einziger Festlandshafen für Autofähren nach Kéa ist *Lávrion* an der Ostküste Attikas (→ Kapitel Athen). "Hellas Ferries" bedienen von hier aus das Streckendreieck *Lávrion-Kéa-Kíthnos*. Unterwegs kommt man an der lang gestreckten Insel *Makrónissos* vorbei, die während der vierziger Jahre und später von der Obristendiktatur (1967–74) als Gefängnisinsel benutzt wurde. Während des griechischen Bürgerkriegs war hier Mikis Theodorakis als Freiheitskämpfer inhaftiert. Achtung: an Sommerwochenenden immer viel Verkehr – wer mit dem PKW hinüberwill, muss rechtzeitig buchen, speziell für die Rückfahrt.

Weiterhin gibt es die Möglichkeit, Kéa und das benachbarte Kíthnos per Schnellboot direkt ab Athen anzulaufen.

> **Überlandbusse** von Athen nach Lávrion starten von etwa 6–21 Uhr alle halbe Stunde auf dem Platz vor dem Areos Park, Nähe Nationalmuseum (wenige hundert Meter östlich der Metrostation Victoria-Platz). Fahrtdauer ca. 1 Std. 45 Min., ca. 3,50 € (Tickets im Bus). Die Busstation in Lávrion liegt 2 Fußminuten von der Abfahrtstelle der Fähren.

● *Fähren* In der Saison pendelt die "Mirina Express" von Hellas Ferries 1–2 x tägl. (an Wochenenden 3–4 x) von Lávrion hinüber nach **Korissía** auf Kéa bzw. umgekehrt. Abfahrt in Lávrion meist morgens, Dauer der Überfahrt ca. 1,5 Std., pro Pers. ca. 8 €,

Kleinwagen ca. 25 €, Mittelklassewagen ca. 35 €. In der kalten Jahreshälfte sind die Überfahrten auf höchstens 1 x tägl. reduziert.
Etwa 1–2 x wöch. fährt die "Mirina Express" von Lávrion über **Kéa** zur Nachbarinsel **Kíthnos** weiter bzw. direkt nach Kíthnos. Dort hat man Anschluss auf die anderen Inseln der Westkykladen.
In den letzten Jahren fuhr außerdem die "Georgios Express" eine Spezialroute quer durch die kykladische Inselwelt: Kéa – Kíthnos – Sýros – Páros – Náxos – Folégandros – Síkinos – Íos – Thirássia – Santoríni.
• *Schnellboote* Je nach Saison verkehren 2–5 x wöch. "Hellas Flying Dolphins" direkt ab **Zea Marina**, dem Schnellboothafen von Piräus. Kostenpunkt ca. 25 €/Pers., Dauer ca. 3 Std. Auskünfte und Tickets gibt es in einigen Travel Agencies um den Sýntagma-Platz bzw. unter ✆ 210-4280001, 📠 4283526.

Die Britannic: Rätselhaftes Schiffsunglück vor Kéa

Nur 3 km vor der Westküste Keas hat sich im Ersten Weltkrieg eine bis heute ungeklärte Katastrophe ereignet. Am 21. November 1916 sank hier innerhalb von 55 Minuten die Britannic, Schwesternschiff der weltberühmten Titanic (!), die vier Jahre vorher im Atlantik auf einen Eisberg gelaufen war.

Die Hauptschifffahrtsroute der Alliierten im östlichen Mittelmeer verlief damals durch den Kanal zwischen Makrónissos und Kéa vor der Südwestküste Attikas. Die Britannic war laut offizieller Lesart als Lazarettschiff im Einsatz und pendelte zwischen Neapel und den Dardanellen. Doch gab es auch Gerüchte, die besagten, dass das Schiff eigentlich ein getarnter Munitionstransporter sei. Mehr als tausend Personen waren an Bord, im Gegensatz zum Untergang der Titanic konnten fast alle mit Rettungsbooten nach Kéa gerettet werden, allerdings gab es 28 Tote. Ob das riesige Schiff auf eine Mine lief, von deutschen Torpedos beschossen wurde oder sogar von den Briten selber versenkt wurde, um die Amerikaner mit diesem vermeintlich vom Deutschem Reich begangenen Verstoß gegen die Genfer Konvention zum Kriegseintritt zu bewegen, ist bis heute die große Frage. Die Brittanic wurde 1976 von Jacques Cousteau entdeckt, sie liegt in 120 m Tiefe und war in den letzten Jahren ein bevorzugtes Ziel der internationalen Wrackforschung. Doch selbst Robert Ballard, der Entdecker der Titanic, konnte mit seinem Spezial-Tauchboot bisher keine Lösung bringen.

Nach dem Desaster der angeblich unsinkbaren Titanic war der Bau der Britannic gestoppt und die gesamte Konstruktion neu überdacht worden – vergeblich, kaum eine Stunde konnte sie sich nach der Explosion über Wasser halten. Danach nahm man von dem Bau solcher supergroßer Passagierdampfer Abstand.

Verkehr auf der Insel

▸ **Busse**: derzeit nur ein einziger Inselbus, der von Korissía nach Ioulís (Chóra) hinauffährt (u. a. im Anschluss an die Fährankunft), im Sommer außerdem von Ioulís über Korissía zur Bucht von Otziás und zum Strand von Písses.

▸ **Mietfahrzeug**: einige wenige Zweirad- und Autoverleiher in Korissía.

▸ **Eigenes Fahrzeug**: Kéa ist groß, aber Asphalt rar. Dem eigenen Auto sollte man die Pisten nicht unbedingt zumuten. Mountainbike ist okay.

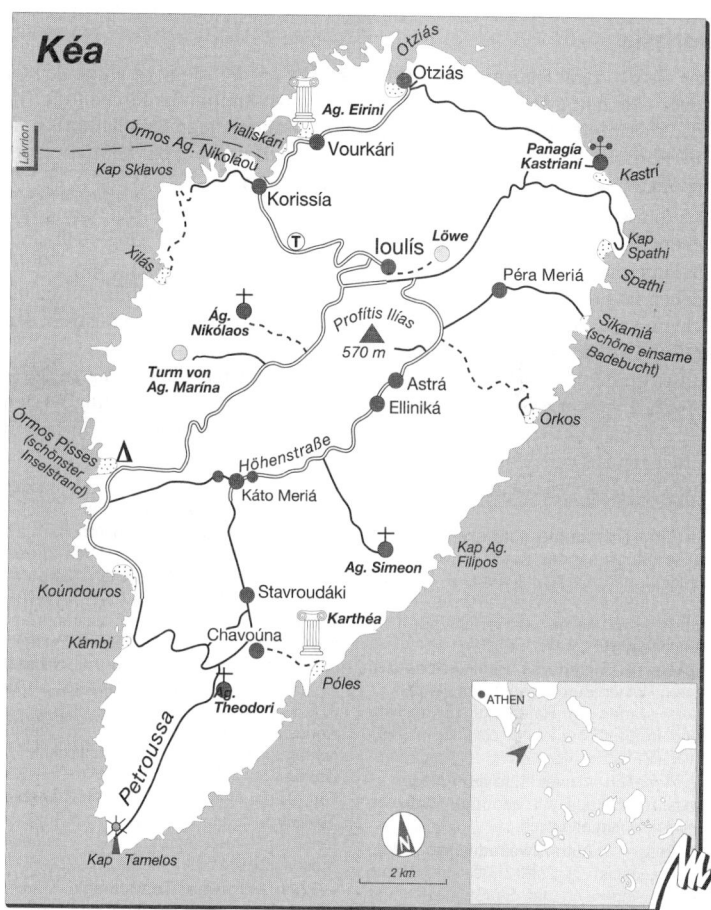

Órmos Agíou Nikoláou

Die große, verzweigte Hafenbucht von Kéa wird eingerahmt von verwitterten Schieferfelsen. Zwei Leuchttürme markieren die schmale Einfahrt.

Im Süden der Bucht liegt der Fährhafen *Korissía*, im Norden *Vourkári*, wo die Jachten Halt machen, dazwischen der kleine Strand *Gialiskári*. Interessant ist der schmale Felsarm, der die Bucht von Norden her eingrenzt. Gegenüber von Vourkári liegt hier die prähistorische Siedlung *Agía Iríni*, ganz in der Nähe dümpeln die Ruinen einer ehemaligen Bunkerstation für Dampfschiffe.

Korissía

Der Hafen, zwei Häuserreihen hingeklatscht an die niedrige Hügelflanke, davor eine lange Mole, überragt von der blauen Kuppel der Kirche Agía Triáda. Im Hintergrund ragt der Schornstein der ehemaligen Emaillefabrik empor. Korissía ist ein guter Standort für die Inselerkundung per Mietfahrzeug, ansonsten fährt man weiter nach Ioulís oder Písses.

Das touristische Angebot ist schnell aufgezählt: eine Handvoll Hotels und Privatzimmer, Snackbars und Tavernen, die auf Laufkundschaft eingestellt sind, ein Supermarkt, einige Zweiradverleiher und ein etwa 300 m langer, nicht übertrieben sauberer Sandstrand, an dem einige Tamarisken und Schilfschirme für Schatten sorgen. An der Ausfallstraße erinnert rechter Hand eine Büste an den antiken Lyriker Simonides, der um 550 v. Chr. auf Kéa geboren worden war.

Außer umher zu bummeln und auf die Fähre zu warten gibt's wenig zu tun – eventuell Spaziergang an der tief eingekerbten Küste entlang Richtung Westen (→ unten). Voll wird es an Augustwochenenden, wenn die PKW in langen Schlangen aus den Schiffsbäuchen gerollt kommen.

• *Verbindungen* Der **Inselbus** startet an der Anlegestelle etwa 4–8 x tägl. hinauf in die Chóra, im Sommer auch ebenso oft das kleine Stück an der Küste entlang nach Vourkári und Otziás, außerdem 2 x tägl. Richtung Süden zum Órmos Písses. Verbindungen sind auf an- und abfahrende Fähren abgestimmt.
Tickets für Fähren und Tragflügelboote in einem kleinen Büro an der Promenade.
Taxis warten im Hafen auf Kundschaft, Fahrt in die Chora kostet ca. 7 €. ✆ 22880-21021, 22171.
• *Information* Kleines Büro am Anleger, jeweils zur Fährankunft geöffnet. Liste von Privatzimmern erhältlich.
• *Adressen* **Auto-/Zweiradverleih** "Moto Rent Giannis" (✆ 22880-21330) und "Moto Center" liegen an der Straße nach Ioulís (✆ 22880-21844).
Hafenamt, Auskunft unter ✆ 22880-21334.
• *Übernachten* Wegen der vielen Athener Gäste in der Saison Preisniveau nicht ganz niedrig, der Schwerpunkt liegt auf Mittelklasseunterkünften.
Karthea, C-Kat., geräumiger Kasten vom Anfang der siebziger Jahre direkt am Hafen (→ Geschichte). Etwas verwohnt, aber in-

nen solide, Zimmer mit rundum laufenden Balkonen und Wannenbädern. Hinten rauscht der Wind in den Bäumen, vorne Blick auf die Hafenbucht. Unten großer Frühstücksraum und Fernseher. Ältere Wirtin. DZ ca. 40–75 €. ✆ 22880-21222, ✉ 21417.
Tzia Mas, C-Kat., direkt am Ortsstrand, lang gestrecktes Hotel mit hellblauen Fenstern und Türen, schlichte Zimmer mit Nasszellen und Terrassen. DZ mit Frühstück ca. 40–70 €. ✆ 22880-21305, ✉ 21140.
Korissia, E-Kat., etwas zurück vom Strand, schräg gegenüber einem Fabrikschlot. 16 Zimmer mit Küchenzeile, Du/WC und Balkon. DZ ca. 40–65 €. ✆ 22880-21484, ✉ 21355.
To Oniro, C-Kat., gegenüber vom Korissia, familiär geführtes Apartmenthaus, derselbe Preis. ✆ 22880-21118.
• *Essen & Trinken* **To Mouragio**, Pizzeria mit kleinem Innenraum aus Holz, abends trifft man sich zum Oúzo und Fernsehen.
Apothiki, Ruinenhaus ohne Dach direkt am Anleger, als Café/Taverne hübsch aufgemacht.
Strandbar neben Hotel Tzia Mas.
• *Shopping* **Supermarkt** neben Hotel Karthea. Für Selbstversorger verkaufen die **Fischer** morgens direkt ab Boot.

Korissía/Umgebung

▶ **Küste westlich von Korissía:** Hinter dem Hotel Karthea führt eine Straße den relativ steilen Berg hinauf. Oben lag einst die antike Hafensiedlung *Koressía*, von der jedoch fast nichts mehr erhalten ist. In den dreißiger Jahren hat man hier eine große Jünglingsstatue gefunden, den so genannten "Koúros von Kéa" (heute im Nationalmuseum in Athen). Richtung Südwesten geht eine Piste an einigen tief eingeschnittenen Buchten entlang, schöner Blick übers Wasser. Auch hier entstehen mehr und mehr neue Villen. Der Weg endet an der felsigen Bucht von *Xílas*, ab Korissía etwa 1,5 Std. zu Fuß.

▸ **Gialiskári:** Der "beste Strand der Insel" zwischen Korissía und Vourkári präsentiert sich etwas karg und unscheinbar. Weicher brauner Sand, etwa 100 m lang, dahinter, durch Steinmäuerchen abgetrennt, reichlich Schatten durch Tamarisken und Eukalyptus. Diverse Rooms und Apartments, z. B. Okeanida (✆ 693-298539) und Filoxenia (✆ 22880-21153). Die wenigen Tavernen sind nur in der Hochsaison geöffnet.

Vourkári

Eine Betonmole mit wenigen, den Hang hinauf gestaffelten Häusern. Unten einige gute, aber nicht billige Tavernen, Souvenirshops und ein kleiner Supermarkt. Man lebt von den Jachten, die hier regelmäßig festmachen. Abends trifft sich ein bunt gemischtes Volk aus USA, Großbritannien, Frankreich und Deutschland in den Tavernen, das dann das Menü oder die Fischsuppe für den nächsten Tag aushandelt. Recht mäßiger, schmaler Sandstrand in der Bucht, ansonsten reichlich Grün – Schilf, Palmen, Obstbäume. Der interessantere Teil liegt auf der Landzunge gegenüber, die bizarr verfallenen Backsteingebäude und die Ausgrabung von *Agía Iríni*.

• *Übernachten* Die Pensionen **Lefkes** und **Pefka** bieten einige Privatzimmer, ✆ 22880-21444 bzw. 21420.

• *Essen & Trinken* Mehrere Tavernen nebeneinander, darunter **Aristos**, ein traditionelles Inselhaus mit tief hängender Holzdecke, schön zum draußen Sitzen, aber auch drinnen möglich. Freundlicher Familienbetrieb, gutes Essen brutzelt immer auf dem Herd. Hier auch mal den Joghurt mit Thymianhonig kosten, eine Inselspezialität. Außerdem gibt es einige populäre Nachtbars und die Ouzerie **Strofi tou Mimi** am Weg nach Otziás.

Landzunge von Agía Iríni

Wenn man weiter um die Bucht herumfährt, kommt man am *Elektrizitätswerk* vorbei und trifft auf eine Reihe pittoresk verfallener Hausruinen. Sie gehörten im 19. Jh. zu einer großen *Bunkerstation*, in der Kohle für Dampfschiffe einer britischen Gesellschaft gelagert wurde. Dort erblickt man auch eine auffallende Landniederung, die flachste Stelle der gesamten Bucht. Hier muss es gewesen sein, wo Kapitän Lambros Katsonis in echter Münchhausen-Manier der türkischen Flotte entkommen ist. Der Grieche war mit seinen Schiffen von den Türken in der Hafenbucht eingeschlossen worden, am nächsten Tag sollte der Angriff erfolgen. Doch Katsonis ließ in der Nacht heimlich, still und leise seine Schiffe über die niedrige Landenge schleppen – am nächsten Tag war die Falle leer!

▸ **Agía Iríni:** Die Grundmauern der kleinen minoisch/mykenischen Küstensiedlung liegen eingezäunt unterhalb der kleinen Kapelle Agía Iríni. Man erkennt die Untergeschosse der Häuser und schmale Gassen dazwischen. Nicht spektakulär, aber ein hübsches und ruhiges Fleckchen Erde. Ausgegraben wurde

Kéa (Tziá)
Karte Seite 553

die Stadt 1960–67 von amerikanischen Archäologen der Universität von Cincinnati in Zusammenarbeit mit dem Griechischen Archäologischen Amt. Die Siedlung stammt aus der Frühbronzezeit und erreichte ihre größte Ausdehnung zwischen 3000–1450 v. Chr. Die reichhaltigen Funde (hauptsächlich Keramik) sind heute im Museum der Chóra untergebracht und z. T. eindeutig minoischer Herkunft (z. B. die Frauengestalt mit dem entblößten Busen). Es bestanden intensive Handelsbeziehungen nach Kreta und zu den anderen Kykladeninseln. 1450 wurde die Stadt durch ein Erdbeben zerstört.

▸ **Kap Kephalá**: von Agía Irini Richtung Norden, nur zu Fuß zu erreichen. Hier liegen Ruinen und Gräber einer *spätneolithischen Siedlung* (4. Jt. v. Chr.), von denen jedoch kaum etwas erhalten ist.

Norden der Insel

Abgesehen von der Bucht Otziás wild und abgelegen, z. T. Steilküste mit tollen Panoramen. Zum Wandern lohnen die Erdstraßen – am schönsten die von der Chóra zum Kloster Panagía Kastrianí.

Die einzige Asphaltstraße führt von Vourkári nach Otziás. Beiderseits der Straße Eichen, dazu zahllose Mandel- und Nussbäume, hübsches Stück zu fahren und noch ganz flach. Erst jenseits von Otziás beginnt die felsige Bergstrecke. Im September ist Mandelernte.

▸ **Otziás**: schöne, kreisrunde Badebucht an der Nordküste. Eine Handvoll Häuser, Strand mit weichem Sand und relativ viel Kies, teilweise von Tamarisken beschattet. In der Saison kann man Tretboote, Kanus und Surfbretter leihen, außerdem haben mehrere Tavernen offen. Privatzimmer und Apartments werden ebenfalls vermietet.

● *Übernachten* **Cavo Perlevos**, die geschmackvollen Studios von Nikos und Marianna Mikoniatis sind um eine Höhle gebaut und liegen nur 30 m vom Strand entfernt. Platz für bis zu 3 Erwachsene oder eine Familie mit 2 Kindern, ca. 35–70 €. E-Mail: cavoperlevos@hotmail.com
Stefas Apartments, hübsch im Grünen, etwa 100 m hinter dem Strand. ☎ 22880-21316.

Kloster Panagía Kastrianí

Im äußersten Nordosten, von Otziás 5 km Schotterstraße in Serpentinen rauf in die Berge – oder per Fußpfad von der Chóra. Urtümliche Felsenlandschaft, in den Tälern viel Baumwuchs.

Inmitten wild wachsender Zypressen thront das hellblau getünchte Kloster mit tiefblauer Kuppel und weißen Außenmauern auf einem Steilfels hoch über dem Meer – tolle Lage und Superblick bis rüber nach Ándros und Euböa, außerdem auf die berüchtigte Gefängnisinsel Járos (→ S. 254), tief unterhalb liegt eine kleine Sand-/Kiesbucht. Das Kloster wird von einem Priester und seiner Frau bewirtschaftet. Sehr stimmungsvoll ist der Innenhof mit schattigem Rastplatz. Unter der heutigen Hauptkirche liegt eine kleine ältere Kirche vom Anfang des 18. Jh. Sie kann durch eine seitliche Tür betreten werden und beherbergt eine kleine, aber weithin berühmte *Marienikone*, am 15. August Ziel einer großen Prozession.

• *Verbindungen* Bis **Otziás** fährt im Sommer 1 x täglich ein Bus ab Korissía, weiter geht's per pedes. Ansonsten bleiben nur Leihmoped oder Taxi.

Panagía Kastrianí ist auch von der Inselhauptstadt **Ioulís** zu erreichen, knapp 10 km sind es auf leidlicher Erdstraße – die Piste zweigt oberhalb der Chóra von der Höhenstraße nach Káto Meriá ab (→ Karte) und ist für Fußwanderer am Treppenweg in der Chora beschildert (→ Ioulís). Unterwegs Abstecher möglich zum Órmos Spathí (→ nächster Abschnitt).

• *Informationen* ✆ 22880-21348.

▸ **Órmos Spathí:** Sandbucht im Nordosten, von der Chóra auf demselben Weg zu erreichen wie das Kloster (→ Karte), aber lange und anstrengende Zufahrt. Besser zur südlich benachbarten Sikamiá-Bucht fahren (→ unten).

Wie die Reihen eines überdimensionalen Theaters drängen die Häuser von Ioulís die Hänge hinauf

Ioulís (Chóra)

Seit der Antike durchgehend besiedelt, traumhafte Lage hoch oben zwischen Terrassenhängen. Das verschachtelte Häuserlabyrinth drängt sich dicht an den Hang und folgt nahtlos dem Hügelprofil. Die mittelalterliche Struktur ist gut erhalten, erinnert an Náxos. Das Ganze für Autos gesperrt – geruhsames Inselleben, wo noch Zeit für einen Tratsch ist und der halbe Ort gemeinsam auf den Bus nach unten wartet.

Für den Spaziergang sollte man sich Zeit lassen – winklige Treppengässchen, mit Zypressenholz überwölbte Durchgänge, beim kleinen Bäckerladen duftet das frisch gebackene Brot, unvermutet steht man einem Esel gegenüber. Ioulís ist eine gelungene Kombination von venezianisch-kykladischer Struktur und zunehmend moderner Bausubstanz.

Kéa (Tziá)
Karte Seite 553

● *Verbindungen* Busankunft und -abfahrt auf dem großen Platz am Ortseingang, etwas unterhalb auch Parkmöglichkeit.

● *Übernachten* Die Chóra ist für Autos gesperrt, kleiner Fußmarsch mit Gepäck ist also notwendig.

Filoxenia, E-Kat., hautnah im Gassengewirr der Stadt, direkt am Hauptweg zum Löwen. Sechs schlichte Zimmer ohne eigenes Bad. Vom Parkplatz ca. 10 Min. zu Fuß. DZ ca. 25–40 €. ☎ 22880-22057, ☏ 21140.

Ioulís, C-Kat., 5 Min. vom Parkplatz, Superlage auf dem ehemaligen Kástro-Hügel, von der großen Terrasse herrlicher Panoramablick. Achtung: Wegen Besitzerwechsels beim letzten Check geschlossen, Wiedereröffnung ungewiss.

● *Essen & Trinken/Cafés* Die meisten Lokale liegen an der Hauptgasse und am Treppenweg zum Steinernen Löwen. Fast überall genießt man herrliche Panoramablicke.

Ton Kalofagadon, ein "Oinozythestiatorion" (übersetzt etwa: Wein-, Bier- und Speiselokal) direkt an der malerischen Platia vis à vis vom Rathaus.

To Taratsaki, Café mit kleiner Terrasse und Aussichtsbalkon am Treppenweg.

To Steki tis Tzias, beliebte Taverne am Ortsausgang bei der Kirche Ágios Spirídonas. Hübsche Terrasse mit Weinlaub, weiter Blick in die Hügel. Inselwein Mavriti gibt's in der Regel nur von November bis Mai.

Mylos, vom To Steki noch ein Stück weiter, stilvolles Café auf mehreren Ebenen, Tischchen zwischen Schiefermauern und Olivenbäumen.

Fußwege ab Ioulís: Wer von Ioulís zum Hafen gehen will, nimmt zunächst die Asphaltstraße. Nach etwa 1 km zweigt links ein beschilderter Fußweg nach Korissía ab, Dauer ab Ioulís ca. 70 Min.
Am Treppenweg zum Löwen von Kéa weist kurz nach der Pension Filoxenia ein Holzschild weitere Fußwege aus: Löwe (15 Min.), Otziás (1,5 Std.), Sikamiá (1,5 Std.), Elleniká (2 Std.), antikes Karthéa (3 Std. 15 Min.).

Sehenswertes

Von der Bushaltestelle gelangt man durch einen schmalen Durchgang in die Altstadt. *Linker Hand* geht's zum ehemaligen venezianischen Kástro hinauf, *rechts* führt die lange, gepflasterte Hauptgasse am Archäologischen Museum vorbei ins Zentrum und endet an einer hübschen Platia mit dem klassizistischen Rathaus. Von dort steigt linker Hand der Hauptweg über etliche Stufen zur Kirche Ágios Spirídonas am Ortsausgang hinauf und führt weiter zum etwa 1 km außerhalb liegenden Löwen von Kéa.

Venezianisches Kástro: Außer den Grundmauern ist auf der exponierten Hügelspitze nichts mehr erhalten – die Venezianer selbst zerstörten ihre Burg, als sich Piraten dort eingenistet hatten (→ Geschichte). In der Antike stand hier die Akropolis der Stadt, die Venezianer benutzten die alten Quader für den Bau ihrer Mauern. Durch einen überwölbten Durchgang kommt man auf die Terrasse der Pension Ioulis, die heute die Hügelspitze einnimmt. Fantastischer Blick über Terrassenhänge tief hinunter auf den Hafen und weit übers Meer bis zu den Nachbarinseln. Am Aufstieg zum Kástro linker Hand noch Reste der *antiken Stadtmauer*, die von der Akropolis zur Siedlung hinunterführte.

Archäologisches Museum: mehrstöckiger moderner Bau direkt an der Hauptstraße, kurz vor dem Rathaus rechts. Beherbergt Funde von den Ausgrabungen, die 1960–67 von der University of Cincinnati in Zusammenarbeit mit griechischen Archäologen durchgeführt wurden. Die Stücke stammen aus der neolithischen Siedlung am *Kap Kephalá*, dem bronzezeitlichen *Agía Iríni* und

Kraftstrotzendes Denkmal aus Stein: der antike Löwe von Kéa

Der steinerne Löwe von Kéa

Aus Schieferfels gemeißelt, ruht die bedeutendste Sehenswürdigkeit Kéas wenige Gehminuten außerhalb der Chóra. Bei der Kirche Ágios Spirídonas verlässt man den Ort und läuft auf die andere Seite des Taleinschnitts. Hübscher Spaziergang durch üppige Terrassenhänge mit Oliven, Feigen und Mandeln, vorbei am Friedhof und einer 1928 eingefassten Quelle.

Gut 2500 Jahre ist der über 6 m lange und bis zu 3 m breite Koloss alt, trotzdem noch erstaunlich gut erhalten. Angeblich sollte er die Kraft und den Mut der Inselbewohner symbolisieren – Kéa war während der Antike bekannt für seine Athleten. Das flechtenüberwucherte Gesicht des Löwen blickt jedoch nicht zur Chóra hinüber, sondern auf den gegenüber liegenden Terrassenhang. Einer anderen Legende nach wurde der Löwe geformt, um die bösartigen Nymphen abzuwehren. Diese brachten nämlich die Frauen von Kéa um, weil sie die Männer der Insel für sich haben wollten.

Tipp für Fußwanderer: Vom Löwen kann man weiterlaufen nach Otziás und zum Kloster Panagía Kastrianí an der Nordküste. Zum Wegverlauf siehe Karte "Road Editions".

der ionischen Stadt *Karthéa* – umfassen also von 3000 v. Chr. bis ins 12. Jh. v. Chr. eine Zeitspanne von gut 1800 Jahren! Im ersten Stock vor allem Inschriften und Skulpturen, darüber hauptsächlich Keramik. Auffallend die üppigen Frauenoberkörper, die die Beziehungen zur minoischen Kultur deutlich werden lassen. Fotografien, Karten und englische Texte erläutern die historischen Zusammenhänge.

<u>Öffnungszeiten</u> Beim letzten Check wegen Restaurierung geschl.

Kéa (Tziá)
Karte Seite 553

Südwesten

Von der Chóra bis Koúndouros gute Asphaltstraße, dann Erdpiste entlang der Küste.

Schöne Fahrt, leicht abfallend, parallel zu einem lang ausgleitenden Tal. Unterwegs, noch vor Písses, Abzweig auf befahrbarer Piste zur Ruine eines hellenistischen Turms.

▸ **Turm von Agía Marína:** westlich der Straße in einem fruchtbaren Tal (beschildert: Agía Marína). Direkt angebaut zwischen Zypressen die kleine weiße Kapelle der *Agía Marína*. Vom Turm stehen praktisch nur noch die Außenmauern aus massiven Steinquadern, die oberen Stockwerke sind verschwunden. Er soll einst um ein Vielfaches größer gewesen sein – die Spekulationen ranken sich um Angaben bis 100 m Höhe! Auch seine Funktion ist letztlich ungeklärt – vermutet wird z. B., dass er bei Piratenüberfällen die Landbevölkerung aufnehmen sollte. Wie viele Kykladeninseln soll Kéa in hellenistischer Zeit ein ganzes System von Türmen besessen haben.

Órmos Písses

Üppig grüne Bucht, die sich weit ins Hinterland zieht, das Ganze umrahmt von einem eindrucksvollen Bergpanorama. In der einzigen größeren Ebene von Kéa wird Gemüse und Obst angebaut, zahlreiche Plantagen und reichhaltige Vegetation, sogar Bananen. Für Badeurlaub die beste Stelle der Insel, der Strand ist gut 400 m lang, Sand mit Kies vermischt, gleich dahinter ein Hotel, Privatzimmer und der Campingplatz.

● *Übernachten/Essen & Trinken* **Acrogiali,** Hotel mit guter Taverne direkt am Strand, umgeben von schattigen Bäumen, alle Zimmer mit Balkon. Nur Juni bis September. ☏ 22880-31301.

Camping Pisses Kea, 50 m vom Strand, passables, recht sauberes Gelände mit hartem Erdboden, ausreichend Schatten durch Eukalyptus und Pappeln. Minimarket, Früh-stückscafé, Waschmaschine, Küche mit Gaskochern und Kühlschrank. ☏ 22880-31302, ✆ 31303.

Politis, weitere gute Taverne, gehört dem Besitzer des Campingplatzes. Traditionelle Küche und Wein vom eigenen Weinberg. Hinweis: Leser bemängelten die Preisgestaltung der Tavernen, also Karte mit Preisen verlangen.

Südlich von Písses eindrucksvolle, raue Küstenlinie – abgebrochene Klippenränder, darin eingebettet immer wieder kleine Kies- und Sandstrände.

▸ **Koúndouros:** Badebucht inmitten kahler Felslandschaft. Auf einem Kap darüber das größte Inselhotel (beim letzten Check geschlossen). Rundum sind komfortable Ferienwohnungen entstanden, z. T. in ehemaligen Windmühlen, die hauptsächlich Athenern gehören – mit TV, Blumenschmuck, viel Ruhe und herrlichem Blick aufs Meer sicher keine schlechte Alternative zur hektischen Hauptstadt.

● *Übernachten/Essen & Trinken* **Kea Beach,** B-Kat., halbrunder Komplex, auf drei Seiten vom Meer umgeben. Außer den Zimmern im Hauptbau auch kleine Bungalows. Größter Pluspunkt die Lage mit wunderschönem Sonnenuntergang über dem Meer. Hauptsächlich Pauschalgäste. Mai bis Mitte September. ☏ 22880-31231, ✆ 31234.

St. Georges Bungalows, ordentliche Zimmer am Südende der Bucht. ☏ 22880-31277.

Manos' Taverna, noch weiter südlich, laut Leserzuschrift gute Küche. Vermietung von Zimmern und Apartments, jeweils mit TV, Föhn und Radio, schöner Meeresblick. Davor kleiner Kiesstrand. Freundlicher Besitzer Emmanuel Ioannidis. ✆ 22880-31214, 31293.

▶ **Kambí:** letzte Badebucht, die mit dem Fahrzeug zu erreichen ist. Kein Schatten, etwas Sand, Kies und Felsen, im Sommer ist eine kleine Taverne geöffnet. Die Piste biegt hier ins bergige Inland ab (→ nächster Abschnitt).

Höhenstraße und Ostküste

Die Ostküste Kéas ist so gut wie unbewohnt, die Piste zur Sikamiá-Bucht praktisch die einzige Zufahrt. Zu den Resten der antiken Stadt Karthéa muss man hinuntersteigen. Ausgesprochen schön ist die Fahrt auf der bis Káto Meriá asphaltierten Höhenstraße, die bei Ioulís ansteigt und sich über die Hügelkämme parallel zur Küste nach Süden zieht.

Die Höhenstraße verläuft zwischen Terrassen und zahllosen Eichenbäumen (Eicheln werden als Viehfutter verwendet, früher nutzte man sie zur Erzeugung von Gerbstoffen). Rechter Hand passiert man den *Profítis Ilías*, mit 568 m der höchste Gipfel von Kéa, auf der Spitze Telefon- und Funkstation. Sehr einsam, nur ab und zu ein Gehöft und die kleinen Siedlungen *Elleniká*, *Kató Meriá* (hier Asphaltende), *Stavroudáki* und *Chavoúna*. Bei Kambí erreicht die Piste wieder die Küste – retour geht es an der Westküste über *Písses*, ab Koúndouros wieder Asphalt.

▶ **Sikamiá:** 100 m Strand aus Fein- und Grobkies in einer tiefen Bucht zwischen Schieferfelsen, fantastisch klares Wasser, relativ windgeschützt, ein Bauernhaus. Auch in der Hochsaison nahezu menschenleer. Abzweig von der Kammstraße oberhalb von Ioulís (beschildert), dann langer, holpriger Serpentinenweg tief hinunter, anfangs lockere Eichenhaine, später nur noch Disteln und Felsen. Unser Tipp zum ungestörten Baden, aber bitte nicht nackt (Verbotsschilder!). Alternative: die kleine Doppelbucht *Psilí Ámmos*, zu der etwa 3 km vor Sikamiá ein Weg abzweigt.

▶ **Karthéa:** Die spärlichen Ruinen der antiken Ionerstadt liegen auf einem Hügel über der Bucht von *Póles* im äußersten Südosten. Bis Chavoúna per Mofa (ca. 1 Std.), dann zu Fuß eine weitere Stunde in einem Taleinschnitt einen teilweise gepflasterten Pfad hinunter. Unten schöner zweigeteilter Kiesstrand, an den sich so gut wie niemand verirrt, vorgelagert ein kleines Inselchen. Von der Stadt auf dem Plateau sieht man nur die Fundamente und Säulenstümpfe zweier Tempel, Treppenstufen und Mauerreste. Bereits Anfang des letzten Jahrhunderts gruben hier dänische Archäologen und entdeckten die große Stadtmauer von Karthéa. Bei neuerlichen Grabungen von 1962 durch griechische Archäologen wurden Reste eines Theaters und eines großen Athena-Tempels (12 x 24 m), außerdem ein Apollo- und ein Demeter-Tempel gefunden. Die Stadt zog sich den ganzen Hügel hinunter und war wohl der wichtigste Hafen von Kéa. Erst im Mittelalter wurde sie wegen der häufigen Piratenüberfälle aufgegeben. Die Funde sind im Museum von Ioulís gesammelt worden.

Kíthnos

Eine weitgehend flache Insel, ständig pfeift der Wind über die glatt rasierten Hochflächen. Tausende und Abertausende von Schiefermauern und Terrassen überziehen die Hänge und kargen Weidehügel. Kíthnos ist einsam und griechisch geblieben. Die Landwirtschaft spielt eine große Rolle, der internationale Tourismus boomt noch nicht. Im einzigen Hafenort machen zwar häufig ausländische Jachten fest, ansonsten aber kommen, ebenso wie im benachbarten Kéa, hauptsächlich Griechen als Sommerurlauber. Die gängigen Kykladen-Klischees sollte man erst einmal vergessen. Wir trafen enttäuschte Rucksacktouristen, die die "komische Insel" einfach nicht einordnen konnten.

Die beiden hübschen Dörfer *Chóra* und *Dricopis* liegen im Inselinneren und sind noch durch und durch traditionell geprägt. *Mérichas*, der kleine Hafenort, bietet einige touristische Einrichtungen und wird von Inselhüpfern meist als Standquartier genutzt. Einziger wirklicher Badeort ist *Loutrá* im Inselnorden, dort entspringen auch zwei bescheidene Thermalquellen. Da bisher nur wenige Straßen gebaut wurden, ist das alte Wegenetz noch weitgehend intakt, sodass Wanderer genügend Betätigung finden. Es gibt auch einige gute Strände auf Kíthnos, die man jedoch oft nur schwer erreichen kann.

Vielleicht gefällt Kíthnos, um einmal dem üblichen Touristenstrom zu entkommen und eine Insel zu erleben, die noch fest in griechischer Hand ist. Jedoch Vorsicht: an Wochenenden ist so gut wie jedes Quartier von Athener Ausflüglern belegt!

Geschichte

Kíthnos muss schon im 7. und 8. Jt. vor unserer Zeitrechnung besiedelt gewesen sein, wie man aus steinzeitlichen Funden bei *Loutrá* im Inselnorden geschlossen hat. Die entdeckten Obsidianwerkzeuge und Nahrungsreste gehören zu den ältesten Funden im Ägäisraum.

Im 12. Jh. v. Chr. sollen die so genannten *Drioper* aus Euböa eingewandert sein, die von den Dorern vom Festland verdrängt worden waren. Der Ortsname Dricopis erinnert noch an sie. Ihnen folgten die *Ioner*, die eine Stadt nördlich vom heutigen Hafenort gründeten (Wriókastro) – Reste davon hat man ausgegraben. Während der klassischen Antike soll ein gut funktionierender Stadtstaat auf Kíthnos existiert haben, wie man aus schriftlichen Quellen geschlossen hat. Als Mitglieder des *Attisch-delischen Seebunds* mussten die Bewohner recht hohen Tribut bezahlen, wo ihr damaliger Wohlstand herrührte, ist allerdings nicht bekannt.

Anfang des 13. Jh. n. Chr. besetzten die Venezianer Kíthnos und erbauten ihr *Kástro* an der Steilküste im äußersten Inselnorden. Im 16. Jh. zerstörten türkische Piraten unter dem gefürchteten *Chaireddin Barbarossa* die Stadt. Neue Hauptstadt wurde daraufhin die heutige *Chóra* im Inselinneren. 1617 vertrieben die Türken endgültig die Venezianer. 1830 wurde Kíthnos dem griechischen Staat angeschlossen, ab Mitte des 19. Jh. begann sich in Loutrá ein kleiner Thermalbadebetrieb zu entwickeln.

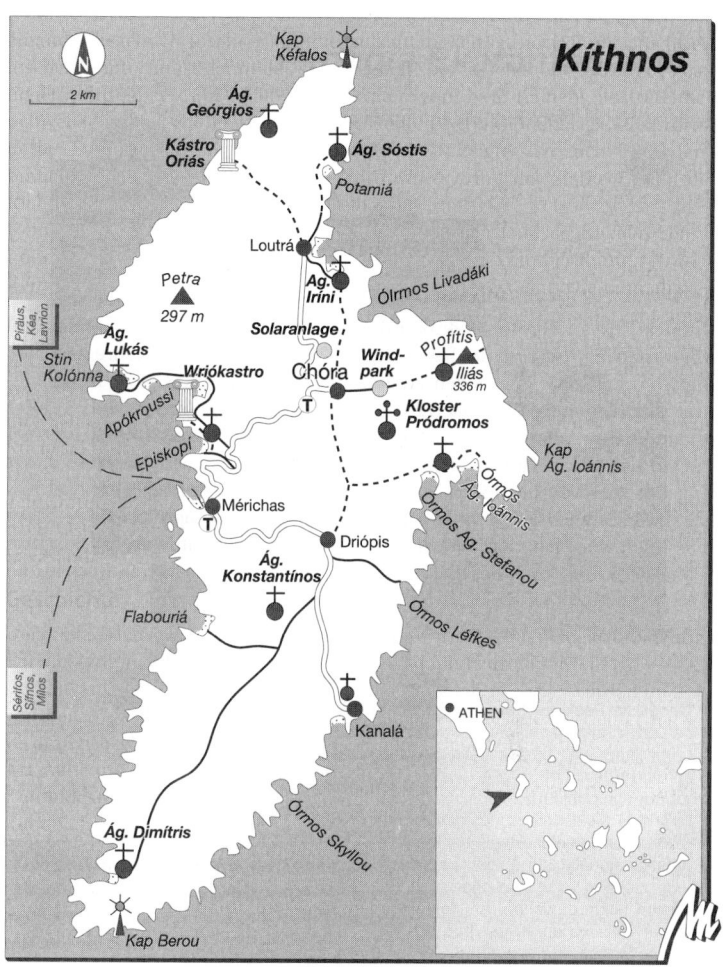

Wirtschaft

Um die 1500 Menschen leben auf Kíthnos. Ihre Zahl ist im Sinken begriffen, viele Kithnier wandern nach Athen ab – und kommen im Sommer als Feriengäste wieder (→ Kanalá). Der Tourismus kann die Insel nicht ernähren, Landwirtschaft steht an erster Stelle: Auf zahllosen Terrassenfeldern wird vor allem *Gerste* angebaut und an die großen Bierbrauereien auf dem Festland verkauft. In den wenigen Tälern gedeihen Obst und Gemüse, auch etwas *Wein* kann produziert werden. Aus der Schaf- und Ziegenhaltung wird weißer *Käse* gewonnen.

Essen & Trinken

Es gibt wenig Spezialitäten, mit etwas Glück kann man vielleicht irgendwo mal den *Inselwein* testen. Dank der zahlreichen griechischen Urlauber gibt es jedoch im Hafen Mérichas und in Loutrá einige gute Lokale.

Inselfeste

Größtes Fest am 15. August (Mariä Himmelfahrt) in der Kirche von *Kanalá* (Inselsüden), wo eine 300 Jahre alte "wundertätige" Marienikone verehrt wird. Weiteres Fest am 8. September, ebenfalls in Kanalá .

Verbindungen von und nach Kíthnos

Kíthnos liegt an der Westkykladen-Linie von *Piräus* über *Sérifos*, *Sífnos* und *Mílos* nach *Santoríni*. In der Saison legt 1–2 x täglich eine Großfähre im Hafen Mérichas an, sonst etwa jeden zweiten Tag (ab Piräus ca. 3 Std.), Deck/Pullmannsitz (Economy Class) ca. 12 €, PKW ab ca. 35 €. Außerdem wird Kíthnos in den Sommermonaten von Schnellbooten ab *Zéa Marína* in Piräus (Dauer 1,5 Std.) und vom Hafen *Lávrion* (3/4 Std.) aus angesteuert, doch ist dieses Angebot sehr von der Marktlage abhängig. Achtung: Zur Nachbarinsel *Kéa* gibt es von Kíthnos höchstens 1–2 x wöch. direkte Verbindungen per Fähre. Meist muss man zunächst nach Piräus zurück und dann mit Fähre ab Lávrion bzw. Schnellboot rüber nach Kéa. Bei heftigem Wind verkehren letztere jedoch nicht!

Größe: Kíthnos ist ca. 22 km lang und bis zu 9 km breit, Küstenlänge 98 km.

Bevölkerung: ca. 1500 Einwohner.

Geografie/Geologisches: raue, baumlose und windige Insel, die fast völlig aus Glimmerschiefer besteht. Die Schieferschichten leuchten in allen Farben von rot über grüngrau bis blau. Auch die auffallenden Feldabgrenzungsmauern bestehen aus Schiefer. Etwas üppigere Vegetation gedeiht nur in den Erosionstälern, die sich vom Inselinneren zu den Küsten hinunter ziehen. An den Enden dieser Täler liegen einige gute Strände, ansonsten ist das Küstenrelief wild und gezackt. Da die höchste Erhebung von Kíthnos gerade 336 m misst, findet der Ägäiswind kaum natürliche Hindernisse. Auf den Plateaus und niedrigen Höhenrücken ist der kleinste Hauch spürbar. Kíthnos besitzt neben Mílos die einzigen Thermalquellen der Kykladen.

Wichtige Orte: Der Hafen Mérichas beherbergt die meisten touristischen Einrichtungen und ist bei Seglern beliebt; die reizvolle Chóra trägt den Namen der Insel und liegt zentral auf einem Plateau im Inselinneren; Dríopis, zweiter größerer Ort im Inselinneren; im Badeort Loutrá im Inselnorden gibt es die meisten Unterkünfte; Kanalá, Feriensiedlung im Südosten.

Straßen: eine Asphaltstraße von Mérichas zur Chóra und weiter nach Loutrá, eine zweite von Mérichas über Dríopis nach Kanalá.

Entfernungen (vom Hafen Mérichas): Chóra 7,5 km, Loutrá 12,5 km, Dríopis 4,5 km, Kanalá 11,5 km.

Auto-/Zweiradverleih: nur ein Zweiradverleih im Hafenort Mérichas.

Tankstellen: eine Tankstelle in Mérichas (Ausfallstraße nach Dríopis), eine weitere kurz vor der Chóra.

Unterkunft: elf Unterkünfte mit etwa 110 Zimmern in Mérichas, mehrere Hotels, Apartments und Privatzimmer in Loutrá.

Baden: Die besten Strände liegen nördlich vom Hafenort Mérichas, u. a. Episkopí und Kolónna.

Karten: Die Karte "Kithnos" von Road Editions hat zuverlässig alle Straßen und die wichtigsten Pisten verzeichnet (z. T. mit Entfernungsangaben), außerdem Bergzüge, Kirchen/Klöster, Ausgrabungen und Inselstrände.

Postleitzahl: 84006

Verkehr auf der Insel

▶ **Bus:** spärliche Verbindungen auf zwei Hauptrouten – über die Chóra nach Loutrá und über Dropís nach Kanalá.

▶ **Mietfahrzeug:** geringes Angebot im Hafen Mérichas und in Loutrá.

▶ **Eigenes Fahrzeug:** Mitnahme preislich günstig, aber nur zwei längere Asphaltstraßen auf der Insel (insgesamt 25 km). Für Fahrrad geeignet, da relativ flach.

Mérichas

Tiefe Hafenbucht mit lockerer Ansammlung von Häusern, die zum großen Teil neu erbaut sind. Ein ziemlicher Schandfleck ist das stillgelegte Großhotel im südlichen Teil der Bucht, das seit Jahren dem Verfall preisgegeben ist. Bis auf einige Tavernen und Bars hat der Ort wenig zu bieten, auch der kleine Strand ist unattraktiv. Dafür liegen um die Ecke, Richtung Norden, einige der besten Inselstrände. Beliebt ist Mérichas vor allem bei Seglern, die hier einen geschützten und festlandsnahen Hafen finden.

• *Verbindungen* Zwei **Inselbusse** starten mehrmals täglich im Hafen Mérichas in Richtung Chóra/Loutrá und Dropís/Kanalá. In der Nebensaison deutlich reduzierter Fahrplan. Es gibt einige wenige **Taxis**, ℡ 22810-31272 (Chóra) bzw. 22810-31319 (Dropís).
Fährtickets in einem kleinen Büro direkt oberhalb des Infobüros am Fähranleger (mit Zweiradverleih) und im Souvenirladen "Anerousa" an der zentralen Kreuzung; Tickets für **Schnellboote** im Laden "Cava Kithnos" (mit Geldwechsel) an der Uferstraße.
Ein **Badeboot** fährt im Sommer täglich zu den Stränden Episkopí, Apókroussi und Kolónna (→ unten).

• *Information* Kleines Büro am Fähranleger, allerdings nicht überhaupt, dann nur in der Hauptsaison offen. ℡ 22810-32250.

• *Adressen:* **Tankstelle**, an der Ausfallstraße nach Dropís.
Hafenamt, Auskunft unter ℡ 22810-31290.
Zweirad-Verleih, im Ticketbüro oberhalb vom Fähranleger. ℡ 22810-32104.

• *Übernachten* Diverse Privatzimmer, Kostenpunkt je nach Saison ca. 25–60 €.
Kithnos, an der Straße nördlich, oberhalb des Hafenbeckens, einfache Zimmer mit Ventilator, Bad und Holzbalkons Richtung Süden (Markisen gegen die starke Mittagssonne), schöner Blick auf den Hafen. Unten im Haus ein Zacharoplastion (Cafébar), Frühstück draußen vor dem Haus. ℡ 22810-32247, 📧 32092.
O Panorama, Studios mit Küchenecke, schöne Lage am Nordhang über dem Hafen, herrlicher Blick. ℡ 22810-32184.

To Giasemi, ordentliche Zwei- und Dreibett-Zimmer in ruhiger Lage hinter der Hafenfront (vom Restaurant Gialos noch etwa 50 m weiter und bei der Brücke den Weg hinein). ℡ 22810-32104.
Romanza, neu erbautes Apartmenthaus an der gegenüberliegenden Seite der Bucht. Nur in der HS geöffnet

• *Essen & Trinken* **Gialos**, alteingeführte Taverne unmittelbar an der Uferstraße, Tische direkt am Strand unter Tamarisken. Geführt von einem echten Routinier, gute Auswahl, zu empfehlen sind die gemischten kalten Platten.
To Kantouni, vom Restaurant Gialos ein Stück in Richtung des aufgegebenen Großhotels. Angenehme Atmosphäre, relativ preiswert und gutes Essen mit Blick auf den Hafen.
Kissos, an kleinem Platz in zweiter Reihe, ebenfalls gut und preiswert.

• *Nachtleben* Nachts wird es laut im tagsüber idyllischen Mérichas.
To Vyzantio, an der Uferfront, Cafébar mit Polstermöbeln, Drinks und Toasts, bis tief in die Nacht Popmusik.
To Steki, traditionelle Hafenbar am Anleger vis à vis der Jachten, schön zum Sitzen, in der Hochsaison wird abends Pizza serviert.
Remezzo, schön gelegene Musikbar hinter dem Strand.
Akrotiri Music Club, in exponierter Lage auf dem Kap südlich vom Hafen, läuft aber nur im Sommer, wenn die jungen Athener kommen, auf Hochtouren.

Karte Seite 563

Kíthnos

Mérichas: Im Hafen ist die Ruhe daheim

Mérichas/Umgebung und Baden

Gleich nördlich vom Ort liegen einige gute Strände. Die Straße zur Chóra verläuft von Mérichas zunächst entlang der Klippenküste, etwas oberhalb der Wasserlinie.

▶ **Martinákia:** kurz nach dem Ortsausgang, kleiner Sandstrand mit schattigen Tamarisken direkt am Wasser, eine große Taverne sorgt fürs leibliche Wohl.

▶ **Episkopí:** 2 km nördlich von Mérichas, flache Landwirtschaftsbucht mit 300 m braunem Sandstrand, ebenfalls mit Tamarisken, dahinter etwas Weinanbau. Im Sommer hat eine Cafébar geöffnet.

Am nördlichen Strandende kleine Kapelle, dort beginnt ein Pfad nordwärts die Küstenlinie entlang – schöner Spaziergang zum Standort der antiken Stadt *Wriókastro*. Felsen in allen Farben, überzogen mit einem Netz von grüngrauen Schiefermauern, beliebt bei Schäfern, die hier ihre zotteligen Ziegen weiden lassen. Unterwegs einige einsame Badebuchten, gegenüber der vorgelagerten Insel kleiner Kiesstrand, der Weg verliert sich hier allmählich, und man muss über einige Terrassenmauern kraxeln.

▶ **Wriókastro:** Die spärlichen Überreste einer *antiken Ionerstadt* wurden auf dem vorgelagerten Inselchen und am gegenüber liegenden Ufer entdeckt, damals war die Insel noch mit dem Festland verbunden. Bis in römische Zeit war die Stadt bewohnt, die Ruinen der Agorá befinden sich drüben auf der Insel. Die Trümmersuche lohnt aber nicht, das Gelände ist beschwerlich und es ist kaum etwas zu sehen. Zahlreiche antike Steine sind in den Terrassenmauern verarbeitet worden.

▶ **Apókroussi:** mehrere hundert Meter langer Sandstrand mit Tamarisken und einer Taverne, zu erreichen mit täglich verkehrendem Badeboot ab Mérichas (nur in der Saison). Oder auf einer 3 km langen Piste, die nördlich oberhalb von Episkopí von der Asphaltstraße abzweigt und sich zwischen Terrassenmauern über Bergrücken zum Strand hinunterschlängelt (sieht man schon von der Straße aus). Von dort noch 1 km weiter über einen Bergrücken zum Isthmos von Kolónna.

▶ **Stin Kolónna:** hübscheste Badestelle der Insel, schmale Landbrücke zur vorgelagerten Halbinsel *Ágios Lukás*. Beidseitig des Isthmos die beiden Strände *Kolónna* und *Fykiáda*, gänzlich ohne Schatten, aber trotzdem schön zum Baden, fast immer liegen einige Jachten vor Anker. Im Sommer täglich verkehrendes Badeboot ab Mérichas.

Von Mérichas zur Chóra

Die Straße schraubt sich durch fast baumlose Landschaft zur Inselhauptstadt hinauf, etwa 7,5 km. In den Tälern Bäume und etwas Gemüse-/Weinanbau, auf den Terrassenhängen zahllose Schiefermauern und kleine Felder mit Gerste. Die Chóra ist für Autos gesperrt, am Ortseingang Parkplatz.

Kíthnos-Ort (Chóra)

Exponierte Lage auf leicht hügeligem Plateau, 160 m über dem Meer. Das weiße Häusergewirr mit Ziegel- und Flachdächern erstreckt sich um die lange Hauptgasse. Weiße Kalkblumen und geometrische Ornamente sind überall auf Wege und Treppen gepinselt. Ein Osterbrauch, der hier nachdrücklicher gepflegt wird als auf den meisten anderen Kykladeninseln.

Die Chóra entwickelte sich im frühen 17. Jh. (nach der Zerstörung der damaligen Inselhauptstadt Kástro im Inselnorden) zum wichtigsten Ort von Kíthnos. Für einen Bummel durch das Labyrinth der engen Gassen sollte man sich Zeit lassen, die Stimmung zwischen den weiß gekalkten Mauern ist einmalig. Auch heute sind die Stufenwege, Torbögen und winkligen Durchgänge noch völlig auf den Maultierverkehr ausgerichtet. Fremde sind hier nur als Tagesgäste erwünscht, es gibt bisher keinerlei Übernachtungsmöglichkeit.

Zentraler Punkt ist die idyllische Platia gleich am Ortseingang bei der Hauptkirche *Agía Triáda*. Hier findet man auch die einzige Taverne im Ort, daneben lagern hinter einem Zaun antike Säulen- und Friesreste. Es gibt noch eine Reihe weiterer Kirchen, die allerdings in der Regel fest verschlossen sind: Die Kirche des *Ágios Sávvas* am westlichen Ortsende stammt laut venezianischem Türsturz von 1611, die *Panagía Sotíra* von 1636 beherbergt eine herrliche Altarwand.

Mal darauf achten: Bei starkem Wind – sehr häufig auf Kíthnos – sieht man die Frauen der Chóra oft noch mit ihren eigenartigen Windschutzkappen, die überdimensionalen Nonnenhauben ähneln.

● *Verbindungen* Bushaltestelle am **Ortseingang**, in der Saison mehrmals täglich von und nach Mérichas und Loutrá.

● *Adressen* **Post** an der Hauptgasse (Geldwechsel).

Über Blumen schreiten: Kalkzeichnungen in der Chóra

●*Essen & Trinken* **To Kentro**, direkt am Kirchplatz von Agía Triada, idyllische Taverne mit überquellendem Blumenschmuck. Leider laut Zuschrift hohe Preise bei mäßiger Qualität.

To Souma, gemütliches Kafenion gleich gegenüber.

Paradisos, große Taverne mit schönem Garten am Ortseingang, wenn man von Mérichas heraufkommt.

●*Nachtleben* Für die zahlreichen griechischen Urlauber öffnet im Hochsommer die **Apocalypse Bar**, je nach Stimmung wird dann auch ausgelassen getanzt.

Chóra/Umgebung

▶ **Windpark** *(Aiolikó Párko)*: Kíthnos besitzt kaum hohe Berghänge und bietet mit seinen sanft abgeflachten Hügeln dem ständigen Wind keinerlei Hindernis – ist also sicher eine der besten Stellen in der Ägäis, um mit Windkraft zu experimentieren! Wenige Schritte oberhalb vom Ostende der Chóra wurden deshalb 1982 auf der Basis eines "Agreement for Scientific Research and Technology Cooperation" zwischen dem bundesdeutschen Forschungsministerium und dem griechischen Staat fünf Windrotoren aufgestellt. Mit einer Spannweite von über 11 m könnten die Rotorblätter zusammen bis zu 165kW pro Stunde erzeugen – bei starkem Wind erinnert das singende Geräusch der Drehflügel an weit entfernte Kirchenglocken. Doch mittlerweile ist der Windpark nur noch Ruine, die Rotoren sind weitgehend defekt oder stillgelegt. Das ist schade, vor allem auch für die Inselfinanzen, denn Wind ist nun mal viel billiger als Dieselöl, das in erheblichen Mengen im Kraftwerk am Weg nach Loutrá verbraucht wird.

▶ **Profítis Ilías**: mit 336 m höchste Erhebung von Kíthnos. Die weithin sichtbare Gipfelkapelle ist vom Windpark über einen guten Fußweg zwischen Feldmauern zu erreichen, ca. 40 Min. (erster Teil auch mit Moped zu machen). Das einschiffige, weiß gekalkte Kuppelkirchlein steht offen, innen nur eine einfache Altarwand, im Umkreis verfallende Pilgerzellen, am Vorplatz antike Säule und Zisterne. Toller Blick auf die Buchten um Loutrá, die Chóra und die weiten Hügel der Insel.

▶ **Fußweg nach Driópis**: Ein gepflasterter Maultierpfad führt vom hinteren (östlichen) Ortsende der Chóra quer über die Hügel hinüber in den zweiten Hauptort der Insel, leichte Wanderung von ca. 1 Std.

▸ **Kloster Ioánnis Pródromos**: verlassenes Kloster, etwa 2 km außerhalb der Chóra auf einem Hügel. Vom Ortsende führt ein Weg hin. Berühmt ist die Altarwand der leider immer verschlossenen Klosterkirche.

▸ **Solaranlage** *(Iliakós Stathmós)*: gleich rechts an der Straße, wenn man von der Chóra nach Loutrá hinunterfährt. Erbaut in Zusammenarbeit einer bekannten deutsch- französischen Firma mit der griechischen Energiebehörde DEH. Die vier Ebenen mit langen Reihen von Solarzellen sind funktionsfähig und liefern bei Sonnenschein bis zu einem Drittel der benötigten Energie auf Kíthnos. Gleich nebenan tuckert ein herkömmliches Dieselaggregat, wie es auf fast allen griechischen Inseln in Betrieb ist.

Loutrá

Im Norden von Kíthnos, wichtigster Badeort der Insel. In Griechenland bekannt wegen seiner warmen Thermalquellen, die schon in der Antike genutzt wurden. Entlang der Bucht zieht sich ein etwa 200 m langer Sandstrand, dahinter haben sich Hotels, Tavernen und Anbieter von Privatzimmern etabliert. Weitere einsame Strände findet man nördlich vom Ort.

Im 19. Jh. waren die alten Thermalquellen fast vergessen. Doch 1858 kam hoher Besuch: Königin Amalia, die Gattin des bayerischen Königs Otto von Griechenland, wollte hier kuren. Die kinderlose Adlige hatte vernommen, dass die beiden Quellen zur Fruchtbarkeit verhelfen sollten. Ihr Herzenswunsch ging leider nicht in Erfüllung, doch wurde so der Grundstein zu einem neuen Thermalbetrieb gelegt. Relikte dieser Epoche sind die historische Badeanstalt und ein Kurhotel, die beide ihre besten Zeiten hinter sich haben. Die zwei Quellen von Loutrá sind 37 und 52 Grad warm und sollen u. a. bei rheumatischen und gynäkologischen Leiden helfen. Das prickelnd warme Heilwasser entspringt bei einer Kapelle hinter dem Xenia-Hotel und wird mittels schmalem Kanal über den Strand ins Meer geleitet – im lauwarmen Wasser kann man dort prima baden. Die Räume im alten *Badehaus* besitzen in den Boden eingelassene Marmorwannen, in die per Schlauch das Thermalwasser hineinläuft. Wo das Wasser über die Straße und den Strand rinnt, ist der Untergrund auffallend rötlichbraun gefärbt (metall- und mineralhaltig). Betrieb herrscht in Loutrá nur im Hochsommer, wenn zahlreiche griechische Urlauber vom Festland herüberkommen. Vor Juni und nach September sind hier kaum Gäste anzutreffen.

• *Übernachten* **Xenia Anagenissis**, C-Kat., geräumiges Kurhotel der Griechischen Zentrale für Fremdenverkehr, in seinen Ursprüngen aus dem 19. Jh. Lang gestreckter, niedriger Bau, an dem ständig herumgebastelt und renoviert wird, in den langen Gängen herrscht Klinikatmosphäre, 46 schlichte Zimmer mit Blick auf die Bucht, Aufenthaltsraum mit Klavier, großes Restaurant. DZ mit Frühstück je Saison ca. 35–60 €. ✆ 22810-31217.

Porto Klaras, A-Kat., erhöht am nördlichen Buchtende, oberhalb der Hafenmole. Architektonisch originelle Anlage mit DZ, Studios und Apartments, ganz in Blau und Weiß gehalten, hübsche Balkone, Schieferböden,

teilweise TV (6 Sender). Der deutsche Verwalter ist sehr um das Wohl seiner Gäste bemüht. DZ je nach Saison 40–65 €, Apartments 50–80 €, im Hochsommer ohne Voranmeldung kaum eine Chance. ✆ 22810-31276, ✆ 31355.

Meltemi, C-Kat., gut ausgestattete Apartmentanlage Nähe Ortseingang, etwa 150 m vom Strand, Frühstück im Haus oder draußen im Garten. Studio ca. 40–65 €, Apartment ca. 50–80 €. ✆ 22810-31271, ✆ 31302.

Georgios Kantaris, allein stehendes Apartmenthaus über der nächsten Badebucht Richtung Norden, sehr ruhige Lage, ordentlich eingerichtet. ✆ 22810-31470.

Der Strand von Loutrá wird hauptsächlich von griechischen Urlaubern besucht

• *Essen & Trinken* Die Tavernentische am Hauptstrand stehen direkt im Sand. **Katerina**, über der nächsten Badebucht Richtung Norden, schöne Taverne mit üppigem Blumenschmuck. Gerichte mit Zutaten aus eigener Produktion, dazu Kíthnos-Wein.

To Trechantiri, kurz vor der Bucht von Agía Iríni, spezialisiert auf Fisch und Meerestiere, prächtiger Meeresblick. **O Koutsikos**, freundliche Grilltaverne am Ortseingang, deftige Fleischgerichte und reichhaltige *pikília* (Vorspeisenteller).

Loutrá/Umgebung

Gleich nördlich vom Hafen, vorbei an einer alten Verladeanlage für Erz, kommt man in die Badebucht *Schinári* mit ruhigem Sand-/Kiesstrand. Tamarisken und ein Schilfdach sorgen für Schatten, eine Taverne fürs leibliche Wohl (→ Essen & Trinken).

Weiter Richtung Norden führt ein Fußweg zur Kapelle *Ágios Sóstis*, ca. 2 km. Durch knöchelhohe Phrygana geht es an einer niedrigen Klippenküste entlang, alles wild zerklüftet, schöne Ausblicke. Nach 20 Min. der kleine Strand *Kavourochéri*, noch etwas weiter brauchbare Bademöglichkeit in der Bucht *Potamiá*. Die Bucht von *Agía Irini* liegt 1 km südlich von Loutrá, zu erreichen per Fahrweg. Kleiner, verdreckter Sandstreifen mit vier oder fünf Tamarisken, an der betonierten Mole stehen eine Handvoll Ferienhäuser (z. T. aufgegeben) und eine Kapelle. Ein alter, steiniger *Maultierpfad* führt in einer guten Stunde zur Chóra hinauf, unten am Beginn ein Brunnen (Viehtränke) mit Marmorplatte von 1877.

▸ **Kástro Órias**: Die ehemalige Inselhauptstadt lag einst nördlich von Loutrá auf einem beherrschenden Steilfels, 300 m oberhalb des Meeres – landschaftlich großartig, jedoch aus Furcht vor Piratenüberfällen völlig isoliert in extremer Verteidigungslage. Von den Venezianern wurde das Kástro schwer befestigt und galt lange als uneinnehmbar. Trotzdem konnte es der Pirat und Admiral Chaireddin Barbarossa mit seinen Horden im 16. Jh. erobern. Die Überlebenden zogen sich in die Inselmitte zurück und begannen, die heutige Chóra zur Hauptstadt auszubauen.

Ein alter, teilweise zerstörter Maultierpfad führt von Loutrá in etwa 2 Std. zum Kástro (Einstieg beschildert am Ortseingang von Loutrá). Erhalten sind noch Teile der Stadtmauer, diverse Hausruinen und zwei katholische Kirchen. In der Nähe ist auch die einsame Kirche des *Ágios Geórgios* einen Blick wert, ganz Unermüdliche können versuchen, bis zum *Leuchtturm* an der äußersten Inselspitze zu wandern.

Von Mérichas nach Driópis

Knapp 5 km in Kurven zieht sich die Asphaltstraße ein steiles Tal hinauf bis Driópis, das zweite Inselzentrum.

▸ **Driópis**: uriger, sehr steil gelegener Ort, an zwei gegenüberliegende Hänge eines Tals gebaut, viele Treppengassen. Die Bewohner sind noch sehr traditionell geprägt, doch auch hier beginnt man inzwischen, sich behutsam dem Tourismus zu öffnen. An der rechten Seite (wenn man von Mérichas kommt) steht die Kirche *Ágios Minás*, dort gibt es auch einige kleine Tavernen und Bars sowie ein bescheidenes *Volkskundemuseum* (unregelmäßig geöffnet). Gegenüber reine Wohngegend mit teils uralten Bruchsteinhäusern. Bisher keine Übernachtungsmöglichkeit. Am Ortsrand liegt eine *Tropfsteingrotte*, die allerdings bisher nicht zugänglich gemacht wurde.

▸ **Von Driópis nach Kanalá**: Am Ortseingang von Driópis zweigt die Straße nach Kanalá ab. Schöne Fahrt hoch über Bergrücken, vorbei an Windmühlen und mit weitem Blick. Linker Hand führt eine Piste tief hinunter zum steinigen Strand von *Léfkes*.

Wenig später trifft man rechts auf eine beschilderte Schotterstraße zum Strand von *Ágios Dimítris* an der äußersten Südspitze der Insel. In der abgelegenen Bucht steht inzwischen eine ganze Menge privater Ferienhäuser. Unterwegs führt eine betonierte Piste zur ebenfalls erstaunlich großen Strandsiedlung *Flabouriá* hinunter. Beide Strecken sind mit dem Moped gut zu befahren.

▸ **Kanalá**: Auf einer weit ins Meer vorspringenden Landzunge ist um die 1906 erbaute Wallfahrtskirche *Panagía Kanalá* eine große Feriensiedlung entstanden, die hauptsächlich von ehemaligen Auswanderern und Athener Gästen genutzt wird. Links und rechts davon erstreckt sich je ein Sandstrand, der westliche ist länger. Idyllisch wirkt der benachbarte Pinienpark mit seinem üppigem Blütenschmuck, z. B. Oleander, Hibiskus etc. Neben der Kirche liegt ein weiträumiger Platz mit Kafenion/Taverne "Louloudas" – besonders spät nachmittags, wenn die Sonne langsam untergeht und die Stühle in warmes Licht getaucht werden, ein wunderschönes Plätzchen. Die Kirche beherbergt eine 300-jährige wundertätige Marienikone, die angeblich angeschwemmt wurde. Gemalt hat sie wohl der bekannte Ikonenmaler und Priester Emanuíl Skordílis aus Kreta. Am 15. August (Mariä Himmelfahrt) und am 8. September finden ihr zu Ehren die beiden größten Kirchenfeste der Insel statt.

Übernachten Am Weststrand werden Privatzimmer vermietet, z. B. **Margarita**, ☎ 22810-32265.

Kíthnos Karte Seite 563

Der "Autobus" der griechischen Inselwelt: Ankunft auf Sérifos

Sérifos

Ein hohes, felsiges Relief – kahl, wild, unnahbar. Gleich bei der Ankunft einer der schönsten Anblicke im kykladischen Archipel: Eine weite Bucht mit Bäumen und Strand wird überragt von einem steilen Felsberg, an dessen Spitze sich die schneeweißen Würfel der Inselhauptstadt klammern.

Sérifos ist touristisch zwar erschlossen, aber trotzdem noch eine der eher ruhigen Inseln innerhalb der Kykladen. Außer dem Hafenort und der Chóra hoch oben am Berg gibt es kaum nennenswerte Ortschaften. Alle Einrichtungen für Urlauber konzentrieren sich um die Hafenbucht, der Rest der Insel bleibt weitgehend unberührt, nicht einmal in der Chóra gibt es Übernachtungsmöglichkeiten. Sérifos hat deshalb nicht genügend Kapazitäten, um Mengen von Fremden aufzunehmen. Vor allem im Sommer, wenn die Wochenendurlauber aus dem Ballungsraum Athen kommen, wird es sehr voll. Die Unterkünfte in der Hafenbucht sind dann ausgebucht und die Preise erreichen stolze Höhen.

Der Großteil der Insel ist dagegen einsam, ideal also für Wanderer und Ruhesuchende abseits gängiger Ferienrouten. Vor allem in der Nebensaison sind kaum Touristen auf der Insel anzutreffen. Beliebtes Ziel im Norden ist das alleinstehende Kloster *Taxiárchis*. Im Westen, wo einst ertragreiche Minen lagen, lohnen die Überreste ehemaliger Industriekultur aus dem 19. Jh. einen Besuch. Und auch einige wunderbare, oft menschenleere Strände tragen zum Reiz der Insel bei.

Größe: 75 qkm, Länge und Breite je ca. 9–10 km.

Bevölkerung: um die 1000 Einwohner, vor allem seit Stilllegung der Minen starke Abwanderung. Im Sommer zieht man ans Meer hinunter, die einsamen und regnerischen Winter verbringt man oben in der Chóra.

Geografie/Geologisches: Schon in der Antike wurden im Inselwesten Eisenerz und Kupfer abgebaut. Und auch in der Neuzeit herrschte noch ausgeprägte Schürftätigkeit, vor allem im 19. Jh. Heute sind die Minen jedoch wegen Unrentabilität stillgelegt.

Wichtige Orte: Livádi, Hafen und touristisches Zentrum. Die Chóra, Inselhauptstadt in Panoramalage über dem Hafen. Méga Livádi, ehemalige Bergwerkssiedlung im Westen. Größtes Inseldorf ist Panagía im Norden.

Straßen: beschränktes Straßennetz mit vielen Pisten. Asphalt gibt es von Livádi zur Chóra und weiter bis zum Kloster Taxiárchis, außerdem bis Koutalás im Inselwesten.

Entfernungen: Livádi – Chóra 5 km (auf Pflasterweg wesentlich kürzer), Chóra – Méga Livádi 16 km, Chóra – Moní Taxiárchis 11 km.

Auto-/Zweiradverleih: derzeit zwei Vermieter im Hafen von Livádi.

Tankstellen: eine einzige am Ortsausgang von Livádi.

Unterkunft: Hotels und Privatzimmer gibt es bisher fast ausschließlich im Hafenort Livádi und hinter dem benachbarten Livadákia-Strand, dort wurde in den neunziger Jahren auch ein sehr guter Campingplatz eröffnet.

Baden: einige sehr gute Strände in der Umgebung von Livádi, außerdem der Órmos Sikamiá an der Nordküste und die Bucht von Koutalás im Westen.

Karten: Ausgezeichnet und sehr detailliert ist die neue GPS-kompatible Karte "Sifnos" des Anavasi Verlags (1:25.000). Besonders interessant für Wanderer sind die zahlreichen Fuß- und Maultierwege, die erst 2002 mit GPS aufgezeichnet wurden und jeweils mit Kommentaren versehen sind.
Von gewohnt guter Qualität ist außerdem die Karte "Serifos" von Road Editions.
Etwas grob geraten ist die vor Ort häufig vertriebene "Sérifos Road-Touristic Map".

Postleitzahl: 84005.

Geschichte

Perseus der Medusentöter brachte in grauer Vorzeit das abgeschlagene Gorgonenhaupt auf seine Heimatinsel Sérifos. König Polydektes, sein Nebenbuhler, erstarrte bei dem grausigen Anblick zu Stein – aber auch Sérifos ist seitdem zu Stein erstarrt. Der uralte Mythos spielt wohl auf das kahle und steinige Erscheinungsbild der Insel an, ebenso wie der Name Sérifos, der "hart" bzw. "unbiegsam" bedeutet.

Aus geschichtlicher Zeit ist auffallend wenig bekannt. Die ersten Siedler waren *Äoler* aus Thessalien, die nachfolgenden *Ioner* errichteten auf dem Felsen, auf dem heute die Chóra steht, eine Burg. Schon damals begann man mit der Ausbeutung der ausgedehnten *Eisenerz-* und *Kupferlager* im Südwesten, weswegen Sérifos im Attisch-delischen Seebund immerhin zwei Talente zu zahlen hatte. Im Folgenden durchlebte Sérifos das gleiche Schicksal wie die anderen Kykladen – nach den Makedoniern und Ptolemäern besetzten die (West-)Römer die Insel, gefolgt von den Oströmern (Byzantinern). Die steinige Insel wurde damals bevorzugt als Verbannungsort genutzt.

Im 13. Jh. kamen die *Venezianer* des Herzogtums Naxos auch nach Sérifos. Zahlreiche Herrscherfamilien wechselten sich in den folgenden Jahrhunderten

Karte Seite 575

Sérifos

als Besitzer der Insel ab. Mit Hilfe von Sklaven begannen sie, die antiken Minen auszubeuten, und holzten dabei den dichten Baumbestand der Insel fast vollständig ab, um die darunter vermuteten Bodenschätze zu erreichen. Sie errichteten ein Kástro auf dem hohen Chóra-Felsen und weitere im Bergbaugebiet, z. B. das Kástro tis Grias, von dem noch Ruinen erhalten sind. Während der *Türkenzeit* machten sich hauptsächlich Piraten auf Sérifos breit, die Bevölkerung wurde erheblich dezimiert. Ab 1821 schloss sich Sérifos dem *Freiheitskampf* gegen die Türken an, ab 1832 wurden die Kykladen dem griechischen Staat angegliedert.

1867 wurde die erste Lizenz zur Förderung von Metallen erteilt und ab 1884 begann eine französische Firma unter Leitung des deutschen Mineralogen Emil Grohmann, die Minen um Méga Livádi im Südwesten erneut zu bewirtschaften. Bis zu 160.000 Tonnen Eisen jährlich konnten damals aufs Festland verschifft werden und bis in die vierziger Jahre des 20. Jh. wurden mehr als 7 Millionen Tonnen Metall gefördert. Nach Emil Grohmann übernahm sein Sohn Georg die Leitung der Minen, danach dessen Sohn, Emil der Zweite. Dieser ging 1941 mit den deutschen Truppen nach Kreta und wurde später als Kriegsverbrecher verfolgt. Die Stilllegung der Minen erfolgte dann auf Druck afrikanischer Billigimporte.

Der Bergarbeiteraufstand von Sérifos

In der griechischen Gewerkschaftsbewegung ist Sérifos bekannt als der Ort, wo der erste blutige Arbeiteraufstand der Neuzeit in Griechenland stattfand. 1916 begannen die Minenarbeiter von Méga Livádi sich zu organisieren, forderten Lohnerhöhungen, verbesserte Arbeitsbedingungen und vor allem den Acht-Stunden-Tag. Arbeitgeber und Finanzministerium verweigerten diese Forderungen jedoch konsequent und die Arbeiter begannen einen unbefristeten Streik. Daraufhin wurde ein Kriegsschiff nach Sérifos beordert, dessen Kommandant unfähig war, mit der Situation diplomatisch umzugehen. Er forderte die demonstrierenden Streikenden ultimativ auf, sich auf der Stelle aufzulösen. Es kam zu einem Kampf zwischen den aufgebrachten Arbeitern und den Soldaten, in deren Verlauf vier Arbeiter erschossen wurden, aber auch der Kommandant selber sein Leben ließ. Dem Pfarrer von Méga Livádi gelang es schließlich, die Streikenden zu besänftigen. Letztendlich kam es dann tatsächlich zu einer Einigung mit den Arbeitgebern, in der zum ersten Mal in Griechenland der Acht-Stunden-Tag durchgesetzt wurde.

Wirtschaft

Landwirtschaftlich wirft die steinige Insel nicht viel ab, obwohl sie weitgehend mit Terrassenhängen überzogen ist. Etwas Ackerbau (Kartoffeln, Tomaten, Gemüse), ein wenig Wein, etwas Schaf- und Ziegenzucht, mehr ist kaum möglich. Über Ebenen verfügt das bergige Sérifos kaum. Auch die Eisenerzvorkommen im Inselwesten spielen heute keine Rolle mehr. Der Tourismus bringt Geld auf die Insel, trotzdem möchte man sich nicht völlig an die Touris-

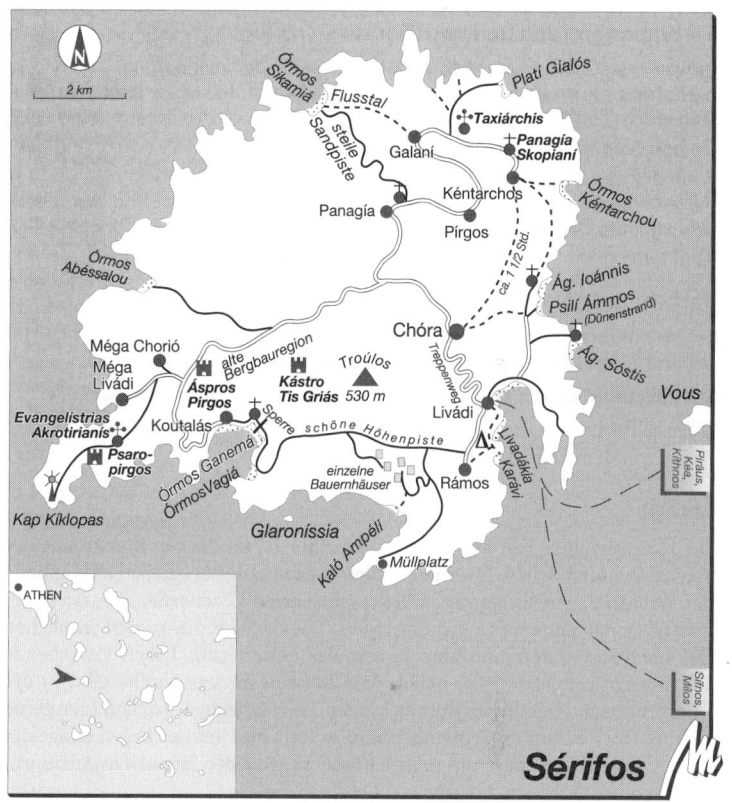

ten "verkaufen", sondern stattdessen die Landwirtschaft fördern, neue Anbauflächen schaffen, Pisten anlegen etc.

Essen & Trinken

Eigene Inselspezialitäten gibt es kaum, lediglich einfache Gerichte aus *revíthi* (Kichererbsen) und *fáva* (Erbsen) werden traditionell hergestellt, außerdem Schweinswürste namens *loútsa*. *Sérifos-Wein* ist gut und schwer, man muss allerdings Glück haben, von den geringen Vorräten kosten zu können – beste Chance kurz nach der Ernte im Oktober.

Inselfeste

Am 6. August Kirchenfest bei der Kapelle des *Ágios Sotíras* in der Bucht von *Kaló Ampéli* (Südküste); am 15. August große Panagíri-Feste (Mariä Himmelfahrt) in *Rámos* (oberhalb vom Hafen) und um die Kirche *Panagía Skopianí* (bei Kéntarchos), am 16. August im Dorf *Panagía* (siehe dort); am 8. November Klosterfest im *Moní Taxiárchis*.

Verbindungen von und nach Sérifos

In der Saison fährt 1–2 x tägl. ein Schiff von *Piräus* über *Kíthnos* und *Sérifos* nach *Sífnos*, *Kímolos* und *Mílos*, ebenso gibt es auf derselben Route ein Boot täglich zurück nach *Piräus*. Von Mílos geht die Tour 1–2 x wöch. weiter nach *Íos* und *Santoríni*, angelaufen werden dabei meist auch *Folégandros* und *Síkinos*. Die Fahrt Piräus – Sérifos dauert etwa 5 Std. (Deck/Pullmannsitz ca. 14 €, billigste Kabine ca. 22 €). Ergänzt werden die Fähren im Sommer durch Schnellboote (Dauer ca. 2,5 Std.). Dieses Angebot ist jedoch von der aktuellen Marktlage abhängig und wurde schon mehrfach kurzfristig storniert.

Verkehr auf der Insel

▶ **Busse**: Ein Bus verkehrt mehrmals täglich auf dem kurzen Stück zwischen Hafen und Chóra, dazu gibt es seltene Verbindungen in andere Inselorte.

▶ **Mietfahrzeug**: derzeit zwei Anbieter unten im Hafen, Autos und Zweiräder.

▶ **Eigenes Fahrzeug**: abzuraten, wenige gute Straßen und viele Pisten, die man besser mit dem Leihfahrzeug abfährt.

Livádi

Die Hafensiedlung liegt im vorderen Teil eines 1,5 km langen Kiesstrands mit Tamarisken und Schilf. Tavernen, Rooms, Läden und Bars ziehen sich entlang der staubigen, nur im vorderen Teil asphaltierten Uferstraße, alles wirkt ein bisschen unaufgeräumt und improvisiert. Dass es sich um keinen wirklichen Ort handelt, sondern um eine nur in der Saison zum Leben erwachende Touristenzeile erkennt man daran, dass es keine einzige Kirche gibt. In der Saison herrscht ziemlicher Rummel, denn auch Griechen machen hier gerne Urlaub. Doch schon im September wird es leer. Im Umkreis liegen einige der besten Strände der Insel, am meisten besucht wird der Strand *Livadákia* unmittelbar westlich vom Anleger.

Verbindungen/Adressen

● *Verbindungen* Ein **Bus** verkehrt in der Saison bis zu 10 x tägl. zwischen dem Hafenort Livádi und der **Chóra** (im Hochsommer bis ca. 22 Uhr). Nach **Kéntarchos** bzw. zum **Kloster Taxiárchis** gibt es 1 x tägl. eine Verbindung (meist früh nachmittags), ab Chóra fährt zusätzlich morgens ein Bus. Nach **Méga Livádi** und **Koutalás** nur mehrmals wöch. Abfahrten. Busstation an der Fischer-/Jachtmole, dort auch aktueller Fahrplan auf einer Tafel. Sonntags deutlich verkürzter Fahrplan – nachfragen!
Taxistand am Busstopp, ☎ 22810-51226.
Fährtickets, zwei Büros nebeneinander am Beginn der Straße landeinwärts.

● *Adressen* **Apotheke**, an der Uferstraße, Nähe Taverne "O Mokkas".

Auto/Zweiradverleih, "Krinas Travel" direkt am Anleger, ☎ 22810-51488, ✆ 51073; außerdem "Blue Bird" von Nikos Galanos neben der Tankstelle am Ortsausgang Richtung Chóra (gute Fahrzeuge zu vernünftigen Preisen), ☎ 22810-51511.
Geld, Bank mit Geldautomat am Anleger (zwei Häuser vor Taverne O Mokkas). Schecks kann man außerdem im Postamt der Chóra einlösen (Káto Chóra).
Hafenamt, Auskunft unter ☎ 22810-51470.
Internationale Presse, in "Barbara's Gift Shop" an der Straße landeinwärts, ca. 50 m ab Hafenstraße, bei der Kurve.
Internet, Zugang (nur stundenweise) in der Bar "Vitamine" an der Uferpiste.
Wäscherei, im Krinas Travel am Anleger.

Sérifos
Der alte Maultierweg vom Hafen zur Chóra (EF) ▲▲
Am Strand von Livadákia (EF) ▲

Sérifos

▲▲ Die Chóra: Panoramalage über dem Hafen (EF)

▲ Ideal zum Verschnaufen: die Gipfelkirche der Chóra (EF)

▲▲ Einsame Ecke beim Livadákia-Strand (EF)

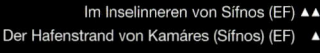

Im Inselinneren von Sífnos (EF) ▲▲

Der Hafenstrand von Kamáres (Sífnos) (EF) ▲

„Flári": traditioneller Kaminaufsatz aus gebrannter ▲▲
Tonerde (Sífnos) (EF)

Das römische Theater von Mílos (EF) ▲

Mílos

▲▲ Firipláka, schönster Strand der Südküste (EF)

▲ Herrliche Badestelle: die weißen Bimssteinfelsen von Sarakíniko (EF)

Übernachten

Hotels und Privatzimmer gruppieren sich vom Anleger den Strand entlang bzw. ein Stück vom Strand zurück. Da die Kapazitäten begrenzt sind, wird man im Hochsommer meist nehmen müssen, was man kriegen kann – nicht selten zu hohen Preisen. Bereits ab Frühherbst machen viele Unterkünfte dicht. Zimmervermittlung u. a. im Reisebüro "Krinas Travel" direkt am Anleger. Wegen des Schilfgürtels, der sich um die Bucht von Livádi zieht, gibt es reichlich Mücken.

Angenehmer als direkt im Hafen sind die Unterkünfte im Neubauviertel hinter dem Livadákia-Strand, dort kann man auch auf den ausgezeichneten Campingplatz mit guten Bungalows ausweichen (im Sommer unbedingt reservieren).

Areti, C-Kat., direkt oberhalb vom Fähranleger, freistehendes weißes Haus mit blauen Fensterläden, gut in Schuss, 13 Zimmer mit teils großen Balkonen (z. B. Zimmer 1, 2 und 3), herrlicher Buchtblick. Mitte April bis Mitte Oktober. DZ ca. 40–70 €. ☎ 22810-51479, 📧 51547.

Marianna, bei den Tavernen an der Strandstraße, etwas nach hinten versetzt. Nette, hilfsbereite Vermieter, ruhiger Innenhof und ausgesprochen sauber, Zimmer und Studios. ☎ 22810-51338, 📧 52057.

Serifos Beach, C-Kat., größerer Kasten etwas zurück von der Strandstraße, unten gemütlicher Aufenthaltsraum mit Fernseher, Zimmer beim letzten Check mit dünn gewordenem Teppichboden und weißen Schleiflackmöbeln, rundum laufen schmale Balkone. Eine der wenigen Unterkünfte, die ganzjährig geöffnet sind. DZ ca. 40–55 €. ☎ 22810-51209.

Elisa, ebenfalls etwas zurück vom Strand, an einer Piste, die landeinwärts führt. Zimmer mit Küchenzeile, freundlich geführt, ruhig und sauber. Von Lesern empfohlen. ☎/📧 22810-51763.

Pergola, das blumenüberwucherte Anwesen von Stavris und Anna Revinthi liegt kurz vor Hotel Maistrali, etwa 50 vom Strand. Vermietet werden liebevoll eingerichtete Apartments mit Küche, Bad mit Duschvorhang, Telefon, Balkon/Terrasse. ☎/📧 22810-51134.

Albatros, D-Kat., an der Strandstraße, kurz nach Hotel Maistrali. Schlauchförmig nach hinten gebaut, schön überwachsener Garten mit großen Feigenbäumen und Sitzgelegenheiten, Zimmer etwas beengt, jeweils Kühlschrank und Du/WC, davor schmaler Balkon, der gleichzeitig als Zugang zu den weiteren Zimmern dient. ☎ 22810-51148.

Margarita, urige Taverne (→ Essen & Trinken) mit sehr einfachen Zimmern, abgelegen am Ende der Bucht. Mittel gegen Moskitos nicht vergessen. ☎ 22810-51321.

Vom höchsten Punkt der Chóra hat man einen fantastischen Blick auf die Hafenbucht

● *Am Livadákia-Strand* Vom Anleger gleich links die Treppen hinauf und über den kleinen Hügel hinüber. Ein ganzer Schwung gepflegter Unterkünfte macht die Wahl schwer. DZ je nach Saison ca. 25–60 €.

Helios, hübsche "Rooms" mit blumenüberwuchertem Garten und Vogelvoliere, dazu kleine Terrasse mit Meeresblick. ✆ 22810-51066.

Medusa, am Hang oberhalb eines großen, terrassierten Gartens, 10 Zimmer mit Kühlschrank, tägliche Reinigung. ✆ 22810-51127, ✆ 52054.

Dorkas, schön ruhig, großes Gelände mit eigenem Parkplatz, Garten mit Ziehbrunnen und Venus-von-Milo-Statue, Kinderspielgeräte, geräumige Zimmer. ✆ 22810-51422.

Alexandros-Vassilia, gepflegte und aufmerksam geführte Anlage mit Rasen direkt am Strand, dazu gehört eine gute Taverne. ✆ 22810-51119, ✆ 51903.

● *Camping* **Coralli**, großer, gepflegter Platz am Südende vom Livadákia-Strand, die Piste mit den Unterkünften entlang (Kleinbus kommt zu jeder Fähre). Gelände mit vielen Bäumen, Oleanderalleen und farbenfrohen Begonienbeeten ansprechend gestaltet und sehr gut beschattet, fast schon dschungelartig. Sanitäranlagen modern und meist sauber. Minimarket, Restaurant, Pool (nur im Hochsommer), Waschmaschine. Tipp: Eine ganze Reihe von guten Bungalows mit TV und Aircondition werden vermietet, tägliche Reinigung, je nach Saison ca. 30–60 €. Nachteil der intensiven Bewässerung: Moskitos in Massen. ✆ 22810-51500, ✆ 51073, www.coralli.gr

Essen & Trinken

Die meisten Wirte stammen inzwischen aus Athen oder Thessaloniki, das Gebotene an der Uferstraße ist ziemlich durchschnittlich. Reizvoll ist lediglich, dass viele Tische direkt im Sand stehen. Besser und ruhiger isst man am Livadákia-Strand. Möglichst nicht versäumen: Sérifos-Wein ist eine echte Delikatesse! Seine Farbe erinnert an Cognac, dazu ungemein schweres und gehaltvolles Aroma (Achtung: Nicht alle Leser teilen diese Meinung).

To Meltemi, Ouzerie, kurz nach der Anlegestelle für Fischerboote und Jachten, zu erkennen an den kykladenblauen Tischen und Stühlen. Vorher Preise eruieren.

Margarita, "Essen auf dem Bauernhof" am äußersten Ende der Bucht (letztes Haus). Unter schattigen Tamarisken stehen zwanglos verstreute Tische, viel Auslauf für Kinder. Jorgo und Frau bieten einfach-deftige Kost – was der Markt gerade bietet, z. B. Bohnensuppe, Hühnchen, Gemüse (Auberginen, Bohnen, Zucchini). Dazu zapft Jorgo des Öfteren seine Fässer mit Inselwein an.

Auch im Winter offen. Preiswert.

Diethnes, etwas erhöht am Treppenabgang zum Livadákia-Strand.

Livadakia, gehört zu den Rooms Alexandros-Vassilia (→ Übernachten), Sitzplätze unter Schilfdach, daneben Rasenflächen und Außengrill.

● *Cafés* **I Serifos**, das wohl beliebteste Café am Ort, etwas erhöht am Strandbeginn (kurz nach Hotel Serifos Beach). Unter zwei mächtigen Tamarisken ein Platz, um Stunden zu verträumen, allerdings gelegentlich sehr laute Musik.

Nachtleben

Am Ortsstrand gibt es einige kleine Musikbars. Doch mangels Nachfrage ändert sich die Szene rasch, vieles schließt bereits nach einer Saison wieder.

Alter Ego Club, Disco-Bar im rückwärtigen Teil eines Gebäudekomplexes am Strand, dort auch **Vitamin C** und **Astra Club** im ersten Stock.

Karnagio, alteingesessenes Rock-Café zentral am Strandbeginn, meist brüllend laute Popmusik, morgens auch mal Klassik.

Strände südwestlich von Livádi

▸ **Livadákia**: Hauptbadeplatz der Insel, unmittelbar westlich vom Hafen. Gut 600 m langer, ausgezeichneter Strand mit feinem weißem Sand. Tamarisken und Eukalyptusbäume sorgen für Schatten, reizvoll ist der Blick auf die einlaufenden Fähren. Es gibt einige Tavernen und Bars, im Hinterland ist in den letzten Jahren ein ganzes Neubauviertel mit "Rooms" entstanden, guter Campingplatz am südlichen Strandende (→ Livádi/Übernachten).

Am Dünenstrand Psilí Ámmos

Gleich am Beginn von Livadákia liegt unter Steilfelsen eine kleine, separate *Badebucht* versteckt, am Hang oberhalb davon finden die Serifioten ihre letzte Ruhe auf dem Inselfriedhof mit weitem Meeresblick.

▶ **Karávi**: an Livadákia anschließend, niedriges Buschwerk und Felsen ziehen sich zu einem schattenlosen Sandstrand hinunter, hinter dem 1999 eine große Bungalowanlage erbaut wurde.

Strände östlich von Livádi

Schön, aber mittlerweile recht bekannt. Mit dem Moped gut zu machen, kurz vor Ostende des Kiesstrands von Livádi (bei einer kleinen Brücke) eine weitgehend asphaltierte Piste landeinwärts in die phryganaübersäten Hügel nehmen, zu Fuß kann man die Serpentinen abkürzen.

▶ **Ágios Sóstis**: nette, kleine Sandbucht am schmalen Isthmos zu einer felsigen Halbinsel. Einige Tamarisken, grober Sand, malerische Kapelle, Blick auf das vorgelagerte Inselchen *Voús*. Leider auch schon einiger Müll.

▶ **Psilí Ámmos**: bildschöner Dünenstrand mit weichem, weißem Sand und schattigen Tamarisken, wird von vielen Besuchern als der beste Strand der Insel gerühmt. Da es flach ins Wasser geht, auch gut für Kinder geeignet. Für die herumstehenden Schirme und einfachen Liegen werden recht ordentliche Preise verlangt. Es gibt zwei Lokale, beliebter Treffpunkt ist die etwas höher gelegene Terrassentaverne namens "O Kir-Antónis". Zu Jazz und Weltmusik wird hier leckeres Essen serviert, z. B. Kichererbsen in Brühe und Koteletts vom Grill. Leserkommentar: "Antonis ist besonders nett und kommunikativ, spricht gut Englisch".

Karte Seite 575

Sérifos

▶ **Ágios Ioánnis**: ähnlich wie Psilí Ámmos, aber mehr Kies, einige Ferienhäuser, insgesamt weniger reizvoll.

Höhenpiste von Livádi entlang der Südküste

Panoramareicher Höhenweg von Livádi über Rámos bis zum weißen Dünenstrand Órmos Vagiá, dabei immer wieder tolle Blicke auf die zerklüftete Küste und das Meer tief unten.

Unterwegs einige Abfahrten zu einsamen Stränden, wo man aber den letzten Abstieg oft zu Fuß machen muss (→ Karte). Auch zur insularen Müllkippe auf dem Kap Pachís führt hier eine Erdstraße.

▶ **Rámos**: kleiner Weiler oberhalb der Hafenbucht, ein paar Ferienhäuser (meist verlassen) und hübsche, weiße Panagía-Kapelle mit großem Vorplatz, Bänken und Tischen. Viel besuchtes *Panagíri-Fest* am 15. August. Lohnend, weil schöner Blick und sehr still.

▶ **Kaló Ampéli**: westlich von Rámos Abfahrt von der Höhenpiste, letztes Stück zu Fuß. Kleiner, reizvoll gelegener Strand mit Kapelle *Sotíras* (Fest am 6. August), schon von weitem ist jedoch einiger Müll erkennbar. Die paar Häuser liegen ein Stück oberhalb und sind über eine weitere Zufahrt zu erreichen (→ Karte).

▶ **Órmos Vagiá**: weißer Dünenstrand ohne Schatten, aber mit herrlich türkisfarbenem Wasser. Unter dem Strand entspringen Süßwasserquellen.

▶ **Órmos Gánema**: guter Sand-/Kiesstrand nördlich vom Órmos Vagiá, etwa 500 m lang, einige schattige Bäume. Es gibt eine recht gute Taverne, die gerne von Ausflüglern besucht wird.

Achtung: Weiterfahrt nach Koutalás und Méga Livádi ist nicht möglich, da ein Zaun mit Stacheldraht bei der Kapelle über den Weg gezogen wurde. Siehe auch S. 587.

Von Livádi zur Chóra

Hinauf entweder mit dem Inselbus auf kurviger Serpentinenstraße, man umkurvt dabei den unteren Ortsteil (Káto Chóra) und endet beim Windmühlenplatz am Ortsende der oberen Chóra (Páno Chóra).

Oder man nimmt den schönen, wenn auch schweißtreibenden *Maultierweg* zur mittelalterlichen Chóra, der die vielen Straßenkurven beträchtlich abkürzt. Zur unteren Chora läuft man etwa 30 Minuten, zur oberen 45 Minuten. Der gepflasterte Weg mit breiten Stufen beginnt etwas außerhalb von Livádi, direkt an der Straße zur Chóra. Man erreicht ihn am schnellsten, wenn man von der Erdstraße in Livádi in eine Zementpiste einbiegt. Diese mündet nach einigen hundert Metern auf die Asphaltstraße zur Chóra, etwa 200 weiter beginnt kurz vor einer weiten Kurve rechter Hand der Treppenweg.

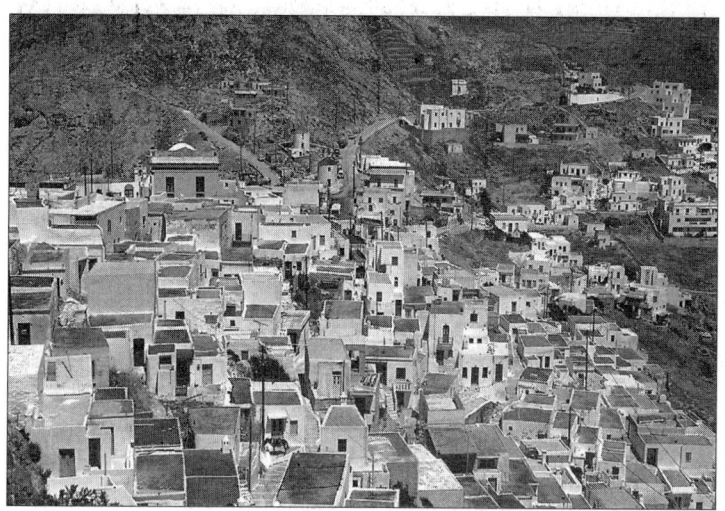

In der Chóra: Panorama der weißen Würfelhäuser

Chóra

Panoramalage in luftiger Höhe. Die Häuser klettern den steilen Bergkamm entlang, sind z. T. unmittelbar an die senkrecht abfallende Felskante gebaut. Viel treppauf, treppab in weiß verfugten Gassen. Die Chóra gehört noch weitgehend den Einheimischen – und den Athenern, die inzwischen viele der alten Häuser renoviert und zu Ferienwohnungen umgebaut haben. Einige wenige professionelle Zimmervermieter gibt es bisher nur außerhalb des Orts.

Vom Strand unten ist der größte Teil des Ortes gar nicht zu sehen, denn aus Angst vor Seeräubern erbaute man die meisten Häuser an der landseitigen Hangseite. Chóra besteht aus zwei Ortsteilen: *Káto Chóra* mit der beherrschenden Evangelístria-Kirche und einem kleinen Heimatmuseum, darüber *Páno Chóra* mit dem steilen Burgberg, der einst eine venezianische Festung trug. Heute steht hier ein kleines Kirchlein, von dem man einen herrlichen Blick genießt.

• *Verbindungen* Busstation am Platz mit den Windmühlen am Ortsende von Páno Chóra, dort auch die meisten Kafenia bzw. Tavernen. Bus hält auch in Káto Chóra.

• *Adressen* **Post**, in Káto Chóra, fast unmittelbar an der Serpentinenstraße, die von Livádi heraufkommt (erster Busstopp). Schweizer können hier ihr Geld wechseln (bar und Schecks).

• *Übernachten* **Anemohadi**, Rooms an der Straße zur Chóra, weiter Blick über die Bucht bis Sífnos.

• *Essen & Trinken* Im Gegensatz zu Livádi werden die schlichten Lokale hier oben noch von Einheimischen betrieben, Sérifos-Wein gibt es fast überall.

Oi Miloi, direkt am Busstopp, im hübschen, alteingesessenen Kafenion von Eleni treffen

Sérifos — *Karte Seite 575*

sich am Wochenende die Männer zum Kartenspielen. Vor der Tür sitzt man besonders schön, vor allem wenn spät nachmittags die Sonne langsam untergeht.

Stavros, gleich neben Eleni, vom schlauchförmigen Speiseraum herrlicher Panoramablick über die Berge zum Meer. Beim letzten Check allerdings geschlossen.

Angela, neue, kleine Taverne, in der *bakaliáros* (Stockfisch) sowie *kolokythákia tíganitá* (gebratene bzw. frittierte Zucchini) und *revíthia* zu den Spezialitäten zählen.

O Kafenes tou Vassilia, ebenfalls neu ist dies kleine Café an der Westseite der Platia.

Zorbas, hübsches Lokal im Ortskern, direkt an der idyllischen Platia mit dem Rathaus (→ Sehenswertes), im Angebot hier u. a. *kolokíthoukeftédes* (vegetarische "Fleischbällchen") und Sérifos-Wein.

Lesertipp (K. Roller): "Neue **Kaffeebar** an der Rathausplatia, Stühle auf dem Platz und in einer Nische mit Spiegel. Sehr schönes Ambiente, etwas teurer zwar, aber der griechische Kaffee wird sehr stilvoll im ‚Briki' (Kaffeepott aus rostfreiem Stahl) serviert."

To Perasma, Mezedopólion in der Unterstadt.

Sehenswertes

Káto Chóra: Wenn man den Treppenweg vom Hafen heraufsteigt, trifft man gleich gegenüber der ersten Kirche bzw. neben der Volksschule auf das *Laografico Museo* (Volkskundemuseum). In fünf Räumen sind hier Hausrat, Werkzeuge des Bergbaus und Erinnerungsstücke zur Inselgeschichte ausgestellt. Zum Erfrischen gegenüber der Volksschule eine Quelle mit Wasserhahn. Kurz danach kommt man auf den großen Platz, der von der ockerfarbenen *Evangelístria-Kirche* mit ihrer blauen Kuppel beherrscht wird. Nach Páno Chóra führen enge Treppengässchen hinauf.

Öffnungszeiten/Preise **Laografico Museio**, Mo–Fr 18–21, Sa/So 10–12 Uhr.

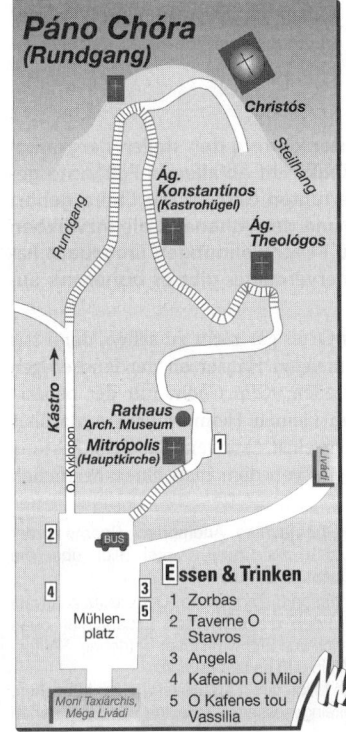

Páno Chóra
(Rundgang)

Christós
Steilhang
Rundgang

Ág. Konstantínos
(Kastrohügel)

Ág. Theológos

Kástro →

O. Kyklopon

Rathaus
Arch. Museum
Mitrópolis
(Hauptkirche)   1

2

BUS

4   3
5
Mühlen-
platz

Moni Taxiárchis,
Méga Livádi

Essen & Trinken
1 Zorbas
2 Taverne O
  Stavros
3 Angela
4 Kafenion Oi Miloi
5 O Kafenes tou
  Vassilia

Páno Chóra: Hier ist ein schöner Rundgang möglich, ausgeschildert mit "'Kastro". Vom *Windmühlenplatz* führt eine schmale Gasse (Odos Kyklopon) Richtung Süden nach Páno Chóra hinein und über Stufen zur Spitze des ehemaligen *Burgbergs*. Vom venezianischen Kástro ist dort nichts mehr zu sehen, stattdessen findet man oben das kleine Kirchlein *Ágios Konstantínos*. Der Aufstieg lohnt unbedingt: Herrlicher Blick weit über die Hafenbucht, auf der anderen Seite über die Flachdächer der Chóra in die wilden Berge des Inselinneren. Markanter Blickfang ist schräg unterhalb am Hang zur Bucht die viel fotografierte Kuppelkirche *Christós*.

Wenn man auf der anderen Seite des Felsens wieder hinuntersteigt, stößt man direkt am Weg auf die Kirche des *Ágios Theológos*, die teilweise in den Fels hineingebaut ist. Über dem Eingang fällt das schöne Marmorrelief eines Segelschiffs auf.

Zurück Richtung Windmühlenplatz muss man sich auf seine Spürnase verlassen und läuft in den kleinen Gässchen vielleicht ein wenig in die Irre. Doch nach wenigen Minuten gelangt man sicher zu der kleinen, pittoresken Platia mit dem schmucken klassizistischen *Rathaus* (Dimarcheion), der weißen Hauptkirche *Ágios Athanásios* und zwei hübschen Tavernen. In der Seitenfront des Rathauses ist ein bescheidenes Archäologisches Museum eingerichtet (beim letzten Check geschl.). Über Stufen steigt man von hier wieder schnell hinunter zum Busstopp am Windmühlenplatz, dort ist der Weg zur Platia an den Treppen ausgeschildert.

Inselnorden

Sérifos hat sich im Inneren seine Ursprünglichkeit bewahrt, die langen, tiefen Täler beeindrucken durch ihre kilometerweit reichenden Ausblicke über kahle Rücken und Zigtausende von Terrassenhängen. Beliebtestes Ziel ist das Kloster Taxiárchis. Da die Insel seine Bewohner jedoch kaum ernähren kann, sterben fast alle Inseldörfer allmählich aus.

Eine Asphaltstraße führt von der Chóra quer durchs Inselinnere bis Kéntarchos, von wo ein *Fußpfad* zurück zur Chóra geht. Das Ganze ist ab Chóra auch als Rundwanderung zu machen – Gesamtdauer etwa 4–5 Std. (ca. 20 km). Ansonsten kann man mit dem Zweirad problemlos bis Kéntarchos fahren, zurück auf demselben Weg. Wenig besucht wird bisher der Strand im Órmos Sikamiá.

• *Verbindungen* Vom Hafen fährt 1 x tägl. (etwa 14.30 Uhr) ein Bus über die Chóra bis zum **Kloster Taxiárchis** und weiter nach **Kéntarchos**, Rückfahrt gegen 16 Uhr. Außerdem geht ein Frühbus etwa um 6.30 Uhr ab Chóra und fährt sofort zurück, um auf der Rückfahrt Schulkinder und Inselbewohner zur Chóra und nach Livádi zu bringen.

Das "Prügel-Panagíri" von Panagía (Xilopanagía)

Das größte Fest der Insel findet am 16. August auf dem Hauptplatz von Panagía statt. Früher war dabei der Paartanz um den großen *Olivenbaum* vor der Kirche Anlass für blutige Prügeleien der Inseljugend. Es hieß nämlich, wer mit seiner Braut als erstes um den Baum tanze, würde noch im selben Jahr heiraten. Um dieses Ziel zu erreichen, schlugen sich die jungen Männer mit kräftigen Oleanderruten, der Sieger durfte den Tanz anführen. Heute gehört dieser handgreifliche Brauch der Vergangenheit an. Angeblich beendete ihn ein Priester, indem er als erster tanzte und es wohl niemand wagte, ihn mal ordentlich zu verbläuen.

▸ **Panagía**: Der zweitgrößte Inselort ist stark von Abwanderung bedroht, aber inzwischen gibt es auch wieder einige neu erbaute Häuser. Zwischen den gepflasterten Wegen und Treppen liegt malerisch die Platia mit Olivenbaum, verblasstem geometrischem Kalkstreifenmuster und der ältesten Kapelle von Sérifos (11. Jh.), nach der der ganze Ort benannt wurde. Vor dem Eingang sind zwei Marmorsäulen eingelassen, im dreischiffigen Inneren verwittern Reste alter Wandmalereien.

Essen & Trinken Einfache **Taverne** am Ortseingang, eine weitere im Ort, **Kafenion I Panagia** an der Platia.

▶ **Órmos Sikamiá:** etwa 3,5 km lange Serpentinenabfahrt auf gutem Fahrweg, der östlich von Panagía bei der Kapelle Ágios Athanásios beginnt. Unten etwa 400 m grauer, grober Sandstrand mit Kies, im Sommer hat manchmal eine Taverne geöffnet, sonst sehr einsam. Im westlichen Teil Schatten durch Tamarisken, Blick bis nach Kíthnos. Wer zu Fuß heruntergekommen ist, kann im Anschluss das wunderschöne Flusstal zum Dorf *Galaní* hinaufwandern.

▶ **Pírgos:** oberhalb der Straße, fast unbewohnt, erfrischende Quelle am Ortseingang.

▶ **Galaní:** halbverlassenes Dorf mit vielen Ruinen unterhalb der Straße, in der Saison wird von einer alten Wirtin eine urige Taverne betrieben. Am Hang rundum etliche Taubentürme und Windmühlen. Ein lang gestrecktes Tal mit Schilf und Olivenbäumen erstreckt sich hinunter zum Órmos Sikamiá, reizvoller Abstieg zu Fuß möglich.

Moní Taxiárchis (Erzengelkloster)

Festungsähnlicher Bau über der Nordküste, wichtigstes Monument der Insel. Nach außen kahle, weiße Mauern mit winzigen Fensterchen und Pechnase über der niedrigen Pforte, innen dagegen ausgesprochen hübsch und heimelig.

Das Kloster Taxiárchis ist den Erzengeln Michael und Gabriel geweiht. Die Gründungslegende spricht von zypriotischen Seefahrern, die um das Jahr 1600 in der Bucht von Kéntarchos an Land gingen und eine wertvolle Erzengel-Ikone an Bord hatten. Diese zeigte ihnen, wie es heißt, eine bestimmte Stelle nicht weit von der Bucht. Dort erbaute man die heute noch erhaltene Kirche, um die später das Kloster errichtet wurde. Diese Gründungslegenden ähneln sich bei fast allen Ägäis-Klöstern.

Vom Eingang aus geht es ein paar Stufen hinunter in den gepflasterten Innenhof mit einigen schlanken Zypressen, rundum ziehen sich weiße Treppchen, Galerien und Arkaden. Die interessante Kreuzkuppelkirche ist ältester Teil der Anlage und nimmt fast den gesamten Hof ein. Bewohnt wird das Erzengelkloster seit langen Jahren von einem verschmitzten Mönch namens Makarios, der für alle Kirchen und Kapellen der Insel verantwortlich und demzufolge häufig "auf Achse" ist (☎ 22810-51027. Vormittags ist er meist zu Hause und zeigt einem sehr nett das reichhaltige Innenleben der Kirche. Der Türstock stammt von 1447, im Boden ein byzantinischer Doppeladler von 1690, hinter dem filigranen Templon mit wertvollen Ikonen der kretischen Schule alte Fresken von 1700, geschaffen vom bekannten Maler Emanuíl Skordílis aus Kreta. Einige Stücke der Ausstattung stammen aus Ägypten und wurden von zurückgekehrten Auswanderern gestiftet, z. B. eine schöne, vergoldete Stickerei, auch russische Ampeln sind zu sehen. Viel besuchtes *Klosterfest* am 8. November, dann sind die sonst leer stehenden Pilgerzellen für einige Tage bewohnt.

▶ **Platí Gialós**: Badebucht mit drei Stränden unterhalb des Klosters, zu erreichen auf einer Piste. Der nördliche Strand wirkt recht sauber und besteht aus grauem, grobem Sand, es gibt einige Bäume und mehrere halb fertige Häuser. Die mittlere Bucht ist sehr klein und ohne Schatten, eine verlassene Taverne steht oberhalb davon. Der südöstliche Strand aus grobem, braunem Sand liegt reizvoll, ist jedoch recht verdreckt und schattenlos, dahinter erstreckt sich ein grünes Tal mit Gemüseanbau.

▶ **Panagía Skopianí**: hübsche Kirche mit ihrer blauen Kuppel auf halbem Weg zwischen Kloster und Kéntarchos, unterhalb der Straße über der Küste. Großes *Panagíri* am 15. August.

▶ **Kéntarchos** (*Kállistos*): Eine Handvoll Häuser in idyllischer Lage am Hang, hier endet der Fahrweg nach schöner Fahrt hoch über der Küste. Ein schmales, grünes Tal mit Wein, Olivenbäumen und einigen Taubenhäusern zieht sich zur Bucht *Órmos Kéntarchos* hinunter, ein Fußpfad führt parallel zum Tal (südlich oberhalb). Unten spenden ein paar Tamarisken Schatten.

▶ **Wanderung von Kéntarchos zur Chóra**: Am Ende der befahrbaren Piste beginnt ein anfangs steil den Hang hinaufsteigender Fußpfad, der zurück zur *Chóra* führt, Dauer ca. 2 Std. Reizvolle Wanderung hoch über die Insel, unterwegs weite Ausblicke auf den Osten von Sérifos, das Meer und die Küste.
Eine interessante Alternative stellt die Wanderung über die Strände *Ágios Ioánnis* und *Psilí Ámmos* nach *Livádi* dar. Leser W. Tode schreibt dazu: "Vom Ende der befahrbaren Piste geht man links durch Teile des Orts hinunter und trifft auf einen schon vorher weit sichtbaren Weg, der den steilen Hang östlich umrundet. Danach schöne Blicke auf die Ostküste. Durch ein ausgetrocknetes Flussbett mit üppiger Vegetation, vorbei an Sommerhäusern, gelangt man zum Strand Ágios Ioánnis und von dort zum Psilí Ámmos. Dauer ca. 1,5 Std., von hier problemlos in etwa 40 Min. nach Livádi".

> Die Wanderwege auf Sérifos sind mit kleinen Wegmarken sehr gut ausgeschildert. Unten im Hafen ist außerdem eine Übersichtskarte, die sogar zwei Mountainbike-Wege verzeichnet.

Inselwesten

In der bereits seit der Antike bekannten Bergbauregion wurden ab 1867 Eisenerz und Kupfer in großen Mengen abgebaut. Der deutsche Mineraloge Emil Grohmann und seine Nachfolger leiteten die Förderung bis in die vierziger Jahre des 20. Jh., dann mussten die Anlagen wegen der Konkurrenz durch afrikanische Billigimporte stillgelegt werden.

Die Strecke vom Pass oberhalb der Chóra bis Koutalás ist durchgehend geteert und bietet tolle Ausblicke auf die zerklüftete und von unzähligen Terrassen durchzogene Hügellandschaft. Verrottete Förderanlagen, aufgerissene Flanken, dunkle Stollen und viele Grotten im rostbraunen Fels schaffen

Stillgelegtes Bergwerk in der Bucht von Méga Livádi

eine eigentümliche Atmosphäre. Kurz vor dem Abzweig zum Órmos Koutalás steht links oberhalb der Straße die Kapelle Ágios Charálambos und daneben die Ruine des *Áspros Pírgos*, ein Wachturm aus hellenistischer Zeit.

Méga Livádi

Ehemaliger Hauptort des Bergbaugebiets und wichtigster Verladehafen, heute ländliche Sommersiedlung früherer Einheimischer, die in den heißen Monaten hierher zurückkehren. Die klassizistische Fassade des ehemaligen Verwaltungsgebäudes der Bergwerksgesellschaft dominiert den Ort, davor kümmern einige Fächer- und Dattelpalmen, ein kleiner Strand lädt zum Baden ein. Ein unscheinbares Denkmal erinnert an die Toten des Aufstands der Minenarbeiter von 1916 (→ S. 574).

Im linken Teil der Bucht sind noch die alten Bergwerksanlagen mit handgeschmiedeten Schienen, rostigen Loren und Verschiffungsbrücken erhalten, ab Ortsbeginn leicht zugänglich und für technisch Interessierte höchst interessant. Abenteuerlich: Ein tiefschwarzer Stollen, dessen Ende nicht absehbar ist, verschwindet hier in der Felswand. In der folgenden Bucht *Almyrós* entspringen warme, radiumhaltige Quellen, die mit Badekammern ummauert wurden (nur vom Wasser aus zugänglich).

● *Essen & Trinken* In den beiden urigen Tavernen **Kyklopas** und **Madritsa** sitzt man gemütlich unter Bäumen direkt hinter dem Ortsstrand. Geboten ist schlichte Hausmannskost, z, B. Huhn in Weinsoße, dazu Gemüse aus eigenem Anbau.

Koutalás

Auch hier prägen verrostete Loren, stählerne Verladerampen, zerstörte Lastwagen und düstere Hausruinen die Szene. Trotzdem ist Koutalás eine wunderschöne, große Bucht mit bizarrem Bergpanorama und gleich drei Stränden. Auf dem Gipfel im Hintergrund stand einst ein venezianisches Kastell, das Kástro tis Grias, von dem aber nur noch wenige Mauerreste erhalten sind.

Órmos Koutalás, der erste Strand, ist gut 500 m lang und besteht ausschließlich aus Kies. Dahinter liegen einfache Sommerhäuschen, kleine Weingärten, Schilf und Gemüse. Wer Anfang Oktober kommt, kann in einem urigen Kafenion offenen Sérifos-Wein aus eigenem Anbau kosten. Leider ist der Fahrweg ab der Kapelle *Agía Iríni* mit einem Zaun und Stacheldraht versperrt, so dass man zu den anderen beiden Stränden nur zu Fuß am Wasser entlang kommt bzw. von Livádi aus auf einer eindrucksvollen Höhenpiste hoch über der Südküste (→ S. 580).

Der zweite Strand, *Órmos Gánema*, ist ebenfalls 500 m lang, besteht aus Sand und Kies und besitzt einige schattige Bäume sowie eine recht gute Taverne.

Der dritte, *Órmos Vagiá*, ist der schönste der drei, ein weißer Dünenstrand ohne Schatten, aber mit herrlich türkisfarbenem Wasser. Unter dem Strand entspringen Süßwasserquellen.

▸ **Kloster Evangelístrias Akrotirianís:** Das erst Anfang der Achtziger des 20. Jh. erbaute Frauenkloster steht oberhalb von Méga Livádi. Eine Piste zweigt von der Zufahrtsstraße ab und führt auf die Höhe, herrlicher Blick bis Sífnos. Das Kloster wird von einer freundlichen und weltoffenen Nonne bewohnt, die sich erst im Alter für das Klosterleben entschieden hat. Gäste sind willkommen. Hübsch anzusehen ist das Christopheros-Kirchlein mit Rundziegeldach und farbenfrohen Fresken.

▸ **Kávos Kíklopas:** Die Piste führt vom Kloster weiter nach Westen bis zur eindrucksvollen Ruine des hellenistischen Wachturms *Psaropirgos* (zu Fuß hin und zurück ca. 30 Min.) und endet am *Leuchtturm* auf dem nahen Südwestkap von Sérifos, das nach den legendären Riesen aus der Odyssee Homers benannt ist, den "Kyklopen". Angeblich soll hier sogar einst der einäugige *Polyphem*, der Odysseus und seine Gefährten gefangen hielt, in einer Höhle gehaust haben. Doch wahrscheinlicher ist, dass die gewaltigen Quaderblöcke des nahen Wachturms für die Namensgebung verantwortlich sind.

▸ **Órmos Abéssalou:** schattenloser Strand ein ganzes Stück nördlich von Méga Livádi, früher ein Erzverladehafen, heute unbewohnt. Insgesamt nicht sonderlich attraktiv, auch verschmutzt. Von der langen Zufahrtsstraße in den Westen von Sérifos führt eine Piste hinunter.

Sífnos

Der ehemalige touristische "Geheimtipp" hat sich zur meistbesuchten Insel der Westkykladen entwickelt. Dies nicht von ungefähr, denn Sífnos hat sowohl landschaftlich als auch von der gepflegten Architektur seiner Dörfer einiges zu bieten. Doch Rummel herrscht hier noch keineswegs, vor allem in der Nebensaison bleibt es sehr ruhig.

Wegen der großteils steilen Felsküsten ist hauptsächlich das hoch gelegene Inselinnere besiedelt. Die weite, grüne Hügellandschaft mit ihren ausgeprägten Terrassenkulturen wird von zahllosen Kapellen und Klöstern dominiert, die blendend weißen Dörfer konzentrieren sich auf die zentrale Hochfläche um den Hauptort *Apollonía*. Nur wo sich Täler zum Meer öffnen, gibt es einige wenige Küstenorte mit Bademöglichkeiten – die meisten guten Strände liegen im Süden und sind auf guten Asphaltstraßen zu erreichen. Der kahle und raue Norden ist dagegen fast menschenleer, die Ostküste fällt steil zum Meer ab. Interessantes Ziel dort ist *Kástro*, die alte Inselhauptstadt.

Sífnos gilt traditionell als Insel der Köche und der Töpfer. Fast ein Kykladen-Unikum ist es, dass sich seit der Antike das *Töpferhandwerk* behaupten konnte und nicht dem alles gleichmachenden Sog der Tourismusindustrie zum Opfer gefallen ist. Außer reichen Vorkommen an Tonerde besitzt Sífnos aber auch Bodenschätze – ebenfalls bereits in der Antike wurden verschiedene Erze und Silber, ja sogar Gold abgebaut. Reste von alten Minen sind um Ágios Sóstis im Nordosten, bei Fáros im Südosten und am Hang des Profítis Ilías im Zentrum der Insel erhalten (→ Inselkarte).

Geschichte

Ruinen einer *prähistorischen Siedlung* hat man auf dem 427 m hohen Berg des Ágios Andréas entdeckt, südlich der Inselhauptstadt. Erste Siedler waren wahrscheinlich *Karer* und später *Phönizier*, sie nannten die Insel "Akis" bzw. "Meropi". Später ist der Name Mínoa überliefert, Indiz für eine *minoisch-kretische* Besiedlung.

Um 1000 v. Chr. kamen die *Ioner* vom Festland, damit beginnt die wichtigste Phase der Inselgeschichte. Sífnos war damals für seine *reichen Bodenschätze* bekannt – verschiedene Erze, Blei, Silber und angeblich sogar Gold wurden in ausgedehnten Minenbezirken abgebaut, die vor allem an der heute unbesiedelten Nordostküste und an den Hängen des Profítis Ilías lagen. Reste der alten Bergwerksstollen hat man inzwischen entdeckt (hauptsächlich um *Ágios Sóstis*), Anzeichen etwaiger früherer Goldvorkommen konnten allerdings nicht gefunden werden. Im 6. Jh. v. Chr. galt Sífnos als eine der reichsten Inseln der Ägäis – man belieferte unter anderem Athen mit Gold und Silber für die Prägung seiner Münzen. Sichtbares Zeichen des Reichtums war das äußerst prunkvolle *Schatzhaus* der Sifnier im panhellenischen Heiligtum von *Delphi*, das den sifnischen Wohlstand für alle anderen griechischen Stadtstaaten dokumentieren sollte. Es bestand aus parischem Marmor, besaß reichen Skulpturenschmuck und war mit dem zehnprozentigen Anteil finanziert worden, der

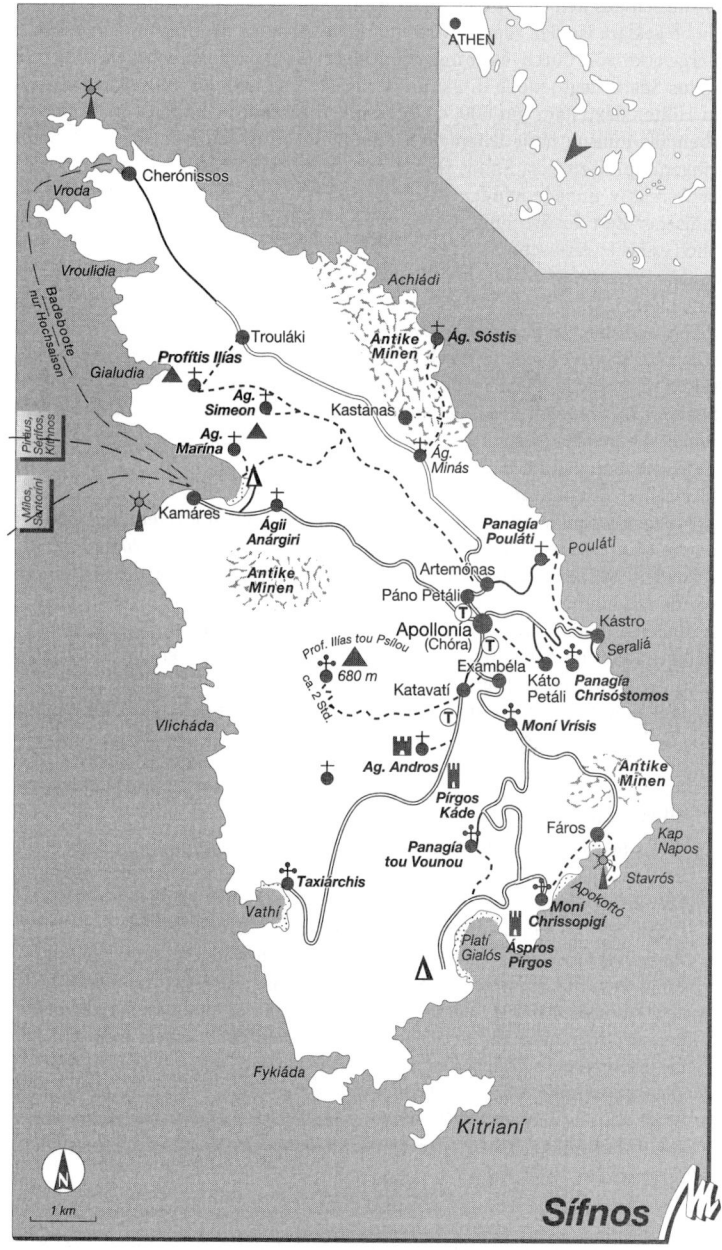

ATHEN

Vroda

Cherónissos

Vroulidia

Badeboote nur Hochsaison

Gialudía

Piräus, Sérifos, Kýthnos

Troúláki

Profítis Ilías

Achládi

Antike Minen

Ág. Sóstis

Ág. Simeon

Kastanás

Ág. Marina

Ág. Minás

Milos, Santorini

Kamáres

Ágii Anárgiri

Panagía Pouláti

Pouláti

Antike Minen

Artemónas

Páno Petáli

Apollonía (Chóra)

Kástro

Serallá

Exambéla

Prof. Ilías tou Psilou

ca. 2 Std.

680 m

Katavatí

Káto Petáli

Panagía Chrisóstomos

Vlicháda

Moní Vrísis

Ag. Andros

Antike Minen

Pírgos Káde

Fáros

Kap Napos

Panagía tou Vounou

Stavrós

Apokoftó

Taxiárchis

Vathí

Moní Chrissopigí

Platí Gialós

Áspros Pírgos

Fykiáda

Kitrianí

1 km

Sífnos

alljährlich aus den Goldbergwerken nach Delphi ging (→ unten). Letztendlich nicht geklärt ist der rapide wirtschaftliche Absturz der Insel – ein Teil der Bergwerke soll durch eindringendes Meerwasser zerstört worden sein (nur Ágios Sóstis liegt jedoch direkt an der Küste, alle anderen Minen in 200–500 m Höhe), dazu kam um 500 v. Chr. ein verheerender Überfall von Seiten der ebenfalls ionisch besiedelten *Insel Sámos*. Was es auch war, die Einnahmen gingen rapide zurück, Sífnos wurde zur armen, wirtschaftlich und damit politisch relativ unbedeutenden Insel. Hauptstadt von Sífnos war übrigens seit ionischer Zeit die Siedlung *Kástro* mit benachbarter Hafenbucht Seraliá – sie blieb es bis in türkische Zeit.

In den *Perserkriegen* kämpften die Sifnier auf der Seite Athens, danach ist für lange Zeit nichts Wesentliches bekannt. Nach der Eingliederung ins römische Reich und der Herrschaft der Byzantiner wurde Sífnos 1207 dem *venezianischen Herzogtum Náxos* angeschlossen. In den folgenden Jahrhunderten wechselten sich verschiedene Eroberererfamilien in der Herrschaft ab – 1307 kam der Spanier *da Corogna*, ihm folgten die venezianischen *Gosadini*. In dieser Zeit erhielt die Inselhauptstadt Kástro ihre heutige Prägung.

1537 machte der berüchtigte *Chaireddin Barbarossa* auch auf Sífnos den türkischen Einfluss geltend. Die Venezianer blieben zwar auf Sífnos, waren aber den Osmanen tributpflichtig. Wegen der ständigen Piratenüberfälle wurde die Hauptstadt ins Inselinnere verlegt. 1770–74 waren die *Russen* auf den Kykladen, 1821 nahm die Insel am *Befreiungskampf* gegen die Türken teil und wurde 1834 dem griechischen Staat angeschlossen.

Auffallende Relikte der bewegten Vergangenheit sind die gut dreißig noch erhaltenen Ruinen der antiken *Rundtürme*, die auf der ganzen Insel zu finden sind. Sie stammen vermutlich aus dem 5./6. Jh. v. Chr. und fungierten wahrscheinlich mittels Rauch- und Feuersignalen als Warntürme gegen Piraten und als Fluchtburgen für die Inselbevölkerung.

Sífnos, die "Leere"

Sífnos heißt übersetzt schlicht und einfach "leer" – auf den ersten Blick ein frappierender Gegensatz zum ehemaligen Reichtum der Insel in der Antike. Überliefert ist, dass alljährlich der zehnte Teil der Einnahmen aus den Goldbergwerken in Form eines goldenen Eis nach Delphi ging, wo der Gott Apollo verehrt wurde. Wie bereits erwähnt, wurde dort damit das prächtige Schatzhaus der Sifnier errichtet, in dem immense Vermögen gehortet wurden. Doch einmal versuchten es die Sifnier mit einer List – sie vergoldeten nur die Oberfläche des an Delphi "überwiesenen" Eis. Prompt merkte das der bearbeitende "Bankier" – und binnen kurzem wurden die sifnischen Goldbergwerke von den ägäischen Wogen überflutet, wie es heißt, die Rache Apollos für den Betrug. Die Zerstörung geschah so gründlich, dass bis heute keine Spur von den Goldminen zu entdecken ist. Sífnos war zur "leeren" Insel geworden ...

Die Hafensiedlung, dahinter ragt der Profítis Ilías empor

Wirtschaft

Die sifnischen *Bergwerke* wurden noch im 19. Jh. von ausländischen Firmen ausgebeutet. Diese bauten sogar eine Schienenbahn von Kamáres in die Berge (ähnlich wie auf Páros, siehe dort), im schwierigeren Terrain des bergigen Inselinneren ergänzt durch eine Drahtseilbahn. Die Bahn ist heute stillgelegt und abgebaut, nur einige wenige Reste sind erhalten.

Die *landwirtschaftliche Produktion* kann seit langem weder den Eigenbedarf noch den Lebensunterhalt der Inselbewohner decken. Die früheren Ausfuhrprodukte Baumwolle, Honig, Wachs, Seide und Sesam sind spätestens seit dem Aufkommen des Tourismus bedeutungslos geworden. Allerdings sind die Sifnier von jeher auch *Seefahrer* gewesen. Hauptzweig der bescheidenen Landwirtschaft ist heute die *Viehzucht* (ca. 40 % des Bruttoeinkommens). Ansonsten wird (hauptsächlich für den Eigenbedarf) etwas *Wein* angebaut, Schieferböden sind dafür besonders geeignet. Dazu kommen etwas Getreide, Gemüse, Oliven, Mandeln, Feigen und die leckeren *Sífnos-Kapern*, die man hier und da auch in Tavernen erhält. Die *Tourismusindustrie* reißt inzwischen alle wirtschaftlichen Aktivitäten an sich. Viele Athener haben sich im Hauptort Apollonía und dessen Umgebung Ferienhäuser gekauft, dazu kommt der im Sommer stark anwachsende Strom in- und ausländischer Besucher. Lediglich das *Töpferhandwerk* kann zurzeit noch sieben Familien ernähren.

Essen & Trinken

Sífnos galt früher als Insel der Köche und bietet auch heute noch kulinarisch eine gewisse Eigenständigkeit, die sich in einigen interessanten Spezialitäten äußert. Jedoch haben sich die meisten Tavernen inzwischen umgestellt auf touristische

Massenabfertigung. Bekannteste und originellste Kreation sind die so genannten *revíthokeftédes* – vegetarische "Fleischbällchen", die hauptsächlich aus klein gehackten Fasern von Kichererbsen bestehen. Weiterhin gibt es sehr leckere Käsebällchen und das traditionelle Gericht *revíthia* aus gebackenen Kichererbsen, ein typisches Sonntagsgericht. *Kapern* gehören ebenfalls zu den Spezialiäten, kosten kann man sie z. B. in der Taverne "Boulis" im Hafenort Kamáres.

Inselfeste

Verschiedene Kirchen- und Klosterfeste – am 25. März und am 21. November im Kloster *Panagía to Vounoú* (Platí Gialós); am 12. Juli und am 5. September im Kloster *Taxiárchis* in der Bucht von Vathí; im Kloster *Profítis Ilías tou Psílou* alljährliches Kirchenfest am 19. Juli; Panagíri (Mariä Himmelfahrt) am 15. August in der Kirche *Chrissopigí*; am 9. September Fest im Kloster *Vrísis* (südlich von Apollonía); am 13. September in der Kirche *Stavrós* bei Fáros.

Größe: Fläche von 75 qkm, Länge ca. 18 km, Breite bis zu 8 km. Höchster Gipfel ist der Profítis Ilías mit 680 m.

Bevölkerung: knapp 2000 Einwohner.

Geografie/Geologisches: Sífnos besteht aus wechselnden Kalk- und Schieferzügen. In der Antike war es für seine Gold- und Silberbergwerke bekannt, heute wie damals gibt es reiche Vorkommen an Töpfererde.

Straßen: Asphalt von Kamáres nach Apollonía und Artemónas, von dort nach Platí Gialós, Fáros, Kástro, zur Bucht von Vathí und nach Trouláki am Weg nach Cherónissos.

Wichtige Orte: der Hafen Kamáres; die Hauptstadt Apollonía im Inselinneren ist zusammengewachsen mit Artemónas, Áno Petáli und Katavatí; die historische Wehrsiedlung Kástro über der Westküste.

Entfernungen: Kamáres – Apollonía 5 km, Apollonía – Kástro 4 km, Apollonía – Platí Gialós 10 km, Apollonía – Fáros 7 km, Apollonía – Vathí 10 km.

Auto-/Zweiradverleih: in Kamáres Zweirräder und PKW, in Apollonía und Platí Gialós Zweirräder.

Tankstellen: eine an der Straße von Kamáres nach Apollonía, kurz vor dem Hauptort. Je eine weitere an der Straße von Apollonía nach Platí Gialós und an der neuen Straße nach Vathí.

Unterkunft: Hotels und Privatzimmer in Kamáres, Apollonía und Platí Gialós, ein Hotel in Artemónas, Privatzimmer in Kástro, Fáros und Vathí.

Baden: gute Strände bei Kamáres, Vathí und Platí Gialós, Bademöglichkeiten auch bei Fáros und Kloster Chrissopigí.

Karten: Wie auch die Karte der Nachbarinsel Serifos ist die neue GPS-kompatible Karte "Sifnos" von Anavasi (1:25.000) sehr zu empfehlen. Für Wanderer wurden auch hier zahlreiche Fuß- und Maultierwege mit GPS aufgezeichnet und jeweils mit Kommentaren versehen. Von gewohnt guter Qualität ist die Karte "Serifos" von Road Editions.

In der "Sifnos Tourist Map" von Mallis Edition (1:50.000) sind die Straßen zuverlässig eingetragen, außerdem sämtliche Kirchen, antiken Türme und Bergwerke. Die "Sifnos Road Map and Guide" der Voutsas Edition (1:56.000) wirkt etwas unübersichtlich, ist aber brauchbar. Interessant ist darin der eingezeichnete Verlauf einer Schienenbahn und einer Drahtseilbahn aus dem 19. Jh., die die Erzbrocken in den Hafenort Kamáres transportierten.

In den siebziger Jahren wurde von dem Engländer John Birkett-Smith die Karte "Siphnos" erstellt. Sie wurde zwischenzeitlich von wechselnden Verlagen mehrfach neu aufgelegt, mit etwas Glück kann man sie vielleicht auftreiben. Akribisch verzeichnete der Autor darin praktisch sämtliche Eselspfade der Insel, darüber hinaus sind die Standorte der Minen, viele Kirchen und Kapellen, antike Stätten und sogar Wasserstellen enthalten, natürlich auch der Verlauf der erwähnten Schienen- und Drahtseilbahn.

Postleitzahl: 84003

Töpfer auf Sífnos

Sífnos war schon in der Antike eine bekannte Töpferinsel – diese Tradition wurde im 19. Jh. wiederentdeckt und ist bis heute weitervererbt worden. Aus der ganz speziellen Tonerde der Insel *(Talkschiefer)* können besonders feuerfeste Gefäße hergestellt werden, die ideal zum Kochen und Warmhalten sind. Auch die zahlreichen, fantasievoll geformten Kamine aus Keramik, "Flari" genannt, fallen auf den Hausdächern auf. Durch die Einführung von industriell produziertem Metallgeschirr gab es zwar in den fünfziger Jahren eine Krise, die jedoch seit etwa 1965 durch die ansteigende touristische Nachfrage überwunden werden konnte. Heute leben auf Sífnos etwa sieben Familien ausschließ-

Einer der Töpfer von Sífnos im Hafenort Kamáres

lich von der Herstellung von Tonwaren. Am besten bei der Arbeit zuschauen kann man ihnen in *Kamáres*, weitere Töpfer leben in *Platí Gialós* und *Cherónissos*. Produziert wird inzwischen natürlich weitgehend auf elektrisch betriebener Drehscheibe und in modernen Brennöfen. Neben den typisch sifnischen Stücken, das sind vor allem einfache, unglasierte Schmorgefäße und Krüge, entstehen auch üppig verzierte und glasierte Vasen, Kerzenständer und Tassen – Zugeständnisse an den touristischen Geschmack.

Verbindungen von und nach Sífnos

In der Saison fährt 1–2 x tägl. ein Schiff von *Piräus* über *Kíthnos* und *Sérifos* nach *Sífnos*, *Kímolos* und *Mílos*, ebenso gibt es auf derselben Route ein tägliches Boot zurück nach *Piräus*. Von *Mílos* geht die Tour 1–2 x wöch. weiter nach *Íos* und *Santoríni*, angelaufen werden dabei meist auch *Folégandros* und

Síkinos. Die Fahrt Piräus – Sífnos dauert etwa 6 Std. (Deck/Pullmannsitz ca. 15 €, billigste Kabine ca. 24 €). Ergänzt werden die Fähren im Sommer durch Schnellboote (Dauer ca. 3 Std.). Dieses Angebot ist jedoch von der aktuellen Marktlage abhängig und wurde schon mehrfach kurzfristig storniert.

In der Hauptsaison fährt außerdem von Kamáres eine Fähre oder ein Schnellboot (ändert sich von Jahr zu Jahr) etwa 2 x wöch. hinüber auf die nahe Insel *Páros* und eventuell weiter nach *Mýkonos*. 2002 gab es zusätzlich den "Antiparos Express", der nach Páros und Antíparos fuhr, allerdings nicht ab Kamáres, sondern ab Fáros (Ostküste).

Verkehr auf der Insel

▶ **Busse**: Die Hauptorte und -strände werden von Apollónia aus regelmäßig angefahren, in der Nebensaison gibt es aber nur spärliche Abfahrten.

▶ **Mietfahrzeug**: beste Möglichkeit, da man sich flexibel und unabhängig von Buszeiten bewegen kann. Gutes Angebot allerdings nur in Kamáres und Apollónia.

▶ **Eigenes Fahrzeug**: lohnt kaum – relativ kleines Straßennetz, dafür viele Wege und Eselspfade.

Kamáres

Kleine Hafensiedlung am Ausgang eines langen Tals, das sich zum Hauptort Apollónia hinaufzieht, zu beiden Seiten eingerahmt von hohen Hügelketten. Vor allem in der Hochsaison völlig vom Tourismus vereinnahmt.

An der einzigen Straße eine lange Reihe von Tavernen, Cafés, Reisebüros und Souvenirläden, unter schattigen Tamarisken kann man gemütlich sitzen. Benachbart ein gut 800 m langer *Sandstrand*, einer der besten der Insel, dahinter einige spärliche Bäume und Buschwerk, verliehen werden Surfbretter und Tretboote. Der Ortsteil *Agía Marína* liegt am nördlichen Strandende, dort verschwindet allerdings nachmittags die Sonne recht rasch.

Lohnend sind Bootsausflüge nach *Cherónissos* an der Nordspitze (1–2 x tägl., jedoch nur im Hochsommer).

Information/Verbindungen/Adressen

● *Adressen* **Information**, kleines kommunales Büro vis à vis vom Anleger. Bus- und Schiffsfahrpläne, Infos zu Unterkünften und Hilfe bei der Quartiersuche, allerdings vor allem an Wochenenden oft überfordert. Mit Gepäckaufbewahrung. ✆/☏ 22840-31977.

Hafenamt im selben Haus gegenüber, ✆ 22840-33617.

Aegean Thesaurus Travel, vom Anleger ein Stückchen die Straße entlang. Hilfe bei der Unterkunftssuche, Gepäckaufbewahrung, angeschlossen ist ein gut sortierter Buchladen (Reiseführer, Inselkarten, Unterhaltung). ✆/☏ 22840-31804, 31145.

Sifnos Travel, im Hotel Stavros an der Straße. Hilfreiche Auskünfte, Buspläne, Autovermietung, Buchverleih, Inselkarten. Auf einer Wandkarte sind sämtliche antike Rundtürme (Pirgoi) eingezeichnet, eine umfangreiche Dokumentation dazu kann eingesehen werden. ✆ 22840-33383, ☏ 31709.

Kinderspielplatz, gut ausgestattet am Ortsende.

Toilette im Hafen, neben Informationsbüro.

● *Verbindungen* In der Hauptsaison reger Busverkehr bis Mitternacht, sonst bis ca. 22 Uhr. Ab Anleger gehen Busse ab 7.30 Uhr etwa 1 x stündl. nach **Apollónia** und **Artemónas**. Von dort fährt derselbe Bus entweder weiter nach **Platí Gialós** (ebenfalls stündlich) oder (weniger häufig) nach **Fáros** und **Kástro**. Genaue Buspläne gibt es in den Reisebüros und im Informationsbüro.

Autoverleih, "Sifnos Travel" im Ort (✆ 22840-33383) und "Niki Rent a Car" am Ortsausgang (✆ 22840-33993).

Zweiradverleih, "Dionysos" am Ortsausgang.

Taxi unter ✆ 22840-31347, 31216, 31626.

Übernachten

Zahlreiche Möglichkeiten, aber im Hochsommer auch reichlich Nachfrage. Die Zimmervermieter kommen in der Regel nicht zu den Fähren. An Wochenenden von Athenern überlaufen, besser vorreservieren. Kapazitäten gibt es oft noch in Agía Marína auf der anderen Buchtseite.

• *Im Ort* **Stavros**, C-Kat., altgedient an der Uferpromenade, Balkons zum Trubel darunter, lange breite Gänge, schlichte Zimmer, die eine Hälfte mit (ca. 30–55 €), die andere ohne eigenes Bad (25–45 €). ✆ 22840-31641, 🖂 31709, www.sifnostravel.com

Kamari, C-Kat., Stück weiter die Straße hinauf, am Ortsausgang. Sehr solide und sauber, Verkehr hält sich in Grenzen, deshalb relativ ruhig, ordentliche und geräumige Zimmer mit schmalen Balkons. Täglicher Zimmerservice. DZ je nach Saison ca. 35–60 €. Derselbe Besitzer wie Stavros, man kann schon dort nachfragen, ob Zimmer frei sind. ✆ 22840-31641, 🖂 31709, www.sifnostravel.com

Myrto, C-Kat., neueres Haus am Ortsausgang oberhalb der Straße, 15 Zimmer mit Bad, Frühstücksraum mit hübscher Terrasse. Auch Bungalows zu vermieten. DZ ca. 35–70 €. ✆ 22840-32055, 🖂 32386, www.hotel-myrto.gr

Kiki, C-Kat., vis à vis vom Myrto, ähnlicher Standard, Zimmer mit TV und Balkon. DZ ca. 35–70 €. ✆ 22840-32329, 🖂 31453.

Meltemi, oberhalb von Kiki, saubere Zimmer mit Aircondition. DZ ca. 25–45 €. ✆ 22840-31653.

Sifnaika Konakia, stilvoll eingerichtete DZ und Studios mit Aircondition, im traditionellen Stil unterhalb der Straße nach Kamáres erbaut, vom Ortsende ein Stück die Straße hinauf. 200 m zum Strand. ✆ 22840-31270, 31131, 🖂 33816, www.sifnaikakonakia.gr

• *Hinter dem Strand* **Boulis**, C-Kat., größere Anlage direkt hinter dem Strand, umgeben von Rasenflächen, 44 ordentliche Zimmer. DZ ca. 40–70 €. ✆ 22840-32122, 🖂 32381.

Afroditi, strandnahe "Rooms" neben dem Campingplatz, gepflegter Standard, mit Frühstück.

Morfeas, ebenfalls neben Campingplatz, ganz neue Anlage mit Garten, großzügig und sauber. Acht Zimmer und zwei Apartsments, schöne Bäder und Balkone, jeweils Kühlschrank. Netter Besitzer Kostas Kambourakis. DZ ca. 30–60 €. Zu buchen z.B. über www.hotelsofgreece.com/cyclades/sifnos/morfeas

Korakis, 10 Apartments, auch in der Nähe vom Campingplatz. ✆ 22840-32366.

• *Im Ortsteil Agía Marína* im ruhigen, allerdings nachmittags schnell im Schatten liegenden Ortsteil an nördlichen Strandende empfiehlt Leser M. Bredebusch die **Pension** in der Ortsmitte oberhalb der nicht geteerten Durchgangsstraße: vier Zimmer mit direktem Zugang zu einer Terrasse mit super Blick auf die Bucht. Leserin K. Roller berichtet uns vom neuen gepflegten Hotel **Delfini** mit Pool und Restaurant.

• *Camping* **Makis**, netter und sehr sauberer Platz mit Tamarisken direkt hinter dem Strand, geführt vom freundlichen Makis Korakis. Es gibt Stühle und Tische, eine Kochstelle und eine "sleeping-bag-area" für Reisende ohne Zelt sowie eine hübsche Terrasse zum Frühstücken und ordentliche Sanitäranlagen. Bei Regen kümmert sich Makis darum, dass Schläfer ohne Zelt ein Dach über dem Kopf bekommen. Auch Zimmer werden vermietet. ✆/🖂 22840-32366.

Essen & Trinken

Die Lokale an der Promenade in Kamáres bieten großteils nichts Besonderes oder Inseltypisches, sondern sind auf Massenabfertigung eingestellt.

Poseidon, die erste Taverne am Hafen, neben Aegean Thesaurus Travel. Sofia bietet gute Küche zu günstigen Preisen, z.B. *saganáki*, *revithokeftédes* und *güwétzi*.

Boulis, große, alteingeführte Taverne Nähe Ortsausgang, rechts der Straße. Routiniert geführt, zu empfehlen hier die Spaghetti mit interessanter Gewürzmischung aus Pilzen und Sifnos-Kapern, dazu Retsína vom Fass und ausgezeichneter Rosé. Günstige Preise, positive Leserkommentare.

Kapetan Andreas, Taverne in Superlage direkt am Strand unter Tamarisken, hauptsächlich Fisch, offener Wein, Lesermeinungen allerdings eher durchwachsen und Preise recht hoch.

Kamari, "Oúzomezedopólion" an der Promenade, diverse Fleischgerichte, offener Wein und Bier vom Fass.

Da Claudio, gepflegtes Ristorante mit italienischer Küche, gegenüber Old Captain Bar.

Besonders gemütlich sitzt man außerdem in den Strandtavernen **Kyra Mariayna** und **O Argyris** im Ortsteil Agía Marína am nördlichen Strandende.

● *Cafés & Snacks* **O Pipis**, neben der Kirche, Zacharoplastíon und Bäckerei mit Café, gute Backwaren, beliebt zum Frühstücken.

To Gerani, Café gegenüber Taverne Boulis, Terrasse zum Strand.

Nachtleben/Shopping

● *Nachtleben* **Old Captain Bar**, direkt an der Straße, gemütlicher Platz am Beginn des Strands, kleiner Vorgarten, die Bar selbst ist in Art einer Schiffskombüse eingerichtet.

Mobilize, beliebte Disco-Bar am Ortsausgang.

● *Shopping* In Kamáres neben Platí Gialós die beste Möglichkeit, die typischen Töpfersachen zu bekommen. Allein drei Familien arbeiten hier, die Töpferei wird seit Generationen weitervererbt.

Im großen Laden "Aggeioplastion" von **Zannis** (Vater) und **Antonis** (Sohn) **Kalogiros** direkt an der Hauptstraße (gegenüber "Old Captain Bar") kann man prima zuschauen, wie die Sachen entstehen. Antonis ist ein rechter Schalk.

Podotas, bei der Kirche hinauf, schöne Stücke, die hier in besonders satten Farben glasiert sind.

Weitere Töpferwerkstatt **Ergastirio Keramikes Katerina** etwas oberhalb der Straße am Berghang.

Sehenswertes und Umgebung: Im Ort selbst gibt es außer den Töpfern wenig Bemerkenswertes. Man sitzt in einem der Cafés an der Straße, nippt am Fruchtsaft oder aalt sich am Strand. Auf der gegenüberliegenden Hangseite der Bucht liegt ein weiterer kleiner Ortsteil mit netten Strandtavernen und "Rooms". Mitten in die kargen Felsen ist dort die kleine Kirche der *Agía Marína* hineingebaut. Ein gekalkter Treppenweg führt hinauf, schöner Blick über die Bucht. Darüber ragt der Bergzug *Óros Ágios Simeón* mit den beiden weißen Gipfelkirchen Profítis Ilías und Ágios Simeón.

Zwischen Terrassen geht es 5 km das Tal hinauf in den Hauptort Apollonía. Unterwegs rechts an der Straße unter hohen Zypressen und Aleppokiefern die Kuppelkirche Ágii Anárgiri mit schattigem Arkadenvorbau. Vor Apollonía fallen mehrere Taubenhäuser auf.

Apollonía

Der sauber herausgeputzte Hauptort liegt mitten auf der Insel und breitet sich weit in die hüglige Terrassenlandschaft aus. Er ist sowohl mit den nördlich sich anschließenden Orten Áno Petáli und Artemónas, als auch mit Katavatí im Süden zusammengewachsen.

Zentral in einem Sattel liegt die große Platia Heroon. Hier halten die Busse von und nach Kamáres, das Kafenion Lakis ist ein beliebter Rastplatz, und man kann einen Blick in das kleine *Volkskundemuseum* werfen. Der eigentliche Ortskern erstreckt sich zu beiden Seiten der Platia Heroon. Die lange Hauptgasse steigt durch weite Ortsteile die Hänge hinauf, kein Autoverkehr möglich (→ Sehenswertes). Ein paar Meter östlich vom Platz liegt eine große Kreuzung, von der aus Straßen nach Artemónas, Kástro und Platí Gialós führen.

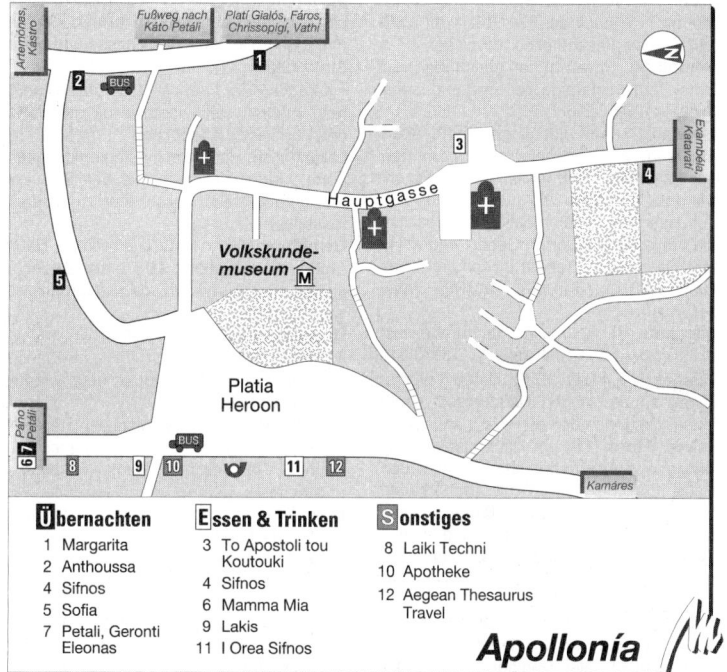

Übernachten
1 Margarita
2 Anthoussa
4 Sifnos
5 Sofia
7 Petali, Geronti Eleonas

Essen & Trinken
3 To Apostoli tou Koutouki
4 Sifnos
6 Mamma Mia
9 Lakis
11 I Orea Sifnos

Sonstiges
8 Laiki Techni
10 Apotheke
12 Aegean Thesaurus Travel

Apollonía

• *Verbindungen* Busse von und nach **Kamáres** starten am großen Hauptplatz, nach **Platí Gialós**, **Fáros**, **Artemónas** und **Kástro** ein Stück die Straße weiter an einer großen Kreuzung. Dort lauern auch immer Taxifahrer auf "Greenhorns", die mit den Abfahrtszeiten noch nicht vertraut sind.

• *Adressen* Am Hauptplatz **Post** und **Apotheke (10)** (der hilfreiche Besitzer spricht Deutsch), kleiner kommunaler **Informationskiosk** und **Aegean Thesaurus Travel (12)**, die Zimmer vermitteln (℡ 22840-31151, ℻ 332190).
Banken, Alpha Bank neben dem Hotel Sophia, National Bank an der Straße nach Artemónas.
Internetcafé, kurz vor der Tankstelle am Weg nach Platí Gialós.
Zweiradverleih, mehrere an der Straße nach Platí Gialós bzw. Artemónas, z. B. "Apollon" bei der Tankstelle, ℡ 22840-32237.
Wäscherei, im Hotel Anthoussa.

• *Übernachten* Apollonía ist vor allem bei griechischen Gästen beliebt und im Hochsommer oft gut gebucht.

Sifnos (4), C-Kat., alteingeführt und familiär, an der Hauptgasse hautnah im Dorfleben (beschildert), freundliche Wirtin und z. T. herrlicher Blick in die Hügel. Neun Zimmer, alle einfach, aber sehr ordentlich, unten beliebte Taverne. DZ mit eigenem Bad ca. 30–50 €. ℡ 22840-31624, ℻ 33067.
Anthoussa (2), C-Kat., bei der Bushaltestelle nach Platí Gialós, wenige Meter von der zentralen Kreuzung. Unten gute Kafeteria, im Innenhof riesige Bougainvillea, herrlicher Blick bis hinüber nach Páros, allerdings laut, da alle Zimmer zur Straße. DZ mit Bad und Balkon ca. 30–65 €. ℡/℻ 22840-31431.
Sofia (5), C-Kat., nüchterne Angelegenheit, zwischen Hauptplatz und großer Kreuzung nach Platí Gialós und Kástro. Zugang zu den elf Zimmern vom rundum laufenden Balkon, jeweils mit Du/WC. DZ ca. 30–45 €. ℡ 22840-31238, ℻ 33747.
Petali (7), C-Kat., schönes, neues Hotel am Treppenweg von Apollonía nach Artemónas, tolle Aussicht auf Apollonía, kleiner Pool, große Terrasse, stilvolle Einrichtung,

Karte Seite 589   **Sifnos**

gehobene Preise. DZ, Studios und Suiten. DZ mit Frühstück ca. 60–110 €. ✆/℡ 22840-33024, www.greekhotel.com/cyclades
Geronti (7), Privatzimmer gegenüber vom Hotel Petali, schattige Terrasse und weiter Blick. ✆ 22840-32316.
Eleonas (7), fünf gut eingerichtete Apartments in verschiedenen Häusern am Treppenweg nach Artemónas, neben Pizzeria Mamma Mia. Jede Wohnung besittzt zwei Terrassen mit Panoramablick auf Meer und die umliegenden Dörfer. Gehört zu den Hotels Stavros und Kamari in Kamares (Auskunft dort). ✆ 22840-33383, ℡ 31709, www.sifnostravel.com
Margarita (1), Rooms an der Straße nach Platí Gialós, Nähe Tankstelle. ✆ 22840-31032.
• *Essen & Trinken* Die meisten Tavernen liegen an der langen Hauptgasse. Große Überraschungen darf man nicht erwarten.
I Orea Sifnos (11), am Hauptplatz, wo die Busse aus Kamáres halten. Hinter dem Haus hübscher Garten mit Tischen unter Weinranken und blauen Blüten. Durchschnittliche griechische Küche und Pizza.
To Apostoli tou Koutouki (3), schöne Sitzmöglichkeiten am kleinen zentralen Platz der Hauptgasse, kurz vor Hotel Sifnos.
Sifnos (4), gehört zum gleichnamigen Hotel, ruhiger Platz an der Hauptgasse, leckere Gerichte lokaler Tradition, z. B. *revíthia* (Kichererbsensuppe).

Mamma Mia (6), etwas versteckt am Treppenweg nach Artemónas, italienische Küche und Pizza, hübsche Terrasse und nette Atmosphäre.
• *Kafenia & Bars* An der Hauptgasse findet man mehrere teils fantasievoll gestaltete und illuminierte Abendbars.
Lakis (9), am Hauptplatz, Kafenion der alten Sorte, hier wartet "man" auf den Bus, immer gute Kontaktmöglichkeiten zu anderen Reisenden.
Gerontopoulos, Kafeteria im Hotel Anthoussa (→ oben), sehr gutes Angebot an Backwerk, Verkauf von Inselprodukten wie Honig etc.
Drakakis, traditionelles Dorfcafé wenige Meter vor Hotel Sifnos.
• *Shopping* Viele Boutiquen und Keramik in der Hauptgasse.
Laiki Techni (8), am Beginn der Treppengasse nach Artemónas, uriger Laden mit Büchern, historischen Fotos, Postkarten und Keramik, geführt vom Inselkenner Antonis Troullos, der ein kleines Buch über Sífnos geschrieben hat.
Vara, in Exámbela, 100 m vom Busstopp, fantasievolle, selbst geschneiderte Haute Couture der Deutschen Barbara Schacht, alles Unikate. Sicher nicht billig, aber sehr originelle und extravagante Stücke. ✆ 22840-33744.

Sehenswertes: Das liebevoll ausgestattete *Volkskundemuseum* beherbergt u. a. alte Stickereien, Trachten, historische Waffen, Literatur zu Sífnos und vieles mehr. Ein Raum ist der sifnischen Keramik gewidmet, dort findet man eine Menge traditioneller Schmortöpfe und große "Stamnes", Krüge für Wasser und Wein.

Von der Platia Heroon kommt man rechter Hand um ein paar Ecken (Richtung Süden, dem Schild "Hotel Sifnos" folgen) in den touristischen Ortsteil. An der schmalen Hauptgasse *Odos Stylianou Prokou* haben sich kleine Boutiquen, Tavernen und Cafés angesiedelt, man trifft auf ein paar kleine Plätze mit Kapellen und das Hotel Sifnos. Danach steigt die Gasse mit Stufen den Hang hinauf. An der großen Kirche *Ágios Spirídonas* und der Schule vorbei gelangt man schließlich zu einem markanten Platz mit Kinderspielgeräten am südlichen Ortseingang von *Katavatí*, wo auch die Asphaltstraße verläuft und eine Busstation eingerichtet ist.

Wenn man vom Hauptplatz beim Kafenion Lakis einbiegt, kann man auf einer blank geputzten Treppengasse durch die wie aus dem Ei gepellten Wohnviertel von *Áno Petáli* hinauf nach Artemónas steigen. Hier haben sich vor allem Athener zahlreiche Häuser zu komfortablen Ferienwohnungen umbauen lassen, ab und an sieht man auch klassizistische Fassaden. Rechter Hand trifft man nach einigen Minuten auf die große Gipfelkirche *Ágios Ioánnis* (Mitrópo-

Ágios Konstantínos: dekorative Kirche am Hauptplatz von Artemónas

lis) mit weitem Terrassenplatz und herrlichem Panoramablick. Nach der Überquerung einer kleinen Schlucht, in der die Asphaltstraße verläuft, gelangt man nach *Artemónas*.

Öffnungszeiten/Preise **Volkskundemuseum**, tägl. 19–22.30 Uhr, morgens nur für Gruppen. Falls geschlossen, ✆ 6937-632314.

Artemónas

Weitläufiger Ort, der ein ganzes Stück über Apollonía liegt, Endstation eines Inselbusses, der auf einem großen, gepflasterten Platz am oberen Ortsrand wendet. Man kann also mit dem Bus hinfahren und über den gerade beschriebenen Treppenweg zurück nach Apollonía laufen bzw. umgekehrt.

Im Ort klassizistische Villen und viele Kirchen, z. B. am Busplatz die dreischiffige Kirche des *Ágios Konstantínos* mit Außentreppe. Insgesamt aber ist Artemónas noch recht ländlich geprägt, zur Erntezeit sieht man Bauern, die auf den runden Dreschplätzen ihre Mulis antreiben, im oberen Ortsbereich stehen einige alte Windmühlen, dort auch Abzweig zur Panagía Pouláti (→ Kástro). Am Hauptplatz gibt es eine recht gute Taverne.

● *Übernachten* **Artemonas**, C-Kat., in ländlicher Umgebung am oberen Ortsrand von Artemónas, geräumig, ordentliche Zimmer mit Bad und Balkon, vom oberen Stock weiter Blick, beliebtes Restaurant (Gemüse aus eigenem Anbau) und große Terrasse. DZ ca. 40–65 €. ✆ 22840-31303, ✉ 32385.
Anemomylos (Windmill Villas), Apartments und Studios etwa 300 m vom Hauptplatz. ✆/✉ 22840-32098.

Leserin D. Kern schrieb uns: "Fünf Fußminuten von Artemónas vermietet **Giannis Loukianos** zwei einfach ausgestattete typische Kykladenhäuser. Sie teilen sich ein Du/WC, in beiden Häusern Kochgelegenheit, heißes Wasser und Kühlschrank. Das eine Haus hat zwei Betten, das andere drei. Von der Terrasse hat man einen herrlichen Blick auf Apollonía. Herr Loukianos ist meist in seinem Arbeitsschuppen erreichbar, rechts der Straße ungefähr in der Mitte zwischen Apollonía und Artemónas. Die beiden Häuser sind bestens geeignet für eine Familie mit drei Kindern, die auch an der Lebens- und Wohnweise der Sifnier interessiert sind." ☎ 22840-31102.

● *Essen & Trinken* **To Liotrivi Manganas**, ehemals tief in Artemónas versteckt und als "Geheimtipp" gehandelt, mittlerweile groß und ganz zentral am Buswendeplatz – die frühere Originalität ist damit leider weitgehend verschwunden. Serviert wird Küche sifnischer Tradition, z. B. die leckeren *revíthokefthédes*, in Urlauberkreisen besser bekannt als "beanballs", vegetarische "Fleischbällchen" aus Kichererbsen.

Lemvessi, nicht weit entfernt, ebenfalls gute, traditionelle Küche.

● *Shopping* **Zacharoplastion Adelphoi Beniou**, ebenfalls am Buswendeplatz, am Beginn des Treppenwegs nach Apollonía. In der inselweit bekannten Bäckerei von Apostolis Dialismas bekommt man hervorragendes Gebäck, ausgezeichnetes Mandelkonfekt (wie Marzipan) und *loukoumádes*.

Griechisch auf Sífnos: Sprachkurse verschiedener Schwierigkeitsgrade (für Anfänger und Fortgeschrittene) bietet im Zeitraum von Mai bis September Frau Dr. Anna Kyritsi in Artemónas. Die Kurse dauern zwei Wochen und umfassen 3 oder 4 Std. täglich. Als Begleitung zu den Sprachkursen finden verschiedene kulturelle Aktivitäten statt: Museumsbesuche, Teilnahme an kirchlichen Festen, Lesungen und Wanderungen. Nähere Infos bei Dr. Anna Kyritsi, Michalakopoulou Str. 117, GR-11527 Athen (☎/📠 210-7755021) oder im Sommer auf Sífnos (☎ 22840-33739).

Apollonía/Weitere Umgebung

▶ **Káto Petáli:** kleiner, verschachtelter Ort östlich von Apollonía. An der Straße von Apollonía nach Kástro führt ein asphaltierter Abzweig zum Hauptplatz unterhalb der Volksschule und der großen Kirche *Zoodóchou Pigí*. Dort sollte man das Fahrzeug abstellen und zu Fuß hineingehen. Der Ort ist sehenswert, weil er eine reine Wohnsiedlung im typisch kykladischen Baustil ist: verwirrender Grundriss mit vielen Sackgassen, vor den Türen oft kleine Höfe, die mit niedrigen Mauern von den Wegen getrennt sind. Hauptsächlich Seeleute und Landwirte im Ruhestand leben heute in Káto Petáli.

Spaziergang von Apollonía nach Káto Petáli: Der von Feldmauern eingefasste Weg beginnt unterhalb der großen Kreuzung mit der Busstation, wo die Straßen nach Platí Gialós und Artemónas abgehen (→ Stadtplan). Man unterquert die Straße, danach schöner Spaziergang durch die Felder, ca. 15 Min.

▶ **Kloster Chrisóstomos:** verlassenes Nonnenkloster mit zerborstenen Schiefermauern und restaurierter Kirche. Es stammt aus dem 17. Jh., wurde aber 1834 per Dekret vom bayerischen König Otto geschlossen. Zu erreichen von der Straße nach Kástro, etwa 100 m nach dem Abzweig nach Káto Petáli geht rechts ein Hohlweg zwischen Steinmauern hinein, kurz darauf bei einer Gabelung links. Schöner, ruhiger Platz mit Blick auf Kástro.

▶ **Ágios Stéfanos und Ágios Ioánnis:** Kurz bevor man Kástro erreicht, sieht man diese beiden Zwillingskirchen mit ihren leuchtend blauen Kuppeln auf dem Friedhof unterhalb der Straße. Von 1687 bis 1834 (als Sífnos in den griechi-

Das Südtor von Kástro: auf den Balkons Toilettenhäuschen

schen Staat eingegliedert wurde) stand hier die in ganz Griechenland bekannte Schule des "Heiligen Grabes" (Ágios Táfos), in der bis zu 300 Schüler in Griechisch und Musik unterrichtet wurden.

Kástro

Lang gestreckte Wehrsiedlung auf einem steilen Felssporn 100 m über dem Meer. Das historische Gesamtbild der früheren Inselhauptstadt geht auf die Zeit der spanisch-venezianischen Besetzung im 14./15. Jh. zurück und ist perfekt erhalten. Seit 1975 steht Kástro unter Denkmalschutz. Leider hindert das die Bewohner nicht daran, alten Putz abzuhauen und neue Balkons zu errichten.

Von der Antike bis zur Zeit der türkischen Besetzung war Kástro Hauptstadt der Insel. Im 14. Jh. eroberte der Spanier da Corogna die Insel und baute Kástro zur Festungsstadt aus. Auch unter den folgenden venezianischen Gosadini behielt Kástro seine Schlüsselstellung. Die damaligen Umbauten prägen das Stadtbild bis heute. Während der Türkenherrschaft verlagerte sich das Leben wegen der ständigen Piratengefahr ins Inselinnere nach Apollonía und Artemónas. Der neue, größere und besser anzulaufende Hafen Kamáres machte schließlich auch die Hafenbucht Serália bedeutungslos. Kástro wurde zur "Museumsstadt" ohne wirtschaftliche Perspektive, zahlreiche Einwohner wanderten aus. Heute liegen die Felder und Weinberge um die Stadt herum brach, die Häuser verfallen, es gibt keine Kanalisation, die Volksschule wurde geschlossen.

• *Übernachten* Privatzimmer bieten z. B. **Petros** und **Irini Menegaki** (✆ 22840-32314) und **Marianna** (✆ 22840-33681).

• *Essen & Trinken/Bars* **To Astron** (The Star), Café mit Terrasse unter Trauben und Oliven, Panoramablick landeinwärts in die

Karte Seite 589

Berge. Liegt gleich am Ortseingang oberhalb vom Parkplatz, schöner ist aber der
Zugang vom Gemischtwarenladen der netten Wirtin Maria an der Hauptgasse die lange Treppe hinunter.

Leonidas, kleine Taverne am Steilhang zum
Meer, herrliches Panorama, gute Küche.
Kapetan Giorgis, Mezedopólion/Psárota-
vérna in der Bucht von Serália, stimmungsvolle Sitzplätze direkt am Wasser.

Sehenswertes: Nach außen zieht sich ein Ring von nahtlos aneinandergesetz-
ten Wallhäusern um die Stadt, die Fahrstraße führt hinauf bis zum etwa 6 m
tiefen *Venieri-Tor*, durch das man ins Innere gelangt (weitere Tore → Karte
von John Birkett-Smith). Dort trifft man auf die sauber mit Schieferplatten gepflasterte *Hauptgasse*, die auf weiten Strecken überdacht ist und noch durch
und durch mittelalterlich wirkt. Viele Häuser besitzen Außentreppen, Stein-
bänke und Holzbalkons, hier und dort wurden antike Säulen beim Bau verwendet, z. T. sieht man auch noch venezianische Wappen an den Fronten.
Nahtlos eingefügt sind diverse alte Kirchen, die aber mittlerweile alle fest verschlossen sind. Hauptkirche (Mitrópolis) von Kástro – bis 1859 sogar von
ganz Sífnos – ist die *Panagía i Eleoúsa* im höher gelegenen Zentrum der Stadt.
In einem der Häuser ist ein winziges *Archäologisches Museum* untergebracht.
Die völlig verfallenen Ruinen der *venezianischen Festung* findet man am
höchsten Punkt des Hügels. Vorher stand hier die hellenistische Akropolis.
Man kann Kástro auf einem schmalen Weg auch umrunden, dabei sieht man
an der Meerseite das malerische Kirchlein *Epta Martires* exponiert auf einer
vorgelagerten Felsspitze. Auf den rauen Felsen unterhalb davon treffen sich
Taucher und Nudisten, erhöhte Vorsicht bei stürmischer See. 15 Fußminuten
sind es hinunter zur wilden Felsenbucht *Serália* am Südfuß des Festungsbergs,
einstmals wichtigster Hafen der Insel, heute zugebaut mit Fischerhäuschen
und Bootsschuppen. Der etwa 20 m lange Kiesstrand ist zum Baden allerdings
wenig attraktiv.

Öffnungszeiten/Preise **Archäologisches Museum**, Di–So 8.30–15 Uhr, Mo geschl.

> Die detaillierte Karte **"Kástro"** von John Birkett-Smith kann man im örtli-
> chen Buchhandel erwerben, z. B. bei Aegean Thesaurus Travel oder im Sif-
> nos Travel in Kamári. Sie stammt zwar von 1972, ist aber trotzdem nützlich,
> um die verborgenen Gässchen und Kirchen aufzuspüren. Achtung jedoch:
> Das Archäologische Museum hat seinen Standort geändert und liegt jetzt an
> der Hauptgasse.

▶ **Kástro/Wandern**: Sehr schön ist der etwa 2 km lange Küstenpfad von Kástro
  Richtung Norden nach *Pouláti*. Auch zur Bucht von Fáros im Süden kann man
  entlang der Küste laufen.

▶ **Pouláti**: felsige Bucht nördlich von Kástro. Von der Straße in den einsamen Inselnorden führt nördlich von Artemónas ein beschilderter Abzweig hinunter,
  dann kurz vor dem Friedhof links die Erdpiste nehmen, die in sehr steilen Serpentinen hinunterführt (auf der Rückfahrt mit einem schwachen Mofa muss
  man eventuell streckenweise schieben). Ende des Fahrwegs bei der schmucken
  Panagía Pouláti, einer sorgfältig instand gehaltene Kirche mit blauer Kuppel.

Schönes Marmorrelief über der Tür, im Inneren reliefgeschmückter Boden und hohe Altarwand. Gestiftet von einer Familie, die sich hier ihr Grab anlegen ließ. Auf steilem Treppenweg geht es hinunter zu einer wildromantischen Bucht aus Riesenfelsblöcken, dahinter wuchert ein 5 m hoher Wald aus dichten Büschen, Schilf, Oliven und Zypressen, selbst im Sommer plätschert Wasser den Hang herunter. Das meist unruhige Meer bricht sich an den Klippen, schöner Blick auf Kástro, zum Baden allerdings wenig geeignet.

Profítis Ilías

Der mit 680 m höchste Inselberg thront mit seinem weithin sichtbaren Gipfelkloster markant über Apollonía. Die Ersteigung auf rot markiertem Weg ist verhältnismäßig leicht, Dauer ab Apollonía ca. 1,5–2 Std.

Man durchquert zunächst Apollonía auf der langen Hauptgasse, die an dem Platz, an dem die Busse nach Kamáres abfahren, rechter Hand allmählich nach **Katavatí** hinaufsteigt (→ Apollonía/ Sehenswertes). Am großen Platz am Ortseingang von Katavatí (Bushaltestelle, Kinderspielplatz) angelangt, geht man ins Dorf hinein und bis zum Ortsende. Wenige Meter nach der auffallenden Kirche *Panagía Angelóktisti* (drei Schiffe kreuzförmig angeordnet, konische Kuppel) zweigt rechts der Weg zum Profítis Ilías ab (beschildert mit griechischen Buchstaben: PR ELIAS).

Nach kurzem Weg stößt man auf ein ummauertes Grundstück mit Olivenbäumen, das man im Bogen links umgeht, bis man auf eine Asphaltstraße trifft. Dieser folgt man nach rechts und sieht nach wenigen Metern links einen gut ausgebauten *Stufenweg* für Maultiere, der parallel zu einem Trockenbach den Hang hinaufsteigt. Nach etwa 20 Min. kommt man an eine kleine betonierte *Brücke*, auf der man den Bach rechter Hand überquert (wiederum beschildert). In steilen Serpentinen steigt der deutlich sichtbare Weg zwischen gelb blühenden Ginsterbüschen den Hang hinauf, schöner Blick zurück auf Apollonía und Katavatí. Sobald man an den steilen Gipfelhang kommt, beginnt ein *Treppenweg*, der im Zickzack zum Gipfelkloster führt.

▸ **Kloster Profítis Ilías tou Psílou:** Das älteste christliche Bauwerk der Insel wurde an der Stelle eines antiken

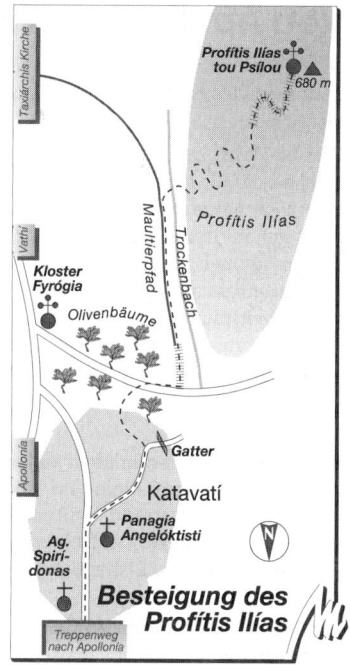

Besteigung des *Profítis Ilías*

Wachturms errichtet, vielleicht schon im 8. Jh. (Zeitalter des Bilderstreits). Die älteste erhaltene Jahreszahl ist 1145, in Marmor eingraviert. Seit 1873 steht das Kloster leer. Alljährliches *Kirchenfest* am 19. Juli, also mitten in der Saison. Eine hohe, in Blickrichtung Katavatí weiß getünchte Schiefermauer umgibt das festungsartige Gebäude. Durch einen gewölbten Durchgang kommt man in den Hof mit der unschön restaurierten dreischiffigen *Kreuzkuppelkirche*. Vor dem Eingang ist eine Marmorplatte mit dem byzantinischen Doppeladler eingelassen. Im Inneren drei Ikonostasen aus Marmor (über der Tür des linken Templons die Jahreszahl 1779), links sieht man zwei alte Tonkrüge und ein Taufbecken. Ein Gästebuch liegt aus. Im Umkreis des Hofs liegen die ehemaligen Zellen und Wirtschaftsräume, im gewölbten *Refektorium* (Küche) gegenüber vom Haupteingang zur Kirche fällt ein hoher Kamin auf, außerdem ein Kessel zum Erhitzen von Wasser. Weitere Räume mit kleinen Schießscharten liegen unter den Zellen (links vom Haupteingang kann man hinuntersteigen). Hier unten gab es auch Geheimräume, in denen bei Gefahr der Klosterschatz versteckt wurde. Macht Spaß, in dem alten Gemäuer auf Entdeckungsreise zu gehen. Vor allem aber der umfassende Rundblick über Sífnos und zu den Nachbarinseln Sérifos, Páros, Kíthnos, Sýros, Mílos, Kímolos und Folégandros ist fantastisch – am besten vom Dach des Refektoriums und der Zellen aus (Aufgang links nach dem Durchgang zum Hof).

Von Apollonía nach Platí Gialós

Eine gute Asphaltstraße führt zum Strand von Platí Gialós, unterwegs kann man zum kleinen Fischerhafen Fáros und zur berühmten Panagía Chrissopigí abzweigen.

▸ **Kloster Vrísis**: Der massive Rechteckbau aus dem 17. Jh. thront unmittelbar über der Straße nach Platí Gialós, kurz vor dem Abzweig nach Fáros. Das einzige noch bewohnte (Mönchs-)Kloster der Insel, wirkt von außen unnahbar, zeigt sich im Inneren aber freundlich und aufgelockert. Durch einen gut 15 m langen "Tunnel" betritt man den Innenhof, dort steht die beherrschende Kirche *Theotókou* mit prächtiger Ikonostase von 1750, rundum reihen sich Zellen und Arbeitsräume, u. a. stellt man eigenen Wein her. Auch ein *Kirchenkunstmuseum* kann besichtigt werden. Die z. T. noch jüngeren Mönche sind recht freundlich und aufgeschlossen, Kirchenfest am 9. September.

Fáros

Kleiner Fischerhafen in einer tiefen Bucht, die sich in zwei Teile gliedert – zunächst betonierte Mole und Tavernen direkt am Wasser, daneben 50 m flacher Sand-/Kiesstrand. Im Anschluss kauert der Ortskern mit einer Handvoll Häuser malerisch auf einer Felsnase, danach 100 m Sandstrand mit jungen Tamarisken. Bisher ein ruhiges Fleckchen weitab vom Trubel, allerdings wird viel gebaut.

Am Westhang der Bucht liegt eine alte Kupfermine mit Resten einer Verschiffungsanlage. Das Kloster Chrissopigí (→ unten) ist auf einer Landzunge sichtbar, ein Pfad führt hinüber, vorbei an der Verschiffungsanlage und der Kapelle Ágios Karalambos.

Östlich vom Ort liegt die *Fasólou-Bucht* mit 100 m feinem Sand und einer Taverne. Wiederum östlich ragt ein Kap mit der Kapelle *Stavrós* und einem eingezäunten Leuchtturm ins Meer, zu erreichen auf schmalem Weg. Im Anschluss tief eingeschnittene Felsbuchten.

• *Übernachten* **Fabrica**, hübsches Bruchsteinhaus etwas zurück vom Strand, die ehemalige Mühle ist seit Ende des 19. Jh. in Besitz der Familie Chanoutsos, der nette, junge Frangiskos vermietet 13 einfache Räume mit Ventilatoren und kleinen Nasszellen. DZ ca. 25–50 €. ✆ 22840-71427.

Blue Horizon, Apartments auf dem Weg zur Nachbarbucht Fasólou, exponierte Lage mit weitem Blick auf die zerklüftete Küste. Wohneinheit ca. 40 € aufwärts. ✆ 22840-71441, ✉ 71442.

O Frazeskos, in einem kleinen Olivenhain gelegene Bungalowanlage, geführt von Fra-zeskos Kakakis und seiner Frau. 10 einfache, ebenerdig aneinandergereihte DZ mit Bad, Kühlschrank und Terrasse. ✆ 22840-31467, 71489.

Irene, Rooms mit Blick auf den Strand, oberhalb der Gorgona Bar, zu erreichen auf blumengeschmücktem Weg.

• *Essen & Trinken* Es gibt eine Reihe von Tavernen. Schöne Lage über dem Strand hat die Ouzerie und Fischtaverne **O Faros**, auch bei **Dimitri** in der Bucht von Fasólou isst man gut.

Leseempfehlung für Snackbar **Gorgona** direkt am Strand.

▶ **Kloster Panagía tou Vounoú**: kleines Kloster mit wehrhaften Außenmauern auf einem Hügel hoch über dem Strand von Platí Gialós (von der Hauptstraße Abzweig auf nicht beschilderter Staubstraße), jedoch leider meist verschlossen (wenn man Glück hat, lässt einen der Verwalter ein). Schöner Vorhof mit schattigen Aleppokiefern, herrlicher Blick auf die Bucht, in der Kirche die berühmte Ikone der *Panagía Macheroússa* aus dem 18. Jh. Klosterfeste jeweils am 25. März und am 21. November.

Panagía Vounoú wurde 1813 gegründet. Mit der Ikone der Panagía verbindet sich wie so oft eine fantasievolle Geschichte: Angeblich hatte ein Türke mit einem Messer (= machéri) auf das Bild eingestochen, daraufhin trat Blut heraus. Der bestürzte Osmane trat daraufhin zum orthodoxen Glauben über.

▶ **Panagía Chrissopigí**: Marienkirche mit legendenumrankter Ikone, bestechende Lage auf einer niedrigen, weit ins Meer vorspringenden Felszunge namens *"Iero Vracho"* (Heiliger Fels), der in der Mitte gespalten ist und dort von einer Brücke überquert wird. Der Komplex wird nur von einer Aufseherin bewohnt, außerdem gibt es einen Souvenirladen. Schön ist der Marmortürstock der zweischiffigen Kirche mit Zypressen und Segelschiff. Die Pilgerzellen im Umkreis wurden früher auch an Touristen vermietet. Gleich unterhalb der Kirche liegen flache Felsplatten – gut zum Sonnen, Baden und Schnorcheln, aber bitte nicht textilfrei.

Gegründet wurde die Kirche um 1650. Die Gründungsgeschichte erzählt von einer leuchtenden Ikone, die in der Nähe im Wasser gefunden wurde und ihren Findern den Weg zu der felsigen Halbzunge wies. Eine weitere Legende erklärt die Spaltung des Heiligen Felsens: Drei Frauen wollten die Kirche besuchen und trafen dort unvermutet auf Piraten. Diese verfolgten sie sofort, doch die Panagía schickte ein so heftiges Erdbeben, dass sich die Halbinsel von Sífnos abspaltete und die Piraten auf ihr gefangen waren – die Frauen hatten sich

Sífnos

Karte Seite 589

währenddessen schon an Land in Sicherheit gebracht. Die Panagía Chrissopigí ist heute die Schutzheilige von Sífnos, großes Panagíri an Christi Himmelfahrt.

▶ **Apokoftó:** etwa 200 m langer Sandstrand mit Tamarisken unmittelbar neben dem Kloster, angenehmer Platz, wird jedoch wegen der direkten Erreichbarkeit mit dem PKW an Wochenenden recht voll.

• _Übernachten/Essen_ **Flora**, B-Kat., Pension auf halber Höhe am Hang, viel Grün vor den Terrassen, DZ ca. 30–60 €. ✆ 22840-71278, 📠 71388.

To Apokofto, beliebte Strandtaverne, Plätze unter schattigen Tamarisken, große Auswahl an leckeren Gerichten. Mit Zimmervermietung. ✆ 22840-71272.

▶ **Áspros Pírgos:** Kurz nach der Abfahrt zur Panagía Chrissopigí trifft man auf den Abzweig zum "Weißen Turm". Die Ruine des Rundturms aus hellem Stein erreicht man nach etwa 500 m Holperpiste, schöner Blick über die Bucht von Platí Gialós. Das Alter des Turms schätzt man auf etwa 2500 Jahre.

Platí Gialós

Weite Olivenbaumebene zwischen Felszungen, davor ein etwa 1 km langer, flach ins Wasser abfallender Strand mit feinem, hellbraunem Sand, der längste der Insel. Einige Töpfer leben hier, es gibt etliche Tavernen, "Rooms" und Hotels. Im Juli und August herrscht Hochbetrieb, vor allem an Wochenenden parken die Urlauber kilometerlang auf beiden Seiten der Zufahrtsstraße. Doch in den übrigen Monaten ist es weitgehend ruhig.

• _Verbindungen_ Häufige Busse von und nach Apollonía und Kamáres, mehrere Bushaltestellen entlang der Strandstraße.

• _Übernachten_ **Alexandros Sifnos Beach**, B-Kat., große gepflegte Anlage im traditionellen Bungalowstil an der Zufahrtsstraße, kurz vor dem Strand. Pool mit Poolbar, Kinderspielplatz, TV-Raum. DZ ca. 70–160 €. ✆ 22840-71333, 📠 71303, www.sifnos.com/alexandros

Filoxenia, D-Kat., direkt an der Straße, nettes und gut geführtes Haus. DZ mit Bad ca. 40–80 €. ✆ 22840-71221, 📠 71222.

Simon Plati Gialos, B-Kat., herrliche Lage am Strandende, das früher vernachlässigte Xenia-Hotel wurde 1989 grundlegend renoviert und seitdem laufend verbessert. Weiträumiges Grundstück mit Rasen und Olivenbäumen, große Terrasse über dem Meer, gemütlicher Aufenthaltsraum mit TV. Zimmer und Gänge sind mit Ölbildern, Holzschnitzereien und bemalten Steinen der Künstlerin Linda Kartali originell ausstaffiert. Zimmer mit Aircondition, TV und Minibar. Der griechische Ministerpräsident Kostas Simitis war hier schon gelegentlich zu Gast. DZ mit Bad/Frühstück ca. 70–150 €. ✆ 71324, 📠 71325.

Lodge Narlis, etwa an der Strandmitte, hübsche, kleine Anlage mit mehreren DZ und Dreibettzimmern. Zwischen den Häusern schattige Lauben und Weinlaub, in den Zimmern Aircondition, TV und Föhn. ✆ 22840-71345, 📠 71350.

Argiro Kalamari, schön gelegene Privatzimmer oberhalb vom Hotel Plati Gialos, toller Blick über die Bucht. Zugang: rechts am Hotel vorbei, nach ca. 200 m beschildert. ✆ 22840-71259.

Zimmer am Strand vermietet auch der Töpfer **Frangiskos Lemonis**.

Camping Plati Gialos, am Ende der Bucht, etwas landeinwärts. Vom letztem Busstopp ca. 300 m steinigen Hohlweg hinauf. Karges Gelände mit niedrigen Terrassen und Olivenbäumen. ✆ 22840-31786.

• _Essen & Trinken_ **To Steki**, hübsch unter Tamarisken am Strandbeginn.

Sofia, beliebte Taverne etwas erhöht über dem Strandbeginn, Panoramablick.

To Ampari, nettes Café mit kleiner Rasenfläche.

Kalimera, Bistro an der Strandmitte, hier werden einige interessante Spezialitäten angeboten, u. a. als _revíthokeftédes_.

Menelaos, versteckte Taverne in der Lazarou-Bucht, südwestlich vom Strand (Weg neben Hotel Plati Gialos nehmen), traditionelle Ofengerichte, schöner Meerblick. Nach dem Essen kann man noch die Open-Air-Bar besuchen.

Platí Gialós: längster Strand der Insel

• *Shopping* Direkt am Strand haben die Töpfer **Simos** und **Yiannis Apostolidis** ihre Werkstatt, die Stücke trocknen dekorativ an der Sonne. ✆ 22840-71258.

Gleich in der Nähe führt die Familie **Lemonis** eine Töpferwerkstatt, die sich seit 1936 im Familienbesitz befindet. ✆ 22840-71203.

Von Apollonía nach Vathí

Eine Höhenstraße mit weiten Ausblicken führt zur Bucht von Vathí, die noch bis Anfang der neunziger Jahre nur per Schiff erreichbar war. Abzweig von der Straße nach Platí Gialós bei Katavatí.

Gleich am Ortsausgang von Katavatí passiert man rechts der Straße das verlassene *Kloster Firógia*. Hier überwinterten früher die Mönche des Gipfelklosters Profítis Ilías (→ S. 603). Zwischen riesigen Felsbrocken und terrassierten Hängen hat man Ausblicke bis hinüber nach Páros. Am Ende steile Abfahrt durch Olivenbaumterrassen zum Strand, dabei Blick auf Mílos, Kímolos und Antímilos.

▸ **Ágios Andréas:** Der markante, 427 m hohe Berg steht unmittelbar rechts der Straße, Orientierungspunkt ist die weiße Gipfelkirche. Bereits 1898 hat man oben Reste einer prähistorischen Siedlung entdeckt. Ein steiler Serpentinenpfad führt in wenigen Minuten hinauf (beschildert: "Historiki Akropolis Agio Andrea"). Die rechteckig angelegte *Akropolis* besteht aus einer Doppelmauer, die wahrscheinlich aus mykenischer Zeit stammt. Acht Türme waren in den inneren Mauerring integriert, die Wohnhäuser stammen aus geometrischer und klassischer Zeit. Jedoch hat man auch wesentlich ältere Keramik aus kykladischer Zeit gefunden, die die Existenz einer Siedlung mindestens im 2. Jt. wahrscheinlich machen.

Karte Seite 589

Sifnos

▸ **Pírgos Kade:** einer der vielen antiken Türme der Insel, kurz nach Ágios Andréas links an der Straße. Er stammt etwa von 400 v. Chr.

▸ **Taxiárchis Merisyni:** Die hübsche kleine Kirche steht direkt an der Straße, kurz bevor man die Serpentinen zum Strand hinunterfährt.

Vathí

Schöne, weite Bucht an der Westküste, fast kreisrund, langer, schmaler Sandstrand, im südlichen Teil etwas breiter. Es gibt Tavernen und Zimmer, Liegestühle und Tretboote. Das blendend weiße *Taxiárchis-Kloster* mit zwei überkuppelten Schiffen und hübschem Glockenstuhl ist direkt ans Wasser gebaut (Fest am 12. Juli). Da alle Fahrzeuge 200 m vor dem Strand parken müssen, ist die Bucht völlig verkehrsfrei. Mittlerweile herrscht allerdings rege Bautätigkeit.

• *Verbindungen* **Busse** fahren etwa 7 x tägl. ab Artemónas und Apollonía. Oder man läuft **zu Fuß** von Platí Gialós (ca. 1 Std. 15 Min.) hinüber.

• *Übernachten* **Calypso**, neue Rooms kurz vor dem Kloster in der Strandkurve etwas nach hinten gelegen. Leser A. Barndt: "Sehr schöne, saubere und gut ausgestattete Zimmer mit guten Bädern, jeweils Kühlschrank und ein einflammiger Kocher mit allem, was man zum Kaffeemachen braucht. Grüner Garten mit saftiger Wiese am Haus." ℡ 22840-71127, 32043. An der gleichen Strandecke die Studios **Vir-** ginia (℡ 22840-71101) und **Nikos** (℡ 22840-71512), beide erst wenige Jahre alt.

• *Essen & Trinken* **To Tsigali**, gemütliche Taverne neben dem Kloster, Tische stehen im Sand.
Manolis, mit Riesenbackofen an der Strandmitte, täglich wechselnde Gerichte, oft leckeres Gemüse oder Salate.
Marine, gemütliches Café am Nordende der Bucht, winzige Terrasse, einige Tische im Sand, Getränke und kleine Snacks.

• *Shopping* Ein **Minimarket** in der Buchtmitte in zweiter Reihe, ein weiterer am Nordende der Bucht.

Nordteil der Insel

Weitgehend einsam und kahl, kaum Terrassenbau, nur noch wilde Kräuter und Macchia wachsen hier. Einzige Siedlungen sind die verstreuten Häuser der Viehzüchtersiedlung *Trouláki* und das Fischerdorf *Cherónissos* an der Nordspitze. Beschilderter Abzweig etwas nördlich von Artemónas und etwa 6 km Asphalt bis kurz hinter Trouláki, danach sehr schlechte Fels- und Steinpiste mit z. T. sehr steilen Abfahrten bis Cherónissos. Im Sommer fahren aber Badeboote.

▸ **Ágios Sóstis:** Um diese Kirche an der Nordostküste liegen Blei- und Silberminen aus der Antike. Ende des 19. Jh. wurde hier noch einmal geschürft, aber in den zwanziger Jahren folgte wie überall auf den Kykladen die Stilllegung wegen Unrentabilität. Man kann von Artemónas dorthin wandern, die Stollen sollte man aber besser nur von außen betrachten.

▸ **Cherónissos:** kleine, fjordartige Strandbucht im äußersten Norden von Sífnos, zu erreichen per Badeboot ab Kamáres, das aber nur in der absoluten Hochsaison fährt (schon im September wird der Betrieb meist eingestellt). Es gibt zwei Fischtavernen, außerdem leben hier während der Sommermonate zwei Töpferfamilien. Die Kirche *Ágios Geórgios* und die Fundamente eines antiken *Rundturms* stehen oberhalb der Bucht.

Mílos

**Eine ungewöhnliche Insel mit aufregendem Grundriss, wie Santoríni vulka-
nischen Ursprungs. Schöne Anfahrt per Fähre – die zerborstene Küstenlinie
mit gezackten Klippenrändern und vorgelagerten Inselchen macht neugie-
rig. Eine riesige, fast kreisrunde Bucht verschluckt die einlaufenden Schiffe,
hoch darüber am Kamm das blendend weiße Band von Pláka und Tripití mit
markanten Kirchen.**

Mílos ist zwar relativ flach, aber trotzdem abwechslungsreich. Der Besuch bietet einige Überraschungen. So gibt es vor allem an der Südküste hervorragende Strände und versteckte Badebuchten zwischen Felsen in allen Farbtönen. Geologisch und geothermisch ist Mílos ein Eldorado, denn 1100 m unter
der Erde glühen seit Jahrmillionen Lavamassen, das Grundwasser steigt in
Form warmer Thermalquellen und heißer Dämpfe an die Oberfläche.

Geschichtlich Interessierte finden frühchristliche Katakomben im weichen
Tuffgestein, außerdem eine der ältesten Siedlungen der Kykladen, in der schon
in prähistorischen Zeiten Obsidian bearbeitet und exportiert wurde. Jeder
weiß zwar, dass die Venus von Milo(s) im Louvre steht – dass sie hier gefunden wurde, weiß dagegen kaum jemand.

Während der Westen wild und menschenleer ist, verkünden im Osten
aufgebrochene Flanken und Steinbrüche, dass der *Bergbau* das eigentliche
Standbein der Insel ist. Während in der Antike auf Mílos vor allem Schwefel,
Alaun und Bimsstein abgebaut wurden, werden heute zahlreiche wertvolle
Mineralien gewonnen (→ unten). Die Vorkommen sind groß, mehrere Firmen
sind gut im Geschäft und geben der Mehrheit der Inselbevölkerung Arbeit.
Der Tourismus hat deshalb noch nicht so stark Fuß gefasst wie auf vielen
anderen griechischen Inseln.

Der Archipel von Mílos, Antímilos, Kímolos und Polýaigos gehört zu den
wenigen Rückzugsgebieten der vom Aussterben bedrohten **Mönchsrobben**
"Monachus monachus" im Mittelmeerraum. Die zahllosen Felsbuchten,
Klüfte und Höhlen bieten den Robben die Möglichkeit, ihre Jungen ungestört zur Welt zu bringen und zu säugen. Der zunehmende motorisierte Aus-
flugverkehr rund um Mílos könnte die Vermehrung dieser seltenen Tiere
allerdings empfindlich stören. Das Projekt "Natura 2000" der EU hat sich
deshalb zum Ziel gesetzt, die Küsten im Westen von Mílos sowie die gesamten Küstenzonen von Antímilos und Polýaigos als Schutzgebiete auszuweisen.

Geschichte

Mílos gehört wahrscheinlich zu den am frühesten besiedelten Kykladeninseln.
Verantwortlich waren dafür in erster Linie die reichen Vorkommen an vulka-
nischem *Obsidian*, ein hartes schwarzes, glasähnliches Material, das sich dank

Karte Seite 610/611

Mílos

seiner scharfen Abbruchkanten hervorragend für die Herstellung von Werkzeugen, Pfeilspitzen etc. eignete. Ein schwunghafter Handel damit scheint auf Mílos schon im *Mesolithikum* (Mittelsteinzeit, ab 10.000 v. Chr.), spätestens aber im *Neolithikum* (Jungsteinzeit, ab ca. 5000 v. Chr.) eingesetzt zu haben – in den gesamten Ägäisraum, aufs Festland und sogar bis tief ins westliche Mittelmeer hinein wurde Obsidian exportiert. Einige bearbeitete Stücke konnte man bis vor 7000 v. Chr. datieren, die entsprechenden Steinzeitsiedlungen hat man allerdings bisher nicht orten können.

Älteste bisher entdeckte Inselsiedlung ist *Filakopí* an der Nordostküste, das in der frühen Bronzezeit spätestens ab etwa 2300 v. Chr. (wahrscheinlich sogar wesentlich früher) bewohnt war und von den eindringenden *Dorern* um 1100 v. Chr. zerstört wurde. Die Dorer errichteten ihre Stadt auf einem Hügel etwas unterhalb der heutigen Siedlung Tripití – Ruinen sind erhalten, u. a. Reste eines Stadttors und eines Theaters. Im Folgenden scheint die Wirtschaft auf Mílos dank der reichen Bodenschätze (Bergbau) floriert zu haben, man prägte eigene Münzen und gestaltete prächtige Kunstgegenstände, darunter Großplastiken und wert-

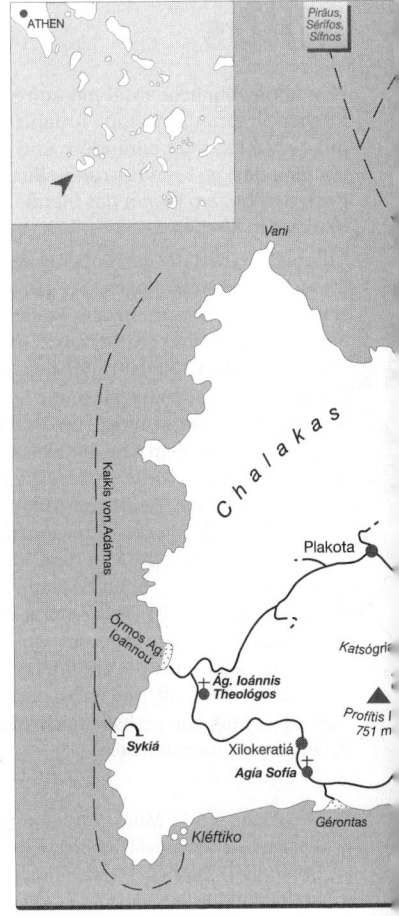

volle Keramikvasen (die schönsten Stücke heute im Nationalmuseum von Athen). Die berühmte Venus von Milo stammt allerdings erst aus späthellenistischer Zeit (ca. 150 n. Chr.).

Zwar unterstützten die Milier die Athener während der *Perserkriege*, doch da sie als Dorer mit den Spartanern verwandt waren, verweigerten sie den Athenern im *Peloponnesischen Krieg* die Gefolgschaft und blieben neutral. Das Ergebnis war verheerend, denn die Athener eroberten Mílos, verwüsteten die Insel, töteten alle Männer und nahmen die Frauen und Kinder als Sklaven. Der Kampf um Mílos ist im berühmten "Melier-Dialog" von Thukydides festgehalten worden, eine zeitlose Auseinandersetzung um Macht und Recht.

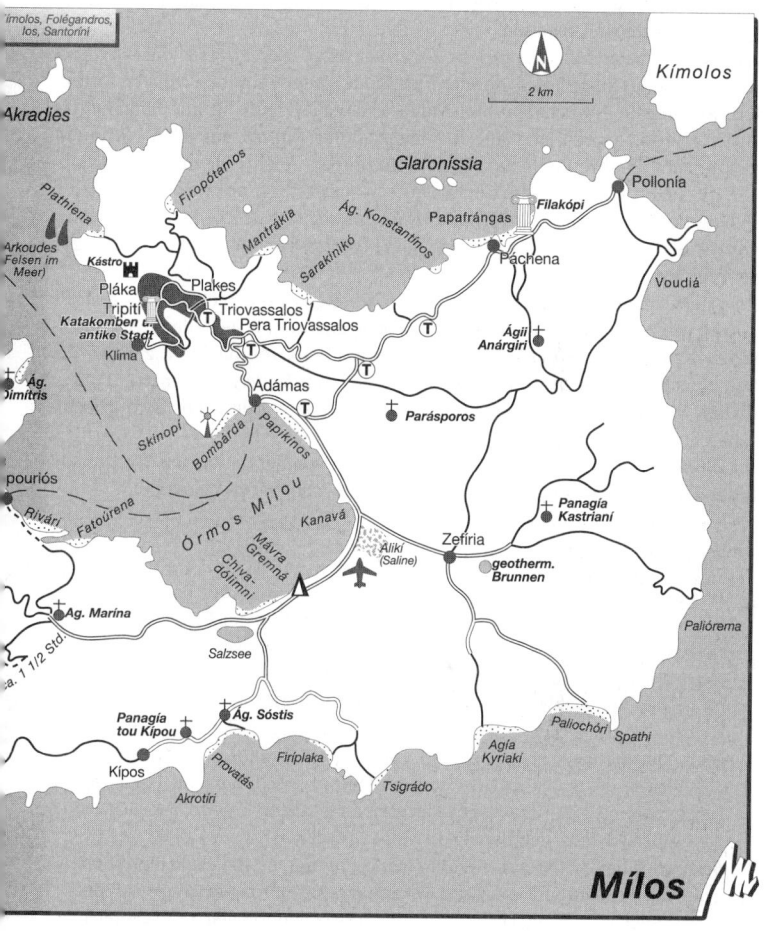

Mílos

Erst nach der *Niederlage Athens* (404 v. Chr.) konnten die überlebenden Milier auf ihre Insel zurückkehren. Sie vollbrachten wieder einen schnellen wirtschaftlichen Aufschwung, exportierten u. a. vulkanischen Bimsstein und standen bis in die Römerzeit hinein auf hoher kultureller Stufe, wie die Bildwerke bezeugen, die aus diesen Zeiten stammen (Poseidon-Statue im Nationalmuseum von Athen, Venus von Milo im Louvre).

Während der *byzantinischen Zeit* wurde – vielleicht wegen der wachsenden Piratengefahr – die alte Hauptstadt nahe der Küste verlassen und im Inselinneren eine neue Stadt namens *Zefíria* gegründet (diese wurde ihrerseits im 18. Jh. wegen Erdbeben und Seuchen aufgegeben). 1207 fiel Mílos an das venezianische *Herzogtum Náxos* unter Marco Sanoudo. Die Venezianer errichteten eine Burg auf dem steilen Berg oberhalb der heutigen Inselhauptstadt Pláka, spärliche Reste sind erhalten.

1566 geriet auch Mílos unter die Oberherrschaft der *Türken*, die sich aber nicht auf Mílos ansiedelten, sondern lediglich Steuern von den Miliern forderten. Der ideale Naturhafen von Mílos, strategisch günstig am Eingang zur Ägäis gelegen, wurde jetzt ein Tummelplatz für *Piraten* aus allen Himmelsrichtungen, die ihre Beute auf Mílos umschlugen. Auch viele der Inselbewohner, die schon seit dem Altertum als gute Seefahrer bekannt waren, beteiligten sich an der Piraterie. Der Pirat *Ioannis Kapsis* rief sich 1677 sogar zum "König von Mílos" aus, wurde aber einige Jahre später von den Türken gefangen genommen und hingerichtet.

Im griechischen Freiheitskampf ab 1821 bestätigten die Seeleute, speziell die *Lotsen von Mílos*, ihren traditionell hervorragenden Ruf, sie halfen der griechischen Kriegsmarine und auch den befreundeten Großmächten, z. B. in der Seeschlacht von Navarino (1827). 1824 gründeten *Kreter*, die vor den Türken fliehen mussten, die Hafensiedlung *Adámas*. 1832 wurde Mílos dem griechischen Staat angeschlossen.

Im *Zweiten Weltkrieg* war Mílos vier Jahre lang von der deutschen Wehrmacht besetzt, alte Bunker sind noch erhalten, hauptsächlich um Adámas.

Bentonit, Perlit, Kaolin, Baryt, Mangan ...

Was sich wie die Analyse eines chemischen Labors liest, beschreibt nur einen kleinen Teil der reichen Vielfalt an Bodenschätzen auf Mílos. Dank der ausgeprägten vulkanischen und nachvulkanischen Aktivitäten im Inselgestein gibt es eine Reihe wertvoller Metalle und Mineralien, die seit langem im großen Maßstab abgebaut und in alle Welt ausgeführt werden. Mehrere Firmen, die bekannteste ist die *"Silver and Baryte Ores Mining Company"*, geben der Inselbevölkerung Arbeit, das Pro-Kopf-Einkommen ist auf Mílos das höchste der Ägäis-Inseln. Die Schürf- und Verschiffungsanlagen liegen zum großen Teil an der wenig besuchten Ostküste, z. T. wird aber auch in der großen, kreisrunden Bucht von Mílos verladen.

Bentonit, eine Art Tonerde vulkanischen Ursprungs, besitzt die Fähigkeit hoher Wasserabsorption. Jährliche Förderung 400.000 t, vielfältige Anwendungsbereiche, z. B. als Dichtungsmaterial bei Ölbohrungen, in Gießereien, als Bindematerial in der Metallurgie, als Füllstoff u. a.

Perlit, jährlich 200.000 t, vulkanisches Glas, dehnt sich bei starker Erhitzung um ein Vielfaches aus, deswegen idealer Isolationsstoff sowohl für Temperatur als auch für Schall. Außerdem verwendet als Füllmaterial, in Gartenbau und Blumenzucht.

Kaolin, Porzellanerde, 30.000 t jährlich. Wird für die Herstellung von Porzellan gebraucht, außerdem in der Papierindustrie und als Bestandteil von Zement, Keramik, Ziegeln u. Ä.

Baryt, 12.000 t jährlich, nicht in Wasser löslich, wird vor allem als Grundstoff für viele Farben verwendet.

Wirtschaft

Mílos ist die einzige Kykladeninsel, die von ihren *Bodenschätzen* leben kann. Die meisten Inselbewohner finden in dieser Branche Arbeit, und die geförderten Mineralien werden in viele Länder ausgeführt. In einer großen Saline in der Nähe des Flugplatzes wird *Salz* gewonnen, ein gewisser Stellenwert kommt außerdem noch der *Fischerei* zu, vor allem in Adámas, Klíma und Pollónia. Landwirtschaft und Viehzucht spielen trotz des fruchtbaren vulkanischen Bodens eine Nebenrolle, hauptsächlich für den Eigenbedarf werden Gemüse, Obst und etwas Wein angebaut. Auch der *Tourismus* besitzt bisher noch eine relativ untergeordnete Bedeutung, viele Bewohner verschaffen sich einen Nebenverdienst durch Vermietung von Privatzimmern.

Größe: 161 qkm Fläche, größte Länge (von West nach Ost) ca. 20 km, größte Breite (von Süd nach Nord) ca. 12 km, höchster Gipfel der Profítis Ilías im Westen (751 m).

Bevölkerung: knapp 5000 Einwohner, wegen der guten Arbeitsmöglichkeiten kaum Abwanderung.

Geografie/Geologisches: in vorgeschichtlicher Zeit vulkanische Tätigkeit, bis heute starke nachvulkanische Aktivitäten – heißes Wasser und Dämpfe brodeln unter der Erdoberfläche und treten an verschiedenen Orten zutage. An vielen Stellen der Insel auffallende Gesteinsformen und -farben, hauptsächlich helles Tuffgestein, Obsidian und Lava. Besonders markant sind Kléftiko im Südwesten und die kristallinen Lavafelsen auf den vorgelagerten Glaroníssi-Inseln.

Wichtige Orte: der Hafen Adámas; die Hauptstadt Pláka, die mit anderen Siedlungen fast zusammengewachsen ist, darunter Tripití (Katakomben, antike Stadt, Venus von Milo); der Badeort Pollónia im Nordosten (Überfahrten nach Kímolos).

Straßen: Asphalt von Adámas hinauf nach Pláka/Tripití, hinüber nach Pollónia, über Zefíria nach Paliochóri an der Südküste und über Alikí am Golf entlang bis Agía Marína. Alles andere sind Erdpisten, im Inselwesten teilweise schlechter Zustand.

Entfernungen (von Adámas): Pláka 6 km, Pollónia 11 km, Alikí 5,5 km, Paliochóri 11 km, Provatás 8 km.

Tankstellen: je eine in Adámas und Pláka, zwei an der Straße von Adámas nach Pollónia, eine weitere bei Péra Triovássalos.

Unterkunft: Fast sämtliche Inselhotels stehen in Adámas, dort auch viele Privatzimmer. Nur ein weiteres Hotel in Klíma (unterhalb von Tripití), ansonsten ausschließlich Privatzimmer, u. a. in Pollónia, Pláka, Paliochóri, Agía Kyriáki und Empouriós. Ein einziger Campingplatz.

Baden: Mílos besitzt viele Strände, sowohl im großen "Binnengolf" als auch an den Außenküsten. Zu den besten gehören Achivadólimni (Binnengolf) sowie Paliochóri, Tsigrádo/Firipláka und Provatás (Südküste), Optisch reizvoll ist die Mondlandschaft von Sarakíniko an der Nordküste.

Karten: Sehr detailliert ist die Karte "Mílos-Kímolos" von Road Editions (1:50.00), brauchbar und ausführlich ist außerdem die Karte "Milos & Kimolos" aus dem Mallis Verlag (1:50.000).

Postleitzahl: 84800 (Adámas 84801)

Essen & Trinken

Die Gastronomie von Mílos ist nicht sonderlich ausgeprägt, aus dem üblichen Rahmen fallende Tavernen gibt es kaum. Lediglich in den kleinen Ouzerien vom Hauptort Pláka isst man originell und inseltypisch. Als Spezialitäten wer den hauptsächlich die verschiedenen Käsesorten angesehen (z. B. *mizíthra*, *manoúra* und *sikotíri)*, auch militische Gerstenkringel *(krithári)* werden hier und dort serviert, zu empfehlen ist außerdem der offene Mílos-Wein. Fisch kann man auf Mílos ebenfalls gut essen, allerdings reichen die Fangmengen im Sommer nicht aus, und er muss tiefgekühlt eingeführt werden.

Inselfeste

Wie auf der Nachbarinsel Sífnos gibt es auch auf Mílos zahlreiche Kirchenfeste. Kleine Auswahl: am 19. Juli Fest in der Gipfelkirche des *Profítis Ilías*; am 25. Juli in der Kapelle Agía Paraskeví in *Pollónia*; 26. Juli in der Kirche des *Ágios Panteleímonas* südöstlich von Zefíria; am 14. August Mariä Himmelfahrt in der Panagía Portianí von *Zefíria*; am 8. September Fest in der Hauptkirche von *Pláka*, der Panagía Korfiátissa; ab 25. September mehrtägiges Fest im Kloster *Ágios Ioánnis Theológos* im Inselwesten.

Verbindungen von und nach Mílos

▸ **Schiff**: Der Hafen **Adámas** liegt in einem tief eingebuchteten Golf, dem Órmos Mílou. Fähren gehen in der Saison 1–2 x tägl. auf der Westkykladen-Route von und nach *Piräus* (über *Sífnos*, *Sérifos* und *Kíthnos*), Dauer ca. 8–9 Std. (Deck/Pullmannsitz ca. 17 €, billigste Kabine ca. 27 €, Kleinwagen ca. 50 €, Mittelklassewagen ca. 65 €). Ergänzt werden die Fähren im Sommer durch Schnellboote (Dauer ca. 4 Std.). Dieses Angebot ist jedoch von der Marktlage abhängig und wurde schon mehrfach kurzfristig storniert. Von Mílos kommt man außerdem mehrmals wöch. hinüber auf die südlichen Kykladen *Íos* und *Santoríni*, dabei werden unterwegs *Kímolos*, *Folégandros* und *Síkinos* angelaufen. Auf die anderen Ostkykladen kommt man nur mit Umsteigen, z. B. bis Sífnos fahren und dort das Schiff nach Páros nehmen.
Von **Pollónia** im Inselnorden läuft eine Fähre mit Autotransport mehrmals tägl. die gegenüberliegende Insel *Kímolos* an, im Bedarfsfall ergänzt durch ein, zwei kleinere Boote (Kaikis).

▸ **Flugzeug**: Der Flughafen von Mílos liegt bei *Zefíria* und ist 1–3 x tägl. mit Athen verbunden (ca. 50 € incl. Flughafengebühr). Bisher keine Verbindungen zu anderen Inselflughäfen. Die Vertretung von *Olympic Airways* liegt in Adámas an der Ausfallstraße nach Pláka, ✆ 22870-22380 (am Flughafen ✆ 22381).

Verkehr auf der Insel

▸ **Busse**: schlechtes Busnetz, nur die Hauptorte werden angefahren. Zu vielen Stränden gibt es keine Verbindung.

▸ **Mietfahrzeug**: Zweiräder und beschränktes Angebot an PKW fast ausschließlich in Adámas. Vorsicht bei der Fahrt mit Zweirädern, denn die zahlreichen Schwerlaster wirbeln viel Staub auf, eine Schutzbrille ist nützlich.

▸ **Eigenes Fahrzeug**: kann nützlich sein, Mílos ist eine relativ große Insel mit vielen Pisten. Es gibt einiges zu entdecken, wobei aber auch ein Mietfahrzeug ausreicht. Da Mílos flach ist, kann auch ein *Fahrrad* gute Dienste leisten.

Adámas

Etwas farbloser, in der Nebensaison beschaulicher Hafenort mit langer Betonmole und Tavernen an der geschwungenen Uferstraße. Einige hübsche Treppengassen ziehen sich einen kleinen Hügel hinauf. Toller Blick – die riesige Bucht wirkt hier fast wie ein großer Binnensee.

In Adámas spielt sich der Großteil des touristischen Lebens ab. Man ist auf Fremdenverkehr eingerichtet, aber Rummel und Lärm fehlen noch weitgehend. Früher war das anders. Noch Anfang der Achtziger landeten täglich große Frachter bei Adámas, die alljährlich Millionen Tonnen von Mineralien verschifften. Die Hafenstraße war mit dröhnenden LKW überfüllt, es herrschte ein Betrieb wie auf einer Großbaustelle. Seit 1985 hat man jedoch die großen Verladestationen an der Ostküste von Mílos eingerichtet, und in Adámas ist Ruhe eingekehrt. Allerdings wird einige Kilometer außerhalb am Órmos weiterhin verladen, was das Fahren mit einem Zweirad auf der Uferstraße nicht immer angenehm macht.

*V*erbindungen/*I*nformation/*A*dressen/*S*hopping (s. *K*arte auf *S*. 617)

●*Verbindungen* **Inselbusse** starten am Platz an der Hafenpromenade (von der Anlegestelle 200 m rechts), und zwar nach **Pláka** und **Tripití** ca. 10–15 x tägl., nach **Pollónia** 4–10 x tägl. (je nach Saison). Im Hochsommer außerdem bis zu 6 x tägl. Verbindungen über **Zefíria** zum Strand von **Paliochóri**, etwa 2 x tägl. zu den Stränden **Achivadólimni** und **Provatás** sowie zum **Campingplatz**. Keine Busse in andere Orte. Achtung: In der Nebensaison zu den Stränden sehr schlechte Verbindungen, oft nur 1 x tägl., wenn überhaupt. Aktueller Fahrplan/Übersichtstafel am Busstopp.

Am Busplatz stehen auch **Taxis**, Preise sind angeschlagen, ☎ 22870-22219, 21306.

Badeboote bieten im Sommer tägliche Rundfahrten um Mílos, u. a. werden die Glaroníssi-Inseln, Kléftiko und Sykiá angefahren. Infos z. B. im Hotel Delfíni, ☎ 22870-22001 und bei Terry's Travel, links oberhalb vom Anleger, ☎ 22870-22640. Seien Sie sich bewusst, dass die vom Aussterben bedrohten Mönchsrobben durch die Ausflugsboote daran gehindert werden, ihre Jungen zu bekommen und zu säugen!

●*Information* **Kommunales Büro** direkt am Anleger, unregelmäßig geöffnet, aber fast immer zur Ankunft der Fähren. Unterstützung bei der Unterkunftssuche, erhältlich sind Prospekte mit sämtlichen Hotel- und Privatzimmer-Adressen der Insel inkl. Tel.-Nummern sowie Busfahrpläne. ☎ 22870-22445.

●*Adressen* **Auto-/Zweiradverleih**, mehrere an der Uferstraße, z. B. "Milos Rent a Car/Moto", ☎ 22870-21994, ✆ 24002.

Hafenamt, Auskunft unter ☎ 22870-22100.

Internationale Presse, neben Taverne Kynigos.

Internet C@fé im Ortszentrum (→ Stadtplan), geöffnet ab 17.30 Uhr.

Medical Center, in Pláka, ☎ 22870-22700, 22702.

Olympic Airways (6), Büro in Adámas an der Ausfallstraße nach Pláka, ☎ 22870-22380.

Post, in einer Seitengasse der Ausfallstraße nach Pláka.

Tankstelle an der Ausfallstraße Richtung Pollónia, am Beginn des langen Sandstrands östlich vom Ort.

*Ü*bernachten (s. *K*arte auf *S*. 617)

In Adámas stehen die meisten Hotels der Insel – einige am *Langadá-Strand* westlich vom Hafen, einige an der Ausfallstraße nach *Pláka*, eines im Ortszentrum hinter der Kirche Ágios Charálambos. Wenn Fähren ankommen, schickt fast jedes Hotel einen Kleinbus zum Hafen. Ansonsten gibt es Privatzimmer wie Sand am Meer. Trotzdem gilt –

wie auf Sífnos – auch auf Mílos, dass an Sommerwochenenden die Stadt solide ausgebucht ist! Nach jeder Fährankunft bilden sich vor den Kartentelefonen Trauben von Menschen, die alle Unterkünfte durchtelefonieren.

● *Ausfallstraße nach Pláka* **Portiani (17)**, C-Kat., das modernste Haus am Ort, direkt bei der Busstation, unten geräumiger Aufenthalts- und Frühstücksraum, in den Zimmern Vollholzmöbel und Aircondition, Lift. Die Zimmer im obersten Stockwerk grenzen an eine große Terrasse, herrlicher Blick auf das Binnenmeer. DZ mit Frühstück ca. 70–120 €. ℡ 22870-22940, ℻ 22766, E-Mail: sirmalen@otenet.gr

Capetan Georgantas (13), C-Kat., auch bei der Busstation, am Beginn der Ausfallstraße nach Pláka. Gepflegtes Haus, hübsch mit Seefahrerutensilien ausgestattet, im Hof ein Swimmingpool. In den Zimmer Aircondition, Kühlschrank und TV, kein Meeresblick. Von Lesern empfohlen. DZ mit Frühstück etwa 60–115 €. ℡ 22870-23215, ℻ 23219.

Chronis (9), C-Kat., an der Ausfallstraße nach Pláka, 24 Steinbungalows in üppigem Garten (Bananen, Bougainvillea, Hibiskus), große Frühstückshalle, Bücherverleih, gefliese Zimmer mit solidem Mobiliar. DZ mit Frühstück (Büffet) ca. 50–140 €. ℡ 22870-22226, ℻ 22900.

Corali (8), C-Kat., ruhig gelegenes Stadthotel im Zentrum hinter der Kirche Ágios Charálambos. 15 Zimmer mit Du/WC, meist mit Balkon, im Obergeschoss schöner Frühstücksraum mit Ausblick, zum Strand läuft man etwa 5 Min. DZ ca. 25–65 €. ℡ 22870-22204, ℻ 22144.

Dionysis (4), D-Kat., an der Ausfallstraße nach Pláka, Nähe Chronis Hotel. Sieben moderne Studios mit Balkon, Aircondition, TV und Föhn. Geführt von den freundlichen Brüdern Petros und Nikos Argyreas. Nach hinten ruhiger. Studio ca. 40–70 €. ℡/℻ 22870-22117/8, 22117.

Semiramis (7), D-Kat., etwas seitwärts der Ausfallstraße nach Pláka, etwa 1 Min. zur Uferpromenade. Gehört demselben Besitzer wie Dionysis. Saubere, aber abgewohnte Zimmer, unten schattiger Hof mit Weintrauben. Alles etwas in die Jahre gekommen. DZ mit Bad ca. 25–50 €, mit Etagendusche ca. 20–35 €. ℡/℻ 22870-22117/8, 22117.

● *Langadá-Strand* **Delfini (14)**, D-Kat., ruhige Lage hinter dem halb verfallenen Langada Beach Hotel, geführt vom herzlichem älteren Ehepaar Mathioudakis, große, gemütliche Terrasse, Frühstücksraum, Zimmer sauber. DZ mit Bad ca. 35–55 €, ohne günstiger. ℡ 22870-22001, ℻ 22688.

Aphrodite of Milos (15), C-Kat., neben Delfini, größerer Kasten mit 23 möblierten Apartments für 1–4 Pers. (Ein- oder Zweizimmer-Suite, beide mit Küche/Bad), z. T. Balkon, Mobiliar schon älter, aber okay. Studio je nach Saison ca. 30–70 €, Zweizimmer-Apt. teurer. ℡ 22870-22020, ℻ 21720.

● *Privatzimmer/Apartments* Eine Liste mit genauer Lage und Telefonnummer ist im Informationsbüro erhältlich. Die Zimmervermieter sind nummeriert. DZ je nach Saison ca. 20–50 €, Apartments teurer.

Giannis (3), modernes Haus im hinteren Ortsbereich, gemütliche Zimmer mit TV und Kühlschrank, Bäder mit Duschvorhang, alles sauber gefliest. Auch Apartments. Gehört Herrn Kourelis, dem Eigentümer des Hotels Corali. ℡ 22870-22204, ℻ 22144.

Veletas (1), großes Haus neben Giannis, ähnlicher Standard. ℡ 22870-23437.

Tilemachos (5), etwas abseits vom Zentrum (→ Stadtplan), größeres Haus mit Rooms und Apartments, schöner Garten und schilfgedeckte Terrasse, ruhige Lage, täglicher Roomservice. ℡ 22870-22160, ℻ 23403.

Villa Ilios (21), gut eingerichtete und gepflegte Apartments oberhalb vom Anleger, Aircondition und TV. ℡ 22870-22258, ℻ 23974.

Vamvounis (10), moderne Apartments mit Balkon, Aircondition und TV gegenüber vom Hotel Corali. ℡ 22870-23389, ℻ 23398.

Mallis (11), Studioanlage bei der Kirche Ágios Charálambos, Zimmer mit und ohne Küchenzeile, Terrassen nach Osten, ruhig. ℡ 22870-22612.

Rooms Nr. 12 (12), die freundliche Anna Gozadinou vermietet gegenüber von Mallis drei schlichte Zimmer, Toilettenraum mit warmer Dusche im Hof. ℡ 22870-22364.

Galanis, auf der Uferstraße in Richtung Museum fahren und zum Friedhof links abbiegen. Einfache, freundliche Wirtsleute, laut Leserzuschrift saubere und komfortable Zimmer mit Bad, Kühlschrank und TV. Tägliche Reinigung. ℡ 22870-21500, 21217.

Tipp: Eine zur Ferienwohnung umgebaute Windmühle bei Tripití kann man über **Terry's Travel** links oberhalb vom Anleger mieten, ℡ 22870-22640, ℻ 22261.

● *Camping* Der einzige **Zeltplatz** der Insel liegt auf der gegenüberliegenden Seite der Bucht (→ Achivadólimni, S. 630). Transfer von und zum Hafen.

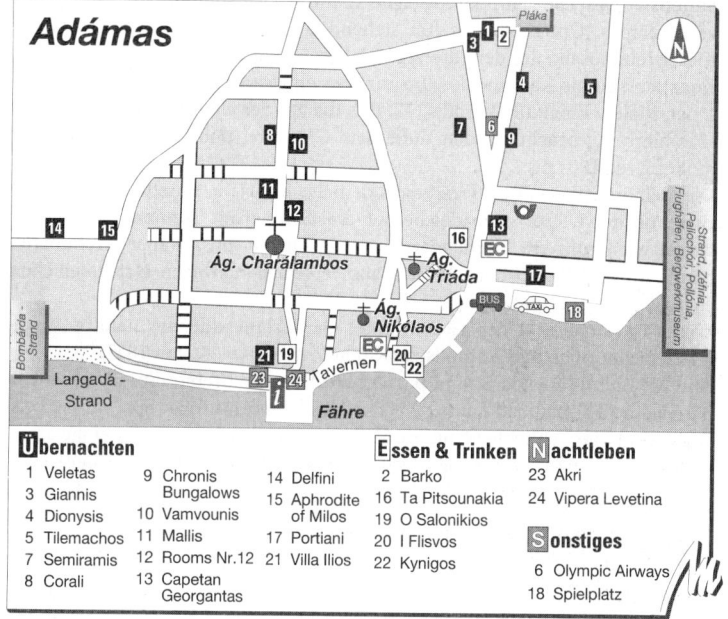

Adámas

Pláka

Strand, Zéfiria, Palióchori, Polónia, Flughafen, Bergwerksmuseum

Ág. Charálambos

Ág. Triáda

Ág. Nikólaos

BUS TAXI

Bombárda-Strand

Langadá-Strand

Tavernen

Fähre

Übernachten

1 Veletas	9 Chronis Bungalows	14 Delfini
3 Giannis	10 Vamvounis	15 Aphrodite of Milos
4 Dionysis	11 Mallis	17 Portiani
5 Tilemachos	12 Rooms Nr.12	21 Villa Ilios
7 Semiramis	13 Capetan Georgantas	
8 Corali		

Essen & Trinken

2 Barko	
16 Ta Pitsounakia	
19 O Salonikios	
20 I Flisvos	
22 Kynigos	

Nachtleben

23 Akri

24 Vipera Levetina

Sonstiges

6 Olympic Airways

18 Spielplatz

Essen & Trinken/Nachtleben/Shopping (s. Karte oben)

Das Essensangebot ist nicht sonderlich vielfältig, besser isst man oben im traditionellen Inselort Pláka.

I Flisvos (20) & Kynigos (22), zwei blau bestuhlte Tavernen nebeneinander an der Hafenpromenade, man sitzt eng an eng im Freien.

O Salonikios (19), einfache Fischtaverne im Hotel Adamas (→ Übernachten), erhöht über dem Anleger, abseits vom Rummel, Panoramablick. Der nordgriechische Wirt spricht gut Deutsch.

Ta Pitsounakia (16), in einer Passage gegenüber vom Hotel Capetan Georgantas, hauptsächlich Fleisch vom Grill.

Barko (2), Mezedopolion am Ortsausgang in Richtung Pláka, trotz der etwas ungünstigen Lage sehr beliebt, schöne Terrasse unter Weinranken.

Brisolino, an der Uferstraße etwas östlich außerhalb, geführt von aufmerksamen jungen Leuten, kreative, "etwas andere" griechische Küche, guter offener Wein, schön gedeckte Tische. Preislich im Rahmen.

• *Nachtleben* Mílos ist beliebtes Wochenendziel junger Athener. Die Auswahl an

Discos ist deshalb groß, an Wochenenden wird überall Eintritt verlangt.

Vipera Levetina (24), strategisch günstig direkt über dem Anleger.

Akri (23), ebenfalls oberhalb vom Anleger, Freiluftbar mit sehr schönem Hafenblick.

Malion, besonders angesagter Club an der Uferstraße östlich der Busstation.

La Costa, Freilichtdisko nahe des Bombárda-Strands, gesehen von Leser A. Barndt: "Malerische Kulisse vor dem Felshang, als Dekoration dient ein echtes altes Segelschiff, das aussieht wie ein Piratensegler."

• *Cafés* **El Greco**, Tische und Stühle am Beginn des Papíkinos-Strands, am Abend schöne Stimmung mit Fackeln im Sand.

• *Shopping* **Paradosiaka Edekmata**, an der Ausfallstraße nach Pláka, nach dem Büro von Olympic Airways. Hausgemachte Süßigkeiten und Backwaren, z. T. nach traditionellen Rezepten hergestellt, dazu Wein und Honig.

Sehenswertes: Die Hauptkirche *Ágios Charálambos* steht am höchsten Punkt von Adámas. Unterhalb des frei stehenden Glockenturms liegt ein großes Kieselsteinmosaik, in den dreißiger Jahren geschaffen vom einheimischen Künstler Yiannis Karvoudakis. Im Inneren einige wertvolle Ikonen des kretischen Malers Emanuíl Skordílis (17. Jh.), die aus der alten Inselhauptstadt Zefíria hierher gebracht wurden, außerdem Glaslüster und farbenfrohe Fresken moderneren Datums.

Die kleinere Kirche *Agía Triáda* aus dem 17. Jh. (Nähe Busstation, etwas zurück von der Uferpromenade) besitzt drei Schiffe mit Tonnengewölben, auf denen wiederum ein Tonnengewölbe quer sitzt – ein seltener Architekturtypus. Im Hof ein schönes Mosaik aus verschiedenfarbigen Natursteinchen, ebenfalls von Karvoudakis.

Weiterhin steht in einer Gasse hinter der Promenade die nahtlos in die Häuserreihe eingefügte katholische Kirche *Ágios Nikólaos* von 1827.

Am Weg zum Langadá-Strand passiert man an der Uferstraße das unscheinbare kleine Thermalbad *Loutrá Lakkou*, beschildert mit "Hot Spa". In die Felswand sind vier schlichte Räume mit Badewannen und Toiletten eingelassen. Das 40 Grad heiße Wasser soll gegen Rheuma, Arthritis und Ischias helfen.

Metalleutikó Museío Mílou: Bergwerksmuseum von Mílos

Die große geologische Vielfalt von Mílos kann man in diesem schönen neuen Museum an der Uferstraße östlich der Busstation erleben. Gesponsert von der Silver & Baryte Ores Mining Company (www.S.andB.gr), der größten auf Mílos tätigen Minengesellschaft, wurde es 1998 eröffnet. Im Erdgeschoss des klimatisierten Baus sind zunächst traditionelle Gerätschaften der Bergarbeiter, alte Karten, Dokumente und Fotos zu betrachten, dazu gibt es eine Dokumentation zu Vulkanismus, Geologie und Mineralienvorkommen auf Mílos. Im Obergeschoss sind dann exemplarisch die zahlreichen Mineralien ausgestellt, die auf Mílos und Kímolos existieren, außerdem gibt es Erklärungen zu den Aufarbeitungsprozessen und Folgeprodukten. Ein englischsprachiges Faltblatt gibt Hinweise zu den Exponaten.

Weiter in Richtung Kánava kommt man an dem neu renovierten klassizistischen Tagungszentrum der Silver & Baryte Ores Mining Company vorbei.

Öffnungszeiten/Preise Tägl. 9.15–13.45, 18.15–20.45 Uhr, Eintritt frei.

Adámas/Baden

▶ **Papikínos:** Dieser etwa 600 m lange Sandstrand zieht sich östlich von Adámas parallel zur Straße den Golf entlang. Dank vieler knorriger Tamarisken ist er einigermaßen schattig. Tretboote und Kanus werden vermietet. Da es flach ins Wasser geht, ist er auch für Kleinkinder gut geeignet.

▶ **Langadá:** unmittelbar westlich vom Hafen um den vorspringenden Felsen herum gehen. Kleiner, unsauberer Strand mit Tamarisken und vielen Booten, dahinter ein äußerlich wenig attraktives Großhotel, das in den letzten Jahren mehrfach den Besitzer gewechselt hat.

▶ **Bombárda**: im Anschluss an den Langadá-Strand, wird nicht gesäubert und ist mit Seegras übersät, dahinter ausgetrocknete Salzteiche, etwas sumpfig. Gelegentlich sieht man hier Wildzelter. Am Ende des Strands ein verfallener französischer Soldatenfriedhof mit *Marmorobelisk*, der an die im Krimkrieg gefallenen Matrosen erinnert. Den Hang des Kaps hinauf kommt man zum *Leuchtturm*, der die Einfahrt nach Adámas bewacht. Hier oben findet man auch die gesprengten Betonreste einer deutschen *Geschützstellung* aus dem letzten Krieg, schöner Blick auf den Golf. Man erkennt auch ein System von alten Verbindungsschächten, vor dessen Begehung wir aber ausdrücklich warnen. Oberhalb davon wurde früher Obsidian abgebaut, die schwarzen Stücke liegen hier überall herum.

Essen & Trinken Zwischen Langadá und Bombárda die Taverne **La Costa** und eine gleichnamige, recht dekorative Freilichtdisco (→ Nachtleben).

Obsidian ist ein meist schwarzer Stein, als runder Kiesel grauschwarz. Er besitzt die Mohs'sche Härte 7 ("ritzt Glas"). Schlägt man zwei Steine aneinander, entstehen scharfkantige Splitter. Dabei bilden sich Funken, die aber nur in der Dunkelheit sichtbar sind, und es riecht nach Schwefel. Wer will, kann sich in der steinzeitlichen Feierabendbeschäftigung der Werkzeugherstellung üben, es geht wirklich! Übrigens: Steinschlossgewehre haben ebenfalls Steine aus Obsidian.

Inselnorden

Auf dem Plateau über dem Órmos Mílou ballt sich das eigentliche Siedlungszentrum von Mílos: Pláka, die Hauptstadt, mit ihr fast zusammengewachsen die Orte Tripití, Plákes, Triovássalos und Péra Triovássalos.

All diese Orte besitzen noch einiges an schneeweißer Kykladen-Architektur, vor allem sehr hübsche Kirchen, teils mit Kieselmosaiken im Hof, z. B. *Ágios Geórgios* in Péra Triovássalos. Außerdem trifft man hier auf die berühmten Katakomben, die Fundstelle der Venus von Milo und zwei interessante Museen. Häufige Busverbindungen ab Adámas. Den konkurrenzlos schönsten Überblick über den Norden von Mílos hat man vom *Kástro-Hügel* in Pláka.

Pláka

Der Hauptort von Mílos ist ein verwinkeltes Hangdorf, in dessen alten Gassen noch viel traditionelle kykladische Architektur erhalten ist.

Vor den Häusern mit Außentreppen und bunten Fensterläden sind noch überall Zisternen zu sehen, Bougainvillea rankt über die Mauern, die kleinen Tavernen lohnen einen Besuch. Vom Platz um die große zweischiffige Hauptkirche *Panagía Korfiátissa* genießt man einen herrlichen Blick auf den Golf (Kirchenfest am 8. September).

● *Verbindungen* Busse von und nach **Adámas** 10–15 x, **Pollónia** 4 x tägl. Bushaltestelle zentral im Ort, rechts geht's zum Kástro hinauf, links in den Ortskern mit Volkskundemuseum.

Karte Seite 610/611

Auf dem Kástro-Hügel: Blick auf die Kirche Panagía Thalassítra

● *Übernachten* Nur Privatzimmer, Telefonnummern im Übernachtungsprospekt von Mílos, erhältlich im Infobüro von Adámas.

Archontoula Karamitsou, von der Panagía Korfiátissa noch 50 m die Stufen hinunter. Studios mit herrlichem Meerblick. Auskunft im Mezedopolion "Archontoula" (→ Essen & Trinken). ✆ 22870-23820.

Zwei zu Ferienwohnungen umgebaute Windmühlen in Tripití bieten **Antonia Karamitsou** (✆ 22870-21384) und **Giannis Euripidis** (✆ 22870-21289). Auskünfte auch über Terry's Travel in Adámas.

● *Essen & Trinken* In Pláka kann man interessanter und mit mehr Atmosphäre essen als in Adámas, die kleinen Ouzerien servieren hauptsächlich *mezédes* (Vorspeisenteller).

Archontoula, das zentral gelegene Kafenion "I Plaka" wurde nach dem Tod des langjährigen Besitzers von seinem Sohn zu einem schönen traditionellen Mezedopó-lion umgebaut. Sehr leckere Gerichte und große Auswahl an Fleisch, Fisch und Gemüse, z. B. *spetsofái, briám* und *garídes saganáki* (überbackene Scampi).

Plakiani Gonia, Taverna-Ouzerie an der Zufahrtsstraße, etwa 150 m vor dem zentralen Platz (Busstation). Im "Plaka-Winkel" von Antonis und Flora Veleta bekommt man Inselspezialitäten und traditionelle Gerichte aus Tontöpfen sowie Vorspeisen und kleine Gerichte, an denen man sich aber ohne weiteres satt essen kann.

To Diporto, in einer engen Gasse zwischen Bushaltestelle und Volkskundemuseum, hübsch im traditionellen Stil gehalten, leckere Vorspeisenteller und kleine Gerichte.

Methismeni Politia, in Tripití, am Weg zu den Katakomben, ruhige Ouzerie mit Terrasse und schönem Panoramablick.

● *Cafés* Gemütliches **Zacharoplastion** mit Terrasse beim Busstopp von Pláka, schräg gegenüber vom "Archontoula".

Sehenswertes: Man kann im hübschen Ortskern bummeln, zwei interessante Museen besichtigen und den Burghügel besteigen, auf dem früher ein venezianisches Kástro stand.

Das *Archäologische Museum* ist im unteren Ortsbereich in einer klassizistischen Villa mit Arkadenterrasse untergebracht. In vier Räumen gibt es Funde vom Neolithikum bis zur römischen Besetzung zu sehen – angefangen von Obsidianstücken über kykladische Idole, Siegelsteine und kleine Tierfiguren bis zu römischen Statuen, Relieftafeln und Inschriften. Bekanntestes Stück ist die "Lady of Filakopí", eine 45 cm hohe, bunt bemalte Terrakottafigur aus mykenischer Zeit. Im Vorraum steht außerdem ein Gipsabguss der "Venus". Interessant sind auch die Schrifttafeln mit dem militischen Alphabet, das einundzwanzig Buchstaben hatte. Die kunsthistorisch bedeutendsten Stücke von Mílos findet man allerdings im Nationalmuseum von Athen.

Das liebevoll ausgestattete, im Jahr 2002 restaurierte *Historische Volkskundemuseum* liegt gegenüber der Panagía Korfiátissa (beschildert ab Bushaltestelle). Es handelt sich um ein traditionelles Inselhaus mit schweren Holzbalken und z. T. originaler Einrichtung (Küche, Schlafraum etc.). Unter anderem findet man einen Webstuhl, Klöppeleien und Spitzen sowie eine Weinpresse, sehr gemütlich wirkt das Himmelbett im Schlafraum. Im Obergeschoss werden historische Karten, Waffen und Bücher verwahrt Neben vielen Stücken der Alltagskultur sind außerdem Mílos-Mineralien samt Informationen ausgestellt.

Den vulkanischen Kegel nördlich vom Ort hat einst aus dem Erdinneren hervorbrechendes Magma gebildet. Den Aufstieg sollte man unbedingt machen, denn von der Gipfelkapelle *Méssa Panagía* hat man einen fantastischen Ausblick über den Norden von Mílos, bis hinüber nach Antímilos und Kímolos. Vom venezianischen Kástro sind noch die alten Mauerringe teilweise erhalten, im Osten auch Ruinen der Häuser, die früher die äußere Umfassungsmauer bildeten. Im 19. Jh. wurde ein Teil der Anlage zu Zisternen umgebaut. Auf halber Höhe am Hang, zwischen Kástro und Pláka, trifft man auf die Kirche der *Panagía Thalassítra* (Muttergottes des Meeres), deren geschwungene Silhouette mit dem dahinter liegenden Golf ein schönes Fotomotiv inkl. Sonnenuntergang abgibt.

Aussichtspunkt vor der Panagía Korfiátissa in Pláka

Antike Stadt, Venus von Milo, Katakomben

Unmittelbar südwestlich von Pláka hat man diese archäologischen Relikte entdeckt. Alles ist gut ausgeschildert und leicht zu finden. Danach kann man zum Ausruhen runter ins nahe Fischerdorf Klíma spazieren, wo einst der alte Hafen der Dorerstadt lag.

Die Göttin mit dem Apfel oder Wie kommt die Venus in den Louvre?

Am 8. April 1820 pflügt der Bauer *Georgios Kentrotas* seinen Acker unterhalb von Tripití um. Als er einige Steine wegräumen will, entdeckt er eine kleine Höhlung, in der eine lebensgroße Statue der Göttin Aphrodite

(= Venus) – zerbrochen in zwei Teile – samt zwei (ebenfalls abgebrochenen) Armen und noch einige andere kleine Skulpturen liegen. Laut damals noch vorhandenem Sockel stammt die Figur von einem gewissen Alexandros aus Antiochia, hergestellt wahrscheinlich im 2. Jh. v. Chr.

Olivier Voutier, ein archäologisch interessierter französischer Offizier, ist zu dieser Zeit gerade auf Mílos, hört von dem Fund und wendet sich sofort an den französischen Konsul auf Mílos, der wiederum den französischen Botschafter in Konstantinopel informiert. Das Ganze natürlich mehr oder minder heimlich, da Griechenland damals unter türkischer Herrschaft steht. Der Botschafter gibt sofort Order, die Statue zu erwerben, und man wird mit dem Bauern Georgios schnell handelseinig. Doch als sein Sekretär als Bevollmächtigter in Mílos eintrifft, ist die Göttin bereits auf ein Schiff verladen, denn die von den Türken eingesetzten Inselverwalter wollen sie einem türkischen Prinzen zum Geschenk machen. Der Franzose beharrt jedoch auf seinem Vertrag mit Georgios, und tatsächlich gelingt es ihm, die Skulptur zu kaufen – allerdings zu einem deutlich höheren Preis als vorher vereinbart. Vielleicht geschieht es beim Umladen auf das französische Schiff, dass die abgebrochenen Arme der Venus verloren gehen, denn der französische Hobby-Archäologe hat sie bei der Entdeckung im Acker noch gesehen und auch beschrieben: Laut seiner Aussage hält die Liebesgöttin einen *Apfel* in einer Hand (Apfel heißt auf griechisch *Mílos*, wahrscheinlich in der Antike das Symbol der Insel, auch auf Münzen eingraviert). Großes Rätselraten herrscht jedoch seitdem um die Stellung der verschwundenen Arme der Venus – da sie praktisch ab den Schultergelenken fehlen, sind alle nur denkbaren Haltungen möglich.

Die Statue wird nach Frankreich verschifft und dem französischen König Ludwig XVIII. von seinem Botschafter in Konstantinopel zum Geschenk gemacht. Der kunstliebende Monarch übergibt sie dem Louvre, wo sie noch heute steht – ein Schicksal, das die Venus von Milo mit vielen anderen griechischen Kunstwerken teilt, die sich seit dem 19. Jh. im Ausland befinden.

Antike Stadt (*Alt-Mílos*): zu erreichen vom kleinen Ort *Tripití*, wenige Minuten südlich von *Pláka*. Eine Asphaltstraße führt von dort hinunter zu den spärlichen Ruinen der antiken Hauptstadt von Mílos auf einem erhöhten Sattel über dem Golf. Ab 1100 v. Chr. wurde sie von den einwandernden Dorern erbaut.

20 m rechts von der zweiten Kurve der Straße stehen Reste der alten Stadtmauer mit Rundturm. Hier befand sich das *Osttor* der Stadt. Nur wenige Meter weiter (ab Straße beschildert) liegt die Fundstelle der berühmten *Venus von Milo* (eigentlich: Aphrodite von *Mílos*), eine viersprachige Marmortafel markiert unter Olivenbäumen die Stelle. Ein Stück weiter findet man unten auf einem Plateau das gut erhaltene römische *Theater* aus dem 3. Jh. n. Chr. mit sieben Sitzreihen und wunderbarem Blick auf den *Órmos Mílou*. Auf dem Hügel westlich des Theaters steht das Kirchlein des "kleinen" *Profítis Ilías* (so genannt im Unterschied zum höchsten Inselberg Profítis Ilías im Westen), auch hier kann man mal hinaufsteigen.

Die Römer hatten ihre Stadt nordwestlich der Dorerstadt errichtet, am Hang unterhalb von Pláka. Im ganzen Gebiet finden sich noch Tonscherben und antike Mauerbrocken.

Katakomben: Noch einige Kurven weiter die Asphaltstraße hinunter, kommt man zu den frühchristlichen Katakomben von Mílos. Es sind die größten, die bisher in Griechenland gefunden wurden. Deutsche Archäologen entdeckten sie bereits Mitte des 19. Jh. Sie stammen aus dem 3. Jh. – damals war der christliche Glaube verboten, und die Gläubigen mussten ihre Toten heimlich in Höhlen am Hang bestatten.

Der ganze Hang hinunter zum Fischerdorf *Klíma* besteht aus weichem Tuff. Löcher und Höhlen sind überall zu sehen, z. B. entdeckt man seitlich vom Stufenweg zu den Katakomben zwei frei zugängliche Grabkammern, in die man hineinklettern kann. Die eigentlichen Katakomben erstrecken sich über insgesamt drei Höhlenräume mit fünf Gängen, von dem labyrinthischen Netzwerk ist jedoch nur der mittlere Raum zugänglich. Die gewölbten Grabnischen sind

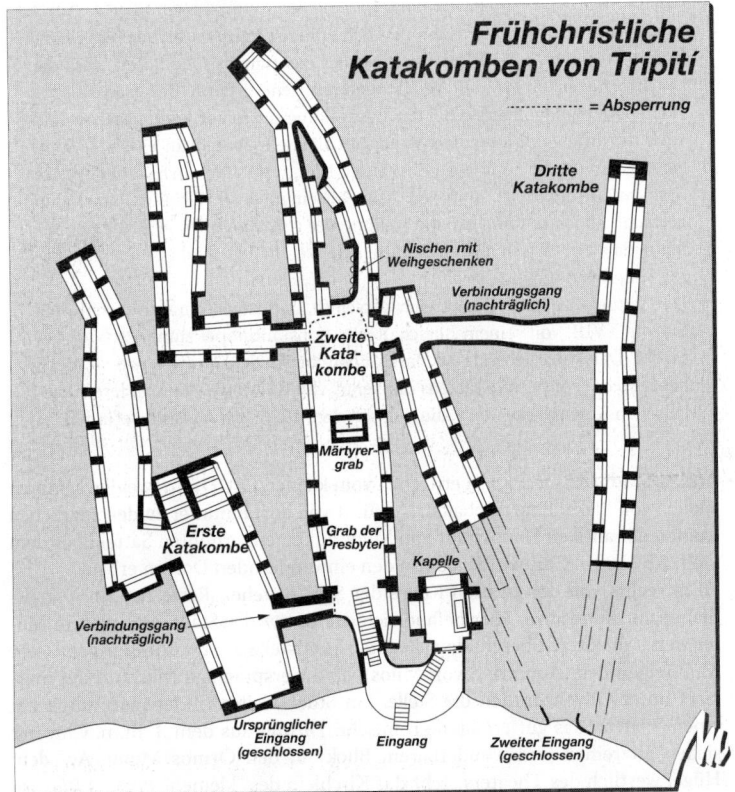

Frühchristliche Katakomben von Tripití

‑‑‑‑‑‑‑‑‑‑‑‑‑ = Absperrung

Dritte Katakombe

Nischen mit Weihgeschenken

Verbindungsgang (nachträglich)

Zweite Kata-kombe

Märtyrer-grab

Erste Katakombe

Grab der Presbyter

Kapelle

Verbindungsgang (nachträglich)

Ursprünglicher Eingang (geschlossen)

Eingang

Zweiter Eingang (geschlossen)

seitlich in die weißen Tuffwänden gegraben, kleine Lämpchen stehen in jeder Kammer, die früher davor angebrachten Steinplatten sind nicht mehr erhalten. Reste von Buchstaben, alte Farbreste und Rußspuren kann man hier und dort erkennen, z. B. eine Inschrift am so genannten *Grab der Presbyter* (zweites Grab rechts). In der Mitte der Katakombe ist ein Grab in Form eines *Sarkophags* in den Fels gehauen – man vermutet, dass hier ein christlicher Märtyrer begraben liegt. Weitere Gräber im Fußboden hat man zugeschüttet, damit die Besucher darüber laufen können.

Öffnungszeiten/Preise Di–So 8–19 Uhr, Mo geschl.

▸ **Klíma**: winzige Sommersiedlung am Ende einer steilen Zementpiste von Tripití, eine Reihe niedriger Fischerhäuschen eng an den Felshang gepresst, farbenfroh bemalte Tür- und Fensterläden – ein Anblick wie aus dem Bilderbuch. Das Innenleben besteht meist nur aus zwei Räumen, unten der "Wohnbereich" mit breitem Holztor, sodass auch das Boot in die gute Stube passt, oben Schlafraum. Mittags steigt vor der Tür der beißende Dampf kleiner Grillöfen

Häuser dicht an den Fels gepresst: die Sommersiedlung Klíma

auf. Baden möglich auf den Klippen am südlichen Ortsrand. Tipp ist das einzige Hotel am Ort.

● *Übernachten* **Panorama**, D-Kat., freundlicher Familienbetrieb von Michalis aus Tripití, acht DZ (auch als Mehrbettzimmer genutzt), ordentlich möbliert, jeweils Telefon und Kühlschrank, herrlicher Blick auf den großen Golf. Auch die Küche gut, hübsche Terrasse. DZ ca. 35–60 €. ✆ 22870-21623, 📠 22112.

▶ **Skinopí**: kleine Bucht mit ein paar Metern algenverschmutztem Kiesstrand und einer Handvoll Häuser, z. T. in den Fels getrieben. Eine schlechte Piste zweigt kurz nach Ortsausgang von Tripití von der Zufahrtsstraße nach Klíma ab.

Halbinsel nordöstlich von Pláka

Der nördlichste Teil von Mílos besitzt einige besonders reizvolle Badebuchten. Die Anfahrt von Adámas ist mit einem Mietmoped problemlos machbar.

Der äußerste Nordosten der Halbinsel ist von Steinbrüchen wild zerfurcht und zerwühlt, breite LKW-Pisten durchkreuzen dort die aufgebrochenen Flanken. Zwischen Mantrákia und Filakopí erstreckt sich eine niedrige, zerklüftete Klippenküste mit einer Handvoll Zufahrtspisten. Wo die Straße wieder ans Meer stößt, liegen die Ausgrabungen von Filakopí.

▶ **Pláthiena**: nördlich von Pláka, ab Kirche *Ágios Charalámbos* in Plákes führt eine Asphaltpiste hinunter. 150 m feiner, weißer Sandstrand mit einer Handvoll Tamarisken, keine Einrichtungen, einsam. Blick auf Antímilos und zurück auf den steilen Kástro-Felsen, der nach Norden fast senkrecht abbricht. Linker Hand vorgelagert im Meer der so genannte "Bärenfels" *Arkoúdes*. Tipp: hier den Sonnenuntergang erleben!

▶ **Firopótamos**: tief eingeschnittene Felsbucht mit hohen, weißen Felsen, Kiesstrand und absolut kristallklarem Wasser. Verlassene Hausruinen, kleine Kapelle, nebenan ein stillgelegter Steinbruch, wenig besucht.

▶ **Mantrákia**: kleine Sommersiedlung inmitten großartiger Felslandschaft – Richtung Osten toller Blick auf niedrige kalkweiße Klippen, im Westen Steilabstürze. Jedes Haus hat seine in den Felsen gehaute Bootsgarage, die "Sirmata". Zum Baden gibt es jedoch nur einen kleinen, unansehnlichen Strand.

▶ **Sarakíniko**: Eine der eindrucksvollsten Stellen von Mílos – eine von Wind und Wellen modellierte "Mondlandschaft" aus weich gerundeten, schneeweißen Bimssteinfelsen, eingelagert ein winziger Sandstrand. Zu erreichen ist die wunderschöne Badestelle auf asphaltierter Zufahrt.

▶ **Ágios Konstantínos**: auch hier in den Fels getriebene Bootsgaragen, daneben ein kleiner, passabler Sandstrand.

▶ **Páchena**: kurz vor Filakopí, hübscher, sauber gehaltener Sandstrand mit einigen wenigen Tamarisken und verstreuten Felsbrocken. Unterkunft findet man in einer kleinen Ferienhaussiedlung mit diversen Zimmervermietern, z. B. "Rooms/Apartments Moraitis" (✆ 22870-41385).

▶ **Papáfrangas**: östlich von Páchena öffnet sich eine fjordartige Meeresschlucht mit Durchbrüchen und Grotten im zerklüfteten Kalkgestein. Am landseitigen Ende führen in den Fels gehaute Stufen zu einem kleinen Sandflecken hinunter (Abstieg gesperrt). Der Canyon daneben endet in einer riesigen Grotte, die nur vom Meer aus erreicht werden kann. Der häufige Nordwind schwemmt leider immer viel Müll an.

Filakopí

Lang gestrecktes Ruinenfeld unmittelbar an der Straße nach Pollónia. Die gut 4000 Jahre alten Siedlungsreste gehören zu den bedeutendsten Funden des Frühkykladikums. Das aus losem Kalk- und Lavageröll bestehende Gelände bricht zum Meer hin abrupt ab, ein Teil der Stadt liegt unter Wasser.

Ausgegraben wurde Filakopí Ende des 19. Jh. von britischen Archäologen. Diese entdeckten, dass hier im Lauf der vorchristlichen Jahrtausende mehrere Siedlungen nacheinander bzw. übereinander angelegt worden waren: **Filakopí I** (2300–2000 v. Chr., frühe Bronzezeit) war eine einfache Handwerkersiedlung ohne Befestigungsmauern, Feinde hatte man augenscheinlich nicht zu fürchten. Hauptsächlich Obsidian und Keramik wurden damals hier bearbeitet. Um 2000 v. Chr. wurde dieser Ort zerstört, wahrscheinlich durch ein Erdbeben.

Auf den Überresten erbaute man eine neue Siedlung, **Filakopí II** (2000–1600 v. Chr.), die sich jetzt zur richtigen Stadt entwickelte. Aus dieser Epoche hat man große Mengen von Keramik gefunden, die bereits fast ausschließlich auf der Töpferscheibe hergestellt und reichhaltig mit Malerei verziert war – anfangs Ornamente, später Tiere, Pflanzen und sogar Menschen.

Auch diese Siedlung wurde zerstört, als **Filakopí III** (1600–1400 v. Chr.) wiederaufgebaut und mit einer mächtigen Stadtmauer umgeben wurde, die bis zu 4 m hoch war und zur Landseite hin in Bruchstücken noch heute erhalten ist. Diese Stadt stand unverkennbar unter kretisch-minoischem Einfluss, man hat in den Häusern entsprechende Keramik und, ähnlich wie in Akrotíri (→ Insel Santoríni), wunderschöne Wandmalereien gefunden – Seeschwalben, Lilien etc. Am bekanntesten das Fresko der "Fliegenden Fische". Auch ein Fragment der kretischen Linear-A-Schrift wurde im größten Bauwerk der Stadt, dem so genannten Herrenhaus, entdeckt.

Filakopí IV wurde ab etwa 1400 v. Chr. mit doppeltem Mauerring wieder aufgebaut – nunmehr, nach der Zerstörung der minoischen Paläste auf Kreta, eine mykenische Stadt, wie man anhand von Keramiken und einem typischen Herrschaftshaus (Megaron) feststellen konnte. Um 1100 v. Chr. eroberten die Dorer die Insel, zerstörten Filakopí endgültig und errichteten ihre neue Stadt am Hang unterhalb der heutigen Orte Pláka und Tripití.

Wahrscheinlich – aber nicht endgültig bewiesen – ist, dass Filakopí schon wesentlich früher als 2300 v. Chr. existierte. Man hat an der Stelle der Siedlung bearbeitete Obsidianstücke gefunden, die mindestens ins 4. Jt. zurückreichen.

Pollónia

Runde Sandbucht mit schattigen Tamarisken zwischen zwei Landzungen mit je einer Kapelle – im Norden Ágios Nikólaos, im Süden Agía Paraskeví. Der Ort ist eine lose Ansammlung von zahlreichen neu erbauten Häusern, die fast alle Zimmer vermieten. Insgesamt zum Baden ganz hübsch, sonst wenig geboten. In der Nebensaison sehr ruhig, nur eine Handvoll Fischer lebt hier.

Im Sommer kann man Bootsausflüge zu den westlich vorgelagerten Glaroníssi-Inseln unternehmen (→ unten). Vor allem aber lohnt natürlich ein Tagesausflug auf die gegenüberliegende Insel Kímolos, von der kleinen Fischermole setzt während der Hauptsaison täglich mehrmals eine Autofähre über (→ S. 636). Zudem Leserempfehlung für den kleinen Strand rechts von Pollónia, hinter der Kirche. Dort kann man sich auch hüllenlos aufhalten, allerdings kommt es bei Nordwind zu Teerverschmutzungen.

Durchbrüche und Grotten im zerklüfteten Kalkgestein: der Fjord von Papáfrangas

• *Verbindungen* 6–12 x tägl. Busse von und nach **Adámas**, 4 x von und nach **Pláka**. Haltestelle bei den Tavernen am Anleger.

• *Übernachten* Großes Angebot an Privatzimmern und Apartments.

Kapetan Tasos, von der Busstation ca. 300 m die Straße beim Laden/Bäcker hinauf, an der linken Seite. Exponierte Hügellage mit herrlichem Blick, Emanuel Mallis vermietet 13 Apartments jeweils mit Balkon oder Terrasse. ☎ 22870-41287, ✆ 41322.

Korina, ordentliche Zimmer an derselben Straße, rechte Seite, etwa 100 m von der Busstation. ☎ 22870-41209, ✆ 41462.

Apollon, Apartments, Studios und Zimmer an einer kleinen Bucht im nördlichen Ortsbereich, herrlicher Blick nach Kímolos. Mit Terrassentaverne. ☎ 22870-41347.

I Apanemia, an der Ausfallstraße nach Adámantas, ca. 200 m ab Busstation. Kostas Iliopoulos vermietet neben seinem Oúzomezedopólion mehrere Zimmer. ☎ 22870-41248.

• *Essen & Trinken* Am Anleger für die Fischerboote und das Fährboot nach Kímolos hat sich eine ganze Tavernengasse etabliert, u. a. die alteingesessene Fischtaverne **O Kapetan Nikolas**.

I Apanemia, gemütliches Oúzomezedopólion/Fischtaverne mit Zimmervermietung (→ Übernachten). Man speist auf einer von Grün umgebenen Terrasse mit Schilfdach.

• *Nachtleben* **8 Bofor**, ambitionierter Musikclub am Meer, dem ein guter Ruf vorauseilt.

• *Sonstiges* **Axios**, Autovermietung an der zentralen Kreuzung. ☎ 22870-41234.

Diving Center Pelekouda, Tauchzentrum bei Rooms Apollon (→ Übernachten). ☎ 22870-41347, ✆ 41240.

▶ **Glaroníssia:** Die vorgelagerten Inseln sind eine der größten geologischen Natursehenswürdigkeiten von Mílos, denn hier hat sich Basaltgestein in senkrechten Formationen sechseckig kristallisiert, was wie gebündelte Bleistifte wirkt. In der Saison fahren Ausflugsboote ab Pollónia und Adámas, die bizarren Formen sind aber auch von den Fähren Richtung Folégandros und Santoríni gut zu sehen.

Inselosten und Südosten

Die Ostküste ist touristisch wenig attraktiv, denn hier haben die großen Schürfgesellschaften ihre Anlagen, reizvoll sind jedoch die Farbenspiele der unterschiedlichen Materialien. Der Südosten besitzt dagegen einige gute Strände, zu erreichen über Zefíria.

▶ **Órmos Voúdia:** lang gestreckte Bucht 2 km südlich von Pollónia, auf einer teilweise asphaltierten Straße zu erreichen. Die große Verarbeitungs- und Verladestation der "Silver and Baryt Ores Mining Company" hat hier ihren Sitz. Sieht man auch gut von den Fähren in Richtung Folégandros. Verbotsschilder untersagen das Befahren.

Die folgenden Strände erreicht man, indem man bei Alikí am Órmos Mílou (Nähe Flugplatz) nach Zefíria abbiegt.

▶ **Zefiría:** unscheinbarer Durchgangsort zu den Stränden der Südküste, nicht viel mehr als eine Straßenkreuzung. Im Mittelalter stand hier die Inselhauptstadt *Palea Chóra*, die Ende des 18. Jh. durch Erdbeben zerstört und aufgrund von Epidemien (darunter Malaria) unbewohnbar wurde. Später hat man die Stadt noch einmal neu besiedelt, wobei die Steine der alten Ruinen wiederverwendet wurden. Die im 19. Jh. restaurierte Doppelkirche *Panagía Portianí* steht direkt an der Straße.

Zu den Stränden von Paliochóri und Agía Kyriakí zweigt am Ortseingang rechts eine schmale, beschilderte Straße ab.

Alternativenergie

Die Asphaltstraße von Zefíria führt noch ein Stück weiter Richtung Palió Réma an der Ostküste und wird dann zur Erdpiste. Kurz nach dem Ortsausgang von Zefíria passiert man einen 1180 m tiefen, *geothermischen Brunnen*, der 1981 mit finanzieller Unterstützung der EG gebohrt wurde. Die angebohrten Schichten führen heiße Dämpfe, die mittels langer Leitungen zu einem Kraftwerk geleitet werden können, um dort Turbinen anzutreiben. Leider ist die Anlage seit langem stillgelegt und rostet vor sich hin.

▶ **Palió Réma**: große Steinbrüche und Verladeanlagen, nichts zum Baden.

▶ **Paliochóri**: drei Strände zwischen prächtigen Felsformationen an der Südküste, zu erreichen auf asphaltierter Straße ab Zefíria, auch Busse. Der Hauptstrand ist gut 500 m lang und besteht aus hellbraunem Kies und Sand. Mehrere Fischlokale sind direkt auf die Felsen gebaut, die den Strand begrenzen, unterhalb der ersten Taverne "Sirocco" treten heiße Dämpfe aus dem Sand (→ Kasten. S. 630). Ein weiterer Sandstrand schließt sich im Osten an und ist durch Überklettern des Bergsturzes zu erreichen. Eindrucksvoll ist aber vor allem der westlich benachbarte Strand, der zu Fuß auf einem Küstenpfad oder von der Straße aus durch das Gelände der Strandbar "Deep Blue" zu erreichen ist. Er ist etwa 200 m lang und eingerahmt von gut 40 m hohen Wänden. Die Felsen sind z. T. leuchtend rot, gelbe Einsprengsel weisen auf Schwefel hin, am Westende tritt 50 Grad heißes Wasser aus.

• *Verbindungen* **Busse** von und nach Adámas bis zu 6 x tägl.

• *Übernachten* Die Tavernen vermieten Zimmer, doch macht das Angebot einen etwas vernachlässigten Eindruck.

• *Essen & Trinken* **Sirocco**, die erste Taverne am Strand benutzt als Gag für die Urlauber die heißen Erddämpfe zum Kochen, die Gerichte werden in einer Art natürlichem Ofen unter der Sandoberfläche gegart. **Pelagos**, halbkreisförmige Terrasse über der Strandmitte, gute Fischgerichte und Panoramablick. **Artemis**, direkt über dem Hauptstrand, Kuchen und Eis aus eigener Produktion. **Deep Blue**, große Musikbar auf mehreren Terrassen am Weststrand, nur in der Hochsaison geöffnet.

▶ **Agía Kyriakí**: westlich von Paliochóri, keine Busverbindung, aber mit dem Moped problemlos (ab Ortseingang Zefíria beschildert). Steiler Fahrweg hinunter, unten große Bucht mit 400 m Sand und Kies am Ausgang eines Erosionstals, eine Taverne vermietet Zimmer (✆ 22870-22058, 22629).

Von Adámas um den Órmos Mílou

Schöne Fahrt rund um den riesigen "Binnensee" von Mílos, unterwegs mehrere Strände. Fantastisch ist der weite Blick zurück nach Adámas und Pláka. Von Adámas geht es die Uferstraße Richtung Alikí entlang, am Ende des Strands eine Bootswerft und Anlagen zur Verschiffung von Mineralien, dann folgen der Abzweig nach Zefíria und der Flugplatz.

▶ **Kánava**: Kurz nach der Abzweigung nach Zefíria und zum Strand von Paliochóri (→ oben) entweichen unterhalb vom Elektrizitätswerk heiße, schweflig riechende Dämpfe direkt am verschmutzten Strand ins Meer. Demzufolge wird das Wasser hier bis zu einer Temperatur von 40 Grad aufgewärmt – besonders ältere Griechen nehmen hier gerne ein Bad.

Heiße Dämpfe, brodelnde Lava

Das heutige Mílos ist durch vulkanische Tätigkeit entscheidend geprägt worden. Vor 2–3 Millionen Jahren eruptierte ein Vulkan, der riesige Mengen Bimsstein, Obsidian und Lava über die Insel warf. Heute bestehen die Küsten zu weiten Teilen aus Bimsstein, der höchste Inselberg Profítis Ilías ist – ebenso wie der Burgberg von Pláka – aus Lava, Obsidian hat Mílos schon in prähistorischen Zeiten für Siedler attraktiv gemacht. In geschichtlicher Zeit gab es zwar keine Ausbrüche mehr, aber nur einen knappen Kilometer unter der Insel brodeln glühende Lavamassen! Sie sind verantwortlich für die zahlreichen, oft schwefelhaltigen *Thermalquellen* und die *heißen Dämpfe*, die an vielen Inselecken aus dem Boden treten, oft auch an der Küste ins flache Meer strömen – beste Beispiele dafür sind Kanavá, südlich von Adámas und der Strand von Paliochóri. Die Dämpfe entstehen, weil Regen- bzw. Grundwasser durch das großporige Tuffgestein in die Tiefe sickert und dort zu Dampf erhitzt wird, der wiederum nach oben steigt. Früher wurden an solchen Stellen simple Thermalbäder eingerichtet, die in erster Linie gegen Rheuma helfen sollen, inzwischen sind sie aber fast alle geschlossen, lediglich *Loutrá Lakkou* in Adámas ist noch in Betrieb.

▶ **Alikí**: Die ausgedehnten, schneeweißen Verdunstungsbecken der Salinen von Mílos liegen neben dem Flugplatz.

▶ **Mávra Gremná**: ausgehöhlte, dunkle Felsformationen, nur zu Fuß oder per Boot erreichbar.

▶ **Achivadólimni**: gut 1 km langer Strand mit feinem Sand, es geht ganz flach ins Wasser. Tolle "Badewannenatmosphäre" an windstillen Tagen, in der Nebensaison oft menschenleer. Hinter dem Strand ein alter Steinbruch, im westlichen Teil ein kräftiges Wacholderbaumwäldchen. Auf einem Kliff östlich oberhalb vom Strand wurde vor einigen Jahren der bisher einzige Campingplatz von Mílos eröffnet, dessen Besitzer auch eine Strandbar betreibt. Landeinwärts der Straße liegt ein großer *Lagunensee*, der im Sommer aber ausgetrocknet ist.
Eine beschilderte Straße führt hier an der schmalsten Stelle von Mílos zur Südküste mit den Stränden Tsigrádo, Firipláka und Provatás (→ unten).

• *Übernachten/Essen & Trinken* **Camping Achivadolimni**, schöne Lage auf einem Kliff östlich vom Strand, Panoramablick auf den Golf. Bisher alles noch neu und gepflegt, Schatten durch Schilfdächer. Self-Service-Restaurant, Fahrzeugverleih, Vermietung von Bungalows und Zelten, Minimarkt. ☎ 22870-31410, 📠 31412.

Westlich von Achivadólimni windet sich die Straße mit Panoramablicken durch phryganaüberwucherte Felshänge hinauf zur blendend weißen Kirche Agía Marína, dort Abzweig hinunter nach Rivári und Empouriós. Auf dem Hauptweg Weiterfahrt Richtung Westen möglich (→ unten).

▶ **Fatoúrena & Rivári:** schöne Serpentinenabfahrt durch üppig grüne Phrygana. Unten trifft man auf den Fatoúrena-Strand, ca. 200 m lang, leider verdreckt und teerverschmutzt. Traumhaft dagegen das Panorama mit der Rivári-Lagune (früher mit Reusen zum Meer hin abgesperrt und zur Fischzucht genutzt) und dem weißen Kirchlein Ágios Nikólaos auf schmaler Landzunge. Der Strand *Megáli Ámmos* begrenzt die Landzunge mit flachen Dünen zum Meer hin. Ab hier Fußweg nach Empouriós, ca. 20 Min., Moped nicht möglich.

▶ **Empouriós:** weltabgeschiedenes Fischernest bzw. Schrebergartenkolonie am Meer. Eine Handvoll Häuser sind direkt ans Wasser gebaut, herrlicher Blick rüber nach Pláka, das sich wie ein weißes Band den Kamm entlang zieht. Ein paar Meter Kies, Wasserpflanzen inklusive, gibt zum Baden wenig her. Jedoch herrlich einsam und die absolut urigste Taverne der Insel: der Wirtsraum direkt am Wasser, halb Wohnzimmer, halb Küche, Manolis Koliarakis vermietet auch Zimmer, ✆ 22870-21389. Unter den Tamarisken stehen auch meist ein paar Zelte – Campen in der Regel erlaubt, wenn man vorher fragt.

▶ **Ágios Dimítris:** geschützte Bucht an der äußersten Nordspitze des Órmos Mílou, nur mit Badeboot zu erreichen. Zwei kleine Sandstrände, getrennt durch ein Kap mit einer Kapelle. Sehr einsam, keine Einrichtungen.

▶ **Profítis Ilías:** mit 751 m höchster Inselberg, Besteigung aber relativ einfach. Ausgangspunkt ist Agía Marína, dort beginnt linker Hand ein Fahrweg den Hang hinauf. Nach etwa 1,5 km zweigt in einer Kurve rechts ein Pfad ab, der zuerst zum niedrigeren Gipfel *Katsógria* führt und von dort hinüber zum Profítis Ilías mit hübscher kleiner Gipfelkapelle. Da am 19. Juli Kirchenfest gefeiert wird, gibt es einige einfache Pilgerzellen und auch eine Zisterne. Rundblick über ganz Mílos, bei klarer Sicht noch weiter! Dauer des Aufstiegs ca. 1,5 Std.

Von Achivadólimni zur Südküste

Kurz nach dem Campingplatz biegt die asphaltierte Straße zum Strand Provatás an der Südküste ab (→ übernächster Abschnitt). Etwa 1 km weiter zweigt linker Hand eine breite Piste zu den unbedingt sehenswerten Stränden Tsigrádo und Firipláka ab. Sie führt mitten durch das staubig-weiße Abbaugebiet einer Schürffirma, die schweren Laster wirbeln viel Sand auf, erhöhte Vorsicht bei der Durchfahrt!

▶ **Tsigrádo & Firipláka:** abgelegene Idylle an der Mitte der Südküste am Fuß des ehemaligen Vulkans Firipláka (220 m). Zwischen bizarren, senkrecht ansteigenden Wänden ein paar schöne Buchten mit weichem, weißem Sand, die Felsen schimmern buchstäblich in allen Farben.

Kurz vor der Küste gabelt sich die Zufahrtspiste. Der linke Abzweig endet auf einem Kap, daneben liegt ein prachtvoller Dünenhang, der sich steil zum kleinen Strand von Tsigrádo hinunterzieht – Fahrzeug stehen lassen und im Sand hinunterstapfen. Der rechte Fahrweg endet auf einem Kap kurz vor dem langen, schmalen Sandstrand von Firipláka unter blutroten und schneeweißen Felshängen, im Wasser ragen bizarre Zinken auf. Im Sommer hat hier eine kleine Strandbar geöffnet.

▶ **Órmos Provatás**: Weite, teils landwirtschaftlich genutzte Bucht mit mehreren schmalen Sandstränden, eingefasst von weißen und roten Klippen. Im westlichen Teil hat ein Erdrutsch den Strand teilweise verschüttet. Mehrere Zufahrten, die westliche führt an der Kirche *Ágios Sostis* mit freistehendem Glockenturm vorbei.

● *Übernachten/Essen & Trinken* **Golden Milos Beach**, B-Kat., gepflegtes, noch etwas steril wirkendes Hotel mit ebensolcher Taverne oberhalb vom östlichen Strandende. Satte Rasenflächen, über achtzig Zimmer in mehreren Blocks. DZ mit Frühstück ca. 60–130 €. ✆ 22870-31307, ✎ 31309.

In der Mitte der Bucht die exponiert über dem Strand stehenden Tavernen **Maistrali** (✆ 22870-31420, ✎ 31164) und **Tarantela Beach** (✆ 22870-31346), beide mit Zimmervermietung.
Weitere Zimmer vermietet **Antonios Veletas** bei der Kirche Ágios Sóstis, ✆ 22870-22352.

Westlich von Provatás führt die Straße hoch über der Küste weiter. Der Asphaltbelag endet kurz hinter den wenigen Häusern von Kípos. Näheres zum Inselwesten im nächsten Abschnitt.

Inselwesten

Extrem felsig und bergig, kaum besiedelt, holprige Pisten, aber stellenweise auch viel Grün. Die Landschaft wird geprägt vom hohen Profítis Ilías und anderen Gipfeln. Insgesamt lohnend wegen der vielen landschaftlichen Eindrücke, auch einige schöne, einsame Badestellen gibt es.

Es besteht die Möglichkeit, den Westen auf einer anstrengender Erdstraße mit vielen hügligen Abschnitten zu umrunden. Mit dem Moped ist das zu machen, aber vorsichtig fahren, vollen Tank und reichlich Zeit mitbringen! Im Folgenden die Streckenbeschreibung von Agía Marína ausgehend bis Kípos im Süden.

▶ **Ágios Ioánnis Theológos**: großer, weißer Komplex direkt am Weg, um die Kirche niedrige Wohnhäuschen und Pilgerzellen, im Sommer z. T. bewohnt. Achtung: Die Zähne fletschenden Hunde mögen keine Mopeds. Die Kirche wird einem gerne gezeigt (kleine Spende), und man weiß auch gleich, was der Besucher sehen will, denn in der südlichen Längswand steckt neben der Tür die *Granate* eines englischen Kriegsschiffs, das hier im Zweiten Weltkrieg eine deutsche Stellung bombardierte. Ágios Ioánnis Theológos wird auch *Sanderianós*, der "Eiserne" genannt – bei einem Piratenüberfall soll die Holztür der Kirche wider Erwarten den Angreifern wie eine massive Eisentür standgehalten haben. Ein weiteres Wunder hinderte einen Piraten daran, von der Kuppel auf die im Kloster versammelten Gläubigen zu schießen: Beim Schuss fiel seine Hand ab und mitsamt der Pistole ins Kirchenschiff. Die Reste der Pistole werden in einer kleinen Vitrine bei der Nordtür verwahrt. Großes, mehrtägiges *Klosterfest* am 25./26. September. Eine hübsche und einsame Sandbucht liegt unterhalb des Klosters, ca. 15 Min. zu Fuß.

Vom Kloster geht es an der Rückseite des Profítis Ilías durch wilde Steinlandschaften um die südwestliche Ecke von Mílos. Die Küste ist hier extrem zerklüftet - senkrechte Steilabfälle ins Meer, Grotten und Klippen, dazwischen eingeschlossen kleine Sandstrände. Früher war diese Ecke ein Tummelplatz für Piraten. Schönster Punkt ist Kléftiko, das auch mit Badebooten ab Adámas angefahren wird. Auch hier ist die Piste sehr holprig und hügelig.

Die Strände an der Südküste sind die schönsten der Insel

▶ **Sykiá**: tiefe Höhle im Westhang des *Katsipárdos* (392 m), in die das Meerwasser eingedrungen ist. Ein Teil der Tuffsteindecke ist eingestürzt, dort scheint die Sonne herein. Im Inneren kleiner Sandstrand. Insgesamt ein toller Platz mit diffusen Lichtspiegelungen im kristallklaren Wasser, beliebt vor allem bei Bootsbesitzern, die ihre Jachten durch den geräumigen Höhleneingang hineinbugsieren.

Anfahrt/Verbindungen Zu erreichen mit **Ausflugsbooten** ab Adámas in Verbindung mit dem Trip nach Kléftiko. Keine Zufahrt über Land.

▶ **Kléftiko**: bizarrer Küstenstrich mit hohen, fast senkrechten Steilwänden. Vorgelagert im Wasser erheben sich Felstürme, z. T. mit natürlichen Toren und Meereshöhlen. Das vulkanische Gestein ist wild verformt und ausgehöhlt, optisch sehr eindrucksvoll. Bademöglichkeit zwischen Felsen und an schmalem Sandstrand. Nicht von ungefähr heißt die abgelegene Stelle "Räuberbucht" (Kléftis = Dieb, wird aber auch als Bezeichnung für Freiheitskämpfer bzw. Partisan benutzt). Mílos war bis ins 19. Jh. eine der wichtigsten Pirateninseln der Ägäis, denn die versteckten Buchten an der Südwestecke boten ideale Bedingungen.

Anfahrt/Verbindungen Beliebtestes Ziel der **Ausflugsboote** von Adámas, mit Moped nicht zugänglich.

▶ **Gérontas**: schöner, sehr ruhiger Sandstrand, eingefasst von malerischen Kalkfelsen. Abzweig südöstlich von *Xilokeratiá*, kurz nach der Kirche Agía Sofía.

▶ **Kípos**: Nur einige Viehzüchter leben hier. Die *Panagía tou Kípou* unterhalb der Straße ist die älteste Kirche der Insel, wurde aber durch spätere Restaurierung stark verändert. Im Inneren alte Marmorplatten, Teile eines hellenistischen Sarkophags, in die später christliche Symbole eingemeißelt wurden. Im Allerheiligsten hinter dem Altar ein kreuzförmiges Taufbecken.

Östlich von Kípos beginnt wieder der Asphalt und schnell ist man wieder am Órmos Mílou.

Weitere Inseln um Mílos

Mílos und das benachbarte Kímolos bilden mit diversen vorgelagerten Inselchen einen ganzen Archipel. Vor der Nordspitze von Mílos liegen die felsigen Inseln *Mikrí Akrádia* und *Megáli Akrádia*, das winzige Inselchen *Paximádi* ist der Südwestspitze vorgelagert, die bereits erwähnten *Glaroníssia* liegen vor der Nordküste. Die Inseln in der Meerenge zwischen Mílos und Kímolos (→ Kímolos).

▸ **Antímilos** (auch: **Erimómilos**): steiler Felsklotz ca. 15 km westlich von Adámas, etwa 9 qkm groß, 684 m hoch (!), unbewohnt und bis auf karge Phryganasträucher fast völlig kahl und wasserlos. Da dort noch seltene Wildziegen leben, ist Antímilos zum Naturschutzgebiet erklärt worden.

Kímolos

Der einsame und wilde Nachbar von Mílos ist nur durch eine schmale Meerenge (Stenón) von der Hauptinsel getrennt. Ein großes Fährboot und Kaikis tuckern im Sommer täglich von Pollónia hinüber. Außer der Chóra ist Kímolos kaum besiedelt, bizarr erodierte Kalkklippen und einige Strände bestimmen die Küstenlinie, im Nordosten türmen sich bizarre weiße Hügel aus Bentonit, der hier im Tagebau gewonnen wird.

Wie Mílos ist auch Kímolos flach, jedoch rau und steinig. Der Großteil der Insel ist unerschlossen, allerdings wurden in den letzten Jahren einige Straßen asphaltiert. Westlich vom Hafen liegt die Bucht *Alikí* mit dem längsten Inselstrand, an der nördlichen Ostküste wird wie auf Mílos Bentonit abgebaut, auch dort gibt es einen reizvollen Strand. In erster Linie lohnt aber der Besuch der *Chóra* mit seinem historischen Kástro. Die meisten Besucher kommen nur für einen Tagesausflug von Mílos herüber – der große Rummel wird hier so schnell nicht Fuß fassen.

Größe: 36 qkm, Küstenlänge 40 km, größter Durchmesser ca. 9 km.

Bevölkerung: ca. 600, viele nur im Sommer, starke Abwanderung.

Wichtige Orte: nur zwei, Psáthi (Hafen) und die Chóra.

Straßen: Asphaltiert sind die Straßen von Psáthi zur Chóra, von der Chóra nach Alikí und ein Stück der Straße nach Prássa im Nordosten. Ansonsten gibt es nur Pisten und Wege.

Entfernungen: Psáthi – Chóra 1 km, Chóra – Alikí (Strand) 2,5 km, Alikí – Órmos Ellinikón 3 km, Chóra -Prássa 4,5 km.

Tankstelle: keine.

Unterkunft: ausschließlich Privatzimmer in Psáthi, Chóra und am Strand von Alikí. In der Hauptsaison wegen des geringen Angebots Reservierung empfehlenswert.

Baden: lange Strände sind Alikí (Südküste), Ellinikón (Westküste) und der Strand an der Kéndros-Halbinsel (Nordosten).

Karten: auf den Mílos-Karten ist Kímolos überall eingezeichnet, z. B. auf der sehr genauen Karte von "Road Editions".

Postleitzahl: 84004.

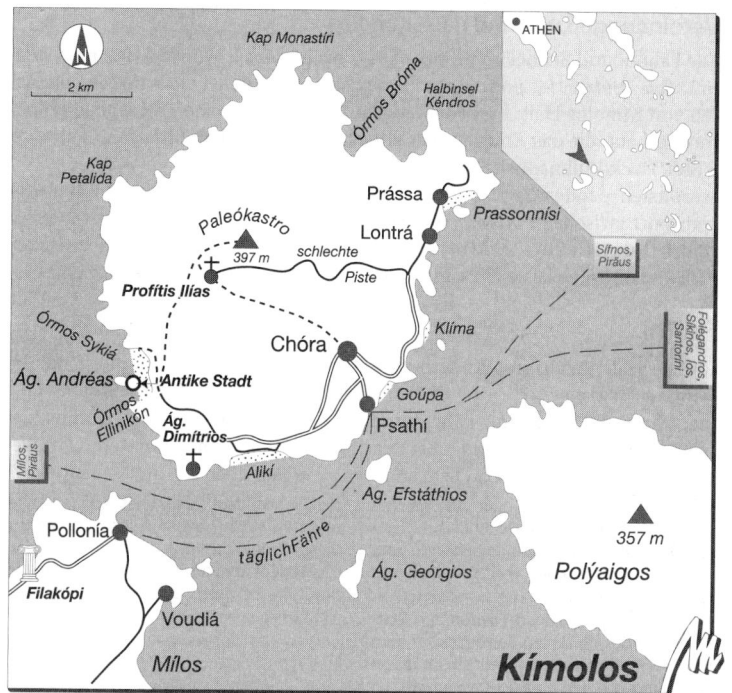

Geschichte

Kímolos stand immer in enger Beziehung zum großen Nachbarn Mílos. Bewohnt war die Insel spätestens in *mykenischer Zeit* (2. Jt. v. Chr.), wahrscheinlich wurde hier Bergbau betrieben. Später war Kímolos ein selbständiger Inselstaat und gehörte dem *Attisch-delischen Seebund* an. Bekannt war damals in Griechenland die so genannte "Kímolos-Erde", die zur Reinigung verwendet wurde. Die antike Inselhauptstadt lag an der Westküste, auf einem heute versunkenen Isthmos in der *Ellinikón-Bucht*, Ruinen sind unter Wasser erhalten (→ Órmos Ellinikón). In byzantinischer Zeit zogen sich die Bewohner auf den höchsten Inselberg *Palékastro* zurück, nicht zuletzt wegen der wachsenden Piratengefahr.

1207 kamen die Venezianer, Kímolos wurde dem *Herzogtum Náxos* eingegliedert. Die Familie der *Gosadini* besetzte die Insel und erbaute das Kástro in der heutigen Chóra. Der Rest der Geschichte verlief parallel zur Mílos-Historie. Die Türken gewannen die Oberhoheit, danach intensive *Piraterie*, an der sich auch die Bewohner beteiligten, 1832 Eingliederung in den Staat Griechenland. Kímolos ist Abstammungsort der Reederfamilie *Ventouris*, die im Mittelmeer mehrere Fährlinien betreibt (Ventouris Lines, Ventouris Ferries). Noch heute tragen zahlreiche Einwohner diesen Namen.

Verbindungen von und nach Kímolos

Die Fähren und Schnellboote von *Piräus* nach *Mílos* bzw. von *Mílos* nach *Síkinos*, *Folégandros*, *Íos* und *Santoríni* machen in der Regel auch im kleinen Hafen von Kímolos Halt. Erst vor wenigen Jahren wurde eine große neue Betonmole gebaut, die das Anlegen sehr erleichtert. Fahrtzeit ab Piräus mit Fähre ca. 8 Std., Deck/Pullmannsitz ca. 16 €.

Ansonsten pendelt tägl. 4–6 x ein Fährschiff (Karamitsos Lines) mit Autotransport zwischen *Pollónia* (Mílos) und *Psáthi*, bei Bedarf unterstützt durch Kaikis (Fahrtzeit etwa 20 Min., etwa 3 € einfach). Achtung: Der Kanal zwischen Mílos und Kímolos ist sehr windig, und nicht selten fallen Überfahrten aus.

Psáthi

Ruhige Hafenbucht mit Kiesstrand und wenigen Häusern, die meist nur im Sommer bewohnt sind. Zur Chóra hinauf Spaziergang auf Serpentinenstraße (ca. 1 km). Bei der Schule kann man links den gepflasterten Weg nehmen, der beträchtlich abkürzt, er endet bei der großen Hauptkirche im unteren Ortsbereich. Dort liegt auch der Südeingang zum venezianischen Kástro (→ Stadtplan).

• *Anfahrt/Verbindungen* Seit 2001 gibt es einen **Bus**, der mehrmals tägl. zur Chóra (Endstation bei der Post), nach Alikí und Klíma fährt. Fahrtzeiten sind auf die Fähren abgestimmt.

• *Adressen* Öffentliches Telefon und **Post** sowie der Souvenirladen **To Kaniski**, in dem man eine informative deutschsprachige Broschüre über Kímolos erwerben kann.

• *Essen & Trinken* **To Kyma**, man sitzt unter einem Schilfdach direkt am Kiesstrand, ordentliche, laut Leserbrief sogar ausgezeichnete Küche. Wenn Ausflugsboote von Mílos herüberkommen, oftmals viel Trubel. Das **Hafenkafenion** am Anleger ist das einzige Café im Hafen und dementsprechend nicht billig.

> **Achtung**: kein Geldautomat auf Kímolos, auch die Post löst keine Schecks ein. Genügend Bargeld mitbringen.

Chóra

In schöner Hügellage ein nettes und geruhsames Örtchen, wo hauptsächlich Griechen Urlaub machen und man noch relativ unverfälschtes Dorfleben kennen lernen kann.

Sehenswert ist der mittelalterliche Kern mit venezianischem Kástro-Viertel, zahlreichen Kirchen und alten Inselhäusern, am Kamm darüber eine Reihe alter Windmühlen. An der Peripherie renovierte Villen bzw. Neubauten – Sommersitze ehemaliger Bewohner von Kímolos, die heute in Athen leben. Zahlreiche Wassertürme, Tanks und Zisternen sichern die Wasserversorgung.

• *Adressen* **Post** am Ortsende, mit Geldwechsel (8–13 Uhr); **Kinderspielplatz** an der Platia Oikonomou, nördlich vom Kástro.

• *Übernachten* Bisher wenig Auswahl, doch das Angebot wächst allmählich. Im Hafen unten Stadtplan mit Standorten und Telefonnummern der Vermieter.

Maria Melanitis (9), auf halbem Weg vom Hafen zur Chóra, direkt an der Straße. Acht ordentliche Zimmer, z. T. Gemeinschaftsbäder. ✆ 22870-51392.

O Mylos tou Giatrou (8), exponierte Hügellage gegenüber von Maria Melanitis, Rooms in umgebauter Windmühle. ✆ 22870-51556.

Nikos Ventouris (2), im hinteren Ortsteil an der Hauptgasse, schlichte Taverne mit Vermietung von neuen sauberen Zimmern. ✆ 22870-51329.

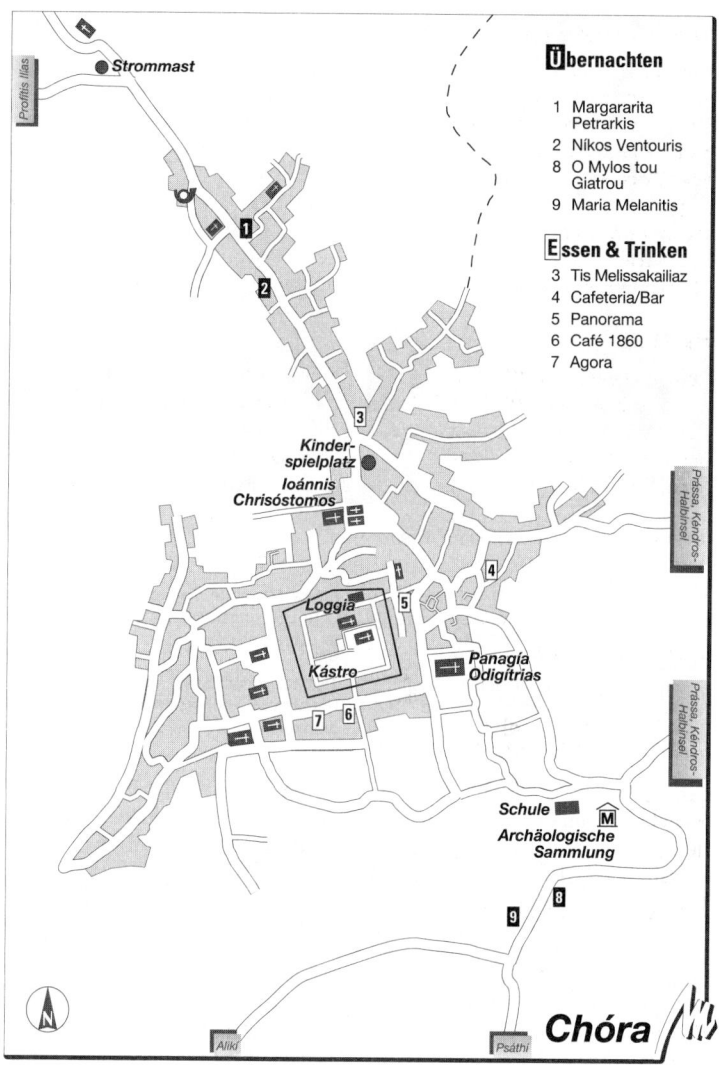

Übernachten

1 Margararita Petrarkis
2 Níkos Ventouris
8 O Mylos tou Giatrou
9 Maria Melanitis

E ssen & Trinken

3 Tis Melissakailiaz
4 Cafeteria/Bar
5 Panorama
6 Café 1860
7 Agora

Strommast

Profitis Ilias

Kinder-spielplatz

Ioánnis Chrisóstomos

Plíssa, Kándros-Halbinsel

Loggia

Kástro

Panagía Odigítrias

Plíssa, Kándros-Halbinsel

Schule

Archäologische Sammlung

Chóra

Aliki

Psáthi

Margarita Petrakis (1), von N. Ventouris ein Stück weiter, rechter Hand. ✆ 22870-51314.
Meltemi, empfohlen von Leser M. Bredebusch: hinter der Chóra in Richtung Berge, unten gemütliche Taverne, oben vier Zimmer mit Bad und Kühlschank, Dachterrasse mit Panoramablick.

Weitere **Rooms** gibt es z. B. im vorderen Ortsteil, am Weg unterhalb der Kirche, ✆ 22870-51048.
• *Essen & Trinken* **Panorama (5)**, etwas versteckt beim Osttor vom Kástro, verglaste Holzveranda mit Meeresblick, Essen o.k.

Die venezianische Loggia im Kástro

• *Cafés/Bars* **Café 1860 (6)**, schönes Plätzchen am Südeingang zum Kástro, abends strahlen Scheinwerfer das Tor an.

Cafeteria/Bar (4), zentrale Lage, wenige Schritte unterhalb der Taverne Panorama. Mittelpunkt des "Nachtlebens" und Treffpunkt der Jugend, beschallt allabendlich den Ort. Terrasse im ersten Stock.

Agora (7), neue Bar etwas westlich vom Café 1860, angenehme Atmosphäre und gute Musikmischung aus Jazz, Soul und Rock.

Tis Melissakailiaz (3), im hinteren Teil der Hauptgasse, hübscher Innenhof mit Ziehbrunnen.

Sehenswertes: Wenn man die Asphaltstraße vom Hafen heraufkommt, kommt man am Ortseingang in der Nähe der Schule an einem kleinen Gebäude vorbei, in dem eine *archäologische Sammlung* untergebracht ist. Am Ortseingang linker Hand steht die weithin sichtbare Kathedrale *Panagía Odigítrias*, gestiftet von Konstantinos und Odigitria Ventouris. Gleich dahinter liegt das halbverfallene *Kástro*, eine mittelalterliche Burgsiedlung in Vierecksform. Im 13. Jh. von den Venezianern errichtet, diente es im 16./17. Jh. als Wehrsiedlung gegen die zahlreichen Piratenüberfälle. Die nach außen wehrhaften Häuser (Türen und Fenster gingen früher nur nach innen!) sind z. T. noch heute bewohnt. Die beiden *Tore* an der Ost- und Südseite sind mit Zypressenholz überdeckt, über dem Osttor ist die Jahreszahl 1556 eingraviert. Wenn man durch letzteres das Kástro betritt, sieht man gleich rechter Hand die *Loggia* des ehemaligen venezianischen Statthalters mit breiter Terrasse und Arkadenbögen. Viele der Häuser besitzen Außentreppen und hölzerne Balkenböden. Leider ist das Meiste arg heruntergekommen, die Ruinen der inneren Reihe werden höchstens noch als Viehställe verwendet, zwischen den Mauern wuchert Unkraut. Quer durch den inneren Bezirk führt ein Weg zur kleinen *Christuskirche*, der ältesten Inselkirche. Ihr gegenüber steht die Kapelle *Pana-*

gía Eleoúsa. Beide sind geschlossen, aber durch Fensterchen erkennt man einige alte Ikonen.

Nördlich vom Kástro steht die unverputzte Bruchsteinkirche des *Joánnis Chrisóstomos* mit schönen alten Tür- und Fensterstöcken, die Kuppel ist allerdings unschön mit Beton restauriert. Seitlich davon schlängelt sich die schmale Hauptgasse in Kurven durch den Ortskern.

Öffnungszeiten/Preise **Archäologische Sammlung**, Di u. Fr 8–14 Uhr, Mi, Do, Sa u. So 8–13 Uhr, Mo geschl.

Westlich der Chóra

▸ **Alikí**: Etwa 2,5 km westlich von Hafen und Chóra, meistbesuchter Strand der Insel. Etwa 1 km Sand, mit großen Kieselsteinen durchsetzt, auch im Wasser reichlich Steine. Eine Piste verläuft parallel zum Strand bis zur Sandbucht *Kalamítsi* mit Tamarisken und netter Beach-Taverne.

● *Hinkommen* Bequem auf **Asphaltstraße** zu erreichen, beschilderter Abzweig zwischen Psáthi und der Chóra. **Kalamítsi** ist auch von der Straße zum Órmos Ellinikón zu erreichen.

● *Übernachten/Essen & Trinken* **Aliki**, etwas zurück vom Meer, hübsch schattige Gartentaverne mit Vermietung von schlichten Zimmern, preiswert. Abends kann man hier gemütlich essen. ℰ 22870-51340. **Sardis**, ein Stück weiter westlich, ebenfalls im Hinterland vom Strand, am Ende des Fußballfelds. Neu erbautes Haus mit Taverne und 10 DZ für ca. 20–40 €. Freundliches Wirtspaar, die Tochter spricht Englisch und etwas Deutsch. Von Lesern empfohlen. ℰ 22870-51458.

Ioanna Ventouris, am Strand Kalamítsi, noch weiter westlich. Urige Taverne, als einzige direkt am Meer, sehr beliebt. Ebenfalls Zimmervermietung. ℰ 69722-26789.

▸ **Órmos Ellinikón und Órmos Sykiá**: Hinter Alikí geht die Asphaltstraße in eine holprige Piste über, die noch ca. 3 km weiter bis zur Westküste führt. Dort trifft man auf eine lange geschwungene Doppelbucht, deren südlichen Teil ein schöner, weitgehend einsamer Sandstrand bildet. Der nördliche Strand ist dagegen weniger attraktiv und mit Müll übersät.

Die Landzunge in der Mitte des Órmos war in der Antike mit dem vorgelagerten Inselchen *Ágios Andréas* verbunden. Heute zeigt sich hier eine bizarre Szenerie aus Kalkfelsen, die die abenteuerlichsten Formen bilden, teils sogar wie behauen wirken. Einst lag hier die alte Inselhauptstadt, bis sie wegen der Senkung des Isthmus verlassen werden musste. Ihre Überreste hat man sowohl auf der Landzunge als auch auf der Insel gefunden, mit Taucherausrüstung soll man auch am Meeresgrund dazwischen algenüberwachsene Ruinen entdecken können.

Östlich der Chóra

Auf der Kéndros-Halbinsel im Nordosten von Kímolos liegt seit der Antike die Bergbauregion der Insel. Noch heute wird hier im Tagebau pudrig weißer *Bentonit* in riesigen Mengen abgebaut, eine höchst eindrucksvolle Szenerie.

Von der Chóra nach Prássa fährt man auf einer anfangs asphaltierten Straße an der Ostküste entlang. Man passiert zunächst das Fischerörtchen *Goúpa* mit aus dem Tuff gehauenen Bootsgaragen, ähnlich wie in Mantrákia und anderen Orten auf Mílos (→ S. 626). Faszinierend sind im Folgenden die zahllosen, kunstvoll aufgeschichteten Terrassen, Mauern und Häuser, die vollständig aus Aushub bestehen – zig Millionen von Steinen wurden hier verarbeitet. Der kleine Strand *Klíma* ist etwa 100 m lang. Kurz danach passiert man einen tiefen Fjord mit Fischerbooten, hier führt ein Abzweig in die Berge (→ Inselinneres). Es folgen noch einige kleine Strände, dann die bescheidene Thermalanlage *Loutrá*. Vorgelagert ist hier das Inselchen *Prassonísi*, auf dem im Sommer einige Fischer leben. Voraus erkennt man schon die weißen Betonitberge der Kéndros-Halbinsel. An der Südseite der Halbinsel liegt ein grobkörniger *Sandstrand*, der ganz flach ins Wasser geht – das blendende Weiß des Bentonits bildet einen bizarren Kontrast zum herrlich türkisfarbenen Wasser. Weiter führt die Piste direkt ins Bergbaugebiet, wo Schwerlaster dröhnen und die Luft voll weißem Staub hängt.

Inselmitte

▶ **Palékastro** (auch: Sklávos) **und Umgebung:** In der Mitte von Kímolos liegt ein Bergmassiv mit mehreren Gipfeln, Palékastro ist mit 397 m der höchste davon. Nach Aufgabe der Küstensiedlung Ágios Andréas wurde hier oben die neue Inselhauptstadt gegründet und bis Anfang des 13. Jh. bewohnt, erhalten ist davon aber heute so gut wie nichts mehr. Die Venezianer errichteten ihr Kástro dann im 16. Jh. an der Stelle der heutigen Chóra.

An der Küstenstraße nach Prássa beginnt etwa 1,5 km nördlich vom Klíma-Strand bei einem tiefen Fjord eine Piste zur Kirche *Profítis Ilías* in Gipfelnähe. Geübte Fahrer können diese Piste mit einem Zweirad benutzen, der Weg ist allerdings sehr schlecht und nur langsam und sehr vorsichtig zu befahren. Achtung: Machen Sie diese Tour nicht alleine, im Fall einer Panne oder eines Unfalls kann es vorkommen, dass man tagelang keinen Menschen trifft! Kurz vor Profítis Ilías wird die Piste zum Fußweg. Geradeaus kommt man in ca. 15 Min. zur Kirche, rechter Hand ist der Gipfel des Palékastro an einem quadratischen reflektorähnlichen Gebilde zu erkennen. Schräg rechts voraus führt ein langes Tal zum *Órmos Ellinikón* an der Westküste, wo die frühere Inselhauptstadt lag (→ oben).

▶ **Wanderung von der Chóra zur Kirche Profítis Ilías:** Vom Nordrand der Chóra gibt es einen gepflasterten Maultierweg, der zur Kirche Profítis Ilías hinaufführt. Dauer hinauf etwa 1,5 Std., zurück ca. 1 Std. Da der Weg so gut wie schattenlos ist, sollte man beim Aufstieg die Mittagshitze meiden und früh aufbrechen.

Die Wanderung beginnt am Ortsende der Chóra. Kurz nach der Post zweigt bei einem Zwillingsstrommast mit Trafo (etwa 100 m vor einer Kirche) von der Hauptgasse links eine Piste ab. Dieser folgt man aus dem Ort heraus, nach dem letzten Gehöft wird der breite Erdweg zum gepflasterten Maultierpfad. Dieser führt durch Terrassen mit Weinreben, Oliven und Feigen parallel zu einem Tal langsam aufwärts. Etwa an der Hälfte vom Weg passiert man ein großes rechteckiges *Wasserloch* und kommt kurz darauf zu einer kleinen ummauerten Kapelle, die den Heiligen *Kósmas* und *Damianós* gewidmet ist. Das offene Kirchlein mit niedriger Holzdecke besitzt eine bescheidene Altarwand, im

Blendend weißer Sand im Nordosten von Kímolos

Im einsamen Inselinneren von Kímolos

Hof wächst ein Mandelbaum. Der nicht zu verfehlende Weg zieht sich weiter bergauf. Kurz vor dem Palékastro steigt links ein Abzweig zur Kirche *Profítis Ilías* hinauf, geradeaus geht es weiter, bis man auf die Piste trifft, die zur Ostküste hinunterführt (vorheriger Abschnitt). Profítis Ilías ist ein gut erhaltenes Gipfelheiligtum mit Pilgerzellen und Zisterne. Der Ausblick, die Atmosphäre und Ruhe hier oben verleiten zu ausgedehnter Rast, bevor man auf demselben Weg in die Chóra zurückwandert.

Weitere Inseln um Kímolos

In der Meerenge zwischen Mílos und Kímolos liegen noch drei Inseln (zwei kleinere und eine große), dazu einige Minieilande als Trabanten. Mit der Fähre in Richtung Folégandros passiert man den Sund, dank der wilden Felsszenerie ein höchst eindrucksvolles Schauspiel.

▶ **Polýaigos**: mit 17 qkm die größte Insel vor Kímolos, genau vis à vis vom Hafen Psáthi. Sehr kahl und felsig, besteht sie hauptsächlich aus Bims und Lava und wird nur gelegentlich von Viehhaltern bewohnt, die hier ihre Schafe und Ziegen weiden lassen. Höchster Gipfel ist der *Strongilós* mit 357 m. Tipp: Man kann sich von Psáthi aus übersetzen lassen und findet einen schönen Sandstrand, an dem man meist völlig alleine ist.

▶ **Ágios Efstáthios**: flache Insel, an der man mit dem Fährschiff von Pollónia nach Psáthi vorbeifährt. Es gibt eine Kapelle und einen Leuchtturm, der die schmale Durchfahrt zwischen der Insel und Kímolos markiert.

▶ **Ágios Geórgios**: etwas weiter südlich, im Privatbesitz der Reederfamilie Ventouris.

Verlagsprogramm

Unsere Reisehandbücher im Überblick

Deutschland

- Allgäu
- Altmühltal
- Berlin & Umgebung
- Bodensee
- Franken
- Fränkische Schweiz
- Mainfranken
- *MM-City* Berlin
- Nürnberg, Fürth, Erlangen
- Oberbayerische Seen
- Ostseeküste – von Lübeck bis Kiel
- Schwäbische Alb

Niederlande

- *MM-City* Amsterdam
- Niederlande
- Nordholland – Küste, IJsselmeer, Amsterdam

Nord(west)europa

- England
- Südengland
- *MM-City* London
- Schottland
- Irland
- Island
- Norwegen
- Südnorwegen
- Südschweden

Osteuropa

- Baltische Länder
- Polen
- *MM-City* Prag
- Westböhmen & Bäderdreieck
- Ungarn

Balkan

- Mittel- und Süddalmatien
- Kroatische Inseln & Küste
- Nordkroatien – Kvarner Bucht
- Slowenien & Istrien

Griechenland

- Amorgos & Kleine Ostkykladen
- Athen & Attika
- Chalkidiki
- Griechenland
- Griechische Inseln
- Karpathos
- Korfu & Ionische Inseln
- Kos
- Kreta
- Kreta – der Osten
- Kreta – der Westen
- Kreta Infokarte
- Kykladen
- Lesbos
- Naxos
- Nord- u. Mittelgriechenland
- Paros/Antiparos
- Peloponnes
- Rhodos
- Samos
- Samos, Chios, Lesbos, Ikaria
- Santorini
- Skiathos, Skopelos, Alonnisos, Skyros – Nördl. Sporaden
- Thassos, Samothraki
- Zakynthos

Türkei

- *MM-City* Istanbul
- Türkei – Mittelmeerküste
- Türkei – Südküste
- Türkei – Westküste
- Türkische Riviera – Kappadokien

Frankreich

- Bretagne
- Côte d'Azur
- Elsass
- Haute-Provence
- Korsika
- Languedoc-Roussillon
- *MM-City* Paris
- Provence & Côte d'Azur
- Provence Infokarte
- Südfrankreich
- Südwestfrankreich

Italien

- Apulien
- Chianti – Florenz, Siena
- Dolomiten – Südtirol Ost
- Elba
- Gardasee
- Golf von Neapel
- Italien
- Italienische Riviera & Cinque Terre
- Kalabrien & Basilikata
- Liparische Inseln
- Marken
- Oberitalien
- Oberitalienische Seen
- *MM-City* Rom
- Rom/Latium
- Sardinien
- Sizilien
- Südtoscana
- Toscana
- Toscana Infokarte
- Umbrien
- *MM-City* Venedig
- Venetien & Friaul

Nordafrika u. Vorderer Orient

- Sinai & Rotes Meer
- Tunesien

Spanien

- Andalusien
- Costa Brava
- Costa de la Luz
- Ibiza
- Katalonien
- Madrid & Umgebung
- Mallorca
- Mallorca Infokarte
- Nordspanien
- Spanien

Kanarische Inseln

- Gomera
- Gran Canaria
- *MM-Touring* Gran Canaria
- Lanzarote
- La Palma
- *MM-Touring* La Palma
- Teneriffa
- *MM-Touring* Teneriffa

Portugal

- Algarve
- Azoren
- Madeira
- *MM-City* Lissabon
- Lissabon & Umgebung
- Portugal

Lateinamerika

- Dominikanische Republik
- Ecuador

Österreich

- *MM-City* Wien

Schweiz

- Tessin

Malta

- Malta, Gozo, Comino

Zypern

- Zypern

Aktuelle Informationen zu allen Reiseführern finden Sie im Internet unter www.michael-mueller-verlag.de

Gerne schicken wir Ihnen auch das aktuelle Verlagsprogramm zu.

Michael Müller Verlag GmbH, Gerberei 19, 91054 Erlangen, Tel. 0 91 31 / 81 28 08-0; Fax 0 91 31 / 20 75 41; E-Mail: mmv@michael-mueller-verlag.de

Kleiner Sprachführer

Keine Panik: Neugriechisch ist zwar nicht die leichteste Sprache, lassen Sie sich jedoch nicht von der fremdartig wirkenden Schrift abschrecken – oft erhalten Sie Informationen auf Wegweisern, Schildern, Speisekarten usw. auch in lateinischer Schrift, zum anderen wollen Sie ja erstmal verstehen und sprechen, aber nicht lesen und schreiben lernen. Dazu hilft Ihnen unser "kleiner Sprachführer", den wir für Sie nach dem Baukastenprinzip konstruiert haben: Jedes der folgenden Kapitel bietet Ihnen Bausteine, die Sie einfach aneinander reihen können, sodass einfache Sätze entstehen. So finden Sie sich im Handumdrehen

in den wichtigsten Alltagssituationen zurecht, entwickeln ein praktisches Sprachgefühl und können sich so nach Lust und Notwendigkeit Ihren eigenen Minimalwortschatz aufbauen und erweitern.

Wichtiger als die richtige Aussprache ist übrigens die Betonung! Ein falsch betontes Wort versteht ein Grieche schwerer als ein falsch oder undeutlich ausgesprochenes. Deshalb finden Sie im folgenden jedes Wort in Lautschrift und (außer den einsilbigen) mit Betonungszeichen.

Viel Spaß beim Ausprobieren und Lernen!

© Michael Müller Verlag GmbH. Vielen Dank für die Hilfe Herrn Dimitrios Maniatoglou!

Das griechische Alphabet

Buchstabe		Name	Lautzeichen	Aussprache
groß	klein			
A	α	Alpha	a	kurzes a wie in Anna
B	β	Witta	w	w wie warten
Γ	γ	Gámma	g	g wie Garten (j vor Vokalen e und i)
Δ	δ	Delta	d	stimmhaft wie das englische "th" in the
E	ε	Epsilon	e	kurzes e wie in Elle
Z	ζ	Síta	s	stimmhaftes s wie in reisen
H	η	Ita	i	i wie in Termin
Θ	θ	Thíta	th	stimmloses wie englisches "th" in think
I	ι	Jóta	j	j wie jagen
K	κ	Kápa	k	k wie kann
Λ	λ	Lámbda	l	l wie Lamm
M	μ	Mi	m	m wie Mund
N	ν	Ni	n	n wie Natur
Ξ	ξ	Xi	x	x wie Xaver
O	o	Omikron	o	o wie offen
Π	π	Pi	p	p wie Papier
P	ρ	Ro	r	gerolltes r
Σ	ς/σ	Sígma	ss	ss wie lassen
T	τ	Taf	t	t wie Tag
Y	φ	Ipsilon	j	j wie jeder
Φ	w	Fi	f	f wie Fach
X	χ	Chi	ch	ch wie ich
Ψ	ψ	Psi	ps	ps wie Kapsel
Ω	ω	Omega	o	o wie Ohr

Da das griechische und lateinische Alphabet nicht identisch sind, gibt es für die Übersetzung griechischer Namen in die lateinische Schrift oft mehrere unterschiedliche Schreibweisen, z. B.: Chorefton (auf Pilion) - auch Horefto, Horefton, Chorefto; Kalkis - auch Chalkis oder Halkida.

Elementares

Grüsse

Guten Morgen/guten Tag (bis Siesta)	kaliméra
Guten Abend/guten Tag (ab Siesta)	kalispéra
Gute Nacht	kaliníchta
Hallo! Grüß' Sie!	jassoú! oder jássas!
Tschüss	adío
Guten Tag und auf Wiedersehen	chérete
Alles Gute	stó kaló
Gute Reise	kaló taxídi

Minimalwortschatz

Ja	nä
Nein	óchi
Ja, bitte? (hier, bitte!)	oríste?/!
Nicht	dén
Ich verstehe (nicht)	(dén) katalawéno
Ich weiß nicht	dén xéro
In Ordnung (o.k.)	endáxi
Danke (vielen Dank)	efcharistó (polí)
Bitte(!)	parakaló(!)
Entschuldigung	sinjómi
groß/klein	megálo/mikró
gut/schlecht	kaló/kakó
viel/wenig	polí/lígo
heiß/kalt	sässto/krío
oben/unten	epáno/káto
ich	egó
du	essí
er/sie/es	aftós/aftí/aftó
das (da)	aftó
(ein) anderes	állo
links	aristerá
rechts	dexiá
geradeaus	ísja
die nächste Straße	o prótos drómos
die 2. Straße	o défteros drómos
hier	edó
dort	ekí

Fragen und Antworten

Wie geht es Ihnen?	ti kánete?
Wie gehts Dir?	ti kánis?
(Sehr) gut	(polí) kalá
So lala	étsi ki étsi
Und Dir?	ke essí?
Wie heißt Du?	pos se léne?
Ich heiße ...	to ónoma mou íne ...
Woher kommst du?	apo pu ísse?
Gibt es (hier) ... ?	ipárchi (edó) ... ?
Wissen Sie ... ?	xérete ... ?
Wo?	Pu?
Wo ist ... ?	pu íne ... ?
... der Hafen ...	... to limáni
... die Haltestelle	... i stási
Wohin ...?	jia pu ...?
nach /zum ...	tin/stin ...
Ich möchte (nach) ...	thélo (stin) ...
... nach Athen	... stin Athína
Von wo ...?	ápo pu?
... von Iraklion	...ápo to Iráklio
Wann?	Póte?
Wann fährt (fliegt)...?	pote féwgi...?
Wieviel(e)...?	pósso (póssa) ...?
Um wie viel Uhr?	ti óra?
Wann kommt ... 'an?	póte ftáni ...?
stündlich	aná óra
um 4 Uhr	tésseris óra
Wie viel Kilometer sind es?	pósa kilómetra íne?
Wie viel kostet es?	póso káni?
Welche(r), welches?	tí?
Ich komme aus ...	íme apo ...
... Deutschland	... jermanía
... Österreich	... afstría
... Schweiz	... elwetía
Sprechen Sie Englisch (Deutsch)?	mílate anglíká (jermaniká)?
Ich spreche nicht Griechisch	den miló eliniká
Wie heißt das auf Griechisch?	pos légete aftó sta eliniká?
Haben Sie ... ?	échete ... ?

Unterwegs

Abfahrt	anachórisis
Ankunft	áfixis
Gepäckaufbewahrung	apotíki aposkewón
Information	plirofories
Kilometer	kiliómetra
Straße	drómos
Fußweg	monopáti
Telefon	tiléfono
Ticket	isitírio
Reservierung	fílaxi

Flugzeug/Schiff

Deck	katástroma
Fährschiff	férri-bot
Flughafen	aerodrómio
das (nächste) Flugzeug	to (epómene) aeropláno
Hafen	limáni
Schiff	karáwi
Schiffsagentur	praktorío karawiú

Auto/Zweirad

Ich möchte ...	thélo ...
Wo ist die nächste Tankstelle?	pu íne to plisiésteron wensinádiko?
Bitte prüfen Sie ...	parakaló exetásete ...
Ich möchte mieten (für 1 Tag)	thélo na nikiásso (jiá mia méra)
(Die Bremse) ist kaputt	(to fréno) íne chalasménos
Wie viel kostet es (am Tag)?	póso káni (jia mía méra)?
Benzin (super/normal/bleifrei)	wensíni (súper/apli-amóliwdi)

Diesel	petréleo
1 Liter	éna lítro
20 Liter	íkosi lítra
Auto	aftokínito
Motorrad	motossikléta
Moped	motopodílato
Anlasser	mísa
Auspuff	exátmissi
Batterie	bataría
Bremse	fréno
Ersatzteil	andalaktikón
Keilriemen	imándas
Kühler	psijíon
Kupplung	simbléktis
Licht	fos
Motor	motér
Öl	ládi
Reifen	lásticho
Reparatur	episkewí
Stoßdämpfer	amortisér
Wasser (destilliertes)	to (apestagméno) neró
Werkstatt	sinergíon

Bus/Eisenbahn

Bahnhof	stathmós
(Der nächste) Bus	(to epómene) leoforío
Eisenbahn	ssideródromos
Haltestelle	stásis
Schlafwagen	wagóni ípnu
U-Bahn	ilektrikós
Waggon	wagóni
Zug	tréno

Bank/Post/Telefon

Post und Telefon sind in Griechenland nicht am selben Ort! Telefonieren kann man in kleineren Orten auch an manchen Kiosken und Geschäften.

Wo ist	pu ine?	Wieviel kostet es (das)?	póso káni (aftó)?
Ich möchte ...	thélo ...	... eine Bank	... mia trápesa
... ein Tel.-Gespräch	... éna tilefónima	... das Postamt	... to tachidromío
... (Geld) wechseln	... na chalásso (ta chrímata)	... das Telefonamt	to O. T. E.
		Bank	trápesa

Brief	grámma	Päckchen	paketáki
Briefkasten	grammatokiwótio	Paket	déma
Briefmarke	grammatósima	postlagernd	post restánd
eingeschrieben	sistiméno	Tel.-Gespräch	(na anangílo) éna
Euro-/Reisescheck	ewrokárta	(anmelden) (nach)	tilefónima (jia)
Geld	ta leftá, ta chrímata	Telefon	tiléfono
Karte	kárta	Telegramm	tilegráfima
Luftpost	aeroporikós	Schweizer Franken	elwetiká fránka

Übernachten

Zimmer	domátio	Ich möchte mieten	thélo na nikásso (...)
Bett	krewáti	(...) für 5 Tage	jia pénde méres
ein Doppelzimmer	éna dipló domátio	Kann ich sehen ... ?	bóro na do ...?
Einzelzimmer	domátio me éna krewáti	Kann ich haben ... ?	bóro na écho ... ?
mit ...	me ...	ein (billiges/gutes)	éna (ftinó/kaló)
... Dusche/Bad	dous/bánjo	Hotel	xenodochío
... Frühstück	proinó	Pension	pansión
Haben Sie?	échete?	Haus	spíti
Gibt es ...?	ipárchi ...?	Küche	kusína
Wo ist?	pu íne?	Toilette	tualétta
Wie viel kostet es (das Zimmer)?	póso kani (to domátio)?	Reservierung	enikiási
		Wasser (heiß/kalt)	neró (sässtó/krió)

Essen & Trinken

Haben Sie?	échete?	... sehr süß	... varí glikó
Ich möchte ...	thélo...	... mittel	... métrio
Wieviel kostet es?	póso káni?	... rein (ohne Z.)	skéto
Ich möchte zahlen	thélo na pliróso	Tee	sái
Die Rechnung (bitte)	to logariasmó (parakaló)	Milch	gála
Speisekarte	katálogos		

Griech. Spezialitäten

Fischsuppe	psaróssupa

Getränke

		Suppe	ssúpa
Glas/Flasche	potíri/boukáli	Garnelen	garídes
ein Bier	mía bíra	Kalamaris	kalamarákia
(ein) Mineralwasser	(mia) sóda	Fleischklößchen	keftédes
Wasser	neró	Hackfleischauflauf mit Gemüse	musakás
(einen) Rotwein	(éna) kókkino krassí		
(einen) Weißwein	(éna) áspro krassí	Mandelkuchen mit Honig	baklawás
... süß/herb	glikós/imíglikos		
(eine) Limonade (Zitrone)	(mia) lemonáda	Gefüllter Blätterteig	buréki
(eine) Limonade (Orange)	(mia) portokaláda	Gefüllte Weinblätter (mit Reis & Fleisch)	dolmádes
(ein) Kaffee	(éna) néskafe	Nudelauflauf mit Hackfleisch	pastítsio
(ein) Mokka	(éna) kafedáki	Fleischspießchen	suwlákia

Sonstiges

Hähnchen	kotópulo
Kartoffeln	Patátes
Gemüse	lachaniká
Spaghetti (mit Hackfleisch)	makarónia (me kimá)
Hammelfleisch	kimás
Kotelett	brísola

Einkaufen

Haben Sie?	échete?	Käse/Schafskäse	tirí/féta
kann ich haben?	bóro na écho?	Klopapier	hartí igías
geben Sie mir	dóste mou	Kuchen	glikó
klein/groß	mikró/megálo	Marmelade	marmeláda
1 Pfund	misó kiló	Milch	gála
1 Kilo/Liter	éna kiló/lítro	Öl	ládi
100 Gramm	ekató gramárja	Orange	portokáli
Apfel	mílo	Pfeffer	pipéri
Brot	psomí	Salz	aláti
Butter	wútiro	Seife	sapúni
Ei(er)	awgó (awgá)	Shampoo	sambuán
Essig	xídi	Sonnenöl	ládi jia ton íljon
Gurke	angúri	Streichhölzer	spírta
Honig	méli	Tomaten	domátes
Joghurt	jaoúrti	Wurst	salámi

Sehenswertes

Wo ist der/die/das?	pu íne to/i/o?	Dorf	chorió
Wie viel Kilometer sind es nach ...?	póssa chiliómetra íne os to ...?	Eingang	ísodos
		Fluss	potamós
rechts	Dexiá	Kirche	eklisiá
links	aristerá	Tempel	naós
dort	ekí	Platz	platía
hier	edó	Stadt	póli
Ausgang	éxodos	Strand	plas
Berg	wounó	Höhle	spilíon, spilía
Burg	kástro (pírgos)	Schlüssel	klidí

Hilfe & Krankheit

gibt es (hier) ...?	ipárchi (edó) ...?
wo ist (die Apotheke)?	pu íne (to farmakío)?
Ich habe Schmerzen (hier)	écho póno (edó)
Ich habe verloren ...	échassa ...
helfen Sie mir bitte!/Hilfe!	woithíste me parakaló!/woíthia!

Arzt	jatrós	Polizei	astinomía
Deutsche Botschaft	presvía jermanikí	Tourist-Information	turistikés plioforíes
Krankenhaus	nossokomío		

Unfall	Atíchima	Ich habe ...	écho ...
Zahnarzt	odontíatros	Ich möchte ein Medi-	thélo éna
Ich bin allergisch	egó íme allergikós	kament gegen...	jiatrikó jia ...
gegen ...	jia ...	Durchfall	diária
Ich möchte (ein)...	thélo (éna) ...	Fieber	piretós
Abführmittel	kathársio	Grippe	gríppi
Aspirin	aspiríni	Halsschmerzen	ponólemos
die "Pille"	to chápi	Kopfschmerzen	ponokéfalos
Kondome	profilaktiká	Magenschmerzen	stomachóponos
Penicillin	penikelíni	Schnupfen	sin[á]chi
Salbe	alifí	Sonnenbrand	égawma
Tabletten	hapía	Verstopfung	diskiljótita
Watte	wamwáki	Zahnschmerzen	ponódontos

Zahlen

½	misó	9	ennéa	60	exínda
1	éna	10	déka	70	efdomínda
2	dío	11	éndeka	80	ogdónda
3	tría	12	dódeka	90	enenínda
4	téssera	13	dekatría	100	ekató
5	pénde	20	íkosi	200	diakósia
6	éxi	30	triánda	300	trakósia
7	eftá	40	sarránda	1000	chília
8	ochtó	50	penínda	2000	dio chiliádes

Zeit

Wann?	póte?	Jahr	chrónos
Stunde	óra	Stündlich	aná óra
Um wie viel Uhr?	piá óra (ti óra)?	Wann?	póte?
Wie viel Uhr (ist es)?	tí óra (íne)?		
Es ist 3 Uhr (dreißig)	íne trís (ke triánda		

Achtung: nicht éna, tría, téssera óra (1, 3, 4 Uhr), sondern: mía, trís, tésseris óra!! Sonst normal wie unter Kapitel "Zahlen".

Wochentage

Sonntag	kiriakí
Montag	deftéra
Dienstag	tríti
Mittwoch	tetárti
Donnerstag	pémpti
Freitag	paraskewí
Samstag	sáwato

Morgen(s)	proí
Mittag(s)	messiméri
Nachmittag(s)	apógewma
Abend(s)	wrádi
Heute	ssímera
morgen	áwrio
übermorgen	méthawrio
gestern	chtés
vorgestern	próchtes
Tag	méra
jeden Tag	káthe méra
Woche	ewdomáda
Monat	mínas

Monate

Ganz einfach: fast wie im Deutschen + Endung "-ios"! (z.B. April = Aprílios). Ianários, Fewruários, Mártios, Aprílios, Máios, Iúnios, Iúlios, 'Awgustos, Septémwrios, Októwrios, Noémwrios, Dekémwrios.

Sach- und Personenregister

Geographisches Register